D1727501

Ernst Rudolf Huber · Deutsche Verfassungsgeschichte seit 1789

Band I: Reform und Restauration 1789 bis 1830

ERNST RUDOLF HUBER

DEUTSCHE
VERFASSUNGSGESCHICHTE

SEIT 1789

Band I

Reform und Restauration

1789 bis 1830

(Revidierter Nachdruck der 2. verbesserten Auflage)

VERLAG W. KOHLHAMMER
STUTTGART BERLIN KÖLN

WILHELM MICHAEL KIRSCH
* Koblenz 25. Mai 1899
† Marburg 6. April 1976
IN STETEM GEDENKEN
AN DIE GEMEINSAMEN JUGEND-
UND HOCHSCHULJAHRE
IN FREUNDSCHAFT ZUGEEIGNET

VORWORT
ZUR ERSTEN AUFLAGE

Es wäre reizvoll, dieser Darstellung der deutschen Verfassungsgeschichte der neueren Zeit eine Bemerkung über den Begriff, in dem Verfassungsgeschichte hier verstanden, über die Methode, mit der sie behandelt, und über den Sinnzusammenhang, in den sie gestellt ist, vorauszuschicken. Doch hätte diese kritische Bemühung sich nicht in Kürze abtun lassen; sie hätte zu einem umständlichen Essay, wenn nicht zu einem „Buch im Buch" geführt. So muß ich darauf vertrauen, daß die Sache, um die es hier geht, aus sich selber deutlich wird. Der Leser wird nicht verkennen, daß historische Fakten, biographische Daten, wirtschaftliche und geistige Entwicklungen, staatsrechtliche Normen und politische Konflikte jeweils nicht um ihrer selbst willen angeführt sind, sondern um sichtbar zu machen, wie sich aus dem Widerstreit des vielgestaltigen und vielstrebigen Einzelnen das Ganze einer gefestigten und doch stets von neuem Widerstreit bedrohten Ordnung, eben die „Verfassung", erhebt. Es geht in der Verfassungsgeschichte nicht bloß und nicht einmal in erster Linie um die Geschichte des Verfassungsrechts, so wichtig dieses als Spiegel und Maßstab des Verfassungsgeschehens ist. Meine Hoffnung ist, es möchte gelungen sein, wenigstens im Abglanz hervortreten zu lassen, wie das noch ungestaltete reale Sein und das Ordnungsgefüge der staatsrechtlichen Institutionen und Normen, wie die großen Ströme der Ideen und die bewegte Flut der Interessen, wie die Subjektivität der handelnden Kräfte und die Objektivität des sich selbst verwirklichenden Geistes einer Epoche im krisenreichen Ringen um Verfassung untrennbar, doch nicht ununterscheidbar ineinander gebunden sind.

Es versteht sich von selbst, daß diese Darstellung trotz ihres Umfangs nicht auf Vollständigkeit im Sinn einer lückenlosen Häufung von Fakten, Daten und Materialien zielt. Sie bemüht sich um Auswahl des Wesentlichen, des für den Gang der deutschen Verfassungsgeschichte Beispielhaften und Beziehungsreichen. Sie nimmt sich die Freiheit, ins Detail zu dringen, wo dies sinnvoll erscheint, aber auch über das Detail hinwegzusehen, wo es auf die geraffte Zusammenfassung ankommt. Auch die den einzelnen Abschnitten vorausgesetzten Literaturangaben sind nur als Auswahl und weiterführender Hinweis gemeint. Besondere Beschränkung habe ich mir im Fußnoten-Apparat auferlegen müssen, um den Umfang des Buchs nicht noch weiter anschwellen zu lassen.

Zu danken habe ich der Deutschen Forschungsgemeinschaft, die meine Arbeiten in einem der schweren Nachkriegsjahre gefördert, dem Straßburger Freundeskreis, der die Drucklegung dieses Bandes unterstützt, und dem Verlag, der sich der Publikation in verständnisvoller Bereitschaft angenommen hat. Meiner Frau und unseren Söhnen danke ich für vielfältige Hilfe, besonders bei der Mühsal der Korrektur und bei der Jagd auf Fehler in den Quellen- und Literaturhinweisen.

Wilhelmshaven-Rüstersiel
Pfingsten 1957

E. R. H.

VORWORT
ZUM ERNEUERTEN NACHDRUCK DER ZWEITEN AUFLAGE

Die der Öffentlichkeit mit der Erstauflage von 1957 unterbreitete Fassung des Ersten Bandes der „Deutschen Verfassungsgeschichte seit 1789" ist, nachdem 1961 ein Nachdruck notwendig geworden war, 1967 in einer verbesserten Zweiten Auflage erschienen. Der jetzt veröffentlichte zweite Nachdruck von 1990 beschränkt sich auf eine verhältnismäßig geringe Zahl zusätzlicher Korrekturen und Ergänzungen, von denen der Verfasser sich eine zwar begrenzte, aber doch nützliche Ausgestaltung des überprüften Bandes erhofft. Auf die Ergänzung der Literaturangaben ist aus Raumgründen in dem neu aufgelegten Band verzichtet worden.

Freiburg-Zähringen 1990

E. R. H.

Die Änderungen gegenüber der 2. verbesserten Auflage 1990 beruhen auf Vermerken im Handexemplar E. R. Huber

VIII

INHALTSVERZEICHNIS

B. Die deutschen Länder

Kapitel III. Die preußische Reform

Inhaltsverzeichnis

Inhaltsverzeichnis

Inhaltsverzeichnis

XVIII

C. Der Deutsche Bund
(1815-1830)

Kapitel VI. Die Bundesgründung

Inhaltsverzeichnis

XXI

Inhaltsverzeichnis

XXII

Inhaltsverzeichnis

Vermerk für das Gesamtwerk

Die Abkürzungen Bd. I, Bd. II usw. (ohne nähere Angabe) verweisen auf die entsprechenden Bände der „Deutschen Verfassungsgeschichte seit 1789".

Die Abkürzung „Dokumente" bezeichnet die entsprechenden Bände (Bd. 1–4) der „Dokumente zur Deutschen Verfassungsgeschichte" in der jeweiligen, zuletzt 3. Auflage (1978–1991).

Mit der Abkürzung „Staat und Kirche" (Bd. I–IV) wird zitiert die Dokumentensammlung *E. R. Huber – W. Huber*, Staat und Kirche im 19. und 20. Jahrhundert (1973–1988).

Die Register für das Gesamtwerk sind als Bd. VIII erschienen (1991).

A.

DAS ENDE DES REICHS

Kapitel I

DIE LETZTE EPOCHE DER REICHSVERFASSUNG

§ 1. Deutschland und die Nationalstaatsidee im Zeitalter der französischen Revolution

Schrifttum: J. Jastrow, Geschichte des deutschen Einheitstraumes und seiner Erfüllung (4. Aufl. 1891); *F. Meinecke*, Weltbürgertum und Nationalstaat (7. Aufl. 1928); *A. Rapp*, Der Deutsche Gedanke, seine Entwicklung im politischen und geistigen Leben seit dem 18. Jahrh. (1920); *F. Haymann*, Weltbürgertum und Vaterlandsliebe in der Staatslehre Rousseaus und Fichtes (1924); *A. Berney*, Reichstradition und National-staatsgedanke 1789—1815 (HZ Bd. 140, 1929, S. 57 ff.); *H. O. Ziegler*, Die moderne Nation (1931); *G. Masur*, Deutsches Reich und deutsche Nation im 18. Jahrh. (Preuß. Jb. Bd. 229, 1932, S. 1 ff.); *O. Vossler*, Der Nationalgedanke von Rousseau bis Ranke (1937); *E. R. Huber*, Reich, Volk und Staat in der Reichsrechtswissenschaft des 17. und 18. Jahrh. (ZGesStWiss. Bd. 102, 1942, S. 593 ff.); *ders.*, Der preußische Staatspatriotismus im Zeitalter Friedrichs des Großen (ebenda Bd. 103, 1943, S. 430 ff); *ders.*, Lessing, Klopstock, Möser und die Wendung vom aufgeklärten zum historisch-individuellen Volksbegriff (ebenda Bd. 104, 1944, S. 121 ff.); *ders.*, Aufstieg und Entfaltung des deutschen Volksbewußtseins (1942); *ders.*, Goethe und der Staat (1944); *H. Kohn*, The Ideas of nationalism. A study in its origins and background (1945; dt. 1950); *M. Boucher*, Le sentiment national en Allemagne (1947); *E. Lemberg*, Geschichte des Nationalismus in Europa, Bd. 1 (1950); *W. Martini*, Das Ende aller Sicherheit (1954); *F. Glum*, Jean Jacques Rousseau (1956).

I. Reich und Nationalstaat

Jede Verfassungsepoche gewinnt ihre Form in Verfassungskämpfen, in denen die fortschrittlichen Ideen und Energien der Zeit sich mit den überkommenen Werten und Einrichtungen, den „haltenden Mächten", begegnen. So ist die Verfassungsgeschichte Deutschlands in der ersten Hälfte des 19. Jahrhunderts geprägt durch das Ringen der neu aufgekommenen Idee des bürgerlichen Nationalstaats mit den überlieferungsgefestigten Prinzipien der alten Ordnung des Reichs.

Gewiß hat der europäische Nationalgedanke sich nicht erst auf der Höhe oder im Ausgang des 18. Jahrhunderts gebildet. Schon seit dem Mittelalter entwickelte sich in den großen Völkern des Abendlands ein spezifisches Natio-nalbewußtsein, das vornehmlich in Frankreich und England zu Nationalstaaten führte, die auf Unabhängigkeit nach Außen und Einheit nach Innen gegründet waren. Das ausgehende 14. Jahrhundert übernahm das Wort „Nation", früher

3

noch als das Wort „Staat", aus dem Lateinischen in den gemeineuropäischen Sprachschatz. Auch in Deutschland schlug der Begriff „Nation" Wurzel, wie sich im Aufkommen der Formel *„Heiliges Römisches Reich Deutscher Nation"* („Sacrum Romanum Imperium Nationis Germanicae") im 15. Jahrhundert zeigt. Die Beifügung „Deutscher Nation" hob jedoch den übernationalen Charakter des alten Reiches nicht auf, sondern bekundete nur den Anspruch der deutschen Könige auf das Kaisertum und der Deutschen auf die Führung im Gesamtbereich des völkerverbindenden Imperiums [1]. Obwohl sich in der Epoche des Absolutismus eine Reihe europäischer Großmächte, gegründet auf nationale Einheit und souveräne Unabhängigkeit, von der überlieferten Suprematie des Kaisers zu lösen verstanden, blieb das Reich auch nach der Lockerung seines Gefüges, die es im Westfälischen Frieden erlitten hatte, als völkerverbindende Mitte des Abendlands mit einer über seine territorialen Grenzen ausstrahlenden Geltung bestehen.

Doch waren auch die nationalgeeinten und souveränen Großmächte Europas bis zum Ausgang des 18. Jahrhunderts noch keine Nationalstaaten im modernen Sinn. Denn der moderne Nationalstaat ist ein System politischer Existenz und Ordnung, der nicht nur auf der staatlichen *Einheit* der Nation, sondern zugleich auf der *Freiheit* ihrer Glieder beruht. Die „Einheit" der Nation setzt die Einebnung der altüberlieferten feudalen, ständischen und regionalen Unterschiede, also die Überwindung der sozialen Hierarchie durch Homogenität und Egalität des Sozialkörpers voraus. Zur „Freiheit" der Nation aber gehört ein Doppeltes, die Freiheit des status negativus, der den Einzelnen einen unantastbaren Bereich persönlicher Entfaltung gegenüber der Staatsgewalt durch *Grundrechte* verbürgt, und die Freiheit des status activus, in dem die Einzelnen durch *Wahl- und Stimmrechte* einen mitbestimmenden Anteil bei der Bildung des Staatswillens und der Kontrolle der Staatsgewalt erlangen. Im modernen Nationalstaat ist das nationalunitarische Moment untrennbar mit den ethischen und politischen Grundvorstellungen des *Liberalismus* und der *Demokratie* verbunden. Wie verschieden auch immer die Freiheitsidee des Liberalismus und die Gleichheitsidee der Demokratie in ihren staatstheoretischen Grundlagen und, wenn jede für sich radikal verwirklicht wird, auch in ihren praktischen Konsequenzen sein mögen, im modernen Nationalstaat haben sie sich zu einem Ganzen verbunden, dessen Elemente zwar theoretisch unterschieden, aber nicht praktisch gesondert werden können. Die Antinomien des liberalen und des demokratischen Prinzips sind im modernen Nationalstaat „aufgehoben" in dem dialektischen Doppelsinn der hegelschen Philosophie; sie stehen in der nationalstaatlichen Verfassung des 19. Jahrhunderts weder in einem spannungslosen Nebeneinander noch in einem unüberbrückbaren Gegensatz, sondern in wechselseitiger Durchdringung und Angleichung.

Die moderne Nationalbewegung war überall getragen von der im 18. Jahrhundert aufsteigenden Schicht des gebildeten und besitzenden Bürgertums; der neue Staat war ein *bürgerlicher Nationalstaat.* Seine führende Schicht bekannte

---

[1] *K. Zeumer,* Heiliges Römisches Reich Deutscher Nation (1910); *A. Diehl,* Heiliges Römisches Reich Deutscher Nation, HZ Bd. 156 (1937) S. 457 ff.

sich zur politischen Einheit der Nation, weil diese ihr als eine einheitliche Kulturmacht und Wirtschaftsmacht galt. Sie forderte Freiheit und Mitbestimmung im Staat, weil nur so die freie Entfaltung der bürgerlichen Kultur und des bürgerlichen Besitzes gesichert werden konnte. Mit dem Anspruch auf nationale Einheit und Freiheit nahm die bürgerliche Bewegung der europäischen Völker den Kampf auf gegen die altständische Gesellschaftsordnung und die in ihr geltende Vorherrschaft der privilegierten Gruppen des Adels und des hohen Klerus, gegen die Fesselung der freien Entfaltung des Geistes durch kirchliche und staatliche Bindungen und gegen das Obrigkeitssystem des absoluten Wohlfahrts- und Machtstaates, der das Bürgertum von der politischen Mitbestimmung ausschloß. Geprägt von den großen staatstheoretischen Konzeptionen, die der französischen Revolution vorausgingen, den Ideen von *Montesquieu* und *Rousseau* in Sonderheit, bestimmt von den vielgerühmten Verfassungsmodellen Englands und der Vereinigten Staaten, beflügelt vor allem aber von dem bezwingenden Beispiel, das die französische Revolution allen europäischen Völkern setzte, trat auch in Deutschland die bürgerliche Verfassungsbewegung in das Ringen um die nationalstaatliche Neugestaltung ein.

Dem Übergang zum modernen Nationalstaat stand in allen europäischen Völkern die alte Gesellschafts- und Staatsordnung als ein Bollwerk entgegen, das entweder durch gewaltsamen Umsturz gebrochen oder durch einsichtigplanvollen Umbau abgetragen werden mußte. Die bürgerliche Nationalbewegung war, wenn sie sich nicht mit beiläufigen Zugeständnissen begnügen, sondern einen wirklichen Sieg erringen wollte, angewiesen auf den Weg der *Revolution* oder den der *Reform*. Nicht nur in ihren liberalen und demokratischen Forderungen, sondern auch in ihrem nationalstaatlichen Anliegen vertrat sie ein Prinzip, das auf den Wandel der Gesamtordnung gerichtet war. Das galt für Deutschland in höherem Maße noch als für das französische Nachbarvolk. Denn Frankreich hatte sich seit Jahrhunderten zum nationalgeeinten souveränen Staatskörper geformt; bei einem Sieg der liberalen und demokratischen Kräfte über Königtum, Feudalherrschaft und Klerikalismus konnte das Staatswesen hier ohne Verlust seiner Identität und Kontinuität in einen Nationalstaat moderner Prägung umgewandelt werden. In Deutschland aber bedurfte es des Bruchs mit der übernationalen Reichstradition, mit der gefestigten Eigenstaatlichkeit der größeren Territorien und mit der eingewurzelten Eigenständigkeit der unübersehbaren Vielzahl der kleineren geistlichen und weltlichen Herrschaften, wenn ein moderner Nationalstaat entstehen sollte. Nicht nur Interesse und Macht der herrschenden Schichten, sondern auch der ältere Reichspatriotismus, der das Reich aus Spaltung und Ohnmacht zu neuem Glanz zu erheben bestrebt war, und der neuere Staatspatriotismus, der sich auf Mehrung der Macht der größeren Einzelstaaten richtete, standen der nationalstaatlichen Einung Deutschlands hindernd im Weg. Selbst wenn es gelang, den deutschen Nationalstaat nicht im Weg des gewaltsamen Umsturzes „von unten", sondern durch die legale Reform „von oben" zu schaffen, mußte der Gestaltwandel, der sich damit vollzog, zur Aufhebung der Identität des politischen Gesamtkörpers und zur Diskontinuität der Verfassungsentwicklung führen. Gerade der gefestigte Traditionalismus der deutschen politischen Ordnung führte zum vollständigen Traditionsverlust beim Durchbruch zur modernen Welt.

Starke Mächte widerstanden in Deutschland, als 1789 in Frankreich die Revolution das alte Staatswesen, die überlieferte Staatsordnung, das Gefüge althergebrachter Privilegien und Lasten zerbrach, einem entsprechenden Umsturz der überlieferten Reichs- und Territorialeinrichtungen. Deutschland befand sich zwar in einem mit Frankreich mannigfach vergleichbaren Gesamtzustand. Vor allem hatte sich, wie im vorrevolutionären Frankreich, so auch in den bedeutendsten deutschen Territorialstaaten, in Preußen zumal und seit Josef II. auch in Österreich, der monarchische Absolutismus durchgesetzt. Er hatte, gestützt auf das zentralistisch-bürokratische Verwaltungssystem des Polizei- und Wohlfahrtsstaates, auf die straffe Hierarchie der Wehrverfassung des „stehenden Heeres" und auf die staatliche Bindung von Adel und Klerus, die innere Einheit des Staates geschaffen. Mit dieser Einebnung des alten Feudal- und Ständestaates durch den absoluten Staat war eine der wesentlichen Vorstufen für den Übergang zum modernen Nationalstaat gewonnen. Auf der anderen Seite bildeten gerade die staatstragenden Schichten des Absolutismus, die grundbesitzende Aristokratie, das adlige Offizierskorps, die hohe Bürokratie und die durch das Staatskirchentum dem Staat eng zugeordnete hohe Geistlichkeit, in Deutschland wie in Frankreich einen Damm gegen den modernen Nationalstaat, da sie den niederen Ständen den Zugang zu den politischen Rechten verschlossen und damit die innere Homogenität unmöglich machten, die die Grundlage des modernen Nationalstaats ist. Immerhin gab es wie in Frankreich so auch in Deutschland ein zum Selbstbewußtsein erwachtes gebildetes und besitzendes Bürgertum, die ‚bürgerliche Gesellschaft' im eigentlichen Sinn, die, durchdrungen von den philosophischen und staatstheoretischen Ideen der Aufklärung und gestützt auf ihre sich mehr und mehr entfaltende ökonomische Position, in innerer Auflehnung gegen den bestehenden Obrigkeits- und Privilegienstaat begriffen war. Und wie in Frankreich so stand auch in Deutschland das einfache Volk, wenngleich es in seinem politischen Selbstbewußtsein noch unentwickelt war, an der Schwelle des politischen Aufbruchs. Mannigfacher Bedrückung durch den Staat und die herrschenden gesellschaftlichen Mächte war es ausgesetzt — durch Steuern und Abgaben, durch den Zwang zu Dienstleistungen, durch persönliche Unfreiheit und vielfältige Minderung im Recht, durch die im Rahmen der alten Kantonspflicht veranstalteten Zwangsaushebungen, durch das den wirtschaftlichen Aufstieg wie die freie Entfaltung der Kräfte hemmende Zunftsystem, durch die allumfassende und allgewaltige Kompetenz der Polizei. So wuchs in den einfachen Volksschichten die latente Bereitschaft zur Auflehnung, sobald die entwickelteren Schichten ihnen im Angriff vorausgingen. Aber trotz dieser Gleichartigkeiten der politischen, sozialen und geistigen Struktur befand Deutschland sich, anders als Frankreich, im ausgehenden 18. Jahrhundert nicht in einer revolutionären Situation.

Eine solche revolutionäre, für den Umsturz reife Situation besteht nicht schon dann, wenn Wandlungen der sozialen Struktur und der geistigen Verfassung eines Gemeinwesens zu starken Spannungen zwischen den verschiedenen Gruppen, insbesondere zwischen der herrschenden und der beherrschten Schicht im Volkskörper geführt haben. Sie erwächst erst, wenn die überkommenen Vorstellungen von *Legitimität* und *Autorität* in der Tiefe erschüttert sind. Was in Frankreich im ausgehenden 18. Jahrhundert den Willen und die Bereitschaft zum Aufstand weckte, war nicht die Tatsache, daß eine den ,Dritten Stand' von Geltung, Einfluß und Macht ausschließende monarchisch-feudale Sozialhierarchie bestand; die revolutionäre Situation bildete sich vielmehr, weil das bestehende Herrschaftssystem die eigene Legitimität und Autorität durch Mißerfolg, Mißbrauch und Mißwirtschaft fortschreitend zersetzte. Ein Jahrhundert außenpolitischer Fehlschläge und innenpolitischer Fehlgriffe, eine unlösbar gewordene Finanz- und Wirtschaftskrise, die mangelnde Fähigkeit und Bereitschaft zur Reform lösten in Frankreich die revolutionäre Krise aus, in der der Umsturz als befreiende Tat empfunden wurde.

Diese Krise war nicht allein, aber doch vornehmlich eine *Krise der Monarchie.* In der Zeit aber, in der in Frankreich Ludwig XV. und Ludwig XVI. das monarchische Prinzip kompromittierten, standen in Österreich und Preußen mit Maria Theresia und Friedrich dem Großen Herrschergestalten von bedeutendem Rang an der Spitze des Staates. Nicht die Macht, die die deutschen Herrscher des 18. Jahrhunderts übernahmen, erweiterten und festigten, sondern die Autorität, die sich in ihnen kundtat, und die Legitimität, die sie verkörperten, machten, trotz aller kritischen Regungen, den Bestand der Monarchie in Deutschland unangreifbar für lange Zeit. Das Charisma des Königtums, die in ihm verborgen ruhende Kraft ist darin gegründet, daß die großen Herrscher der Institution der Monarchie ein unantastbares Ansehen verleihen, das auch die Schattenzeiten erfolgloser Herrscher lange zu überdauern vermag und das erst allmählich abgenutzt oder aufgezehrt wird. Deutschland ging in die große Krise des Absolutismus, die durch den Aufstieg der bürgerlichen Gesellschaft eingeleitet wurde, mit ungebrochener Legitimität des monarchischen Gedankens; Frankreich trat in die gleiche Krise in einem Augenblick, in dem die monarchische Autorität fast völlig erschöpft war. Nicht der mangelnde Freiheitswille oder der unausrottbare Untertanensinn der Deutschen, sondern die in großen Leistungen manifestierte innere Kraft und Integrität der Monarchie haben in Deutschland in dieser Epoche den bürgerlichen Umsturz verhindert.

Nicht zuletzt aber stand in Deutschland in dieser Zeit auch die überlieferte Ordnung des Heiligen Römischen Reichs dem Übergang in die nationaldemokratische Revolution entgegen. Zwar verfügte das Reich in der ihm durch den Westfälischen Frieden von 1648 aufgenötigten Verfassung nicht mehr über effektive Macht. Doch hatte selbst die preußische Rebellion gegen das Reich die ihm innewohnende Autorität und Legitimität nicht zu zerstören vermocht. Im Gegenteil: Wo das bürgerliche Bewußtsein sich gegen den nun erst voll entwickelten Mechanismus des absoluten bürokratischen Polizei- und Wohlfahrtsstaates auflehnte, suchte es weithin einen Halt an der überlieferten Erscheinung des Reichs, das von dem großen Umbruch frei geblieben war, der sich im Aufkommen des mechanisierten und rationalisierten Staatsapparats des Absolutismus vollzogen hatte. Noch war, und zwar weit über die privilegierten Stände hinaus, die alte Reichsgesinnung in Deutschland lebendig; ja sie hatte sich im ‚Reichspatriotismus‘ des 18. Jahrhunderts mit neuem Gehalt und neuer Kraft zu füllen vermocht. Der in einzelnen Territorien, besonders in Preußen in den Tagen Friedrichs des Großen aufgekommene ‚Staatspatriotismus‘ stand der Reichsgesinnung nicht völlig unvereinbar entgegen. Daß Deutschland in der Zeit des Absolutismus nicht zu einem zentralistischen Einheitsstaat nach dem Modell Frankreichs geworden war, sondern sich im föderativen Gefüge des Reichs erhalten hatte, hinderte den Durchbruch des nationaldemokratischen Unitarismus, dessen Kraft die französische Revolution offenbarte.

II. Nationalstaat und Nationaldemokratie

Mit der französischen Revolution wurde der nationaldemokratische Staatsgedanke das bewegende und bestimmende Prinzip der europäischen Staatengeschichte. Die Vorstellung, daß jedes Volk eine aus natürlichen Kräften gewachsene, im geschichtlichen Werden gefestigte, geistig und seelisch geprägte Wesenheit sei, daß jedes Volk daher auch politisch zur Einheit gestaltet und selbstverantwortlich als willensbildendes und handelndes Subjekt an der Bewältigung seines Schicksals beteiligt sein müsse, mit anderen Worten: daß jedes Volk ein angeborenes und unverzichtbares Recht darauf habe, ein ‚Staat‘ zu sein und an der Ausübung der Staatsgewalt teilzunehmen, wurde mit der französischen Revolution zum gemeineuropäischen Grundsatz der Staatenbildung. Dieser Grundsatz bedrohte, als er aufkam, das deutsche Reichs- und Staatengefüge in der Wurzel. Dreifach waren die Gegner, die dem nationaldemokratisch-revolutionären Prinzip in Deutschland entgegenstanden. Die französische Revolution war ein Angriff auf die universalen, imperialen und religiösen Grundlagen der deutschen Reichstheorie, die nicht in autarken und abgesonderten Nationen, sondern in völkerverbindenden Gemeinsamkeiten das gestaltende Prinzip des politischen Gefüges Europas sah. Sie war ein Angriff auf den feudalständischen Pluralismus, der nicht die Einheit der Nation, sondern ihre Gliederung und Teilung in eine Vielheit gesellschaftlicher Gruppen als das Organisationsprinzip einer gesunden Verfassung betrachtete. Sie war schließlich ein Angriff auf den absoluten Etatismus, der seine dynastisch-bürokratisch-militärische Herrschaft auf ein spezifisches Ethos der Staatsräson gründete, in dem die politische Metaphysik der Macht sich mit den Ideen der Ordnung und der allgemeinen Wohlfahrt zu einem vielschichtigen Ganzen verband.

Wenngleich die politische Gemeinschaft der Völker des Abendlands im 17. und 18. Jahrhundert durch das Prinzip der einzelstaatlichen Souveränität zunehmend aufgelockert worden war, hatte Europa nicht aufgehört, auch politisch ein die Staaten übergreifendes Ganzes zu sein. Europa war bis zum Ende des 18. Jahrhunderts eine politische Realität, nicht nur ein geographischer Begriff und nicht nur eine ideologische Legende. In diese auf unterschiedenen, aber nicht getrennten Staatskörpern beruhende Homogenität der europäischen Ordnung brach die nationaldemokratische Revolution Frankreichs zerstörend ein. Von Anfang an war deutlich, daß der Umsturz in Frankreich kein lokalisierbarer Vorgang war, sondern alle großen europäischen Staatskörper, nicht zuletzt auch Deutschland, unmittelbar im überkommenen Bestand berühren mußte. Wenn in einem so wesentlichen Teil des europäischen Ganzen die alten Grundsätze des staatlichen Aufbaus und Wirkens zerbrochen wurden und ein neues revolutionäres Staatsprinzip sich erhob, so war damit nicht nur die europäische Einheit in Frage gestellt, sondern zugleich jeder der europäischen Staatskörper in seinem Dasein bedroht. Die Ideen von 1789 forderten für alle Völker Teilung an Stelle bisheriger Gemeinsamkeit und zugleich Zusammenschluß an Stelle gegebener Trennung; sie forderten für alle Völker Freiheit von beherrschendem und bevormundendem Zwang und riefen zugleich die dynamischen Kräfte neuer Machtbildung auf; sie forderten für alle Völker die Teilnahme der Einzelnen an der Ausübung der Staatsgewalt und zugleich die Unterwerfung der Einzelnen unter die alles überwältigende Bestimmungsmacht des nationalen Gemeinwillens, der *volonté générale*. Einheit, Freiheit und Mitbestimmung waren die großen, an ganz Europa gerichteten Kampfrufe des nationaldemokratischen Denkens; aber in dialektischer Umkehrung waren mit diesen Parolen zugleich die Kräfte neuer Teilung, neuer Unfreiheit und neuer Entrechtung in Bewegung gesetzt.

Nicht Frankreich allein, sondern jedes der großen europäischen Völker hat seinen spezifischen Beitrag zur Entfaltung des modernen Staates geleistet; keines von ihnen hat sich auf die Dauer der prägenden Kraft der Idee des Nationalstaats zu entziehen vermocht. In zahllosen Kombinationen mit verwandten und gegenläufigen Ideen und Mächten, mit Demokratie und Liberalismus so gut wie mit Konservativismus und Restauration, mit rechtsstaatlichen so gut wie mit machtstaatlichen Tendenzen, ja schließlich auch mit Sozialismus und Imperialismus hat sich das von der französischen Revolution ausgegangene nationalstaatliche Prinzip in anderthalb Jahrhunderten durchzusetzen und zu behaupten gewußt. Restaurative und revolutionäre Bewegungen, Monarchie und Republik, plebiszitärer Cäsarismus und totalitäre Diktatur haben sich des nationalstaatlichen Prinzips für ihre Zwecke bedient. Separationen und Annexionen, Befreiungen und Unterwerfungen, Heimführungen und Austreibungen sind unter dem Banner des Nationalstaatsgedankens gewaltsam durchgesetzt worden. Die ‚Balkanisierung‘ in bestimmten Teilen Europas und die Bildung imperialer ‚Großräume‘ in anderen vollzog sich unter dem Antrieb der ausgelösten nationalen Energien. Ethnische Minderheiten haben an der Kraft des nationalen Prinzips Rückhalt und Schutz gewonnen und die Befreiung von Fremdherrschaft gemäß dem Grundsatz des Selbstbestimmungsrechts der Völker erlangt; andere nationale Gruppen sind kraft des gleichen Prinzips durch Assimilation ihrer angestammten Eigenart verlustig gegangen oder ganz ausgelöscht worden. Freiheitliche und despotische Systeme berufen sich mit gleichem Anspruch darauf, die echte Verkörperung des Nationalstaats zu sein. Europa hat unter den mit der französischen Revolution aufgerichteten Zeichen den äußersten Grad seiner Machtentfaltung und Weltgeltung erlangt; es hat zugleich unter diesen Zeichen den äußersten Grad der Selbstzerstörung herbeigeführt. Angesichts des verwirrenden Bildes, das sich so ergibt, ist schwer zu sagen, was stärker war: die aufbauende und ordnende oder die vernichtende und desorganisierende Kraft, die von dem Gedanken des Nationalstaats ausgegangen ist. Sublimierte und differenzierte Geistigkeit gehörte in gleichem Maß wie Gewaltsamkeit, Terror und Barbarei zu den paradoxen Kennzeichen des mit dem Jahre 1789 begonnenen Zeitalters der nationaldemokratischen Revolution.

Auch in Deutschland gab es selbständige Wurzeln des nationalstaatlichen Prinzips. Doch hatte das politische System, das sich in der französischen Revolution in schweren inneren und äußeren Kämpfen als ‚Nationaldemokratie' durchsetzte, der aggressive und militante Nationalismus der radikaldemokratischen volonté générale, mit der deutschen Nationidee des 18. Jahrhunderts, wie *Leibniz*, *Möser* und *Herder* sie entwickelt hatten, wenig gemein. Gewiß war Herders humanitärer Volksgedanke von den Ideen, die in Frankreich die Revolution vorbereiteten, nicht unberührt. Doch war das, was Herder wie viele seiner deutschen Zeitgenossen an der vorrevolutionären Staatstheorie Frankreichs fesselte, weit mehr das freiheitliche und gewaltenteilende Programm Montesquieus als die Rousseausche Lehre von der Allmacht des nationaldemokratischen Gemeinwillens. Und auch im geschichtlichen Vollzug der Revolution selbst war der nationaldemokratische Nationalismus der Girondisten und Jakobiner nicht die einzige wirkende Kraft. Im Beginn war weit stärker als der nationalrevolutionäre Radikalismus das maßvolle Streben des französischen Konstitutionalismus nach Sicherung und Durchsetzung der individuellen Rechte und Freiheiten und nach einem Staatssystem, in dem das überlieferte monarchische mit dem neuen demokratisch-repräsentativen Prinzip gleichgewichtig verbunden werden sollte. In der Erklärung der Menschen- und Bürgerrechte schuf dieser von Montesquieu hergeleitete, nunmehr von Mirabeau und Lafayette verfochtene liberaldemokratische Konstitutionalismus sich seine große Manifestation. Aber bald sah er sich durch den nationaldemokratischen Radikalismus überwunden, der mit dem Sturz des Königtums und der Hinrichtung des Königs den Bruch mit der Vergangenheit wie mit den Anhängern einer ausgleichenden Lösung des französischen Verfassungsproblems vollzog.

Mit der nationaldemokratisch legitimierten Diktatur des Jakobinismus gewann in der französischen Revolution ein politisches Prinzip die Oberhand, das, in folgerichtiger Fortbildung der Rousseauschen Staatstheorie, die Freiheit und Gleichheit der Einzelnen aufrichtete, um sie alsbald dem souveränen Willens- und Aktionsverband der nationalen *volonté générale* zu unterwerfen. In einem eigentümlichen dialektischen Umschlag der Idee wurden die individuelle Freiheit und Gleichheit zu bloßen Momenten in der Entfaltung der nationalrevolutionären Willens- und Aktionseinheit. Der Individualismus wurde zu einer Durchgangsstufe in einem politischen Prozeß, der zu einem Kollektivismus von einer bis dahin ungeahnten Dichtigkeit, Energie und aggressiven Stoßkraft führte. Die demokratisch verfaßte Nation wurde als eine oberste, nur sich selbst verpflichtete Einheit gesetzt und mit schrankenloser Gewalt nach innen und mit selbstherrlicher Unabhängigkeit nach außen ausgestattet. Sie galt als unteilbar, homogen und uniform in ihrem Innern, als isoliert, autark und impermeabel gegenüber allen von Außen wirkenden verbindenden und überhöhenden Kräften. Es gab nur mehr die eine rechtfertigende, rechtsbegründende und verpflichtende Idee, das Prinzip der nationaldemokratischen Legitimität. Die Identität von Nation und Staat wurde mit radikaler Konsequenz durchgeführt. Die *république une et indivisible* wurde das nationaldemokratische Ideal schlechthin. Mit dem Royalismus und dem Klerikalismus wurde der Föderalismus, das Eigenrecht der historisch gewachsenen Landschaften, zum nationalen Feind erklärt. Die Gliederung des Volks in Stände wurde als der national-egalitären Homogenität widerstreitend ausgemerzt; der ‚Dritte Stand‘ identifizierte sich mit der Nation, der volonté générale und der unteilbaren Republik. Mit dem alten Universalismus imperialer oder religiöser Prägung wurde auch die Vorstellung einer zwischenstaatlichen Gemeinsamkeit der dynastisch-aristokratischen Gesellschaft Europas preisgegeben. Die Idee des europäischen Gleichgewichts, die sich seit einem Jahrhundert als das Ordnungsprinzip der abendländischen Staatenwelt durchgesetzt hatte, wurde durch den Anspruch der führenden revolutionären Nation auf europäische Hegemonie in Frage gestellt. Wenn die nationaldemokratische Revolution sich in ihren Anfängen zur Selbstverteidigung gegen den dynastischen Legitimismus Europas glaubte rüsten zu müssen, so wurden die entfesselten Kräfte des revolutionären Nationalismus bald durch sich selbst zur erobernden Aggression und Expansion getrieben.

Dieses Überspielen der liberalen durch die nationaldemokratische Revolution besaß seine theoretischen Grundlagen in *Rousseaus* ‚Contrat social‘. Zwar galten die Freiheit und Gleichheit der Individuen in ihm als Fundament des staatlichen Zusammenschlusses; aber nach der dort entwickelten Konstruktion brachte jeder Einzelne das ihm angeborene natürliche Recht auf Freiheit und Gleichheit durch den Staatsvertrag in das politische Ganze ein, um es als Glied dieses Ganzen in verwandelter Form, nämlich als Recht zur Teilhabe an der Bildung des Gesamtwillens, zurückzugewinnen. Die staatsfreie Sphäre des Einzelnen war damit verloren; es war eine andere Art von ‚Freiheit‘ und ‚Gleichheit‘, die er als Teil der Kollektivität des Gemeinwillens zurückerhielt. Unter dem Postulat der Volks-Souveränität, der Allmacht der volonté générale, der egalitären Homogenität der Nation entstand ein Staat, in dem das angeblich unentziehbare Recht der Einzelnen auf Freiheit, Eigentum und Sicherheit in Wahrheit durch das allesbezwingende Interesse des nationalen Ganzen ausgelöscht war. Der Schutz der angeborenen, vor- und überstaatlichen Grundrechte, die Begrenzung und Hemmung der Staatsgewalt durch die séparation des pouvoirs, die Unabhängigkeit der Gerichte, das ganze System der bürgerlichen Rechtsstaatlichkeit wichen dem Souveränitätsanspruch des nationalen Gemeinwillens. An die Stelle der durch Naturrecht und göttliches Recht in Schranken gehaltenen ratio status des monarchischen Absolutismus trat nicht die bürgerliche Freiheit, sondern die aller Begrenzungen enthobene Staatsräson der absoluten Demokratie.

In konsequenter Fortbildung des Rousseauismus proklamierte am Beginn der französischen Revolution der Abbé *Sieyès*, der Wortführer des radikaldemokratischen Nationalismus, die Schrankenlosigkeit und Ausschließlichkeit des neuen Prinzips. In seiner Schrift ‚Was ist der dritte Stand?'[1]) gab er dem nationaldemokratischen Gedanken in folgenden Sätzen Ausdruck:

„Was ist eine Nation? Eine Gesamtheit von vereinigten Individuen, die unter einem gemeinsamen Gesetz stehen und durch dieselbe gesetzgebende Versammlung vertreten sind ...

Der dritte Stand umfaßt ... alles, was zur Nation gehört, und alles, was nicht der dritte Stand ist, darf sich nicht als zur Nation gehörend betrachten. Was ist also der dritte Stand? Alles! ...

In jeder freien Nation — und jede Nation muß frei sein — gibt es nur eine Art, Streitigkeiten, die sich über die Verfassung erheben, ein Ende zu machen. Nicht zu Notabeln muß man seine Zuflucht nehmen, sondern zur Nation selbst. Wenn uns eine Verfassung fehlt, müssen wir eine schaffen; dazu hat die Nation allein das Recht ...

Man wird niemals den gesellschaftlichen Mechanismus verstehen, wenn man sich nicht entschließt, eine Gesellschaft wie eine gewöhnliche Maschine zu zergliedern, jeden Teil für sich selbst zu betrachten und dann alle, einen nach dem andern, in seinem Denken wieder zusammenzufügen, um ihr Zusammenstimmen zu erfassen und die allgemeine Harmonie zu vernehmen, die daraus hervorgehen muß ...

Man sieht, daß hier die Macht der Allgemeinheit gehört. Ihr Ursprung sind allerdings immer individuelle Willen, und diese bilden ihre Grundbestandteile; aber einzeln betrachtet, würde ihre Macht nichts sein. Diese ruht nur in der Gesamtheit. Die Gemeinschaft muß einen gemeinschaftlichen Willen haben; ohne die Einheit des Willens wird es ihr niemals gelingen, ein Ganzes zu bilden, dem Wollen und Handeln eigen ist ...

Die Nation ist vor allem andern da; sie ist der Ursprung von allem. Ihr Wille ist immer gesetzmäßig; sie ist selbst das Gesetz. Vor und über ihr gibt es nur das natürliche Recht ...

Die Nation bildet sich allein durch das natürliche Recht. Die Nation ist allein schon dadurch, daß sie ist, alles was sie sein kann ....

Die Nation ist nicht nur keiner Verfassung unterworfen, sondern sie kann es nicht sein, sie darf es nicht sein, und das bedeutet wiederum, daß sie es nicht ist ...

Man muß die Nationen der Erde als Individuen auffassen, die sich außerhalb des gesellschaftlichen Bandes, oder wie man sagt, im Naturzustande befinden. Die Ausübung ihres Willens ist frei und von allen bürgerlichen Formen unabhängig ... Auf welche Art immer sie will, es genügt, daß ihr Wille in Erscheinung tritt, damit jedes positive Recht vor ihr weicht als vor der Quelle und der obersten Herrin jedes positiven Rechts ...

Einer oder mehrere wesentliche Teile einer Körperschaft sind nichts, wenn sie getrennt sind. Die Macht gehört nur der Gesamtheit ...

Eine politische Gesellschaft kann nur in der Gesamtheit der vereinigten Individuen bestehen. Eine Nation kann nicht beschließen, sie solle in Zukunft nicht mehr die Nation sein ...

Ein Prinzip des allgemeinen Rechts besagt: *es gibt keinen größeren Mangel als den Mangel an Macht* ...“

Diese Sätze sind eindeutig; sie bedürfen kaum eines Kommentars. Indem sie der Nation alle Legitimität und Legalität, alle Willensbildung und jede Aktionskraft, alles Recht und jede Macht zuwiesen, richteten sie auf dem Boden des radikalen Individualismus den nicht minder radikalen nationaldemokratischen Kollektivismus auf. Die Identifikation des dritten Standes mit der Nation vernichtete jedes historisch gewordene Recht und machte jeden, der außerhalb des dritten Standes war oder aus ihm ausgeschlossen wurde, rechtlos. Die Lehre von der schrankenlosen verfassunggebenden Gewalt, vom absoluten pouvoir constituant der Nation, gipfelte in der Proklamation des Rechts auf gewaltsamen Umsturz jeder Ordnung und auf permanente Revolution. Die Lehre vom imperativen Mandat der gewählten Volksvertretung gab die Gewähr, daß diese ein bloßes Instrument des in der Nation selbst ruhenden, unveräußerlichen Kollektivwillens blieb. Die Einschaltung plebiszitärer Elemente in das

---

[1]) *Emmanuel Sieyès*, Qu'est-ce que le tiers état? (1789); deutsche Ausgabe von *Otto Brandt* (Klassiker der Politik Bd. 9, 1924).

12

nach dem Sturz des Königtums errichtete jakobinische Herrschaftssystem verstärkte die unmittelbare Wirkungskraft des nationalen Kollektivwillens weiter; überall setzten sich die aktiven Minderheiten in Volksversammlungen und Volksabstimmungen durch. Mehr noch als die verfassungsmäßige Willensbildung durch Wahlen und Abstimmungen trug die nationaldemokratische levée en masse zur Mobilisierung der kollektiven Kräfte bei. Wenn, wie Sieyès sagte, der Mangel an Macht das schlimmste aller denkbaren Mängel ist, so war es folgerichtig, daß der sich absolut setzende nationaldemokratische Radikalismus das Recht zur äußersten Gewaltsamkeit nach innen und außen in Anspruch nahm. Notwendig mußte er sich in der Bekämpfung der inneren ‚Staatsfeinde‘, der Royalisten und Föderalisten, der Klerikalen und Aristokraten, dann aber auch der Lafayettisten, der Girondisten und Dantonisten zur ‚terreur‘, zur nationaldemokratisch legitimierten Schreckensherrschaft steigern. Von solchen Prinzipien aus mußte die radikale Revolution notwendig in die radikale Diktatur übergehen. Es war nur eine letzte Konsequenz, daß nach dem Sturz des jakobinischen Regimes und nach dem zwielichtigen Zwischenspiel des Direktoriums das nationaldemokratische Prinzip sich zum nationalplebiszitären Cäsarismus des Konsulats und des Kaisertums steigerte. Sieyès blieb seinem nationaldemokratischen Manifest von 1789 treu, als er ein Jahrzehnt später am Staatsstreich des 18. Brumaire teilnahm, um Napoleon Bonaparte das Tor zur Macht zu öffnen. Wenn die Nation ein äußerstes Maß an Einheit und Gemeinschaft, an Egalität und Homogenität, an kollektiver Willens- und Wirkungskraft, an aggressiver und militanter Aktion, an Gewaltsamkeit und Machtanhäufung bedeuten sollte, so war die cäsaristische Diktatur der legitime Vollstrecker der nationaldemokratischen volonté générale.

III. Nationalität und Humanität

Den außerordentlichen Widerhall, den die Ideen von 1789 in Deutschland fanden, verdankten sie den weltbürgerlichen, humanitären und liberalen Prinzipien, die am Beginn der Revolution allesübertönend hervortraten. Wenn *Herder, Kant* und *Fichte*, wenn *Klopstock, Wieland* und *Schiller* sich im Anfang zu den Prinzipien von 1789 bekannten, so deshalb, weil sie die Revolution als eine große menschliche Tat der Befreiung empfanden. Nur *Goethe*, so stark er die welthistorische Wende begriff, die sich in der Revolution vollzog, sah von Anfang an in ihr die Kräfte der Zerstörung, des Schreckens und der Willkür am Werk. So wie aber der weit überwiegende Teil des gebildeten Deutschland von dem faszinierenden Bild der sich selbst befreienden Nation hingerissen war, so fühlte auch das einfache Volk sich von der Losung ‚Freiheit, Gleichheit, Brüderlichkeit‘ ergriffen. Vornehmlich im Westen des Reichs nahm der beweglichere Sinn der Honoratioren, der Kaufleute, der Handwerker in den Städten, aber auch der Bauern auf dem Land die von Frankreich ausstrahlenden Ideen als die gemeinsame Sache der europäischen Völker auf. Wie die Reformation so war die französische Revolution, anders als die englischen Umwälzungen des 17. Jahrhunderts oder als der Abfall der Niederlande, kein bloß regionales, sondern ein gesamteuropäisches Ereignis.

Aber wenn auch die Gebildeten wie das einfache Volk in Deutschland sich von den Ideen von 1789 unmittelbar angesprochen wußten, so faßten sie sie doch nicht als einen Aufruf zum Umsturz in Deutschland auf. Ein Werk geistiger Befreiung sahen sie in Gang gebracht, von dem sie hofften, daß es von einer starken und weisen Regierung durch maßvolle Reform ohne tiefere Erschütterung der sozialen Existenz übernommen und verwirklicht werden könne. Die deutschen Anhänger der Revolution spürten, von einer kleineren Gruppe von Radikalen abgesehen, in den Ideen von 1789 allein die großen Kräfte, die den Völkern Freiheit und Frieden, dem Einzelnen freie Entfaltung seines persönlichen Seins, Sicherheit gegenüber willkürlicher Gewalt und Schutz seiner Rechte, dem Ganzen Ordnung, Gerechtigkeit, Wohlfahrt und Gesittung zu gewährleisten verhießen. Grundrechte, Gewaltenteilung und Repräsentativsystem galten den deutschen Anhängern der Revolution in ihrer Mehrzahl als die neuen Verfassungsprinzipien, die zu entwickeln waren. Das nationale Prinzip hatte, da es in seinen deutschen Anfängen ganz im weltbürgerlichen Ideal der Humanität, der Kultur, der allgemeinen Bildung und Gesittung verwurzelt war, in Deutschland in dieser Zeit noch nichts von dem Dynamismus und der Dämonie der Macht, die mit der Revolution in Frankreich in die Erscheinung traten. Nicht der Mangel an Macht, sondern der Mangel an Recht wäre den Repräsentanten des deutschen Geistes dieser Zeit als der schlimmste Mangel erschienen.

Erst als der nationalstaatliche Radikalismus Frankreichs seinen Siegeszug über Europa angetreten hatte, zeigten sich auch in Deutschland Wegbereiter des extremen Nationalgedankens. *Fichte* und *Arndt* verbanden die älteren Schichten der humanitären Nationidee mit dem nationalrevolutionären Prinzip. Vereinfachend und zuspitzend ließe sich sagen, die nationalstaatliche Idee Fichtes und Arndts beruhe auf einer Kombination von Herder und Rousseau. Die Herdersche Vorstellung der aus naturhaften Kräften aufsteigenden, durch eine humanitäre Kulturmission bestimmten Volkheit war in dem neuen Denken festgehalten und zugleich vertieft, indem sie sich mit den der politischen Romantik entnommenen Begriffen des ,Organismus' und der ,Gemeinschaft' verknüpfte. Aber sie verwandelte ihren Sinn und steigerte ihre Stoßkraft, indem sie die nationalrevolutionären und machtstaatlichen Momente des jakobinischen Programms in sich aufnahm. Der Sieg der Ideen von 1789 und der Revolutionsarmeen, der Zusammenbruch des Reichs und die Unterwerfung Deutschlands unter die Fremdherrschaft, die Faszination, die von der imperialen Geltung Frankreichs und dem Ruhm seines Herrschers ausstrahlte, schlugen das deutsche Denken in den Bann eines Prinzips, das zugleich als die Verkörperung des Weltgeistes in Waffen und als das Weltungeheuer erschien. Die Bewunderung, mit der *Goethe, Hegel* und *Hölderlin* der cäsarisch-imperialen Erscheinung Napoleons begegneten, stammt aus der gleichen Erschütterung, aus der der metaphysische Haß hervorging, mit dem *Stein* oder *Arndt* sich dem großen Weltdämon widersetzten. Je stärker der Wille zum Widerstand gegen die Übermacht der welterobernden Kräfte Frankreichs wuchs, desto stärker griff die Einsicht um sich, daß die Revolution nur mit ihren eigenen Mitteln geschlagen werden könne. So nahm in den Jahren des Zerfalls und der Demütigung der im Widerstand wachsende deutsche Patriotismus notwendig die Züge des aggressiven, militanten und revolutionären Nationalismus an. Wie die übrigen europäischen Nationen so fühlte auch die deutsche sich aufgerufen, dem nationalrevolutionären Prinzip, das sie bezwungen hatte, mit eben diesen Kräften der nationalrevolutionären Erhebung entgegenzutreten.

14

Nationalität und Humanität

Johann Gottlieb Fichte (1762—1814) hatte in seinen frühen Schriften den Individualismus der französischen Revolution mit dem ihm eigentümlichen Radikalismus in das Extrem des ‚absoluten Ich‘ gesteigert und damit ein Programm des konsequenten Anarchismus entwickelt. Doch schon in seinen ‚Grundlagen des Naturrechts‘ (1796/97) gab er diesen radikalen Individualismus preis, indem er den Begriff der ‚Gemeinschaft‘ in das deutsche Staatsdenken einführte; er prägte damit die deutsche Grundformel, die dem rationalen Kollektivismus der jakobinischen Theorie die irrationalen und emotionalen Momente zufügte, die seitdem für den deutschen Nationalgedanken bezeichnend geworden sind. Der als ‚Naturveranstaltung‘ empfundene nationale Staat galt Fichte nicht als ‚compositum‘, sondern als ‚totum‘; nur in der Staatsverbindung, so schien es nun, erwirbt der Einzelne sein Menschentum; nur dadurch daß er Bürger ist, vermag er Mensch zu sein. Fichtes Schrift ‚Der geschlossene Handelsstaat‘ (1800) steigerte diese Ansätze zum Programm eines vollentwickelten Staatssozialismus. Die Vorlesungen ‚Grundzüge des gegenwärtigen Zeitalters‘ (1804/05) setzten an die Stelle der nun preisgegebenen Idee des ‚absoluten Ich‘ die Idee des ‚absoluten Staates‘, die Idee des Staates von reiner Form und von vollkommenem Zweck, der ‚alle Individuen der Gattung aufopfert‘. In den „Reden an die Deutsche Nation“ (1807/08) rang sich dann der Wille zur absoluten nationalstaatlichen Existenz in äußerster Konsequenz durch. Noch in der Defensive gegenüber fremder Überwältigung stehend, brach der offensive Geist, der dieses Denken bestimmte, sich mächtig Bahn. Die mit der patriotischen Leidenschaft verbundenen sozialistischen und imperialistischen Theoreme gaben dieser Form des nationalen Kollektivismus eine besondere vitale Kraft, da in ihnen die Sturmzeichen einer kommenden Zeit im Voraus aufgerichtet waren. Der Universalismus der idealistischen Philosophie setzte sich hier in die Metaphysik der direkten Aktion um. Und schließlich, als der Entscheidungskampf gegen die Fremdherrschaft begann, bekannte Fichte sich zur Lehre vom ‚absoluten Begriff des Krieges‘; er erhob nun den Ruf nach dem ‚Zwingherrn zur Deutschheit‘, in dem er das ‚mythische Gegenbild zur Gestalt Napoleons‘ [1]) beschwor. In dem „Entwurf zu einer politischen Schrift im Frühling 1813“ rief er dazu auf, nicht durch das rechtliche Band einer deutschen Föderation, sondern durch das politische Band des gemeinsam geführten Krieges und des gemeinsam erstrittenen Sieges die ‚Reichseinheit‘, den ‚innerlich und organisch verschmolzenen Staat‘ zu schaffen, einen Staat allerdings, der ein ‚wahrhaftes Reich des Rechts‘ darstellen und die ‚Freiheit, gegründet auf die Gleichheit alles dessen, was Menschenantlitz trägt‘, gewährleisten sollte.

So kehrte dieses Bekenntnis zum nationalen Reich der Deutschen am Ende doch wieder zur Idee der Freiheit und Gleichheit des allgemeinen Menschentums zurück. *Nationalität und Humanität* wurden auch auf dieser ausgesetzten Stufe des nationalstaatlichen Denkens noch als Einheit empfunden. Wo auch immer in der Epoche des Kampfes gegen die napoleonische Herrschaft der Ruf nach Freiheit und Einheit der deutschen Nation sich erhob, bei Stein oder Humboldt, bei Arndt oder Görres, bei Scharnhorst, Gneisenau oder Clausewitz und auch in der „politischen Romantik“, stets trat dieser fortdauernde Zusammenhang der deutschen Nationidee mit ihren allgemein-menschheitlichen Grundvoraussetzungen hervor [2]). Gerade auch im Programm der deutschen Nationalerziehung blieb während der preußischen Reformzeit und später dieser Zusammenhang gewahrt [3]). Als am Ende der napoleonischen Epoche die Hoffnung sich als trügerisch erwies, daß die errungene nationale Freiheit durch die nationale Einheit gekrönt werde, lehnten sich zwar, wie dies unvermeidbar war, die oppositionellen Kräfte erneut in nationalrevolutionärem Denken auf [4]). Aber auch sie verharrten in der Grundüberzeugung, daß die Nation nicht Selbstzweck, sondern ein dienendes Moment in einer auf Sittlichkeit und Recht gegründeten menschheitlichen Gesamtordnung sei.

---

[1]) *H. Freyer*, Fichte (HWB des Grenz- und Auslandsdeutschtums, Bd. 2, 1936, S. 498).
[2]) Vgl. *Fr. Meinecke*, Weltbürgertum und Nationalstaat S. 162 ff.
[3]) Siehe unten S. 269 ff.
[4]) Siehe unten S. 697 ff.

§ 2. Das Reich im Widerstand gegen die Revolution

Schrifttum: L. Häusser, Deutsche Geschichte vom Tode Friedrichs des Großen bis zur Gründung des Deutschen Bundes (4. Aufl. 1869); *K. Th. Heigel,* Deutsche Geschichte vom Tode Friedrichs des Großen bis zur Auflösung des alten Reiches (1899/1911); *H. v. Treitschke,* Deutsche Geschichte im 19. Jahrh. Bd. 1 (1879; Neudruck 1928); *W. Oncken,* Das Zeitalter der Revolution, des Kaiserreiches und der Befreiungskriege (1884/86); *A. Wahl,* Geschichte des europäischen Staatensystems im Zeitalter der französischen Revolution und der Freiheitskriege 1789—1815 (1912); *A. v. Hoffmann,* Polit. Geschichte der Deutschen Bd. 5 (1928); *A. Schulte,* Der deutsche Staat. Verfassung, Macht und Grenzen (1933) S. 252 ff.; *H. v. Srbik,* Deutsche Einheit Bd. 1 (1935) S. 147 ff.; *F. Schnabel,* Deutsche Geschichte im 19. Jahrh. Bd. 1 (4. Aufl. 1948); *W. Andreas,* Das Zeitalter Napoleons und die Erhebung der Völker (1955).

H. v. Sybel, Geschichte der Revolutionszeit von 1789 bis 1800 (1853—79); *H. Hüffer,* Dipl. Verhandlungen aus der Zeit der Franz. Revolution (1868/69; 1878/82); *W. Wenck,* Deutschland vor hundert Jahren (1887/90); *A. Schultze,* Kaiser Leopold II. und die Franz. Revolution (1899); *E. Daudet,* Histoire de l'émigration pendant la révolution française (1905/07); *F. Luckwaldt,* Zur Vorgeschichte der Konvention von Reichenbach (Festschr. f. H. Delbrück, 1908, S. 232 ff.); *A. Sorel,* L'Europe et la révolution française (1885—1904); *G. P. Gooch,* Germany and the French Revolution (1916); *A. Stern,* Der Einfluß der Franz. Revolution auf das deutsche Geistesleben (1928); *F. Hempelmann,* Die Emigranten und die französische Revolution 1789—92 (Diss. Hamburg 1935); *W. Wühr,* Die Emigranten der französischen Revolution im bayerischen und fränkischen Kreis (1938); *J. Droz,* L'Allemagne et la Révolution française (1949); *F. Maier,* Frankreich und der Kriegsausbruch von 1792 (aus: Schweizer. Beitr. zur allg. Gesch. Bd. 8, 1950, S. 133 ff.).

Th. Ludwig, Die deutschen Reichsstände im Elsaß und der Ausbruch der Revolutionskriege (1898); *H. v. Zeissberg,* Zwei Jahre belgischer Geschichte 1791—92 (Sitz. Ber. d. Wiener Ak. d. Wiss. Bd. 123, 1891, Abh. 7); *J. Kühn,* Wie Lüttich dem Reich verloren ging. Ein Rückblick auf die Reichsexekution von 1790/91 (1915); *H. Strothotte,* Die Exekution gegen Lüttich 1789—92 (Diss. Bonn 1936).

I. Das europäische Legitimitätsprinzip

In ihren Anfängen konnte die Revolution von 1789 vielleicht als eine innerfranzösische Verfassungsangelegenheit erscheinen, obgleich schon die Aufhebung der Rechte des Adels und der Kirche die Institutionen der gemeineuropäischen Gesellschaft antastete. Die Entrechtung der Monarchie, der Sturz des Königtums, die Hinrichtung des Königs (1793) aber waren ein evidenter Angriff auf das gemeineuropäische Verfassungsprinzip der Legitimität. Die Aufrichtung der egalitären Demokratie und dann der jakobinischen Diktatur zerstörte die Verfassungshomogenität des Kontinents. Der Übergang zum militanten und expansiven Nationalismus bedrohte nicht nur die Sicherheit der Frankreich benachbarten Staaten, sondern zerstörte das Ordnungsgefüge, in dem Europa seit Jahrhunderten gefestigt war.

Obwohl die europäischen Staaten sich im Zeitalter des Absolutismus kraft ihrer Souveränität aus der Unterordnung unter staatenübergreifende Obergewalten gelöst und ihre eigene höchste Selbstbestimmungsmacht aufgerichtet hatten, waren sie Glieder der abendländischen Staatengemeinschaft geblieben. Die „Souveränität" war keine schlechthin schrankenlose Allmacht, sondern eine Rechtsmacht mit immanenten Grenzen. Vor allem gehörte zu ihr nicht das Recht des Einzelstaates, sich von den gemeinsamen Grundlagen der europäischen Staatenverfassung zu lösen. Es gab ein die souveränen Staaten vereinendes *jus publicum Europaeum*[1]), das nicht nur die Grundlage der völkerrechtlichen Staatenbeziehungen bildete, sondern, untrennbar damit verbunden, auch eine Reihe unverbrüchlicher Elemente des gemeineuropäischen Staatsrechts umfaßte. Dieses war gegründet in der gemeinschaftlichen langen Rechtsüberlieferung, in der Homogenität von Bildung und Religion, in der Gleichartigkeit der politischen und sozialen Ordnung, vor allem aber in der Gemeinsamkeit der monarchischen Verfassung. Die auf feudalistisch-legitimistischem Grund gewachsene *Monarchie* war für Europa mehr als nur eine Herrschaftsform; sie war Symbol und Garant einer gleichartigen Autorität und Legitimität, einer gleichartigen Sozialverfassung, einer gleichartigen politischen Grundordnung für die Gesamtheit der abendländischen Völker. Das Band, das die europäischen Dynastien verknüpfte, setzte auch die Völker und Staaten in einen Zusammenhang; selbst in kriegerischen Konflikten ging diese Einheit nicht verloren; noch war, trotz der mit den aufkommenden stehenden Heeren verbundenen Intensivierung der Kriegführung, etwas von dem Geist lebendig, dem der Krieg als eine Form des ritterlichen Turniers galt. Ob die Monarchie noch in der alten ständisch-feudalen Struktur erhalten oder ob sie wie in England durch die parlamentarische Vorherrschaft modifiziert oder ob sie wie im friderizianischen und im josefinischen Staat zum militärisch-bürokratisch fundierten Absolutismus entwickelt war, tat der europäischen Homogenität keinen Abbruch. Auch die in Frankreich zunächst erstrebte Umgestaltung der Monarchie in ein konstitutionelles System mit monarchischer Exekutive und bürgerlich-repräsentativer Legislative hätte die legitimistische Homogenität Europas nicht durchbrochen, wenn das Königtum aus freiem Entschluß seinem Volk verfassungsmäßige Rechte gewährte. Solange die Institution des französischen Königtums als solche nicht angetastet wurde, waren die Ereignisse von 1789 für die übrigen europäischen Mächte kein Anlaß zur Einmischung. Der Sturz des Königtums und die Hinrichtung des Königs dagegen mußte von allen europäischen Regierungen als ein Anschlag gegen Europa selbst empfunden werden. Die die einzelstaatliche Souveränität überhöhende europäische Solidarität forderte nun die *Intervention* der Mächte zum Schutz des im französischen Königtum bedrohten gemeinsamen europäischen Rechtsprinzips.

Der revolutionären Bewegung Frankreichs dagegen erschien der Umsturz als eine innere Verfassungsangelegenheit, für die nach Staats- und Völkerrecht der Grundsatz der *Nicht-Intervention* zu gelten habe. Sie sah die gewaltsame Beseitigung der monarchisch-feudalen Verfassung als einen Akt der nationaldemokratischen Souveränität an, für die es keine gemeineuropäischen Rechtsschranken gab. In der Nationaldemokratie beanspruchte die volonté

---

[1]) Vgl. *C. Schmitt*, Der Nomos der Erde im Völkerrecht des Jus Publicum Europaeum (1950) S. 111 ff., 200 ff.

générale für Verfassungsfragen eine von allen inneren und äußeren Bindungen befreite Gestaltungsmacht; der nationaldemokratische pouvoir constituant war *vis absolutissima* in einem bis dahin unbekannten Sinn. Ein auf das überlieferte jus publicum Europaeum gestütztes Recht fremder Mächte zur Intervention erschien dem revolutionären Staatsdenken als eine Verletzung des national-demokratischen Selbstbestimmungsrechts. So befand das revolutionäre Frankreich sich von dem in ihm verkörperten Rechtsprinzip aus gegenüber der drohenden Einmischung der europäischen Mächte zunächst in einer defensiven Position. Doch vollzog sich schnell der Umschlag aus der Defensive in die Aggression.

Denn der nationaldemokratischen Staatstheorie galten die „Ideen von 1789" als ein nicht nur für Frankreich, sondern für alle Völker verbindliches, durch Natur und Vernunft gebotenes, allgemein-menschheitliches Rechtssystem. Aus der Revolution erhob sich die Vorstellung einer neuen europäischen Homogenität und Solidarität, einer kommenden Gemeinschaft der Völker, geeint im Anspruch aller ihrer Glieder auf Gleichheit, Freiheit und Teilnahme an der Ausübung der Staatsgewalt. Aus der Revolution erhob sich das *neue national-demokratische Legitimitätsprinzip;* gegenüber dem Fürstenstaat erhob sich der Volksstaat; gegenüber der monarchischen Souveränität erhob sich die Volkssouveränität mit dem Anspruch ausschließlicher politischer Rechtfertigung. Aus diesem neuen Legitimitätsprinzip leitete die Nationaldemokratie für die alten Mächte ein Verbot der Intervention gegenüber dem Umsturz, zugleich aber für sich selbst ein Recht zur Intervention gegenüber den Staaten ab, die in dem alten Verfassungszustand der Ungleichheit und Unfreiheit verharrten. Eine neue revolutionäre Vorstellung vom jus publicum Europaeum kam auf, die die Universalität des nationaldemokratischen Gedankens proklamierte und daraus nicht nur den Anspruch jeder Nation auf demokratische Selbstbestimmung, sondern auch das Recht der freien Völker zum europäischen Bürgerkrieg gegen die Träger der alten Herrschaft ableitete.

Zwei einander entgegengesetzte Legitimitätsvorstellungen mit gemeineuropäischem Geltungsanspruch traten so auf den Kampfplatz. Jede von ihnen machte für sich das Recht auf Intervention geltend, während sie der anderen ein Interventionsverbot entgegensetzte. Dem revolutionären Frankreich erschien die Einmischung der monarchisch-feudalen Mächte Europas zum Schutz des bourbonischen Königtums als ein rechtloser Angriff auf die volonté générale der souveränen Nation. Dem alten Europa dagegen ergab sich aus dem Recht zur Verteidigung der überlieferten Ordnung ein zwingender Rechtsgrund für den Eingriff. Nicht nur der Schutz des französischen Königtums, sondern der Schutz der eigenen Ordnung und der eigenen Rechte gebot den europäischen Mächten die Einmischung. Ein Zwang zur Intervention ergab sich vor allem für das Reich, das sich durch die anbrandende Welle der Revolution nicht nur in seiner allgemeinen Macht und Ordnung gefährdet, sondern auch in einer Reihe besonderer Rechtspositionen unmittelbar verletzt sah.

II. Die Abwehr revolutionärer Rechtsübergriffe

1. Das Reich und die Niederlande

Beunruhigt, doch ohne die Kraft zu nachhaltiger Entschließung beobachteten das Reich und die in ihm führenden Regierungen in den ersten Jahren das Wachsen des revolutionären Radikalismus in Frankreich. Das Haus Österreich war in besonderem Maß betroffen, da die Königin Marie Antoinette eine Schwester der Kaiser Josef II. (1765—90) und Leopold II. (1790—92) war. Aber auch eine Reihe territorialer Rechte Habsburgs im Westen des Reichs waren unmittelbar angegriffen, darunter vor allem die Stellung Österreichs in den Niederlanden.

a) Die *nördlichen Niederlande* („Holland") gehörten seit 1648 nicht mehr zum Reichsgebiet. Doch war das deutsche Interesse an der Ordnung in den nördlichen Niederlanden naturgemäß erheblich; insbesondere war Preußen seit langem bemüht, durch ein enges Einvernehmen mit Holland eine gewisse Kontrolle im Nordwesten auszuüben. Die preußische Machtexpansion in diesem Raum dokumentierte sich in der *Intervention in Holland* (1787), die Preußen zugunsten des dem preußischen König verschwägerten Erbstatthalters Wilhelm V. von Oranien gegen die aristokratisch-republikanische Partei der ‚Patrioten' unternahm. Eine Beleidigung der Erbstatthalterin Wilhelmine durch die Patrioten-Partei veranlaßte Preußen, das Land im September 1787 militärisch zu besetzen und den Sturz der Patrioten-Partei zu erzwingen. Ein Dreibund England-Holland-Preußen (13. August 1788) war die Folge dieses Eingreifens. Die drei Mächte vereinbarten eine gegenseitige Garantie des territorialen Besitzstandes und versprachen gegenseitigen Beistand für den Angriffsfall.

b) Die *südlichen Niederlande* waren seit 1477 ein Teil des habsburgischen Hoheitsbereichs. Hier lösten 1787 die Reformen Josefs II. eine ständische Erhebung aus. Als der Kaiser am 18. Juni 1789 die Verfassung von Brabant, die *Joyeuse Entrée*[1]), die das ständische Widerstandsrecht anerkannte, aufhob, proklamierten die Stände die allgemeine Auflehnung. Weder im Ursprung noch in den Zielen war diese Erhebung der Niederlande der französischen Revolution vergleichbar; sie war keine bürgerliche Revolution, sondern eine ständische Widerstandsaktion. Aber der niederländische Aufstand fand eine Stütze in den gleichzeitig in Frankreich ablaufenden revolutionären Ereignissen. Die österreichischen Truppen konnten das Land auf die Dauer nicht halten. Am 10. Januar 1790 stellten die Aufständischen in Brüssel die *Bundesakte der vereinigten belgischen Staaten* fest, eine nach holländischem Vorbild geartete ständische Verfassung, die die Unabhängigkeit des südlichen Niederland von Österreich und zugleich ihr Ausscheiden aus dem Reichsverband verkündete; England und Holland, aber auch Preußen erkannten die belgische Unabhängigkeit an. Preußen verging sich dabei gegen die Reichsverfassung; denn der Abfall der südlichen Niederlande vom Reich war mit den Reichsgrundgesetzen unvereinbar und durfte von keinem Reichsglied gutgeheißen werden. Die preußische Haltung machte es dem Reich unmöglich, gegen den niederländischen Abfall mit dem verfassungsrechtlich gebotenen Mittel der Reichsacht einzuschreiten. Jedoch gelang es Österreich unter Leopold II., die südlichen Niederlande zu unterwerfen (Ende 1790). Preußen hatte sich schon vorher in dem *Reichenbacher Vertrag* (27. Juli 1790) von seiner österreich-feindlichen Politik abgekehrt und versprochen, Österreich bei der Wiedererlangung der südlichen

---

[1]) Die *Joyeuse Entrée* (flämisch: *Blyde Incomst*) war ein im Mittelalter aufgezeichneter Verfassungsvertrag, der die Rechte der brabantischen Stände gewährleistete. Er war von den Landesherren beim Regierungsantritt vor dem Einzug in die Hauptstadt Brüssel zu beschwören. Zum ersten Male wurde der Eid von dem Luxemburger *Wenzel* (Stiefbruder König *Karls IV.*) als Herzog von Brabant am 3. Januar 1356 geleistet.

Niederlande zu unterstützen; dafür hatte Österreich die Wiederherstellung der alten niederländischen Verfassung zugesagt. Nach der Wiedereroberung wurden dann in der Tat auf Grund eines zwischen Österreich, Preußen, Holland und England abgeschlossenen Vertrags (10. Dezember 1790) die josefinischen Neuerungen aufgehoben und die alten Rechte und Freiheiten der südlichen Niederlande unter der Garantie Preußens und der beiden Seemächte wiederhergestellt. Österreich erkannte die *Joyeuse Entrée* erneut an; Kaiser Franz II. (1792—1835) beschwor sie als letzter Herzog von Brabant aus dem Haus Habsburg am 31. Juli 1792.

c) Ähnlich fragwürdig war die preußische Haltung bei der *Reichsexekution gegen Lüttich*, zu der das Reich sich entschloß, als in diesem ihm angehörenden Bistum eine von den Ständen angezettelte revolutionäre Bewegung den Bischof Konstantin Franz von Hoensbroech zur Flucht aus seinem Territorium zwang. Das von dem Bischof angerufene Reichskammergericht ordnete die Rückführung des geistlichen Landesherrn und die Wiederherstellung des früheren Verfassungszustandes an. Die benachbarten Reichsstände, nämlich Kurköln, Kurpfalz und Preußen, wurden mit dem Exekutionsmandat ausgestattet. Wie in den südlichen Niederlanden so unterstützte Preußen jedoch auch in Lüttich im Widerspruch zur Reichsverfassung die Aufstandsbewegung. Es besetzte zwar auf Grund des Exekutionsmandats mit seinen Truppen das Land, leitete dann jedoch Vergleichsverhandlungen zwischen den Aufständischen und dem Bischof ein. Als dieser die preußischen Vorschläge ablehnte, gab Preußen die Exekution entgegen seinen verfassungsmäßigen Pflichten auf; die Festung Lüttich gab es den Aufständischen zurück. Die Kurfürsten von Köln, Trier, Mainz und Pfalz und der Bischof von Münster versuchten darauf, die Exekution im Auftrag des Reichskammergerichts fortzusetzen; doch wurden ihre Truppen von den Lüttichern geschlagen. Dann erst übernahm Österreich die Reichsexekution; im Zug der Erneuerung seiner Herrschaft in den südlichen Niederlanden besetzte es auch Lüttich mit seinen Truppen (Januar 1791); es setzte den Bischof wieder ein und stellte den alten Verfassungszustand wieder her.

2. Das Reich und das Elsaß

Ein direkter Konflikt zwischen Deutschland und dem revolutionären Frankreich entzündete sich aus den ersten Maßnahmen der Revolution im Elsaß, das zwar seit den Übergriffen Ludwigs XIV. staatsrechtlich zu Frankreich gehörte, wo jedoch eine Anzahl deutscher Reichsstände begütert geblieben waren. Zu ihren Rechten gehörten nicht nur private Grundbesitztümer, sondern vor allem auch, nach Maßgabe des vielfältig fortdauernden Lehnrechts, die Gerichtsherrschaft und andere feudale Hoheitsrechte. Die französischen Revolutionsgesetze vom 4. August 1789 hoben diese reichsständischen Rechte auf. Der Westfälische Frieden (IPM § 73) garantierte den Reichsständen jedoch den Besitz ihrer Privilegien und Immunitäten im Elsaß; die Friedensverträge von Nymwegen (1678), Ryswijk (1697) und Rastatt (1714) ließen diese alte Gewährleistung bestehen [1]). Die Aufhebung der reichsständischen Feudalrechte im

---

[1]) Im Westfälischen Frieden (Vertrag von Münster 1648) erhielt die Krone Frankreich zwar die Territorial- und Vogteirechte Habsburgs im Elsaß, jedoch ohne daß damit die Reichszugehörigkeit der betroffenen Gebiete aufgehoben worden wäre. Der Frieden von Nymwegen (1678) hielt diesen Rechtszustand aufrecht. 1680 proklamierte Frankreich seine Souveränität über das Elsaß (ausgenommen Straßburg und Mülhausen); 1681 bemächtigte es sich auch der Reichsstadt Straßburg. Die französischen Annexionen wurden von Kaiser und Reich im Frieden von Ryswijk (1697) anerkannt und mußten auch im Frieden von Rastatt (1714) hingenommen werden.

Elsaß verstieß somit gegen die geltenden völkerrechtlichen Vereinbarungen und verletzte die Rechte des Reichs als des Garanten der Rechte seiner Glieder.

Gewiß ist begreiflich, daß Frankreich, das am 4. August 1789 *alle* feudalen Rechte in allen seinen Provinzen beseitigt hatte, für die Feudalrechte der deutschen Reichsstände im Elsaß nicht gut eine Ausnahme machen konnte. Der Konflikt zwischen dem Recht der Revolution und dem gemeineuropäischen Völkerrecht trat hier an einem Nebenpunkt sinnfällig hervor. Auf den deutschen Protest gegen die Einebnung der reichsständischen Rechte bot die französische Regierung in Vergleichsverhandlungen eine finanzielle Entschädigung an, womit sie indirekt die Rechtswirksamkeit der angetasteten Rechte anerkannte. Aber die Reichsstände lehnten das Anerbieten ab und beharrten auf der Wiedereinsetzung in den status quo ante. Geführt von dem Bischof von Speyer forderten die Geschädigten die Intervention des Reichs. Der Kurfürst von Köln schlug dem Reichstag in Regensburg vor, als Repressalie alle bestehenden Friedensverträge mit Frankreich zu annulieren und den Handelskrieg zu eröffnen. Der Reichstag wagte ein solches direktes Vorgehen, das leicht zum vollen Bruch hätte führen können, nicht. Doch erklärte ein Reichsgutachten vom 6. August 1791 die Aufhebung der deutschen Rechte im Elsaß für unwirksam. Kaiser Leopold II., dem die Durchführung dieses Reichsbeschlusses oblag, zögerte allerdings, sich durch seine Ratifikation juristisch festzulegen. Er trat im Dezember 1791 mit neuen Verhandlungsvorschlägen an König Ludwig XVI. heran. Inzwischen aber hatte die girondistische Partei, die auf Krieg drängte, eine Verständigung unmöglich gemacht. Mit Pathos erklärte der Girondist *Brissot* zur elsässischen Frage, daß die Hoheit des Volkes durch die alten Verträge der Tyrannen nicht gebunden sei[1]. Bevor die Verhandlungen in der elsässischen Frage zu einem Ergebnis führten, kam es über anderen Anlässen zum Krieg.

3. Das Reich und die Emigration

Starke Gegensätze entwickelten sich auch aus dem Streit über die Behandlung der französischen Emigranten in Deutschland. Zahlreiche Mitglieder der Dynastie und des Hofes, des Adels und des hohen Klerus, des Offizierskorps und der hohen Bürokratie hatten das revolutionäre Frankreich verlassen und in Italien und England, zumeist aber in Deutschland Zuflucht gesucht. In den grenznahen geistlichen Fürstentümern Trier, Mainz und Speyer fanden die Emigranten Aufnahme; Kurköln dagegen ließ sie nicht zu. Bald bildeten sich an den Sitzen der Emigranten Mittelpunkte gegenrevolutionärer Agitation und Verschwörung. Die deutschen Reichsstände und die Kaiserliche Regierung sollten zum kriegerischen Eingreifen in Frankreich veranlaßt werden. Zugleich suchten die Emigranten sich politisch und militärisch fest zu organisieren, um an die Spitze einer europäischen Intervention zu treten. Völkerrechtlich war im Grunde schon die Duldung dieser politischen und militärischen Tätigkeit der Emigranten durch die deutschen Reichsstände ein Akt der Intervention. So jedenfalls wurde sie in Frankreich verstanden und durch Gegenprovokationen beantwortet.

Seit 1791 war Koblenz das Zentrum der gegenrevolutionären Bewegung. Die Brüder Ludwigs XVI., die *Grafen von Provence* (‚Monsieur')[2] und *von Artois*[3]), mit

---

[1] *Sybel*, Bd. 1 S. 339.
[2] Später König Ludwig XVIII. (1755–1824; Regierungszeit 1814/15–1824).
[3] Später König Karl X. (1757–1836; Regierungszeit 1824–1830).

ihren Vertrauten gaben der Emigration hier die politische Führung. Sie bildeten ein Exil-Ministerium unter der Leitung von *Calonne*, dem ehemaligen Minister Ludwigs XVI. Der *Prinz von Condé* schuf aus emigrierten Offizieren und Soldaten den Kern einer gegenrevolutionären Armee, an deren Spitze er als Befreier in Frankreich einzuziehen hoffte. Frankreich verlangte, unter Berufung auf den Grundsatz der Nicht-Intervention, von den deutschen Reichsständen die Unterdrückung aller gegen das revolutionäre Regime gerichteten Umtriebe der Emigranten; für den Fall weiterer Duldung oder Förderung der Verschwörung drohte es mit Repressalien oder mit Krieg, wofür es sich auf das Vorliegen eines gerechten Grundes („justa causa") berief. Schließlich forderte die französische Regierung auch von Kaiser und Reich, daß die Reichsstände von der weiteren Duldung und Förderung der Emigranten durch wirksame Maßnahmen abgehalten würden. Recht oder Unrecht hingen auch hier davon ab, ob die Revolution eine innere Verfassungsangelegenheit Frankreichs war und jede fremde Einmischung sich damit verbot, oder ob sie den ordre public Europas so sehr verletzte, daß die deutsche Intervention und damit auch die Unterstützung der Emigranten in Deutschland gerechtfertigt war.

III. Intervention und Krieg

1. Österreich und das französische Königtum

Schon Anfang 1790 stand Österreich vor der Frage, ob es sich für Intervention oder Nicht-Intervention entscheiden wolle. Die *Vakanz im Kaisertum,* die mit dem Tod Josefs II. (20. Februar 1790) eintrat, lähmte die Aktionsfähigkeit des Reichs in einem entscheidenden Augenblick. Nachdem Österreich sich durch den Reichenbacher Vertrag (27. Juli 1790) Freiheit im Rücken geschaffen hatte[1]), gewann Leopold II., seit dem 30. September 1790 zum Kaiser erhoben[2]), die Voraussetzungen für eine aktivere Haltung. Nicht nur aus dynastischen Gründen waren Josef II. und Leopold II. durch die Revolution in Frankreich unmittelbar verletzt. Die Königin Marie Antoinette, die Schwester der beiden Kaiser, war zugleich die Exponentin des politischen Bündnisses, das Österreich und Frankreich durch die Heirat der Tochter Maria Theresias mit dem bourbonischen Thronfolger eingegangen waren, um die alte Feindschaft zu überwinden. Die Abneigung, die sich in Frankreich gegen Marie Antoinette ausbreitete, galt in erster Linie dem habsburgischen Erbfeind, den die Königin verkörperte. Die Maßnahmen, mit denen Josef II. und Leopold II. ihre königliche Schwester in Frankreich zu sichern suchten, galten auch der Verteidigung der politischen Position, die Österreich sich in Frankreich hatte schaffen wollen.

Mit Leopold II. unterhielt die Königin einen geheimen Briefwechsel, in dem der Kaiser die Haltung seiner Schwester instruierte. Der zielbewußte und doch maßvolle Herrscher, der seinem Bruder Josef an Klugheit ebenbürtig, an Einfühlung, Geschick und Wendigkeit aber überlegen war, mahnte die Königin zu zurückhaltender Festigkeit, zu besonnener Ruhe, zu zähem Aushalten auf

---

[1]) Siehe oben S. 19.

[2]) Leopold II. wurde, nachdem durch den Reichenbacher Vertrag die Brandenburgische Kurstimme gesichert war, am 30. September 1790 in Frankfurt einstimmig zum Kaiser gewählt und am 9. Oktober 1790 gekrönt.

dem gefährdeten Platz; für den Notfall aber versicherte der Kaiser die Königin seines Beistands. Leopolds Instruktionen an die Königin wollten den Konflikt vermeiden; aber sie sprachen zugleich für den Fall, daß der Konflikt sich als unvermeidbar erweisen sollte, den Entschluß zur Intervention aus.

Nimmt man es genau, so war die Hilfe, die Leopold II. der Königin bei der *Flucht im Juli 1791* gewährte, schon eine Intervention. Als die Königin ihr Hilfsersuchen an den Kaiser richtete, stellte er ihr zunächst die gemeinsame bewaffnete Demonstration der europäischen Mächte an den Grenzen Frankreichs, dann aber für die Flucht selbst die Unterstützung durch die in Belgien stehenden österreichischen Truppen in Aussicht. Als die Flucht in Varennes scheiterte, sah der Kaiser sich durch sein Hilfsversprechen zu tatkräftiger Einmischung verpflichtet. In dem *Rundschreiben von Padua* (6. Juli 1791), das der Kaiser an Preußen, England, Spanien, Sardinien und Neapel, sowie an den Kurfürsten von Mainz als den Reichserzkanzler richtete, forderte er die europäischen Mächte auf, dem bedrohten französischen Königtum gemeinsamen Beistand zu leisten. Zwar kam es nicht zu dem von Österreich vorgeschlagenen Kollektivschritt; doch schloß Preußen sich dem österreichischen Vorstoß an. In einer Konvention vom 25. Juli 1791 vereinbarten die beiden deutschen Mächte, in der französischen Frage *solidarisch* vorzugehen.

2. *Die österreichisch-preußische Interventionsdrohung*

In der *Deklaration von Pillnitz* (27. August 1791) sprachen Kaiser Leopold II. und König Friedrich Wilhelm II. die Hoffnung aus, daß alle europäischen Souveräne das Interesse teilten, die monarchische Regierung in Frankreich, die allein dem Recht der Fürsten und dem Wohl der Nation entspreche, wiederherzustellen. Unter der Voraussetzung, daß eine gemeinsame europäische Intervention zustande komme, seien Österreich und Preußen bereit, die nötige Truppenmacht aufzustellen. Allerdings war man sich in Pillnitz darüber klar, daß England nicht geneigt sei, an einer gemeinsamen Intervention teilzunehmen. Hinter dem Vorbehalt der solidarischen europäischen Aktion verbarg sich daher, trotz der starken Worte der Erklärung, der Verzicht auf die Intervention[1]).

Damit stand in Einklang, daß alle Anträge des in Pillnitz anwesenden Grafen von Artois abgelehnt wurden. Vor allem weigerten die Mächte sich, die von den Emigranten geplante Einsetzung der Exil-Regierung des Grafen von Provence anzuerkennen, der als „Regent Frankreichs" an die Stelle des seiner Freiheit und damit seiner Regierungsfähigkeit durch die Revolution beraubten Königs treten sollte. Vielmehr waren Österreich und Preußen zum Verzicht auf die Intervention bereit, wenn Ludwig XVI. die Verfassung, die ihm in einem dieser Tage vorgelegt wurde, freiwillig akzeptieren würde. So war die Deklaration nur ein Mittel diplomatischer Einwirkung, das die militärische Intervention überflüssig machen sollte. Insgeheim blieben Österreich und Preußen um einen Ausgleich in Frankreich bemüht, indem sie Ludwig XVI. zur *Annahme der Verfassung* zu bestimmen suchten. In der Tat unterwarf der König sich am 16. September 1791 dem Verfassungsvorschlag der Nationalversammlung, womit der innere Friede in Frankreich hergestellt und auch der europäische Friede gesichert zu sein schien. Kaiser Leopold erklärte alsbald, die französische Frage sei damit erledigt; für eine europäische Koalition im Sinn der Pillnitzer Verlautbarung bestehe kein Anlaß mehr. In einer *Zirkularnote vom 12.*

---

[1]) *Sybel*, Bd. 1, S. 313.

November 1791 bekräftigte der Kaiser diese Auffassung gegenüber den europäischen Höfen.

Die girondistische Partei allerdings, die in der neugewählten französischen Legislative tonangebend war, sah sich durch dieses Einlenken Österreichs ermutigt, die eingetretene Beruhigung Europas durch herausfordernde Erklärungen erneut zu stören. Auf ihr Betreiben forderte die französische Regierung in einer *Note an den Kurfürsten von Trier,* daß dieser alle Vorbereitungen der Emigranten auf trierischem Territorium, insbesondere in Koblenz, unterdrücke. Der um den europäischen Frieden besorgte Kaiser wies den Kurfürsten auf seine Pflicht hin, der französischen Forderung zu genügen. Doch ließ er zugleich durch die *österreichische Note vom 21. Dezember 1791* die französische Regierung wissen, daß der Kaiser sich als Reichsoberhaupt jedem Angriff auf Teile des Reichsgebiets widersetzen werde und daß er deshalb den in Luxemburg stehenden österreichischen Truppen den Befehl gegeben habe, das Kurfürstentum Trier gegen einen etwaigen französischen Einfall zu verteidigen. Dieser Hinweis auf die selbstverständliche verfassungsmäßige Pflicht zur Wahrung der Reichsintegrität, mehr aber noch die in der Note erneuerte Drohung, einer Expansion der revolutionären Bewegung über Frankreichs Grenzen hinaus werde ein defensiver Verein der europäischen Mächte entgegentreten, rief die Empörung der girondistischen Partei hervor. Sie unterstellte dem angekündigten Verein der Mächte die Absicht, die Verfassung Frankreichs durch militärische Einmischung ändern zu wollen.

3. Ultimatum und Kriegserklärung

Aus diesem Konflikt ergab sich das französische *Ultimatum an Österreich* (25. Januar 1792), das dem Kaiser zumutete, bis zum 1. März den Verzicht auf jede Intervention feierlich zu erklären. Trotz dieser Herausforderung blieb der Kaiser bei seiner maßvollen Haltung. Auch das angesichts der erneuten Kriegsgefahr abgeschlossene *österreichisch-preußische Bündnis* (7. Februar 1792) hatte rein defensiven Charakter; die beiden Mächte gaben sich eine gegenseitige Garantie ihres Besitzstandes und verpflichteten sich zum Beistand nur für den Fall eines gegen eine von ihnen gerichteten Angriffs. *Die kaiserliche Note vom 17. Februar 1792,* die das Ultimatum beantwortete, ließ, bei Festigkeit in Form und Sache, doch den Weg der Verständigung offen. Vielleicht wäre es der Staatskunst Leopolds II. gelungen, den Krieg zu vermeiden. Doch auf dem Höhepunkt der Krise erlag der Kaiser plötzlich dem Tod (1. März 1792). Ein neues Ultimatum, das die Entwaffnung Österreichs und die Auflösung des Bündnisses mit Preußen forderte (18. März 1792), lehnte Leopolds Nachfolger Franz II. ab[1]). Darauf zwang die Legislative Ludwig XVI., am 20. April 1792 die Kriegserklärung gegen Franz II. als „König von Ungarn und Böhmen" auszusprechen.

Es besteht kaum ein Zweifel daran, daß das revolutionäre Frankreich diesen Krieg nicht als einen Verteidigungskrieg zur Abwehr einer deutschen oder europäischen Intervention, sondern daß es ihn, angetrieben von der *Idee der natürlichen Grenzen,* unternahm, um die westlich des Rheins und der Alpen liegenden fremden Territorien

---

[1]) Mit dem Tod Leopolds II. trat erneut eine Vakanz im Kaisertum ein. Franz II wurde am 5. Juli 1792 in Frankfurt einstimmig zum Kaiser gewählt und am 14. Juli 1792 gekrönt. Er trat das Kaisertum also erst nach Kriegsausbruch an. Wahl und Krönung Franz II. waren die letzten Akte dieser Art im alten Reich.

der französischen Herrschaft zu unterwerfen. Allenfalls ließe sich sagen, daß Frankreich diese Gebiete zu erobern unternahm, weil es hinter seinen „natürlichen Grenzen" einen stärkeren Schutz gegen eine europäische Intervention zu finden hoffte, mit anderen Worten, daß es sich für den Präventivkrieg entschied, um einer Intervention zuvorzukommen. Die insgeheim zum Sturz des Königtums entschlossene radikal-revolutionäre Partei mußte mit der Intervention fest rechnen, nachdem das österreichische Kaiserhaus feierlich erklärt hatte, daß es die Beseitigung der Monarchie in Frankreich als casus belli betrachten werde. *Sicherheit durch Angriff und Eroberung* war auch bei dieser Sicht der Dinge das Ziel der revolutionären Kriegspartei Frankreichs.

§ 3. Das Reich und die Koalitionskriege

Schrifttum: siehe die zu § 2 angegebenen allgemein-historischen Werke; ferner *Fr. Gentz,* Über den Ursprung und Charakter des Krieges gegen die französische Revolution (1801); *A. v. Vivenot — H. v. Zeissberg,* Quellen zur Geschichte der deutschen Kaiserpolitik Österreichs während der französischen Revolutionskriege (1873—90); *A. Beer,* Zehn Jahre österreichischer Politik 1801—1810 (1877); *L. v. Ranke,* Ursprung und Beginn der Revolutionskriege (2. Aufl. 1879); *A. Fournier,* Gentz und Cobenzl. Geschichte der österreichischen Diplomatie 1801—1805 (1880); *A. M. Chuquet,* Les guerres de la Révolution (1886—95); *H. Glagau,* Die französische Legislative und der Ursprung der Revolutionskriege 1791/92 (1896); *A. Schultze,* Kaiser Leopold II. und die französische Revolution (1899); *H. Hüffer,* Der Krieg des Jahres 1799 und die zweite Koalition (1904/05); Der Krieg gegen die französische Revolution 1792—97 (bearb. in der kriegsgeschichtl. Abt. des K. u. K. Kriegsarchivs, 1905); *O. Brandt,* England und die napoleonische Weltpolitik 1800—1803 (1916); *R. Lorenz,* Volksbewaffnung und Staatsidee in Österreich 1792—97 (1926); *W. C. Langsam,* The napoleonic wars and German nationalism in Austria (1930); *H. Augste,* Die österreichische Politik am Reichstag in Regensburg von Leoben bis Lunéville (Diss. Wien 1930; MSchr.); *J. Schick,* Der Reichstag zu Regensburg im Zeitalter des Baseler Friedens 1792—95 (Diss. Bonn. 1931); *A. Robert,* L'idée nationale autrichienne et les guerres de Napoléon (1933).
P. Bailleu, Preußen und Frankreich von 1795 bis 1807 (1881/87); *R. du Moulin-Eckart,* Zur Geschichte der badischen Politik 1801—04 (HZ Bd. 78, 1897, S. 238 ff.); *F. Friedrich,* Die Politik Sachsens 1801—1803 (1898); *W. Wendland,* Versuche einer allgemeinen Volksbewaffnung in Süddeutschland 1791—94 (1901); *K. Heidrich,* Preußen im Kampf gegen die französische Revolution bis zur zweiten Teilung Polens (1908); *Th. Santelmann,* Die Beziehungen zwischen Bayern und Preußen 1799—1805 (Diss. München 1906); *R. Krauel,* Die Beteiligung Preußens an der zweiten bewaffneten Neutralität vom Dezember 1801 (FBPG Bd. 27, 1914, S. 189 ff.); *R. Koser,* Die preußische Politik 1786—1806 (in: Zur preuß. und dt. Gesch., 1921, S. 202 ff.); *A. Ernstberger,* Österreich-Preußen von Basel bis Campoformio 1795 bis 1797 (1932); *H. Haussherr,* Hardenberg und der Friede von Basel (HZ 184, 1957, S. 292 ff.).
[P.A.Winkopp], Gesch. d. franz. Eroberungen und Revolution am Rhein, bes. in Hinsicht auf die Stadt Mainz (1794); *K. Klein,* Geschichte von Mainz während der ersten französischen Occupation 1792—93 (1861); *K. G. Bockenheimer,* Die Mainzer Klubisten der Jahre 1792—93 (1896); *J. Hashagen,* Das Rheinland und die französische Herrschaft (1908); *A. Conrady,* Die Rheinlande in der Franzosenzeit 1750—1815 (1922); *M. Springer,* Die Franzosenherrschaft in der Pfalz 1792—1814 (1926); *M. Braubach,* Frankreichs Rheinlandpolitik im Zeitalter der französischen Revolution (Arch. f. Pol. u. Gesch. Bd. 8, 1927, S. 172 ff.); *L. Käß,* Die Organisation der allgemeinen Staatsverwaltung auf dem linken Rheinufer durch die Franzosen 1792—1801 (1929); *J. Hansen,* Quellen zur Geschichte des Rheinlandes im Zeitalter der französischen Revolution (1931—38).

A. v. Vivenot, Zur Geschichte des Rastatter Kongresses (1871); J. A. v. Helfert, Der Rastatter Gesandtenmord (1874); H. Hüffer, Der Rastatter Gesandtenmord (1896); P. Montarlot-L. Pingaud, Le Congrès de Rastatt (1912); A. Henche, Der Rastatter Gesandtenmord (Hist. Jb. Bd. 46, 1926, S. 550 ff.); ders., Die nassauische Politik auf dem Rastatter Kongreß (Nass. Ann. Bd. 50, 1929, S. 92 ff.).

I. Die Erste Koalition

1. Die Anfänge der Koalition

Der nach dem Ausbruch des Kriegs von Österreich erstrebten europäischen Koalition trat *Preußen* alsbald, dem Bündnis vom 7. Februar 1792 gemäß, bei. König Friedrich Wilhelm II. hoffte, damit auch die Hindernisse beseitigen zu können, die Österreich den preußischen Wünschen auf neuen Landerwerb in Polen bisher entgegensetzte. *Rußland* stimmte dem österreichischen Vorschlag, ein „europäisches Konzert" gegen Frankreich zu bilden, gleichfalls zu. Es schloß am 14. Juli/7. August 1792 Beistandsverträge mit Österreich und Preußen ab. Aber auch es benutzte den Krieg nur, um sich freie Hand in Polen zu schaffen; aktiv trat es in den Krieg nicht ein. *England* blieb der Koalition gänzlich fern; es hielt zunächst an dem noch bestehenden Einvernehmen mit dem revolutionären Frankreich fest. So waren Österreich und Preußen darauf angewiesen, die *Unterstützung des Reichs und der Reichsstände zu* finden. Aber das Reich schloß sich dem Krieg, in den der Kaiser für seine Erblande verstrickt war, nicht an.

Auch ein Appell Österreichs und Preußens an die *vorderen Reichskreise*, sich, gemäß früheren Vorbildern, zu einer Assoziation zusammenzuschließen, um die Reichsgrenzen zu schützen, war wirkungslos. Die geistlichen Kurfürsten, die Förderer der Emigranten, blieben nun vorsichtig abseits. Der Kurfürst von Pfalz-Bayern versicherte die französische Regierung seiner wohlwollenden Neutralität. Die *norddeutschen Staaten* ließen gar durch Hannover erklären, daß für sie kein Anlaß bestehe, in einen Krieg zwischen Frankreich und Ungarn (!) einzugreifen. Daß die französische Kriegserklärung, so vorsichtig sie Österreich aus dem Spiel zu lassen suchte, sich immerhin auch gegen Böhmen, also ein Glied des Reichs richtete, überging die hannoversche Erklärung geflissentlich. Nur für den Fall einer Verletzung der Integrität des Reichsgebiets und eines verfassungsmäßig erklärten Reichskriegs sagte Hannover zu, sein Kontingent zur gemeinsamen Kriegführung stellen zu wollen. Der Landgraf von Hessen-Kassel dagegen fand sich bereit, in der Form des von ihm seit langem geübten Soldatenhandels Preußen 6000 Mann für den Krieg zu überlassen, wofür er sich für später die Kurwürde versprechen ließ (Vertrag vom 26. Juli 1792). Bald schloß sich dann auch der Markgraf von Baden der Koalition an (September 1792).

So waren Österreich und Preußen wesentlich auf sich allein angewiesen. Ihr Zusammenwirken aber war von Anfang an durch unüberbrückbare Interessengegensätze gehemmt. Über die territorialen Ziele, mit denen man Ersatz für die Kriegskosten zu finden hoffte, bestand keine Einigkeit. Preußen wollte sich durch *Erwerbungen in Polen* schadlos halten und Österreich auf Erwerbungen am Rhein verweisen. Österreich dagegen kam auf den alten Plan zurück, Bayern gegen die südlichen Niederlande einzutauschen. Dieser seit langem betriebene, von Preußen bekämpfte *belgisch-bayerische Ländertausch* hätte zwar die österreichische Position im Reich gestärkt, die deutsche Position auf dem linken Rheinufer aber bedenklich gefährdet. Denn ein linksrheinisches Territorium aus der Rheinpfalz und Belgien wäre zum Satelliten Frankreichs geworden. Die Verständigung über den Ländertausch scheiterte jedoch nicht an solchen Bedenken, sondern an dem Wunsch des Kaisers, auch die Markgrafschaften *Ansbach und Bayreuth*, die durch Vertrag vom 16. Januar 1791 in den unmittelbaren Besitz Preußens gefallen waren, in diese große Arrondierung der österreichischen Herrschaft einzubeziehen. Ergebnislos brachen die beiden deutschen Mächte ihre in Mainz geführten Verhandlungen schließlich ab.

Den österreichisch-preußischen *Feldzug von 1792* leitete der gemeinsame Oberbefehlshaber Herzog Karl Wilhelm von Braunschweig mit dem Versuch ein, die französische Nation von ihren revolutionären Machthabern zu trennen. Das *Manifest vom 25. Juli 1792* versicherte der französischen Nation, die Koalition sei allein darauf bedacht, den legitimen Thron und die legale Macht in Frankreich wiederherzustellen; es rief alle Franzosen loyaler Gesinnung auf, sich auf die Seite der zur Befreiung einrückenden deutschen Armeen zu stellen; den Revolutionären drohte es für den Fall, daß die königliche Familie neuen Kränkungen ausgesetzt werde, die völlige Zerstörung von Paris an. Mit diesem *Aufruf zum Bürgerkrieg* gaben die Verbündeten das alte Rechtsprinzip des „interstalen Kriegs" (des Kriegs von Staat zu Staat) preis. Doch hatte der Versuch, einen Keil in die Nation zu treiben, nur den gegenteiligen Effekt. Die verschiedenen, einander entgegengesetzten Gruppen Frankreichs, die Lafayettisten, die Girondisten und die Jakobiner, verbanden sich alsbald in rückhaltlosem Kriegseifer. Zugleich besiegelte das Manifest das Schicksal der königlichen Familie, die am 10. August 1792 in die volle Gewalt der Revolutionäre fiel und unter dem Vorwurf des Landesverrats in Haft kam. Der Sturz der Monarchie, die Errichtung der Republik waren nun entschieden.

2. Der rheinische Freistaat

Der militärische Rückzug der Verbündeten nach der Kanonade von Valmy (20. September 1792) und die Eroberung von Speyer, Worms und Mainz durch die Armee Custines ergaben für das Reich auch politisch eine bedenkliche Lage. Denn es zeigte sich, daß der Aufruf zum Abfall der Nation von ihrer Regierung, der in Frankreich wirkungslos geblieben war, in den besetzten deutschen Städten Widerhall fand. Die Ideen von 1789 erwiesen zum ersten Mal auf deutschem Boden ihre revolutionierende Kraft. In Mainz bildete sich der „Mainzer Klub", die „Gesellschaft der Freunde der Gleichheit und Freiheit", als Mittelpunkt deutscher jakobinischer Bestrebungen; er forderte den Anschluß der Rheinlande an die Französische Republik. Ein von den Mainzer Klubisten berufener rheinischer Konvent beschloß am 18. März 1793, aus dem linksrheinischen Gebiet zwischen Landau und Bingen einen *rheinischen Freistaat* zu errichten; am 21. März entschied dieses revolutionäre Staatsgebilde sich, nicht ohne Custines Nachhilfe, zum Anschluß an Frankreich. Da zugleich an der nördlichen Front die belgischen Niederlande einschließlich Lüttichs, dann auch die rheinischen Gebiete bis zur Erft und Roer einschließlich Aachens von den französischen Armeen besetzt wurden, führte der Krieg innerhalb weniger Monate den Verlust ausgedehnter Reichsterritorien herbei. Das Reich war damit, obwohl es nicht förmlich am Krieg beteiligt war, in seiner Integrität aufs Schwerste verletzt und durch eine revolutionäre Abfallbewegung in seinem Bestand unmittelbar bedroht.

Im Rausch der Eroberung entschloß Frankreich sich, seine Revolution durch ganz Europa, auch durch ganz Deutschland zu tragen. Ein *Dekret des Konvents vom 19. November 1792* bot allen Völkern, die ihre Freiheit zu erkämpfen wünschten, die Hilfe Frankreichs an; es stellte die militärischen Kräfte der Revolution in den Dienst des allgemeinen europäischen Umsturzes. Ein weiteres *Dekret vom 15. Dezember 1792* ordnete an, daß in allen eroberten Ländern die Prinzipien der Revolution einzuführen seien: Aufhebung der Steuern, Zehnten und Privilegien; Beseitigung der bestehenden Behörden; Wahl provisorischer Behörden auf Grund des allgemeinen Stimmrechts; Konfiskation der Güter der Regierungen, des Klerus und der Aristokratie; Entsendung von Konventskommissaren zur politischen Lenkung der öffentlichen Meinung. Es war nun offenbar, in welchem Maß die nationaldemokratischen Ideen Frankreichs gegen das überlieferte gemeineuropäische Staatsrecht gerichtet waren. Unter dieser Bedrohung entschlossen sich die noch abseits stehenden europäischen Mächte endlich, der gegenrevolutionären Koalition beizutreten.

3. Der Reichskrieg gegen Frankreich

Die schweren Rückschläge führten zu einer tiefen Entfremdung zwischen Österreich und Preußen, die der Konflikt in der polnischen Frage [1]) noch weiter verschärfte. Die Lockerung des Verhältnisses zwischen den beiden Hauptverbündeten machte allerdings der Ausbau des österreichisch-preußischen Bündnisses zur großen *europäischen Koalition* vorübergehend wett. Die Hinrichtung Ludwigs XVI. (21. Januar 1793) faßten die europäischen Regierungen nicht nur als Mord an dem Monarchen, sondern auch als Angriff auf die geheiligte Institution des Königtums auf. England, Holland, Spanien, Portugal, Sardinien und Neapel schlossen sich nun dem gegenrevolutionären Bündnis an. England wurde zu dieser Schwenkung vor allem durch die von Frankreich inzwischen einseitig vollzogene Einverleibung Belgiens bestimmt. In Deutschland aber entschloß sich nun auch das Reich, an der Koalition teilzunehmen und den *Reichskrieg gegen Frankreich* zu erklären.

Schon am 1. September 1792 hatte der Kaiser das Reich durch Hofdekret angehalten, den Reichskrieg gegen Frankreich zu beschließen. Langsam setzte sich die schwerfällige Maschine der Reichsorganisation in Gang. Zunächst wurde die militärische Rüstung eingeleitet, indem ein Reichsgutachten vom 23. November 1792 anordnete, daß von den Reichsständen das Triplum der Reichskontingente aufzustellen sei. Sodann wurde die finanzielle Grundlage des Reichskriegs geschaffen; im Januar 1793 beschloß der Reichstag in Regensburg, die Römermonate, d. h. die nach der Reichsmatrikel zu berechnenden Reichskriegssteuern, von den Reichsständen zu erheben und aus den eingehenden Beiträgen die Reichsoperationskasse zu bilden. Schließlich entschied der Reichstag sich am 22. März 1793 für die *Erklärung des Reichskriegs.* Ein Teil der Reichsstände wurde durch Subsidienverträge, die England mit ihnen abschloß, finanziell zur aktiven Kriegsführung ausgerüstet, so Braunschweig, Hessen-Kassel, Hessen-Darmstadt und Baden. Auch mit Preußen (14. Juli 1793) und Österreich (30. Juli 1793) ging England besondere Bündnisverträge ein. Selbst der Kurfürst von Pfalz-Bayern sah sich genötigt, trotz seines Neutralitätsabkommens mit Frankreich sein Kontingent zur Reichsarmee zu stellen. „Er muß einsehen, — sagte einer der

---

[1]) Siehe unten S. 36 ff.

preußischen Diplomaten — daß nach unserer gothischen Verfassung ein Reichsfürst mit seinen Truppen Krieg führen und zugleich mit seinem Lande neutral bleiben kann"[1]). Der Feldzug der erweiterten Koalition begann mit schnellen Erfolgen. Belgien und die Rheinlande wurden zurückgewonnen. Doch gingen die Preußen Ende 1793 an der Mittelrheinfront auf das rechte Rheinufer zurück; nur Mainz konnten sie halten. Eine schwere Krise der Koalition trat ein, als Preußen drohte, seine Truppen bis auf die 20 000 Mann, die zu stellen es sich in dem Bündnisvertrag mit Österreich verpflichtet hatte, vom Kriegsschauplatz zurückzuziehen. Daß Preußen „sich für das allgemeine Beste sacrificieren" solle, erklärte der Generaladjutant Oberst Manstein für eine „unsinnige Zumutung"[2]). Der preußischen Unlust, am Kriege weiter teilzunehmen, konnte nur begegnet werden, indem England und Holland im *Haager Traktat* (19. April 1794) die Leistung hoher Subsidien an Preußen übernahmen. Die Österreicher ihrerseits mußten nach mehrfachen Niederlagen Belgien und anschließend auch Köln, Bonn und Koblenz preisgeben. Die Preußen, durch nichts zu bewegen, in Belgien einzugreifen, verließen nach Einstellung der englischen Subsidien den Kriegsschauplatz. Im Januar 1795 besetzten die Franzosen ganz Holland; an Stelle der Föderation der Sieben Provinzen begründeten sie die *batavische Republik* nach französisch-revolutionärem Modell.

Nicht nur in Preußen, sondern auch im übrigen Reich wuchs angesichts des enttäuschenden Kriegsverlaufs der Wunsch, den Krieg zu beenden. Der österreichische Versuch, den Reichstag in Regensburg in Abkehr von der geltenden Reichskriegsverfassung zur Verkündung des *allgemeinen Reichsaufgebots*, d. h. zur Einführung der allgemeinen Wehrpflicht der Reichsuntertanen nach dem Vorbild der revolutionären Zwangsrekrutierung Frankreichs, zu bestimmen, scheiterte. Dem föderativen Charakter des Reichs eher angepaßt war dagegen der Vorschlag des Markgrafen Karl Friedrich von Baden, einen *neuen Fürstenbund* zur Verteidigung des Reichs gegen Frankreich zu schaffen und in seinem Rahmen zu einem *Volksaufgebot in Süddeutschland* zu kommen. Die „Wilhelmsbader Konferenz" zwischen dem badischen Markgrafen und dem Landgrafen Wilhelm von Hessen-Kassel (September 1794) regte eine *Union deutscher Fürsten* zum Schutz des Reichs und der Reichsverfassung an; das Hauptziel sollte die „Abwehr der französischen Angriffe und der französischen Ideeninvasion" sein. Doch fand dieser Vorschlag weder die Unterstützung des Kaisers noch die Zustimmung der sonstigen Reichsstände. Am 24. Oktober 1794 stellte dann der Erzkanzler des Reichs, der Kurfürst von Mainz[3]), beim Reichstag in Regensburg den Antrag, das Reich möge sich um Frieden mit Frankreich bemühen. Da dort am 9. Thermidor (27. Juli 1794) Robespierre gestürzt worden war, hegte man im Reich die Hoffnung, daß mit der Schreckensherrschaft auch der Chauvinismus ausgelöscht und ein Frieden auf der Grundlage gegenseitiger Anerkennung des alten Besitzstandes möglich sei. Die Mehrheit des Reichstags stimmte daher dem Antrag des Erzkanzlers zu. Ein Reichsgutachten vom 22. Dezember 1794 forderte den Kaiser auf, einen Friedensschluß mit Frankreich im Einvernehmen mit dem preußischen König anzustreben.

4. Der Sonderfrieden von Basel

Preußen hatte inzwischen, ohne das Reich, den Kaiser oder seine Verbündeten zu unterrichten, geheime Verhandlungen über einen Sonderfrieden mit Frankreich eingeleitet. Preußen hoffte ursprünglich, gegen formelle Anerken-

---

[1]) So der preußische Gesandte *Lucchesini* am 6. Mai 1793 *(Häusser,* Bd. 1 S. 412).
[2]) *Sybel,* Bd. 3 S. 70.
[3]) Kurerzkanzler und Kurfürst von Mainz war von 1774 bis 1802 der Erzbischof Friedrich Karl Josef von *Erthal* (1719—1802). Sein Koadjutor und Nachfolger war Karl Theodor von *Dalberg* (1744—1817), der spätere Fürstprimas und Großherzog von Frankfurt.

nung der Republik die Räumung des linksrheinischen Reichsgebiets erhandeln zu können. Der französische Abgesandte *Barthélemy* forderte jedoch im Namen des Wohlfahrtsausschusses, unter Berufung auf die Doktrin der ‚natürlichen Grenzen‘, die Abtretung aller linksrheinischen Lande. Preußen, das wegen der Schwierigkeiten, die ihm in Polen entstanden waren[1]), den Frieden dringend brauchte, wies ungeachtet der Bedenklichkeit eines solchen Verrats am Reich seinen Unterhändler, den Freiherrn *Karl August von Hardenberg*, den späteren Staatskanzler, an, den französischen Forderungen zu entsprechen. Am 5. April 1795 unterzeichneten die Bevollmächtigten den *Sonderfrieden von Basel.*

Preußen trennte sich damit von der Koalition der europäischen Mächte. Unter Bruch der mit Österreich und England geschlossenen Bündnisverträge, unter Verletzung auch der Pflichten, die ihm als Reichsstand gegenüber dem noch im Krieg gegen Frankreich befindlichen Reich oblagen, zog Preußen sich aus dem Krieg zurück. Alle Vorteile des Friedensschlusses lagen auf der französischen Seite. Preußen erkannte die Republik in ihrem revolutionär geschaffenen Verfassungszustand an; seine linksrheinischen Gebiete, Geldern und den transrhenanischen Teil Kleves, überließ es bis zum allgemeinen Friedensschluß der militärischen Besetzung durch Frankreich. In einer *Geheimklausel des Vertrags* aber war für den Fall, daß im Reichsfrieden das linke Rheinufer abgetreten werden sollte, eine rechtsrheinische Entschädigung Preußens für den Verlust Gelderns und Kleves vorgesehen. Damit sprach Preußen implicite den endgültigen Verzicht auf seine linksrheinischen Gebiete aus; zugleich aber gestand es die französische Einwirkung auf die rechtsrheinischen Territorialverhältnisse Deutschlands zu. Eine Entwicklung von unabsehbarer Tragweite tat sich hier auf. Denn es war damit zu rechnen, daß, wenn es zur Abtretung des linken Rheinufers kam, auch die übrigen dort belegenen Reichsstände, dem preußischen Beispiel folgend, eine Entschädigung rechts des Rheins verlangen würden. Praktisch konnte eine solche allgemeine Entschädigung nur durch die Aufhebung der geistlichen Fürstentümer durchgeführt werden. Die Entschädigungsklausel des Baseler Sonderfriedens trug damit den Keim zum völligen Umsturz der Reichsverfassung in sich, umso mehr als Preußen daran dachte, auf dem Weg der Entschädigung zum Aufbau eines großen norddeutschen Staates zwischen Rhein und Weichsel zu kommen.

Auf diese *Konzeption des preußisch-norddeutschen Einheitsstaates* deutete es auch hin, daß Preußen sich in dem Baseler Vertrag zusichern ließ, der Friede solle nicht für Preußen allein, sondern für alle norddeutschen Reichsstände gelten. Eine Demarkationslinie grenzte diese norddeutsche Friedenszone ab. Preußen warf sich damit ohne Ermächtigung zum Wortführer und Protektor der norddeutschen Reichsstände auf. Von der Reichsverfassung her gesehen war dies ein anmaßender Übergriff, wenn es auch der Mehrzahl der norddeutschen Reichsstände recht sein mochte, auf diese Weise zum Frieden zu kommen. Soweit sie ihr Einverständnis mit dem preußischen Vorgehen erklärten, sagten auch sie sich von ihren verfassungsmäßigen Pflichten gegenüber dem Reich los. Ein großer *Abfall vom Reich* war damit in Gang gesetzt. Die Idee der Mainlinie war durch die preußisch-französische Verständigung geboren, nur mit dem Unterschied gegenüber später, daß Frankreich sich seine europäische Suprematie damals im Bündnis mit dem norddeutsch-preußischen Staatensystem zu sichern suchte. Die Preisgabe des Reichs war vollendet, indem Preußen in den *Zusatzverträgen vom 5. August 1796* gegen die Anerkennung der Neutralität Norddeutschlands und gegen die in Aussicht gestellte Entschädigung im Bistum Münster und im kurkölnischen Recklinghausen endgültig auf das linke Rheinufer verzichtete.

Zunächst allerdings suchte Preußen wenigstens den Schein zu wahren, indem es in den Baseler Vertrag die Klausel aufnehmen ließ, alle Reichsstände, die innerhalb von

---

[1]) Siehe unten S. 36.

drei Monaten die Vermittlung Preußens nachsuchten, sollten von Frankreich nicht länger als Feinde behandelt werden. Preußen mochte hoffen, auf diesem Weg den allgemeinen Reichsfrieden einleiten zu können. Doch galt diese Klausel ausdrücklich nur für die einzelnen Reichsstände, nicht für das Reich als solches. Die französische Absicht war, mit den Reichsständen als Einzelstaaten Frieden zu schließen, das Reich selbst aber als ein völkerrechtliches Subjekt auszuschalten. Vorderhand blieben die Reichsstände in ihrer Mehrzahl dem preußischen Vorgehen jedoch abgeneigt. Ein neues Reichsgutachten (3. Juli 1795) beauftragte nicht Preußen mit der Friedensvermittlung, sondern forderte erneut vom Kaiser, daß er sich um den *Reichsfrieden mit Frankreich* bemühe. Der Reichsbeschluß ersuchte Preußen zwar um seine guten Dienste; aber er verwarf den von Preußen eingeschlagenen Weg der Sonderfriedensbemühungen. Nur Hessen-Kassel schloß sich dem Vorgehen Preußens an, indem es einen eigenen Sonderfrieden mit Frankreich vereinbarte (28. August 1795).

Das Reich setzte nun eine zehngliedrige *Reichsfriedensdeputation* ein, der die Kurfürsten von Mainz, Sachsen, Pfalz-Bayern und Hannover, der Kaiser als Erzherzog von Österreich, der Markgraf von Baden, der Landgraf von Hessen-Darmstadt, der Bischof von Würzburg und die Reichsstädte Augsburg und Frankfurt angehörten. Die Deputation entschied sich durch ein Gutachten vom 14. Oktober 1795 dahin, daß ein Frieden unter Wahrung der vollen Integrität des Reichsgebiets anzustreben sei. An die Rettung der südlichen Niederlande konnte im Ernst nicht mehr gedacht werden; doch hoffte man, das linke Rheinufer im übrigen beim Reich zu erhalten.

5. Der Frieden von Campo Formio

Obwohl in der Krise von 1794/95 nicht nur Preußen, sondern auch Österreich Friedensunterhandlungen mit Frankreich geführt hatte, entschloß Kaiser Franz II. sich doch, den Krieg gegen Frankreich fortzusetzen. Grundlage der Koalition gegen Frankreich wurde nun die *Tripelallianz* zwischen Österreich, England und Rußland (28. September 1795).

Nach anfänglichen österreichischen Waffenerfolgen an der Rheinfront führten der Siegeslauf *Bonapartes* in Oberitalien und die französische Invasion in West- und Süddeutschland zum Zusammenbruch der Koalition. Württemberg und Baden fanden sich nun schnell zum Abschluß von Separatfrieden bereit (7./22. August 1796). In beiden Verträgen übernahmen die Besiegten die Pflicht, jede Kriegsleistung gegen Frankreich auch bei Aufforderung durch das Reich zu unterlassen. Ihre linksrheinischen Besitzungen (Mömpelgard und Sponheim) traten Württemberg und Baden an Frankreich ab. Geheime Zusatzabkommen, die den preußischen Zusatzverträgen zum Baseler Frieden (5. August 1796) entsprachen, sicherten beiden Staaten eine Entschädigung durch Säkularisation auf rechtsrheinischem Gebiet zu. Die französischen Truppen erhielten das Recht auf ungehinderten Durchzug durch württembergisches und badisches Gebiet. Beide Verträge waren im Wesentlichen nach dem Modell des Baseler Friedens gehalten, und was für diesen gilt, gilt auch für sie: die Sonderfriedensverträge Württembergs und Badens waren eklatante Verstöße der beiden kontrahierenden Reichsstände gegen ihre Verfassungspflichten. Andere Reichsstände, wie Bayern und Sachsen, sowie der schwäbische und der fränkische Kreis gingen in dieser Zeit eigenmächtige Waffenstillstands- und Neutralitätsabkommen mit Frankreich ein. Autorität und Kompetenzen des Reichs wurden auch damit auf das Gröbste mißachtet.

Zwar zwangen im August und September 1796 die Siege des Erzherzogs Karl die französischen Armeen zum Rückzug über den Rhein. Die von den süddeutschen Reichsständen und Reichskreisen abgeschlossenen Waffenstillstands- und Friedensverträge wurden widerrufen. Das linke Rheinufer jedoch blieb in französischer Hand. Und bald führten erneute Siege Bonapartes die Kriegsentscheidung herbei. Am 18. April 1797 wurde der *Präliminarfrieden von Leoben*, am 17. Oktober 1797 der *Frieden von Campo Formio* zwischen Österreich und Frankreich unterzeichnet. Das Reich war an dem Friedensschluß nicht beteiligt, so daß der Kriegszustand zwischen dem Reich und Frankreich bestehen blieb. Im *Präliminarvertrag von Leoben* war Bonaparte auf einen Frieden der Mäßigung bedacht. Er forderte in Italien die Abtretung des Herzogtums Mailand; am Rhein verlangte der Sieger nur die Abtretung Belgiens, nicht die der übrigen Rheinlande. Bevor es jedoch zum Abschluß des endgültigen Friedens auf dieser Grundlage kam, stürzte in Frankreich der Staatsstreich vom 18. Fructidor (4. September 1797) die gemäßigten Thermidorianer; die radikale Partei, die auf die Idee der „natürlichen Grenzen" eingeschworen war, kam ans Ruder. Die neuen Machthaber bestanden im *Frieden von Campo Formio* auf folgenden Bedingungen:

Österreich erkannte stillschweigend die französische Republik an; es verzichtete auf jede Intervention zugunsten der gestürzten Dynastie und auf jede Unterstützung der Emigration. Es gab in *Italien* außer Mailand und Modena auch das Herzogtum Mantua preis[1]), und zwar zugunsten der neuzugründenden „Cisalpinischen Republik", die dem Scheine nach unabhängig, in Wahrheit aber ein Satellit der Französischen Republik war. Die österreichische Entschädigung wurde auf die Zuweisung der venetianischen „terra ferma" bis zur Etsch beschränkt; außerdem gingen Istrien und Dalmatien einschließlich der venetianischen Inseln in der „bocche di Cattaro" auf Österreich über. Im Westen trat Österreich *Belgien* einschließlich der ihm verfassungsmäßig einverleibten Gebiete, d. h. insbesondere des Bistums Lüttich, an Frankreich ab.

In einem *geheimen Zusatzabkommen* versprach Österreich ferner, auf dem in Aussicht genommenen Reichsfriedenskongreß für die *Abtretung des linken Rheinufers* von Basel bis Andernach, sodann der niederrheinischen Gebiete westlich von Nette und Roer[2]) an Frankreich zu stimmen. Dieser Verzicht betraf den linksrheinischen Teil des Bistums Basel, die württembergische Herrschaft Mömpelgard, die linksrheinische Pfalz, das Fürstentum Zweibrücken, das Herzogtum Nassau-Saarbrücken, die Bistümer Speyer, Worms, Mainz und Trier, die badische Herrschaft Sponheim, den Hauptteil des Herzogtums Jülich, die Reichsstadt Aachen und zahlreiche kleinere Territorien. Da die Abtretungen am Niederrhein durch Nette und Roer begrenzt sein sollten, wären bei dieser Regelung das Erzbistum Köln und die preußischen Herzogtümer Kleve und Geldern nicht an Frankreich gefallen. Der vereinbarte Ausschluß der preußischen Besitzungen am linken Niederrhein von der Abtretung erklärte sich daraus, daß Österreich einen preußischen Machtzuwachs durch territoriale Entschädigungen rechts des Rheins verhindern wollte; demgemäß garantierten beide Partner sich, daß von preußischen Neuerwerbungen in Deutschland keine Rede sein könne. Als Entschädigung für den depossedierten Herzog von Modena wurde der österreichische *Breisgau* vorgesehen; dafür sollte Österreich das Erzbistum Salzburg und den rechts des Inn gelegenen Teil Bayerns erhalten. Ferner wurde für alle links des Rheins

---

[1]) Die Herzogtümer *Mailand* und *Mantua* gehörten seit dem Frieden von Rastatt (6. März 1714) zu Österreich; seit 1785 war Mantua mit Mailand vereinigt. Im Herzogtum *Modena* regierte das Haus Este, zuletzt (seit 1780) Herzog *Herkules III.* (1727—1803). Seine Tochter und Erbin *Maria Beatrix* war seit 1771 verheiratet mit Erzherzog *Ferdinand* (1754—1806), dem dritten Sohn der Kaiserin *Maria Theresia;* er war, nachdem *Herkules III.* 1797 in Modena depossediert war, 1803—06 Herzog des Breisgau (unten S. 67). Sein Sohn, Herzog *Franz IV.* (1779—1846), wurde 1814 in Modena wiedereingesetzt. Das Großherzogtum *Toskana*, eine habsburgische Sekundogenitur, blieb 1797 bei Österreich; Großherzog *Ferdinand III.* (1769—1824), ein jüngerer Bruder Kaiser *Franz II.*, verlor die 1770 minderjährig angetretene Herrschaft 1801 im Frieden von Lunéville (unten S. 40); er besaß vorübergehend Salzburg, dann Würzburg (unten S. 67); 1814 erhielt er Toskana zurück.

[2]) Die *Nette-Linie* wird durch die Punkte Andernach-Mayen, die *Roer-Linie* durch die Punkte Monschau-Düren-Jülich-Roermond bestimmt.

zu Abtretungen gezwungenen weltlichen Reichsstände eine Entschädigung in Übereinkunft mit Frankreich in Aussicht genommen. Auch für diese Entschädigung mußten geistliche Territorien rechts des Rheins verwandt werden. So leitete der Frieden von Campo Formio unter Zustimmung Österreichs die *Säkularisation der geistlichen Fürstentümer*, damit zugleich aber den Umsturz der alten Reichsverfassung ein.

6. Die Annexion der Rheinlande

Nach deutschem Staatsrecht wie nach Völkerrecht konnte über die Abtretung der Rheinlande, über die Entschädigung der depossedierten Landesherren durch Säkularisation der rechtsrheinischen geistlichen Reichsfürstentümer und über die darin liegende Umgestaltung der Reichsverfassung nur das Reich als solches entscheiden. Es bedurfte dazu also eines Reichsfriedenskongresses, auf dem das Reich als solches vertreten war, sowie der Ratifikation des dort vereinbarten Reichsfriedens durch Reichstag und Kaiser. Die Sonderfriedensverträge von Basel und Campo Formio behielten denn auch ausdrücklich dem Reich wenigstens die formelle Entscheidung über das Schicksal der Rheinlande und die damit zusammenhängenden Reichsverfassungsfragen vor.

Bis Campo Formio hatten die Rheinlande den Rechtsstatus okkupierter Gebiete inne. Der in den südlichen Rheinlanden begründete *rheinische Freistaat* der Mainzer Klubisten [1] war schnell im wechselvollen Spiel des Kriegs vergangen. Köln, Bonn, Koblenz und Trier befanden sich jedoch seit 1794 ununterbrochen in französischer Hand. Hunsrück und Pfalz wechselten wiederholt den Besitzer. Nur Mainz, das zu Kriegsbeginn vorübergehend in Feindeshand gefallen war, konnten die Verbündeten dann bis zum Kriegsende halten; erst nach Campo Formio fiel es den Franzosen erneut anheim (30. Dezember 1797). Die eroberten Rheinlande wurden in dieser Zeit als besetztes feindliches Gebiet nach den Grundsätzen der occupatio bellica behandelt und einer straffen Militärverwaltung unter Ausschaltung der eingesessenen höheren Zivilbehörden unterworfen. 1797 ließ General *Hoche* als Militärbefehlshaber die alten Zivilbehörden wieder einsetzen; als er die Bedingungen des Präliminarfriedens von Leoben bekanntgab, konnte die Bevölkerung hoffen, daß an der Zugehörigkeit der Rheinlande zum Reich nichts geändert werde. Der Frieden von Campo Formio machte diese Aussicht zunichte. Die französischen Behörden vollzogen, ohne das Ergebnis des Reichsfriedenskongresses abzuwarten, nunmehr die *faktische Annexion*.

Eine Minderheit der rheinischen Bevölkerung, die unter der Führung von *Josef Görres* in Koblenz dem Jakobinismus huldigte, hatte sich schon vorher gegen die Rückkehr des alten Verfassungszustandes aufgelehnt. Sie proklamierte einen selbständigen Rheinstaat unter dem Namen der *cisrhenanischen Republik*, der naturgemäß wie die batavische oder die cisalpinische Republik nur ein Trabantenstaat Frankreichs hätte sein können. Es ist nicht unbegreiflich, daß die Rheinländer die revolutionären Staatsprinzipien, die sie während der Okkupation kennen gelernt hatten, in mannigfacher Hinsicht als einen Fortschritt empfanden. Nicht nur das höhere Maß an Freiheit, das für die Bewohner der besetzten Zonen ohnedies einen mehr ideologischen als effektiven Wert besaß, sondern auch das höhere Maß an

---

[1] Siehe oben S. 27

Einheit, dessen Vorteile sich in der Zeit der Besatzungsverwaltung deutlich gezeigt hatten, sprach die Bevölkerung an. Die Restauration der alten Herrschaftsverhältnisse feudal-klerikaler Art mußte ihr als ein Rückschritt erscheinen

Jedoch förderten der Militärbefehlshaber General Hoche und die mit der Militärverwaltung beauftragte Zentralkommission in Bonn die cisrhenanische Bewegung und ihren Plan eines *autonomen Rheinstaats* nur im Anfang. Mit dem Staatsstreich vom 18. Fructidor [1]) gewann in Frankreich die *annexionistische Partei* die Oberhand, die die vollständige Einverleibung der Rheinlande forderte. Auch Führer der cisrhenanischen Bewegung setzten sich nun für den *Anschluß an Frankreich* ein. Noch bevor der Reichsfriedenskongreß zur rheinischen Frage Stellung genommen hatte, berief das Direktorium der Französischen Republik an Stelle der Militärverwaltung den Elsässer Rudler zum *Zivilkommissar für die Rheinlande*. Diese wurden seitdem als Teile des französischen Staates behandelt. Das Land wurde in die vier Departements Donnersberg, Saar, Rhein-Mosel und Roer eingeteilt und der französischen Verwaltungsorganisation eingegliedert. Die Beamten mußten den Treueid auf die Französische Republik leisten. Unter Bruch des Völkerrechts vollzog Frankreich damit die *de facto-Annexion* des linken Rheinufers.

7. Der Rastatter Kongreß

Als im November 1797 der Reichsfriedenskongreß in Rastatt zusammentrat, war somit die faktische Entscheidung über die Annexion der Rheinlande schon gefallen. Das kaiserliche Einladungsdekret versicherte allerdings — ungeachtet der gegenteiligen Geheimklausel des Friedens von Campo Formio —, die Integrität des Reichsgebiets sei die feststehende Grundlage der zu führenden Verhandlungen. An dem Reichsfriedenskongreß nahmen von deutscher Seite die Vertreter der zehn Mitglieder der 1795 gewählten *Reichsfriedensdeputation* teil, also unter dem Vorsitz von Kurmainz die Vertreter von Kursachsen, Kurbayern, Kurhannover, Österreich, Baden, Hessen-Darmstadt, Würzburg, Augsburg und Frankfurt. Außer diesen offiziellen Bevollmächtigten waren Vertreter zahlreicher anderer Reichsstände in Rastatt anwesend, um ihre Sonderinteressen wahrzunehmen; auch Preußen war durch drei Gesandte vertreten. Als Bevollmächtigte Frankreichs erschienen, nachdem der zum ersten Botschafter bestellte General Bonaparte nur wenige Tage anwesend gewesen war, die Deputierten Treilhard und Bonnier. Repräsentant der Kaiserlichen Majestät war Graf Metternich-Winneburg, der Vater des späteren Staatskanzlers; Botschafter des Königs von Ungarn und Böhmen war Graf Cobenzl; Vertreter der österreichischen Erblande war Graf Lehrbach. Die Mannigfaltigkeit der verfassungsrechtlichen Stellung des Hauses Österreich im Reich drückte sich in dieser dreifachen Vertretung aus. Da Österreich wie Preußen sich bereits vorgreifend im Geheimen zur Abtretung des linken Rheinufers verpflichtet hatten, war für das Reich von dem Kongreß wenig zu hoffen. Doch zogen die Verhandlungen sich lange hin. Sie endeten schließlich ergebnislos. Denn neue

---

[1]) Mit diesem Umschwung vom 4. September 1797 verlor auch General *Lazare Hoche* (1768—97), der stärkste Förderer der cisrhenanischen Partei, die Möglichkeit, sich weiter für den autonomen Rheinstaat einzusetzen. Kurz darauf, am 19. September 1797, starb Hoche, noch nicht dreißigjährig, in Wetzlar.

Verwicklungen führten zum Wiederausbruch der Feindseligkeiten, bevor noch der Reichskrieg beendet war.

Wie wenig das Reich in dieser Zeit auf Österreich vertrauen konnte, zeigte sich an der Entscheidung über die Reichsfestung *Mainz*. Schon in Campo Formio hatten die Franzosen die Überlassung von Mainz gefordert und ihren Abzug aus den Österreich zugesprochenen Teilen Venetiens von der Räumung von Mainz abhängig gemacht. Jetzt wurde in einem Geheimvertrag zwischen Österreich und Frankreich vereinbart, daß am 30. Dezember 1797 Mainz den Franzosen, Venetien den Österreichern zu überliefern sei. Sollten der Kurfürst von Mainz oder das Reich Widerstand wagen, so sollten die Franzosen berechtigt sein, trotz des bestehenden Waffenstillstandes Gewalt anzuwenden. Um seiner italienischen Interessen willen gab Österreich damit die Reichsinteressen preis. Für das Reich stellte der Erwerb Venetiens keine Kompensation für den Verlust von Mainz dar, da Venetien nicht in das Reich inkorporiert wurde, sondern zum reichsfremden Machtbesitz Österreichs kam.

Die der Rastatter Reichsfriedensdeputation vom Reichstag erteilte Vollmacht war ursprünglich auf den Abschluß des Reichsfriedens unter Wahrung der überlieferten Reichsgrenzen beschränkt. Doch setzten die französischen Unterhändler alsbald durch, daß die Deputation eine unbeschränkte Vollmacht erhielt; der Vorbehalt der Wahrung der Reichsintegrität fiel weg. So wie Frankreich in Campo Formio die Präliminarvereinbarungen von Leoben nicht eingehalten hatte, so ging es in Rastatt alsbald über die Abmachungen von Campo Formio hinaus. Seine Bevollmächtigten forderten nun die Abtretung des gesamten linken Rheinufers, also auch des nordwestlich von Nette und Roer gelegenen niederrheinischen Gebiets. Österreich und Preußen hatten sich vertraglich den französischen Ansprüchen bereits weitgehend unterworfen; die übrigen auf dem linken Rheinufer begüterten weltlichen Reichsstände ließen sich durch das Angebot einer rechtsrheinischen Gebietsentschädigung für die Abtretung gewinnen. Daß jeder Widerstand aussichtslos war, führten die Franzosen den Reichsständen trotz des geltenden Waffenstillstands durch militärische Gewaltakte vor Augen. Sie besetzten nicht nur Mainz, wozu ihnen das Geheimabkommen mit Österreich keinen zulänglichen Rechtstitel bot; auch die Rheinschanze gegenüber Mannheim, zu deren Preisgabe Österreich sich gleichfalls in Campo Formio insgeheim verpflichtet hatte, nahmen sie ohne ausreichenden Rechtstitel in Besitz. Die rechtsrheinische Festung Ehrenbreitstein wurde ohne einen Rechtsgrund oder auch nur einen Rechtsvorwand eingeschlossen und belagert. Im März/April 1798 nahm die Reichsdeputation die französische Abtretungsforderung wie den Entschädigungsgrundsatz zugunsten der linksrheinischen Reichsstände an. Die Verhandlungen über die Durchführung der beiden Grundentscheidungen zogen sich über das ganze Jahr 1798 hin. Neue französische Forderungen (die Überlassung sämtlicher Rheinbrücken, die Abtretung eines rechtsrheinischen Landstrichs gegenüber Hüningen sowie von Kehl und Kastel, die Schleifung von Ehrenbreitstein, die Übernahme der Schulden der linksrheinischen Territorien durch die rechtsrheinischen Entschädigungslande) machten eine Einigung nahezu unmöglich. Nach einigen Milderungen unterwarf sich die Deputation im Dezember 1798 jedoch auch diesen Bedingungen.

Doch hatte sich inzwischen die europäische Gesamtlage merklich verschoben. Seit dem Sommer 1798 bildete sich zwischen England, Rußland und Österreich die *zweite Koalition*. Im Zeichen neuer Kriegsbereitschaft auf beiden Seiten schleppten die Verhandlungen in Rastatt sich mühsam fort. Selbst die den Waffenstillstand erneut gröblich verletzende Einnahme des Ehrenbreitstein (Januar 1799), das wegen der Aufnahme russischer Truppen in Österreich gestellte französische Ultimatum (Februar 1799) und der Übergang französischer Truppen über den Rhein führten nicht zum Abbruch der Rastatter Verhandlungen. Nicht einmal die Kriegserklärung Frankreichs an Österreich (1. März 1799) beendigte den Kongreß; vielmehr gab Frankreich der Hoffnung Ausdruck, mit Deutschland in Frieden bleiben zu können, obwohl doch rechtlich der Reichskrieg noch fortdauerte.

Erst im April 1799 verließ der kaiserliche Bevollmächtigte Graf Metternich den Kongreß, nachdem er alle bisherigen Beschlüsse durch kaiserliches Veto für unwirksam erklärt hatte. Der Kaiser betrachtete den Kongreß damit für aufgelöst. Doch beschlossen die Mitglieder der Reichsfriedensdeputation, versammelt zu bleiben, bis sie von ihrem Auftraggeber, dem Reichstag, vom Abbruch der Friedensverhandlungen benachrichtigt sein würden. Darauf ließ der Kaiser nunmehr ausdrücklich erklären, daß der Kongreß aufgelöst sei und daß damit auch die Neutralität des Kongreßortes und die Exterritorialität der Kongreßgesandten aufgehört habe. Als dann im Lauf des April österreichische Truppen sich Rastatt näherten, entschlossen die französischen Bevollmächtigten sich auf Befehl des österreichischen Vorpostenkommandanten endlich zur Abreise. Doch wurden sie am 28. April 1799 vor den Toren der Stadt von österreichischen Husaren überfallen und zusammengehauen. Die Gesandten Bonnier und Roberjot fanden den Tod; der Gesandte Jean Debry konnte sich verwundet retten. Österreichische Kommandostellen hatten offenbar befohlen, die Gesandten anzuhalten und zu durchsuchen, wohl auch die Gesandtschaftspapiere zu beschlagnahmen. Wie es zu den Ausschreitungen kam, ist unaufgeklärt geblieben. Der *Rastatter Gesandtenmord* war nicht nur eine grobe Untat, sondern auch eine eklatante Verletzung des Völkerrechts, für die Österreich, da seine Truppen die Tat begangen hatten, die Verantwortung trug. Selbst wenn man der österreichischen These folgt, daß der Kongreß beendet war und daß die Gesandten ihre Exterritorialität verloren, wenn sie ihre Abreise über Gebühr verzögerten, war die Ermordung ein völkerrechtliches Delikt. Der Friedenskongreß nahm mit dieser Gewalttat einen unrühmlichen Ausgang.

8. Die Teilung Polens

Während des ganzen ersten Koalitionskriegs war das Zusammenwirken der drei Kontinentalmächte Österreich, Rußland und Preußen durch starke Differenzen in der polnischen Frage gefährdet. Preußens Ausbruch aus der Koalition durch den Baseler Sonderfrieden, der das tatsächliche Ende der Reichsverfassung anzeigte, hing mit diesen polnischen Spannungen eng zusammen. Seit der *ersten Teilung Polens* (1772), in der Weißrußland bis zur Düna an Rußland, Galizien an Österreich, Ermland und Westpreußen (ohne Danzig und Thorn) an Preußen gefallen waren, erlebte der polnische Rumpfstaat unter König *Stanislaus Poniatowski* (1764—95) eine Zeit innerer Wirren und äußerer Demütigungen. Rußland und Preußen strebten nach weiteren Erwerbungen in Polen; Österreich war für die Erhaltung des status quo. Das russisch-preußische Zusammenspiel führte zur *zweiten Teilung Polens* (1793); das russisch-österreichische Zusammenspiel endete mit der *dritten Teilung Polens* (1795), die das polnische Königreich gewaltsam auslöschte. Zwar nicht das Reich, wohl aber die beiden deutschen Großmächte gewannen durch den Gebietserwerb im Osten bedeutende Kompensationen für die Gebietsverluste, die sie im Westen hinnehmen mußten. Preußen vergrößerte die in der ersten Teilung gewonnene *Provinz Westpreußen* bei der zweiten Teilung um Danzig und Thorn. Aus Kalisch und Posen bildete es bei der zweiten Teilung die *Provinz Südpreußen*. Die in der dritten Teilung erworbenen Gebiete (mit Warschau) faßte es in der *Provinz Neuostpreußen* zusammen.

Am Anfang dieser Entwicklung stand der „große Plan" des preußischen Ministers *von Hertzberg,* nach dem Österreich gegen Erwerb der türkischen Fürstentümer Moldau und Walachei (des späteren Rumänien) zur Rückgabe Galiziens an Polen, dieses dafür zur Abtretung von Danzig, Thorn, Kalisch und Posen an Preußen bewegt werden sollte. Die französische Revolution schien Preußen neue Wege für diesen

Ländertausch zu öffnen. Überraschend sah Preußen jedoch beim Abschluß des Reichenbacher Vertrags (27. Juli 1790) von dem Ländertausch ab, um Österreich gegenüber der Türkei auf die Erhaltung des status quo festzulegen. In Polen aber benutzte König Stanislaus Poniatowski die österreichische Hilfe, um durch einen Staatsstreich am 3. Mai 1791 eine neue Verfassung einzuführen, die das liberum veto des polnischen Reichstags beseitigte und damit die monarchische Gewalt stärkte. Österreichs Plan war, Polen in seinem restlichen Gebietsbestand zu erhalten, es durch die neue Verfassung staatlich zu konsolidieren, den kursächsischen Thronfolger mit der Tochter Stanislaus' zu vermählen und ihm das erbliche Königtum in Polen zuzuwenden; diese dauernde Verbindung von Sachsen und Polen (an Stelle der früheren Personalunion) sollte auch die Stellung Österreichs in Polen festigen. Vorübergehend ließ Preußen sich von dem Widerstand gegen die österreichischen Absichten abbringen. Es sagte in dem Vertrag vom 25. Juli 1791 zu, nichts gegen die Integrität und die Verfassung Polens zu unternehmen. In dem Bündnis vom 7. Februar 1792 versprach es zwar nicht geradezu der Mai-Verfassung, aber doch irgendeiner ‚freien' Verfassung Polens seinen Schutz. In den Verhandlungen über die Kriegsziele dagegen griff Preußen seine alten Ansprüche auf Danzig und Thorn wieder auf. Österreich war zwar bereit, diesen preußischen Ansprüchen entgegenzukommen; jedoch scheiterten die Mainzer Verhandlungen[1] daran, daß Österreich, wie wir schon hörten, als Kompensation außer dem gegen die Niederlande einzutauschenden Bayern auch noch Ansbach und Bayreuth verlangte.

Nach dem fehlgeschlagenen Feldzug von 1792 aber verständigte Preußen sich nach dilatorischen Verhandlungen mit Österreich nun unmittelbar mit Rußland, das den Hauptteil Polens inzwischen auf eigene Faust besetzt hatte. Durch ein *Manifest vom 6. Januar 1793* kündete der preußische König die Besetzung der beanspruchten polnischen Gebiete „zur Abwehr jakobinischer Umtriebe" an; am 14. Januar führten die preußischen Truppen die Besetzung, ohne Widerstand zu finden, durch. Am 23. Januar 1793 schlossen die Zarin Katharina und König Friedrich Wilhelm II. den Vertrag über die *zweite Teilung Polens*. Rußland erhielt die Ukraine, Podolien, Minsk, sowie den Ostteil von Litauen und Wolhynien; Preußen erhielt Danzig, Thorn, Kalisch und Posen. Der unter dem Druck der russischen Besatzung neugewählte polnische Reichstag verweigerte die Ratifikation zwar anfänglich, unterwarf sich dann aber den Abtretungen. Preußen hatte damit die Ziele im Osten, die es durch die Teilnahme am Krieg gegen Frankreich zu fördern gehofft hatte, erreicht. Zwar mußte es sich Rußland gegenüber verpflichten, den Krieg gegen Frankreich bis zur Unterdrückung der Revolution weiterzuführen, Waffenhilfe zur Wiedereroberung der südlichen Niederlande zu leisten und den belgisch-bayerischen Tauschplan zu unterstützen. Aber Preußens Interesse an dem Krieg gegen Frankreich war erlahmt, nachdem es seinen Gebietsplan im Osten mit russischer Hilfe hatte verwirklichen können. Das österreichisch-preußische Verhältnis in der Koalition war durch das Zwischenspiel der zweiten Teilung Polens erheblich erschüttert.

Es war verständlich, daß auch Österreich nun seine Interessen durch direkte Verständigung mit Rußland hinter dem Rücken Preußens zu wahren suchte. Die *polnische Krise*, die sich seit der zweiten Teilung entwickelt hatte, lösten Rußland und Österreich eigenmächtig in einer Weise, die den preußischen Interessen keineswegs entsprach. Nachdem Rußland die von *Kosciuszko* geleitete nationalpolnische Erhebung niedergeschlagen hatte[2], bot sich der Gedanke der Teilung Restpolens von selber an. Um den preußischen Anspruch auf das Gesamtgebiet westlich der Memel, Narew und Weichsel — eine Kopie der Idee der ‚natürlichen Grenzen' — abzuweisen, verständigte Rußland sich schon vor dem Abschluß des Baseler Sonderfriedens über Preußen hinweg mit Österreich über die *dritte Teilung Polens* (3. Januar 1795), die den pol-

---

[1] Siehe oben S. 27.

[2] *Tadeusz Kosciuszko* (1746—1817), Adjutant Washingtons im amerikanischen Unabhängigkeitskrieg, war seit 1789 polnischer General und leitete nach der zweiten Teilung Polens den nationalpolnischen Widerstand; am 10. Oktober 1794 erlitt er die entscheidende Niederlage bei Maciejowice.

nischen Staat gänzlich beseitigte. Die von Preußen während des polnischen Aufstands besetzten Palatinate Krakau und Sandomir (im großen Weichselbogen) sprach der österreich-russische Teilungsvertrag unter herausfordernder Nichtbeachtung der preußischen Ansprüche Österreich zu. Gleichzeitig schlossen Österreich und Rußland ein Geheimbündnis, das für den Fall eines preußischen Angriffs die gemeinsame Verteidigung ins Auge faßte. Erst nach dem Baseler Sonderfrieden, im August 1795, wurde Preußen zum Beitritt zu dem zunächst geheim gehaltenen Teilungsvertrag aufgefordert; am 24. Oktober 1795 stimmte Preußen dem Vertrag zu. *Rußland* erlangte den Hauptanteil an Restpolen, darunter Kurland sowie den Westteil von Litauen und Wolhynien. *Österreich* erhielt die Palatinate Lublin, Cholm, Krakau und Sandomir, die es dem Königreich Galizien anschloß. *Preußen* erwarb die Provinz *Neuostpreußen* mit Warschau, Ostrolenka und Bialystok, die es seinem Staatsgebiet unmittelbar einverleibte. Trotz dieses neuen Zuwachses erhielt das politische Prestige Preußens einen schweren Stoß, da Rußland und Österreich die Teilung auf eigene Faust vereinbart und nur nachträglich der preußischen Zustimmung unterbreitet hatten. Im Westen von der revolutionären französischen Republik geschlagen und zu einem ehrlosen Frieden gezwungen, in den Reichsangelegenheiten isoliert und mit Österreich überworfen, im Osten durch den Scheingewinn slawischer Provinzen belastet und vom russischen Beistand abhängig, in seinem deutschen und europäischen Ansehen geschwächt — so ging Preußen aus dem Ersten Koalitionskrieg hervor.

II. Die Zweite Koalition

1. Die Fortsetzung des Reichskriegs

Der erste Koalitionskrieg war in seinem Ursprung ein Interventionskrieg, eine militärische Einmischung der europäischen Mächte in die innerfranzösische Verfassungsfrage zum Schutz des französischen Königtums und des europäischen Legitimitätsprinzips. Der zweite Koalitionskrieg dagegen war von Anfang an ein europäischer Defensivkrieg gegen die fortschreitende Expansion des nationaldemokratischen Imperialismus. In Deutschland, in Holland und in der Schweiz, in Italien und Spanien, zuletzt in Ägypten suchte die revolutionäre Republik durch Annexion oder Intervention ihre hegemoniale kontinental-europäische und mediterrane Machtstellung zu festigen. England als Hüter des europäischen Gleichgewichts, Rußland als neu emporgekommene Vormacht des Ostens, Österreich als Repräsentant der Reichsidee und zugleich als mitteleuropäische Ordnungsmacht konnten diesen Hegemonialanspruch Frankreichs nicht ohne Widerstand hinnehmen. So ging, nach interimistischen Ausgleichs- und Friedensbemühungen, der erste in den zweiten Koalitionskrieg, der europäische Interventionskrieg in den europäischen Abwehrkrieg über. Nachdem der Feldzug in Deutschland, der Schweiz und Italien erfolgreich begonnen hatte, entschloß der Reichstag sich, auch den *Reichskrieg* wiederaufzunehmen (16. September 1799). Da ein Friede des Reichs mit Frankreich nicht zustande gekommen war, brauchte der Reichskrieg nicht neu beschlossen, es brauchte nur der noch bestehende Waffenstillstand für beendet erklärt zu werden.

Auch Bayern, dessen Regierung inzwischen Kurfürst *Max Joseph* (1799—1825) übernommen hatte, schloß sich der Koalition an. Der Bündnisvertrag mit Rußland sicherte ihm die territoriale Integrität; es erhielt damit Schutz sowohl gegen den alten österreichischen Tauschplan (Bayern gegen Belgien) wie gegen die im Frieden von Campo Formio vorgesehene Wegnahme der Gebiete rechts des Inn. Wie Bayern, so schlossen auch *Württemberg* und *Kurmainz* Subsidienverträge mit England ab. Nur *Preußen*, wo seit 1797 König *Friedrich Wilhelm III.*[1]) an der Spitze des Staates stand, bewahrte seine Neutralität, obwohl es als Reichsstand zur Teilnahme an dem erneuerten Reichskrieg mit dem vorgeschriebenen Kontingent verpflichtet war. Diese Separation Preußens von der gemeinsamen deutschen und europäischen Sache trug mehr als alles andere zum unglücklichen Ausgang des zweiten Koalitionskriegs bei. Nach der Niederlage der Koalitionsarmeen in Holland, in der Schweiz und in Italien gelang es den Franzosen, durch ganz Süddeutschland bis München und dann tief nach Österreich vorzustoßen. Die Mehrzahl der Reichsstände zog sich darauf durch Sondervereinbarungen aus dem Krieg zurück. Schließlich entschloß auch Österreich, bei Marengo entscheidend geschlagen, sich nach Vereinbarung eines Waffenstillstands in Steyr (25. Dezember 1800) zum Frieden.

2. Der Frieden von Lunéville

Am 9. Februar 1801 wurde in Lunéville zwischen dem Grafen *Cobenzl* als österreichischem und *Josef Bonaparte*, dem ältesten Bruder des Ersten Konsuls[2]), als französischem Bevollmächtigten der Frieden vereinbart. Der Frieden wurde – anders als der von Campo Formio – nicht nur für die habsburgischen Lande, sondern zugleich auch im Namen des Kaisers für das Reich abgeschlossen. Auf einen Reichsfriedenskongreß verzichtete man diesmal; aber der vom Kaiser in Vertretung des Reichs vereinbarte Friedensvertrag bedurfte der Zustimmung des Reichstags. Ein Kaiserliches Hofdekret vom 21. Februar 1801 teilte dem Reichstag in Regensburg den Vertragswortlaut mit. Am 7. März bereits beschloß der Reichstag, dem Kaiser die Vollmacht zur Ratifikation des Vertrags zu erteilen. Am 16. März wurden in Paris die Ratifikationsurkunden ausgetauscht. Damit trat der Frieden für Kaiser und Reich als völkerrechtlicher Vertrag wie als Reichsgrundgesetz in Kraft.

Die Einbußen, die der Frieden von Lunéville Österreich wie dem Reich auferlegte, gingen über die Bedingungen von Campo Formio noch hinaus.

Die von Frankreich auf Grund seiner Eroberungen geschaffenen Trabantenstaaten, die *batavische* und die *helvetische*, die *cisalpinische* und die *ligurische Republik*, mußte Österreich nicht nur anerkennen, sondern in ihrer „Unabhängigkeit" gewährleisten. In *Italien* wurde die Etsch statt des Oglio die Grenze des an Österreich fallenden Teils von Venetien. *Mantua* blieb der cisalpinischen Republik eingegliedert; die Päpstlichen

---

[1]) *Friedrich Wilhelm III.* (1770–1840), ältester Sohn des Königs *Friedrich Wilhelm II.* (1744–1797); Regierungszeit 1797–1840.

[2]) *Napoleon Bonaparte* (1769–1821) übernahm mit dem Staatsstreich vom 18. Brumaire (9. November 1799) in Frankreich die diktatorische Staatsgewalt. Die Konsulatsverfassung vom 13. Dezember 1799 übertrug ihm die Würde des Ersten Konsuls, die durch den plebiszitär bestätigten Senatsbeschluß vom 2. August 1802 in das lebenslängliche Konsulat und durch den plebiszitär bestätigten Senatsbeschluß vom 18. Mai 1804 in das erbliche Kaisertum umgewandelt wurde.

Legationen, um deren Behauptung Österreich sich lange vergeblich bemüht hatte, gingen nun endgültig verloren [1]). Auch das Herzogtum *Modena* blieb mit der cisalpinischen Republik vereinigt. Ein schwerer Schlag für das kaiserliche Haus war, daß es die habsburgische Sekundogenitur im Großherzogtum *Toskana* preisgeben mußte. Toskana wurde zum Königreich Etrurien erhoben und dem Herzog von Parma übertragen. Als Entschädigung für Modena sollte Ferdinand von Österreich-Este, wie schon 1797 vereinbart, den Breisgau erhalten; dem Großherzog Ferdinand III. von Toskana wurde als Entschädigung das Erzbistum Salzburg zugeteilt (dazu oben S. 32).

In Deutschland verzichtete der Kaiser außer auf Belgien und Lüttich nun auch förmlich auf das gesamte sonstige linke Rheinufer; die in Campo Formio vereinbarte, in Rastatt schon preisgegebene Nette-Roer-Linie fiel endgültig hin. Die abgetretenen linksrheinischen Gebiete wurden Teil der französischen Republik; die bereits einseitig durchgeführte de-facto-Annexion wurde durch die de-jure-Abtretung völkerrechtlich legalisiert. Das Reich mußte sich verpflichten, die rechtsrheinischen Festungen Breisach, Kehl, Philippsburg, Kastel, Ehrenbreitstein und Düsseldorf zu entfestigen [2]). Die linksrheinischen Verluste der weltlichen Territorien waren nach Art. 7 des Vertrags vom ganzen Reich gemeinsam zu tragen; d. h. es mußten gemäß dem schon in Rastatt vereinbarten Prinzip der Entschädigung durch Säkularisation die erblichen Fürsten, die linksrheinische Gebiete verloren, sowie die Häuser Oranien und Toskana im verbleibenden Reichsgebiet rechts des Rheins entschädigt werden. Als Entschädigungslande kamen in erster Linie die rechtsrheinischen geistlichen Reichsfürstentümer, deren *Säkularisation* in Aussicht genommen wurde, daneben aber auch die Gebiete kleinerer Reichsstände, die der Reichsstädte und kleinerer weltlicher Reichsfürstentümer, zu deren *Mediatisierung* man entschlossen war, in Betracht. Die Durchführung der Entschädigungspläne war zusätzlichen Vereinbarungen zwischen den Partnern des Friedensvertrags vorbehalten, so daß Frankreich bei dieser großen inneren Flurbereinigung Deutschlands ein mitentscheidendes Wort erlangte.

3. Der Friedensvertrag und die Reichsverfassung

Die verfassungsrechtliche Bedeutung des Friedens von Lunéville ging über die des Westfälischen Friedens noch hinaus. Denn der Westfälische Frieden hatte, verfassungsrechtlich gesehen, trotz vieler Änderungen, die er im Einzelnen bewirkte, im Ganzen doch einen erhaltenden Charakter. Er suchte die alte Gestalt des Reichs zu bewahren; er hielt an der überlieferten territorialen Gliederung des Reichs fest; er sicherte, trotz der vorausgegangenen konfessionellen Umwälzung, das überkommene Nebeneinander von weltlichen und geistlichen Reichsständen. Der Frieden von Lunéville dagegen war verfassungsrechtlich ein Akt des Umsturzes; man ist versucht, ihn eine ,*legale Revolution*' zu nennen. Er nahm die Abtretung des linken Rheinufers zum Anlaß, um

---

[1]) Die „päpstlichen Legationen" *Bologna, Ferrara* und die *Romagna* waren Provinzen des Kirchenstaats, an deren Spitze ein Kardinal-Legat stand. Papst Pius VI. trat die Legationen 1797 an die *Cisalpinische Republik* ab. Österreich setzte sich bis zum Frieden von Lunéville für ihre Wiederherstellung ein.

[2]) *Reichsfestungen* waren nur Kehl und Philippsburg gewesen; doch hatte das Reich auf die Besetzung der Festungsanlagen im Lauf des 18. Jahrhunderts verzichtet und sein Festungsrecht damit nach verbreiteter Auffassung derelinquiert. Die übrigen Festungen (nach der Dereliktionstheorie zuletzt auch Kehl und Philippsburg) waren *Landesfestungen*. Sie konnten im Fall eines Reichskrieges jedoch mit Reichs- und kaiserlichen Truppen belegt werden. Vgl. dazu *Häberlin*, Handbuch des Teutschen Staatsrechts Bd. 3 (1797) S. 257 ff.

im verbleibenden Reichsgebiet eine vollkommene territoriale Umwälzung, darüber hinaus aber auch eine tiefgreifende Verfassungswandlung einzuleiten. Das ‚gotische Gebäude‘ der Reichsverfassung gestaltete er von Grund auf um. Die in der Reichstradition so tief eingewurzelte Einrichtung der *geistlichen Fürstentümer* verschwand; die Kirche verlor ihre weltlichen Herrschaftsgebiete; die Bischöfe schieden aus dem Kreis der Reichsfürsten und Reichsstände aus; das Kirchengut wurde in weitem Umfang auf den Staat überführt. Die Vielzahl der Reichsstädte und der sonstigen kleinen reichsunmittelbaren Herrschaften gingen in einem großen Prozeß der Einebnung unter. An Stelle eines unübersehbaren Gemenges autonomer politischer Parzellen entstand durch Zusammenlegung ein dem Wesen des modernen Flächenstaats stärker entsprechendes Territorialgefüge, in dem die Gebiete der Mittelstaaten erheblich vergrößert und arrondiert wurden.

Der deutschen Überlieferung und dem deutschen Bewußtsein war die bunte Mannigfaltigkeit der deutschen Länderkarte so tief eingeprägt, daß es kaum möglich gewesen wäre, sie im Weg einer vernunftgebotenen organischen Gebietsreform aus eigener Kraft zu beseitigen. Dem zugleich antiklerikalen, antifeudalen und antimunizipalen, dazu aber vor allem dem rationalen Geist der französischen Revolution war diese deutsche Wirrnis von Reichsbistümern und Reichsabteien, von Reichsgrafschaften und Reichsherrschaften, von Reichsstädten und Reichsdörfern anstößig und verdächtig. So setzte der Sieger von 1801 alles daran, an ihrer Stelle ein übersichtliches Gebietssystem zu schaffen. Stärker aber noch war das Motiv, die staatliche Aufspaltung Deutschlands zu fördern; an die Stelle einer unüberschaubaren Vielzahl kleiner und kleinster Herrschaftsbereiche, die, um ihren Bestand zu wahren, des Rückhalts am Reich bedurften, sollte eine kleinere Zahl von arrondierten Einzelstaaten treten, die unter sich durch partikulare Interessen getrennt und in ihrem Streben nach Unabhängigkeit von der Reichsgewalt gestärkt waren, ohne jedoch die ausreichende Größe und Macht für eine wirklich selbständige Stellung im Kreis der europäischen Staaten zu erlangen. Erst mit der Bildung vergrößerter und gefestigter deutscher Mittelstaaten konnte die Suprematie Österreichs in Deutschland endgültig gebrochen und die *Libertät*, die Unabhängigkeit der Territorien von Kaiser und Reich, zur *Souveränität* der deutschen Teilstaaten gesteigert werden. Sein schon im Westfälischen Frieden verfolgtes außenpolitisches Ziel, die sinnzerstörende Übersteigerung des deutschen Föderalismus zum Partikularismus und Separatismus, erreichte Frankreich damit vollends. Der Frieden von Lunéville benutzte das an sich auf bündische Einung gerichtete föderative Prinzip zur Spaltung Deutschlands in eine Vielzahl von Staaten, die zur Erhaltung ihrer Schein-Unabhängigkeit auf die Anlehnung an Frankreich angewiesen waren. Unter diesem Eindruck entstand 1801/02 Hegels Jugendschrift „Die Verfassung Deutschlands“, die mit den berühmten Sätzen beginnt: „*Deutschland ist kein Staat mehr. Es ist kein Streit mehr, unter welchen Begriff die deutsche Verfassung falle. Was nicht mehr begriffen werden kann, ist nicht mehr*“.

In der Tat mußte mit der Verringerung der Zahl der deutschen Staaten und der Verstärkung des Gebietsumfangs und der Macht jedes einzelnen die Rivalität unter ihnen wachsen. Die Vielheit der deutschen Einzelstaaten durch Föderation zu einer politisch handlungsfähigen Einheit zusammenzufassen, wurde in dem Maße schwieriger, in dem jeder Einzelstaat die Grundlagen der eigenen Macht festigte. Doch übersah man in Frankreich zunächst, daß die Vergrößerung Preußens, das bis dahin dem Gebietsumfang nach nur zu den Mittelstaaten zählte, eine zweite deutsche Großmacht schuf, die ein stärkerer Vorkämpfer deutscher Einheit werden konnte, als Österreich es je gewesen war. Frankreich verließ sich darauf, daß die *Rivalität zwischen Österreich und Preußen* ein dauerndes Ferment der deutschen Spaltung sein müsse und daß Preußen sich durch diesen Gegensatz gegen Österreich zu dauernder Anlehnung an Frankreich gezwungen sehen werde. Diese Berechnung lag angesichts der Haltung, die Preußen bisher, und vor allem seit dem Baseler Sonderfrieden, eingenommen hatte, nahe. Doch war die preußische Abkehr von Frankreich durch die Logik der Sache geboten, sobald Preußen mit französischer Hilfe seinen deutschen Zielen nähergekommen war. In dieser Richtung aber gelang Preußen mit dem Frieden von Lunéville ein entscheidender Schritt. Die niederrheinischen Verluste machte es durch die Neuerwerbungen rechts des Rheins bei weitem wett. Zusammen mit dem vor einem halben Jahrhundert eroberten Schlesien und den aus den drei polnischen Teilungen erworbenen Ostprovinzen gab der aus dem Frieden von Lunéville stammende Gebietszuwachs dem preußischen Staat die Grundlage einer unabhängigen europäischen und deutschen Position. Und auch im Ganzen eröffnete der Frieden von Lunéville, indem er Deutschland das linke Rheinufer nahm, die altüberlieferte Verfassungsstruktur des Reichs zerstörte und statt dessen ein System moderner Staaten schuf, der deutschen Politik neue Möglichkeiten. Wie jede endgültige Zertrümmerung einer der Dekomposition verfallenen Ordnung auch die überalterten Bauelemente wegräumt, die der konstruktiven Neuschöpfung im Weg stehen, so machte die mit dem Frieden von Lunéville eingeleitete Destruktion der Reichsverfassung den Weg frei für eine radikale Neuordnung Deutschlands auf der Grundlage einer von den alten Verfassungshemmungen befreiten modernen Staatlichkeit.

§ 4. Der Reichsdeputationshauptschluß

Schrifttum: Siehe die zu § 2 angegebenen allgemein-historischen Werke; ferner: Protokoll der außerordentlichen Reichsdeputation zu Regensburg (1803); Aktenstücke, die provisorischen Maßnahmen der bayerischen Regierung gegen die landständischen Stifter und Abteien betreffend (1802); *A. C. Gasperi,* Der Deputations-Rezeß mit historisch-geographischen und statistischen Erläuterungen (1803); Alphabethisches Verzeichnis sämtlicher Entschädigungsobjekte, auch wo solche liegen, wer ihre ehemaligen Besitzer waren und an wen sie gekommen sind (1803); *J. P. Harl,* Deutschlands neueste Staats- und Kirchenveränderungen, politisch und kirchenrechtlich betrachtet (1804); *Häberlin,* Über Aufhebung mittelbarer Stifter, Abteien und Klöster in Deutschland (1805); *G. Schmid,* Die säkularisirten Bisthümer Teutschlands (1858); *ders.,* Die mediatisirten freien Reichsstädte Teutschlands (1861); *M. Erzberger,* Die Säkularisation in Württemberg von 1802—1810 (1902); *A. M. Schegl-*

mann, Geschichte der Säkularisation im rechtsrheinischen Bayern (1903—1908); *L. König,* Pius VII., die Säkularisation und das Reichskonkordat (1904); *L. Ebert,* Der kirchenrechtliche Territorialismus in Bayern im Zeitalter der Säkularisation (1911); *H. Bastgen,* Dalbergs und Napoleons Kirchenpolitik in Deutschland (1917); *H. E. Feine,* Die Besetzung der Reichsbistümer vom Westfälischen Frieden bis zur Säkularisation (1921); *J. Buchholzer,* Die Säkularisation katholischer Kirchengüter während des 18. und 19. Jahrh. (1921); *K. Kastner,* Die große Säkularisation in Deutschland (1926); *L. A. Veit,* Der Zusammenbruch des Mainzer Erzstuhls infolge der französischen Revolution (1927); *H. Reichert,* Studien zur Säkularisation in Hessen-Darmstadt Bd. 1 (1927); *A. Henche,* Die nassauische Politik zur Zeit des Reichsdeputationshauptschlusses (Nass. Ann. Bd. 50, 1929, S. 179 ff.); *Frhr. v. Ow,* Streiflichter zur Geschichte der Säkularisation in Bayern (Z. f. Bayer. Landesgesch. Bd. 4, 1931, S. 187 ff.); *G. Frh. v. Pölnitz,* Der erste Entwurf zur bayerischen Säkularisation (Festg. f. K. A. v. Müller, 1933, S. 190 ff.); *A. Scharnagl,* Zur Geschichte des Reichsdeputationshauptschlusses von 1803 (Hist. Jb. Bd. 70, 1951, S. 238 ff.); *H. E. Feine,* Kirchliche Rechtsgeschichte Bd. 1 (2. Aufl. 1954).

J. G. Weiß, Die Reichsritterschaft beim Ende des alten Reichs (ZGORh NF. 8, 1893, S. 289 ff.); *H. Müller,* Der letzte Kampf der Reichsritterschaft um ihre Selbständigkeit 1790—1815 (1910); *R. Meister,* Nassau und die Reichsritterschaft vom Reichsdeputationshauptschluß bis zum Wiener Kongreß 1803—1815 (1923); *Th. Knapp,* Der schwäbische Adel und die Reichsritterschaft (Württ. Vjh. NF. 31, 1926, S. 129 ff.); *E. Wallner,* Die kreissässigen Reichsterritorien am Vorabend des Lunéviller Friedens (MIÖG ErgBd. 11, 1929, S. 681 ff.); *E. Schell,* Die Reichsstädte beim Übergang an Baden (1929); *G. Mangold,* Die ehemalige Reichsritterschaft und die Adelsgesetzgebung in Baden vom Wiener Kongreß bis zur Erteilung der Verfassung (ZGORh. NF. 46, 1933, S. 3 ff.); *G. Weicker,* Die Haltung Kursachsens im Streite um die unmittelbare Reichsritterschaft 1803—06 (Diss. Leipzig 1906); *A. Eberlein,* Bayerns Anteil an der Mediatisierung der Reichsritterschaft (Diss. München 1922); *E. v. Waechter,* Die letzten Jahre der deutschen Reichsritterschaft (Württ. Vjh. für Landesgesch. NF. Bd. 40, 1935, S. 243 ff.); *K. S. Bader,* Zur Lage und Haltung des schwäbischen Adels am Ende des alten Reiches (Z. f. württ. Landesgesch. Bd. 5, 1941, S. 335 ff.).

I. Der Reichsentschädigungsplan

1. Säkularisation und Mediatisierung

Der Friede von Lunéville griff mit der in Aussicht genommenen Entschädigung der bisher linksrheinisch begüterten größeren weltlichen Territorien durch Säkularisation und Mediatisierung auf dem rechten Rheinufer tief in die Struktur des Reiches ein. *Säkularisation* bezeichnete in diesem Zusammenhang die Aufhebung der landesherrlichen Gewalt eines geistlichen Reichsfürsten und die Einverleibung seines Gebiets in ein weltliches Reichsfürstentum; die Säkularisation in diesem Sinn war eine Rechtsänderung, die ausschließlich die staatliche Hoheitsgewalt, das „Imperium", der bisherigen geistlichen Reichsstände betraf [1]. Sie war scharf zu unterscheiden von der *Säkularisation des Kirchengutes,* der Einziehung des kirchlichen Eigentums zugun-

---

[1] Über die eigentumsrechtlichen Auswirkungen der Aufhebung des hoheitsrechtlichen Status der geistlichen Reichsfürstentümer siehe unten S. 52.

sten des Staates, also einer Rechtsänderung, die nicht das „Imperium", sondern ausschließlich das „Dominium" der kirchlichen Vermögensträger, und zwar der bisher reichsunmittelbaren wie der landesunmittelbaren, anging. *Mediatisierung* war die Aufhebung der Reichsunmittelbarkeit eines bis dahin reichsunmittelbaren weltlichen Reichsstands, einer Reichsstadt oder eines Angehörigen der Reichsritterschaft, unter Einverleibung des Territorialbesitzes in ein weltliches Reichsfürstentum. Der bisher reichsunmittelbare Stand wurde mit der Mediatisierung landesunmittelbar, während er zum Reich in eine nur noch mittelbare Rechtsbeziehung trat. In einem gewissen Anachronismus wurden mit dem Begriff der Mediatisierung alte lehnsrechtliche Vorstellungen (nämlich die Verdrängung der unmittelbaren Lehnsherrlichkeit des Kaisers durch eine nur mittelbare, d. h. auf der Zwischenschaltung der unmittelbaren Lehnshoheit eines Landesherrn beruhende Lehnsoberhoheit des Reichs) auf einen Rechtsvorgang angewandt, der sich nicht mehr in der lehnsstaatlichen Ordnung vollzog, sondern von der modernen flächenstaatlichen Gebietshoheit bestimmt war. Die Mediatisierung von 1803 unterschied sich als ein rein gebietsrechtlicher Vorgang in nichts von einer modernen Gebietseinverleibung („Annexion"), außer durch die Erhaltung gewisser persönlicher Ehrenrechte und Privilegien der Mediatisierten, d. h. der ehedem reichsunmittelbaren Standesherren.

2. Die Entstehung des Reichsdeputationshauptschlusses

Das Entschädigungsprinzip des Lunéviller Friedens bedurfte des Vollzugs durch ein Reichsgesetz. Der Reichstag allerdings, der dem Frieden von Lunéville am 7. März 1801 zugestimmt hatte, forderte zunächst durch ein Reichsgutachten vom 30. April 1801, daß der Kaiser in Vollmacht des Reichs die staatsrechtliche Durchführung des Friedensvertrags in unmittelbarem Einvernehmen mit Frankreich bewirke. Doch weigerte Kaiser Franz II. sich, diese Vollmacht entgegenzunehmen, die ihm die Verantwortung für eine Aufgabe zugeschoben hätte, mit deren Erfüllung angesichts der allgemeinen Begehrlichkeit weder Ruhm noch Dank zu gewinnen war.

Am 2. Oktober 1801 schlug der Reichstag in einem zweiten Reichsgutachten vor, eine *Reichsdeputation* mit der Aufstellung des Entschädigungsplans zu betrauen; schon am 7. November 1801 nahm der Kaiser diesen Vorschlag an. Bevollmächtigte von fünf Kurfürsten (Mainz, Sachsen, Brandenburg, Böhmen und Bayern) und von drei Fürsten (des Herzogs von Württemberg, des Landgrafen von Hessen und des Hoch- und Deutschmeisters) gehörten dem Ausschuß der Reichsstände an. Neben den beiden Großmächten Österreich und Preußen (Böhmen und Brandenburg) waren somit die vier bedeutendsten Mittelstaaten sowie zwei geistliche Fürsten, darunter der Erzkanzler, in der Deputation vertreten, die sich am 24. August 1802 zusammenfand. Der eigentlichen Entscheidung über die territoriale Neugestaltung Deutschlands hatten sich in der Zwischenzeit die beiden großen Nachbarn des Reichs bemächtigt: *Frankreich*, das durch den Frieden von Lunéville berechtigt war, an der Aufstellung des Entschädigungsplans teilzunehmen, und *Rußland*, das als Garant des Westfälischen Friedens[1]) einen gleichen Rechtstitel beanspruchte. Ein französisch-russischer Entschädigungsplan vom 3. Juni 1802 bildete die Grundlage des Reichsdeputationshauptschlusses vom 25. Februar 1803 [2]), mit dem die Reichsdeputation die durch den Lunéviller Frieden gebotenen territorialen, staatsrechtlichen und kirchenrechtlichen Änderungen in Deutschland herbeiführte.

Frankreich und Rußland einigten sich schon in dem *Geheimvertrag vom 10. Oktober 1801* dahin, die gebietliche Umgestaltung Deutschlands durch ihre gemeinsame Mediation zu kontrollieren. In würdelosem Bemühen um die Gunst der französischen und russischen Staatsmänner und Unterhändler erhandelten die entschädigungsberechtigten deutschen Landesherren sich einen möglichst hohen Teil an der in Aussicht stehenden Beute. Auf der Grundlage eines französischen Entschädigungsentwurfs vom 9. März 1801 schloß Frankreich im Einvernehmen mit Rußland Vorverträge mit *Bayern* (24. August 1801), *Württemberg* (20. Mai 1802) und *Preußen* (23. Mai 1802) ab, die die Entschädigung dieser Länder vorweg regelten. Die damit vereinbarte Gebietsausweitung des größten norddeutschen und der beiden größten süddeutschen Staaten erschien den Mediationsmächten vorteilhaft, da sie die österreichische Hegemonie im Reich endgültig zerstören, das innere Reichsgefüge durch die Bildung souveräner Teilstaaten vollends auflösen und die Autorität und Macht des Kaisers gänzlich vernichten mußte. Die Reichskompetenzen ignorierte man bei dieser Vorwegnahme. Die entschädigungsberechtigten Länder wahrten nicht einmal den Schein, sondern schritten zur sofortigen Inbesitznahme der ihnen in Aussicht gestellten Entschädigungsgebiete, ohne auch nur das Zusammentreten der Reichsdeputation, geschweige denn ihre Entscheidung abzuwarten.

Gleichfalls bevor die Reichsdeputation sich in Regensburg versammelt hatte, stellten Frankreich und Rußland vertraglich einen *allgemeinen Entschädigungsplan* vom 3. Juni 1802 auf, den sie der am 24. August 1802 konstituierten Deputation zur Annahme vorlegten. Aus Garanten der Reichsverfassung wurden Frankreich und Rußland mit dieser Initiative zu den eigentlichen Herren der deutschen Verfassungsverhältnisse. Preußen scheute sich nicht, in der Deputation die sofortige Annahme des vorgelegten französisch-russischen Plans en bloc zu fordern. Doch zwang der Widerspruch die Deputation, wenigstens in eine sachliche Beratung der französisch-russischen Vorschläge einzutreten. Nach mancherlei Modifikationen nahm die Deputation den Reichsentschädigungsplan am 23. November 1802 als *Reichshauptschluß* an; sie verabschiedete ihn, nachdem Österreich und Frankreich sich durch die Konvention vom 26. Dezember 1802 geeinigt hatten, endgültig am 25. Februar 1803. Die drei Kollegien des Reichstags erteilten dem Deputations-Hauptschluß die erforderliche Zustimmung durch Reichsgutachten vom 24. März 1803; der Kaiser sprach seine „reichsoberhauptliche Genehmigung" durch Ratifikations-Kommissions-Dekret vom 27. April 1803 aus. Erst sie erhob den Hauptschluß zum verbindlichen Reichsgrundgesetz. Lediglich der Bestimmung, die die Virilstimmen im Reichsfürstenrat zugunsten der Protestanten veränderte, versagte der Kaiser einstweilen die Sanktion; doch beeinträchtigte dieser Vorbehalt die Gesetzeskraft des Reichsdeputationsschlusses im übrigen nicht. Als das letzte Reichsgrundgesetz wurde der Reichsdeputationshauptschluß von 1803 ein Markstein für das Ende des Reichs. Darüber hinaus erlangte er eine bleibende staatsrechtliche Wirkung für die kommende Verfassungsstruktur Deutschlands.

---

[1]) Seit dem *Teschener Frieden* vom 13. Mai 1779, der den Westfälischen Frieden erneuert hatte und unter die Garantie Frankreichs und Rußlands gestellt worden war.
[2]) Text des RDH: Dokumente Bd. 1 Nr. 1.

II. Die Umwandlung der deutschen Staatsverfassung

1. Die territoriale Umgestaltung Deutschlands

Mit der Abtretung des linken Rheinufers gingen dem Reich die Erzbistümer Köln, Trier und Mainz, die Bistümer Worms und Speyer, das Kurfürstentum Pfalz, die Herzogtümer Kleve, Geldern und Jülich, Simmern und Zweibrücken, die Grafschaften Sponheim und Saarbrücken, sowie die Reichsstädte .Aachen, Köln, Worms und Speyer entweder ganz oder teilweise verloren. Zur Entschädigung für die eingetretenen Verluste erhielten die betroffenen erblichen Reichsstände rechtsrheinische Gebietsteile, die bisher geistlichen Reichsfürstentümern, kleineren weltlichen Herrschaften oder Reichsstädten zugehörten. Im Ganzen hob, abgesehen von den linksrheinisch bereits eingetretenen Verlusten, der Reichsdeputationshauptschluß 112 rechtsrheinische Reichsstände auf, darunter ein weltliches und zwei geistliche Kurfürstentümer (die rechtsrheinischen Reste von Kurpfalz, Kurköln und Kurtrier), 19 Reichsbistümer, 44 Reichsabteien und 41 Reichsstädte.

Sämtliche reichsunmittelbaren *geistlichen Fürstentümer,* sowohl die Bistümer als auch die Abteien, Klöster, Stifte und Orden, hörten auf, weltliche Herrschaftsbereiche zu sein. Damit traten insgesamt 1719 Quadratmeilen [1]) geistliches Staatsgebiet und 3 161 776 geistliche Staatsuntertanen unter die Obrigkeit weltlicher Territorialstaaten. Nur für den Kurerzkanzler wurde, unter Zusammenfassung bestimmter Restgebiete von Köln, Mainz und Salzburg, ein neues *Kurfürstentum Aschaffenburg-Regensburg* gebildet; ferner bewahrten der Hoch- und Deutschmeister und der Großprior des Malteserordens die Stellung reichsunmittelbarer Fürsten. Ein Jahrtausend verfassungsrechtlicher Überlieferung des Reichs löschte der RDH mit dieser Säkularisation der geistlichen Fürstentümer aus. Gewiß stellten die geistlichen Fürstentümer in Deutschland zu Beginn des 19. Jahrhunderts ein Relikt einer nicht mehr zeitgemäßen Ordnung dar; gewiß waren die in den geistlichen Territorien vorherrschenden feudalständischen Einrichtungen ein Hindernis auf dem Weg zu moderner Staatlichkeit; gewiß machte erst die Befreiung von der Last weltlicher Obliegenheiten den deutschen Episkopat für seine großen innerkirchlichen Reformaufgaben frei. Aber das ändert nichts daran, daß die Säkularisation der geistlichen Fürstentümer die Verfassung des Reichs eines erhaltenden Prinzips beraubte, das sich auch in der Zeit der allgemeinen Lockerungen bis zuletzt noch als ein festigendes Band erwiesen hatte.

Auch in den Bereich der weltlichen Herrschaften griff der RDH tief ein. Alle *Reichsstädte,* bis auf Hamburg, Bremen, Lübeck, Augsburg, Frankfurt und Nürnberg, verloren ihre Reichsunmittelbarkeit. Außer den vier linksrheinischen Reichsstädten (Köln, Aachen, Worms, Speyer), die an Frankreich gefallen waren, wurden 41 rechtsrheinische Reichsstädte mediatisiert, d. h. einem der entschädigungsberechtigten Territorialstaaten zugeschlagen. Die

---

[1]) Das sind rund 10 000 Quadratkilometer (1 Meile = rd. 7,5 km.; 1 Quadratmeile = rd. 56 qkm).

Reichsritterschaft hob der RDH zwar nicht formell auf; aber überall unterstellten die größeren Territorien die von ihnen umschlossenen reichsritterlichen Herrschaften ohne Recht und Gesetz der landesherrlichen Souveränität.

Mit erbittertem Protest wandte sich der Reichsfreiherr Karl vom Stein, damals preußischer Oberkammerpräsident in Münster, in seinem berühmten Schreiben vom 13. Januar 1804 gegen den Herzog von Nassau-Usingen, der die reichsunmittelbaren Stein'schen Herrschaften widerrechtlich seiner Hoheit unterstellt hatte, unter dem Vorwand, „um sie gegen andere Stände zu schützen und die Landeshoheit auf den Fall der Auflösung der Reichsritterschaft zu vindizieren". Stein wandte sich mit seinem Protest im Interesse der nationalen Wohlfahrt gegen die Stärkung der kleineren und mittleren Reichsstände; um des Ganzen willen forderte er die Expansion der beiden deutschen Großmächte Österreich und Preußen.

„Deutschlands Unabhängigkeit und Selbständigkeit wird durch die Consolidation der wenigen Reichs-Ritterschaftlichen Besitzungen mit denen sie umgebenden kleinen Territorien wenig gewinnen; sollen diese für die Nation so wohltätigen großen Zwecke erreicht werden, so müssen diese kleinen Staaten mit den beiden großen Monarchien, von deren Existenz die Fortdauer des Deutschen Namens abhängt, vereinigt werden, und die Vorsehung gebe, daß ich dieses glückliche Ereignis erlebe"[1]). Doch konnte dieser staatsrechtlich wohlbegründete Protest das Ende der Reichsritterschaft nicht aufhalten; auch sie verfiel, obwohl der RDH dafür keine Rechtsgrundlage bot, der Mediatisierung, da sie mit dem rationalen Gefüge des modernen Flächenstaats nicht länger vereinbar war.

2. Die wichtigsten Gebietsänderungen

Der territoriale Zuwachs, den die fortbestehenden deutschen Staaten aus der Beute der säkularisierten und mediatisierten Gebiete gewannen, war außerordentlich. Nur die wichtigsten Änderungen, die der RDH bewirkte, können hier genannt werden.

a) *Österreich* verlor durch den Frieden von Lunéville endgültig die südlichen Niederlande; außerdem büßte es die westlich Basel gelegenen linksrheinischen Teile des Breisgaus ein, die an die helvetische Republik fielen. Den vorausgegangenen Friedensverträgen gemäß[2]) entschädigte es den Herzog von Modena für den Verlust seines italienischen Herzogtums durch Abtretung des Breisgaus und der Ortenau. Zum Ausgleich erhielt Österreich mit dem RDH die Bistümer Trient und Brixen, was die habsburgische Position in Südtirol merklich festigte. Der Großherzog von Toskana erhielt dem Frieden von Lunéville entsprechend als Entschädigung für das verlorene Stammland das neue Großherzogtum *Salzburg*, das aus dem Erzbistum Salzburg, der Propstei Berchtesgaden und den rechts des Inn gelegenen Teilen des Bistums Passau, jedoch ohne die Vorstädte von Passau, sowie schließlich aus dem Hauptteil des Bistums Eichstätt bestand. Da der Breisgau wie Salzburg damit in die Hand habsburgischer Nebenlinien fielen, konsolidierte Österreichs Stellung im Ganzen sich nicht unerheblich, zumal die verlorenen südlichen Niederlande seit langem ein fragwürdiger Besitz gewesen waren.

b) *Bayern*, das den Verlust der Kurpfalz, der Herzogtümer Zweibrücken, Simmern und Jülich sowie anderer Herrschaften hinnehmen mußte, erwarb als Kompensation die Bistümer Würzburg, Bamberg, Freising, Augsburg und Passau (links des Inn), ferner eine große Zahl von Reichsabteien und Reichsstädten, die im gesamtbayerischen Gebiet gelegen waren. Bayern, bisher auf Ober- und Niederbayern und die

---

[1]) *Stein*, Briefe u. Amtl. Schr. (Ausgabe Hubatsch) Bd. 1 (1957) S. 721 f.
[2]) Siehe oben S. 40.

Oberpfalz beschränkt, mit der Kurpfalz nur durch Personalunion verbunden, dehnte sich erst jetzt auf Schwaben und Franken aus. Durch diese Gebietserweiterung von 1803 errang es die Basis für seinen Aufstieg zu einer dritten deutschen Macht. Es hörte auf, ein Stammesstaat zu sein, und wurde wie Österreich und Preußen ein dynastischer Machtstaat von überstammesmäßiger Struktur. Bayerns linksrheinische Verluste betrugen 255 Quadratmeilen mit 730 000 Einwohnern; sein Entschädigungsanteil belief sich auf 290 Quadratmeilen mit 880 000 Einwohnern.

c) *Preußen* büßte auf dem linken Rheinufer wertvolle, aber verhältnismäßig kleine Gebietsteile ein: das Herzogtum Geldern, einen Teil des Herzogtums Kleve, das Fürstentum Mörs und einige weitere Exklaven. Als Entschädigung erlangte es die Bistümer Hildesheim und Paderborn, das bisher kurmainzische Gebiet von Erfurt, das bisher ebenfalls kurmainzische Eichsfeld, sowie die südlichen Teile des Bistums Münster. Eine Reihe bedeutender Reichsabteien, darunter Herford, Quedlinburg und Essen, und die wichtigen Reichsstädte Mühlhausen, Nordhausen und Goslar kamen ebenfalls in preußische Hand. Von territorialer Konsolidierung war Preußen allerdings noch immer weit entfernt. Die rheinisch-westfälischen Gebiete waren ebenso wie Ostfriesland, wie Ansbach-Bayreuth, wie Erfurt und das Eichsfeld ohne unmittelbaren territorialen Zusammenhang mit dem Staatsmittelpunkt; auch Hildesheim war ein exponierter Außenposten. Noch stärker als Bayern war Preußen durch die Erwerbungen von 1803 zur Politik der weiteren territorialen Expansion getrieben, da vom Standpunkt der staatlichen Macht und Sicherheit aus der neue Besitz die fortschreitende Arrondierung verlangte. Preußen verlor linksrheinisch 48 Quadratmeilen mit 127 000 Einwohnern; es erhielt als Entschädigung dafür 235½ Quadratmeilen mit 558 000 Einwohnern.

d) *Hannover*, obwohl auf dem linken Rheinufer nicht begütert und daher eigentlich nicht entschädigungsberechtigt, erhielt das Bistum Osnabrück, das bisher (gemäß Art. XIII IPO) alternierend von einem katholischen Bischof und einem protestantischen Prinzen aus dem Haus Hannover regiert worden war. *Braunschweig* wurde um die Abteien Gandersheim und Helmstädt vergrößert.

e) *Baden*, das linksrheinisch die Grafschaft Sponheim und andere kleine Gebiete verlor, erhielt dafür das Bistum Konstanz, die rechtsrheinischen Teile der Bistümer Basel, Straßburg und Speyer, einige rechtsrheinische Ämter der Kurpfalz mit Heidelberg und Mannheim, ferner eine Reihe weiterer Ämter, Herrschaften, Reichsabteien und Reichsstädte. Baden trug damit relativ den größten Gewinn davon; bei einem Verlust von 8 Quadratmeilen mit 25 000 Untertanen erhielt es als Entschädigung 59 ³/₄ Quadratmeilen mit 237 000 neuen Untertanen.

f) *Württemberg*, das linksrheinisch auf die Herrschaft Mömpelgard verzichten mußte, erhielt für diesen kleinen Verlust Abteien und Reichsstädte in großer Zahl, darunter Ellwangen und Zwiefalten, sowie Eßlingen, Reutlingen, Rottweil, Hall und Heilbronn. Der württembergische Verlust belief sich auf 7 Quadratmeilen mit 14 000 Untertanen, die Entschädigung auf 29 Quadratmeilen mit 110 000 Untertanen.

g) *Hessen-Kassel*, das St. Goar und Rheinfels einbüßte, erhielt eine Reihe kurmainzischer Ämter und Kapitel, sowie die Reichsstadt Gelnhausen [1]. *Hessen-Darmstadt*, vor allem durch den Verlust der Grafschaft Lichtenberg getroffen, erhielt das bisher kurkölnische Herzogtum Westfalen, womit das hessen-darmstädtische Staatsgebiet sich über die Lahn bis an die Ruhr ausdehnte; dieser Erwerb konnte später nicht festgehalten werden. Dazu kamen zahlreiche mainzische und pfälzische Ämter, sowie der rechtsrheinische Teil des Bistums Worms, ferner einige Reichsabteien und die Reichsstadt Friedberg [2].

h) *Nassau-Usingen*, das u. a. den Verlust des Fürstentums Saarbrücken zu beklagen hatte, wurde mit einer Reihe mainzischer, pfälzischer und hessischer Ämter zwischen Main und Lahn, mit dem Rest des Kurfürstentums Köln, mit einigen Reichsabteien,

---

[1] Verlust: ³/₄ Quadratmeilen und 2300 Einwohner; Entschädigung: 4½ Quadratmeilen und 13 000 Einwohner.

[2] Verlust: 13 Quadratmeilen und 45 000 Einwohner; Entschädigung 95½ Quadratmeilen und 124 500 Einwohner.

darunter Limburg, und mit der Grafschaft Sayn-Altenkirchen abgefunden. *Nassau-Weilburg* erhielt den rechtsrheinischen Rest des Kurfürstentums Trier. *Nassau-Dillenburg*, d. h. das in den nördlichen Niederlanden depossedierte Haus Nassau-Oranien, erwarb die Bistümer Fulda und Corvey, die Reichsstadt Dortmund, sowie einzelne Reichsabteien [1]).

i) *Oldenburg*, das linksrheinisch nicht geschädigt war, erhielt doch das Bistum Lübeck (Eutin), das hannoversche Amt Wildeshausen und die münsterschen Ämter Vechta und Kloppenburg. Mit kleineren Entschädigungen und Zuwendungen wurden *Mecklenburg-Schwerin*, *Hohenzollern-Hechingen* und *-Sigmaringen* und zahlreiche andere Fürsten und Grafen bedacht.

k) Das Kurfürstentum *Regensburg-Aschaffenburg* wurde unter Verlegung des erzbischöflichen Stuhls von Mainz nach Regensburg neu begründet [2]). Der Erzbischof bewahrte die Würde des Kurfürsten, des Reichs-Erzkanzlers und des Primas von Deutschland [3]). Seine *geistliche Jurisdiktion* wurde auf alle rechtsrheinischen Teile der ehemaligen Kirchenprovinzen Mainz, Köln und Trier, mit Ausnahme der preußisch gewordenen Teile, sowie auf die bayerisch gewordenen Teile der Salzburgischen Kirchenprovinz erstreckt. Die *weltliche Hoheitsgewalt* des Kurfürsten umfaßte die Fürstentümer Aschaffenburg und Regensburg einschließlich der ehemaligen Reichsstadt Regensburg, sowie die nunmehrige Grafschaft (d. h. die ehemalige Reichsstadt) Wetzlar. Die Städte Regensburg und Wetzlar, die Sitze des Reichstags und des Reichskammergerichts, lagen damit im Herrschaftsgebiet des Reichs-Erzkanzlers. Sie wurden, selbst in Reichskriegen, unter Anerkennung durch Frankreich und Rußland mit unbedingter Neutralität ausgestattet.

l) Auch die sechs verbleibenden *Reichsstädte*, nämlich Augsburg, Bremen, Frankfurt, Hamburg, Lübeck und Nürnberg, erhielten diese Stellung unbedingter Neutralität. Sie wurden deshalb von allen Kriegsbeiträgen freigestellt, aber auch von der Mitwirkung bei der Entscheidung über den Reichskrieg und den Reichsfrieden ausgeschlossen. Mannigfache Gebietserweiterungen und sonstige Erwerbungen wurden ihnen zu gestanden. Den *mediatisierten Reichsstädten* wurde zugesichert, daß sie in ihrer Gemeindeverfassung entsprechend den am meisten privilegierten Städten des Landes, dem sie zufielen, zu behandeln seien; die freie Ausübung der Religion wurde ihnen ausdrücklich gewährleistet.

3. Das Kurfürstenkolleg

Der Frieden von Lunéville und der Reichsdeputationshauptschluß griffen tief in den Bestand des vornehmsten Elements des Reichstags, des *Kurfürstenkollegs*, ein. Von den acht Kurfürsten, die es zu Beginn des 19. Jahrhunderts gab [4]), schieden die von Trier und Köln gänzlich aus. Dafür wurden vier Kurfürstentümer neu geschaffen: Salzburg, Württemberg, Baden und Hessen-Kassel. Dem zehnköpfigen Kurfürstenkolleg gehörten also nunmehr an: der Erzbischof von Regensburg-Aschaffenburg als Reichserzkanzler (bisher Mainz), der Kaiser als König von Böhmen, der König von Preußen als Markgraf von Brandenburg, der König von England als Herzog von Hannover, der mit

---

[1]) Verlust der drei nassauischen Linien: 26 Quadratmeilen und 75 500 Einwohner. Entschädigung: 83 ¼ Quadratmeilen und 207 000 Einwohner.

[2]) Der Papst, der im übrigen jede Anerkennung des RDH verweigerte, gab dieser Translation des Erzbistums Mainz nach Regensburg seine Zustimmung.

[3]) Vgl. *H. Becher*, Der deutsche Primas (1943).

[4]) Drei geistliche: Mainz, Trier und Köln; fünf weltliche: Böhmen, Pfalz-Bayern, Sachsen, Brandenburg, Hannover.

Salzburg ausgestattete Großherzog von Toskana (Sekundogenitur des Hauses Habsburg-Lothringen), die Herzöge von Sachsen, Bayern und Württemberg, der Markgraf von Baden, der Landgraf von Hessen-Kassel.

Fünf katholische Kurfürsten (Regensburg, Böhmen, Bayern, Salzburg, Sachsen) standen damit fünf protestantischen (Brandenburg, Hannover, Württemberg, Baden, Hessen) gegenüber. Die konfessionelle Parität im Kurfürstenkolleg war also hergestellt [1]). Nur ist zu bedenken, daß der Kurfürst von Sachsen zwar persönlich der katholischen Konfession anhing, sein Land aber protestantisch war, so daß sich doch ein gewisses protestantisches Übergewicht im Kurfürstenkolleg ergab. Allen Kurfürsten, auch den neuen, wurde das unbedingte *privilegium de non appellando*, die Befreiung von der Zuständigkeit der Reichsgerichte bei Klagen ihrer Untertanen, für ihre sämtlichen Besitzungen zugestanden. Das gleiche Privileg erhielten ferner der Landgraf von Hessen-Darmstadt und das Gesamthaus Nassau (§ 33 RDH).

4. Der Reichsfürstenrat

Im Reichsfürstenrat ergaben sich aus den Säkularisationen und Mediatisierungen gleichfalls erhebliche Verschiebungen. Die Stimmen der im abgetretenen linksrheinischen Gebiet gelegenen Fürstentümer gingen unter. Dagegen blieben die Stimmen der rechtsrheinischen säkularisierten geistlichen Fürstentümer erhalten; d. h. sie gingen auf den weltlichen Herrscher über, der das säkularisierte Gebiet erwarb. Dazu kamen zahlreiche neue Virilstimmen für die mit Entschädigungsgütern ausgestatteten Fürsten.

So erhielt z. B. Österreich die Stimmen von Trient und Brixen, Preußen die Stimmen von Paderborn, Hildesheim und Münster, Bayern die Stimmen von Bamberg, Würzburg, Freising, Augsburg, Passau und Kempten, Hannover die Stimme von Osnabrück, Baden die Stimme von Konstanz, Oldenburg die Stimme des Bistums Lübeck, der Kurfürst von Salzburg die Stimmen von Salzburg, Eichstätt und Berchtesgaden. Zusätzlich neue Virilstimmen erwarben: Österreich vier neue Stimmen für Steiermark, Krain, Kärnten und Tirol, Bayern ebenfalls vier neue Stimmen für Berg, Sulzbach, Niederbayern und Mindelheim, Preußen zwei neue Stimmen für Erfurt und das Eichsfeld und so fort. Im Ganzen wurden 53 neue Stimmen im Reichsfürstenrat geschaffen; die Gesamtzahl der Stimmen stieg auf 131 an. Österreich hatte insgesamt sieben, Bayern zwölf, Preußen fünfzehn Stimmen im Reichsfürstenrat inne. Nach Konfessionen gegliedert ergaben sich 77 (oder 78) protestantische und 54 (oder 53) katholische Stimmen [2]). Eben dieses protestantische Übergewicht veranlaßte den Kaiser, der neuen Stimmverteilung bei dem Ratifikations-Dekret sein Veto entgegenzusetzen [3]).

---

[1]) Zuletzt hatte das Kurfürstenkolleg sechs katholische und zwei protestantische Kurfürsten umfaßt (katholisch: Mainz, Trier, Köln, Böhmen, Pfalz-Bayern, Sachsen; protestantisch: Brandenburg, Hannover).

[2]) Die Schwankungen ergaben sich daraus, daß die neue Stimme für Thüringen alternierend von dem (katholischen) Kurfürsten von Sachsen und den (protestantischen) Herzögen von Weimar und Gotha geführt wurde.

[3]) Siehe oben S. 45.

III. Die Umwandlung der deutschen Kirchenverfassung

1. Die status quo-Garantie des § 63 RDH

Der RDH steht kirchenverfassungsrechtlich in der Kette der Reichsgrundgesetze, die sich aus der konfessionellen Spaltung Deutschlands ergaben, also in der Traditionsreihe des Passauer und des Augsburger Religionsfriedens und des Westfälischen Friedensvertrags. Auch der RDH bekannte sich zur Gewähr des konfessionellen und (allerdings unter erheblichen Einschränkungen) des vermögensrechtlichen Besitzstandes der großen christlichen Glaubensgemeinschaften. Die den status quo des Bekenntnis- und Vermögensstandes der Kirchen sichernde Bestimmung des § 63 RDH lautete:

„Die bisherige Religionsübung eines jeden Landes soll gegen Aufhebung und Kränkung aller Art geschützt sein; insbesondere jeder Religion der Besitz und ungestörte Genuß ihres eigentümlichen Kirchenguts, auch Schulfonds nach der Vorschrift des Westfälischen Friedens ungestört verbleiben; dem Landesherrn steht jedoch frei, andere Religionsverwandte zu dulden und ihnen den vollen Genuß bürgerlicher Rechte zu gestatten."

Diese Bestimmung bildete das im Westfälischen Frieden geschaffene deutsche Kirchensystem fort und blieb auch nach 1806 ein Stein im Fundament des gemeindeutschen Status der christlichen Konfessionen. Sie enthielt zwei bedeutende Rechtsgarantien, die jedoch beide einem einschneidenden Vorbehalt unterworfen waren.

a) Im ersten Satz garantierte der § 63 RDH für jedes Land die bisherige *Religionsübung*, d. h. den konfessionellen Besitzstand des 25. Februar 1803. An die Stelle des im Westfälischen Frieden festgelegten Normaljahres 1624 trat das neue Normaljahr 1803. Die Garantie war vor allem wichtig für die Landesteile, die auf Grund der Gebietsveränderungen unter einen Herrscher anderer Konfession kamen; sie waren gegen jede Einschränkung oder Kränkung ihrer Religionsübung sichergestellt. Der dritte Satz des § 63 RDH schränkte diese konfessionspolitische status-quo-Garantie allerdings durch den Vorbehalt ein, daß jeder Landesherr berechtigt sein solle, in seinem Land Anhänger eines bisher nicht zugelassenen Bekenntnisses zu dulden und ihnen volle bürgerliche Rechte zuzugestehen, also abweichend vom konfessionellen Besitzstand von 1803 zum *Prinzip der Toleranz* überzugehen. Das war besonders wichtig für die geistlichen Gebiete, in denen bisher die katholische Religion allein zugelassen gewesen war, während sie nun vielfach in Staaten einverleibt wurden, in denen seit langem Toleranz, wenn nicht Parität galt. Der § 63 ermächtigte den Landesherrn allerdings nur, den Anhängern bisher nicht zugelassener Konfessionen „Duldung" sowie bürgerliche Gleichberechtigung zu gewähren. Eine Ermächtigung, den bisher nicht zugelassenen Religionsverwandten die „öffentliche Religionsübung" und die volle staatskirchenrechtliche Parität einzuräumen, sprach § 63 nicht aus. Die Entwicklung führte in diesem Punkt bald über die Rechtsgrundsätze von 1803 hinaus. Denn die deutschen Einzelstaaten beanspruchten auf Grund ihrer Souveränität das unbeschränkte Recht, alle Konfessionen, ohne Rücksicht auf den Besitzstand von 1803, mit voller Gleichberechtigung auszustatten; sie machten von dieser Kompetenz in der folgenden Zeit weithin Gebrauch [1]).

b) Im zweiten Satz gewährleistete der § 63 RDH den *Besitzstand des Kirchenguts* unter ausdrücklicher Berufung auf die entsprechende Norm des Westfälischen Friedens. Jeder der drei großen christlichen Glaubensgemeinschaften sicherte der § 63

---

[1]) Siehe unten S. 356 ff., 397 ff.

ihren Vermögensstand durch eine Eigentumsgarantie, die auch nach 1806 fortdauerte, in einer Reihe von Landesverfassungen im Lauf des 19. Jahrhunderts wiederholt wurde und schließlich in den Art. 138 Abs. 2 WeimRVerf und den Art. 140 Bonner GG Eingang fand. Diese Eigentumsgarantie war allerdings durch die dem § 63 vorausgehenden Bestimmungen des RDH in doppelter Weise durchbrochen, einmal nämlich durch die unmittelbare Säkularisation des Eigentums der reichsunmittelbaren geistlichen Rechtsträger (des *„Entschädigungsguts")* und sodann durch die Säkularisationsermächtigung, die den weltlichen Landesherren gestattete, das Eigentum der landsässigen Stifter (das *„Dispositionsgut")* einzuziehen. Dazu kam als dritte Einschränkung der § 65 RDH, der das *Eigentum der frommen und milden Stiftungen* zwar zu „konservieren" befahl, es jedoch der landesherrlichen Aufsicht und Leitung unterstellte, womit das *„Stiftungsgut"* aus der kirchlichen in die staatliche Verwaltungsmacht überging. Von der Garantie des Kirchenguts waren also das Entschädigungsgut, das Dispositionsgut und weithin auch das Stiftungsgut ausgenommen. Praktisch bedeutete das, daß die Eigentumsgarantie auf das Vermögen der örtlichen Pfarrkirchen beschränkt war, während das Vermögen der Bischofsstühle, der Domkapitel und der Klöster im Gegensatz zu den früheren Garantieklauseln der reichsverfassungsrechtlichen Garantie verlustig ging [1]). Diese Säkularisationsnormen des RDH bedürfen einer gesonderten Betrachtung.

2. Die Säkularisation des Kirchenguts in den aufgehobenen geistlichen Reichsfürstentümern

Die Aufhebung der geistlichen Territorialhoheit zog unmittelbare vermögensrechtliche Veränderungen nach sich. Bei jeder Einverleibung eines bisher selbständigen Staates tritt der Erwerber nicht nur in die Hoheitsrechte, das ‚Imperium', sondern auch in die Eigentumsrechte, das ‚Dominium', des untergehenden Staates ein. Diesen Grundsatz wandte man auch bei der Auflösung der Reichsbistümer und Reichsabteien an, ungeachtet der Tatsache, daß in ihnen das Eigentum des geistlichen Landesherrn nicht nur weltlichen, sondern auch geistlichen Aufgaben gedient hatte. Mit der Territorialhoheit der geistlichen Landesherren ging also auch der gesamte Vermögensbesitz der geistlichen Fürstentümer auf den erwerbenden Staat über. Dabei wurden auch alle Güter der Domkapitel und ihrer Dignitarien dem Besitz der Bischöfe zugeschlagen und mit diesen zusammen auf den erwerbenden Staat überführt (§ 34 RDH). Fiel ein Bistum mehreren Erwerbern zu, so wurden sie anteilig mit dem Vermögensbesitz des geistlichen Fürstentums ausgestattet. Neben die *Herrschafts-Säkularisation* trat damit als ein nicht minder einschneidender Vorgang die *Vermögens-Säkularisation,* die das Kirchengut in den geistlichen Reichsfürstentümern unmittelbar vernichtend traf.

Die Einziehung des Eigentums der Bischofsstühle, der Domkapitel und der Reichsabteien war nicht nur ein schwerer Eingriff in das kirchliche Vermögen, sondern zerstörte auch die vermögensrechtliche Grundlage der engen Beziehungen von *Klerus und Adel,* die bis dahin ein Kennzeichen der Kirchenverfassung, der Gesellschaftsordnung und zugleich der Staatsverfassung war. Die reiche Ausstattung der Bischofsstühle,

---

[1]) *J. Heckel,* Kirchengut und Staatsgewalt (Festg. f. *R. Smend,* 1952), S. 117: Jede Religion „behielt nur dasjenige Mindestmaß an Kirchenvermögen, das für eine dem Zeitgeist der Aufklärung gemäße und in diesem Sinne geläuterte Religionsübung unentbehrlich war".

Domkapitel und Reichsabteien war die Basis der durch Satzung oder festes Herkommen bestimmten regelmäßigen Besetzung aller leitenden Kirchenämter mit Angehörigen der katholischen Aristokratie. Durchweg waren die Domherrenstellen dem Adel vorbehalten, wobei die vornehmeren Domkapitel besonders hohe Anforderungen an den Ahnennachweis stellten [1]). Die Bischofsämter wurden durchweg mit Adligen besetzt; einzelne Bischofsstühle waren der Sekundogenitur bestimmter Fürstenhäuser vorbehalten [2]). Dieses Adelsprivileg hatte für das Verhältnis von Kirchen- und Staatsverfassung, wie es bis zum Beginn des 19. Jahrhunderts bestand, die außerordentliche Bedeutung, daß es die *Feudalität des hohen Klerus* sicherte. Während in die hohen Staatsämter der Verwaltung und des Heeres schon im Zeitalter des Absolutismus das bürgerliche Element in gewissem Umfang Eingang gefunden hatte, war in der katholischen Kirche die oligarchisch-feudale Struktur der Hierarchie unangetastet geblieben. Für die feudale Gesellschaftsordnung war die Feudalität des kirchlichen Ämter- und Pfründenwesens ein bedeutender Rückhalt. Und für die feudalen Elemente der Staatsverfassung war die Klammer, die die führende aristokratische Schicht von Kirche und Staat verband, eine wesentliche Sicherung.

Der RDH leitete daher mit der Säkularisation des Kirchenguts die *Entfeudalisierung des hohen Klerus* und damit einen großen Prozeß sozialer Einebnung in Kirche, Gesellschaft und Staat ein. Der Adel verlor die Anwartschaft auf nicht weniger als 720 Domherrenstellen, die ihm bis dahin in den geistlichen Fürstentümern vorbehalten waren. Der unmittelbare Zugang zu den reich ausgestatteten Kapitel- und Bischofsstellen wurde ihm verschlossen; der Weg in die leitenden Kirchenämter führte seitdem nur mehr über die Stufenleiter, die mit dem einfachen Pfarramt begann. Wenn der Adel auch in den ersten Jahrzehnten nach dem RDH in den hohen Kirchenämtern noch vorherrschend blieb, so gingen doch nach einer gewissen Übergangszeit die kirchenleitenden Stellen zum großen Teil an nicht-feudale Schichten über. Dem Klerus ging der adlige Nachwuchs weithin verloren; zwischen 1803 und 1813 soll in Deutschland kein einziger Angehöriger adliger Familien in den Priesterberuf eingetreten sein. Die ständische Egalisierung, die sich im Lauf des 19. Jahrhunderts in der katholischen Hierarchie vollzog, hatte in der Säkularisation des Kirchenguts gewiß nicht die alleinbestimmende, aber doch eine wesentliche Ursache.

3. Die Säkularisation des Kirchenguts der landsässigen Stifter

Nicht weniger wichtig als diese unmittelbare Überführung der Vermögensrechte der reichsunmittelbaren Bistümer und Abteien auf die weltlichen Nachfolgestaaten war die den Landesherren im RDH erteilte Ermächtigung, in ihren alten wie in ihren neuerworbenen Gebieten auch die Vermögensrechte der landesunmittelbaren („landsässigen") Stifter, Abteien und Klöster, und zwar der katholischen wie der protestantischen, auf den Staat zu übernehmen. Der berühmte § 35 RDH bestimmte für diese *Dispositionsgüter* Folgendes:

„Alle Güter der fundierten Stifter, Abteyen und Klöster, in den alten sowohl als in den neuen Besitzungen, katholischer sowohl als A. C. Verwandten, mittelbarer sowohl als unmittelbarer, deren Verwendung in den vorhergehenden Anordnungen nicht förmlich festgesetzt worden ist, werden der freien und vollen Disposition der respektiven Landesherrn, sowohl zum Behufe des Aufwandes für Gottesdienst, Unterrichts- und andere gemeinnützige Anstalten, als zur Erleichterung ihrer Finanzen überlassen, unter dem bestimmten Vorbehalte der festen und bleibenden Ausstattung der Domkirchen, welche werden beibehalten werden, und der Pensionen für die aufgehobene

---

[1]) Vgl. etwa O. Forst-Battaglia, Die Ahnenproben der Mainzer Domherren (1913).
[2]) Vgl. H. E. Feine, Die Besetzung der Reichsbistümer vom Westfälischen Frieden bis zur Säkularisation (1921).

Geistlichkeit, nach den unten teils wirklich bemerkten, teils noch unverzüglich zu treffenden näheren Bestimmungen."

Handelte es sich bei der Einziehung des Kirchenguts der reichsunmittelbaren Bistümer und Abteien um eine Reichs-Säkularisation (wenn auch zugunsten der Länder), so enthielt § 35 RDH eine reichsrechtliche Ermächtigung zur Landes-Säkularisation. Im ersten Fall war die Säkularisation die unmittelbare Folge der völker- und staatsrechtlichen *Annexion;* im zweiten Fall war sie ein besonderer Akt der *Konfiskation.*

Zur Durchführung der in § 35 RDH zugelassenen Säkularisation des Kirchenguts der landsässigen Stifter bedurfte es landesrechtlicher Säkularisationsmaßnahmen, die die Einzelstaaten entweder in der Form von administrativen Einziehungen oder in der Form von Säkularisationsgesetzen trafen. Während zunächst die administrativen Säkularisationen vorherrschten, ergingen die generellen Säkularisationsgesetze zum Teil erst nach den weiteren staatsrechtlichen Umwälzungen der Jahre 1805/06. Die Notwendigkeit, für Kriegstribute und andere Kriegsfolgelasten zusätzliche Staatseinnahmen zu erschließen, waren für diesen Säkularisationsvollzug in gleichem Maß bestimmend, wie das Bestreben, die Wirtschaft durch eine Mobilisierung des Eigentums der „toten Hand" anzuregen und die Gesellschaft durch eine große Eigentumsumschichtung zu reformieren. In den französisch gewordenen linksrheinischen Gebieten und den französischen Satellitenstaaten rechts des Rheins stützte der Säkularisations-Vollzug sich naturgemäß nicht auf die Ermächtigung des § 35 RDH, sondern folgte er dem Vorbild der französischen Revolution, die schon 1789 die „Nationalisierung" des Kirchenguts verfügt hatte.

Für die verschiedenen Gebietsbereiche Deutschlands ist vornehmlich Folgendes zu erwähnen:

a) Für die französisch gewordenen *vier rheinischen Departements* erging das Säkularisationsedikt Napoleons vom 9. Juni 1802;

b) Für das *Königreich Westfalen* wurde ein entsprechendes Aufhebungsdekret vom 1. Dezember 1810 erlassen;

c) Für das *Königreich Preußen* (in seinem damaligen Gebietsumfang) wurde die Säkularisation in dem Edikt über die Einziehung sämtlicher geistlicher Güter vom 30. Oktober 1810 (GS 1810, 32) geregelt;

d) In *Bayern* hatte sich schon im 18. Jahrhundert eine auf Einziehung des Klosterguts drängende Bewegung entwickelt und zu einzelnen „Vor-Säkularisationen" geführt. Die staatskirchenrechtlichen Grundsätze *Montgelas'* verstärkten diese Tendenzen. Auf Montgelas' Vorschlag wurde die Bestimmung über die Säkularisation des Klosterguts in den RDH eingefügt. Bayern gewann damit die reichsrechtliche Ermächtigung für die Säkularisationsmaßnahmen, die es mit der Errichtung der „Sonderkommission für Klostersachen" (6. Februar 1802) bereits eingeleitet hatte. Nach der Instruktion vom 25. Januar 1802 hatte diese die Aufgabe, die Klöster als „Hindernisse, welche die Kultur entgegenstehen, wegzuräumen". Demgemäß wurden nunmehr die bayerischen Klöster aufgehoben und das Klostergut zum Staatsvermögen eingezogen.

e) In *Württemberg* gab es seit dem 18. Jahrhundert gleichartige Bestrebungen. Die ihm durch den RDH zugesprochenen geistlichen Gebiete nahm Württemberg bereits durch das Besitzergreifungspatent vom 23. November 1802 an sich. Weitere Säkularisationsmaßnahmen gegenüber der katholischen Kirche vollzog das Patent vom 19. November 1805. Die Klosteraufhebung mit Einziehung des Klosterguts wurde 1806—08 durchgeführt. Das Generalreskript vom 2. Januar 1806 hob die gesonderte Verwaltung des evangelischen Kirchenguts auf und vereinigte es mit dem Staatskammergut.

f) *Baden* hob durch das Edikt vom 14. Februar 1803 sämtliche Stifter und Klöster, mit Ausnahme einiger weniger Frauenklöster, auf; das Stifts- und Klostergut fiel an den Staat.

g) *Hessen-Darmstadt* nahm die ihm nach dem RDH zufallenden Gebiete durch Besitzergreifungspatente schon im November 1802 an sich; alsbald wurde auch hier das Klostergut säkularisiert.

h) In *Österreich* hatte schon Josef II. durch die Verordnung vom 12. Januar 1782 alle Klöster, soweit sie sich nicht dem Unterricht oder der Krankenpflege widmeten, aufgehoben und das Klostergut auf den Staat überführt. Franz II. erstreckte diese Klostersäkularisation auf die unter seiner Regierung neuerworbenen galizischen und venezianischen Gebiete. Die österreichische Säkularisation stützte sich also nicht auf den § 35 RDH; sie ging der reichsrechtlichen Säkularisation vielmehr zeitlich voraus.

4. Die Staatsleistungen an die Kirchen

Die Säkularisation schuf, soweit sie das kirchliche Eigentum einzog, allerdings kein freies Staatseigentum; der staatliche Erwerb vollzog sich vielmehr unter einer Reihe von Belastungen, die auf dem Staatsvermögen ruhen blieben. Der erwerbende Staat wurde durch die Säkularisation verpflichtet, finanzielle Leistungen an die betroffenen Kirchen zu erbringen. Dreifacher Natur waren die Rechtsgründe, aus denen sich gemäß dem Reichsdeputationshauptschluß die Pflicht zu *Staatsleistungen an die Kirchen* ergab [1]).

a) Erstens galt bei der Säkularisation, die juristisch eine *Universalsukzession* eines neuen Rechtsträgers in ein Gesamtvermögen war, daß der Staat als Erwerber alle Lasten zu tragen hatte, die auf dem von ihm übernommenen Kirchengut ruhten. Das wurde für einzelne Lasten ausdrücklich hervorgehoben, so für die Besoldung der depossedierten geistlichen Fürsten, der bisherigen Mitglieder der Domkapitel, der Beamten- und Dienerschaft der aufgehobenen geistlichen Fürstentümer. Ebenso war für die auf den Entschädigungslanden lastenden Schulden allgemein gesagt, daß der erwerbende Landesherr sie mitzuübernehmen habe (§ 77 RDH). Doch galt über solche einzelnen positiven Festlegungen hinaus der allgemeine Grundsatz vom *Haftungsübergang bei Gesamtrechtsnachfolge*, der nicht nur im zivilrechtlichen Bereich, sondern nach allgemeinen Moral- und Rechtsprinzipien auch bei Vermögensübernahme kraft öffentlichen Rechts zu gelten hat. Der Grundsatz hatte bei der Säkularisation praktische Bedeutung vor allem für die Leistungspflichten, die auf säkularisiertem Kirchengut zugunsten fortbestehender kirchlicher Einrichtungen lasteten. So hatte vornehmlich der kirchenrechtliche Vorgang der *Inkorporation*, d. h. der früheren Einverleibung eines kirchlichen Rechtssubjekts, z. B. einer Pfarrkirche, in ein Kloster oder Stift, häufig solche Leistungspflichten hervorgerufen; dem Kloster oder Stift war die Pflicht zugewachsen, den Unterhalt der inkorporierten Pfarrkirche zu bestreiten. Wenn nunmehr gemäß dem RDH das Kloster oder Stift säkularisiert wurde, so erlangte die inkorporierte Pfarrkirche ihre rechtliche Selbständigkeit zurück; die Pflicht aber, den Unterhalt der Pfarrkirche zu bestreiten, ging alsdann auf den Staat als den Erwerber des Gesamtvermögens des säkularisierten Klosters oder Stifts über. In unzähligen Fällen sind auf diesem Weg Leistungspflichten des Staates zu Beiträgen für den Kirchenbau oder den persönlichen Unterhalt des Geistlichen einer ehemals inkorporierten Pfarrkirche entstanden [2]).

---

[1]) Vgl. *E. R. Huber*, Die Garantie der kirchlichen Vermögensrechte (1927) mit weiteren Literaturhinweisen.

[2]) Dazu *W. Schoenfeld*, Das Verhältnis von Inkorporation und Patronat, AöR. NF. Bd. 17 (1929) S. 161 ff.

b) Zweitens gestattete § 35 RDH die Säkularisation der Dispositionsgüter nur „unter dem bestimmten Vorbehalte der festen und bleibenden Ausstattung der Domkirchen, welche werden beibehalten werden, und der Pensionen für die aufgehobene Geistlichkeit". Dies war, soweit es sich um die Pensionen der Geistlichkeit handelte, nur die spezielle Anwendung des Satzes vom Übergang der Lasten mit dem Gesamtvermögen. Selbständige Bedeutung aber hatte der Satz, daß die landesrechtliche Einziehung des Kirchenguts mit der angemessenen *Ausstattung der Bischofskirchen* zu verbinden sei. Wo der Staat auf Grund des § 35 RDH zur Säkularisation des Dispositionsguts schritt, übernahm er damit die Pflicht, die Bischofskirchen, d. h. den bischöflichen Stuhl, die Domkirche und das Domkapitel, sowie das bischöfliche Seminar mit den Mitteln für ihren sachlichen und persönlichen Bedarf zu versehen. Unter einer „festen und bleibenden Ausstattung" war an sich die Übereignung von Grund und Boden mit ausreichendem Ertragswert zu verstehen. Doch gab die Kirche sich in der späteren Praxis der Staatsdotationen damit zufrieden, daß ihr an Stelle einer einmaligen festen und bleibenden Ausstattung wiederkehrende Geldleistungen zugewiesen wurden [1]).

c) Drittens war nach § 35 RDH das Klostergut den Staaten „sowohl zum Behuf des Aufwands für Gottesdienst, Unterrichts- und andere gemeinnützige Anstalten als zur Erleichterung ihrer Finanzen überlassen". Aus dem Nebeneinander dieser beiden Zweckbestimmungen ergab sich, daß der Ertrag des säkularisierten Dispositionsguts nicht ausschließlich für allgemeine fiskalische Zwecke verwandt werden durfte, sondern in einem angemessenen Verhältnis auch für Kultus-, Unterrichts- und andere gemeinnützige Zwecke eingesetzt werden mußte. Allerdings stellte § 35 RDH es in das Ermessen des Staates, das Verhältnis und die Rangfolge zu bestimmen, nach denen er die gewonnenen Erträge den konkurrierenden Zwecken zuführte. Eine strenge Zweckbindung und ein klagbarer Anspruch der Kirchen auf Staatsleistungen für Kultuszwecke gingen aus dem § 35 RDH daher nicht hervor [2]).

IV. Die Rechtsproblematik des Reichsdeputationshauptschlusses

1. Rechtsgrundlagen der Säkularisation

Die Kirche vermochte den Akt der Säkularisation nicht zu hindern. Aber sie verurteilte ihn damals wie später als einen unrechtmäßigen Gewaltakt. Auf dem Wiener Kongreß forderte sie, daß der ganze Vorgang der Säkularisation rückwirkend für nichtig erklärt werde [3]). Die *Restauration der geistlichen Fürstentümer* verlangte die Kirche zwar nicht mit vollem Ernst. Immerhin war vom reinen Rechtsstandpunkt aus zweifelhaft, ob das Reich nach seiner Verfassung befugt war, durch Gesetz die Institution der geistlichen Territorialherrschaften aufzuheben, die Existenz einer Anzahl seiner Gliedstaaten auszulöschen und ihr Gebiet anderen Gliedstaaten zuzuweisen. Selbst in einem Bundesstaat wie dem Bismarckschen Reich war anerkannt, daß eine Existenzgarantie für die

---

[1]) Siehe unten S. 431, 437, 445, 450.
[2]) Das ist allerdings strittig; über den gegenteiligen Standpunkt der katholischen Kirche vgl. *J. B. Sägmüller*, Der Rechtsanspruch der katholischen Kirche in Deutschland auf finanzielle Leistungen seitens des Staates (1913); *J. Schmitt*, Die Ablösung der Staatsleistungen an die Religionsgesellschaften (1921).
[3]) Siehe unten S. 411 f.

Gliedstaaten bestehe, daß das Reich also nicht berechtigt sei, und zwar auch nicht auf dem Weg der Verfassungsänderung, in den Bestand der einzelnen Gliedstaaten einzugreifen[1]); erst recht mußte das unter den alten Reichsverhältnissen gelten. Insofern war der RDH eine Verletzung der institutionellen und existentiellen Garantie, die den Einzelstaaten, auch den geistlichen Territorien, kraft eines unverbrüchlichen Verfassungssatzes zuerkannt war. Die Aufhebung der geistlichen Fürstentümer war ein Akt der „legalen Revolution", in dem die politische Notwendigkeit sich gegenüber der überlieferten Rechtmäßigkeit durchsetzte. Während sie die Rechtswirksamkeit dieser umstürzenden Verfassungswandlung nicht mehr ernsthaft in Frage stellen konnte, hat die Kirche die *Restitution des Kirchenguts* immer wieder gefordert, und zwar als einen Akt der Wiedergutmachung staatlichen Uhrechts.

Bekanntlich ist es zur Säkularisation von Kirchengut nicht erst um die Wende vom 18. zum 19. Jahrhundert gekommen. Vielmehr bestand damals bereits eine lange Tradition solcher Staatseingriffe in kirchliche Vermögensrechte. Den Hauptepochen des Verhältnisses von Staat und Kirche entsprechend gab es vier rechtshistorisch bestimmte Haupttypen der Säkularisation: in der Epoche des mittelalterlichen Eigenkirchenrechts die *Entwidmung von Reichskirchengut* durch den König, in der Epoche der Reformation die *Einziehung und Überführung von Kirchengut* durch den Landesherrn kraft des jus reformandi, in der Epoche des Absolutismus die *Verstaatlichung von Kirchengut* kraft der staatlichen Souveränität, in der Epoche der französischen Revolution die *Nationalisierung von Kirchengut* kraft der demokratischen volonté générale. Ebenso aber gab es auch eine lange Tradition von Garantieklauseln, die solche Eingriffe verhindern sollten. Insbesondere galt bis zum Ende des Alten Reichs die Garantieklausel des Westfälischen Friedens, die auch den vermögensrechtlichen Besitzstand der Religionsparteien nach dem Status des Normaljahrs 1624 gewährleistete, und zwar nicht nur im Verhältnis der Konfessionen zueinander, sondern auch im Verhältnis von Kirche und Staat[2]). Der RDH hob, indem er das Kirchengut teilweise unmittelbar einzog, teilweise den Landesherren zur Einziehung freigab, die im Westfälischen Frieden als einem Verfassungsgrundgesetz des Reichs enthaltene Eigentumsgarantie mit Wirkung für das Entschädigungs- und das Dispositionsgut auf; für das Stiftungsgut schränkte er die reichsrechtliche Garantie ein[3]).

Doch darf der Säkularisationsakt von 1803 nicht nur in diesem reichsverfassungsrechtlichen Zusammenhang gesehen werden. Er war vielmehr zugleich eng verbunden mit der Nationalisierung des Kirchenguts durch die französische Revolution. Die Einziehung des kirchlichen Vermögens durch den Staat war eine der ersten revolutionären Maßnahmen der französischen Nationalversammlung. *Talleyrand*, der Bischof von

---

[1]) Siehe Bd. III S. 803.
[2]) Über den Begriff des Kirchenguts („bona ecclesiastica immediata vel mediata") in Art. V §§ 14, 15 des IPO und die rechtliche Tragweite der dort ausgesprochenen Garantie vgl. *J. Heckel*, Kirchengut und Staatsgewalt, S. 111.
[3]) Eines qualifizierten Reichsgesetzes bedurfte es zu dieser Verfassungsänderung nicht. Die beiden Garanten des Westfälischen Friedens, Frankreich und Rußland, stimmten der Änderung zu; Schweden als dritte Garantiemacht wurde nach dem Verlust seiner Großmachtstellung übergangen.

Autun, war es, der das Säkularisationsdekret vom 2. November 1789 beantragte. In ihm wurde das Kirchengut zum *Nationaleigentum* erklärt („que tous les biens ecclésiastiques sont à la disposition de la nation"). Der Gedanke der revolutionären Nationaldemokratie führte zu diesem Vermögenseingriff; zum ersten Male war die Säkularisation ein Akt der *nationalrevolutionären Konfiskation.* Ihr Zweck war die ständisch-soziale Einebnung der Eigentumsordnung. Man wollte den Klerus als besonderen Stand vernichten, indem man ihn der materiellen Grundlage seiner Existenz beraubte. Die Verknüpfung von Klerus und Feudalität wurde zerstört. Die Säkularisation diente hier der Entfeudalisierung der Kirche und der revolutionären „Integration" der egalitären Nation.

Nun wäre es abwegig, den deutschen Fürsten, die mit dem RDH die Säkularisation in Deutschland beschlossen, eine entsprechende nationalrevolutionäre Absicht zu unterstellen. Aber wie der RDH im Ganzen, so waren auch seine Säkularisationsnormen wesentlich durch den französischen „Entschädigungsplan" vorwegbestimmt. Die revolutionäre Ideologie des Siegers von 1801 wirkte sich in der Haltung der Besiegten gegenüber dem Kirchengut unverkennbar aus. Und jedenfalls führte auch die deutsche Säkularisation in ihrer *Wirkung* zur Entfeudalisierung der Kirche, zur Einebnung der bisher ständisch bestimmten Eigentumsordnung und zur Grundlegung einer aus staatlicher Eigentumshoheit und bürgerlicher Eigentumsfähigkeit gemischten Sozialordnung. Wenn *Treitschke* den RDH einen Akt der „Fürstenrevolution" nannte, so war das nicht nur in bezug auf die Aufhebung der geistlichen Fürstentümer, sondern auch in bezug auf die Einziehung des Kirchenguts richtig. Das letzte Reichsgrundgesetz war eine Revolution nicht nur, weil es ein unter Abkehr von alten Reichsgarantien vollzogener gewaltsamer Rechtseingriff war, sondern auch und in tieferem Sinn, weil hier die monarchischen Träger der deutschen Reichs- und Staatsgewalt die aristokratisch-feudale Kirchenverfassung Deutschlands mit der gleichen Wirkung umgestalteten, mit der in Frankreich die demokratische Konstituante durch das nationalrevolutionäre Säkularisationsedikt die gallikanische Kirchenverfassung zerstört hatte. So gehörte der RDH auch in diesem Wirkungsbereich zu dem Sieg der „Ideen von 1789".

2. Rechtmäßigkeit und Rechtswirksamkeit der Einziehung des Kirchenguts

Nur wenn man dem modernen Staat die volle Souveränität auch gegenüber dem kirchlichen Rechtsbereich zuerkennt, kann man die Säkularisation von 1803 als einen *legalen Staatsakt* betrachten. Sieht man in Staat und Kirche dagegen koordinierte und in ihren Rechtskreisen von einander unabhängige Mächte, und zwar auch im Hinblick auf die äußeren Rechtsverhältnisse der Kirche, insbesondere das kirchliche Eigentum, so war die Säkularisation von 1803 ein *illegaler Staatsakt,* genauer gesagt: eine in die Form der Legalität gehüllte revolutionäre Gewaltmaßnahme. Nun war zwar nach der im 18. Jahrhundert entwickelten Staatsanschauung die Kirche eine dem Staat untergeordnete Anstalt. Geht man von dieser der damaligen realen Verfassungslage entsprechenden staatskirchenrechtlichen Grundauffassung aus, so war die Säkularisation des Kirchenguts ein legaler Staatshoheitsakt, der die Eigentumsordnung rechtmäßig umgestaltete. Doch erhebt sich der Einwand, daß die Koordination von Staat und Kirche durch überpositive Prinzipien festgelegt sei, die weder durch positives Recht noch durch die reale Machtlage beeinträchtigt werden können. Erkennt man diesen Einwand als berechtigt an, so schließt er die Legalität der staatlichen Säkularisationsmaßnahmen aus. Urteilt man hingegen vom Prinzip der staatlichen oder nationalen Souveränität aus, so kann man die Rechtmäßigkeit der durch einseitigen staatlichen Souveränitätsakt angeordneten Säkularisation nicht bestreiten. Es zeigt sich hier eine *Antinomie oberster Rechtsprinzipien*, die rechtsimmanent nicht aufgehoben werden kann.

In jedem Fall aber wird man zwischen der *Rechtmäßigkeit* und der *Rechtswirksamkeit* der Säkularisation zu unterscheiden haben. Wie auch sonst der revolutionäre Rechtsbruch, wenn er aus elementaren Staatsnotwendigkeiten entspringt, zwar rechtswidrig, aber zugleich rechtsschöpferisch ist, so entbehrt auch ein dem geltenden Recht widerstreitender Eigentumseingriff des Staates, wenn die Staatsnotwendigkeit ihn gebietet, zwar der Rechtmäßigkeit, nicht aber der Rechtswirksamkeit.

Es ist ein anerkannter staatsrechtlicher Satz, daß die Rechtmäßigkeit des Erwerbs der Staatsgewalt keine unabdingbare Voraussetzung für die Rechtswirksamkeit der durch die gewaltsam erworbene Staatsgewalt aufgerichteten Staatsordnung ist[1]). In gleichem Sinn gilt der Satz, daß die Rechtmäßigkeit staatlich-revolutionärer Eingriffe in die Eigentumsordnung keine unabdingbare Voraussetzung für die Rechtswirksamkeit der neu geschaffenen Eigentumsverhältnisse ist. Nur wenn der revolutionäre Eigentumseingriff ein reiner Willkürakt ist, ist die ihm anhaftende Illegalität unheilbar. Ist der unter Rechtsbruch vorgenommene staatliche Eigentumseingriff dagegen durch übergeordnete Staatsnotwendigkeiten gerechtfertigt und vermag er sich auf längere Dauer als Grundlage einer neuen Eigentumsordnung zu behaupten, so geht aus dem Rechtsbruch neues Recht hervor.

Nun ist schwerlich zu bestreiten, daß die Säkularisation des Kirchenguts bei gleichzeitiger Anerkennung der staatlichen Rechtspflicht zur neuen vermögensrechtlichen Ausstattung der Kirchen in der zu Beginn des 19. Jahrhunderts in Deutschland gegebenen Lage einer echten Staatsnotwendigkeit entsprach. Die gesteigerten Staatsaufgaben bei gleichzeitiger Verminderung der kirchlichen Zuständigkeit für Wohlfahrts- und Fürsorgezwecke machten die Neuverteilung des Eigentums zu einem unabweisbaren Gebot. Die mit der Aufhebung der geistlichen Fürstentümer und der Aufhebung der politisch-staatlichen Funktionen der landsässigen Stifter vollzogene Änderung der Grundverfassung des Staates zwang zu einer entsprechenden Umgestaltung der Eigentumsordnung. Die im Gesamtbereich der Gesellschaft eingeleitete Entfeudalisierung der Eigentumsverhältnisse machte auch die Entfeudalisierung der kirchlichen Eigentumsordnung erforderlich. Schließlich zwang die Notlage, in die die deutschen Territorialstaaten nach den Kriegen von 1805 und 1806/07 gerieten, die anders nicht tragbaren Kriegslasten im Allgemeininteresse durch Rückgriff auf den außerordentlichen, den kirchlichen Eigenbedarf weit übersteigenden Besitz der toten Hand abzuwälzen. So war vor allem in Preußen die erst 1810 vollzogene Säkularisation eine Staatsmaßnahme, die sowohl ein Teilstück der

---

[1]) Vgl. *Meyer-Anschütz*, Deutsches Staatsrecht Bd. 1 (7. Aufl. 1914) S. 26. Entsprechend die berühmten Entscheidungen des Reichsgerichts über die Rechtswirksamkeit der Revolution von 1918 (RGZ 99, 287; 100, 27; RGSt 53, 66; 54, 157). Dazu Bd. VI S. 7 ff., insbes. S. 9 ff.

großen Staats- und Gesellschaftsreform als auch ein Teilstück der durch die Kriegsbelastung erzwungenen Finanzreform darstellte[1]). Überragende Forderungen des Gemeinwohls rechtfertigten den gesetzgeberischen Eingriff in die bestehenden Rechtspositionen; sie statteten die Säkularisation, auch wenn man ihre Rechtmäßigkeit in Zweifel zieht, doch mit Rechtswirksamkeit aus. Das muß insbesondere in Anbetracht der *Kompensationen* gelten, die der RDH den zur Säkularisation schreitenden Staaten auferlegte und die diese Staaten in der Folgezeit durch großzügige Staatsleistungen an die Kirchen erfüllten [2]).

V. Die Dauergeltung des Reichsdeputations- hauptschlusses

Der RDH wurde 1803 als Reichsgrundgesetz erlassen. Aber schon 1806 fand das Reich sein Ende. Doch stand der RDH nicht nur während dieser drei Jahre in Kraft. Er erlangte vielmehr Dauergeltung, die in wichtigen Teilen bis in die Gegenwart reicht.

Einmal hat der RDH durch die in ihm vollzogene *territoriale und kirchliche Umgestaltung* die Verfassungsstruktur Deutschlands für die Dauer entscheidend geändert. Die große Flurbereinigung, die er einleitete, vor allem die Arrondierung der deutschen Mittelstaaten, blieb für die deutsche Verfassungsentwicklung des 19. Jahrhunderts bestimmend. Die Grundlage des modernen deutschen Föderalismus, nämlich das Nebeneinander einer Mehrzahl mittelgroßer, mit der Kraft der politischen Eigenständigkeit ausgestatteter Staaten, hat wesentlich der RDH geschaffen. Die Beseitigung der geistlichen Territorialherrschaften bildete die Voraussetzung für das moderne Verhältnis von Staat und Kirche, in dem sich der Staat als Gebietsmacht und die Kirche als eine rein geistliche Institution gegenüberstehen. Indem der RDH die Kirche von der weltlichen Hoheitsgewalt befreite, gab er den Anstoß dafür, daß sie sich auf ihre religiösen Aufgaben konzentrierte und auf diesem ihrem eigentlichen Feld zu einer vertieften und verdichteten Wirksamkeit kam.

Zum anderen aber blieb der RDH als *Teil des gemeinen deutschen Staatsrechts* über das Jahr 1806 hinaus in unmittelbarer Geltungskraft. Mit dem Ende des Reichs verlor das überlieferte Reichsrecht nicht einfach seine Wirksamkeit. Gewiß gab es nun, da das Reich als Träger eines eigenen Rechtssystems nicht mehr vorhanden war, kein eigentliches ‚Reichsrecht' mehr. Aber das Landesrecht, das nun zur einzigen Rechtsquelle in Deutschland wurde, hielt in zahlreichen Fällen an der Fortgeltung ehemals reichsrechtlicher Bestimmungen fest; das Reichsrecht wurde in Landesrecht transformiert. Wo alle Länder die gleiche reichsrechtliche Quelle in dieser Weise als fortgeltend anerkannten, bildete sich gemeines deutsches Staatsrecht als eine gesamtdeutsche Rechtsordnung interterritorialer Art aus. Es war allerdings der Landesgesetzgebungsgewalt unterworfen; es konnte von ihr umgestaltet, fortgebildet oder aufge-

---

[1]) Siehe unten S. 208 ff.
[2]) Siehe unten S. 431, 437, 445, 450.

hoben werden. Der RDH gehörte zu diesem in den deutschen Ländern als Landesrecht fortgeltenden alten Reichsrecht. Auch nach 1815 blieb er Landesrecht; er wurde nicht etwa Bundesrecht. Denn der Deutsche Bund erlangte keine Kompetenz für das Staatskirchenrecht. Dieses (und mit ihm der Reichsdeputationshauptschluß) blieb vielmehr nach 1815 eine Domäne der Länder.

So haben viele Länder gerade erst nach 1806 von der Säkularisations-Ermächtigung des § 35 RDH Gebrauch gemacht[1]). Die der Neuordnung des katholischen Kirchenwesens nach 1815 dienenden Staatsakte, so etwa der Staatsvertrag vom 7. Oktober 1818, den die Länder der oberrheinischen Kirchenprovinz über die Errichtung der Domkirchen ihres Gebiets abschlossen, gingen von der Fortgeltung des § 35 wie des § 63 RDH aus[2]). Ebenso bekannten das bayerische Konkordat von 1817[3]) und die in den Jahren 1821–1824 vereinbarten Zirkumskriptionsbullen[4]) sich übereinstimmend zu der fortdauernden Verpflichtungskraft des § 35 RDH. Über die Reichsgründung von 1871 und den Umsturz von 1918 hinaus blieben insbesondere die in § 35 RDH verliehenen Rechtstitel der Kirchen auf Staatsleistungen bestehen. Die Weimarer Reichsverfassung erkannte sie in Art. 138 Abs. 1 an; in Art. 140 des Bonner Grundgesetzes sind sie erneut sanktioniert[5]).

§ 5. Der Untergang des Reichs

Schrifttum: Siehe die zu § 2 angegebenen allgemeinhistorischen Werke; ferner *A. Beer,* Zehn Jahre Österreichischer Politik 1801–1810 (1877); *E. Wertheimer,* Geschichte Österreichs und Ungarns im ersten Jahrzehnt des 19. Jahrh. (1884–90); *F. v. Krones,* Zur Geschichte Österreichs im Zeitalter der französischen Kriege und der Restauration 1798–1816 (1886); *F. Tezner,* Der österreichische Kaisertitel (1899); *J. M. Berger,* Der große Titel des Kaisers von Österreich in seinem historischen Aufbau (1907); *A. Fournier,* Österreich und Preußen im 19. Jahrh. (1907); *R. v. Kralik,* Die österreichische Kaiserkrone und Hauskrone (1917); *H. Friedjung,* Die österreichische Kaiserkrone (in Hist. Aufsätze, 1919, S. 9 ff.); *H. Schulz,* Vorschläge zur Reichsreform in der Publizistik von 1800–1806 (Diss. Gießen 1926); *H. v. Srbik,* Das österreichische Kaisertum und das Ende des Heiligen Römischen Reiches 1804–1806 (Arch. f. Pol. u. Gesch. Bd. 8, 1927, S. 133 ff., 301 ff.) ders., Die Schicksalsstunde des Alten Reiches. Österreichs Weg 1804–1806 (1937); *H. Tiedemann,* Der deutsche Kaisergedanke vor und nach dem Wiener Kongreß (1932).
K. Mendelssohn-Bartholdy, Friedrich von Gentz (1867); *A. Fournier,* Gentz und Cobenzl (1880); ders., Gentz und Wessenberg (1907); ders., Beiträge zu einer Gentz-Biographie (in Hist. Studien und Skizzen, Bd. 2, 1908, S. 113 ff.); ders., Gentz und der Friede von Schönbrunn (ebenda, Bd. 3, 1912, S. 50 ff.); *P. Wittichen,* Die dritte Koalition und Gentz (MIÖG, Bd. 23, 1902, S. 461 ff.); *F. C. Wittichen,* Gentz und Metternich (MIÖG, Bd. 31, 1910, S. 88 ff.); ders., Briefe von und an F. v. Gentz (1909–1913); *M. Pflüger,* Koalitionspolitik. Metternich und F. v. Gentz 1804–1806 (1913); *L. Wittmer,* Le prince de Ligne, Jean de Muller, Frédéric de Gentz et l'Autriche (1925); *G. Mann,* Friedrich v. Gentz (1947).

---

[1]) Siehe oben S. 54 f.
[2]) Siehe unten S. 435.
[3]) Siehe unten S. 422 ff.
[4]) Siehe unten S. 437, 444, 449 f.
[5]) Siehe Bd. VI, S. 890 ff.

Der Untergang des Reichs

I. Das Kaisertum Österreich

Auch nach der Auflockerung des Reichsgefüges durch die Friedensschlüsse von Campo Formio und Lunéville und den Reichsdeputationshauptschluß erlosch der Wille nicht ganz, das Reich in gewandelten Formen zu bewahren. Ja, es kam erneut zu Vorschlägen einer *Reichsreform*, die den veränderten Verhältnissen Rechnung zu tragen suchten. Wie die alten Reichsreformpläne zielten sie entweder auf eine starke *Reichseinheit* mit gefestigter Macht des Kaisertums oder aber auf eine „freie Föderation" der deutschen Fürsten. In diesem *Corpus principum Germanorum* sollte der Kaiser ohne eigentliche Macht als primus inter pares an der Spitze eines dreigliedrigen deutschen Staatenbundes aus Österreich, Preußen und dem „Reich" als der Gesamtheit der übrigen deutschen Territorien stehen. Der staatenbündische Plan nahm den Dualismus Österreich-Preußen als gegeben hin; doch suchte er ihn durch die Zusammenfassung und gleichgewichtige Einbeziehung der übrigen Reichsteile zu einem Trialismus zu erweitern. Die Idee der *deutschen Trias*, in der das „dritte Deutschland" als ein engerer Verband den beiden Großmächten die Waage halten sollte, tauchte hier zuerst auf; sie erlangte später im Deutschen Bund eine unmittelbare Aktualität [1]).

Die *Errichtung des Kaisertums Österreich* dokumentierte, daß diesen Vorschlägen in der gegebenen Lage des Reichs jeder Wirklichkeitsgehalt fehlte. Die österreichischen Länder bildeten bis dahin keine staatsrechtliche Einheit; nur durch die Identität des Staatsoberhaupts waren sie in Personalunion zusammengehalten. Zwar war diese Union durch die Pragmatische Sanktion vom 19. April 1713, die die Unteilbarkeit des Gesamtreichs hausgesetzlich festlegte, gesichert. Aber der habsburgische Machtbesitz war nicht nur durch die staatsrechtliche Sonderstellung der reichsfremden Territorien (Ungarn, Galizien, Venetien) gespalten; auch die reichszugehörigen Länder waren jedes für sich ein selbständiges Territorium mit eigener Verfassung, wobei das Königreich Böhmen sich von den deutschen Erbländern (dem Erzherzogtum Österreich, den Herzogtümern Steiermark, Kärnten und Krain und der gefürsteten Grafschaft Tirol) staatsrechtlich besonders abhob. Der Plan, diese deutschen Erblande des Hauses Habsburg in einem „Königreich Österreich" zu vereinen, hatte sich nicht verwirklichen lassen. Ebenso waren die josefinischen Bestrebungen gescheitert, das habsburgische Gesamtreich zu einem Einheitsstaat zu entwickeln. Jetzt aber, mit der deutlich eingeleiteten Reichsauflösung, erhielten die Bestrebungen einen starken Auftrieb, den nach den Friedensschlüssen von 1797 und 1801 verbliebenen habsburgischen Gesamtbesitz durch die Gründung des Kaisertums Österreich staatsrechtlich zu verschmelzen.

Diese österreichischen Tendenzen verstärkten sich, als am 18. Mai 1804 der „Erste Konsul" Napoleon Bonaparte die erbliche Würde eines *Kaisers der Franzosen* annahm. Wenn, was angesichts der fortschreitenden Desintegration des Reichs zu befürchten war, das römische Kaisertum deutscher Nation erlosch, lag die Gefahr nahe, daß, dem napoleonischen Geltungsanspruch gemäß,

---

[1]) Siehe unten S. 754 ff.

das karolingische Imperium im französischen Kaiserreich seine Fortsetzung finden werde. Seit Lunéville gewann diese bonapartisch-karolingische Ideologie in den westlichen Teilen Deutschlands, in denen das rheinbündische Denken aufkam, an Boden; kein Geringerer als der Erzkanzler des Reichs, der Fürstprimas *Dalberg*, war ihr Förderer. Mit einem gewissen Schein des Rechts konnte die Macht, die sich nun im Besitz der alten Kaiserstadt Aachen und der bedeutendsten Vororte der alten Kaiserherrlichkeit Mainz und Köln befand, vorgeben, in der Nachfolge des Imperiums Karls des Großen zu stehen. *Franz II.* antwortete auf die Anmaßung des Kaisertitels durch den korsischen Eroberer nicht mit der Verteidigung des legitimen römisch-deutschen Kaisertums; entgegen den Forderungen der Wiener reichspatriotischen Partei erkannte Franz II. die neue französische Kaiserwürde vielmehr förmlich an. Um jedoch für sein Haus die Gleichstellung mit dem neu emporgekommenen französischen Kaisertum zu wahren, nahm Franz II. am 11. August 1804 neben der verblichenen Würde des römisch-deutschen Wahl-Kaisers den neuen Titel eines erblichen *Kaisers von Österreich* an. Der Zustimmung des Kaisers der Franzosen hatte er sich vorsorglich vergewissert.

Mit dem österreichischen Kaisertum sicherte Franz II. sich für den Fall, daß die deutsche Krone sich nicht werde halten lassen, einen Ersatz. Zugleich festigte er damit das Ansehen und die Einheit seiner Hausmacht. Das römisch-deutsche Kaisertum war bis zu seinem Erlöschen keine staatsbezogene, sondern eine überstaatliche Würde; mit dem Aufkommen des napoleonischen und habsburgischen Kaiserreichs vollzog sich ein Sinnwandel des Kaisertitels, der nun ein staatsbezogenes Symbol nach Art des Königtums wurde. Die Reichsverfassung ließ Franz II. bei dieser eigenmächtigen Rangerhöhung außer acht. Es war ein selbstverständlicher Rechtssatz, daß es im Reich nur eine Kaiserwürde, die altüberlieferte römisch-deutsche, geben könne; kein Reichsstand besaß das Recht, für seine Landesherrschaft eine selbständige Kaiserwürde aus eigener Machtvollkommenheit zu begründen. Die österreichische Kaiserwürde wurde auch nicht etwa auf den außerdeutschen Machtbesitz Österreichs radiziert, so wie Preußen den Königstitel zunächst nur für die außerdeutschen Territorien der Gesamtmonarchie in Anspruch genommen hatte. Der österreichische Kaisertitel galt von Anfang an gerade auch für die deutschen Erblande Habsburgs. Wenn der Erzherzog von Österreich und König von Böhmen sich den Titel eines erblichen Kaisers beilegte, ohne das Reich auch nur zu befragen, so ignorierte damit das zum Hüter des Reichs und seiner Verfassung bestellte Reichsoberhaupt die Reichsverfassung.

Frankreich wußte sehr wohl, unter welchen staatsrechtlichen Erwägungen ihm diese Erhebung Österreichs zum Kaisertum von Nutzen war. Jeder andere Reichsstand konnte sich durch das Beispiel Österreichs zur gleichen Nichtachtung der Reichsverfassung ermutigt fühlen. So legte Frankreich alsbald dem König von Preußen nahe, auch für sich die Kaiserwürde anzunehmen; in Preußen selbst gab es Stimmen, wie die des Obersten Massenbach, die sich für ein preußisch-norddeutsches Kaiserreich einsetzten. König Friedrich Wilhelm III. lehnte es zwar ab, sich auf diesen Weg der Anmaßung drängen zu lassen, gewiß nicht aus Reichstreue, wohl aber aus nüchterner Einsicht in die beschränkten Möglichkeiten seines Staates. Umso näher aber legte das österreichische Beispiel den Landesherren der deutschen Mittelstaaten den ehrgeizigen Wunsch, den entwerteten Rang eines Kurfürsten mit dem Königstitel zu vertauschen, um damit den Anspruch auf reichsunabhängige Souveränität auszudrücken.

Kein Wunder, daß *Gentz*, der damalige Wortführer der deutsch-patriotischen Partei in Österreich und Vorkämpfer der auf Wahrung der Reichseinheit zielenden Reichsreformprojekte, die Anerkennung des französischen Kaisertums heftig tadelte [1] und daß er erbittert von der „namenlosen Erbärmlichkeit" des österreichischen Kaisertums sprach. Für die innere staatsrechtliche Einheit Österreichs allerdings war die Erhebung zum Kaisertum ein bedeutender Gewinn. Gewiß blieb es auch jetzt und noch für längere Zeit bei der Gliederung des habsburgischen Gesamtreichs in eine Vielheit staatsrechtlich selbständiger Teile. Aber diese stellten von nun an nicht nur eine durch den Unteilbarkeitsgrundsatz gesicherte Personalunion dar; sondern sie waren seit der Errichtung des Kaisertums durch das ihnen gemeinsame Amt des kaiserlichen Staatsoberhaupts verbunden. Das Kaisertum gab dem Gesamtreich die bestimmende Mitte, von der aus die inneren Reformen eingeleitet werden konnten, die Österreich auf den Weg der modernen Staatlichkeit führten.

II. Die Dritte Koalition

1. Die neue Krise

Bevor noch der Reichsdeputationshauptschluß von 1803 ausgeführt war, beunruhigten neue Kriegszeichen die deutsche Staatenwelt. Zwischen England und Frankreich war es bald nach dem Schein-Frieden von Amiens (27. März 1802) zu neuem Krieg gekommen. In seinem Verlauf besetzten französische Truppen *Hannover*, das mit England in bloßer Personalunion verbunden, in einen englischen Krieg also nicht ohne weiteres verwickelt war. Der Einfall in Hannover war sowohl eine Verletzung der mit Preußen vereinbarten Neutralität Norddeutschlands als auch ein Bruch des mit dem Reich soeben abgeschlossenen Reichsfriedens. Aber weder Preußen noch das Reich sahen sich imstande, dieser Verletzung der norddeutschen Neutralität und der Reichsintegrität wirksam zu begegnen. Auch andere Herausforderungen, so die Festnahme des *Herzogs von Enghien* durch französische Polizei auf deutschem Boden und seine Verschleppung zur Hinrichtung nach Frankreich, nahm das Reich, zur Gegenwehr ohnmächtig, hin. Doch trug diese Gewalttat wesentlich dazu bei, daß die öffentliche Meinung Europas sich erneut gegen Frankreich auflehnte und daß die Kabinette sich auf die neue gemeinsame Abwehr besannen.

Der *Herzog von Enghien* (geb. 1772), einziger Sohn des letzten Prinzen von Condé und Enkel des militärischen Führers des Emigrantenkorps [2]), gehörte einer Nebenlinie des Hauses Bourbon an; er war einer der aktiven jüngeren Emigrantenführer

---

[1]) *F. v. Gentz*, Mémoire sur la nécessité de ne pas reconnaître le titre impérial de Bonaparte (Denkschrift vom 6. Juni 1804 für den Außenminister *Graf Cobenzl;* Text: *G. Schlesier* (Hg.), Mémoires et lettres inédits du chevalier de Gentz (1841).

[2]) Ludwig Joseph von Bourbon, Prinz von Condé (1736—1818) hatte sein Emigrantenkorps zunächst in Worms gebildet und mit ihm gegen die Revolutionsheere gekämpft. 1814 kehrte er mit Ludwig XVIII. nach Frankreich zurück.

und galt, nach den Herzögen von Angoulême und von Berry [1]), als Anwärter auf den französischen Thron. Seit 1801 lebte er in Ettenheim in Baden. Dort wurde er am 15. März 1804 von französischen Polizeidragonern auf Befehl des Ersten Konsuls aufgegriffen und über den Rhein entführt; am 21. März 1804 wurde er nach summarischem Verfahren in Vincennes unter der unbewiesenen Beschuldigung des Hochverrats erschossen [2]). Die Bluttat an dem bourbonischen Prinzen sollte die Royalisten einschüchtern, zugleich aber die Jakobiner für den Ersten Konsul, dem sie mißtrauten, gewinnen; in ihren Augen hatte Napoleon mit dieser Tat den Königsmord von 1793 sanktioniert und „sich der Revolution vermählt" [3]); so bereitete sie dem Korsen den Weg zum Kaisertum. Die Festnahme und Entführung des Herzogs auf deutschem Gebiet waren ein eklatanter Bruch des Völkerrechts und eine Verletzung der deutschen Staatshoheit. Der Regensburger Reichstag, dem der Kurfürst von Baden den Vorfall anzeigte, setzte sich jedoch über die Proteste der Reichsstände Hannover und Schweden [4]) hinweg; er verzichtete, dem Antrag Badens folgend, darauf, den Vorfall zum Gegenstand eines diplomatischen Schrittes zu machen. So sehr war das Reich von Frankreich abhängig, daß es sich jeder Aktion, mit der es seine Hoheitsrechte hätte wahren können, enthielt.

2. Der Zerfall Deutschlands

Die dritte Koalition begann mit einem Bündnis zwischen England und Rußland (11. April 1805). Dann trat Österreich, das seinen italienischen Besitz durch die Krönung Napoleons zum König von Italien (26. Mai 1805) und durch die Einverleibung der Ligurischen Republik (Genua) in das französische Staatsgebiet bedroht sah, der Koalition bei (9. August 1805). Preußen blieb erneut abseits; auch für die französische Seite ließ es sich, trotz starker Bemühungen Napoleons, nicht gewinnen. Mittels seiner Neutralitätspolitik hoffte Preußen, sein Staatsgebiet durch den Erwerb Hannovers vergrößern zu können. Dagegen gelang es Frankreich, das ohnedies über die Hilfsmittel der annektierten linksrheinischen Gebiete verfügte, durch den Abschluß von Bündnisverträgen die Unterstützung Bayerns (25. August), Badens (5. September) und Württembergs (5. Oktober 1805) für sich zu erhalten [5]). Obwohl das Reich noch bestand, fanden sich die drei süddeutschen Reichsstände unter Bruch ihrer verfassungsmäßigen Bindungen bereit, an dem Krieg einer fremden Macht gegen den Kaiser teilzunehmen. Das in sich zerrissene Reich, zu einem effektiven Reichskrieg weder willens noch fähig, ließ die Verletzung der Reichsintegrität durch die eindringenden französischen Heere teilnahmslos zu. Nachdem die vereinigten russisch-österreichischen Armeen bei Austerlitz (2. Dezember 1805) entscheidend geschlagen worden waren, blieb Österreich keine Wahl

---

[1]) Die Herzöge Ludwig Anton von Angoulême (1775—1844) und Karl von Berry (1778—1820) waren Söhne des Grafen von Artois, des späteren Königs Karl X. Über die Ermordung des Herzogs von Berry siehe unten S. 737.

[2]) Vgl. A. de Maricourt, La mort du duc d'Enghien (1931).

[3]) Dazu den Ausspruch eines der Richter des Tribunals: „Ich bin entzückt; Bonaparte hat sich zum Konvent bekannt."

[4]) Schweden war Reichsstand für Schwedisch-Pommern (siehe unten S. 78 Anm. 6).

[5]) Vgl. H. K. v. Zwehl, Der Kampf um Bayern 1805, Teil I: Der Abschluß der bayerisch-französischen Allianz (1937).

außer dem schnellen Friedensschluß. Noch bevor es jedoch dazu kam, ging Preußen im *Schönbrunner Vertrag* vom 15. Dezember 1805 eine Vereinbarung mit Frankreich ein, die die Verfassungseinheit des Reichs nicht weniger verhängnisvoll als der Sonderfrieden von Basel traf.

Preußen hatte sich während des Krieges zunächst der Koalition angenähert, als die französischen Truppen die Neutralität des preußischen Ansbach verletzten. In dem mit Rußland abgeschlossenen *Potsdamer Vertrag* (3. November 1805) verpflichtete Preußen sich, als ,bewaffneter Vermittler' von Frankreich ultimativ zu fordern, daß es auf die Krone von Italien verzichte, die besetzten Gebiete Deutschlands sowie Holland, die Schweiz und Neapel räume, schließlich Österreich eine verbesserte Grenze in Italien zugestehe. Als Lohn für diese bewaffnete Mediation ließ Preußen sich von Rußland den Erwerb von Hannover in einem Geheimabkommen zugestehen. Der preußische Unterhändler *Graf Haugwitz* allerdings zögerte, dem Kaiser der Franzosen das vereinbarte Ultimatum zu übergeben.

Als dann die Nachricht von Austerlitz eintraf, beeilte Haugwitz sich, im *Schönbrunner Vertrag* ein Bündnis mit Frankreich einzugehen. Preußen erhielt nach diesem Vertrag *Hannover*, mußte dafür aber den rechtsrheinischen Teil *Kleves* an einen von Napoleon zu benennenden Fürsten, sowie *Ansbach* und *Neuenburg* (in der Schweiz) an Frankreich abtreten. Ferner mußte es allen weiteren Gebietsveränderungen, die der in Aussicht stehende Frieden mit Österreich bringen sollte, im voraus zustimmen. *Ansbach* gab Napoleon im Austausch gegen das bis dahin bayerische Herzogtum Berg an Bayern weiter. *Bayreuth* dagegen blieb noch bis zum Tilsiter Frieden preußisch. Mit der nur unter Vorbehalt erklärten preußischen Ratifikation vom 4. Januar 1806 trat der Schönbrunner Vertrag noch nicht in Kraft. Aber in dem ihn bestätigenden *Pariser Vertrag* vom 15. Februar 1806 mußte Preußen seine Zusagen gegenüber Frankreich sogar noch erweitern. Es mußte sich verpflichten, beim Eintritt des casus foederis Hilfstruppen gegen Rußland zu stellen. Es mußte ferner seine Häfen gegen England, mit dem Frankreich im Krieg stand, schließen. Diese einseitige Festlegung hatte zur Folge, daß England den Krieg an Preußen erklärte (11. Juni 1806).

Den *Erwerb Hannovers* vollzog Preußen alsbald durch militärische Besetzung und administrative Einverleibung. Diese Gebietserweiterung war für Preußen geopolitisch betrachtet ein außerordentlicher Gewinn; gesamtpolitisch war die Annexion dagegen höchst prekär. Denn sie mußte Preußen mit England tödlich verfeinden und es umso rückhaltloser der Gnade Frankreichs überantworten. Vom Standpunkt der Reichsverfassung aus geurteilt aber war es unentschuldbar, daß Preußen sich durch einen Vertrag mit einer nichtdeutschen Macht zur Totalannexion des Gebiets eines deutschen Reichsstandes, dazu noch eines reichsrechtlich besonders privilegierten Kurfürstentums, ermächtigen ließ.

3. Der Frieden von Preßburg

Der den dritten Koalitionskrieg beendende Frieden von Preßburg [1]) (26. Dezember 1805) unterwarf Österreich den härtesten Bedingungen. Aber noch schwerer traf er das Reich, obwohl kein Reichskrieg geführt worden war und infolgedessen auch kein Reichsfrieden geschlossen wurde. Die in dem Friedensvertrag vollzogene neue Veränderung der deutschen Staatsverhältnisse besiegelte den Untergang des Reichs. Mit der Erhebung Bayerns und Württembergs zu souveränen Königreichen fiel es vollends auseinander. Als ob dies selbstverständlich sei, verschwand im Preßburger Frieden denn auch der Name „Deutsches Reich"; er wurde durch die Bezeichnung „Deutscher Bund"

---

[1]) Text: *Martens*, Recueil Bd. 8 S. 388.

(„Confédération Germanique") verdrängt. Die Aufspaltung des Reichs in eine bloße Konföderation souveräner deutscher Einzelstaaten war das verfassungspolitische Mittel, mit dessen Hilfe Frankreich, für sich selbst in der Revolution zum extremen Einheitsstaat geworden, die „deutsche Frage" zu lösen entschlossen war.

Der Frieden führte zu folgenden *Gebietsveränderungen:* Österreich mußte Venetien, Istrien und Dalmatien an das *Königreich Italien* abtreten und Napoleon als König von Italien anerkennen. Im Alpengebiet mußte es Vorarlberg, Tirol und die ehemaligen Bistümer Brixen und Trient an *Bayern* überlassen, das so seinen Lohn für das französische Bündnis empfing. Als Kompensation erhielt Österreich die Güter des deutschen Ordens mit der erblichen Würde des Deutschordensmeisters (für eine Linie des habsburgischen Hauses); ferner fielen Salzburg und Berchtesgaden an Österreich. Der im Kurfürstentum Salzburg regierende Großherzog *Ferdinand III.* von Toskana wurde mit dem von Bayern abgetrennten neuen *Kurfürstentum Würzburg* ausgestattet. Die bisher salzburgischen Gebiete von Eichstätt und Passau (rechts des Inn) fielen gemäß einem Vertrag vom 10. Dezember 1805 an Bayern, ebenso eine Reihe von bisher noch reichsunmittelbar gebliebenen Grafschaften und Herrschaften im bayerischen, schwäbischen und Vorarlberger Raum; auch Lindau und die Reichsstadt Augsburg wurden nun bayerisch. Ferner erhielt Bayern das bisher preußische Ansbach, mußte dafür aber auf das Herzogtum Berg verzichten[1]). Als neues Fürstentum am Niederrhein entstand aus diesem pfalzbayerischen Territorium mit dem von Preußen abgetretenen rechtsrheinischen Restgebiet von Kleve das *Großherzogtum Berg*. Den Rest der vorderösterreichischen Lande erwarben *Baden* und *Württemberg*. Der im Breisgau und in der Ortenau regierende Herzog *Ferdinand* von Modena wurde deposscdiert[2]); die ihm versprochene Entschädigung wurde nicht geleistet. Zahlreiche noch reichsunmittelbar gebliebene Herrschaften wurden neu mediatisiert und zur weiteren Abrundung Badens und Württembergs verwandt.

Darüber hinaus mußte der Kaiser die den Kurfürsten von *Bayern* und *Württemberg* von Napoleon verliehene *Königswürde* anerkennen. Zwar sollten die beiden Kurfürsten kraft dieser Rangerhöhung nicht aus der „Confédération Germanique" ausscheiden (Art. VII des Preßburger Friedens); doch wurde ihnen ebenso wie dem Kurfürsten von Baden die volle und uneingeschränkte Souveränität in ihren Landen zuerkannt (Art. XIV ebenda), und zwar in der entsprechenden Weise, wie sie dem Kaiser von Österreich und dem König von Preußen zustand. Der staatsrechtliche Sinn dieser Verweisung auf die österreichische und die preußische Souveränität war nicht ganz klar; denn nach der Reichsverfassung besaßen Österreich und Preußen in ihren reichszugehörigen Territorien keine höhere Machtvollkommenheit als irgendein anderer Reichsstand in seinem Gebiet. Doch war offenbar gemeint, daß die neuen Souveräne dieselbe effektive Freiheit gegenüber der Reichsverfassung sollten beanspruchen dürfen, die Österreich und Preußen sich im Lauf der letzten Jahrzehnte angemaßt hatten.

Auf der Grundlage des Preßburger Friedens erstreckte Napoleon sein hegemoniales System auch dynastisch weit nach Deutschland hinein. Schon durch die Einsetzung seines Bruders Josef zum *König von Neapel* und durch die Erhebung seines Bruders Ludwig, des Gemahls seiner Stieftochter Hortense Beauharnais, zum *König von Holland* hatte er wichtige dynastische Stützpunkte gewonnen. In Deutschland erhob er den Marschall Joachim Murat, den Gemahl seiner jüngsten Schwester Karoline, im März 1806 zum *Herzog von Berg* [3]). Seinen Stiefsohn Eugen Beauharnais [4]), den spä-

---

[1]) Siehe dazu die entsprechenden Bestimmungen des Schönbrunner Vertrags (oben S. 66).

[2]) Siehe oben S. 32, 40.

[3]) Siehe unten S. 90 Anm. 1.

[4]) *Eugène de Beauharnais* (1781—1824), Sohn der Kaiserin Josephine aus deren erster Ehe, war seit 1807 Vizekönig von Italien; von seinem Schwiegervater König

teren Vizekönig von Italien, vermählte er mit der Prinzessin Auguste von Bayern, den Kurprinzen Karl Ludwig von Baden mit seiner Stieftochter Stephanie Beauharnais. Seinen Oheim, den Kardinal Fesch[1]), ließ er vom Kurerzkanzler Dalberg zu dessen Koadjutor und Nachfolger bestimmen. Seinen Bruder Jérôme, der bald zum König von Westfalen aufsteigen sollte, verheiratete er 1807 mit der Prinzessin Katharina von Württemberg. Ein enges System dynastischer Bande festigte so die deutsche Hegemonialstellung, die der Kaiser der Franzosen als Protektor des Rheinbunds in Anspruch nahm.

III. Die Reichsauflösung

1. Der Abschluß der Rheinbundsakte

Schon unmittelbar nach dem Frieden von Preßburg, im Januar 1806, kam es zu den ersten Verträgen über die *Gründung des Rheinbundes*, dem nach der anfänglichen Konzeption außer Frankreich, Italien und der Schweiz die drei süddeutschen Staaten Bayern, Württemberg und Baden angehören sollten. Streitigkeiten zwischen den süddeutschen Höfen über die Durchführung der von Napoleon neu bewilligten Mediatisierungen verzögerten den Abschluß der Föderation. Bei den weiteren Verhandlungen widersprachen Bayern und Württemberg dem von Talleyrand aufgestellten Entwurf des Bundesvertrags, der ihre eben erst feierlich proklamierte Souveränität weit empfindlicheren Einschränkungen unterwarf als die alte, auf die reichsständische Libertät gegründete Reichsverfassung. Doch mußten sie sich den französischen Zumutungen schließlich beugen. Am 12. Juli 1806 wurde die *Rheinbundsakte* unterzeichnet[2]); nach ihr beschränkte die Mitgliedschaft zum Rheinbund sich auf deutsche Staaten.

Sechzehn deutsche Fürsten, nämlich die Könige von Bayern und Württemberg, der Kurfürst-Erzkanzler Fürstprimas Dalberg, die neu zu diesem Rang erhobenen Großherzöge von Baden, von Berg und von Hessen-Darmstadt, die Herzöge von Nassau-Usingen und von Arenberg, die Fürsten von Nassau-Weilburg, von Hohenzollern-Hechingen, von Hohenzollern-Sigmaringen, von Salm-Salm, von Salm-Kyrburg, von Isenburg-Birstein, von Liechtenstein und von der Leyen traten unter dem Protektorat Napoleons zu einem Bund zusammen, der ihnen höhere Sicherheit als das verlöschende Reich zu bieten schien[3]).

2. Der Austritt der Rheinbundstaaten aus dem Reich

Im Art. I der Rheinbundsakte sprachen die verbündeten Fürsten ihre dauernde *Trennung vom Gebiet des Deutschen Reiches* aus („seront séparés

---

Max Joseph von Bayern erhielt er 1817 den Titel eines Herzogs von Leuchtenberg und Fürsten von Eichstätt (mit den entsprechenden Standesherrschaften). Über ihn *Adalbert Prinz von Bayern*, Eugen Beauharnais (1940).

[1]) *Joseph Fesch* (1763–1839), Halbbruder von Napoleons Mutter, war Erzbischof von Lyon (1802), Kardinal (1803), Koadjutor von Aschaffenburg–Regensburg (1806). Er war seinem nur wenig jüngeren kaiserlichen Neffen nicht immer zu Willen und fiel 1811 vollends in Ungnade.

[2]) Text der Rheinbundsakte: Dokumente Bd. 1 Nr. 2.

[3]) Über die späteren Hinzutritte zum Rheinbund siehe unten S. 75 f.

à perpétuité du territoire de l'Empire Germanique"). Die bisherigen Reichsgesetze, soweit sie die Hoheit der verbündeten Mächte begrenzten oder ihnen Verpflichtungen auferlegten, wurden für null und nichtig erklärt; lediglich der Reichsdeputationshauptschluß von 1803 wurde in bestimmten verpflichtenden Teilen aufrechterhalten (Art. II). Alle Titel der verbündeten Fürsten, die eine Beziehung zum Reich ausdrückten, insbesondere der Titel ‚Kurfürst‘, mußten aufgegeben werden. Der Austritt aus dem Reich war dem Reichstag bis zum 1. August 1806 anzuzeigen (Art. III). Dieser Verpflichtung genügend, gaben die 16 Rheinbundstaaten am 1. August 1806 dem Reichstag in Regensburg die *gemeinsame Erklärung über die Trennung vom Reich* ab [1]).

Die Erklärung der Rheinbundstaaten führte aus, die drei Koalitionskriege hätten offenbar gemacht, daß das Band, das die Reichsstände vereinen sollte, in Wahrheit bereits aufgelöst und daß die in ihrem Ursprung zwar ehrwürdige, in ihrer Entwicklung aber mangelhaft gewordene Reichsverfassung hinfällig sei. Seit der 1795 durch den Frieden von Basel deutlich gewordenen Trennung zwischen einem nördlichen und einem südlichen Deutschland seien alle Begriffe von gemeinschaftlichem Vaterland und Interesse verschwunden; die Ausdrücke Reichskrieg und Reichsfrieden seien „Worte ohne Schall" geworden. Auch der Frieden von Lunéville und der Reichsschluß von 1803 hätten die Reichsverfassung nicht wiederherstellen können. Wenn die Souveräne und Fürsten von Süd- und Westdeutschland sich nunmehr vom deutschen Reich lossagten, um unter sich einen neuen Bund einzugehen, so sei dies nur eine Nachahmung des Beispiels, das die mächtigeren Reichsstände vorher gegeben hätten. Es scheine ehrlicher, die Trennung vom Reich offen auszusprechen, statt „den leeren Schein einer erloschenen Verfassung" beizubehalten. Um ihr Ziel, nämlich volle Sicherheit, zu erreichen, hätten die Verbündeten sich allerdings des mächtigen Schutzes des Kaisers der Franzosen versichern müssen, dessen Absichten sich stets als mit dem wahren Interesse Deutschlands übereinstimmend gezeigt hätten. Ihm sei nun die Aufrechterhaltung der neuen Ordnung Deutschlands und die Befestigung seiner inneren und äußeren Ruhe anvertraut.

In manchen Teilen kennzeichnete die Erklärung den deutschen Verfassungszustand nicht unzutreffend. Mit Recht geißelte sie das Verhalten Preußens und Österreichs, die selber das Reichsinteresse vernachlässigt und den Begriff eines gemeinsamen Vaterlandes zerstört hatten. Daß die mittleren deutschen Staaten, vor allem die drei süddeutschen Mächte Bayern, Württemberg und Baden, nicht weniger dazu beigetragen hatten, das Reichsverhältnis von innen her aufzulösen, daß insbesondere ihr Streben nach Gebietszuwachs und Erwerb der „plénitude de la souveraineté" den Reichskörper gesprengt hatte, überging die Erklärung allerdings. Es gehörte viel Unbefangenheit dazu, die bloße Schemenhaftigkeit der Begriffe Reichskrieg und Reichsfrieden hervorzuheben, nachdem die Rheinbundstaaten selbst durch ihr Bündnis mit Napoleon und durch die Dezember-Verträge von 1805 so Wesentliches getan hatten, um das wankende Reich vollends zu stürzen.

Weder moralisch noch rechtlich waren die Rheinbundstaaten zu einer solchen Absage an das Reich befugt. Das Reich war ein ewiges und unauflösliches Verhältnis; in diesem Charakter war es auch durch den Westfälischen Frieden bestätigt. Wenn die Rheinbundmächte trotzdem den Austritt aus dem Reichsverband vollzogen, so beriefen sie sich dafür, wenn man den juristischen Sinn ihrer Erklärung herauszuschälen trachtet, auf die Veränderung der ursprünglich vorausgesetzten Umstände, auf die Verletzung verfassungsmäßiger Pflichten seitens der beiden führenden deutschen Mächte Österreich und Preußen, sowie auf die Notlage, aus der sie sich anders nicht zu retten vermöchten. Die Berufung auf die clausula rebus sic stantibus, die Pflichtverletzung der Vertragspartner und den Notstand aber hätte vorausgesetzt, daß nicht eigenes Verhalten der Rheinbundstaaten wesentlich dazu beigetragen

---

[1]) Text: Dokumente Bd. 1 Nr. 3.

hätte, diese Umstände herbeizuführen. Und nur grobe Selbsttäuschung konnte die Schlußbemerkung erklären, Napoleon, nunmehr Protektor des Rheinbundes, habe stets das wahre Interesse Deutschlands im Auge gehabt und sei daher der geeignete Garant für die Sicherheit der verbündeten Staaten, die sich seiner diskretionären Gewalt überantwortet hatten.

3. Die französische Erklärung zum Reichsaustritt der Rheinbundstaaten

Nicht weniger fragwürdig war die Erklärung, die der französische Gesandte dem Reichstag am gleichen 1. August 1806 abgab [1]). Sie führte aus, die unter dem Protektorat des Kaisers der Franzosen vereinigten Rheinbundmächte hätten aufgehört, Reichsstände zu sein („ont cessé d'être Etats de l'Empire"); denn der Preßburger Frieden habe die mit Frankreich verbündeten deutschen Mächte ebenso wie ihre Nachbarn in eine Situation gebracht, die unvereinbar mit der Stellung eines Reichsstandes sei („incompatible avec la condition d'un Etat d'Empire"). Die Erklärung verschwieg, daß Frankreich selbst durch den von ihm erzwungenen Preßburger Frieden diese Unvereinbarkeit hervorgerufen, dabei aber ausdrücklich die Fortdauer des Reichsverhältnisses, wenn auch nur unter dem Namen einer „Confédération Germanique", betont hatte. Sie bezeichnete die Gründung des Rheinbundes und die Separation der Rheinbundmächte vom Reich als natürliche Folge und notwendige Ergänzung des Preßburger Friedens („une suite naturelle et le complément nécessaire de ce traité"); damit gab sie zu, daß Frankreich schon in Preßburg entgegen seinen Versicherungen die Auflösung des Reichs erstrebt hatte. Während zu anderen Zeiten Frankreich die Stärke des Reichs als wesentlichen Grund für seine Zerschlagung anführte, berief die Erklärung vom 1. August 1806 sich dafür auf die Schwäche des Reichs, insbesondere darauf, daß die Reichsverfassung nur mehr ein Schatten ihrer selbst sei, daß der Reichstag aufgehört habe, einen eigenen Willen zu besitzen, daß die Urteile der Reichsgerichte nicht mehr exekutiert werden könnten und daß keine Sicherheit, Einheit und Eintracht im Reichskörper mehr bestehe.

Besonders herausfordernd war, daß die französische Erklärung die Annexion des Kurfürstentums Hannover durch Preußen und den Aufstieg der drei süddeutschen Staaten zur vollen Souveränität als Widerspruch zu Buchstaben und Geist der Reichsverfassung bezeichnete. Das war gewiß eine zutreffende Bemerkung; nur nahm sie sich schlecht im Munde derjenigen Macht aus, die für diesen Bruch der Reichsverfassung die Hauptverantwortung trug. Ein offener Affront aber war es, daß die Note mit der Feststellung schloß, Frankreich erkenne die Reichsverfassung nicht mehr an („ne reconnait plus l'existence de la constitution germanique"). Frankreich entzog damit dem Reich die völkerrechtliche Anerkennung. Es leugnete die staatsrechtliche Existenz auch des nach dem Austritt der Sechzehn verbleibenden Rest-Reichs und bestritt den Reichsorganen — dem Kaiser, den Reichsgerichten und dem Rumpfreichstag — die staats- und völkerrechtliche Legalität. Das war mehr, als die sich separierenden Rheinbundmächte gewagt hatten. Das Reich konnte auf diese Herausforderung nur entweder mit dem Krieg oder — falls es dazu nicht im Stande war — mit der Unterwerfung antworten.

---

[1]) Text: Dokumente Bd. 1 Nr. 4.

Die Reichsauflösung

4. Die Niederlegung der Kaiserkrone

Aus der Regensburger Erklärung vom 1. August 1806, daß es die Existenz des Reichs nicht mehr anerkenne, zog Frankreich alsbald die logische Konsequenz. Ein bis zum 10. August 1806 befristetes Ultimatum Napoleons forderte, daß Franz II. die Krone des Reichs niederlege. Der Kaiser, soeben erst unzweideutig besiegt, wich vor der erneuten Kriegsdrohung zurück. Am 6. August 1806 gab er unter der Gegenzeichnung des Ministers Grafen Johann Philipp von Stadion [1]) die Erklärung über die Niederlegung der Kaiserkrone ab [2]). Franz II. berief sich darauf, daß er auch nach dem Preßburger Frieden versucht habe, unter den veränderten Verhältnissen den ihm nach der Wahlkapitulation obliegenden Pflichten zu genügen; doch habe er sich davon überzeugen müssen, daß es unter den nunmehr im Reich eingetretenen Umständen, vor allem nach der Gründung des Rheinbunds, unmöglich geworden sei, die kaiserlichen Obliegenheiten zu erfüllen. Deshalb sei er es seinen Grundsätzen wie seiner Würde schuldig, auf die Krone zu verzichten. Er sehe das Band, das ihn mit dem Staatskörper des Deutschen Reichs verknüpft habe, als gelöst an; er betrachte das Amt und die Würde des Reichsoberhaupts als erloschen; er fühle sich aller seiner Pflichten gegen das Reich ledig; mit der Kaiserkrone lege er die kaiserliche Regierung nieder. Der Kaiser entband mit seiner Erklärung die Kurfürsten, Fürsten und sonstigen Reichsstände sowie die Mitglieder der Reichsgerichte und die gesamte Reichsbeamtenschaft ihrer verfassungsmäßigen Pflichten. Die deutschen Lande seines Hauses sagte er von allen Pflichten gegen das Reich los; als Kaiser von Österreich werde er sie hinfort unter dem Namen Franz I. in Vereinigung mit dem österreichischen Gesamtstaatskörper regieren.

Konnte diese Niederlegung der Kaiserkrone die Auflösung des Reichs bewirken? Staatsrechtlich besaß der Kaiser keine Kompetenz, durch Verzicht auf Krone und Regierung die Nullifikation des Reichs herbeizuführen. Im Wege Rechtens ist eine Staatsauflösung — wenn überhaupt — nur durch einen *Souveränitätsakt* möglich, den der Träger der höchsten und allumfassenden Staatsgewalt in den für Verfassungsänderungen vorgeschriebenen Formen vornimmt. Und wenn auch das Reich unter der Verfassung des Westfälischen Friedens vielleicht kein Staat, sondern nur eine Föderation von Staaten war, so war es doch jedenfalls ein auf ewig abgeschlossener Bund, aus dem sich einseitig zu lösen weder ein einzelner Staat noch eine Gruppe von Staaten berechtigt waren; ebensowenig war der rechtliche Bestand dieser Föderation der einseitigen Entscheidung ihres gewählten Oberhaupts unterworfen. Wenn überhaupt das die deutschen Einzelstaaten vereinigende Band des Reichs durch einen Rechtsakt zerschnitten werden konnte, so war nur der Reichstag als Repräsentation der verbündeten Reichsstände im Einver-

---

[1]) Graf *Philipp Stadion (1763—1824)* war als Nachfolger des Grafen Cobenzl (siehe oben S. 39) österreichischer Außenminister von 1805 bis 1809 und in dieser Stellung Vorgänger Metternichs.
[2]) Text: Dokumente Bd. 1 Nr. 5.

nehmen mit dem Kaiser zu einem solchen reichsauflösenden Souveränitätsakt befugt.

Der Kaiser vermochte durch einen einseitigen Rechtsakt nur seine *Abdankung* auszusprechen. In einem Wahlreich führt die Abdikation bloß dazu, daß, wie beim Tod des Reichsoberhaupts, das höchste Reichsamt vakant wird und bis zur Neuwahl ein Interregnum eintritt. Der Verzicht Franz II. aber ging über eine bloße Abdankung hinaus, indem er das Amt des Kaisers als solches für erloschen erklärte, die Reichsstände von ihrer Bindung an das Reich befreite, die Reichsämter aufhob und die Reichsbeamten wie alle Reichsangehörigen von ihren Pflichten gegen das Reich entband. Zu einem solchen das Reich in seinem existentiellen und institutionellen Bestand vernichtenden Akt war der Kaiser rechtlich weder befugt noch imstande. Seine dahin gehende Verlautbarung war ein reichsverfassungswidriger Akt; sie war null und nichtig. Die dem kaiserlichen Vorgehen fehlende Rechtsgrundlage wurde auch nicht dadurch ersetzt, daß alle dem Reich noch anhängenden Reichsstände, indem sie in Untätigkeit verharrten, der Reichsauflösung stillschweigend zustimmten. Zwar hatten sich in der Tat 16 Reichsstände, darunter der Kur-Erzkanzler und die Kurfürsten von Bayern, Württemberg und Baden, vom Reich offen losgesagt; der Kurfürst von Hannover war durch die preußische Annexion seiner Herrschaft de facto enthoben; Kurfürst von Böhmen war der Kaiser selbst; von den drei übrigen Kurfürsten — Brandenburg, Sachsen und Würzburg — war ein Festhalten am Reich ebensowenig wie von den kleineren Reichsständen zu erwarten. Aber wenn es im Staats- und Rechtsleben auch Fälle geben mag, in denen das Stillschweigen als konkludente Erklärung zu werten ist, so hieße es doch das Recht rückhaltlos der Faktizität preisgeben, wenn auch ein Souveränitätsakt von existentiellem Rang durch die stillschweigende Hinnahme des Rechtsbruchs ersetzt werden könnte. Eben um diesen Sieg des bloß Faktischen über das Recht zu verhindern, schreibt das Staatsrecht für die höchsten Rechtsakte bestimmte Zuständigkeiten und Formen vor, die die legitime und freie Entscheidung sichern sollen. Die bloß duldende Unterwerfung unter das scheinbar Unvermeidliche kann in solchen *Existenz- und Souveränitätsfragen* nicht als Äußerung eines legitimen und freien Willens gewertet werden.

Nur ein in einwandfreier Form gefaßter Beschluß des Regensburger Reichstags als der höchsten Repräsentation der vereinigten Reichsstände hätte der kaiserlichen Erklärung vom 6. August 1806 die Rechtsgrundlage geben können. Aber der Reichstag sah sich der Möglichkeit einer Entscheidung enthoben, da er nicht einmal berufen wurde, um die kaiserliche Erklärung entgegenzunehmen. Nur Kaiser und Reichstag gemeinsam konnten über das Ende des Reichs beschließen; die einseitige Erklärung des Kaisers war, soweit sie das Ende des Reichs und seiner Einrichtungen aussprach, rechtsunwirksam.

5. Das Erlöschen des Reichs

Mit der Niederlegung der Kaiserkrone trat allerdings mehr als ein bloßes Interregnum — eine Vakanz im Amt des Reichsoberhaupts — ein; ihre unmit-

telbare Folge war vielmehr zugleich die effektive Aufhebung sämtlicher Reichsorgane, des Reichstags sowohl als der Reichsgerichte. Das Reich verlor damit
alle Willens- und Handlungsfähigkeit; es trat eine *Suspension des Reiches* ein.
Es hing von der weiteren Entwicklung ab, ob diese faktische Beendung der
Reichsfunktionen auch die endgültige rechtliche Auflösung des Reiches bedeuten oder ob die Abdankung Franz II. nur zu einer vorübergehenden Einstellung der Reichstätigkeit führen werde, bis zu einem Zeitpunkt, in dem neue
Gegebenheiten die Wiederherstellung des Reiches gestatten würden. In den
Jahren 1813/15 ist ernsthaft erwogen worden, die Verzichterklärung Franz II.
für null und nichtig zu erklären und damit das Reich in seinem Rechtsbestand
(vorbehaltlich der im Einzelnen zu vereinbarenden Reformen) zu erneuern [1].
Doch sollte es zu einer solchen Renovatio Imperii nicht kommen. Erst dieser
Verzicht auf die Reichserneuerung hat als ein Akt freier Entscheidung 1813/15
die faktische Reichsauflösung von 1806 auch rechtlich sanktioniert.

Trotzdem ist es kaum möglich zu sagen, das Reich habe, obwohl in seinen
willensbildenden und handelnden Organen suspendiert, virtuell bis zum
Jahre 1815 fortbestanden, bis zu dem Zeitpunkt also, in dem die in Wien
versammelten deutschen Einzelstaaten in freier Selbstbestimmung auf die Fortsetzung des Reiches verzichteten und einen andersgearteten staatsrechtlich-
politischen Zusammenschluß schufen. Denn diese Lehre vom *virtuellen Fortbestand des Reiches* während der Zeit der Fremdherrschaft wäre kaum mehr
als eine Fiktion. Sie wäre nur berechtigt, wenn die Fremdherrschaft allein den
Zerfall des Reiches herbeigeführt hätte. In Wahrheit waren im Reich selbst
die sprengenden Kräfte so stark, war der Mangel an innerer Einheit so
evident, war die Zersetzung der Reichsgesinnung so weit fortgeschritten, daß
es der Wirklichkeit nicht gemäß wäre, für diese Zeit von einer rechtlichen
Fortdauer des Reiches im scheinbaren Untergang zu sprechen.

Es war *das Erlöschen des Willens zum Reich* nicht nur bei seinen legitimen
Trägern, den Reichsständen, sondern in der Nation selbst, das nach dem Verzicht des Kaisers auf Krone und Regierung nicht nur faktisch, sondern auch
staatsrechtlich den Untergang des Reiches herbeiführte. So wie der Staat in
seiner Entstehung nicht nur das Erzeugnis eines Rechtsaktes ist, sondern die
staatsbegründende Aktion eine lebendige politische Gemeinsamkeit, einen verbindenden politischen Willen, den Glauben an eine die Einheit konstituierende
Idee voraussetzt, so tritt der Untergang eines Staates nicht nur de facto, sondern auch de jure notwendig ein, wenn mit der Zerstörung oder Preisgabe
seiner äußeren Form auch das Leben, der Wille und der Glaube aus dem zersprengten Staatskörper entschwinden. Nicht der juristisch fragwürdige Staatsakt des Kaisers vom 6. August 1806, auch nicht die konkludente Einwilligung
der Reichsstände in diesen kaiserlichen Akt, sondern dieses Erlöschen des
Willens der Nation zum Reich hat staatsrechtlich zum Reichsuntergang geführt.

Ein Jahrtausend deutscher Reichsüberlieferung ging so mit dem Jahr 1806
zu Ende. Das Imperium Karls des Großen, das vielfältige Einbußen und Umgestaltungen, das lange Zeiten des Interregnums und der inneren Wirren, das

---

[1] Siehe unten S. 483 f.

die Glaubensspaltung und den Glaubenskrieg überdauert hatte, trat aus dem Licht des Geschehens in die Dämmerung der Geschichte zurück. Die Epoche der modernen Nationalstaaten demokratischer Prägung war angebrochen. Da das Reich nicht die Wandlungskraft besaß, um sich selbst in der Weise Frankreichs oder Englands zur nationalstaatlichen Einheit fortzubilden, brach es unter dem Angriff eines neuen und siegreichen politischen Prinzips zusammen. Aus seinen Trümmern entstand in Deutschland eine Vielzahl partikularer Staatskörper, deren erneute Verbindung zu einem übergreifenden Ganzen eine Kernfrage nicht nur der deutschen, sondern auch der europäischen Ordnung wurde.

Kapitel II

DER RHEINBUND

§ 6. Entwicklung und Verfassung des Rheinbunds

Schrifttum: P. A. Winkopp (Hg.), Der Rheinische Bund. Eine Zeitschrift historischen, politischen, statistischen und geographischen Inhalts (23 Bde. 1807—11); *J. L. Klüber,* Staatsrecht des Rheinbundes (1809); *W. J. Behr,* Das teutsche Reich und der rheinische Bund (1808); *ders.,* Systematische Darstellung des rheinischen Bundes (1808); *G. H. v. Berg,* Abhandlungen zur Erläuterung der rheinischen Bundesakte (1808); *K. S. Zachariä,* Staatsrecht der rheinischen Bundesstaaten und des rheinischen Bundesrechts (1810); *C. Lucchesini,* Sulle cause e gli effeti della Confederazione Renana (1819—23; dt. 1820—25).
A. Breslauer, Art. 34 der Rheinbundsakte von 1806 (Diss. Breslau 1878); *K. Beck,* Zur Verfassungsgeschichte des Rheinbundes (1890); *J. C. Sauzey,* Les Allemands sous les aigles françaises. Essai sur les troupes de la Confédération du Rhin 1806—13 (1902—09); *G. Servières,* L'Allemagne française sous Napoléon I. (1904); *Th. Bitterauf,* Geschichte des Rheinbundes (1905); *S. Satz,* Die Politik der deutschen Staaten vom Herbst 1805 bis zum Herbst 1806 im Lichte der gleichzeitigen deutschen Publizistik (1908); *E. Driault,* Napoléon et l'Europe. Le Grand Empire (1924); *E. Hölzle,* Das Napoleonische Staatssystem in Deutschland (HZ Bd. 148, 1933, S. 277 ff.); *E. Ziehen,* Winkopps „Rheinischer Bund" (1806—13) und der Reichsgedanke (Arch. für hess. Gesch. NF 18, 1935, S. 292 ff.); *W. Koppen,* Deutsche gegen Deutschland (1936); *G. Beyerhaus,* Das napoleonische Europa (1941); *M. Dunan,* Napoléon et l'Allemagne, le système continental et les débuts du Royaume de Bavière 1806—10 (1942).
K. v. Beaulieu-Marconnay, K. v. Dalberg und seine Zeit (1879); *E. Heyl,* Aus dem politischen Nachlasse des Herzogs von Dalberg. Vorschläge zur Organisation des Rheinbundes (Mon.Schr. d. Altertumsvereins v. Worms Bd. 2, 1903, S. 57; Bd. 3, 1904, S. 45); *A. Overmann,* K. v. Dalberg (Mitteldeutsche Lebensbilder, Bd. 3, 1927, S. 175 ff.); *H. J. Becher,* Der deutsche Primas (1944).

I. Der Ausbau des napoleonischen Herrschaftssystems in Deutschland

1. Die Akzessionsverträge zum Rheinbund

Der Rheinbund war von Anfang an die Organisationsform des napoleonischen Hegemonialsystems für Deutschland. Den schon bei der Gründung beigetretenen sechzehn ursprünglichen Rheinbundstaaten schlossen sich nach dem preußischen Zusammenbruch von 1806 die Mehrzahl der übrigen deutschen

Territorialstaaten durch *Akzessionsverträge* an. Schließlich waren sämtliche deutschen Staaten, außer Österreich, Preußen, Dänisch-Holstein und Schwedisch-Pommern, im Rheinbund vereinigt. Das ganze „Dritte Deutschland" stand auf diese Weise staats- und völkerrechtlich unter dem Protektorat des Kaisers der Franzosen. Der Bundesvertrag und die Akzessionsverträge waren zugleich pacta unionis und pacta subjectionis, also *Einigungs- und Unterwerfungsverträge*, wobei die Unterwerfung nicht der Aufrichtung einer gemeinsamen Bundesobergewalt, sondern der Subordination unter die fremde Protektoratsherrschaft diente.

Durch solche Akzessionsverträge traten dem Rheinbund folgende Herrscher bei:
a) Der neu zu diesem Rang erhobene Großherzog Ferdinand von *Würzburg* schloß sich nach den preußischen Niederlagen von Jena und Auerstedt durch den Akzessionsvertrag vom 25. September 1806 an[1]).

b) Kurfürst Friedrich August von *Sachsen*, Preußens Verbündeter von 1806, stellte sich im Friedens- und Akzessionsvertrag von Posen (11. Dezember 1806) auf die französische Seite [2]); Sachsen wurde als Königreich in den Rheinbund aufgenommen; im Tilsiter Frieden (7. Juli 1807) wurde dem König von Sachsen das Herzogtum Warschau in Personalunion übertragen.

c) Herzog Carl August von *Sachsen-Weimar und Eisenach* ordnete sich dem Rheinbund gemeinsam mit den Herzögen von *Sachsen-Coburg, Sachsen-Gotha, Sachsen-Hildburghausen* und *Sachsen-Meiningen* durch den Posener Akzessionsvertrag vom 15. Dezember 1806 ein [3]).

d) Die Herzöge von *Anhalt-Bernburg, Anhalt-Dessau* und *Anhalt-Köthen*, die Fürsten von *Schwarzburg-Rudolstadt, Schwarzburg-Sondershausen, Waldeck, Lippe-Detmold* und *Schaumburg-Lippe* sowie der *vier Linien Reuß* vollzogen den Beitritt durch den Warschauer Akzessionsvertrag vom 18. April 1807 [4]).

e) Nach dem Tilsiter Frieden kam das durch die Konstitutionsakte vom 15. November/7. Dezember 1807 neuerrichtete Königreich *Westfalen* zum Rheinbund [5]).

f) Die Herzogtümer *Mecklenburg-Strelitz* und *Mecklenburg-Schwerin* fanden Aufnahme durch die Akzessionsverträge vom 10. Februar/22. März 1808 [6]).

g) Zuletzt vollzog für das Herzogtum *Oldenburg* der Administrator Peter von Oldenburg [7]) den Beitritt durch den auf dem Erfurter Kongreß abgeschlossenen Akzessionsvertrag vom 14. Oktober 1808 [8]).

Der Rheinbund umfaßte damit im Jahre 1808 neununddreißig deutsche Einzelstaaten, darunter vier Königreiche (Bayern, Württemberg, Sachsen und Westfalen). Die Zahl der Mitglieder verringerte sich dadurch auf fünfunddreißig, daß Oldenburg, Arenberg, Salm-Salm und Salm-Kyrburg 1810 zusammen mit anderen nicht zum Rheinbund gehörenden Gebieten unmittelbar dem französischen Kaiserreich einverleibt wurden [9]).

---

[1]) Text: Corpus Juris Confoederationis Germanicae (zitiert: CJCG) Bd. 1 S. 88.
[2]) Text: CJCG Bd. 1 S. 89.
[3]) Text: ebenda S. 90.
[4]) Text: ebenda S. 90.
[5]) Art. 5 der Konstitutionsakte (Text ebenda S. 92).
[6]) Text: ebenda S. 90.
[7]) Für den geisteskranken Herzog *Peter Friedrich Wilhelm* (1754—1823; Regierungszeit 1785—1823) führte Herzog *Peter Friedrich Ludwig* (1755—1829) als Administrator die Regentschaft; dann war er selbst Großherzog von Oldenburg (1823—29).
[8]) Text: ebenda S. 90.
[9]) Siehe unten S. 78.

Der Ausbau des napoleonischen Herrschaftssystems

2. Die Gebietsveränderungen im Rheinbund

Erhebliche Gebietsveränderungen gestalteten während der Rheinbundszeit die deutsche territoriale Karte weiter um; sie schlossen sich als nicht minder wichtige Gebietseingriffe an die Grenzveränderungen des Friedens von Lunéville, des Reichsdeputationshauptschlusses und des Preßburger und Tilsiter Friedens an.

a) Schon durch die Rheinbundsakte wurde ein Teil der Gebiete des *Deutschen Ordens* aufgeteilt; ein Dekret Napoleons vom 24. April 1809 [1]) hob den Deutschen Orden auf und wies seine Restgebiete (vor allem auch den Hauptsitz Mergentheim) den Ländern zu, von denen sie umschlossen waren. Ebenso entzog die Rheinbundsakte dem Johanniterorden einen Teil seiner Gebiete (nämlich seinen deutschen Hauptort, das Fürstentum Heitersheim, das an Baden kam); weitere Gebiete des Ordens fielen an Würzburg [2]); nach und nach wurden sämtliche Restgebiete des Ordens eingezogen.

b) *Bayern* erhielt mit der Rheinbundsakte 1806 die Reichsstadt Nürnberg. Im Frieden von Schönbrunn (14. Oktober 1809) erwarb es von Österreich die Gebiete Salzburg, Berchtesgaden und das Innviertel. Im Pariser Vertrag (28. Februar 1810) [3]) erlangte es das bis dahin dem Fürstprimas zustehende Gebiet von Regensburg und die im Tilsiter Frieden (7. Juli 1807) von Preußen an Frankreich abgetretene Markgrafschaft Bayreuth. Dafür mußte es nun allerdings den größeren Teil von Südtirol mit Trient und Bozen an das Königreich Italien zedieren.

c) *Württemberg* erhielt durch die Rheinbundsakte von Bayern die Herrschaft Wiesensteig, von Baden die Stadt Biberach sowie einige kleinere Gebiete. Auf Grund des Vertrags vom 28. Februar 1810 bekam es von Bayern die Stadt Ulm [4]).

d) *Baden* erwarb durch die Rheinbundsakte von 1806 die Grafschaft Bonndorf, die Stadt Tuttlingen und einiges andere von Württemberg sowie weitere Gebietsteile vom Deutschen und vom Johanniterorden. Durch Vertrag vom 2. Oktober 1810 [5]) überließ Württemberg ihm die Landgrafschaft Nellenburg (mit Stockach, Singen und Radolfzell) und einige kleinere Distrikte.

e) Das Großherzogtum *Hessen-Darmstadt* erlangte durch den Vertrag vom 8. September 1810 [6]) die Ämter Miltenberg und Amorbach von Baden; ferner wurde ihm die Burggrafschaft Friedberg zugewiesen.

f) Das Königreich *Westfalen* bestand bei seiner Gründung gemäß der Konstitutionsakte vom 15. November/7. Dezember 1807 [7]) aus Braunschweig, Kurhessen, Teilen Hannovers (Göttingen-Grubenhagen, Osnabrück) sowie zahlreichen linkselbischen, chemals preußischen Gebieten (Altmark, Magdeburg, Hildesheim, Halberstadt, Quedlinburg, Mansfeld, Eichsfeld, Mühlhausen, Nordhausen, Paderborn, Minden, Ravensberg). Durch Vertrag vom 14. Jan. 1810 [8]) trat Napoleon auch Nordhannover an das Königreich Westfalen ab. Durch Vertrag vom 10. Mai 1811 [9]) fiel in Vollzug des

---

[1]) Text: CJCG Bd. 1, S. 93.

[2]) Akzessionsvertrag vom 25. September 1806 (Art. 3); Text CJCG Bd. 1, S. 88.

[3]) Text: ebenda S. 118.

[4]) Grenzvertrag zwischen Bayern und Württemberg vom 18. Mai 1810 (ebenda S. 122).

[5]) Grenzvertrag zwischen Baden und Württemberg vom 2. Oktober 1810 (ebenda S. 125).

[6]) Text: ebenda S. 133.

[7]) Text: ebenda S. 106.

[8]) Text: ebenda S. 107.

[9]) Text: ebenda S. 109.

Senatuskonsult vom 10./13. Dezember 1810[1]) der nördliche Teil von Hannover an Frankreich zurück. Lauenburg war 1810 direkt an Frankreich gekommen.

g) Das Großherzogtum *Berg* erwarb durch die Rheinbundsakte von Nassau die Städte Deutz und Königswinter sowie die Ballei Willich.

h) Das Großherzogtum *Würzburg*, das durch Art. XI des Preßburger Friedens im Gebietsumfang des früheren Bistums Würzburg geschaffen worden war, bekam in Vollzug des Vertrags vom 28. Februar 1810 von Bayern die Stadt Schweinfurt [2]).

i) Der Fürstprimas Dalberg erhielt durch die Rheinbundsakte zu seinem Gebiet Aschaffenburg-Regensburg auch die Reichsstadt Frankfurt. Der mit Frankreich geschlossene Vertrag vom 16. Februar 1810[3]) erhob die „Fürstlich Primatischen Staaten" zum *Großherzogtum Frankfurt*. Als Entschädigung für das an Bayern fallende Regensburg [4]) kamen durch den Vertrag vom 16. Februar 1810 zu Frankfurt der größere Teil des Fürstentums Fulda und der Grafschaft Hanau. Diese Gebiete hatten bis 1806 dem Fürsten Nassau-Oranien gehört; als dieser den Beitritt zum Rheinbund ablehnte, war er depossediert worden; seine Gebiete hatte Napoleon fürs Erste in französische Administration genommen. Der Vertrag von 1810 bestimmte ferner, daß das Großherzogtum Frankfurt nach dem Tod Dalbergs statt an den Koadjutor Kardinal Fesch an den Vizekönig von Italien *Eugen Beauharnais* fallen sollte.

k) In Norddeutschland wurde das Gebiet des Rheinbundes erheblich vermindert. Durch den Senatuskonsult vom 10./13. Dezember 1810[5]) annektierte Frankreich gleichzeitig mit der Einverleibung Hollands die *gesamte deutsche Nordseeregion:* die Städte Hamburg, Lübeck und Bremen, die Herzogtümer Lauenburg, Oldenburg und Arenberg, die Fürstentümer Salm-Salm und Salm-Kyrburg. Das Königreich Westfalen und das Großherzogtum Berg mußten ihre nördlich der Linie Wesel—Münster—Minden—Verden—Lauenburg gelegenen Gebietsteile an Frankreich abtreten. Als Teile des französischen Kaiserreichs wurden die neuen Departements Elbmündung, Wesermündung, Ober-Ems, Ost-Ems und West-Ems gebildet; in einem breiten norddeutschen Streifen drang das französische Rechts-, Verwaltungs- und Wirtschaftssystem über die untere Elbe hinweg bis an die Ostsee (Lübeck) vor. Ohne jede Rücksicht auf das Völkerrecht, ohne Rücksicht auch auf den Rheinbund und die bestehenden Bündnisverpflichtungen, ohne Rücksicht schließlich auch auf die feierliche Erklärung von 1806, daß Frankreich sein Gebiet niemals über den Rhein hinaus erweitern werde, ordnete Napoleon die Annexion von vier Rheinbundstaaten und drei deutschen Stadtstaaten mitten im Frieden einseitig an. Die Bestimmung der Rheinbundsakte (Art. VIII), wonach kein Mitgliedstaat seine Souveränität ganz oder zum Teil jemand anderem als einem der konföderierten Staaten veräußern dürfe, verletzten Westfalen und Berg durch die von ihnen vertraglich ausgesprochene Gebietsabtretung; denn Frankreich konnte, obwohl Schutzmacht, nicht als einer der ‚Etats confédérés du Rhin' gelten. Ohne jede Achtung vor dem Bündniszweck, dem Schutz der nationalen Integrität des Bundes und seiner Mitglieder, wurde der Rheinbund durch einen Akt seines Protektors vergewaltigt und verstümmelt [6]).

---

[1]) Text: CJCG Bd. 1 S. 105.

[2]) Grenzvertrag zwischen Bayern und Würzburg vom 26. Mai 1810 (mit entsprechenden Besitzergreifungspatenten vom 11. September 1810; ebenda S. 121).

[3]) Text: ebenda S. 111.

[4]) Vertrag vom 28. Februar 1810 (Art. 2); Text: ebenda S. 118.

[5]) Text: ebenda S. 105.

[6]) Außerhalb des Rheinbundes vollzogen sich in Norddeutschland außerdem folgende Veränderungen: a) *Schwedisch-Vorpommern* wurde durch Verordnung des schwedischen Königs vom 26. Juni 1806 (CJCG Bd. 1 S. 73) seiner eigenen Verfassung beraubt, der schwedischen Staatsverfassung unterworfen und in Schweden einverleibt. b) *Holstein* wurde durch Edikt des dänischen Königs vom 9. September 1806 (ebenda S. 72) in Dänemark einverleibt. c) *Ostfriesland* und *Jever* wurden durch den französisch-holländischen Vertrag vom 11. November 1807 (ebenda S. 103)

II. Die Rheinbundsakte

1. Das Wesen des Bundesvertrags

Die Rheinbundsakte vom 12. Juli 1806, die die Verfassung der konföderierten Rheinstaaten (,Etats confédérés du Rhin') schuf, war ein völkerrechtlicher Vertrag, der auf der einen Seite von Napoleon, dem Protektor des Bundes, auf der anderen von den Mitgliedstaaten des Bundes abgeschlossen war. Der Vertrag hatte eine dreifache Wirkung: Erstens war er ein *völkerrechtlicher Verpflichtungsvertrag;* er legte den beteiligten Staaten neben einer Vielzahl von Einzelverbindlichkeiten die Grundpflicht auf, jetzt und in Zukunft alles vertragsmäßig Notwendige zu tun, um den gemeinsam gewollten Zustand zu schaffen und zu erhalten. Zweitens war er ein *völkerrechtlicher Statusvertrag;* er rief den Bund der beteiligten Staaten als politisches Eigenwesen ins Leben, beschränkte dessen Willens- und Handlungsfähigkeit aber durch die Unterwerfung unter die Schutzgewalt des Protektors. Drittens war er ein *Verfassungsvertrag;* er konstituierte die innere Grundordnung des neugeschaffenen Eigenwesens, indem er es mit Organen ausstattete, die es zum willens- und handlungsfähigen Gesamtkörper machen sollten.

Seinem formellen Verfassungstypus nach war der Rheinbund ein *Staatenbund* [1]); er war weder ein bloßes Bündnis noch war er ein Bundesstaat; er war vielmehr eine politische Ganzheit, in der trotz eines bestimmten Maßes an politischer Homogenität und juristischer Vereinheitlichung doch die Fülle der Staatsmacht nicht bei der Verbindung, sondern bei den Teilen lag. Im Verhältnis untereinander wie im Verhältnis zur Gesamtheit galten die Einzelstaaten des Rheinbundes als souverän (Art. XXV). Jeder von ihnen hatte volle Gesetzgebungsgewalt, oberste Rechtsprechungsgewalt, höchste Polizeigewalt, das Recht der militärischen Aushebung und die Steuerhoheit (Art. XXVI). Doch war diese den Rheinbundstaaten zugesicherte plenitudo potestatis durch die Stellung des Bundesprotektors erheblich relativiert [2]).

2. Die Bundesorgane

Im staatsrechtlichen System des Rheinbundes hatte der frühere Kurerzkanzler des Reichs, der nun den Titel *Fürstprimas* trug, die Stellung eines geschäftsführenden Bundesorgans. Lebte im Titel des Fürstprimas zunächst noch die Erinnerung an die einstige geistliche Funktion des Kurerzkanzlers fort, so war im Rheinbund der Fürstprimas doch ein weltlicher Herrscher ganz wie die übrigen Rheinbundfürsten. Indem er 1810 die Würde eines Großherzogs von Frankfurt annahm, verzichtete er endgültig auf den Schein einer geistlichen Herrscherstellung. Daß er zugleich auch Erzbischof (in Aschaffenburg-

---

in Holland einverleibt. — Für diese Gebiete wurde jedes staatsrechtliche Band mit Deutschland durch die Einverleibungsakte zerschnitten.
[1]) Siehe unten S. 663 ff.
[2]) Siehe unten S. 80 ff.

Regensburg) und Bischof (in Konstanz) war, änderte an dem rein weltlichen Charakter seiner staatlichen Stellung nichts; das weltliche Herrscheramt war mit den geistlichen Ämtern des Fürstprimas in bloßer Personalunion, nicht mehr institutionell (wie in den alten geistlichen Reichsfürstentümern) verbunden. Doch schloß die geistliche Stellung des Fürstprimas die Erblichkeit seiner staatlichen Herrschaft aus; daher behielt der Protektor sich vor, den Nachfolger des Fürstprimas zu ernennen. Der Titel „Fürstprimas" schloß keinerlei Vorrechte in sich, durch die die anderen verbündeten Fürsten sich in ihrer Souveränität beeinträchtigt fühlen konnten (Art. IV der Rheinbundsakte); der Fürstprimas besaß also keinerlei Herrschafts- oder Regierungsrechte innerhalb des Bundesganzen, sondern lediglich geschäftsführende Funktionen; insbesondere sollte ihm der Vorsitz im Bundestag zustehen.

Dieser *Bundestag in Frankfurt* war als das gemeinsame Organ des Rheinbundes vorgesehen. Er sollte in zwei Kollegien, das der Könige (zu denen hier auch die Großherzöge rechneten) unter dem Vorsitz des Fürstprimas und das der Fürsten unter dem Vorsitz des Herzogs von Nassau, eingeteilt werden (Art. VI). Allerdings trat diese „diète de Francfort" niemals zusammen. Dem Rheinbund blieb das Repräsentativorgan vielmehr versagt. Die Entwicklung einer autonomen Bundesrepräsentation hätte das Bewußtsein der Gemeinsamkeit und den Trieb zur Entwicklung eines einheitlichen politischen Willens im Bund befördern können. Das aber lag weder im Interesse der Schutzmacht Frankreich noch in dem der eben erst zum Schein der vollen Souveränität aufgestiegenen Könige. Einheit war dem Rheinbund daher allein von außen, durch die Schutzmacht Frankreich eingegeben, und zwar in dem Maß, in dem die gemeinsame Unterwerfung unter den Protektor und die gemeinsame Verpflichtung zu militärischen Leistungen gegenüber dem Protektor ein Band der Einheit zu knüpfen vermochte. Eine solche „Einheit in der Unterwerfung" verdiente den Namen einer Föderation nicht. Der Rheinbund war, wenngleich nach seiner formellen Struktur ein Staatenbund, *in Wahrheit ein Protektoratsgebiet mit nur scheinbar staatenbündischer Struktur.*

3. Der Bundesprotektor

Es ist irreführend, wenn *Treitschke* gesagt hat und andere es seitdem oft wiederholt haben, das Wesen des Rheinbundes sei „unbedingte Unterwerfung (unter Frankreich) in Sachen der europäischen Politik und ebenso unbeschränkte Souveränität im Innern" gewesen[1]. Eine solche Trennung der äußeren und der inneren Souveränität ist weder theoretisch noch praktisch möglich. Einem politischen System, das nach Außen, in Fragen der Selbstbestimmung, der Selbsterhaltung, der Selbstverteidigung, jeder Entscheidungsfreiheit beraubt ist, geht notwendig auch nach Innen die Entscheidungsmacht verloren. In allen Schutzverhältnissen reicht die Unabhängigkeit in inneren

---

[1] *Treitschke*, Dt. Geschichte Bd. 1 S. 225. Ebenso *Bornhak*, VerfGesch. S. 302.

Angelegenheiten allenfalls soweit, wie nicht die vitalen Interessen der Schutzmacht beeinträchtigt erscheinen.

Zwar bezweckte das rheinbündische Protektorat Napoleons nach dem Wortlaut der getroffenen Vereinbarung nur die *Sicherheit der Rheinbundstaaten;*
scheinbar war es demgemäß auf außenpolitische und militärische Abreden
beschränkt. So bestand zwischen dem Französischen Kaiserreich und den
Rheinbundstaaten insgesamt wie einzeln ein Bündnis, kraft dessen jeder kon-
tinentale Krieg, in den eine der vertragschließenden Mächte verwickelt wurde,
für alle unmittelbar ein gemeinsamer Krieg sein sollte. Nach den gegebenen
Machtverhältnissen konnte jedoch keiner der Rheinbundstaaten von sich aus
in einen Krieg verwickelt sein, in dem dann Frankreich kraft seiner Bündnispflicht hätte Beistand leisten müssen. Der casus foederis konnte vielmehr
praktisch nur bei einem Krieg Frankreichs entstehen, in dem die Rheinbundstaaten dann ihrer Beistandspflicht genügen mußten. Mit einem solchen französischen Krieg war für die Rheinbundstaaten der Kriegsfall automatisch
gegeben. Diese Unterwerfung unter die Kriegspolitik des Protektors beraubte
die Rheinbundstaaten des wesentlichen Stücks der höchsten politischen Macht:
der freien oder aber auf wirklicher Wechselseitigkeit beruhenden Entscheidung
über den casus belli. So war denn auch unter den garantierten Souveränitätsrechten der Rheinbundstaaten zwar das Recht der militärischen Aushebung,
nicht aber das Recht zu einer selbständigen Außenpolitik, zur Entscheidung
über Krieg und Frieden, zur autonomen Kriegführung und zur unabhängigen
Ausübung der Kommandogewalt aufgezählt. Diese Rechte waren vielmehr
stillschweigend dem Kaiser der Franzosen als dem Bundesprotektor delegiert.
Auch der Art. XXXVI, der eine gemeinsame Rüstungspflicht der verbündeten
Staaten für den Fall festlegte, daß eine benachbarte bundesfremde Macht
Rüstungen betreiben sollte, behielt ausdrücklich die Entscheidung der Frage,
ob dieser Fall eingetreten sei, dem Bundesprotektor vor[1]).

Die *militärischen Pflichten* der Bundesmitglieder waren in der Rheinbundsakte
und in den Akzessionsverträgen festgelegt. Bayern hatte die im Preßburger Frieden
erworbenen Städte Augsburg und Lindau zu befestigen und mit dem erforderlichen
Material auszustatten. Zur gemeinsamen Heeresmacht hatten die konföderierten Staaten im Kriegsfall folgende Kontingente beizusteuern: Frankreich 200 000, Bayern
30 000, Württemberg 12 000, Baden 8 000, Berg 5000, Hessen-Darmstadt 4000, alle
übrigen Länder 4000 Mann [2]). Dazu kamen die Kontingente der später beigetretenen:
Sachsen 20 000, Westfalen 25 000, Würzburg 2000, die thüringischen Staaten 2800, die
anhaltischen Staaten 800, Waldeck, die schwarzburgischen, die reußischen und die
lippischen Staaten 2550, beide Mecklenburg 2300, Oldenburg 800 Mann [3]). Den
200 000 Mann französischer Truppen stand somit eine Rheinbundmacht von 118 450
Mann gegenüber. Es war also ein erheblicher Beitrag, den die mit Frankreich verbündeten deutschen Staaten hinfort in den napoleonischen Kriegen zu leisten hatten.
In zahlreichen Feldzügen des Kaisers, so in den Kriegen gegen Preußen 1806/07,
gegen Österreich 1809, gegen Rußland 1812, gegen die Koalition 1813 kämpften die
Rheinbundtruppen im Verband der französischen Armee.

---

[1]) „L'armement ne sera effectué qu'en conséquence d'une invitation adressée par sa
Majesté l'Empereur et Roi à chacune des Puissances alliées."
[2]) Art. XXXVIII der Rheinbundsakte.
[3]) Zahlen nach den oben S. 76 genannten Akzessionsverträgen.

Auch im übrigen standen die Rheinbundstaaten dem Protektor militärisch zur Verfügung. So konnte der Kaiser das Gebiet der Rheinbundstaaten jederzeit für den Durchzug seiner Truppen in Anspruch nehmen, während es den Rheinbundstaaten verwehrt war, den Truppen anderer Mächte den Durchzug zu gestatten. Das war zwar nur in einzelnen Akzessionsverträgen (so in dem mit Sachsen) ausdrücklich gesagt, galt aber auch für die übrigen Rheinbundstaaten als stillschweigend vereinbarte Bündnispflicht. Das Recht zum Friedensschluß übte der Protektor des Bundes allein aus; die von Frankreich abgeschlossenen Friedensverträge waren für die Bundesmitglieder automatisch rechtswirksam.

4. Interventionsrecht und Gebietshoheit

Über diese militärischen und außenpolitischen Befugnisse hinaus nahm der Protektor *Interventionsrechte* in Bezug auf die inneren Angelegenheiten des Rheinbundes oder seiner Mitglieder oder gar eine förmliche *Gebietshoheit* im rheinbündischen Deutschland nach dem Wortlaut der Rheinbundsakte nicht in Anspruch. Doch galt es dem Autoritäts- und Machtbewußtsein Napoleons als selbstverständlich, daß die gegebenen Verhältnisse ihm auch ohne förmlichen Rechtstitel jede notwendig erscheinende Einmischung gestatten würden. Außerdem war offenbar, daß solche Einmischungen um so leichter sein würden, wenn die Rechte des Protektors nicht vertraglich definiert und durch Aufzählungen limitiert waren. Gerade beim Schweigen des Vertrags ließ sich in jedem konkreten Fall geltend machen, daß bestimmte Eingriffe der Schutzmacht in die inneren Angelegenheiten und in die Gebietsgewalt der konföderierten Staaten um der gemeinsamen Sicherheit willen erforderlich seien. *Die Klausel, daß der Protektor befugt sei, alle zur gemeinsamen Sicherheit notwendigen Maßnahmen zu treffen, gehörte zu den stillschweigenden Vertragsnormen der Rheinbundsakte.* Zahlreiche Übergriffe, wie die Ächtung Steins, die auch für die Rheinbundstaaten verbindlich war [1]), oder die Festnahme, Verurteilung und Erschießung des Buchhändlers Palm (26. August 1806) auf rheinbündischem Boden [2]), veranschaulichen das Maß der Rechte, die der Protektor in Deutschland beanspruchte. Ein solches aus dem Sicherungsrecht abgeleitetes umfassendes Interventionsrecht machte, so sehr der Vertragstext die Souveränität der einzelnen Rheinbundstaaten hervorhob, in Wahrheit den Protektor im Rheinbundgebiet zum Träger der Souveränität.

Angesichts dieser Tatsache war es keine Beruhigung, wenn der Kaiser der Franzosen bei der Gründung des Rheinbundes dem Regensburger Reichstag versicherte, er werde die *Grenzen Frankreichs* niemals über den Rhein hinaus erstrecken („ne porterait jamais les limites de la France au-delà du Rhin'). Ganz abgesehen davon, daß Frankreich diese Zusage nicht einhielt, sondern 1806 die Festung Wesel und 1807 das Gebiet von Erfurt an sich brachte und 1810 den gesamten deutschen Nordwesten annektierte [3]), war durch die Errich-

[1]) Siehe unten S. 118.
[2]) Vgl. *M. Riegel*, Der Buchhändler Johann Philipp Palm (1938).
[3]) *Wesel* gehörte zum rechtsrheinischen Teil Kleves, den Preußen 1806 im Schönbrunner Vertrag (siehe oben S. 66) abtrat; er kam an Joachim Murat, den neuen Herzog (dann Großherzog) von Berg, der jedoch Wesel an Frankreich überlassen

tung des rheinbündischen Protektorats die französische Macht auch ohne formelle Annexion über einen großen Teil des rechtsrheinischen Deutschland erstreckt. Der Rheinbund war eines der ersten modernen europäischen Beispiele dafür, wie ein imperialer Staat ohne formelle Annexion die Souveränität in fremdem Staatsgebiet an sich zu bringen und diesen Sachverhalt hinter völkerrechtlichen Scheinformen zu verbergen vermag.

Schon durch die Rheinbundsakte war ein Drittel Deutschlands der Souveränität Frankreichs unterworfen; die Akzessionsverträge dehnten diesen französischen Machtbereich weiter aus. Die Grenze dieser rheinbündischen Herrschaftszone Frankreichs erreichte im Süden die Etsch und den Gardasee [1]; im Osten verlief sie an Böhmen entlang, um dann weiter über die Elbe bis zur Neiße, Oder, Spree und Peene hinauszugreifen; im Norden reichte sie bis an die Nordsee, Ostsee und die Grenze Holsteins [2]. So war der Rheinbund recht eigentlich ein *Rhein-, Elbe- und Donaubund*, dessen Gebietsumfang sich 1808 auf 325 800 qkm und dessen Bevölkerungszahl sich 1808 auf 14,610 Millionen belief [3].

Um in Deutschland die Bedenken zu zerstreuen, die sich angesichts des mit Frankreich geschlossenen Protektoratsvertrags, eines echten pactum leoninum, aufdrängen mußten, richtete Napoleon am 11. September 1806 an den Fürst-Primas von Dalberg einen Brief [4], in dem er Umfang und Grenzen des Protektorats zu umschreiben suchte. Seine Aufgabe beschränke sich darauf, das Territorium des Rheinbundes im Ganzen gegen jeden Angriff von Außen und das Territorium jedes einzelnen Mitgliedstaates gegen jeden Angriff eines anderen zu gewährleisten. Keineswegs beanspruche er dagegen das Maß an Souveränität, das der Deutsche Kaiser früher gegenüber den Reichsständen innegehabt habe. Die inneren Angelegenheiten jedes Mitglieds des Rheinbundes seien der Einwirkung des Protektors entzogen; die Fürsten des Rheinbundes seien Souveräne und hätten keinen Suzerän über sich. Die Beziehungen des Protektors zum Rheinbund seien keine Beziehungen der Oberherrschaft („rapports de suzeraineté"), sondern Beziehungen der reinen Schutzgewalt („rapports de simple protection"). Der tatsächlichen Überlegenheit seiner Macht wolle der Kaiser sich nicht bedienen, um die Souveränität der Rheinbundfürsten zu schmälern, sondern nur, um ihnen die ganze Fülle ihrer Souveränität zu gewährleisten. Das waren scharfsinnige juristische Distinktionen und wohlklingende politische Versprechungen; doch konnten sie schwerlich in den Rheinbundmächten eine Täuschung darüber hervorrufen, wie schattenhaft die Souveränität war, die ihren Rechtsgrund wie ihre Rechtsgrenzen in der Protektionsgewalt eines so übermächtigen Schutzherrn besaß.

Die große repräsentative Manifestation dieser Schutzherrschaft Napoleons über Deutschland wurde der Erfurter Kongreß (27. September—14. Oktober 1808). Die Verhandlungen, die Napoleon mit seinem damaligen Verbündeten, dem Zaren Alexander, in der alten kurmainzischen Stadt führte, die seit Tilsit französisches Staatsgebiet war, boten den Anlaß der Zusammenkunft, in die politische Gespräche und Geschäfte vielfältiger Art eingespannt wurden. Das Wesentliche an dem Kongreß war

---

mußte. *Erfurt* kam durch den Tilsiter Frieden (siehe unten S. 112 ff.) an Frankreich. Über die Annexion der *Nordsee-Region* siehe oben S. 78.
[1] Seit 1810 verlief die Alpengrenze des Rheinbunds nördlich Bozen, südlich Meran-Brixen (siehe oben S. 77).
[2] Seit 1810 verlief die Nordwestgrenze auf der Linie Wesel—Minden—Lübeck (siehe oben S. 78)
[3] 1811 betrug der Gebietsumfang noch 283 100 qkm, die Bevölkerungszahl noch 13,300 Millionen.
[4] Text: Dokumente Bd. 1 Nr. 6. Das Schreiben trägt die Gegenzeichnung des Außenministers Talleyrand.

jedoch das Gepränge, mit dem Napoleon die unterworfenen Fürsten Deutschlands versammelte, um sich ihnen als der wahre Herrscher Europas und des deutschen Raumes darzustellen und die Erhebung Frankreichs zur europäischen Hegemonie in einem repräsentativen verfassungspolitischen Akt zu manifestieren. Während Österreich durch den General *Vincent*, Preußen durch den Prinzen *Wilhelm*, den Bruder des Königs, vertreten wurden, waren die Mitglieder des Rheinbundes in der Person ihrer Fürsten anwesend. Talma, der berühmte französische Schauspieler, so sagte man, sei damals vor einem „Parkett von Königen" aufgetreten; aber es gibt auch das spöttische Wort eines Offiziers der kaiserlichen Leibwache, der einem seiner Trommler, der das Spiel zu Ehren eines dieser Könige rühren wollte, zurief: „Taisez-vous! Ce n'est qu'un roi!" [1])

5. Die Rezeption des Code civil

Zu den Mitteln der französischen Hegemonialpolitik gehörte auch die Expansion des französischen Rechtssystems auf die einzelnen Mitgliedstaaten des Rheinbunds. So wurde auf Wunsch des Kaisers der *Code Napoléon* in zahlreichen Rheinbundstaaten eingeführt (im Königreich Westfalen, in den Großherzogtümern Berg, Frankfurt, Baden [2]), im Herzogtum Anhalt); in anderen wurde die Einführung vorbereitet (im Königreich Bayern, in den Großherzogtümern Würzburg und Hessen-Darmstadt, im Herzogtum Nassau). Man hat gefragt: „Was hatte Einheit des Privatrechts mit der Einheit des politischen Systems oder gar mit der Organisation des Rheinbunds zu tun? Es war ein Sieg französischer Kultur, gefördert durch französische Macht, aber weiter nichts" [3]). Der innere Zusammenhang, in dem Kultur, Recht und Politik stehen, wird mit diesem „weiter nichts" verkannt. Die Herstellung der Rechtseinheit gerade auf den scheinbar unpolitischen Gebieten des Zivil-, des Straf- und des Prozeßrechts ist stets ein Mittel politischer Integration, das mit gleicher Kraft für die nationalstaatliche Einigung wie für die imperiale Überfremdung wirken kann. Die Übereinstimmung in den die bürgerliche Ordnung konstituierenden zivilrechtlichen Rechtseinrichtungen, die Identität der Kerninstitute des Ehe-, Familien- und Erbrechts, des Eigentums-, Vertrags- und Schadenrechts entwickelt eine Homogenität sozialer Prinzipien und damit zugleich auch die Basis politischer Einheit in einem staatenübergreifenden Herrschaftssystem. In diesem Sinn war die Rezeption des französischen Privatrechts in den Rheinbundstaaten nicht nur ein Sieg französischer Kultur, sondern ebensosehr ein Sieg französischer Politik.

---

[1]) *Treitschke,* Deutsche Geschichte Bd. 1 S. 319.

[2]) Hier wurde 1808 der Code Napoléon eingeführt. An seine Stelle trat 1809 das „badische Landrecht", das jedoch nur eine Übersetzung des Code Napoléon mit einigen Zusätzen darstellte. Es blieb bis 1900 in Kraft. Vgl. *J. Federer,* Beiträge zur Geschichte des badischen Landrechts (in: Baden im 19. und 20. Jahrhundert Bd. 1, 1948, S. 81 ff.).

[3]) *Bornhak,* VerfGesch. S. 305.

III. Der Rheinbund, die Verfassung Europas und die Neuordnung Deutschlands

Die Ausdehnung der französischen Herrschaft auf die Rheinbundstaaten war, von Frankreich her gesehen, ein Teilstück der Pläne, die auf die *Einheit Europas unter französischer Hegemonie* zielten. Aus ihren nationalstaatlichen Anfängen ging die französische Revolution mit dieser Hegemonialpolitik offen zum europäischen Imperialismus über. Nicht mehr die Koordination gleichberechtigter Nationalstaaten, sondern die Subordination der überwundenen Völker unter die Suprematie der imperialen Nation war der Kern dieser Europa-Idee. *Metternich* und *Napoleon*, die beiden großen Gegenspieler dieser Epoche, waren in gleichem Maß die Träger einer nicht nationalstaatlichen, sondern europäischen Konzeption, allerdings mit dem Unterschied, daß Metternich sich um die gleichgewichtige, Napoleon dagegen sich um die hegemoniale Lösung des europäischen Problems bemühte. Zwar war auch Napoleon anfänglich von der Einsicht geleitet, daß die Einheit Europas nur dann Stabilität und Kontinuität erlangen werde, wenn sie nicht als bloßes Machtgefüge, sondern zugleich als rechtlich gesichertes Verfassungsgefüge begründet werden könne. Diese hegemoniale *Verfassung Europas* sollte nicht durch hemmungslose französische Annexionen, sondern durch ein gegliedertes System geschaffen werden, das Raum für die nationale Eigenständigkeit der vereinten Völker bot. Daß Frankreich von diesem Plan abwich, indem es zu weiten Gebietseinverleibungen überging, so in Piemont und Ligurien, auf dem linken Rheinufer und in Belgien, schließlich 1810 auch im Königreich Holland und in der deutschen Nordseeregion, war nicht nur eine Verletzung des nationaldemokratischen Prinzips, sondern auch des ursprünglichen, hegemonialen Europa-Plans, der auf die Schutzhoheit über Verbündete, nicht aber auf die vollständige Unterwerfung von Satelliten gerichtet war. Die im Rheinbund zunächst eingeleitete föderative Gliederung Europas hätte, auch vom hegemonialen Führungsanspruch Frankreichs aus geurteilt, an bestimmte traditionelle Elemente des abendländischen Reichs anknüpfen und zugleich dem modernen Nationalbewußtsein eine befriedigende Entfaltung bieten können.

Dazu wäre allerdings notwendig gewesen, daß die Institutionen des Rheinbunds sich zu intensiver Wirksamkeit entwickelt und daß sich aus ihnen ein bündisches Gemeingefühl und ein starkes Eigenleben entfaltet hätten. Aber so wenig die Rheinbundfürsten gewillt waren, sich in ein föderatives Ganzes wirklich einzufügen, so wenig war Napoleon bereit, ein solches europäisches und deutsches Föderativsystem effektiv aufzubauen. Und wenngleich in einigen Rheinbundstaaten sich Ansätze einer rheinbündischen Gesinnung zeigten, so weckte doch die französische Hegemonialpolitik in den unterworfenen Volksteilen mehr und mehr den Geist des Widerstands gegen die fremde Gewalt. So waren die Voraussetzungen für eine Entwicklung des Rheinbunds zum Teilstück einer europäischen Integration nicht gegeben. Daß der Aufstand in Spanien, dann der Krieg gegen Österreich, schließlich der Feldzug gegen Rußland Napoleon gehindert hätten, seine bei der Gründung des Rheinbunds proklamierten Ideen zu realisieren[1]), ist nur eine äußerliche Erklärung. Wahrscheinlicher ist, daß der Kaiser fürchtete, ein wirklich funktionierender Rheinbund werde stark genug sein, der französischen Vorherrschaft in Europa Schwierigkeiten zu bereiten. Aber solche Erwägungen zeigten, daß er der Kraft der Idee der hegemonialen Föderation mißtraute. Indem Napoleon den Rheinbund nicht zum echten Bund werden ließ, gab er sich für den weiteren Ausbau der französischen Vorherrschaft in Europa dem Prinzip der äußeren Gewaltsamkeit, der nationalen Unterdrückung, der Entrechtung des gewachsenen Eigenlebens hin. Gerade indem er sich auf die bloße Macht verließ, bereitete er den Zerfall der Macht selber vor [2]).

Trotzdem war der Rheinbund mehr als nur eine Episode der deutschen Verfassungsgeschichte. Zwar konnten die unmittelbaren Vasallenstaaten Frankreichs, das Königreich Westfalen und die Großherzogtümer Berg und Frankfurt, sich nach dem Sturz Napoleons nicht behaupten; nördlich des Mains haben sich daher Spuren des Rheinbundes kaum erhalten. Die drei süddeutschen Staaten Bayern, Württemberg und Baden, dazu das Großherzogtum Hessen dagegen haben ihre in der Rheinbundzeit gewonnene staatliche Form im Wesentlichen durch das ganze Jahrhundert hindurch bewahrt. Die seitdem oft hervorgetretene staatliche Stabilität dieser vier Länder, ihr eigentümliches Festhalten an Eigenstaatlichkeit und Souveränität war ein Ergebnis der rheinbündischen Epoche. Darüber hinaus aber ist auch die gesamtdeutsche Verfassungsentwicklung von der Rheinbundzeit nicht unbeeinflußt geblieben. Die geplante, doch niemals verwirklichte innere Organisation des Rheinbundes lehnte sich nicht nur bewußt an Rechtseinrichtungen des Alten Reiches an, sondern wurde in vielen Bestandteilen zugleich das Modell des späteren Deutschen Bundes. Der rheinbündische Bundestag in Frankfurt, die ,diète de Francfort', war eine unmittelbare Nachahmung des Regensburger Reichstags, der ,diète de Ratisbonne'; er war zugleich eine Vorform der späteren Frankfurter Bundesversammlung. In gewissem Sinn war der Deutsche Bund von 1815 eine Ausdehnung der im Rheinbund vorgesehenen Verfassungsformen auf das ganze alte Reichsgebiet. Der Gedanke einer Föderation der deutschen Territorien auf der Grundlage der partikularen Staatshoheit gewann zuerst im Rheinbund Gestalt; im Deutschen Bund erhob dieses staatenbündische System sich für ein halbes Jahrhundert zur Verfassungsform der deutschen Nation.

§ 7. Das Staatssystem der Rheinbundstaaten

Schrifttum: J. A. F. Brauer, Beiträge zu einem allgemeinen Staatsrecht der rheinischen Bundesstaaten (1807); *K. Pölitz*, Handbuch der Geschichte der souveränen Staaten des Rheinbundes (1811).

A. Kleinschmidt, Geschichte des Königreichs Westfalen (1893); *M. Braubach-E. Schulte*, Die politische Neugestaltung Westfalens 1795—1815 (in: Der Raum Westfalen Bd. 2,

---

[1]) So *Hölzle*, Das Napoleonische Staatssystem in Deutschland, HZ 148 (1933) S. 277 ff.

[2]) Dazu auch *H. C. Deutsch*, The Genesis of Napoleonic Imperialism (1938).

1934, S. 71 ff.); *F. Lünsmann*, Die Armee des Königreichs Westfalen 1807—13 (Diss. Greifswald 1935); *J. Weidemann*, Neubau eines Staates (1936); *Fr. Thimme*, Die inneren Zustände des Kurfürstentums Hannover 1806—13 (1893).

R. Göcke, Das Großherzogtum Berg (1877); *Ch. Schmidt*, Le Grand Duché de Berg (1905); *P. A. Winkopp*, Versuch einer topographisch-statistischen Beschreibung des Großherzogtums Frankfurt (1812); *P. Darmstädter*, Das Großherzogtum Frankfurt (1901); *A. Chroust*, Geschichte des Großherzogtums Würzburg 1806—14 (1932).

I. Der Unitarismus der Rheinbundstaaten

Während die in der Rheinbundakte angelegten Formen echter Föderation unentwickelt blieben, vollzogen sich in einem Teil der Rheinbundstaaten zwischen 1806 und 1813 verfassungsrechtliche Wandlungen von dauernder Wirkung. Überall bildeten sich aus den heterogenen Gebietsteilen, die der Reichsdeputationshauptschluß (1803), der Preßburger Frieden (1805), die Rheinbundakte (1806), der Schönbrunner Frieden (1809) und die Verträge von 1810 unter gemeinsamer Herrschaft zusammenfaßten, zentralistisch regierte und verwaltete *Einheitsstaaten*. Der Absolutismus hatte in den deutschen Territorialstaaten eine Fülle von landschaftlichen Unterschieden und vielfach auch bedeutende Reste der altständischen Ordnung bestehen lassen; oft waren die in der Hand eines Landesherrn befindlichen Teile nicht staatlich verschmolzen, sondern nur in Personalunion verbunden. Weder Österreich noch Preußen noch Bayern war am Ende der absolutistischen Zeit ein Einheitsstaat. An der Stelle dieser inneren Mannigfaltigkeit der Territorialstaaten entwickelte sich in den sieben Jahren der Rheinbundzeit in ihnen eine homogene, rational durchgeformte, bürokratisch geleitete Staatseinheit. Die Fundamente moderner Staatlichkeit wurden in den deutschen Mittel- und Kleinstaaten erst jetzt gelegt. Wenngleich einige Rheinbundstaaten, so das Königreich Westfalen und die Großherzogtümer Frankfurt, Berg und Würzburg, 1814/15 wieder verschwanden und einige andere, so Bayern und Sachsen, einen Teil ihres neuerworbenen oder ihres alten Gebietsstands einbüßten, so erhielt sich weithin doch das in der Rheinbundzeit geschaffene Territorialgefüge auf lange Zeit.

Auch im Staatsrecht der Rheinbundstaaten leitete diese Zeit die Anfänge der modernen Verfassungsentwicklung ein. Allerdings ergab sich im verfassungsrechtlichen System der Rheinbundstaaten keine gleichartige Ordnung. Ihrem Verfassungstypus nach lassen sich unter den Rheinbundstaaten drei Gruppen unterscheiden: die französischen Vasallenstaaten, die, zum Teil unter der Herrschaft von Mitgliedern des Hauses Bonaparte stehend, das System des napoleonischen Konstitutionalismus nachahmten; die süddeutschen Staaten, die die innere Einheit ihrer heterogenen Territorien durch Nachholung des Absolutismus herzustellen suchten; die mittel- und norddeutschen Staaten, die ihren territorialen Bestand nicht wesentlich erweitert hatten und die daher an der alten ständisch-monarchischen Verfassung bis zu einem gewissen Grad festhalten konnten.

II. Der Schein-Konstitutionalismus der napoleonischen Vasallenstaaten

Das napoleonische Verfassungssystem in Frankreich übernahm mit der Konsulatsverfassung vom 13. Dezember 1799 aus der Revolution die Idee der geschriebenen Konstitution. Die autoritäre Staatsführung des „Ersten Konsuls" verband sich mit Repräsentativkörperschaften, die allerdings auf nachgeordnete Funktionen zurückgedämmt waren; an der Gewährleistung angeborener Individualrechte (Leben, Freiheit, Eigentum) hielt sie fest. Gewiß waren diese repräsentativen Institutionen wie diese Rechtsgarantien weithin nur dekorative Verhüllungen der wahren Verfassungslage. Es entwickelte sich ein die Diktatur des Ersten Konsuls, dann des Kaisers verschleiernder Schein-Konstitutionalismus. Trotzdem bewahrte das französische Verfassungssystem auch in der Epoche des Konsulats und des Kaisertums gewisse gleichheitliche und freiheitliche Züge. So wurde vor allem, auch nachdem Napoleon den Adel und den Klerus wiederhergestellt hatte, der alte feudal-klerikale Privilegienstaat in Frankreich nicht restauriert.

Wenn nun in der Rheinbundszeit eine Reihe deutscher Staaten den napoleonischen Schein-Konstitutionalismus nachahmten, so unterschied die damit geschaffene Verfassungslage sich doch wesentlich von der französischen Staatsordnung. Einmal gab es in keinem der Rheinbundstaaten ein Staatsoberhaupt von herrscherlichem Typus; die Verfassungswirklichkeit der schein-konstitutionellen Rheinbundstaaten war nicht der Cäsarismus, sondern der Bürokratismus. Zum anderen war über diese deutschen Staaten nicht die Revolution hinweggegangen; das alte feudale und klerikale Sozialgefüge war nicht durch einen gewaltsamen Umsturz zerbrochen worden. Gewiß wurde es nun durch soziale Evolutionen wie durch staatliche Reformen eingeebnet; aber es wurde damit nicht schlechthin ausgetilgt. Hinter der Fassade der sozialen Egalität erhielten sich auch in dieser Gruppe der Rheinbundstaaten starke Elemente der alten sozialen Hierarchie. Mit ihnen verband der nun vollentfaltete Bürokratismus sich zu einer Staatsordnung, in der die bürgerliche Gleichheit und Freiheit zwar als Rechtsprinzip anerkannt war, in der aber doch effektiv ein System aristokratisch-bürokratischer Oligarchie sich weithin durchsetzte.

1. Das Königreich Westfalen

Das nach dem Tilsiter Frieden aus einer Vielzahl von Gebietsteilen[1] geschaffene Königreich Westfalen erhielt in dem in Kassel residierenden *König Jérôme* einen Herrscher, dem es trotz seiner heiter-frivolen Lebensführung nicht an landesväterlicher Fürsorge gebrach[2]. Den Historiker *Johannes von*

---

[1] Siehe oben S. 77.
[2] *Jérôme Bonaparte* (1784—1860), der jüngste Bruder Napoleons, war 1807 bis 1813 König von Westfalen. Nach Waterloo lebte er unter dem Namen „Fürst von Montfort" in Österreich, Italien und der Schweiz, unter dem zweiten Kaiserreich wieder in Frankreich.

Müller zog er als leitenden Minister in seinen Dienst [1]). Jérômes Regierungszeit litt darunter, daß sein kaiserlicher Bruder sich ständig in die inneren Angelegenheiten der westfälischen Regierung einmischte, indem er entweder die Übergriffe des Königs zu korrigieren oder aber dessen vermeintliche Schwäche und Nachsicht durch härteren Druck auf die Untertanen auszugleichen suchte.

Die *Verfassung*, die Napoleon dem Königreich Westfalen durch die Konstitutionsakte vom 15. November/7. Dezember 1807 [2]) gab, war ganz dem französischen Modell nachgeahmt. Das Königtum war erblich im Haus Bonaparte, der König der oberste und alleinige Träger der Staatsgewalt. Die Regierung lag in der Hand des vom König berufenen Ministeriums. Der Staatsrat, dessen Mitglieder der König bestimmte, war ein bloß beratendes Organ. Fachlich in mehrere Sektionen gegliedert, arbeitete er die Entwürfe der Gesetze, einschließlich der Steuergesetze und des Staatshaushaltsplans, aus. Die Entwürfe gingen, nach einer Vorberatung mit ständischen Kommissionen, der Repräsentativkörperschaft, den „Ständen des Königreichs", zu. Diese traten an die Stelle der einzelnen Landstände der zusammengewürfelten Landesteile. Sie setzten sich aus 100 Mitgliedern zusammen; davon waren 70 Grundeigentümer, 15 Unternehmer, 15 Gelehrte und andere um den Staat verdiente Männer. Berufen wurden sie von den Departements-Kollegien, d. h. den Vertretungskörperschaften der einzelnen Verwaltungsbezirke des Landes. Das Recht der Initiative wie das der Diskussion war den Ständen, dem Beispiel der Konsulatsverfassung gemäß, vorenthalten; sie faßten ohne Beratung mit absoluter Stimmenmehrheit Beschluß über die Vorlagen des Staatsrats. Nur zweimal, 1808 und 1810, traten die westfälischen Stände zusammen. Ob die in ihnen angelegte staatsrechtliche Form sich bei längerer Dauer des Staates hätte behaupten können, ist mehr als zweifelhaft, da die Trennung zwischen dem beratenden Staatsrat und den entscheidenden Ständen allzu künstlich erdacht war.

Der Widerstand gegen König Jérôme fand Nahrung an der fortschreitenden Übernahme französischer Verwaltungsprinzipien und dem steigenden Eindringen französischen Verwaltungspersonals. Die Opposition ließ sich auch dadurch nicht beschwichtigen, daß *Verwaltung und Rechtspflege* im Königreich Westfalen sich während der Rheinbundzeit in vielen Zügen segensreich besserten; sie erhielten ihre rational durchgeformte Gestalt, ihre planvolle Gliederung, ihren einheitlichen Instanzenzug. Das Land wurde verwaltungsmäßig nach französischem Muster in Departements eingeteilt, an deren Spitze die Präfekten traten; die Departements wurden in Distrikte zerlegt, die von Unterpräfekten geleitet wurden; die örtliche Verwaltung nahmen die Munizipalitäten, die Gemeinden mit Maires als leitenden Organen, wahr. Die sachlichen Aufgaben der Verwaltung wurden erweitert und reformiert. Das *Militärwesen* wurde auf das französische Konskriptionssystem, die allgemeine Wehrpflicht mit der Möglichkeit der Stellvertretung, gegründet. Im *Steuerwesen* wurden die Steuerbefreiungen des Adels und des Klerus beseitigt. Die *Wirtschaftsordnung* erhielt ein neues Gesicht; die Zunftprivilegien verschwanden; im Grundsatz wurde die Gewerbefreiheit eingeführt, die jedermann den Betrieb jedes Gewerbes gestattete, wenn er dafür einen bestimmten Steuersatz entrichtete; nur für bestimmte der polizeilichen Überwachung bedürftige Gewerbearten blieb das Konzessionssystem bestehen. Das *Münzwesen*, bisher durch das Durcheinander der Münzsorten und durch Münzverschlechterungen ständig gefährdet, wurde auf den französischen Münzfuß umgestellt. Die *Polizeiverwaltung* wurde reorganisiert; sie erhielt in der nach französischem Vorbild militärisch geschulten Gendarmerie eine zuverlässige Exekutive. Auch die *Gerichtsverfassung* wurde in Anlehnung an das französische Justizwesen reformiert; für geringfügige und eilbedürftige Sachen wurden Friedensrichter ein-

---

[1]) *Johannes (von) Müller* (1752—1809), gebürtiger Schweizer, stand in kurhessischem, kurmainzischem, österreichischem und (seit 1804) als Historiograph in preußischem Dienst; das westfälische Ministeramt bekleidete er bis zu seinem Tod.

[2]) Text: *Martens*, Recueil, Suppl. Bd. IV S. 493 ff.

gesetzt; die eigentliche Gerichtsbarkeit wurde in die Hand von drei Instanzen, der Tribunale, der Appellhöfe und des Kassationshofs, gelegt. Für schwere Straftaten wurden Schwurgerichte, besetzt mit Geschworenen und Berufsrichtern, eingeführt. Das alles waren Neuerungen von großer und vielfach bleibender Bedeutung.

2. Das Großherzogtum Berg

In Berg regierte als Großherzog zunächst *Joachim Murat* [1]). Nachdem dieser König von Neapel geworden war (1808), wurde das Großherzogtum Berg für den Sohn des holländischen Königspaares, den Prinzen *Louis Napoleon* [2]), bestimmt. Während der Unmündigkeit des Prinzen regierte sein kaiserlicher Oheim selbst das Land. Verfassung, Verwaltung und Gerichtswesen wurden wie in Westfalen nach französischem Muster geordnet.

3. Das Großherzogtum Frankfurt

In dem von dem Fürstprimas *Dalberg* [3]) als Großherzog regierten Land, das Frankfurt, Hanau, Aschaffenburg und Fulda einschloß, während Regensburg 1810 verloren ging, wurden wie in Westfalen und Berg die französischen Verfassungs-, Verwaltungs- und Justizprinzipien eingeführt. Eine Verfassung nach dem Muster der westfälischen wurde am 16. August 1810 erlassen. [4])

III. Der Spät-Absolutismus in Süddeutschland

Während die napoleonischen Vasallenstaaten Westfalen, Berg und Frankfurt wie das kaiserliche Frankreich in der Rheinbundszeit gewisse scheinkonstitutionelle Einrichtungen entwickelten, setzte sich in den Staaten Bayern, Württemberg, Baden und Hessen-Darmstadt in der Rheinbundszeit der *Absolutismus* erst voll gegenüber der altständischen Verfassung oder ihren Resten durch. Auch dort, wo, wie in Kurbayern, die absolutistischen Prinzipien seit langem vorherrschten, bestanden in zahlreichen neuerworbenen Landesteilen altständische Verfassungseinrichtungen, die um der Staatseinheit willen eingeebnet werden mußten. So führte im süddeutschen Bereich die Notwendigkeit, die neuerworbenen Territorien mit dem Kernland zu einem einheitlichen Staatskörper zu verschmelzen und die neuerworbene Souveränität im Verhält-

---

[1]) *Murat* (1767—1815) war mit Karoline Bonaparte, der jüngsten Schwester Napoleons, verheiratet. Sein Königreich Neapel behauptete er bis 1815. Nach dem Fehlschlag des Versuchs, sein Land wiederzuerobern, wurde er standrechtlich erschossen.

[2]) *Louis Napoleon Bonaparte* (1808—73), der spätere Kaiser Napoleon III., war der dritte Sohn von Napoleons Bruder Louis Bonaparte (1778—1846; König von Holland 1806—10) und Napoleons Stieftochter Hortense Beauharnais (1783—1837). S. Bd. III 35.

[3]) *Karl Theodor Reichsfreiherr von Dalberg* (1744—1817), seit 1802 Kurfürst von Mainz, verlor 1813 sein Großherzogtum Frankfurt, blieb aber bis zu seinem Tode Erzbischof von Regensburg (siehe auch oben S. 29, 78, 79 f.).

nis zu den übrigen deutschen Ländern nachdrücklich zu dokumentieren, zu einem posthumen Sieg des absolutistischen Prinzips. Gerade Bayern, das als einziger süddeutscher Staat schon in der Rheinbundzeit eine Verfassung erhielt (25. Mai 1808)[5]) und sich damit äußerlich dem napoleonischen Schein-Konstitutionalismus anpaßte, wurde unter dem Ministerium *Montgelas* (1799—1817) in der Idee und der Realität der Prototyp eines Staates des aufgeklärten Absolutismus. Über die Verfassungsentwicklung der vier süddeutschen Rheinbundstaaten im Einzelnen wird später im Zusammenhang zu berichten sein[6]).

IV. Das altständisch-monarchische System in Mittel- und Norddeutschland

Eine letzte Gruppe von Rheinbundstaaten hielt, so weit es ging, an den überlieferten Verfassungszuständen fest. Sie konnte dies, weil hier umfangreiche Gebietsveränderungen nicht eingetreten und somit die Grundlagen des alten Ständewesens nicht erschüttert waren. Vor allem in Mitteldeutschland, so im Königreich *Sachsen* und den *thüringischen Staaten,* aber auch in beiden *Mecklenburg,* in beiden *Lippe* und in *Waldeck* erhielt sich die altständische Verfassung sich über die Rheinbundzeit hinweg. Nur das Herzogtum *Anhalt-Köthen* übernahm durch seine Verfassung vom 28. Dezember 1810[7]) beflissen die Institutionen des napoleonischen Konstitutionalismus.

In den Rheinbundstaaten mit altständisch-monarchischer Verfassung bestanden entweder gemeinsame Landstände für das ganze Staatsgebiet oder aber besondere Landstände für die einzelnen Landesteile, so vor allem im *Königreich Sachsen,* wo es neben den Landständen der alten kursächsischen Erblande jeweils eigene Landstände der Ober- und der Niederlausitz gab. Das Verhältnis der Landesherren zu den Landständen entwickelte sich in diesem Teil der Rheinbundstaaten verschieden. In einer Reihe dieser Staaten wurde de facto absolutistisch regiert, während die Landstände ohne effektiven Einfluß waren („Krypto-Absolutismus"). In anderen Staaten bewahrten die Stände eine mitbestimmende oder doch wenigstens hemmende Funktion gegenüber der landesherrlichen Gewalt. Anders als in den Staaten des napoleonischen Konstitutionalismus wie des süddeutschen Spätabsolutismus siegte hier die traditionelle Beharrlichkeit, die sich auch den Prinzipien der rationalen Verwaltungs- und Justizreform gegenüber zurückhielt, wenngleich sie von ihnen nicht ganz unberührt blieb. Ohne daß präzise geographische Linien sich ziehen ließen, kann doch gesagt werden, daß der Süden und der Westen Deutschlands in der Rheinbundzeit der Einwirkung der französischen Staatstechnik eher als die Mitte und der Norden Deutschlands geöffnet war.

---

[4]) Text: *Pölitz,* Die europäischen Verfassungen seit 1789 (2. Aufl. 1832) Bd. 1, S. 45.
[5]) Ausgefertigt: 1. Mai 1808; verkündet: 25. Mai 1808; Text: *Pölitz,* a. a. O. S. 96.
[6]) Siehe unten S. 314 ff.
[7]) Text: *Pölitz,* a. a. O. S. 1057.

B.

DIE DEUTSCHEN LÄNDER

Kapitel III

DIE PREUSSISCHE REFORM

Quellen: Corpus Constitutionum Marchicarum (zitiert: CCM), hg. von *C. O. Mylius* (1737—55); Novum Corpus Constitutionum Prussico-Brandenburgensium (zitiert: NCC), hg. von der Preuß. AK. der Wissenschaften (1751—1810); Gesetzsammlung für die Kgl. Preußischen Staaten (seit 1810), mit Nachtrag für 1806—10 (1822); *Martens,* Recueil des traités (1791—1801) mit Supplément (bis 1808) und Fortsetzung u. d. T. Nouveau Recueil général des traités (seit 1817); Corpus Juris Confoederationis Germanicae (zitiert CJCG), hg. von *Ph. A. G. v. Meyer* und *H. Zoepfl* (3. Aufl. 1858); *W. Altmann,* Ausgewählte Urkunden zur brandenburgisch-preußischen Verfassungs- und Verwaltungsgeschichte, Teil 2 (1897).

§ 8. Krisen und Reformen vor 1806

Schrifttum: P. Bailleu, Preußen und Frankreich von 1795—1807 (1881/87); *M. Philippson,* Geschichte des preußischen Staatswesens vom Tode Friedrichs des Großen bis zu den Freiheitskriegen (1880—1882; geht nur bis 1797!); *A. Stölzel,* Brandenburg-Preußens Rechtsverwaltung und Rechtsverfassung (1888); *O. Hintze,* Preußische Reformbestrebungen vor 1806 (HZ Bd. 76, 1896, S. 413 ff.); *P. Wittichen,* Das preuß. Kabinett und Gentz. Eine Denkschrift a. d. Jahre 1800 (HZ Bd. 89, 1902, S. 239 ff.; Bd. 91, 1903, S. 58 ff.); *ders.,* Gentz und Preußen vor der Reform (FBPG Bd. 18, 1905, S. 203 ff.); *ders., Zur* inneren Geschichte Preußens während der französischen Revolution. Gentz und Humboldt (FBPG Bd. 19, 1906, S. 1 ff.); *P. Bailleu,* Die Verabschiedung des Kriegsrats Gentz 1802 (Festschrift für G. Schmoller, 1908, S. 237 ff.); *H. Petzold,* Die Verhandlungen der 1798 eingesetzten Finanzkommission (1912); *H. O. Meisner,* Zur neueren Geschichte des preußischen Kabinetts (FBPG Bd. 36, 1924, S. 39 ff.); *L. Tümpel,* Die Entstehung des brandenburgisch-preußischen Einheitsstaates im Zeitalter des Absolutismus 1609—1806 (1915); *E. Müsebeck,* Zur Geschichte der preußischen Reformbestrebungen vor dem Zusammenbruch des alten Preußens (FBPG 30, 1917, S. 115 ff.); *Küntzel-Haß,* Die politischen Testamente der Hohenzollern (2. Aufl. 1920); *Fr. Meinecke,* Das Zeitalter der deutschen Erhebung 1795—1815 (3. Aufl. 1924); *F. Zierke,* Die deutsche Politik Hardenbergs in der ersten Periode seines staatsmännischen Wirkens (Diss. Frankfurt 1932); *M. Braubach,* Der Aufstieg Brandenburg-Preußens 1640—1815 (1933); *E. Ruppel-Kuhfuß,* Das Generaldirektorium unter der Regierung Friedrich Wilhelms II. (1937); *H. Brunschwig,* La crise de l'Etat prussien à la fin du XVIIIe siècle (1947); *J. Müller,* Kantisches Staatsdenken und der preußische Staat (1954).
W. Dilthey, Das allgemeine Landrecht (Ges. Schr. Bd. 12, 1936); *M. Springer,* Die Coccejische Justizreform (1914); *E. Löning,* Gerichte und Verwaltungsbehörden in Brandenburg-Preußen (1914); *O. Hintze,* Preußens Entwicklung zum Rechtsstaat (FBPG Bd. 32, 1920, S. 385 ff.); *H. Thieme,* Die preußische Kodifikation (ZRG Germ. Abt. Bd. 57, 1937, S. 355 ff.); *Eb. Schmidt,* Staat und Recht in Theorie und Praxis Friedrichs des Großen (1938).

P. Schwartz, Der erste Kulturkampf in Preußen um Kirche und Schule 1788–1798 (1925);
F. Valjavec, Das Wöllnersche Religionsedikt und seine geschichtliche Bedeutung (Hist.
Jb. Bd. 72, 1952, S. 386 ff.).

I. Der nachfriderizianische Absolutismus

1. Die Krise der Staatsidee

Lange Zeit war der Zerfall des alten Reiches von einer Ausdehnung und
Festigung des preußischen Staates begleitet. Deutschland gewann, indem es
seine alte Einheit und Ordnung verlor, in seinen nördlichen Territorien eine
zweite Großmacht von europäischer Geltung, an der die weithin „fritzisch"
gesinnte Nation einen festeren Halt als an dem sich zersetzenden Reich zu
finden hoffte. Der Sturz des Jahres 1806/07 zeigte, wie brüchig das Fundament
der preußischen Großmachtstellung war.

Aufstieg und Fall eines Staates lassen sich aus den Gegebenheiten der vorausgegangenen Epoche stets erklären, niemals aber vollständig ableiten. Gewiß
hatte die nachfriderizianische Erstarrung und der Zusammenbruch Preußens
manche Ursachen in dem Werk des großen Königs selbst. Doch gehört das
Wort, Preußen sei „auf den Lorbeeren Friedrichs eingeschlafen", zu den Ge-
meinplätzen, an denen das vulgäre Denken reich ist; ein Satz dieser Art ver-
schleiert mehr, als er aufzuhellen vermag. Immerhin ist richtig, daß nicht nur
Preußens Aufstieg vom aufgeklärten Absolutismus seines unvergleichbaren
Herrschers getragen war, sondern daß auch der preußische Zusammenbruch
seine tiefere Ursache in bestimmten Schwächen des friderizianischen Systems
hatte. Eben das, was die Größe des absoluten Preußentums ausmachte – das
harte und starre Ethos der unpersönlichen Sachlichkeit, die Leidenschaft der
reinen Vernunft, die Hingabe an die institutionelle Staatlichkeit um ihrer selbst
willen, die Pflege der Ordnung und allgemeinen Wohlfahrt – beraubten das
politische Dasein einer wesentlichen Kraft, nämlich der aktiven Teilnahme der
Staatsglieder, die sich im Staat nur selbst verkörpert wissen, wenn ihnen Raum
gelassen ist für die freie, selbstverantwortliche Wirksamkeit im Ganzen. Der
ursprüngliche Absolutismus hatte dieser menschlichen Teilnahme am Staat noch
mannigfachen Spielraum geboten. Bis zum Ausgang des Siebenjährigen Krieges
waren es dann die schweren und am Ende erfolgreichen Kämpfe, in denen die
sich formende Staatsnation in den Staat hineinwuchs; im preußischen Staatspatriotismus gewann sie eine Idee, deren werbende Kraft auch in den übrigen
deutschen Ländern wirkte[1]). Aber in dem weiteren Vierteljahrhundert, in dem
Preußen im Frieden unter dem Regiment seines großen Königs stand, trat trotz
der aufreibenden Fürsorge Friedrichs für Wohlfahrt, Ordnung und Recht eine
tiefe Entfremdung zwischen dem Staat und dem Volk hervor.

---

[1]) Vgl. *E. R. Huber*, Der preußische Staatspatriotismus im Zeitalter Friedrichs des
Großen (ZGesStW. Bd. 103, 1943, S. 430 ff.); siehe auch: *ders.*, Der friderizianische
Staat und die Idee des Vaterlands (Nationalstaat und Verfassungsstaat, 1965, S. 30 ff.).

Es gehört zwar zu den legendären Entstellungen, daß der friderizianische Staat nur ein „Machtstaat" gewesen sei. Dem aufgeklärten Absolutismus, der sich nirgends reiner als in Preußen manifestierte, war der Staat kein bloßes Machtgefüge; ihm galt der echte Staat als eine Wohlfahrts- und Rechtsanstalt, in der der Herrscher als „erster Diener" um Wohlfahrt, Recht und Ordnung des Gemeinwesens bemüht war. Aber eben diese abstrakte, aufgeklärt-rationale Staatsidee war es, die den Menschen in den Widerspruch zum Staat trieb. Auch der frühe Absolutismus hatte sich zur „Idee" des Staates bekannt; aber noch war der Fürst in seinem konkreten Personsein der Repräsentant dieser Staatsidee. Nicht nur die Vorzüge, sondern selbst noch die Schwächen und Unzulänglichkeiten dieses personhaft bestimmten Systems bewahrten den Staat davor, sich in die unpersönliche Ordnung der reinen Staatsmetaphysik zu verhärten. Im späten Absolutismus förderte gerade das Wort vom „ersten Diener des Staats", mit dem der König sich seiner Sonderstellung zu begeben schien, die Entpersönlichung des politischen Ganzen. Der Staat wurde hier zur reinen Institution. Wie der König als „Diener des Staats" so erschienen auch die ihm nachgeordneten „Staatsdiener", die Beamten und Offiziere, als Repräsentanten der unpersönlichen, abstrakten Staatsanstalt. Sobald nun aus diesem metaphysischen Gebilde des institutionellen Staates der Geist und die Kraft des großen Königs entwichen waren und Nachfolger durchschnittlichen Formats den ersten Platz einnahmen, erstarrte das Gemeinwesen zur bloßen „Fabrik". Das Beamtentum wandelte sich aus einem der Idee des Staates ergebenen administrativen Stab zur selbstbezogenen Bürokratie. Das Offizierskorps wurde aus einer für König und Vaterland erglühenden militärischen Elite zu einer durch Drill, Karriere und Tradition geformten privilegierten Kaste. Das Heer, dessen lebendige Energie Europa einst in Bann gehalten hatte, wurde im lang geübten Exerzierdienst, in der Gewohnheit des unbedingten Gehorsams, im Festhalten an den einst erfolgreichen, nun aber veralteten Prinzipien der Taktik und Strategie zum militärischen Mechanismus. Dem Staat in seiner institutionellen Hoheit verwandelte das Volk sich in ein bloßes Objekt seines fürsorglich-bevormundenden administrativen Wirkens.

2. Der Konflikt zwischen Staat und Gesellschaft

Das vom Staat in die Rolle des Untertanen, d. h. des bloßen Trägers staatlicher Lasten und Empfängers staatlicher Leistungen, gedrängte Volk aber gewann in eben dieser Zeit in seinen führenden Schichten ein eigenes, vom Staat unabhängiges Selbstbewußtsein. Durch die eigene geistige und wirtschaftliche Kraft zu *Bildung und Besitz* erhoben, entfaltete es sich zu der vom Staat geschiedenen *bürgerlichen Gesellschaft*. Nicht erst das 19. Jahrhundert mit seinem vollentwickelten Individualismus, sondern schon das 18. Jahrhundert mit dem beginnenden Widerstand des bürgerlichen Bewußtseins gegen die entpersönlichte Form des politischen Daseins brachte den *Gegensatz von Gesellschaft und Staat* hervor. Bis zu dieser Zeit erschien der Mensch als Glied überpersönlicher Ordnungen, fester und geformter Lebenseinheiten: der Familie, der Sippe, des Stammes oder der Nation. Er war nicht ein für sich stehender Einzelner, sondern ein Teil seines Standes, seiner Zunft, seiner Korporation, des Beamtentums oder des Heeres. Nun aber empfand er sich, zunächst in den besitzenden und gebildeten Schichten, als Angehörigen der „Gesellschaft", d. h. eines nicht organisierten, nicht institutionalisierten, ungebundenen und ungeformten, in freier Fluktuation begriffenen sozialen Ganzen. Nicht das ursprüngliche organische Wachstum freier Genossenschaften, nicht die gewollte und künstliche Zusammenfassung zu anstaltlichen Ordnungen, sondern das Wechselspiel der ökonomischen und geistigen Energien in Wettbewerb und Widerstreit rief die bürgerliche Gesellschaft als die neue Sozialform des ausgehenden 18. und des beginnenden 19. Jahrhunderts hervor. Das „freie Spiel der Kräfte" wurde das Prinzip des bürgerlichen Zeitalters. Bestimmend erhob sich der Grundgedanke des neuen Jahrhunderts, daß aus der unendlichen Gegensätzlichkeit des sozialen Daseins die wahre Harmonie, aus dem Widerstreit der Interessen das wahre Recht, aus dem Kampf der wahre Frieden, aus der Freiheit die wahre Ordnung und aus der ungehemmten Diskussion die wahre Erkenntnis selbsttätig hervorgehen müsse. Der Staat, bisher in ständiger Festigung seiner Macht begriffen und in unangetasteter Geltung als Garant der Ordnung, des Rechts und des Gemeinwohls stehend, galt nun als Hindernis auf dem Weg der ökonomischen, geistigen und sittlichen Entwicklung. Der Staat wurde auf die Wahrung der Sicherheit beschränkt; die Gesellschaft aber erschien als Träger des Fortschritts, der großen Leitidee der Zeit [1]). Die bürgerliche Gesellschaft, in der Unendlichkeit eines staatsfreien Raums ungehemmt in ihren Anlagen und Energien entwickelt, war in diesem Weltbild der Träger eines wirtschaftlichen und geistigen Prozesses, in dem die Menschheit sich zur Vollkommenheit fortbewegt.

Der in der zweiten Hälfte des 18. Jahrhunderts aufgekommene Neuhumanismus und Idealismus war die geistige Zelle dieser Opposition gegen die Allgewalt und Allzuständigkeit des absoluten Staates. Die lebendigen Geister der Zeit stimmten bis zur Wende des Jahrhunderts in der Kritik an dem die Freiheit des Individuums und der Gesellschaft unterdrückenden Staatsmechanismus überein. Sie lehnten sich auf gegen den Despotismus des Staates, gegen die tyrannische Fürstenmacht, gegen die Starrheit des bürokratischen Systems und der militärischen Apparatur, gegen die polizei- und wohlfahrtsstaatliche Bevormundung des individuellen und sozialen Daseins. Sie forderten die Freiheit des Menschen vom Staat, sei es die alte Freiheit in wohlerworbenen ständischen Rechten und Privilegien, sei es die Freiheit zur Selbstverwirklichung in Bildung und Besitz, sei es die Freiheit in der Teilnahme an der staatlichen Gestaltung. In Preußen, wo im Wirken eines großen Herrschers der Staat an

---

[1]) Dazu *Wilhelm von Humboldts* berühmte Jugendschrift „Ideen zu einem Versuch, die Grenzen der Wirksamkeit des Staates zu bestimmen" (geschrieben 1792; veröffentlicht 1851). Nach ihr sollte der Staat auf ein Minimum seiner bisherigen Zuständigkeit reduziert, Wirtschaft und Kultur, Erziehung und Recht, Wissenschaft und Religion sollten dem Staat entzogen und der Selbstbewegung der individuellen Kräfte überlassen werden, damit die Menschheit zur Blüte und Reife gedeihe.

sich seine vollendete Form entwickelt hatte, erhob sich auch die Kritik an diesem Staat in ihrer tiefsten und reifsten Prägung, in den Schriften Kants über die *Idee des bürgerlichen Rechtsstaats*, die in den Jahren der französischen Revolution entstanden [1]. Jeder lebendige Staat entwickelt durch die Mängel, die ihm anhaften, die Kräfte des Widerstands, die auf Erneuerung oder Umsturz zielen. So trieb auch der preußische Absolutismus, da er die freigesetzten Kräfte des Bürgertums nicht mehr in sich aufzunehmen verstand, die Opposition der bürgerlichen Gesellschaft hervor, die sich erst vom Staat lossagte, um ihn dann zu durchdringen. Noch hielt diese Opposition sich in ihren Anfängen im Bereich der philosophischen Kritik. Aber mehr und mehr drängte die von den Ideen Kants, zugleich aber auch von den liberalen, demokratischen und nationalen Vorstellungen der französischen Revolution bewegte *Oppositionspartei* auf die Erneuerung und Umgestaltung des Staates selbst. Noch bevor jedoch Preußen die schwere Katastrophe der Jahre 1806/07 erlitt, erkannten auch die verantwortlich im Staat Stehenden die Reformbedürftigkeit des friderizianischen Systems. Schon vor Jena und Auerstedt erwuchs im Staat selbst die *Reformpartei*, die Änderungen der sozialen, der wirtschaftlichen und der politischen Ordnung verlangte, damit die drohende Krise überwunden werde.

3. Reformbestrebungen am Vorabend des Zusammenbruchs

Wie in Österreich und Frankreich die letzten Jahrzehnte des 18. Jahrhunderts vom Bemühen um Staatsreformen erfüllt waren, so suchte auch Preußen in der Zeit des Spätabsolutismus die Staatsordnung evolutionär fortzubilden. Schon im letzten Abschnitt der Regierungszeit Friedrichs des Großen setzte diese Reformpolitik ein. Doch blieb sie im Wesentlichen auf die *Rechtsreform* beschränkt. Die große Kodifikation wurde in der ausgehenden friderizianischen Epoche soweit gefördert, daß *Friedrich Wilhelm II.* (1786—97) die Allgemeine Gerichtsordnung (Erster Teil) am 6. Juli 1793 und das Allgemeine Landrecht am 5. Februar 1794 in Kraft setzen konnte. Von diesen in der Zeit des großen Vorgängers bereits vorbereiteten Reformmaßnahmen abgesehen aber war das Jahrzehnt Friedrich Wilhelms II. eine Zeit nicht nur der Stagnation, sondern des Rückschritts. An die Stelle der bedeutenden Staatsmänner, die unter Friedrich dem Großen die Außen- und Innenpolitik geleitet hatten, der Minister *Hertzberg* [2] und *Zedlitz* [3]), traten nun die Verfechter

---

[1]) Dazu besonders Kants „Metaphysik der Sitten" (Erster Teil: Metaphysische Anfangsgründe der Rechtslehre); erschienen 1797.

[2]) *Ewald Friedrich Graf von Hertzberg* (1725—95) wurde nach Abschluß des Friedens von Hubertusburg (1763) preuß. Kabinettsminister (Außenminister); er wurde 1791 entlassen.

[3]) *Karl Abraham Freiherr von Zedlitz* (1731—93) wurde Ende 1770 geheimer Staats- und Justizminister und erhielt als solcher kurz darauf neben dem Kriminaldepartement als Nachfolger des Frh. v. *Münchhausen* die Leitung des geistlichen Departements (Kirchen- und Unterrichtsangelegenheiten), die er 1788 an *Wöllner* abgab; 1789 schied er vollständig aus dem Staatsdienst.

eines extrem reaktionären Kurses, unter ihnen vor allem als vertraute Ratgeber des Königs die Minister *Bischoffwerder* [1]) und *Wöllner* [2]). Die spätere Katastrophe Preußens hatte einen ihrer Gründe in den schweren Versäumnissen und Fehlgriffen der Ära Bischoffwerder-Wöllner, während deren sich der große europäische Umbruch vollzog. Obwohl schon in dieser Zeit jüngere Beamte und Offiziere durchgreifende Reformen der Staatsverwaltung und des Heerwesens nachdrücklich forderten, versagten der König und die leitenden Staatsmänner sich jeder inneren Neuerung. Außenpolitisch aber führten sie den Staat durch die Ablösung vom Reich (im Baseler Frieden 1795) und durch die polnischen Eroberungen in Verstrickungen, aus denen sie ihn nicht mehr zu befreien wußten.

Umso größer waren die Erwartungen, die sich an den Regierungswechsel von 1797 knüpften. In der Tat trat Preußen unter *Friedrich Wilhelm III.* (1797—1840) in den Zeitabschnitt seiner großen Staatsreform ein. Man hat sich daran gewöhnt, in ihr ein Ergebnis der Katastrophe von Jena und Auerstedt zu sehen. In Wahrheit begann die Epoche der Reformpolitik schon mit dem Regierungsantritt des jungen Herrschers, der alsbald durch die *Entlassung von Bischoffwerder und Wöllner* einen entschiedenen Kurswechsel vollzog. *Hardenberg* [3]) und *Stein* [4]) wurden schon in den ersten Jahren der neuen Ära in leitende Staatsämter berufen; auch *Scharnhorst* stieg schon jetzt in eine hohe militärische Stellung auf [5]). Zwar blieben diese späteren Führer der preußischen Reformpartei vor 1806 in ihrem Wirken durch retardierende Kräfte in der hohen Bürokratie wie in der hohen Generalität vielfach gehemmt. Immerhin ist es bemerkenswert, daß die Träger der späteren Reform zum großen Teil nach 1806 nicht als „neue Männer" aufstiegen, sondern längst in staatlichen und militärischen Spitzenämtern standen. Auch zum Kreis der unmittelbaren vertrauten Ratgeber des Königs, dem „Kabinett", gehörten in dieser Vorreformzeit neben fragwürdigen Erscheinungen, wie dem Kabinettsrat Lombard, hervorragende Beamte, wie die beiden Kabinettsräte

---

[1]) *Johann Rudolf von Bischoffwerder* (1741—1803) wurde nach dem Sturz Hertzbergs als Kabinettsminister der Leiter der preußischen Außenpolitik (1791—98).

[2]) *Johann Christoph von Wöllner* (1732—1800) wurde am 3. Juli 1788 geheimer Staats- und Justizminister und damit an Stelle von Zedlitz Chef des geistlichen Departements. Er wurde entlassen am 11. März 1798.

[3]) *Karl August Freiherr von Hardenberg* (1750—1822), seit 1790 fränk. Minister, seit 1791 preuß. Provinzialminister für Franken, war 1798—1806 und noch einmal 1807 Kabinettsminister und damit Leiter der auswärtigen Politik. Siehe auch S. 122 ff.

[4]) *Karl Reichsfreiherr vom und zum Stein* (1757—1831) war seit 1780 im preuß. Staatsdienst, seit 1788 Kammerdirektor in Westfalen. 1804 wurde er als Nachfolger des Ministers von Struensee zum Minister für das Zoll-, Fabrik- und Handelswesen im Generaldirektorium ernannt. Siehe auch S. 122 ff.

[5]) *Gerhard (von) Scharnhorst* (1755—1813) trat 1801 aus dem hannoverschen in den preußischen Dienst. Er wurde dem Generalquartiermeister (Chef des Generalstabs) von Geusau unterstellt und übernahm die Leitung der Offiziersschule (Kriegsakademie) Berlin. Im März 1804 wurde er *Generalquartiermeister-Leutnant* (stellvertretender Chef des Generalstabs); im Feldzug von 1806 war er Chef des Stabes des Herzogs von Braunschweig, des Oberbefehlshabers der preußischen Hauptarmee, die bei Auerstedt vernichtend geschlagen wurde.

Mencken[1]) und *Beyme*[2]). Vor allem der letztgenannte trat schon damals mit bedeutenden Reformvorschlägen hervor.

Daß in der hohen preußischen Bürokratie schon vor 1806 eine Reihe reformfreudiger Staatsmänner in so wichtigen Ämtern stand, hatte vor allem die Folge, daß im ganzen Beamtentum jüngere befähigte und der Staatsreform aufgeschlossene Kräfte gefördert werden konnten. Es bildete sich im Staatsdienst eine *Elite jüngerer Beamter*, die für die kommenden Aufgaben bereitstanden. Juristisch und philosophisch im Geist der Aufklärung, stärker noch im Geist Kants und des deutschen Idealismus erzogen, wurde die gebildete Bürokratie der Träger der Reformideen und der Kern der Reformpartei[3]). Nicht so sehr die außerhalb des Staates stehende bürgerliche Gesellschaft, nicht also der „Dritte Stand" wie in Frankreich, sondern die im Staatsdienst stehenden Kräfte wurden vor 1806 die Vorkämpfer des Fortschritts in der staatlichen Ordnung[4]).

Friedrich Wilhelm III., der als Kronprinz von Svarez im Staats- und Verwaltungsrecht unterwiesen worden war, war sich der Reformaufgabe bewußt, in die sein Amt ihn stellte. Der schon von seinem Vorgänger eingesetzten *Immediat-Militärreorganisations-Kommission* (1795) gab er alsbald nach dem Regierungsantritt neue Instruktionen, um ihre Tätigkeit anzuregen. Neu schuf der König die *Immediat-Finanzkommission* (1798), deren Aufgabenbereich nicht auf die Finanzreform beschränkt, sondern auf die Vorbereitung einer umfassenden Verwaltungsreform erstreckt war[5]). Beide Kommissionen setzten sich jedoch überwiegend aus älteren konservativen Staatsdienern zusammen und waren trotz mancher wertvoller Vorschläge ihrer Reformaufgabe nicht gewachsen. Vor allem fehlte es ihnen an der Tatkraft, um das als not-

---

[1]) *Anastasius Ludwig Mencken* (1752–1801) war schon unter Friedrich dem Großen Kabinettsrat; er behielt diese Stellung unter beiden Nachfolgern des großen Königs; er nahm, von *Svarez* stark beeinflußt und als „Jakobiner" verschrien, an der Einleitung der Reform starken Anteil. 1800 trat er zurück. Seine Tochter Wilhelmine war die Mutter Otto von Bismarcks.

[2]) *Karl Friedrich von Beyme* (1765–1838) arbeitete als Kammergerichtsrat an der Vorbereitung des ALR mit; im Februar 1798 wurde er Kabinettsrat. 1806 war er Außenminister, 1808–13 Justizminister, 1817–19 Gesetzgebungsminister. Siehe dazu unten S. 128.

[3]) Siehe unten S. 125 ff.

[4]) Dazu die Bemerkung eines preußischen Ministers (wahrscheinlich Struensees) gegenüber dem franz. Geschäftsträger *Otto (Graf Moroly)* im August 1799; „Die heilsame Revolution, die ihr von unten nach oben gemacht habt, wird sich in Preußen langsam von oben nach unten vollziehen. Der König ist Demokrat auf seine Weise; er arbeitet unablässig an der Beschränkung der Adelsprivilegien und wird darum den Plan Josephs II. verfolgen, nur mit langsamen Mitteln. In wenig Jahren wird es in Preußen keine privilegierte Klasse mehr geben." (*P. Bailleu*, Preußen und Frankreich, Bd. 1, S. 505).

[5]) Vgl. die Instruktion für die Finanzkommission (Text bei *Küntzel-Haß*, Die politischen Testamente der Hohenzollern, Bd. 2, S. 148 ff.). Über die Arbeit der Finanzkommission *H. Petzold*, Die Verhandlungen der 1798 von König Friedrich Wilhelm III. eingesetzten Finanzkommission (1912). – Sekretär der Finanzkommission war *Friedrich Gentz*, der seit 1786 im preußischen Staatsdienst, seit 1793 als Kriegsrat, stand; über ihn unten S. 143.

wendig und richtig Erkannte ohne Zögern zu vollziehen. So blieb es bei einzelnen vorsichtigen Maßnahmen der Verwaltungs- und Finanzreform; eine grundlegende Umgestaltung der Regierungsverfassung, des Bildungswesens, des Heerwesens, der Wirtschafts- und Gesellschaftsordnung wagte man nicht. Und doch war diese Zeit der halben Versuche nicht fruchtlos. Daß Preußen nach 1806 nicht auf dem Weg der Revolution von unten, sondern auf dem der Reform von oben erneuert wurde, erklärt sich wesentlich daraus, daß die staatstragende Schicht sich selbst in so starkem Maß auf das große Erneuerungswerk vorbereitet und dieses in bedeutenden Ansätzen bereits vor dem Zusammenbruch in Angriff genommen hatte. Fast in allen Teilen waren die späteren Stein-Hardenberg'schen Reformen ein Vollzug von Maßnahmen, die schon in der Vorreformzeit zwischen 1797 und 1806 entweder eingeleitet oder geplant waren.

II. Einzelstücke der Vorreform

Die preußischen Reformbemühungen der beiden Jahrzehnte von 1786—1806 betrafen alle wesentlichen Zweige der Staatsgestaltung. Zum Teil waren die Maßnahmen der Vorreform mit den Neuerungen der großen Reformzeit eng verknüpft; von diesen Anfängen der Bauernbefreiung [1]), der Wirtschaftsreform [2]), der Finanzreform [3]), der Heeresreform [4]), der Unterrichtsreform [5]) und der Reform des Staatskirchenrechts [6]) soll erst später die Rede sein. Dagegen soll schon an dieser Stelle, also im zeitgerechten Zusammenhang, auf die Vorstufen der Reform im Verwaltungsaufbau, in der Rechtsordnung und im Bildungswesen hingewiesen werden.

1. Die Anfänge der Regierungs- und Verwaltungsreform

Die preußische Vorreform bezog sich in ihren Anfängen vor allem auf die Umgestaltung des zentralen Regierungs- und Verwaltungssystems. Die klare und einheitliche Staatsleitung Friedrich Wilhelms I. war durch das „persönliche Regiment" Friedrichs des Großen in Verwirrung gebracht worden. Das *Generaldirektorium* (das 1723 geschaffene „General-Ober-Finanz-, Kriegs- und Domänen-Direktorium"), das einst als Kollegialbehörde die Verwaltungszuständigkeiten des Staates in sich vereinigt hatte, hatte seinen Charakter verändert, seit Friedrich der Große auf den persönlichen Vorsitz verzichtete und mit den Ministern nur noch schriftlich verhandelte. Das Generaldirektorium zerfiel seitdem in eine Vielzahl selbständiger Ministerien; seine Kollegialein-

---

[1]) Siehe unten S. 184 ff.
[2]) Siehe unten S. 201 ff.
[3]) Siehe unten S. 208 ff.
[4]) Siehe unten S. 216 ff.
[5]) Siehe unten S. 260 ff.
[6]) Siehe unten S. 387 ff.

heit ging verloren. Das systemlose Nebeneinander von Provinzial- und Realressorts im Generaldirektorium führte zu Zuständigkeitskonflikten und anderen Streitigkeiten. Die Verwirrung wurde dadurch gesteigert, daß der König neue Behörden außerhalb des Generaldirektoriums schuf; so unterstellte er sich den Minister für Schlesien unmittelbar. Die mit der Akzise- und Zollverwaltung betraute Regie war dem Generaldirektorium nur formell verbunden, in Wahrheit aber selbständig. Andere Aufgaben übertrug der König mit Vorliebe an Kommissare in Immediatstellung. Die Einheit von Zentralregierung und Zentralverwaltung wurde damit zerstört; denn selbst ein so starker und tätiger Herrscher wie Friedrich der Große vermochte nicht, allgegenwärtig zu sein und durch seine Person allein die Einheit der Staatsleitung über dem Pluralismus der Zentralbehörden zu sichern. Sobald schwächere und passive Herrscher an die Spitze des Staates traten, mußte dieses System zur offenen Anarchie in der Zentralverwaltung führen [1]).

a) Um ihr zu steuern, erließ *Friedrich Wilhelm II.* bald nach seinem Regierungsantritt die *Instruktion für das Generaldirektorium* (28. September 1786), die die Zuständigkeiten der obersten Staatsbehörden neu umschrieb und die Verwaltungsgrundsätze neu festlegte, vor allem aber im Generaldirektorium den Grundsatz der kollegialen Beratung wiederherstellte. Sie ordnete allwöchentliche Plenarberatungen für allgemeine Fragen an, befreite die Departementchefs des Generaldirektoriums im übrigen aber von den Grundsätzen der Kollegialverfassung, gab ihnen also innerhalb gewisser Schranken die selbständige Entscheidungsmacht und ausschließliche Verantwortlichkeit für ihr Ressort. Doch reichten diese Anordnungen nicht aus. Ohne die Beseitigung des Unterschieds von Provinzial- und Realdepartements, ohne die Unterstellung der Immediatbehörden unter das Generaldirektorium, ohne die Berufung eines Chefs dieser obersten staatsleitenden Behörde war die Einheit der Regierung und Verwaltung nicht zu retten. Statt dessen wurden die 1787 neugeschaffenen Ämter des Oberkriegskollegiums und des Oberschulkollegiums wiederum als Immediatbehörden eingerichtet, d. h. außerhalb des Generaldirektoriums dem König unmittelbar unterstellt. Und der bei der Einverleibung von Ansbach-Bayreuth 1791 [2]) eingesetzte

---

[1]) Die Unübersichtlichkeit der Ressortverteilung im Generaldirektorium war dadurch gesteigert, daß sämtliche *Provinzialdepartements* zugleich bestimmte Sachaufgaben für den Gesamtstaat verwalteten und insoweit zugleich *Realdepartements* waren. Die Einteilung wechselte zudem wiederholt. Ende 1786 bestand das *Generaldirektorium* aus folgenden acht Departements (= Ministerien): 1. Ost- und Westpreußen, sowie Generalkassenwesen; 2. Kurmark, Ostfriesland, Neuenburg, sowie Stempel- und Spielkartensachen; 3. Pommern und Neumark; 4. Magdeburg und Halberstadt (3. und 4. gemeinsam die Bank- und Seehandlungssachen; 5. Kleve, Mark, Mörs, Geldern, Tecklenburg, Lingen, Minden, Ravensberg, sowie Bergwerks-, Hütten-, Salz- und Münzwesen; 6. Akzise- und Zollwesen, Fabrik- und Handelssachen, Generalpostamt; 7. Forstwesen; 8. Militärdepartement. Nur die drei letztgenannten Departements waren reine Realdepartements. Die neuerworbene Provinz Neuostpreußen trat 1795 unter das Generaldirektorium; die zunächst selbständig verwalteten Provinzen Franken und Südpreußen wurden dem Generaldirektorium erst 1798 und 1799 unterstellt. Der Provinzialminister für Schlesien blieb dauernd außerhalb des Generaldirektoriums.

[2]) Die Markgrafschaften Ansbach und Bayreuth trat *Fürst Alexander,* der die Herrschaft über beide seit 1768 in Personalunion innehatte, 1791 vertraglich an Preußen ab; sie wurden seitdem als selbständige Provinz verwaltet. Der spätere Staatskanzler *Hardenberg,* seit 1790 Minister in ansbach-bayreuthischem Dienst, war 1791—95 preußischer Minister für die neue Provinz.

Provinzialminister für Franken ressortierte bis 1798 vom Kabinettsministerium, also vom „Auswärtigen Amt", das selbständig neben dem Generaldirektorium stand, nicht von diesem als der Spitze der inneren Verwaltung.

b) Die Wandlung setzte auch hier mit dem Regierungsantritt *Friedrich Wilhelms III.* ein. Die königliche Selbstregierung war ohnedies zur bloßen Fiktion geworden; die selbständige Macht der Ämter war seit langem gestiegen, und sie stieg weiter, seit die großen neuen Immediatbehörden — das Oberkriegskollegium, das Oberschulkollegium und nun auch die Generalkontrolle [1]) neben die alten Ämter traten. Der Ruf nach echter *Ministerregierung* wurde laut; Hardenberg besonders schlug, bald nachdem er 1798 das Amt des Kabinettsministers übernommen hatte, die Errichtung eines einheitlichen Ministerkonseils vor; sein Mitarbeiter Borgstede trat für zwei große Provinzialministerien (eines für die polnischen Provinzen mit Ostpreußen, eines für die alten Provinzen mit Schlesien) sowie für drei Fachminister (Finanzen, Krieg und Handel) ein. Die Zentralinstanz sollte entlastet, die Departementchefs des Generaldirektoriums sollten zu selbständigen Ressortministern erhoben, die Verwaltung sollte durch verstärkte Zuständigkeiten der Provinzialbehörden (Kriegs- und Domänenkammern) [2]) dezentralisiert, Justiz und Verwaltung sollten durch Beseitigung der Kammerjustiz getrennt werden.

In allen diesen Fragen wurden vor 1806 wenigstens gewisse Vorstufen einer Lösung erreicht. Eine kollegiale Ministerregierung entstand zwar formell noch nicht; aber der Aufstieg der Departementchefs zu ressortmäßiger Selbständigkeit vollzog sich auch ohne formelle Regelung, besonders dort, wo energische Naturen wie Stein an die Spitze von Departements des Generaldirektoriums traten [3]). Die Dezentralisation der Verwaltung machte bedeutende Fortschritte; die Kammern wurden nun erst in vollem Sinn zu Trägern der allgemeinen inneren Verwaltung, indem sie auch die Aufgaben des Kirchen-, Schul- und Armenwesens [4]) sowie die der Akzisedirektionen (also der regionalen Steuerbehörden) übernahmen [5]). Ebenso wurde die Kammerjustiz Schritt

---

[1]) Die *Generalkontrolle* (vom Generalkontrolleur geleitet) war eine Sonderbehörde, deren Aufgabe die Aufstellung des jährlichen Haushaltsplanes („Finanztableaus") und die Überwachung seiner Innehaltung war. Der Generalkontrolleur, der zugleich Präsident der Oberrechnungskammer war, hatte eine Zwischenstellung zwischen Kabinett und Generaldirektorium; diesem gehörte er als Mitglied ohne Departement an; sein Ressort war unmittelbar dem König unterstellt.

[2]) *Die Kriegs- und Domänenkammern*, kurz „Kammern" genannt, entstanden 1723 aus der Vereinigung der kollegialen Kriegskommissariate (Kriegskammern) mit den Amtskammern der Domänenverwaltung; sie waren die wichtigsten regionalen Verwaltungsbehörden („Bezirksregierungen") des preußischen Staates.

[3]) Die oben S. 103 Anm. 1 nach dem Stand von Ende 1786 mitgeteilte *Gliederung des Generaldirektoriums* wurde so vereinfacht, daß 1806 nur noch sechs Departements im Generaldirektorium bestanden, nämlich: 1. das Departement für den Staatsschatz, das Staatsrechnungswesen, das Kassenwesen, die Medizinal- und die Postverwaltung; 2. das Departement für Kurmark, Neumark, Pommern und Südpreußen; 3. das Departement für Franken, Ostfriesland, Niederrhein und Westfalen; 4. das Departement für Ost-, Neuost- und Westpreußen; 5. das Departement für Akzise-, Zoll-, Salz-, Fabriken-, Manufaktur- und Handelssachen; 6. das Militärdepartement. Außerhalb des Generaldirektoriums standen auch jetzt noch das *Provinzialministerium für Schlesien*, ferner wie von Anfang an das *Kabinettsministerium* (Auswärtige Angelegenheiten) und das *Amt des Großkanzlers* (Justizangelegenheiten, Geistliche und Schulsachen).

[4]) Diese Reform der Provinzialverwaltung wurde schrittweise für die einzelnen Provinzen ausgeführt, zuerst für die Marken, Pommern und Südpreußen (1800), dann für Altpreußen (1801), dann für Westfalen (1802).

[5]) Zuerst in den Entschädigungsprovinzen (1803), dann in Süd- und Neuostpreußen (1805); für die übrigen Provinzen wurde die Zusammenlegung im Mai 1806 angeordnet.

für Schritt in den verschiedenen Provinzen aufgehoben; die Kammern wurden reine Verwaltungsbehörden; der entscheidende Schritt für eine von der Verwaltung gelöste unabhängige Rechtspflege war damit getan [1]).

2. Die Rechtsreform

Die von Friedrich dem Großen eingeleitete, aber erst unter seinen Nachfolgern zu Ende geführte Rechtsreform gehört zu den unvergänglichen Leistungen des preußischen Staates. Die im Anfang der Regierungszeit Friedrichs des Großen vollzogene *Coccejische Reform* [2]), die in der neuen Prozeßordnung, dem Codex Fridericianus Marchicus (1748), gipfelte, beseitigte nicht nur schwere Mängel des Gerichtswesens, sondern gab dem Staat auch die feste Klammer einer einheitlichen durchgeformten Justizorganisation. Am Ausgang der friderizianischen Epoche führte dann die *Carmer-Svarezsche Reform* [3]) zur Kodifikation des gesamten prozessualen und materiellen Rechts des Staates. Dieses Werk war rechtspolitisch, aber auch verfassungspolitisch von höchstem Rang. Denn die Fundamente des Rechtslebens, der Rechtsanwendung und der Rechtsverfolgung sind stets Teile der politischen Grundordnung. Die Institutionen des Ehe-, Familien- und Erbrechts, der Eigentums- und Güterumsatzordnung, der Gerichtsorganisation und des Gerichtsverfahrens sind Elemente des staatlichen Verfassungsgefüges. So wurde denn auch die Staatseinheit der vielgliedrigen preußischen Territorien im 18. Jahrhundert durch die Vereinheitlichung, die systematische Ordnung und die begriffliche Festigung des Rechtswesens aufs Höchste gefördert.

a) Als ein erster Teilstück wurde das *Corpus Juris Fridericianum*, Erstes Buch, die neue Zivilprozeßordnung, am 26. April 1781 verkündet. An die Stelle des von der Verhandlungsmaxime beherrschten gemeinrechtlichen Zivilprozesses trat, als Konsequenz des aufgeklärten polizei- und wohlfahrtsstaatlichen Rechtsdenkens, der Inquisitionsprozeß; er entzog die Prozeßführung dem Parteibetrieb, übertrug dem Gericht die Aufgabe, auch im Zivilrechtsstreit die Wahrheit von Amts wegen zu erforschen, und ließ an die Stelle der Advokaten die Assistenzräte treten, die durch sachgemäße Beratung der Parteien dem Gericht bei der Ermittlung der Wahrheit zu hel-

---

[1]) Vgl. *E. Löning*, Gerichte und Verwaltungsbehörden in Brandenburg-Preußen (1914) S. 108 f.; *O. Hintze*, Preußens Entwicklung zum Rechtsstaat (FBPG Bd. 32, S. 385 ff.). Die Trennung von Justiz und Verwaltung durch Aufhebung der Kammerjustiz wurde zuerst verfügt für die Provinz Neuostpreußen (Ressortreglement vom 3. März 1797), dann für die Entschädigungsprovinzen (1803) und für Ostpreußen (1804); die abschließende Regelung enthält das Publikandum vom 26. Dezember 1808, das jedoch den Gerichten die Zuständigkeit in Verwaltungsstreitsachen, die sie mit dem Reglement von 1797 erhalten hatten, wieder entzog. Die Entwicklung vollzog sich also in drei Stufen: zunächst Zuständigkeit der Verwaltung (d. h. der Kammern) in Justizsachen, dann Zuständigkeit der Gerichte in Verwaltungssachen (Reglement von 1797), dann vollständige Trennung von Justiz und Verwaltung (Publikandum von 1808).

[2]) *Samuel Frh. von Cocceji* (1679—1755) war seit 1723 Kammergerichtspräsident, seit 1738 Leiter des preußischen Justizwesens (seit 1747 mit dem Titel „Großkanzler“).

[3]) *Johann Heinrich Casimir Graf von Carmer* (1721—1801) war seit 1779 Großkanzler und Leiter des preußischen Justizwesens. - *Karl Gottlieb Svarez* (1746 bis 1798) war seit 1780 im Amt des Großkanzlers der Hauptbearbeiter der Rechtsreform (1787 Geh. Oberjustizrat und Geh. Obertribunalsrat).

fen hatten. Die Einrichtung der Gesetzkommission (1781), der die authentische Interpretation strittiger Rechtsnormen oblag, und des Geheimen Obertribunals (1782), eines obersten Gerichtshofs für die gesamten preußischen Lande, führten die Neuordnung fort. Die *Allgemeine Gerichtsordnung*, Erster Teil, vom 6. Juli 1793 schloß die Prozeßreform ab. Sie milderte das starre Inquisitionsprinzip; gegen den übereinstimmenden Willen beider Parteien sollte der Richter die objektive Wahrheit nicht zu ermitteln suchen; an die Stelle der Assistenzräte traten „Justizkommissare", was praktisch die Wiederzulassung der Advokatur bedeutete.

b) Das *Allgemeine Landrecht*, das nach langer Vorbereitung am 5. Februar 1794 verkündet wurde und am 1. Juni 1794 in Kraft trat, erstreckte sich auf alle Gebiete des materiellen Rechts. Das Verfassungsrecht, das Verwaltungsrecht, das Staatskirchenrecht, das Strafrecht und das Privatrecht wurden im ALR systematisch geordnet und kasuistisch durchgeformt. An die Stelle des *Gemeinen Rechts*, das sich in einem langen Prozeß in vielen Schichten abgelagert hatte (aus rezipiertem Römischem Recht, aus Kanonischem Recht, aus alten heimischen Rechtsquellen, aus gemeinen Reichsgesetzen, etwa der Constitutio Criminalis Carolina von 1532, den Reichslandfriedens- und Reichspolizeigesetzen) und das unter dem Einfluß der Rechtsprechung und der Rechtswissenschaft weitergebildet worden war, trat mit dem ALR ein der Idee nach lückenloses und widerspruchloses Gefüge wissenschaftlich durchdachter und aufgebauter Rechtsnormen. Es war ein Triumph des rationalen Rechtsgeistes der Aufklärungszeit. Man hat oft die übertriebene Kasuistik des ALR getadelt; aber die sorgfältige Regelung des Einzelfalls war notwendig, um in dem vielzerklüfteten Rechtswesen des aus heterogenen Bestandteilen zusammengesetzten Staates die Rechtseinheit herzustellen. Auch daß die authentische Interpretation zweifelhafter Rechtsbestimmungen der Gesetzkommission vorbehalten war, hatte in diesem Streben nach Rechtseinheit seinen Grund. Der Geist des Gesetzbuchs war vom naturrechtlichen Denken des aufgeklärten Wohlfahrts- und Polizeistaates bestimmt. Das Staatsethos des ALR fand in dem unbedingten Vorrang des im Staat verkörperten Prinzips der allgemeinen Wohlfahrt vor den Einzelinteressen seinen klassischen Ausdruck. Aber wie die großen Kodifikationen in der Regel nicht nur ein Spiegel überkommener Rechtskultur sind, sondern auch der Rechtserneuerung dienen, so gab auch das ALR nicht nur die großen Grundsätze des zu Ende gehenden Zeitalters der Aufklärung wieder; es schuf auch die Grundlagen des kommenden bürgerlichen Rechtsstaats. Gewiß war Preußen in der Zeit seiner großen Kodifikation von einem vollentwickelten Rechtsstaat noch weit entfernt; es galt weder der Grundsatz der Gewaltenteilung, noch gab es verfassungsmäßig verbürgte Grundrechte, noch bestand ein unmittelbarer Gerichtsschutz gegen Akte der öffentlichen Gewalt. Doch war Preußen nach der in dem großen Gesetzgebungswerk geschaffenen Ordnung auch kein „Polizeistaat" im landläufigen Sinne mehr. Das ALR bereitete den „Rechtsstaat" vor, indem es nicht nur den Gerichten in seinen Zivilrechtsnormen eine feste Entscheidungsgrundlage gab, sondern auch der Verwaltung durch bindende Rechtsgrundsätze Grenzen zog. Die administrativen Rechtsbefugnisse der Behörden blieben zwar weitgefaßt; aber sie wurden nun doch auf vielen Gebieten rechtlich umzäunt, und zwar zum Teil in Formeln, die, wie die Umschreibung des Polizeibegriffs[1] und der Entschädigungspflicht für Aufopferung[2],

---

[1] § 10 II 17 ALR: „Die nöthigen Anstalten zur Erhaltung der öffentlichen Ruhe, Sicherheit und Ordnung und zur Abwendung der dem Publico oder einzelnen Mitgliedern desselben bevorstehenden Gefahren zu treffen, ist das Amt der Polizey." (Sachlich übereinstimmend der § 14 des preuß. Polizeiverwaltungsgesetzes vom 1. Juni 1931 und die entsprechenden Generalklauseln der heutigen Landespolizeigesetze.)

[2] §§ 74, 75 der Einleitung zum ALR: „Einzelne Rechte und Vorteile der Mitglieder des Staates müssen den Rechten zur Beförderung des gemeinschaftlichen Wohles, wenn zwischen beiden ein wirklicher Widerspruch (Collision) eintritt, nachstehen.
Dagegen ist der Staat denjenigen, welcher seine besonderen Rechte und Vorteile dem Wohle des gemeinen Wesens aufzuopfern genötigt wird, zu entschädigen gehalten." (Über die Fortgeltung dieser Sätze als gemeindeutsches Recht vgl. RGZ 145, 107; 153, 305; BGHZ 6, 270).

als klassische Elemente des Rechtsstaats dauernde Geltung bewahrt haben. So tritt im ALR hervor, daß der Staat des aufgeklärten Absolutismus sich fortschreitend mit Rechtsgesinnung erfüllte und sich zur Selbstbindung durch das von ihm gesetzte Recht bekannte.

c) Auch das letzte Stück der Kodifikationen dieser Zeit, die *Kriminalordnung* vom 11. Dezember 1805, war ein Niederschlag der aufgeklärt absolutistischen Ideen des 18. Jahrhunderts. Der in ihr neu geordnete Strafprozeß beharrte allerdings auf dem schriftlichen Verfahren mit festen Beweisregeln; die Forderung der neuen Zeit, die auf mündliche und unmittelbare Verhandlung und freie Beweiswürdigung zielte, blieb unerfüllt. Der im Strafverfahren seit langem entwickelte gemeinrechtliche Inquisitionsprozeß, der in der Strafverfolgung das Rechtsschutzinteresse der Allgemeinheit über das Rechtsschutzinteresse des Beschuldigten stellte, wurde beibehalten. Auf diesem wichtigen Rechtsgebiet atmete das großartige Werk der Kodifikation am stärksten einen bloß bewahrenden Geist; gerade hier setzte denn auch die bürgerliche Kritik am schärfsten ein.

3. Die Kernfrage des Bildungswesens

Während auf anderen Gebieten auch unter Friedrich Wilhelm II. wenigstens gewisse Ansätze der Reformbereitschaft hervortraten, kam es im Bereich der Kulturordnung mit dem Regierungswechsel von 1786 zu einem Rückschlag, der das preußische Ansehen verdunkelte.

Dieses Ansehen Preußens in der geistigen Welt war darin gegründet, daß der Staat unter Friedrich dem Großen zum Hort der Aufklärung und damit der Toleranz und Gewissensfreiheit geworden war. Trotzdem war es in der Spätzeit des friderizianischen Systems zur Auflehnung der Bildungsschicht gegen den absoluten Staat gekommen. Philosophie, Literatur, Wissenschaft, Staatstheorie und politische Publizistik befanden sich in gemeinsamer Front gegen ein Staatssystem, das sie als geist- und kulturfeindlich empfanden. Vor allem die von Friedrich dem Großen offen bekundete Ablehnung der deutschen Literatur, seine Bevorzugung des französischen Geistes und der französischen Sprache trugen dem Staat in einer Zeit, in der sich die große geistige Wende Deutschlands ankündete, den Ruf rückständiger Beschränktheit ein. In dieser Hinsicht nun trat 1786 ein Wandel ein. Unter Friedrich Wilhelm II. bemühten sich Regierung und Hof, die deutsche Wissenschaft, Literatur, Musik und bildende Kunst zu fördern. Wachsend trat Berlin in den Mittelpunkt des deutschen geistigen Lebens, wenn auch zunächst vor allem durch Vermittlung, Anregung und Verbreitung der neuen Impulse. Die Akademie der Wissenschaften und die Akademie der bildenden Künste nahmen sich bewußt ihrer deutschen Aufgabe an.

Doch erwies diese Wendung sich bald als trügerischer Schein. Die *Kernfrage des Bildungswesens* unter Friedrich Wilhelm II. war, ob der preußische Staat auf dem Weg der *Aufklärung* fortschreiten oder ob er der Abwehr des reinen Vernunftdenkens durch die *konfessionelle Orthodoxie* seinen Arm leihen werde. Mit dem Bekenntnis zur Toleranz hatte der friderizianische Staat dem Durchbruch des Geistes zur Freiheit Raum geschaffen. Das Wort des Königs, jeder könne in Preußen auf seine Façon selig werden, wirkte nicht nur innerhalb der theologischen und konfessionellen Auseinandersetzungen, sondern im ganzen Bereich der Wissenschaft, des Unterrichts und der Bildung als ein Manifest der Freiheit. Daß es zu manchem Mißbrauch der damit verkündeten *Meinungsfreiheit* kam, war unvermeidbar; in der aufgeklärten Literatur machten seichtes Gerede, herabsetzende Kritik und verletzende Polemik sich breit. Empfindlicher war die strenggläubige Richtung der Konfessionen dadurch getroffen, daß im Lehrer- wie im Pfarrerstand die Aufklärung weit um sich griff; dogmatische Prinzipien und Unterschiede verloren an Gewicht; der religiöse Indifferentismus und pantheistische oder atheistische Vorstellungen gewannen Boden. Friedrich der Große und der Kreis von Gelehrten, Schriftstellern und Staatsmännern, die er um sich sammelte, hatten diese Entwicklung bewußt gefördert. Friedrich Wilhelm II. aber vollzog eine entschiedene Umkehr, indem er, von seinen Ministern *Bischoffwerder* und *Wöllner* unterstützt, den Staat, die Kirchen und das öffentliche Bildungswesen in die Schranken der konfessionellen Orthodoxie zurückzuführen suchte. Die großen Errungenschaften der friderizianischen Zeit, vor allem die Gewissens- und Denkfreiheit, waren damit bedroht.

Unter Friedrich dem Großen hatte der Minister *v. Zedlitz* im Schul- und Hochschulwesen mit Reformen begonnen, die er in den ersten Regierungsjahren Friedrich Wilhelms II. noch fortsetzen konnte; so richtete er die staatliche Schulvisitation, das Oberschulkollegium (1787) und das Abiturientenexamen (1788) ein [1]). Sein Nachfolger, der Minister *v. Wöllner,* dagegen machte den Kampf gegen die Aufklärung zum Hauptinhalt der Kirchen-, Schul- und Hochschulpolitik. Das *Wöllner'sche Religionsedikt* (9. Juli 1788) stellte in der theologischen Wissenschaft die Herrschaft der Orthodoxie, in der Schule die Herrschaft des strengen Bibelglaubens wieder her. Die Schulvisitationsbehörden, das Oberschulkollegium und die 1791 geschaffene Immediatexamenskommission wetteiferten unter Wöllner in der Verfolgung und Unterdrückung aufgeklärter Ideen an den Universitäten und im Pfarrer- und Lehrerstand. Mit dem Zensuredikt vom Dezember 1788 verschaffte Wöllner sich die gesetzliche Grundlage für das systematische Vorgehen gegen fortschrittliche Gedanken in Presse und Literatur. Die Freiheit der Wissenschaft, des Bildungswesens und der Meinungsäußerung wurden Knebelungen unterworfen, wie sie der tolerante friderizianische Staat nicht gekannt hatte. Friedrich Wilhelm III. allerdings entließ bei seinem Regierungsantritt (1797) Wöllner sofort; das Religionsedikt hob er auf. Aber die Wöllnerschen Mißgriffe hatten bis dahin die Entfremdung der Bildung vom Staat auf ein äußerstes Maß gesteigert.

Das *Wöllnersche Religionsedikt* war, wie schon sein Name sagt, seinem Hauptinhalt nach ein staatskirchenrechtliches Grundgesetz. Es bekannte sich in seinem § 1 zur *Parität der drei christlichen Hauptkonfessionen,* also des reformierten, des lutherischen und des römisch-katholischen Bekenntnisses, denen es den staatlichen Schutz ihrer bisherigen Verfassung in sämtlichen preußischen Gebieten zusicherte. Es gab damit drei gleichberechtigte Religionsparteien in Preußen, die einen privilegierten

---

[1]) Das Circular über die Reifeprüfung wurde schon unter *Zedlitz* ausgearbeitet, allerdings erst unter *Wöllner* formell verkündet (am 23. Dezember 1788); siehe unten S. 284.

öffentlichen Rechtsstatus besaßen, zugleich aber den herrschenden staatskirchenrechtlichen Grundsätzen gemäß einer intensiven Staatsaufsicht unterworfen waren [1]). Ferner bestimmte das Religionsedikt, daß „die dem preußischen Staat von jeher eigentümlich gewesene *Toleranz der übrigen Sekten und Religionsparteien* aufrechterhalten
werde“. Doch wurde diese Toleranz auf die jüdische Kultusgemeinschaft und drei
christliche Sekten, die Herrnhuter, die Mennoniten und die böhmischen Brüder, beschränkt. Diese vier Glaubensrichtungen erhielten das Recht, „unter landesherrlichem
Schutz ihre gottesdienstlichen Zusammenkünfte (zu) halten und diese dem Staate un-
schädliche Tätigkeit ferner ungestört (zu) behalten“. Das Edikt unterschied also, wie
der Westfälische Frieden, zwischen den rezipierten Hauptkonfessionen mit dem Recht
der öffentlichen Religionsübung und den tolerierten Nebenkonfessionen mit dem
Recht der bloßen *devotio domestica.* Der religionspolitische Rückschritt des Edikts
bestand darin, daß es alle anderen Sekten und Glaubensrichtungen als *staatsschädliche
Conventicula* verbot, obwohl diese, wie z. B. die Socinianer, unter Friedrich dem
Großen geduldet worden waren. Diesen nicht geduldeten Sekten war jede gottesdienstliche Veranstaltung, jedes öffentliche Bekenntnis und jede Verbreitung ihrer
Lehren bei Strafe verboten. Es galt in Preußen unter dem Edikt also *keine allgemeine
religiöse Vereinigungsfreiheit;* diese war vielmehr auf die drei Hauptkonfessionen
und die vier tolerierten Nebenkonfessionen beschränkt.

Darüber hinaus enthielt das Edikt eine scharfe *Begrenzung der persönlichen Ge-
wissens- und Meinungsfreiheit.* Es bekannte sich zwar zu dem Grundsatz, daß „niemandem mindester Gewissenszwang zu keiner Zeit angetan werden dürfe“; aber
diese Garantie war unter den Vorbehalt gestellt: „*solange ein jeder ruhig als ein guter
Bürger des Staates seine Pflichten erfüllet, seine besondere Meinung aber für sich
behält und sich sorgfältig hütet, solche nicht auszubreiten oder andere dazu zu über-
reden und in ihrem Glauben irrend und wankend zu machen.*“ Dieser Vorbehalt war
das Kernstück des Edikts. Es erkannte zwar die innere Gedankenfreiheit an; die
Freiheit der Meinungsäußerung aber unterdrückte es für alle von den sieben geschützten Glaubensrichtungen abweichenden Lehren. Die äußere Bekundung abweichender
Auffassungen in der wissenschaftlichen Lehre, im Unterricht, in der Literatur, in der
Presse oder sonst im öffentlichen Bereich galt dem Edikt als eine Gefährdung der
öffentlichen Sicherheit und Ordnung, also als polizeiwidrig und staatsschädlich. Wirkliche Geistesfreiheit aber besteht nicht schon dann, wenn jedermann das Recht besitzt, in seinem Innern zu denken, was er will; sie setzt vielmehr *Publizität,* d. h.
das Recht der freien Information und Diskussion wie der freien Forschung und
Lehre, voraus [2]). Da dies alles unterdrückt werden konnte, war das Edikt trotz der
Verwerfung des Gewissenszwangs eben doch die Rechtsgrundlage für die polizei-
staatliche Knebelung der Geistesfreiheit.

In der praktischen Anwendung führte das Edikt zunächst zu scharfen Maßregeln
gegenüber dem *Pfarrerstand,* in den damals die Aufklärung tief eingedrungen war.
Die von Wöllner selbst geleitete Immediatexamenskommission ging bei der theologischen Prüfung lutherischer und reformierter Kandidaten gegen alle nicht-ortho-
doxen Lehrmeinungen vor. Das Edikt wurde aber auch benutzt, um allgemein gegen
die *Lehrfreiheit* an Schulen und Universitäten einzuschreiten. Der berühmteste Fall
seiner Anwendung war die *Maßregelung Kants.* Am 1. Oktober 1794 erging auf
Veranlassung Wöllners die königliche Kabinettsordre, die Kant vorwarf, er habe
seine „Philosophie zu Entstellung und Herabwürdigung mancher Haupt- und Grundlehren der Heiligen Schrift und des Christentums“ mißbraucht, und ihm nach entsprechender Abmahnung androhte, er habe „bei fortgesetzter Renitenz unfehlbar
unangenehmer Verfügungen zu gewärtigen“. Den Anlaß der Maßregelung bot Kants
Schrift „Religion innerhalb der Grenzen der bloßen Vernunft“ (1793); das Ergebnis
des Eingriffs war, daß Kant sich in seiner Antwort nach Zurückweisung des Vor-
wurfs verpflichtete, daß er sich „fernerhin aller öffentlichen Vorträge die Religion
betreffend, es sei die natürliche oder geoffenbarte, sowohl in Vorlesungen als in

---

[1]) Darüber und über das Staatskirchenrecht des ALR siehe unten S. 393 ff.
[2]) Siehe unten S. 356 f.

Schriften gänzlich enthalten werde" [1]). Schärfer noch ging Wöllner gegen die *Zeitschriften der Aufklärung* vor; die „Berlinische Monatsschrift" [2]) und die „Allgemeine Deutsche Bibliothek" [3]) wurden polizeilich überwacht; die letztgenannte Zeitschrift wurde zeitweise verboten.

§ 9. Der Zusammenbruch Preußens

Schrifttum: L. Häusser, Deutsche Geschichte vom Tode Friedrichs des Großen bis zur Gründung des Deutschen Bundes (4. Aufl. 1869); *H. v. Zwiedineck-Südenhorst,* Deutsche Geschichte von der Auflösung des alten bis zur Errichtung des neuen Kaiserreiches (1897 ff.); *M. Stimming,* Deutsche Verfassungsgeschichte vom Anfange des 19. Jahrh. bis zur Gegenwart (1920); *H. v. Treitschke,* Deutsche Geschichte im 19. Jahrh. (Neudruck 1928); *E. Marcks,* Der Aufstieg des Reiches (1936); *H. v. Srbik,* Deutsche Einheit (1935—42); *F. Schnabel,* Deutsche Geschichte im 19. Jahrh. Bd. 1 (4. Aufl. 1948).
P. Hassel, Geschichte der preußischen Politik 1807—15 (1881); *P. Bailleu,* Preußen und Frankreich von 1795—1807 (1881/87); *G. Cavaignac,* La formation de la Prusse contemporaine (1891/98); *Ch. Lesage,* Napoleon I., Créancier de la Prusse (1924); *Fr. Meinecke,* Das Zeitalter der deutschen Erhebung 1795—1815 (3. Aufl. 1924); *M. Braubach,* Der Aufstieg Brandenburg-Preußens 1640—1815 (1933); *U. Seyffahrt,* Zur Außenpolitik des Staatskanzlers Frh. von Hardenberg 1810—12 (1939); *H. Haußherr,* Erfüllung und Befreiung. Der Kampf um die Durchführung des Tilsiter Friedens 1807/08 (1935); *ders.,* Die Stunde Hardenbergs (1943); *W. Andreas,* Das Zeitalter Napoleons und die Erhebung der Völker (1955) S. 356 ff.

I. Der Krieg von 1806/07 und der Tilsiter Frieden

1. Ursachen und Verlauf des Krieges

Seit dem Frieden von Basel hatte Preußen sich eng an Frankreich angelehnt. Doch war eine starke Partei sich der Gefahr, daß die Anlehnung in Unterwerfung umschlage, stets bewußt. Die Königin, der Prinz Louis Ferdinand, die Minister Stein und Hardenberg mißbilligten die von dem *Grafen Haugwitz*

---

[1]) Siehe die Darstellung dieses Vorfalls in der Vorrede zu *Kants* „Streit der Fakultäten" (erschienen 1798); sie beginnt mit der Anspielung auf den Regierungswechsel von 1797: „Gegenwärtige Blätter, denen eine aufgeklärte, den menschlichen Geist seiner Fesseln entschlagende und eben durch diese Freiheit im Denken desto bereitwilligeren Gehorsam zu bewirken geeignete Regierung jetzt den Ausflug verstattet . . ."
[2]) Herausgeber: *Johann Erich Biester* (1749—1816). Er war seit 1877 Sekretär des Ministers von Zedlitz; die „Berlinische Monatsschrift", das Hauptorgan der Berliner Aufklärung, gab er seit 1783 heraus; er setzte sie als „Berlinische Blätter" (1797/98) und als „Neue Berlinische Monatsschrift" (1799—1811) fort. Vgl. dazu *J. Hay,* Staat, Volk und Weltbürgertum in der Berlinischen Monatsschrift (1913). Über den Mitbegründer der „Berlinischen Monatsschrift", den Pädagogen *Friedrich Gedicke,* siehe unten S. 135 Anm. 1.
[3]) Herausgeber: *Friedrich Nicolai* (1733—1811), das Haupt der Berliner Aufklärung. Er gab die Allgemeine Deutsche Bibliothek seit 1765 heraus (nach dem Verbot als Neue A. D. B. 1793—1805). Vgl. dazu *G. Ost,* Friedrich Nicolais Allgemeine Deutsche Bibliothek (1928).

betriebene amtliche Außenpolitik [1]), die territoriale Scheinerfolge, wie den Erwerb Hannovers, mit der Einordnung in das napoleonische System teuer erkaufte.

Mannigfache Zwischenfälle, die sich aus der Ausführung der zum verfassungsrechtlichen Neubau Deutschlands geschlossenen Verträge ergaben, nährten den sich vorbereitenden preußisch-französischen Konflikt. So lieferte Joachim Murat, der Großherzog von Berg, die Anfang 1806 von Preußen abgetretene Festung Wesel [2]) an Frankreich aus, worin Preußen eine Verletzung der bestehenden Abmachungen sah. Die mit dem Reichsdeputationshauptschluß von 1803 an Preußen gefallenen Abteien Essen, Elten und Werden [3]) ließ Murat durch bergische Truppen besetzen; diesen offenen Angriff auf die Integrität Preußens konnte der Großherzog nur im Einverständnis mit seinem kaiserlichen Schwager wagen. Die preußische Absicht, in Norddeutschland eine dem Rheinbund entsprechende selbständige Föderation zustandezubringen, billigte Napoleon zwar offiziell; doch durchkreuzte er sie durch versteckte Einmischungen. In geheimen Friedensverhandlungen bot Napoleon England die Rückgabe Hannovers an, obwohl der Kurstaat gemäß dem preußisch-französischen Vertrag von Schönbrunn preußisches Staatsgebiet geworden war [4]). Preußen war durch diese Übergriffe und Machenschaften nicht nur in seinen Interessen, sondern auch in seiner Souveränität verletzt; es sah sich behandelt, als ob es wie einer der Rheinbundstaaten ein bloßer Trabant Frankreichs sei, der sich der französischen Willkür wohl oder übel zu unterwerfen habe. So bereitete Preußen nun eine Schwenkung seiner Politik vor, indem es seinerseits einen Rückhalt bei Rußland suchte. Im Juli 1806 kam es zum Austausch reziproker preußisch-russischer Erklärungen, in denen Preußen sich verpflich-

---

[1]) Graf Christian von Haugwitz (1752—1831) war Kabinettsminister unter Friedrich Wilhelm II. (seit 1792); als preußischer Unterhändler schloß er den Vertrag von Schönbrunn (15. Dez. 1805) und, nachdem er Anfang 1806 an Hardenbergs Stelle erneut Kabinettsminister geworden war, den französisch-preußischen Bündnisvertrag vom 15. Febr. 1806. Nach der preußischen Niederlage wurde er wiederum durch Hardenberg ersetzt.

[2]) Im Schönbrunner Vertrag vom 15. Dezember 1805 (siehe oben S. 66) trat Preußen den rechtsrheinischen Teil des Herzogtums Kleve mit der Festung Wesel an Frankreich *zur Weitergabe an einen von Napoleon zu bestimmenden Fürsten* ab. Durch Dekret vom 15. März 1806 (CJCG Bd. 1 S. 75) übertrug Napoleon die Herzogtümer Kleve (einschließlich Wesel) und Berg an Joachim Murat. In einem weiteren Dekret vom 26. Juli 1806 (*Schoell*, Histoire abrégée Bd. 8 S. 190) unterstellte Napoleon die Festung Wesel, ohne sie staatsrechtlich vom Großherzogtum Berg abzutrennen, militärrechtlich der unmittelbaren Hoheitsgewalt des französischen Kaiserreichs. In Preußen sah man darin mit Recht eine de-facto-Annexion, die mit der französischen Pflicht zur Weitergabe ganz Kleves unvereinbar war. Auf Grund eines zwischen Napoleon und Murat abgeschlossenen Vertrags vom 3. Januar 1808 (*Schoell*, aaO S. 298 f.) vollzog Frankreich durch Senatus-Konsult vom 21. Januar 1808 auch staatsrechtlich die Einverleibung der Festung Wesel.

[3]) Murat betrachtete die Abteien Essen, Elten und Werden als Teile des ihm übertragenen Herzogtums Kleve, obwohl sie mit diesem nicht das Mindeste zu tun hatten. Durch den Tilsiter Frieden (siehe unten S. 113) kamen die drei Abteien an Frankreich. Napoleon trat sie in dem Vertrag vom 3. Januar 1808 (siehe vorstehende Anmerkung) an das Großherzogtum Berg ab.

[4]) Siehe oben S. 66.

tete, Frankreich keinen Beistand gegen Rußland zu leisten, während Rußland die Garantie für Preußens Integrität gegen Frankreich übernahm.

Genauere Nachrichten über die englisch-französischen Verhandlungen wegen Hannover lösten am 9. August 1806 die preußische Mobilmachung aus. Napoleon forderte Anfang September die Demobilmachung Preußens, während er selbst zu militärischen Gegenvorbereitungen schritt. Preußen forderte in dem *Ultimatum vom 1. Oktober 1806:* den Abzug sämtlicher französischer Truppen, die noch vom Krieg gegen Österreich her in Süddeutschland und anderwärts standen; den Verzicht auf jeden französischen Widerstand gegen die Gründung des Norddeutschen Bundes; die Räumung der Abteien Essen, Elten und Werden von bergischen Truppen und die Lösung der Festung Wesel aus dem französischen Hoheitsbereich [1]. Das bis zum 8. Oktober befristete Ultimatum blieb ohne Antwort. Am 9. Oktober begann mit dem preußischen Kriegsmanifest der Krieg.

Die Niederlage bei Jena und Auerstedt (14. Oktober), die Kapitulation der Truppen und Festungen, der Fall der Hauptstadt (27. Oktober) waren die Etappen der preußischen Katastrophe. Zwar hielt die nach Memel geflohene königliche Regierung in der Hoffnung auf russische Hilfe noch am Widerstand fest. Der Minister *Stein,* der in der Regierung mehr und mehr hervortrat, verhinderte die Annahme eines am 16. November von preußischen und französischen Unterhändlern vereinbarten Abkommens. Auch als Stein am 4. Januar 1807 entlassen wurde, dauerte die Kriegsentschlossenheit der Regierung, in der nun *Hardenberg* bestimmend war, an. Am 28. Januar verständigte Preußen sich mit England über die Rückgabe Hannovers, um den englischen Beistand zu gewinnen. Am 26. April 1807 schloß Preußen mit dem *Vertrag von Bartenstein* [2] ein Bündnis mit Rußland, das die gemeinsame Fortsetzung des Krieges unter äußersten Anstrengungen („de la manière la plus vigoureuse") vorsah; das Kriegsziel sollte ein allgemeiner Friede mit allseitiger Garantie des Besitzstandes jedes Staates sein; Preußen sollte in seinen Grenzen von 1805 (also ohne Hannover) wiederhergestellt werden; um die Unabhängigkeit Deutschlands zu sichern, sollte ein verfassungsmäßiger Bund („une fédération constitutionelle") in Deutschland geschaffen werden. Aber nach der Niederlage bei Friedland (14. Juni) ließ Zar Alexander sich von Napoleon zum Bruch des Bartensteiner Vertrages, zum Abschluß eines Separatfriedens mit Frankreich und zum gemeinsamen Kampf gegen England bestimmen (französisch-russischer Friedensvertrag vom 7. Juli 1807) [3]. So sah auch Preußen sich zum Frieden gezwungen.

2. Der Frieden von Tilsit

Der französisch-preußische Friedensvertrag von Tilsit (9. Juli 1807) [4] beruhte auf dem Diktat des Siegers. Innerhalb von 48 Stunden mußten die preußischen Unterhändler die ihnen am 7. Juli mitgeteilten Friedensbedingungen annehmen, ohne daß der Gegner ihnen eine Verhandlung über die einzelnen Punkte des Vertrags gewährte. Die Opfer, die Preußen auferlegt

---

[1] Text des Ultimatums bei *Ranke,* Denkwürdigkeiten Hardenbergs Bd. 3 S. 188 ff., dort auch der Begleitbrief Friedrich Wilhelms III. vom 26. Sept. 1806 (S. 179 ff.).
[2] Text: *Martens,* Recueil Bd. 8 S. 606 ff.
[3] Text: CJCG Bd. 1 S. 93.
[4] Text: *Martens,* Recueil Bd. 8 S. 661 ff. (auch CJCG Bd. 1 S. 96).

wurden, bedeuteten keine bloße Einbuße, sondern zerstörten den Bestand des Staates als einer selbständigen europäischen Macht.

Die Hauptbedingungen des Friedensvertrags waren folgende: Alle polnischen Besitzungen und alle westlich der Elbe gelegenen Gebiete mußten abgetreten werden. Aus der polnischen Ländermasse erwarb Rußland, nun der Verbündete Frankreichs, das Gebiet von *Bialystock*. Die Provinzen Südpreußen (mit Posen und Kalisch) und Neuostpreußen (mit Warschau), sowie der westpreußische Netzedistrikt (mit Bromberg) und das Kulmer Land wurden zu einem *Herzogtum Warschau* zusammengefaßt, das in Personalunion an den zum Rheinbund übergetretenen und zum König erhobenen Friedrich August I. von Sachsen fiel[1]. Der Kreis Kottbus kam unmittelbar an Sachsen. *Danzig*, in den Schein-Status einer freien Stadt versetzt, wurde mit französischer Besatzung belegt. Die westlich der Elbe gelegenen Gebiete, die Altmark, die Abteien Essen, Elten und Werden sowie Mark und Ravensberg, der linkselbische Teil des ehemaligen Erzbistums Magdeburg sowie das ehemalige Bistum Halberstadt, Ostfriesland, Bayreuth, schließlich Münster, Paderborn, Hildesheim, das Eichsfeld, Erfurt und Hannover wurden an Frankreich abgetreten; überwiegend wurden diese linkselbischen Gebiete Preußens bald mit Kurhessen, Braunschweig und Teilen Hannovers zum *Königreich Westfalen vereinigt*[2]. Ausgenommen vom Anschluß an Westfalen blieben der Hauptteil Hannovers, der erst 1810 hinzu kam, Ostfriesland, das mit Holland vereinigt wurde, und schließlich das Gebiet von *Erfurt*, das 1803 preußisch geworden war und nun dem französischen Kaiserreich unmittelbar einverleibt wurde; als französische Festung bildete es einen wichtigen Stützpunkt in Mitteldeutschland. Auch das Fürstentum *Bayreuth* blieb zunächst französisch; erst 1810 kam es an Bayern, das Ansbach schon seit 1806 besaß[3]. An das Großherzogtum Berg kamen 1808 die in Tilsit abgetretenen preußischen Gebiete Essen, Elten und Werden, die Grafschaft Mark, das Fürstentum Münster und die Grafschaften Tecklenburg und Lingen[4]. Die Verluste des Tilsiter Friedens schränkten das preußische Staatsgebiet auf die vier Provinzen Brandenburg, Pommern, Preußen und Schlesien ein.

Wie alle übrigen deutschen Staaten mußte Preußen der von Napoleon durch das Dekret von Berlin (21. November 1806) gegen England verhängten *Kontinentalsperre* beitreten, d. h. jeden Handels-, Zahlungs- und sonstigen Verkehr mit England abbrechen[5]. *Die Räumung des preußischen Staatsgebiets* von französischen Truppen wurde einer besonderen Konvention vorbehalten[6]. Diese *Königsberger Zusatzkonvention vom 12. Juli 1807*[7] sah in der Tat den schnellen Abzug der französischen Truppen vor; sie machte die Räumung jedoch davon abhängig, daß die von Frankreich während des Krieges der Bevölkerung der besetzten preußischen Gebiete auferlegten Kontributionen voll gezahlt waren. Die Höhe dieser noch schwebenden Kontributionen war beim Abschluß der Konvention völlig unbekannt, so daß Preußen, obwohl im Tilsiter Vertrag von einer Kriegsentschädigung nicht die Rede war, doch in Wahrheit eine Tributpflicht von ungenannter und (wie sich herausstellen sollte) von untragbarer Höhe auferlegt wurde. Die Räumungsvereinbarung war damit illu-

---

[1] Siehe oben S. 76.

[2] Siehe oben S. 77.

[3] Siehe oben S. 66, 77.

[4] Französisch-bergischer Vertrag vom 3. Januar 1808 (*Schoell*, Histoire abrégée Bd. 8 S. 296). Durch den gleichen Vertrag fiel die 1803 an Nassau-Dillenburg gekommene Grafschaft Dortmund an Berg (siehe dazu oben S. 49).

[5] Art. XXVII des Tilsiter Friedens: „Jusqu'au jour de l'échange des ratifications du futur traité de paix définitif entre la France et l'Angleterre, tous les pays de la domination de S. M. le Roi de Prusse seront, sans exception, fermés à la navigation et au commerce des Anglais. — Aucune expédition ne pourra être faite des ports prussiens pour les Isles Britanniques, ni aucun bâtiment venant de l'Angleterre ou de ses colonies être reçu dans lesdits ports."

[6] Art. XXVIII des Tilsiter Friedens.

[7] Text: *Martens*, Recueil Bd. 8 S. 668 f.

sorisch. Vielmehr mußte Preußen bis zur Erfüllung seiner Tributpflicht in seinem Staatsgebiet (von Memel abgesehen) eine französische *Besatzung* von beliebiger Stärke dulden. Während der Dauer der Besatzung nahm Frankreich die oberste Verwaltung der besetzten Gebiete, die Einziehung aller Landeseinkünfte und die volle Verpflegung und Besoldung der Truppen aus preußischen Mitteln in Anspruch.

II. Preußen unter der Fremdherrschaft

1. Die Verfassungslage Preußens

Der Friede von Tilsit war bis dahin ohne Beispiel in der abendländischen Geschichte. Preußen galt in den Augen des Siegers als völlig vernichtet. Nur aus Gnade und mit Rücksicht auf den Zaren wurde ihm gestattet, eine staatliche Scheinexistenz weiterzufristen. Mehr als die Hälfte des Staates ging verloren: von 5 700 Quadratmeilen, die das Staatsgebiet (ohne Hannover) vor dem Krieg umfaßt hatte, blieben 2 800 Quadratmeilen (49 %), von 9³/₄ Millionen Untertanen blieben 4¹/₂ Millionen (46 %) als Reststaat erhalten. An Umfang und Einwohnerzahl war Preußen auf den Stand von 1740 zurückgeworfen. Schon der äußeren Erscheinung nach war es vom Status einer europäischen Großmacht auf das Maß eines deutschen Mittelstaats, vergleichbar mit Bayern oder Sachsen, herabgesunken. In Wahrheit war seine Stellung noch fragwürdiger als die der rheinbündischen Königreiche. Seiner gesamten westlichen Besitzungen einschließlich wertvoller Teile des alten Stammlandes beraubt, war Preußen von allen Positionen abgedrängt, von denen aus es eine europäische oder auch nur eine deutsche Politik hätte betreiben können. Mit Tributen von unbekannter Höhe belastet, war ihm jeder wirtschaftliche Wiederaufstieg unmöglich gemacht. Durch eine Besatzungsmacht von beliebiger Stärke bedrängt, die zudem die gesamte Verwaltung in ihrer Hand hielt, war dem Staat auch im Innern jede freie Regung verwehrt. Es war kein Wunder, daß die preußischen Untertanen sich in ihrer Mehrheit daran gewöhnten, in dem Sieger ihren eigentlichen Herrn zu erkennen. Nicht nur die Macht des Staates war gebrochen, sondern auch die Autorität des Königs schien verloren. Am Rand seines Staates, in Memel erst und dann in Königsberg, saß der Monarch mit seiner Regierung, fern seiner Hauptstadt, in der die Spitzen der zivilen und militärischen Behörden wie der Gesellschaft wetteiferten, sich dem Sieger gefällig zu erweisen. Nicht nur der Staat Friedrichs des Großen war zerstört; es schienen auch die moralischen Grundlagen vernichtet zu sein, auf denen dieser Staat einst errichtet worden war. Verfassungsrecht und Völkerrecht offenbaren hier ihren engen Zusammenhang. Ein Staat, der völkerrechtlich durch einen Unterwerfungsvertrag der fremden Gewalt preisgegeben ist, ist auch in seiner Verfassungslage diskriminiert; der Kern seiner Existenz als Staat, die Souveränität, ist angetastet. Die zentrale Verfassungsfunktion, die staatliche Willensbildung, vollzieht sich nicht mehr durch freie Selbstbestimmung, sondern unter fremdem Diktat. Die Fundamente der staatlichen Ordnung: die Finanzverfassung, die Verwaltung, das Heeressystem sind der autonomen Selbstgestaltung entrissen und der Intervention von außen überantwortet. Es gibt ein unwahres Bild, wenn die inneren Staatsreformen Preußens in den Jahren 1807—13 nicht auf dem Untergrund einer wesentlich durch die Fremdherrschaft konstituierten Verfassungswirklichkeit gesehen werden. Das System der Unterwerfung war ein Teil der inneren Verfassung Preußens, in die die Reformen Stück für Stück als Glieder eines großen Plans der Befreiung eingefügt wurden.

Für Preußen stellte sich unter dem Tilsiter Vertrag die Frage, ob es sich in die Rolle einer unterworfenen Nation fügen oder ob es seine verbliebenen Kräfte an eine Erhebung wagen solle, sei es auch nur in der Hoffnung, sich am Beistand intervenierender Mächte aufzurichten. Auf dem schmalen Grat zwischen Unterwerfung und Widerstand bewegte sich in den Jahren 1807—13 die von *Stein* eingeleitete, dann von *Hardenberg* fortgeführte *Politik der Erfüllung,* die den Sieger auf vertragliche Bedingungen seiner Vorherrschaft festzulegen suchte, um im Rahmen der getroffenen Vereinbarungen die Freiheit schrittweise wiederherzustellen. Die sieben Jahre preußischer Politik, die von Tilsit bis nach Tauroggen führten, zeigen die Gefahren, denen eine solche Politik ausgesetzt ist. Der Mißbrauch, den der Sieger mit der errungenen Macht trieb, die Skrupellosigkeit, mit der er sich der Formen des Rechts bediente, um Unrecht zu tun, mußten in dem Besiegten die Neigung wachrufen, Gleiches mit Gleichem zu vergelten und Recht wie Vertrag als ein Mittel der Tarnung zu benutzen, bis die Veränderung der Umstände die Möglichkeit bieten würde, zur offenen Politik der Befreiung überzugehen.

Hardenberg, nach Steins erstem Ausscheiden aus der Regierung seit Januar 1807 der eigentliche Träger der preußischen Politik, war noch vor Tilsit durch den Machtspruch Napoleons zur Demission und zur völligen Entfernung vom Hof gezwungen worden. *Stein,* im Oktober 1807 wieder in die Regierung zurückberufen, richtete zunächst alle Kraft darauf, durch Erfüllung des Friedens, ja durch Übernahme zusätzlicher Opfer die Konsolidierung des zerbrochenen Staatswesens vorzubereiten.

2. *Räumung und Tribute*

Der Tilsiter Frieden ließ wenig Hoffnung, daß Preußen die verlorenen Gebiete im Westen und Osten je wieder gewinnen werde. Umso wichtiger war für den verkleinerten Staat der schnelle Abzug der Besatzungstruppen, die mit 150 000 Mann das Land unter Druck hielten. Denn die Besatzung lastete nicht nur auf der Bevölkerung, der sie Bewegungsfreiheit und Initiative nahm; sie hinderte auch die Reorganisation der Verwaltung und des Heeres, die Gesundung der Finanzen, die Wiederbelebung der Wirtschaft, die Stabilisierung der Währung; sie machte den inneren Wiederaufbau unmöglich. Aber das in der Königsberger Konvention vom 12. Juli 1807 festgelegte *Junctim von Räumung und Tributen* [1]) hinderte die an und für sich schon für den 1. Oktober vereinbarte Beendigung des Besatzungsregimes. Erst mit dem Abschluß des Pariser Vertrags vom 8. September 1808 konnte die Frage der Räumung und der Kontributionen geregelt werden, allerdings nur unter neuen schweren Zugeständnissen Preußens.

In den um die *Räumung* geführten Verhandlungen stellte Frankreich von Anfang an zusätzliche Forderungen. Die Freie Stadt Danzig sollte um westpreußische, das Herzogtum Warschau um schlesische Distrikte vergrößert werden. Die für den

---

[1]) Siehe oben S. 113.

Verkehr zwischen Sachsen und Warschau im Tilsiter Frieden zugestandene Militärstraße sollte zur Post- und Handelsstraße erweitert und auch für den zivilen Verkehr zwischen den beiden Territorien geöffnet werden. Preußen verschloß sich diesen Zumutungen zunächst; aber Stein gab bei seinem Amtsantritt im Oktober 1807 in beiden Punkten vollständig nach.

In der *Tributfrage* einigte man sich zwar über die Summe der den Provinzen auferlegten Kontributionen; doch blieb streitig, welche schon erbrachten Leistungen darauf anzurechnen und wie hoch infolgedessen die effektiv noch schwebenden Kriegsschulden seien. Einer französischen Forderung von 154½ Millionen Franken stand ein preußisches Angebot von 30 Millionen Franken gegenüber [1]). Auch in dieser Streitfrage, die zu schweren Konflikten in der in Berlin tagenden Friedenskommission führte, gab Stein bei seinem Amtsantritt den Widerstand auf. Er erreichte damit, daß Ost- und Westpreußen bis zur Weichsel frei wurden. Die weitere Räumung aber scheiterte daran, daß Frankreich auf unerfüllbaren Zahlungsbedingungen und Fristen für die Restsumme bestand.

Um diese Krise zu überwinden, entschloß Stein sich, den Bruder des Königs, den Prinzen Wilhelm, in besonderer Mission zu Napoleon zu entsenden und ihn zu ermächtigen, für ein französisches Entgegenkommen in der Tributfrage ein preußisches Bündnis, notfalls sogar den Eintritt Preußens in den Rheinbund anzubieten. Preußen hätte sich damit unter die förmliche Schutzherrschaft Napoleons begeben; seine Armeen hätten Frankreich für alle europäischen Kriege — gegen Spanien, gegen Österreich, gegen Rußland — zur Verfügung gestanden. Doch war die *Mission des Prinzen Wilhelm* ein völliger Fehlschlag. Eine zwischen Stein und Daru, dem Leiter der Friedenskommission, vereinbarte Begrenzung der Tribute auf 100 Millionen Franken wurde von Napoleon gleichfalls verworfen.

Erst angesichts dieser Mißerfolge der Erfüllungspolitik ließ Stein sich durch das Beispiel des spanischen Aufstands, die Rüstungen Österreichs, den Kampf Englands gegen die Kontinentalsperre zum Widerstand ermutigen. Er entschloß sich zu einem gewagten doppelten Spiel. Während er durch den Prinzen Wilhelm Napoleon erneut ein preußisches Bündnis antragen ließ, bereitete er insgeheim den Volkskrieg an der Seite Österreichs vor. Die Wiederherstellung der Unabhängigkeit Deutschlands sollte das gemeinsame Ziel einer preußisch-österreichischen Union sein [2]). Die Allianz mit Frankreich sollte unter diesen Umständen nur noch dazu dienen, die wahren Absichten Preußens zu verschleiern [3]). Ein geheimes Bündnis mit England sollte die nationale Insurrektion vorbereiten [4]); der allgemeine Volksaufstand sollte gemäß den Plänen Scharnhorsts und Gneisenaus entfesselt werden [5]). In einem Brief an den Fürsten Sayn-Wittgenstein [6]) sprach Stein sich dafür aus, die in Deutschland täglich wachsende Erbitterung zu nähren, konspirative Verbindungen in Hessen und Westfalen zu pflegen, dem Volk das Beispiel Spaniens als der Nachahmung wert darzustellen und sich für den Schicksalskampf an Österreichs Seite bereitzumachen [7]).

Steins Brief fiel jedoch in die Hände der französischen Polizei. Napoleon, durch den spanischen Aufstand gezwungen, seine in Deutschland stehenden Truppen abzuziehen, entschloß sich darauf zu einer Generalbereinigung der kritischen deutschen Lage. Als Prinz Wilhelm zögerte, einen neuen Vertragsvorschlag anzunehmen, legte er ihm den kompromittierenden Brief Steins vor. Unter diesem Druck unterzeichnete der Prinz am 8. September 1808 mit dem französischen Minister Champagny den

---

[1]) Anfänglich waren die Gegensätze noch größer; der französische Intendant *Daru* verlangte 514 Millionen Franken, Preußen bot 18—19 Millionen Franken an.

[2]) Brief Steins an König Friedrich Wilhelm III. vom 27. Juli 1808 (*Stein*, Briefe u. Amtl. Schr. Bd. II 2, S. 797).

[3]) Brief Scharnhorsts an Stein vom 8. August 1808 (ebenda S. 806).

[4]) Denkschrift Steins vom 11. August 1808 (ebenda S. 808).

[5]) Immediatschreiben Steins vom 14. August 1808 (ebenda S. 812).

[6]) Über ihn siehe unten S. 141 f.

[7]) Brief Steins an Wittgenstein vom 15. August 1808 (*Stein*, a. a. O. S. 813).

Pariser Vertrag, der über die Räumung und die Tribute Preußens entschied. Die preußische Regierung verweigerte auf Steins Rat zunächst die Ratifikation. Stein hoffte, die Einberufung einer preußischen Volksvertretung durchzusetzen, damit diese die Ablehnung des Pariser Vertrags bekräftige [1]). Aber hinter dem Rücken des bloßgestellten Ministers ließ König Friedrich Wilhelm III. am 8. Oktober 1808 auf dem Erfurter Kongreß die Ratifikation durch den Außenminister Graf Goltz vollziehen. Damit war die Entscheidung für die Fortsetzung der Erfüllungspolitik gefallen.

3. Der Pariser Vertrag

Der Pariser Vertrag [2]) setzte die preußischen *Tribute* auf 140 Millionen Franken fest; auf Fürsprache des Zaren wurde die Summe in dem ergänzenden Zahlungsabkommen vom 5. November 1808 auf 120 Millionen ermäßigt. Der Betrag war halb in Wechseln, halb in Pfandbriefen auf Domänen zu zahlen, und zwar in Monatsraten von 4 Millionen, so daß sich eine Laufzeit von 30 Monaten ergab. Dafür wurde die *Räumung* Preußens innerhalb von 40 Tagen versprochen; das Abkommen vom 5. November verlängerte die Räumungsfrist bis zum 5. Dezember 1808. Als Sicherheit bis zur vollständigen Zahlung behielt sich Frankreich die Besetzung der drei Oderfestungen *Stettin, Küstrin und Glogau* mit insgesamt 10 000 Mann, sowie Militärstraßen zu diesen Festungen vor. Ferner setzte es die Abtretung der rechtselbisch gelegenen Zitadelle von Magdeburg durch. Die preußische *Heeresstärke* wurde für 10 Jahre auf 42 000 Mann beschränkt. Bei einem Krieg Frankreichs gegen Österreich hatte Preußen 16 000 Mann als Hilfskorps zu stellen. Auf alle Ansprüche im Herzogtum Warschau, insbesondere die südpreußischen Hypotheken, mußte Preußen verzichten, womit eine weitere Belastung des Staates mit 56 Millionen Franken eintrat.

Im Ganzen stellten die vereinbarten Tribute eine untragbare Beanspruchung der preußischen Finanzkraft dar. Zwar hatte Stein die Beschaffung der nötigen Wechsel und Pfandbriefe vorbereitet. Aber schon die Aufbringung der ersten Raten erwies sich als fast unmöglich, und bald ergab sich, daß die Transferierung so großer Summen in ausländischer Währung undurchführbar war.

Der Versuch, Auslandsanleihen zur Transferierung der Tribute zu erhalten, scheiterte. So war schon beim Abschluß des Pariser Vertrages klar, daß über kurz oder lang der Zahlungsverzug unvermeidlich eintreten werde. Für diesen Fall aber drohten die militärische Wiederbesetzung, die Auferlegung neuer Lasten, unter Umständen der Verlust der Provinz Schlesien, mit deren Annexion Frankreich ein verlockendes Objekt für Ausgleichsverhandlungen mit Österreich gewinnen konnte.

4. Sturz und Ächtung Steins

Der Sturz Steins war die Folge seines fehlgeschlagenen Versuchs, von der Erfüllungs- zur Widerstandspolitik überzugehen. Schon im Pariser Vertrag

---

[1]) Siehe unten S. 291.
[2]) Text bei *Martens*, Nouveau Recueil Bd. 1 S. 102 f.

fand sich die Klausel, der König von Preußen habe alle Staatsdiener zu entlassen, die den in Tilsit abgetretenen Provinzen angehörten. Diese Bestimmung war offenbar auf Stein gemünzt; doch war dieser nicht in linkselbischen preußischen Territorien, sondern im Nassauischen begütert, so daß die Pariser Klausel ihn nicht traf. Noch hoffte man am preußischen Hof, Stein nach Entbindung vom Außenministerium als Finanzminister halten zu können. Aber nicht nur die feindseligen Äußerungen Napoleons, sondern auch innerpreußische Intrigen machten Steins Position unhaltbar. Durch Kabinettsordre vom 24. November 1808 [1]) wurde Stein die erbetene Entlassung bewilligt. Ein Armeebefehl Napoleons vom 16. Dezember 1808 ordnete die *Ächtung Steins*, die Einziehung seiner Güter und seine Verhaftung an. Der Befehl lautete:

„*1. Le nommé Stein, cherchant à exciter des troubles en Allemagne, est déclaré ennemi de la France et de la Confédération du Rhin. — 2. Les biens que le dit Stein posséderait, soit en France, soit dans les pays de la Confédération du Rhin, seront séquestrés. Le dit Stein sera saisi de sa personne partout où il pourra être atteint par nos troupes ou celles de nos alliés*" [2]).

Dieser Befehl ist ein aufschlußreiches staatsrechtliches Dokument. Napoleon nahm für sich in Anspruch, nicht nur zu entscheiden, wer ein Feind Frankreichs, sondern auch wer ein Feind des Rheinbundes sei. Der Protektor zählte zu seinen Vollmachten somit das Recht, einen politischen Gegner in die Acht zu tun und die Konfiskation seines persönlichen Eigentums vorzunehmen — das alles mit Wirkung nicht nur für das französische, sondern auch für das rheinbündische Hoheitsgebiet. Ebenso richtete sich der Verhaftungsbefehl nicht nur an die französischen, sondern auch an die rheinbündischen Truppen, die damit zu Hilfsorganen der französischen politischen Polizei wurden.

Die Ächtung wandte sich gegen den Untertan und gewesenen Minister eines fremden Staatsoberhaupts; sie gründete sich nicht auf den Vorwurf einer strafbaren Handlung, sondern auf den Vorwurf einer Frankreich abträglichen Politik. Als Napoleon auf deutschem Boden gegen den Herzog von Enghien vorging [3]), konnte er sich wenigstens darauf berufen, daß dieser sich als französischer Untertan gegen sein Land vergangen habe. Stein war nicht französischer Untertan; Hochverrat gegen Frankreich konnte ihm wegen einer Politik, die er als preußischer Staatsmann für notwendig hielt, nicht vorgeworfen werden. Es gab für die Ächtung Steins keinen Rechtstitel; sie war ein rein politischer Willkürakt und zugleich ein politischer Übergriff in einen fremden Herrschaftsbereich. Der ohnmächtige preußische König allerdings mußte diese Machtüberschreitung widerspruchslos hinnehmen. Der Warnung, die der französische Botschafter in Berlin, der Graf von *Saint-Marsan*, an Stein gelangen ließ, hatte dieser es zu danken, daß er sich dem drohenden Zugriff durch die Flucht nach Österreich (12. Januar 1809) entziehen konnte.

§ 10. Vorkämpfer und Gegner der großen Reform

Schrifttum: H. v. Treitschke, Der erste Verfassungskampf in Preußen (Pr. Jb. Bd. 29, 1872, S. 313 ff., 409 ff.); *A. Stern*, Abhandlungen und Aktenstücke zur Geschichte der preuß. Reformzeit 1807—1815 (1885); *E. v. Meier*, Die Reform der Verwaltungsorganisation unter Stein und Hardenberg (1881; 2. Aufl. 1912, besorgt von Fr. Thimme); *ders.*, Der Minister vom Stein, die französische Revolution und der preu-

---

[1]) Text: *Stein*, Briefe u. Amtl. Schr. Bd. II 2, S. 988.
[2]) Text: Ebenda Bd. III S. 1.
[3]) Siehe oben S. 64 f.

ßische Adel (1908); *ders.*, Französische Einflüsse auf die Staats- und Rechtsentwicklung Preußens im 19. Jahrh. (1907/08); *F. Rühl*, Briefe und Aktenstücke zur Geschichte Preußens unter Friedrich Wilhelm III. (1899/1902); *M. Lehmann*, Die preuß. Reform von 1808 und die französische Revolution (Preuß. Jb., Bd. 132, 1908, S. 211 ff.); *C. Bornhak*, Gesch. des preuß. Verwaltungsrechts (1884/86); *ders.*, Preuß. Staats- und Rechtsgeschichte (1903); *ders.*, Preußen unter der Fremdherrschaft (1925); *J. R. Haarhaus*, Deutsche Freimaurer zur Zeit der Befreiungskriege (1913); *G. Schmoller*, Preuß. Verfassungs-, Verwaltungs- und Finanzgeschichte (1921); *F. Hadamowsky*, Beiträge zur Geschichte Preußens zur Zeit der Befreiungskriege (FBPG Bd. 40, 1927, S. 88 ff.); *G. Winter*, Die Reorganisation des preußischen Staates unter Stein und Hardenberg (1931); *O. Tschirch*, Geschichte der öffentlichen Meinung in Preußen (1934); *L. Waldecker*, Von Brandenburg über Preußen zum Reich (1935); *W. M. Simon*, The failure of the Prussian Reform movement 1807—19 (1955); *W. Wagner*, Die preußischen Reformen und die zeitgenössische Philosophie (1956).

Frh. vom Stein, Briefwechsel, Denkschriften, Aufzeichnungen (Ausgabe *Botzenhart* 1931—37; zitiert: Briefwechsel); *ders.*, Briefe und Amtliche Schriften (Ausgabe *Hubatsch* 1957—65; zitiert: Briefe u. Amtl. Schr.); *G. H. Pertz*, Das Leben des Ministers Frh. vom Stein (1849—55); *M. Lehmann*, Frh. vom Stein (1902—04); *Gerhard Ritter*, Stein (1931); *ders.*, Die Staatsanschauung des Frh. vom Stein (1927); *ders.*, Der Frh. vom Stein und die politischen Reformprogramme des ancien régime in Frankreich (HZ Bd. 137, 1928, S. 442 ff., Bd. 138, 1928, S. 24 ff.); *A. Duncker*, Der Frh. vom Stein und die deutsche Frage auf dem Wiener Kongreß (1873); *J. Ziekursch*, Das Ergebnis der friderizianischen Städteverwaltung und die Städteordnung Steins (1908); *G. Kaufmann*, Der Streit um Stein und die Reform des preuß. Staates (IntW. 1909, S. 213 ff., 307 ff.); *G. Kallen*, Der Frh. vom Stein als deutscher Staatsmann (1926); *K. Thiede*, Die Staats- und Wirtschaftsauffassung des Frh. vom Stein (1927); *E. Botzenhart*, Die Staats- und Reformideen des Frh. vom Stein (1927); *F. Schnabel*, Der Frh. vom Stein und der deutsche Staat (1931); *H. Uffenorde*, Über ständische Ideen bei Frh. vom Stein und Bismarck (1938); *K. v. Raumer*, Die Autobiographie des Frh. vom Stein (1954).

C. L. Klose, Leben Karl Augusts von Hardenberg (1851); *L. v. Ranke*, Denkwürdigkeiten des Staatskanzlers Fürsten von Hardenberg (1877); *F. Hartung*, Hardenberg und die preuß. Verwaltung in Ansbach-Bayreuth von 1792—1806 (1906); *W. Steffens*, Hardenberg und die ständische Opposition 1810/11 (1907); *P. Haake*, König Friedrich Wilhelm III., Hardenberg und die preußische Verfassungsfrage (FBPG 26, 1913, S. 171 ff., 29, 1916, S. 305 ff.; 30, 1917, S. 317 ff.); *K. Griewank*, Hardenberg und die preußische Politik 1804—1806 (FBPG Bd. 47, 1935, S. 277 ff.); *E. W. Zeeden*, Hardenberg und der Gedanke einer Volksvertretung in Preußen 1807—12 (1940); *H. Haußherr*, Hardenbergs Reformdenkschrift Riga 1807 (HZ Bd. 157, 1937, S. 267 ff.); *ders.*, Die Stunde Hardenbergs (1943).

W. v. Humboldt, Gesammelte Schriften (1903 ff.); Humboldts politische Briefe, hg. von *W. Richter* (1935); *R. Haym*, W. v. Humboldt (1856); *B. Gebhardt*, W. v. Humboldt als Staatsmann (1896/99); *E. Spranger*, W. v. Humboldt und die Humanitätsidee (1909); *S. A. Kaehler*, W. v. Humboldt und der Staat (1917); *O. Vossler*, Humboldt und die deutsche Nation (1941); *Fr. Schaffstein*, W. v. Humboldt (1952).

J. Voigt, Das Leben des preußischen Staatsministers Grafen Dohna-Schlobitten (1832); *E. v. Bodelschwingh*, Leben des Oberpräsidenten Frh. v. Vincke (1853); *Th. Bach*, Theodor Gottlieb von Hippel (1863); *Th. v. Schön*, Aus den Papieren des Ministers Theodor von Schön (1875—91); *E. Spranger*, Altensteins Denkschrift von 1807 und ihre Beziehungen zur Philosophie (FBPG Bd. 18, 1905, S. 465 ff.); *P. Wentzcke*, Justus Gruner (1913); *W. Weyer*, Die Anfänge des preußischen Haus- und Polizeiministers Fürsten Wittgenstein 1770—1806 (Diss. Marburg 1927); *B. G. Niebuhr*, Briefe, hg. von *D. Gerhard* und *W. Norvin* (1926—29); *H. Wünsch*, Die politische Ideenwelt des Generaladjutanten Karl Friedrich v. d. Knesebeck (Diss. Berlin 1935); *G. Ross*, Das Leben des Frh. v. Altenstein bis zum Jahre 1807 (FBPG Bd. 53, 1941, S. 91 ff.). *R. Steig*, Heinrich v. Kleists Berliner Kämpfe (1901); *O. Schönbeck*, Der kurmärkische Landtag vom Frühjahr 1809 (FBPG Bd. 20, 1907, S. 1 ff.); *F. Meusel*, F. A. L.

v. d. Marwitz (1908—13); *G. Ramlow*, L. v. d. Marwitz und die Anfänge konservativer Politik und Staatsanschauung in Preußen (1930); *W. Kayser*, Marwitz (1936); *W. Andreas*, Marwitz und der Staat Friedrichs des Großen (in: Geist und Staat, 5. Aufl. 1960, S. 133 ff.); *E. R. Huber*, Adam Müller und Preußen (in: Nationalstaat und Verfassungsstaat, 1965, S. 48 ff.).

I. Revolution, Reform und Restauration

Der Zusammenbruch von 1806/07 war für Preußen nicht nur eine militärische Niederlage; er war eine politische Gesamtkatastrophe. Seine Ursache hatte er nicht nur in der militärischen Überlegenheit des Gegners, sondern in der Erstarrung und Ermattung des eigenen Verfassungssystems, das die Energien der Nation nicht mehr zu formieren und zu mobilisieren vermochte. Nur eine vollständige Neuordnung konnte den Staat retten.

Ein durchgreifender Verfassungswandel kann nur im *Verfassungskampf* errungen werden. Wo ein neues System nur als Produkt des Verfalls mit Resignation hingenommen wird, ohne daß tätige Energien sich im Kampf um eine bestimmte Ordnung durchsetzen, tritt kein wahrer Verfassungswandel ein. Die neue „Verfassung" ist hier nur ein System verlegener Anpassung, das über einen anarchischen Zustand gebreitet wird. Die inneren Verhältnisse mancher Rheinbundstaaten waren ein Beispiel für einen solchen Konstitutionalismus des bloßen Scheins. Aber so wesentlich der Verfassungskampf für das Entstehen einer Verfassung ist, so sehr bleibt die bloße Kampfverfassung von einer echten Gesamtordnung entfernt. Zur staatlichen Einung führt eine Verfassung nur, wenn sie die Vielfalt politischer Kräfte in positivem Einklang verbindet, damit aus der Vielheit die Einheit der Existenz und Aktion erwächst. Um eine solche Verfassung des Staates, die zur *Einheit der Existenz und Aktion* führt, waren die Männer bemüht, die nach Tilsit den Neubau des preußischen Staates in Angriff nahmen.

Zahlreiche widerstreitende Verfassungstendenzen standen dieser neuen Einheit des Staates entgegen. Ständisch-traditionalistische, staatlich-reaktionäre, konservativ-reformistische, gemäßigt-liberale, radikal-demokratische und national-revolutionäre Richtungen standen im Kampf. Wenn dieser Richtungsstreit auch noch der Publizität modernen Stiles entbehrte, da es weder Volksvertretungen noch Parteien noch Pressefreiheit gab, so war doch der Gegensatz der Meinungen nicht weniger erbittert als in späteren Zeiten. Es gab Situationen, in denen der Kampf zwischen den traditionalistischen und den reformistischen Auffassungen den Intensitätsgrad totaler Feindschaft anzunehmen drohte. Während die eine Seite dem Gegner den Vorwurf des Verrats an Freiheit und Vaterland machte, erwiderte die andere Seite mit dem Vorwurf des Jakobinertums. Die Kernfrage des preußischen Verfassungskampfs in der Zeit des Zusammenbruchs und der Wiedererhebung war, ob der Staat die Kraft zu neuem Bestand durch die *Revolution*, d. h. die gewaltsame Errichtung eines nationalen, egalitären und liberalen Systems, oder durch die *Reform*, d. h. die evolutionäre Fortbildung der Verfassung in einem Kompromiß der überlieferten Institutionen mit der auf Gleichheit und Freiheit gegründeten bürgerlichen Gesellschaft, oder durch die *Restauration,* d. h. die Wiederbelebung und Erneuerung des altständischen, auf dem Vorrang von Krone, Adel, Offizierskorps, Bürokratie und Geistlichkeit beruhenden Staatsgefüges gewinnen solle.

Es gab auch in Deutschland, als nach dem Ende des Reichs und nach dem preußischen Zusammenbruch die Aufgabe der staatlichen Neuordnung gestellt war, eine bedeutende staatstheoretische Konzeption der Revolution, die ihren großen Vertreter in Fichte besaß [1]. Es gab Verfechter des demokratischen Umsturzes, die trotz aller Schrecknisse der französischen Revolution die Umgestaltung Deutschlands nach den Ideen von 1789 erstrebten. Es gab Verfechter des nationalen Umsturzes, die die deutsche Zersplitterung wie die Fremdherrschaft im Kampf um Einheit und Freiheit zu überwinden hofften und mit Fichte nach einem „Zwingherrn zur Deutschheit" riefen [2]. Auch Stein stand, so sehr er alten Überlieferungen anhing, wie Gneisenau und Scharnhorst in den Jahren der verzweifelten Spannung diesen nationalrevolutionären Gedanken nahe. Doch bildete sich in Preußen wie im übrigen Deutschland keine revolutionäre Partei. Die Gegner im Verfassungskampf waren vielmehr die *Reformpartei,* die in den sieben Jahren zwischen Tilsit und dem Beginn des Wiener Kongresses die Vorhand erlangte, und die *Restaurationspartei,* die in dieser Zeit in der Opposition gegen Stein und dann gegen Hardenberg stand, die anschließend die staatlichen Positionen weithin zurückgewann und die seit der Wende von 1819 fast wieder die volle Herrschaft besaß.

II. Die preußische Reformpartei

1. Die Reformidee

Das Programm der Gruppen, die sich um Stein und um Hardenberg sammelten, war die Staatserneuerung nicht durch Revolution, sondern durch Evolution. Ihr Ziel war, Überlieferung und Fortschritt in einem verfassungsgestaltenden Gesamtakt zu versöhnen. Ihre politischen Ideen stammten aus vielen geistigen Quellen. Noch war das Erbe der christlichen Sittenlehre, zumeist in seiner protestantisch-lutherischen Fassung, in ihnen ungebrochen bewahrt. Noch wirkten die Grundvorstellungen, die im alten Reich Gestalt gewonnen hatten, in ihnen fort; nicht nur die Idee der deutschen Einheit, sondern auch das Programm einer ständischen Verfassung fand in diesen Erinnerungen einen traditionalistischen Halt. Noch wirkte das Ethos des aufgeklärten Staates nach; im Beamtentum vor allem, dessen beste Kräfte die Träger der Reform wurden, waren Staats-, Wohlfahrts- und Rechtsgesinnung miteinander verbunden. Stärker aber als diese überlieferten Antriebe waren in der Reformbewegung die Energien, mit denen die Ideen der Gegenwart sie erfüllten. Der humanitäre Volksgedanke Herders, die Bildungswelt der klassischen deutschen Dich-

---

[1] Siehe oben S. 15.
[2] *J. G. Fichte,* Entwurf zu einer politischen Schrift im Frühling 1813 (Sämtliche Werke Bd. 7 S. 565).

tung, der Rechtsgedanke Kants waren im Kreis der Reformer zu einem vollständigen Weltbild verwoben. In der von Herder herkommenden Idee, daß das Volk als ein dem Ganzen der Menschheit entwachsendes organisches Gebilde ein unzerstörbares Recht besitze, ein Staat zu sein, gründete sich der Wille zur deutschen Einheit. Die Goethe'sche Mahnung, daß der Mensch allein durch geistige und sittliche Bildung eine neue Gemeinschaft zu stiften vermöge, bewegte die Reformer im Denken und Tun. Die Kant'sche These, daß der Staat nur dann wahrer Staat sei, wenn er der Idee des Rechts gemäß verfaßt werde, bestimmte die konstitutionellen Entwürfe. Die preußischen Reformer waren entschlossen, sich entschieden vom alten Regime des Absolutismus abzukehren, zugleich aber für die notwendige Neugestaltung den Weg des Rechts, der Ordnung und der Evolution zu beschreiten. Ihr Ziel war, die absolute monarchische Herrschaft nicht durch einfache Umkehrung in die absolute Volksherrschaft zu verwandeln, sondern durch Sammlung der Kräfte den Ausgleich zwischen Staat und Gesellschaft zu vollziehen.

2. Stein und Hardenberg

Mit den Namen von Stein und Hardenberg ist die preußische Staatsreform am engsten verbunden. Beide hatten schon im alten System an führender staatlicher Stelle gestanden; beide waren entschlossen, beim Wiederaufbau des zerbrochenen Staates nach neuen Prinzipien zu handeln und neue Wege zu gehen. Beide trafen in der Zeit ihres Wirkens für die Reform auf die erbitterte Gegnerschaft der feudal-ständischen Reaktionspartei, der sie als verkappte Jakobiner erschienen. Auch die spätere bürgerliche Geschichtsschreibung hat die Stein-Hardenberg'schen Reformen oft als eine Rezeption der Ideen von 1789 gefeiert. Doch hatte weder Stein noch Hardenberg nach Herkunft, Haltung und Tat etwas mit dem revolutionären Jakobinertum zu tun. Der heftige persönliche Gegensatz, der die beiden großen Reformer trennte, legt die Annahme nahe, zwischen beiden habe auch ein tiefer sachlicher Gegensatz bestanden. Dabei erscheint Stein bald als der eigentliche Repräsentant altdeutscher Gesinnung, Hardenberg als der Verfechter eines traditionsfremden liberalen Staatsdenkens; bald aber gilt Stein als der Vorläufer einer modernen freiheitlichen Staatsgesinnung, Hardenberg dagegen als in den Vorurteilen seiner feudal-aristokratischen Gesellschaftsschicht befangen. Nun ist in der Tat der Gegensatz der moralischen Prinzipien, der Lebensführung, des persönlichen Stils, der Stein und Hardenberg trennte, außerordentlich. Trotzdem ist es in einem tieferen Sinn berechtigt, wenn ihre Namen im Begriff der *Stein-Hardenberg'schen Reformen* verbunden werden.

Denn ihr Werk ist eine Einheit. Vieles von dem, was Stein geplant und begonnen hatte, hat Hardenberg weitergeführt und vollendet. Wenn diesem nicht in allen Stücken der volle Abschluß gelang, wenn er in anderen Stücken eigene Wege ging, wenn er schließlich in bestimmten Teilen das von Stein begonnene Werk mit Absicht stocken ließ, so ist es doch fehlsam, wenn Hardenberg vorgeworfen wird, er habe das Werk eines Größeren verfälscht.

Stein war gewiß die stärkere Persönlichkeit und der ursprünglichere Geist; sein Wille war selbständiger, sein Charakter eindeutiger, sein Blick in die Zeit und Zukunft war klarer als der seines Gegners. Aber Stein war auch der Unduldsamere, der Ungeduldigere, der Gewaltsamere, und sein Schicksal, das ihn die großen Anfänge setzen ließ, ihm die Vollendung aber verwehrte, war nicht unverdient. Wie tief auch die Gegensätze zwischen beiden waren, sie standen vor dem gleichen politischen Problem, und die Grundrichtung, in der sie die Aufgabe der preußischen Staatsreform, gestützt auf einen erlesenen Stab von Mitarbeitern, zu meistern suchten, war ihnen gemeinsam. In das ideologische Gegensatzpaar „konservativ" und „liberal" läßt sich keiner von ihnen einordnen. Beide standen fest in der Ueberlieferung; aber sie waren, da es ihnen nicht um bloße Bewahrung, sondern um Neu- und Umgestaltung ging, nicht „konservativ" in landläufiger Art. Beide waren von der Notwendigkeit des Fortschritts in der staatlichen, der gesellschaftlichen und der wirtschaftlichen Ordnung durchdrungen; aber sie hielten zugleich die feste Einfügung des Einzelnen in übergreifende Bindungen für notwendig; sie waren daher nicht „liberal" im individualistischen Sinn. Beide waren Verfechter des konstitutionellen Repräsentativsystems; dabei hing Stein stärker dem Gedanken selbstverwaltungsmäßiger Dezentralisation und kollegialer Staatsleitung, Hardenberg stärker dem Gedanken bürokratisch-hierarchischer Zentralisation und monokratischer Staatsleitung an. Die Gegensätzlichkeit ihrer Naturen und die Verbundenheit ihres Werks hat den Stil und den Geist der Reformzeit — dieses bedeutendsten Abschnitts der inneren Geschichte des preußischen Staates — geprägt.

Karl Reichsfreiherr vom und zum Stein war am 26. Oktober 1757 in Nassau geboren, aus altem reichsritterlichem Geschlecht, das seit zwei Jahrhunderten im Gebiet der Lahn begütert war. 1780 war er in den preußischen Staatsdienst getreten. Nachdem er zunächst in der Bergbauverwaltung tätig gewesen war, wurde er 1788 Direktor in der klevischen und märkischen Kammer; er machte sich hier um die Entwicklung der Industrie und des Bergbaus verdient. 1793 wurde er Präsident der märkischen Kammer in Hamm, im gleichen Jahr auch Präsident der Kammer in Kleve. 1796 wurde er Oberkammerpräsident in Minden, womit er die Leitung der Gesamtverwaltung von Kleve, Mark und Ravensberg übernahm. 1802 wurde ihm die Eingliederung der westfälischen Entschädigungslande Münster und Paderborn, die auf Grund des Friedens von Lunéville an Preußen fielen, übertragen; 1803 wurde er Oberkammerpräsident in Münster. 1804 wurde er als Nachfolger Struensees zum Staatsminister für das Accise- und Zoll-, das Fabriken- und Commerzdepartement im Generaldirektorium ernannt. In dieser Stellung eines Finanz- und Handelsministers wurde er einer der führenden Männer der inneren Verwaltung Preußens und der Mittelpunkt der preußischen Reformpartei. Er war von rastloser Energie getrieben, mit schonungslosem Scharfblick für die Fehler der leitenden Staatsbeamten und für die Mängel der Staatsorganisation begabt, von einem leidenschaftlichen Willen zur Besserung erfüllt, der ihn nicht nur zur Ungeduld, sondern auch zur Ungerechtigkeit gegenüber Menschen und Zuständen hinriß, ein Mann vulkanischen Temperaments und zugleich von starker Empfindsamkeit des Geistes und des Gemüts. Seine vielseitigen konstruktiven Pläne konnte er nur verwirklichen, wenn er den ehrgeizigen Griff nach der Macht nicht scheute.

Schon vor dem Krieg leitete Stein seine Reformarbeit mit der „Denkschrift über die fehlerhafte Organisation des Kabinetts" vom 26./27. April 1806 ein [1]). Nach

---

[1]) Siehe unten S. 146.

Jena und Auerstedt führte er seine Angriffe gegen die Kabinetts-Regierung mit solcher Heftigkeit weiter, daß König Friedrich Wilhelm III. seinen herausfordernden Minister entließ (4. Januar 1807). In der Zeit der erzwungenen Muße entstand Steins *Nassauer Denkschrift* vom Juni 1807, das große Manifest der Reform[1]). Mit der Rückberufung Steins in das Ministerium, in dem ihm „die Leitung aller Civilangelegenheiten" übertragen wurde[2]), setzte die Epoche der staatlichen Reorganisation Preußens ein. Nur 14 Monate, bis zum November 1808, konnte er sein Amt ausüben. Es gibt keinen Staatsmann, der in einer so kurzen Amtszeit ein Reformwerk von ähnlicher Dauer hätte aufrichten können. Er war für den König kein bequemer Minister, für seine Mitarbeiter kein angenehmer Kollege, für seine Untergebenen kein duldsamer Herr; seinen Gegnern war er ein erbitterter Feind. Aber er war aufrichtig in Gesinnung und Tat, mutig und entschlossen, auch wo er Amt und Existenz aufs Spiel setzte, fähig und bereit, einen hohen Einsatz zu wagen, wo es galt. Er war dem preußischen Staat durch langen Dienst in Verwaltung und Regierung verbunden; aber fern war er dem Bürokratismus und dem Partikularismus eines verengten Staatssinns. Er war ein Vorbild hoher Beamtentugenden; aber entschieden war sein verwerfendes Urteil über den subalternen und zugleich dünkelhaften Amtsgeist. Sein Vaterland hieß Deutschland; alle partikulare Staatlichkeit, alle dynastische Souveränität, die sich im Gegensatz zur deutschen Einheit zu erhalten suchte, war ihm verhaßt. Die Notwendigkeit einer starken Staatsführung und einer gesunden Staatsverwaltung war ihm ebenso vertraut wie die Notwendigkeit eines freien nationalen Lebens, einer frei sich entfaltenden Wirtschaft, einer eigenständig sich entwickelnden Kultur. Ihm waren auch die Erfordernisse einer auf die selbständige freie Kraft der Nation gegründeten Armee bewußt; das Bündnis, das er mit den großen Soldaten seiner Zeit, mit Scharnhorst und Gneisenau, einging, gehört zu den Beispielen einer staatsmännischen Zusammenarbeit, die auf dem Einklang von Gesinnung, Willen und Leistung beruht.

Karl August von Hardenberg war am 31. Mai 1750 im Hannoverschen geboren; er war sieben Jahre älter als Stein, dessen Sturz er um volle vierzehn Jahre überlebte. 1790 wurde er leitender Minister der Markgrafschaften Ansbach und Bayreuth; seit 1791 verwaltete er die inzwischen preußisch gewordenen Gebiete als Provinzialminister für Franken; zum ersten Male entwickelte er dort in kleinem Maßstab die Grundsätze eines modernen Verwaltungssystems. 1795 schloß er für Preußen den Sonderfrieden von Basel; so machte er sich zum Mitträger der bedenklichen preußischen Politik gegenüber Frankreich. Seit 1798 leitete er in Berlin als Kabinettsminister zusammen mit Haugwitz die preußische Außenpolitik; im April 1806 verlor er sein Amt[3]). Im April 1807 erneut mit der Führung der preußischen Außenpolitik betraut, mußte er zur Zeit des Tilsiter Friedens sein Amt auf Befehl Napoleons aufgeben und sich vom Hofe fernhalten[4]). Erst im Juni 1810 gelang es dem König, die französische Zustimmung für Hardenbergs Rückberufung zu erwirken. Als Staatskanzler leitete dieser seitdem die preußische auswärtige und innere Politik zielsicher, geschmeidig und klug; seinen Mitarbeitern gegenüber schuf er sich einen autoritären Vorrang, den er auch gegenüber dem ehrgeizigsten und bedeutendsten unter ihnen, Wilhelm von Humboldt, zu bewahren wußte. In seiner Lebensführung war er ein Kavalier der alten Zeit: verschwenderisch und daher oft tief verschuldet, frivol bis zum Zynismus, galanten Unternehmungen geneigt, elegant und eitel, mißtrauisch und intrigant.

Hardenberg war von Beginn an ein entschiedener Gegner der französischen Revolution; doch bekannte er sich zu liberalen Grundsätzen der Staatsgestaltung. Insbesondere der klassischen englischen Nationalökonomie, wie sie von Adam Smith begründet worden war, zeigte er sich aufgeschlossen; ihr folgte er bewußt bei seinen Wirtschaftsreformen. Seine Verwaltungsreformen dienten der Umgestaltung der Administration

---

[1]) *Stein*, Briefe u. Amtl. Schr., Bd. II 1, S. 380 ff.
[2]) Kabinettsordre vom 4. Oktober 1807 (ebenda Bd. II 2, S. 449).
[3]) Siehe oben S. 111.
[4]) Siehe oben S. 115.

in einen leistungsfähigen, wohlorganisierten Körper; er war überzeugt, daß damit auch die Interessen und Rechte der Einzelnen am besten gewahrt seien. Das Hauptziel seiner Innenpolitik, den Erlaß einer Repräsentativverfassung, die die Einzelreformen verbinden und krönend abschließen sollte, erreichte er nicht. Zwar wußte er sich lange der feudal-ständischen Opposition zu erwehren, die ihn mit allen Mitteln bekämpfte; in seinen späten Jahren erlag er dann doch der Reaktionspartei. Das Volksbewußtsein und die Reichsgesinnung, die Stein durchdrangen, waren Hardenberg fremd; am gesamtdeutschen Denken seiner Zeit nahm er geringen Anteil. Ihm ging es um den Staat, den er zur alten Macht und Größe zurückzuführen strebte, und um den Einzelnen, dem er Freiheit und Recht im Staat zu sichern gewillt war. Getragen von solchem Wollen vollendete er in vielen Teilen das von Stein begonnene Werk.

3. Das Beamtentum als Kern der Reformpartei

Die preußischen Reformer waren keine „Partei" im modernen Sinn. Sie waren nicht organisatorisch untereinander verbunden; sie waren nicht auf ein formuliertes Parteiprogramm festgelegt; sie besaßen keine Parteipresse, keinen Parteiapparat und keine Parteiführung. Von den geheimen politischen Verbindungen der Fremdherrschaftszeit stand zwar der „Tugendbund" den Reformern nahe; aber auch er war allenfalls eine „Zelle", keine politische Vereinigung mit Parteicharakter[1]). Als eine Partei im modernen Stil zu handeln, verbot sich den Reformern nicht nur durch die dienstliche Stellung, die die meisten von ihnen innehatten, sondern war auch durch die Richtung ihres Kampfes ausgeschlossen. Sie wirkten nicht so sehr durch den Appell an die Öffentlichkeit; sie bemühten sich nicht, Gruppen von Anhängern zu gemeinsamer Aktion zu mobilisieren. Sie waren vielmehr bestrebt, die Schlüsselpositionen der Regierung, der Verwaltung und der Armee zu besetzen und den König für die Maßnahmen der Staatsreform zu gewinnen; vor allem kam es ihnen darauf an, den Einfluß, den die restaurativen Kreise des Adels, des Offizierskorps und des hohen Beamtentums am Hof und in den leitenden Ämtern ausübten, auszuschalten. Ihre Ziele und Ideen legte die Reformpartei daher nicht in Manifesten an die Öffentlichkeit, sondern vornehmlich in verwaltungsinternen Denkschriften und Aufzeichnungen sowie in amtlichen und privaten Korrespondenzen nieder; das meiste ist erst später durch Aktenpublikationen bekannt geworden. Den Versuch, die *öffentliche Meinung* — dieses große Medium der modernen Parteibildung — für die Ziele der Staatserneuerung in Bewegung zu setzen, unternahmen die Reformer erst in größerem Ausmaß, als der Freiheitskampf begann; in dieser Zeit erhob die politische Publizistik sich zur gesellschaftlichen Macht. Der eigentliche Kampf zwischen der reformistischen und der restaurativen Bewegung jedoch fand nicht auf öffentlichem Forum, sondern im Innern der staatlichen Einrichtungen — am Hof, in der Verwaltung, in der Armee — statt.

In diesem internen Kampf bildete sich, auch ohne organisatorische Zurüstung, ohne hierarchische Gliederung, ohne institutionelle Führung und ohne formuliertes Programm, ein fester Zusammenhang der an der Reformarbeit beteiligten Personen und Gruppen. War dieser Kreis auch durch mannigfache innere

---

[1]) Über den „Tugendbund" siehe unten S. 702 f.

Rivalitäten gehemmt, etwa durch den Gegensatz zwischen Stein und Hardenberg, später durch den zwischen Hardenberg und Humboldt, so bestand doch im sachlichen Wirken ein hohes Maß von Homogenität. Die Reformer wurden zur „Partei" im Sinn einer weitverzweigten Bewegung, in der Männer des öffentlichen Lebens nicht allein kraft eines dienstlichen Auftrags, sondern aus freier, selbstgewählter Verantwortung das Werk der staatlichen Neuordnung gemäß einer gemeinsamen Leitidee in Angriff nahmen. Das Merkmal dieser Anfänge des politischen Parteiwesens in Deutschland war, daß die Reformpartei sich nicht außerhalb des Staatsapparats als eine gesellschaftliche Gruppe bildete, die im Kampf gegen die Träger der Staatsgewalt die Macht in revolutionärer Auflehnung an sich zu bringen gesucht hätte, sondern daß hochgestellte staatliche Amtsträger das Reformwerk begannen. Bis 1814/15 war die Reformpartei vorherrschend; von 1815—1818 stand sie in schwerem Kampf gegen die vordringende Restaurationspartei; aber auch als diese 1819 die Macht zurückgewann und die Spitzengruppe der Reformer aus dem Staatsdienst verdrängte, behaupteten zahlreiche Reformer wichtige Schlüsselpositionen in der Zentral- wie in der Provinzialverwaltung. Stets also waren in den hohen Staatsämtern beide Hauptrichtungen nebeneinander vertreten; sie standen sich nicht etwa in klarer Scheidung als „Regierungspartei" und „Oppositionspartei" gegenüber. Und auch die einzelnen Mitglieder der beiden Gruppen verbanden oft reformistische und restaurative Grundgedanken in ihrer Person. Die „Parteigrenzen" waren häufig verwischt, und bei allen sachlichen und persönlichen Gegensätzen ergaben sich doch auch vielfältige Formen produktiver Zusammenarbeit zwischen der Reform- und der Restaurationspartei.

In der Reformpartei überwogen die Kräfte, die aus dem gehobenen Verwaltungsbeamtentum kamen. Auffällig ist, daß es *keine eigentliche Staatstheorie der Reform* gab; Rechts- und Staatstheoretiker fanden sich in der führenden Schicht der Reformer nicht. Mit einer gewissen Vereinfachung und Zuspitzung läßt sich sagen, daß die Reformbewegung eine *Beamtenpartei* war. Bemerkenswert ist weiter, daß die Mehrzahl der Reformer der inneren und der Finanzverwaltung entstammte; sie hatten den damals normalen Ausbildungsgang hinter sich, waren also nach dem Studium der Rechts- und Staatswissenschaften (häufig in Göttingen) als Referendare und Assessoren bei den Kriegs- und Domänenkammern tätig gewesen und dann zu Kriegs- und Domänenräten bei den Kammern oder dem Generaldirektorium, viele auch zu Kammerpräsidenten aufgestiegen. Nur wenige Reformer kamen aus dem Justizdienst oder der diplomatischen Laufbahn. In der Restaurationspartei dagegen standen bemerkenswert viele Beamte, die ihre Laufbahn als Auskultatoren und Assessoren bei den Gerichten begonnen hatten und in hohe Richterstellungen bei den Provinzialgerichten („Regierungen") oder am Kammergericht gelangt waren. Wiederum mit starker Vereinfachung könnte man sagen, die Reformbewegung sei eine *Partei der Verwaltungsjuristen*, die Restaurationsbewegung eine *Partei der Justizjuristen* gewesen (selbstverständlich gab es auf beiden Seiten Ausnahmen von dieser Regel). Der Verwaltungsdienst dieser Zeit führte eher zum rechtsgestaltenden, der Justizdienst zum rechtsbewahrenden Denken. In beiden Gruppen fanden sich bedeutende Offiziere, auch solche, die aus dem Militärdienst in politische Ämter übergingen (so unter den Reformern der Minister von Schroetter, unter den Konservativen der Minister Graf Lottum). Die politische Machtstellung, die das Beamtentum in Deutschland in dieser Epoche errang und lange behauptete, erklärt sich wesentlich daraus, daß der Beamtenkörper als „Reformpartei" außerordentliche politische Leistungen für Staat und Gesellschaft erbracht und dadurch ein begründetes Ansehen gewonnen hat.

4. Die Mitglieder der Reformgruppe

Auch die großen Führer der Reform, *Stein* und *Hardenberg*, waren im staatlichen Verwaltungsdienst aufgestiegen; die bitteren Äußerungen, mit denen besonders Stein die Bürokratie bedachte, dürfen nicht darüber täuschen, daß Stein selbst dieser Bürokratie zugehörte und daß er seine hervorragenden Mitarbeiter in dieser Bürokratie fand. Mit den beiden großen Rivalen der Reformzeit verband sich eine große Gruppe von bedeutenden Beamten des Staatsdienstes der Ministerial- und der Provinzialinstanz, die sich nicht nur durch die alten Beamtentugenden der Sachkunde und Pflichttreue, sondern auch durch ihren Bildungsstand auszeichneten, der sie zu ihrer staats- und gesellschaftsgestaltenden Arbeit befähigte. In den beiden Schroetter, in den Ministern Altenstein, Dohna, Humboldt und Klewitz, in den Oberpräsidenten Sack, Schön und Vincke, in dem Polizeichef Gruner, in den leitenden Staatsräten und Ministerialreferenten Eichhorn, Kunth, Nicolovius, Niebuhr, Raumer, Rehdiger, Rother, Scharnweber, Stägemann, Süvern und anderen besaß die Reformpartei eine Fülle von Mitarbeitern hohen geistigen Ranges. Ebenso lag in der Armee die Heeresreform in der Hand von Offizieren, die mit militärischer Sachkunde, Erfahrung und Phantasie die geistige Durchdringung ihres Aufgabenbereichs verbanden. Eben diese in ihnen wirkende Bildungskraft verband die Staats- und Heeresreformer mit den Trägern des freien Bildungsstrebens, den Denkern der idealistischen Schule und den großen politischen Publizisten wie Görres und Arndt.

Um die verfassungsgeschichtliche Bedeutung der Reformzeit zu begreifen, ist es notwendig, sich die Persönlichkeit, den Werdegang und die Wirksamkeit auch der wichtigsten nachgeordneten Mitglieder der Reformgruppe zu vergegenwärtigen. Es bedarf daher an dieser Stelle einiger biographischer Hinweise.

Friedrich Leopold Freiherr von Schroetter (1743—1815), der „Minister Schroetter", war als Vierzehnjähriger zur Armee gegangen und hatte als Fähnrich und junger Offizier im Siebenjährigen Krieg gekämpft. In seiner Garnison Königsberg war er in Verbindung zu Kant und dem Nationalökonomen Kraus, dem Verfechter der Smith'schen Freihandelslehre, getreten. 1787 kam er als Major und Assessor ans Oberkriegskollegium; 1790 wurde er Oberstleutnant und Vortragender Rat im Generaldirektorium. 1791 wechselte er in die innere Verwaltung über. Er wurde zunächst Oberkammerpräsident in Ost- und Westpreußen; seit 1795 war er Provinzialminister für Altpreußen und Neuostpreußen im Generaldirektorium. Obgleich den Traditionen des preußischen Gutsadels und des friderizianischen Staates eng verbunden, war er von der Einsicht in die Reformbedürftigkeit der staatlichen und gesellschaftlichen Verhältnisse durchdrungen; schon vor 1806 trat er mit Reformvorschlägen hervor. 1807/08 war er hervorragend an den Reformmaßnahmen Steins beteiligt; die Reformgesetze dieser Zeit wurden zum großen Teil in Schroetters Provinzialministerium, das zu Beginn der Reform praktisch die Stellung eines Innenministeriums für den Gesamtstaat hatte, bearbeitet. Zusammen mit Stein schied er Ende 1808 aus dem aktiven Dienst.

Karl Wilhelm Freiherr von Schroetter (1748—1819), der „Kanzler Schroetter", studierte in Königsberg die Rechte; er wurde 1769 Referendar, 1772 Rat am westpreußischen Landesjustizkollegium (damals „Regierung" genannt); 1782 wurde er Vizepräsident, 1784 Präsident dieses Gerichtshofs; 1789—94 war er Senatspräsident am Kammergericht. Infolge eines schweren Konflikts mit Wöllner, gegenüber dem er die Unabhängigkeit der Gerichtsbarkeit des Kammergerichts verteidigte, wurde er in seine frühere Stellung als Chefpräsident an das Landesjustizkollegium nach Marienwerder zurückversetzt. 1803 erhielt er den Titel des „Kanzlers des Königreichs Preußen" (eines der vier großen preußischen Hofämter). Im November 1806 wurde er interimistischer Justizminister, im August 1807 Leiter des Justiz- und geistlichen Departements. In dieser Stellung arbeitete er wie sein älterer Bruder aufs Stärkste an den Stein'schen Reformen mit. Er wurde 1809 vom Ministeramt entbunden und zum Präsidenten des ostpreußischen Oberlandesgerichts ernannt. Er gehört zu den wenigen „Justizjuristen" unter den Reformern.

Karl Friedrich (von) Beyme (1765—1838) war bürgerlicher Herkunft. Nach dem frühen Tod des Vaters, der Regiments-Chirurg in Königsberg war, wurde er in den Francke'schen Stiftungen in Halle erzogen. An der Universität dort studierte er Rechtswissenschaft; 1784 wurde er Referendar, 1788 Assessor. Der vortrefflich qualifizierte Jurist nahm als jüngster Mitarbeiter an der Redaktion des ALR teil. Einen Ruf auf einen Lehrstuhl in Halle lehnte er ab, da er die Praxis vorzog. 1791 wurde er Kammergerichtsrat und Mitglied der Examinations-Kommission. 1798 ernannte Friedrich Wilhelm III. ihn zum Kabinettsrat; als Vertrauter des Königs errang er bald starken Einfluß in Personal- wie in Verwaltungsfragen. Er trat für Kant, Fichte und W. v. Humboldt ein; vor allem setzte er Steins Berufung an die Spitze des Handelsministeriums (1804) durch. Der Verwaltungs-, Wirtschafts-, Bildungs- und Justizreform war er aufgeschlossen; vielfach trat er mit anregenden Vorschlägen (so etwa bei der Gründung der Universität Berlin) hervor; nur das Kabinettssystem verteidigte er lebhaft, woraus sein schwerer Konflikt mit Stein entstand. Beyme war 1806 kurze Zeit Außenminister; dann nahm er seine Tätigkeit im Kabinett des Königs wieder auf, bis dieses im Sommer 1808 aufgehoben wurde. Erst jetzt verließ Beyme, der schon 1807 zum Präsidenten des Kammergerichts ernannt worden war, den Hof. Doch kehrte er schon im November 1808, nunmehr als Justizminister (mit dem Titel „Großkanzler"), in die Staatsleitung zurück. Als Hardenberg 1810 das Amt des Staatskanzlers übernahm, setzte er Beymes Entlassung durch. Dieser war 1813/14 Zivilgouverneur in Pommern und organisierte dann das Justizwesen in den preußisch gewordenen Rheinprovinzen. 1817 wurde er Mitglied des Staatsrats. Gleichzeitig wurde er Minister für Gesetzgebungsfragen. Als solcher bildete er mit Humboldt und Boyen 1819 die Minister-Opposition, die entschieden an den Reformgedanken gegenüber der erstarkenden Reaktion festhielt. Wegen des gemeinsamen Protestes gegen die Karlsbader Beschlüsse wurde er mit Humboldt und Boyen Ende 1819 entlassen.

Karl Freiherr vom Stein zum. Altenstein (1770—1840), aus altem fränkischem Adel stammend, studierte in Erlangen und Göttingen Rechtswissenschaft; er trat 1793 in den Dienst der Kammer in Ansbach. Von Hardenberg gefördert, kam er 1799 nach Berlin; 1803 wurde er Geheimer Oberfinanzrat im Generaldirektorium. In Königsberg wurde er 1807 Mitglied der Immediatkommission, die bis zu Steins Wiederberufung die innere Verwaltung und die Finanzangelegenheiten des Staates leitete. 1807 verfaßte er in Riga, wohin er Hardenberg gefolgt war, seine berühmte Reform-Denkschrift [1]. Mit Hardenberg arbeitete er 1808 am Sturz Steins, mit dem er sich

---

[1] Text: *Winter*, Reorganisation Bd. 1 S. 364 ff.

überworfen hatte. Am 24. November 1808 wurde er Finanzminister; mit Dohna leitete er das neugebildete Staatsministerium (bis 1810). Vom März bis Juni 1813 war
er Zivilgouverneur von Schlesien. 1817 trat er an die Spitze des neugeschaffenen
Kultusministeriums, das er bis zu seinem Tod innehatte [1].

Alexander Burggraf von Dohna-Schlobitten (1771—1831), altem ostpreußischem
Adel zugehörend, studierte in Frankfurt a. O. und Göttingen; er kam 1790 an die
kurmärkische Kammer in Berlin. 1801 wurde er Direktor, 1807 Präsident der Kammer in Marienwerder. Im Ministerium Dohna-Altenstein leitete er das Innenministerium (1808—10). Er ging dann auf seine Güter; zugleich übernahm er das Amt des
Generallandschaftsdirektors in Ostpreußen, das er bis zu seinem Tod verwaltete.
1813—14 war er Zivilgouverneur von Ostpreußen; 1813 trat er in seiner Provinz als
tätigstes Mitglied in der Generalkommission für die Volksbewaffnung bei der Bildung
der Landwehr hervor.

Wilhelm Freiherr von Humboldt (1767—1835), der Freund Goethes und Schillers,
in seiner Jugend dem Staat, dessen Wirksamkeit er in engen Grenzen zu halten forderte, abgewandt [2], war 1801—08 preußischer Gesandter am Vatikan. Als Geheimer
Staatsrat und Leiter der Kultus- und Unterrichtsabteilung im Innenministerium (1809
bis 1810) fand er den inneren Zugang zum Staat. 1810—15 war er Gesandter in Wien,
1814—15 neben Hardenberg preußischer Vertreter auf dem Wiener Kongreß, dann
1817—18 Gesandter in London. Als Minister für ständische Angelegenheiten bemühte
er sich 1819 um den Erlaß einer preußischen Verfassung; mit seinem Sturz setzte die
Reaktionspartei sich in Preußen durch [3]. Er war Mitglied des preußischen Staatsrats
(seit 1817), in dem er, obwohl seit dem Ausscheiden aus dem Ministeramt vorwiegend
der wissenschaftlichen Forschung zugewandt, noch mehrfach politisch hervortrat.

Wilhelm Anton (von) Klewitz (1760—1838) studierte in Halle und Göttingen; er
wurde 1783 Referendar, 1786 Assessor, 1790 Kriegs- und Domänenrat und 1795
zweiter Direktor bei der Kammer in Magdeburg. 1798 kam er als Geheimer Oberfinanzrat in das südpreußische Departement des Generaldirektoriums. Seit 1807 war
er im Finanzdepartement unter Stein, dann im Finanzministerium unter Altenstein,
anschließend unter Hardenberg tätig. In enger Verbindung mit diesen Vorgesetzten
nahm er an der Reorganisation des preußischen Staates teil. 1813 wurde er Zivilgouverneur der befreiten Länder zwischen Elbe und Weser. Vom März bis November 1817 war er Staatssekretär des neugeschaffenen Staatsrats. Nachdem er kurz mit
der Leitung des Schatzministeriums und der Staatsbank betraut gewesen war, wurde
er im Dezember 1817 Finanzminister (bis 1824). Er beschloß seine Wirksamkeit als
Oberpräsident der Provinz Sachsen (1825—37).

Johann August Sack (1764—1831), Sohn eines klevischen Kriminalrats, studierte in
Halle und Göttingen und trat zunächst in den Justizdienst (1785 Auskultator bei der
„Regierung" in Kleve, 1788 Bergrichter in Wetter). 1792 wurde er Justitiar der Kammer in Kleve. Er begann also als „Justizjurist", ging aber, von Stein, dem er sich
nahe anschloß, gefördert, 1798 ganz in den Verwaltungsdienst über. Er kam zunächst
als Oberfinanzrat in das Berg- und Hüttendepartement des Generaldirektoriums; 1802
wurde er Geheimer Oberfinanzrat. 1807 war er Präsident der Friedensvollziehungskommission; 1809 wurde er Oberpräsident der Kurmark, der Neumark und Pom-
merns. 1813 wurde er Zivilgouverneur des Landes zwischen Oder und Elbe; 1814 war
er Generalgouverneur des Niederrheins (Sitz Aachen), dann Oberpräsident der Rheinprovinz. Die Reaktionspartei setzte die Abberufung Sacks aus seiner rheinischen Heimat durch. Von 1816 bis zu seinem Tod war er Oberpräsident von Pommern.

Theodor von Schön (1773—1856), Sohn eines ostpreußischen Domänenpächters,
studierte seit 1788 in Königsberg (bei Kant, dem Nationalökonomen Kraus und dem
Juristen Schmalz). Nach ausgedehnten staatswissenschaftlichen Studienreisen wurde er
1797 Kriegs- und Domänenrat bei der Kammer in Bialystok. 1800 kam er als Rat
ans Generaldirektorium, wo er zunächst unter Struensee, dann unter Stein arbeitete.

---

[1] Siehe unten S. 279 f.
[2] Siehe oben S. 98 Anm. 1.
[3] Siehe unten S. 153 ff.

1807 wurde er Mitglied der Immediatkommission; dann war er bis Ende 1808 der bedeutendste Mitarbeiter Steins, dessen „Politisches Testament" er im Entwurf verfaßte. Unter Dohna wurde er Staatsrat im Innenministerium; aber schon 1809 kam er als Regierungspräsident nach Gumbinnen. Obwohl er wiederholt ein Ministeramt erstrebte, gelang es ihm nicht, in die Zentralregierung zurückzukommen; diese Mißerfolge verbitterten den ehrgeizigen, eigenwilligen und sarkastischen Staatsmann, der es schwer ertrug, daß er im Urteil der Zeitgenossen hinter Stein und Hardenberg zurücktrat. 1813 wurde er zunächst Zivilgouverneur für die Gebiete zwischen der russischen Grenze und der Weichsel, dann Mitglied des Zentralverwaltungsrats für die befreiten Gebiete. 1816 wurde er Oberpräsident von Westpreußen; 1824—42 war er Oberpräsident der Provinz Preußen (Ost- und Westpreußen). 1840 erhielt er den Titel eines Staatsministers, 1842 den eines Burggrafen von Marienburg. 1843 trat er mit einer Verfassungsdenkschrift („Woher und wohin") hervor. 1848 war er Mitglied der Berliner Nationalversammlung, die er als Alterspräsident eröffnete. Zuletzt verfaßte er 1849 die Broschüre „Staat oder Nationalität?", in der er sich trotz seiner starken liberalen Neigungen gegen den nationalstaatlichen Unitarismus der bürgerlichen Bewegung wandte.

Ludwig Freiherr von Vincke (1774—1844) studierte in Marburg, Erlangen und Göttingen; er wurde 1795 Referendar bei der kurmärkischen Kammer in Berlin, 1797 Assessor und 1798 Landrat in Minden. 1800—02 machte er eine Studienreise durch England, Frankreich, Spanien und Portugal; 1803 wurde er Kammerpräsident für Ostfriesland in Aurich. Er hing den wirtschaftspolitischen Ideen von Adam Smith an; zu Stein stand er in einem besonders engen Verhältnis. 1808/09 verfaßte er eine Reihe von Reformdenkschriften für Stein und das Ministerium Dohna-Altenstein. 1809 wurde er Regierungspräsident der Kurmark in Potsdam; 1810 nahm er aus Unzufriedenheit mit dem schleppenden Gang der Reformen den Abschied. 1813 wurde er Zivilgouverneur für die befreiten Gebiete zwischen Weser und Rhein. Von 1816 bis zu seinem Tod war er Oberpräsident der Provinz Westfalen.

Justus (von) Gruner (1777—1820) stammte aus Osnabrück; er war ein Patensohn Mösers. Er studierte in Halle und Göttingen; von 1798—1802 lag er in seiner Heimatstadt wissenschaftlichen Studien ob und verfaßte Schriften zum Strafrecht und zum Strafvollzug. Er trat dann in den preußischen Dienst, zunächst an der Kammer in Ansbach; 1804 kam er nach Berlin, 1805 als Direktor an die Kammer in Posen; 1807 wurde er Kammerdirektor in Pommern. Er war ein besonders entschiedener Anhänger Steins. 1809 wurde er Polizeipräsident von Berlin, wodurch die Reformer eine wichtige Schlüsselposition für sich errangen. Er benutzte diese Stellung, um die preußische Geheimpolizei aufzubauen; 1811 wurde er Geheimer Staatsrat und Chef der „hohen Polizei" für den preußischen Gesamtstaat. Als „Mittelpunkt weitverzweigter Verbindungen" organisierte er den Abwehrdienst gegen die französische Spionage. Nach dem Abschluß des französisch-preußischen Bündnisses nahm er im März 1812 den Abschied. In Prag, wo er eine Volkserhebung im Hinterland der französischen Armee zu entfesseln suchte, wurde er auf Betreiben der preußischen Reaktionspartei (bes. seines Nachfolgers Wittgenstein) von den österreichischen Behörden verhaftet. Erst nach dem Eintritt Österreichs in den Krieg erhielt er die Freiheit. Er war 1813—15 unter dem Zentralverwaltungsrat als Generalgouverneur des Großherzogtums Berg, dazwischen vom Februar bis Mai 1814 als Generalgouverneur des Mittelrheins tätig. Wegen seiner radikalen Gesinnung wurde ihm die Rückkehr in die innere Verwaltung verwehrt; als preußischer Gesandter in Bern (1816—20) war er politisch kaltgestellt.

Johann Albrecht Friedrich Eichhorn (1779—1856), aus Wertheim am Main stammend, studierte in Göttingen; er wurde 1800 Auskultator beim Obergericht in Kleve, 1802 beim Obergericht in Hildesheim; 1806 wurde er Kammergerichtsassessor, 1810 Kammergerichtsrat. Wie Sack war er also anfänglich nicht Verwaltungsjurist, sondern Justizjurist. 1811 wurde er Syndikus der Universität Berlin. Er nahm mit Eifer an den patriotischen Bestrebungen teil; 1813 organisierte er die Landwehr in Berlin. Dann arbeitete er in der Zentralverwaltung für die befreiten Gebiete unter

Stein. 1815 setzte er sich für die Vereinigung Sachsens mit Preußen ein [1]). Er kam 1815 als Legationsrat ins Auswärtige Amt und wurde 1817 Mitglied des Staatsrats. Im Außenministerium wurde er 1817 Referent für die deutschen Angelegenheiten und 1831 Direktor der Zweiten Abteilung; in diesen Stellungen widmete er sich besonders der Entwicklung des Zollvereins [2]). Im Staatsrat war er an den Arbeiten der Verfassungskommisson beteiligt. 1840—48 war er als Altensteins Nachfolger preußischer Kultusminister [2a]); 1849 trat er noch einmal als Mitglied des Erfurter Staatenhauses hervor.

Karl Ferdinand Friese (1770—1837) [3]), Sohn eines westpreußischen Generalpächters, kam 1790 als Auskultator zur Regierung (dem Justiz-Kollegium) in Marienwerder, begann also als Justizjurist; schon 1793 trat er jedoch in den Verwaltungsdienst über. Er war zunächst Assistenzrat, seit 1796 Kriegs- und Domänenrat bei der Kammer in Marienwerder; 1805 wurde er Vortragender Rat im Generaldirektorium, und zwar im Provinzialdepartement für Ost- und Westpreußen. An den Reformen der Jahre 1807/08 nahm er als Sachbearbeiter den stärksten Anteil; er war einer der hervorragendsten Mitarbeiter Schroetters im Provinzialministerium [4]) und überhaupt einer der besten und zugleich der liberalsten Köpfe des preußischen Beamtentums [5]). Es wird von ihm gesagt, er habe in der Hingabe an die Ideen von Adam Smith alle anderen Reformer übertroffen [6]). Die wichtigsten Entwürfe der Ära Stein über die Reform der Regierungs- und Verwaltungsordnung stammen aus seiner Feder. Seit 1808/09 war er Staatsrat im Innenministerium. Die von ihm im Sinn der Stein'schen Reformpläne aufgestellten Entwürfe der Gemeinde-, Kreis- und Polizeiverfassung verwarf der Innenminister Dohna unter dem Druck der kurmärkischen Adelsopposition. 1813 berief Stein seinen treuen Anhänger neben Eichhorn in den Zentralverwaltungsrat für die befreiten Gebiete [7]). Friese setzte sich hier unter anderem energisch für die Neugestaltung der Stadtverfassung von Frankfurt unter Abkehr von der reinen Patrizierherrschaft und für die Einführung einer Vertretung der Gesamtbürgerschaft im Stadtregiment ein; er stieß damit auf die Gegnerschaft des österreichischen Vertreters Frh. v. Hügel [8]). Ende 1814 übernahm Friese die Leitung des Finanzwesens im okkupierten Königreich Sachsen unter dem Generalgouverneur v. d. Reck; er blieb bis 1817 preußischer Vertreter in der Friedensvollziehungskommission in Dresden. Im Dezember 1817 wurde er als Nachfolger von Klewitz *Staatssekretär des Preußischen Staatsrats* [9]). In dieser bedeutenden Stellung erwarb er sich großen Einfluß und hohe Verdienste. Er bewährte sich besonders als Vorkämpfer der Hardenberg'schen Verfassungspläne. Als Leiter einer Kommission des Staatsrats entwarf er die Gemeinde- und Kreisordnung von 1820, die allerdings am Widerspruch der reaktionären Partei scheiterte [10]). Im Gegenzug bekämpfte Friese die Vorschläge des reaktionären Verfassungsausschusses des Staatsrats mit einer „Denkschrift über die Provinzialstände" (2. November 1822). Gleichfalls seit 1817 war Friese *Vorsitzender der Oberexaminationskommission* für den höheren Verwaltungsdienst sowie (auch an Stelle von Klewitz) *Präsident der Preußischen Bank*, die er aus hoffnungslos erscheinendem Verfall zu einer finanziell gefestigten Stellung erhob. Obwohl als unbeirrter Anhänger des Reformgedankens bekannt, blieb Friese auch nach Ende der Ära Hardenberg in seinen drei Ämtern; er behielt sie bis zu seinem Tod am 4. Januar 1837.

---

[1]) Siehe unten S. 566.
[2]) Siehe unten S. 787 ff.   [2a]) Siehe Bd. II, S. 481.
[3]) Vgl. den Nekrolog von *J. G. Hoffmann*, Nachlaß kleiner Schriften (1847) S. 688 ff. (zuerst anonym in der Staatszeitung vom 8./9. Februar 1837).
[4]) Vgl. *E. Meier*, Die Reform der Verwaltungsorganisation unter Stein und Hardenberg (1881) S. 155 ff.
[5]) Vgl. *Treitschke*, Dt. Gesch. Bd. 1 S. 624, Bd. 3 S. 104.
[6]) Vgl. *M. Lehmann*, Stein Bd. 2 S. 296.
[7]) Siehe unten S. 500.
[8]) Vgl. *R. Schwemer*, Geschichte der Freien Stadt Frankfurt (1910) Bd. 1 S. 91 ff.
[9]) Siehe unten S. 159.
[10]) Siehe unten S. 181.

Johann Gottfried Hoffmann (1765—1847), ein gebürtiger Breslauer, studierte Rechtswissenschaft und Mathematik in Halle, Leipzig und Königsberg, war erst Hauslehrer, dann seit 1790 Angestellter in einem großen ostpreußischen Mühlenwerk, seit 1798 Lehrer am Collegium Fridericianum und an einer Baugewerkschule in Königsberg. 1803 trat er als Assessor in den Dienst der ostpreußischen Kriegs- und Domänenkammer über. Seine Schrift „Das Interesse des Menschen und Bürgers an der bestehenden Zunftverfassung" (1803) trug ihm 1807 die Berufung zum Professor an der Universität Königsberg als Nachfolger von *Kraus* auf den Lehrstuhl für „praktische Philosophie und Kameralwissenschaft" ein. Außerdem aber gab diese Schrift den Anstoß für die Reform der preußischen Gewerbeverfassung [1]. Ende 1808 kam Hoffmann als Staatsrat in die von *Schön* geleitete Sektion für Gewerbeangelegenheiten im Innenministerium. 1810 übernahm er eine Professur für Staatswissenschaften an der neugegründeten Universität Berlin und daneben die Leitung des Statistischen Büros des preußischen Staates; außerdem behielt er seine Stellung im Innenministerium bei. Wie schon unter *Dohna-Altenstein* so nahm er vor allem unter *Hardenberg* als dessen vertrauter Ratgeber an der Vorbereitung aller großen Reformgesetze der Gewerbe- und der Finanzverfassung 1811/12 teil. Er begleitete den Staatskanzler auf der Pariser Friedenskonferenz und auf dem Wiener Kongreß und übte als Statistiker großen Einfluß auf die Neugestaltung der deutschen Territorialverhältnisse aus. 1816 wurde er Geheimer Legationsrat im Auswärtigen Amt, 1817 Mitglied des Staatsrats. Hier war er maßgebend an der Bearbeitung zahlreicher Gesetzvorschläge finanz- und gewerberechtlicher Art beteiligt. Seine Berliner Professur, die er vorübergehend niedergelegt hatte, übernahm er 1821 erneut; 1834 gab er sie endgültig auf. Dagegen blieb er bis 1844 *Direktor des Statistischen Büros*, das er zu einer in ganz Europa als Modell anerkannten modernen Anstalt entwickelte. Wissenschaftlich zeichnete er sich außer durch seine zahlreichen statistischen Veröffentlichungen vor allem durch die Schriften „Die Lehre vom Gelde" (1838), „Die Lehre von den Steuern" (1840) und „Die Befugnis zum Gewerbebetrieb" (1841) aus.

Gottlob Johann Christian Kunth (1757—1829) war der Erzieher der Brüder Humboldt (1777—89); er trat dann in den preußischen Staatsdienst; vierzig Jahre lang arbeitete er in der Handels- und Gewerbeverwaltung, zunächst als Assessor beim Manufaktur- und Commerzkollegium Berlin, dessen Direktor er 1801 wurde; gleichzeitig wurde er Mitglied des Fabriken- und Commerzialdepartements im Generaldirektorium (zunächst unter Struensee, dann unter Stein). 1808 wurde er Geheimer Staatsrat und Leiter der Sektion Gewerbepolizei, 1815 Direktor der Generalverwaltung für Handel und Gewerbe, dann Generalhandelskommissar (im Finanzministerium). Als Anhänger der Freihandelslehre unterstützte er die Wirtschaftsreformen Steins und Hardenbergs, besonders auch das Zollgesetz von 1818. Seit 1817 war er Mitglied des Staatsrats. Bemerkenswert ist, daß Kunth, der Erzieher des Schöpfers der modernen humanistischen Bildungseinrichtungen, sich besonders um die Entwicklung der realwissenschaftlichen Anstalten bemühte; unter anderem richtete er das erste Realgymnasium in Berlin ein.

Georg Heinrich Nicolovius (1767—1839) stammte aus Königsberg, wo er Jurisprudenz, Philosophie (bei Kant) und schließlich Theologie studierte. Auf seinen Reisen mit dem Grafen Stolberg trat er Lavater und Pestalozzi nahe [2]; seitdem war er für die Reform der Pädagogik gewonnen. Nachdem er unter Stolberg bei der bischöflichen Kammer in Eutin tätig gewesen war, kam er 1805 in den preußischen Staatsdienst; er wurde Assessor, dann Konsistorialrat bei der Kammer in Königsberg, wo er sich um das Unterrichtswesen verdient machte. 1806 kam er in nahe Verbindung mit den in Königsberg versammelten Reformern. Stein berief ihn 1808 in die Unterrichtsverwaltung. Er wurde im Dezember 1808 Geheimer Staatsrat und leitete unter Humboldt, dann unter Schuckmann die Kultus- und Unterrichtsabteilung. 1817 wurde

---

[1] Vgl. die Briefe Steins an Scheffner vom 14. und 29. September 1808 (*Stein,* Briefwechsel Bd. 2 S. 513 und 533).

[2] Vgl. *Friedrich Leopold Graf Stolberg,* Reise in Deutschland, der Schweiz, Italien und Sizilien in den Jahren 1791 und 1792 (1794).

er Mitglied des Staatsrats. Als Wirklicher Geheimer Oberregierungsrat war er im Kultusministerium Altensteins Direktor der Kultusabteilung, während er die Unterrichtsabteilung an Kamptz abgeben mußte; als dieser 1832 Justizminister wurde, kam die Unterrichtsabteilung an Nicolovius zurück. Zusammen mit Süvern führte er die große Reform des preußischen Unterrichtswesens durch[1]).

Barthold Georg Niebuhr (1776–1831), der große Historiker des römischen Altertums, studierte seit 1794 in Kiel Jurisprudenz, Philosophie und Geschichte; 1796 wurde er, ohne Abschlußexamen, Privatsekretär des dänischen Finanzministers Graf Schimmelmann. Er wurde 1800 Assessor beim Ostindischen Büro des Commerzkollegiums in Kopenhagen und 1804 Direktor in diesem Büro sowie Direktor der Ostindischen Bank. 1806 berief Stein ihn als Mitdirektor an die preußische Staatsbank und Seehandlung. Im April 1809 wurde er Geheimer Staatsrat und Sektionschef für das Staatsschuldenwesen und die Geldinstitute im Finanzministerium. 1810 schied er wegen eines Konflikts mit Hardenberg aus dem Finanzministerium aus. Er begann im Wintersemester 1810 an der Universität Berlin mit Vorlesungen über römische Geschichte; die Promotion holte er im Februar 1811 an der Fakultät, an der er lehrte, nach. 1816–23 war er Gesandter beim Vatikan, wo er sich um die Neuordnung des preußischen Staatskirchenrechts verdient machte[2]). Seit 1823 hielt er Vorlesungen an der Universität Bonn.

Friedrich von Raumer (1781–1873) studierte in Halle und Göttingen; er wurde 1801 Referendar bei der kurmärkischen Kammer; 1802–04 war er in der Verwaltung des neuerworbenen Eichsfeldes tätig; 1806–08 war er Rat bei der Domänenkammer Königswusterhausen, 1809 Rat bei der Regierung in Potsdam; im Mai 1810 kam er als Rat ins Finanzministerium unter Altenstein. 1810/11 zog Hardenberg ihn als vertrauten Mitarbeiter zu allen Reorganisationsarbeiten heran. Zu seinen historischen Studien von Johannes von Müller angeregt, wurde Raumer 1811 Professor in Breslau; 1819–59 war er Professor der Staatswissenschaften und der Geschichte in Berlin. Er gehörte 1848/49 der Frankfurter Nationalversammlung („Kasinopartei")[2a]) und später der preußischen Ersten Kammer an.

Karl Niklas von Rehdiger[3]) (1765–1826) war anfänglich im diplomatischen Dienst und lebte dann als Gutsherr auf Striese im Kreis Trebnitz (Schlesien). In seiner Jugend ein Bewunderer der französischen Revolution, reiste er 1790 nach Paris, nahm dort am Föderationsfest teil und verkehrte im Jakobinerklub. Als Privatmann reichte er 1808 eine Verfassungsdenkschrift ein, die Steins Aufmerksamkeit erregte[4]). Der Minister berief ihn nach Königsberg. Rehdiger wurde für einige Zeit Staatsrat im Gesetzgebungsdepartement und nahm an den Reformarbeiten, besonders an den kreis-, provinzial- und gesamtständischen Fragen, teil. 1813 trat er in neue Verbindung zu Stein. Rehdiger verfaßte den Entwurf der Proklamation von Kalisch[5]); dann war er (zusammen mit Stein und Schön, dem er besonders nahe stand) Mitglied des

---

[1]) Siehe unten S. 260 ff.
[2]) Siehe unten S. 443 ff.
[2a]) Siehe Bd. II, S. 613; 615 f.
[3]) Es gibt bisher keine Rehdiger-Biographie. Das von *A. Bergengruen* verfaßte Manuskript einer Biographie blieb unveröffentlicht. Der Plan einer Darstellung Rehdigers von *P. Lenel* scheiterte daran, daß dieser im ersten Weltkrieg fiel (vgl. *P. Lenel*, Beiträge zur Biographie des preußischen Staatsrats von Rehdiger, HZ Bd. 124, 1921, S. 220 ff.). Einzelhinweise auf Rehdiger finden sich bei *Pertz*, Leben Gneisenaus, Bd. 1 S. 397–419; *Schön*, Aus den Papieren des Ministers v. Schön, Bd. 1 S. 49; *E. M. Arndt*, Meine Wanderungen und Wandelungen mit dem Reichsfrh. vom Stein (hg. v. R. Geerds) 1896, S. 143; *H. Leo*, Aus meiner Jugendzeit (1880) S. 123 f.; *Treitschke*, Der erste Verfassungskampf in Preußen (Pr. Jb. Bd. 29, 1872, S. 413 ff.); *Ritter*, Stein Bd. 1 S. 535–539. Der umfangreiche, unedierte Rehdiger-Nachlaß befand sich zuletzt im Staatsarchiv Breslau. Vgl. auch *H. J. v. Witzendorff-Rehdiger*, Die Rehdiger in Breslau (Jahrbuch d. Schles. Friedrich-Wilhelms-Universität zu Breslau, Bd. 2, 1957, S. 93 ff.); der Aufsatz behandelt nur die Familiengeschichte des 16. Jahrhunderts.
[4]) Siehe unten S. 292 f.
[5]) Siehe unten S. 479.

Zentralverwaltungsrats für die befreiten Gebiete. Nach einem Zerwürfnis mit Stein kehrte er Anfang 1814 auf sein schlesisches Gut zurück [1]). Seit 1817 war er Mitglied des Staatsrats. 1819 trat er noch einmal mit einer im Auftrag von Klewitz gefertigten Verfassungsdenkschrift „Über die Repräsentation in den preußischen Staaten" hervor [2]).

Christian (von) Rother (1778—1849) war ein schlesischer Bauernsohn und empfing seine Ausbildung von seinem Dorfpfarrer; er gehört zu den großen preußischen Staatsmännern der Reformzeit, die aus einfachsten Verhältnissen aufstiegen. Seine Laufbahn begann er als Regimentsschreiber; er brachte es dann zum Kalkulator beim Kriegs- und Domänenbüro in Warschau (Neuostpreußen). 1807 ging er nach Königsberg; 1810 berief Hardenberg ihn als Rechnungsrat in die Staatskanzlei. Er nahm seitdem als einer der treuesten Mitarbeiter Hardenbergs an den Finanzreformen teil; auch zu den Arbeiten an allgemeinen Verfassungsfragen zog der Staatskanzler ihn heran. 1817 wurde er Mitglied des Staatsrats, in dem er vor allem in der Kommission für den Staatshaushalt und das Staatsschuldenwesen tätig war. An der Verordnung über das Staatsschuldenwesen vom 17. Januar 1820 hatte Rother entscheidenden Anteil. Er wurde 1820 Präsident der neuen „Hauptverwaltung der Staatsschulden" und gleichzeitig Präsident der zum unabhängigen Bankhaus erhobenen „Seehandlung"; mit dieser Doppelstellung, die ihm die Bestimmungsmacht über die Staatsschuld wie über den Staatskredit sicherte, hatte er eine Schlüsselstellung innerhalb der Finanzverwaltung inne. 1835—37 leitete er dazu das vorübergehend vom Finanzministerium abgetrennte und zur selbständigen Zentralbehörde erhobene Handelsamt. 1836 wurde er zum Geheimen Staatsminister ernannt. 1837 vereinigte er mit der Leitung der Seehandlung auch die Leitung der Preußischen Bank; in diesem Amt als Staatsbankpräsident mit Ministerrang blieb er auch unter Friedrich Wilhelm IV. bis zu seiner Entlassung im März 1848.

Christian Friedrich Scharnweber (1770—1822) stammte aus Hannover und war anfänglich im fränkischen Departement Hardenbergs tätig; er wurde dann in Berlin dessen ergebenster Mitarbeiter. Er arbeitete seit 1810 im Büro des Staatskanzlers; in dieser Stellung errang er erheblichen Einfluß; zahlreiche Entwürfe der Agrar-, Finanz- und Verwaltungsgesetzgebung der Hardenberg'schen Reformen stammen von seiner Hand, so z. B. der Entwurf des Regulierungsgesetzes von 1811. Seit 1817 war er Mitglied des Staatsrats. Stein hat ihn einen „Phantasten", Treitschke hat ihn einen starren „Bürokraten" gescholten; schon dieser Widerspruch zeigt die subjektive Einseitigkeit der Kritik. Man muß bedenken, in welchem Maß das Werk der führenden Staatsmänner von der Initiative und Zuverlässigkeit der Gehilfen abhängt; gegenüber der verkleinernden Polemik wird man dann das rechte Urteil über das Verdienst gewinnen, das Scharnweber sich um die Reform erworben hat.

Friedrich August (von) Stägemann (1763—1840) studierte in Halle und war seit 1785 an der Kammer in Königsberg, dann als Syndikus der Generallandschaft tätig. Durch seinen Studienfreund Beyme an Stein empfohlen, wurde er 1806 Geheimer Finanzrat und (neben Niebuhr) Direktor der preußischen Staatsbank und Seehandlung. 1807 war er Mitglied der Immediatkommission. Er gehörte dem „Tugendbund" an und verfaßte patriotische Gedichte. Doch zeichnete er sich vor allem durch zuverlässige leitende Ministerialarbeit aus. Er entwarf das Edikt über die Bauernbefreiung; sein Haupttätigkeitsfeld war dann die Ordnung der Kriegs- und sonstigen Staatsschulden. Seit 1809 war er Geh. Staatsrat im Finanzministerium und Vorstand der preußischen Staatsbank. Seit 1817 gehörte er dem Staatsrat an. Unter dem Kabinettsminister Graf Lottum (seit 1823) war er Chef der Staatskanzlei; als nächster Untergebener des Ministers bei der Leitung der allgemeinen Staatsangelegenheiten entwarf Stägemann in dieser Zeit fast alle wichtigeren Kabinettsordres des Königs.

Johann Wilhelm Süvern (1775—1829) studierte Theologie, Philosophie und Philologie in Jena (bei Fichte) und in Halle (bei F. A. Wolf); unter den großen Refor-

---

[1]) Darüber ein Brief Rehdigers an Schön vom 18. Januar 1814 (bei *Lenel*, aaO S. 232 ff.).

[2]) Dazu zustimmende Briefe von Humboldt, Boyen und anderen bei *Lenel*, aaO.

134

mern war er der einzige Pädagoge mit praktischer Schulerfahrung. Er trat 1797 in das philologisch-pädagogische Seminar Gedikes[1]) ein; 1800 kam er an das Gymnasium in Thorn; 1803 wurde er Direktor des Gymnasiums in Elbing; 1807 wurde er Professor für alte Literatur in Königsberg. Nachdem Stein ihn in die Unterrichtsverwaltung berufen hatte, wurde er 1808 Geh. Staatsrat. Unter Humboldt, Schuckmann und Altenstein leitete er, als Mitdirektor neben Nicolovius, die Unterrichtsabteilung. Die preußische Unterrichtsreform war wesentlich sein Werk. Wie Eichhorn, Kunth, Nicolovius und Stägemann blieb Süvern auch in der Zeit der Reaktion in einem wichtigen Amt der Zentralverwaltung; doch ging sein Einfluß nun merklich zurück.

III. Die preußische Restaurationspartei

1. Die Idee der Restauration

Es liegt in der Natur des Parteiwesens, daß nicht nur *eine* Partei entsteht, sondern daß die Bildung einer politischen Partei, solange Freiheit herrscht, die Bildung einer Gegenpartei zwangsläufig hervorruft. So trat in der Zeit innerer Wandlung und Umgestaltung in Preußen nicht nur die Reformpartei, sondern als ihr Gegenspiel die Restaurationspartei ins Leben. Das in den Parteikämpfen dieser Epoche entstandene Wort „*Reaktion*" bezeichnet die Kräfte, die gegen den revolutionären Umsturz wie gegen die reformistische „Aktion" Stellung nahmen, um das „gute alte Recht", die alte Ordnung, den alten Staat wiederherzustellen und den bürgerlichen Fortschritt, in dem sie Auflösung, Zersetzung, Unordnung und Rechtsbruch am Werk sahen, zu hemmen. „Reaktion" ist seitdem ein politisches Kampfwort, das der Diffamierung des politischen Gegners dient. Von dieser herabwürdigenden Bedeutung gilt es sich frei zu halten, wenn der eigentliche Sinn der restaurativen Bestrebungen begriffen werden soll. Ihnen galt das Alte zugleich als das organisch Gewordene, als das Gesunde, als das Gerechte, als das sittlich Notwendige, das gegen Willkür und Anarchie, die der bürgerliche Fortschritt heraufzuführen schien, zu verteidigen war. Wir haben von dem Fortschrittsglauben des 19. Jahrhunderts genügenden Abstand gewonnen, um zu erkennen, daß in diesem Mißtrauen gegen progressive Tendenzen ein aufrichtiges Bemühen um das allgemeine Wohl lebendig sein kann. Wer wollte heute nicht begreifen, daß nicht nur Unverständnis gegenüber dem Neuen, sondern zugleich echte Sorge vor einem gefährlichen Dynamismus die preußischen Generäle alter Schule erfüllte, als sie sich dem revolutionären Elan moderner Volksheere, der levée en masse, der Vernichtungsstrategie, der Taktik des zerstreuten Gefechts gegenübersahen? Wer wollte verkennen, daß die Bedenken nicht schlechthin

---

[1]) Der Pädagoge *Friedrich Gedike* (1754—1803) war seit 1779 (mit 25 Jahren!) Direktor des Friedrich-Werderschen Gymnasiums in Berlin. 1783 begann er mit *Biester* die „Berlinische Monatsschrift" (siehe oben S. 110). 1784 wurde er Oberkonsistorialrat, 1787 Oberschulrat und Mitglied des Oberschulkollegiums. Auf seinen Vorschlag geht die Einführung des Abiturs (1788) zurück (siehe oben S. 108); ferner gründete er 1787 das Berliner Seminar zur Ausbildung der Lehrer für die Gelehrtenschulen. Seit 1791 war er Mitdirektor, seit 1793 Direktor des Köllnischen Gymnasiums, dem das Seminar angegliedert war.

unbegründet waren, die die Staatsmänner alter Schule bewegten, als sie sahen, wie mit dem modernen Repräsentativsystem die unkontrollierbare öffentliche Meinung, die alles überwältigende volonté générale, die irrationalen Kollektivkräfte mobilisiert wurden und die stabile Ordnung des alten Staates aufzulösen drohten? Die Verfechter des restaurativen Prinzips empfanden das Ungeheure des Wagnisses, dem Staat und Gesellschaft sich aussetzten, als die ständische Rangordnung zerstört, das patriarchalische Verhältnis der alten Gutsherrschaft aufgehoben, die korporative Ordnung des Zunftwesens preisgegeben, das gebundene Eigentum zur frei beweglichen Kapitalkraft umgestaltet, die Wirtschaft auf den ungehemmten Wettbewerb der Einzelnen gegründet, das Individuum dem fessellosen Drang nach eigenmächtiger Entfaltung seiner Anlagen und Neigungen anheimgegeben wurde. Das restaurative Denken sah in dieser staatlichen, sozialen, wirtschaftlichen und geistigen Umwälzung eine Revolution, gleichviel ob sie sich in äußerem Rechtsbruch oder in legaler Reform vollzog. Es war von Mißtrauen gegenüber dem fortschrittlichen Glauben bestimmt, daß das freie Spiel der Kräfte, der freie Wettbewerb und die freie Diskussion gemäß einem prästabilierten Gesetz selbsttätig zur harmonischen Ordnung, zum Gleichgewicht der sozialen Energien, zum Ausgleich der Interessen, zur Stabilisierung des Rechts und zur Selbstverwirklichung der Wahrheit führen werde. Auch *Goethe* war von tiefem Schrecken vor der Entfesselung der demokratischen Energien erfüllt und daher allen verfassungsmäßigen Neuerungen abhold. Aber so begründet diese Bedenken gegenüber der neuen Epoche individueller und nationaler Freiheit sein mochten, so wenig war es möglich, das Alte um seiner selbst willen wiederherzustellen und den in Vollzug begriffenen historischen Prozeß aufzuhalten. In den großen weltgeschichtlichen Krisen ist die bloße Restauration und Reaktion keine ausreichende Antwort auf die Fragen der Zeit. Nur die Reform konnte in geordneter Entwicklung den revolutionären Dammbruch verhindern, den neuen Kräften Raum zur Entfaltung gewähren und zugleich Grenzen setzen, die überlieferten Einrichtungen umgestalten und zugleich ihren gesunden Kern in den neuen Lebensformen bewahren.

2. Die altständische Fronde

Die der Reformpartei entgegentretende Restaurationspartei setzte sich in Preußen zusammen aus aristokratischen Anhängern der alten Feudalordnung, aus hohen Offizieren alter Schule, die die friderizianische Heeresverfassung zu bewahren suchten, aus Beamten, die in den Traditionen des obrigkeitlichen Macht- und Wohlfahrtsstaates verharrten, aus Gelehrten und Literaten, die in romantischem Mißverhältnis zur Wirklichkeit von der Wiederherstellung versunkener Sozial- und Staatszustände träumten, aus Juristen, die in strengem Rechtssinn das alte und geheiligte Recht gegen den Umsturz von unten wie von oben verteidigten. Ihrer gesellschaftlichen Schichtung nach entstammte die Restaurationspartei den gleichen Kreisen der Nation wie die Reformpartei, eben weit überwiegend der sozialen und geistigen Oberschicht.

Die preußische Restaurationspartei

Die preußische Restaurationspartei war somit keineswegs auf den in seinen Privilegien erstarrten Adel, die überalterte Generalität friderizianischen Gepräges und die im polizeistaatlichen Denken verharrende Bürokratie beschränkt. Neben Repräsentanten einer überlebten Ordnung fanden sich in ihr die Verfechter neuer Ideen, die sich zwar auf das vorabsolutistisch-altständische System beriefen, in dieser historisierenden Einkleidung aber das neue System einer organisch-konservativen Ständeverfassung verfochten. In der Restaurationspartei standen sich so zwei Gruppen gegenüber — die eigentlichen *Reaktionäre,* die den bürokratisch-etatistischen Absolutismus des friderizianischen Polizei- und Wohlfahrtsstaates wiederherzustellen suchten, und die *altständische Fronde,* die sich gegen den Rationalismus und Mechanismus wandte, den sie in gleichem Maß im Polizei- und Militärstaat der friderizianischen Zeit, im revolutionären Jakobinismus und Bonapartismus Frankreichs wie schließlich auch im Reformwerk Hardenbergs verkörpert sah. In der Berliner „Christlich-teutschen Tischgesellschaft" fanden diese Kräfte sich in den Jahren 1810—12 zusammen. Die Erneuerung des ritterschaftlichen Adels, die Wiederbelebung der Landstände, die neue Sinngebung der feudal-aristokratischen Hierarchie innerhalb einer gestuften Gesellschaftsordnung waren die Leitbilder des hier entwickelten politischen Programms. Von den Reaktionären, die an den Prinzipien des friderizianischen Macht- und Wohlfahrtsstaats festhielten, unterschied die altständische Gruppe sich durch die leidenschaftliche Teilnahme an der Idee der deutschen Befreiung. Sie war dem nationaldeutschen Gedanken aufgeschlossen, und so kam es, daß selbst *Fichte* für einige Zeit den Zugang zur „Tischgesellschaft" suchte. Von den Reformwerken fanden allein gewisse Teile der Heeresreform Gnade vor dem kritischen Auge der altständischen Partei; ihr Führer *Marwitz* übernahm 1813 die Organisation des Landsturms, der irregulären Kampfformationen gegen die Fremdherrschaft, wobei ihn allerdings nicht die jakobinische Idee der levée en masse, sondern die an germanisch-deutsche Vorbilder angelehnte Vorstellung vom kriegerischen Auszug des gutsbesitzenden Landadels an der Spitze des ihm ergebenen bäuerlichen Landvolks bewegte. Von ständisch-patriarchalischen Reminiszenzen erfüllt, verurteilte die altständische Opposition den friderizianischen Absolutismus, dem sie vorwarf, daß er durch die Allmacht der Krone und die Privilegierung der Armee und der Bürokratie das gute alte Recht zerstört und den lebendigen Kräften der ständisch gegliederten Gesellschaft die Mitwirkung am politischen Ganzen geraubt habe. Auch die ständische Fronde erwartete die Rettung von einer „Verfassung"; aber unter ihr verstand sie eben nicht das „konstitutionelle", sondern das wiederhergestellte vorabsolutistische ständische System. Nicht Reform, sondern Restauration, nicht Erneuerung, sondern Wiederherstellung war der Ruf, der von dieser Gruppe ausging.

Bei aller Bewunderung vor dem Genius des großen Königs übte man in diesem Kreis daher scharfe Kritik am friderizianischen Staat. Man sah in dem militärisch-bürokratischen Regime des Absolutismus den eigentlichen Keim des Staatszerfalls. Jeder Zusammenbruch wird von solchen Versuchen begleitet, das herkömmliche Geschichtsbild umzustoßen und das erschütterte Selbstbewußtsein der Lebenden durch die Umwertung der historischen Werte wiederzugewinnen. So galt der altständischen Opposition die Niederwerfung der feudal-aristokratischen Schicht durch den preußischen Absolutismus, die Bändigung des Adels durch den Dienst im Offizierskorps und in der Bürokratie, die Aufrichtung der Staatseinheit über der Vielfalt der historischen Landesteile nicht mehr als eine große politische Leistung, sondern als Dekomposition der gewachsenen „organischen" Formen, als Abfall von der dem Volk eingewurzelten Stammesart, als Vernichtung eines naturhaften gesellschaftlichen Aufbaus, als Zerstörung des überlieferten innerpreußischen „Föderalismus", als Beginn der etatistischen Dekadenz. Die Adelsverfassung erschien als das Kernstück der durch den Staat gewaltsam vernichteten alten unverdorbenen Ordnung. So kam es der Restaurationspartei darauf an, den „echten Adel" neu zu formen, die alte Gutsherrschaft ostdeutsch-kolonisatorischen Stils gegen die Reform zu verteidigen, gegenüber dem unitarischen Zentralismus des rationalen Staatsgefüges die Selbständigkeit und Besonderheit der einzelnen Provinzen, deren alte Verfassung sie als das gute, unantastbare Recht pries, wiederherzustellen. In dieser ständisch-provinziellen Verfassung sah die feudale Fronde das einzig gerechte und richtige Mittel, um die absolute Gewalt des Königtums der notwendigen Beschränkung und Kontrolle zu unterwerfen. Die Klausel des kurmärkischen Landtagsrezesses von 1653, daß der Kurfürst „in wichtigen Sachen, darin des Landes Gedeih und Verderb gelegen, ohne Unserer getreuen Landstände Vorwissen und Rat nicht schließen noch vornehmen" werde, erschien diesem Kreis nach anderthalb Jahrhunderten noch als gültiges Recht, obwohl kein Herrscher sich je daran gehalten, keiner der Stände auf ihm beharrt hatte. Gegenüber dem monarchischen Legitimismus erhob sich hier in übersteigert bewahrender Rechtsgesinnung ein feudal-ständischer Legitimismus, der sich auf den Satz von der unantastbaren Gültigkeit des vorabsolutistischen Rechts gründete.

Von solchen Ideen bestimmt, widersetzte sich die Restaurationspartei allem, was darauf zielte, das Volk in allen seinen Schichten zur gleichberechtigten Teilnahme am Staat reif und bereit zu machen. Sie kämpfte gegen die Agrarreform, gegen die Wirtschaftsreform, weithin auch gegen die egalitären und liberalen Elemente der Heeresreform. Vor allem aber lehnte sie die Überwindung der provinziellen Vielheit der preußischen Lande durch eine das Staatsganze zur Einheit integrierende Repräsentativverfassung ab. Die Fronde kämpfte für den *Provinzial-Föderalismus;* sie sah im Unitarismus den gemeinsamen Kernschaden des absolutistischen wie des liberalen Staatsgedankens. Schon zu Beginn des Hardenberg'schen Staatskanzleramts entstand aus diesen Gegensätzen der große Konflikt zwischen Reform und Restauration.

3. Die Vorkämpfer der Restauration

Zu den bedeutenden Verfechtern des restaurativen Prinzips gehörten neben vielen anderen die Generale Graf Kalckreuth, York und Herzog Carl von Mecklenburg, die Minister Graf Bernstorff, Graf Bülow, Graf Lottum,

Die preußische Restaurationspartei

v. Kircheisen, v. Schuckmann, v. Voss und Fürst Wittgenstein, die Staatsräte (und späteren Minister) Ancillon, Kamptz und Nagler, die Staatstheoretiker Gentz, Haller, Adam Müller und Theodor Schmalz, die Führer der feudalen Fronde Graf Finckenstein und Freiherr v. d. Marwitz sowie die Dichter Arnim, Fouqué und Heinrich v. Kleist. Die Art und Wirksamkeit dieser reformfeindlichen Gruppe soll gleichfalls durch einige biographische Hinweise veranschaulicht werden.

Friedrich Adolf (Graf) von Kalckreuth (1737–1818) war Major im Siebenjährigen Krieg, dann Adjutant des Prinzen Heinrich. Von Friedrich dem Großen nach Königsberg strafversetzt, wurde er von Friedrich Wilhelm II. zurückberufen und in den Grafenstand erhoben. Er kämpfte als General in den Koalitionskriegen; 1807 verteidigte er Danzig mit Tapferkeit; nach der Kapitulation ernannte der König ihn zum Feldmarschall. Er schloß den Waffenstillstand und den Frieden von Tilsit. Gestützt auf sein Ansehen widersetzte er sich der Heeresreform wie der Staatsreform. 1809 wurde er Gouverneur von Berlin, 1812 von Breslau, 1815 erneut von Berlin.

Hans David Ludwig von York (1759–1830) stammte aus kassubischem Kleinadel; der Großvater, der sich noch Jarcken schrieb, war Prediger bei Stolp, der Vater Hauptmann im friderizianischen Heer, die Mutter gehörte einer Potsdamer Handwerkerfamilie an. York trat 1772 in die preußische Armee, aus der er jedoch als Leutnant wegen Beleidigung eines Vorgesetzten ausgestoßen wurde. 1781–85 stand er in holländischen Diensten; nach dem Thronwechsel von 1786 wurde er in die preußische Armee wiederaufgenommen; 1803 wurde er Oberst, 1807 Generalmajor. Er war ein entschiedener Gegner der politischen Reformen Steins und der militärischen Reformen Scharnhorsts. Es gehört zu den großen Paradoxien der Geschichte, daß gerade York, der ganz in den sozialen und militärischen Kategorien der alten Zeit verhaftet war, als Befehlshaber des preußischen Korps im russischen Feldzug unter dem Zwang der Umstände dazu kam, mit der Konvention von Tauroggen das Recht der Nation zur Selbstbestimmung gegenüber dem zögernden Staatsoberhaupt zu proklamieren. Für seine militärischen Verdienste erhielt er 1814 den Titel eines Grafen von Wartenburg. 1815 nahm er den Abschied. 1821 wurde er Feldmarschall.

Herzog Karl Friedrich August von Mecklenburg-Strelitz (1785–1837) war ein Sohn des regierenden Herzogs (seit 1815 Großherzogs) Karl und Halbbruder der Königin Luise. 1799, also mit 14 Jahren, trat er als Stabskapitän in preußische Dienste. Nach dem Besuch der preußischen Militärbildungsanstalten stand er seit 1804 im Truppendienst. Es warf einen schweren Schatten auf die Laufbahn des jungen Gardeoffiziers, daß er sich nach der Schlacht von Auerstedt „selbst beurlaubte" und Zuflucht in seiner mecklenburgischen Heimat suchte. Nach Tilsit konnte er dank der Gnade seines königlichen Schwagers in die preußische Armee zurückkehren. Als Oberst stand er 1813 zunächst im Blücher'schen Hauptquartier, dann im York'schen Korps; durch Tapferkeit und Klugheit stellte er sein Ansehen wieder her. Er wurde 1814 Chef der Gardebrigade, 1816 Kommandeur des Gardekorps (bis zu seinem Tod). Seit 1817 war er Mitglied des Staatsrats; als vornehmster Repräsentant der hochkonservativen Gruppe übte er seitdem wachsenden Einfluß auf die preußische Innen- und Außenpolitik aus; besonders seit Hardenbergs Tod bestimmte seine aristokratisch-absolutistische Haltung den preußischen Kurs. 1827, also mit 42 Jahren, wurde er Präsident des Staatsrats. Als solcher nahm er auch an den Sitzungen des Staatsministeriums teil. Zu vielen Gesetzen und königlichen Erlassen leistete er die Gegenzeichnung, wobei seine Unterschrift vor der der Minister steht. Das macht offenkundig, daß er in der Zeit des Ministeriums Graf Lottum als der eigentlich leitende Staatsmann galt.

Christian Günther Graf von Bernstorff (1769–1835), aus mecklenburgischem Adel stammend, war der Sohn eines dänischen Ministers. Er trat 1787 in den dänischen diplomatischen Dienst, wurde 1789 Legationssekretär und 1791 bevollmächtigter Minister bei der dänischen Gesandtschaft in Berlin, dann Gesandter in Stockholm; seit 1797 war er Staatssekretär des Auswärtigen, 1800–1810 Ministerpräsident und

Außenminister in Kopenhagen. 1811—15 war er dänischer Gesandter in Wien, 1817 bis 1818 in Berlin. Auf Vorschlag Wittgensteins veranlaßte Hardenberg den dänischen Gesandten zum Übertritt in den preußischen Dienst. Unmittelbar nach dem Aachener Kongreß, an dem Bernstorff bereits als preußischer Vertreter teilnahm, wurde er (statt Humboldts, dem das Amt in Aussicht gestellt war) zum preußischen Außenminister ernannt. Bis zu seinem Rücktritt (1832) leitete Bernstorff die preußische Außenpolitik wie die deutsche Politik Preußens in enger Anlehnung an die restaurativen Prinzipien Metternichs; er vertrat Preußen auf den Karlsbader Konferenzen und setzte die Annahme der Karlsbader Beschlüsse im preußischen Staatsministerium gegen den Widerstand Humboldts, Beymes und Boyens durch. Nur in der preußischen Zollvereinspolitik, in der er seinem Mitarbeiter Eichhorn freie Hand ließ, wich er von den Grundsätzen der Metternich'schen Politik ab.

Viktor Hans Graf von Bülow (1774—1825) studierte in Göttingen; er kam 1794 als Auskultator, 1796 als Assessor an das Kammerkollegium in Bayreuth. 1801 trat er aus dem Gerichtsdienst in den Verwaltungsdienst über; er war zunächst Kriegs- und Domänenrat im Generaldirektorium, dann seit 1805 Kammerpräsident in Magdeburg. Nach Tilsit fand er keine Anstellung in Preußen; er trat deshalb in den Dienst des Königreichs Westfalen, wo er 1808—11 Finanzminister war. Dann kehrte er in den preußischen Dienst zurück. Er war 1813—17 preußischer Finanzminister und 1817—25 preußischer Handelsminister. In allen verfassungspolitischen Fragen war er streng konservativ; so war er Gegner der Repräsentativverfassung und Befürworter der Karlsbader Beschlüsse. In seinem Ressort trat er für niedrige Zölle und für Freihandel ein; er verband also verfassungspolitischen Konservativismus mit wirtschaftspolitischem Liberalismus, ein Beispiel dafür, wie eng verzahnt die politischen Fronten in dieser Zeit waren. Als sein Ministerium 1825 aufgelöst wurde, erhielt er das Amt des Oberpräsidenten von Schlesien; er starb jedoch kurz nach der Amtsübernahme.

Karl Friedrich Heinrich Graf von Wylich und Lottum (1767—1841) stammte aus altadliger pommerscher Familie und stieg zunächst im preußischen Militärdienst auf. Als Vertrauter des Königs trat er nach Tilsit bei den Bemühungen um die Reorganisation des Staates hervor; er war Gegner der Reformen Steins und Scharnhorsts. In der Regierung Dohna-Altenstein (Dezember 1808) wurde er Staatsrat und Chef des Ökonomie-Departements des Kriegsministeriums. Zum General ernannt, war er während der Befreiungskriege preußischer Bevollmächtigter für die Verpflegungsangelegenheiten im Großen Hauptquartier der Verbündeten. Nach den Kriegen war er zunächst Chef der Generalkontrolle, dann 1818—23 Schatzminister. Nach dem Tod Hardenbergs und dem schnellen Hinscheiden des Ministers v. Voss wurde er 1823, da ein Staatskanzler oder Ministerpräsident nicht ernannt wurde, als „Kabinettsminister" mit dem Vortrag beim König über die allgemeinen Landesangelegenheiten betraut; in dieser Stellung, die er bis zu seinem Tod bekleidete, war er zwar nicht Regierungschef im formellen Sinn, aber doch die Spitze des Ministerkollegiums. Unter den konservativen Ministern war er von gemäßigter Haltung; das zeigte sich auch daran, daß er Stägemann, den alten Parteigänger Steins, als seinen nächsten Untergebenen heranzog.

Friedrich Leopold (von) Kircheisen (1749—1825) studierte in Halle; schon 1772 wurde er Rat am Kammergericht, 1777 Oberrevisionsrat am Oberrevisionssenat. Er gehörte zu den Richtern, die in der Müller Arnold'schen Sache das gegen den Willen des Königs gerichtete Urteil fällten; doch entging er der Bestrafung. Er nahm an den Svarez'schen Reformarbeiten teil, wurde Vizepräsident und (1809) Chefpräsident des Kammergerichts. Von 1810—25 war er preußischer Justizminister. In diesem Amt bewährte er sich als ausgezeichneter Fachmann; zugleich aber widersetzte er sich allen liberalen Neuerungen; so wandte er sich im Rheinland gegen das französische Recht, vor allem gegen die Schwurgerichte; der Einführung des öffentlichen Verfahrens im Strafprozeß widersprach er entschieden. Es zeigte sich an ihm, daß die Richter, die in der Arnold'schen Sache so mutig für das rechtsstaatliche Prinzip der unabhängigen Rechtspflege eingetreten waren, sich dabei nicht vom bürgerlich-liberalen, sondern vom konservativen Rechtsstaatsgedanken hatten bestimmen lassen.

Auch ist er, neben vielen anderen (wie Schuckmann, Voss, Finckenstein und Kamptz), ein Beispiel dafür, daß gerade hervorragende Justizjuristen dieser Zeit im konservativen Lager standen.

Kaspar Friedrich von Schuckmann (1755—1834) studierte in Halle; er wurde 1779 Auskultator, 1783 Assessor, 1785 Assistenzrat am Kammergericht, 1786 Rat bei der Oberamtsregierung Breslau, 1787 Mitglied der Breslauer Kammergerichtsdeputation, 1790 Oberbergrichter beim schlesischen Oberbergamt. 1795 wurde er Präsident der Kammer in Bayreuth, 1796 auch der Kammer in Ansbach; er trat damit aus dem Justiz- in den Verwaltungsdienst über. 1798 wurde er, neben seiner Stellung in Franken, Geheimer Oberfinanzrat im Generaldirektorium. Nach Kriegsausbruch 1806 wurde er, als noch amtierender Kammerpräsident in Bayreuth, von den einrückenden Franzosen verhaftet. Er schied aus dem Dienst, wurde aber 1810 als Geheimer Staatsrat ins Innenministerium berufen und übernahm als Humboldts Nachfolger die Abteilung für Kultus und Unterricht sowie die Abteilung für Handel und Gewerbe. 1814 wurde er Innenminister. Er verlor 1817 die Kultus- und Unterrichtsangelegenheiten an das neugebildete Kultusministerium. Die Polizeisachen hatte er schon 1814 an das vorübergehend errichtete Polizeiministerium abgeben müssen; diese fielen 1819 an ihn zurück. Entschieden konservativ gesinnt, wurde er nach den Karlsbader Beschlüssen zusammen mit Wittgenstein und Kamptz Mitglied des Ministerialausschusses gegen demagogische Umtriebe.

Otto Karl Friedrich von Voss-Buch (1755—1823) stammte aus altem mecklenburgischem Adel; er studierte in Frankfurt a. O. und wurde 1777 Auskultator und nach dem Assessorexamen schon 1779 Assistenzrat am Kammergericht. 1780 schied er aus dem Staatsdienst, offenbar aus Solidarität mit seinem wegen des Müller Arnold-Prozesses gemaßregelten Schwager Finckenstein [1]. Voss trat 1782 in den Dienst der märkischen Ritterschaft (1784 Hauptritterschaftsdirektor); er begann damit seine Wirksamkeit für die gutsherrlichen Feudalinteressen. 1786, nach dem Regierungswechsel, kehrte er in den Staatsdienst zurück. Er wurde Präsident der kurmärkischen Kammer, 1789 Provinzialminister für die Neumark und Neuenburg, dann auch für Magdeburg und Halberstadt, seit 1793 auch für Südpreußen. Als er dort 1795 abgelöst wurde, erbat er gekränkt den Abschied aus allen Staatsämtern. 1797 wurde er erneut Provinzialminister für Südpreußen, 1798 auch für Pommern und die Neumark, 1803 auch für die Kurmark. Trotz seiner streng konservativen Gesinnung befreite er schon vor 1806, wie auch andere Gutsherren, die eigenen Privatbauern auf zwei Gütern. Infolge eines Konflikts mit Hardenberg schied er 1807 erneut aus seinen Ämtern; doch berief Stein ihn 1808 an Sacks Stelle zum Präsidenten der Friedensvollziehungskommission. Seitdem war er der Mittelpunkt der reformfeindlichen Partei. In der Zeit der Erhebung stand er gänzlich abseits; bei der Bildung des Staatsrats 1817 überging Hardenberg seinen alten Gegner geflissentlich. Er war der schärfste Feind der Verfassungsbestrebungen; entschieden leugnete er die Verbindlichkeit des königlichen Verfassungsversprechens von 1815 [2]. Der Sieg der Reaktionspartei wurde äußerlich besiegelt, als Hardenberg sich 1822 dazu verstehen mußte, Voss als Vizepräsidenten in das Staatsministerium aufzunehmen. Nach Hardenbergs Tod fiel die Leitung des Ministeriums ihm zu; aber nach wenigen Wochen starb auch er, wodurch die altständisch-konservative Gruppe ihren erfahrensten Führer verlor.

Wilhelm Ludwig Georg Fürst Wittgenstein-Sayn (1770—1851) stand seit 1794 dem preußischen Hof nahe; der Regierungswechsel von 1797 änderte daran nichts. Bis 1805 war er Oberhofmeister der Königin. 1807/08 nahm er die preußischen Interessen gegenüber England und an anderen Höfen wahr; er war der Adressat des verhängnisvollen Briefes, der Steins Sturz herbeiführte [3]. 1810 wurde er Erster Oberkammerherr in Berlin; 1812 wurde er Geheimer Staatsrat und an Gruners Stelle Leiter der hohen (also der politischen) Polizei; 1814—18 war er Polizeiminister, seit 1819 Mini-

---

[1] Siehe unten S. 145.
[2] Siehe unten S. 313.
[3] Siehe oben S. 116.

ster des königlichen Hauses. In allen diesen Stellungen nahm er den stärksten Anteil an den reaktionären Bestrebungen; erst nach dem Regierungswechsel von 1840 ging sein Einfluß zurück. Sein Amt als Hausminister behielt er auch in dieser letzten Phase (neben dem Grafen Anton Stolberg) bei.

Friedrich von Ancillon (1767—1837) stammte aus einer Familie kalvinistischer Refugiés. Er wurde 1790 Prediger an der franz. Kirche in Berlin, 1792 zugleich Professor der Geschichte an der Kriegsakademie in Berlin; seit 1810 war er Erzieher des Kronprinzen. In zahlreichen Schriften bekämpfte er die franz. Revolution. In seinen ersten staatstheoretischen Schriften („Über Souveränität und Staatsverfassung", 1815; „Die Staatswissenschaft", 1819) trat er noch für ständisch-repräsentative Ideen ein. Er wurde 1814 Geheimer Legationsrat und 1818 Direktor der politischen Abteilung im Außenministerium; seit 1817 war er Mitglied des Staatsrats. Nach dem Sieg der Reaktion schloß er sich ganz der „Kronprinzenpartei" an. In zahlreichen Schriften der zwanziger Jahre verfocht er die Idee einer „rein ständischen" Verfassung; die Volksrepräsentation verwarf er nun als mit dem monarchischen Prinzip unvereinbar [1]). 1832 wurde er als Bernstorffs Nachfolger preußischer Außenminister. Er folgte als solcher völlig der Metternich'schen Politik, auch in den Angelegenheiten des deutschen Bundes. Der Entwurf der reaktionären Wiener Geheimbeschlüsse vom 12. Juni 1834 (siehe Bd. II S. 177 ff.) ist von seiner Hand.

Karl Christoph Albert Heinrich von Kamptz (1769—1849) stammte aus altem mecklenburgischem Adel; der Vater war Minister in Strelitz. Kamptz studierte in Bützow und Göttingen (bei Pütter); seine hervorragende wissenschaftliche Begabung trat früh hervor. Er wurde 1790 Assessor, 1792 Kanzleirat bei der Justizkanzlei in Neustrelitz; 1793 wurde er Referent im Geheimen Rats- und Regierungscollegium. 1794 schied er aus dem strelitzschen Staatsdienst. 1798 wurde er Assessor beim Hof- und Landgericht Güstrow, 1802 auch beim Tribunal im schwedisch-pommerschen Wismar (in beiden Fällen von der Ritterschaft gewählt). 1804 wurde er vom preußischen Hof für das erledigte kurbrandenburgische Assessorat beim Reichskammergericht präsentiert; 1805 wurde er, nachdem er die erforderliche Prüfung bestanden hatte, in diese Stelle eingewiesen. Es war dies die letzte Ernennung eines Richters an diesem höchsten deutschen Gericht. Bis 1809 blieb Kamptz noch in Wetzlar mit Abwicklungsgeschäften betraut. 1811 wurde er Mitglied des Oberappellationssenats des preußischen Kammergerichts. Erst 1812 ging er in die Verwaltungslaufbahn über. Er wurde Geheimer Legationsrat und Vortragender Rat im Polizeidepartement des Innenministeriums (unter Wittgenstein). Hohe Gelehrsamkeit zeichnete ihn aus; eine große Zahl juristischer und politischer Schriften verfaßte er, der mit unermüdlicher Arbeitskraft ausgestattet war, neben seinen Verwaltungsaufgaben. Als Lobredner der Schmalz'schen Enthüllungsschrift machte er sich den Patrioten verhaßt; so kam es, daß sein „Codex der Gensd'armerie" auf dem Wartburgfest verbrannt wurde. Als Mitglied der Ministerialkommission gegen demagogische Umtriebe leitete er nach den Karlsbader Beschlüssen die Untersuchungsmaßnahmen gegen die freiheitlich-nationale Bewegung; den Richtern schärfte er ein, auch durch bloße Theorien, die die bestehende Staatsform untergraben, könne Hochverrat begangen werden. In diesem Zusammenhang ging er disziplinarisch u. a. gegen den Kammergerichtsrat E. T. A. Hoffmann vor. Seit 1817 Mitglied des Staatsrats und Direktor im Polizeiministerium, übernahm er 1824 daneben auch die Stellung des Ersten Direktors der Unterrichtsabteilung im Kultusministerium; diese bemerkenswerte Verbindung endete 1825, indem ihm statt der Leitung der Polizeiabteilung die Stelle eines Direktors im Justizministerium übertragen wurde, wobei ihm seine Stellung im Kultusministerium jedoch verblieb. 1832—42 war er Gesetzgebungsminister. Die lange Reihe seiner Veröffentlichungen beschloß er mit der Schrift „Die deutsche constituirende Nationalversammlung zu Frankfurt a. M. vor der Kritik des Staatsrechts" (1849), in der er, seinen reaktionären Grundsätzen getreu, die Legalität der Grundlagen, auf denen die Frankfurter Nationalvertretung be-

---

[1]) Vgl. *F. v. Ancillon,* Über den Geist der Staatsverfassungen und dessen Einfluß auf die Gesetzgebung (1825) S. 129, wo „ein großes, wenigstens ein sehr ansehnliches Eigentum" als Voraussetzung des Wahlrechts gefordert wird.

ruhte, bestritt; scharf wandte er sich gegen die "Constitutions-Autokratie", d. h. gegen den Anspruch der ersten deutschen Volksvertretung auf die verfassunggebende Gewalt.

Karl Friedrich Ferdinand (von) Nagler (1770—1846) stammte aus einer Beamtenfamilie der fränkischen Markgrafschaften; er war ein Schwager Altensteins. Unter Hardenberg war er Expedient im fränkischen Departement, dann Kriegsrat und Mitglied der ansbachischen Kammer. 1804 wurde er Legationsrat im Kabinettsministerium Hardenbergs; auch nach dessen Ausscheiden blieb er im Auswärtigen Dienst. Er war ein Gegner Steins, an dessen Sturz er 1808 lebhaft mitwirkte. 1809 wurde er Geheimer Staatsrat und Direktor im Außenministerium; in die Ränke der reaktionären Partei war er so sehr verstrickt, daß sein einstiger Gönner Hardenberg ihn 1810 bei der Übernahme des Staatskanzleramts entließ. Er war ein volles Jahrzehnt ohne Amt; in dieser Zeit widmete er sich seiner bedeutenden Kunstsammlung, die er 1835 den Berliner Museen übertrug. 1821 wurde er Chef des preußischen Postwesens, seit 1823 im Rang des Generalpostmeisters. 1824—35 war er daneben preußischer Bundestagsgesandter in Frankfurt; seit 1835 war er wieder ausschließlich als Generalpostmeister tätig; 1836 erhielt er den Rang eines Staatsministers. Um die Entwicklung des Postwesens machte er sich durch vielfältige Neuerungen verdient. Aber er benutzte diese Stellung auch zu einer umfassenden Briefkontrolle; der Kritik an dieser Praxis des Brieferbrechens begegnete er durch ironische Bemerkungen über „alberne Brieferöffnungsskrupel". Auch in anderen Formen benutzte er seine Stellung an der Spitze der Postverwaltung, um sich einen Nachrichtenapparat im Dienst seiner reaktionären Politik aufzubauen.

Friedrich (von) Gentz (1764—1832) stammte aus Breslau; der Vater war später Münzdirektor in Berlin. Nach dem Studium in Königsberg trat Gentz 1785 in den Staatsdienst, zunächst als geheimer Sekretär, dann als Kriegsrat beim Generaldirektorium in Berlin. Von Kant beeinflußt, hing er zunächst den Ideen von 1789 an; nach dem Beginn der Schreckensherrschaft wurde er zum literarischen Hauptgegner der Revolution. Er übersetzte Burkes „Betrachtungen über die französische Revolution". Bei dem Thronwechsel von 1797 richtete er an den neuen König ein öffentliches Sendschreiben, ein für einen aktiven Verwaltungsbeamten ungewöhnlicher und befremdender Akt. In offenem Gegensatz zur preußischen Politik propagierte er nach dem Baseler Sonderfrieden den europäischen Abwehrkrieg gegen Frankreich; mit englischen und österreichischen Staatsmännern stand er dabei in engem Einvernehmen. Seine Position im preußischen Dienst wurde damit unhaltbar. 1802 schied er (nach 17 Jahren) aus seinem preußischen Amt; er trat als kaiserlicher Rat in den österreichischen Dienst, in dem er 30 Jahre lang als Publizist wirkte, zunächst als Helfer von Cobenzl und Stadion, dann als vertrauter Mitarbeiter Metternichs. Er war der bedeutendste Verfechter des Metternich'schen restaurativen Systems in Fragen sowohl der europäischen als auch der deutschen Politik. Auf dem Wiener Kongreß wie auf den Kongressen von Aachen, Troppau, Laibach und Verona nahm er gestaltend an der Neuordnung Europas und Deutschlands teil; besonders in der Zeit der Karlsbader Beschlüsse bekämpfte er die Freiheit der Universitäten und der Presse wie das System der Repräsentativverfassung [1]. Auf die preußische Restaurationspartei, mit der er in steter Verbindung blieb, übte er auch nach seinem Übergang nach Österreich einen starken Einfluß aus.

Karl Ludwig von Haller (1768—1854), der Enkel des „großen Haller" [2], trat 1783 in den Dienst der Staatskanzlei seiner Heimatstadt Bern; er wurde 1787 Commissionsschreiber der Staatskanzlei und zugleich Sekretär der eidgenössischen Tagsatzung. Als entschiedener Gegner der revolutionären Ideen verließ er die Schweiz nach dem Gründung der Helvetischen Republik (1798); auch er trat in österreichische Dienste (1799—1805), um als Publizist gegen Frankreich zu wirken. 1806 wurde er, obwohl er nie eine Universität besucht hatte, Professor der Rechtswissenschaften an der Akademie in Bern. 1814 wurde er dort Mitglied des Großen Rats, dann auch des Geheimen Rats. 1817 legte er seine Professur nieder. Nach seinem aufsehenerregenden Übertritt zur katholischen Kirche wurde er 1820 aus dem Rat der Stadt ausgeschlos-

---

[1] Siehe unten S. 643 ff.   [2] *Albrecht v. Haller* (1708—77).

sen; er ging nach Paris, wo er 1825 eine Anstellung im Außenministerium unter dem restaurativen Regime des Fürsten Polignac fand. Die Julirevolution zwang ihn zur Rückkehr in die Schweiz; 1834—37 war er Mitglied des Großen Rats von Solothurn. In einer Fülle staatstheoretischer und staatsrechtlicher Schriften verfocht er sein konservativ-patrimoniales Staatssystem. Sein bekanntes Hauptwerk („Die Restauration der Staatswissenschaften", 6 Bände, 1816—1825) gab der Epoche der Restauration den Namen. Es war die große Gegenschrift gegen Rousseaus „Contrat social"; die Kernthese war, der Staat sei keine den Naturzustand durch eine gewillkürte Vereinbarung ersetzende Institution, sondern eine Fortsetzung und Erscheinungsform des Naturzustandes. Das Haller'sche System war auch für die preußische Verfassungsentwicklung unmittelbar bedeutend. Die nach der Befreiungszeit hervortretende „Kronprinzenpartei" fand in Hallers Schriften ihr geistiges Rüstzeug. Zahlreiche staatstheoretisch-politische Beiträge Hallers erschienen im konservativen „Berliner Wochenblatt" (1831—40) und später in der „Kreuzzeitung" (seit 1848); ferner schrieb er in Görres' „Historisch-politischen Blättern" und in der „Deutschen Volkshalle". In die preußischen Verfassungskämpfe der Zeit Friedrich Wilhelms IV. griff Haller mit seiner Schrift „Staatsrechtliche Prüfung des preußischen Vereinigten Landtags, nebst redlichem Rath an den König zur Behauptung seines guten Rechts" (1847) ein.

Adam Müller (1779—1829) stammte aus Berlin, wo er nach seinen Göttinger Studienjahren als Referendar im Dienst der kurmärkischen Kammer stand (1800—03). Er war seit 1805 in Dresden, seit 1809 in Berlin als politischer Publizist tätig. Mit Heinrich v. Kleist gründete er in Dresden den „Phoebus"; in Berlin fand er mit seinen konservativ-altständisch gesinnten Freunden in Kleists „Berliner Abendblättern" die literarische Plattform. Dem Berliner Kreis der „ständischen Fronde" gab er in seinen Vorlesungen über „König Friedrich II. und die Natur, Würde und Bestimmung der preußischen Monarchie" das altständisch-feudale Programm, das sich vom friderizianischen Etatismus nicht weniger stark als vom bürgerlichen Liberalismus absetzte. Mit Achim von Arnim, Fouqué und Kleist gehörte er zur frondierenden „Christlich-teutschen Tischgesellschaft". Um sich des unbequemen publizistischen Widersachers zu entledigen, schickte Hardenberg ihn 1811 mit einem Scheinauftrag nach Wien. 1813 trat er in österreichische Dienste, nunmehr ganz dem Metternich'schen System verschworen. Den schon 1805 vollzogenen Übertritt zum Katholizismus hielt er lange geheim. 1816—26 war er österreichischer Generalkonsul in Leipzig, zugleich auch Gesandter bei den anhaltischen Höfen; in dieser Eigenschaft wirkte er im restaurativen und anti-preußischen Sinn auf die deutschen Verhältnisse ein [1]. Sein Hauptwerk „Elemente der Staatskunst" steht an Bedeutung für die Entwicklung der ständisch-konservativen Ideen hinter Hallers „Restauration" nicht zurück; vor allem war ihm eine stärkere Nachwirkung beschieden.

Theodor Schmalz (1760—1831), aus Hannover gebürtig und Scharnhorsts Schwager, studierte zunächst Theologie, dann Jurisprudenz in Göttingen; 1786 promovierte er in Rinteln, wo er 1787 außerordentlicher, 1788 ordentlicher Professor der Rechte wurde. 1789 wurde er an die Universität Königsberg berufen; seit 1793 war er zugleich Assessor, seit 1798 Consistorialrat an der ostpreußischen Kammer. 1801 wurde er Kanzler und Direktor der Universität Königsberg; 1803 kam er in gleicher Stellung nach Halle. 1808 verließ er die westfälisch gewordene Universität, deren Verlegung nach Berlin er betrieb. 1809 wurde er Rat am Oberappellationssenat des Kammergerichts, 1810 Professor der Rechte an der neuen Universität Berlin, deren erster Rektor er 1810/11 (vor Fichte) war. [2] Er schrieb Lehr- und Handbücher auf fast allen Rechtsgebieten (Römisches Recht, Naturrecht, Deutsches Privatrecht, Kirchen-, Völker- und Staatsrecht). Seine staatstheoretischen Darlegungen preisen den Absolutismus als die beste Verfassungsform; sie wenden sich gegen die Gewaltenteilung und das Repräsentativsystem. Sein politisches Pamphlet gegen die Reformpartei („Berichtigung einer Stelle in der Bredow-Venturinischen Chronik vom Jahre 1808"), das

---

[1] Siehe unten S. 802, 808.   [2] Siehe unten S. 288.

1815 erschien, löste einen heftigen literarischen Streit aus, in dem vor allem Niebuhr und Schleiermacher gegen Schmalz auftraten[1]).

Friedrich Ludwig Karl Reichsgraf Finck von Finckenstein (1745–1818), ein Sohn des Kabinettsministers Karl Wilhelm von Finckenstein, war in der friderizianischen Zeit „Regierungspräsident" (d. h. Gerichtsvorsitzender) in Küstrin. Er fällte in der Streitsache des Müllers Arnold das erstinstanzliche Urteil; der König setzte ihn deswegen ab. Seitdem widmete er sich der Verwaltung seiner Güter; auch oblag er literarischen Studien. Wie sein Schwager v. Voss gehörte er in der Reformzeit zu der Adelsfronde, die sich gegen Hardenberg bildete. Der Staatskanzler ließ ihn, zusammen mit Marwitz, 1811 in Spandau in Haft setzen, um den Widerstand der kurmärkischen Stände gegen die Reformpolitik zu brechen[2]).

Friedrich August Ludwig von der Marwitz (1777–1837), aus altem märkischem Adel stammend, war anfänglich preußischer Offizier, dann Gutsherr in Friedersdorf. 1806 stand er im Stab Hohenlohes; 1807 bildete er, mit königlicher Ermächtigung, ein eigenes Freikorps. Nach Tilsit schied er erneut aus dem Dienst. In der gegen Hardenberg gerichteten Adelsopposition war er die imponierendste Erscheinung. Obwohl den Verfassungs- und Verwaltungsreformen feindlich gesinnt, war er von deutschem Patriotismus erfüllt; auch für die militärischen Ideen Scharnhorsts und Gneisenaus war er aufgeschlossen. 1813 organisierte er in seinem Bereich den Landsturm; er war dann Führer einer Landwehrbrigade, einer Landwehrdivision und schließlich der Reservekavallerie eines Armeekorps. Nach den Kriegen blieb er im Dienst; 1816 bis 1827 befehligte er die Kavallerie des Oderlandes (seit 1817 als General). 1824–31 war er Mitglied des märkischen Provinziallandtags. 1827 wurde er Landtagsmarschall und (zusammen mit Stein) Mitglied des preußischen Staatsrats.

§ 11. Die preußische Regierungsreform

Schrifttum: Siehe die Angaben zu § 10. Ferner: *H. Hüffer*, Die Kabinettsregierung in Preußen (1891); *Ph. Zorn*, Die staatsrechtliche Stellung des preußischen Gesamtministeriums (Festg. für K. Maurer 1893 S. 67 ff.); *R. v. Gneist*, Die verfassungsmäßige Stellung des preußischen Gesamtministeriums und die rechtliche Natur der Kgl. Ratskollegia (1895); *O. Hintze*, Das preußische Staatsministerium im 19. Jahrhundert (Festschr. f. G. Schmoller, 1908, S. 403 ff.; auch in Hintze, Geist und Epochen der preuß. Geschichte, 1943, S. 563 ff.); *P. Haake*, Die Errichtung des preuß. Staatsrats im März 1817 (FBPG Bd. 27, 1914, S. 247 ff.); *F. Hartung*, Verantwortliche Regierung, Kabinette und Nebenregierungen im konstitutionellen Preußen 1848–1918 (FBPG Bd. 44, 1932, S. 1 ff, 302 ff.; auch in Ges. Abh. 1940, S. 230 ff.); *R. Schmidt-Bückeburg*, Das Militärkabinett der preußischen Könige und Deutschen Kaiser (1933); *Fr. Schlarmann*, Die Einflußnahme des preußischen Staatsrats auf die Gemeindegesetzgebung im 19. Jahrh. (Gött. Diss. 1935); *H. Schneider*, Der preußische Staatsrat 1817 bis 1918 (1952).

I. Der Sturz des Kabinettssystems

1. Das Kabinettssystem der nachfriderizianischen Zeit

In der Regierungsverfassung der nachfriderizianischen Zeit war das *Kabinettssystem* das schwerste Hemmnis für die Ausbildung einer modernen ministeriellen Zentralinstanz[3]). Es war das Erbe aus der Zeit der monarchi-

---

[1]) Siehe unten S. 286 Anm. 1.
[2]) Siehe unten S. 299.
[3]) Siehe oben S. 100 f.

schen Selbstregierung friderizianischen Stils; in der Zeit der Nachfolger des
großen Königs war aus ihm eine *Nebenregierung der Kabinettsräte* entstanden,
die die verantwortliche Staatsleitung durch ein Ministerium moderner Art
ausschloß. Der *Dualismus von „Kabinett" und „Ministerium"* führte zu einem
verhängnisvollen Gegensatz in der Staatsleitung. Da aber überdies das „Ministerium" keine Einheit bildete, sondern in drei unabhängig nebeneinander
stehende Stellen geteilt war — das Kabinettsministerium (Außenministerium),
das Amt des Groß-Kanzlers (Justizministerium) und das Generaldirektorium
(mit seinen Provinzial- und Fachdepartements) [1]) ergab sich ein offener Pluralismus des Regierungssystems.

Schon Friedrich der Große hatte sich, um *„aus dem Kabinett"*, d. h. ohne Teilnahme an den Sitzungen des Generaldirektoriums aus seinen Privatgemächern zu
regieren, mit Schreibern umgeben müssen, die ihm bei der Erledigung der Staatsgeschäfte zur Hand gingen. Trotz ihrer anfänglich subalternen Stellung gewannen
sie großen Einfluß auf die Führung der Staatsangelegenheiten, besonders auch, weil
der König sich ihrer für den schriftlichen Verkehr mit den Ministern bediente. Diese
Kabinettssekretäre stiegen unter seinen Nachfolgern zu *Kabinettsräten* auf, die als
vertraute Ratgeber und Mitarbeiter des Königs eine Zwischeninstanz zwischen diesem und den Ministern wurden [2]). Neben die Kabinettsräte für auswärtige und
innere Angelegenheiten trat für militärische Angelegenheiten der vortragende Generaladjutant des Königs mit einer vergleichbaren Position, für die später die Bezeichnung Militärkabinett aufkam [3]). Die Kabinettsräte kontrollierten alle Willensakte des
Königs durch ihre ständige Einwirkung; sie konnten alle Vorschläge und Entscheidungen der Minister zu Fall bringen; in den auswärtigen, den inneren und den militärischen Angelegenheiten des Staates konnten sie aus der undurchdringlichen Verbor-
genheit ihrer Stellung eine eigene apokryphe Politik im Gegensatz zu der offiziellen
Politik der nach außen verantwortlichen Ämter treiben. Wenn die eigentlichen Machthaber in einem Staat diejenigen sind, die die „Vorzimmer" der Macht besetzt halten [4]),
so lag die Macht im nachfriderizianischen Preußen in der Hand der Kabinettsräte,
nicht in der Hand der Minister.

2. Steins Kampf gegen das Kabinettssystem

Der erbitterte Vorstoß *Steins* gegen das Kabinettssystem in der Denkschrift
über die fehlerhafte Organisation des Kabinetts vom 26./27. April 1806 kam
zu spät, als daß er vor dem Eintritt der Katastrophe noch hätte zum Erfolg
führen können. Mit Leidenschaft und Scharfsicht waren hier die Schäden des
Kabinettssystems geschildert [5]):

---

[1]) Siehe oben S. 102 ff.
[2]) Vgl. *H. Hüffer*, Die Kabinettsregierung (1891). Nach dem Staatshandbuch von
1806 gab es damals neun Kabinettsräte und Kabinettssekretäre.
[3]) Über diese Anfänge vgl. *R. Schmidt-Bückeburg*, Das Militärkabinett (1933),
S. 1 ff. Siehe ferner unten S. 229.
[4]) Vgl. *C. Schmitt*, Gespräch über die Macht und den Zugang zum Machthaber
(1954).
[5]) Darstellung der fehlerhaften Organisation des Kabinetts und der Notwendigkeit der Bildung einer Ministerialkonferenz (*Stein*, Briefe u. Amtl. Schrift; Bd. II 1
S. 206 ff.). Eine abweichende Fassung bei *Pertz*, Stein Bd. 1, S. 331 ff., eine dritte bei
Ranke, Hardenberg Bd. 5, S. 368 ff.

Der Sturz des Kabinettssystems

„Diese neue Staatsbehörde (das Kabinett) hat kein gesetzliches und öffentlich anerkanntes Dasein; sie verhandelt, beschließt, fertigt aus in der Gegenwart des Königs
und im Namen des Königs. — Sie hat alle Gewalt, die endliche Entscheidung aller
Angelegenheiten, die Besetzung aller Stellen, aber keine Verantwortlichkeit, da die
Person des Königs ihre Handlungen sanktioniert. — Den obersten Staatsbeamten
bleibt die Verantwortlichkeit der Anträge, die Ausführung, die Unterwerfung unter
die öffentliche Meinung, während dem daß die Mitglieder des Kabinetts aller Gefahr entrückt sind. Alle Einheit im Handeln unter den Ministern selbst ist aufgelöst,
da sie unnütz ist, da die Resultate aller ihrer gemeinschaftlichen Überlegungen, die
Gültigkeit ihrer gemeinschaftlichen Beschlüsse von der Zustimmung des Kabinetts
abhängt und es auf deren Erhaltung allein ankommt. Diese Abhängigkeit von Subalternen, die das Gefühl ihrer Selbständigkeit zu einem übermütigen Betragen bringt,
kränkt das Ehrgefühl der obersten Staatsbeamten, und man schämt sich einer Stelle,
deren Schatten man nur besitzt, da die Gewalt selbst das Eigentum einer untergeordneten Instanz geworden ist. Wird der Unwille des beleidigten Ehrgefühls unterdrückt, so wird mit ihm das Pflichtgefühl abgestumpft, und diese beiden kräftigen
Triebfedern der Tätigkeit der Staatsbeamten gelähmt. — Der Geist des Dienstge-
horsams verliert sich bei den Untergebenen der obersten Vorsteher der Departements,
da ihre Ohnmacht bekannt ist, und jeder, der dem Götzen des Tages nahe kommen
kann, versucht sein Heil bei ihm und vernachlässigt seine Vorgesetzten. — Der
Monarch selbst lebt in einer gänzlichen Abgeschiedenheit von seinen Ministern, er
steht mit ihnen weder in unmittelbarer Geschäftsverbindung noch in der des Um-
gangs, noch in der der besonderen Korrespondenz; eine Folge dieser Lage ist Einseitigkeit in den Eindrücken, die er erhält, in den Beschlüssen, die er faßt, und gänzliche Abhängigkeit von seinen Umgebungen. Diese Einseitigkeit in den Ansichten und
Beschlüssen ist eine notwendige Folge der gegenwärtigen Einrichtung des Kabinetts,
wo alle inneren Geschäfte nur durch einen und denselben Rat vorgetragen werden,
der mit den verwaltenden Behörden in keiner fortdauernden Verbindung steht und
dem die Geschäfte nur bei einzelnen Veranlassungen, sehr oft nur durch einzelne
Berichte des Ministers zukommen. — Man vermißt also bei der neuen Kabinettsbe-
hörde gesetzliche Verfassung, Verantwortlichkeit, genaue Verbindung mit den Verwaltungsbehörden und Teilnahme an der Ausführung".

Diese Kritik an der bestehenden Regierungsverfassung ist ein bemerkenswertes Zeugnis für den Freimut, mit dem ein im Amt stehender hoher Staatsdiener sich in der Zeit des noch herrschenden Absolutismus zu äußern wagen
konnte. Steins Denkschrift gipfelte in der Forderung, das Kabinett zu beseitigen und ein kollegiales Staatsministerium aus den fünf Ressorts des Kriegs-
wesens, des Auswärtigen, des Inneren, der Finanzen und der Justiz zu bilden.
Zwar blieb der Vorschlag zunächst wirkungslos. Aber mit noch größerer Entschiedenheit bekämpfte Stein das Kabinettssystem nach dem Ausbruch des
Krieges von 1806.

In seinen Bemerkungen zu Altensteins Reformdenkschrift von 1806 [1]) stellte Stein
fest, es existiere kein Staat, wo das Staatsoberhaupt nicht in unmittelbarer Verbin-
dung mit den Leitern der Hauptverwaltungszweige stehe, sondern das Kabinett alle
Gewalt, aber keine Verantwortung innehabe; an die Stelle dieses Systems mit seiner
„Influenz der Hintertüre" müsse ein modernes Regierungssystem treten [2]). Als der
König nach den schweren Niederlagen im November 1806 Stein das Ministerium des
Auswärtigen anbot, forderte dieser erneut, daß das Kabinettssystem beseitigt und ein
Ministerconseil errichtet werde [3]). In einer Denkschrift verteidigte *Beyme*, der be-

---

[1]) Text der Denkschrift bei *Winter*, Reorganisation Bd. 1 S. 62 ff.
[2]) Bemerkungen Steins vom 6. Oktober 1806 *(Stein* aaO Bd. II 1 S. 287 f.).
[3]) Immediatschreiben Steins an den König vom 3. Dezember 1806 (ebenda
S. 306 ff.).

deutendste der Kabinettsräte, die überlieferte „Regierung aus dem Kabinett"; er schlug vor, neben einem reformierten Ministerium aus drei Ministern das Kabinettssystem fortdauern zu lassen [1]). Stein wies diesen Gegenvorschlag zurück; gemeinsam mit Hardenberg forderte er ein dreigliedriges „Kabinetts-Ministerium" (Auswärtiges, Inneres, Krieg); jede Nebenbehörde lehnte er ab [2]). Der König nahm nur den ersten Teil des Vorschlags (Bildung des dreigliedrigen Ministeriums) an, hielt aber an der überlieferten Stellung des Kabinetts fest [3]). Stein lehnte darauf den Eintritt in das neue Ministerium ab; er sei nicht bereit, „in Verhältnisse zu treten, die in sich selbst schon die Prinzipien der Auflösung und Zerstörung tragen" [4]). Gereizt erklärte der König seinem frondierenden Minister, daß er ihn für einen „widerspenstigen, trotzigen, hartnäckigen und ungehorsamen Staatsdiener" ansehe, „der, auf sein Genie und seine Talente pochend, weit entfernt das Beste des Staats vor Augen zu haben nur durch Capricen geleitet aus Leidenschaft und aus persönlichem Haß und Erbitterung" handele [5]). So kam es über der Frage des Kabinettssystems zu dem Konflikt, der am 4. Januar 1807 die erste Entlassung Steins zur Folge hatte [6]). Umso entschiedener betonte Steins *Nassauer Denkschrift* (Juni 1807 [7]) die „Notwendigkeit der Aufhebung des Kabinetts".

3. Die Aufhebung des Kabinetts

Aber auch nach dem Tilsiter Frieden bestand das Kabinett des Königs zunächst fort; unter den Kabinettsräten bewahrte *Beyme* seine einflußreiche Stellung. Die Ministerialinstanzen dagegen wurden sofort umgebildet. Erst geraume Zeit nach seiner Rückkehr ins Amt erreichte Stein im Sommer 1808, daß der König die Aufhebung des Kabinetts verfügte und die Ministerialinstanzen als einzige Zentralbehörden anerkannte.

Unmittelbar nach Tilsit ergab sich in dem verkleinerten Staat folgender *Aufbau der Ministerialbehörden:* Die provisorische Leitung der inneren Verwaltung ging an die *Combinierte Immediat-Commission* über (Vorsitzender *Klewitz*, Mitglieder *Altenstein, Schön, Stägemann, Niebuhr*). Hauptbehörde der Verwaltung war in dem verkleinerten Staat das *Preußische Provinzial-Ministerium* unter dem „Minister" F. L. von Schroetter [8]). Für die Justizangelegenheiten war das *interimistische Justizministerium* unter dem „Kanzler" K. W. von Schroetter zuständig [9]). Als neue Behörde trat die *Friedensvollziehungskommission* unter Sack hinzu. Als Stein im Oktober 1807 ins Amt zurückkehrte, wurde er mit der obersten Leitung aller Zivil-Angelegenheiten betraut. Die vier erwähnten Hauptbehörden des Staates wurden ihm unterstellt. Zu den Konferenzen des *Auswärtigen Departements* unter dem Außenminister Graf Goltz [10])

---

[1]) Denkschrift Beymes vom 10. Dezember 1806 (ebenda S. 311 ff.).
[2]) Immediat-Eingabe von Stein, Hardenberg und Rüchel vom 14. Dezember 1806 (ebenda S. 317 ff.).
[3]) Erlaß des Königs vom 19. Dezember 1806 (ebenda S. 322 f.).
[4]) Denkschrift Steins vom 20. Dezember 1806 (ebenda S. 324 f.).
[5]) Friedrich Wilhelm III. an Stein am 3. Januar 1807 (ebenda S. 328 ff.).
[6]) Entlassungsgesuch Steins vom 3. Januar 1807 (ebenda S. 322); Kabinettsordre an Stein vom 4. Januar 1807 (ebenda S. 333).
[7]) Text ebenda S. 380 ff.
[8]) Siehe oben S. 127 f.
[9]) Siehe oben S. 128.
[10]) *August Friedrich Ferdinand Graf von der Goltz* (1765—1832) war 1807—14 preußischer Außenminister, 1816—24 preußischer Gesandter am Bundestag in Frankfurt.

wurde er mit Sitz und Stimme zugezogen [1]), wodurch er auch in diesem Bereich maßgebenden Einfluß erlangte. Mit den Mitgliedern der obersten Militärbehörde, der
Militärreorganisations-Commission [2]), stand er in engem Einvernehmen. Obwohl nicht
formell Regierungschef, war Stein doch effektiver Leiter dieser interimistischen Staatsregierung.

Steins unablässiges Streben war darauf gerichtet, an die Stelle dieses Provisoriums
eine *Regierungsverfassung* mit reinen Fachressorts und kollegialer Leitung zu setzen
und das Kabinett dabei vollständig zu beseitigen. Der *große Organisationsplan*, den
er dem König vorlegte [3]), schlug die Bildung eines *Obersten Staatsrats* sowie einer
diesem unterstellten, nach dem Real- statt nach dem Provinzialsystem aufgebauten
Ministerregierung vor. Ihre Mitglieder sollten ein unmittelbares Vortragsrecht beim
König haben und eine entsprechende Verantwortlichkeit übernehmen. *Das Immediat-
Vortragsrecht der Minister, das ihnen den unmittelbaren Zugang zum Monarchen
sichern sollte, schloß den Fortbestand des Kabinettssystems aus.* Obwohl Beyme die
Position des Kabinetts weiterhin verteidigte, setzte Stein es im Sommer 1808 durch,
daß der König sich von dem Kabinettssystem trennte, noch bevor die Entscheidung
über die endgültige Regierungsverfassung gefallen war. Beyme schied aus seiner Stellung als Kabinettsrat aus.

4. Die Errichtung der Ministerialregierung

Bald nach der Aufhebung des Kabinetts wurde die Zentralverwaltung neugeordnet; die wesentlichen Forderungen Steins wurden dabei erfüllt. Am Tag
seiner zweiten Entlassung erging das von ihm vorbereitete *Organisationsedikt
vom 24. November 1808, das die Grundlagen der neuen Regierungsverfassung*
schuf. Allerdings schränkte das Publikandum vom 16. Dezember 1808, mit
dem das Organisationsedikt in Kraft gesetzt wurde, den Plan Steins in einem
entscheidenden Punkt ein, indem die inzwischen ernannte Regierung Dohna-
Altenstein die Errichtung des Staatsrats suspendierte [4]). Nach Hardenbergs
Amtsantritt wurde die Neuordnung einer Revision unterzogen [5]); der Staatsrat
blieb suspendiert; erst 1817 wurde er errichtet. Den Sinn der neuen Regierungsverfassung umschrieb das Organisationsedikt von 1808 so:

„Der Hauptzweck bei der neuen Verfassung ist, der Geschäftsverwaltung die größt-
mögliche Einheit, Kraft und Regsamkeit zu geben, sie in einem obersten Punkt zusammenzufassen und alle Kräfte der Nation und des Einzelnen auf die zweckmäßigste
und die einfachste Art für solche in Anspruch zu nehmen. Die Regierungs-Verwaltung
geht zu dem Ende künftig von *einem,* dem Oberhaupt des Staates *unmittelbar untergeordneten* obersten Punkt aus.
Das Ganze wird von solchem aus nicht bloß übersehen, sondern auch zugleich kräftig auf die Administration unmittelbar eingewirkt. Eine möglichst kleine Zahl oberster
Staatsdiener steht an der Spitze einfacher, natürlich nach Haupt-Verwaltungs-Zweigen
abgeteilter Behörden; im genauesten Zusammenhang mit dem Regenten leiten sie die
Geschäftszweige nach dessen unmittelbar ihnen erteilten Befehlen, selbständig und

---

[1]) Kabinettsordre an Stein vom 4. Oktober 1807 *(Stein.* aaO Bd. II 2 S. 449).
[2]) Siehe unten S. 226.
[3]) Immediatbericht Steins vom 23. November 1807 (aaO S. 500 ff.).
[4]) Publikandum, die veränderte Verfassung der obersten Verwaltungsbehörden der
Preußischen Monarchie betreffend, vom 16. Dezember 1808 (GS S. 361).
[5]) Verordnung über die veränderte Verfassung aller obersten Staatsbehörden vom
27. Oktober 1810 (GS 1811 S. 3).

selbsttätig mit voller Verantwortlichkeit und wirken so auf die Administration der untern, in gleicher Art gebildeten Behörden ein."

Diese Neuordnung war nicht nur ein Markstein der Verwaltungsgeschichte; sie war auch ein epochaler Verfassungsakt. Aufbau und innere Ordnung der Zentralregierung eines Staates sind ein Kernstück der Staatsverfassung. Auf der Grundlage des Organisationsedikts von 1808 entstand in Preußen ein Ministerium modernen Stils, d. h. eine selbständige und verantwortlich unter dem Staatsoberhaupt stehende, allein zuständige und nicht durch Nebenbehörden gehemmte Zentralbehörde, wie sie für den rational aufgebauten Verwaltungsstaat wie für den gegen Willkür gesicherten Rechtsstaat gleich unentbehrlich ist. Das verfassungspolitische Ziel dieser Regierungsreform war die Konzentration der nationalen Kräfte durch Einheit der Staatsleitung; daher wurde die Zentralbehörde aus wenigen, fachlich gegliederten Ämtern gebildet; die Leiter der Ämter erhielten ihre Weisungen unmittelbar vom König; sie leiteten im Rahmen dieser Weisungen ihr Ressort selbständig, selbsttätig und unter voller Verantwortlichkeit[1]).

Zu den wesentlichen Rechten der Minister gehörte von nun an der regelmäßige Vortrag beim König und die Kontrasignatur der königlichen Entschließungen. Mit dem *Vortragsrecht* erlangten die Minister die unmittelbare Beziehung zum Staatsoberhaupt, die ihnen bis dahin durch die Kabinettsräte abgeschnitten war. Daß sie alle ein gleiches unmittelbares Vortragsrecht erhielten, sicherte ihre Gleichordnung. Das *Kanzler-System* mit einem autoritär leitenden Regierungschef (Staatskanzler) lehnte Stein ab; es bestand nur vorübergehend unter Hardenberg (1810–22), wurde dann aber für Preußen auf die Dauer durch das *Kollegialsystem* abgelöst. Die durch das Vortragsrecht verbürgte *Immediatstellung* der Minister war verfassungsrechtlich von noch höherer Bedeutung als die neue Ressorteinteilung nach dem Real- statt nach dem Provinzialsystem. Zugleich dokumentierte die für königliche Erlasse eingeführte *ministerielle Gegenzeichnung* die staatsrechtlich-politische Verantwortlichkeit, die den Ressortchefs als den Ratgebern der Krone nun zukam[2]). Lange bevor es eine parlamentarische Ministerverantwortlichkeit gab, entwickelte sich so eine besondere *ministerielle Verantwortlichkeit*, die die obersten Leiter der Staatsgeschäfte nicht nur als eine Verantwortung gegenüber dem Monarchen, also innerhalb der Hierarchie des Staatsdienstes, sondern als eine Verantwortung gegenüber dem Staat als solchem, gegenüber der Nation und vor der Geschichte empfanden. Zu den durch die neue Ministerverantwortlichkeit erweiterten Amtspflichten jedes Ministers gehörte die Pflicht zur unabhängigen Urteilsbildung und zum Widerspruch gegenüber dem Mo-

---

[1]) Im Lauf des 19. Jahrh. ist diese Lösung durch bedenkliche Rückfälle in das System der Kabinetts- und sonstigen Nebenregierungen beeinträchtigt worden, wie später noch darzustellen sein wird. Dazu unten S. 229 f., Bd. II S. 482 f., Bd. III S. 68 ff., 816.

[2]) Die ministerielle Gegenzeichnung erstreckte sich auf die vom König erlassenen Gesetze, Verordnungen, Deklarationen, Instruktionen, Regulative und Statuten. Dagegen war die Gegenzeichnung nach der Natur der Sache ausgeschlossen bei den königlichen Kabinettsordres, da diese an den zuständigen Minister gerichtete Allerhöchste Befehle waren.

narchen, wo dessen Meinungen oder Absichten dem Minister mit dem Staatswohl, den sachlichen Notwendigkeiten oder dem Recht nicht vereinbar erschienen [1]).

II. Das preußische Staatsministerium

1. Das Ministerium Stein

Schon Steins Organisationsedikt von 1808 sah für die Fachaufgaben der
Staatsleitung die Errichtung von *fünf Ministerien* vor. Dieser Aufbau war
bereits in der Regierung Steins 1808 im Prinzip verwirklicht. Die Immediat-
Kommission war aufgehoben worden; ihre Funktionen waren an das von Stein
unmittelbar geleitete *General-, Finanz- und Polizei-Departement* übergegangen. Neben diesem standen für die innere Verwaltung das *Provinzial-Departement* (Minister Schroetter), für die Justizangelegenheiten das *Justiz-Departement* (Kanzler Schroetter), für die auswärtigen Angelegenheiten das *Auswärtige Departement* (v. d. Goltz), schließlich die *Militär-Kommission* (Scharnhorst). Die Regierungsverfassung mit den fünf „klassischen" Ministerien war
in diesem Provisorium vorweggenommen.

Diese fünf Ministerien sollten nach Steins Plan im Rahmen des Staatsrats zu einem
„Kabinett" zusammengefaßt werden. Mit dem alten Kabinettssystem hatte dieses neue
„Kabinett" (= Gesamtministerium) nicht mehr als den Namen gemein. Steins Absicht, die Minister untereinander zu einem *Kollegium* zu verbinden, blieb während
seiner kurzen Amtszeit jedoch unausgeführt.

2. Das Ministerium Dohna-Altenstein

In der nach Steins Sturz gebildeten Regierung übernahm *Graf Dohna* das
aus dem Provinzial-Departement entwickelte Innenministerium. *Altenstein*
erhielt das an Stelle des Finanz-Departements geschaffene Finanzministerium;
Graf Goltz behielt das Außenministerium; Beyme wurde unter dem alten
Titel „Großkanzler" mit dem Justizministerium betraut; Scharnhorst wurde,
ohne formell den Rang eines Kriegsministers zu bekleiden, zum Leiter des
neugeschaffenen Kriegsministeriums und zugleich zum Chef des in diesem
gebildeten Allgemeinen Kriegsdepartements bestellt. Einen Premier-Minister,
wie Altenstein ihn vordem gefordert hatte, gab es nicht. Die Minister waren
einander vielmehr gleichgestellt.

Eine wirkliche innere Einheit bildete sich in dem neuen Staatsministerium zunächst
nicht. Regelmäßige Kabinettssitzungen fanden nicht statt; eine gemeinsame politische
Linie war unter den Ministern nicht vereinbart; keiner von ihnen war zuständig, die
„Richtlinien der Politik" zu bestimmen. So war man von der Einheit der Staatsleitung,

[1]) Darüber, daß nach Hardenbergs Tod zeitweise auch der Präsident des Staatsrats das Gegenzeichnungsrecht ausübte, siehe oben S. 139. In Einzelfällen trugen die
vom König erlassenen Gesetze auch die Kontrasignatur des Kronprinzen.

die Stein erstrebt hatte, noch weit entfernt. Doch lag für die Staatsverwaltung ein außerordentlicher Fortschritt darin, daß die Zuständigkeiten der nun auch formell geschaffenen *fünf klassischen Ministerien* (Äußeres, Inneres, Finanzen, Justiz und Krieg) durch eine genaue Ressortordnung abgegrenzt wurden. Die Ministerien wurden in Departements untergeteilt, die entweder dem Minister direkt unterstanden oder von einem Sektionschef geleitet wurden. So war das Innenministerium in die Departements der allgemeinen Polizei, der Gewerbepolizei, des Kultus und Unterrichts und der allgemeinen Gesetzgebung gegliedert. Der bedeutende Umfang der klassischen Ministerien bot den Ansatz für die spätere Verselbständigung einzelner Departements zu neuen Ministerien, wie sie schon unter Hardenberg einsetzte. Die „klassische" Fünfzahl galt in Preußen nur ganz kurze Zeit (1808—1813) [1].

3. Das Ministerium Hardenberg

Für die Zusammenfassung der Ministerien zu einer Einheit gab es den Weg der kollegialen oder der bürokratischen Gesamtwillensbildung. Während *Stein* für die kollegiale Staatsleitung eintrat, ging *Hardenberg*, als er 1810 ins Amt berufen wurde, entschieden den Weg der bürokratischen Hierarchie. Er erreichte, daß er zum *Staatskanzler* ernannt und als solcher zum Vorsitzenden des Gesamtministeriums bestellt wurde. Er wurde mehr als ein „Premier-Minister", der nur als primus inter pares gilt; er wurde der „Chef der Regierung", der die übrigen Minister als sich nachgeordnet betrachtete und behandelte. Das *Kanzlersystem* wurde durch ihn in das deutsche Staatsrecht eingeführt. In allen Fragen der Gesamtpolitik sowie in allen interministeriellen Angelegenheiten fällte der Staatskanzler die Entscheidung. Die einzelnen Ministerien waren seiner Oberaufsicht unterstellt.

Zwei Ministerien, das des Innern und das der Finanzen, übernahm Hardenberg 1810 unmittelbar. Aber auch die Auswärtigen Angelegenheiten leitete er maßgebend; er übernahm zwar *Goltz* als Minister, beseitigte aber den selbständigen Kopf des Ministeriums, den ehrgeizigen Legationsrat Nagler [2]), um jeden Widerstand gegen den eigenen Einfluß auszuschalten. Im Justizministerium ersetzte Hardenberg den Groß-kanzler Beyme, obwohl der König an diesem bedeutenden und unabhängigen Ratgeber festzuhalten suchte, durch *Kircheisen*, von dem keine Opposition zu fürchten war. Die überlieferte Bezeichnung „Großkanzler" für den Justizminister wurde abgeschafft, damit sie den Glanz der neugeschaffenen Würde des „Staatskanzlers" nicht mindere. Nur das Kriegsministerium, dessen Leitung weiter bei *Scharnhorst* blieb, erhielt sich gegenüber dem Staatskanzler seine Unabhängigkeit. Durch mannigfache Krisen hindurch wußte Hardenberg sich in dieser führenden Position zu behaupten. Es gelang ihm, die übrigen Minister mehr und mehr zu *mediatisieren*, d. h. ihre Immediatstellung gegenüber dem König einzuschränken. Er wurde faktisch zum Dienstvorgesetzten seiner Kollegen und leitete damit den später als „Staatssekretarisierung" der Minister bezeichneten Prozeß ein. Der Staatskanzler allein hatte nun ein *ständiges Vortragsrecht* beim König. Die Berichte der übrigen Minister gingen durch seine Hand an den Monarchen; wurden einzelne Mitglieder zum Vortrag beim König befohlen, so hatte der Staatskanzler das Recht, anwesend zu sein. Nur der Kriegsminister hatte auch hier eine Ausnahmestellung, da der Monarch als Oberster Kriegsherr sich den regelmäßigen Militärvortrag des Ressortministers vorbehielt, womit er sich selbst den unmittelbaren Einfluß in allen Militärangelegenheiten, zugleich aber dem Kriegsminister eine starke Unabhängigkeit gegenüber dem Staatskanzler sicherte.

---

[1]) Siehe die Übersicht unten S. 160 f.
[2]) Siehe oben S. 143.

Schon 1813/14 kam es zur *ersten Umbildung des Ministeriums Hardenberg*. Dieser übernahm das Auswärtige, gab dafür aber die Finanzen an *Bülow*, das Innere an *Schuckmann* ab. Das Kriegsministerium übernahm *Boyen* als Scharnhorsts Nachfolger; er war als Erster nicht nur mit der Führung der Geschäfte beauftragt, sondern auch dem Rang nach Kriegsminister[1]). Das Justizministerium blieb in *Kircheisens* Hand. Neugebildet wurde (unter Abspaltung vom Innenministerium) das Polizeiministerium unter der Leitung des *Fürsten Wittgenstein*, so daß die Regierung nun außer dem Amt des Staatskanzlers sechs Fachministerien umfaßte.

1817 kam es zur *zweiten Umbildung des Ministeriums Hardenberg*. Der Staatskanzler übernahm zum Auswärtigen auch die Leitung des neuerrichteten Ministeriums für den Staatsschatz und die Generalkontrolle (Schatzministerium). Aus dem Finanzministerium, das *Klewitz* erhielt, wurde das Handelsministerium unter *Bülow* ausgegliedert. Von dem Justizministerium unter *Kircheisen* wurde das Gesetzgebungsministerium abgesondert; als sein Leiter trat *Beyme* erneut in die Regierung ein. Aus dem Innenministerium Schuckmanns wurde das Kultusministerium herausgelöst; es wurde dem gleichfalls zurückberufenen *Altenstein* anvertraut. Das Polizeiministerium (*Wittgenstein*) und das Kriegsministerium (*Boyen*) blieben unverändert. Damit waren zehn Ressortministerien entstanden.

Bei der *dritten Umbildung* 1818 beschränkte Hardenberg sich auf das Staatskanzleramt. Außenminister wurde *Graf Bernstorff*, Schatzminister *Graf Lottum*. 1819 wurde das Polizeiministerium aufgehoben und sein Aufgabenkreis auf das Innenministerium zurückübertragen. *Wittgenstein* erhielt dafür das neuerrichtete „Ministerium des Königlichen Hauses". Neugeschaffen wurde auch das Ministerium für ständische und Kommunalangelegenheiten, an dessen Spitze *Wilhelm v. Humboldt* trat.

Die *preußische Regierungskrise* von 1819 entstand nicht nur aus der persönlichen Rivalität zwischen Hardenberg und Humboldt, sondern zugleich aus einer Reihe von sachlichen Gegensätzen, die vor allem die Frage der kollegialen oder bürokratischen Regierungsverfassung betrafen. Während Hardenberg seit 1810 das *Kanzlersystem* entwickelt hatte, verfocht Humboldt, wie schon in den Jahren 1809/10, entschieden das *Kollegialsystem*. Alsbald nachdem Humboldt in das Ministerium berufen worden war, kam es über dieser Frage zum schweren Streit. Humboldt ging davon aus, daß zur Kompetenz seines Ministeriums „für ständische Angelegenheiten" vor allem der Abschluß der Staatsreform durch Erlaß einer Repräsentativverfassung für den Gesamtstaat gehöre, daß er also der „Verfassungsminister" schlechthin sei. Hardenberg aber war nicht bereit, diese Aufgabe, die er als Vorrecht des Regierungschefs ansah, aus der Hand zu geben (unten S. 309). Nach einem heftigen Schriftwechsel zwischen den Gegnern entschied der König sich für den Staatskanzler; in seinem Schreiben vom 27. Februar 1819 erklärte Humboldt seine Unterwerfung unter die königliche Weisung. Nachdem er die Sonderaufgaben, die ihn noch ein halbes Jahr in Frankfurt festhielten (unten S. 580), endlich abgeschlossen hatte, ging Humboldt jedoch zu scharfem Angriff auf den Staatskanzler über. Eine gemeinsame

---

[1]) *Hermann v. Boyen* (1771–1848), preuß. Offizier; 1806 bei Auerstedt schwer verwundet; 1808 als Major unter *Scharnhorst* Direktor im Kriegsdepartement; 1812 als Oberstleutnant verabschiedet; in St. Petersburg an der Herstellung des preußisch-russischen Bündnisses beteiligt; 1813/14 im preußischen Generalstab tätig; am 3. Juni 1814 als Generalmajor zum preußischen Kriegsminister ernannt; Urheber des preußischen Wehrgesetzes von 1814 und der Landwehrordnung von 1815; Ende 1819 verabschiedet. Erneut Kriegsminister von 1841–1847. Bei seinem Abgang Generalfeldmarschall. Siehe auch unten S. 227 ff.

Eingabe der Minister an den König, die Humboldt inspiriert hatte, wandte sich heftig gegen die Vorrangstellung des Staatskanzlers, die jede wirkliche Leitung der Geschäfte durch das Gesamtministerium ausschließe. Mit gleicher Entschiedenheit wehrte Hardenberg diesen Angriff auf seine Amtsstellung ab. Vor allem forderte er auch fernerhin für sich das *alleinige Vortragsrecht*; die Minister sollten ihre für den König bestimmten Berichte dem Kanzler einsenden. So wurde die Frage des unmittelbaren Zugangs zum Staatsoberhaupt, das *Immediatrecht der Minister*, zum Kern der Regierungskrise, nicht anders als sieben Jahrzehnte später bei der Ministerkrise, die zu Bismarcks Entlassung führte[1]. Anders als 1890 sein Urenkel entschied der König sich 1819 für die Vorrechte des Regierungschefs. Den Ministern räumte er lediglich die allerdings nicht unbedeutende Befugnis ein, ihre schriftlichen Berichte unmittelbar bei ihm einzureichen; dem Staatskanzler aber reservierte er das Recht, über diese Berichte der Minister Vortrag beim Monarchen zu halten, wenn ihm dies nötig erscheine. Der Staatskanzler bewahrte sich damit den entscheidenden Einfluß des unmittelbaren und letzten Worts. Zum zweiten Mal war Humboldt damit seinem Gegner unterlegen.

Die dritte und entscheidende Niederlage aber erlitt er, als er versuchte, das Gesamtministerium gegen die *Karlsbader Beschlüsse* zu mobilisieren (unten S. 736). Humboldts Antrag, die Geltung der Karlsbader Beschlüsse auf zwei Jahre zu beschränken, traten nur Beyme und Boyen bei; die Mehrheit deckte die Politik des Staatskanzlers und des Außenministers Graf Bernstorff. Konflikte, die Beymes und Boyens Ressorts betrafen, steigerten den Zwiespalt im Ministerium zum offenen Zerwürfnis. Boyen bat um seine Entlassung; der Chef des Generalstabs Grolman schloß sich ihm an (Dezember 1819). Hardenberg nahm dies zum Anlaß, die Entfernung der drei opponierenden Minister aus der Regierung zu fordern; er bezichtigte sie, sie hätten durch ihren Widerstand gegen die Karlsbader Beschlüsse gemeinsame Sache mit den Revolutionären gemacht. Der König, des Haders in seinem Ministerium müde und durch den Verdacht eines revolutionären Komplotts beunruhigt, willigte am 31. Dezember 1819 in die Entlassung der Minister Boyen, Beyme und Humboldt sowie des Generalstabchefs Grolman ein. So endete die Krise mit einem vollen Sieg des autokratischen Kanzlers.

Der Sturz der von Humboldt geführten Ministergruppe war die *entscheidende Niederlage der preußischen Reformpartei*. Von ihren Häuptern waren Stein und Gneisenau schon längst aus dem Staatsdienst ausgeschaltet; sie waren als verkappte Jakobiner verdächtig. Mit Boyen und Grolman schieden die letzten führenden Reformer aus der Leitung des Kriegsministeriums und des Generalstabs aus; mit Humboldt aber verlor die Partei der Verfassungsreform ihren letzten entschiedenen Vorkämpfer im Ministerium. Es war kein Zufall, daß der Sturz der Reformer in Preußen eng mit den Karlsbader Beschlüssen verbunden war; wie in der deutschen Bundespolitik so siegte nun auch in Preußen die Reaktion. Gewiß war Hardenberg kein Rektionär, auch nicht in diesen letzten Jahren seiner Regierungs- und Lebenszeit. Sein Streben war, sich zunächst der „liberalen" Opposition in seinem Ministerium zu erwehren, um dann den

---

[1]) Siehe Bd. IV S. 231 ff.

reaktionären Widerstand gegen seine Verfassungspläne zu überwinden. Aber sein Sieg über Humboldt war ein Pyrrhus-Sieg; denn um so stärker wuchs nun die reaktionäre Opposition an. Die diktatorische Stellung des Staatskanzlers ging nach diesem Scheinerfolg von 1819 mehr und mehr verloren.

Die Folge der Krise von 1819 war die *vierte Umbildung des Ministeriums Hardenberg*. Humboldts Ministerium für „ständische Angelegenheiten" wurde ebenso wie Beymes Ministerium für Gesetzgebung aufgehoben. Kriegsminister an Boyens Stelle wurde der General *v. Hake*[1]). Von den engeren Mitarbeitern Hardenbergs übernahmen *Ladenberg*[2]) die Leitung der „Generalkontrolle", *Friese*[3]) das Präsidium der Staatsbank („Preußische Bank"), *Rother*[4]) die Leitung der 1820 geschaffenen „Hauptverwaltung des Staatsschuldenwesens" und das Präsidium der „Seehandlung". Ein Zeichen für den verschärften reaktionären Kurs war es, daß *Nagler*[5]) 1821 als Chef des Postwesens (seit 1823 im Rang des „Generalpostmeisters") in den Staatsdienst zurückkehrte. Schließlich wurde nach weiteren fruchtlosen Kämpfen um die Fortsetzung der Verfassungsreform im September 1822 der feudal-reaktionäre ehemalige Minister *von Voss-Buch* zum Vizepräsidenten des Staatsministeriums bestellt. Das nahende Ende der Macht des Staatskanzlers drückte sich darin offen aus.

4. Das Ministerium Graf Lottum

Als Hardenberg wenig später, am 26. November 1822, starb, wurde *Voss-Buch* zu seinem Nachfolger ausersehen[6]). Da auch er noch vor der Ernennung ebenso wie der nun zur Nachfolge bestimmte Feldmarschall *Kleist von Nollendorf* starb[7]), entschloß der König sich, das Amt des Staatskanzlers nicht zu erneuern. *Graf Lottum*[8]) wurde 1823 statt dessen als „Kabinettsminister" zum regelmäßigen Vortrag beim König berufen. Aber er wurde nicht „Staatskanzler" und gewann der Sache nach keinen Vorrang vor seinen Kollegen. Vielmehr erhielt das Gesamtministerium statt der Kanzlerverfassung eine rein kollegiale Verfassung. Erst 1848 entstand das Amt des Ministerpräsidenten; doch erlangte auch dieser nicht die Vorangstellung des Staatskanzlers, sondern nur als „primus inter pares" den Vorsitz in dem kollegial organisierten Staatsministerium. Diese kollegiale Regierungsverfassung blieb in Preußen bis 1918 bestehen, also auch nachdem im Reich das Kanzlerprinzip in die Verfassung von 1871 aufgenommen worden war[9]).

Graf Lottum behielt die Stellung des Kabinettsministers bis 1841, also bis nach dem Regierungswechsel von 1840, der die Epoche Friedrich Wilhelms III. beendete. Als Kanzleichef stand ihm *Stägemann* (bis 1840) zur Seite. Das von Lottum bis 1823 bekleidete Schatzamt fiel an das Finanzministerium zurück. Das Handelsministerium wurde 1825 unter Aufteilung seiner Zuständigkeiten an das Innen- und das Finanz-

---

[1]) Siehe Bd. II S. 24.   [2]) Ebenda S. 25.
[3]) Oben S. 131.   [4]) Oben S. 134.   [5]) Oben S. 143.
[6]) *v. Voss-Buch* (oben S. 141) war seit September 1822 nicht nur Vizepräsident des Staatsministeriums, sondern auch Vizepräsident des Staatsrats (Kabinettsordre vom 18. September 1822; vgl. *H. Schneider*, Der preußische Staatsrat S. 59); er wurde nach Hardenbergs Tod an dessen Stelle zum Präsidenten des Staatsrats ernannt (Kabinettsordre, datiert Neapel, den 2. Dezember 1822, GS 1823 S. 1). Voss-Buch starb am 31. Januar 1823, so daß es zu seiner Ernennung zum Staatskanzler nicht mehr kam.
[7]) *Friedrich Graf Kleist von Nollendorf*, geb. 1762, Sieger der Schlacht bei Kulm und Nollendorf (29./30. August 1813), starb am 17. Februar 1823.
[8]) Siehe oben S. 140.   [9]) Siehe Bd. III S. 822 f., 828 f.

ministerium aufgehoben. Es gab seitdem, neben dem Kabinettsministerium, noch sieben Hauptressorts: die Ministerien des Auswärtigen, des Innern, der Finanzen, des Kultus, der Justiz, des Kriegs und des Königlichen Hauses, daneben als selbständige Zentralbehörden die Generalkontrolle mit der Oberrechnungskammer, sowie die Ämter des Generalpostmeisters und der Präsidenten der Staatsbank, der Seehandlung und der Staatsschuldenverwaltung. Erst in den dreißiger Jahren wurde das Ministerium für Gesetzrevision vom Justizministerium abgespalten (1832); ferner bestand vorübergehend als Zentralbehörde der Handels- und Gewerbeverwaltung das „Handelsamt" (1835—37). Schließlich wurde die Domänen- und Forstverwaltung vom Finanzministerium getrennt und als selbständige Abteilung dem Hausminister unterstellt (1834); der Sache nach war sie ein eigenes Ministerium, seit ihr Leiter (Ladenberg) den Rang eines Staatsministers erhielt. Über die personalen Veränderungen, die sich im Ministerium Graf Lottum in den 18 Jahren seines Bestehens vollzogen, unterrichtet die nachfolgende Übersicht [1]).

III. Der preußische Staatsrat

1. Steins Staatsratsplan

Nach dem Organisationsedikt von 1808 sollte, wie schon erwähnt, zur „obersten Leitung sämtlicher Regierungsgeschäfte" ein Staatsrat errichtet werden. Er sollte zuständig sein für die gesamte Gesetzgebung, für die Anordnung sämtlicher Verwaltungsgrundsätze sowie für die oberste Leitung und Kontrolle der Verwaltung einschließlich der Finanzaufsicht. Vorbehaltlich der Rechte des Königs sollte der Staatsrat somit das oberste Gesetzgebungs-, Regierungs- und Verwaltungsorgan sein. Das Staatsministerium und die einzelnen Ressortminister wären nach diesem Plan Vollzugsorgane für die Beschlüsse des Staatsrats geworden.

Die Beratungen des Staatsrats sollten unter dem Vorsitz des Königs oder eines von diesem bestellten Vertreters stehen. Die Beschlüsse sollten kollegialisch nach Mehrheit gefaßt werden. War der König anwesend, so sollte ihm die letzte Entscheidung zukommen. War er abwesend, was als die Regel gelten durfte, so sollten ihm nur diejenigen Beschlüsse zur Bestätigung („Sanktion") vorgelegt werden, für die dies ausdrücklich vorbehalten war. In allen anderen Fällen sollten die Beschlüsse des Staatsrats sofort rechtswirksam sein. Das überlieferte System „königlicher Selbstregierung" wäre mit der Verwirklichung dieses Plans rechtlich und mehr noch tatsächlich durch die Kollegialregierung des Staatsrats verdrängt worden. Zugleich aber wäre die Macht der hohen Bürokratie eingeschränkt worden, da die Ministerialbürokratie nicht allein, sondern nur in Verbindung mit den übrigen Mitgliedern des Staatsrats die obersten Regierungsfunktionen hätte ausüben können.

Die Zusammensetzung des Staatsrats war in dem Organisationsedikt von 1808 folgendermaßen geplant: Er sollte bestehen 1) aus den Prinzen des königlichen Hauses; 2) aus den fünf Ministern des Auswärtigen, des Innern, der Finanzen, der Justiz und des Krieges; 3) aus einer Reihe von Geheimen Staatsräten. Zu diesen sollten gehören a) eine Anzahl von erfahrenen und verdienten Persönlichkeiten des öffentlichen Lebens, die kein Staatsamt bekleideten, sondern auf Grund des königlichen Vertrauens in den Staatsrat berufen wurden; b) die wichtigsten Sektionschefs der Ministerien, und zwar die Leiter der drei Departements des Innen- und der beiden Departements des Finanzministeriums, die Chefs der Ersten und der Zweiten Abteilung des Kriegsministeriums, sowie ein Geheimer Legationsrat des Außen- und ein Geheimer Justizrat des Justiz-

---

[1]) Siehe unten S. 160 f.

ministeriums. Ein *Geheimer Staats- und Kabinettssekretär* sollte als geschäftsführendes Organ des Staatsrats fungieren; ein Stimmrecht im Staatsrat sollte er nicht besitzen. Der Staatsrat war damit von vornherein als relativ großes Gremium gedacht. Das bürokratische Element (die fünf Minister und die neun Sektionschefs der Ministerien) wäre in ihm in der Minderheit gewesen. Das Hauptproblem lag naturgemäß in dem prekären Verhältnis, das im Staatsrat zwischen den Ministern und ihren Sektionschefs entstehen mußte. Während die Minister ihren Sektionschefs in der Ressortverwaltung dienstlich übergeordnet waren, wären Minister und Sektionschefs im Staatsrat gleichgeordnet gewesen. Die Sektionschefs hätten sich im Staatsrat gegen ihre eigenen Minister wenden und zu deren Majorisierung beitragen können. Das lag auch durchaus in den Intentionen Steins, der darauf vertraute, daß die Sektionschefs als jüngere, der Reformpartei zugehörige Kräfte eine treue Gefolgschaft für ihn bilden würden, so daß er mit ihrer Hilfe etwaige retardierende Neigungen der älteren Minister im Staatsrat würde überwinden können. Gestützt auf ihre Position im Staatsrat, hätten die Sektionschefs auch in ihrer Ressortarbeit tatsächlich eine erhebliche Unabhängigkeit gegenüber dem eigenen Ressortminister erlangt. Die selbständige Initiative und Verantwortlichkeit der nachgeordneten Abteilungschefs wäre damit geweckt worden. Aber dieses System hätte die strenge Hierarchie des Ministerialaufbaus durchbrochen. Gerade weil es Stein gelungen war, bei der Reorganisation der preußischen Zentralverwaltung nach Tilsit eine große Zahl von ideenreichen und eigenwilligen Beamten in die Leitung der Ministerialdepartements zu berufen, hätte das geplante System fast unvermeidbar zur Auflehnung der jüngeren reformfreudigen Ministerialbürokratie gegen die älteren Ressortchefs geführt.

2. Der Kampf um den Staatsrat unter Dohna-Altenstein

Da Stein an eben dem Tag, an dem der König die Verordnung vom 24. November 1808 unterzeichnete, sein Amt zum zweiten Mal und nunmehr endgültig verlassen mußte, blieb sein Staatsratsplan zunächst unverwirklicht. Denn die neuen Minister *Dohna* und *Altenstein* waren einer Institution durchaus abgeneigt, in der sie in der Gefahr standen, von den ihnen untergebenen Staatsräten überspielt zu werden. Sie verfügten daher in dem Publikandum vom 16. Dezember 1808 (GS 361) die vorläufige Suspension des Staatsrats.

Zwar setzten die Sektionschefs, an ihrer Spitze *Humboldt, Klewitz, Sack* und *Schön*, ihre Anstrengungen um die Verwirklichung des Stein'schen Plans fort. Vor allem *Wilhelm von Humboldt*, der neuberufene Leiter der Sektion für Kultus und Unterricht im Innenministerium, bemühte sich um die Realisierung des Staatsrats, um damit die persönliche und sachliche Unabhängigkeit gegenüber seinem vorgesetzten Minister Dohna zu erlangen [1]). Doch blieben die Minister hart in ihrem Widerstand. Der Justizminister *Beyme*, der in alter Gegnerschaft gegen Stein der Hauptwidersacher gegen dessen Staatsrats-Plan war, fand schließlich den Ausweg, indem er in seiner Denkschrift vom 25. August 1809 vorschlug, den Staatsrat aus einem leitenden und beschließenden zu einem bloßen Konsultativorgan zu machen [2]). Der gemeinsame Immediatbericht der Minister vom 17. März 1810 wandte dem Votum Beymes gemäß gegen den leitenden und entscheidenden Staatsrat ein, daß er die Autorität des Königs mindere, indem er diesen einem Majoritätsbeschluß unterwerfe, und daß er die Disziplin im Staat untergrabe, indem er die Sektionschefs mit den Ministern gleichstelle. So entschied nun eine zunächst geheim gehaltene Königliche Kabinettsordre vom 31. März 1810, daß der Staatsrat nur als *beratender Conseil* für die Gesetzgebung und für neue allgemeine Staatseinrichtungen gebildet werden solle [3]).

---

[1]) Denkschrift *Humboldts* vom Juli 1809 (Gesammelte Schriften Bd. 13 S. 229 ff.).
[2]) Vgl. *Stölzel*, Brandenburg-Preußens Rechtsverwaltung Bd. 2 S. 408 f.
[3]) Unveröffentlicht; vgl. *Schneider*, Der preuß. Staatsrat S. 20.

3. Die Errichtung des Staatsrats durch Hardenberg

Dieser königlichen Vorentscheidung gemäß erging, nachdem Hardenberg am 4. Juni 1810 Staatskanzler geworden war, die *Verordnung über die veränderte Verfassung aller obersten Staatsbehörden* vom 27. Oktober 1810 (GS 1811 S. 3). Sie übertrug den Vorsitz im Staatsrat dem Staatskanzler, was dessen vorherrschende Stellung bedeutend verstärkte. Aber sie beschränkte die Zuständigkeit des Staatsrats auf die *Beratung des Königs*. Doch schob Hardenberg angesichts der sich abzeichnenden neuen europäischen Krisen, dann wegen der Teilnahme Preußens am russischen Feldzug Napoleons, schließlich während der Befreiungskriege den Zusammentritt des Staatsrats immer wieder hinaus. Erst 1816 kam die Diskussion über den Staatsrat zwischen den beteiligten obersten Staatsstellen wieder in Gang. Die *Verordnung wegen Einführung des Staatsrats* vom 20. März 1817 (GS 67) rief die so lange geplante Körperschaft endlich ins Leben. Am 30. März 1817 trat der Staatsrat zu seiner ersten Sitzung zusammen [1]).

In der *vorkonstitutionellen Verfassung* Preußens (bis 1848) war der Staatsrat ein Verfassungsorgan von hohem Rang [2]). Zwar war er (in Abweichung von dem Stein'schen Plan) ein reines *Beratungsorgan;* er hatte, wie die Verordnung vom 20. März 1817 ausdrücklich sagte, „durchaus keinen Anteil an der Verwaltung"; er war weder ein Regierungs- noch ein Verwaltungs- noch ein entscheidendes Gesetzgebungsorgan. Aber die dem Staatsrat zugewiesene Beratung des Monarchen war, da er sie unabhängig, sachkundig und verantwortlich wahrnahm, von hoher effektiver Bedeutung. Vor allem auf die preußische Gesetzgebung der Jahre 1817—1848 hat der Staatsrat den stärksten Einfluß ausgeübt. An allen großen Gesetzgebungswerken dieses Zeitabschnitts hat er mitgewirkt; seinen Änderungsvorschlägen gegenüber den Regierungsvorlagen hat der König als der Inhaber der Gesetzgebungsgewalt fast stets entsprochen; in keinem Fall setzte der König einen Gesetzentwurf, dem der Staatsrat widersprochen hatte, in Kraft. Gewiß war der Staatsrat kein Parlament; seine Mitglieder waren keine gewählten Abgeordneten, sondern durch ihr Amt oder durch das Vertrauen des Königs berufene Berater der Krone. Doch zeigt der unabhängige Sinn, mit dem der Staatsrat seine Funktionen ausübte, und der Einfluß, den er errang, daß Preußen in dieser vorkonstitutionellen Epoche *kein absoluter Staat* im Sinne der monarchischen Selbstherrlichkeit mehr war. Die Achtung, die der Monarch seinem Beratungsorgan erwies, tut dar, daß die Gesetzgebung nicht mehr der bloße Ausdruck eines autokratischen persönlichen Willens war. Zwar entschied formell der Wille des Königs allein; der

---

[1]) Text der Verordnung über den Staatsrat: Dokumente Bd. 1 Nr. 22. Die Verordnung von 1817 blieb bis 1918 in Kraft. Eine bedeutende Wirksamkeit hat der Staatsrat jedoch nur bis zur Revolution von 1848 entfaltet. Damals wurde er suspendiert. Später übte er nur in den Jahren 1854—56 und noch einmal 1884—95 eine beratende, doch nunmehr bescheidene Tätigkeit aus. In der konstitutionellen Epoche war neben den beiden Häusern des Landtags für ein besonderes Beratungsorgan weder ein Bedürfnis noch ein selbständiger Wirkungsraum vorhanden.

[2]) Vgl. *H. Schneider*, Der preußische Staatsrat S. 149 ff.

Sache nach aber entschied der Monarch gemäß den Vorschlägen eines Kreises von Männern, die durch Erfahrung und Leistung ausgezeichnet waren. Der Staatsrat war ohne Zweifel ein aristokratisches Organ; aber es war eine *Aristokratie des Dienstes*, die sich in ihm verkörperte.

Der *Vorsitz* im Staatsrat stand dem König zu; doch hat weder Friedrich Wilhelm III. noch Friedrich Wilhelm IV. den Vorsitz je persönlich ausgeübt. Zunächst wurde der Staatskanzler als Vertreter des Königs mit dem Vorsitz betraut. Als mit Hardenbergs Tod das Amt des Staatskanzlers erlosch, wurden besondere Präsidenten des Staatsrats ernannt, zunächst Herzog Karl von Mecklenburg (1825–1837)[1], dann der General v. Müffling (1838–1847)[2], dann Savigny (1847–1848)[3]. Die formelle Leitung der Geschäfte oblag einem besonderen Staatssekretär[4]. Als Erster übernahm Klewitz dieses Amt. Weitere Staatssekretäre des Staatsrats waren Friese (Dezember 1817–1836), Duesberg (1836–42), Bornemann (1842–44) und Bode (1844–48).

Die *Mitglieder* des Staatsrats umfaßten nach der Verordnung von 1817 einen gegenüber den früheren Plänen erweiterten Kreis. Dem Staatsrat gehörten an: die Königlichen Prinzen, die Staatsminister und die Chefs der sonstigen selbständigen Zentralbehörden, die Feldmarschälle, ferner, soweit sie besonders berufen wurden, die Kommandierenden Generale und die Oberpräsidenten, schließlich 34 weitere durch das Vertrauen des Königs berufene Persönlichkeiten, darunter zahlreiche ehemalige Minister, hervorragende Beamte sowie Vertreter der Kirchen und der Universitäten. Die Sektionschefs der Ministerien gehörten dem Staatsrat nicht, wie ursprünglich geplant, kraft Amtes, sondern nur kraft besonderer königlicher Berufung an. *Stein*, der Urheber des Staatsrats, wurde 1817 bei der Ernennung der Mitglieder – fast als einziger der ehemaligen Minister – übergangen; erst 1827 wurde er als Landtagsmarschall der westfälischen Provinzialstände in den Staatsrat berufen. Dagegen gehörten dem Staatsrat seit seiner Begründung Blücher und Gneisenau, Altenstein, Beyme und Humboldt, sowie Eichhorn, Rehdiger, Scharnweber und Stägemann an.

Die beratende *Kompetenz* des Staatsrats erstreckte sich auf die Gesetzgebung, auf allgemeine Verwaltungsanordnungen, die über den Geschäftskreis eines einzelnen Ministeriums hinausgingen, ferner auf sonstige Angelegenheiten, die der König ihm zuwies. Ein eigenes Initiativrecht besaß der Staatsrat nicht; er konnte also nur in den Sachen tätig werden, in denen der König zur Stellungnahme aufforderte. Eben diese Regelung machte es möglich, den Staatsrat nach 1848 einschlafen zu lassen, ohne daß die Verordnung von 1817 aufgehoben zu werden brauchte. Für seine Arbeit gliederte der Staatsrat sich in *sieben Ausschüsse*, und zwar für Auswärtige Angelegenheiten, für Kriegswesen, für Justiz, für Finanzen, für Handel und Gewerbe, für Inneres und Polizei, für Kultus und Erziehung[5]. Die Ausschüsse, jeweils mit einem Vorsitzenden und vier Mitgliedern besetzt, bereiteten die Erledigung der einzelnen Angelegenheiten vor. Die Beschlußfassung oblag dem Plenum, das seine Gutachten mit Mehrheit verabschiedete.

---

[1] Siehe oben S. 139. Vor ihm war *Voss-Buch* Präsident des Staatsrats (Dezember 1822 bis Januar 1823); zu praktischer Wirksamkeit kam Voss-Buch in dieser kurzen Amtszeit nicht (siehe oben S. 155 Anm. 1).

[2] *Friedrich Ferdinand Karl Freiherr von Müffling* (1775–1851) war preußischer Offizier; nach Tilsit trat er in weimarische Zivildienste (1809–13); im Frühjahr 1813 kehrte er in die preuß. Armee zurück. 1821–1829 war er Chef des Generalstabs, dann Komm. General in Münster, seit 1838 Gouverneur von Berlin und Präsident d. Staatsrats.

[3] *Friedrich Carl von Savigny* (1779–1861) war Professor des Römischen Rechts in Berlin (1810–42), dann preußischer Minister für die Revision der Gesetzgebung (1842–48). Dem Staatsrat gehörte er seit 1817 an.

[4] Dem Staatssekretär des Staatsrats oblag unter anderem die Beglaubigung der Unterschriften des Königs und der kontrasignierenden Minister bei der Verkündung von Gesetzen und sonstigen Anordnungen im Gesetzblatt.

[5] Über die 1817, 1820 und 1821/22 ad hoc gebildeten Verfassungskommissionen des Staatsrats siehe unten S. 168, 170, 179, 181, 182, 306, 310, 312.

IV. Übersicht

Das preußische Staatsministerium 1807—41

I. Ministerium Stein (1807/08)
1. General-, Finanz- und Polizei-Departement: *Stein*
2. Auswärtiges Departement: *Goltz*
3. Provinzial-Departement (Inneres): *Minister Schroetter*
4. Justiz-Departement: *Kanzler Schroetter*
5. Militär-Kommission: *Scharnhorst*

II. Ministerium Dohna-Altenstein (1808/10)
1. Inneres: *Dohna*
2. Auswärtiges: *Goltz*
3. Finanzen: *Altenstein*
4. Justiz: *Beyme*
5. Krieg: *Scharnhorst*

III. Erstes Ministerium Hardenberg (1810/14)
1. Staatskanzler, 2. Inneres und 3. Finanzen: *Hardenberg*
4. Auswärtiges: *Goltz*
5. Justiz: *Kircheisen*
6. Krieg: *Scharnhorst*

IV. Zweites Ministerium Hardenberg (1814/17)
1. Staatskanzler und 2. Auswärtiges: *Hardenberg*
3. Inneres: *Schuckmann*
4. Polizei: *Wittgenstein*
5. Finanzen: *Bülow*
6. Justiz: *Kircheisen*
7. Krieg: *Boyen*

V. Drittes Ministerium Hardenberg (1817/18)
1. Staatskanzler, 2. Auswärtiges und 3. Schatzamt: *Hardenberg*
4. Inneres: *Schuckmann*
5. Polizei: *Wittgenstein*
6. Kultus: *Altenstein*
7. Finanzen: *Klewitz*
8. Handel: *Bülow*
9. Justiz: *Kircheisen*
10. Gesetzgebung: *Beyme*
11. Krieg: *Boyen*

VI. Viertes Ministerium Hardenberg (1819)
1. Staatskanzler: *Hardenberg*
2. Auswärtiges: *Bernstorff*
3. Inneres (einschl. Polizei): *Schuckmann*
4. Kultus: *Altenstein*
5. Finanzen: *Klewitz*
6. Schatzamt: *Lottum*
7. Handel: *Bülow*
8. Justiz: *Kircheisen*
9. Gesetzgebung: *Beyme*
10. Krieg: *Boyen*
11. Ständische Angelegenheiten: *Humboldt*
12. Minister des Königl. Hauses: *Wittgenstein*

VII. Fünftes Ministerium Hardenberg (1820/22)

1. Staatskanzler: *Hardenberg*
2. Vizepräsident (1822): *Voss-Buch*
3. Auswärtiges: *Bernstorff*
4. Inneres: *Schuckmann*
5. Kultus: *Altenstein*
6. Finanzen: *Klewitz*
7. Schatzamt: *Lottum*
8. Handel: *Bülow*
9. Justiz: *Kircheisen*
10. Krieg: *Hake*
11. Minister des Königl. Hauses: *Wittgenstein*

VIII. Ministerium Graf Lottum (1823/41)

1. Kabinettsminister: *Lottum* (1823—41)
   Kanzleichef: *Stägemann* (1823—40)
2. Außenminister: *Bernstorff* (1819—32); *Ancillon* (1832—37); *Werther* (1837—41)
3. Innenminister: *Schuckmann* (1814—34); *Brenn* (1830—38, anfänglich neben Schuckmann); *Rochow* (1834—42, anfänglich neben Brenn)
4. Handelsminister: *Bülow* (1817—25), 1825 wurde das Handelsministerium wieder dem Innen- und dem Finanzministerium eingegliedert, es war 1835—37 vorübergehend als „Handelsamt" unter Leitung von *Rother* wieder verselbständigt
5. Finanzminister: *Klewitz* (1817—25); *Motz* (1825—30); *Maaßen* (1830—34); *Alvensleben* (1835—42)
6. Kultusminister: *Altenstein* (1817—40); *Eichhorn* (1840—48)
7. Justizminister: *Kircheisen* (1810—25); *Danckelmann* (1825—30); *Mühler* (1832—44)[1]
8. Gesetzgebungsminister: *Kamptz* (1832—42); bis 1838 auch zuständig für die Justizverwaltung der Rheinlande
9. Kriegsminister: *Hake* (1820—33); *Witzleben* (1833—37); *Rauch* (1837—41)
10. Generalpostmeister: *Nagler* (1823—46); seit 1836 in Ministerrang
11. Präsident der Staatsbank: *Friese* (1817—37); *Rother* (1837—48)
12. Präsident der Seehandlung, zugleich Präsident der Staatsschuldenverwaltung: *Rother* (1820—48); seit 1836 in Ministerrang
13. Chef der Domänen- und Forstverwaltung: *Ladenberg* (1834—42); seit 1837 in Ministerrang
14. Minister des Königl. Hauses: *Wittgenstein* (1819—51); seit 1842 neben *Graf Stolberg*

§ 12. Die preußische Provinzialreform

Schrifttum: Siehe die Angaben zu § 10. Ferner W. J. *Stephan,* Die Entstehung der Provinzialstände in Preußen 1823 (Diss. Berlin 1914); F. J. *Wuermeling,* Die Stellung des Oberpräsidenten nach den Plänen des Frh. vom Stein (in: Staats- und Selbstverwaltung, Jg. 9, 1928, S. 27 ff.); D. *Holtz,* Die preußischen Oberpräsidenten (RVerwBl. 59, 1938, S. 193 ff.); K. *Jeserich,* Die preußischen Provinzen (1931); H. *Kube,* Die geschichtliche Entwicklung der Stellung des preußischen Oberpräsidenten (Diss. Berlin 1939).

---

[1] Zwischen Danckelmanns Tod und Mühlers Ernennung leitete *Kamptz* das Justizministerium, dessen höchster Beamter er war, interimistisch (bis Februar 1832).

Die preußische Provinzialreform

I. Die Provinzialverwaltung

1. Die erste Einsetzung der Oberpräsidenten

Nicht weniger reformbedürftig als die Organisation der Zentralregierung war beim Zusammenbruch von 1806 die Organisation der preußischen Provinzialverwaltung. Ihre Träger waren die *Kriegs- und Domänenkammern*, die als Instanzen der allgemeinen inneren Verwaltung die Kammerbezirke leiteten. Einer der Kammerpräsidenten wurde häufig zum Oberkammerpräsidenten bestellt und damit einer Reihe benachbarter Kammern vorgeordnet, so daß sich durch diese gemeinsame Spitze ein gewisser administrativer Zusammenhang in den Provinzen ergab. Zugleich aber bestanden im Generaldirektorium die *Provinzialdepartements* für die einzelnen Provinzen. Sie wurden von Provinzialministern geleitet, die von Berlin aus die Aufsicht über die Verwaltung ihrer Provinzen führten Dieses System war schädlich für die Provinzen wie für den Staat. Die Ortsferne der Provinzialminister hinderte das Zusammenwachsen der Provinzen zu regionalen Verwaltungseinheiten. Innerhalb des Generaldirektoriums aber ergaben sich Gegensätze zwischen den Provinzial- und den Fachdepartements, da jene die provinzielle Autonomie, diese den administrativen Zentralismus erstrebten. Es war eines der Hauptanliegen der Reform, diese Antinomien zu überwinden. Hinter einem scheinbar verwaltungsorganisatorischen Problem verbarg sich auch hier im Kern eine verfassungspolitische Aufgabe.

Da nun die Stein'sche Reform die Provinzialministerien beseitigte, mußte sie an deren Stelle neue Behörden als Vereinigungspunkt für die Staatsverwaltung auf der Stufe der Provinzen und als Kontrollorgan der Zentralregierung gegenüber den Mittelbehörden schaffen. Zu diesem Zweck sah schon Steins Organisationsplan vom 23. November 1807 für jede der preußischen Provinzen die Einsetzung eines *Oberpräsidenten* vor[1]. Diese traten als verantwortliche Kommissare der Zentralregierung über die Kammern, die nun den Namen *Regierungen* und deren Leiter den Namen *Regierungspräsidenten* erhielten[2]. Ihren Sitz hatten die Oberpräsidenten bei einer der ihnen unterstellten Regierungen zu nehmen.

Angesichts des verstümmelten preußischen Territoriums wurden zunächst nur vier Oberpräsidenten, nämlich für die Provinzen Schlesien, Ost- und Westpreußen, Brandenburg-Pommern sowie die Hauptstadt Berlin, vorgesehen. Als erste preußische Oberpräsidenten waren 1808—10 tätig *v. Auerswald* für Ost- und Westpreußen, *v. Massow* für Schlesien und *Sack* für Brandenburg-Pommern. Für Berlin wurde der Polizeipräsident *Gruner* zugleich mit den Obliegenheiten des Oberpräsidenten betraut.

2. Die endgültige Ordnung der Provinzialverwaltung

So wenig wie die Minister *Dohna* und *Altenstein* konnte der Staatskanzler *Hardenberg* sich zunächst mit der neuen Einrichtung befreunden. Die Ver-

---

[1] Text bei *Pertz*, Stein Bd. 2 S. 656 ff. (dazu auch den Immediatbericht ebenda S. 624 ff., sowie bei *Stein*, Briefe u. Amtl. Schr., Bd. II 2 S. 500 ff.).
[2] Verordnung vom 26. Dezember 1808 (GS 1806—10 S. 464).

ordnung über die veränderte Verfassung aller obersten Staatsbehörden vom 27. Oktober 1810 (GS 3) sah die Einrichtung der Oberpräsidenten daher nicht mehr vor [1]). 1810—15 waren die Regierungen die einzigen Mittelinstanzen. Als jedoch 1815 das ganze preußische Staatsgebiet wieder vereinigt war, griff Hardenberg auf die Oberpräsidenten zurück. Die Verordnung wegen verbesserter Einrichtung der Provinzialbehörden vom 30. April 1815 (GS 85) gliederte Preußen in *zehn Provinzen*: Ostpreußen, Westpreußen, Posen, Schlesien, Pommern, Brandenburg, Sachsen, Westfalen, Jülich-Kleve-Berg und Niederrhein. Die beiden letztgenannten wurden 1822 zur Rheinprovinz, die beiden erstgenannten 1824 zur Provinz Preußen zusammengelegt. Zu diesen *acht Provinzen* traten 1866 die Provinzen Schleswig-Holstein, Hannover und Hessen-Nassau hinzu. 1877 wurden Ost- und Westpreußen wieder getrennt, so daß es schließlich (bis 1918) *zwölf Provinzen* gab.

Den erneut an die Spitze der Provinzen gestellten *Oberpräsidenten* [2]) übertrug die Verordnung vom 30. April 1815 nur einige wenige Verwaltungsaufgaben, so die ständischen Angelegenheiten der Provinz, die Aufsicht über die für mehrere Regierungsbezirke errichteten öffentlichen Institute, die in dringenden Fällen für mehrere Regierungsbezirke zu treffenden Sicherheits- und Militärmaßregeln, schließlich die obere Leitung des Kultus-, Unterrichts- und Medizinalwesens. Im übrigen aber waren die Oberpräsidenten keine *Verwaltungs-Mittelinstanz* zwischen den Ministerien und den Regierungspräsidenten; vielmehr erhielten sie die Stellung von Kommissaren der Ministerien in der Provinz [3]). Die eigentliche Mittelinstanz blieben die Regierungen, die den Ministerien direkt unterstellt waren, ihre Weisungen von diesen unmittelbar erhielten und für die eine allgemeine Aufsichtsgewalt der Oberpräsidenten zunächst nicht bestand.

Die *Instruktion für die Oberpräsidenten* vom 31. Dezember 1825 (GS 1826 S. 1) verstärkte die Stellung der Oberpräsidenten; insbesondere erhielten diese nun die *Oberaufsicht gegenüber den Regierungen.* Doch war ihnen untersagt, in die „Detailverwaltung" der Regierungen einzugreifen; sie wurden darauf beschränkt, „die Administration im Ganzen zu beobachten", Mängel festzustellen und auf ihre Behebung zu dringen oder sie, wenn nötig, selbst abzustellen. Ferner hatten sie in Vertretung der obersten Staatsbehörden Konflikte zwischen den Regierungen zu entscheiden. Bei außerordentlichen Ereignissen oder Gefahr im Verzug hatten sie die erforderlichen Anordnungen zu treffen. [4]) Sie waren dem Gesamtministerium wie jedem einzelnen Minister für dessen Ressort unterstellt; auch besondere Aufträge der Ressortminister hatten sie auszuführen. Mit dieser Instruktion wuchsen die Oberpräsidenten nun doch

---

[1]) Praktisch war das Amt schon vorher erloschen, indem die 1808 ernannten Oberpräsidenten 1810 mit anderen Aufgaben betraut und Nachfolger für sie nicht ernannt wurden.
[2]) Die ersten Oberpräsidenten waren: *Auerswald* (Ostpreußen), *Schön* (Westpreußen), *Zerboni di Sposetti* (Posen), *Merckel* (Schlesien), *Sack* (Pommern), *v. Heydebreck* (Brandenburg), *Friedrich v. Bülow* (Sachsen), *v. Vincke* (Westfalen), *Graf Solms-Laubach* (Jülich-Kleve-Berg), *v. Ingersleben* (Niederrhein). 1822 übernahm Ingersleben die ganze Rheinprovinz, 1824 Schön die ganze Provinz Preußen.
[3]) § 4 der Verordnung vom 30. April 1815: „Die Oberpräsidenten bilden keine Mittelinstanz zwischen den Ministerien und den Regierungen, sondern sie leiten die ihnen anvertrauten Geschäfte unter ihrer besondern Verantwortlichkeit, als beständige Kommissarien des Ministeriums."   [4]) § 11 der Instruktion vom 31. Dezember 1825.

in die Stellung einer *zweiten Mittelinstanz* hinein. Sie waren nicht mehr bloße Kommissare der Staatsregierung, sondern normale Dienststellen innerhalb des Behördenaufbaus. Da aber zugleich die Regierungen die Stellung einer den Ministerien unmittelbar untergeordneten Mittelinstanz behielten, ergab sich das System einer *doppelten Mittelinstanz*, das seitdem immer wieder Gegenstand der Kritik geworden ist.

3. Die politische Stellung der Provinzen

Während die Oberpräsidenten im Vergleich zu den Regierungen auf eine verhältnismäßig geringfügige eigene Verwaltungszuständigkeit beschränkt blieben, erlangten sie schon in der vorkonstitutionellen Zeit eine starke *politische Position*, die sie auch später bewahrten. Unter den Oberpräsidenten befanden sich von Anfang an eine große Zahl von Persönlichkeiten, die nicht nur hervorragende Verwaltungsbeamte waren, sondern auch ein ausgesprochen politisches Profil besaßen. Sie waren zum großen Teil Männer von hohem Bildungsstand, von energischem Willen, von unabhängiger Einsicht, von sicherem Rechtsempfinden und von selbständigem Staatssinn. Unter ihnen ragten die alten Angehörigen der Reformpartei hervor, so vor allem Schön, Sack und Vincke, die ehemaligen Mitarbeiter des Freiherrn vom Stein.

Preußen war durch die Staatsreform zum *Einheitsstaat* geworden. Die Provinzen waren staatliche Verwaltungsbezirke ohne politische Autonomie. Unter der Leitung ihrer Oberpräsidenten aber gewannen die Provinzen im Rahmen des preußischen Staatsverbandes ein stammesähnliches Eigenleben zurück. Zwar waren die meisten Provinzen nicht aus altem Stammestum gewachsen, sondern aus heterogenen territorialen Teilen zusammengefügt. Aber die Ostpreußen, Schlesier, Pommern, Brandenburger, Westfalen und Rheinländer trugen ein starkes Bewußtsein innerer Zusammengehörigkeit in sich, und auch in der Provinz Sachsen wuchsen die kursächsischen und die altpreußischen Teile bald zu einer Einheit zusammen. Die *Dezentralisation*, zu der die Einrichtung der Provinzen und die Einsetzung der Oberpräsidenten führte, erwies sich nun doch als ein Prinzip, das nicht nur verwaltungstechnische, sondern zugleich staatspolitische Bedeutung erlangte. Die Provinzen wurden zu eigenständigen Verwaltungskörpern, während die Regierungsbezirke lediglich rein technische Verwaltungseinheiten waren. Eben dies verstärkte nun wieder das politische Gewicht der Oberpräsidenten; die Regierungspräsidenten dagegen erlangten nur eine administrative Funktion. Die Stellung der Oberpräsidenten festigte sich weiter dadurch, daß diese kraft Amtes eine Anwartschaft auf Berufung in den Staatsrat erhielten [1]).

Der altständisch-konservativen Partei, die dabei den Beistand einiger Reformer, vor allem *Vinckes*, gewann, genügte allerdings diese relative Selbständigkeit der Provinzen nicht. Sie bekämpfte den preußischen Einheitsstaat und forderte seine Rückverwandlung in einen aus autonomen Provinzen „zusammengesetzten Staat" [2]); an die Stelle

---

[1]) Siehe oben S. 159.
[2]) Anonyme Schrift von *Th. Schmalz*, Ansicht der ständischen Verfassung Preußens (Von E. F. d. V. — d. h.: Einem Freund der Verfassung; 1822).

der Oberpräsidenten suchte sie erneut *Provinzialminister* zu setzen [1]). Aber es gelang, nicht zuletzt dank dem Eingreifen *Humboldts* [2]), solche Restaurationsversuche auch in der nachhardenbergschen Zeit abzuwehren und die Provinzialverwaltung als Glied im System des dezentralisierten preußischen Einheitsstaates zu erhalten.

II. Die Provinzialstände

1. Steins Provinzialstände-Plan

Im Zug der Staatsreform wurde das politische Eigendasein der Provinzen vor allem durch die Bildung der Provinzialstände gekräftigt. Die alten landschaftlichen Stände der preußischen Landesteile entsprachen weder in ihrer feudal-aristokratischen Zusammensetzung noch in ihrem Aufbau, der auf der längst überlebten Gebietsgliederung beruhte, den staatspolitischen Erfordernissen der Zeit. Auch um den Gemeingeist in den Provinzen zu beleben, war es geboten, der Provinzialbevölkerung eine angemessene Vertretung und dadurch einen Anteil an den Staatsgeschäften zu geben.

Steins Organisationsplan vom 23. November 1807 umschrieb den Sinn der neuzubildenden Provinzialstände dahin, „daß durch diese Einrichtung die ganze Administration lebendiger und kräftiger wird, — das Volk aber inniger an die Administration gekettet wird" [3]). Nicht nur um der überlieferten Rechte und Interessen der Stände, sondern auch um der besseren administrativen Leistung willen sollten also provinzialständische Elemente in den Staatskörper eingefügt werden. Allerdings entschloß Stein sich, die Zuziehung ständischer Vertreter zu den Provinzialbehörden auszusetzen, bis die Grundsätze über die Bildung einer preußischen National-Repräsentation festgestellt sein würden [4]). Er sah die Provinzialstände und die „Reichsstände" (d. h. eine preußische Gesamtstaatsvertretung) in diesem untrennbaren Zusammenhang. Wie die „Reichsstände", so sollten nach Steins Plan die Provinzialstände keine bloß beratende Funktion besitzen; ihre Teilnahme an der Verwaltung sollte sich auf die „eigentliche Ausführung" erstrecken; nicht „Repräsentanten", sondern „Deputierte" der Provinzialstände zu den Staatsbehörden wollte er berufen sehen [5]). Aufgabe der Provinzialvertretungen müsse die „Aufsicht auf die Provinzialbehörden und beratschlagende und ausführende Teilnahme an den Einrichtungen, Anlagen, Verordnungen, die sich nur auf die Provinz beziehen", sein [6]). Dem Staatsgeist der Bürokratie werde damit der „Gemeindegeist" zur Seite gestellt. Die Nation werde durch handelnde Teilnahme an den Verwaltungsaufgaben zur „Geschäftsfähigkeit" in öffentlichen Angelegenheiten erzogen.

Das *Wahlrecht* zu den Provinzialständen sollte allen Grundeigentümern in Stadt und Land zustehen; zusammen mit dem adligen Grundbesitz sollte also das besitzende

---

[1]) Vorschlag *Vinckes* vom 13. November 1821, der die Aufteilung Preußens in vier große, von Provinzialministern geleitete Provinzialbereiche forderte (unter Beseitigung des Innenministeriums).

[2]) Denkschrift Humboldts vom 29. November 1821; sie forderte die Erhaltung der Zentralverwaltung und besonders des Innenministeriums als des natürlichen Garanten der Staatseinheit (Text: Ges. Schr. Bd. 12 S. 477). Dazu weiter Humboldts Schreiben an Schön „Über Verwaltungreformen" vom 1. Februar 1825 (ebenda S. 492 ff.).

[3]) Immediatbericht Steins vom 23. November 1807 *(Stein,* aaO Bd. II 2 S. 500 ff.).

[4]) Brief Steins an Schroetter vom 27. Juni 1808 (ebenda S. 763).

[5]) Brief Steins an Schroetter vom 25. August 1808 (ebenda S. 834).

[6]) Beurteilung Steins zur Denkschrift Rehdigers vom 8. September 1808 (ebenda S. 852).

Bürgertum und Bauerntum in den Ständen vertreten sein. Diese Beschränkung des Wahlrechts auf den Grundbesitz schloß zwar breite Schichten des Volks von der Wahl der Provinzialdeputierten aus. Doch bedurfte es in allen Ländern dieser Durchgangsstufe, auf der die alten rein feudalen Vertretungen durch Organe abgelöst wurden, in denen der bürgerliche Besitz gleichberechtigten Anteil an den öffentlichen Geschäften erwarb. Erst dann konnte, in einer späteren Entwicklungsphase, die Gleichberechtigung auch für die Schicht der Nichtbesitzenden errungen werden. Stein begründete die Bevorrechtung der besitzenden vor der nichtbesitzenden Klasse mit der Erwägung, daß nur die Schicht der selbständigen Eigentümer über die Reife verfüge, in öffentlichen Angelegenheiten mitzubestimmen [1]).

2. Hardenberg und die provinzialständische Verfassung

Steins Sturz verhinderte zunächst die Verwirklichung seiner provinzialständischen Vorschläge. Doch übernahm Hardenberg auch in diesem Punkt das Stein'sche Programm. Das Finanzedikt vom 27. Oktober 1810 (GS 25) kündigte im *„ersten Verfassungsversprechen"* des Königs an, es sei beabsichtigt, „der Nation eine zweckmäßig eingerichtete Repräsentation sowohl in den Provinzen als für das Ganze zu geben". Wie Stein war aber auch Hardenberg nicht bereit, die *alten Stände* als noch zu Recht bestehende Institutionen anzuerkennen; daraus ergab sich der Konflikt mit der feudalen Fronde. Nur die ostpreußischen Stände befanden sich noch in unbestrittenem Recht und setzten ihre Funktionen während der Reformjahre ohne Unterbrechung fort. Beim Beginn der Befreiungskriege konnten sie die Maßnahmen ergreifen, die nötig waren, um den Kampf einzuleiten. Die in Aussicht gestellte Reform der Provinzialstände aber kam bis zum Ende der Kriegszeit nicht voran. Erst das *„zweite Verfassungsversprechen"* des Königs vom 22. Mai 1815 gab der provinzialständischen Bewegung einen neuen Auftrieb.

Die Verordnung vom 22. Mai 1815 (GS 103) verhieß eine allgemeine Volksvertretung, die aus Provinzialständen gewählt werden sollte. Diese Verknüpfung der Gesamtstaatsvertretung mit den Provinzialständen war nicht ohne schwere staatspolitische Bedenklichkeit. Sie gab der feudalen Partei einen starken Rückhalt. Zwar sollten die *alten Stände* nur wiederhergestellt werden, „wo sie mit mehr oder minder Wirksamkeit noch vorhanden sind"; aber gerade das „mehr oder minder" bot hier der Auslegung im restaurativen Sinn genügenden Anhalt. Auch die Besitzergreifungspatente für die nach der Wiener Kongreßakte an Preußen gefallenen Gebiete (Sachsen und Schwedisch-Pommern) enthielten eine ähnliche Zusage: „Die ständische Verfassung werden Wir erhalten und sie der allgemeinen Verfassung anschließen, welche Wir Unserm gesamten Staat zu gewähren beabsichtigen" [2]). Ähnliches wurde den anderen neuen Provinzen versichert [3]). Die feudale Partei forderte alsbald die Wiederherstel-

---

[1]) In diesem Sinn auch *Kant*, Metaphysik der Sitten (Rechtslehre § 46): „Der Geselle bei einem Kaufmann oder bei einem Handwerker, der Dienstbote, ... der Unmündige..., alles Frauenzimmer und überhaupt jedermann, der nicht nach eigenem Betriebe, sondern nach der Verfügung anderer (außer der des Staats) genötigt ist, seine Existenz (Nahrung und Schutz) zu erhalten, entbehrt der bürgerlichen Persönlichkeit"; [er besitzt] „keine bürgerliche Selbständigkeit".

[2]) Besitzergreifungspatente für Sachsen vom 22. Mai 1815 (GS 77), für Schwedisch-Pommern vom 19. September 1815 (GS 203).

[3]) Die sechs Besitzergreifungspatente vom 5. April, 15. Mai und 21. Juni 1815 (GS 21, 23, 45, 126, 193, 195) versprachen teils die Bildung einer „Repräsentation"

lung der alten Stände, für die sie ein Mitwirkungsrecht nicht nur beim Erlaß der Provinzialverfassungen, sondern auch bei der Gesamtstaatsverfassung in Anspruch nahm. Statt ein Einheitsstaat mit Repräsentativverfassung wäre Preußen auf diesem Weg ein feudalständischer Föderativstaat geworden.

Hardenbergs Plan aber zielte auf das vollkommene Gegenteil dieses altständischen Partikularismus. Ausgehend von den Vorschlägen Steins erstrebte der Staatskanzler eine auf der Einheit des preußischen Gesamtstaats beruhende Verfassung, in deren Rahmen neue *Gemeinde-, Kreis- und Provinzialordnungen* einen hierarchisch gestuften, zentralgeleiteten, rationalen Staatsaufbau ergeben sollten. Grundadel, Bürger und Bauern sollten die Gemeindevertretungen, diese die Kreisstände, diese die Provinzialstände und diese schließlich die „Reichsstände" wählen. An einen direkten Wahlgang auf der untersten Stufe sollten sich also drei indirekte Wahlgänge anschließen. Aus dreifachem Grund war Hardenberg entschlossen, sich von der altständischen Verfassung zu trennen: Einmal deckten die altständischen Territorien sich fast nirgends mit dem Gebiet der neuen Provinzen; die Wiederherstellung der alten Stände hätte daher die Einheit der Provinzen zerrissen. Zweitens bevorzugten die altständischen Verfassungen den Adel innerhalb der Vertretungsorgane in einer mit den modernen Staatsnotwendigkeiten schlechthin unvereinbaren Weise. Drittens aber war das altständische System ein Hemmnis für die rasche Einschmelzung der neuerworbenen Gebietsteile in den preußischen Staat. In Schwedisch-Pommern, in der Provinz Sachsen, in Westfalen und am Rhein waren die alten Stände die Träger des Widerstands gegen die preußische Staatseinheit. Nur durch die schnelle Einrichtung neuer provinzialständischer Organe konnte man dem Aufkommen dieser anti-preußischen Opposition vorbeugen.

3. Das altständische System

Das altständische System, um dessen Wiederherstellung die kurmärkischen, die herzoglich-sächsischen, die schwedisch-pommerschen, die münsterländer, paderborner und mindener, die „markanischen", die jülich'schen, klevischen und bergischen Stände neben vielen anderen sich nach 1815 bemühten, war ein Anachronismus in dieser auf rationale Staatsgliederung und Staatsverwaltung gerichteten Zeit. Ihre Wiederherstellung hätte in Preußen die Staatsreform zunichte gemacht.

Am modernsten waren noch die *ostpreußischen Stände*; der Landtag war hier einheitlich für die ganze Provinz und umfaßte außer dem Adel auch Vertreter der Städte und wenigstens einer bestimmten Schicht der Bauern, der „Köllmer". In Brandenburg, Pommern und Sachsen aber waren die Bauern ohne jede Vertretung; außerdem waren die Stände hier in eine Vielzahl von Vertretungskörperschaften kleiner historischer Landschaften zersplittert. In *Brandenburg* gab es Stände der Kurmark und der Neumark; aber auch die Stände der zur Provinz Sachsen geschlagenen Altmark sowie des Kreises Kottbus verlangten, in den Verband der brandenburgischen Stände zurückzukehren. In *Pommern* waren die Stände Hinterpommerns und Schwedisch-Pommerns getrennt. In der Provinz *Sachsen* hatte jeder der sieben Teile des alten Herzogtums seine eigenen Stände: die Ober- und Niederlausitz, die Stifter Merseburg und Naumburg, das Fürstentum Querfurt, die Grafschaft Henneberg, der Rest der kursächsischen Erblande; dazu kamen die Stände der der Provinz Sachsen einverleibten preußischen Gebiete: des Herzogtums Magdeburg, der Altmark und des Kreises Kottbus. Noch stärker war die Zersplitterung der altständischen Territorien in *Westfalen* und am *Rhein*. Auf der anderen Seite gab es Provinzen ohne eine lebendige ständische Überlieferung, so *Westpreußen* und *Posen*.

(Rheinlande), teils die Verleihung einer „provinziellen Verfassung" (Posen) oder einer „ständischen Verfassung" (oranische Länder, ober- und niedersächsischer Kreis, Westfalen).

Aber auch in den übrigen Provinzen war zumeist zweifelhaft, wieweit das ständische System sich noch in Wirksamkeit befand. Häufig war es in der Zeit des Absolutismus zum Erliegen gekommen, wie in Brandenburg. Anderwärts war es durch die Gesetzgebung Frankreichs oder des Königreichs Westfalen während der Fremdherrschaft beseitigt worden. Entschieden machte Hardenberg geltend, die französische und westfälische Gesetzgebung stehe in den neuerworbenen preußischen Gebieten in unanfechtbarer Geltung, da die Fremdherrschaft auf vertragsmäßigen völkerrechtlichen Abtretungen, wie dem Tilsiter Frieden, beruht habe; die während der Fremdherrschaft gesetzlich aufgehobenen alten Stände seien daher mit dem erneuten Herrschaftswechsel nicht automatisch wiederaufgelebt. Das war eine staats- und völkerrechtlich zutreffende Auffassung. Aber der altständische Partikularismus führte gegen sie das Argument unpatriotischer Gesinnung ins Feld; auch auf germanisch-deutschrechtliche Reminiszenzen berief er sich. Übrigens näherte auch *Stein* sich nun, zu fruchtloser politischer Opposition verurteilt, dieser altständischen Fronde zunehmend an.

4. Der Staatsrat und die Provinzialverfassung

Da diese Schwierigkeiten sich infolge der Verbindung des provinzialständischen Problems mit dem der preußischen Nationalrepräsentation noch verschärften, geriet die Reformarbeit nach 1815 ins Stocken. Um wenigstens in der Frage der Provinzialstände weiter zu kommen, schlug der Minister *Klewitz* 1817 vor, auf die Nationalrepräsentation zu verzichten und die Staatsreform auf die Berufung von Provinzialständen zu beschränken [1]). Damit trat zum ersten Mal der gefährliche Gedanke hervor, der sich dann durchsetzen sollte; er bedeutete nichts anderes als den Verzicht auf die Gesamtstaatsreform und damit die Preisgabe des großen Stein'schen Verfassungsplans.

Zunächst aber kam man auch in den Provinzen über Notabelnversammlungen, die die Oberpräsidenten im August/September 1817 zur Beratung eines Steuerreformplans beriefen, nicht hinaus. Die *Verfassungskommission des Staatsrats* faßte, entgegen den früheren Vorschlägen Steins, fürs Erste nur den negativen Beschluß, die Provinzialstände sollten auf eine beratende Stimme beschränkt sein; an der aktiven Verwaltung sollten sie nicht mitwirken. Im übrigen begnügte die Kommission sich damit, die Minister *Altenstein, Beyme* und *Klewitz* zu einer Enquête in die Provinzen zu entsenden, um ein genaues Bild von der altständischen Rechtslage und den Wünschen der Bevölkerung zu ermitteln. Diese *Bereisung der Provinzen* förderte zwar interessantes Material zu Tage; in den wesentlichen Fragen führte sie jedoch nicht weiter. Die Rechtslage erwies sich als unübersehbar, vielgestaltig und verworren; die Wünsche der befragten Notabeln waren widerspruchsvoll. Beyme sprach offen aus, daß nur ein völliger Neubau der Provinzialstände unter starker Berücksichtigung des bürgerlichen und bäuerlichen Elements zu einer brauchbaren Lösung führen könne und daß allein die staatlichen Zentralbehörden, ohne Mitwirkung altständischer Deputierter, die nötige Unbefangenheit besäßen, um die Neugestaltung durchzuführen.

5. Hardenberg, Humboldt und die „Kronprinzenpartei" im Streit um die Provinzialverfassung

Als *Humboldt* 1819 das Ministerium für ständische Angelegenheiten übernahm, setzte die Arbeit neu ein. Humboldt nahm alsbald zu drei Fragen

---

[1]) Verfassungsdenkschrift von *Klewitz* vom 28. April 1817 (vgl. *Treitschke*, Pr. Jb. 29, 1872, S. 413 f.).

entschieden Stellung[1]). Er forderte einheitliche Provinzialstände für jede der neugebildeten Provinzen und lehnte damit die Wiederherstellung der Organe der altständischen Territorien ab. Er erklärte Provinzialstände ohne „Reichsstände" für eine Gefährdung des Staates, da dann dem provinzialständischen Partikularismus kein Gegengewicht entgegenwirke. Er verlangte für die Reichsstände die direkte Volkswahl statt der bisher geplanten indirekten Wahl durch die Provinzialstände.

Hardenberg dagegen äußerte sich wesentlich zurückhaltender [2]). Er ließ die Frage offen, ob die Provinzialstände sich an die neuen Provinzen oder an die altständischen Territorien anschließen sollten; er hielt an der indirekten Wahl fest. Direkte Wahlen aller freien Eigentümer sollten nur für die Gemeindevertretungen stattfinden; die Kreistage sollten von den Gemeindevertretungen (also insoweit indirekt) und von den Rittergutsbesitzern (also insoweit direkt) gewählt werden; die Provinzialstände sollten aus den von den Kreistagen gewählten Deputierten sowie aus den mediatisierten Standesherren und den Bischöfen bestehen. Der Allgemeine Landtag sollte dann von den Provinzialständen (also gleichfalls indirekt) gewählt werden.

Dieser Gegensatz zwischen Humboldt und Hardenberg verzögerte die Reformarbeit erneut. Nach dem Sturz Humboldts glaubte der Staatskanzler, freie Bahn für seine eigene Verfassungsarbeit gewonnen zu haben. In den Finanzgesetzen von 1820 verankerte er nicht nur den Plan einer preußischen Nationalrepräsentation neu [3]); er fügte in die Gesetze auch die Bestimmung ein, daß die Provinzialstände bei der beabsichtigten Ausgleichung der Grundsteuer mitwirken sollten [4]). Damit wurden die Provinzialstände als ein notwendiges Element der Staatsverfassung anerkannt. Aber mit dem Ausschluß der Gruppe Humboldt-Beyme-Boyen aus der Regierung hatte Hardenberg die entschiedenen Anhänger der Verfassungsreform kaltgestellt; er hatte damit wider Willen der altständischen Opposition das Feld freigemacht. Seit den Karlsbader Beschlüssen war die Reaktion mächtig belebt; an ihrer Spitze schickte die „Kronprinzenpartei" sich an, auch dem Reformprogramm des Staatskanzlers den letzten Stoß zu versetzen. ·

Im Staatsrat sammelte sich die Opposition aktiver und ehemaliger Minister, darunter Wittgenstein, Schuckmann, Voss-Buch und der alte Brockhausen; ihr schlossen sich reaktionäre Ministerialbeamte wie Ancillon, konservative Oberpräsidenten wie Friedrich von Bülow, und vor allem Herzog Karl von Mecklenburg an. Ihren Führer fand diese Gruppe im Kronprinzen, der, von Ancillon erzogen und von der Restaurationsphilosophie Hallers durchdrungen, dem rational-bürokratischen Staatsgeist, den der Kanzler verkörperte, entschieden abgeneigt war; den altständischen Gedanken suchte er deutschrechtlich zu legitimieren. Die Opposition brachte im Staats-

---

[1]) Humboldt, „Denkschrift über Preußens ständische Verfassung" vom 4. Februar 1819 (Ges. Schr. Bd. 12 S. 225 ff.). Dazu Humboldts zweite Denkschrift „Über ständische Verfassung" vom Oktober 1819 (ebenda S. 389 ff.).

[2]) Hardenberg, „Ideen zu einer landständischen Verfassung in Preußen" vom 11. August 1819 (vgl. Treitschke aaO.).

[3]) Art. II Abs. 2 der Verordnung wegen der künftigen Behandlung des gesamten Staatsschuldenwesen vom 17. Januar 1820 (GS 9); Text: Dokumente Bd. 1 Nr. 23.

[4]) Präambel des Gesetzes über die Einrichtung des Abgabenwesens vom 30. Mai 1820 (GS 134).

rat Hardenbergs Entwurf einer einheitlichen Gemeindeordnung zu Fall und zerstörte damit das Fundament, auf dem sich Kreistage, Provinzialstände und „Reichsstände" erheben sollten. Nach einem erregten Schriftwechsel mit dem Staatskanzler errang die Kronprinzenpartei einen vollen Sieg. Durch die Kabinettsordre vom 11. Juni 1821 entschied der König, die Frage des Allgemeinen Landtags sei zurückzustellen; die Provinzialstände seien für sich allein zu bilden. Am 30. Oktober 1821 begann die unter dem Vorsitz des Kronprinzen tagende Verfassungskommission des Staatsrats ihre Beratungen über die provinzialständische Verfassung, aus denen Hardenberg ganz ausgeschaltet wurde. Fast ein Jahr dauerte es, bis man zu einem Entwurf kam. Hardenberg ließ ihn durch den ihm eng verbundenen Staatssekretär des Staatsrats *Friese* einer scharfen Kritik unterziehen. Aber der Tod des Staatskanzlers gab seinen Gegnern dann völlig freies Feld.

6. Das Gesetz über die Provinzialstände

Das Allgemeine Gesetz wegen Anordnung der Provinzialstände vom 5. Juni 1823 (GS 129) sowie die besonderen Provinzialverfassungen für Brandenburg, Preußen und Pommern vom 1. Juli 1823 (GS 130 ff.) und für Posen, Schlesien, Sachsen, Westfalen und die Rheinprovinz vom 27. März 1824 (GS 141 ff.) brachten den Aufbau der provinzialständischen Verfassung Preußens zum Abschluß. Von dem geplanten Zusammenhang mit der preußischen Nationalvertretung wurden die Provinzialstände gelöst. Die Gesetze schufen unverbunden nebeneinander stehende Provinzialvertretungen für das Gesamtgebiet jeder der acht Provinzen. Die alten Stände wurden nicht erneuert; vielmehr wurden neue Stände errichtet. Nur auf die Stände der Marken nahm man eine gewisse Rücksicht; die Altmark und die pommerschen Teile der Neumark, ferner Jüterbog und die Niederlausitz wurden in den Verband der brandenburgischen Provinzialstände aufgenommen, obwohl sie gebietlich nicht zur Provinz Brandenburg gehörten, ein seltsamer Verstoß gegen jede Staatsvernunft. Im übrigen aber wurde das „historische Recht" der alten Stände nicht als Grundlage der neuen Provinzialstände benutzt.

Entschieden betonte man jedoch, daß die Provinzialstände *keine Repräsentation*, sondern „Stände" im altherkömmlichen „deutschrechtlichen" Sinn seien, also Interessenvertreter der wahlberechtigten Kreise, d. h. des ritterschaftlichen, des städtischen und des bäuerlichen Grundbesitzes. Da diese drei Stände jedoch nicht korporativ verfaßt waren, versagte in Wahrheit die Anlehnung an das altständische Prinzip. Man verzichtete auch auf die Unterteilung der Provinzialstände in „Kurien" und schuf statt dessen eine einheitliche, nach Mehrheit entscheidende Versammlung, was nicht dem altständischen, sondern dem repräsentativen System entsprach. Nur in dem Recht der „itio in partes" erhielt sich eine Reminiszenz an das alte Ständetum. Dagegen erlangten die Mitglieder der Provinzialstände kein imperatives, sondern ein freies Mandat. Preußen übernahm damit auch in dieser wichtigen Frage das Kernprinzip der Repräsentativverfassung. Ebenso zeigte die praktische Tätigkeit bald, daß die Provinzialstände sich nicht als bloße Vertreter gesonderter ständischer Interessen, sondern als Gesamtrepräsentation der Provinz fühlten.

Die Provinzialstände

Für die *Zusammensetzung* der Provinzialstände schrieben die Gesetze einen Schlüssel vor, der die Hälfte der Sitze dem ritterschaftlichen Grundbesitz, ein Drittel dem städtischen Grundbesitz, ein Sechstel dem bäuerlichen Grundbesitz zuwies. Das Land war also mit zwei Dritteln, die Stadt mit einem Drittel der Mandate vertreten, was etwa der damaligen Bevölkerungsverteilung auf Land und Stadt entsprach. Virilstimmen erhielten die Standesherren, d. h. die Häupter der mediatisierten, ehemals reichsfürstlichen Familien, außerdem in Brandenburg und Sachsen auch die Domkapitel. Der Großgrundbesitz war unverhältnismäßig bevorzugt. Von insgesamt 584 ständischen Deputierten waren 278 Adlige, 182 Bürger und 124 Bauern; auch diese waren zumeist begüterte Landwirte. Dabei ist allerdings zu bedenken, daß das gleichzeitig in Süddeutschland eingeführte Zweikammersystem dem Bürger- und Bauerntum zwar in der zweiten Kammer einen höheren Anteil gab, daß dafür aber in der ersten Kammer der Adel ausschlaggebend war. Infolgedessen war in den „liberalen" Verfassungen Süddeutschlands die Macht des Adels nicht geringer als in den preußischen Provinzialverfassungen mit ihrem Einkammersystem.

Ein gewisser Unterschied zwischen den preußischen Provinzialständen und den süddeutschen Landtagen bestand dagegen in der Vertretungskörperschaften zugewiesenen *Kompetenz*. An der schon 1817 vom Staatsrat gefällten Entscheidung für eine bloß *beratende Funktion* der Provinzialstände hielten die Gesetze von 1823/24 fest. Den süddeutschen Kammern dagegen stand ein beschließendes Votum zu. Doch war auch dieser Unterschied praktisch nicht sehr erheblich; denn auch die süddeutschen Kammerbeschlüsse (etwa über Gesetze) wurden nur mit Zustimmung des Landesherrn verbindlich. Das entscheidende Wort hatte also auch nach diesen frühkonstitutionellen Verfassungen die Regierung; zwischen dem beratenden Votum eines preußischen Provinziallandtags und dem beschließenden Votum einer süddeutschen Kammer bestand in der Sache kein bedeutender Unterschied, da hier wie dort die Verbindlichkeit des Votums vom Willen der Exekutive abhängig war [1]. Die *Zuständigkeit* der Provinzialstände umfaßte die Begutachtung der für den Gesamtstaat vorbereiteten Gesetzentwürfe, soweit sie Personen- und Eigentumsrechte oder Steuern betrafen, die Begutachtung aller Verordnungen und sonstigen Maßregeln der Provinzbehörden, schließlich die *Beschlußfassung* in Selbstverwaltungsangelegenheiten der Provinzen als höherer Kommunalverbände. In diesem Selbstverwaltungsbereich also waren die Provinziallandtage Beschlußorgane, keine bloßen Beratungsorgane.

In den Jahren 1824 bis 1827 wurden nacheinander die Provinziallandtage gewählt und einberufen, zuerst der in Brandenburg, zuletzt der in Posen. An die Spitze traten überall die vom König aus der Mitte der Stände ernannten *Landtagsmarschälle;* in Westfalen wurde *Stein* zum Landtagsmarschall erhoben. Alle Landtagsmarschälle wurden in den Staatsrat berufen, so daß nun Stein doch noch seinen Platz in der von ihm zuerst geplanten Körperschaft fand. Politisch waren die Provinziallandtage, wie es nach der Art ihrer Zusammensetzung nicht anders sein konnte, ausgesprochen konservativ. Nur im rheinischen Provinziallandtag bildete sich im Lauf der Zeit aus den städtischen Vertretern eine liberale Gruppe. Mit dem Konservativismus breitete sich in den preußischen Provinziallandtagen durchweg ein provinzialständischer Partikularismus aus; er war in Posen national-polnisch, in Brandenburg märkisch-feudal, in Westfalen und im Rheinland westdeutsch-klerikal gefärbt.

Dieser *provinzialständische Partikularismus* hätte zu einer großen Gefahr für die preußische Staatseinheit werden können. Schon vor der Verabschiedung der Provinzialverfassungen war die Staatstheorie mit der These hervorgetreten, *Preußen sei kein Einheitsstaat, sondern ein Föderativstaat;* Preußen sei ein Bund seiner Provinzen [2]. Diese föderalistische Theorie vertraten vornehmlich preußische Reaktionäre, so etwa *Schmalz* und *Kamptz.* Föderalismus war in dieser Zeit durchweg identisch mit poli-

---

[1] Wesentlich war der Unterschied nur insofern, als in Preußen der König Gesetze auch gegen das Votum der Provinzialstände erlassen konnte, während in Süddeutschland die Landesherren bei der Gesetzgebung von der Zustimmung der Kammern abhängig waren.

[2] Siehe oben S. 164 f.

tischer Reaktion; der Unitarismus ging weithin mit freiheitlicher Gesinnung Hand in Hand. Doch konnte der Sieg, den der ständische Partikularismus errang, als die Staatsreform auf die Errichtung von Provinzialständen beschränkt und nicht auf die Berufung eines Allgemeinen Landtags erstreckt wurde, die Staatseinheit nicht ernstlich erschüttern. Die Befugnisse der Provinziallandtage waren gering; die Provinzen befanden sich fest in der Hand der von der Zentralgewalt abhängigen Oberpräsidenten; die Staatsregierung beharrte unbeirrt auf dem Prinzip des staatlichen Unitarismus. Vor allem aber wuchsen außerhalb der provinzialständischen Organe die Kräfte der sich ständig ausweitenden und verstärkenden bürgerlichen Gesellschaft an, die davon durchdrungen waren, daß Wirtschaft und Kultur nicht in der Enge eines ständischen Provinzialismus, sondern nur in der Weite eines großen Gesamtverbandes gedeihen könnten. Die lebendigen und aktiven Kräfte Preußens strebten nach Einheit; der provinzialständische Partikularismus gehörte zu einer abgelebten Welt.

§ 13. Die preußische Kommunalreform

Schrifttum: P. Schoen, Das Recht der Kommunalverbände in Preußen (1897); *F. Stier-Somlo,* Handbuch des kommunalen Verfassungsrechts in Preußen (2. Aufl. 1928); *G. Ritter,* Vom Ursprung der Selbstverwaltungsideen des Frh. vom Stein (in: Festschr. f. E. Fabricius, 1927, S. 32); *Steinbach-Becker,* Geschichtliche Grundlagen der kommunalen Selbstverwaltung in Deutschland (1932); *E. Becker,* Gemeindliche Selbstverwaltung. I. Teil. Grundzüge der gemeindlichen Verfassungsgeschichte (1941); *H. Heffter,* Die deutsche Selbstverwaltung im 19. Jahrhundert (1950).

F. v. Raumer, Über die preuß. Städteordnung (1828); *ders.,* Zur Rechtfertigung und Berichtigung meiner Schrift über die preuß. Städteordnung (1828); *Wehnert,* Über die Reform der preuß. Städteordnung (1828); *K. Streckfuß,* Über die preuß. Städteordnung (1828); *ders.,* Über die preuß. Municipalverfassung (DVSchr. 1838 S. 199 ff.); *ders.,* Die beiden preuß. Städteordnungen verglichen (1841); *v. Ulmenstein,* Die preuß. Städteordnungen und die franzôs. Communalverfassung (1829); *K. Fr. Horn,* Die preuß. Städteordnung verglichen mit dem Entwurf zu einem neuen Communalgesetz für Frankreich (1829); *F. C. v. Savigny,* Die preuß. Städteordnung (Rankes hist. pol. Z 1, 1832, S. 389 ff.); *L. v. Rönne,* Die Städteordnungen vom 19. 11. 1808 und 17. 3. 1831 (1840); *G. L. v. Maurer,* Gesch. der Städteverfassung in Deutschland (1869—71); *M. Lehmann,* Der Ursprung der Städteordnung von 1808 (Pr. Jb. 94, 1898, S. 480 ff.); *H. Preuß,* Das städtische Amtsrecht in Preußen (1902); *ders.,* Die Entwicklung des deutschen Städtewesens (1906); *E. Petersilie,* Entstehung und Bedeutung der preuß. Städteordnung (1908); *H. Krahmer,* Steins Städteordnung (1908); *Clauswitz,* Die Städteordnung von 1808 und die Stadt Berlin (1908); *H. Wendt,* Die Steinsche Städteordnung in Breslau Bd. 1 (1908); *O. v. Gierke,* Die Steinsche Städteordnung (Int. Wochenschr. Bd. 3, 1909, S. 163 ff.); *A. Janetzki,* Die grundsätzlichen Unterschiede der preuß. Städteordnungen von 1808, 1831 und 1853 (Diss. Leipzig 1909); *E. Hoffmann,* Danzig und die Städteordnung des Frh. vom Stein (1934); *Winkler,* Johann Gottfried Frey und die Entstehung der preuß. Selbstverwaltung (1936).

A. v. Haxthausen, Die ländliche Verfassung in den einzelnen Provinzen der preuß. Monarchie (1839); *M. Lavergne-Peguilhen,* Die Landgemeinden in Preußen (1841); *Rönne-Simon,* Die Gemeindeverfassung des preuß. Staates (1843); *W. A. Lette,* Die ländliche Gemeinde- und Polizei-Verfassung Preußens (1848); *J. G. Koppe,* Über die Verwaltung der Landgemeinden (1851); *G. L. v. Maurer,* Gesch. der Dorfverfassung in Deutschland (1865/66); *T. A. Geiseler,* Das ländliche Kommunalwesen in den sechs östlichen Provinzen des preuß. Staates (1864); *E. v. Möller,* Landgemeinden und Gutsherrschaften nach preuß. Recht (1865); *F. Keil,* Die Landgemeinde in den östlichen Provinzen Preußens und die Versuche, eine Landgemeindeordnung zu schaffen (1890); *Gelpke,* Die geschichtliche Entwicklung des Landratsamts der preuß. Monarchie (Verw. Arch. Bd. 10, 1902, S. 211 ff.); *O. Hintze,* Der Ursprung des preuß. Landratsamts

(Ges. Abh. Bd. 3, 1943, S. 172 ff.); *ders.*, Die Wurzeln der Kreisverfassung in den Ländern des nordöstl. Deutschland (ebenda Bd. 1, 1941, S. 176 ff.); *F. Schöne*, Werden und Sein der deutschen Landkreise (in: *K. Jeserich*, Die deutschen Landkreise, 1937, S. 1 ff.); *G. Chr. v. Unruh*, Der Kreis (1964); *ders.*, Der Landrat (1966).

I. Die städtische Selbstverwaltung

1. Vorarbeiten zur Reform der Städteverfassung

Eine der Hauptreformen Steins war die *Wiederherstellung der städtischen Selbstverwaltung.* Ihr Ziel war, die in der Nation lebendigen Kräfte für das Ganze der Verwaltung wirksam zu machen und so die Grundlage eines tätigen Gemeinsinns zu schaffen. Der Absolutismus hatte die Eigenrechte der Stadtgemeinden zunehmend ausgehöhlt und ausgeschaltet. Gewiß hatten sich Reste der altüberlieferten korporativen Stadtverfassung erhalten; aber intensive staatliche Aufsichts- und Weisungsrechte hatten die städtischen Organe doch fast vollständig in Abhängigkeit vom Staat gebracht [1]). Demgegenüber forderten Steins Nassauer Denkschrift [2]), Altensteins Rigaer Denkschrift vom 11. September 1807 [3]) und Hardenbergs Denkschrift vom 12. September 1807 [4]) übereinstimmend die Erneuerung der gemeindlichen, zumal der städtischen Selbstverwaltung. Die Reform der Städteverfassung galt als eine notwendige Vorstufe der Reform der Staatsverfassung. Ein Gutachten *Vinckes* vom 24. März 1808 über die englische Kommunalverfassung [5]), eine auf Gedanken des Kriminalrats *Brand* fußende Eingabe der Königsberger Bürgerschaft vom 15. Juli 1808 [6]), vor allem aber einige Aufsätze des Königsberger Polizeidirektors *Frey* [7]) wirkten anregend auf die Städtereform ein. Den wesentlichen Beitrag leistete jedoch der Minister *Schroetter*, der in Steins Auftrag [8]) den Entwurf der Städteordnung aufstellte.

In einem gemeinsamen Immediatbericht an den König vom 9. November 1808 [9]), mit dem sie den Entwurf der Städteordnung überreichten, schilderten *Schroetter* und *Stein* die gegebene Verfassung der preußischen Städte so: Seitdem 1723 die Kriegs- und Domänenkammern und das Generaldirektorium als die machtvollen Einrichtungen der inneren Verwaltung geschaffen und seitdem weiterhin die Steuerräte in den Städten als staatliche Kommissare *(commissarii loci)* eingesetzt worden seien, habe sich an der Stelle der ehemaligen Selbstverwaltung ein System staatlicher Vormundschaft über die Städte entwickelt. Dieses zunächst nur *de facto* eingeführte System der unbedingten Staatsherrschaft sei nachträglich legalisiert worden, insbesondere durch die kommunalrechtlichen Bestimmungen des ALR. Die Stadtvertretung sei auf das Zunft- und

---

[1]) Vgl. insbes. *Steinbach-Becker*, Geschichtliche Grundlagen der kommunalen Selbstverwaltung in Deutschland (1932); *E. Becker*, Gemeindliche Selbstverwaltung Bd. 1 (1941) S. 140 ff.

[2]) *Stein*, Briefe und Amtl. Schr., Bd. II 1 S. 380 ff.

[3]) *Winter*, Reorganisation Bd. 1 S. 364 ff.

[4]) Ebenda S. 302 ff.

[5]) *Stein* an Minister Schroetter am 27. Juni 1808 (aaO Bd. II 2 S. 763 ff.).

[6]) *Stein* an Minister Schroetter am 25. Juli 1808 (ebenda S. 793 f.).

[7]) *Stein* an Minister Schroetter am 17. Juli 1808 (ebenda S. 779 ff.). Dazu auch *Winkler*, J. G. Frey und die Entstehung der preuß. Selbstverwaltung (1936).

[8]) Siehe das oben Anm. 5 angeführte Schreiben Steins an Schroetter.

[9]) *Stein*, aaO S. 928 ff.

Korporationswesen gegründet, die Magistratsstellen seien aus Versorgungsgründen Invaliden vorbehalten worden. Jede selbständige Disposition der Städte habe man unterdrückt, auch die geringste Handlung habe man von staatlicher Genehmigung abhängig gemacht:

„Der Bürger hatte weder Kenntnis vom Gemeinwesen noch Veranlassung, dafür zu wirken, selbst nicht einmal einen Vereinigungspunkt. Eifer und Liebe für die öffentlichen Angelegenheiten, aller Gemeingeist, jedes Gefühl, dem Ganzen ein Opfer zu bringen, mußten verloren gehen. Selbst Bürger zu sein, ward längst nicht einmal mehr für Ehre gehalten. Man erwartete dagegen alles vom Staate ohne Vertrauen zu seinen Maßregeln und ohne wahren Enthusiasmus für die Verfassung.“

Schonungslos breitete der Bericht die Schäden des bisherigen polizei- und wohlfahrtsstaatlichen Verwaltungssystems vor dem Monarchen aus. Gemeinsam erhoben die beiden Minister die Forderung, daß die Staatsvormundschaft gegenüber den Stadtgemeinden zu beseitigen sei.

2. Die Stein'sche Städteordnung

Am 19. November 1808 setzte der König dem Schroetter-Stein'schen Vorschlag gemäß die *Städteordnung für die Preußischen Staaten* in Kraft [1]). Ihre Geltung beschränkte sich auf das damalige preußische Staatsgebiet, also auf die Provinzen Preußen, Schlesien, Pommern und Brandenburg. Sie trat somit zunächst nur in dem städte-ärmeren Teil des preußischen Gesamtgebiets in Kraft. Mit der Einführung des neuen Gesetzes begann man in Königsberg und Elbing; doch war bis zum Jahre 1810 die Reform überall, auch in den kleineren Städten, beendet. Das Modell der neuzeitlichen Stadtverfassung war geschaffen, das Gegenbeispiel gegen das etatistische Verwaltungssystem der französischen Revolution aufgerichtet. Während in Frankreich, nach kurzer Schwärmerei für den selbständigen *pouvoir municipal,* der staatliche Zentralismus völlig gesiegt hatte und die *Mairie-Verfassung* zu einem bloßen Teilstück des staatlich-unitarischen Verwaltungsapparats geworden war, bildete sich in Deutschland, von Preußen ausgehend, die körperschaftliche Selbständigkeit der Gemeinden neu. Unter der wiederbelebten Stadtfreiheit gingen die deutschen Städte einer Zeit neuer Blüte und Macht entgegen.

a) Die Städteordnung von 1808 ging davon aus, daß die Gemeinde eine vom Staat unterschiedene, eigenständige Korporation sei, die ihre eigenen Angelegenheiten durch ihre Bürger unter eigener Verantwortung selbst zu verwalten habe. Nicht jeder Einwohner der Gemeinde galt als Bürger, sondern nur der, der das *Bürgerrecht* durch Verleihung erworben hatte. Ehedem war die Ausübung eines bürgerlichen Gewerbes die Voraussetzung für den Erwerb des Bürgerrechts; Beamte, Angehörige akademischer Berufe, Künstler, Literaten hatten kein Bürgerrecht, sondern wurden als „Eximierte“ behandelt. Angehörige nichtselbständiger Schichten (Gesellen, Tagelöhner, Hausgesinde, Arbeiter) waren nicht Bürger, sondern bloße „Schutzverwandte“. An dieser Unterscheidung von Bürgern und Einwohnern hielt die Städteordnung fest; die Stadt blieb *Bürgergemeinde;* sie wurde noch nicht zur *Einwohnergemeinde* umgeformt. Aber der Erwerb des Bürgerrechts wurde wesentlich erleichtert. Er wurde jedem Unbescholtenen, der in der Stadt domiziliert war, freigestellt. Allerdings suchte lange nicht jeder, der dazu berechtigt war, um das Bürgerrecht nach. Da dieses mit entsprechenden Pflichten verbunden war, zogen viele vor, ohne Bürgerrecht zu bleiben. Nur die Inhaber von Gewerbebetrieben und von Grundeigentum waren gehalten, das

---

[1]) „Ordnung für sämmtliche Städte der Preußischen Monarchie“ vom 19. November 1808 (GS 1806—10 S. 324).

Bürgerrecht zu erwerben. Das *Wahlrecht* war von dem Besitz des Bürgerrechts abhängig; doch begründete dieses für sich allein das Wahlrecht nicht. Für „unangesessene" Bürger, d. h. solche ohne Grundeigentum im Stadtgebiet, war ein Mindesteinkommen von 150—200 Talern Voraussetzung für die Wahlbefugnis. Dies war allerdings ein geringer Zensus. Er räumte der Masse der kleinen Handwerker und Händler in der Stadt das Wahlrecht ein, auch wenn sie kein Grundeigentum hatten. Andererseits kamen auch Unselbständige (Tagelöhner, Arbeiter usw.) in den Genuß des Wahlrechts, wenn sie das Bürgerrecht erwarben und dazu, was häufig der Fall war, kleinen Haus- oder Grundbesitz in der Stadt innehatten. Auch den niederen Schichten war somit weithin der Zugang zum Wahlrecht eröffnet.

b) Aus den Wahlen der Bürgerschaft ging die *Stadtverordnetenversammlung* hervor. Die Wahl war keine ständische oder Klassen-Wahl, sondern eine Bezirkswahl. Da es aber noch keine politischen Parteien gab, war bei der Wahl das maßgebende Ausleseprinzip in der Regel doch die berufliche Stellung und das durch sie begründete Ansehen in der Bürgerschaft. Durchweg waren es die *Honoratioren*, die in die Stadtverordnetenversammlung kamen. Die Angehörigen der gewerblichen Berufe überwogen dabei die Vertreter der Bildungsschicht; Beamte, Advokaten, Literaten spielten in den Stadtparlamenten der ersten Jahrzehnte unter dem neuen Gesetz eine geringere Rolle. Die Wahldauer war drei Jahre. Die Stadtverordneten bekleideten ein freies Mandat, waren also an Aufträge oder Weisungen ihrer Wähler nicht gebunden.

c) Zu den wichtigsten Obliegenheiten der Stadtverordnetenversammlung gehörte die Wahl des *Magistrats*, d. h. der ausführenden, kollegial organisierten Behörde, die an die Spitze der Stadtverwaltung trat. Es galt also im Bereich der Städteordnung nicht die später in den westlichen Teilen Preußens entwickelte *Bürgermeisterei-Verfassung*, in der Stadtoberhaupt der Bürgermeister war, sondern die *Magistrats-Verfassung*, in der ein Kollegium an der Spitze der Stadt stand. Der Magistrat setzte sich aus unbesoldeten Mitgliedern, die auf sechs, und aus besoldeten Mitgliedern, die auf zwölf Jahre gewählt wurden, zusammen; sie bedurften sämtlich der Bestätigung der staatlichen Aufsichtsbehörde. Zu den besoldeten Mitgliedern gehörten der Syndikus, der Kämmerer und der Baurat. Der Vorrang, den die Stadtverordnetenversammlung vor dem Magistrat innehatte, war eines der wesentlichen Kennzeichen der Städteordnung. Beide standen sich nicht etwa als Legislative und Exekutive gegenüber. Die Stadtverordnetenversammlung war vielmehr Träger der gemeindlichen Rechtsetzung und Verwaltung. Es galt die Einheit der Gemeindegewalt, nicht die Gewaltentrennung. Der Magistrat war ein abhängiges Vollzugsorgan, nicht ein Inhaber selbständiger Exekutivgewalt.

d) Die städtischen *Zuständigkeiten* waren in der Städteordnung von 1808 nur ungenau bestimmt. Bis dahin hatte die örtliche Gerichtsbarkeit wie die örtliche Polizei den Städten zugestanden, ein System, das für den Staat unschädlich war, da er durch seine eigenen Behörden die Stadtverwaltung völlig in der Hand hielt. Wenn jetzt die Autonomie der Stadtverwaltung hergestellt wurde, so mußte der Staat diejenigen Funktionen aus dem bisherigen städtischen Kompetenzbereich aussondern und an sich ziehen, die nach der Auffassung der Zeit ihrem Wesen nach Staatsangelegenheiten waren, nämlich die *Gerichtsbarkeit* und die *Polizei*. Beide verwandelte die Städteordnung daher in Staatskompetenzen. Bei der *Polizeigewalt* hatte der Staat allerdings die Wahl, sie in den Städten durch staatliche Polizeidirektoren selbst auszuüben oder sie dem Magistrat zur Ausübung zu übertragen. In den 21 größeren und mittleren Städten des Landes wurden bis 1810 staatliche Polizeidirektionen begründet; im übrigen aber wurde die Polizei dem Magistrat zur Ausübung kraft staatlicher Delegation, also als *Auftragsangelegenheit*, überlassen. Der Magistrat war als Ortspolizeibehörde dem vollständigen Weisungsrecht der Staatsbehörden unterworfen. Der Begriff „Polizei", den die Städteordnung nicht näher umschrieb, mußte hier im neueren Sinn auf die „Gefahrenabwehr" beschränkt sein[1]. Denn der ältere Polizeibegriff, der

---

[1] Daß der § 10 II 17 ALR, aus dem die Verwaltungsgerichte später die Beschränkung des Polizeibegriffs auf die „Gefahrenabwehr" geschlossen haben, diesen kompetenzbegrenzenden Sinn anfänglich nicht besaß, ist allgemein bekannt.

„alle Fürsorge für den guten Zustand des Gemeinwesens" umfaßte, war für die Abgrenzung der Staats- und der Selbstverwaltung unbrauchbar, da er den Gesamtbereich der inneren Verwaltung umschloß; es wäre also für die selbständige Stadtverwaltung kaum etwas übrig geblieben, wenn alle „Polizei" in diesem älteren Sinn zur Kompetenz des Staates gezogen worden wäre. Staatsangelegenheit war nach der Absicht der Städteordnung vielmehr nur die *Gefahrenabwehr*, während grundsätzlich die gesamte sonstige Verwaltung, soweit die Gesetze nicht ausdrücklich etwas anderes bestimmten, auf der Gemeindestufe in den städtischen Selbstverwaltungsbereich fiel. Insbesondere erlangten die Städte die volle *Finanzgewalt*, so daß sie in der Gestaltung ihres Haushalts wie in der Erhebung von Abgaben selbständig wurden.

e) Das alte System war auf die staatliche Leitung der Stadtverwaltung gegründet; an ihre Stelle trat nun die bloße *Staatsaufsicht*. Leitung und Aufsicht haben gemeinsam, daß sie einen juristisch verselbständigten körperschaftlichen Verband innerhalb der Staatsorganisation voraussetzen. Bei dem *Leitungssystem* ist die Tätigkeit der Verbandsorgane jedoch vollkommen von den Weisungen der übergeordneten staatlichen Leitungsstellen abhängig. Bei dem *Aufsichtssystem* dagegen sind die Verbandsorgane zu freiem, selbstverantwortlichem Handeln berechtigt. Nur Verbandsakte von außerordentlicher Bedeutung bedürfen der staatlichen Genehmigung oder Bestätigung; im übrigen sind die Aufsichtsbehörden darauf beschränkt, Verbandsakte, die die Gesetze oder die Staatsinteressen verletzen, zu rügen. Mit der Städteordnung von 1808 erlangten die Stadtorgane ein freies Verwaltungsrecht. Nur für wenige Fälle, so den Erlaß neuer Statuten und das Ergebnis der Magistratswahlen, war eine staatliche Bestätigung vorgesehen; ferner behielt der Staat sich die Prüfung der Rechnungslegung und die Entscheidung über Beschwerden aus der Bürgerschaft vor. Andere Befugnisse waren der staatlichen Aufsichtsgewalt nicht ausdrücklich zuerkannt. Daraus wird in der Regel geschlossen, die Städteordnung von 1808 habe nur ein engumgrenztes Aufsichtsrecht anerkannt. Doch hieße es, sowohl die Absichten Steins als auch den staats- und verwaltungsrechtlichen Gesamtzustand der Reformzeit verkennen, wenn man annehmen wollte, die Städteordnung von 1808 habe die Staatsaufsicht auf die wenigen in ihr ausdrücklich aufgezählten Aufsichtsbefugnisse beschränkt. Vielmehr galt es unter der Städteordnung von 1808 als ein selbstverständlicher Rechtsgrundsatz, daß die Staatsaufsicht stets eingreifen konnte, um die Stadtverwaltung zu einem Handeln *im Rahmen der Staatszwecke und der Staatsgesetze* anzuhalten. Das Stein'sche Selbstverwaltungssystem ließ den Städten zwar ein hohes Maß an Freiheit, wußte aber, wo dies notwendig war, das allgemeine Recht wie das Staatswohl gegenüber dem Mißbrauch wie der Nachlässigkeit ausreichend zu wahren.

3. Die Revidierte Städteordnung

Nach 1815 stand Preußen vor der Notwendigkeit, die städtische Selbstverwaltung auch in den Provinzen Posen, Sachsen, Westfalen und Rheinland nach dem Modell der Städteordnung von 1808 zu regeln. Nach langwierigen Verhandlungen [1]) erging die *Revidierte Städteordnung* vom 17. März 1831 [2]), die ein einheitliches Stadtverfassungsrecht für den preußischen Gesamtstaat schaffen sollte.

Die Revidierte Städteordnung gab allen Einwohnern der preußischen Städte das Bürgerrecht, wandelte also die alte Bürgergemeinde in die moderne Einwohnergemeinde um. Das Wahlrecht zu den Stadtverordnetenversammlungen erkannte sie neben den Grundeigentümern auch den nicht mit Grundeigentum ausgestatteten Bürgern von

---

[1]) Über die Verhandlungen wegen der Revision der Städteordnung im Staatsrat vgl. *H. Schneider*, Der Preußische Staatsrat S. 161 ff.
[2]) Kabinettsordre wegen Einführung der Städteordnung vom 17. März 1831 (GS 9); dazu: Verordnung über die Einführung der Städteordnung in den mit der Monarchie wieder und neu vereinigten Provinzen und Landesteilen vom 17. März 1831 (GS 37).

einem bestimmten Mindesteinkommen ab zu; sie setzte diesen Zensus etwas höher als die Städteordnung von 1808 fest. Den Vorrang der Stadtverordnetenversammlung vor dem Magistrat beseitigte sie; dieser erhielt als Stadtobrigkeit eine verstärkte Stellung. Die Kompetenzen der Städte gestaltete sie aus, indem sie den Stadtverordnetenversammlungen das Recht zum Erlaß von Ortsstatuten verlieh. Die Polizeigewalt delegierte sie auf den Bürgermeister statt auf den Magistrat, womit sie den Unterschied zwischen staatlicher Auftragsverwaltung, der die Polizei zuzurechnen war, und städtischer Selbstverwaltung deutlicher markierte. Die Staatsaufsicht regelte sie genauer und gegenüber der Städteordnung von 1808 in einem ausgedehnten Sinn, vor allem durch die Generalklausel des § 139 b, nach dem die Aufsichtsbehörden das Recht wie die Pflicht hatten, „dafür zu sorgen, daß die Verwaltung fortwährend in dem vorgeschriebenen Gange bleibe und angezeigte Störungen beseitigt werden". Die Grundstücksveräußerung, die Kreditaufnahme und die Festsetzung der Kommunalsteuern unterwarf sie der aufsichtsrechtlichen Genehmigung. Auch gab sie den Aufsichtsbehörden das Recht zur Auflösung der Stadtverordnetenversammlung, zur Anordnung von Neuwahlen und zur kommissarischen Besetzung der Magistratsstellen. Im Ganzen aber waren die Abweichungen zwischen den beiden Städteordnungen nicht erheblich. Stein, der gutachtlich zu dem Entwurf Stellung nahm, erkannte ihn als eine Verbesserung seines eigenen Werkes an [1].

Die *Einführung der Revidierten Städteordnung* stieß allerdings auf erhebliche Schwierigkeiten. Die Städte der *vier alten Provinzen* wurden vor die Wahl gestellt, ob sie die Städteordnung von 1808 behalten oder die Revidierte Städteordnung von 1831 übernehmen wollten. Bis auf drei unbedeutende Orte [2] entschieden die Städte der Provinzen Preußen, Schlesien, Pommern und Brandenburg sich für die Stein'sche Städteordnung von 1808. In den *vier neuen Provinzen* sollte die Revidierte Städteordnung erst nach Beratung mit den Provinzialständen in Kraft gesetzt werden; daraus ergaben sich Verzögerungen. Nur die Provinz *Sachsen* nahm das Gesetz bereitwillig an [3]. Eingeführt wurde die Revidierte Städteordnung ferner in den ehemals sächsischen Teilen der Provinz Brandenburg [4]. In *Posen* und in *Westfalen* konnte sie erst bis 1841 allerorts eingeführt werden. Schwedisch-Pommern und die Rheinprovinz aber setzten durch, daß sie ihre alten Gemeindegesetze behielten. In *Schwedisch-Pommern* blieb es bei der überlieferten altständischen Stadtverfassung. In der *Rheinprovinz* wurde die in der napoleonischen Zeit geschaffene *Bürgermeistereiverfassung* aufrechterhalten [5]. Die Spitze der Stadtverwaltung bildete in den Rheinlanden also nicht, wie in den nach den Städteordnungen von 1808 oder 1831 verfaßten preußischen Städten, der kollegiale Magistrat, sondern der von der Stadtverordnetenversammlung gewählte Bürgermeister. Das Ziel, ein einheitliches Stadtrecht für ganz Preußen zu entwickeln, wurde demnach nicht erreicht. Vielmehr gab es, wenn man die Sonderstellung der schwedisch-pommerschen Städte außer acht läßt, drei Haupttypen der preußischen Stadtverfassung nebeneinander: die beiden Städteordnungen von 1808 und 1831 und das rheinische Städterecht.

Eine stärkere Vereinheitlichung brachte erst die *Städteordnung für die sechs östlichen Provinzen* vom 30. Mai 1853 (GS 261) [6], neben die die Städteordnung für die

---

[1] Denkschrift Steins für Schuckmann vom 9. Dezember 1827 (Briefwechsel Bd. 6 S. 530 ff.); Denkschrift Steins für Schuckmann vom 15. März 1829 (ebenda Bd. 7 S. 6 ff.); Brief Steins an Schuckmann vom 24. Dezember 1829 (ebenda S. 95 ff.); Pro-Memoria Steins vom 25. April 1831 (ebenda S. 321 ff.).

[2] Königsberg in der Neumark, Wendisch-Buchholz und Kremmen.

[3] Kabinettsordre vom 28. April 1831 (GS 53).

[4] Kabinettsordre vom 17. März 1831 (GS 9).

[5] Die Revidierte Städteordnung übernahmen nur die Städte Essen, Mülheim/Ruhr und Wetzlar.

[6] Die Gemeindeordnung vom 11. März 1850 (GS 213), die auch für die Städte gelten sollte, wurde bereits durch die „Sistierungsordre" vom 19. Juni 1852 (GS 388) vorläufig außer Anwendung gesetzt und durch das Gesetz vom 24. Mai 1853 (GS 238) aufgehoben. Siehe Bd. III, S. 126 ff.

Städte in *Neuvorpommern und Rügen* vom 31. Mai 1853 (GS 291), die Städteordnung für die Provinz *Westfalen* vom 19. März 1856 (GS 237) und die Städteordnung für die *Rheinprovinz* vom 15. Mai 1856 (GS 406) [1]) traten.

II. Die Landgemeinde- und Kreisreform

1. Der alte Rechtszustand und die Stein'schen Reformpläne

Nicht minder wichtig als die Städtereform war im Rahmen der preußischen Staatserneuerung die Reform der Landgemeinde- und Kreisverfassung. In den altpreußischen Gebietsteilen galt in der Reformzeit noch das Gemeinderecht des Allgemeinen Landrechts, das die Verfassung der Landgemeinden in den §§ 18—86 II 7, die der Gutsherrschaften in den §§ 87—494 II 7 regelte. In diesen Bestimmungen war das Lokalverwaltungssystem des Feudalismus aufrechterhalten. Auf dem Land hielt der Gutsherr, in den Kreisen hielt die feudale Schicht der Rittergutsbesitzer die Macht in Händen. Auch der Landrat, obwohl Staatsbeamter, gehörte in der Regel zur Schicht der kreiseingesessenen Feudalherren.

Nach 1806 galt es, in den Landgemeinden die Selbstverwaltung von Grund auf zu schaffen; an alte Traditionen konnte man hier nicht anknüpfen. Auch in den *Kreisen* war das breite Element des Bauerntums erst zur Selbstverwaltung zu erheben. *Stein* nahm sich, gemäß den dazu in der „Nassauer Denkschrift" entwickelten Grundgedanken, auch dieser Aufgabe mit Eifer an [2]). Ebenso bemühte *Hardenberg* sich um diesen Teil des Reformwerks.

Die in Steins Auftrag von dem Minister *Schroetter* ausgearbeiteten Entwürfe der Landgemeinde- und der Kreisordnung [3]) zielten auf die Schaffung freier Landgemeinden mit gewählten Schulzen und Dorfgerichten. Die gutsherrliche Polizei, in der das alte System sich am deutlichsten ausdrückte, sollte verschwinden. In den Kreisen sollte die öffentliche Verwaltung an die Kreistage übergehen, in denen neben den Rittergutsbesitzern die gewählten Abgeordneten der Städte und Landgemeinden sitzen sollten. Der Landrat sollte Staatsbeamter sein, aber wie bisher in der Regel als Ehrenbeamter aus der Mitte der Gutsbesitzer des Kreises genommen werden [4]). Es gelang jedoch nicht, diese Reform der Landgemeinden und Kreise vor Steins Entlassung durchzuführen.

---

[1]) Vorher galt im Rheinland auch für die Städte die Rheinische Gemeindeordnung vom 23. Juli 1845 (GS 523).

[2]) Steins Schreiben an Minister Schroetter vom 27. Juni 1808 *(Stein,* Briefe u. Amtl. Schr., Bd. II 2, S. 763 ff.).

[3]) Denkschrift Schroetters betr. die Gemeinde- und Polizeiverfassung des platten Landes vom 13. Oktober 1808; Gegenplan Schöns vom 14. November 1808; Gegenbemerkungen Schroetters vom 24. November 1808 (vgl. *F. Keil,* Die Landgemeinde S. 81 f.).

[4]) Nach Schroetters ursprünglichem Plan (Denkschrift vom 5. März 1806; bei *Meier,* Reform, 2. Aufl., S. 350 f.) sollten die Landräte besoldete Staatsbeamte werden; das Wahlrecht der Kreisstände sollte beseitigt und es sollten (wie Schroetter Anfang 1808 vorschlug) Landräte aus fremden Provinzen ernannt werden. Stein trat (vgl. sein oben Anm. 2 erwähntes Schreiben vom 27. Juni 1808) diesem Plan entgegen, da er ganz auf „besoldete Diener" berechnet sei und daher nicht „zu dem Geist der neuen Organisation" passe.

Die Landgemeinde- und Kreisreform

Hardenberg setzte sich ebenso stark für die Reform der Landgemeinde- und der Kreis-Ordnung ein. Sie hatte in seinen Plänen eine unmittelbar staatspolitische Bedeutung, da die Landgemeinden und Kreise den Unterbau für die indirekten Wahlen zu den Provinzialständen und zum Allgemeinen Landtag bilden sollten. Aber eben diese Verknüpfung mit der Gesamtreform verhinderte die schnelle Lösung der Probleme der Landgemeinde- und der Kreisverfassung.

2. Probleme der Landgemeindereform

Erst nachdem die Krise von 1819 überwunden war, schien der Weg zur Neuordnung des Gemeinde- und Kreisverfassungsrechts frei zu sein. Am 12. Februar 1820 ordnete der König die Bildung einer Verfassungskommission an, die auf der Grundlage der Hardenberg'schen Vorarbeiten die Landgemeinde- und Kreisordnung entwerfen sollte. Diese Aufgabe war durch die krassen Gegensätze erschwert, die in der ländlichen Verwaltung zwischen den östlichen Provinzen und den nun für Preußen zurückgewonnenen oder neuerworbenen westlichen Gebietsteilen bestanden. Im Osten hatte sich auf dem Land der Feudalismus behauptet; die Stein-Hardenberg'sche Agrarreform [1] hatte ihn zwar gelockert, doch nicht beseitigt. Im Westen hatte der agrarische Feudalismus niemals die extreme Form wie in den östlichen Provinzen angenommen; die Gesetzgebung der napoleonischen Zeit hatte ihn dann völlig eingeebnet. Im Osten hatten sich dementsprechend die feudalen Formen der Lokalverwaltung erhalten; im Westen dagegen war in der Zeit der französischen Herrschaft auch auf dem Land an Stelle des feudalen ein bürokratisches Verwaltungssystem entstanden.

Im Einzelnen bestand bei der Wiederherstellung Preußens folgende Lage:
In den *östlichen Provinzen* waren die Landgemeinden klein und leistungsschwach; es gab hier etwa 25 000 Landgemeinden, dazu noch etwa 15 000 diesen nicht eingeordnete selbständige Gutsbezirke, in denen der Gutsherr nicht nur Eigentümer, sondern auch Träger der Verwaltung war. Aber auch in den Landgemeinden fand sich überwiegend die alte Grundherrschaft, deren Inhaber die Patrimonialgerichtsbarkeit, die niedere Polizei und den Kirchenpatronat besaß und als Gemeindevorstand den Schulzen ernannte, der in Abhängigkeit von ihm die Gemeindegeschäfte führte. Seit der Agrarreform war der Grundherr rechtlich nur noch ein privater Grundeigentümer; daß sich trotzdem in den Landgemeinden wie in den selbständigen Gutsbezirken in seiner Person auch jetzt noch, den Grundsätzen des ALR gemäß, obrigkeitliche Funktionen mit den privaten Eigentumsrechten verbanden, widersprach dem modernen Staatssystem, das auf der Trennung von Hoheitsgewalt und Eigentum beruhte. Der durch die Agrarreform möglich gewordene freie Güterverkauf verschärfte diesen Widerspruch; denn im Fall des Eigentumswechsels gingen die obrigkeitlichen Befugnisse aus der Hand alteingesessener feudaler Familien, die ihre öffentlich-rechtliche Stellung als Ausdruck einer festen Überlieferung betrachten konnten, an die neuen Gutsherren, so an ehemalige Pächter oder Inspektoren oder an städtische Kapitalisten über. Allerdings nahm diese neo-feudale Schicht die obrigkeitlichen Funktionen der Gutsherrschaft mit der gleichen Hartnäckigkeit als „gutes, altes Recht" in Anspruch wie die alt-feudale, die in ihrer überlieferten Rechtsposition nicht nur einen Vorteil, sondern zugleich eine Ehrenpflicht ihres Standes sah.
In den *westlichen Provinzen* gab es von diesem feudalen Verwaltungssystem kaum mehr eine Spur. In den Rheinlanden und in Westfalen hatte die napoleonische Gesetz-

---

[1] Siehe unten S. 184 ff.

gebung alle obrigkeitlichen Befugnisse der Gutsherren aufgehoben. Die selbständigen Gutsbezirke waren aufgelöst und den Landgemeinden einverleibt worden. In der Kommunalverwaltung waren Stadt und Land gleichgestellt; wie in den Städten galt auf dem Land die Bürgermeisterverfassung französischen Stils. Die Landgemeinden, an sich schon wesentlich größer und leistungsfähiger als die des Ostens, waren zu Samtgemeinden (in der Rheinprovinz zu Bürgermeistereien, in Westfalen zu Ämtern) zusammengefaßt. Man zählte in den beiden westlichen Provinzen 5500 Landgemeinden und 1000 Samtgemeinden. Die Bürgermeister ernannte, dem französischen Recht entsprechend, der Staat; sie waren Organe der modernen bürokratischen Staatsverwaltung.

3. Probleme der Kreisreform

Der gleiche Gegensatz zwischen der feudalen und der bürokratischen Verwaltungsform bestand in der Kreisverfassung der beiden Teile der preußischen Monarchie. Außerordentlich schwierig war in allen Gebietsteilen die Neuordnung der *Kreisstände*, in denen im Osten der adlige Grundbesitz völlig dominierte, während im Westen diese Vorherrschaft des feudalen Besitzes gelockert war. Die altständische Partei hielt an den Vorrechten des Grundadels in den Kreisständen fest, während das Ziel der Reform sein mußte, auch den Bürger- und Bauernstand durch Wahlen an den Kreisständen zu beteiligen. Die Hauptschwierigkeit aber bestand in der zeitgemäßen Fortbildung des *Landratsamts*.

Im *Osten* war der Landrat immer noch, obwohl er als Staatsbeamter angesehen wurde, doch zugleich der Repräsentant des kreiseingesessenen ritterschaftlichen Adels, dem er angehörte. Zwar hatte Hardenberg versucht, durch das Gendarmerie-Edikt vom 30. Juli 1812 [1]) dieses Feudalsystem zu stürzen. Nach dem Edikt sollte das Amt des Landrats aufgehoben werden. An dessen Stelle sollte der *Kreisdirektor* treten, ein vom König ernannter Staatsbeamter des bürokratischen Typus. Er sollte nicht dem kreiseingesessenen Adel, sondern dem Beamtentum der inneren Staatsverwaltung entnommen werden; so war er als ein Organ des staatlichen Unitarismus und Zentralismus gedacht. Nur unerhebliche Reste der ständischen Kreisverwaltung wären erhalten geblieben. Die gutsherrliche Polizei sollte gänzlich durch die staatliche Kreispolizei ersetzt werden. Doch scheiterte Hardenberg mit diesem Versuch, die feudal-ständische durch die zentralistisch-bürokratische Kreisverfassung abzulösen. Die Ausführung des Gendarmerie-Edikts wurde nur zögernd begonnen und 1814 ganz eingestellt. Die Verordnung wegen verbesserter Einrichtung der Provinzialbehörden vom 30. April 1815 (GS 85) stellte das Amt des *Landrats* wieder in vollem Umfang her. Die altständische Partei setzte ferner durch, daß die Kreisstände das Recht erhielten, dem König drei Anwärter aus der Schicht der Gutsbesitzer des Kreises für den Posten des Landrats vorzuschlagen [2]); nur wenn geeignete Gutsbesitzer sich nicht fanden, waren auch „andere sonst gehörig qualifizierte Personen", so vor allem „verdiente invalide Offiziere", als geeignete Kandidaten anerkannt. Der Landrat bewahrte nach dieser Neuregelung sein Doppelamt. Er war als Staatsbeamter Organ der Zentralregierung, und er war als Vertrauensmann der Kreisstände zugleich Organ der feudal-ständischen Autonomie.

In den *Rheinlanden* und in *Westfalen* dagegen wurde der Landrat vom König ohne Vorschlagsrecht der Kreisstände ernannt. Es war nicht die Regel, daß er kreiseingesessener Gutsbesitzer war. Häufig rückten ehemalige Offiziere in diese Stellen ein, häufig aber auch Beamte der inneren Verwaltung. Der Landrat war hier nicht, wie im Osten,

---

[1]) Edikt wegen Errichtung der Gendarmerie vom 30. Juli 1812 (GS 141).
[2]) Kabinettsordre vom 11. Juni 1816 (bei *Meier*, Reform S. 491).

ein Gutsherr des Kreises, der die landrätlichen Funktionen sozusagen nebenher wahrnahm; er war im Westen vielmehr ein Beamter, der von außen in den Kreis kam und der in seiner Verwaltungsposition die wesentliche Basis seiner Existenz hatte.

Jedes dieser Systeme besaß seine spezifischen Vorzüge und Mängel. Der *feudale Landrat* war mit seinem Kreis aufs Engste verwachsen. An den wirtschaftlichen Nöten der Kreisangehörigen nahm er unmittelbaren Anteil. Sein Amt war für ihn keine Durchgangsstufe in einer bürokratischen Karriere, sondern eine Lebensaufgabe. Aber er war zugleich als Angehöriger der privilegierten Schicht in vielen Fragen der Verwaltung zugunsten seines Standes voreingenommen. Seine privatwirtschaftliche Tätigkeit nahm ihn stark in Anspruch. Er war zudem zur altständischen Opposition gegenüber der Regierung, unter Umständen sogar zur Obstruktion gegenüber den von der Zentralgewalt kommenden Gesetzen und Verwaltungsanordnungen geneigt. Der *bürokratische Landrat* war weit stärker in die Verwaltungshierarchie des Staates einbezogen. Er fühlte sich als Repräsentant der Staatsregierung im Kreis, nicht als Repräsentant des Kreises gegenüber der Staatsregierung. Als reiner Berufsbeamter war er ganz seinen dienstlichen Obliegenheiten hingegeben. In den sozialen und wirtschaftlichen Interessengegensätzen der Zeit war er nicht Partei; er war, wie der Staat selbst, überlegener und neutraler Dritter. Aber es fehlte ihm die patriarchalische Verbundenheit und die intime Vertrautheit mit seinem Kreis, die den feudalen Landrat auszeichnete. Mit der Ent-Feudalisierung des Landratsamts vollzog sich eine starke Bürokratisierung, Etatisierung und Entpersönlichung der Lokalverwaltung.

4. Entwürfe der Landgemeinde- und Kreisordnung

Angesichts solcher Unterschiede zwischen den Ost- und den West-Provinzen lag es nahe, die Landgemeinde- und die Kreisordnung auf zwei gesonderten Systemen aufzubauen. Aber aus begreiflichen Gründen trat die mit der Reformarbeit betraute Verfassungskommission, in der *Friese*, der Staatssekretär des Staatsrats, bestimmend war, für eine einheitliche Landgemeinde- und Kreisverfassung Preußens ein. Wenn man im Gegensatz zu dem altständischen Föderalismus und Partikularismus die preußische Staatseinheit wollte, so war die Einheitlichkeit der Gemeinde- und Kreisordnung im Osten und Westen eine Staatsnotwendigkeit. Da es der altständische Feudalismus war, der dem bürokratischen Unitarismus Hardenbergs hier wie auch sonst entgegentrat, mußte man versuchen, das Verwaltungssystem des Ostens dem moderneren des Westens möglichst anzunähern. So arbeitete die Kommission unter Frieses Leitung eine einheitliche Landgemeinde- und Kreisordnung aus [1]).

Die *Landgemeindeordnung* wollte die Landgemeinde durchgängig zum Träger der Lokalverwaltung erheben. Die westlichen Bürgermeistereien (Ämter) sollten wegfallen. Ein gewählter, der Bestätigung des Landrats bedürftiger Schulze sollte an die Spitze der Landgemeinde treten. Eine Gemeindeversammlung, entweder aus allen Bürgern oder aus einer gewählten Körperschaft gebildet, sollte ihm zur Seite stehen. Das Gemeindebürgerrecht sollten alle Hausväter von selbständiger Stellung besitzen. Der Gutsherr sollte, soweit er es bisher war (also nur in den östlichen Provinzen), Träger der niederen Polizei und der Patrimonialgerichtsbarkeit bleiben; doch sollte der Landrat berechtigt sein, dem Schulzen in Polizeisachen unmittelbare Anweisungen zu erteilen. Nach der *Kreisordnung* sollte der Landrat im Sinne des westlichen Systems zum Inhaber eines bürokratischen Staatsamtes werden. Er allein sollte handelndes

---

[1]) Entwürfe einer Landgemeinde-, Städte- und Kreisordnung vom 7. August 1820 (vgl. *F. Keil*, Die Landgemeinde S. 119 ff.).

Verwaltungsorgan des Kreises sein. Die Kreisversammlung sollte auf eine beratende Funktion beschränkt werden. Die Rittergutsbesitzer im Kreise sollten nicht mehr sämtlich der Kreisversammlung angehören, also keine „Virilstimmen" mehr innehaben, sondern nur noch gewählte Vertreter entsenden und auf ein Drittel der Kreisverordneten beschränkt sein; sie wären damit gegenüber den bürgerlichen und bäuerlichen Kreisverordneten in die Minderheit geraten.

Es war nicht überraschend, daß die altständisch-konservative Partei sich einmütig gegen die Entwürfe Frieses wandte. Unter der Führung des Kronprinzen gewann sie auch in dieser Frage das Ohr des Königs. Hardenberg verteidigte seine Pläne hartnäckig, doch ohne durchschlagende Kraft. Im Dezember 1820 verwies der König die Entwürfe an eine neue, unter dem Vorsitz des Kronprinzen stehende Verfassungskommission des Staatsrats, die durchweg aus Gegnern der Hardenberg'schen Pläne bestand [1]). Sie verwarf die vorgeschlagene Kreis- wie die Gemeindeordnung und schlug vor, die Kreis- und Gemeindeverfassung nicht einheitlich für das Staatsgebiet, sondern einzeln für jede Provinz nach Beratung mit den Provinziallandtagen aufzustellen. Am 11. Juni 1821 entschied der König diesem Vorschlag gemäß. Frieses Entwürfe waren damit gescheitert.

5. Der Abschluß der Kommunalreform

Die Arbeiten an der *Kreisverfassung* kamen bald nach Hardenbergs Tod zum Abschluß. Nacheinander wurden in den Jahren 1825—28 die Kreisordnungen für die acht preußischen Provinzen erlassen [2]). Nach diesen im Wesentlichen übereinstimmenden Gesetzen bestand der *Kreistag* (Kreisversammlung, kreisständische Versammlung) aus allen Rittergutsbesitzern des Kreises, die also ihre Virilstimmen behielten, sowie aus den Kreisdeputierten der kreisangehörigen Städte und des bäuerlichen Standes. Die Kompetenz des Kreistags erstreckte sich auf die gutachtliche Äußerung zu Kreisabgaben, die Prüfung der Verwendung der Kreismittel und die Wahl der Kreiskommunalbeamten. Die schon in der früheren Entwicklung enthaltene Doppelnatur des Kreises als eines staatlichen Verwaltungsbezirks und eines höheren Kommunalverbandes war in den Kreisordnungen von 1825—28 deutlich ausgeprägt. Durch ergänzende Verordnungen, die in den vierziger Jahren ergingen [3]), wurde der Kreistag ermächtigt, in gewissen Fällen Kreisausgaben zu beschließen und dadurch eine Abgabenpflicht der Kreiseingesessenen zu begründen. Das Präsentationsrecht des Kreistags für die Besetzung des Landratsamts blieb nach Maßgabe der Kabinettsordre vom 11. Juni 1816 erhalten [4]). Da der Versuch, eine einheitliche

---

[1]) Siehe unten S. 313 Anm. 1.

[2]) Kreisordnungen für die Kur- und Neumark vom 17. August 1825 (GS 203), für Pommern vom 17. August 1825 (GS 217), für die Provinz Sachsen vom 17. Mai 1827 (GS 54), für Schlesien vom 2. Juni 1827 (GS 71), für die Rheinprovinz und Westfalen vom 13. Juli 1827 (GS 117), für die Provinz Preußen vom 17. März 1828 (GS 34), für Posen vom 20. Dezember 1828 (GS 1829 S. 3).

[3]) Verordnungen für Brandenburg, Pommern, Posen, Sachsen und Westfalen vom 23. März 1841 (GS 53, 55, 58, 60, 62), für Schlesien vom 7. Januar 1842 (GS 33), für Preußen vom 22. Juni 1842 (GS 211), für die Rheinprovinz vom 9. April 1846 (GS 161).

[4]) Dazu Regulativ über die Prüfung der Landratsamtskandidaten vom 13. Mai 1838 (GS 423).

Kreisordnung zu schaffen, in den Jahren 1850–52 scheiterte[1]), blieb dieses Kreisverfassungsrecht der zwanziger Jahre bestehen; erst nach 1870 kam es zu einer grundlegenden Neuordnung[2]).

Die *Landgemeindereform* dagegen kam auch nach Hardenbergs Tod nicht zustande. Der 1834 unternommene Versuch, eine gemeinsame Gemeindeordnung für Westfalen und die Rheinprovinz zu schaffen, schlug fehl. Erst in der Regierungszeit Friedrich Wilhelms IV. wurde die Landgemeindeverfassung neugeordnet, und zwar zunächst im westlichen, dann im östlichen Teil der Monarchie[3]).

§ 14. Die preußische Agrar- und Gesellschaftsreform

Schrifttum: A. Sartorius v. Waltershausen, Deutsche Wirtschaftsgesch. 1815–1914 (2. Aufl. 1923); *C. Brinkmann,* Wirtschafts- und Sozialgeschichte im 19. Jahrh. (1927); *J. Kulischer,* Allgemeine Wirtschaftsgeschichte, Bd. 2 (1929); *Häpke-Wiskemann,* Wirtschaftsgeschichte, Bd. 2 (1933); *F. Lütge,* Dt. Sozial- u. Wirtschaftsgesch. (1952); *H. Haußherr,* Wirtschaftsgeschichte der Neuzeit (2. Aufl. 1955); *H. Bechtel,* Wirtschaftsgesch. Deutschlands im 19. u. 20. Jahrh. (1956).
Lette-Rönne, Die Landeskulturgesetzgebung des preuß. Staates (1854–56); *A. Meitzen,* Der Boden und die landwirtschaftlichen Verhältnisse des preußischen Staates (1868); *G. F. Knapp,* Die Bauernbefreiung und der Ursprung der Landarbeiter in den älteren Teilen Preußens (1887); *R. Stadelmann,* Preußens Könige in ihrer Tätigkeit für die Landeskultur Bd. 1 (1887); *G. Cavaignac,* La formation de la Prusse contemporaine Bd. 1 (1891); *A. Glatzel,* Die preuß. Agrargesetzgebung (1895); *R. Stein,* Die Umwandlung der Agrarverfassung Ostpreußens durch die Reform des 19. Jhdts. (Bd. 1, 1918, Bd. 2, 3, 1933/34); *M. Rumler,* Die Bestrebungen zur Befreiung der Privatbauern in Preußen 1797–1806 (FBPG Bd. 33, 1921, S. 179 ff., S. 327 ff.; Bd. 34, 1922, S. 1 ff., S. 265 ff.; Bd. 37, 1925, S. 31 ff.); *G. Winter,* Zur Entstehungsgeschichte des Oktoberedikts und der Verordnung vom 14. Februar 1808 (FBPG Bd. 40, 1927, S. 1 ff.); *W. Dessin,* Ursprung und Bedeutung der Regulierungs- und Separationsrezesse in den östlichen Provinzen (1927); *F. Lütge,* Über die Auswirkungen der Bauernbefreiung in Dtl. (Jb. f. Nat. Ök. u. Stat. Bd. 157, 1943, S. 353 ff.); *W. Conze,* Die Wirkungen der liberalen Agrarreformen auf die Volksordnung in Mitteleuropa im 19. Jahrh. (Vjschr. f. Soz. u. Wirtsch. Gesch. Bd. 38, 1949/50, S. 2 ff.); *H. v. Borcke-Stargordt,* Zur preußischen Agrargesetzgebung der Reformzeit (Festschr. f. H. Kraus, 1954, S. 307 ff.); *W. Conze,* Quellen zur Geschichte der Bauernbefreiung (1957).
I. Freund, Die Emanzipation der Juden in Preußen unter bes. Berücksichtigung des Gesetzes vom 11. März 1812 (1912); *A. Stern,* Abhandlungen und Aktenstücke zur Geschichte der preuß. Reformzeit (1885) S. 227 ff.; *R. Dukas,* Die Motive der preuß. Judenemanzipation (Diss. Freiburg i. Br. 1915).

---

[1]) Kreis-, Bezirks- und Provinzialordnung vom 11. März 1850 (GS 259); außer Vollzug gesetzt durch Erlaß vom 19. Juni 1852 (GS 388); aufgehoben durch Gesetz vom 24. Mai 1853 (GS 238). Siehe Bd. III, S. 127.
[2]) Kreisordnung für die östlichen Provinzen vom 13. Dezember 1872 (GS 661); Kreisordnung für die Provinz Westfalen vom 31. Juli 1886 (GS 217); Kreisordnung für die Rheinprovinz vom 30. Mai 1887 (GS 209). Siehe Bd. IV, S. 352 ff.
[3]) Noch im Vormärz ergingen die *Landgemeindeordnung für Westfalen* vom 31. Oktober 1841 (GS 297) und die *Rheinische Gemeindeordnung* vom 23. Juli 1845 (GS 523). Diese galt anfänglich für Städte und Landgemeinden, bis 1856 die rheinischen Städte wieder ihre besondere Städteordnung erhielten (siehe oben S. 178). Die für alle preußischen Gemeinden gedachte Gemeindeordnung vom 11. März 1850 (GS 213) wurde durch den Sistierungserlaß vom 19. Juni 1852 (GS 388) außer Anwendung

Die preußische Agrar- und Gesellschaftsreform

I. Die Bauernbefreiung

1. Die Erbuntertänigkeit

Um die Nation ohne Umsturz in eine zeitgemäße Gesellschaftsordnung zu überführen, war es vor allem notwendig, die Reste persönlicher Unfreiheit, die sich in der überlieferten Feudalordnung fanden, durch Reform zu beseitigen. Rechtsschranken der persönlichen Freiheit bestanden zwar nicht in den Städten, wohl aber auf dem Land, wo in den östlichen Provinzen Preußens den beiden Gruppen der feudalen Gutsherren und der freien Bauern und Handwerker eine große Zahl erbuntertäniger Bauern und Landarbeiter gegenüberstanden.

Die *Erbuntertänigkeit* bedeutete keine privatrechtliche Eigentumsmacht von Menschen über Menschen nach Art der Sklaverei; sie beruhte vielmehr auf der öffentlich-rechtlichen Hoheitsgewalt des Gutsherrn gegenüber den Gutsuntertanen. Das Recht der Gutsobrigkeit über die Gutsuntertanen war nicht Dominium, sondern Imperium. Die Erbuntertänigkeit, so wie sie im ausgehenden 18. Jahrhundert in Preußen bestand, war nur noch eine abgeschwächte Form der alten „Leibeigenschaft". Immerhin gehörte zu ihr sowohl die *Schollenpflichtigkeit*, die dem Erbuntertänigen verwehrte, seinen Wohnsitz und seinen Tätigkeitsbereich ohne Genehmigung des Gutsherrn zu verändern, als auch der *Gesindezwang*, der die Erbuntertänigen verpflichtete, eine bestimmte Zeit als Knecht oder Magd im Dienst des Gutsherrn zu arbeiten und ihm auch später für bestimmte Dienste zur Verfügung zu stehen. Im Laufe der Entwicklung hatte die Erbuntertänigkeit sich in einem gewissen Maß dadurch gemildert, daß man sich von der Schollenpflichtigkeit durch *Loslassungsgelder*, vom Gesindezwang durch *Ablösungsgelder* (Schutzgelder) freikaufen konnte. Immerhin belastete auch in dieser Form die Erbuntertänigkeit die Betroffenen schwer, zumal sie mit einer großen Zahl gutsherrlicher Sonderrechte verbunden war, so mit dem Recht, den Hoferben für erbuntertänige Bauern zu bestimmen, die Heirat für erbuntertänige Bauerntöchter zu genehmigen u. a. m.

Erbuntertänig waren außer dem Gesinde des Gutsherrn auch die Inhaber der zum Grundeigentum des Gutsherrn gehörigen verselbständigten bäuerlichen Wirtschaften, die sich entweder erblich oder nicht-erblich in der Hand von *Hintersassen* befanden. Diese hatten den Hof entweder in abgeleitetem Eigentum oder in Erbpacht oder zu Erbzins inne (*nicht-lassitischer Besitz*), oder sie verwalteten ihn als „Laßbauern", denen nur die Nutznießung des gutsherrlichen Eigentums erblich oder lebenslang oder auf bestimmte Zeit oder frei kündbar zustand (*lassitischer Besitz*). In beiden Fällen bewirtschafteten die Hintersassen ihre Stelle zwar selbständig, waren dem Gutsherrn aber zu Abgaben und Diensten mannigfacher Art verpflichtet. Der rechtliche Entstehungsgrund dieser Erbuntertänigkeit lag entweder in alter Hörigkeit, in die man durch Geburt hineinwuchs, oder in neuer Hörigkeit, die durch Heirat mit einem erbuntertänigen Mann, durch Übernahme einer erbuntertänigen Hofstelle oder durch Unterwerfungsvertrag entstehen konnte. Dieses ganze System von Schollenpflichtigkeit, Gesindezwang und lassitischem oder nicht-lassitischem Hintersassentum galt es aufzuheben, wenn Preußen in einen Staat freier Bürger verwandelt werden sollte.

---

gesetzt und durch das Gesetz vom 24. Mai 1853 (GS 238) aufgehoben (siehe Bd. III, S. 126 ff.). Statt dessen entstand, unter Mitwirkung des Staatsrats, die *Landgemeindeordnung für die sechs östlichen Provinzen* vom 14. April 1856 (GS 359) und die *Landgemeindeordnung für Westfalen* vom 19. März 1856 (GS 265); die Rheinische Gemeindeordnung von 1845 wurde durch das *Gemeindeverfassungsgesetz für die Rheinprovinz* vom 15. Mai 1856 (GS 435) fortgebildet. An die Stelle der Landgemeindeordnung vom 14. April 1856 trat schließlich die Landgemeindeordnung für die sieben östlichen Provinzen vom 3. Juli 1891 (GS 233), die bis 1933 in Kraft blieb. Siehe dazu Bd. IV, S. 362 f.

Die Bauernbefreiung

Allderdings war das Korrelat der Erbuntertänigkeit im alten Preußen ein hochentwik-kelter gesetzlicher *Bauernschutz*. Das schollenpflichtige Hofgesinde hatte Anspruch auf eine Heimstatt im Hof, also auf Unterkunft und Unterhalt, auch bei Invalidität und im Alter. Die Hintersassen hatten, soweit sie dessen bedurften, einen Anspruch auf Hilfs-leistungen des Gutsherrn, besonders bei Saat und Ernte. Das Kernstück des Bauern-schutzes aber war das *Verbot des Bauernlegens*, d. h. das Verbot, die Hofstelle beim Tod des Inhabers oder bei anderweitiger Erledigung zum unmittelbaren Besitz des Guts-herrn einzuziehen oder durch Auskauf in den unmittelbaren gutsherrlichen Besitz zu bringen. „*Auslaufende Höfe*" erbuntertäniger Bauern mußten vom Gutsherrn neu verge-ben werden. Dieser Bauernschutz, dessen Festigung vor allem der friderizianischen Lan-deskulturgesetzgebung zu danken war, stellte eine starke Belastung für die Gutsherrn dar. Es war eine Kernfrage der Reform, ob bei der Aufhebung der Erbuntertänigkeit der Bauernschutz wegfallen sollte, wie es in der Konsequenz der liberalen Doktrin lag, oder ob der Bauernschutz in zeitgemäß abgewandelten Formen beizubehalten war, wie ein Teil der Reformer es sozial-konservativen Grundsätzen gemäß verlangte[1]).

2. Die Anfänge der Bauernbefreiung

Schon in der Spätzeit des Absolutismus setzte die wohlfahrtsstaatliche Auf-klärung die Einsicht durch, daß die Erbuntertänigkeit beseitigt werden müsse. So bekannte *Svarez*, der Schöpfer des Allgemeinen Landrechts, sich zur Idee der staatsbürgerlichen Gleichheit und Freiheit. Die staatstheoretischen Vorle-sungen, die er dem Kronprinzen Friedrich Wilhelm (III.) gehalten hatte, tru-gen nach dem Regierungswechsel von 1797 Frucht. Zwischen 1799 und 1805 kam es auf Grund königlicher Anordnungen zur *Befreiung der Domänenbau-ern*. Nicht weniger als 50 000 spannfähige Bauern der Staatsdomänen in den alten preußischen Provinzen (außer Schlesien) erlangten in dieser Zeit persön-liche Freiheit und freies Eigentum. Dieser Befreiungsakt der „Vor-Reform" war umfassender noch als die Bauernbefreiung der eigentlichen Reformgesetz-gebung, die nur rund 45 000 Bauernstellen betraf. Mit Recht hat man diese Befreiung der Domänenbauern eine „geräuschlose, tiefgreifende Reform" ge-nannt[2]).

Friedrich Wilhelm III. war schon im Anfang seiner Regierung entschlossen, darüber hinaus auch die *Befreiung der Privatbauern*, d. h. des Gesindes und der Hintersassen der Gutsherrn, gesetzlich anzuordnen. Schon 1798 entwickelte er den Plan, die Erbuntertänigkeit für alle Minderjährigen durch Gesetz aufzuhe-ben und die Erbuntertänigkeit dadurch auslaufen zu lassen. Jedoch kam es bis 1806 hinsichtlich der Befreiung der Privatbauern, die naturgemäß einen staatli-chen Eingriff in die Rechte der Gutsherrn bedeutete, nicht zu einer Entschei-dung.

In der zuständigen Generalkommission schlug der Kabinettsrat *Beyme* vor, die Befreiung der Privatbauern anzuordnen. Doch wurde der Vorschlag Beymes, obwohl der König ihn ausdrücklich billigte, abgelehnt; sowohl der Großkanzler v. *Goldbeck* als auch die Mehrheit des Generaldirektoriums (darunter die Minister *Schroetter* und *Hardenberg*) wandten sich gegen das Projekt. Allerdings waren die Opponenten nicht gegen die Aufhebung der Erbuntertänigkeit an sich. Sie machten jedoch geltend,

---

[1]) Siehe unten S. 189 f.
[2]) *Knapp*, Bauernbefreiung Bd. 1 S. 96 ff.

daß zunächst eine wirtschaftliche Regelung der Eigentumsverhältnisse erforderlich sei, bevor man an die Herstellung der persönlichen Freiheit denken könne. Das war ein wohlerwogenes Argument; denn ohne Sicherung des freien Eigentums und Regelung der Ablösungspflichten gegenüber den privaten Gutsherrn hätte die Verleihung persönlicher Freiheit die Privatbauern in eine prekäre wirtschaftliche Lage versetzt. Der gegen die Absicht des Königs gerichtete Beschluß der Kommission ist ein kennzeichnendes Beispiel dafür, wie sehr in dieser spätabsolutistischen Epoche die Allmacht des Königs gemindert und wie stark die Macht der hohen Staatsämter gestiegen war. Die Anhänger einer schnellen Reform gaben ihre Pläne jedoch nicht preis. Ein Verordnungs-Entwurf vom 6. Februar 1803 sah die Aufhebung der Erbuntertänigkeit für alle Personen vor, die seit dem Tag der Huldigung (1797) geboren waren. Nunmehr allerdings scheute der König sich, die Verordnung in Kraft zu setzen, da er einen Konflikt mit der feudalen Oberschicht fürchtete.

Eine Reihe von adligen Gutsherrn führte in dieser Schwebelage auf eigene Faust die Befreiung ihrer Erbuntertänigen durch private Freilassung durch. Dazu gehörten nicht nur Gutsherrn, die sich schon in dieser Zeit zu den Reformgedanken bekannten, wie der Minister Schroetter und die Mitglieder der Familie Dohna, an der Spitze der auf S. 187 Anm. 3 erwähnte *Graf Friedrich Alexander Dohna-Schlobitten*, sondern auch hochkonservative Rittergutsbesitzer, wie der Minister Voss-Buch und einer der Grafen Finckenstein. Die Befreiung der Erbuntertänigen im Privatweg hatte für die Gutsherrn nämlich auch offenkundige Vorteile. Sie wurden damit des Bauernschutzes ledig, der mit der Erbuntertänigkeit gekoppelt war; vor allem aber gewannen sie mit der Bauernbefreiung die Möglichkeit des Bauernlegens. Die Regierung, die von der Notwendigkeit durchdrungen war, einen selbständigen Bauernstand zu erhalten, suchte diese Gefahren zu bannen, indem sie sich um die Festigung des Bauernschutzes (so durch eine Verfügung für Ostpreußen vom 31. Mai 1806) bemühte. Damit aber gewannen diejenigen Gutsherrn eine Vorzugsstellung, die die Erbuntertänigkeit schon vorher durch Privatakt aufgehoben hatten; denn sie hatten sich damit vom Bauernschutz freigemacht und konnten ihm nur schwer nachträglich wieder unterworfen werden.

3. Das Edikt über die Bauernbefreiung

Nach dem preußischen Zusammenbruch von 1806 nahm der Staat das stekkengebliebene Werk der Agrarreform tatkräftig wieder auf. In seiner „Nassauer Denkschrift" bekannte *Stein* sich zur vollständigen Befreiung der Person und des Besitzes der Erbuntertänigen:

„Dem Bauernstand muß das Gesetz persönliche Freiheit erteilen und bestimmen, daß ihm der unterhabende Hof nebst Inventarium gehöre gegen Erlegung der bisherigen gutsherrlichen Abgaben, bei deren Nichtbezahlung er aber abgeäußert und des Hofes entsetzt wird. Die bäuerlichen Abgaben und Dienste dürfen nicht erhöht und ihr Ertrag muß durch Urbarien festgesetzt und die Befugnis zum Loskauf gesetzlich gemacht werden"[1].

Als Stein nach seiner Berufung zum leitenden Minister im Oktober 1807 in Memel eintraf, fand er einen in der Immediat-Kommission ausgearbeiteten Entwurf von *Schön, Stägemann* und *Klewitz* vor, der die Aufhebung der Erbuntertänigkeit vorsah. Schön, der in diesem Kreis der führende Kopf war, erwies sich auch weiterhin als die treibende Kraft. Der erste Entwurf war allerdings auf Ost- und Westpreußen beschränkt; Stein dehnte ihn auf das gesamte damalige Staatsgebiet aus. Schon am 9. Oktober 1807 erging das *Edikt über die Bauern-*

---

[1] *Stein*, Briefe u. Amtl. Schr., Bd. II 1, S. 380 ff.

befreiung („Edikt den erleichterten Besitz und den freien Gebrauch des Grundeigentums sowie die persönlichen Verhältnisse der Landbewohner betreffend")[1]).

Der Vorspruch des Edikts betonte, daß die Wiederherstellung des gesunkenen Wohlstands der Nation das vordringlichste Ziel sei; es sei „ebensowohl den unerläßlichen Forderungen der Gerechtigkeit als den Grundsätzen einer wohlgeordneten Staatswirtschaft gemäß, alles zu entfernen, was den Einzelnen bisher hinderte, den Wohlstand zu erlangen, den er nach dem Maß seiner Kräfte zu erreichen fähig war". Es war der Geist der liberalen Nationalökonomie, der sich hier aussprach. Der Wiederaufbau des durch den Krieg und mehr noch durch den Tilsiter Frieden zerrütteten Landes konnte nach der Überzeugung Schöns, Schroetters und Altensteins nur durch den Übergang zum wirtschaftlichen Liberalismus in Angriff genommen werden[2]). Diese ökonomische Motivation verdunkelte in der Präambel des Edikts die staats- und rechtspolitischen Erwägungen, wie sie Stein beseelten. Das Hauptanliegen der Bauernbefreiung war, persönliche Freiheit und freies Eigentum zu schaffen, um damit die Teilnahme freier, gleichberechtigter und wirtschaftlich selbständiger Bürger an den staatlichen Geschäften möglich zu machen. Dazu kam als zweites, daß man die Unfreiheit und Ungleichheit, in der die Erbuntertänigen sich befanden, als einen Verstoß gegen das natürliche Sitten- und Rechtsgesetz empfand[3]). Um Freiheit und Gleichheit herzustellen, zugleich auch um dem Einzelnen die volle Entfaltung seiner wirtschaftlichen Kräfte möglich zu machen und ihm den Ertrag seiner Arbeit zu sichern, hob das Edikt alle Schranken der Freiheit und des Eigentums auf, die nicht um des „gemeinen Wohles" willen auch fernerhin notwendig waren.

Die §§ 10–12 des Edikts enthielten folgende umstürzenden Bestimmungen:

„§ 10. Nach dem Datum dieser Verordnung entsteht fernerhin kein Untertänigkeitsverhältnis weder durch Geburt, noch durch Heirat, noch durch Übernehmung einer untertänigen Stelle, noch durch Vertrag.

§ 11. Mit der Publikation der gegenwärtigen Verordnung hört das bisherige Untertänigkeitsverhältnis derjenigen Untertanen und ihrer Weiber und Kinder, welche ihre Bauerngüter erblich oder eigentümlich oder erbzinsweise oder erbpächtlich besitzen, wechselseitig gänzlich auf.

---

[1]) Text: Dokumente Bd. 1 Nr. 7. Ergänzend dazu die Kabinettsordre wegen Aufhebung der Erbuntertänigkeit auf sämtlichen preußischen Domänen vom 28. Oktober 1807 (ebenda Nr. 8), die jedoch nur die bereits früher verfügte Aufhebung der Leibeigenschaft, Erbuntertänigkeit und Gutspflichtigkeit der Domänenbauern zusammenfassend bestätigte.

[2]) Die Lehren Adam Smiths waren in Deutschland durch *Christian Jakob Kraus*, Professor in Königsberg, verbreitet worden; sie beherrschten vor allem das Denken der ostpreußischen Reformer, die, wie Schön, durch die Kraus'sche Schule gegangen waren.

[3]) Daß man sich auch im Adel der Fragwürdigkeit der Erbuntertänigkeit bewußt war, zeigt die Eingabe des *Grafen Friedrich Alexander Dohna* (1741–1810), preuß. Obermarschall, und des *Grafen August Friedrich Philipp Dönhoff* (1763–1838), preuß. Landhofmeister, sowie anderer an den König vom 17. November 1808 (*Stein*, Briefe u. Amtl. Schr., Bd. II 2, S. 993 Anm. 1), in der es heißt: „Die Erbuntertänigkeit konnte nie als eine rechtsgültige Verfassung betrachtet werden."

§ 12. Mit dem Martinitage 1810 hört alle Gutsuntertänigkeit in Unsern sämtlichen Staaten auf. Nach dem Martinitage 1810 gibt es nur freie Leute, so wie solches auf den Domänen in allen Unsern Provinzen schon der Fall ist, bei denen aber, wie sich von selbst versteht, alle Verbindlichkeiten, die ihnen als freien Leuten vermöge des Besitzes eines Grundstücks oder vermöge eines besonderen Vertrages obliegen, in Kraft bleiben."

Das Edikt berührte, wie aus diesen Bestimmungen ersichtlich ist, die *Eigentumsverhältnisse* an den Hofstellen der bisher erbuntertänigen Bauern nicht. Es schuf zunächst nur die persönliche Freiheit; es hob also die *Schollenpflichtigkeit* und den *Gesindezwangsdienst* auf. Im Einzelnen beseitigte es, wie die erläuternde Bekanntgabe vom 8. April 1809 ausführte, auch folgende Schranken der Freiheit: 1) das Recht des Gutsherrn, den Abzug bäuerlicher Untertanen zu genehmigen und daür *Loslassungsgelder* zu verlangen; 2) das Recht des Gutsherrn, den Gesindedienst der Untertanenkinder zu fordern und sich für die Freistellung *Ablösungsgelder* zahlen zu lassen; 3) das Recht des Gutsherrn, von auswärts dienenden Untertanenkindern *Schutzgelder* zu erheben; 4) das Recht des Gutsherrn, untertänige Bauern in eine dienstpflichtige Stelle des Gutsdorfs zwangsweise einzuweisen; 5) das Recht des Gutsherrn, eines der Kinder eines untertänigen Bauern zum Hoferben zu bestimmen; 6) das Recht des Gutsherrn, die Verheiratung, die Berufsausbildung, die Eingehung von Schulden, die Aufnahme von Mietern gegenüber Gutsuntertänigen von seiner Genehmigung abhängig zu machen.

Diese Befreiung von der Erbuntertänigkeit vollzog sich in drei Etappen: vom 9. Oktober 1807 ab konnte eine neue Untertänigkeit in keiner Form mehr begründet werden; von der Verkündung des Edikts ab waren alle erbuntertänigen nicht-lassitischen Bauern mit ihren Familien frei; vom 11. November 1810 ab erlangten auch alle anderen abhängigen Leute, also die Laßbauern, das Gesinde, die Gutshandwerker usw., die volle persönliche Freiheit[1]).

4. Die Wirkungen des Befreiungs-Edikts

In großer Zahl[2]) löste das Edikt von 1807 die Bewohner des damaligen preußischen Staatsgebiets aus der Erbuntertänigkeit, in der sie bisher als Hofhörige oder Hintersassen lebten. Hintersassen und Hofhörige wurden nun erst zu *Staatsuntertanen* im eigentlichen Sinn, während sie bis dahin Gutsuntertanen gewesen waren. Der moderne Staat, der auf der unmittelbaren Zuordnung aller Einzelnen zur Staatsgewalt beruht, entstand erst vollkommen, als die Zwischengewalt der feudalen Gutsobrigkeit beseitigt wurde. Erst die Bauernbefreiung hob den Feudalstaat in seinen letzten Resten auf; erst sie schuf den eigentlichen *Obrigkeitsstaat*, d. h. den Staat, der als einzige Obrigkeit in einem unmittelbaren Rechtsverhältnis zu allen seinen Bewohnern steht. Das

---

[1]) In den westlichen Provinzen, die 1814/15 an Preußen fielen (Rheinprovinz, Westfalen), war die Erbuntertänigkeit durch die französische und westfälische Gesetzgebung beseitigt worden. (Dazu Gesetz über die gutsherrlichen und bäuerlichen Verhältnisse in den westlichen Landesteilen vom 25. September 1820, GS 169, § 3: „Die Leibeigenschaft und Erbuntertänigkeit ist und bleibt mit ihren Folgen aufgehoben".) – In den *ehemals sächsischen Landesteilen* (Kreis Kottbus, beide Lausitzen, Provinz Sachsen), die 1815 an Preußen fielen, hob die Verordnung vom 18. Januar 1819 (GS 21) die Erbuntertänigkeit auf.

[2]) Die *„Statistik des Befreiungswerks"* (vgl. *Knapp*, a.a.O Bd. 1 S. 256ff.) ist auf Schätzungen angewiesen, da die Zahl der Erbuntertänigen des Jahres 1807 nicht bekannt ist. *Schroetter* sprach 1808 von „hunderttausend Familien", die das Edikt aus der Erbuntertänigkeit befreit habe; das ist offenbar eine sehr pauschale Angabe. Die oben S. 185 angegebene Zahl von 45 000 Bauernstellen wird der Wahrheit näher kommen.

Edikt von 1807 holte damit in gewissem Sinn einen Akt nach, der schon im logischen Vollzug des Absolutismus hätte liegen müssen; denn daß der Staat ohne Einschaltung feudaler Zwischengewalten („pouvoirs intermédiaires") der alleinige und unmittelbare Träger der Herrschaft gegenüber allen Einzelnen ist, war ein durchaus absolutistisches Prinzip.

Doch sollten nach der Absicht der Reform die aus der Erbuntertänigkeit Befreiten nicht nur unmittelbare Staatsuntertanen, sie sollten vielmehr freie *Staatsbürger* werden. Die Unmittelbarkeit der Staats-Untertänigkeit sollte den Zugang in die staatsbürgerliche Freiheit und Gleichheit öffnen. Das allgemeine Wahlrecht, die allgemeine Steuerpflicht und die allgemeine Wehrpflicht, diese drei Fundamentaleinrichtungen, auf die der Staat des 19. Jahrhunderts sich gründen sollte, wurden erst möglich, nachdem die Voraussetzungen allgemeiner Freiheit und Gleichheit mit dem Edikt von 1807 hergestellt waren.

Neben den bedeutenden positiven Wirkungen hatte das Befreiungswerk von 1807 allerdings auch *negative Folgen*. Mit der Schollengebundenheit fiel auch der *Bauernschutz* fort. Es ist bemerkenswert, daß starre Reaktionäre und radikale Liberale diese Konsequenz der Bauernbefreiung in gleichem Maße feierten: die einen, weil damit der Feudalbesitz die volle Handlungsfreiheit gegenüber dem Bauerntum gewann, die anderen, weil sie vom Dogma der ungehinderten Vertrags- und Wettbewerbsfreiheit beherrscht waren. Die bedenklichen Konsequenzen der gleichzeitigen Aufhebung der Erbuntertänigkeit und des Bauernschutzes sollten sich vor allem nach der Allodifikation des bäuerlichen Eigentums zeigen[1]).

Einmal entstand mit der Bauernbefreiung die allgemeine *Freizügigkeit* des bisher an Gut und Hof gebundenen Landvolks. Jeder konnte von nun an seinen Wohnort wie seinen Beruf beliebig bestimmen und beliebig wechseln. Erst das Edikt von 1807 hat die große Landflucht des 19. Jahrhunderts möglich gemacht. Die verhängnisvolle Entvölkerung des Landes und das Wachstum des Industrieproletariats waren eine unmittelbare Folge der Bauernbefreiung; die „industrielle Reservearmee", von der Karl Marx später sprach, rekrutierte sich wesentlich aus den freigesetzten bäuerlichen Kräften. So waren nicht nur die außerordentlichen ökonomischen Leistungen des Industriezeitalters, sondern war auch die soziale Krise des 19. Jahrhunderts eine unmittelbare Folge der Aufhebung der Schollengebundenheit.

Zugleich hörten mit der Bauernbefreiung die bisherigen *Fürsorgepflichten* des Gutsherrn gegenüber den Gutsuntertanen auf. Dem Gutsherrn oblag nach altem Herkommen die Pflicht, für Gebäude, Wohnung und Baumaterial, für Brotgetreide, Saatgut, Vieh, Ackergerät und Werkzeug der gutsuntertänigen Bauernstellen zu sorgen. Gewiß gab es Gutsherrn, die diese Pflichten nur nachlässig erfüllten. Im Ganzen aber hatte sich im preußischen Osten das gutsherrlich-patriarchalische Verhältnis erhalten, das auf die Wechselseitigkeit der Pflichten gegründet war. Nun aber, mit der Befreiung vom alten Gutszwang, wurden die ehemaligen Gutsuntertanen auch im wirtschaftlichen Daseinskampf ganz auf die eigene Kraft gestellt. Der Gutsherr, der sich ihrer bisher angenommen hatte, trat im liberalen Wirtschaftssystem, das nun heraufzog, in den freien Wettbewerb mit den aus der Erbuntertänigkeit entlassenen Bauern, die sich der Freiheit, die ihnen zuteil geworden war, wirtschaftlich häufig nicht gewachsen zeigten.

Mit der Bauernbefreiung verlor vor allem das wichtigste Stück des alten *Bauernschutzes*, das *gesetzliche Verbot des Bauernlegens*, d. h. der Einziehung gutszugehörigen Bauernlandes zur Gutswirtschaft oder zum Vorwerksland, seine Grundlage. Nicht nur das feudale Interessedenken und der radikalliberale Dogmatismus, sondern auch viele

---

[1]) Siehe unten S. 193 ff.

maßvolle Reformer waren sich in dieser Konsequenz einig [1]). Der Verzicht auf den staatlichen Protektionismus schien ihnen eine notwendige Voraussetzung wirtschaftlicher Gesundung. Die nicht spannfähigen Hofstellen waren zu produktiver Bewirtschaftung nicht geeignet; die Einziehung dieser lebensunfähigen Kleinbetriebe zum herrschenden Gutshof erschien den Reformern in jeder Hinsicht als ein Vorteil.

Das Edikt von 1807 (§§ 6, 7) ließ die *Einziehung und Zusammenschlagung* der zum Gutsverband gehörigen Bauerngüter allerdings nicht unbeschränkt, sondern nur unter gewissen Voraussetzungen zu. Grundsätzlich war das Bauernlegen nur statthaft, soweit nicht schon das bestehende Rechtsverhältnis die Einziehung einer Stelle zum Gutsbetrieb ausschloß. Bei nicht-lassitischem Bauernland war die Einziehung rechtlich unstatthaft, ebenso bei lassitischem Land, das sich erblich in der Nutznießung eines Gutsuntertanen befand. In diesen Fällen konnte die Einziehung zum Gutsland nur durch Auskauf der Stelle vorgenommen werden. Bei lebenslänglichem Besitzrecht war die Einziehung nur im Todesfall, bei zeitlich befristetem Besitzrecht bei entsprechendem Zeitablauf, be: kündbarem Besitzrecht nur durch Kündigung möglich. Darüber hinaus gestatteten die in Ausführung des Befreiungs-Edikts erlassenen drei *Verordnungen über Einziehung und Zusammenschlagung* [2]) grundsätzlich die Einziehung von nicht-erblichem Bauernland zum Guts- oder Vorwerksland nur, wenn der Gutsherr gleichzeitig ebensoviel Land zu einer größeren Hofstelle zusammenschloß und zu erblichem Besitz austat. Die Folge war, daß einerseits das Kleinbauerntum in den Stand der zwar persönlich freien, aber wirtschaftlich abhängigen Gutsarbeiterschaft absank, während sich andererseits leistungsfähiges Bauerntum auf den vergrößerten Hofstellen bilden konnte.

Freies Eigentum besaßen die persönlich frei gewordenen Bauern nach dem Oktober-Edikt noch nicht [3]). Wie die privaten Eigentums- und Obereigentumsrechte, so ließ das Oktober-Edikt auch eine ganze Reihe *öffentlich-rechtlicher Funktionen der Gutsherren* unberührt. Der Gutsherr blieb Träger der Patrimonialgerichtsbarkeit und der niederen Polizei; er blieb Inhaber des Kirchenpatronats; er behielt die Jagdgerechtigkeit auf dem Bauernland seines Gutsbezirks; auch die Grundsteuerfreiheit für den adligen Grundbesitz bestand fort [4]). Nun war, grob gesprochen, die fortbestehende *gutsherrliche Gerichts- und Polizeigewalt* für die Bewohner des Gutsbezirks ebenso einschneidend, ja unmittelbar noch stärker fühlbar als die aufgehobene Erbuntertänigkeit. *Stein* und seine Nachfolger stimmten darin überein, daß der nächste Schritt der Reform die Aufhebung der Patrimonialgerichtsbarkeit und der gutsherrlichen Polizeigewalt sein müsse. Doch kamen weder *Stein* noch später *Altenstein* in dieser Frage gegen die feudale Opposition auf. Und auch *Hardenberg* scheiterte mit allen Versuchen, die er im Zusammenhang mit der Landgemeinde- und Kreisordnung unter-

---

[1]) Vom Standpunkt der *Reaktion* aus nahm *Th. Schmalz* alsbald in seiner Schrift „Über Erbuntertänigkeit" (1808) in diesem Sinne Stellung. Er sprach den Gutsherren das Recht zu, beliebig viele Bauernstellen einzuziehen und die freigewordenen Gutsbauern in Taglöhner zu verwandeln. Ebenso aber äußerte *Th. v. Schön*, der von allen Reformern den Gedanken des wirtschaftlichen *Liberalismus* am stärksten huldigte, sich gegen den Bauernschutz; vom „staatswirtschaftlichen" Standpunkt aus müsse es den Gutsherren freistehen, die kleinen Bauernstellen aufzuheben, sei es zur Zusammenlegung mit dem Gutsland, sei es zur Bildung großer Pachtgüter.
[2]) Dazu die Verordnungen wegen Zusammenziehung bäuerlicher Grundstücke oder Verwandlung derselben in Vorwerksland: für Ost- und Westpreußen vom 14. Februar 1808 (GS 1806—10 S. 189), für Schlesien vom 27. März 1809 (ebenda S. 552), für Pommern und Brandenburg vom 9. Januar 1810 (ebenda S. 626).
[3]) Dazu Publikandum wegen der durch das Edikt vom 9. Oktober 1807 erfolgten Auflösung der persönlichen Erbuntertänigkeit in Schlesien und der Grafschaft Glatz vom 8. April 1809 (GS 1806—10 S. 557); Verordnung wegen der in Schlesien entstandenen Mißverständnisse über die Dienstleistungen der Bauern gegen ihre Gutsherrschaft vom 24. Oktober 1810 (ebenda S. 735).
[4]) Siehe unten S. 212, 214 f.

nahm, um diese Reste der gutsherrlichen Obrigkeitsgewalt zu beseitigen. Die Patrimonialgerichtsbarkeit wurde erst mit der Revolution von 1848, die gutsherrliche Polizeigewalt erst mit der Kreisordnung von 1872 aufgehoben[1]).

II. Die Freiheit des Güterverkehrs

Um zu Freiheit, Gleichheit und Wettbewerb zu kommen, war es notwendig,
auch die bestehenden Schranken des Güterverkehrs zu beseitigen. Bis zum Oktoberedikt konnten adlige Güter weder durch Rechtsgeschäft noch im Erbgang
in bürgerliche Hände übergehen, außer mit Genehmigung des Königs. Nun
war zwar seit dem Tod Friedrichs des Großen diese Ausnahmegenehmigung in
wachsendem Maße erteilt worden; Friedrich Wilhelm III. hatte zwischen 1797
und 1807 in keinem einzigen Fall die Genehmigung versagt. So waren schon
vor dem Edikt zahlreiche Rittergüter in bürgerlichen Besitz gekommen. Doch
waren die bürgerlichen Erwerber insofern benachteiligt, als sie weder die Standschaft in ständischen Vertretungen, die an dem Rittergut haftete, noch andere
damit verbundene obrigkeitliche Befugnisse, wie die Patrimonialgerichtsbarkeit, erwarben[2]).

Mit § 1 des Edikts von 1807 fielen alle Schranken des Gütererwerbs fort. Er
bestimmte:

„Jeder Einwohner Unsrer Staaten ist, ohne alle Einschränkungen in Beziehung auf
den Staat, zum eigentümlichen und Pfandbesitz unbeweglicher Grundstücke aller Art
berechtigt; der Edelmann also zum Besitz nicht bloß adliger, sondern auch unadliger
bürgerlicher und bäuerlicher Güter aller Art, und der Bürger und Bauer zum Besitz
nicht bloß bürgerlicher, bäuerlicher und anderer unadliger, sondern auch adliger Grundstücke, ohne daß der eine oder der andere zu irgend einem Gütererwerb einer besonderen Erlaubnis bedarf ... Alle Vorzüge, welche bei Gütererbschaften der adlige vor dem
bürgerlichen Erben hatte, und die bisher durch den persönlichen Stand des Besitzers
begründete Einschränkung und Suspension gewisser gutsherrlichen Rechte fallen gänzlich weg."

Die damit getroffene Regelung gestaltete nicht nur die privatrechtlichen
Verhältnisse des Grundeigentums um; sie war zugleich verfassungsrechtlich
bedeutsam. Denn die Kerninstitute der Privatrechtsordnung, vor allem die
Arten und Formen des Grundeigentums und seines Erwerbs, sind zugleich
Kerninstitute des Verfassungsrechts. Ob in einem Staat das Grundeigentum
ständisch differenziert und sein Erwerb ständischen Schranken unterworfen
ist oder ob Rechtsgleichheit für alles Grundeigentum und für alle Grundeigentümer besteht, ist für den Charakter der Staatsverfassung nicht weniger

---

[1]) Dazu oben S. 179 ff., Bd. III S. 40 ff., Bd. IV S. 352 ff.
[2]) Am Ausgang des Siebenjährigen Krieges war unter dem Druck der wirtschaftlichen Verhältnisse der Erwerb von Rittergütern durch Bürgerliche gestattet worden (Kabinettsordre vom 12. Februar 1762). Dann jedoch wurde den bürgerlichen Besitzern
von Rittergütern der Zutritt zu Kreis- und Landtagen, die Patrimonialgerichtsbarkeit,
der Patronat, die hohe und die niedere Jagd und das Recht der Benennung nach dem
Gut entzogen (Kabinettsordre vom 18. Februar 1775). Schließlich wurde der Erwerb
von Rittergütern durch Bürgerliche wieder ganz verboten, abgesehen von der Möglichkeit einer Königlichen Dispensation (Kabinettsordre vom 14. Januar 1785).

wesentlich als die Frage, ob Vorrechte oder gleiche Rechte bei der politischen Willensbildung bestehen. Zwar stellte das Edikt von 1807 die Gleichheit des adligen und des nicht-adligen Grundbesitzes noch nicht vollständig her. Die durch den Eintrag in eine Matrikel qualifizierten Rittergüter behielten ihre öffentlich-rechtlichen Privilegien. Ihre Inhaber wurden auch im Fortgang des Reformwerks bei der Bildung der Kreisstände und der Provinzialstände bevorzugt [1]); die Landräte wurden weiterhin vornehmlich aus der Zahl der kreiseingesessenen Rittergutsbesitzer entnommen [2]). Patrimonialgerichtsbarkeit und niedere Polizei blieben mit dem Besitz eines Ritterguts verbunden. Die Grundsteuerfreiheit der Rittergüter dauerte fort. Doch konnten diese adligen Güter nunmehr ohne staatliche Genehmigung in bürgerliche oder bäuerliche Hand übergehen; ferner fielen die mit ihrem Besitz verbundenen öffentlich-rechtlichen Privilegien auch den nicht-adligen Besitzern und Neuerwerbern zu. Neben dem alten ritterschaftlichen Gutsadel entstand damit in gewissem Umfang ein neo-feudaler bürgerlicher Gutsbesitzerstand. Die althergebrachte Rechtsungleichheit dauerte also fort; nur hafteten die verbleibenden Privilegien nicht mehr am Geburtsstand, sondern ausschließlich am dinglichen Besitz.

Wie aber Bürger und Bauern nun Adelsgüter erwerben konnten, so war der Adel in den Stand gesetzt, entgegen den bisher für ihn geltenden Erwerbsbeschränkungen auch *nichtadligen Grundbesitz* an sich zu bringen. Das war eine logische Konsequenz der ständischen Egalisierung, die das Oktoberedikt erstrebte. Auch hierin leitete das Edikt von 1807 eine nicht unbedenkliche Entwicklung ein. Jeder adlige Gutsherr war nunmehr befugt, nach dem Maß seiner wirtschaftlichen Kräfte nicht nur die in sein Obereigentum oder Eigentum fallenden Bauernstellen einzuziehen [3]), sondern auch freies bäuerliches Eigentum zu erwerben und seinem Gutsland zuzuschlagen. Sowohl kleine freie Bauernhöfe als auch die größeren Güter der „Köllmer" waren damit dem Erwerb durch den adligen Großgrundbesitz freigegeben.

So ergaben sich drei Rechtsformen, in denen der adlige Grundbesitz ausgeweitet werden konnte: das *Bauernlegen* im rechtstechnischen Sinn, d. h. die Einziehung gutszugehöriger nicht-erblicher Hofstellen zum Gutsland; sodann der *Auskauf* der gutszugehörigen Hofstellen des erblichen lassitischen und nicht-lassitischen Besitzes; schließlich der *Aufkauf* der in freiem bäuerlichem oder köllmischen Besitz stehenden Güter. Dazu trat als vierte Rechtsform, wovon gleich zu sprechen sein wird, die *Abtretung* eines Teils der freiwerdenden bäuerlichen Hofstellen als Entschädigung im Zug der 1811 verfügten Allodifikation. Gewiß war 1807 die Mehrzahl der adligen Gutsherren so verschuldet, daß sie an eine Ausweitung ihres Besitzes zunächst nicht denken konnten. Aber durch Rationalisierung der Gutswirtschaft, durch staatliche Unterstützungen, durch Entwicklung des Kreditwesens und durch günstige Konjunkturen kam der adlige Besitz bald in den Stand, von den rechtlichen Möglichkeiten, die das Oktoberedikt und später das Allodifikationsedikt ihm boten, Gebrauch zu machen. Die starke Expansion des Großgrundbesitzes in den östlichen Provinzen Preußens, die im 19. Jahrhundert eintrat, war das ungewollte Ergebnis der Reformgesetzgebung. Schätzungsweise wurden im östlichen Preußen zwischen 1807 und 1860 etwa 7500 spannfähige und 1500 nicht-spannfähige Bauernstellen zu den Rittergütern geschlagen (insgesamt etwa 4 Millionen Morgen Bauernland). Das

---

[1]) Siehe oben S. 171, 182.
[2]) Siehe oben S. 180.
[3]) Siehe oben S. 189 f.

war die Folge einer schematischen Übertragung der liberalen Wirtschaftsprinzipien auf den agrarischen Güterverkehr. Das später von *Karl Marx* entwickelte Gesetz der „Kapitalakkumulation" trat im 19. Jahrhundert nicht nur in der Industriewirtschaft, sondern früher und krasser noch in der Agrarwirtschaft des preußischen Ostens, und zwar paradoxer Weise „dank" der Bauernbefreiung, hervor.

III. Die Allodifikation des bäuerlichen Eigentums

1. Freies Eigentum am Bauernland

Schon *Steins* Nassauer Denkschrift sah in der Aufhebung der Erbuntertänigkeit nur einen ersten Schritt, dem die *Verleihung freien Eigentums* an die aus der Erbuntertänigkeit entlassenen Inhaber gutszugehöriger Hofstellen folgen sollte. Nach dem Oktoberedikt behielt der Gutsherr allerdings zunächst seine vollen Eigentumsrechte an den Stellen der Hintersassen. Die aus der Erbuntertänigkeit erwachsenen personenrechtlichen Pflichten der Gutsleute, wie die Gesindezwangspflicht, und die mannigfachen Schutz- und Ablösungsabgaben fielen dahin; aber die Pflichten, die sich aus dem sachenrechtlichen Verhältnis zwischen dem Gutsherrn und den Inhabern der gutszugehörigen Höfe ergaben, blieben bestehen, vor allem die *Abgaben- und Dienstpflichten, die* auf den Hofstellen lasteten. Für die Bauern waren diese privatrechtlichen Pflichten oft drückender als die Erbuntertänigkeit. Das Ziel Steins und seiner Mitarbeiter war, den aus der Erbuntertänigkeit entlassenen Bauern freies Eigentum an dem von ihnen bewirtschafteten Grund und Boden zu verschaffen und sie dabei auch von den sachenrechtlichen Abgaben- und Dienstpflichten freizustellen[1]).

Auch hier verhinderte Steins Sturz den schnellen Vollzug der weiteren Pläne. Nur für die Einsassen der Staatsdomänen in Ost- und Westpreußen wurde das freie Eigentum alsbald hergestellt[2]). So wie die *Domänenbauern* früher als die Leute der Privatgüter von der Erbuntertänigkeit befreit worden waren, so erwarben nun 47 000 Familien, die auf den Hofstellen der Staatsdomänen der beiden Provinzen eingesessen waren, vorweg das freie Eigentum an ihrem Gut. Von den Abgaben und Diensten, die auf ihren Stellen lasteten, mußten sie 3/4 in 24 Jahren in Geld ablösen; 1/4 sollten als unablösliche Kontribution auf den Stellen ruhen bleiben. Sie lasteten als eine dauernde erste Hypothek zugunsten des staatlichen Domänenfiskus auf dem freigewordenen Hof.

---

[1]) Denkschrift Steins „Über die Verleihung des Eigentumsrechts an die Immediatbauern" vom 14. Juni 1808 (*Stein,* Briefe u. Amtl. Schr., Bd. II 2, S. 753 ff.). Über die entgegengesetzte Haltung, die die Generalkommission 1798 in dieser Frage eingenommen hatte, siehe oben S. 185 f.

[2]) Verordnung wegen des den Immediat-Einsassen in den Domänen von Ostpreußen, Litauen und Westpreußen zu verleihenden Eigentumsrechts an ihren Grundstücken vom 27. Juli 1808 (GS 1806—10 S. 245); dazu Ausführungs-Instruktion vom 22. August 1808 (ebenda S. 278). Der Entwurf der Verordnung, in Steins Auftrag gefertigt, stammt von Minister Schroetter.

2. Das Regulierungs-Edikt

Schon dieser Sonderfall der Domänenbauern zeigt, daß bei der Allodifikation, d. h. der Schaffung freien bäuerlichen Eigentums, die Hauptschwierigkeit *nicht die Eigentums-, sondern die Ablösungsfrage* bildete. Daß das feudale Eigentumssystem mit seinen vielfältigen Formen des Obereigentums überlebt sei und beseitigt werden müsse, war auch unter den rechtlich und wirtschaftlich denkenden Gutsherren unstreitig. Wirkliches „Eigentum" war dieses Obereigentum nicht mehr zu nennen; der Verlust dieser Rechtsposition als solcher fiel für die Gutsherren nicht schwer ins Gewicht. Wirtschaftlichen Wert hatten für sie dagegen die Leistungen, die die Gutsleute ihnen schuldeten. Wenngleich diese Abgaben und Dienste des alten Rechts oft nur widerwillig erbracht wurden, so erschien es den Gutsherren doch als ein Rechtsgebot, daß diese althergebrachten Ansprüche auf Abgaben und Dienste nur *gegen Entschädigung* aufgehoben werden dürften. Bei der Entschädigungsfrage ging es also nicht eigentlich um die Entschädigung der Gutsherren für das ihnen zu entziehende *Eigentum*, sondern um die Entschädigung für die aufzuhebenden *Abgaben- und Dienstleistungspflichten*.

Diese Lasten, die auf dem gutszugehörigen Bauernland ruhten, waren nach allgemeiner Auffassung privatrechtlicher Natur. Die gesetzliche Aufhebung der Lasten galt als *Staatseingriff in private Rechte;* sie war modern gesprochen eine „Enteignung", eine „Aufopferung" privater Berechtigungen zum Gemeinen Besten. Daher war schon nach den Grundsätzen des absoluten Staates eine Entschädigung geboten (§§ 74, 45 der Einl. z. ALR). Erst recht war nach den staatsrechtlichen Prinzipien, die sich nun durchsetzten, eine Entschädigung unumgänglich. Die entschädigungslose Aufhebung der Abgaben- und Dienstpflichten wäre als eine sozialrevolutionäre Konfiskation wohlerworbener Privatrechte erschienen, nicht anders als heute die entschädigungslose Sozialisierung von Industrieeigentum als eine sozialrevolutionäre Konfiskation gilt. Selbstverständlich konnte der preußische Staat, der selbst durch die Kriegstribute an den Rand des Ruins getrieben war, die Entschädigung der Gutsherren nicht übernehmen. Vielmehr mußte das Gesetz den Bauern, die nun unbelastetes Eigentum erhielten, als den durch Wegfall ihrer Abgaben- und Dienstpflichten Begünstigten die Entschädigung der Gutsherren durch eine entsprechende „Ablösung" auferlegen.

Auf Grund dieser Erwägungen wurden das *Regulierungsedikt* („Edikt die Regulierung der gutsherrlichen und bäuerlichen Verhältnisse betreffend") und das *Landeskulturedikt* („Edikt zur Beförderung der Land-Kultur"), beide vom 14. September 1811 (GS. 281, 300), erlassen [1]. Das *Regulierungsedikt* wies den erblichen wie den nichterblichen Besitzern der Güter, die bisher im Gutsverband standen, das *volle und freie Eigentum* an ihrem Hof zu; die bisherigen Nutzungsrechte der Bauern an ihrem Hof wurden „allodifiziert". Doch wurde ihnen die Ablösung der Lasten auferlegt; und zwar mußten sie die

---

[1] Der erste Entwurf des Regulierungsedikts stammt von *Friedrich v. Raumer* (siehe oben S. 133), der endgültige Entwurf von *Scharnweber* (siehe oben S. 134).

Die Allodifikation des bäuerlichen Eigentums

Gutsherren durch *Abtretung eines Teiles der Hofstelle* entschädigen. Erbliche Besitzer mußten ein Drittel, nichterbliche Besitzer die Hälfte ihres Bodens an den Gutsherrn abgeben[1]). Nur durch Zahlung einer dauernden Rente in entsprechender Höhe konnte die Landabgabe abgewendet werden.

Das Verfahren wurde so eingerichtet: Ein Antrag leitete die Auseinandersetzung zwischen dem Bauern und dem Gutsherrn ein. Es wurde sodann die Entschädigung ausgemittelt und festgestellt. Erst wenn sie geleistet war, sei es durch *Landabgabe*, sei es durch Übernahme der *Rentenschuld*, erwarb der Bauer freies Eigentum[2]). Zuständig für das Verfahren waren *Generalkommissionen*, die in den einzelnen Provinzen eingesetzt wurden; sie waren zugleich als administrative und als richterliche Behörden tätig. Das Gesetz vom 25. September 1820 (GS 169) erstreckte das Ablösungsverfahren auf die inzwischen zum preußischen Staatsgebiet zurückgekehrten oder neugewonnenen westdeutschen Gebietsteile. Hier wie in den alten Landesteilen wurde das Verfahren sorgfältig und umständlich gehandhabt. Daher dauerte es lange, bis die Auseinandersetzung vollzogen war; es entstand also nicht etwa im Jahre 1811 mit einem Schlage überall an Stelle der alten gutsherrlichen Verhältnisse freies bäuerliches Eigentum. Vielmehr ergab sich ein Jahrzehnte während er Zwischenzustand, der von heftigen Auseinandersetzungen um den Vollzug der Ablösung erfüllt war und der erst nach der Revolution von 1848 sein Ende fand[3]).

3. Die Deklaration von 1816

Die in dem Regulierungsedikt verfügte Ablösung rief den Protest des Adels, aber auch den der Bauern hervor; beide Parteien fühlten sich benachteiligt. Dabei waren die Beschwerden der Bauern gewiß in weit höherem Maß gerechtfertigt; die ihnen auferlegte Ablösung war im Allgemeinen zu schwer. Die in bäuerlichem Besitz befindlichen Hofstellen waren in der Regel nicht groß; wenn nun von ihnen ein Drittel oder gar die Hälfte des Grundstücksareals an den Gutsherrn abgegeben werden mußte, so sank bei den meisten die wirtschaftliche Leistungsfähigkeit unter das Minimum, bei dem der Betrieb noch rentabel war. Mit Rücksicht darauf beschränkte die *Deklaration vom 29. Mai 1816* (GS 154) die Regulierung auf die „*spannfähigen Güter*", d. h. auf die selbständigen Ackernahrungen, die ein gewisses Mindestmaß wirtschaftlicher Leistungsfähigkeit auch nach der gesetzlich vorgeschriebenen Landabgabe verbürgten[4]). Die „*nicht-spannfähigen Güter*" wurden als nicht-regulierungsfähig von der Anwendung des Regulierungsedikts ausgenommen; sie blieben also

---

[1]) Der Raumer'sche Entwurf hatte die nichterblichen Laßbauern wie die erblichen behandeln wollen (Landabgabe ⅓); das endgültige Edikt behandelte die nichterblichen Laßbauern wie die Pachtbauern (Landabgabe ½). Da die nichterblichen Laßbauern weit in der Mehrzahl waren, war das eine wesentliche Verschlechterung.

[2]) Darin bestand die zweite wesentliche Verschlechterung des endgültigen Edikts gegenüber dem Raumer'schen Entwurf, nach dem das freie Eigentum der Bauern sofort hätte entstehen sollen.

[3]) Gesetz vom 2. März 1850 betreffend die Ablösung der Reallasten und die Regulierung der gutsherrlichen und bäuerlichen Verhältnisse (GS 77).

[4]) „Spannfähigkeit" besaßen die Stellen, die Spanndienste mit eigenem Zugvieh für die Gutsherrschaft zu leisten gehabt hatten.

Dienstfamilien-Stellen. Die Allodifikation wurde somit durch die Deklaration von 1816 merklich eingeschränkt [1]). Trotzdem konnte dies nicht verhindern, daß die zu freiem Eigentum gewordenen regulierten Hofstellen nach der Landabgabe in großer Zahl zusammenbrachen. Denn der Bauernschutz, insbesondere das Verbot der Einziehung, fiel nach der Deklaration von 1816 für die regulierbaren Stellen mit dem Vollzug der Regulierung fort. Ja, selbst während der Dauer des Regulierungsverfahrens war nach der Deklaration von 1816 das „Bauernlegen" gestattet, wenn der Gutsherr und der Bauer sich über die Aufhebung der Stelle einigten. Die Inhaber regulierter oder regulierbarer Stellen wählten häufig diesen Weg; sie gaben ihr Gut gegen entsprechende Zahlungen der Zusammenziehung zur Gutsherrschaft preis. So traten zu den alten Möglichkeiten [2]) als neue Formen der Expansion des Großgrundbesitzes der Landerwerb durch die im Ablösungsverfahren verfügte *Landabgabe* oder aber der *Aufkauf* der spannfähigen Bauernhöfe während der Regulierung oder nach ihrem Abschluß hinzu [3]).

Der Staat suchte dieser Entwicklung zu steuern, indem er den Erwerb der früher zum eigenen Gut gehörigen Stellen durch einen Gutsherrn von einer *behördlichen Genehmigung* abhängig machte. Aber das hinderte die Gutsherren nicht, die früher zu einem Nachbargut gehörigen Stellen ohne Genehmigung aufzukaufen. Außerdem mußte die Genehmigung zum Erwerb einer früher gutseigenen Stelle häufig erteilt werden, wenn nämlich die Hofstelle sich als lebensunfähig erwies und der Hofinhaber selbst auf die Veräußerung drängte. So trug auch die Allodifikation des Bauernlandes, die ein Segen für den preußischen Staat, für den deutschen Osten, für die Agrarwirtschaft hätte werden können, den Keim des Verhängnisses in sich. Sie beschwerte die wirtschaftlich ohnedies schwachen Bauern mit übermäßigen Ablösungslasten; sie lieferte sie der wirtschaftlichen Überlegenheit der großen Grundbesitzer aus; sie hatte die Vernichtung zahlreicher selbständiger Bauernwirtschaften zur Folge; sie leitete nicht nur die Neubildung freien Bauerntums, sondern auch die Ausdehnung des Großgrundbesitzes ein; auch sie förderte die Landflucht.

Daß daneben das *Landeskultur-Edikt* (das zweite der Hardenberg'schen Edikte von 1811) die Lockerung des Großgrundbesitzes zu bewirken suchte, indem es die freie Veräußerung und Teilung der Landgüter gestattete, fiel kaum ins Gewicht. Es führte zwar zu einer gewissen Mobilisierung des Großgrundbesitzes, zu einem Wechsel des Gutseigentums von Hand zu Hand. In Krisenzeiten konnte es auch zur *Güterschlächterei*, d. h. zum Erwerb und zur Aufteilung von Gütern durch Spekulanten, kommen. Aber das vorherrschende Ergebnis der Eigentumsregulierung bestand im Osten doch in der Ausdehnung des Großgrundbesitzes — eine der tragischen Ironien der deutschen Verfassungsgeschichte. Es offenbarte sich hier die innere Antinomie des bürgerlichen Liberalismus, der die Freiheit des Individuums und seines Eigentums schuf und zugleich vermöge der Eigengesetzlichkeit der Eigentumsfreiheit die Akkumulation der Eigentumsmacht in der Hand weniger Einzelner auslöste.

---

[1]) Über weitere Einschränkungen der „Regulierungsfähigkeit" durch die Deklaration von 1816 vgl. *Knapp*, a.a.O., Bd. 1, S. 184 ff. Kritisch dazu allerdings *Dessin*, Ursprung und Bedeutung der Regulierungs- und Separationsrezesse in den östlichen Provinzen (1928).
[2]) Siehe oben S. 192.
[3]) Neben den beiden Regulierungsgesetzen von 1811 und 1816, die nur die Ablösung der Lasten für die gutszugehörigen Bauernstellen betrafen, erging die *Ablösungs-Ordnung* vom 7. Juni 1821 (GS 77), die die Ablösung der Naturaldienste für Bauern „mit besserem Besitzrecht" (Eigentümer, Erbzinsleute, Erbpächter) betraf. Vgl. *Knapp*, a.a.O., Bd. 1, S. 201 ff.

Die Allodifikation des bäuerlichen Eigentums

4. Die Gemeinheitsteilung

Die Gefahr, daß die frei gewordenen bäuerlichen Betriebe zu schwach sein würden, um sich im wirtschaftlichen Wettbewerb zu behaupten, trat in der Reformzeit früh hervor. Um die bäuerlichen Einzelwirtschaften zu stärken, zugleich aber um die freie Verfügungsgewalt der Hofeigentümer über ihren Gesamtbesitz herzustellen, dehnten die Agrarreformer ihr Programm auf die *Gemeinheitsteilung* aus. Von der alten Zeit der Mark- und Feldgenossenschaften her gab es in den nicht-kolonialen Teilen Deutschlands in den Dorfgemeinden eine ausgedehnte *Allmende,* d. h. gemeinsamen Besitz der eingesessenen Höfe, der der gemeinschaftlichen Nutzung als Weide oder Wald diente. Im Osten war die Allmende im Zug der Kolonisierung entstanden. Da die Allmende wirtschaftlich nicht intensiv genutzt werden konnte, hatte schon Friedrich der Große in ihr ein Hindernis der Landeskultur gesehen; er hatte bei der inneren Kolonisation des Landes damit begonnen, die Gemeinheiten aufzuheben, das Allmende-Land zu teilen und die Parzellen den einzelnen mitberechtigten Höfen zuzuschlagen. Über zwei Millionen Morgen Gemeindeland waren vor Beginn der Staatsreform bereits in dieser Weise aufgeteilt worden.

Die Reformer setzten diesen Teilungsprozeß, der ein nicht weniger bedeutender Vorgang der Eigentumsumschichtung als die Umwandlung des gutszugehörigen Bauernlandes in freies Eigentum war, fort. Der wirtschaftliche Vorteil für den einzelnen Hof schien ihnen wesentlich höher zu sein, wenn sein Besitzer eine Parzelle des alten Gemeinschaftslandes allein zu nutzen berechtigt war, als wenn ihm die Mitbenutzung an der gesamten Allmende zustand. Doch trug diese Allodifikation der Allmende zur sozialen Zerstörung der alten Dorfeinheit bei. Und auch ökonomisch betrachtet war sie nicht immer von Vorteil; denn es gab Wirtschaftsformen, bei denen die gemeinsame Nutzung einer größeren Fläche auch für den Einzelnen günstiger war als die ausschließliche Nutzung eines ihm allodifizierten Teilstücks, so vor allem bei der Weide- und Waldwirtschaft. Das dem Gemeineigentum aus Grundsatz abgeneigte 19. Jahrhundert war jedoch bestrebt, alte Bindungen auch dort aufzulösen und den Einzelnen in seinem Schaffensbereich rechtlich ganz auf sich zu stellen, wo die überindividuelle Nutzung ökonomisch vorteilhafter gewesen wäre. Im Ganzen allerdings hat die Gemeinheitsteilung die Leistungsfähigkeit der Bauernhöfe erhöht und das selbständige freie Bauerntum wirtschaftlich gefestigt.

In der eigentlichen Reformzeit mußte die Frage der Zerschlagung der Allmende hinter drängenderen Aufgaben zurückgestellt werden. Am 7. Juni 1821 erging dann das *Gesetz über die Gemeinheitsteilungen* (GS 53), das für das Gebiet der preußischen Gesamtmonarchie die Aufteilung der Allmende vorsah. Jede Gemeinheitsteilung galt nach dem Gesetz als der Landeskultur förderlich, wenn nicht der Gegenbeweis erbracht werden konnte; im Zweifel war daher die Teilung durchzuführen. Mit der Gemeinheitsteilung wurden die *Generalkommissionen* beauftragt, denen schon die Ablösung der alten Lasten oblag. Sie wurden damit zu den wichtigsten Organen der staatlichen Agrarverwaltung. Für ihre Aufgabe der Landverteilung erhielten sie richterliche Befugnisse; ihre Entscheidungen waren rechtskräftige judizielle Gestaltungsakte. Auch mit dem Gesetz von 1821 war eine Arbeit, die Jahrzehnte dauern sollte, eingeleitet. Über 40 Millionen Morgen Gemeindeland wurden in Preußen bis 1848 im Weg der Gemeinheitsteilung in bäuerliches Individualeigentum überführt.

IV. Die Emanzipation der Juden

1. Die Reform und die staatsbürgerliche Gleichstellung der Juden

Um die volle persönliche Gleichheit und Freiheit für alle Bewohner des Staatsgebiets ohne Ausnahme zu schaffen, war es notwendig, auch das Judentum aus seiner überlieferten rechtlichen Sonderstellung zu lösen[1]). Schon im 18. Jahrhundert war, den Ideen der Aufklärung gemäß, die Judenemanzipation, die zur rechtlichen Gleichstellung des jüdischen Bevölkerungsteils mit den übrigen Staatsbürgern führen sollte, in Preußen lebhaft gefordert worden. Ein Gesetzentwurf von 1792 zielte darauf, die bisherigen Rechtsunterschiede zwischen Christen und Juden wesentlich abzuschwächen. Nicht nur ethisch-humanitäre, sondern auch staats- und nationalpolitische Erwägungen waren dabei maßgebend. Die Einheit und Homogenität der Nation forderte, daß das Judentum aus seiner Absonderung herausgehoben und mit der Gesamtbevölkerung des Staates verschmolzen werde. In der Zeit der Reform griff man diese älteren Pläne erneut auf. Die Juden sollten aufhören, ein „Volk im Volke" zu sein; sie sollten durch Gleichheit der Rechte und Pflichten zu „nützlichen Staatsbürgern" gemacht werden, betonte der erste Entwurf des Emanzipationsgesetzes des Königsberger Kriminalrats *Brand* (29. Oktober 1808). Auch ein auf Brands Vorarbeit fußender zweiter Gesetzentwurf des Ministers *Schroetter* (Ende 1808) hob hervor, daß nicht allein im Interesse der jüdischen Staatsbewohner, sondern um des „Wohles des Ganzen" willen diese rechtliche Angleichung notwendig sei.

Der Widerstand gegen die Emanzipation ging damals nicht etwa von antisemitischen Kräften, sondern vom orthodoxen Judentum aus, das, um die religiöse Geschlossenheit der Judenschaft zu wahren, das Aufgehen in dem Gesamtvolk ablehnte. Das aufgeklärte und dem Liberalismus zugeneigte Judentum, das sich zur Assimilation bekannte, war dagegen damals in der jüdischen Bevölkerung noch eine Minderheit, die von der orthodoxen Mehrheit heftig bekämpft wurde. „Emanzipation" war also eine Forderung nicht so sehr des Judentums; sie war ein Programm der bürgerlichen Reformbewegung, die in der rechtlichen und sozialen Sonderstellung eines Teiles der Staatsbewohner eine Gefahr für die Einheit und Geschlossenheit des gesellschaftlich-staatlichen Ganzen sah. Um der staatlichen Integration willen *forderten* die Reformer Angleichung vom Judentum; sie sahen darin die Erfüllung einer staatspolitischen Pflicht gegenüber dem Land. Die Teilnahme am nationalen Bildungsleben, am allgemeinen wirtschaftlichen Verkehr und an

---

[1]) Daß es sich bei dem Emanzipations-Problem nur um eine Frage handelt, die sich aus der Religionsverschiedenheit ergab, versteht sich von selbst. Christianisierte Juden waren seit jeher im Vollbesitz der staatsbürgerlichen Rechte.

den öffentlichen Angelegenheiten sollte einen Prozeß einleiten, von dem man im Endergebnis — ausgesprochen oder unausgesprochen — die Christianisierung der Juden und ihre völlige Einschmelzung erwartete.

Stein war einer vollständigen Angleichung des Judentums anfänglich wenig geneigt. In seinem Oktoberedikt hatte er die Juden von dem freien Gütererwerb ausdrücklich ausgenommen; § 1 Abs. 2 des Edikts bestimmte nämlich:

„In Absicht der Erwerbsfähigkeit solcher Einwohner, welche den ganzen Umfang ihrer Bürgerpflichten zu erfüllen durch Religionsbegriffe verhindert werden, hat es bei den besondern Gesetzen sein Verbleiben".

Doch gab schon die Stein'sche Städteordnung den Juden, soweit sie den vorgeschriebenen Anforderungen genügten, die Möglichkeit zum Erwerb des Bürgerrechts und damit auch des aktiven und passiven Wahlrechts (§ 19 aaO). Am entschiedensten trat *Wilhelm von Humboldt* für die völlige Angleichung der Juden ein, besonders in seiner Denkschrift von 1809, die die vollständige Emanzipation verfocht [1]). Auch *Scharnhorst* setzte sich als Leiter des Kriegsministeriums für die Gleichstellung der Juden in Rechten und Pflichten ein; daraus mußte sich dann vor allem auch ihre volle Verpflichtung zum Kriegsdienst ergeben.

Während unter dem Ministerium Dohna-Altenstein die Emanzipation trotz dieser Reformbemühungen ins Stocken kam, nahm *Hardenberg*, der sich schon in der Rigaer Denkschrift von 1807 zur Emanzipation bekannt hatte, nach seiner Ernennung zum Staatskanzler diese Reformaufgabe energisch in seine Hand. Den äußeren Anstoß gaben ihm die Petitionen, mit denen sich die aufgeklärte, zur Assimilation geneigte Berliner Judenschaft seit 1810 an den König und den Staatskanzler wandte, um die Gleichstellung mit den christlichen Staatsbürgern zu erwirken. Vor allem der Berliner Stadtrat *David Friedländer* setzte sich bei Hardenberg für die volle „Gleichheit des Gesetzes", und zwar die Gleichheit sowohl in Rechten als auch in Pflichten, ein. Ein in Hardenbergs Auftrag gefertigter Gesetzentwurf (Januar 1811) rief allerdings mannigfache Kritik aus den verschiedenen Ministerien hervor; anders schrittweise und unter Vorbehalten könne die „Amalgamation" der Juden mit der bürgerlichen Gesellschaft bewirkt werden. Auch die von *Marwitz* geführte feudal-aristokratische Opposition wandte sich gegen die preußische Emanzipationspolitik. Doch drang Hardenberg schnell gegenüber solchen Widerständen durch.

2. Das Emanzipations-Edikt

Das *Edikt betreffend die bürgerlichen Verhältnisse der Juden* vom 11. März 1812 (GS 17) stellte die jüdischen Mitbürger grundsätzlich in bürgerlichen Beziehungen den übrigen Staatsuntertanen gleich, wenn sie feste Familiennamen wählten und sich im Rechts- und Handelsverkehr der deutschen Sprache und Schrift bedienten. Die damit eingebürgerten Juden wurden zu allen Gewerbebetrieben in Stadt und Land zugelassen. Am freien Güterverkehr nahmen sie nun wie andere Staatsbürger teil; sie konnten also städtischen und ländlichen Grundbesitz wie jeder andere erwerben. Auch zu akademischen Berufen wurden sie zugelassen [2]). Von den öffentlichen Ämtern wurden aller-

---

[1]) Gutachten *Humboldts* über den Entwurf zu einer neuen Konstitution für die Juden vom 17. Juli 1809 („Gesammelte Schriften" Bd. X S. 97 ff.).

[2]) Zu den *akademischen Lehrämtern* ließ als erste die von Humboldt gegründete *Berliner Universität* Juden zu, da sie in ihren Statuten, anders als die übrigen preußischen Universitäten, das christliche Prinzip für den Lehrkörper nicht festlegte. Daß getaufte Juden allerorten ins Lehramt berufen werden konnten, ergibt sich aus den damals herrschenden Grundsätzen von selbst. Für Konfessionsjuden wurde der

dings nur Lehr- und Gemeindeämter für sie freigegeben, während die Staatsämter in Justiz und Verwaltung ebenso wie die Offiziersstellen ihnen verschlossen blieben. Der Kantonspflicht (später der Wehrpflicht) waren sie unterworfen. Das Gemeindebürgerrecht stand ihnen nun uneingeschränkt zu; sie konnten nicht nur an den städtischen Wahlen teilnehmen, sondern auch in die Stadtverordnetenversammlungen und die Magistrate eintreten. Die noch verbliebenen Einschränkungen in den Rechten der jüdischen Staatsbürger galten im übrigen selbstverständlich nur für Angehörige der jüdischen Konfession, während beim Übertritt zur christlichen Religion auch dieser Rest rechtlicher Unterscheidung erlosch.

Wie alle anderen Reformgesetze dieses Zeitabschnittes galt das Emanzipationsedikt von 1812 nur für das damalige Staatsgebiet Preußens, also für Ost- und Westpreußen, Schlesien, Pommern und Brandenburg. In den 1815 zu Preußen gekommenen westlichen Provinzen galten noch weitergehende Emanzipationsprinzipien auf Grund der französischen und westfälischen Gesetzgebung. Dagegen galt die Judenemanzipation nicht in der 1815 an Preußen zurückgefallenen Provinz *Posen*. Eben weil dort die Zahl der Juden erheblich war (1820 rd. 57 000 Juden), scheute die preußische Regierung sich, das Emanzipationsedikt von 1812 auf Posen auszudehnen. Die Juden hatten dort nur die Rechtsstellung von „geschützten Untertanen". Der Entwurf einer Judenordnung für die Provinz Posen vom 29. März 1829 scheiterte am Widerspruch des preußischen Staatsrats [1]. Es blieb daher bei der Sonderstellung der posenschen Juden, bis die Verfassung von 1848/50 die staatsbürgerliche Gleichheit für alle preußischen Staatsuntertanen einführte [2].

§ 15. Die preußische Gewerbe- und Finanzreform

Schrifttum: Zur allgemeinen Wirtschaftsgeschichte siehe die Angaben zu § 14. Ferner: *I. G. Hoffmann*, Das Interesse der Menschen und Bürgers bei der bestehenden Zunftverfassung (1803); *K. v. Rohrscheidt*, Vom Zunftzwange zur Gewerbefreiheit (1898); *H. Roehl*, Beiträge z. d. Folgen d. absoluten Gewerbefreiheit d. preuß. Ges. v. 1810/11 (Diss. Greifswald 1899); *ders.*, Beiträge zur preuß. Handwerkerpolitik vom ALR bis zur Allgemeinen Gewerbeordnung von 1845 (1900); *G. Kölzsch*, Die Entwicklung der Gewerbefreiheit in Deutschland (Diss. Greifswald 1920); *A. Skalweit*, Die Getreidehandelspolitik und Kriegsmagazinverwaltung Preußens 1756—1806 (1931).
F. W. v. Beguelin, Historisch-kritische Darstellung des Akzise- und Zollverfahrens in den preuß. Staaten (1797); *Benzenberg*, Über Preußens Geldhaushalt und neues Steuersystem (1820); *v. Lüttwitz*, Über Einkommen-, Klassensteuer und Blasenzins (1820); *A. W. v. Klewitz*, Allg. Steuerverfassung in der preuß. Monarchie (1828); *F. G. Schimmel-*

Zugang zum akademischen Lehramt durch eine Anordnung vom 18. August 1822 grundsätzlich erschlossen; doch hielt die Berliner Universität an ihren Statuten fest. 1847 kam es auf dem Vereinigten Landtag zu einer Debatte über diese Frage, da der Berliner Universitäts-Senat forderte, den für Berlin geltenden Grundsatz für alle preußischen Universitäten einzuführen; der Kultusminister *Eichhorn* beharrte damals auf den Beschränkungen, die an den Provinz-Universitäten noch galten. Erst 1848 fielen diese Beschränkungen fort. Über die Kämpfe um den *„Berliner Grundsatz"* vgl. *Lenz*, Geschichte der Universität Berlin Bd. 2 Teil 1 (1910) S. 302 ff.

[1] Vgl. dazu *H. Schneider*, Der preußische Staatsrat (1952), S. 190 ff.
[2] Vgl. Art. 4 und Art. 12 der Verfassungsurkunde vom 31. Januar 1850. Das gleiche Prinzip wurde bundes- und reichsgesetzlich festgelegt durch das Gesetz betr. die Gleichberechtigung der Konfessionen in bürgerlicher und staatsbürgerlicher Beziehung vom 3. Juli 1869 (BGBl. 292).

fennig, Die preuß. direkten Steuern (1835); *K. v. Sparre*, Die preuß. Klassensteuer und Mahl- und Schlachtsteuer (1844); *ders.*, Die allgemeine Einkommensteuer als einzige gerechte, direkte Abgabe (1848); *Kries*, Über die Mahl- und Schlachtsteuer, die Einkommen- und Klassensteuer in Preußen (Arch. d. pol. Ök. und Polizeiwiss., NF Bd. 8, 1849, S. 179 ff.); *R. Neumann*, Klassensteuer und klassifizierte Einkommensteuer in Preußen (1852); *E. Nasse*, Die preuß. Finanz- und Ministerkrisis im Jahre 1810 und Hardenbergs Finanzplan (HZ Bd. 26, 1871, S. 282 ff.); *C. Dieterici*, Zur Geschichte der Steuerreform in Preußen von 1810—1820 (1875); *K. Mamroth*, Geschichte der preuß. Staatsbesteuerung im 19. Jahrh. (1890); *C. Bornhak*, Die preuß. Finanzreform von 1810 (FBPG Bd. 3, 1890, S. 555 ff.); *R. Grätzer*, Zur Geschichte der preuß. Einkommen- und Klassensteuer (Berliner Diss. 1894); *M. Lehmann*, Der Ursprung der preuß. Einkommensteuer (Pr. Jb. Bd. 103, 1901, S. 1 ff.); *Teschemacher*, Die Einkommensteuer und die Revolution in Preußen (1912); *O. Schönbeck*, Die Einkommensteuer unter den Nachfolgern Steins (FBPG Bd. 25, 1913, S. 117 ff.); *H. Rachel*, Die Handels-, Zoll- und Akzisepolitik Preußens 1740—1786 (1928); *R. Grabower*, Preußens Steuern vor und nach den Befreiungskriegen (1932).
Zimmermann, Geschichte der preußisch-deutschen Handelspolitik (1892); *G. Schmoller*, Das preuß. Handels- und Zollgesetz vom 26. Mai 1818 (1898); *H. Freymark*, Die Reform der preuß. Handels- und Zollpolitik (1898); *C. Brinkmann*, Die preußische Handelspolitik vor dem Zollverein (1922); *W. Treue*, Wirtschaftszustände und Wirtschaftspolitik in Preußen 1815—25 (1937).

I. Die Anfänge der Wirtschafts- und Finanzreform

Die in Preußen wie anderwärts unter dem Absolutismus entwickelte merkantilistische Staatswirtschaft war einer Zeit gemäß, in der es gegolten hatte, die Grundlagen eines modernen Industrie-, Agrar- und Handelsstaats mit obrigkeitlichen Mitteln zu schaffen. Wenn es nicht anders ging, mußte zu diesem Zweck staatlicher Zwang angewandt oder mußten staatseigene Unternehmen gebildet werden [1]). Der absolute Polizei- und Wohlfahrtsstaat sah in der Wirtschaftstätigkeit im Grund eine *staatliche Veranstaltung*. Als solche war sie notwendig von staatlicher Erlaubnis abhängig. Wo die Zulassung zum Beruf bei den Zünften lag, handelten diese nicht mehr aus genossenschaftlichem Eigenrecht, sondern in staatlichem Auftrag. Die Gesamtwirtschaft trat unter staatliche Aufsicht wie unter staatlichen Schutz.

Diese Wirtschaftsverfassung des Absolutismus aber hatte im ausgehenden 18. Jahrhundert ihre Aufgabe erfüllt. Das Bürgertum war zum unternehmerischen Wagnis und zum freien Wettbewerb wieder bereit; die Wirtschaft bedurfte des Staates nicht mehr, um ihre Produktion zu steigern und um sich Märkte zu erschließen; sie besaß nun aus sich selbst die Kraft zur fortschreitenden Expansion. Gerade auch das Staatsinteresse verlangte, daß jetzt Freiheit für die ökonomische Selbstbestimmung und Selbstentfaltung gewährt werde. Gewiß war diese Freisetzung der Wirtschaft von staatlichem Zwang

---

[1]) Dazu die berühmte Bemerkung Friedrich Wilhelms I. in dem Politischen Testament von 1722: „Ein Land sonder Manufakturen ist ein menschlicher Körper sonder Leben, ergo ein totes Land, das beständig power und elendiglich ist und nicht zum flohr sein Tage nicht gelangen kann". *Küntzel-Haß*, Die politischen Testamente der Hohenzollern, 1911, S. 86 (Die Schreibweise in dem Zitat ist etwas an die heutige angepaßt).

und (was die notwendige Folge war) von staatlichem Schutz nicht ohne Gefahr. Es entstanden Gefahren für den Staat, der mit dem Verzicht auf die Lenkung und Überwachung der Wirtschaft einen der starken Stützpunkte seiner überlieferten Macht räumte; es entstanden Gefahren für die Wirtschaft, die mit dem Übergang zum freien Wettbewerb in einen Leistungskampf eintrat, in dem jeder Unternehmer die ganze Existenz aufs Spiel setzte; es entstanden Gefahren schließlich und vor allem für die schwächeren Schichten, denen beim Verlust des staatlichen Schutzes das Absinken ins Proletariat drohte. Diesen Gefahren konnte man nur begegnen, wenn es gelang, bei dem Befreiungswerk in der Wirtschaft die selbstverständliche Einsicht wachzuhalten, daß *Freiheit verpflichtet,* daß also ihr Gebrauch am Wohl des Staates, der Gesellschaft und der schwächeren Schichten eine (nicht erzwungene, sondern) selbstgesetzte Grenze finden muß. Wenn der Staat selbst sich durch eine rechtzeitige und durchgreifende Reform des Merkantilismus zum Träger einer neuen, auf Ausgleich von Freiheit und Bindung bedachten Wirtschaftsverfassung erhob, konnte man hoffen, es werde möglich sein, die freigesetzten ökonomischen Energien des beginnenden Industriezeitalters in den gebotenen Schranken zu halten, ohne veraltete Fesseln fortzuschleppen. Doch besaß der preußische Staat zwischen 1786 und 1806 die Kraft zu einem solchen Umbau der Wirtschaftsverfassung noch nicht.

Nur bescheiden waren vor allem die Anfänge der Reform des *Gewerbe- und Handelssystems* in den beiden Jahrzehnten vor Jena und Auerstedt, obwohl die beiden verantwortlichen Ressortminister, erst *Struensee,* dann *Stein,* die Notwendigkeit der Reform durchaus erkannten. In der nach dem Regierungswechsel von 1797 zur Vorbereitung der Reform eingesetzten Finanzkommission wurde zwar alsbald die *Einführung der Gewerbefreiheit* durch Aufhebung des Zunftzwangs vorgeschlagen. Doch wagte man sich dann doch nicht an eine Maßnahme, deren Tragweite nicht abzuschätzen war. Man begann statt dessen mit einigen vorsichtigen Versuchen, die auf die *Einführung der Handelsfreiheit* zielten. Das staatliche Kaffee- und Tabakmonopol [1]) war schon zu Anfang der Regierungszeit Friedrich Wilhelms II. aufgehoben worden; doch hatte die Finanznot den Staat gezwungen, die Wiedereinführung des Tabakmonopols anzuordnen [2]). Unter dem Druck der öffentlichen Meinung aber gab Friedrich Wilhelm III. die beiden Monopole nach seinem Regierungsantritt völlig preis. Das wurde lebhaft begrüßt, war jedoch für das Wirtschaftsgefüge im Ganzen nicht von besonderer Bedeutung. Wichtiger war die Freigabe des Getreidehandels; denn sie überließ eines der wichtigsten Landesprodukte der selbstverantwortlichen Bewirtschaftung durch Produzenten und Händler. Doch schränkte der Staat aus Mißtrauen gegen die Interessenten die Freiheit des Getreidehandels bald wieder ein, so daß der Sinn der Maßregel nicht erreicht wurde [3]).

Auch die dringend gebotene Reform des *Zoll- und Steuerwesens* wurde versäumt. Daß die verhaßte „französische Regie", die nach französischem Muster aufgebaute

---

[1]) Das *Tabakmonopol* bestand seit der Verordnung vom 4. Mai 1765; verwaltet wurde es (seit 1767) von der Generaltabaksadministration. Das *Kaffeemonopol* wurde durch die „Kaffeeordnung" vom 21. Januar 1781 eingeführt; das ausschließliche Einfuhrrecht übte die Seehandlung aus.

[2]) Deklarations-Patent wegen Wiedereinführung der General-Tabaks-Administration vom 18. Juni 1797 (NCC X 1307).

[3]) Vgl. *A. Skalweit,* Die Getreidehandelspolitik und Kriegsmagazinverwaltung Preußens 1756—1806 (1931) S. 165 ff. über die „Freihandelsepisode" im preußischen Getreidehandel, die von 1786 bis 1790 reichte.

Akzise- und Zollverwaltung [1]), aufgelöst wurde, war eine nur technische Maßnahme ohne tiefere Wirkung. Der Plan einer abgestuften direkten Vermögensteuer blieb unverwirklicht. Die des Abbaus bedürftige Akzise wurde erweitert und erhöht [2]). Friedrich Wilhelm III. empfahl der Finanzkommission zwar die Heranziehung des Adels zur Grundsteuer [3]) und griff damit einen der Hauptmängel des bestehenden Systems an. Aber die Finanzkommission folgte der königlichen Weisung nicht; sie beschloß vielmehr statt dessen auf *Struensees* Vorschlag die Aufhebung aller Befreiungen der privilegierten Stände (bes. des Adels und der Geistlichen) von Akzise und Zoll [4]). Der Gleichheit der Besteuerung kam man durch diesen Wegfall der Akzise- und Zollprivilegien immerhin wesentlich näher.

Stein wollte die steuerrechtliche Trennung von Stadt und Land durch Einführung einer ländlichen Getränke-, Back- und Schlachtsteuer beseitigen und damit die *Gleichheit der Verbrauchsabgaben* im ganzen Staat herbeiführen [5]). Doch kam der Plan trotz Zustimmung des Königs nicht mehr zum Vollzug. Dagegen gelang Stein die *Aufhebung der Binnenzölle* [6]), die bis dahin die einzelnen preußischen Provinzen wirtschaftlich voneinander trennten, ja sogar innerhalb der Provinzen den Wirtschaftsverkehr durch eine Vielzahl gegeneinander abgeschlossener Zolldistrikte in der rückschrittlichsten Weise hemmten [7]). Mit der Aufhebung der innerstaatlichen Zollschranken und der Einführung eines einheitlichen Grenzzolls gegenüber dem Ausland (natürlich auch gegenüber den anderen deutschen Territorien) verwirklichte *Stein* das Prinzip der nationalwirtschaftlichen Einheit, zunächst für den preußischen Gesamtstaat, wenigstens in einem wesentlichen Teilstück.

II. Die Einführung der Gewerbefreiheit

1. Die Freiheit der Berufswahl

Nach 1806 richteten sich die wirtschaftlichen Reformideen mit besonderem Nachdruck auf die Neuordnung des „Gewerbes", also von Handel, Handwerk und Industrie. Das merkantilistische Wirtschaftssystem mit der bürokratischen Wirtschaftslenkung und -verwaltung, der starren korporativen und zünftlerischen Bindung der Unternehmer, der Durchsetzung mit Zwangs- und Bann-

---

[1]) Eingeführt durch Kabinettsordre vom 9. April 1766; geschaffen wurde als oberste Behörde die *Generaladministration der Kgl. Gefälle* („Administration des Accises et Péages"), die aus einem leitenden Minister und fünf aus Frankreich kommenden Regiebeamten („régisseurs") bestand. Die Regie wurde beim Regierungsantritt Friedrich Wilhelms II. beseitigt.

[2]) Neugeordnet wurde das Akziserecht nach dem Regierungswechsel von 1786 durch das *Akzisereglement* vom 3. Mai 1787 (NCC VIII 1114). Für die von der Akzise befreiten Personen führte das Edikt vom 25. Januar 1799 (NCC X 2185) eine Ausgleichssteuer („Impost") ein.

[3]) Kabinettsordre vom 13. Oktober 1798.

[4]) Edikt vom 25. Januar 1799 (NCC X 2185).

[5]) Denkschrift vom 9. Oktober 1805 *(Stein,* Briefe u. Amtl. Schr., Bd. II 1, S. 88 ff.). Die Kabinettsordre vom 15. Oktober 1805 erteilte Stein die entsprechende Weisung.

[6]) Edikt vom 26. Dezember 1805 (NCC 1805 Nr. 67).

[7]) Dazu Steins Immediatbericht vom 21. April 1805 *(Stein,* a. a. O. Bd. II 1, S. 58 ff.): „Die Aufhebung der Binnenzölle ist gewiß eine sehr wohltätige Operation. Diese Zölle belasten den Verkehr von Provinz zu Provinz und selbst von Zolldistrikt zu Zolldistrikt, sie werden nach veralteten Zolltarifen, größtenteils nach Observanzen und Traditionen erhoben und umgeben den Untertan mit einem Gewebe von Formen, Strafen und Veranlassungen zu fiskalischen Verfahren".

rechten, Monopolen und sonstigen Wirtschaftsprivilegien war einer Zeit nicht länger erträglich, die Fortschritt allein von der Freiheit und von der Freiheit nichts anderes als Fortschritt erwartete. Die staatliche Regulierung und Förderung der Wirtschaft galt als eine unwürdige Bevormundung, die den Einzelnen an der Entfaltung seiner wirtschaftlichen Kräfte hindere. Nur der freie Wettbewerb, so meinte man, führe zur vollen wirtschaftlichen Gesamtleistung, indem er den weniger Tüchtigen ausscheide und dem Tüchtigeren freies Feld schaffe. Jeder wirtschaftliche Fehler, jedes Versagen und jede Säumnis räche sich im Wettbewerb alsbald im kommerziellen Verlust; so sei jeder zu höchsten Bemühungen genötigt. Der freie Wettbewerb bringe daher nicht nur dem Einzelnen den Gewinn, den er nach seinen Leistungen verdiene, sondern wirke sich auch zum Nutzen des Ganzen aus, dem der Ertrag der Einzelwirtschaften unmittelbar zugute komme. Der Grundsatz, zu dem bereits das Oktoberedikt von 1807 sich bekannte [1]), daß nämlich der Wohlstand des Einzelnen wie der des Ganzen nur erreicht werden könne, wenn jeder sich in Freiheit nach dem vollen Maß seiner Kräfte einzusetzen vermöge, galt für das Gewerbe in besonderem Sinn. Ein Maximum an Energien mußte in Bewegung gesetzt werden, wenn das seiner Fesseln entledigte gewerbliche Unternehmertum sich der technischen Errungenschaften des Zeitalters bemächtigte, um sich in Industrie, Handel und Verkehr frei zu entfalten.

Nach den Grundsätzen der im Geist von Adam Smith erzogenen Reformer sollte Jeder nach freiem Entschluß den wirtschaftlichen Platz einnehmen können, den er nach dem Maß seiner Kräfte auszufüllen imstande war. Dazu aber mußten die bisherigen *ständischen Schranken der Berufswahl* beseitigt werden. Der § 2 des Oktober-Edikts bestimmte daher:

„Jeder Edelmann ist, ohne allen Nachteil seines Standes, befugt, bürgerliche Gewerbe zu treiben; und jeder Bürger oder Bauer ist berechtigt, aus dem Bauern- in den Bürger- und aus dem Bürger- in den Bauernstand zu treten".

Bisher war der Adlige, wenn er nicht bestimmter Standesvorrechte verlustig gehen wollte, auf *standesgemäße Berufe* als Gutsherr, Offizier, Diplomat, Richter, Beamter oder Kleriker beschränkt. Bürgerliche Gewerbe aber waren dem Adligen verschlossen, wenn er nicht eine Standesminderung in Kauf nehmen wollte. Der durch das Edikt eröffnete freie Zugang zu den bürgerlichen Berufen galt auch als ein gewisser Ausgleich dafür, daß der Adel im Zug der Heeresreform das ausschließliche Anrecht auf die Offiziersstellen verlor [2]) und daß den Angehörigen des Bürger- und Bauerntums der freie Erwerb adligen Grundeigentums gestattet wurde [3]). Aber weit wichtiger war, daß mit dieser Niederlegung der gesetzlichen Berufsschranken die Einschmelzung des Adels in die „bürgerliche Gesellschaft" begann.

Gewiß löschte das Oktoberedikt den Unterschied von *Adelsgesellschaft und bürgerlicher Gesellschaft* in der Realität nicht mit einem Schlag aus. Aber die Aufhebung der Rechtsschranken zwischen adligem und bürgerlichem Beruf bereitete' auch der faktischen Egalisierung der Stände die Bahn. Auf die Dauer konnte nur der reich-

---

[1]) Siehe oben S. 187.
[2]) Siehe unten S. 234 f.
[3]) Siehe oben S. 191.

begüterte Grundadel sich der Übernahme bürgerlicher Berufe enthalten; im übrigen wuchs der Adel durch die berufliche Angleichung an das Bürgertum mehr und mehr in den bürgerlichen Lebensstil hinein. Die Absonderung der Stände nahm ab; bürgerliche Heiraten des Adels, die auch schon bis dahin keine Ausnahme gewesen waren, wurden häufiger; es bereitete sich der Zustand vor, daß der Adel nur noch ein Titel und schließlich nur ein Teil des Namens war. Das Oktoberedikt leitete diese Entwicklung jedenfalls insoweit mit voller Absicht ein, als Stein zu einer *Adelsreform* entschlossen war, die den kleinen Adel beseitigen und den wirklichen Adel auf die verhältnismäßig geringe Zahl reichbegüterter Geschlechter beschränken sollte[1]). Das Edikt ordnete dies zwar nicht ausdrücklich an; aber es war praktisch doch der entscheidende Schritt auf dem Weg zu einer nicht mehr ständisch gegliederten, sondern „bürgerlichen" Gesellschaft. Auch den überlieferten Rechtsunterschied zwischen *Bürger- und Bauernstand* ebnete der § 2 des Oktoberedikts ein. Aus einer Standesverschiedenheit wurde eine bloße Verschiedenheit des Berufs, der Wohn- und Lebensweise, der Kleidung und des Sozialgebarens. Jedermann stand der freie Wechsel dieser Lebensformen offen.

Im freien Fluktuieren der Berufe ergab sich *die stille Revolution sozialer Einebnung und Anpassung,* in der die bürgerliche Gesellschaft des 19. Jahrhunderts sich formte. Eine gesellschaftliche Umwälzung vollzog sich damit, die weiter und tiefer als jede Änderung von Staats- und Regierungsformen wirkte. Die bürgerliche Gesellschaft war nicht mehr auf das „Bürgertum" als Stand beschränkt, sondern nahm alle bisherigen Stände in sich auf, gemäß der berühmten Formel von 1789, der „Dritte Stand" sei identisch mit der Nation. Die bürgerliche Gesellschaft wurde der große Schmelztiegel, in dem die überlieferte ständische Schichtung unterging. Adlige wurden Träger industrieller Unternehmungen, sei es in Verbindung mit ihren Gutsbetrieben, sei es losgelöst von ihnen. Reichgewordene bürgerliche Industrielle, Bankiers oder Handelsherren erwarben Landgüter und traten damit in den bisher überwiegend dem Adel vorbehaltenen Großgrundbesitz ein. So wie der Adel verbürgerlichte, so feudalisierte die hohe Bourgeoisie sich in Lebensformen und Gesinnung, auch soweit sie nicht durch Verleihung von Adelsprädikaten nobilitiert wurde. Der gehobene bürgerliche Mittelstand fand Zugang in das Offizierskorps, vor allem aber über die akademische Bildung in die Beamten- und Richterschaft; dort verschmolz er mit den adligen Inhabern gleicher Stellen zu einer sozialen Einheit. Nicht weniger stark waren die Umgestaltungen auf dem flachen Land; Bauernsöhne gingen zum Handwerk, zum Handel oder zur Technik über; die nachgeborenen Söhne und das Kleinbauerntum gerieten weithin in den Sog der Industrialisierung; durch Landflucht bildete sich die große „Reservearmee" des Industrieproletariats.

Mit der sozialen Nivellierung der alten Stände ging die neue gesellschaftliche Schichtung nach den *Klassen des Besitzes und des Nicht-Besitzes* Hand in Hand. Das Oktober-Edikt leitete eine Entwicklung ein, die die überlieferte Gliederung der Gesellschaft *nach Ständen* durch die ökonomische Spaltung *nach Klassen* ersetzte. Die neugebildete bürgerliche Gesellschaft war von Anfang an eine *Klassengesellschaft,* in der sich von den Inhabern des Grund- und des gewerblichen Eigentums die ständig wachsende Klasse der Nicht-Eigentümer (des „Vierten Standes") abhob. Die Niederlegung

---

[1]) Vgl. Steins „Beurteilung des Rehdiger'schen Entwurfs über Reichsstände" vom 8. Sept. 1808 *(Stein, Briefe u. Amtl. Schr., Bd. II 2, S. 852 ff.):* „Das Übergewicht eines Standes über seine Mitbürger ist nachteilig, ist eine Störung der gesellschaftlichen Ordnung. Der Adel im Preußischen ist der Nation lästig, weil er zahlreich, größtenteils arm und anspruchsvoll auf Gehälter, Ämter, Privilegien und Vorzüge jeder Art ist... Man verringere also die Zahl der Edelleute, man hebe den armen Adel auf, und der übrig gebliebenen Anzahl reicher Familien weise man einen politischen und amtlichen Wirkungskreis an, der sie zur Bildung und Entwicklung ihrer Kräfte auffordert. Reichtum vereinigt das eigene Wohl des Grundbesitzers mit dem allgemeinen, und durch die Erinnerung der Taten der Voreltern verbindet sich der Ruhm der Nation mit der Familienehre...". Im Grundsatz ebenso das „Politische Testament" Steins (verfaßt von Schön) vom 24. November 1808 (ebenda S. 988 ff.).

der Rechtsschranken zwischen den alten Ständen verband sich mit der gleichzeitigen Aufrichtung faktischer Schranken zwischen den neuen Besitz-Klassen; nur bei ungewöhnlicher Leistung oder ungewöhnlichem Glück war der soziale Aufstieg aus dem Proletariat in die bürgerliche Bildungs- und Besitzschicht möglich. *Die Rechtsgleichheit, die das Oktober-Edikt schuf, war zugleich die Grundlage der sozialen und ökonomischen Ungleichheit, die die neuen Klassen trennte.* Das lag zwar nicht in der Absicht des Edikts, war aber die unvermeidbare Folge einer Reform, die persönliche Gleichheit und Freiheit, freie Berufswahl und freien Wettbewerb einführte. Denn mit ihr begann ein neues System gesellschaftlicher Auslese, in dem, zusammen mit dem Leistungsvorsprung, der sich aus Besitz und Bildung ergab, allein die höhere Leistung entschied. Das war ein Ausleseprinzip von puritanischer Gerechtigkeit und Härte. Es bedrohte den „schlechteren Wirt" mit rücksichtsloser Verdrängung durch den besseren, belohnte den Erfolgreichen mit dem Aufstieg in wachsenden Besitz und bestrafte den Erfolglosen mit dem Sturz in die Besitzlosigkeit und der daraus folgenden gesellschaftlichen Deklassierung.

2. Das Gewerbesteueredikt

Stein stand in seiner Ministerzeit ebenso wie später der radikalen Liberalisierung der wirtschaftlich-sozialen Verhältnisse fern. Seine Reformpläne entstammten nicht den Theoremen der modernen Wirtschafts- und Gesellschaftslehre, sondern der praktischen Vernunft. Er war in der Welt der ständischen Ordnung aufgewachsen; der merkantilistischen Wirtschaftsauffassung war er durch ein langes dienstliches Wirken verbunden. Wenn er sich von diesen alten Zuständen und Gewohnheiten abwandte, so suchte er die Mängel durch Einzelreformen zu bessern, nicht aber das Ganze durch umstürzende Neuerungen zu überwinden. Sein gewerbepolitisches Ziel war, „die Hindernisse, welche der Erhebung des Gewerbfleißes durch den Druck des Zunftzwanges sich entgegenstellen, nach und nach (wegzuräumen) und durch die Wiederherstellung des freien Umlaufs der Capitalien und Arbeiten den Nationalreichtum (zu befördern)"[1]). In seiner kurzen Amtszeit beschränkte er sich darauf, die Zünfte und Verkaufsmonopole für Bäcker, Fleischer und Höker sowie den Mühlenzwang aufzuheben[2]). Diese Maßnahmen standen, da es sich um Gewerbezweige handelte, die der Landwirtschaft verbunden waren, in Zusammenhang mit der Agrarpolitik Steins; sie ließen jedoch zugleich die Grundrichtung der von Stein geplanten Gewerbepolitik erkennen.

Erst *Hardenberg*, der den Doktrinen der liberalen Nationalökonomie weit stärker als Stein ergeben war, tat den entscheidenden Schritt. Das *Gewerbesteueredikt* vom 28. Oktober 1810 (GS 79) begründete die *Gewerbefreiheit.* Es verpflichtete jeden volljährigen Gewerbetreibenden, gegen Zahlung einer

[1]) Offiziöser (von Stein inspirierter) Zeitungsartikel in der „Königsberger Allgemeinen Zeitung" vom 26. September 1808 *(Stein,* a.a.O. Bd. II 2, S. 876 ff.).
[2]) Schon vor dem Krieg hob Stein den Zunftzwang für Lein- und Baumwollweber in Ost- und Westpreußen auf (VO. vom 4. Mai 1806, GS 1806—10 S. 85). Später hob er den Zunftzwang und das Verkaufsmonopol für Bäcker, Fleischer und Höker in Ost- und Westpreußen auf (VO. vom 24. Oktober 1808, GS 1806—10 S. 315). Die Aufhebung des Mühlenzwangs für Ostpreußen (einschließlich Litauen, Ermland und dem Kreis Marienwerder) verfügte das Edikt vom 29. März 1808 (GS 1806—10 S. 217).

mäßigen Abgabe einen Gewerbeschein für die Fortsetzung oder den Neubeginn seines Gewerbes zu lösen. Der Gewerbeschein gab seinem Inhaber das Recht, ohne weiteren Befähigungsnachweis oder behördliche Konzession das Gewerbe zu betreiben. Für 34 besonders aufgeführte Gewerbearten, darunter z. B. Gastwirte, Maurer und Zimmerleute, blieb allerdings der *Konzessionszwang* bestehen. Mit Rücksicht auf die öffentliche Sicherheit wurde hier weiterhin der Nachweis der persönlichen Zuverlässigkeit und der sachlichen Befähigung gefordert. Der *Unterschied von Stadt und Land* wurde auch im Gewerberecht beseitigt; den alten Grundsatz, nach dem die Mehrzahl der Gewerbe nur in den Städten ausgeübt werden durfte, hob das Edikt auf; die ausschließlichen Gewerbeberechtigungen des älteren Rechts fielen fort. Die Lösung des Gewerbescheins und die Entrichtung der Gewerbeabgabe hatten nur steuerliche, keine gewerbepolizeiliche Bedeutung. Der Übergang zur Gewerbefreiheit war ein Akt, der die *Wirtschaftsverfassung Preußens* von Grund auf neugestaltete. An die Stelle des staatlich geordneten Wirtschaftsprozesses trat, jedenfalls im Grundsatz, die sich durch *freien Wettbewerb* selbstregulierende Marktwirtschaft.

3. Das Gewerbepolizeigesetz

Das *Gesetz über die polizeilichen Verhältnisse der Gewerbe* vom 7. September 1811 (GS 263) gestaltete die Gewerbefreiheit weiter aus. Nur für wenige Berufsarten stellte es das alte Zwangssystem wieder her, so für die Schornsteinfeger. Den Gewerbebetrieb im Umherziehen machte es von einer Genehmigung („Wandergewerbeschein") abhängig. Im übrigen aber dehnte es die gewerbliche Freiheit weiter aus, vor allem durch den völligen *Abbau der Zunftverfassung*. Jeder, der durch Lösung des Gewerbescheins die Gewerbebefugnis erwarb, durfte nun Lehrlinge und Gesellen einstellen. Einer Meisterprüfung bedurfte es dafür im Bereich des Handwerks nicht mehr; ebenso wenig war das Recht zum Gewerbebetrieb von der Zugehörigkeit zu einer Zunft abhängig. Der überlieferte *Zunftzwang* fiel gänzlich weg. Jedem bisherigen Zunftgenossen war der Austritt aus der Zunft gestattet; jedem neuhinzukommenden Gewerbetreibenden war erlaubt, der Zunft fernzubleiben. Jede bestehende Zunft konnte durch einen Beschluß der Mehrheit ihrer Mitglieder oder durch einen Akt der Landespolizeibehörde aufgelöst werden. Nicht mehr als öffentlich-rechtliche Zwangskorporationen, sondern nur noch als private Vereine bestanden die Zünfte weiter.

Auch damit änderte die überkommene Wirtschaftsverfassung sich an einer fundamentalen Stelle. Die alte Zunftverfassung, die auf der Pflicht jedes Handwerkers, einer Zunft anzugehören und sich den obrigkeitlichen Anordnungen seiner Zunft zu unterwerfen, beruhte, war das Rückgrat des alten gebundenen Gewerberechts. Nun war das Ziel der Zünfte seit langem nicht mehr, die Güte der handwerklichen Leistung zu garantieren und das Gewerbe bloß gegen die Pfuscharbeit und die unsolide Konkurrenz unbefähigter Außenseiter zu sichern. Mehr und mehr waren die Zünfte zu einem Schutzverband für die alten Meister geworden, die sich gegen den Aufstieg junger Kräfte aus dem Gesellenstand verteidigten und an alten Betriebsmethoden und überhöhten Preisen festhielten. Es war eine befreiende Tat Hardenbergs, daß er die überlebte Zunftverfassung durch seine Gewerbegesetze zerschlug.

Nur fragte sich, ob nicht an Stelle des Alten und Überlebten alsbald neue Formen des Gewerberechts hätten geschaffen werden müssen. Wenn der Staat sich statt dessen auf die selbsttätige Regulierung aller Probleme durch den freien Wettbewerb verließ, so sollte sich bald zeigen, daß der Ausleseprozeß, in dem es allein auf den ökonomischen Erfolg ankam, nicht nur den Unzuverlässigen und Unfähigen ausschied, sondern daß die Energien des industriellen und kommerziellen Kapitalismus nicht selten auch den Tüchtigen zum Erliegen brachten, während der Wendigere und Skrupellosere triumphierte. In dem nun einsetzenden Kampf zwischen Handwerk und Industrie, zwischen Kleinbetrieb und Großbetrieb, zwischen Einzelunternehmen und Monopolunternehmen wurde der Leistungswettbewerb bald durch andere Formen der Konkurrenz beeinträchtigt. An die Stelle einer ausgeglichenen Wirtschaftsordnung traten wirtschaftliche Machtstellungen und Machtverbände, deren Kollektivgewalt nicht nur der neugewonnenen wirtschaftlichen Freiheit der Einzelnen, sondern auch dem Staat gefährlich werden sollte. Das war auch 1810/11, als die Gewerbefreiheit in Preußen eingeführt wurde, schon vorauszusehen; denn in England hatte man bereits Erfahrungen nicht nur mit den Vorzügen, sondern auch mit den Fragwürdigkeiten des neuen Systems gesammelt.

4. Die Weiterentwicklung des Gewerberechts

Schon in der Anfangszeit bestanden im Kreis der Reformer starke Bedenken gegen den neuen wirtschaftlichen Kurs. *Hardenberg* wagte daher nach 1815 nicht, das Prinzip der Gewerbefreiheit für den preußischen Gesamtstaat einheitlich einzuführen. Seit 1815 gab es in Preußen vielmehr drei Gebiete mit unterschiedlichem Gewerberecht. In den vier nach Tilsit im preußischen Reststaat verbliebenen östlichen Provinzen (Ost- und Westpreußen, Schlesien, Pommern, Brandenburg) galt die Gewerbefreiheit nach den Gesetzen von 1810/11. In den beiden westlichen Provinzen (Westfalen, Rheinland) bestand die Gewerbefreiheit nach westfälischem oder französischem Recht. In der Provinz Sachsen dagegen galt die alte Zunftverfassung fort. Diese Verschiedenheit der Rechtslage blieb zunächst bestehen. Erst die preußische Gewerbeordnung vom 17. Januar 1845 (GS 41) erhob die Gewerbefreiheit zum allgemeinen preußischen Rechtsgrundsatz.

Zwar brachte die Verordnung vom 9. Februar 1849 (GS 93) gewisse Einschränkungen der Gewerbefreiheit, besonders auf dem Gebiet des Handwerks, da im Zug der Märzrevolution keineswegs nur liberale Wirtschaftsforderungen erhoben, sondern auch dem Mittelstandsschutz dienende Wettbewerbsbeschränkungen verlangt wurden. Doch blieb im Ganzen das 1845 geschaffene preußische Gewerberecht die Grundlage, auf der später die *Gewerbeordnung für den Norddeutschen Bund* vom 21. Juni 1869 (BGBl. 245) erlassen werden konnte. (Näheres zur Fortentwicklung des Gewerberechts siehe Bd. IV S. 978 ff.).

III. Die Finanzverfassung

1. Das Problem der Finanzreform

Zu den schwierigsten politischen Aufgaben, vor die die preußische Regierung in der Zeit von 1807 bis 1822 gestellt war, gehörte die Ordnung des staatlichen Finanzsystems [1]). Untragbare Kriegstribute belasteten seit 1807 das Land; Industrie und Landwirtschaft waren aus dem Gleichgewicht gebracht; die Kontinentalsperre verschloß die ausländischen Märkte; die neuen Kriege nahmen die letzten wirtschaftlichen Reserven in Anspruch. Um dieser Lage Herr zu werden, genügten Finanzmanipulationen alten Stiles nicht. Eine grundlegende Reform der Finanzverfassung war somit schon auf Grund der Kriegs- und Kriegsfolgelasten notwendig. Aber auch unabhängig davon war sie aus allgemeinen staatspolitischen Gründen geboten.

Das überlieferte *Steuersystem* mit seiner steuerrechtlichen Unterscheidung von Stadt und Land und seinen unübersehbaren Differenzierungen in der Besteuerung war unvereinbar mit dem Geist einer Zeit, die nach rationaler Vereinfachung und rechtlicher Gleichbehandlung strebte. Vor allem war die Steuerfreiheit des grundbesitzenden Adels ein schwerer Anstoß in einer Epoche, die auf den Abbau überlebter feudaler Privilegien gerichtet war. Die 1805 mit der Aufhebung der preußischen Binnenzölle [2]) eingeleitete *Zollreform* mußte weitergeführt werden, um den Gesamtstaat zu einer Zoll- und Wirtschaftseinheit zu machen. Das *Staatsschuldensystem* mußte konsolidiert werden, wenn die Probleme gelöst werden sollten, die aus der schweren Kriegsverschuldung des Staates hervorgingen. Steuerreform, Zollreform und Staatsschuldenreform waren die großen Teilstücke einer Neuordnung, die sich nicht in finanz- und verwaltungstechnischen Maßnahmen erschöpfen durfte, sondern eine neue *Finanzverfassung* als ein Element der neuzugestaltenden Staatsverfassung schaffen mußte.

2. Die Anfänge der Steuerreform

Zwischen 1807 und 1815 konnte an eine endgültige Reform der Steuerverfassung nicht gedacht werden. Doch kam es darauf an, bei den durch Krieg und Niederlage erzwungenen *Steuer-Notmaßnahmen* nicht nur taktische Aushilfen zu ersinnen, sondern in den Provisorien die Grundgedanken einer definitiven Steuerverfassung wenigstens im Ansatz vorwegzunehmen. Die wichtigste Aufgabe war, bei der Umlegung der allgemeinen Staatslasten und der besonderen Kriegslasten auf die Bevölkerung von den überlieferten Privilegierungen und Differenzierungen abzugehen; es war geboten, endlich nach dem Grundsatz der *Steuergleichheit* zu verfahren und damit eine der veränderten Wirtschaftsverfassung adäquate Steuerverfassung zu entwickeln. Die wechselseitige Abhängigkeit von allgemeiner Staatsverfassung, Sozialverfassung, Wirtschafts-

---

[1]) Über die preußischen Finanzprobleme am Vorabend des Krieges vgl. Steins Denkschrift vom 9. Oktober 1805 (*Stein*, a. a. O., Bd. II 1, S. 88 ff.); die Denkschrift schlägt, neben Steuerreformen und Staatsanleihen, die Ausgabe von *Papiergeld* vor (ebenso schon früher eine Denkschrift von Steins Vorgänger Struensee vom 6. August 1789). Anders als in England, Rußland, Österreich und (in der Revolutionszeit) in Frankreich gab es in Preußen damals noch keine Banknoten als Zahlungsmittel. Steins Denkschrift enthält einen aufschlußreichen Beitrag zur damaligen Währungstheorie.
[2]) Siehe oben S. 203.

verfassung und Finanzverfassung zeigt sich hier an einem eindrucksvollen Beispiel; zugleich zeigt sich die einebnende Wirkung militärischer Niederlagen, die zur gleichmäßigen Lastenverteilung und damit oft auch zum Vollzug langverzögerter Reformen zwingen.

Die von *Stein* eingeleiteten und von *Hardenberg* weitergeführten Reformen wollten die überlieferten Steuerunterschiede zwischen den Provinzen, zwischen Stadt und Land, zwischen Adel, Bauerntum und Bürgertum möglichst weitgehend auslöschen. Sie wollten die *Akzise*, eine nur die Stadtbevölkerung treffende Verbrauchsabgabe [1]), durch ein gleichmäßiges Verbrauchsteuersystem, das Stadt und Land gleichmäßig belastete, ersetzen. Sie wollten die *Einkommensteuer* neu entwickeln und durch eine *Gewerbesteuer* und eine *Vermögensteuer* ergänzen. Schließlich wollten sie eine *Grundsteuer* schaffen, die Stadt und Land gleichmäßig traf und die Steuerexemtionen des Adels beseitigte.

Dem Plan, eine *Einkommensteuer* einzuführen, die es bis dahin weder in Preußen noch in den anderen deutschen Ländern gab, kam in *Steins* wie in *Altensteins* Reformvorschlägen eine besondere Bedeutung zu. Schon Steins Immediatbericht vom 26. September 1806 [2]) sah eine Einkommensteuer, zunächst als Kriegssteuer, vor. Steins Mitarbeiter *Frey* und *Hoffmann* nahmen den Gedanken in ihre Vorschläge vom 28. September 1807 auf [3]). Da die Kontributionen des Tilsiter Friedens nicht dem Gesamtstaat, sondern den Provinzen auferlegt waren [4]), zwang die Not dazu, die Einkommensteuer nicht als allgemeine Staatssteuer, sondern als Provinzialsteuer einzuführen. Nachdem sie zunächst für die Stadt Königsberg allein geschaffen worden war, wurde die Einkommensteuer im Februar 1808 auf ganz Ostpreußen [5]) und im April 1808 auch auf Westpreußen erstreckt.

Volle Steuergleichheit brachte diese ost- und westpreußische Einkommensteuer nicht; sie verfügte vielmehr eine unterschiedliche Belastung von Stadt und Land, sowie von fundiertem und unfundiertem Einkommen. In Königsberg, der am stärksten belasteten Stadt, betrug der progressiv gestaltete Steuertarif in der Höchststufe bei fundiertem Einkommen 20 %, bei unfundiertem Einkommen 15 %; die übrigen Städte waren nur mit ²/₅ der Königsberger Sätze, das flache Land war noch weit niedriger belastet.

Von Anfang an bestand die Absicht, diese provinzielle Einkommensteuer zur *allgemeinen Staatssteuer* fortzubilden. Die Deklaration vom 22. März 1810 erklärte es denn auch für beschlossene Sache, daß die Einkommensteuer auch in den andern Provinzen eingeführt werde [6]). Aber in ihnen scheiterte die Einkommensteuer teils am Widerstand der Oberpräsidenten (so in Schlesien und Pommern), teils am Widerstand der Stände (so in der Kurmark). Der Haupteinwand richtete sich gegen die „Gehässigkeit" der Einkommensteuer [7]), die zur Aufdeckung der persönlichen Einkommensverhältnisse zwinge, zur Steuerschnüffelei und Steuerdenunziation führe und einen

---

[1]) Eingeführt in Brandenburg-Preußen (nach niederländischem Vorbild) zunächst in Berlin (1658), dann allgemein (seit 1667).

[2]) *Stein*, Briefe u. Amtl. Schr., Bd. II 1, S. 279 ff.

[3]) Dazu auch Plan des Ministers Schroetter über die Einführung einer allgemeinen Einkommensteuer und Steins Stellungnahme vom 8. Dezember 1807 *(Pertz,* Stein Bd. 2, S. 53 ff.; sowie *Stein,* a. a. O., Bd. II 2, S. 562 ff.).

[4]) Siehe oben S. 113, 116.

[5]) Reglement, das Kriegsschuldenwesen der Provinz Ostpreußen und Litauen und der Stadt Königsberg insbesondere betreffend, vom 23. Februar 1808 (GS 1806—10 S. 193).

[6]) § 12 der Deklaration des Kriegsschuldenreglements vom 22. März 1810 (GS 1806—10 S. 673).

[7]) Dieser Einwand der „Gehässigkeit" wurde auch in den späteren Steuerverhandlungen des preußischen Staatsrats immer wieder gegen die Einkommensteuer erhoben.

unzumutbaren Eingriff in die private Freiheit bedeute. Dieser Widerstand gegen die Einkommensteuer ist ein bemerkenswertes Zeugnis für das aktive Freiheitsbewußtsein des Einzelnen in der Epoche des so oft kritisierten „Obrigkeitsstaats". Das Eindringen des Staates in die persönliche Einkommenssphäre galt diesem älteren Freiheitssinn als ein schlechthin sittenwidriger Eingriff in den staatsfreien Individualbereich. Es gehört zu den großen verfassungsgeschichtlichen Paradoxien, daß der moderne bürgerliche Verfassungs- und Rechtsstaat mit der Einkommensteuer zugleich die gerechteste und die der privaten Freiheit abträglichste Steuer geschaffen hat. Der Steuerzugriff auf das Einkommen hat den Einzelnen im 19. Jahrhundert in stärkere Abhängigkeit von der Staatsgewalt versetzt, als sie in irgendeinem der allgemeinen Gewaltverhältnisse des absoluten Staates bestand.

3. Die Steuerreform von 1810–12

Während Stein über erste Anfänge einer Steuerreform nicht hinauskam und auch sein Nachfolger Altenstein nicht wagen konnte, die Steuerreform anzupacken, verfolgte Hardenberg um so zäher das Ziel einer allgemeinen Staatssteuer. Die Grundgedanken der Hardenberg'schen Finanzreform entwickelte das große Steueredikt vom 27. Oktober 1810[1]). Unter den von Hardenberg getroffenen Reformmaßnahmen steht dieses Steueredikt nicht nur zeitlich an der Spitze; es war zugleich eine verfassungspolitische Neuerung ersten Ranges. An die Stelle der ein undurchdringliches Dickicht bildenden Abgabenvielfalt der älteren Zeit trat mit diesem Edikt zum ersten Mal ein rational geordnetes System einiger weniger Hauptsteuern; die Steuerverfassung des modernen Staates nahm von dieser Hardenberg'schen Konzeption ihren Ausgang.

Gemäß dem Edikt von 1810 wurden folgende Einzelsteuern eingeführt:

a) die *Konsumtions- und Luxussteuer*, die die Akzise auf bestimmte Verbrauchsgüter beschränkte, sie auf das flache Land ausdehnte und die bisherigen Akzise-Befreiungen aufhob[2]);

b) die *Gewerbesteuer*, die mit der Gewerbefreiheit zusammen entwickelt wurde[3]);

c) die *Stempelsteuer*, die sich in gewissem Umfang als eine Art von Umsatzsteuer auswirkte[4]);

d) die *Vermögensteuer* (3 %), die durch das Edikt vom 24. Mai 1812 geschaffen wurde[5]);

e) die erste *allgemeine staatliche Einkommensteuer*. Sie wurde als Sondersteuer zur Aufbringung der damaligen Besatzungskosten Preußens durch Edikt vom 6. Dezember 1811 eingerichtet[6]). An ihre Stelle trat dann eine nicht zweckgebundene allgemeine Einkommensteuer nach dem Edikt vom 24. Mai 1812[7]), das die Steuer bei einem Einkommen von 300 Talern aufwärts auf 5 % festsetzte; bei einem Einkommen von

---

[1]) Edikt über die Finanzen des Staats und die neuen Einrichtungen wegen der Abgaben vom 27. Oktober 1810 (GS 25 Text: Dokumente Bd. 1 Nr. 9). Über das in dem Edikt enthaltene erste königliche Verfassungsversprechen siehe unten S. 296.

[2]) Edikt über die neuen Konsumtions- und Luxussteuern vom 28. Oktober 1810 (GS 33).

[3]) Gewerbesteuer-Edikt vom 28. Oktober 1810 (GS 79; Dokumente Bd. 1 Nr. 10).

[4]) Stempelsteuer-Gesetz vom 20. November 1810 (GS 121).

[5]) Edikt vom 24. Mai 1812 (GS 49).

[6]) Edikt über die Erhebung der Beiträge zur Verpflegung der französischen Truppen in den Oderfestungen und auf den Märschen mittels einer Klassensteuer vom 6. Dezember 1811 (GS 361).

[7]) Siehe oben Anm. 5.

100—300 Talern war der Steuersatz 1 %; darunter war der Steuersatz noch geringer. Es war damit, wenn auch in roher Form, eine progressive Einkommensteuer eingeführt. Das Edikt vom 24. Mai 1812 hob in § 13 hervor: „Bei der Erhebung der Steuer soll jede gehässige Form und fiskalische Vexation vermieden werden." Es sah die Selbsteinschätzung vor; für Verheimlichung drohte es die Konfiskation der Hälfte des verschwiegenen Betrags an [1]).

Hinsichtlich der *Grundsteuer* versprach Hardenberg den Wegfall aller bisherigen Exemtionen des Adels und des Königlichen Hauses. Doch scheiterte er mit seinem Plan an dem Widerstand des Adels, der seine Steuerprivilegien mit allen Mitteln verteidigte. Die geplante Gleichmäßigkeit der Grundsteuer erschien dem Adel als ein „offenbarer Raub". Gestützt auf die altständische Verfassung verfocht der Adel den Grundsatz, ohne Zustimmung der von ihm beherrschten Ständevertretung könne ein neues Steuergesetz, das in seine Rechte eingreife, nicht erlassen werden. Obwohl Hardenberg diese Rechtsansicht nicht anerkannte, gelang es ihm nicht, die feudale Opposition gegen die Grundsteuerreform zu brechen.

4. Die Steuerreform von 1818—22

Erst nach 1815 konnte Hardenberg die Reform der preußischen Steuerverfassung zum Abschluß bringen. Neben dem Staatskanzler wirkten der Finanzminister v. Bülow und die Steuerkommission des preußischen Staatsrats, zunächst unter dem Vorsitz Humboldts, dann unter dem Schuckmanns, auf die neuen Finanzgesetze ein [2]). Der 1817 geschaffene Staatsrat demonstrierte an den Steuergesetzen den starken Einfluß, den er (obwohl er juristisch nur ein Beratungsorgan war) im preußischen Staatsgefüge besaß. Seine Steuerkommission trat für die *Stabilität der Steuergesetze,* d. h. für eine „allgemeine feste und bleibende Steuerverfassung", wie sie sich ausdrückte, ein. Man hat ein solches System später eine Steuergesetzgebung von „relativem Ewigkeitswert" genannt *(J. Popitz).* Die Kommission bekannte sich ferner zur Steuerhoheit des Staates, sprach sich daher auch für ein modernes Abgabensystem ohne Anlehnung an die überlieferten Provinzialsteuern aus. Sie forderte weiter eine Steuergesetzgebung unter möglichst weitgehender *Schonung der Wirtschaft,* d. h. ein Steuersystem, das die Wirtschaft nicht über Gebühr in der freien Entfaltung hemme. Sie trat daher für das irgend mögliche *Mindestmaß von Steuern* ein; sie verwarf die Thesaurierung von Staatseinkünften; die Steuereinnahmen sollten stets so niedrig gehalten

---

[1]) Bemerkenswert ist, daß schon das Edikt vom 6. Dezember 1811 die *getrennte Ehegattenbesteuerung* bei selbständiger oder unselbständiger Tätigkeit der Ehefrau in einem dem Ehemann fremden Betrieb vorschrieb (§ 4: „Alle selbständigen Einwohner der ganzen Monarchie ... sollen mit Rücksicht auf ihr Einkommen und ihren Erwerb in Klassen geteilt und danach besteuert werden. *Frauen und Kinder* sind nur dann als selbständig zu betrachten, wenn sie ein separates Einkommen besitzen oder durch ein eigenes Gewerbe ihren Unterhalt sich erwerben. Wenn sie aber das Gewerbe und Einkommen des Mannes oder Vaters durch ihre Arbeit oder ihr Vermögen so unterstützen, daß sein Einkommen dadurch vermehrt wird, so bringt es der Mann oder Vater sich mit in Anrechnung").

[2]) Gesetzentwürfe Bülows mit Immediatbericht vom 14. Januar 1817; Immediatbericht der Steuerkommission des Staatsrats vom 20. Juni 1817; neue Steuergesetzentwürfe mit Bericht des Staatsministeriums vom 31. Januar 1820.

werden, daß der Staatshaushalt sich „hart am Rande des Defizits" bewege. Vor allem aber bekannte sie sich grundsätzlich zur *Steuergleichheit;* allerdings gelang es ihr nicht, in den neuen Finanzgesetzen die Steuerunterschiede von Stadt und Land und die Steuerbefreiungen des Adels in vollem Maß zu beseitigen.

Die Steuergesetz-Entwürfe Bülows von 1817 stießen im Staatsrat selbst auf so starken Widerstand, daß sie nicht in Kraft gesetzt werden konnten. Erst 1820 kam es mit Zustimmung des Staatsrats zu dem Abschluß der Haupt-Steuergesetze. Insbesondere konnte erst jetzt das Edikt über das Abgabenwesen vom 30. Mai 1820 verabschiedet werden, das an Stelle des Edikts von 1810 das endgültige Grundgesetz der preußischen Finanzverfassung wurde [1]).

Die Einzelsteuern wurden 1818—22 folgendermaßen geordnet:
a) An die Stelle der alten Akzise trat nunmehr endgültig die *Verbrauchsteuer* [2]). Die Akzise war eine indirekte Steuer auf Umsatz und Verbrauch, die an den Stadttoren erhoben wurde und somit in erster Linie die städtische Bevölkerung belastete, die ländliche Bevölkerung dagegen nur, soweit sie ihren Bedarf in den Städten deckte. Sie war ein Unding, seit mit der Einführung der Gewerbefreiheit der Unterschied von Stadt und Land gewerberechtlich beseitigt worden war. Das Verbrauchsteuergesetz hob die alte General-Akzise auf und beschränkte die Verbrauchsabgaben auf Steuern für Branntwein, Braumalz, Weinmost und Tabak. Dazu kam eine Sondersteuer auf Salz [3]), die in der Form des überlieferten staatlichen Handelsmonopols [4]) erhoben wurde.
b) Die *Klassensteuer,* die an die Stelle der 1808/12 eingeführten Einkommensteuer trat, war seit 1820 die Hauptsteuer Preußens [5]). Sie war ein Mittelding zwischen Kopf- und Einkommensteuer. Befreit von ihr waren die mediatisierten Standesherren, ferner die Pfarrer und Schullehrer, schließlich aber auch die Einwohner derjenigen Städte, die eine Mahl- und Schlachtsteuer erheben ließen. Die gesamte Bevölkerung wurde nach der Höhe des Einkommens in Steuerklassen eingestuft; ursprünglich gab es sechs Steuerklassen, die später durch Unterteilungen erheblich vermehrt wurden. In jeder Klasse war eine Abgabe in fester Höhe zu entrichten. Trotz dieses rohen Steuermaßstabs stellte die Klassensteuer den Anfang einer differenzierten Einkommensteuer dar. Die Versuche, die Klassensteuer wie die Mahl- und Schlachtsteuer durch eine allgemeine Einkommensteuer zu ersetzen, scheiterten 1847 und 1849 [6]). Beide Steuerarten bestanden über ein halbes Jahrhundert nebeneinander; erst 1873 trat die gleichmäßige Einkommensteuer an ihre Stelle [7]).

---

[1]) Gesetz über die Einrichtung des Abgabenwesens vom 30. Mai 1820 (GS 134).
[2]) Verbrauchssteuergesetz vom 8. Februar 1819 (GS 97).
[3]) Salzsteuer-Verordnung vom 17. Januar 1820 (GS 27).
[4]) Das staatliche Salzmonopol leitete sich rechtsgeschichtlich aus dem staatlichen Bergregal ab. Das Monopol war in Preußen seit der Zeit Friedrich Wilhelms I. durch die *Fixation* verschärft, nach der jeder Haushalt verpflichtet war, jährlich eine bestimmte Menge Salz zu erstehen. Maßgebend war dafür zuletzt die Verordnung vom 8. April 1774 (NCC V, 4, Nr. 27).
[5]) Gesetz wegen Einführung einer Klassensteuer vom 30. Mai 1820 (GS 140).
[6]) Die Entwürfe zur Aufhebung der Mahl- und Schlachtsteuer, zur Beschränkung der Klassensteuer und zur Einführung einer Einkommensteuer von 1847 scheiterten am Widerstand des Vereinigten Landtags. Die Entwürfe zum Ersatz der Mahl- und Schlachtsteuer und der Klassensteuer durch eine verbesserte Klassensteuer für Personen unter 1000 Talern Einkommen und durch eine allgemeine Einkommensteuer für Personen mit höherem Einkommen scheiterten 1849 am Widerstand der Kammern.
[7]) Das Gesetz betr. die Einführung einer Klassen- und klassifizierten Einkommensteuer vom 1. Mai 1851 (GS 193), das das Gesetz vom 30. Mai 1820 ablöste, erhielt die Mahl- und Schlachtsteuer (statt der Klassensteuer) für die 88 größeren Städte

c) Die *Mahl- und Schlachtsteuer* wurde an Stelle der Klassensteuer in den 132 Städten erhoben, die in einem dem Gesetz beigefügten Verzeichnis aufgeführt waren [1]. Es war diesen Städten freigestellt, zur Klassensteuer überzugehen; die nicht genannten Städte konnten an Stelle der Klassensteuer die Mahl- und Schlachtsteuer wählen [2]. Mit der Mahl- und Schlachtsteuer, die mit einem bestimmten Satz pro Zentner Getreide und Fleisch erhoben wurde, wurde die alte städtische Akzise in einem Restbereich erneuert. Die steuerliche Unterscheidung von Stadt und Land wurde wiederbelebt; die Entwicklung einer allgemeinen Einkommensteuer wurde verhindert; die Abschließung der Städte vom Land durch Zollmauern und Zolltore blieb notwendig; die Städte hielten an der indirekten Besteuerung fest. Die Einführung der Mahl- und Schlachtsteuer war daher ein offenbarer Steuerrückschritt. Doch wurde sie zäh verteidigt, vor allem auch von den Städten selbst, die ihre Finanzwirtschaft auf kommunale Zuschläge zu dieser ertragreichen Staatssteuer gründeten.

d) Die *Gewerbesteuer* (damals eine Staatssteuer, keine Gemeindesteuer) war nach dem Gewerbesteuergesetz von 1820, das an die Stelle des Gewerbesteueredikts von 1810 trat, keine allgemeine Gewerbesteuer mehr [3]. Sie wurde nur noch von bestimmten Gewerbearten erhoben, nämlich vom Handel, von den Gastwirtschaften, von den gewerblichen und industriellen Produktionsunternehmen, von den Mühlen, von den Schiffern, vom Fracht- und Lohnfuhrgewerbe, von den Pferdeverleihern, sowie vom Wandergewerbe.

e) Die 1822 eingeführte *Stempelsteuer* ersetzte die sieben verschiedenen Stempelsteuerordnungen, die es in Preußen bis dahin gab [4]. Sie wirkte sich als eine Umsatzsteuer beim Abschluß bestimmter Rechtsgeschäfte aus.

Hinsichtlich der *Grundsteuer* kündete das Gesetz über die Einrichtung des Abgabenwesens vom 30. Mai 1820 erneut eine Reform an, die die Steuergleichheit herbeiführen sollte. Bis zu dieser Reform aber wurden die bisherigen Grundsteuern aufrechterhalten. Die Grundsteuerreform war damit praktisch mißlungen. Wie wichtig sie gewesen wäre, erhellt schon daraus, daß es in Preußen damals nicht weniger als 33 verschiedene Grundsteuerordnungen gab, die noch aus den älteren territorialen Systemen stammten. Nicht nur ihre Bezeichnung [5] und ihr Anknüpfungspunkt, sondern auch ihre Höhe war in den einzelnen Teilen Preußens außerordentlich verschieden. Im Rheinland wurde auf die Flächeneinheit gerechnet fast das achtfache an Grundsteuer wie in Ost- und Westpreußen bezahlt.

Daß auch jetzt noch die *Grundsteuerfreiheit des adligen Großgrundbesitzes* bestehen blieb, verletzte die staatsbürgerliche Rechtsgleichheit wie die Staatsnotwendigkeiten in gleichem Maß. Aber auch jetzt noch stützte der Adel wie ein Jahrzehnt zuvor seinen Widerstand auf die ökonomische Theorie, daß die Grundsteuer eine dem Staat geschuldete *Grundrente* sei. Die Steuerfreiheit galt dann als Freiheit gewisser Teile des Grundbesitzes von einer Rentenschuld, und ihre Aufhebung bedeutete bei

Preußens aufrecht. Gleichzeitig mit dem dazu erlassenen Änderungsgesetz vom 25. Mai 1873 (GS 213) erging das Gesetz betr. die Aufhebung der Mahl- und Schlachtsteuer vom 25. Mai 1873 (GS 222), das die Klassensteuer auf die 88 größeren Städte erstreckte und damit ein einheitliches Einkommensteuersystem für Preußen schuf.

[1] Gesetz wegen Entrichtung einer Mahl- und Schlachtsteuer vom 30. Mai 1820 (GS 143).
[2] Bis 1833 gingen 18 von den 132 Städten zur Klassensteuer, 4 Städte gingen von dieser zur Mahl- und Schlachtsteuer über, so daß 1833 noch 118 Städte der Mahl- und Schlachtsteuer unterworfen waren. Seit 1851 waren es noch 88 Städte (siehe S. 213 Anm. 7).
[3] Gewerbesteuergesetz vom 30. Mai 1820 (GS 147).
[4] Stempelsteuergesetz vom 7. März 1822 (GS 57).
[5] Erst allmählich verdrängte die Bezeichnung „Grundsteuer" die älteren Bezeichnungen wie „Kontribution", „Schoß", „Fortifikationssteuer", „Gerichtsgeld" und viele andere mehr, die zum Teil noch an die ursprünglichen Zwecke der Grundsteuern erinnerten; längst waren diese alten zweckgebundenen Grundabgaben jedoch zu nicht zweckgebundenen Steuern geworden.

dieser finanzrechtlichen Konstruktion die Neubelastung mit einer bisher nicht geschuldeten Grundrente; sie galt infolgedessen als ein Eingriff in ein wohlerworbenes privatwirtschaftliches Recht.

Diese Umdeutung öffentlich-rechtlicher Privilegien in wohlerworbene, unantastbare Privatrechte gehörte ganz allgemein zu den Mitteln, mit denen der Feudalismus seine Rechtsposition zu verteidigen suchte. Erst 1861 wurde die Grundsteuer, diese älteste Form einer direkten Staatssteuer, zur allgemeinen Steuer ausgestaltet, in dem nunmehr die Steuerfreiheit des adligen Grundbesitzes – ein volles halbes Jahrhundert nach Hardenbergs ersten Plänen und auch jetzt nur gegen Entschädigung – beseitigt wurde[1]).

5. Die Reform des Zollwesens

Die preußische Zollreform durchzuführen, gelang dagegen fast ohne Widerstand. Das von einem der bedeutendsten Mitarbeiter Hardenbergs, dem Staatsrat *Maaßen*, vorbereitete Zollgesetz vom 26. Mai 1818[2]) stellte die volle Wirtschaftseinheit des preußischen Staates her. Da es nicht gelang, den 1815 errichteten Deutschen Bund im Ganzen zur Zolleinheit zu erheben, beschränkte Preußen sich zunächst darauf, die Zolleinheit des eigenen Staates und damit die Verkehrsfreiheit im Staatsinneren zu schaffen[3]).

Das Zollgesetz von 1818 hob die gesamten Binnenzölle in dem vergrößerten preußischen Staatsgebiet auf[4]). Es schuf statt dessen ein einheitliches Grenzzollsystem an den äußeren Staatsgrenzen. Es sicherte weiterhin die Freiheit der Ein-, Aus- und Durchfuhr; Preußen ging, auch hierin den Lehren des wirtschaftlichen Liberalismus folgend, grundsätzlich zum System des gemäßigten *Freihandels* über. Für die Ausfuhr führte das Gesetz die Zollfreiheit ein. Für die Einfuhr gab es die Prohibitivzölle des Merkantilismus auf. Nur in einem gewissen Ausmaß behielt es Finanzzölle für die Einfuhr bei; aus zolltechnischen Gründen setzte es an die Stelle der Wertzölle verhältnismäßig niedrige Gewichtszölle. Die *Durchfuhrzölle* allerdings hielt es in erheblicher Höhe. Das war ein vielumstrittenes Kampfmittel, das die benachbarten deutschen Staaten zum Anschluß an das preußische Zollsystem nötigen sollte. Der Durchfuhrhandel, der immerhin die volle Hälfte der über die preußischen Grenzen gehenden Waren umfaßte, wurde durch diese Zollmaßnahme schwer getroffen. Eine Ära des Zollkampfes mit den deutschen Nachbarstaaten setzte ein, über die in späterem Zusammenhang noch zu handeln sein wird[5]).

6. Die Reform des Staatsschuldenwesens

In den Rahmen der Finanzreform gehört schließlich das *Staatsschuldengesetz* vom 17. Januar 1820[6]). Bis dahin hatten die Unklarheiten über die

---

[1]) Gesetz betreffend die anderweitige Regelung der Grundsteuer vom 21. Mai 1861 (GS 253); Gesetz betreffend die für die Aufhebung der Grundsteuer-Befreiungen und -Bevorzugungen zu gewährende Entschädigung vom 21. Mai 1861 (GS 327).

[2]) Gesetz über den Zoll und die Verbrauchsteuer von ausländischen Waren und über den Verkehr zwischen den Provinzen des Staates vom 26. Mai 1818 (GS 65).

[3]) Über die Bemühungen um ein Bundeszollgesetz und ihren Zusammenhang mit der preußischen Zollpolitik siehe unten S. 802 ff.

[4]) Vorausgegangen war die Verordnung wegen Aufhebung der Wasser-, Binnen- und Provinzialzölle, zunächst in den alten Provinzen der Monarchie vom 11. Juni 1816 (GS 193).

[5]) Siehe unten S. 808 ff.

[6]) Verordnung wegen der künftigen Behandlung des gesamten Staatsschuldenwesens vom 17. Januar 1820 (GS 9); Text: Dokumente Bd. 1 Nr. 23.

Höhe der preußischen Staatsverschuldung die gesetzliche Regelung des Staatsschuldensystems verhindert. Nachdem endlich die Höhe der Staatsschuld mit 217 Millionen Talern ermittelt worden war, konnte man die Verwaltung der Staatsschuld in ein geregeltes Verfahren überführen.

Das Staatsschuldengesetz erklärte das gesamte Staatsvermögen als für die Staatsschuld haftbar. Es nahm von der Haftung allein einen bestimmten Teil der Domänen aus, und zwar den Teil, der erforderlich war, um die jährlichen *Ausgaben des Königlichen Hofes*, die auf 2¹/₂ Millionen Taler festgesetzt wurden, zu bestreiten. Diese Bestimmung war ein bedeutender Schritt auf dem Weg Preußens vom absoluten zum konstitutionellen Staat. Zum Absolutismus gehört die volle Verfügungsmacht des Herrschers über die Staatsmittel, auch für seine persönlichen Ausgaben und die seines Hauses. Im Konstitutionalismus dagegen wird dem Herrscher eine jährliche Summe für diese Bedürfnisse, die sog. Zivilliste, zur Verfügung gestellt. Mit der Fixierung der Ausgabenhöhe für das Königliche Haus im Staatsschuldengesetz von 1820 ging Preußen zu dem System der Zivilliste über, wenn man auch diesen konstitutionellen Begriff sorgfältig vermied.

Die folgenreichste Bestimmung des Staatsschuldengesetzes war der Artikel 2, der die Staatsschuld für *geschlossen* erklärte und die Aufnahme neuer Staatsschulden von der Zustimmung einer Nationalrepräsentation abhängig machte. Auf die Bedeutung dieser Klausel wird noch zurückzukommen sein [1]).

§ 16. Die preußische Heeresreform

Schrifttum: K. Rotteck, Über stehende Heere und Nationalmiliz (1816); *W. O. R. l'Homme de Courbière*, Die preuß. Landwehr und ihre Entwicklung von 1815 bis zur Reorganisation von 1859 (1867); *C. v. d. Goltz*, Von Roßbach bis Jena und Auerstedt (1906); *M. Blumenthal*, Der preußische Landsturm von 1813 (1900); *F. Thimme*, Zu den Erhebungsplänen der preußischen Patrioten im Sommer 1808 (HZ Bd. 86, 1901, S. 78 ff.); *B. Schwertfeger*, Die Neugestaltung der preuß. Armee in den Jahren 1807 bis 1812 (1909); *M. Lehmann*, Zur Geschichte der preuß. Heeresreform von 1808 (HZ Bd. 126, 1922, S. 436 ff.); *G. Wohlers*, Die staatsrechtliche Stellung des Generalstabes in Preußen und dem deutschen Reich (Diss. Bonn 1920); *W. Elze*, Der Streit um Tauroggen (1926); *F. Holtze*, Geschichte der königlich-preußischen Armee bis zum Jahre 1807 (1928/29); *R. Schmidt-Bückeburg*, Das Militärkabinett der preußischen Könige und deutschen Kaiser (1933); *K. Jany*, Geschichte der königlich preußischen Armee (1928 ff.); *J. Ide*, Die Entwicklung der preußischen Armee als Verfassungsbestandteil vom Tode Friedrichs II. bis zur Gründung des Norddeutschen Bundes (Kieler Diss. 1936); *H. Niebler*, Die Gestaltung des militärischen Oberbefehls in Brandenburg-Preußen (Diss. München 1938); *R. Vaupel*, Die Reorganisation des preußischen Staates unter Stein und Hardenberg, Teil II („Das preußische Heer vom Tilsiter Frieden bis zur Befreiung 1807 bis 1814", Bd. 1, 1938); *H. Helfritz*, Geschichte der preuß. Heeresverwaltung (1938); *E. R. Huber*, Heer und Staat in der deutschen Geschichte (2. Aufl. 1943); *R. Höhn*, Revolution, Heer, Kriegsbild (1944); *W. O. Shanahan*, Prussian military reforms 1786—1813 (1946); *G. Ritter*, Staatskunst und Kriegshandwerk Bd. 1 (1954); *G. Eckert*, Von Valmy bis Leipzig. Quellen und Dokumente zur preuß. Heeresreform (1955). *C. v. Clausewitz*, Über das Leben und den Charakter von Scharnhorst (Rankes hist.-polit. Z., Bd. 1, 1832, S. 175 ff.); *H. v. Boyen*, Beiträge zur Kenntnis des Generals Scharnhorst und seiner amtl. Tätigkeit (1833); *G. H. Klippel*, Leben des Generals v. Scharnhorst (1869—71); *M. Lehmann*, Scharnhorst (1887); *K. Linnebach*, Scharnhorsts Briefe (1914); *R. Stadelmann*, Scharnhorst (1952); *R. Höhn*, Scharnhorsts Vermächtnis (1952).

---

[1]) Siehe unten S. 310 f.

Pertz-Delbrück, Das Leben des Feldmarschalls Grafen Neithardt v. Gneisenau (1864 bis 69); *F. v. Cochenhausen*, Gneisenau (1929); *G. Ritter*, Gneisenau und die deutsche Freiheitsidee (1932); *K. Griewank*, Gneisenau. Ein Leben in Briefen (1939). *H. v. Boyen*, Erinnerungen, hg. von F. Nippold (1889/90); *F. Meinecke*, Das Leben des Generalfeldmarschalls H. v. Boyen (1895—99); *G. Droysen*, Das Leben des Feldmarschalls Grafen York von Wartenburg (1851/52); *E. v. Conrady*, Leben und Wirken des Generals C. v. Grolman (1894/95); *K. Schwartz*, Leben des Generals v. Clausewitz und der Frau Marie v. Clausewitz (1878); *H. Rothfels*, Carl von Clausewitz. Politik und Krieg (1920); *E. Kessel*, Zu Boyens Entlassung, HZ Bd. 175, 1953, S. 41 ff.

I. Wehrverfassung und Staatsverfassung

1. Die Wechselwirkung von Wehrverfassung und Staatsverfassung

Wie die politische Verfassung eines Staates mit seiner Sozialverfassung, seiner Wirtschaftsverfassung, seiner Kulturverfassung in einem auf Einklang gerichteten Verhältnis wechselseitiger Einwirkung steht, so sind auch Staatsverfassung und Wehrverfassung in einer ständigen inneren Wechselwirkung verbunden, die auf ein ausgewogenes Maß an Gleichartigkeit in Wesen und Aufbau zielt. Jede bestimmte Art der Staatsverfassung fordert eine ihr gemäße Form der militärischen Grundordnung; jede bestimmte Art der Wehrverfassung wirkt notwendig auf die Form der politischen Grundordnung zurück. Wo ein in die Tiefe reichender Zwiespalt, ein struktureller Gegensatz zwischen Staatsverfassung und Wehrverfassung besteht, ergibt sich (offen oder verdeckt) ein Verfassungskampf, in dem die politischen Kräfte eine Anpassung der Wehrverfassung an die staatliche Gesamtstruktur, die militärischen Kräfte dagegen eine Angleichung der Staatsverfassung an die militärische Ordnung zu erzwingen suchen.

Es ist ein in der Theorie allgemein anerkannter Grundsatz, daß in einem solchen Konflikt zwischen politischer und militärischer Ordnung der Staatsverfassung der unbedingte Vorrang vor der Wehrverfassung gebührt. Denn der Staat ist das politische Ganze; die Armee ist Werkzeug und Waffe im Dienst dieses Ganzen; wie nach einem auch in der Kriegstheorie unbestrittenen Satz die politische Führung stets den Vorrang vor der militärischen zu beanspruchen hat, muß die politische Ordnung den gesamten äußeren und inneren Aufbau der Armee bestimmen und nicht umgekehrt. Daß es zu allen Zeiten und an allen Orten so schwierig ist, diesen theoretischen Satz in die Praxis umzusetzen, hat seinen tieferen Grund nicht in der Unbotmäßigkeit oder im Machtwillen militärischer Führer oder umgekehrt im Unverstand oder im Ehrgeiz der Staatsmänner und Politiker, sondern ist der Ausdruck eines in der Sache liegenden echten Problems. Es zeigt sich nämlich hier nur besonders betont die Spannung, die überall zwischen der politischen Gesamtordnung und ihren eigenständigen Teilordnungen besteht. Auch zwischen der Sozialverfassung, der Wirtschaftsverfassung oder der Kulturverfassung auf der einen und der Gesamtstaatsverfassung auf der anderen Seite entstehen leicht Konflikte, die nicht weniger tief sind. Sie haben ihre Ursache darin, daß die Gesellschaft, die Wirtschaft und die Kultur ebenso wie das Militärische über eine eigene innere Gesetzlichkeit verfügen, die nicht kollisionslos in der allgemeinen Wesensgesetzlichkeit der jeweiligen Staatsordnung aufgeht, sondern sich kraft der Natur der Sache zu behaupten sucht. Daß die Wirtschaft oder das Bildungswesen durch eine solche eigenständige Gesetzlichkeit bestimmt sind, ist ein allgemein anerkanntes Faktum, das keinen Unmut erregt. Daß auch die Heeresverfassung ihre immanente Gesetzlichkeit besitzt, ist eine gleich sichere, wenn auch oft als anstößig empfundene Tatsache. Das Grundgesetz der Armee ist, auch wo sie keinen anderen Zweck als den der Friedenswahrung hat, die permanente Kriegsbereitschaft. Die Armee ist nach ihrer Natur eine militante Einrichtung; ist sie es nicht, so ist sie keine Armee. Aus diesem Zweck der Armee folgt, daß ihre Struktur nur in dem Maß an die Strukturgesetze der Gesamtstaatsverfassung angepaßt werden kann, wie ihre militärische Schlagkraft dadurch nicht empfindlich beeinträchtigt wird. Ja, mehr als das: jede Armee muß darum bemüht sein, daß in der Gesamtstaatsverfassung die Bedingungen geschaffen werden, von denen die militärische Schlagkraft entscheidend abhängt. Das Verhältnis von politischer und militärischer Ordnung wird somit nicht nur primär von der legitimen Einwirkung der Staatsverfassung auf die Wehrverfassung, sondern auch sekundär von der legitimen Rückwirkung der Wehrverfassung auf die Staatsverfassung bestimmt.

Die Problematik, die sich hier offenbart, führt leicht zu dem Versuch, die Wechselwirkung zwischen dem Politischen und dem Militärischen auszuschalten, indem man die Staatsverfassung gegenüber militärischen Einwirkungen abzuschotten und zugleich die Wehrverfassung gegenüber politischen Einflüssen zu neutralisieren sucht. Die Staatsverfassung wird „entmilitarisiert"; die Wehrverfassung wird „entpolitisiert". Die Wehrmacht gilt in einem solchen System wechselseitiger Abschließung als ein streng auf den militärisch-fachlichen Dienst beschränkter, aber zugleich in diesem Bereich eigengesetzlicher und unantastbarer Machtkörper. Gerade eine solche Neutralisierung, die Trennung von Wehrverfassung und Staatsverfassung, erhöht jedoch das politische Eigengewicht der Armee, die selbst bei äußerster Loyalität gegenüber der Staatsführung kraft ihrer impermeablen Sonderstellung zu einem „Staat im Staat" wird. Die Armee wird *bei diesem Versuch der Trennung* zu einer der Gewaltverflechtung der politischen Ordnung enthobenen selbständigen Gewalt, deren Unabhängigkeit ihr in existentiellen politischen Konflikten die Stellung des zur letzten Entscheidung berufenen Staatsorgans verleiht.

Die Fragen nach der wehrmachtbestimmenden Kraft der Staatsverfassung, der staatsbestimmenden Kraft der Wehrverfassung und schließlich nach der Möglichkeit und den Folgen einer verfassungsneutralen Stellung der Armee sind alte Fragen der Verfassungsgeschichte. In jeder Epoche tauchen sie, wenngleich in unterschiedlicher Gewandung, auf. In besonderem Maß haben sie zu den Kernfragen der Verfassungskämpfe im Zeitalter des Übergangs vom Staatsheer der absoluten Monarchie zum Volksheer der französischen Revolution und der preußischen Reform gehört.

2. Wehrverfassung und Staatsverfassung im Übergang vom Obrigkeitsstaat zum Bürgerstaat

Die Staatsverfassung und die Wehrverfassung der absoluten Monarchie standen, seit es dem Königtum gelungen war, mit Hilfe der stehenden Söldnerheere die ständisch-feudale Opposition zu unterwerfen, in unbedingtem Einklang. Der Monarch war im Staat wie in der Armee mit unbeschränkter Bestimmungsgewalt ausgestattet; der Souveränität des Herrschers im Staat entsprach die unbedingte Kommandogewalt des Kriegsherrn in der Armee. Die den Staat beherrschende politische Führungsschicht war mit der militärischen Führungsschicht weithin identisch. Das im politischen Bereich bestehende Untertanenverhältnis spiegelte sich wider in dem besonderen Gewaltverhältnis, auf das die Hierarchie, die Befehlsordnung und die Mannszucht der Armee gegründet waren. Der Kabinettspolitik, die die staatlichen Grundentscheidungen jeder ständischen oder bürgerlichen Mitbestimmung entzog, entsprach der Kabinettskrieg, in dem nicht die Völker, sondern allein die befehlsgebundenen Armeen sich begegneten.

Wenn nun in der großen Verfassungswende, die sich, von Frankreich ausstrahlend, in Europa vollzog, der monarchische Obrigkeitsstaat, gleichviel ob in radikalem oder gemäßigtem Sinn, in einen Volksstaat überging, war es unmöglich, die Wehrverfassung des Absolutismus unverändert zu erhalten. Und umgekehrt: Wenn es nicht gelang, die Wehrverfassung des Absolutismus im Einklang mit den im politischen Bereich sich ankündenden großen Umwälzungen umzugestalten, wenn vielmehr die Armee als Machtkörper, als „Staat im Staat", unverwandelt blieb, mußte der Versuch, die Staatsverfassung auf Freiheit und Mitbestimmung des Volks zu gründen, trotz aller Einzelreformen mit einem Fehlschlag enden. Wie es in Frankreich keine politische Revolution ohne militärische Revolution gab, konnte es in Preußen keine Staatsreform ohne Heeresreform geben. Das Beharren der militärischen Reaktion auf den friderizianischen Traditionen war die größte unter allen Gefahren, die die politische Gesamtreform Preußens in Frage stellten.

Der Gleichklang von Heeresreform und Gesamtstaatsreform kann allerdings auch von anderen Gefahren als der angedeuteten bedroht sein. In Frankreich war in der großen Revolution die volle Integration der revolutionären Wehrverfassung in die revolutionäre Staatsverfassung gelungen. Doch gewinnt eine derart voll in die politische Verfassung integrierte Armee eine unmittelbar staatspolitische Funktion, und diese kann aus der dienenden leicht in die herrschende Rolle umschlagen. Eine Armee, die sich, wie im revolutionären Frankreich, als Volksheer mit der demokratischen Nation voll identifiziert, beansprucht damit eine politische Legitimation, aus der sie unter Umständen außerordentliche Machtansprüche im politischen Bereich herleiten kann. Paradoxer Weise kann, wie die französische Revolution gezeigt hat, gerade die voll demokratisierte Armee zu einer Gefahr für die Demokratie werden. Der französischen Nationalversammlung war zwar von Anfang an bewußt, daß der volle und bleibende Sieg der Revolution im Staat in Frage gestellt war, wenn das Heer seine überlieferte royalistische Verfassung behauptete. Im Heer mit seinem adligen Offizierskorps, seinem Stand altgedienter Unteroffiziere, seinen geworbenen Söldnern hatte die revolutionäre Nationaldemokratie ihren gefährlichsten Gegner. Erst als es gelungen war, die Armee zu revolutionieren, war die Revolution im Staat vollendet und gesichert. Die allgemeine Wehrpflicht der Bürger, die von Carnot organisierte levée en masse, der Aufstieg bedeutender soldatischer Führer aus den Reihen der Subalternoffiziere, dem Unteroffizierskorps und dem Mannschaftsstand, aus den bürgerlichen oder den zur revolutionären Partei übergetretenen adligen Schichten gaben der Revolution nicht nur die militärische Kraft, mit der sie die Heere der europäischen Monarchien überwand, sondern auch die Garantie ihres Verfassungssiegs. Das Heer und die Republik wurden identisch. Doch zeigte sich in Frankreich alsbald die Gefahr, die ein in dieser Weise politisiertes Heer für den Staat bedeutet. Das demokratisch-revolutionäre Heer, in äußeren und inneren Siegen erprobt, gelangte zu einem politischen Selbstbewußtsein, das seit den Tagen der römischen Soldatenkaiser ohne Beispiel in der abendländischen Geschichte war. Für eine Armee dieser Art lag die Versuchung nahe, die militärische levée en masse als die eigentliche Verkörperung der politischen volonté générale anzusehen, den zivilen Gewalten ihren Willen zunächst in militärischen, dann auch in politischen Fragen aufzunötigen und schließlich durch den Staatsstreich die staatliche Gesamtmacht an sich zu reißen. Der Staatsstreich vom 18. Brumaire, die Militärdiktatur Bonapartes und die plebiszitäre Akklamation, die die Nation ihr zollte, lagen in der Konsequenz dieser absoluten Identifikation der politischen und der militanten Demokratie.

II. Die Anfänge der preußischen Militärreformen

1. Die Reformfrage zwischen 1786 und 1806

In *Preußen* war das Kennzeichen der Epoche, die vom Tod Friedrichs des Großen bis zu der Katastrophe von Jena und Auerstedt reichte, daß die Einsicht in die Notwendigkeit einer durchgreifenden Heeresreform früher und stärker erwachte, als die Einsicht in die Notwendigkeit der Gesamtstaatsreform. Für den Umbau der Wehrverfassung gab es in der preußischen Militärtheorie vor 1806 eine vollständige Konzeption; die Militärreform-Schriften dieser Vorreform-Zeit übertreffen an Zahl und Gewicht die Staatsreform-Schriften bei weitem [1]). Trotz der Siege eines halben Jahrhunderts, die das friderizianische Preußen als die erste Militärmacht des Kontinents hatten erscheinen lassen, erwachte in der Armee selbst die Einsicht in die Reformbedürftigkeit der Wehrverfassung. Die Mängel des überlieferten Systems traten in der nachfriderizianischen Zeit so offenkundig hervor, daß es nicht erst der Erfahrungen der Koalitionskriege bedurfte, um sie allgemein bewußt zu machen. Die noch vor 1800 erschienenen militärischen Reformschriften nannten als Hauptpunkte der Reform: Verbesserung der Offiziersauslese; Zulassung Bürgerlicher zu den Offiziersstellen; Ausbau der Wehrpflicht unter Einschränkung der Exemtionen und der Ausländerwerbung; Bildung einer Landmiliz; Milderung der der Mannszucht dienenden Strafen; Verbesserung

---

[1]) Aus der großen Zahl der Reformschriften der Zeit der Vorreform ragen hervor: *G. H. v. Berenhorst*, Betrachtungen über die Kriegskunst (1797); *D. v. Bülow*, Geist des neuern Kriegssystems (2. Aufl. 1800); Lehrsätze des neuern Krieges oder der reinen und angewandten Strategie (2. Aufl. 1805); Neue Taktik der Neuern, wie sie sein sollte (1805). Unter den Gegenschriften sind vor allem zu nennen die Aufsätze von *Friedrich von der Decken* im „Neuen militärischen Journal". Über beide, die Anhänger der Reform und ihre Gegner, vgl. *R. Höhn*, Revolution, Heer, Kriegsbild (1944) S. 179 ff., 275 ff.

der wirtschaftlichen Lage der Soldaten; Übergang zu modernen Formen der Taktik und Strategie; Reorganisation des militärischen Oberbefehls.

Die *Offiziersauswahl und -ausbildung*, die durch das von Friedrich dem Großen neu befestigte Monopol des Adels auf die Offiziersstellen wieder ganz auf das Privilegiensystem des Feudalismus zurückgeworfen war, bedurfte der vollkommenen Revision, wenn die Schlagkraft der Armee erhalten und gesteigert werden sollte. Denn nicht mehr Tradition und Abkunft allein, sondern Bildung, Gesinnung und Dienstbereitschaft waren die Grundlage der neuaufkommenden militärischen Eliten. Das *Rekrutierungssystem*, das im Kantonreglement von 1733 sein Fundament hatte, war durch zahllose Befreiungen von der Wehrpflicht durchlöchert; diese Exemtionen waren unvereinbar mit dem Geist einer Zeit, die in der Gleichheit der Pflichten ein unabdingbares Element der durch Vernunft und Staatsräson geforderten Rechtsgleichheit der Untertanen sah. Die *Ausländerwerbung*, in der sich der alte Charakter des stehenden Heeres als einer Söldnerarmee noch deutlich ausprägte, war eine auch unter rein militärischem Blickpunkt fragwürdige Einrichtung in einer Zeit, in der das nationale Bewußtsein die Völker in allen Schichten zunehmend durchdrang; der volle militärische Einsatz konnte von geworbenen Söldnern, unter denen es im Ernstfall seit eh und je zu vielen Desertionen kam, jetzt noch weniger als vordem erwartet werden. Vielmehr kam es darauf an, die eigene Volkskraft in möglichst hohem Maß für die Armee zu mobilisieren; dazu bedurfte es, neben dem zahlenmäßig begrenzten stehenden Heer, der planmäßig vorbereiteten Bildung einer Reserve, auf die man im Kriegsfall zurückgreifen konnte. Die Neubelebung des alten Landaufgebots, der „Landmiliz", erschien dafür als die geeignete Form. In der Armee, so wie sie war, konnten der militärische Zusammenhalt und der Kampfeinsatz der zwangsausgehobenen Kantonisten wie der geworbenen Söldner kaum anders als durch rücksichtslose *Mannszucht*, durch unerbittliche *Gehorsamspflicht* und durch grausame *Lebens- und Leibesstrafen* gesichert werden. Aber dieses barbarische System war unbrauchbar geworden in einer Zeit, in der sich der Anspruch auf Freiheit, Ehre und Recht des Einzelnen gegenüber der Staatsordnung unüberhörbar erhob und in der zugleich die revolutionären Armeen Frankreichs gerade aus ihren freiheitlichen und egalitären Grundsätzen eine bis dahin unerhörte Opferbereitschaft und Stoßkraft gewannen. Mit diesen immateriellen Rechten der einzelnen Soldaten mußte aber auch ihre *materielle Versorgung* während der Dienstzeit wie im Fall der Invalidität wesentlich verbessert werden. Nur mit einer in dieser Weise reformierten Armee war es möglich, an die Fortbildung, ja an die umstürzende Änderung zu denken, deren die im klassischen friderizianischen Stil geformten Regeln der militärischen *Taktik und Strategie* bedurften, als die Epoche der Kabinettskriege durch die der Nationalkriege abgelöst wurde.

Die Gestaltung des *militärischen Oberbefehls* schließlich war seit der Zeit Friedrichs des Großen auf das Prinzip gegründet, daß der König nicht nur erster Staatsmann, sondern auch erster Feldherr sei und daß die Konzentration der militärischen Kommandogewalt in seiner Hand ausreiche, um die Vielzahl der ihm unmittelbar nachgeordneten („immediaten") Kommandostellen zur Einheit zu verbinden. In der nachfriderizianischen Zeit jedoch erwies dieses Organisationsprinzip sich als eine Fiktion, die die aus dem Pluralismus der Immediatstellen hervorgehende Desorganisation der militärischen Führung nur notdürftig überdeckte.

2. Der Fehlschlag der Reform vor 1806

Vorausschauende Offiziere forderten, besonders seit den Tagen der Kanonade von Valmy, eine durchgreifende Änderung in allen diesen Fragen; aber alle Reformvorschläge scheiterten an dem Traditionalismus, der in der Armee vorherrschend blieb. Doch trifft es den Kern der Sache nicht, wenn der Fehlschlag der militärischen Reformpläne von 1806 nur auf den rückständigen und beschränkten Geist einer überalterten Generalität zurückgeführt wird. Wenn die militärische Reform mehr als eine im Ganzen doch wirkungslos bleibende Veränderung technischer Einzelstücke sein, wenn sie eine durchgreifende Neuerung darstellen sollte, so war sie nur möglich im Verein mit einer gleichgerichteten politischen Reform des Staates selbst. Alle auf das Grundsätzliche zielenden Reformpläne wollten an Stelle des obrigkeitlichen Zwangsheeres ein Volksheer; wie aber sollte ein Volksheer möglich sein in einem Staat, der selbst ein obrigkeitlicher Zwangsstaat blieb? Eine isolierte Heeresreform war ein Unding; wurde sie ernstlich in Angriff genommen, so mußte sie entweder nach den ersten Maßnahmen scheitern oder aber die ihr entsprechenden politischen Änderungen nach sich ziehen. Wer radikale militärische Reformen forderte, war sich entweder der politischen Voraussetzungen und Folgerungen seiner Vorschläge nicht bewußt oder er schloß in seinen Plan unausgesprochen die Idee einer radikalen politischen Umgestaltung ein. Es war daher nicht ohne Grund, wenn die Verteidiger der alten Ordnung den militärischen Reformern von Anfang an den Vorwurf des politischen „Jakobinismus" entgegenhielten. Ihr militärisches Ziel, das Volksheer, konnten die Reformer nur erreichen, wenn sie bereit und entschlossen waren, auch den Volksstaat zu fordern und durchzusetzen. Da jedoch vor 1806 an eine durchgreifende Staatsreform nicht zu denken war, scheiterten auch alle Ansätze einer Heeresreform.

Insbesondere mißlangen vor 1806 alle Versuche, eine oberste, für alle Militärangelegenheiten zuständige Behörde zu bilden und damit die *Einheit der militärischen Führung* zu sichern; die Rivalität der koordinierten Immediatstellen ließ gerade hier eine Reform nicht zu. Zwischen 1786 und 1806 bestand das folgende Ämtersystem:

a) Das *Oberkriegskollegium* wurde 1787 von Friedrich Wilhelm II. geschaffen und beauftragt, die zentrale Leitung der Militärangelegenheiten, nämlich die bisher dem Generaldirektorium übertragene zivile Militärverwaltung, das Intendanturwesen und die Armeeinspektion, zu übernehmen; doch erlangte es keinen Vorrang vor den bereits vorhandenen obersten Militärbehörden. Präsidenten des Oberkriegskollegiums („Oberkriegspräsidenten") waren nebeneinander der Feldmarschall v. Möllendorff und der Herzog von Braunschweig.

b) Das *Militärdepartement des Generaldirektoriums* bestand seit 1746; sein Leiter führte seit 1760 die Amtsbezeichnung „Kriegsminister"; zuständig war es für die Militärverwaltungsangelegenheiten, insbesondere die Armeeverpflegung. Es sollte zwar 1787 in ein Departement des Oberkriegskollegiums verwandelt werden, wurde aber bereits 1789 in seiner selbständigen Stellung im Generaldirektorium wieder hergestellt und erneut mit einem Teil seiner alten Zuständigkeiten betraut, was naturgemäß zu endlosen Reibereien mit dem Oberkriegskollegium führte.

c) Der *Generaladjutant* des Königs stieg in dieser Zeit zu dessen unmittelbarem Berater in allen Militärangelegenheiten auf. Seit 1787 hatte der Generaladjutant das Recht zum ständigen Militärvortrag beim König; er erlangte dadurch eine entscheidende Position. Sie war der Stellung der zivilen Kabinettsräte vergleichbar und bildete den Ursprung des späteren Militärkabinetts. Generaladjutanten waren u. a. der Oberst v. Geusau (1787—1790), dann der Oberstleutnant v. Manstein, der General v. Zastrow und schließlich der General v. Köckritz (1797—1806).

d) Der *Quartiermeisterstab* war der Vorläufer des späteren Generalstabs, also mit der Aufgabe der operativen Planung ausgestattet; sein Chef war in den Jahren vor 1806 der (inzwischen zu diesem Rang aufgestiegene) General v. Geusau (1796—1807).

e) Die *Generalinspekteure* der verschiedenen Waffengattungen waren unter anderem für das Ersatzwesen zuständig.

f) Die *Immediat-Militärreorganisationskommission* wurde 1795 eingesetzt und dem Oberkriegskollegium übergeordnet; sie sollte die Reform des Heerwesens nach den Erfahrungen des letzten Feldzugs vorbereiten, vermochte jedoch nicht, die Erneuerung ernstlich in Angriff zu nehmen; eine zentrale militärische Führungsgewalt erwarb auch sie nicht.

Es bestand also *keine zentrale Kommandobehörde* außer dem König selbst; keines der vorgenannten Militärorgane besaß Kommandogewalt gegenüber der Truppe. Auch unter Friedrich Wilhelm III. blieb es bei dem Neben- und Durcheinander oberster militärischer Verwaltungs- und Beratungsstellen. Die Führung der Armee war durch diese Vielteilung völlig desorganisiert, als Preußen 1806, ganz auf sich allein gestellt, den sieggewohnten französischen Heeren zu widerstehen suchte. Neben die friedensmäßigen Militärbehörden traten nun die *Oberbefehlshaber der beiden Armeen*, der Herzog von Braunschweig und der Fürst Hohenlohe; auch sie waren einander gleichgeordnet, und das ihnen aufgegebene Zusammenwirken mißlang in der Doppelschlacht von Jena und Auerstedt vollständig.

3. Kantonspflicht und Ausländerwerbung vor 1806

Ohne Erfolg blieben vor 1806 auch die Versuche, die *Stärke und Schlagkraft der Armee* durch eine Reform der Rekrutierung, der Ausbildung, der Disziplin, der Taktik und Strategie zu erhöhen. Das neue *Kantonreglement vom 12. Februar 1792*, das die Heeresstärke auf 225 000 Mann steigerte, hielt das System der Exemtionen in vollem Umfang aufrecht. Das Oberkriegskollegium, das sich gegen die Befreiungen aussprach, konnte sich gegenüber den Zivilbehörden, die die Exemtionen als ein wohlerworbenes Recht der privilegierten Städte, Landschaften und Bevölkerungsklassen betrachteten, nicht durchsetzen. Dieser Vorgang macht anschaulich, wie wenig der preußische Staat in der Epoche des Absolutismus unter dem Vorrang militärischer Erwägungen und der militärischen Gewalt stand.

So blieben also auch jetzt noch zahlreiche Städte (darunter Berlin, Magdeburg und Breslau) und Gebiete (die ganze Provinz Schlesien, Ostfriesland, das Fürstentum Mörs, das Industriegebiet der Grafschaft Mark usw.) sowie der Adel, die Bildungsschicht, das besitzende Bürger- und Bauerntum und die Facharbeiter von der Kantonspflicht frei. Die Wehrpflicht war praktisch auf Handwerker- und Kleinbauernsöhne und ungelernte Arbeiter beschränkt. Doch wurden auch diese Kantonisten im Frieden nur für eine Exerzierzeit von 1¹/₂—2 Monaten im Jahr eingezogen, im übrigen aber beurlaubt.

Die *Ausländerwerbung*, für die das Reglement vom 1. Februar 1787 galt, behielt daher ihre entscheidende Bedeutung für die Rekrutierung der Armee. Immer noch belief der Anteil der Auslandssöldner sich auf etwa die Hälfte des Effektivbestandes der Regimenter. Die Soldverträge („Kapitulationen") lauteten auf 10—12 Jahre. Die „Ausländer" (natürlich meistens Deutsche aus nicht-preußischen Gebieten) stellten also nach wie vor den Stamm der langdienenden Mannschaften.

Die von den Anhängern der Reform ständig wiederholten Vorschläge, eine Land-Reserve in Milizform zu bilden, blieben ohne Erfolg, so zuletzt noch Scharnhorsts Plan von Anfang 1806, der eine Landmiliz von 300 000 Mann zur Ergänzung des stehenden Heeres vorsah. In der Ausbildung und Erziehung, insbesondere im Strafensystem, hielt die Generalität zäh an der friderizianischen Überlieferung fest. Ebenso lehnte sie die Forderung der reformfreudigen jüngeren Offiziere, etwa Scharnhorsts und Boyens, ab, die auf Grund der Erfahrungen der Koalitionskriege anregten, die lineartaktische Kampfweise durch das Operieren in der tiefgestaffelten Formation beweglicher Kampfeinheiten und durch die Einführung des Schützengefechts aufzulockern. Ältere Generäle verwarfen z. B. das Tirailleurgefecht als eine unsoldatische, feige und unwürdige Kampfform, mit der die Armee sich entehre und die die Mannszucht auflöse. An diesem Widerstand gegen moderne Taktik und Strategie war allerdings richtig, daß man in Truppenverbänden, die zur Hälfte aus gepreßten Kantonisten, zur Hälfte aus geworbenen Ausländern bestanden, weder eine auf soldatische Ehre gegründete Disziplin noch eine auf freien Einsatz gegründete Kampfweise einführen konnte.

III. Die Reform der militärischen Führung nach Jena und Auerstedt

1. Heeresreform und Gesamtstaatsreform

Als Preußen nach dem Tilsiter Frieden an die Erneuerung des Staates ging, waren die Vorkämpfer der Staatsreform sich darin einig, daß nicht nur aus militärischen, sondern mehr noch aus staats- und verfassungspolitischen Gründen die Reform des Heeres von Grund auf geboten sei. Trotz aller Schwierigkeiten, die die Fremdherrschaft wie die innere Reaktion ihr entgegensetzten, konnte die Heeresreform in wenigen Jahren abgeschlossen werden, während die Reform der Gesamtstaatsverfassung in Plänen und Versprechungen stecken blieb. Preußen erhielt eine moderne Wehrverfassung, behielt aber eine veraltete Staatsverfassung. Vereinfacht gesagt: es wurde zwar die allgemeine und gleiche Wehrpflicht, nicht aber das allgemeine und gleiche Wahlrecht eingeführt. Wehrpflicht und Wahlrecht aber stehen in einem elementaren Zusammenhang. Als Preußen in der Reformzeit die allgemeine Wehrpflicht begründete, dem Volk das allgemeine Wahlrecht jedoch versagte, entstand in der Gesamtverfassung ein innerer Bruch. Auch in der Wehrverfassung mußte es bald zu rückläufigen Bewegungen kommen, da es nicht gelang, eine ihr adäquate Staatsverfassung zu schaffen. Der in der Theorie so einleuchtende Satz vom unbedingten Vorrang der politischen vor der militärischen Ordnung führte in der Praxis in Preußen nach 1815 dazu, daß der zunächst im politischen Bereich errungene Sieg der Reaktion eine entsprechende Rückentwicklung auch im militärischen Bereich zwangsläufig nach sich zog. Das, was man den *preußischen Militarismus* zu nennen pflegt, beruhte im 19. Jahrhundert, der verfassungsgeschichtlichen Wurzel nach, nicht auf einem Sieg des militärischen Geistes über den zivilen Geist, sondern umgekehrt: auf einem Sieg der im zivilen Sektor erfolgreichen Restauration über die im militärischen Sektor vollzogene Reform.

In vorausschauender Einsicht in diesen Zusammenhang waren die Heeresreformer sich darüber klar, daß eine militärische Reform, die nicht nur auf technische Änderungen, sondern auf eine Umgestaltung der Wehrverfassung im Ganzen zielte, ein Stückwerk bleiben und mit einem Fehlschlag enden müsse, wenn sie nicht von entsprechenden Reformen der Gesamtstaatsverfassung begleitet war. Die preußischen Heeresreformer forderten daher, daß mit ihren militärischen Neuerungen der Erlaß einer „Konstitution" Hand in Hand gehe. *Scharnhorst* vor allem war auch in den

Fragen der allgemein-politischen Staatsreform von entschiedenem Neuerungswillen beseelt. *Gneisenau* stand dem bürgerlichen Verfassungsdenken noch näher; der feudalständischen wie der militärischen Reaktion galt er als ausgemachter „Jakobiner". In einem Brief an Arndt schrieb er 1814:

„Die Notwendigkeit, Preußen bald, sogleich eine Constitution zu geben, habe ich mündlich und schriftlich dargetan und dazu angetrieben. Sogar Motive, die nur der Staatskunst[1]) angehören, gebieten dies. Es gibt kein festeres Band, um die Einwohner der zu erwerbenden Länder an unsere älteren zu knüpfen, als eine gute Constitution. Überdies müssen wir damit die Meinung[2]) in Deutschland für uns gewinnen. So etwas erwirbt uns den Primat über die Geister. *Der dreifache Primat der Waffen, der Constitution, der Wissenschaften* ist es allein, der uns aufrecht zwischen den mächtigsten Nachbarn erhalten kann"[3]).

Das Wort vom „dreifachen Primat der Waffen, der Constitution und der Wissenschaften" hebt in einer knappen Formel die Notwendigkeit hervor, die militärische Kraft, die politische Ordnung und den Geist eines Volkes in Einklang zu bringen, weil nur so das überindividuelle Sein zur Reife gebracht und behauptet werden kann.

2. Die Reorganisation der militärischen Zentralinstanzen

a) Der oberste Kriegsherr

In allen Staaten des Absolutismus war der Monarch nicht nur Staatsoberhaupt, sondern auch Oberhaupt der Armee. In Preußen aber war der König in einem besonderen Sinn *oberster Kriegsherr;* er war nicht nur nominell der oberste Befehlshaber („chef-en-titre"), sondern übte effektiv in der Armee die militärische Kommandogewalt in Frieden und Krieg aus. Die Scharnhorst-Boyen'sche Reform tastete diese militärische Sonderstellung des preußischen Königs nicht an. Im Gegenteil: Sie verstärkte die Stellung des Königs als des obersten Kriegsherrn, indem dieses soldatische Amt ihm von nun an die Führungsgewalt nicht mehr bloß über einen vom Volk abgesonderten militärischen Apparat, sondern über das „Volk in Waffen" gab. Auch in diesem Volksheer blieb der König der erste Offizier der Armee; er war nicht nur Oberbefehlshaber, was auch ein ziviles Staatsoberhaupt sein kann, sondern Offizier und Soldat an der Spitze der militärischen Hierarchie. Die ihm zustehende *Kommandogewalt* war ein von seiner Regierungsgewalt unterschiedener, als schlechthin unantastbar geltender Bereich seiner monarchischen Kompetenzen. Auch soweit die damaligen Verfassungspläne politische Mitbestimmungsrechte einer Volksrepräsentation vorsahen, dachte niemand daran, die Kommandogewalt des Königs durch solche Rechte der Volksvertretung zu beschränken. Der *Fahneneid* band die Armee im Ganzen durch eine unbedingte Treu- und Gehorsamspflicht an die Person des Kriegsherrn. Zu einem *Verfassungseid des Heeres* wäre es damals in Preußen auch dann nicht gekommen, wenn die Verfassungspläne der Reformer sich hätten verwirklichen lassen[4]).

---

[1]) d. h. hier: „der politischen Weisheit und Zweckmäßigkeit".
[2]) d. h. hier: „die öffentliche Meinung".
[3]) *Pertz-Delbrück,* Gneisenau Bd. 4 S. 280.
[4]) Über die in andern deutschen Ländern bald aufflammenden Kämpfe um den Verfassungseid der Armee siehe unten S. 364 ff.

b) Das Kriegsministerium

Besonders stark waren die Reformer bemüht, die Einheit der Kommandogewalt auch in der weiteren Spitzengliederung der Armee zu sichern, d. h. die Vielzahl der Immediatstellen zu beseitigen und an ihrer Stelle *eine einzige zentrale Kommando- und Verwaltungsbehörde* im militärischen Bereich zu schaffen. Wie in der Zivilverfassung des Staates war auch in der Militärverfassung das *Kabinettssystem* der Kern des Übels. Der Generaladjutant als Leiter des Militärkabinetts (zuletzt der General *v. Köckritz*) war der wichtigste und zugleich der unverantwortliche persönliche Berater des Königs in militärischen Fragen; er lähmte alle Entschließungen der anderen militärischen Instanzen. Nun aber setzte der König unmittelbar nach Tilsit die *Militärreorganisationskommission* ein[1]), die unter *Scharnhorsts* Vorsitz (anders als ihre Vorgängerin von 1795) nicht nur für die Ausarbeitung von Reformprojekten, sondern unmittelbar für die Leitung aller Militärangelegenheiten zuständig war. Als zentrale militärische Planungs-, Vollzugs- und Kommandobehörde erhielt sie den Vorrang vor den alten, zunächst noch fortbestehenden Immediatstellen, so dem Oberkriegskollegium und dem Militärdepartment. Wenngleich die Kommission eine Kollegialbehörde war, in der neben entschiedenen Reformern auch reaktionäre Offiziere (wie Graf Lottum) saßen, so errang Scharnhorst doch bald den bestimmenden Einfluß, nicht zuletzt dadurch, daß ihm (an Stelle des Generaladjutanten) auch der ständige Militärvortrag beim König zufiel. In Steins Regierung 1807/08 hatte die Militärreorganisationskommission bereits die Funktion eines selbständigen Ministeriums. Am 15. Juli 1808 wurde sie in das *Kriegsdepartement* umgewandelt[2]). Als bei Steins Entlassung am 24. November 1808 endlich die neue Verfassung der obersten Staatsbehörden zustande kam, fügte sie das Kriegsdepartement als *Kriegsministerium* in die neue Zentralregierung ein[3]). Auch das Oberkriegskollegium und das Militärdepartement gingen im Kriegsministerium, das am 1. März 1809 seine Tätigkeit begann, auf.

Das Kriegsministerium der Reformzeit war dadurch ausgezeichnet, daß es die Zuständigkeit sowohl für die Kommandosachen als auch für die Personalsachen als schließlich auch für die Militärverwaltungssachen besaß; auch der Generalstab („Generalquartiermeisterstab") war ihm eingegliedert. Der Kriegsminister war damit unter dem König die ausschließliche Zentralinstanz der Armee. Militärische Immediatstellen außerhalb des Kriegsministeriums

---

[1]) Kabinettsordre an Scharnhorst vom 25. Juli 1807 *(Vaupel*, Reorganisation Bd. 1 S. 7). Mitglieder der Militärreorganisationskommission waren: *Scharnhorst, Graf Lottum, Boyen, Gneisenau, Grolman, Massenbach, Bronikowsky* und *Graf Götzen* (an Stelle des nur vorübergehend tätigen *Borstell).*

[2]) Kabinettsordre an das Oberkriegskollegium vom 15. Juli 1808 *(Vaupel*, aaO Bd. 1 S. 518).

[3]) Kabinettsordre an das Oberkriegskollegium vom 25. Dezember 1808 (ebenda S. 833). Während diese Kabinettsordre für die neue Behörde noch die Bezeichnung „Kriegsdepartement" verwandte, findet sich die Bezeichnung „Kriegsministerium" zuerst in dem Publikandum vom 18. Februar 1809 betr. die äußern Verhältnisse des Kriegsministeriums oder des Kriegsdepartements (GS 1806—10 S. 536).

gab es nicht mehr. Innerhalb der Gesamtregierung besaß der Kriegsminister eine betonte Stellung; sie war ihm durch das *Recht des Militärvortrags*, also das Recht zur unmittelbaren Beratung des Kriegsherrn in Militärangelegenheiten, gesichert. Auch in der Zeit der Hardenberg'schen Staatskanzlerschaft, in der die übrigen Minister das Recht zum selbständigen Vortrag beim König verloren, bewahrte der Kriegsminister sein unabhängiges Vortragsrecht, seine volle Immediatstellung und damit neben dem Staatskanzler seinen selbständigen Rang. Angesichts der Bedeutung, die in jedem Staat der „Zugang zum Machthaber" für die effektive Machtordnung hat [1]), kam diesem Sieg des Kriegsministeriums im Kampf um das selbständige Vortragsrecht eine eminente verfassungs- und militärpolitische Bedeutung zu.

So einleuchtend diese Bildung einer einheitlichen militärischen Zentralinstanz jedem Unbefangenen erscheinen muß, so schwer war es, sie zu erringen und zu behaupten. Nur mit Widerstreben willigte der König in diesen Organisationsvorschlag seiner militärischen Berater ein. Wie schon sein Vorgänger und wie er selbst vor 1806, so fürchtete er auch jetzt, daß eine mit allen militärischen Zuständigkeiten ausgestattete Zentralbehörde die monarchische Kommandogewalt begrenzen oder überschatten könne. In einem gewissen Maß fürchten die Herrscher stets die Macht ihrer Diener; am stärksten war immer das Mißtrauen der höchsten Gewalt gegen die Konzentration militärischer Macht bei einem Zentralorgan, selbst wenn es ihnen eindeutig unterstellt blieb; auch die preußische Monarchie ließ sich von solchen Skrupeln zu dem Irrtum verleiten, sie könne ihre Autorität nur durch Verteilung der militärischen Dienstgeschäfte auf mehrere koordinierte und rivalisierende Stellen sichern. In Wahrheit minderte gerade die Vielzahl immediater militärischer Stellen die Stärke der königlichen Kommandogewalt durch immerwährende Friktionen. Obwohl nun Friedrich Wilhelm III. sich der Errichtung des Kriegsministeriums nicht auf die Dauer hatte widersetzen können, war sein innerer Widerstand doch so stark, daß er zunächst keinen Kriegsminister ernannte. Scharnhorst wurde nur zum Leiter des Allgemeinen Kriegsdepartements, einer der beiden Hauptabteilungen des Ministeriums, bestellt und zugleich mit der Verwaltung des ganzen Kriegsministeriums beauftragt. Der Gründer und zugleich der bedeutendste unter den Chefs des preußischen Kriegsministeriums war niemals Kriegsminister im förmlichen Sinn. Erst nach Scharnhorsts Tod (28. Juni 1813) und nach einem längeren Interim erhielt Preußen in *Boyen* am 3. Juni 1814 seinen ersten Kriegsminister (bis 1819). Als Kriegsminister standen in den drei folgenden Jahrzehnten an der Spitze dieses wichtigen Ressorts: *v. Hake* (1820—33), *v. Witzleben* (1833 bis 1837), *v. Rauch* (1837—41), erneut *v. Boyen* (1841—47) und *v. Rohr* (1847—48).

Nach der Kabinettsordre vom 25. Dezember 1808 gehörte zum Geschäftsbereich des Kriegsministeriums alles, „was auf das Militär, dessen Verfassung, Errichtung und Erhaltung und den von solchem zu machenden Gebrauch Bezug hat". Wie schon das Kriegsdepartement, so bestand das Kriegsministerium zunächst aus zwei Hauptabteilungen. Das *Allgemeine Kriegsdepartement*, das für „Militärverfassung und Armeekommando" zuständig war, umfaßte drei Unterabteilungen; die 1. Division war für

---

[1]) Siehe oben S. 146, 150, 154.

Personalsachen, die 2. Division für Kommandosachen, die 3. Division für Artillerie-, Ingenieur- und Festungswesen sowie die Bewaffnung zuständig. Dem *Militär-Ökonomiedepartement* waren die Militärverwaltungssachen zugewiesen; seine 1. Division verwaltete das Militärkassenwesen, die 2. das Verpflegungswesen, die 3. das Bekleidungswesen, die 4. die Invalidenversorgung. Daneben bestand im Militär-Ökonomiedepartement das *Generalkriegskommissariat*, das mit der Vorbereitung der Mobilmachung betraut war. Nach Boyens Ernennung zum Kriegsminister organisierte die Kabinettsordre vom 28. Aug. 1814 (GS 77) seinen Vorschlägen gemäß das Ministerium neu; es bestand nun aus einem Ministerialbüro und 5 Hauptabteilungen: 1. dem allgemeinen Kriegsdepartement, 2. dem Generalstabsdepartement, 3. dem Militärvortragsdepartement („Militärkabinett"), 4. dem Militär-Ökonomiedepartement, 5. dem Kriegskommissariatsdepartement. Ferner war dem Kriegsminister das Generalauditoriat (mit dem Militärgerichtswesen) unterstellt. 1824 aber wurde an Stelle dieser Fünfteilung die alte Zweiteilung *(Allgemeines Kriegsdepartement* und *Militärökonomiedepartement)* wiederhergestellt.

Zur *Zuständigkeit des Kriegsministeriums* gehörte im Einzelnen die Militärgesetzgebung, die Militärverwaltung, das Militärgerichtswesen, die Aufstellung von Truppenverbänden, die Ernennung und Entlassung von Offizieren, die Rekrutierung von Mannschaften, die Ausbildung, Bewaffnung, Unterbringung und Verpflegung, die operative Planung, die Befehlsausübung und der militärische Einsatz im Frieden. Die Befehle des Königs an die Truppenbefehlshaber wurden nicht unmittelbar, sondern durch die Vermittlung des Kriegsministers erlassen. Nur im Kriegsfall trat das Kriegsministerium an Bedeutung zurück. Die Leitung der militärischen Operationen sollte im Krieg den Kommandierenden Generalen unter dem Oberbefehl des Königs selbständig überlassen sein; das Verhältnis des Kriegsministers zu den Kommandierenden Generalen sollte dann besonders geordnet werden. Trotzdem bewahrte der Kriegsminister auch im Krieg einen bedeutenden Anteil an der militärischen Gesamtleitung. Insbesondere dauerte sein Recht zur Beratung des Königs fort. Allerdings trat er bis zu einem gewissen Grad in den Schatten der Feldherren, denen die unmittelbare Truppenführung oblag. So begreift man die aufbegehrende Klage, mit der Scharnhorst auf dem Todeslager in Prag dem Ende entgegensah: alle sieben Orden und sein Leben gäbe er hin für das Kommando eines einzigen Tages! [1] Doch ändert diese im Kriegsfall durch die Natur der Dinge gebotene Beschränkung im Amt des Kriegsministers nichts daran, daß mit der Reform der bisherige Pluralismus der Kommandostellen durch die Einheit der militärischen Führungsgewalt überwunden war. Erst mit dem Ausscheiden Boyens aus dem Kriegsministerium 1819 setzten neue Abspaltungen ein, die jedoch erst in der zweiten Hälfte des Jahrhunderts zum vollen Trialismus der obersten Militärinstanzen (Kriegsministerium, Militärkabinett, Generalstab) führen sollten.

c) Das Militärkabinett

Zu den militärischen Sonderbehörden, die in das Kriegsministerium der Reformzeit einbezogen wurden, gehörte, wie schon erwähnt, auch das *Militärkabinett.* Der Generaladjutant des Königs war ursprünglich ein persönlicher militärischer Berater ohne festes Ressort; seit 1787 aber war ihm der ständige Vortrag in Militärangelegenheiten übertragen, so daß man der Sache nach von diesem Zeitpunkt ab von einem „Militärkabinett" sprechen kann, obwohl diese Bezeichnung erst seit 1814 aufkam [2]. Trotz der offenkundigen

---

[1] *K. Linnebach,* Scharnhorsts Briefe Bd. 1 S. 481 f.
[2] Nämlich für das dritte Departement des Kriegsministeriums, das die Funktionen des alten selbständigen „Militärkabinetts" ausübte (siehe auch oben S. 146).

Fragwürdigkeiten des Kabinettssystems war Friedrich Wilhelm III. auch nach Tilsit zunächst nicht bereit, sich von dem Militärkabinett zu trennen, in dem er die eigentliche Gewähr seiner selbständigen Befehlsführung sah. Ein ausgesprochener Gegner Scharnhorsts, der General Graf Lottum, wurde „vortragender Generaladjutant". Erst im Juni 1808 erreichte Stein, daß Scharnhorst neben Lottum den Militärvortrag beim König erhielt. Seit der Errichtung des Kriegsdepartements (15. Juli 1808) und der anschließenden Errichtung des Kriegsministeriums stand dann der Militärvortrag in allen *Kommando- und Personalsachen* dem Chef des Allgemeinen Kriegsdepartements (Scharnhorst) zu. Den Vortrag in allen *Militärökonomiesachen* hatte der Chef des zweiten Departements (Graf Lottum, seit 1810 Oberst v. Hake). Die *Personalsachen*, die bis dahin zu den wichtigsten Angelegenheiten des Militärvortrags des Generaladjutanten gehört hatten, wurden einer Unterabteilung des Kriegsministeriums übertragen. Im Lauf der Zeit erwarb der Chef dieser Unterabteilung erneut das Recht zum unmittelbaren Militärvortrag für sich. Und in einem stetigen Prozeß errang seit Boyens Sturz diese Ministerialabteilung als *„Militärkabinett"* eine neue Sonderstellung und am Ende die volle Selbständigkeit gegenüber dem Kriegsminister.

Die *Personalsachen* wurden seit der Gründung des Kriegsministeriums zunächst innerhalb der 1. Division des Allgemeinen Kriegsdepartements bearbeitet. Chef der 1. Division war zuerst der Major *Grolman* bis 1809, dann der Oberst *Hake* bis 1810, dann der Major *Boyen*. Bei Scharnhorsts Schein-Entlassung 1810, bei der ihm insgeheim die Leitung des Kriegsministeriums verblieb, wurde *Boyen* als sein unmittelbarer Vertrauensmann mit dem Militärvortrag beim König beauftragt. So kam es durch zufällige Umstände dazu, daß der Leiter der Personalabteilung des Kriegsministeriums den täglichen Vortrag beim König übernahm, während der nun formell zum Leiter des Allgemeinen Kriegsdepartements bestellte Oberst Hake nur wöchentlich zum Vortrag kam. Im März 1812 trat an die Stelle Boyens, der seinen Abschied genommen hatte und nach Rußland gegangen war, der Major *v. Thile*, der ebenfalls in Scharnhorsts Sinn wirkte. Bei der Neugliederung 1814 erhielt die von Thile geleitete 1. Division die Stellung eines selbständigen (des 3.) Departements des Kriegsministeriums („Militärvortragsdepartement") [1]. Es blieb auch jetzt beim täglichen Vortrag des Leiters des 3. Departements, obwohl der Anlaß, der 1810 zu dieser Regelung geführt hatte, weggefallen war. Neben dem Kriegsminister, der selbstverständlich sein Vortragsrecht in Anspruch nahm, besaß somit einer der Untergebenen des Ministers, der Leiter der Personalabteilung, ein eigenes Recht zu täglichem Vortrag beim König. Das Kriegsministerium war damit von der Gefahr einer neuen Spaltung bedroht, sobald ein selbstbewußter und ehrgeiziger Offizier an die Spitze der Personalabteilung trat. Und in der Tat entwickelte sich das 3. Departement unter der Leitung des Obersten *Job v. Witzleben* (1816–33) trotz seiner fortdauernden Eingliederung in das Kriegsministerium doch mehr und mehr in die alte Sonderstellung des Militärkabinetts zurück. Das wurde besonders deutlich, als Witzleben 1817 den Rang des „Generaladjutanten" erhielt, womit auch der alte Titel für den Inhaber des täglichen Militärvortrags wiederhergestellt war.

Als 1824 im Kriegsministerium die Zweiteilung (Allgemeines Kriegsdepartement und Militärökonomiedepartement) wiedereingeführt wurde, wurde das Militärkabinett dieser Ressortgliederung entzogen; es blieb als „Abteilung für die persönlichen Angelegenheiten" (Militärkabinett) dem Kriegsminister direkt unterstellt. Unter der Leitung des Generaladjutanten v. Witzleben errang das Militärkabinett schnell einen außerordentlichen Einfluß; durch seinen täglichen Vortrag und durch den nahen per-

---

[1] Siehe oben S. 228.

sönlichen Umgang mit dem Monarchen wurde die tatsächliche Macht des Generaladjudanten zuweilen stärker als die des ihm übergeordneten Kriegsministers. Trotz der fortdauernden organisatorischen Eingliederung in das Kriegsministerium war das Militärkabinett seit 1824 de facto wieder eine militärische Immediatstelle, die sich neben dem Kriegsministerium eine koordinierte Position eroberte.

Diese Selbständigkeit verstärkte sich dadurch, daß das Militärkabinett einen Teil seiner Obligenheiten als *Departementsachen*, also als innerhalb des Rahmens des Kriegsministeriums liegende Kompetenzen, einen anderen Teil aber als *Immediatsachen*, die in unmittelbarem Auftrag des Königs zu behandeln seien, auffaßte. Der Leiter des Militärkabinetts beanspruchte damit eine Doppelstellung, die eines Abteilungschefs im Kriegsministerium für Departementangelegenheiten und die eines Immediatorgans in Immediatangelegenheiten; in dieser zweiten Eigenschaft bezeichnete er sich als „vortragender Generaladjutant". Es lag in der Natur der Sache, daß diese Immediatfunktion ein immer stärkeres Gewicht annahm. So wenig der Kriegsminister v. Hake (1820–33) den Einfluß des Generaladjudanten v. Witzleben zu brechen vermochte, so wenig vermochte dieser selbst, als er 1833 Kriegsminister wurde, und noch weniger sein Nachfolger v. Rauch (seit 1837) den Einfluß des neuen Chefs des Militärkabinetts v. *Lindheim* (1833–41) auszuschalten. Erst Boyen gelang es, während seiner zweiten Amtszeit als Kriegsminister (1841–47) die Machtstellung des Generaladjudanten v. *Neumann* (seit 1841) vorübergehend zu beschränken. Unter der Verfassung von 1850 aber setzte das Militärkabinett auch seine formelle Lösung aus dem Kriegsministerium und seinen vollen Aufstieg zur Immediatbehörde durch. Im Ganzen entwickelte sich so seit 1824 in der militärischen Führungsordnung wieder das Kabinettssystem, das heißt die Abspaltung des Militärkabinetts von dem kriegsministeriellen Ressort. (Näheres siehe Bd. III S. 69 ff., 818 f., Bd. IV S. 530 ff.).

d) Der Generalstab

Eine ähnliche Entwicklung wie das Militärkabinett durchlief in der gleichen Epoche der *Generalstab*. Als Generalquartiermeisterstab hatte sich im 18. Jahrhundert eine Gruppe von Offizieren von den übrigen militärischen Führungsstellen abgesondert, die dem Kriegsherrn als Gehilfen für die Aufgaben der operativen Planung zur Seite standen. Zu einer selbständigen Militärbehörde hatte sich dieser Stab erst unter der Leitung des Generals v. *Geusau* (1796–1807) gefestigt. Scharnhorst nahm sich als Chef des Allgemeinen Kriegsdepartements der Fortbildung des Generalstabs mit Eifer und Aufmerksamkeit an[1]. Der Generalstab wurde innerhalb des Allgemeinen Kriegsdepartements als 2. Division organisiert[2]. Scharnhorst übernahm selbst die Stellung eines Ersten Offiziers des Generalstabs, den man seit 1810 als „Chef des Generalstabs" bezeichnete. Auch unter Boyen blieb es bei dieser Einordnung des Generalstabs in das Kriegsministerium. Unter Boyens Nachfolgern dagegen setzte auch hier ein Ablösungsprozeß ein, der schließlich zu der Bildung eines selbständigen Generalstabs führte.

Unter Boyen erhielt der Generalstab 1814 die Stellung des 2. Departements des Kriegsministeriums. Als Chef des Generalstabs blieb der General v. *Grolman* dem Kriegsminister unterstellt. Die Behauptung, schon Grolman habe dem Generalstab

---

[1]) Vorschläge zur künftigen Einrichtung des Generalquartiermeisterstabs der preußischen Armee (Winter 1807/08), aufgezeichnet von Major Rauch (*Vaupel*, Reorganisation Bd. 1 S. 205 ff.).
[2]) Siehe oben S. 228.

einen so bedeutenden Wirkungskreis geschaffen, „daß die vollständige Abtrennung des Generalstabs von dem Kriegsministerium nur noch eine Frage der Zeit war"[1]), mutet etwas wie eine nachträgliche Prognose an. Denn gerade Grolman ordnete sich dem Kriegsminister vorbehaltlos unter und wahrte eine so zuverlässige Solidarität mit ihm, daß er sich 1819 dem Rücktritt Boyens anschloß. Der interimistisch an Grolmans Stelle tretende Generalmajor *Rühle v. Lilienstern* gehörte wie sein Vorgänger zum Kreis der Reformer; auch er tastete das von Scharnhorst vorgezeichnete Verhältnis von Kriegsministerium und Generalstab nicht an. 1821 aber wurde ihm der Generalleutnant *v. Müffling*[2]) übergeordnet, der die neugeschaffene Stellung eines „Chefs des Generalstabs der Armee" erhielt. Dieses Amt war eine Immediatstellung, also ganz aus dem Kriegsministerium gelöst. Doch erhielt der Chef des Generalstabs den Befehl, „mit dem Kriegsministerium in naher Verbindung zu bleiben und bei wichtigen Anordnungen und Vorschlägen sich des Einverständnisses des Kriegsministeriums zuvor zu versichern". Das 2. Departement, das die eigentliche Generalstabsarbeit leistete, blieb ein Teil des Kriegsministeriums, so daß der Generalstab im Kriegsministerium, sein Chef aber außerhalb des Kriegsministeriums stand. Bei der Neuorganisation von 1824 fiel das 2. Departement als solches weg; der Generalstab wurde zur selbständigen Behörde innerhalb des Kriegsministeriums; der „Chef des Generalstabs" aber blieb weiterhin außerhalb. Die Doppelstellung, die das Militärkabinett besaß, wiederholte sich also beim Generalstab in etwas anderer Form.

Trotzdem konnte der Chef des Generalstabs noch auf lange Zeit nicht das faktische Maß an Selbständigkeit erlangen, das der Chef des Militärkabinetts innehatte. Der Chef des Generalstabs erhielt nämlich, obwohl er eine oberste militärische Instanz nach dem König war, *kein selbständiges Vortragsrecht und damit keine Immediatstellung im vollen Sinn*. Er blieb darauf angewiesen, daß der Kriegsminister die vom Generalstab vorbereiteten Angelegenheiten beim König zum Vortrag brachte. Da der Kriegsminister nicht verpflichtet war, Vorschläge oder Berichte, die er nicht billigte oder die er nicht für vordringlich hielt, im Militärvortrag zu behandeln, bedeutete der *Mangel eines eigenen Vortragsrechts* eine empfindliche Schwächung des Generalstabschefs. Dazu kam, daß er dienstlich nicht einmal unmittelbar mit dem Kriegsminister, sondern nur mit dem Chef des Allgemeinen Kriegsdepartements zu verkehren pflegte. Trotz der formellen Verselbständigung haftete dem Generalstab somit immer noch die ursprüngliche volle Eingliederung in das Kriegsministerium an. Eine echte Immediatstellung hat erst Moltke 1866 für den Generalstab erstritten. (Siehe Bd. IV S. 523 f.).

3. Die Reorganisation des Offizierskorps

Die schwerste, aber zugleich die wichtigste Aufgabe bei der Reorganisation der Armee war die Umgestaltung des Offizierskorps. Es hatte den Kern des friderizianischen Militärwesens gebildet und hielt, wie es nicht anders sein konnte, in seiner Masse an den Traditionen der alten Wehrverfassung fest. Zugleich aber kamen aus der Elite des alten Offizierskorps die Reformer, die zwar nicht den traditionsverneinenden Umsturz, wohl aber die innere Neubildung der militärischen Führungsschicht erstrebten. Drei Hauptgrundsätze waren nach Tilsit für die von der Militärreorganisationskommission begonnene Neugestaltung des Offizierskorps maßgebend: a) Wer sich des Dienstes für die Nation als unwürdig erwiesen hatte, mußte ohne Nachsicht aus dem Offiziersdienst ausgestoßen werden; b) allen Ständen, die zum Dienst für die Nation bereit und fähig waren, insbesondere dem Bürgerstand, mußte der Zugang

---

[1]) *Treitschke*, Deutsche Geschichte Bd. 2 S. 592.
[2]) Der spätere Präsident des preußischen Staatsrats (siehe oben S. 159 Anm. 2).

zum Offiziersdienst eröffnet werden; c) das Offizierskorps mußte zu einem durch allgemeine Bildung, militärische Leistung und militärische Ehre geprägten Führungskörper werden; daraus ergaben sich die neuen Formen der Offiziersausbildung, der Offizierswahl und der Wahrung der Offiziersehre.

a) Die Immediat-Untersuchungskommission

Der innere Halt der friderizianischen Armee war die Tüchtigkeit und Ehre des Offizierskorps. In der Katastrophe von 1806 aber erwies sich, daß der legendäre Ruhm des preußischen Offizierskorps weithin auf hohlem Grunde ruhte. Überalterung und Unfähigkeit von Stabs- und Truppenoffizieren trugen Mitschuld an der Niederlage; einzelne Fälle von Feigheit und Verrat belasteten das Ansehen des ganzen Standes [1]). Die Reformer waren entschlossen, solches Versagen ohne Rücksicht auf Stellung und ehemalige Verdienste zu ahnden [2]).

Bald nach Tilsit setzte die königliche Instruktion vom 27. November 1807 [3]) eine *Immediat-Untersuchungskommission* [4]) unter dem Vorsitz der Prinzen Heinrich und Wilhelm [5]) ein, die in einem besonderen Verfahren gegen Offiziere vorzugehen hatte, die sich ihrer Aufgabe nicht gewachsen gezeigt oder sich gegen ihre Pflicht vergangen hatten. Alle Offiziere, die an der Kapitulation von Festungen oder Truppenteilen verantwortlich teilgenommen hatten oder Beschuldigungen wegen Desertion, Feigheit usw. ausgesetzt waren, mußten sich verantworten. Sie hatten der Kommission schriftliche Rechtfertigungsberichte einzureichen; die Kommission konnte auch sonst alle zur Aufklärung erforderlichen Maßnahmen treffen; auch gerichtliche Vernehmungen konnte sie veranlassen. Doch war sie selbst kein Strafgericht, sondern nur ein Untersuchungsorgan. Nach Abschluß ihrer Ermittlungen erstattete sie dem König ein *Gutachten* darüber, ob eine Kapitulation als „ehrenvoll" oder als „durch entschuldigende Umstände gerechtfertigt" anzuerkennen oder ob der als Urheber oder Teilnehmer verantwortliche Offizier „einer Pflichtverletzung schuldig" sei. Jedes Gutachten schloß mit dem

---

[1]) Zum Folgenden: „1806". Das preußische Offizierskorps und die Untersuchung der Kriegsereignisse (1906).

[2]) Schon während des Kriegs ordnete das *Ortelsburger Publicandum* („Publicandum wegen Abstellung verschiedener Mißbräuche bei der Armee") vom 1. Dez. 1806 (Text: in „1806" S. 7) ein Verfahren gegen Offiziere wegen der zahlreichen Kapitulationen und Desertionen an. In einer Reihe von Einzelfällen verhängte das Publicandum unmittelbar kraft königlichen Machtspruchs Strafen gegen schuldige Offiziere, so vor allem die Todesstrafe gegen den Obersten v. Ingersleben (siehe dazu unten S. 233 Anm. 7).

[3]) Text: *Vaupel*, aaO Bd. 1 S. 171 ff.

[4]) Genaue Bezeichnung: „Commission zur Untersuchung der Capitulationen und sonstigen Ereignisse des letzteren Krieges".

[5]) Beides Brüder des Königs. Zu den bekannteren Mitgliedern der Untersuchungskommission gehörten der Generalleutnant v. L'Estocq, der Oberst v. Bülow („von Dennewitz"), die Oberstleutnante v. Gneisenau und v. Hake (der spätere Kriegsminister), der Major v. Grolman (der spätere Generalstabschef), der Generalauditeur v. Koenen.

an den König gerichteten Vorschlag, dem in Untersuchung gezogenen Offizier entweder ein *Zeugnis des Wohlverhaltens* auszustellen, das ein Anrecht auf Wiederverwendung oder auf Pension gab[1]), oder die *Entlassung ohne Abschied und mit Verlust des Gnadengehalts* auszusprechen oder die *Eröffnung des kriegsgerichtlichen Verfahrens* anzuordnen [2]). Die Anregung der Kommission, zur Beschleunigung des Verfahrens die militärstrafrechtlich zu ahndenden Fälle auf Grund der erstatteten Gutachten entweder durch königlichen Machtspruch oder in einem summarischen Kriegsgerichtsprozeß zu entscheiden, lehnte der König ab; er bestand auf der sorgfältigen Innehaltung des Rechtswegs [3]).

In den Fällen, in denen die Kommission ein kriegsgerichtliches Verfahren forderte, begnügte sie sich allerdings nicht mit einem einfachen Ermittlungsbericht; sie schloß ihr Gutachten vielmehr mit einem bestimmten Strafvorschlag ab. Wenn das Kriegsgericht an diesen auch nicht gebunden war und in manchen Fällen von ihm abwich, so bildeten die Gutachten der Kommission doch faktisch ein gewichtiges Präjudiz für die kriegsgerichtlichen Verfahren. Die Kommission und die Kriegsgerichte sahen nicht in jeder Kapitulation ein ehrenrühriges Vergehen; wo weiterer Widerstand militärisch sinnlos gewesen wäre, erkannten sie das Niederlegen der Waffen als gerechtfertigt an. Doch waren die Gutachten und die Urteile hart; so maßen sie z. B. allen untergebenen Offizieren eine *Pflicht zum Widerstand* gegen ihre Vorgesetzten bei, wo diese sich ohne gerechtfertigten Grund zur Kapitulation entschlossen hatten, und zwar zum Widerstand nicht nur mit Worten, sondern mit Taten![4]) Die Rechtfertigung mit dem „Handeln auf Befehl" wurde also nicht anerkannt; vielmehr wurden mit den Vorgesetzten in solchen Fällen auch die Offiziere des Stabs verurteilt. Neben den Verfahren vor der Immediat-Untersuchungskommission fanden in den Fällen von geringerer Bedeutung entsprechende Verfahren vor Regiments-Tribunalen statt [5]). Alle Verfahren wurden ohne Ansehen der Person durchgeführt; die Immediatkommission insbesondere ging auch mit Offizieren höchsten Ranges oder fürstlichen Standes oder mit Offizieren von anerkannten früheren Verdiensten schonungslos ins Gericht.

Im Ganzen wurden 208 Offiziere (17 Generäle, 50 Stabsoffiziere, 141 Subalternoffiziere) auf Grund der Gutachten der Kommission wegen Verrat, Feigheit oder Desertion aus der Armee ausgestoßen [6]), teils durch königlichen Befehl, teils durch Kriegsgerichtsurteil zusammen mit einer Strafe. Sieben Offiziere wurden auf Grund der Gutachten der Kommission kriegsgerichtlich zum Tod verurteilt; allerdings fand nur in einem Fall das Todesurteil die königliche Bestätigung [7]), während es in den

---

[1]) Die Bearbeitung der Anträge auf Wohlverhaltenszeugnisse und damit zusammenhängend auf Wiedereinstellung oder auf Gewährung von Pensionen bildete einen großen Teil der Tätigkeit der Kommisson (vgl. „1806" S. 30). Wortlaut eines Wohlverhaltenszeugnisses ebenda S. 112.

[2]) Diese nähere Regelung des Verfahrens ordnete der König auf Vorschlag der Kommission vom 6. Juni 1808 durch das Reskript vom 9. Juni 1808 an (ebenda S. 26, 29).

[3]) Schreiben des Königs an den Prinzen Heinrich vom 21. Mai 1808 (ebenda S. 26).

[4]) Stellungnahme der Kommission vom 13. Jan. 1812 zur Frage der Begnadigung der wegen der Kapitulation von Magdeburg verurteilten Untergebenen des verantwortlichen Gouverneurs (ebenda S. 301).

[5]) Ebenda S. 319 ff.

[6]) Zahlen ebenda S. 105.

[7]) Nämlich gegen den Kommandanten von Küstrin, Oberst *v. Ingersleben*, gegen den also trotz des vorausgegangenen königlichen Machtspruchs (siehe oben S. 232 Anm. 2) ein Verfahren vor der Kommission (Gutachten vom 14. Nov. 1808) und vor dem Kriegsgericht (Urteil vom 29. Sept. 1809) stattfand (vgl. ebenda S. 268, 278), übrigens in absentia, da Ingersleben sich im Ausland (in Sachsen) aufhielt; da-

anderen Fällen durch einen Gnadenakt in ein Urteil auf lebenslangen Festungsarrest gemildert wurde. Sogar gegen einen inzwischen verstorbenen General fand auf Anordnung des Königs das kriegsgerichtliche Verfahren noch statt; es endete mit dem Spruch, der General würde wegen der pflichtwidrigen Übergabe der Festung Magdeburg zum Tod verurteilt worden sein, wenn er noch lebte [1]. Nach dem ersten der Befreiungskriege hob der König durch Begnadigung den Vollzug des noch nicht voll verbüßten Festungsarrests für die verurteilten Offiziere auf [2].

Es gibt kein anderes Beispiel in der deutschen Verfassungsgeschichte, in dem es einem ständisch verfaßten Körper in einer gleich untadeligen Weise gelungen wäre, sich in einem großen Prozeß der Selbstreinigung von unwürdigen Mitgliedern zu befreien. Obwohl die Kommission kein Gericht war, erlangten ihre Gutachten kraft der Integrität und Autorität der in ihr tätigen Offiziere hohes Ansehen. Die Arbeit der Kommission legte den Grund für einen neuen Beginn. Gleich wichtig war, daß das Offizierskorps nach dem Krieg durch Pensionierungen um drei Viertel seines früheren Bestandes vermindert werden konnte. Damit war die Bahn frei für einen vollkommenen Neuaufbau des Offizierstandes.

b) Die Aufhebung des Adelsprivilegs

Auch unter Friedrich Wilhelm III. hatte Preußen an dem unter Friedrich Wilhelm I. und Friedrich dem Großen entwickelten Grundsatz festgehalten, der Bürgerlichen den Zugang zu den Offiziersstellen in der Regel verwehrte [3]. Nur in Ausnahmefällen fanden Bürgerliche Aufnahme in das Offizierskorps, und zwar entweder in die technischen Waffengattungen (Artillerie, Festungsbau) oder in die Offiziersstellen, die in den Kriegen vakant wurden und aus dem adligen Offiziersnachwuchs nicht besetzt werden konnten [4]. Beim Tod Friedrichs des Großen (1786) waren unter 689 Generälen und Stabsoffizieren nur 22 Bürgerliche, unter diesen war kein General. In den nächsten zwei Jahrzehnten änderte sich daran im Prinzip nichts. Allerdings war die Nobilitierung ein nicht selten gewählter Ausweg, um das Adelsprivileg zu umgehen; so wurde *Scharnhorst*, der als bürgerlicher Offizier 1801 aus hannoverschem in preußischen Dienst übertrat, 1804 in den Adelsstand erhoben. *Yorck* führte zwar den Adelstitel; aber seine Mutter wie seine Frau stammten aus kleinbürgerlichen Familien. Weithin ging es bei dem Adelsprivileg nicht um die Wahrung echter Feudalverhältnisse, sondern um die Behauptung der Versorgungsansprüche des kleinen Adels, der die Offiziersstellen als wohlerworbene Anwartschaft für sich betrachtete.

Einem Bericht der Militärreorganisationskommission vom 25. September

---

her konnte auch das Urteil nicht vollstreckt werden. (Ingersleben starb 1814 in der Nähe von Leipzig).

[1] Kriegsgerichtsurteil gegen den General *Franz Kasimir v. Kleist*, ehemals Gouverneur von Magdeburg, vom 16. Januar 1809 („1806" S. 298).

[2] Kabinettsordre datiert Paris 30. Mai 1814 (ebenda S. 93).

[3] Dieses Adelsprivileg hatte unter dem großen Kurfürsten und unter Friedrich I. noch nicht bestanden; Friedrich der Große hatte es im Siebenjährigen Krieg durchbrechen müssen, nach dem Krieg aber wieder hergestellt (vgl. Immediatbericht der MRK vom 25. September 1807; bei *Vaupel*, aaO Bd. 1 S. 102.

[4] Vgl. *M. Lehmann*, Scharnhorst, Bd. 2, S. 644 ff.

1807 [1]) folgend hob das Reglement vom 6. August 1808 das Vorrecht des Adels auf die Offiziersstellen auf. Das Reglement bestimmte:

„Einen Anspruch auf Offiziersstellen sollen von nun an in Friedenszeiten nur Kenntnisse und Bildung gewähren, in Kriegszeiten ausgezeichnete Tapferkeit und Überblick. Aus der ganzen Nation können daher alle Individuen, die diese Eigenschaften besitzen, auf die höchsten Ehrenstellen im Militär Anspruch machen. Aller bisher stattgehabte Vorzug des Standes hört beim Militär ganz auf und jeder ohne Rücksicht auf seine Herkunft hat gleiche Pflichten und gleiche Rechte" [2]).

Das Bildungs- und Leistungsprinzip also sollte von nun an der Maßstab der Offiziersauslese sein. Den Grundsatz der Gleichheit der Stände wandte die Reformgesetzgebung damit auf die Institution mit der stärksten feudalständischen Tradition an. Eine Nachahmung „jakobinischer Maßnahmen" [3]) war dies jedoch nicht. Die französische Revolution hatte dem Adel prinzipiellen Kampf angesagt, ihn als Stand aufgehoben und die Adligen als des Royalismus verdächtig verfolgt. In Preußen blieb der Adel bestehen; seine Rechte wurden nur eingeschränkt, aber nicht schlechthin aufgehoben. So blieb der Adel auch nach dem Wegfall seines Alleinanspruchs auf die Offiziersstellen ein wesentliches Element im preußischen Offizierskorps. Nach wie vor war für die preußischen Adelsfamilien der Offiziersdienst eine feste Tradition. Bis 1860 zählte man unter den preußischen Offizieren zwei Drittel mit adliger, ein Drittel mit bürgerlicher Abkunft. Nur wurden auch die adligen Offiziere seit der Heeresreform dem bürgerlichen Bildungs- und Leistungsprinzip unterworfen; allerdings paßten sich auch umgekehrt die bürgerlichen Offiziere dem Lebensstil und der Ehrauffassung der Adelsschicht an. Der Adel wurde verbürgerlicht, das gehobene Bürgertum feudalisiert; aus dieser wechselseitigen Angleichung ergab sich das neugestaltete Offizierskorps des 19. Jahrhunderts. [4])

Daß der Fortfall des Adelsprivilegs ernst gemeint und daß den Offizieren bürgerlicher Herkunft der Zugang zu den höchsten Stellen auch tatsächlich geöffnet war, wird daran erhärtet, daß der General *Reyher*, der 1802 sechzehnjährig als einfacher Soldat in die Armee eingetreten und 1810 zum Offizier ernannt worden war, schließlich zum Kriegsminister (1848) und Chef des Generalstabs (1848—57) aufsteigen konnte; auch er war allerdings 1828 in den Adelsstand erhoben worden (siehe Bd. II S. 577).

c) Die Offiziersausbildung

Wenn die Auslese der Offiziere sich statt auf Abkunft auf Leistung gründen sollte, so setzte dies eine sorgfältige Ausbildung des Offizierskorps voraus [5]).

---

[1]) *Vaupel*, Reorganisation, Bd. 1, S. 98 ff. (Dazu auch Gneisenaus Aufsatz vom 2. Juli 1808, ebenda S. 490).
[2]) Reglement über die Besetzung der Stellen der Portepéefähnriche und über die Wahl zum Offizier vom 6. August 1808 (GS 1806—10 S. 275). — Die gleiche Formulierung schon im Immediatbericht der MRK vom 25. September 1807 (*Vaupel* S. 101).
[3]) So *M. Lehmann*, Stein, Bd. 2, S. 545.
[4]) Vgl. dazu auch die sorgfältige Untersuchung von *N. v. Preradovich*, Die Führungsschichten in Österreich und Preußen 1804—1918 (1955).
[5]) Vgl. *Scharnhorsts* Denkschrift über die militärischen Erziehungs- und Bildungsanstalten (Ende 1807); bei *Vaupel*, aaO Bd. 1, S. 187 ff.

Das 19. Jahrhundert huldigte dem Grundsatz: „*Bildung durch Ausbildung*"; auch für die Erziehung des Offiziersnachwuchses galt von nun an dieses humanistisch-pädagogische Prinzip. Die Ernennung zum Portepéefähnrich wie die zum Offizier hing jetzt vom Bestehen des Fähnrichs- und des Offiziersexamens ab. Scharnhorst richtete für die Offiziersanwärter drei Kriegsschulen ein; für die Offiziere selbst schuf er eine Allgemeine Kriegsschule an Stelle der alten Kriegsakademie [1]). Das neue Militärerziehungswesen legte im Einklang mit der allgemeinen Bildungsidee der Reformzeit [2]) den Grund nicht nur für die fachliche, sondern zugleich für die geistige Bildung des neuen Offiziersstandes.

Direktor der Allgemeinen Kriegsschule war von 1818—30 *Carl v. Clausewitz* [3]), dessen Werk „Vom Kriege" die Grundlage militärischer Bildung für viele Generationen deutscher und ausländischer Offiziere geworden ist. Clausewitz war nicht Lehrer an der Kriegsakademie, sondern ihr Verwaltungschef. Er konnte in dieser Stellung nicht hindern, daß die Reaktion nach 1815 in der Armee, auch in ihrem Bildungswesen, wieder stärker vordrang. Die Erziehung richtete sich nun hauptsächlich auf die Entfaltung fachlich-militärischer Fähigkeiten und Kenntnisse, während der Zusammenhang der militärischen Fachbildung mit der allgemeinen Bildung sich lockerte. Im Militärerziehungswesen entstand ein hochgezüchtetes militärisches Spezialistentum, ähnlich wie auch in anderen Lebensbereichen trotz der dauernden Beteuerung der Universalität des Bildungsprinzips doch der Partikularismus der Fächer sich ständig verhärtete. Die gegenüber dem Militär häufig getadelte fachliche Enge war schon in dieser Zeit nur ein Sonderfall des allgemeinen Zugs zur Fachlichkeit. Daß es im Militär wie auch sonst bedeutende Ausnahmen gab, versteht sich; unter ihnen ist vor allem *Moltke* zu nennen, der als junger dänischer Offizier 1819 in preußische Dienste kam und zum hohen Beispiel des gebildeten Generalstäblers weit über den Rahmen des preußischen und deutschen Heeres hinaus wurde.

d) Die Offizierswahl

Für den Aufbau des Offizierskorps führte die Reform die *Offizierswahl* ein. Die zivilen Reformer Preußens erwogen im Anfang sogar, bei der Offiziersauslese dem Beispiel der französischen Revolution zu folgen und die Offiziere von den Untergebenen wählen zu lassen. So forderte *Altenstein* in der Rigaer Denkschrift, daß „die Gemeinen die Unteroffiziere, die Unteroffiziere die ersten Offiziersgrade wählen" [4]). *Hardenberg* schloß sich diesem Vorschlag an:

---

[1]) Kabinettsordre vom 3. Mai 1810 (Kriegsschulen für Portepéefähnriche in Berlin, Breslau und Königsberg; Allgemeine Kriegsschule in Berlin).
[2]) Siehe unten S. 269 ff.
[3]) *Carl v. Clausewitz* (1780—1831), seit 1792 in der preußischen Armee; als Dreizehnjähriger nahm er 1793/94 an seinem ersten Feldzug teil; 1795 wurde er Offizier. Er wurde 1809 Bürochef Scharnhorsts im Allgemeinen Kriegsdepartement und 1810 Lehrer an der Allgemeinen Kriegsschule. 1812 ging er nach dem preußisch-französischen Bündnis in russischen Dienst über; er wirkte am Zustandekommen der Konvention von Tauroggen mit; 1814 kam er in den preußischen Dienst zurück. 1831 war er Generalstabschef Gneisenaus bei der Abwehr des Aufstands in Polen. Er erlag — wie Gneisenau — 1831 der Cholera.
[4]) *Winter*, Reorganisation Bd. 1, S. 425.

Die Reorganisation des Offizierskorps

„Niemand, von welchem Stande er auch sei, würde gleich Offizier oder Unteroffizier; die sogenannten Junker müßten wegfallen und ein jeder als Gemeiner bei den Reservetruppen anfangen. Die Unteroffiziere würden von den gemeinen Soldaten nach der Mehrheit gewählt, die Offiziere des ersten Grades von den Unteroffizieren, beides bei jeder Vakanz und unter dem Vorsitz des Chefs und der Stabsoffiziere" [1].

Diese Vorschläge fanden später heftigen Tadel. *Ranke* hat gesagt, daß sie sich an die revolutionären Einrichtungen Frankreichs anschlossen, ohne daß ihre Urheber gewußt hätten, wie verderblich die Offizierswahl sich dort ausgewirkt habe [2]. *Max Lehmann* hat die staatsmännische Begabung gerühmt, mit der Scharnhorst und seine Freunde diese „unheilvollen Pläne" der zivilen Reformer verwarfen [3]. In der Tat wäre das Gefüge der preußischen Armee völlig aufgelöst worden, wenn man das System der Wahl der Vorgesetzten durch die Untergebenen übernommen hätte.

Das *Reglement vom 6. August 1808* entschied sich für eine andere Art von Offizierswahl [4]. Hardenbergs Forderung, daß jeder mit dem Dienst als Gemeiner anfangen müsse, wurde verworfen. Wer Offizier werden wollte, trat als Anwärter (Fahnenjunker) in die Armee ein und stieg nach den vorgeschriebenen Prüfungen [5] zum Fähnrich auf. Als Offiziersanwärter wurden außer den Adligen in der Regel nur Angehörige des gebildeten und besitzenden Bürgertums und des größeren ländlichen Grundbesitzes angenommen; der Aufstieg aus kleinen Verhältnissen blieb eine seltene Ausnahme. Die Fähnriche wurden von den Leutnanten des Regiments zum Offizier vorgeschlagen, nach der vorgeschriebenen Prüfung von den Hauptleuten und Stabsoffizieren zum Offizier gewählt und dem König zur Ernennung präsentiert. Diese *Kooptation* führte dazu, daß sich der Aufstieg faktisch im Rahmen einer neuen, ständisch abgesonderten *offiziersfähigen Schicht* vollzog. Schon bei der Annahme als Offiziersanwärter ergab die Rücksicht auf diesen ungeschriebenen Kodex der „Wählbarkeit" den Ausschluß von Angehörigen der niederen Stände.

Diese ungeschriebenen Ausleseprinzipien setzten sich in gleicher Weise für das *Reserveoffizierskorps* durch. Die Auswahl der *Landwehroffiziere* dagegen lag bei den Kreisausschüssen, also zivilen Selbstverwaltungsorganen [6]. Bei der Auswahl waren die Anforderungen an die militärische Vorbildung zunächst gering; die aus der Reserve ausscheidenden Einjährig-Freiwilligen, die altgedienten Unteroffiziere, aber auch ungediente bürgerliche Honoratioren mit einem Besitz von wenigstens 10 000 Talern konnten Landwehroffiziere werden. Die Anforderungen wurden erst nach einiger Zeit erheblich verschärft, sobald nämlich ein genügendes Reservoir gedienter Angehöriger der gehobenen Schichten für das Landwehroffizierskorps zur Verfügung stand.

---

[1] Ebenda S. 342.
[2] *Ranke*, Hardenberg Bd. 4 Anhang S. 37 Anm. 1.
[3] M. *Lehmann*, Scharnhorst Bd. 2, S. 63.
[4] Reglement über die Besetzung der Stellen der Portepéefähnriche und über die Wahl zum Offizier vom 6. August 1808 (GS 1806—10 S. 275).
[5] Instruktion für die Examinationskommission vom 13. August 1808 (*Vaupel*, a.a.O., S. 547).
[6] Landwehrordnung vom 21. November 1815 (GS 1816 S. 77) §§ 32, 33; die Kreisausschüsse schlugen für freie Offiziersstellen drei Kandidaten vor, aus denen das Offizierskorps des Landwehrregiments die Auswahl traf.

e) Die Offiziersehrengerichte

Um die Neubildung des Offiziersstandes zu vollenden, bedurfte es einer Neugestaltung des *Disziplinarwesens* der Offiziere. Die Verordnung betreffend die Bestrafung der Offiziere vom 3. August 1808 (GS 272) beseitigte die schimpflichen Strafen, wie sie bis dahin auch gegen Offiziere verhängt werden konnten, und führte neue Ehrenstrafen ein. Sie schuf die *Offiziersehrengerichte,* in denen bei allen Vergehen gegen die Offiziersehre die Angehörigen des Offizierskorps selbst das Urteil sprachen; in schweren Fällen lautete es auf Ausstoßung aus dem Offiziersstand. Damit erlangten die Offiziere das Recht, als ständische Korporation die Prinzipien der Standesehre autonom zu entwickeln und unter eigener Verantwortung zu wahren.

Man hat gemeint, „der in alle Poren jetzt eindringende *individuelle Geist*" habe zu dieser eigenständigen Wahrung der Offiziersehre geführt [1]). In Wahrheit war es ein *korporativer Standesgeist,* der sich in dieser neuen Institution entwickelte. Man hat es ferner eine Übertreibung genannt, daß mit diesen Maßnahmen eine „innere Wandlung" oder eine „moralische Wiedergeburt" des Offizierskorps erstrebt worden sei [2]). Doch haben die Reformer selber bekundet, daß der Sinn der neuen ehren- gerichtlichen Einrichtungen die sittliche Erneuerung des Offizierskorps im Zeichen eines neuen Ehrbegriffs war, der sich zwar nicht in gänzlichem Bruch mit der frideri- zianischen Überlieferung, aber doch in ihrer Übertragung auf einen neuen Entwick- lungsboden bildete.

f) Offizierskorps und Gesellschaft

Die *Standesehre des Offizierskorps,* zu deren Wahrung die Ehrengerichte bestellt waren, war das standesbildende Prinzip, das die heterogenen gesell- schaftlichen Schichten, die die neue militärische Elite bildeten, zur Einheit integrierte; sie war zugleich das absondernde Prinzip, das das Offiziers- korps vom Unteroffiziers- und vom Mannschaftsstand der Armee schied. Noch weit bedeutender war, daß der Begriff der Offiziersehre auf der einen Seite zur ständischen Trennung des Offizierskorps von der bürgerlichen Gesellschaft führte, daß er auf der anderen Seite aber eine große gesellschafts- bildende Wirkung durch die Reserveoffiziere, die an ihm teilhatten, ausübte. Es gehört zu den soziologischen Grundtatsachen des 19. Jahrhunderts, daß der Ehrbegriff des Offizierskorps trotz des allgemeinen Zugs zur Verbürger- lichung auf die ganze gesellschaftliche Oberschicht Einfluß gewann. Mili- tärische Ehr- und Standesbegriffe wirkten damit sowohl unterscheidend als auch form- und stilprägend auf die Gesellschaft ein.

Die Offizierserziehung, die Offizierswahl und der Begriff der Offiziers- ehre trugen entscheidend dazu bei, daß in Fortwirkung der Reformen eine neue Hierarchie der bürgerlichen Gesellschaft entstand. Der Adel, der größere Grundbesitz, das besitzende und gebildete Bürgertum standen als offi- ziersfähige Schichten im Gegensatz zum kleinen Mittelstand und zur Klasse

---

[1]) *Fr. Meinecke,* Boyen Bd. 1 S. 179.
[2]) *K. Jany,* Geschichte der kgl. preuß. Armee Bd. 4 S. 15 f.

der gewerblichen und ländlichen Arbeitnehmer. Diese neue Schichtung hatte Bedeutung nicht nur für die Armee, in der der Offiziersstand vom Stand der Unteroffiziere und Mannschaften geschieden war; sie prägte sich auch in der Gesellschaft aus, in deren innerem Aufbau die Offiziersfähigkeit bald als unterscheidendes Merkmal wirkte. Man hat die von Altenstein und Hardenberg vorgeschlagene Offizierswahl durch die Untergebenen „demokratisch und auflösend", die von Scharnhorst geschaffene „corporativ und bindend" genannt [1]. In der Tat führte die Kooptation zu einer neuen ständisch-korporativen Bindung im Offizierskorps, zur Entwicklung eines neuen Standesgeistes in der militärischen Führungsschicht wie überhaupt in der gesellschaftlichen Oberschicht, der das Offizierskorps sozial zugeordnet war. Zugleich aber folgte aus dieser neuen Schichtung der Gesellschaft eine neue standesmäßige Absonderung der offiziersfähigen Kreise, deren Lebensstil und Gesinnung aristokratische und bürgerliche Elemente höchst eigenartig zum spezifischen Neo-Feudalismus des 19. Jahrhunderts verschmolz. Wie die Einrichtung der Einjährig-Freiwilligen die Abgrenzung einer bestimmten mittelständischen Schicht innerhalb der Gesellschaft förderte [2], wirkte die Verknüpfung des aktiven und des Reserveoffizierskorps sich standesbildend in der Gesellschaft aus. So wie die Armee in anderer Hinsicht, etwa durch die Einführung der allgemeinen Wehrpflicht, eine staatsbildende Macht ersten Ranges war, so war sie durch die Parallelentwicklung der militärischen und der sozialen Hierarchie ein gesellschaftsbildender Faktor von außerordentlicher Kraft. Dabei wirkte die allgemeine Wehrpflicht als ein *egalitäres*, die ständische Abhebung des Offiziers- und Reserveoffizierskorps und der Einjährig-Freiwilligen dagegen als ein *anti-egalitäres Moment*. Doch ist eine solche Kombination gegensätzlicher Gestaltungskräfte keineswegs schon an und für sich ein Aufbaufehler gesellschaftlicher Ordnungen; sie kann vielmehr gerade zu dem Gleichgewicht führen, auf das die Intention gemischter Verfassungen zielt. Erst im Lauf einer langen Entwicklung ergaben sich im 19. Jahrhundert aus der Spannung zwischen der „offiziersfähigen" Oberschicht und den durch die Allgemeinheit der Wehrpflicht in ihrem Anspruch auf politische Gleichheit bestärkten niederen Schichten schwere gesellschaftliche Konflikte und eine fast sozialrevolutionäre Situation.

IV. Der Aufbau des Volksheeres

1. Bürgerstand und Soldatenstand

Die weitere große Aufgabe der Militärreform war der Neuaufbau der Armee nach den Grundsätzen des Volksheeres. Dazu gehörte: die Einführung der allgemeinen Wehrpflicht; die Ergänzung des stehenden Heeres durch ein

---

[1] *M. Lehmann*, Scharnhorst Bd. 2, S. 64.
[2] Siehe unten S. 247.

allgemeines Volksaufgebot („Landwehr"); die Entwicklung des Soldatenstandes zu einem Stand mit eigenem Recht und eigener Ehre.

1807—13 standen der Einführung der allgemeinen Wehrpflicht und der Errichtung der Landwehr die militärischen Bindungen des Tilsiter Friedens und vor allem des Pariser Vertrags vom 8. September 1808 im Wege [1]). Mit dem Kriegsausbruch 1813 fielen diese Hemmnisse fort; das Wehrgesetz vom 3. September 1814 und die Landwehrordnung vom 21. November 1815 stellten, nach mannigfachen provisorischen Vorausregelungen und neben einer Vielzahl begleitender Gesetze, Verordnungen und Erlasse, die Verfassung der preußischen Armee für ein halbes Jahrhundert fest. Mißt man die damals geschaffene Wehrordnung an heute gängigen Maßstäben, so fällt ins Auge, daß auch dieses Heer der Reform den friderizianischen Traditionen verbunden blieb. Versetzt man sich jedoch, wie es notwendig ist, in die Zeit der Reform zurück, so wird bewußt, wie umstürzend die Grundsätze waren, durch die die Scharnhorst-Boyen'sche Armee sich von der altpreußischen unterschied. Im Rahmen der eingetretenen Veränderungen war die Einführung der allgemeinen Wehrpflicht die bedeutendste. Sie stellte nicht nur ein neues Organisationsprinzip (als verändertes Rekrutierungssystem), sondern auch ein neues Wesensprinzip dar, in dessen Verwirklichung sich der Übergang vom *Staatsheer* des Absolutismus zum *Volksheer* des modernen Nationalstaats vollzog.

Das Hauptziel der Reform war, die Armee aus ihrem ständischen Sonderdasein, durch das sie sich in der friderizianischen Zeit von der Gesellschaft schied, zu lösen und sie als Volksheer in die Nation einzufügen. Nun war die Nation nach den Grundbegriffen der neuen Zeit eine Gemeinschaft freier Bürger; daher mußte auch die Nationalarmee eine Einheit freier wehrhafter Bürger sein. Die staatsbürgerliche Freiheit mußte das Fundament der politischen wie der militärischen Ordnung werden. Ja, das neue Bild des Soldaten setzte die verfassungsmäßige Freiheit des Bürgers geradezu voraus. Die Identität von Bürger und Soldat in Volksstaat und Volksheer war die wehrverfassungspolitische Leitidee, von der die Reformer in Preußen ausgingen. In vielen Bekundungen haben sie diese elementare staatspolitische Voraussetzung ihrer militärischen Pläne dargelegt, Scharnhorst etwa mit dem berühmten Wort:

> „Man muß der Nation das Gefühl der Selbständigkeit einflößen, man muß ihr Gelegenheit geben, daß sie mit sich selbst bekannt wird, daß sie sich ihrer selbst annimmt; nur erst dann wird sie sich selbst achten und von anderen Achtung zu erzwingen wissen. Darauf hinzuarbeiten, dies ist alles, was wir können. Die alten Formen zerstören, die Bande des Vorurteils lösen, die Wiedergeburt leiten, pflegen und sie in ihrem freien Wachstum nicht hemmen, weiter reicht unser hoher Wirkungskreis nicht" [2]).

In der bisherigen Trennung von Volk und Heer sahen die Reformer den

---

[1]) Siehe oben S. 117.
[2]) *Scharnhorst* an Clausewitz am 27. November 1807 (*Linnebach*, Scharnhorsts Briefe Bd. 1, 1914, S. 333 ff.; *Vaupel*, Reorganisation Bd. 1 S. 174).

eigentlichen Grund des Zusammenbruchs von 1806. Eine der großen Denkschriften Scharnhorsts bezeichnete als die tiefste Ursache der Niederlage die „Absonderung der bürgerlichen, der gebildeten Klasse vom Militär" [1]). Das Bürgertum erschien den Reformern als die verbindende Mitte im Aufbau der Gesellschaft und als der Kern der Nation. Solange dem Heer die aus freiem staatsbürgerlichem Einsatz dargebotene Kraft der Nation fehlte, war es in der Epoche des Nationalstaats seiner Aufgabe nicht gewachsen. Das Bürgertum in das Heer einzubeziehen, galt daher als das vornehmste Ziel der Reform. Wie die Staatsreform zur Verbürgerlichung des modernen Staates führte, so leitete die Heeresreform den Prozeß der *Verbürgerlichung des Heeres* ein. Das gehobene Bürgertum, das im friderizianischen Heer im Offizierskorps wie im Mannschaftsstand gefehlt hatte, wurde mit der Heeresreform der Träger der nationalstaatlichen Wehrgesinnung. Nicht nur die *Landwehr*, die das eigentliche „Bürgerheer" werden sollte, sondern auch die *Linie*, das „stehende Heer", suchten die Reformer durch die allgemeine Wehrpflicht mit bürgerlicher Substanz und bürgerlichem Geist zu erfüllen.

Mit der Freiheit des Staatsbürgers, zu der die Reformer sich bekannten, war das staatlich-autoritäre Zwangssystem der alten Armee unvereinbar. In ihr stand der Soldat, gleichviel ob Söldner oder Kantonist, in einem vom allgemeinen Staatsbürgerverhältnis grundverschiedenen *besonderen Gewaltverhältnis*. Gewiß war im absoluten Staat auch der Staatsbürger vornehmlich Staatsuntertan. Doch war er auch als Untertan mit mannigfachen Freiheiten und wohlerworbenen Rechten ausgestattet, die ihm durch die Gesetze zugemessen wurden und für die er Schutz bei den Gerichten fand. Für den Soldaten war dieser allgemeine Bürgerstatus suspendiert; der *Kriegsstand* war ein dem bürgerlichen Dasein schlechthin enthobener besonderer Stand. Das Grundanliegen der preußischen Heeresreform war, diese *Trennung von Bürgerstand und Soldatenstand* aufzuheben. Der Soldat sollte auch im militärischen Dienstverhältnis seine Bürgereigenschaft bewahren; der Bürger aber sollte auch in seinem zivilen Dasein von Wehrgesinnung und Wehrbereitschaft erfüllt sein. Das Wort vom Soldaten als dem „Bürger in Waffen" hatte in der Reformzeit stets diesen doppelten Sinn.

Die Frage nach dem Verhältnis von *Bürgerstand und Kriegsstand* war die Kernfrage der Reform, an der sich während des ganzen 19. Jahrhunderts die Gegensätze immer wieder entzündeten. Es liegt in der Natur der Sache, daß die militärischen Notwendigkeiten zu gewissen Modifikationen des soldatischen Status gegenüber dem allgemein-bürgerlichen führen; das bedeutet jedoch nicht, daß in der Armee der bürgerliche Status aufgehoben sein muß. Die Gegner der Reform allerdings sammelten sich sowohl in der Epoche der Reaktion nach 1819 wie zur Zeit der Revolution von 1848/49 wie schließlich in den preußischen Konfliktsjahren 1862—66 unter dem Ruf, der soldatische Status sei nicht bloß eine Modifikation des bürgerlichen Status, sondern das Soldatentum sei ein *besonderer Stand*, der sich vom bürgerlichen Stand von

---

[1]) *Scharnhorst*, Denkschrift von 1810 über die Geschichte der Kantonverfassung (*M. Lehmann*, Scharnhorst Bd. 2 S. 339).

Grund auf unterscheide[1]). Den Absichten der großen Lehrmeister der preußischen Armee in der Reformzeit widersprach diese Trennung von Bürger- und Soldatenstand durchaus. Doch war die von den preußischen Reformern gelehrte und erstrebte Identität des allgemein-bürgerlichen und des soldatischen Daseins eben davon abhängig, daß die Bürger sich nicht nur als Staatsbürger, sondern auch als Wehrbürger, als „geborene Verteidiger des Vaterlandes", fühlten. Nur wenn die bürgerliche Gesellschaft sich mit der Armee identifizierte, konnte diese sich als Teil der bürgerlichen Gesellschaft begreifen. Nur unter dieser Voraussetzung konnte daher die Gefahr einer neuen ständischen Absonderung der Armee gebannt werden.

2. Die allgemeine Wehrpflicht

a) Wehrpflicht und Konskriptionssystem

Um ein Volksheer auf der Grundlage der *allgemeinen und gleichen Wehrpflicht* zu schaffen, mußten die althergebrachten *Exemtionen*, die große Gruppen der Bevölkerung von der Wehrpflicht freistellten[2]), und die *Ausländerwerbung*, die den Zwiespalt zwischen Söldnern und Wehrpflichtigen in die Armee trug[3]), beseitigt werden. Die Ausländerwerbung wurde in Preußen schon 1807[4]), die Exemtionen dagegen wurden erst 1813, endgültig erst 1814 aufgehoben[5]).

In der grundsätzlichen Forderung der allgemeinen Wehrpflicht war die Mehrzahl der zivilen Reformer Preußens sich mit den militärischen einig. Gegen die effektive Durchführung der allgemeinen Wehrpflicht ohne Außnahmen regten sich jedoch von Anfang an mannigfache Widerstände. In einem Brief an Stein bezeichnete *Vincke* die wirklich durchgeführte allgemeine Wehrpflicht als „das Grab aller Kultur, der Wissenschaften und Gewerbe, der bürgerlichen Freiheit und aller menschlichen Glückseligkeit"[6]). *Altenstein* und *Hardenberg* wandten sich zwar gegen die Fortdauer der Exemtionen, forderten für Preußen aber den Übergang zum französischen *Konskriptionssystem*, das bei formeller Allgemeinheit und Gleichheit der Wehrpflicht doch in Wahrheit eine Freistellung möglich machte. Es räumte dem einzelnen Wehrpflichtigen das Recht ein, einen Ersatzmann gegen entsprechendes Entgelt zu

---

[1]) Die These: *„Der Soldat ist ein besonderer Stand"*, nicht bloß ein „bewaffneter Bürger", findet sich in der Reaktionszeit nach 1819 vor allem bei *L. Blesson*, Betrachtungen über die Befugnis des Militärs, an politischen Angelegenheiten des Vaterlandes Teil zu nehmen. (1821).

[2]) Siehe oben S. 221.

[3]) Siehe oben S. 221.

[4]) Kabinettsordre vom 20. November 1807 (*Vaupel*, Reorganisation Bd. 1. S. 162).

[5]) Verordnung vom 9. Februar 1813 (Dokumente Bd. 1 Nr. 13); Wehrgesetz vom 3. September 1814 (ebenda Nr. 18).

[6]) Schreiben Vinckes an Stein vom 30. September 1808 (*Vaupel*, a.a.O S. 598); ähnlich Schreiben Niebuhrs an Altenstein vom 5. November 1808 (*Gerhard-Norvin*, Die Briefe Niebuhrs, 1926–29, Bd. 1 S. 493 ff.); Denkschrift Altensteins vom 12. Februar 1810 (HZ Bd. 69 S. 473 ff.).

stellen; die besitzenden Schichten konnten sich also von der Erfüllung der Wehrpflicht freikaufen. Das Konskriptionssystem stellte, unter der Fiktion der Allgemeinheit und Gleichheit, eine Verletzung wirklicher Allgemeinheit und Gleichheit der Wehrpflicht dar. Altenstein und Hardenberg beriefen sich darauf, nur das Konskriptionssystem mit Stellvertretung verhindere, daß Menschen, die für den Militärdienst unbegabt, aber mit ausgezeichneten Talenten anderer Art ausgestattet seien, in die Armee gezwungen würden. Hardenberg setzte dabei allerdings noch eine reguläre Dienstzeit von sechs Jahren voraus, die in der Tat nur erträglich war, wenn es Befreiungsmöglichkeiten gab, die die Schädigung wirtschaftlicher und kultureller Interessen durch eine so lange Militärzeit verhüteten [1].

Scharnhorst dagegen trat von Anfang an für die effektive Allgemeinheit und Gleichheit der Wehrpflicht ein, so schon in dem von ihm am 31. August 1807 gefertigten „Vorläufigen Entwurf der Verfassung der Reservearmee" mit dem berühmten Satz: „Alle Bewohner des Staats sind geborne Verteidiger desselben" [2]. Die *Militärreorganisationskommission* schloß sich diesem Vorschlag in ihrem Entwurf vom 15. März 1808 einstimmig an [3]. Obwohl nun der Pariser Vertrag vom 8. September 1808 die allgemeine Wehrpflicht durch die Beschränkung der preußischen Armee auf 42 000 Mann ausschloß, sah der Gesetzentwurf der Militärreorganisationskommission vom 8. Dezember 1808 für die Ergänzung des Heeres erneut die Wehrpflicht aller Diensttauglichen „ohne irgendeine Exemtion" vor. Da die niedrige Präsenzstärke des Heeres die Einstellung aller Diensttauglichen unmöglich machte, sollte über die Auswahl der effektiv Einzuberufenden das Los entscheiden. Der *Freikauf* des französischen Stellvertretungssystems sollte also durch die *Freilosung* ersetzt werden. Der Entwurf trat jedoch nicht in Kraft; es blieb vielmehr zunächst bei dem Kantonreglement von 1792 mit seinen Wehrpflicht-Befreiungen. Doch hielt Scharnhorst an der Idee der allgemeinen Wehrpflicht fest; sein Bericht vom 23. November 1810 wandte sich entschieden gegen Altenstein und Dohna, die sich erneut für die Stellvertretung ausgesprochen hatten. Die Entscheidung in diesem Konflikt fiel erst 1813/14, nachdem Preußen sich von den Bindungen des Pariser Vertrags hatte freimachen können.

Der Widerstreit zwischen allgemeiner Wehrpflicht und Konskriptionssystem, d. h. zwischen nationaldemokratischen und liberalen Wehrverfassungsprinzipien, war schon vorher in Frankreich in den Kämpfen um die neue revolutionäre Wehrordnung hervorgetreten. Im Anfang der Revolution lehnte die Nationalversammlung die allgemeine Wehrpflicht noch als einen mit der Freiheit des Individuums unvereinbaren Zwang ab; einem freien Volk entspreche als Rekrutierungssystem allein die Freiwilligkeit des Wehrdienstes, d. h. die freie Werbung. Daher gründete sich die eigentliche Truppe der Revolution, die als bürgerliche Miliz gebildete *Nationalgarde*, nicht auf die Wehrpflicht. Jeder Urwähler erhielt zwar das *Recht*, in die Nationalgarde einzutreten und Waffen zu führen; aber eine *Pflicht* der Urwähler, Dienst in der Nationalgarde zu leisten, wurde nicht eingeführt. Da zudem in den Revolutions-

[1] Altensteins Rigaer Denkschrift vom 17. September 1807 und Hardenbergs Stellungnahme (*Winter*, aaO Bd. 1 S. 425, 323).
[2] *Vaupel*, aaO Bd. 1 S. 82.
[3] Ebenda S. 320 ff.

verfassungen das Wahlrecht zumeist von einem bestimmten Vermögens- oder Einkommensstand abhängig war (nur die Verfassung von 1793 verzichtete auf den Zensus und erkannte das allgemeine Wahlrecht an), war die Nationalgarde ein militärisches Instrument des bürgerlichen Besitzes; sie war, wenn man so will, eine „Bürgermiliz", keine „Volksmiliz".

Seit dem Sturz des Königtums bildete sich auch die reguläre Armee zunehmend nicht mehr aus Berufssöldnern, sondern aus freiwillig dienenden Bürgern; das allgemeine Recht zum Waffendienst, nicht aber die allgemeine Wehrpflicht wurde auch in ihr bestimmend. Dieses *Freiwilligenheer* zeigte viel Enthusiasmus und Elan; bei militärischen Rückschlägen aber erlag es leicht der Auflösung. Als das militärische Versagen des Freiwilligenheeres Frankreich in eine schwere Krise stürzte, proklamierte der Kriegsminister *Carnot* 1793 die allgemeine Wehrpflicht. Das war ein offener Sieg des demokratischen über das liberale Prinzip, eine Manifestation der Unterwerfung jedes Einzelnen unter die Herrschaft des nationaldemokratischen Kollektivinteresses und Kollektivwillens. Die gesetzlich angeordnete *levée en masse* war nichts anderes als der militärische Ausdruck für die absolute Geltung der *volonté générale*.

Doch war die allgemeine Wehrpflicht in Frankreich in ihrer konsequenten Form nur als eine Notmaßnahme für einen Ausnahmezustand gedacht. Schon 1794 ging Frankreich für kürzere Zeit, 1800 ging es endgültig zum *Konskriptionssystem* über. Durch diese Re-Liberalisierung wurde praktisch die Gleichheit der Wehrpflicht aufgehoben. Während die Angehörigen der niederen Stände ihre Wehrpflicht effektiv erfüllten, reduzierte diese sich für die besitzende Klasse auf eine Geldabgabe. Dieses Konskriptionssystem führte dazu, daß auch während der verlustreichen napoleonischen Kriege die Wehrkraft der französischen Nation nicht bis zum Äußersten ausgeschöpft wurde. Zeitweise beanspruchte die Armee nur ein Siebentel der Wehrfähigen eines Jahrgangs als Rekrutenkontingent. Die Pflicht der Trabantenstaaten, Truppen für die französische Kriegführung bereitzustellen, machte es möglich, die Verluste der Feldzüge auch ohne volle Anspannung der eigenen Wehrkraft zu decken.

b) Die Einführung der allgemeinen Wehrpflicht 1813/14

Auf dem von Scharnhorst gelegten Grund konnte bei Ausbruch des Krieges 1813 in verhältnismäßig kurzer Zeit das preußische Volksheer gebildet werden. Nach Tauroggen[1]) betrieb Scharnhorst offen die militärische Rüstung unter Abkehr von den Bindungen des Pariser Vertrags. Im Februar 1813 verfügte der König die Bildung der freiwilligen Jägerkorps und die Einführung der allgemeinen Wehrpflicht.

Die Bekanntmachung über die *Bildung freiwilliger Jäger-Detachements* vom 3. Februar 1813 (GS 15) rief die nach dem Kantonreglement durch Exemtionen vom Wehrdienst befreite junge Mannschaft der gebildeten und besitzenden Stände auf, in besondere Jäger-Abteilungen einzutreten. Jeder Freiwillige mußte sich aus eigenen Mitteln bekleiden und beritten machen. Der Staat gewann damit die Finanzkraft der gehobenen Stände für die Rüstung. Es entstanden Freiwilligenverbände, die durch patriotischen Elan aufwogen, was ihnen zunächst an exakter militärischer Ausbildung mangelte. Das bekannteste der Jägerkorps war das des Majors v. *Lützow*, dem Körner, Jahn, Friesen und viele der späteren Führer der burschenschaftlichen Bewegung angehörten. Die *Verordnung über die Aufhebung der bisherigen Exemtionen*

---

¹) Konvention des preußischen Generalleutnants v. *Yorck* und des russischen Generalmajors v. *Diebitsch* vom 30. Dezember 1812 (Text: *Martens*, Nouveau Recueil Bd. 1 S. 556).

vom 9. Februar 1813 (GS 13)[1]) führte für die Dauer des bevorstehenden Krieges die allgemeine Wehrpflicht für die Jahrgänge bis zum 24. Lebensjahr ein. Damit öffnete sich dem Heer der Rückgriff auf einen starken Stamm unausgebildeter Wehrpflichtiger, die seit der am 12. Februar 1813 verfügten allgemeinen Mobilmachung nach und nach zu den Fahnen einberufen wurden[2]).

Als Boyen 1814 an die Spitze des Kriegsministeriums trat, sah er seine Aufgabe darin, das zunächst nur für den Krieg geschaffene Wehrsystem von 1813 in eine dauernde, auch im Frieden geltende Wehrverfassung umzuformen. Das war weniger einfach, als es nachträglich scheinen mag. Vor allem die allgemeine Wehrpflicht war, seit der Sieg als gesichert galt, der Gegenstand reaktionärer wie liberaler Kritik. Vertreter der alten Generalität, aber auch breite bürgerliche Schichten forderten, daß die alte Kantonsverfassung mit ihren Exemtionen wiederhergestellt oder daß das Konskriptionssystem mit Stellvertretung eingeführt werde. Der reaktionären Partei galt die gleiche Wehrpflicht als ein Ausdruck demokratischer, wenn nicht revolutionärer Tendenzen; aber auch dem liberalen Bürgertum war die allgemeine Wehrpflicht keineswegs eine willkommene Neuerung. Selbst in der Landwehrordnung von 1813 hatte der ostpreußische Provinziallandtag zunächst die Stellvertretung zugelassen. Auch der Staatskanzler Hardenberg schlug nun nach dem Sieg vor, nebeneinander die gesetzlichen Exemtionen wie die Stellvertretung einzuführen. So setzte die Kabinettsordre vom 27. Mai 1814 (GS 62) die alten Exemtionen, die im Februar 1813 nur für die Kriegsdauer aufgehoben worden waren, wieder in Kraft.

Boyen jedoch gelang es, den König und den Staatskanzler umzustimmen. Das *Wehrgesetz vom 3. September 1814*[3]) legte die allgemeine Dienstpflicht aller waffenfähigen Männer vom 20. Lebensjahr ab fest. Exemtionen von der Wehrpflicht gab es nicht mehr; auch die Stellvertretung ließ das Gesetz nicht zu. Alle Stände wurden in gleicher Weise zum Wehrdienst verpflichtet. Bei der Durchführung dieses Grundsatzes zeigten sich allerdings bald erhebliche Schwierigkeiten.

c) Heeresstärke und Wehrdienstbefreiung

Die allgemeine Wehrpflicht verlangt nicht nur die gleiche *Pflicht* aller Waffenfähigen, sondern auch ihre gleiche *Heranziehung* zum Wehrdienst in Frieden und Krieg. Diese Gleichheit der effektiven Dienstleistung ist nur bei *gleitender Heeresstärke* möglich, also dann, wenn der Präsenzstand des Heeres sich automatisch an die Zahl der jeweils vorhandenen wehrpflichtigen und wehrfähigen Mannschaft anpaßt. Bei fortschreitender Bevölkerungsvermehrung, wie im 19. Jahrhundert, würde das System der gleitenden Heeresstärke zu einer entsprechend fortschreitenden Heeresvermehrung, zugleich aber zu entsprechend ständig steigenden Heeresausgaben geführt haben. Der § 3

---

[1]) Text: Dokumente Bd. 1 Nr. 13.
[2]) Über die in der gleichen Zeit verfügte Bildung der Landwehr und des Landsturms siehe unten S. 253 ff.
[3]) Wehrgesetz vom 3. September 1814 (Dokumente Bd. 1 Nr. 18).

des Wehrgesetzes von 1814 lehnte dieses System ab. Er bestimmte die Herresstärke nicht als einen festen Prozentsatz der jeweiligen Bevölkerungszahl, sondern schrieb vor: „Die Stärke des stehenden Herres wird nach den jedesmaligen Staatsverhältnissen bestimmt". Die Präsenzstärke des Heeres wurde schon zu Anfang so festgelegt, daß die Einstellung aller Wehrpflichtigen und Waffenfähigen der einzelnen Jahrgänge in die Armee ausgeschlossen war. Und trotz des starken Wachstums der Bevölkerung sah man für mehr als vier Jahrzehnte davon ab, den Friedenspräsenzstand zu erhöhen. Das damit eingeführte System der *stabilen Heeresstärke* verzichtete auf die volle Ausschöpfung der Wehrkraft der Bevölkerung. Diese militärische Selbstbeschränkung trug wesentlich zur Erhaltung des europäischen Friedens bei, der von 1815 ab für ein halbes Jahrhundert nicht ernstlich gefährdet war. Da jedoch der feste Friedenspräsenzstand der Armee verhinderte, daß alle Wehrpflichtigen eines Jahrgangs zum effektiven Dienst einberufen wurden, ergab sich trotz der *Gleichheit der Wehrpflicht* eine krasse *Ungleichheit des effektiven Wehrdienstes*. Von den Waffenfähigen eines Jahrgangs wurde von Jahr zu Jahr nur ein Teil durch die Einberufung für eine dreijährige (später zweijährige) Dienstzeit aus dem bürgerlichen Leben herausgenommen, während ein ständig wachsender anderer Teil vom Wehrdienst frei blieb, sich beruflich fortbilden, wirtschaftlichen oder geistigen Interessen nachgehen, eine Familie gründen konnte. Im Mobilmachungs- und Kriegsfall wurden die älteren gedienten Leute als Reservisten oder Landwehrmänner zur Fahne einberufen, während viele Angehörige der jüngeren Jahrgänge als Ungediente in der Heimat blieben. Diese mit der allgemeinen Wehrpflicht unvereinbare Ungleichheit des Wehrdienstes rief schwere Erbitterung hervor.

Die Friedenspräsenzstärke der preußischen Armee betrug seit 1817 etwa 120 000, seit 1819 etwa 136 000 Mann. Neben den Offizieren und Unteroffizieren dienten auch zahlreiche einfache Soldaten, die „Kapitulanten", freiwillig länger als die vorgeschriebenen drei Jahre. Der jährliche Ersatzbedarf belief sich auf etwa 30 000 Mann. Schon 1817 aber umfaßte ein Jahrgang junger Männer etwa 80 000 Mann, von denen etwa 50 000 (60 %) voll wehrfähig waren. So blieben schon 1817 neben 30 000 eingestellten Rekruten etwa 20 000 voll Wehrtaugliche als „Ersatzreservisten" vom Wehrdienst frei. Die Bevölkerungsvermehrung führte dazu, daß die Zahl der trotz voller Tauglichkeit Nichteinberufenen die Zahl der Einberufenen bald überstieg.

Über das Prinzip, nach dem die Einzuberufenden von den Ersatzreservisten zu unterscheiden seien, bestimmte die *Ersatzinstruktion von 1817*, daß innerhalb jedes Jahrgangs bei gleicher Tauglichkeit die Älteren einberufen, die Jüngeren der Ersatzreserve zugewiesen werden sollten. So wurden in der ersten Zeit in jedem Jahrgang die in den Monaten Januar bis Juli Geborenen ausgehoben, die vom August bis Dezember Geborenen vom Wehrdienst freigestellt. 1825 trat an die Stelle dieses Systems die *Auswahl durch das Los*, die wenigstens jedem die gleiche Chance gab, der Einstellung zu entgehen. 1833 wurde die *zweijährige Dienstzeit* eingeführt[1]), so daß trotz gleichbleibender Heeresstärke nun eine höhere Zahl von Rekruten jährlich eingestellt werden konnte (etwa 45 000 Mann). Doch führte die Bevölkerungsvermehrung dazu, daß auch weiterhin nur etwa die Hälfte der Wehrfähigen im Frieden zur Dienstleistung herangezogen wurde.

Trotz der allgemeinen Wehrpflicht blieb es also in Preußen bei dem System der *Exemtionen*, nur daß die Befreiung vom Wehrdienst sich nicht mehr, wie im alten

---

[1]) Verfügung des preußischen Kriegsministers *v. Witzleben* vom 15. Oktober 1833 (*Treitschke*, Dt. Gesch., Bd. IV, S. 534).

Kantonreglement, generell nach geburts- und berufsständischen Merkmalen, und nicht, wie im Konskriptionssystem, individuell durch Freikauf, sondern daß sie sich 1817 bis 1825 aus dem Geburtsdatum, seit 1825 durch Freilosung ergab. Da eine Heeresvermehrung außenpolitisch untunlich, militärisch unnötig und finanziell unmöglich war, gab es keinen Weg, diese Ungleichheit zu beseitigen, es sei denn durch eine weitere Verkürzung der Dienstzeit, die jedoch als militärisch indiskutabel galt. Auch die Roonsche Heeresreform (siehe Bd. III S. 277 ff.) führte nur zur teilweisen Lösung dieses Problems.

d) Dienstzeit und Einjährig-Freiwillige

Der Gleichheit der Wehrpflicht widersprach auch das System des *Einjährig-Freiwilligen-Dienstes*, das in Fortbildung der im Februar 1813 geschaffenen Einrichtung der Freiwilligen Jägerkorps entstand. § 7 des Wehrgesetzes von 1814 gab jungen Leuten der gebildeten Stände, die sich selbst kleiden und bewaffnen konnten, die Erlaubnis, in Jäger- und Schützenkorps einzutreten, aus denen sie nach einjähriger Dienstzeit auf ihr Verlangen beurlaubt werden konnten, um ihren Beruf fortzusetzen. Die Qualifikation für den Einjährig-Freiwilligen-Dienst wurde bald von einem Examen an den höheren Schulen abhängig gemacht („mittlere Reife").Die besonderen Jäger- und Schützenkorps wurden aufgegeben; die Einjährig-Freiwilligen traten nun als eine privilegierte Gruppe in die gewöhnlichen Regimenter ein. Diese Regelung wurde damit gerechtfertigt, daß die Einjährig-Freiwilligen als eine geistig qualifizierte Schicht im Staatsinteresse ihrem zivilen Beruf nicht länger als unbedingt nötig entzogen werden dürften, ferner daß sie auf Grund ihrer höheren geistigen Beweglichkeit das Ziel der militärischen Ausbildung schneller als der Durchschnitt zu erreichen vermöchten. Nun waren schon diese Gründe nicht in allen Fällen durchschlagend. Vor allem aber sprach gegen dieses System, daß es eine neue Privilegierung in die Wehrverfassung einführte, die zwar als ein Bildungsprivileg gedacht war, faktisch aber doch auch als ein Besitzprivileg wirkte.

Wie die gleichzeitig entwickelte Offizierswahl zur Absonderung einer offiziersfähigen gesellschaftlichen *Oberklasse* führte[1], so rief das Einjährig-Freiwilligen-System die ständische Absonderung einer bürgerlichen *Mittelklasse* hervor. So drückte im 19. Jahrhundert bis hin zum Ersten Weltkrieg das ständische Gefüge der bürgerlichen Gesellschaft sich auch in der Rangordnung der Wehrverfassung entsprechend aus. Man hat gesagt, das Institut des Einjährig-Freiwilligen-Dienstes habe für Preußen die charakteristische Lösung des Problems „Bourgeois und Heer" bedeutet, die in Frankreich durch Stellvertretung und Freikauf gefunden worden war[2]. Das ist richtig; nur ist hinzuzusetzen, daß das 19. Jahrhundert in seinem weiteren Fortgang eine Epoche starker sozialer Fluktuationen wurde, die die bürgerliche Gesellschaftshierarchie, kaum daß sie entstanden war, in ihrer Gültigkeit bedrohten. Die institutionelle Teilung der Gesellschaft in Oberklasse, Mittelklasse und niedere Klasse, die durch Offiziersauslese und Einjährig-Freiwilligen-System wehrverfassungsrechtlich akzentuiert wurde, erwies sich bald als fragwürdig[3]. Sie wurde der Gegenstand einer breiten gesellschaftskritischen Auflehnung und die Ursache eines wachsenden inneren Widerstands gegen das Wehrsystem überhaupt, der sich mit den aufkommenden sozialrevolutionären Bewegungen ständig verschärfte.

---

[1] Siehe oben S. 236 f.

[2] *Fr. Schnabel*, Deutsche Geschichte Bd. 2 S. 315 ff.; *E. R. Huber*, Heer und Staat (2. Aufl. 1943) S. 150 ff.

[3] Über die spätere Ausdehnung der Berechtigung zum Einjährig-Freiwilligen-Dienst siehe Bd. IV S. 922 f.

e) Verteidigung und Fortentwicklung der allgemeinen Wehrpflicht

Auch nach dem Erlaß des Wehrgesetzes setzte die reaktionäre Partei den Kampf gegen die allgemeine Wehrpflicht, in der sie ein Mittel der demokratischen Dekomposition des Staates sah, fort. Ein Teil der hochkonservativen Minister nahm an dem Kampf gegen die allgemeine Wehrpflicht teil. In anonymen Denkschriften, deren der Polizeiminister *Fürst Wittgenstein* sich gegen die allgemeine Wehrpflicht bediente, fand sich der Satz: „*Eine Nation bewaffnen, heißt den Widerstand und Aufruhr organisieren und erleichtern*". Die auf Egalität gegründete allgemeine Wehrpflicht widerspreche dem auf Ehre gegründeten monarchischen Prinzip. Aber auch in der Armee, und zwar nicht nur in der Generalität, sondern auch in einer Gruppe jüngerer Offiziere, die sich in Opposition gegen die Reformpartei zusammenfanden, breitete sich der Widerstand gegen die „revolutionären Prinzipien" der Heeresreform aus. Es entstand ein reaktionäres Militärschrifttum [1]), das gegen die „Demokratisierung" des Heeres polemisierte. Wie im Staat die Reaktionspartei 1819 die Reformpartei überwand, so drang auch in der Armee die militärische Reaktionspartei ständig gegenüber der Gruppe der Heeresreformer vor, und zwar mit dem Ziel, die friderizianische Wehrverfassung zu restaurieren

Nicht weniger scharf bekämpfte der *Liberalismus* die allgemeine Wehrpflicht, und zwar mit dem Argument, daß diese durch egalitäre Demokratisierung die bürgerliche Freiheit und den naturgegebenen Vorrang der gebildeten und besitzenden Schichten vor den niederen Ständen vernichte. Die führenden Gesellschaftsgruppen — Gutsbesitzer, Gewerbetreibende, Stadtmagistrate und Gelehrte — forderten im Interesse der Wirtschaft und der Wissenschaft, daß die alten Exemtionen des Kantonsystems erneuert würden. Bezeichnend für diese liberale Opposition gegen das Wehrgesetz ist die Denkschrift, mit der die *Universität Breslau* sich gegen die allgemeine Wehrpflicht wandte. Diese sei nicht minder tauglich, das Vaterland zu verderben als zu erretten: „Das mannigfaltige Leben wird durch die Gleichstellung von Herren und Dienern, von Gebildeten und Ungebildeten, von Sittlichen und Unsittlichen in eine trübe, unkenntliche Masse verwandelt, die Wurzel des Eigentümlichen getötet, allgemeine Mittelmäßigkeit ist das letzte Ziel" [2]). Als Wortführer des radikalen Liberalismus verfaßte *Karl Rotteck* eine Kampfschrift, in der er die Gleichheit des Wehrdienstes angriff und Vergünstigungen und Ausnahmen von der Wehrpflicht für die gebildeten und besitzenden Stände forderte [3]).

Soweit in solchen Vorstößen nur der Egoismus der gehobenen besitzenden Klassen zum Ausdruck kam, sind sie ohne bleibendes Interesse. Sie rühren aber zugleich an ein echtes Problem, wie nämlich die Einheit der Nation mit

---

[1]) Vgl. u. a. *L. Blesson*, Betrachtungen über die Befugnis des Militärs, an politischen Angelegenheiten des Vaterlandes Teil zu nehmen (1821); *C. G. Rudloff*, Handbuch des preußischen Militärrechts (1826). Über sie und andere Angehörige dieses Kreises vgl. *R. Höhn*, Verfassungskampf und Heereseid (1938) S. 221 ff.

[2]) *Fr. Meinecke*, Boyen Bd. 2 S. 147.

[3]) *K. Rotteck*, Über stehende Heere und Nationalmiliz (1816).

der naturgegebenen Differenzierung und Hierarchie des Sozialkörpers in Einklang gebracht werden kann. Das Boyen'sche Wehrpflichtsystem versuchte, diese Doppelaufgabe konstruktiv zu meistern. Der Grundsatz der allgemeinen und gleichen Wehrpflicht, in dem die Einheit des Sozialkörpers sich ausdrückte, war durch eine Reihe differenzierender Momente – die Sonderstellung des Offiziers- und Reserveoffizierskorps und das Institut der Einjährig-Freiwilligen – modifiziert, was der ständischen Gliederung der Gesellschaft Rechnung trug. Jedenfalls hielt dieses neugeschaffene Scharnhorst-Boyen'sche System der konservativen wie der liberalen Kritik stand; die in dem Wehrgesetz von 1814 festgelegte allgemeine Wehrpflicht blieb in Preußen unangetastet erhalten.

In den übrigen deutschen Ländern dagegen bestand in der ersten Hälfte des 19. Jahrhunderts durchweg das dem französischen Modell nachgebildeten *Konskriptionssystem* mit allgemeiner Wehrpflicht und Stellvertretung, das die Rheinbundstaaten übernommen hatten und das auch nach den Freiheitskriegen durchweg erhalten blieb. Während die nach 1815 erlassenen Landes-Verfassungsurkunden sich vielfach zur allgemeinen Wehrpflicht bekannten[1]), ließen die Konskriptions- oder Rekrutierungsgesetze[2]) der Einzelstaaten die Stellvertretung, oft in Kombination mit der Auslosung, zu. In Hessen-Darmstadt legte sogar die Verfassung selbst dieses System fest[3]). Die Frankfurter Reichsverfassung allerdings verbot die Stellvertretung[4]). Aber nach ihrem Scheitern kehrten die Einzelstaaten, die 1848/49 die Stellvertretung beseitigt hatten, überwiegend wieder zum Konskriptionssystem zurück. Erst 1867/71 erstreckte die Bundes- und Reichsgesetzgebung das preußische System der allgemeinen Wehrpflicht auf das gesamte Bundes- und Reichsgebiet unter ausdrücklichem Ausschluß der Stellvertretung[5]).

3. Linie und Landwehr

a) Stehendes Heer und Nationalmiliz

Die Armee war im 17. und 18. Jahrhundert zum stehenden Heer geworden, d. h. zu einer dauernden militärischen Einrichtung mit einer Präsenzstärke, die schon im Frieden den schnellen und ausreichenden Kriegseinsatz gewährleistete. Dieses stehende Heer, das sich aus geworbenen Söldnern und eingezogenen Kantonisten zusammensetzte, war bisher der Kern der Staatlichkeit gewesen; im Staat der Reform aber wirkte es als Fremdkörper oder,

---

[1]) Bayer. Verf. von 1818 Tit. IV § 12, Tit. IX §§ 1, 2; Bad. Verf. von 1818 § 10; Württemberg. Verf. von 1819 § 23; Kurhess. Verf. von 1831 § 40; Sächs. Verf. von 1831 § 30; Hannoversche Verf. von 1833 § 28. Texte: Dokumente Bd. 1 Nr. 53, 54, 55, 58, 59.

[2]) Bayer. Konskriptionsgesetz vom 29. März 1812 (mit späteren Änderungen und Nachträgen); bad. Kriegsdienstgesetz vom 14. Mai 1825; hessen-darmstädt. Kriegsdienstgesetz vom 20. Juli 1830; kurhessisches Rekrutierungsgesetz vom 10. Juli 1832/25. Oktober 1834 u. a. m.

[3]) Art. 29 der hessen-darmst. Verf. von 1820: „Bei dem Aufrufe zur Erfüllung dieser Verbindlichkeit entscheidet unter den gleich Verpflichteten das Los, mit Gestattung der Stellvertretung".

[4]) § 137 Abs. 7 der Frankf. RVerf.: „Die Wehrpflicht ist für Alle gleich; Stellvertretung bei derselben findet nicht statt".

[5]) Art. 57 der Norddeutschen Bundesverf. und der Bism. RVerf.: „Jeder Deutsche ist wehrpflichtig und kann sich in Ausübung dieser Pflicht nicht vertreten lassen".

wie die Militärreorganisationskommission sich ausdrückte, als „Staat im Staat" [1]).

Die Reformer dachten zunächst daran, das neue Volksheer auf der Grundlage einer militärischen Doppelorganisation zu schaffen. Neben ein kleines *Präsenzheer* aus langdienenden Soldaten sollte eine *National-Miliz* treten [2]). Schon dem von der Militärreorganisationskommission 1807 aufgestellten „Entwurf der Verfassung der Reserve-Armee" lag dieser Gedanke zugrunde. Die allgemeine Wehrpflicht sollte von denen, die sich nicht auf eigene Kosten zu kleiden und zu bewaffnen vermochten, im *stehenden Heer,* von denen aber, die sich auf eigene Kosten bewaffnen und kleiden konnten, in der *Reserve-Armee,* d. h. in der Miliz, erfüllt werden [3]). Den gleichen Gedanken entwickelte der von der Militärreorganisationskommission am 15. März 1808 aufgestellte „Entwurf zur Verfassung der Provinzialtruppen" [4]). *Stehendes Heer und Nationalmiliz sollten völlig getrennte Formationen sein.* Die Miliz sollte nur der Erhaltung der inneren Sicherheit des Staates und der Verteidigung gegen einen feindlichen Angriff dienen. Die Milizangehörigen sollten ihre Ausbildung nicht im stehenden Heer, sondern in der Miliz selbst erfahren, damit in dieser das Bewußtsein von Freiheit und Selbständigkeit entstehe. Das stehende Heer wäre die Armee der niederen Stände, die Miliz dagegen das Heer der gebildeten und besitzenden Schichten geworden.

Den verfassungspolitischen Sinn dieser Teilung sah die Reorganisationskommission in dem damit geschlossenen *Bündnis zwischen Regierung und Nation,* wobei sie die „Nation" mit den in der Miliz stehenden gehobenen bürgerlichen Schichten gleichsetzte:

„Es scheint bei der jetzigen Lage der Dinge darauf anzukommen, daß die Nation mit der Regierung aufs Innigste vereinigt werde, daß die Regierung gleichsam mit der Nation ein Bündnis schließt, welches Zutrauen und Liebe zur Verfassung erzeugt und ihr eine unabhängige Lage wert macht. Dieser Geist kann nicht ohne einige Freiheit... stattfinden. Wer diese Gefühle nicht genießt, kann auf sie keinen Wert legen und sich nicht für sie aufopfern.

Eine Nationalmiliz kann, wenn sie sich selbst erhält, bewaffnet, kleidet und übt, in jenem Geiste auftreten; sie wird ihn aber nie bekommen, wenn sie vorher durch die stehende Armee gehen muß, wenn ihre Selbständigkeit durch einen eingebildeten Druck gelähmt wird.

Man darf sich nicht fürchten, daß eine solche Miliz gefährlich wird, wenn sie aus der bemittelten Klasse der Untertanen besteht... Nur eine Miliz aus der niedern Klasse kann Bedenklichkeiten veranlassen."

Die geringe Meinung vom stehenden Heer, die in dieser Äußerung unverhohlen hervortrat, beherrschte auch die damaligen Reformdenkschriften *Scharnhorsts* und

---

[1]) Immediatbericht vom 25. September 1807 *(Vaupel,* aaO Bd. 1 S. 101).

[2]) Der Milizgedanke war schon vor dem Krieg von 1806 von jüngeren Offizieren verfochten worden, so von *Scharnhorst* in seinem Mémoire (April 1806) für den Generaladjutanten von Kleist und den Herzog von Braunschweig (Text bei *v. d. Goltz,* Von Roßbach bis Jena und Auerstedt, S. 543 ff.). Scharnhorst griff diesen Vorschlag auf in der Denkschrift vom 31. Juli 1807 *(Vaupel,* aaO Bd. 1, S. 19 ff.).

[3]) Immediatbericht der Militärreorganisationskommission vom 31. August 1807 *(Vaupel,* aaO Bd. 1 S. 79 ff.).

[4]) Immediatbericht vom 15. März 1808 (ebenda S. 320 ff.). Der Begriff „Provinzialtruppen" deckt sich mit dem Begriff „Reservearmee"; die terminologische Änderung hat Scharnhorst im zweiten Bericht vorgenommen. Beide Begriffe sind im damaligen Sprachgebrauch mit Miliz (Nationalmiliz, Landmiliz, Landwehr) identisch.

Gneisenaus. Als „stehendes Heer" galt ihnen das Staatsheer überkommenen Stils, zusammengesetzt aus geworbenen Ausländern und gepreßten Untertanen, zusammengehalten durch drillmäßige Ausbildung und barbarische Disziplinarstrafen, im Krieg eingesetzt in der mechanischen Taktik des linearen Kampfes, die den Soldaten zum automatisch funktionierenden Teil der Kriegsmaschine machte. Diesem bloßen Werkzeug fürstlicher Kabinettspolitik galt die Kritik der Reformer, wie sie sich in Gneisenaus Denkschriften äußerte:

„Die stärkste Macht der Regenten ist unstreitig das Volk. Der Glanz ihrer Kronen, ihre Sicherheit, alle Macht der Erhaltung beruhen auf ihm — durch die stehenden Heere trennen die Regierungen ihre Interessen von denen des Volkes" [1]).

„Man kann sich nicht verhehlen, daß zur Entnervung und Entartung der Völker nichts mehr beigetragen hat als diese stehenden Heere, die den kriegerischen Geist der Nation und ihren Gemeinsinn zerstörten, da sie die übrigen Stände von der unmittelbaren Verteidigung des Staates entbanden" [2]).

Diesem stehenden Heer, das in den lang dauernden Kriegen den opferbereiten Volksheeren der französischen Revolution erlegen war, setzten die Reformer den Plan der National-Miliz entgegen. Aus dem Volk selbst sollte sie erwachsen; für die nationale Existenz sollte sie streiten; jeder Mann in ihren Reihen sollte ein Kämpfer für Freiheit, Ehre und Wohlfahrt des Volkes sein. So nahe es liegt, den Miliz-Gedanken der Reformer als „nationaldemokratisch" zu bezeichnen, so notwendig ist es, den starken Vorbehalt gegenüber der *„niederen Klasse"* nicht zu übersehen, der sich in diesen Plänen kundtat. Die unbemittelten Schichten galten noch als ein umsturzgeneigtes oder doch jedenfalls als ein unzuverlässiges Element, dessen freiem Einsatz man die Sicherheit des Staates nicht anvertrauen könne; eher glaubte man, ihm gegenüber auf die Sicherheit des Staates bedacht sein zu müssen. Erst nach und nach gelang es den Reformern, in sich selbst dieses Vorurteil gegenüber den niederen bürgerlichen Schichten zu überwinden. Damit fiel aber auch das Motiv für den Plan der Teilung von stehendem Heer und Nationalmiliz weg.

b) Stehendes Volksheer und Volksaufgebot

So wichen die militärischen Reformer bald von dem strengen Begriff der Miliz ab, der ein Bürgerheer bezeichnet, das nur im Kriegsfall dauernd vereinigt ist; im Frieden findet nur eine regelmäßige Ausbildung in kurzen Übungen statt. Die Reformer forderten dagegen nach kurzem Schwanken, für das „Volksheer" feste Truppenverbände schon im Frieden aufzustellen; durch straffe und längerdauernde Ausbildung sollten diese zur kampffähigen Einheit geformt werden. „Um ein ganzes Volk zu Soldaten zu machen, muß ihnen mitten im Frieden militärischer Geist eingeflößt werden", sagte Gneisenaus Denkschrift von 1807 [3]). Die Miliz sollte nun nicht mehr als Ergänzung neben die reguläre Armee treten; sie sollte selbst die reguläre Armee sein. Das heißt aber: *Die Miliz wurde nun selbst zum stehenden Heer; an die Stelle des stehenden Staatsheeres trat das stehende Volksheer.* Die ursprüngliche Trennung von stehendem Heer und Miliz gab man preis; das Volksheer sollte eine ständig organisierte, mobile, unmittelbar schlagkräftige Armee sein. Dafür sprachen nicht nur militärische, sondern auch politische Gründe. Nur so konnte die Einheit der Armee und die Einheit von Armee

---

[1]) Denkschrift von 1807 (bei *Pertz*, Gneisenau, Bd. 1 S. 319 ff.).
[2]) Denkschrift von 1808 (bei *R. Vaupel*, aaO Bd. 1 S. 551).
[3]) Siehe vorstehende Anm. 1.

und Volk wirklich gewonnen werden. Die Spaltung von langdienender regulärer Armee und kurzdienender National-Miliz dagegen wäre nur eine halbe Reform gewesen; sie hätte Altes und Neues unverbunden nebeneinander gestellt. Allerdings gab die Verbindung des überlieferten Prinzips des stehenden Heeres mit dem modernen Prinzip der allgemeinen Volksbewaffnung den Armeen aller Völker eine außerordentliche dynamische Kraft; sie mußte den *Volkskrieg*, in dem solche Armeen aufeinanderstießen, zur „guerre à outrance" steigern. Die Möglichkeit des absoluten Vernichtungskriegs mit seiner besonderen Taktik und Strategie entstand erst mit diesem Übergang zum stehenden Volksheer.

Da jedoch die Fesseln des Pariser Vertrags die Aufstellung einer regulären stehenden Volksarmee ausschlossen, entwickelten die Reformer in den Jahren der Unfreiheit als Aushilfsplan den Gedanken, den Befreiungskampf, um dessen Vorbereitung sie sich unablässig mühten, mit einem *irregulären Volksaufgebot* zu führen. Die verzweifelte Lage, in die Preußen nach Tilsit mehr und mehr geriet, nährte diese Pläne, deren Herkunft vom Vorbild der nationalrevolutionären *levée en masse* unverkennbar ist.

Altenstein nannte in der ursprünglichen Fassung seiner Rigaer Denkschrift das Volksaufgebot geradezu „Nationalgarde" [1]); es ist bezeichnend, wie selbstverständlich ein hoher preußischer Ministerialbeamter daran dachte, die Kerneinrichtung der französischen Revolution nachzuahmen. Gewiß plante Altenstein einen Einsatz der „Nationalgarde" nur für den Verteidigungskampf; doch schlug er vor, sie „schon in Friedenszeiten mit Ordnung und nach einem großen Plan" zu organisieren. Bürger- und Bauernkorps sollten schon im Frieden unter eigenen, selbstgewählten Führern entstehen. Auf Hardenbergs Rat tilgte Altenstein die ominöse Benennung „Nationalgarde" noch rechtzeitig; in der endgültigen Fassung bezeichnete er das Volksaufgebot als „allgemeine Landesbewaffnung". Sein Plan wirkte im Scharnhorst-Gneisenau'schen Projekt des *Landsturms* weiter [2]). *Scharnhorst*, der schon 1803 den Gedanken eines allgemeinen Volksaufstands im nationalen Existenzkampf theoretisch entwickelt hatte, stellte in den Denkschriften vom August 1808 den Plan einer allgemeinen Insurrektion in ganz Norddeutschland auf: „Der Krieg muß geführt werden zur Befreiung von Deutschland durch Deutsche. Auf den Fahnen des Landsturms muß dieses ausgedrückt sein". *Gneisenau* entwarf gleichzeitig eine „Constitution für die allgemeine Waffenerhebung des nördlichen Deutschlands"; in der Denkschrift vom 24. August 1808 trat er für den Volksaufstand gegen die Fremdherrschaft ein. *Stein* schloß sich diesen Vorschlägen an. „Was Volksbewaffnung in Verbindung mit stehenden Truppen vermag, wenn beide, Nation und Soldat, von einem gemeinschaftlichen Geist beseelt sind, sieht man in Spanien und sah man in der Vendée und in Tirol" [3]). 1811 entwickelte *Gneisenau* erneut einen „Plan zur Vorbereitung des Volksaufstands" [4]). Der Gedanke des Volksaufgebots ging hier in den Gedanken der nationalen Insurrektion gegen den im Land stehenden Feind über. Die nationaldemokratische Idee des „Volks in Waffen" erreichte in diesen Plänen der preußischen Patrioten ihre äußerste Steigerung.

[1]) *Winter*, Reorganisation, Bd. 1, S. 423.
[2]) Dazu die Denkschriften Gneisenaus vom Aug. 1808 (*Vaupel*, aaO S. 549 und 554); Denkschriften *Scharnhorsts* vom Aug. 1808 (ebenda S. 555 und 561). Vgl. jedoch die kritische Bemerkung des Generals *York*: „Zu einer sizilianischen Vesper oder zu einem Krieg auf die Vendéeweise ist der Deutsche eben nicht geeignet" (ebenda S. 586 f.).
[3]) Immediatbericht Steins vom 14. Aug. 1808 (*Stein*, Briefe u. Amtl. Schr. Bd. II 2 S. 812).   [4]) *Pertz*, Gneisenau Bd. 2 S. 112 ff.

Linie und Landwehr

c) Das Krümpersystem

Von diesen vielfältigen Plänen der Reformer konnte zunächst nichts verwirklicht werden. Statt dessen gelang es, trotz der Hemmungen des Pariser Vertrags, in Scharnhorsts *Krümpersystem* die Idee des Volksheeres wenigstens vorbereitend zu entwickeln. Unter dem „Krümper" verstand man, gemäß einem 1808 zunächst ironisch, dann aber ernsthaft in die Amtssprache übernommenen Ausdruck[1]), einen ausgebildeten beurlaubten Reservisten des Heeres. Scharnhorst gestaltete das schon in der friderizianischen Armee übliche System der beurlaubten „Kantonisten" dahin um, daß er an Stelle der Beurlaubten neue Rekruten in die Armee einstellen ließ; die Präsenzstärke von 42 000 Mann blieb also dauernd effektiv; so gewann man durch planmäßige Beurlaubungen und Neueinstellungen im Lauf der Jahre neben den unter Waffen stehenden Linientruppen eine *ausgebildete Reserve*, auf die man im Kriegsfall zurückgreifen konnte.

Vorschläge dieser Art waren schon vor 1806 aufgetaucht. Scharnhorst nahm sie in seine Denkschrift über „Landesverteidigung und Errichtung einer National-Miliz" vom 31. Juli 1807 auf. In Scharnhorsts Auftrag führte Boyen das Krümpersystem seit 1808 ein[2]). Man erfand es also nicht eigens, um den Pariser Vertrag vom 8. September 1808 zu umgehen; vielmehr war es schon vorher geplant und angeordnet. Auch ohne die Beschränkung der Armee auf 42 000 Mann wäre Preußen damals nicht in der Lage gewesen, alle wehrpflichtigen Jahrgänge ständig voll unter die Waffen zu stellen. Angesichts der Preußen nun aufgenötigten Beschränkung auf ein kleines aktives Heer bot das Krümpersystem sich als willkommenes Aushilfsmittel an, mit dem man den Pariser Vertrag bis zu einem gewissen Grad unschädlich machen konnte. Wie hoch die Zahl der auf diese Weise bis 1813 ausgebildeten Reserven war, steht nicht fest. Gneisenau berechnete für 1811 die Gesamtzahl der preußischen Truppen auf 124 000 Mann; das wäre für drei Jahre eine ausgebildete Reserve von 80–90 000 Mann gewesen. In Wahrheit waren bis 1811 wohl nicht mehr als 30–35 000 Mann als Krümper entlassen worden[3]). Doch konnte mittels dieses Systems auch das verkleinerte Preußen bei Ausbruch des Krieges 1813 mit einer erheblichen Streitmacht an ausgebildeten Linientruppen ins Feld treten.

d) Die Landwehr- und Landsturmordnung von 1813

Als 1813 der Krieg an Frankreich erklärt war, genügte es nicht, mit der durch ihre Reservisten und durch Freiwilligenkorps verstärkten stehenden Armee ins Feld zu ziehen. Die Pläne der Nationalmiliz und des allgemeinen Volksaufgebots nahmen nun praktische Bedeutung an. Die Verordnung über die *Organisation der Landwehr* vom 17. März 1813 (GS 36)[4]) rief die seit

---

[1]) Über die Herkunft und Einführung des Ausdrucks „Krümper" vgl. *Boyen*, Denkwürdigkeiten Bd. 1 S. 299.
[2]) Monatlich entließ man jeweils die dienstältesten Soldaten jeder Kompagnie (anfänglich 5, seit 1810 3, seit 1811 8 Mann); dafür stellte man die entsprechende Zahl von Rekruten ein (vgl. *Jany*, a.a.O Bd. 3 S. 465 f.). Es ergab sich damit eine Dienstzeit (bei fünf Entlassungen je Monat) von rund zwei Jahren.
[3]) Nach der Berechnung von *Jany*, a.a.O Bd. 3 S. 467 waren es bis 1811 rund 30 000 Krümper; *Meinecke*, Das Zeitalter der Erhebung S. 109 kommt für 1811 auf 35 bis 36 000 ausgebildete Reservisten.
[4]) Text: Dokumente Bd. 1 Nr. 14.

langem geplante Nationalmiliz ins Leben. Neben die *Linie*, d. h. das durch die Einziehung ausgebildeter jüngerer Reservisten verstärkte stehende Heer, trat als zweite selbständige Formation die *Landwehr*, die sich aus älteren, gedienten und ungedienten Männern bis zum 40. Lebensjahr bildete. *Stein*, der mit den russischen Truppen in die Heimat zurückkehrte, veranlaßte, daß in Ostpreußen sofort nach der Befreiung der Provinz die Landwehr sich formierte, und zwar noch vor der königlichen Ermächtigung allein auf Grund eines provinzialständischen Beschlusses. Diese ostpreußische Landwehr wurde das Vorbild für die nun im ganzen Staat geschaffene Einrichtung. Den Provinzen gemeinsam erlegte die Landwehrordnung die Aufstellung von 120 000 Mann Landwehrtruppen auf, die als selbständige *Landwehrkorps* neben den Linienkorps ins Feld traten. Nicht ihrer militärischen Kampfkraft nach, wohl aber als wehrpolitische Institution war *die Landwehr das Kernstück der preußischen Heeresreform*. Erst mit ihr hörte die überlieferte Trennung von Heer und Volk auf; in ihr wurde das Volk zum Heer, zum „Volk in Waffen". Zugleich aber hatte die Aufstellung der Landwehr, wie nicht nur ihren Anhängern, sondern auch ihren Gegnern voll bewußt war, Folgewirkungen für die politische Gesamtverfassung. Man konnte darüber streiten, ob schon die Wehrpflicht der jungen Jahrgänge, die die staatsbürgerliche Mündigkeit noch nicht erreicht hatten, mit zwingender Logik einen Anspruch auf volle politische Mitbestimmung im Staat auslöste. Die Kriegsdienstpflicht der älteren Jahrgänge des Volkskörpers aber mußte notwendig ihre Entsprechung in staatsbürgerlicher Teilnahme an der Ausübung der Staatsgewalt finden. Die Landwehr war eine bürgerliche Wehrform; in ihrer Konsequenz lag daher eine mit bürgerlichen Elementen durchsetzte Gesamtverfassung.

Mit der *Landsturm-Ordnung* vom 21. April 1813 (GS 79)[1]) griffen die Reformer auf ihren alten Plan des allgemeinen Volksaufgebots, der nationalen Insurrektion, zurück. Irreguläre, nicht-uniformierte Kräfte, unter ihnen Jugendliche und die nicht mehr landwehrpflichtigen älteren Jahrgänge, sollten im Volksaufstand nach dem Vorbild der Vendée, Tirols und Spaniens die Fremdherrschaft brechen. Mit dem geltenden Völkerrecht war ein solcher Insurrektionskrieg nicht in Einklang zu bringen; nur durch die Berufung auf Notwehr konnte er sittlich gerechtfertigt werden. In dem Landsturm-Edikt hieß es in § 7: „Der Kampf wozu der Landsturm berufen wird, ist *ein Kampf der Notwehr, der alle Mittel heiligt*". Das war gewiß kein unbedenklicher Moralsatz, und jedenfalls gerieten die Urheber des Landsturm-Edikts mit ihm in die unmittelbare Nähe des nationalrevolutionären Jakobinismus.

Die von *Scharnhorst* und *Gneisenau* gegebene Begründung des Landsturm-Edikts berief sich denn auch darauf, daß in einem um die nationale Unabhängigkeit geführten Volkskrieg die äußersten Mittel gerechtfertigt seien[2]). Jedoch hatte *Stein* (wie schon *Yorck*) nicht ohne Grund die Fähigkeit der Deutschen, einen Krieg nach dem spanischen Beispiel zu führen, bezweifelt[3]). Die Eigenschaften, die der elementare Volkskrieg voraussetzt, die leidenschaftliche Spontaneität, der rücksichtslose Kampfwille, der

---

[1]) Auszug: Dokumente Bd. 1 Nr. 16.
[2]) *M. Lehmann*, Scharnhorst Bd. 2, S. 546 f.
[3]) *Stein* an Gneisenau am 17. Aug. 1811 (*Stein*, a.a.O Bd. III, S. 567 f.).

abenteuerliche Sinn, die Bereitschaft, sich aus den gewohnten Ordnungen zu lösen, die Eignung, ohne legale Befehlsordnung auf eigene Faust und unter eigenem Wagnis zu handeln, waren den Deutschen fremd. So versagte sich das Volk in den Befreiungskriegen diesem Aufruf, ohne Rückhalt an staatlichem Befehl und staatlicher Organisation im freien Einsatz zu kämpfen. Selbst *v. d. Marwitz* [1]) hatte mit seinem Versuch, den Landsturm in Aktion zu bringen, keinen wirklichen Erfolg. Zwar wurden an vielen Orten Landsturm-Einheiten gebildet; doch kamen diese im militärischen Einsatz nicht viel über die schlichte Wirksamkeit von Heimwehr-Formationen hinaus [2]).

Schon nach kurzer Zeit zog man daraus die gebotene Schlußfolgerung. Die Verordnung vom 17. Juli 1813 (GS 89) über die Modifikation des Landsturm-Edikts unterwarf den Landsturm so starken Einschränkungen, daß er praktisch aufhörte, ein außerhalb der regulären Wehrverfassung stehendes freies Volksaufgebot zu sein. Nach den Kriegen lebte er in der Form eines Teiles der regulären Armee und so mit völlig verändertem Charakter fort [3]).

e) Linie und Landwehr nach 1814/15

Nach dem Wehrgesetz von 1814 betrug die aktive Dienstzeit, die die Wehrpflichtigen vom 20. Lebensjahr ab zu leisten hatten, drei Jahre. An die aktive Dienstzeit schloß sich nach dem Gesetz die zweijährige Reservedienstzeit an. Die Reservisten wurden im Frieden zu Übungen einberufen; im Krieg wurden sie verwandt, um die aktiven Regimenter zu verstärken. Die aktive Truppe mit der Reserve bildete die *Linie* des Heeres. Nach Ablauf der Reservejahre trat der Soldat nach der *Landwehrordnung vom 21. November 1815* (GS 1816 S. 77) in die *Landwehr* über, der er bis zum 39. Lebensjahr angehörte. In zwei Aufgeboten, jedes zu sieben Jahrgängen, wurde die Landwehr organisiert. Im Krieg sollte das erste Aufgebot zusammen mit der Linie operieren; das zweite Aufgebot dagegen sollte als Festungsbesatzung, als Besatzung in Feindesland und als Sicherungstruppe für Etappenlinien dienen. Linie und Landwehr standen, wie schon während der Befreiungskriege, auch in dieser endgültigen Ordnung als zwei getrennte Formationen nebeneinander; es blieb also bei den von den Linientruppen geschiedenen Landwehrkorps.

In dieser *Trennung von Linie und Landwehr* wirkte die alte Unterscheidung von stehendem Heer und Nationalmiliz fort. Die bürgerliche Bewegung vor allem sah in der Landwehr das eigentliche „Volk in Waffen", das „Volksheer" schlechthin. Aber auch nach Boyens Absichten sollte die Landwehr ein „Stück bürgerlichen Lebens" sein [4]). Sie sollte der Durchdringung der Nation mit wehrbereitem Geist, aber auch der Einwirkung bürgerlicher Gesinnung auf die Armee dienen [5]). Eben deshalb aber wurde die Landwehr zum Gegenstand heftiger reaktionärer Kritik und eines lebhaften Kampfes, der mit der

---

[1]) Über ihn und seine militärische Tätigkeit siehe oben S. 145.
[2]) Über die Organisation des Landsturms durch das von *Stein* geleitete deutsche Zentralverwaltungsdepartement 1813/14 siehe unten S. 505 f.
[3]) Verordnung vom 15. Mai 1815 (GS 49).
[4]) *Fr. Meinecke*, Boyen Bd. 2, S. 147.
[5]) Dazu *K. v. Rotteck*, Über stehende Heere und Nationalmiliz (1816), der erneut forderte, die stehenden Heere abzuschaffen und durch eine Landwehr-Miliz zu ersetzen.

königlichen *Kabinettsordre über die anderweite Einteilung der Landwehr* vom 22. Dezember 1819 (GS 1820 S. 5) nur einen vorläufigen Abschluß fand.

Die reaktionäre Kritik an der Landwehr betraf einmal die mangelhafte Ausbildung der *Landwehrrekruten*, d. h. der ungedienten älteren Mannschaften, die ohne aktive und Reservedienstzeit unmittelbar zur Landwehr einberufen wurden, und sodann die mangelhafte Vorbildung der *Landwehroffiziere*, die anfänglich nicht aus dem Stamm der Reserveoffiziere aufstiegen, sondern dem Stand der bürgerlichen Honoratioren unmittelbar entnommen wurden. Vor allem aber richtete die Kritik sich gegen die politischen Gefahren, die die Hochkonservativen aus einer so offenkundig „demokratischen" Einrichtung, wie der Landwehr, hervorgehen sahen. In der gegenüber der „eigentlichen Armee", d. h. den stehenden Linienregimentern, verselbständigten Landwehrformation sah die reaktionäre Partei eine bewaffnete Formation der politischen Opposition; die Landwehr-Zeughäuser galten ihr als „Waffenarsenale der Revolution"; seit dem Wartburgfest 1817 rechnete man die Landwehr zusammen mit der Burschenschaft und der Turnerschaft zu den nationalrevolutionären „demagogischen" Bewegungen. Beunruhigt von *Metternichs* Bedenken, vor allem aber unter dem Einfluß des Herzogs *Karl von Mecklenburg*, der in einer Denkschrift von 1818 ausführte, Boyen habe mit der Landwehr „die Revolution gegen Staat und Königtum bewaffnet", entschloß der preußische König sich im Zug der allgemeinen Reaktion, die 1819 voll einsetzte, das Landwehrsystem zu ändern.

Die Kabinettsordre vom 22. Dezember 1819 stellte einen engeren Zusammenhang von Linie und Landwehr her. Diese wurde nun in 16 Landwehrbrigaden organisiert, von denen jede mit einer Linien-Infanteriebrigade und einer Kavalleriebrigade eine Division bildete. Die selbständigen Landwehrkorps fielen fort. Man wollte damit die „unklare Vorstellung" beseitigen, „als ob die Landwehr ein Dasein für sich führen könne"[1]). Eben um dieses „Dasein für sich", aber war es den Anhängern der Idee der Nationalmiliz gegangen. Die Landwehrordnung von 1819 sollte die Integration der Landwehr in das stehende Heer und damit die Liquidation der Landwehr als einer selbständigen Wehrformation herbeiführen. Doch blieb auch in dem veränderten Landwehrsystem die *Trennung von Linie und Landwehr* in einem nicht unerheblichen Ausmaß erhalten. Das sollte in der Revolution von 1848/49 deutlich werden und schließlich zu den schweren Verfassungskämpfen der Roon'schen Heeresreform von 1860/66 führen. (Näheres dazu Bd. II S. 862 ff., Bd. III S. 284 f.).

4. Disziplinarwesen und Militärgerichtsbarkeit

a) Die Mannszucht

Wenn die Armee zum Volksheer und der Bürger ohne Verlust seiner staatsbürgerlichen Stellung zum Glied dieses Volksheeres werden sollte, mußte die Reform die Stellung des Soldaten in der Armee von Grund auf ändern[2]). Das einfache Soldatentum, bisher weithin als „ehrloses Gewerbe" betrachtet und von *Scharnhorst* schonungslos als eine Ansammlung von „Ausländern, Vagabunden, Trunkenbolden, Dieben, Taugenichtsen und Verbrechern aus ganz Deutschland" beschrieben, mußten die Reformer zu einem ehrenhaften Stand, den Militärdienst mußten sie zum Ehrendienst erheben. Die Preisgabe der alten Rekrutierungsformen, die Einführung der allgemeinen Wehrpflicht und die Einreihung der Wehrfähigen aller Stände in die Armee für sich allein

---

[1]) *Treitschke*, Deutsche Geschichte Bd. 2, S. 593.
[2]) Zum Folgenden auch *M. Lehmann*, Zur Geschichte der preuß. Heeresreform von 1808, HZ Bd. 126 (1922) S. 436 ff.

genügten nicht, um die bisherige Deklassierung des Mannschaftsstandes der Armee zu überwinden. Der entscheidende Schritt war erst getan, wenn die in die Armee eingestellten Soldaten im Dienst eine Behandlung erfuhren, die ihre Ehre nicht antastete, sondern Würde und Recht des freien Bürgers wahrte. Die militärische Gehorsamspflicht und die Mannszucht in der Armee durften zwar, wenn man das militärische Gefüge nicht auflösen und die militärische Schlagkraft nicht beeinträchtigen wollte, nicht verringert werden. Jede Armee ist notwendig ein auf Befehl und Disziplin gegründeter Körper, in dem andere Gesetze als im zivilen Dasein gelten. Aber die Reform suchte Gehorsam und Mannszucht durch selbstverantwortliche Einordnung, durch Erziehung und durch das Vorbild der Vorgesetzten zu gewinnen. Der äußere Zwang in Ausbildung und Disziplin konnte dann gemildert, seine Anwendung konnte auf die rechtlich geregelten Formen und auf die Fälle beschränkt werden, in denen die Mittel der militärischen Erziehung versagten. Selbstverständlich blieb der Dienst auch im Heer der Reform streng und hart. Doch genügt es, sich die Verhältnisse zu vergegenwärtigen, wie sie in allen Armeen, nicht nur der preußischen, im 18. Jahrhundert geherrscht hatten, um den umstürzenden Fortschritt zu erkennen, zu dem die Reform gerade auch im Militärdisziplinar- und Militärstrafrecht führte. Die Mannszucht der friderizianischen Armee war auf *Militärstrafen* von barbarischer Form und Härte gegründet. Schon im 18. Jahrhundert hatte man sich, den Ideen der Aufklärung folgend, um die Humanisierung der Strafarten und des Strafmaßes bemüht. Aber auch die aus diesen Bestrebungen erwachsenen *Kriegsartikel von 1797* hielten an den überkommenen Strafarten fest. Disziplinarwidrigkeiten wurden mit Arrest und Stockschlägen, ernstere Vergehen, darunter selbst die bloß wörtliche Auflehnung gegen Dienstbefehle oder Schlägereien unter den Mannschaften, wurden mit Gassenlaufen geahndet; die Höchststrafe, das dreißigmalige Spießrutenlaufen, führte nicht selten zum Tod [1]). *Hardenberg* wies schon in seiner Denkschrift vom 12. September 1807 darauf hin, daß man, um aus dem Soldatenstand einen „wahren Ehrenstand" zu machen, vor allem die entehrenden Körperstrafen abschaffen müsse [2]). Und in *Gneisenaus* berühmtem Aufsatz über die „Freiheit der Rücken" hieß es:

„Wir sind dahin gekommen zu begreifen, daß es ein tiefes Versinken in Egoismus sei, wenn man die Waffenführung nicht für die ehrenvollste Beschäftigung zu jeder Zeit seines Lebens hält . . . Jede Nation muß sich selbst ehren und keine Einrichtungen bei sich dulden, die sie in den Augen anderer Völker herabsetzen . . .
Die Proklamation der Freiheit der Rücken scheint also der Verallgemeinerung der Waffenpflichtigkeit vorangehen zu müssen. Dünkt dies nicht möglich, nun, so laßt uns Verzicht tun auf unsere Ansprüche an Kultur und die Bewegungsgründe zum Wohlverhalten noch fernerhin im *Holze* aufsuchen, da wir sie im *Ehrgefühl* nicht zu finden vermögen" [3]).

[1]) Dazu Scharnhorst an Stein (3. Juli 1808): „Kein Soldat ist so erbärmlich gepeitscht worden als der preußische, und keine Armee hat weniger geleistet. Die französischen, die englischen Truppen, die ersten in der Welt, haben diese Strafen nicht, die nach unseren Begriffen und Anordnungen nur bei Sklaven stattfinden" (*Vaupel*, aaO, Bd. 1, S. 500).
[2]) *Ranke*, Denkwürdigkeiten Hardenbergs Bd. 4 Anhang S. 35.
[3]) *Pertz*, Gneisenau Bd. 1, S. 385 ff.

Zwar widersprach die ältere Generalität der damit vorgeschlagenen Neuerung, da sie fürchtete, daß ohne das überlieferte Strafensystem die militärische Disziplin nicht aufrechterhalten und die Neigung zur Fahnenflucht nicht unterdrückt werden könne. Aber die Militärreorganisationskommission entschied sich für die grundsätzliche Abkehr von der alten Strafenordnung, Die *Verordnung wegen der Militärstrafen* vom 3. August 1808 (GS 1806—10 S. 265) [1]) hob die Strafe des Gassenlaufens vollständig auf. Auch die Stockprügel als Disziplinarstrafe wurden verboten [2]); als Disziplinarmaßnahme wurde lediglich der Arrest in verschiedenen Stärkestufen beibehalten. Für schwerere Vergehen wurde als neue Strafe die „Versetzung in die zweite Klasse des Soldatenstandes", eine Ehrenstrafe, eingeführt. Die (von dem „Gassenlaufen" unterschiedene) Stockstrafe wurde nur für schwere entehrende Verbrechen bei vorheriger Versetzung in die zweite Klasse des Soldatenstandes beibehalten; sie wurde erst 1848 endgültig beseitigt. Die neuen *Kriegsartikel* vom 3. August 1808 (GS 253) [3]) bauten sich auf der Militärstrafverordnung auf [4]). Zwar blieb der Wiederstand der älteren Offiziere gegen diese neue Ordnung noch einige Zeit lebendig; doch verstanden Gneisenau und Scharnhorst es, durch ihre Denkschriften vom Juni und Juli 1808 [5]) die von dem reaktionären Teil des Offizierskorps genährten Bedenken des Königs gegen das neue System zu zerstreuen.

b) Die Kriegsgerichte

In der friderizianischen Armee bestand eine von der bürgerlichen Gerichtsbarkeit völlig gesonderte Militärgerichtsbarkeit; ihr waren nicht nur die militärischen Dienstvergehen, sondern alle Straf- und Zivilsachen der Soldaten und ihrer Angehörigen unterworfen [6]). Diese Verschiedenheit des Gerichtsstandes drückte die völlige rechtliche Absonderung der Armee von der bürgerlichen Gesellschaft aus. Der besondere Gerichtsstand für Militärpersonen (einschließlich der Angehörigen) hatte eine Doppelwirkung. Soweit militärische Interessen auf dem Spiel standen, nahmen die Militärgerichte sie mit Härte wahr; soweit es sich um Zivilstreitigkeiten oder Beleidigungssachen zwischen Angehörigen der Armee und Personen des Zivilstandes handelte, machte sich

---

[1]) Entwurf im Immediatbericht der MRK vom 6. August 1808 *(Vaupel*, aaO, Bd. 1, S. 361 ff.). — In dem Bericht findet sich auch die für die preußische Armee seitdem maßgebend gewordene Formel, es sei „die hohe Bestimmung des Militärstandes, eine der *wichtigsten Erziehungsanstalten der Nation* zu sein" (aaO, S. 364). Diese oft kritisch behandelte Formel ist also in ihrem Ursprung ein Ausdruck nicht der Kommißgesinnung, sondern der Reformgesinnung.

[2]) Dazu heißt es in dem vorstehend angeführten Bericht: Einem Offizier, der glaube, im Dienst nicht ohne die Stockstrafe auszukommen, mangele es „entweder an Darstellungsgabe oder gutem Willen und in beiden Fällen ihm selbst die Ausbildung, da er sich in die Alternative setzt, entweder seinen Kopf oder sein Herz in Zweifel gezogen zu sehen".

[3]) Entwurf und endgültige Fassung bei *Vaupel*, aaO S. 409 ff. Dazu auch Nachtrag zu den Kriegsartikeln vom 7. Juli 1809 (GS 575).

[4]) Über die gleichzeitig erlassene Verordnung wegen Bestrafung der Offiziere vom 3. August 1808 (GS 272) siehe oben S. 238.

[5]) Die beiden unveröffentlichten Denkschriften sind zitiert bei *Höhn*, Scharnhorst S. 178, Anm. 2 und S. 205, Anm. 67.

[6]) Nur in Grundstückssachen der Militärpersonen waren die Zivilgerichte zuständig (§ 13 II 10 ALR; §§ 112, 113 I 2 Allg. Gerichtsordnung).

eine gewisse Voreingenommenheit zugunsten der streitbeteiligten Soldaten geltend, zumal die Militärgerichtsbarkeit in der Hand der einzelnen Regimenter lag.

Im Kreis der Reformer bestand Einmütigkeit darüber, daß diese ausgedehnte Militärgerichtsbarkeit zu beseitigen sei, da sie jede Einheit und Gleichheit des Rechts unmöglich mache. Gegensätzliche Ansichten bestanden jedoch darüber, ob die Militärgerichtsbarkeit ganz zu verwerfen, ob sie auf militärische Dienstvergehen und Disziplinarsachen zu beschränken oder ob sie auf alle Strafsachen von Soldaten zu erstrecken sei [1]). Die *Kabinettsordre wegen Aufhebung der Militär-Jurisdiktion* vom 19. Juli 1809 [2]) wies, dem Vorschlag der Militärreorganisationskommission folgend, alle Zivilsachen der Soldaten und alle Zivil- und Strafsachen ihrer Angehörigen den ordentlichen Gerichten zu; dagegen behielt sie alle militärischen Disziplinar- und Dienstvergehen und alle gemeinen Strafsachen der Soldaten (einschließlich der Beleidigungssachen zwischen Soldaten und Zivilpersonen) der Militärgerichtsbarkeit vor [3]). In diesem beschränkten Rahmen blieb die Sondergerichtsbarkeit des Militärs somit bestehen.

Die Auseinandersetzungen über diese wichtige Streitfrage der Reformzeit sind bemerkenswert. Während der Generalauditeur *Koenen* die Aufrechterhaltung der Militärjustiz in ihrem bisherigen Umfange forderte, schlug der Kanzler *Schroetter* die Aufhebung der Militärgerichtsbarkeit außer für den Bereich der Dienst- und Disziplinarsachen vor; ebenso regten *Hardenberg* und die von *Stein* geleitete Immediat-Friedensvollziehungskommission an, die Militärgerichtsbarkeit nur im Bereich der „Dienst- und Disziplinsachen" bestehen zu lassen [4]). Die Militärreorganisationskommission dagegen entschied sich auf Scharnhorsts Vorschlag für die dann in der Kabinettsordre vom 19. Juli 1809 verwirklichte Regelung.

Daß bei dieser Neuordnung *militärische Disziplinar- und Dienstvergehen* der militärischen Sondergerichtsbarkeit vorbehalten wurden, lag in der Natur der Sache. Sie sind so eng mit der inneren militärischen Ordnung verknüpft, daß ihre Zuweisung an militärische Sondergerichte sachlich geboten war. Für die Zuweisung der *außerdienstlichen Strafsachen der Soldaten* an die Militärgerichtsbarkeit sprach eine doppelte Erwägung. Erstens stand der Soldat auch in der Armee der Reform ständig im

[1]) Dazu Kabinettsordre vom 21. Jan. 1808 an den Kanzler *Schroetter*, der angewiesen wurde, gemeinsam mit dem Generalauditeur *Koenen* Vorschläge über die Beschränkung der Militärgerichtsbarkeit zu machen (*Vaupel*, aaO, Bd. 1, S. 245); Gutachten *Koenen* vom 27. Febr. 1808 (ebenda S. 286) und vom 13. April 1808 (ebenda S. 370); *Schroetter* an Koenen am 15. Mai 1808 (ebenda S. 395); *Koenen* an die MRK am 7. Juni 1808 (ebenda S. 457); *Koenen* an Schroetter am 16. Okt. 1808 (ebenda S. 615); gemeinsamer Immediatbericht *Schroetter-Koenen* vom 19. Dez. 1808 (ebenda S. 791) mit angefügtem Verordnungs-Entwurf (ebenda S. 806), der im Sinne Schroetters die Militärjustiz auf Dienst- und Disziplinarvergehen beschränken, die gemeinen Strafsachen von Soldaten dagegen den zivilen Strafgerichten zuweisen wollte.

[2]) Kabinettsordre wegen Aufhebung der Militär-Jurisdiktion in Zivilsachen und Bestimmung des Militär-Gerichtsstandes in Kriminal- und Injurien-Sachen vom 19. Juli 1809 (GS 1806—10 S. 579). Dazu Ausführungs-Instruktion vom 15. September 1809 (ebenda S. 581).

[3]) Zur gesetzlichen Neuordnung kam es erst in der preuß. Militärstrafgerichtsordnung vom 3. April 1845 (GS 329), die (zusammen mit der bayerischen, der sächsischen und der württembergischen) durch die Reichs-Militärstrafgerichtsordnung vom 1. Dezember 1898 (RGBl 1189) ersetzt wurde. Siehe dazu Bd. III, S. 995 f.

[4]) Hardenbergs Denkschrift vom 12. September 1807 (*Ranke*, aaO S. 45).

Dienst; machte er sich „außerdienstlich" einer strafbaren Handlung schuldig, so war dies immer auch ein Dienstvergehen. Zweitens aber war in der Armee des 19. Jahrhunderts die Frage der Strafgerichtsbarkeit über Soldaten eng mit der *militärischen Befehlsgewalt* verknüpft. Ein Untersuchungsverfahren, eine Verhaftung, eine Strafverhandlung, ein Strafurteil und die Strafvollstreckung gegen einen Soldaten durchbrachen, wenn diese Maßnahmen von einem außermilitärischen Gericht ausgingen, die Ausschließlichkeit der Befehlsgewalt, der der Soldat unterworfen war. Militärische Befehlsgewalt und zivile Gerichtsgewalt traten in einem solchen Fall in Kollision. Sollte die Befehlsgewalt der Gerichtsgewalt nicht nachgeordnet werden, so mußte eine besondere Militärgerichtsgewalt entwickelt werden, die als ein Sonderzweig der militärischen Befehlsgewalt galt [1]. Deshalb legten die Reformer des 19. Jahrhunderts die Militärgerichtsbarkeit in die Hand des militärischen Befehlshabers, der als *Gerichtsherr* zwar nicht „Richter" war (das waren vielmehr die unabhängigen Militärstrafgerichte), der aber über die Einleitung der Strafverfolgung, die Bestätigung des Strafurteils und die Vollstreckung entschied. Auf diesem Weg wahrte die Reform im Militärgerichtswesen die Einheit von Kommandogewalt und Gerichtsbarkeit [2].

§ 17. Die preußische Bildungsreform

Schrifttum: J. B. Basedow, Vorstellung an Menschenfreunde und vermögende Männer über Schulen, Studien und ihren Einfluß auf die öffentliche Wohlfahrt (1768); *F. G. Resewitz,* Die Erziehung des Bürgers zum Gebrauch des gesunden Verstandes (1773); *H. Stephani,* Grundriß der Staats-Erziehungs-Wissenschaft (1797); *J. v. Massow,* Ideen zur Verbesserung des öffentlichen Schul- und Erziehungswesens (geschrieben 1797; veröffentlicht: Ann. d. preuß. Schul- und Kirchenwesens Bd. 1, 1800, S. 76 ff.); *Sack,* Über die Verbesserung des Landschulwesens (1799); *Zöllner,* Ideen über Nationalerziehung (1804); *Fichte,* Reden an die deutsche Nation (1807/08; Sämtliche Werke Bd. VII S. 259 ff.); *Schleiermacher,* Über den Beruf des Staates zur Erziehung (Sämtliche Werke Abt. III, Bd. 3); *L. Jonas-W. Dilthey,* Aus Schleiermachers Leben (1858—63); *W. Dilthey,* Leben Schleiermachers Bd. 1 (1870); *W. v. Humboldt,* Gesammelte Schriften (GS) Bd. X bis XIII (1903—1920).

L. v. Stein, Das Bildungswesen (in: Die Verwaltungslehre Teil V, VI und VIII, 1883—84); *Br. Gebhardt,* W. von Humboldt als Staatsmann (1896/99) Bd. 1 S. 95 ff.; *A. Harnack,* Leibniz und W. von Humboldt als Begründer der Kgl. Preuß. Akademie der Wissenschaften, Preuß. Jb. Bd. 140 (1910) S. 197 ff.; *E. Spranger,* W. von Humboldt und die Reform des Bildungswesens (1910); *E. Müsebeck,* Das preuß. Kultusministerium vor 100 Jahren (1918); *Fr. Kade,* Schleiermachers Anteil an der Entwicklung des preuß. Bildungswesens von 1808—18 (1925); *S. A. Kaehler,* W. von Humboldt und der Staat (1927); *Fr. Schnabel,* Deutsche Geschichte im 19. Jahrhundert Bd. 1 (4. Aufl. 1948); *H. Weil,* Die Entstehung des deutschen Bildungsprinzips (1930); *Fr. Schaffstein,* W. von Humboldt (1952); *O. Voßler,* Humboldts Idee der Universität (HZ Bd. 178, 1954, S. 251 ff.).

M. V. Cousin, Rapport sur l'état de l'instruction publique dans quelques pays de l'Allemagne et particulièrement en Prusse (1833; dt. von *J. C. Kröger,* 1837); *J. F. Neigebaur,* Die preuß. Gymnasien und höheren Bürgerschulen (1835); *L. v. Rönne,* Das Unterrichtswesen des preuß. Staates (1855); *H. Heppe,* Geschichte des deutschen Volksschulwesens (1858—60); *G. Rehbaum,* Historische Entwicklung des preuß. Volksschulwesens (1876); *C. Rethwisch,* Der Staatsminister Freiherr von Zed-

---

[1] Vgl. *Laband,* Staatsrecht (5. Aufl. 1911—14) Bd. 4 S. 116: „Die Militärgerichtsgewalt ist in der militärischen Befehlsmacht enthalten ... Gerichtsherr ist derjenige, welcher im Auftrage und in Vertretung des Kontingentsherrn der Träger der militärischen Gerichtsgewalt, des staatlichen imperium, ist ... (Er) gehört nicht zu dem Spruchgericht."

[2] Dazu vor allem auch *H. Schneider,* Gerichtsherr und Spruchgericht (1937).

litz und Preußens höheres Schulwesen im Zeitalter Friedrichs des Großen (2. Aufl. 1886); *C. Varrentrapp*, Johannes Schulze und das höhere preuß. Unterrichtswesen in seiner Zeit (1889), *Br. Gebhardt*, Die Einführung der Pestalozzi'schen Methode in Preußen (1896); *K. Knabe*, Geschichte des deutschen Schulwesens (1905); *Fr. Paulsen*, Das deutsche Bildungswesen in seiner geschichtlichen Entwicklung (1906); *ders.*, Geschichte des gelehrten Unterrichts (3. Aufl. 1919—21); *P. Schwartz*, Die Gelehrtenschulen Preußens unter dem Oberschulkollegium (1787—1806) und das Abiturientenexamen (1910); *G. Thiele*, Die Organisation des Volksschul- und Seminarwesens in Preußen 1809—19 (1912); *ders.*, Süverns Unterrichtsgesetzentwurf vom Jahre 1819 (1913); *E. W. Dackweiler*, Katholische Kirche und Schule (1933); *K. Wöhe*, Die Geschichte der Leitung der preuß. Volksschule von ihren Anfängen bis zur Gegenwart (1933); *E. Spranger*, Zur Entstehungsgeschichte der deutschen Volksschule (Abh. d. preuß. Ak. d. Wiss. Phil.-hist. Kl. 1944); *W. Zimmermann*, Die Anfänge und der Aufbau des Lehrerbildungs- und Volksschulwesen am Rhein um die Wende des 18. Jahrhunderts (1770—1826) (Teil 1, 1953); *L. Schweim* (Hg.), Schulreform in Preußen 1809—19 (1966).

(L. H. Jacob), Über die Universitäten in Deutschland, bes. in den preuß. Staaten (1798); *C. Meiners*, Über die Verfassung und Verwaltung deutscher Universitäten (1801); *Fichte*, Deduzierter Plan einer zu Berlin zu errichtenden höheren Lehranstalt (1807; Werke Bd. 8 S. 97 ff.); *Schleiermacher*, Gelegentliche Gedanken über Universitäten im deutschen Sinne (1808); *Steffens*, Über die Idee der Universitäten (1809); *I. Döllinger*, Betrachtungen über das Wesen der deutschen Universitäten (1820); *R. Köpke*, Die Gründung der Friedrich-Wilhelms-Universität zu Berlin (1860); *Fr. v. Bezold*, Geschichte der Rheinischen Friedrich-Wilhelms-Universität von der Gründung bis zum Jahre 1870 (1920/33); *G. Kaufmann*, Geschichte der deutschen Universitäten (1888—95); *W. Lexis*, Die deutschen Universitäten (1893); *W. Schrader*, Geschichte der Friedrichs-Universität zu Halle (1894); *H. v. Sybel*, Die Gründung der Universität Bonn (Kl. hist. Schr. Bd. 2, 2. Aufl. 1897 S. 407 ff.); *C. Bornhak*, Geschichte der preuß. Universitätsverwaltung bis 1810 (1900); *M. Lenz*, Geschichte der Kgl. Friedrich-Wilhelms-Universität zu Berlin (1910—18); *E. Spranger*, Wandlungen im Wesen der Universität seit 100 Jahren (1913); *R. Seeberg*, Die Universitätsreform im Licht der Anfänge unserer Universität (1919); *N. Balk*, Die Friedrich-Wilhelms-Universität zu Berlin (1925); *E. Deuerlein*, Geschichte der Universität Erlangen (1927); *M. Braubach*, Kleine Geschichte der Universität Bonn (1950); *G. v. Selle*, Geschichte der Albertus-Universität zu Königsberg (2. Aufl. 1956); *E. Bonjour*, Johannes von Müller als Beschirmer deutscher Universitäten (HZ Bd. 180, 1955, S. 245 ff.); *H. Gerber*, Hochschule und Staat (1953); *H. Maack*, Grundlagen des studentischen Disziplinarrechts (1956); *E. Anrich*, Die Idee der deutschen Universität (1956); *E. R. Huber*, Zur Problematik des Kulturstaats (1958); *H. Schelsky*, Einsamkeit und Freiheit (1963; 2. Aufl. 1971).

I. Bildungsverfassung und Staatsverfassung

1. Die Verfassung des Bildungswesens

Im Werk der preußischen Reform war die Erneuerung des Bildungswesens von nicht geringerem Verfassungsrang als die Erneuerung der Verwaltung oder der Armee. Der pädagogische und nationalpolitische Sinn der von *W. v. Humboldt* eingeleiteten und von seinen Mitarbeitern und Nachfolgern vollendeten Bildungsreform ist oft dargestellt, die verfassungspolitische Bedeutung dieser Erziehungs- und Unterrichtsreform dagegen ist kaum gewürdigt worden. Überhaupt beachtet die Staatstheorie fast durchweg nicht, daß die Institutionen und die Grundrichtung des Bildungswesens, die *Bildungsverfassung* also, stets ein Wesensbestandteil und Integrationsfaktor der *Staatsverfassung* sind. *Lorenz Steins* Lehre vom organischen Zusammenhang von „Bildungswesen und Staatswissenschaft"[1]), die diesen Sachverhalt hervorhob, ist in Vergessenheit geraten. Die allgemeine Schulpflicht, das staatlich geordnete Prüfungswesen und die Freiheit von Forschung und Lehre hat Stein *die verfassungsmäßigen Grundrechte des öffentlichen Bildungswesens* im Staat des 19. Jahrhunderts genannt [2]). Unter „verfassungsmäßigen Grundrechten" versteht Stein dabei nicht die persönlichen Freiheitsrechte, sondern die institutionellen Garantien, die das Wesen der öffentlichen Bildungseinrichtungen und zugleich das Wesen des Staates und seiner Verfassung bestimmen. Noch bevor eine formelle Verfassungsurkunde diese Grundeinrichtungen und Grundsätze des öffentlichen Bildungswesens festlegte und sicherte, erhob die preußische Schul- und Universitätsreform der Ära Humboldt-Altenstein (1809—40) sie zu Grundelementen der materiellen Staatsverfassung, d. h. der politischen Grundordnung, in der die Nation ihr Dasein und Sosein fand. Durch Bildungsreform entfaltete der Staat sich zum Kulturstaat und damit zu seinem wahren Sein. [3])

a) Geistliche und weltliche Bildungsverfassung

In allen Epochen der in Mittelalter und Neuzeit entfalteten und gewandelten Wesensart des europäischen und deutschen Bildungswesens trat dieser unmittelbare Zusammenhang von Bildung und Staatsverfassung hervor. Wie überall in Europa so begann auch in Deutschland die Geschichte des mittelalterlichen Bildungswesens im Einklang der kirchlichen und staatlichen Institutionen des Corpus Christianum. Es entsprach der Verfassung des mittelalterlichen Gemeinwesens als eines zugleich geistlichen und weltlichen Verbandes, daß die *kirchlichen Bildungsanstalten*, die Vielzahl der Kloster-, Dom- und Stiftsschulen, im Dienst nicht nur der Kirche, sondern auch des Reichs und seiner Territorien standen. So wie es keine Trennung von Kirche und Staat gab, so waren die Bildungseinrichtungen, obwohl sie von kirchlichen Korporationen getragen waren, doch zugleich auch Elemente der weltlichen Verfassung. Im späten Mittelalter traten neben die kirchlichen Institute auch unmittelbar *weltliche Bildungsanstalten*, so als gemeindliche Einrichtungen die Stadtschulen, als staatliche Einrichtungen die Universitäten. Sie wurden jedoch nach den gleichen Prinzipien wie die geistlichen Bildungsanstalten geführt; zu einem Bruch innerhalb des Bildungswesens kam es damit noch nicht.

Allmählich setzte dann aber von den städtischen und staatlichen Anstalten her die *Verweltlichung des Bildungswesens* ein. Der Humanismus vor allem beförderte die Entfaltung einer von der Kirche sich emanzipierenden *autonomen Bildungsidee*. Die Reformation wirkte in diesem Prozeß zunächst als ein retardierendes Ereignis. Denn die vornehmlich von Melanchthon inspirierten Schulordnungen der protestantischen Territorien waren ganz von den Grundsätzen einer evangelisch-konfessionellen Schule bestimmt; und in den katho-

---

[1]) Vgl. *L. v. Stein*, Das Bildungswesen, in: Die Verwaltungslehre Teil V, VI und VIII (1883/84).   [2]) Ebenda Teil V S. 139.
[3]) Vgl. *E. R. Huber*, Zur Problematik des Kulturstaats (1958).

lischen Territorien verstärkte sich mit der Gegenreformation die geistliche Herrschaft über das Bildungswesen, vor allem durch die neuerrichteten und schnell zu hoher Blüte gedeihenden Jesuitenschulen. An die Stelle der durch ein einheitliches Dogma bestimmten Bildungseinrichtungen des Mittelalters traten nun also die *konfessionalisierten Bildungsanstalten* der verschiedenen Glaubensrichtungen. In anderer Hinsicht aber führte die Reformation zu einem tiefen Einbruch. Indem sich aus der Glaubensspaltung die staatliche Kirchenhoheit und – in den protestantischen Ländern – das landesherrliche Kirchenregiment entwickelte[1]), schuf sie den Boden, aus dem die Herrschaft des Staates über die Kirche und damit auch die staatliche Schulhoheit hervorging.

b) Die Bildungsverfassung des Absolutismus

Auf der Grundlage des absoluten Staates entwickelte sich vom 16. bis zum 18. Jahrhundert in den deutschen Territorialstaaten ein den geistlichen Charakter der Bildungsanstalten zurückdrängendes System *staatlicher Bildungsverfassung*. Der Staat beanspruchte die maßgebliche Bestimmungsgewalt über alle Bildungsanstalten, seine eigenen wie die der Gemeinden, der ständischen Korporationen und der Kirchen. Vom ganzen Bildungswesen ergriff die Polizei- und Wohlfahrtsidee des Absolutismus Besitz. Die *Einführung der allgemeinen Schulpflicht* durch staatliche Zwangsgesetze dokumentierte das Eindringen der polizei- und wohlfahrtsstaatlichen Grundsätze in die Bildungsverfassung dieser Epoche[2]). Allerdings fehlte es vielerorts, besonders auf dem Land, an Schulen; es war deshalb ein weiter Weg von der Einführung bis zur Durchführung der Schulpflicht. Kraft der im Staat nun zur Herrschaft gelangenden *Aufklärung* änderte sich auch die Bildungsidee, unter der die Schulen standen; der Erwerb nützlicher Kenntnisse wurde in wachsendem Maß das Bildungsziel der Unterrichtsanstalten aller Art[3]). Wenn dabei die Grundsätze christlicher Religiosität im staatlichen Bildungswesen bestimmend blieben, so vor allem, weil nun auch die Kirchen selbst als staatliche Anstalten galten, die dem Zweck dienten, „ihren Mitgliedern Ehrfurcht gegen die Gottheit, Gehorsam gegen die Gesetze, Treue gegen den Staat und sittliche, gute Gesinnungen gegen ihre Mitbürger einzuflößen" (§ 13 II 11 ALR). In gleicher Weise erschien der christliche Charakter der öffentlichen Unterrichtsanstalten als ein Mittel zur Pflege staatsbürgerlicher Gesinnung. Staatliche Anordnungen und Maßnahmen legten nun den Grund des gesamten Bildungs- und Unterrichtswesens, das gemäß dem Prinzip der staatlichen Souveränität

---

[1]) Siehe unten S. 393 ff.
[2]) Eingeführt wurde die allgemeine Schulpflicht in *Preußen* durch das Edikt Friedrich Wilhelms I. vom 9. Oktober 1717 (CCM I, 1 S. 527), nach dem an Orten, an denen Schulen bestanden, die Eltern bei Strafe gehalten waren, die Kinder in die Schulen zu schicken, und zwar im Winter täglich, im Sommer wenigstens zweimal wöchentlich.
[3]) So in krassem Utilitarismus die unten S. 264 Anm. 1, 2 erwähnten Vorschriften des ALR.

voll in die Verfügungsmacht des Staates trat [1]). Verfassungsrechtlich bestimmte der Grundsatz des *staatlichen Schulregiments* das ganze Bildungs- und Unterrichtswesen, und zwar nicht nur in den protestantischen, sondern auch in den katholischen Territorien. *Verweltlichung, Verfachlichung und Verstaatlichung* waren die Grundzüge der Bildungsverfassung des aufgeklärten Absolutismus.

Im *Schulwesen* entwickelten sich neben privaten Elementarschulen („Schreib- und Leseschulen") die öffentlichen Elementarschulen („Volksschulen") in Land und Stadt. Im Bereich des höheren Schulwesens dehnten die städtischen Gelehrtenschulen („Lateinschulen") sich aus; neben ihnen entstanden nun Staatsschulen von hohem Rang („Fürstenschulen", „Landesschulen", „Klosterschulen" — auf säkularisiertem, also staatlichem Klostergut!), so in Kursachsen, Württemberg, Preußen und anderwärts. Als Standesschulen für die Erziehung des Adels bildeten sich die Ritterakademien. In den Städten entstanden neben den Gelehrtenschulen die Realschulen vielfältiger Art (lateinlose Bürgerschulen, Gewerbeschulen, Industrieschulen), deren Ziel nicht die Pflege der alten humanistischen Fächer, sondern die Vorbereitung auf bürgerliche Berufe und daher vor allem die Vermittlung beruflich nutzbaren Bildungsguts war. So wurden die Stadtschulen zu bürgerlichen, die Landschulen zu bäuerlichen Standesschulen mit berufsvorbereitendem Unterrichtsziel.

Auch das *wissenschaftliche Bildungswesen* war von diesem Prozeß der Verstaatlichung, der Verweltlichung und der Verfachlichung ergriffen [2]) Neben den älteren Hochschulen wurden als Pflegestätten der Forschung die Wissenschaftlichen Akademien errichtet. Neue Universitäten (Halle, Göttingen, Erlangen) wurden Träger einer neuen staatsbezogenen Bildungsidee. Die Universitäten nahmen den Charakter berufsvorbereitender Fachhochschulen, besonders für die Ausbildung von Theologen und Juristen, an. Zugleich aber entstanden, dem alten Prinzip der universitas litterarum noch stärker entfremdet, die vom Staat besonders geförderten Fachhochschulen für bestimmte Wissenschaftszweige, so die Bergakademien, die Forsthochschulen usw. In Preußen insbesondere trat gegen Ende des 18. Jahrhunderts das Ziel der Berufs- und Fachbildung immer stärker hervor. Während der Minister *Zedlitz* als Chef der Unterrichtsverwaltung noch die universal-humanistische Bildung verteidigt und sein Nachfolger *Wöllner* ein orthodox-kirchliches Bildungswesen wiederherzustellen gesucht hatte, wandte dessen Nachfolger *Massow* sich gegen die Gelehrtenschulen und die „anomalen" Universitäten; er trat statt dessen für die Realschulen und Fachhochschulen ein [3]).

2. Bildungsreform und Staatsverfassung

Das Bildungswesen des Absolutismus war zwar im Ganzen staatsbezogen; aber es war doch von einem einheitlich geordneten Staatsschulsystem weit entfernt. Kirchliche, private, gemeindliche, ständisch-korporative und staat-

---

[1]) §§ 2—4 II 13 ALR: „Die vorzüglichste Pflicht des Oberhaupts im Staate ist, sowohl die äußere als innere Ruhe und Sicherheit zu erhalten, und einen Jeden bei dem Seinigen gegen Gewalt und Störungen zu schützen. Ihm kommt es zu, für *Anstalten* zu sorgen, wodurch den Einwohnern Mittel und Gelegenheit verschafft werden, ihre Fähigkeiten und Kräfte auszubilden, und dieselben zur Beförderung ihres Wohlstandes anzuwenden. Dem Oberhaupte im Staate gebühren daher *alle Vorzüge und Rechte*, welche zur Erreichung dieser Endzwecke erforderlich sind."

[2]) § 1 II 12 ALR: „Schulen und Universitäten sind *Veranstaltungen des Staats*, welche den Unterricht der Jugend in *nützlichen* Kenntnissen und Wissenschaften zur Absicht haben."

[3]) *J. v. Massow*, Ideen zur Verbesserung des öffentlichen Schul- und Erziehungswesens (1797).

liche Bildungsanstalten standen in wirrem Gemenge nebeneinander; nur äußerlich hielt das staatliche Schulregiment sie zusammen. Erst die Bildungsreform des 19. Jahrhunderts wandelte die vielgestaltigen Bildungseinrichtungen des absoluten Staates in das planvoll aufgebaute, hierarchisch gegliederte und von einem gemeinsamen Bildungsprinzip bestimmte System der *„staatlichen Einheitsschule"* um.

Scheinbar ist es eine Paradoxie, daß eben das Jahrhundert, das die *Freiheit der Bildung, Forschung und Lehre* durchsetzte, zugleich auch das äußerste Maß an staatlicher Leitung und Verwaltung im Schulwesen schuf. Doch tritt die gleiche Doppelwertigkeit der Institutionen des 19. Jahrhunderts auf fast allen Gebieten hervor; die Epoche der höchsten Freiheit des Individuums vom Staat war zugleich die Epoche stärkster Effizienz der Staatlichkeit. Auch galt den Urhebern der preußischen Bildungsreform der erneuerte Staat selbst als ein Hort der Freiheit; von diesem Staatsbegriff der Reformzeit aus mußte gerade das verstaatlichte Bildungswesen als eine Freistatt des autonomen Geistes, der unabhängigen Pädagogik und der voraussetzungslosen Wissenschaft [1] erscheinen. Die ausschließliche Bindung der Schule an den Staat bedeutete den Reformern zugleich eine Bürgschaft für die Freiheit der Schule im Staat. In der aus dem überlieferten staatlichen Schulregiment im Zug der Reform entwickelten *staatlichen Schulhoheit* sahen die Erneuerer kein Mittel staatlicher Schulherrschaft, sondern einen Ausdruck staatlicher Verantwortung für das Unterrichts- und Erziehungswesen. Zwar sollte sich bald zeigen, daß mit der Verdrängung der Reformer und ihrer Ideen aus der Staatsführung und Staatsverwaltung die Verstaatlichung des Bildungswesens leicht zur Unterdrückung der Freiheit in Schule und Hochschule mißbraucht werden konnte. Trotzdem blieben während des ganzen 19. Jahrhunderts in den Verfassungskämpfen um Schule und Universität die Liberalen aller Schattierungen die Verteidiger des einheitlich staatlichen Unterrichtsgefüges und der ausschließlich staatlichen Schulhoheit, weil nach wie vor der gegenüber Konfessionen und Ideologien neutrale Staat als der Garant der Freiheit im Bildungswesen erschien.

Die volle Verstaatlichung des Bildungswesens im 19. Jahrhundert war nicht nur ein organisatorisch-administrativer Vorgang. Gewiß war die Entwicklung einer durchgängig staatlichen Unterrichtsgesetzgebung und -verwaltung ein Bestandteil der großen Reform. Wichtiger aber war, daß das Bildungswesen in seinem Bildungsziel, seinen Bildungseinrichtungen, seinem Lehrkörper, seinen Lehrplänen und Lehrmethoden zum institutionellen und funktionellen Element der staatlichen Gesamtverfassung wurde. Und zwar in einem doppelten Sinn: Das Bildungswesen leistete in einem weit intensiveren Maß als bisher *Dienst am Staat;* es wurde ein dienendes Glied im Aufbau des neuen Verfassungsstaates, der die *Kulturhoheit* für sich errang. Zugleich aber entfaltete das Bildungswesen sich zur *staats- und verfassungsbestimmenden Institution;* der Staat trat in den Dienst am Bildungswesen; er wurde zum

---

[1] Vgl. *J. v. Kempski,* „Voraussetzungslosigkeit", Eine Studie zur Geschichte eines Worts (in: Brechungen, 1964, S. 140 ff.). Der Begriff „Voraussetzungslosigkeit" ist ein Grundwort der Hegel'schen Philosophie; er steht in logischem Zusammenhang mit der Metaphysik der Staatlichkeit.

Erziehungsstaat, ja zu einem im Dienst der Bildung stehenden *Kulturstaat*. Aus dieser dialektischen Gegenbewegung — Dienst der Bildung am Staat und Dienst des Staates an der Bildung — ergab sich der „organische", d. h. wesensnotwendige und wechselseitige Zusammenhang, in dem Staat und Bildung im 19. Jahrhundert sich vereinten.[1]

So war es nur die eine Seite des komplexen Vorgangs, daß der Staat mit der Bildungsreform die vollkommene Kulturhoheit erlangte; die andere Seite war, daß die Kultur nun als eine Grundkraft der Staatsgestaltung wirkte. Mit der Hoheit des Staates über die Kultur ging die Hoheit der Kultur über den Staat ununterscheidbar zusammen. In der großen Humboldt-Altensteinschen Reform zumal war *die Bildungsidee ein bestimmendes Element der Staatsidee*. Die preußische und deutsche Staatsidee war in der durch die Reformzeit eingeleiteten nationalstaatlichen Epoche nicht ausschließlich eine Macht- und Wohlfahrtsidee, sondern zugleich eine Kulturidee. Das kulturpolitische Programm der Reformzeit war, im Bildungsbereich nicht ein bloßes Reservat des Geistes abseits vom Staat zu sichern, sondern im Staatsbereich Raum für die Entfaltung des Geistes zu schaffen. Im Staat sollten Geist und Macht sich begegnen und wechselseitig durchdringen; der Geist sollte den Staat erneuern und prägen; als Hüter des Geistes sollte der Staat sich bewähren und ganz zu sich selber kommen. Das war in Preußen der Sinn des oft wiederholten Satzes, der Staat solle durch die Bildungsreform, „statt daß er wie ehemals eine große politische Macht besaß, jetzt eine moralische gewinnen"[2]. Nicht die „Vergottung", wohl aber diese *Vergeistigung* des Staates war der wahre Kern der Hegel'schen Staatsphilosophie, die zumindest im gleichen Maß wie eine Metaphysik des Machtstaats auch eine Metaphysik des Kulturstaats war.

Auf diese Einheit von Bildungsidee und Staatsidee also gründeten die Reformer ihre Forderung, daß das Bildungswesen in die staatliche Verantwortung und Zuständigkeit zu nehmen sei; nur in der staatlichen Obhut und Pflege vermöge das eigenständige Wesen der Erziehung und des Unterrichts sich nach immanenten Gesetzen frei zu entfalten. Gewiß erschien den Reformern die Bildung als eine Macht, die sie für die Staatserneuerung zu nutzen gedachten. Aber sie wußten, daß die Bildung diesen Dienst am Staat nur werde leisten können, wenn dem Geist eine Freistatt im Staat bereitet werde. In dem spannungsreichen Einklang von staatlicher Kulturhoheit und freiheitlicher Kulturautonomie war der Sinn der deutschen Schul- und Hochschulverfassung der Reformzeit beschlossen.

3. Bildungsreform und Staatsverwaltung

In einer Zeit, die Grund zur Klage über die „verwaltete Schule", die „verwaltete Wissenschaft" und auch die „verwaltete Bildung" hat[3], verliert sich

---

[1]) Vgl. *E. R. Huber*, Zur Problematik des Kulturstaats, S. 11 ff.
[2]) *W. v. Humboldt*, Denkschrift „Über die finanzielle Dotierung der wissenschaftlichen Institute" vom 4. August 1809 (GS Bd. X S. 157).
[3]) Vgl. *H. Becker*, Kulturpolitik und Schule (1956) S. 33 ff.

leicht das Verständnis dafür, was es für die Schule, die Wissenschaft und die Bildung in der Epoche Humboldt-Altenstein bedeutete, daß das Unterrichts-, Universitäts- und Bildungswesen hier zum Ressort der rational aufgebauten, mit einem vollentwickelten Behördensystem ausgestatteten, lückenlosen Staatsverwaltung erhoben wurde. Aus den Niederungen eines subalternen Schul- und Hochschulbetriebs entfaltete die Staatsverwaltung das Bildungswesen in relativ kurzer Zeit zur Blüte. Sie vollbrachte die unvergleichliche Leistung dank der prägenden Kraft der beiden Ressortchefs Humboldt und Altenstein, im gleichen Maß aber dank der Bildung, der Sachlichkeit, der Sachkunde und der Arbeitsamkeit der leitenden Verwaltungsbeamten, unter denen *Nicolovius*, *Süvern* und *Johannes Schulze* besonders zu nennen sind.

Aus der allumfassenden Schulhoheit des Staates entwickelte sich in der Reformzeit erstens die staatliche *Schulaufsicht* mit einem gestuften System von Zentral-, Provinzial-, Kreis- und Lokalinstanzen. Aus ihr ergab sich zweitens die staatliche *Anstaltsgewalt* über die Bildungseinrichtungen. Der Staat nahm insbesondere das Recht in Anspruch, die Anstaltsträger im Bildungswesen zu bestimmen; entweder schuf er die Bildungseinrichtungen als unmittelbare Staatsanstalten, oder er stattete die Gemeinden mit dem Recht und der Pflicht aus, öffentliche Bildungsanstalten zu gründen, oder er ließ in beschränktem Umfang die Errichtung von Privatschulen zu, die er jedoch von seiner Genehmigung abhängig machte. Aus der Schulhoheit leitete der Staat drittens das Recht her, die *Anstaltsarten* verbindlich festzulegen; die „staatliche Einheitsschule" in der Dreigliederung Elementarschule, Gelehrtenschule und Universität machte er dabei zum Aufbauprinzip des neuen Unterrichtssystems. Die Schulhoheit äußerte sich viertens in der staatlichen *Reglementierung des Unterrichts*, also des Lehrstoffs, der Lehrpläne und der Lehrmethoden im Elementarunterricht wie an den höheren Lehranstalten. Auch für die Universitäten bestimmte der Staat, trotz des Grundsatzes freier Forschung und Lehre, durch die Einteilung der Fakultäten, durch die Schaffung der Lehrstühle und durch die Einrichtung der Institute den zu behandelnden Wissensstoff. Und fünftens folgte aus der Schulhoheit die staatliche *Reglementierung des Prüfungswesens*. Der Staat ordnete das Versetzungswesen, die Abschlußexamina und die Voraussetzungen für den Zugang zur höheren Schule wie zur Universität. Für den Zugang zum höheren Staatsdienst wurden die neugeordneten Staatsprüfungen zur regelmäßigen Bedingung.

Um sich die Bedeutung dieses lückenlosen Systems administrativer Staatseinwirkung zu vergegenwärtigen, muß man sich daran erinnern, daß der absolute Staat des 17. und 18. Jahrhunderts trotz seiner vielberufenen „Omnipotenz" weit von einer derart allgegenwärtigen Einmischung und Überwachung entfernt war, wie der liberale Staat des 19. Jahrhunderts sie im Unterrichtswesen entwickelte. In erheblich gesteigertem Maß war der aus der preußischen Bildungsreform hervorgehende Staat ein *Kulturverwaltungsstaat*; auf das Unterrichtswesen angewandt: erst im liberalen Kulturstaat Humboldt'scher Prägung vollendete sich das System der „verwalteten Schule" und der „verwalteten Universität". Staatliche Bildungsverwaltung und autonome Bildung zusammen ergaben die Fügung des freien Kulturstaats.

4. Bildungsreform und Lehrkörper

Von verfassungspolitischer Bedeutung im System des öffentlichen Bildungswesens war schließlich die staatliche *Reform des Lehrerstandes*. Bis ins beginnende 19. Jahrhundert waren die Lehrer an den Elementarschulen bekanntlich meist von geringer Vorbildung für ihren Beruf; Küster, gescheiterte Theologen, invalide Unteroffiziere fanden in den Lehrerstellen ihr kärgliches Auskommen; die besondere Lehrerbildung in Seminaren setzte erst in bescheidenen Anfängen ein. Die Lehrkräfte an den Gelehrtenschulen besaßen nur zum Teil akademische und dann in der Regel theologische Vorbildung [1]. Die Universitätslehrer stiegen über das akademische Studium aus dem Kreis der Magister und Doktoren ins Lehramt auf; nach der Art des alten Universitätsunterrichts war die Qualifikation zu wissenschaftlicher Forschung keine notwendige Voraussetzung für den Ruf auf einen Lehrstuhl [2].

Mit der Erneuerung des Unterrichtswesens ging die Reform der Berufsbildung für die drei Bereiche des Lehramts Hand in Hand. Für die *Volksschullehrer* schuf die Reform Lehrerseminare und Proseminare, die in geordneten Lehrgängen die Fähigkeit zum Elementarunterricht vermittelten. Für die *Gymnasiallehrer* war nun das Studium an den philosophischen Fakultäten und das Ablegen der neueingeführten Staatsprüfungen vorgeschrieben. Für die *Hochschullehrer* wurde die Habilitation, als Nachweis der Befähigung zu selbständiger Forschertätigkeit, zur regelmäßigen Berufungsvoraussetzung. Mit diesen Veränderungen wurde weit mehr als nur eine verbesserte Berufsqualifikation erreicht. Es entstanden nun nebeneinander die drei in sich geschlossenen *Lehrstände* der Volksschullehrer, der akademisch gebildeten Oberlehrer der höheren Lehranstalten und der wissenschaftlich ausgewiesenen Universitätslehrer. In jedem der drei Lehrstände entwickelte sich ein eigenes Standesbewußtsein und ein durchgeformter Katalog spezifischer Standesrechte und Standespflichten. Zugleich wurden die Lehrkräfte der drei Bereiche als Staatsbeamte dem öffentlichen Dienst eingeordnet und dem staatlichen Dienstrecht unterstellt. Sie wurden *Lehrbeamte* des Staates, die durch Anstellung in einem öffentlich-rechtlichen Dienstverhältnis und durch Unterwerfung unter die Dienstpragmatik in einen durch genaue Rechte und Pflichten gekennzeichneten Status eintraten.

Der Doppelsinn der Verstaatlichung des Bildungswesens trat nirgends deutlicher hervor als in dem neuen Status des Lehrerstands aller Stufen. Die staatliche Bestimmungsmacht über die Lehrerbildung, die Lehrerauswahl und Lehreranstellung sowie über das Dienstverhältnis der Lehrer machte die Lehrkörper aller Bildungseinrichtungen zu einer vom geistlichen Stand nun völlig gelösten *staatsabhängigen Schicht*. Erst diese Säkularisation und Verbeam-

---

[1] Über *Gedikes* Berliner Seminar von 1787 siehe oben S. 135 Anm. 1.
[2] Vgl. *C. Meiners*, Über die Verfassung und Verwaltung deutscher Universitäten Bd. 2, S. 27: „Auf den wenigsten Universitäten wendet man die Sorgfalt an, welche man anwenden sollte, um sich bei Wahl von Professoren, so weit es in menschlichen Kräften ist, von dem Dasein der einem öffentlichen Lehrer unentbehrlichen Eigenschaften zu überzeugen."

tung des Lehrpersonals vollendete die staatliche Herrschaft über das Bildungswesen. Zugleich aber erlangte das Lehrpersonal mit der Verstaatlichung die Stellung einer *staatsbestimmenden Schicht.* Denn die Anstellung im öffentlichen Dienstverhältnis unterwarf die Lehrer nicht nur der staatlichen Dienstgewalt; auch gab sie ihnen nicht nur eine materielle und rechtliche Sicherung ihrer Position. Vielmehr erfuhren die Lehrer aller Stufen des Bildungsbereichs eine Steigerung ihres sozialen Ansehens, ihres gesellschaftlichen Einflusses und ihrer staatspolitischen Wirkungsmacht. In ihre Verantwortung war nicht nur die Vermittlung des Wissensstoffs, sondern die *Bildung* der Jugend gestellt; in weit stärkerem Maß als je zuvor war die ganze Jugend des Staates in die Hand der Lehrer gegeben; da der Lehrerstand über die Jugend verfügte, bestimmte er weithin die Zukunft des Staates. Im „Bildungsstaat" des 19. Jahrhunderts besaßen die drei Lehrstände als Walter der autonomen Bildung nicht nur eine gesellschaftsgestaltende, sondern eine staatsgestaltende Wirkungsmacht.

Gerade die reaktionären Gegner der Bildungsreform waren sich bewußt, welche Gefahr ihrem restaurativen Programm von einem gebildeten, der Freiheit und dem Fortschritt aufgeschlossenen Lehrerstand drohte. Es dauerte nicht lange, bis die restaurative Partei in die Klage über die „Unbotmäßigkeit" vor allem der Volksschullehrer und über die „demagogische" Gesinnung der Gymnasial- und Universitätslehrer ausbrach. Dafür kam von der liberalen Partei aus das Wort in Umlauf, der Staat verdanke nicht nur sein moralisches Ansehen, seine wirtschaftlichen und wissenschaftlichen Fortschritte, sondern im letzten Grund auch seine militärischen Erfolge dem Lehrerstand, der der Jugend nicht nur Wissen und Fähigkeiten, sondern auch den Sinn für Zucht und Ordnung, den Vaterlandssinn und den Staatssinn vermittle. Bald als Brutstätten der Auflehnung, des Liberalismus, des staatsfeindlichen Individualismus und Kosmopolitismus gebrandmarkt und bald als Freistätten der Humanität und des Patriotismus gepriesen, traten insbesondere die Universitäten seit der Reform in ihren wechselvollen Verfassungskampf um Selbstverwirklichung und Selbstbehauptung ein.

II. Allgemeine Bildung und Nationalerziehung

Die Bildungsidee, die sich in der preußischen Reform ununterscheidbar mit der Staatsidee verband, war in sich selbst durch den Einklang von allgemeiner Menschenbildung und Nationalerziehung bestimmt. Das pädagogische Programm *Pestalozzis* und *Fichtes* Erziehungsidee verschmolzen in der Reform des preußischen Unterrichtswesens zur Einheit.

1. Die Rezeption Pestalozzis in Preußen

Dem darniederliegenden Schulwesen abzuhelfen, hatten sich schon im 18. Jahrhundert vielfältige Verbesserungs-Projekte bemüht. Erziehungsromane, pädagogische Utopien und praktische Reformschriften leiteten eine allgemeine Diskussion ein [1]). Sie stammten ursprünglich aus der Philosophie der Aufklärung; dann erhielten sie durch *Rousseau* einen mächtigen Auftrieb. Stärker jedoch als die der rationalistischen Wohlfahrtsidee entstammenden Erziehungsprogramme wirkten in Deutschland bald der Neuhumanismus und der Idealismus, aus denen der Bildungsplan der Reform erwuchs. *Herders* Idee der Bildung zur Humanität, *Goethes* Entwurf einer der Erziehung zum Menschentum geweihten „pädagogischen Provinz" und *Kants* „kategorischer Imperativ" waren die großen Manifeste des humanistisch-idealistischen Bildungsbegriffs.

Niemand aber wirkte stärker als der Schweizer *Johann Heinrich Pestalozzi* (1746—1827), der durch die Proklamation eines neuen Erziehungsziels und durch die Entwicklung einer neuen Lehrmethode den Anfang der modernen praktischen Pädagogik setzte. Das *Erziehungsziel* aller Bildungsanstalten, im elementaren wie im gelehrten Unterricht, war bisher die mechanische Vermittlung und die gedächtnismäßige Aneignung von Wissensstoff gewesen, und zwar in einer Auswahl, die in der Zeit des vorherrschenden Utilitarismus im Wesentlichen der Berufsbildung galt. Da die Berufswahl nicht frei, sondern weithin von ständischer Zuordnung abhängig war, war auch das Unterrichtswesen in hohem Maß berufsständisch differenziert. Das von Pestalozzi proklamierte Erziehungsziel der *allgemeinen Bildung* bedeutete demgegenüber: 1) Grundlage der Erziehung sollte nicht mehr die Vermittlung des Fachwissens, sondern die Aneignung des das Menschentum prägenden allgemeinen Bildungsguts sein; 2) nicht an ständisch differenzierten, den Vorrang des Geburts- oder Besitzstandes markierenden Sonderschulen, sondern an Einheitsschulen, die vom elementaren über das höhere Wissen zur Wissenschaft führten, sollte die allgemeine Bildung gepflegt werden; 3) allen Angehörigen der Nation sollte ohne Unterschied des Geburts- oder Besitzstandes der gleiche Zugang zur Bildung eröffnet werden; 4) durch freie und harmonische Selbstentfaltung der körperlichen, intellektuellen und sittlichen Kräfte sollte der Mensch sich zur selbständigen, in Charakter und Gesinnung gefestigten Persönlichkeit erheben. *Universalität des Bildungsguts, Einheit des Bildungsgangs, Gleichheit der Bildungschance, Anschaulichkeit des Unterrichts und aktive Selbsttätigkeit der Schüler* waren die Leitgedanken des von Pestalozzi begründeten Erziehungssystems [2]).

Diese berühmte „Pestalozzi'sche Methode" übernahmen in Preußen die Kräfte der Reform in echter Rezeption, d. h. durch schöpferische Aneignung und sinngetreue Fortbildung, und zwar nicht nur in der Theorie, sondern auch in der Tat. Schon vor 1806 setzten in Preußen die Bemühungen ein, durch eine an Pestalozzi angelehnte Erziehungsreform zur Staatsreform beizutragen [3]). Nach Jena und Auerstedt aber wurde die pädagogische Erneuerung in

---

[1]) Siehe die oben S. 260 angegebenen Schriften von Basedow, Resewitz, Stephani, v. Massow, Sack, Zöllner u. a. m.

[2]) Dazu *H. Pestalozzi*, Werke, hg. von *P. Baumgartner* (1944—49). Aus der neuesten Literatur seien erwähnt: *E. Spranger*, Pestalozzis Denkformen (1947); *Th. Litt*, Der lebende Pestalozzi (1952); *H. Barth*, Pestalozzis Philosophie der Politik (1954).

[3]) *Br. Gebhardt*, Die Einführung der Pestalozzischen Methode in Preußen (1896).

Pestalozzis Geist ein Kernanliegen der staatlichen Gesamtreform. Man war sich darin einig, daß die Katastrophe ihre Ursache nicht nur im Versagen der Institutionen, sondern weit mehr noch im Versagen der Menschen gehabt habe. Alle Reformen — die der Verfassung und der Verwaltung, der Wirtschaft und des Heeres — setzten einen neuen Menschen voraus, der aus allseitig entwickeltem Bildungsgrund, aus eigenem Antrieb und in eigener Verantwortung zu handeln vermochte. Nur durch neue Erziehung, so glaubte man, könne dieser neue Mensch geformt werden. Von der Bildungsreform hing somit der Erfolg aller anderen Reformen ab. Die von Pestalozzi erhobene Forderung allgemeiner Menschenbildung entwickelte sich mit der Rezeption in Preußen zum Programm der humanistisch-idealistischen Nationalerziehung.

Plamann, der Gründer und Leiter der Plamann'schen Lehranstalt, der selber der neuen Lehrmethode anhing, scheint die preußische Regierung als Erster auf Pestalozzi hingewiesen zu haben. *Stein* beschäftigte sich schon früh mit der „Literatur der Pestalozzi'schen Lehrmethode" [1]); sein Briefwechsel [2]) und seine Denkschriften spiegeln den außerordentlichen Einfluß wider, den Pestalozzi in Preußen gewann; er empfahl die „Anwendung der Pestalozzi'schen Methode, die die Selbsttätigkeit des Geistes erhöht, den religiösen Sinn und alle edlern Gefühle des Menschen erregt, das Leben in der Idee befördert und den Hang zum Leben im Genuß mindert und ihm entgegenwirkt" [3]). Humboldts Mitarbeiter in der Sektion für Kultus und Unterricht *Nicolovius* und *Süvern* nahmen enge Beziehungen zu Pestalozzi auf; auf ihre Veranlassung entsandte der preußische Staat junge Erzieher an Pestalozzis Anstalt nach Ifferten, damit sie sich durch unmittelbare Anschauung für die Anwendung der neuen Methode im preußischen Unterrichtswesen vorbereiteten. Von ihnen gefördert wirkten auch die Pädagogen *Karl August Zeller*, der im staatlichen Auftrag das Königsberger Waisenhaus in ein nach Pestalozzis Methode arbeitendes „Normalinstitut" verwandelte [4]), und *Ludwig Natorp*, der als Mitglied der kurmärkischen Regierung und zugleich der Sektion für Kultus und Unterricht die neue Lehrmethode in Elementarschulen und Lehrerseminaren einführte [5]). Auch *Humboldt*, dem die Pestalozzi'sche Methode beim Antritt seines Amtes noch fremd war, ließ sich schnell für das neue System gewinnen [6]).

2. Fichtes Idee der Nationalerziehung

Mit Leidenschaft sprach vor allem Fichte sich öffentlich für die Bildungs- und Erziehungsidee Pestalozzis aus. Fichtes „Reden an die deutsche Nation", in Berlin im Winter 1807/08 gehalten, waren in ihrem eigentlichen Kern eine Erziehungsschrift; der Staat, den Fichte proklamierte, war ein *Erziehungsstaat*.

---

[1]) Brief *Steins* an Vincke vom 26. Febr. 1803 (Stein, Briefe u. Amtl. Schr., Bd. I, S. 642).

[2]) Brief *Scheffners* an Stein vom 27. Februar 1810: „Ob aber gleich Zeller viel verbessert hat, so bleibt Pestalozzi doch der *Erziehungs-Columbus*, der das schwankende Ei zum Stehen brachte." (Ebenda Bd. III, S. 271 ff.).

[3]) Denkschrift *Steins* vom März 1810 (ebenda Bd. III, S. 299); ähnlich die Denkschrift Steins für Hardenberg vom 12./13. September 1810 (ebenda Bd. III, S. 395).

[4]) *Zeller*, anfänglich allgemein bewundert, geriet bald in Konflikt mit der Sektion für Kultus und Unterricht und verlor seit 1811 seinen starken Einfluß.

[5]) Vgl. O. *Natorp*, B. Chr. Ludwig Natorp. Ein Lebens- und Zeitbild aus der Geschichte des Niederganges und der Wiederaufrichtung Preußens in der 1. Hälfte dieses Jahrhunderts (1894); P. *Natorp*, Ludwig Natorp. Ein Beitrag zur Geschichte der Einführung Pestalozzischer Grundsätze in die Volksschule Preußens (1895).

[6]) Sektionsbericht Humboldts vom 1. Dezember 1809 (GS Bd. X S. 208 ff.).

Unter betontem Bekenntnis zu Pestalozzi [1]) verschmolzen die „Reden" die Idee der Menschenbildung mit der *Idee der Nationalerziehung*. Dieser von Schleiermacher für die preußische Bildungsreform mit gültigem Sinn erfüllte Begriff hatte auch bei Fichte nichts von der platten und groben Bedeutung, die er in späteren mißverstehenden und mißdeutenden Zeiten annahm [2]). Die „gänzliche Veränderung des bisherigen Erziehungswesens" erschien Fichte als „das einzige Mittel, die deutsche Nation im Dasein zu erhalten". Von deutscher Nationalerziehung sprach er dabei in doppeltem Bezug. Sie war ihm Erziehung *der ganzen Nation* im Unterschied zur gesonderten Standesbildung; sie war ihm aber auch Erziehung *zur Nation* als einer das Sittliche in sich verwirklichenden Gemeinschaft. Im einen wie im anderen Sinn aber war ihm Nationalerziehung „die Kunst der Bildung *zum Menschen*". Bildung selbst galt ihm nicht als ein zu vermittelndes „Besitztum", sondern als ein zu entwickelnder „Bestandteil" des Zöglings. Und als eigentlicher Sinn der Nationalerziehung erschien ihm *die Fortentwicklung des Menschheitlichen in der Nation* [3]).

„Bildung zum Menschen" in Fichtes Programm war die „Hervorbringung eines festen bestimmten und beharrlichen Seins, das nun nicht mehr wird, sondern ist, und nicht anders sein kann, denn so, wie es ist". Voraussetzung solcher Bildung war, daß der Zögling sie „durch eigene Kraft sich erzeuge", war also die im Zögling zu entwickelnde eigene „Selbsttätigkeit geistigen Bildens", die allein zur Erkenntnis führe [4]). Ziel der neuen Erziehung sei es, den Zögling zu „reiner Sittlichkeit" zu bilden, die dastehe „als ein Erstes, Unabhängiges und Selbständiges, das aus sich selber lebe sein eigenes Leben". Diese sittliche Bildung, als das eigentliche Ziel der Nationalerziehung, galt Fichte somit als ein autonomer Bereich auch gegenüber den vordergründigen Interessen und Forderungen des Staates. Ziel der Erziehung ist nichts anderes, als „den ganzen Menschen durchaus und vollständig zum Menschen zu bilden", zum „unteilbaren Ganzen", zum Individuum [5]); Ziel der Nationalerziehung aber ist nichts anderes als „die vollkommene Erziehung der Nation zum Menschen". Das Verhältnis des Staates zur Bildung wird daher so bestimmt: „Der vernunftgemäße Staat läßt sich nicht durch künstliche Vorkehrungen aus jedem vorhandenen Stoffe aufbauen, sondern die Nation muß zu demselben erst gebildet und heraufgezogen werden. Nur diejenige Nation, welche zuvörderst die Aufgabe der Erziehung zum vollkommenen Menschen

---

[1]) Vgl. die neunte der „Reden an die deutsche Nation".

[2]) Das Wort „Nationalerziehung" erscheint zuerst programmatisch in der Schrift des Oberschulrats *Zöllner*, Ideen zu einer Nationalerziehung (1804), hier jedoch in betontem Gegensatz gegen Pestalozzi und mit der vereinfachten Fragestellung, was die Erziehung beitragen könne, um den Nationalgeist zu beleben; die Pflege der vaterländischen Fächer (Deutsch, Geschichte, Geographie) wird dafür empfohlen. Kritisch dazu *Schleiermachers* Rezension in der „Jenaischen Literaturzeitung" Januar 1805 (abgedruckt bei *Dilthey*, Aus Schleiermachers Leben Bd. 4 S. 599). Schleiermacher setzt dem verfehlten Zöllner'schen den *echten Begriff der Nationalerziehung* entgegen: „Wer eine Nationalerziehung in diesem Sinne, das heißt ein Institut, wodurch *das Volk eine bleibende, bestimmte Individualität* erhielte, zu schaffen vermöchte, der würde unabwendbar der *Stifter einer Revolution*, indem der Regierung nichts weiter übrig bliebe, als sich ganz jenem neuen Charakter zu fügen und ihm gemäß umzugestalten."

[3]) So die erste der „Reden".

[4]) So die zweite der „Reden".

[5]) So die dritte der „Reden".

durch die wirkliche Ausübung gelöst haben wird, wird sodann auch jene des vollkommenen Staates lösen"[1].

Humanität und Nationalität waren in Fichtes Erziehungsprogramm somit als untrennbar gedacht. Die Erziehung zum Menschentum galt als die einzig echte Form der Erziehung zu Nation und Staat, zu Vaterlandsliebe und Gemeinsinn. Der Staat erschien nicht als ein „Erstes und für sich selbst Seiendes", sondern bloß als das „Mittel für den höheren Zweck der ewig gleichmäßig fortgehenden Ausbildung des rein Menschlichen in dieser Nation"[2]. Von solcher Menschheitserziehung also erwartete Fichte die „Rettung der deutschen Nation", die „Genesung für Nation und Vaterland"[3]. Nur von dieser Voraussetzung aus ist es verständlich, daß Fichte am Ende eben doch dem Staat, d. h. aber dem vernunftgemäßen, vollkommenen, seiner Bildungsaufgabe gedenkenden und gewachsenen Staat, das Recht zuerkannte, sich durch seine Einrichtungen der allgemeinen Bildung anzunehmen und für diesen Zweck obrigkeitlichen Zwang anzuwenden. Der Staat habe „als höchster Verweser der menschlichen Angelegenheiten und als der Gott und seinem Gewissen allein verantwortliche Vormund der Unmündigen das vollkommene Recht, die letzteren zu ihrem Heil auch zu zwingen". *Nicht als Herrscher über die Bildung, sondern als Diener an der Bildung sollte der Staat zu diesem heilsamen Zwang befugt sein.* „diejenige Bildung allein, die da strebt und die es wagt, sich *allgemein* zu machen und alle Menschen ohne Unterschied zu erfassen, ist ein wirklicher Bestandteil des Lebens und ist ihrer selbst sicher". Not ist, daß der Staat sich darauf besinnt, daß er „das Ganze sei und daß das Ganze zu besorgen er so Pflicht als Recht habe"[4]. Die Zwangsgewalt im Bildungswesen war damit dem Staat nicht in seinem Macht- und Wohlfahrtsinteresse, sondern um der Bildung selbst willen zugedacht. Nur weil der Staat ein *Mittel* im Dienst der Humanität ist, ist er befugt und gehalten, *Zwang zur Bildung* auszuüben. Wenngleich diese Fichte'schen Vorstellungen vom staatlichen Bildungszwang in ihren Einzelheiten befremdend wirken mögen, so war es doch kein platter Totalitarismus, den Fichte in das Bildungswesen einführen wollte. Vielmehr dachte er an den Staat, der die Nation als eine Verkörperung des Menschheitlichen in konkreter Gestalt und der sich selbst nur als ein Mittel zur Verwirklichung des Menschheitlichen im Nationellen empfand.

Fichte, der nach dem Verlust der preußischen Universität Erlangen[5] nach Berlin gegangen war, suchte nicht nur in der Theorie, sondern auch im praktischen Bereich auf die preußische Bildungsreform einzuwirken, so vor allem durch seinen Gründungsplan für die Universität Berlin wie nach der Gründung als deren Rektor[6]. Doch errang er weder mit seinen übersteigerten Vorstellungen vom nationalstaatlichen Erziehungszwang noch mit seinen konkreten Vorschlägen Einfluß auf die praktische Bildungsarbeit in Preußen. Dagegen wirkte die in seinen „Reden" vollzogene Vereinigung der humanitären und der nationalen Bildungsidee mit ständiger Kraft auf das preußische und deutsche Bildungswesen ein. Die Größe des staatlichen Bildungswerks des 19. Jahrhunderts wie die schweren Gefahren, die von innen her bedrohten, haben in dieser spannungsreichen Vereinigung der humanitären und der nationalstaatlichen Idee ihren Ursprung. Über den späteren Krisen des deutschen Bildungswesens, die heute vordergründig bewußt sind, darf die innere Kraft des Erziehungsprogramms Fichtes nicht verkannt werden. Das Verfließen der Bildung im konturenlosen Kosmopolitismus wie ihre Erstarrung in nationalstaatlicher Enge wollte Fichte durch die Synthese des menschheitlichen und des vaterländischen Prinzips verhüten, damit Bildung nicht nur im Reich des Geistes, sondern auch im Reich der Macht herrsche.

---

[1] So die sechste der „Reden".
[2] So die achte der „Reden".
[3] So die neunte der „Reden".
[4] So die elfte der „Reden".
[5] Nämlich durch den Verlust von Bayreuth (siehe oben S. 113).
[6] Siehe unten S. 288.

3. Humboldt und die Grundlagen der Bildungsreform

Es gehört zu den großen Ironien der deutschen Geistes- und Staatsgeschichte, daß W. v. Humboldt, der Verfasser des freiheitlichen Manifests über die Grenzen der Wirksamkeit des Staates, in der Reform als Leiter der preußischen Unterrichtsverwaltung die staatlich geleitete Nationalerziehung in Preußen schuf [1]). So sehr Humboldt sich in seiner Jugendschrift für Erziehung und Bildung eingesetzt hatte, so entschieden hatte er damals die „öffentliche, d. i. die vom Staat angeordnete und geleitete Erziehung", verworfen. Zwar hatte ihm schon damals die Erziehung nicht nur als individuelle Aufgabe, sondern als Gemeinschaftsaufgabe der *Nation* gegolten. Aber eben als Aufgabe der Nation, nicht des Staats! Echte Bildung, so hatte er damals gemeint, könne nicht durch „äußere Veranstaltungen" hervorgebracht werden; die durch Bildung zu gewinnende Tugend ergebe sich nur unabhängig von staatlicher Autorität und staatlichem Zwang [2]).

Wie wenig mußte, nach normalem Maß geurteilt, ein Mann dieser Denkart als geeignet erscheinen, Leiter des Erziehungswesens eines Staates zu werden, der auf dem Weg war, sich durch die staatlich geleitete Nationalerziehung zu erneuern. Trotzdem entschied Stein sich 1808 für die Berufung des preußischen Gesandten beim Vatikan an die Spitze der Kultus- und Unterrichtsverwaltung [3]). Unter dem Ministerium Dohna-Altenstein empfing Humboldt am 20. Februar 1809 die Ernennung zum Geheimen Staatsrat und Direktor der Sektion für Kultus und Unterricht in dem von Dohna geleiteten Ministerium des Innern. Nur 16 Monate, bis zum 23. Juni 1810, stand er in diesem Amt, aus dem er wegen des Konflikts um die Einrichtung des Staatsrats ausschied [4]). Aber in dieser knappen Zeit legte er das Fundament der Reform des Bildungswesens, die die Staatsräte *Nicolovius, Süvern* und *Uhden* [5]) weiterführten und

---

[1]) Dazu vor allem *Br. Gebhardt,* W. v. Humboldt als Staatsmann Bd. 1 (1896) S. 95 ff.; *E. Spranger,* W. v. Humboldt und die Reform des Bildungswesens (1910); *S. A. Kaehler,* W. v. Humboldt und der Staat (1927) S. 211 ff.; *Fr. Schaffstein,* W. v. Humboldt (1952) S. 190 ff.

[2]) *W. v. Humboldt,* Ideen zu ·einem Versuch, die Grenzen der Wirksamkeit des Staates zu bestimmen (verfaßt 1792; als Ganzes erst 1851 veröffentlicht); Gesammelte Schriften (GS) Bd. I S. 143, 156, 157.

[3]) Der Kanzler der Universität Halle *Niemeyer* hatte die zunächst an ihn gerichtete Anfrage abgelehnt. Es ist ungeklärt, welche Eignung für das Unterrichtswesen der Minister dem in Aussicht genommenen Diplomaten *Humboldt* beimaß, der ihm überdies wegen seiner „heidnischen Gesinnungen" nicht unverdächtig war. Eine Schule hatte Humboldt, der selbst Privatunterricht genossen hatte, bis dahin niemals betreten. Es war gewiß nicht nur ein Vorwand, wenn Humboldt, als er das ihm angetragene Amt zurückzuweisen suchte, sich darauf berief, daß er aller Erfahrungen für diese Aufgabe ermangele. Doch hielt Stein und hielten auch seine Nachfolger an dem Auftrag für Humboldt fest. Wem Humboldt die Empfehlung für das neue Amt zu danken hatte, ist ungeklärt. Ein Hinweis in *Altensteins* Rigaer Denkschrift meinte offenbar nicht Wilhelm, sondern Alexander v. Humboldt. Am wahrscheinlichsten ist, daß der entscheidende Hinweis von *Kunth* (siehe oben S. 132) ausging.

[4]) Siehe oben S. 157.

[5]) *G. H. L. Nicolovius* (siehe oben S. 132) war seit dem 8. Dezember 1808 Staatsrat und Direktor der Kultusabteilung; als solcher war er Humboldt, wenn auch in

unter *Altenstein*, dem ersten preußischen Kultusminister (1817–40), abschlossen. Unter dem Einfluß der andringenden Reaktion mußten die Errungenschaften der Bildungsreform dann allerdings in manchen Zügen auch rückwärts modifiziert werden.

Humboldts Sektionsberichte, Gutachten, Denkschriften und Entwürfe aus dieser Zeit[1]) entwickelten, auf der Grundlage der bereits von Anderen vielfältig dargelegten Reformideen, ein Bildungsprogramm von Weite und Kraft. In ihm vollzog Humboldt für sich selbst wie stellvertretend für das geistige Deutschland *die Wendung von der Kulturnation zum Kulturstaat*. Zwar äußerte Humboldt auch in seiner Amtszeit gelegentlich noch Ansichten, in denen die frühere Auffassung nachklingt, der Staat dürfe im Bereich des Erziehungs- und Bildungswesens nur in negativem Sinn, also zur Abwehr des Schädlichen, tätig werden, nicht aber im positiven Sinn durch aktive, gestaltende Leitung. Beharrte man auf diesem Dogma, so war der Staat zwar zur Zensur, doch nicht zur Erziehung kompetent.

So heißt es in Humboldts Sektionsbericht vom 19. Mai 1809, der Zweck der Kultussektion sei erreicht, „wenn sie das Geschäft gänzlich in die Hände der Nation niederlegen und sich mit Erziehung und Unterricht nur noch in den höchsten Beziehungen derselben auf die anderen Teile der obersten Staatsverwaltung beschäftigen könnte"; der einzig wahre und richtige Grundsatz einer „konsequenten Staatswissenschaft" sei der, „daß der Staat sich um das Schulwesen garnicht einzeln be-

---

einer gesteigerten Selbständigkeit, unterstellt. – *J. W. Süvern* (siehe oben S. 134) war seit dem 26. Dezember 1808 Staatsrat in der Unterrichtsabteilung, wo er unter Humboldt für die Volks- und höheren Schulen zuständig war. – *J. D. W. Uhden* (1763–1835) war Humboldts Vorgänger in Rom gewesen und sollte zunächst auch sein Nachfolger werden; statt dessen wurde er am 7. März 1809 zum Staatsrat in der Sektion für Kultus und Unterricht ernannt; er unterstützte Humboldt vor allem in Universitätsangelegenheiten. – Als Leiter der neugegründeten „katholischen Abteilung" trat in der Sektion ferner der Staatsrat *J. H. D. Schmedding* (1774–1846) hervor. – Schließlich war *Schleiermacher* vom März 1810 bis Anfang 1811 Direktor der wissenschaftlichen Deputation der Sektion und von September 1810 bis August 1815 neben seinem Universitätsamt auch ordentliches Mitglied der Sektion selbst.

[1]) Die wichtigsten Aktenstücke aus Humboldts amtlichem Wirken in der Unterrichtsverwaltung sind: a) *Erster Sektionsbericht* vom 19. Mai 1809 (GS Bd. XIII S. 214); b) Gutachten über die Organisation der *Ober-Examinationskommission* vom 8. Juli 1809 (GS Bd. X S. 81); c) *Emanzipations-Denkschrift*: „Über den Entwurf zu einer neuen Konstitution für die Juden" vom 17. Juli 1809 (GS Bd. X S. 97); d) Zwei Denkschriften über städtische *Schuldeputationen* und über *Schulkollegien* von Ende Juli 1809 (GS Bd. X S. 115, 120); e) Antrag auf *Errichtung der Universität Berlin* vom 24. Juli 1809 (GS Bd. X S. 148); f) *Organisationsplan*: „Über die innere und äußere Organisation der höheren wissenschaftlichen Anstalten in Berlin" (Datierung zweifelhaft; GS Bd. X S. 250); g) *Königsberger Schulplan*: „Über die mit dem Königsbergischen Schulwesen vorzunehmenden Reformen" vom August 1809 (GS Bd. XIII S. 259); h) *Litauischer Schulplan*: „Unmaßgebliche Gedanken zur Errichtung des Litthauischen Stadtschulwesens" vom 27. September 1809 (GS Bd. XIII S. 276); i) *Sektionsbericht* vom 1. Dezember 1809 (GS Bd. X S. 199); k) Denkschrift über *Prüfungen für das höhere Schulfach* vom 11. April 1810 (GS Bd. X S. 239); l) Bericht über die *Finanzgrundsätze der Sektion* vom 12. Mai 1810 (GS Bd. X S. 283); m) Denkschrift: „Über *Reformen im Unterricht*" vom 22. Juni 1810 (GS Bd. X S 299); dazu schließlich n) Entwurf einer *Zensurverordnung* von Ende März 1809 (GS Bd. X S. 55).

kümmern muß" [1]). Noch schärfer sagte die Emanzipationsdenkschrift vom 17. Juli 1809, daß „der Staat nur durch Erteilung und Beschränkung der Freiheit und dadurch hervorgebrachtes Gleichgewicht der Rechte die Bürger in Stand setzen muß, *sich selbst zu erziehen*", daß er „nur dahin zu streben hat, bloß negativ zu wirken und *das positive Wirken der freien Tätigkeit der Nation zu überlassen*", daß er „die Menschheit genug achten muß, um zu wissen, daß der moralische Standpunkt der Nation sich nie genau berechnen, noch weniger aber die Entwicklung derselben sich mechanisch voraussehen läßt", alles in allem: daß „*der Staat kein Erziehungs-, sondern ein Rechtsinstitut ist*" [2]).

Humboldts eigentliche „Wendung zum Staat" vollzog sich, indem er während seiner Amtszeit diese These der Trennung von Nation und Staat preisgab. Er öffnete sich jetzt der Einsicht, daß es Sache des Staates sei, sich *für die Nation* des Bildungswesens anzunehmen [3]). Er erkannte den Staat damit als Organ der Nation auch für die Leitung und Verwaltung des Unterrichtswesens an; diese neue Auffassung Humboldts entsprach vollauf dem Fichteschen Satz, daß der Staat als „Mittel" der Nation für die Pflege der Bildung zuständig sei. Und nicht anders als Fichte begriff Humboldt diese Aufgabe des die Nation repräsentierenden Staates nun als eine ausschließliche Kompetenz. Alle Schulen wurden gemäß Humboldts Erziehungs- und Unterrichtsplan in der Dreiteilung Elementarschulen, Gymnasien und Universitäten als *öffentliche Bildungsanstalten* organisiert, d. h. als Bildungseinrichtungen, die von Gemeinde oder Staat errichtet, verwaltet und geleitet werden und für jedermann (bei entsprechender Vorbildung und Prüfung für die höheren Stufen) zugänglich sein sollten. Den „Winkelschulen" sagte Humboldt entschiedenen Kampf an. *Privatschulen* sollten nur noch als halb-öffentliche Einrichtungen, d. h. auf Grund staatlicher Zulassung und unter staatlicher Aufsicht, statthaft sein. Damit besiegelte Humboldt die *Verstaatlichung des Unterrichtswesens*, gewiß nicht aus administrativem Etatismus, der ihm fern lag, sondern aus Verantwortungssinn. Denn die neue Bildungsidee konnte nicht anders als auf dem Weg eines einheitlich-staatlichen Unterrichtssystems durchgesetzt werden. Das allerdings bedeutete zugleich, daß diese Staatlichkeit des Bildungswesens ihren legitimen Sinn nur bewahrte, solange im Staat selbst der Geist der Reform lebendig und mächtig blieb, d. h. solange die Bildungsidee, für die der Staat sich einsetzte, nicht vom Streben nach realem Nutzen, sondern vom Streben nach freier Gesittung bestimmt war [4]). Solange das der Fall war, war die Staatlichkeit des Bildungswesens mit der *Autonomie der Bildung und Erziehung* nicht unvereinbar, zu der sich Humboldt auch jetzt noch bekannte, allerdings nicht mehr aus Feindseligkeit oder Fremdheit gegenüber dem Staat, auch nicht mehr, um die staatliche Wirksamkeit durch enge

---

[1]) GS Bd. XIII S. 219.
[2]) GS Bd. X S. 100.
[3]) GS Bd. XIII S. 276.
[4]) Über die *Sitte als* „stillstehende Bildung", die *Gesittung* als „freie Entwicklung der Bildung" vgl. *L. v. Stein*, Verwaltungslehre Teil V, S. 16, 20. Dort S. 24 der erhellende Satz: „Diese aus den hohen Prinzipien der Freiheit und Gleichheit ihr arbeitendes Leben empfangende Bildung, die Entwicklung der geistigen Welt und ihrer Herrschaft in Zustand und Recht der gesellschaftlichen Ordnung und Beschränkung ist die *Gesittung*".

Fesseln zu lähmen, sondern nunmehr von der Erkenntnis durchdrungen, daß die ihrem eigenen Wesensgesetz überlassene Bildung und Erziehung allein geeignet sei, den höheren und eigentlichen Staatszweck zu erfüllen.

Wenn Humboldt sich damit auch zur *Nationalerziehung durch den Staat*, d. h. unter staatlicher Leitung und an staatlich eingerichteten oder beaufsichtigten Bildungsanstalten, bekannte, so verstand er die Nationalerziehung doch nicht in einem vergröberten Sinn als Erziehung *für den Staat*. Er war vielmehr von der Einsicht durchdrungen, daß die Erziehung gerade dann das Beste auch für den Staat bewirke, wenn sie nicht unmittelbar auf die Staatszwecke, sondern allein auf das menschheitliche Ziel allgemeiner Bildung bezogen sei. Ebenso wie er sich von dem überkommenen Utilitarismus lossagte, der als Erziehungszweck nur die Berufsbildung anerkannt hatte, bekämpfte er auch den Polizei- und Wohlfahrtsstaat, der den Erziehungszweck allein in der Förderung staatsbezogener Botmäßigkeit und in der Pflege der dem Staatsnutzen dienenden Wissenszweige erblickte. Humboldts „Organisationsplan" umschrieb das wahre Verhältnis von Staat und Erziehung so:

„Der Staat muß ... im Ganzen von (seinen Universitäten und Gymnasien) *nichts fordern, was sich unmittelbar und geradezu auf ihn bezieht*, sondern die innere Ueberzeugung haben, daß, wenn sie ihren Endzweck erreichen, sie auch seine Zwecke, und zwar von einem viel höheren Gesichtspunkt aus, erfüllen, von einem, von dem sich viel mehr zusammenfassen läßt und ganz andere Kräfte und Hebel angebracht werden können, als er in Bewegung zu setzen vermag"[1]).

Allgemeine Bildung könne nur aus „der Tiefe des Geistes", d. h. aus der Freiheit wachsen; eine Erziehung, die dieser geistigen Freiheit entbehre, sei nicht nur verloren für die Wissenschaft, sondern auch für den Staat: „Denn nur die Wissenschaft, die aus dem Innern stammt und ins Innere gepflanzt werden kann, bildet auch den Charakter um, und dem Staat ist's ebenso wie der Menschheit nicht um Wissen und Reden, sondern um Charakter und Handeln zu tun"[2]).

III. Das preußische Kultusministerium

Eine Hauptvoraussetzung der Reform war, daß die preußische Unterrichtsverwaltung eine modern eingerichtete Zentralbehörde erhielt. Diese wurde Ende 1808 als Abteilung des Innenministeriums errichtet und 1817 zum selbständigen Kultusministerium weiterentwickelt.

1. Die Sektion für Kultus und Unterricht unter Humboldt und Schuckmann

Die Spitze der preußischen Unterrichtsverwaltung bildete seit der ersten Hälfte des 18. Jahrhunderts das *Departement der geistlichen Sachen*[3]). Es war nicht dem Generaldirektorium, sondern dem Justizministerium zugeordnet; sein Leiter war einer der mehreren Justizminister, die unter der Oberlei-

---

[1]) GS Bd. X, S. 255.
[2]) GS Bd. X, S. 253. Was an dieser Stelle von den wissenschaftlichen Bildungsanstalten gesagt war, galt nach Humboldts Ansicht für die Unterrichtsanstalten überhaupt, auch für die Elementarschulen.
[3]) Nachweisbar ist diese Bezeichnung seit dem 1. März 1736. Vgl. *Müsebeck*, Das preuß. Kultusministerium S. 5.

tung des Chefs der Justiz, des „Großkanzlers", zusammengefaßt waren [1]).
Chefs des geistlichen Departements waren nacheinander die Minister Freiherr
v. Zedlitz (1771—88), Johann Christoph v. Wöllner (1788—98) und Julius
v. Massow (1798—1807). Dem innerhalb des geistlichen Departements 1787
errichteten *Oberschulkollegium* oblag „die Direktion des sämtlichen Schul-
dienstes". Wöllner beseitigte die Kollegialverfassung dieser obersten Schul-
behörde; Massow stellte sie wieder her.

Bei der Reorganisation des preußischen Behördensystems 1807/08 lag es
nahe, die Kultus- und Unterrichtsverwaltung zu einem selbständigen Ministerium zu erheben. Der geringere Gebietsumfang des preußischen Rest-
staates und der Zwang zur Sparsamkeit führten jedoch dazu, daß man davon
absah. In den Übergangsjahren 1807/08 gehörten Kultus und Unterricht, ihrer bisherigen Zuordnung zum Justizministerium entsprechend, zunächst zum
Ressort des interimistischen Leiters des Justizdepartements, des „*Kanzlers
Schroetter*"; dann aber wurden sie aus der Verbindung mit der Justizverwaltung gelöst und dem interimistischen Minister des Innern, dem Leiter des
preußischen Provinzialministeriums „*Minister Schroetter*" zugewiesen [2]). Dieser bildete innerhalb seines Provinzialministeriums als dritte Abteilung das
Departement für das geistliche, Schul- und Armenwesen. Als dann Ende 1808
das in die fünf klassischen Ministerien eingeteilte preußische Regierungssystem
entstand [3]), erhielt das an die Stelle des Provinzialministeriums tretende neue
Ministerium des Innern als dritte Abteilung die *Sektion für Kultus und Unterricht* [4]), deren erster Leiter *Humboldt* war [5]). Als dieser ausschied, trat im
November 1810 *Schuckmann* an seine Stelle, der, auch nachdem er am 3. Juni
1814 Innenminister geworden war, die Leitung der Kultus- und Unterrichtssektion unmittelbar beibehielt. Schuckmann war, als Anhänger der konser-
vativ-bürokratischen Richtung [6]), in vielem der Antipode seines großen Vorgängers. Seine bürokratisch-polizeistaatlichen Neigungen sah er durch einzelne
Wendungen der *königlichen Kabinettsordre von 1810* bestärkt, · die ihm bei
seinem Amtsantritt folgendes einschärfte:

„Wie wesentlich der Einfluß des Euch anvertrauten Departements des Kultus und des
öffentlichen Unterrichts für das Wohl des Staates und seiner Einwohner, ja für die
Menschheit sei, leuchtet von selbst ein. *Beförderung wahrer Religiosität ohne Zwang
und mystische Schwärmerei, Gewissensfreiheit und Toleranz ohne öffentliches Ärger-*

---

[1]) Im Justizministerium gab es im 18. Jahrh. mehrere koordinierte Justizminister.
Dem *Chef des geistlichen Departements* waren, in wechselnder Geschäftsverteilung,
auch andere Ressortangelegenheiten zugewiesen; so verwaltete der Minister v. *Münchhausen* neben den lutherischen und katholischen Kirchen- und Schulangelegenheiten
u. a. auch die Kriminalsachen. Vgl. *Müsebeck*, a.a.O. S. 7.
[2]) Über beide Schroetter siehe oben S. 127 f.
[3]) Siehe oben S. 149.
[4]) Die Neuordnung der Kultus- und Unterrichtsverwaltung gründete sich wesentlich auf Vorschläge in *Altensteins* Rigaer Denkschrift vom 11. September 1807 (dazu
oben S. 128); auch *Hardenberg* und *Beyme* äußerten sich gutachtlich dazu, beide
schon damals mit dem Vorschlag, ein selbständiges Kultusministerium zu schaffen.
Vgl. *Müsebeck*, a.a.O., S. 41 ff.
[5]) Siehe oben S. 129.
[6]) Siehe oben S. 141.

nis, dieses ist der Zweck, den die Sektion des Kultus unverrückbar vor Augen haben muß. Als leitende Behörde des öffentlichen Unterrichts aber muß sie dafür sorgen, daß eine gründliche Erlernung der Wissenschaften und Erlernung der nötigen Kenntnisse für alle Stände stattfinde und gesunde, klare Begriffe und solche Gesinnungen verbreitet werden, wodurch *Nutzen für das praktische Leben,* wahre, sich in Handlungen äußernde *Moralität, Patriotismus, Anhänglichkeit an die Verfassung* und *Vertrauen und Folgsamkeit gegen die Regierung* bewirkt und erhalten werden, vorzüglich aber daß *kein Monopolgeist in der Wissenschaft* aufkomme, welcher nirgends verwerflicher ist als bei den Gegenständen der menschlichen Erkenntnis".[1]

Gleichzeitig erging eine Kabinettsordre an *Nicolovius,* der Schuckmann unterstellt war; in ihr hieß es: „Vor allem muß der Geist der Monopolien und einzelnen Schulen aus den Wissenschaften verbannt und dahin gewirkt werden, daß den jungen Männern der Übergang aus dem bloßen Studieren in das tägliche Leben und in die notwendige Ordnung, Folgsamkeit und Bescheidenheit, die in jedem wohl eingerichteten Staate stattfinden müssen, begreiflich werde, und daß ihnen der Dienst und die öffentlichen Angelegenheiten in der großen Wichtigkeit erscheinen, die ihnen zukommt, daß endlich Patriotismus und Anhänglichkeit an das Vaterland bei ihnen vorherrschend werden. Es ist aus dem Trennen und feindseligen Entgegensetzen von Theorie und Praxis, aus einem übel verstandenen Kosmopolitismus nicht minderes Unheil entstanden als aus dem Zwiespalt zwischen Kopf und Herz"[2].

2. Das Kultusministerium unter Altenstein

Es war den Schuckmann unterstellten Abteilungsleitern der Sektion für Kultus und Unterricht zu danken, daß trotz Schuckmanns rückschrittlicher Haltung die preußische Unterrichtspolitik zwischen 1810 und 1817 im Ganzen auf dem von Humboldt bestimmten Kurs gehalten werden konnte. Aber so wenig die frühere Verbindung der Unterrichts- mit der Justizverwaltung gerechtfertigt war, so wenig bewährte sich die Einordnung des Unterrichtsressorts in das Innenministerium. Pädagogik und Polizei wohnen schlecht unter einem Dach. Die Kabinettsordre vom 3. November 1817 löste die Sektion für Kultus und Unterricht (zusammen mit der Sektion für das Medizinalwesen)[3] daher aus dem Innenministerium, um sie zum selbständigen *Ministerium des Kultus und Unterrichts* zu erheben[4]. Schuckmann sah sich auf die Leitung des Innenministeriums beschränkt; aber auch sein Gegner Humboldt, dessen Kritik wesentlich zu Schuckmanns Sturz beigetragen hatte[5], wurde bei der Besetzung des neuen Ministeriums übergangen. *Altenstein* erhielt als erster preußischer Kultusminister (1817—40) das schwierige Amt.

---

[1] Vgl. *Lüttwitz,* Biographie des Kgl. preuß. Staatsministers Freiherr von Schuckmann (1835) S. 32 f.

[2] Vgl. *A. Nicolovius,* Denkschrift auf G. H. L. Nicolovius (1841) S. 190 f.

[3] Schon Humboldt und Schuckmann waren als Chefs der Kultus- und Unterrichtssektion zugleich Leiter der im Innenministerium gebildeten Sektion für das Medizinalwesen.

[4] Kabinettsordre wegen der Geschäftsführung bei den Oberbehörden in Berlin vom 3. November 1817 (GS 289).

[5] Dazu Humboldts „Denkschrift über die Zustände in der Verwaltung und die Minister" vom 14. Juli 1817 (GS XII 1 S. 196); dort der Angriff: „In den Ministerien der Justiz und des Innern sind bloßer und reiner Mechanismus und Ertötung alles Geistes an der Tagesordnung".

Ihm oblag die Vollendung der preußischen Bildungsreform in der Ära der Reaktion, die eben jetzt mit den Gegenmaßnahmen gegen das Wartburgfest einsetzen hatte. Neben *Nicolovius* und *Süvern* war der im November 1818 neu in das Ministerium berufene Geheime Oberregierungsrat *Johannes Schulze* der wichtigste Mitarbeiter des Ministers [1]); dieser Verwaltungsstab verbürgte, daß in der Reformarbeit der Geist Humboldts lebendig blieb. Allerdings lösten die mit dem Wartburgfest entbrennenden inneren Kämpfe starke reaktionäre Bestrebungen gerade in Bezug auf den Aufgabenbereich der preußischen Unterrichtsverwaltung aus. Seit den Karlsbader Beschlüssen war die Fortführung der Reform im Schul- und Hochschulwesen aufs Stärkste gehemmt, zumal der bedeutendste Verwaltungsfachmann der reaktionären Partei, Geheimrat *Kamptz*, 1824—32 neben seiner Stellung im Polizei- und dann im Justizministerium auch Direktor in der Unterrichtsabteilung des Kultusministeriums war. Die Verbindung von Polizeiverwaltung und Unterrichtsverwaltung war durch diese Ämterunion zunächst wiederhergestellt. Altenstein war nicht der Mann, der mit den Karlsbader Beschlüssen voll einsetzenden Reaktion offen zu widerstehen. Aber durch eine Politik vorsichtigen Lavierens gelang es ihm, im Ganzen an den Grundgedanken der Reform festzuhalten. Auf diese Kämpfe wird später noch einzugehen sein (siehe S. 732 ff.).

IV. Die preußischen Bildungsanstalten

Die Humboldt-Altenstein'sche Reform legte den Grund des staatlich geleiteten *Einheitsschulwesens* in Preußen, das in der Dreiteilung: Elementarschulen, höhere Schulen und Universitäten als eine in sich geschlossene *National-Erziehungsanstalt* galt, wobei jeweils die untere Stufe den unmittelbaren Anschluß an die nächsthöhere zu vermitteln hatte.

1. Die Elementarschulen

Die preußische Bildungsreform erhob das Landschulwesen und das städtische Elementarschulwesen aus dem erbärmlichen Zustand, in dem es sich trotz aller Verbesserungspläne im beginnenden 19. Jahrhundert noch befand. Endlich entstand ein Volksschulsystem, das das im Programm der allgemeinen Schulpflicht enthaltene staatliche Versprechen einlösen und die Aufgabe der allgemeinen Fundamentalbildung der ganzen Nation in Angriff nehmen konnte. Zwar scheiterte Süverns *Entwurf eines Unterrichtsgesetzes* vom 27. Juni 1819 am reaktionären Widerstand [2]); so blieben die alten Vorschriften des ALR die formell-gesetzliche Grundlage des preußischen Schulwesens. Doch

---

[1]) Vgl. *Joh. Schulze*, Beiträge zur Geschichte des Ministeriums der Unterrichtsangelegenheiten von 1818 bis 1840 und zur Charakteristik des verewigten Ministers Freiherrn von Altenstein (bei *Müsebeck*, a.a.O., S. 293 ff.).
[2]) Der Entwurf blieb im Staatsministerium stecken und wurde 1826 endgültig zu den Akten geschrieben.

waren die Grundgedanken des Süvern'schen Entwurfs so stark, daß dieser fast wie ein Gesetz die weitere Entwicklung bestimmte.

Für die innere Einrichtung der Unterrichtsanstalten war die von Süvern schon vorher verfaßte „Gesamtinstruktion über die Verfassung der Schulen" vom 7. Februar 1813 maßgebend, die aus der „Hauptinstruktion über die Einrichtung der öffentlichen allgemeinen Schulen des preußischen Staates" und aus der „Besonderen Instruktion über die Einrichtung der allgemeinen Elementarschule" bestand.

a) Die allgemeine Schulpflicht

Die in Preußen seit 1717 geltende, seitdem in zahlreichen Erlassen und Gesetzen wiederholt festgelegte, durch Strafandrohung gegen die Erziehungsberechtigten gesicherte allgemeine Schulpflicht wurde nun den Vorschriften des ALR gemäß wirklich durchgeführt [1]. *Im Zusammenwirken der drei großen Grundpflichten des 19. Jahrhunderts — der allgemeinen Steuerpflicht, der allgemeinen Wehrpflicht und der allgemeinen Schulpflicht — erhob sich der Staat zu seiner überwältigenden sozialgestaltenden Macht.* Zur effektiven Durchführung der allgemeinen Schulpflicht war zunächst notwendig, daß allerorts Schulen entstanden. Daher hielt die Regierung die Gemeinden nun energisch an, der ihnen obliegenden Pflicht gemäß für die Errichtung ausreichender öffentlicher Elementarschulen zu sorgen. Die Kosten für die Errichtung und Unterhaltung der Schulgebäude und für die Besoldung der Lehrer hatte nach dem ALR die Gesamtheit der Gemeindeburger zu tragen, soweit nicht besondere Schulfonds aus älteren Stiftungen vorhanden waren [2]. Bis 1820 wurden in Preußen auf dieser Rechtsgrundlage 17 623 Dorfschulen mit 18 140 Lehrern und 2 462 städtische Elementarschulen mit 3 745 Lehrern geschaffen. Zur *Schulleitung und Schulaufsicht* wurden lokale Schulvorstände sowie Kreis- und Provinzialschulkollegien eingesetzt. Als Kreisschulinspektoren wurden, „um das Band zwischen Kirche und Schule zu erhalten", Geistliche der beiden Konfessionen bestellt.

Innerhalb des Bereichs der öffentlichen Volksschulen wurden die *Dorfschulen* als einfache Elementarschulen, die *Stadtschulen*, soweit möglich, als entwickeltere Elementarschulen („Bürgerschulen") aufgebaut. In den Dorfschulen herrschte, wie bisher, das ein- und zweiklassige System vor; in den Bürgerschulen setzte sich, durch Zusammenlegungen gefördert, das mehrklassige System durch, das schließlich zur achtklassigen Volksschule führte. Diese Bürgerschulen vor allem hatten den Anschluß an die höheren Lehranstalten (Gymnasien) zu vermitteln. Die Errichtung *privater Elementarschulen* war nur bei staatlicher Genehmigung und unter staatlicher Überwachung möglich.

b) Die Lehrerbildung

Das Kernproblem des Volksschulunterrichts war die Ausbildung der Volksschullehrer, die zu Anfang des 19. Jahrhunderts noch sehr im Argen lag. Auf den älteren bescheidenen Ansätzen der Seminare für die Stadt- und Landschul-

---

[1] §§ 43, 44 II 12 ALR.
[2] § 29 II 12 ALR.

lehrer fußend, schrieb der Staat nun vor, in jedem Regierungsbezirk eine ausreichende Zahl von *Lehrerseminaren* einzurichten; sie hatten die Anwärter für den Volksschuldienst in dreijährigen Lehrgängen auszubilden. Bis 1840 entstanden in Preußen 45 Lehrerbildungsanstalten (38 Seminare und 7 Hilfsseminare). Stipendien erschlossen auch Unbemittelten den Zugang zum Schuldienst. Prüfungen stellten am Abschluß der Lehrgänge die Eignung für den Schuldienst fest. Die Anstellung der Lehrer ging, unter Zurückdrängung der alten Patronatsrechte, auf die gemeindlichen Schulbehörden über, hing aber von der landesherrlichen Bestätigung ab.

Beflügelt von der Bildungsidee der Reformzeit setzte sich in den Seminaren der Geist der neuen Pädagogik durch. Von dem Lehrer wurde gefordert, daß er „fromm, einsichtsvoll und durchdrungen sei von dem Gefühl seines hohen und heiligen Berufs", daß er aber auch „unerschütterlich sei in der Treue gegen den Staat". Ihm obliege, so sagte der Süvern'sche Gesetzentwurf, die Pflicht, „den Kindern Gehorsam gegen die Gesetze, Treue und Zuneigung gegen Fürst und Staat einzuflößen, damit diese vereinten Tugenden früh die heilige Liebe zum Vaterland in ihnen aufkeimen lassen."
Unter dem Druck der Reaktion entbrannte seit 1819 eine heftige Polemik gegen die zu weit getriebene wissenschaftliche Vorbildung der Elementarlehrer; sie führe nur zum Halbwissen und zur Scheinbildung, zum Dünkel und zur Unbotmäßigkeit. Zu einem entscheidenden Rückschritt kam es jedoch erst nach 1840 und verstärkt nach 1850, besonders durch die Regulative von 1854, die nicht nur den Volksschulunterricht, sondern auch die Volksschullehrerbildung auf die „alte Einfachheit", nämlich die schlichte Unterweisung im Lesen, Schreiben und Rechnen und im Katechismus zu beschränken suchten. (Siehe Bd. III S. 176 f.).

c) Bekenntnisschulen und geistliche Schulaufsicht

Weit stärker als im 18. Jahrhundert wurde nun auch das Verhältnis von *Kirche und Volksschule* zum Problem. Die geistliche Schulinspektion hatte man im 18. Jahrhundert, da die Kirche selbst als staatliche Anstalt galt und weithin vom Geist der Aufklärung erfaßt war, kaum als Widerspruch zur Staatlichkeit des Schulwesens empfunden. Zwar übten auch im 19. Jahrhundert die Ortspfarrer der beiden Konfessionen als Kreisschulinspektoren die *geistliche Schulaufsicht* nicht kraft kirchlichen Amts und kirchlichen Rechts, sondern kraft eines widerruflichen staatlichen Auftrags und unter der Oberaufsicht der staatlichen Schulbehörden aus; die geistliche Schulaufsicht war, modern gesprochen, eine Form staatlicher Auftragsverwaltung. In der Theorie tat die geistliche Schulaufsicht der staatlichen Schulhoheit also keinen Abbruch. In der Realität aber verstanden die Kirchen im Zeichen der religiösen Erneuerungsbewegungen die geistliche Schulinspektion in wachsendem Maß nicht mehr als staatliche Auftragsangelegenheit, sondern als eine ihnen wesensmäßig zugeordnete Kompetenz und als ein Mittel zur geistlichen Herrschaft über die staatliche Schule. Nicht nur der nach Freiheit von kirchlichen Fesseln strebende Liberalismus, sondern auch das staatlich-bürokratische Selbstbewußtsein lehnte sich gegen diese „Klerikalisierung" des Schulwesens mittels der geistlichen Schulinspektion auf. Die freiheitlich wie die staatlich gesinnten Gruppen forderten die *Trennung von Kirche und Schule*. Den christlichen

Charakter der Volksschule stellten diese Auseinandersetzungen jedoch nicht in Frage. Vielmehr blieben in Preußen auch unter der Reform die bekenntnismäßig getrennten *Konfessionsschulen* erhalten.

Nach dem Entwurf des Unterrichtsgesetzes von 1819 galt es als Hauptaufgabe der Schule, „die Jugend auf eine Weise zu erziehen, daß in ihr mit der Kenntnis des Verhältnisses der Menschen zu Gott die Kraft und der Wunsch entstehe, ihr Leben nach dem Geiste und den Grundsätzen des Christentums einzurichten". Preußen hielt in der Reformzeit wie auch nach der Revolution von 1848 an den getrennten Bekenntnisschulen fest. Andere deutsche Länder mit konfessionell stark gemischter Bevölkerung, aber bei weitem nicht alle, gingen nach 1848 zum System der christlichen *Simultanschule* über, und zwar nicht zuletzt aus der Erwägung, daß die konfessionelle Trennung der Schulen mit der Einheit des Staates wie der Einheit der Gesellschaft unvereinbar sei. (Über die preußische Entwicklung nach 1850 siehe Bd. III, S. 120, 174 ff.).

2. Die höheren Schulen

a) Das humanistische Gymnasium

Das höhere Schulwesen in Deutschland umfaßte um 1800 eine verwirrende Vielfalt von Schultypen [1]. Gegenüber den verschiedenen Formen der „Gelehrtenschulen" erfreuten, wie schon erwähnt, die lateinlosen Realschulen sich der Förderung nicht nur durch viele Stadtmagistrate, sondern auch durch viele Regierungsstellen, so in Preußen durch *Massow*. Leicht hätte es dazu kommen können, daß die staatliche Unterrichtsreform in dieser Zeit des vollen Aufschwungs der Naturwissenschaften, der Technik, der Industrie und des internationalen Handels den Weg zu Realismus und Positivismus fortgesetzt hätte; es lag nahe, von der Pflege der Naturwissenschaften und der modernen Fremdsprachen den höchsten Nutzen für Staat, Gesellschaft und Wirtschaft zu erwarten. Nicht *Humboldt* allein, aber ihm doch zuvörderst ist es zu danken, daß die preußische Reform diesem Zug der Zeit zu vordergründiger Nützlichkeit nicht folgte, sondern in einer entschiedenen Wendung das neuhumanistisch-idealistische Bildungsziel für die höheren Lehranstalten verbindlich machte. Die von *Süvern* begonnene, von *Johannes Schulze* vollendete Unterrichtsreform schuf im Kampf gegen das Real- und Berufsschulwesen und in Fortbildung der Tradition der Gelehrtenschulen die neue Form des *humanistischen Gymnasiums*.

Um das Jahr 1830 bestanden in Preußen 110 höhere Lehranstalten dieses gymnasialen Typus; daneben gab es 14 Progymnasien [2]. Das *Unterrichtsprogramm* der Gymnasien baute sich auf den Grundfächern Religion, Latein, Griechisch, Deutsch und Mathematik sowie den zweitrangigen Fächern Geschichte, Geographie und Naturwissenschaften auf. Der Unterricht in einer modernen Fremdsprache war zunächst nur fakultativ; doch erhob sich bald das Französisch auch an den Gymnasien zum Pflichtfach [3]. Der Turnunterricht, den man zunächst, der Pestalozzi'schen Methode

[1] Siehe oben S. 264.
[2] Die Progymnasien (anfangs Stadtschulen genannt) waren gymnasiale Lehranstalten mit Klassen bis einschließlich Tertia.
[3] Dazu der „Allgemeine Schulplan" von 1815, der als „Richtschnur für die Unterrichtsverfassung" verbindlich war.

gemäß, eingeführt hatte, wurde nach den Karlsbader Beschlüssen an den preußischen Gymnasien verboten [1]). Die beiden klassischen Sprachen wurden zum Rückgrat des Bildungssystems, das die gesellschaftliche wie die staatliche Führungsschicht des 19. Jahrhunderts bestimmte. Und kraft der Verknüpfung der Bildungsidee und der Staatsidee wurde das humanistische Gymnasium zu einer Institution, die nicht nur die neue bürgerliche Gesellschaft, sondern auch den neuen Staat entscheidend prägte. Weit mehr als die Hälfte der Abgeordneten der Frankfurter Nationalversammlung besaßen Gymnasialbildung, waren also durch die Lehranstalten des Humboldt'schen Modells gegangen. Das macht deutlich, in welchem Maß das die Bildungsschichten der Nation formende neuhumanistische Prinzip in der Reformzeit ein verfassungspolitischer Faktor war.

Die den Unterrichtsgang der Gymnasien abschließende *Reifeprüfung* (Abitur, Maturum) [2]) wurde durch die Instruktion wegen Prüfung der zur Universität abgehenden Schüler vom 25. Juni 1812 neugeordnet und durch das Reglement vom 4. Juli 1834 revidiert. Das von den Gymnasien verliehene Reifezeugnis eröffnete den Zugang zur Immatrikulation an den Universitäten. Zunächst blieb daneben noch die Möglichkeit bestehen, die Immatrikulation auch durch eine Aufnahmeprüfung an den am Universitätsort gebildeten gemischten Prüfungskommissionen zu erwirken [3]). Seit 1834 aber war das Gymnasialabitur, vorbehaltlich einer ministeriellen Ausnahmezulassung, die einzige Form für den Zugang zum Universitätsstudium.

b) Das Realgymnasium

Neben den humanistischen Gymnasien war nach Humboldts Auffassung für ständische höhere Lehranstalten kein Raum. Die *Ritterakademien* ließ er daher in Gymnasien des neuen Typus umwandeln [4]). Entschieden, allerdings ohne Erfolg, wandte Humboldt sich auch gegen die *Kadettenanstalten;* er bekämpfte sie als militärische Standesschulen, für die er eine Berechtigung nicht mehr anerkannte [5]). Die *lateinlosen Realschulen* suchte er zurückzudrängen; überwiegend wurden sie entweder zu Gymnasien oder Progymnasien erhoben oder auf die Stufe von Bürgerschulen zurückversetzt. In gewissem Umfang bildete sich allerdings aus diesen älteren Realschulen eine Sonderform höherer Lehranstalten unter dem Namen *Realgymnasium* [6]).

Die Realgymnasien waren anfangs nicht als Vorbereitung für das wissenschaftliche Studium gedacht, sondern suchten den Bedürfnissen der Wirtschaft und Technik unmittelbar zu dienen. Die wirtschaftstätigen höheren bürgerlichen Schichten besonders

---

[1]) Verfügung vom 23. März 1820, mit der Anweisung des Ministers des Innern (!) an die Regierungspräsidenten, „nachdrücklich darauf zu halten, daß alles Turnen schlechterdings unterbleibe, da es Seiner Majestät Willen sei, daß das Turnwesen ganz aufhöre". Siehe auch unten S. 704 f., 732 ff.

[2]) Eingeführt durch das Circular vom 23. Dezember 1788 (siehe oben S. 108).

[3]) Die Zahl der durch Universitäts-Eingangsprüfungen erwirkten Immatrikulationen überstieg anfänglich die Zahl der auf das Gymnasial-Reifezeugnis gestützten erheblich; erst mit der Vermehrung der Zahl der Gymnasien setzte sich das Abitur als regelmäßige Eingangspforte für das Universitätsstudium durch.

[4]) Vgl. *Humboldts* Denkschrift „Über die Liegnitzer Ritterakademie" vom 7. September 1809 (GS Bd. X S. 160).

[5]) Vgl. *Humboldts* Denkschrift „Über Kadettenhäuser" vom 9. Juli 1809 (GS Bd. X S. 93).

[6]) Die Realgymnasien hießen anfangs vielfach „höhere Bürger- und Realschulen"; ihre eigene Prüfungsordnung erhielten sie 1832.

der Großstädte, die Kaufmannskorporationen und Handelskammern, aber auch das preußische Handelsministerium[1]) setzten sich, entgegen dem Humboldt'schen rein humanistischen Bildungsprogramm, für die Errichtung solcher Realgymnasien ein. 1831 gab es in Preußen 16 höhere Schulen dieser Art. Ihr Bildungsziel war der Unterricht unter Verzicht auf Griechisch, dafür mit stärkerer Pflege der mathematisch-naturwissenschaftlichen Fächer und der lebenden Fremdsprachen. Den Zugang zur Universität vermittelten sie nicht; daher stellten sie einen Fremdkörper im System des als einheitliche Nationalerziehungsanstalt gedachten preußischen Bildungswesens dar. Fast ein volles Jahrhundert verging, bis die Realgymnasien und mit ihnen die später entwickelten Oberrealschulen sich 1901 die Gleichberechtigung im Zugang zur Universität erstritten. (Näheres darüber in Bd. IV S. 906 ff.).

c) Das wissenschaftliche Lehramt

Für den Eintritt in das wissenschaftliche Lehramt an den höheren Lehranstalten Preußens wurde das Universitätsstudium mit einem neugeordneten, vor wissenschaftlichen Prüfungskommissionen abzulegenden Staatsexamen zur allgemeinen Voraussetzung. Die Absolvierung des in Berlin eingerichteten „Seminars für gelehrte Schulen"[2]) war nicht bindend vorgeschrieben; es genügte die Ablegung zweier Prüfungen[3]), des *examen pro docendi facultate* und des nach einer Vorbereitungszeit abzulegenden *examen pro loco*. Auf die Bedeutung, die dieses Ausbildungs- und Prüfungssystem für die Entwicklung des höheren Lehrerstandes und dieser für den Aufbau der neuen bürgerlichen Gesellschaft wie des Staates besaß, wurde schon aufmerksam gemacht[4]).

3. Die Universitäten

Den Neuaufbau des preußischen Bildungswesens krönte die Universitätsreform, die mit der Gründung der Berliner Universität 1810 einsetzte und sich mit den Gründungen von Breslau (1811) und Bonn (1818) wie den gleichlaufenden Neuerungen in den alten preußischen Hochschulen Königsberg und Halle und der ehedem schwedisch-pommerschen Universität Greifswald vollendete.

a) Das preußische Universitätswesen um 1806

Um 1800 besaß Preußen fünf Universitäten; unter ihnen zählte im Jahre 1805 Halle 944, Königsberg 333, Frankfurt a. O. 307, Erlangen 216 und

---

[1]) Es gehört zu den bemerkenswerten Tatsachen der Bildungsgeschichte, daß es der ehemalige Hauslehrer der Brüder Humboldt, der nunmehrige Direktor im Handelsministerium *Kunth* war, der sich nachdrücklich für die Realgymnasien einsetzte und zur Gründung der beiden ersten Berliner Anstalten dieses Typus entscheidend beitrug (siehe auch oben S. 132).
[2]) Siehe oben S. 135 Anm. 1.
[3]) Edikt wegen einzuführender allgemeiner Prüfung der Schulamtskandidaten vom 12. Juli 1810 (GS 1806–10 S. 717).
[4]) Siehe oben S. 268 f.

Duisburg rund 40 Studenten. Nur *Halle* war von hohem wissenschaftlichem Rang. *Königsberg*, das 1804 mit Kants Tod seinen einzigen großen Geist verloren hatte, und *Erlangen*, wo Fichte nur 1805/06 zu kurzer Wirksamkeit gekommen war, waren von provinziellem Charakter. *Frankfurt a. O.* und besonders *Duisburg* verdienten kaum den Namen einer Universität. Die Gebietserweiterungen von 1803 und 1806 trugen Preußen zwar den Gewinn der Universitäten Erfurt, Münster, Paderborn und schließlich Göttingen ein; aber es verlor im Tilsiter Frieden außer diesen Gewinnen von 1803/06 auch Halle, Erlangen und Duisburg. Die beiden einzigen Universitäten des preußischen Reststaats waren *Königsberg und Frankfurt a. O.* Mit Halle büßte Preußen nicht nur die größte, sondern auch die einzige seiner Universitäten ein, die der Ausgangsort einer geistigen Erneuerung hätte werden können. Schon in den Tagen des Zusammenbruchs aber entschloß der zerstückelte Staat sich zum Neuaufbau seines Hochschulwesens gemäß dem Wort des Königs, „der Staat müsse durch geistige Kräfte ersetzen, was er an physischen verloren habe"[1]).

Als im August 1807 eine Gruppe von Hallenser Professoren unter der Führung des Juristen *Schmalz*[2]) den König in Memel aufsuchte, um ihn um die Verlegung der Universität Halle nach Berlin zu bitten, lehnte Friedrich Wilhelm III. dies zwar mit Rücksicht auf die Rechte des Königreichs Westfalen ab. Aber schon länger hatte man innerhalb der Regierung erwogen, die in Berlin bestehenden wissenschaftlichen Institute zu einer „höheren Lehranstalt" zu vereinigen. Mit dem oben angeführten Ausspruch bekannte der König nun seine Absicht, in der Hauptstadt ein neues wissenschaftliches Zentrum zu schaffen. Den Auftrag, die Gründung einer „allgemeinen Lehranstalt" in Berlin in Verbindung mit der Akademie der Wissenschaften vorzubereiten, erteilte er zunächst seinem Kabinettsrat *Beyme*; für diesen arbeiteten neben anderen vor allem der klassische Philologe *Friedrich August Wolf* (Berlin) sowie *Schleiermacher* und *Fichte* die ersten Vorschläge aus. Doch kam Beyme über solche Vorbereitungen nicht hinaus.

b) Die Gründung der Universität Berlin und die Humboldt'sche Universitätsidee

Mit der Berufung *Humboldts* an die Spitze der Unterrichtsverwaltung kam der Berliner Universitätsplan zu schnellem Vollzug. Gegenüber dem Vorschlag, in Berlin eine Mehrzahl von Fachhochschulen nur äußerlich der Akademie der Wissenschaften anzugliedern, setzte Humboldt das Universitätsprinzip durch, indem er eine allumfassende wissenschaftliche Körperschaft ins Leben rief, die die Gesamtheit der Wissenszweige in Forschung und Lehre vereinte. Dieses Prinzip der Universalität der wissenschaftlichen Hochschulen, das der Minister v. Massow eine „Anomalie" genannt und an dessen Stelle er ein System getrennter Fachhochschulen für Mediziner, für Juristen, für Philologen, für Theologen usw. empfohlen hatte, war bei Humboldts Amtsantritt

---

[1]) Überliefert ist das Wort durch *Schmalz* in mehrfachen übereinstimmenden Berichten. An der Authentizität zu zweifeln, wie es gelegentlich geschehen ist, besteht kein Anlaß. Daß es auch in Schmalz' berüchtigter Denunziationsschrift „Berichtigung einer Stelle in der Bredow-Venturinischen Chronik für das Jahr 1808, Über politische Vereine, und ein Wort über Scharnhorsts und meine Verhältnisse zu ihnen" (1815) wiedergegeben ist, ist kein Grund, die Wahrheit dieser Angabe zu bestreiten.
[2]) Siehe oben S. 144 f.

aufs schwerste bedroht. Auch Frankreich, die nicht nur militärisch, sondern auch geistig nach europäischer Hegemonie strebende Kontinentalmacht, war in eben dieser Zeit zum System der getrennten wissenschaftlichen Fachinstitute übergegangen; für das besiegte Preußen lag nichts näher, als unter Preisgabe seiner Überlieferung die Bildungseinrichtungen des erfolgreichen Gegners nachzuahmen. Da zudem in Berlin neben der Akademie der Wissenschaften zahlreiche selbständige wissenschaftliche Fachinstitute, vor allem für das Studium der Medizin, bestanden [1]) und da die noch erhaltenen preußischen Universitäten nicht eben als überzeugendes Argument für das Prinzip der Universitas Litterarum ins Feld geführt werden konnten, war die Versuchung groß, in Berlin nicht eine Universität, sondern eine Vielzahl von Fach-Akademien zu errichten. Die Akademie der Wissenschaften wäre dann Träger der Forschung, die Fachhochschulen wären Träger der Lehre geworden. So kam es, daß man zunächst nur von den in Berlin zu errichtenden „höheren Lehranstalten" sprach. Humboldt aber setzte durch, daß der König in seiner Hauptstadt mit der Stiftungsakte vom 16. August 1809 die *Universität* als eine alle Wissenszweige umfassende Stätte freier Forschung und Lehre gründete. Mit ihrer Eröffnung zu Michaelis 1810 begann eine neue Epoche des preußischen und deutschen, ja man darf sagen des europäischen Hochschulwesens.

Schon in seinem *Antrag vom 24. Juli 1809* setzte Humboldt sich nicht nur für den Namen „Universität" ein; er machte zugleich geltend, daß jede Trennung von Forschung und Lehre wie jede Trennung nach Fachdisziplinen für die „echt wissenschaftliche Bildung verderblich" sei. Einzelinstitute seien erst dann von Nutzen, wenn ein „vollständiger wissenschaftlicher Unterricht" mit ihnen verbunden werde. Es komme deshalb darauf an, eine „allgemeine Lehranstalt" als ein in sich „organisches Ganzes" zu schaffen. Nur eine Universität, die als Einheit sämtliche Zweige der Forschung und Lehre umfasse, sei zu wahrer „Nationalerziehung und -bildung" geeignet. Nur durch Gründung einer Universität könne man das Vertrauen ganz Deutschlands auf Preußens Wirken für „wahre Aufklärung und höhere Geistesbildung" rechtfertigen. Nur auf diesem Weg könne Preußen „den ersten Rang in Deutschland" behaupten und Deutschlands „moralische und intellektuelle Richtung" bestimmen [2]).

Ausführlicher und schärfer umriß Humboldt in seinem *Organisationsplan* das Wesen der Universität. Die höheren wissenschaftlichen Anstalten seien der Gipfel, „in dem alles, was unmittelbar für die moralische Kultur der Nation geschieht, zusammenkommt". Ihre Bestimmung sei, „die Wissenschaft im tiefsten und weitesten Sinn des Wortes zu *bearbeiten*" und den damit vorbereiteten Stoff „der geistigen und sittlichen Bildung zu seiner Benutzung *hinzugeben*". Mit dieser Doppelaufgabe der „Bearbeitung" und der „Vermittlung" waren die Universitäten unter den Grundsatz der *Einheit von Forschung und Lehre* gestellt, und zwar so, daß die Forschung stets als das primär Wesenbestimmende zu gelten hatte. Es sei die Eigentümlichkeit der Universität, „daß sie die Wissenschaft immer als ein noch nicht ganz aufgelöstes Problem behandelt und daher immer im Forschen bleibt, da die Schule es nur mit fertigen und abgemachten Kenntnissen zu tun hat und lernt" [3]).

---

[1]) In Berlin gab es damals (Gründungsjahre in Klammern): die Tierarzeneischule (1790), die Pépinière als Ausbildungsanstalt für Militärärzte (1795), die Akademie der Künste (1796), die Bauakademie (1799), die Militärakademie (1804), dazu das Ackerbauinstitut in Möglin (1806). Diese Institute wurden überwiegend in Massows Amtszeit errichtet; sie dokumentieren das starke Vordringen des Fachhochschulprinzips in der Zeit zwischen 1790 und 1806.

[2]) GS Bd. X S. 149.

[3]) GS Bd. X S. 250 ff.

Der Idee der Wissenschaft nun sei *die Einmischung des Staates immer hinderlich*, da dieser durch sein Eingreifen „das Geistige und Hohe in die materielle und niedere Wirklichkeit herabzieht". Bei aller staatlichen Fürsorge für die Universität komme es darauf an, „das Prinzip zu erhalten, die Wissenschaft als etwas noch nicht ganz Gefundenes und nie ganz Aufzufindendes zu betrachten und unablässig sie als solches zu suchen". Der Staat habe daher vornehmlich zu sorgen „für Reichtum (Stärke und Mannigfaltigkeit) an geistiger Kraft durch die Wahl der zu versammelnden Männer und für Freiheit in ihrer Wirksamkeit". Neben der Einheit der Wissensgebiete erhob Humboldt damit die *Freiheit von Forschung und Lehre* zum zweiten Konstitutionsprinzip der Universität.

Die Auswahl und Ernennung der Universitätslehrer allerdings behielt Humboldt dem Staat ausschließlich vor; den Fakultäten stärkeren Einfluß darauf zu verstatten, hielt er für untunlich, da „Antagonismus und Reibung" unter den Professoren der Universität „heilsam und notwendig" seien. Humboldt wollte also, indem er dem Staat das Berufungsrecht sicherte, die freie Entfaltung der Wissenschaft im Widerstreit gegenüber der Gefahr eines ständisch-korporativen Zunftgeists der Fakultäten gewährleisten. Die staatliche Personalhoheit sah er als eine Bürgschaft der akademischen Freiheit, nicht als ein Mittel zu ihrer Knechtung an.

c) Die Anfänge der Universität Berlin

Gemäß den Humboldt'schen Grundsätzen und auf Grund der Königlichen Stiftungsurkunde vom 16. August 1809 wurde die Universität Berlin zu Michaelis 1810 eröffnet. Die Akademie der Wissenschaften blieb daneben als selbständige Körperschaft bestehen; doch mußte sie ihre wissenschaftlichen Institute an die Universität abgeben.

Eine Reihe von Gelehrten glanzvollen Namens wurden an die Universität berufen, so in die theologische Fakultät *Schleiermacher, Marheineke* und *de Wette,* in die juristische Fakultät *Savigny,* neben den bald der Germanist *Karl Friedrich Eichhorn* trat, in die philosophische Fakultät *Fichte, Friedrich August Wolf, Niebuhr,* der Agrarwissenschaftler *Thaer,* der Chemiker *Klaproth* und der Astronom *Oltmanns,* dazu 1811 der Graecist *August Böckh,* in die medizinische Fakultät *Reil* und *Hufeland.* Die Zahl der Studenten allerdings war zunächst gering. Die Gesamtzahl im Winter 1810/11 betrug 256 (davon 117 Mediziner von den in Berlin bereits bestehenden Instituten, 57 Philosophen, 53 Juristen, 29 Theologen); im Sommer 1811 ging die Zahl auf 198 zurück.

Der erste ernannte Rektor der Berliner Universität war *Schmalz*[1]), der, so sehr er politisch dem bald einsetzenden reaktionären Kurs verfallen war, doch in seiner Amtszeit für die korporative Selbstverwaltung der Universität stritt; mit dem neuen Chef der Unterrichtsverwaltung Schuckmann kam er darüber in heftigen Konflikt. Der erste von dem Lehrkörper gewählte Rektor war *Fichte,* der jedoch bald wegen seines Vorgehens gegen den Pennalismus der Studenten[2]) in Gegensatz zum Senat geriet und deswegen zurücktrat. An seiner Stelle wurde *Savigny,* wieder kraft königlicher Ernennung, in das Amt des Rektors eingesetzt. Diese Wirren waren nicht eben ein guter Anfang für die akademische Selbstverwaltung. Humboldts schon früher gefallenes Wort von den Professoren als der „unbändigsten und am schwersten zu befriedigenden Menschenklasse" war nicht ohne Erfahrungsgehalt.

Die Befreiungskriege führten zur Verödung der Berliner Hörsäle, und Fichtes Tod (1814) riß eine tiefe Lücke in den Lehrkörper. Erst von 1815 ab kam es dann zu schnellem Aufstieg. Aber mit dem Wartburgfest (1817), dem Sand'schen Attentat (1819) und den Karlsbader Beschlüssen begann in Berlin der hochschulpolitische

---

[1]) Siehe oben S. 144 f.   [2]) Siehe unten S. 706 Anm. 1.

Kampf, der ein Kampf zwischen der Studentenschaft und den akademischen Behörden, ein Kampf innerhalb des Lehrkörpers und ein Kampf der Universität mit den Staatsbehörden um die Selbstbehauptung des Prinzips der akademischen Freiheit werden sollte. [1])

d) Der Aufbau des preußischen Universitätswesens

Im rechtlichen Aufbau der preußischen Universitäten hielten Humboldt und seine Nachfolger an der überlieferten Verbindung körperschaftlicher und anstaltlicher Ordnungselemente fest. Die Universitäten blieben *Körperschaften;* das heißt: sie blieben Lehr-, Erziehungs- und Forschungsstätten, in denen akademische Lehrer und Studenten als Mitglieder, ja als „Bürger" der Universitas Litterarum verbunden waren. Das Prinzip der *akademischen Selbstverwaltung* durch Rektor, Senat und Fakultäten blieb nicht nur erhalten; es gewann vielmehr in der Humboldt'schen Idee der autonomen Wissenschaft und Bildung einen neuen festen Grund. Das Reglement vom 28. Dezember 1810 (GS 142) erkannte mit der Neuordnung der universitätseigenen *akademischen Gerichtsbarkeit* eines der bedeutendsten Stücke der körperschaftlichen Autonomie des Hochschulwesens an. Aber die Reform verstärkte zugleich die *anstaltlichen Wesenszüge* im Universitätsaufbau. Neben den Grundsatz der Wissenschaftsautonomie der Universitäten stellte sie den Grundsatz der staatlichen Universitätshoheit; im Spannungsverhältnis dieser beiden Wesensprinzipien hat sich die Gestalt der deutschen Universität seit der Reform entwickelt. Die staatliche Universitätshoheit erhielt im preußischen Kultusministerium eine Zentralinstanz, die eine eigene große Wissenschaftskonzeption besaß und sich als ihr Hüter auch gegenüber den Universitäten tatkräftig durchzusetzen vermochte. In der Einrichtung der für die einzelnen Universitäten bestellten *Kuratoren* schuf der Staat sich eine Lokalinstanz, die als örtliche Vertretung des Ministers für die Effizienz der Verwaltung der äußeren Universitätsangelegenheiten Sorge trug. Die Formel, daß die in der Reform neuverfaßten Universitäten *autonome Körperschaften* im Bereich ihrer „inneren Angelegenheiten", also in Bezug auf Forschung, Erziehung und Lehre, dagegen *Anstalten* im Bereich ihrer „äußeren Angelegenheiten" waren, vereinfacht zwar einen komplexen Sachverhalt, gibt aber doch zugleich das Prinzip an, von dem aus diese Kernfrage der deutschen Universitätsverfassung [2]) zu behandeln ist. Jedenfalls waren die Universitäten nach dem Sinn der Humboldt'schen Reform *Körperschaften mit anstaltlichem Einschlag.* Daran änderte sich auch späterhin nichts, obwohl in der Epoche der Karlsbader Beschlüsse die Staatsverwaltung bemüht war, die anstaltlichen Elemente der Universitätsverfassung merklich zu verstärken.

Auch in seinem äußeren Bestand gewann das preußische Universitätswesen in der Reform- wie in der Krisenzeit eine bedeutende Erweiterung und Befestigung. Neben *Königsberg,* das sich zu allen Zeiten der staatlichen Gunst und der Förderung durch die Provinz erfreute, trat *Breslau* (1811) als zweite Universität des preußischen Ostens; in sie ging die aufgehobene Universität

---

[1]) Dazu *M. Lenz,* Gesch. d. Kgl. Friedrich-Wilhelms-Universität Berlin (1910–18) Bd. II 1 S. 34 ff.
[2]) Dazu *H. Gerber,* Hochschule und Staat (1953) S. 11 ff., 49 ff.

Frankfurt a. O. ein [1]). Die Vermehrung des preußischen Staatsgebiets um Schwedisch-Vorpommern machte *Greifswald* (1815) zur preußischen Universität. Die Universität Halle, 1807—13 eine Einrichtung des Königreichs Westfalen, trat in den Kreis der preußischen Universitäten wieder ein; die kursächsische Universität Wittenberg, die 1815 an Preußen fiel, wurde 1816 mit Halle zur Universität *Halle-Wittenberg* vereinigt. An Stelle von Duisburg wurde *Bonn* (1818) zur großen rheinischen Hochschule [2]). *Münster* dagegen blieb auf eine katholisch-theologische und eine philosophische Fakultät beschränkt. So gab es in der Zeit von 1818—66 sechs preußische Universitäten: Berlin, Bonn, Breslau, Greifswald, Halle-Wittenberg und Königsberg, dazu als siebente universitätsgleiche Körperschaft die beiden Fakultäten in Münster.

Die Gesamtzahl der Studenten in Preußen steigerte sich bis zum Jahre 1832 auf 5 423. Davon studierten in Berlin 1 732, in Breslau 1 046, in Halle 868, in Bonn 797, in Königsberg 452, in Münster 292, in Greifswald 236. Theologen waren 2 429 (1 742 evangelische, 687 katholische), Juristen 1 383, Philosophen 836, Mediziner 775. An sämtlichen deutschen Universitäten gab es um die gleiche Zeit (1830) 15 870 Studenten, davon 6 076 Theologen, 4 502 Juristen, 2 937 Philosophen, 2 355 Mediziner.

§ 18. Der Kampf um die preußische Nationalrepräsentation

Schrifttum: Siehe die Angaben zu § 10.

I. Die Idee der Repräsentativverfassung 1807/08

Die preußischen Reformen waren, obwohl zunächst in Teilstücken in Angriff genommen, ein zusammenhängendes Ganzes. Sie zielten auf Vollendung in einer *Verfassungsreform,* deren Kernstück eine gewählte preußische Nationalrepräsentation, „Reichsstände" genannt, sein sollte. Die dreifache Absicht dieses *Verfassungsplans* war: 1) Die bis dahin aus einer Vielzahl selbständiger Territorien, den „preußischen Staaten", bestehende Monarchie sollte durch die gemeinsame Volksvertretung „von unten her" (also nicht nur durch die Gemeinsamkeit der staatsleitenden Organe „von oben her") zum Einheitsstaat werden. 2) Die Wahl der Volksvertretung sollte die Trennung von Staat und Gesellschaft, die der Absolutismus bewirkt hatte, überwinden, indem die Gesellschaft in ihren Repräsentanten Anteil an der Bildung des Staatswillens und an der Durchführung der Staatsaufgaben erhielt. 3) Die Gesellschaft sollte sich dadurch selbst mit staatlichem Bewußtsein erfüllen; sie sollte zur „Nation" werden und sich als identisch mit dem „Staat" erkennen. Diese *dreifache Integration* — die Verschmelzung der Territorien zum Staat, die

---

[1]) Bis 1811 hatten in *Breslau* eine katholisch-theologische und eine philosophische Fakultät (wie in Münster) bestanden. Die Universität *Frankfurt a. O.* wurde 1811 nach Breslau verlegt; dort wurde damit eine Volluniversität geschaffen.

[2]) Im Streit zwischen Bonn und Köln um den Sitz der neuen Universität fiel die Entscheidung auf Grund eines von *Süvern* am 27. Juli 1817 erstatteten Gutachtens, das staats-, kirchen- und bildungspolitische Gründe in gleichem Maß für Bonn ins Feld führte.

Verbindung von Gesellschaft und Staat, die Identifizierung von Nation und Staat — war das verfassungspolitische Ziel im Kampf um die preußische Nationalrepräsentation [1]).

1. Der Plan der preußischen „Reichsstände"

Der Gedanke der Repräsentativverfassung war in Preußen schon vor 1806 lebendig. *Kant* hatte in seiner Staatsphilosophie die Notwendigkeit eines gewaltenteilenden Rechtsstaats mit Repräsentativverfassung entwickelt [2]) und damit auf die seiner Schule entstammenden Reformer, darunter Altenstein und Schön, mächtig gewirkt. Auch *Steins* Denkschrift über die „fehlerhafte Organisation des Cabinetts" vom 26./27. April 1806 bekannte sich zu der Gleichsetzung von Staatsverfassung und Repräsentativverfassung; sie sprach dem absoluten Staat den Besitz einer Verfassung und damit den Charakter eines Verfassungsstaats ab:

> „Der Preußische Staat hat keine Staatsverfassung; die oberste Gewalt ist nicht zwischen dem Oberhaupt und Stellvertretern der Nation geteilt" [3]).

Obwohl die Denkschrift dies noch nicht ausdrücklich forderte, lag doch der Vorschlag zur Bildung einer Repräsentativverfassung in ihrer Konsequenz. *Steins* Nassauer Denkschrift vom Juni 1807 sprach zwar unmittelbar nur von den Provinzialständen, nicht von den preußischen „Reichsständen". Aber was dort von den Provinzialvertretungen gesagt war, galt in gleichem Sinn von einer Nationalvertretung:

> „Auch meine Diensterfahrung überzeugt mich innig und lebhaft von der Vortrefflichkeit zweckmäßig gebildeter Stände, und ich sehe sie als ein kräftiges Mittel an, die Regierung durch die Kenntnisse und das Ansehen aller gebildeten Classen zu verstärken, sie alle durch Überzeugung, Teilnahme und Mitwirkung bei den Nationalangelegenheiten an den Staat zu knüpfen, den Kräften der Nation eine freie Tätigkeit und eine Richtung auf das Gemeinnützige zu geben, sie vom müßigen sinnlichen Genuß oder von leeren Hirngespinsten der Metaphysik oder von Verfolgung bloß eigennütziger Zwecke abzulenken und ein gut gebildetes Organ der öffentlichen Meinung zu erhalten, die man jetzt aus Äußerungen einzelner Männer oder einzelner Gesellschaften vergeblich zu erraten bemüht ist" [4]).

Wenn es darauf ankam, dem Staat ein *Organ der öffentlichen Meinung* zu schaffen, so durfte man nicht bei Provinzialständen stehen bleiben, da diese

---

[1]) Das Wort „Integration" wird hier, wie auch an anderen Stellen dieses Buchs, nicht in seiner modischen Vieldeutigkeit und Verschwommenheit, sondern in seinem staatstheoretischen Sinn verwandt (dazu *R. Smend*, Verfassung und Verfassungsrecht, 1928; *ders.*, Integrationslehre, HDSW 5, 1956, S. 299 ff.).

[2]) *Kant*, Metaphysik der Sitten (Rechtslehre; erschienen 1797) § 43: „Volk, d. i. eine Menge von Menschen, die, im wechselseitigen Einflusse gegeneinander stehend, des rechtlichen Zustandes unter einem sie vereinigenden Willen, einer Verfassung (constitutio), bedürfen, um dessen, was Rechtens ist, teilhaftig zu werden." —
§ 52: „Alle wahre Republik aber ist und kann nichts anderes sein als ein repräsentatives System des Volkes, um im Namen desselben, durch alle Staatsbürger vereinigt, vermittelst ihrer Abgeordneten (Deputierten) ihre Rechte zu besorgen."

[3]) *Stein*, Briefe u. Amtl. Schr. Bd. II 1 S. 206 ff.

[4]) Ebenda S. 380 ff.

immer nur regionale Meinungen repräsentieren konnten; man mußte preußische Nationalstände bilden, um der öffentlichen Meinung der Gesamtnation ein legitimes Organ zu geben.

Auch *Altenstein* schlug in seiner Rigaer Denkschrift vom 11. September 1807 eine *Nationalrepräsentation* vor, die, aus Gemeinde-, Kreis- und Provinzialvertretungen aufsteigend, der obersten Staatsbehörde nächst dem König zugeordnet werden sollte [1]). *Hardenberg* pflichtete diesem Vorschlag bei [2]). Im ganzen Kreis der Reformer waren in den Jahren 1807/08 gleichgerichtete Bemühungen lebendig.

2. Rehdigers Verfassungsdenkschriften

Starken Anteil an der Fortentwicklung der Verfassungspläne nahm der spätere Staatsrat *Rehdiger* [3]), mit dem Stein 1808 in enge Verbindung trat.

a) In einer *ersten Denkschrift* vom 20. Mai 1808 [4]) über das preußische Verfassungsproblem, die er an Stein gelangen ließ, forderte Rehdiger eine einheitliche Nationalrepräsentation für ganz Preußen an Stelle einer Vielheit von Provinzialständen. Die Volksvertretung sollte nicht nach Ständen gegliedert, aber auch nicht durch allgemeine Volkswahlen gebildet werden; das Wahlrecht sollte vielmehr auf die *Notabilität* beschränkt sein, d. h. auf die durch gesellschaftliche Stellung, dienstliche Bewährung oder wirtschaftliche oder geistige Leistung ausgezeichneten Schichten. Eine „Aristokratie der Vernünftigkeit und Rechtlichkeit" sollte sich in der so gearteten Repräsentativverfassung entfalten [5]). Bildung, Besitz und öffentlicher Dienst sollten die Basis der Volksvertretung sein.

Stein erwiderte am 8. September 1808, auch er sei von der Notwendigkeit überzeugt, der Nation die Teilnahme an Gesetzgebung und Verwaltung durch Bildung von „Reichsständen" einzuräumen; doch müsse daneben ein weiter Geschäftskreis für Provinzialstände bleiben [6]). Der Adel, den Stein auf eine geringe Anzahl hochbegüterter Familien beschränken wollte [7]), sollte mit der nicht-adligen Oberschicht („Männern von großem Ansehen, es entstehe aus Reichtum oder Verdiensten um den Staat") in einem *Oberhaus* mit einem eigenständigen politischen Wirkungskreis zusammengefaßt werden. Scharf wandte Stein sich gegen Rehdigers Vorschlag, der Masse der Subalternbeamten durch Aufnahme in die Notabilität ein ausschlaggebendes Stimmrecht zu gewähren; die Nationalrepräsentation werde bei einer solchen Regelung von einer Majorität aus Subalternen, Unteroffizieren und Dorfschulzen gewählt und gerate damit in Abhängigkeit von der Regierung. Nur die *freien Eigentümer* seien durch Unabhängigkeit von der Regierung ausgezeichnet, wie sie notwendig sei, damit die Nationalrepräsentation sich die Achtung und das Vertrauen der Nation erwerbe; ihnen sei daher die Wahl der Repräsentanten anzuvertrauen. Dem so gebildeten „Reichstag"

---

[1]) Denkschrift Altensteins „Über die Leitung des preuß. Staats" vom 11. September 1807 (*Winter*, Reorganisation Bd. 1 S. 404 f.).

[2]) Denkschrift Hardenbergs vom 12. September 1807 (ebenda S. 318).

[3]) Über ihn siehe oben S. 133 f.

[4]) Der Inhalt der Denkschriften Rehdigers ist bekannt durch die Berichte bei *Pertz*, Gneisenau Bd. 1 S. 397 ff.; ferner aus den Erwiderungen Steins. Veröffentlicht sind die Denkschriften nicht; auch die Reinschriften sind offenbar nicht erhalten.

[5]) *Ritter*, Stein Bd. 1 S. 429 ff.

[6]) *Stein*, Beurteilung des Rehdiger'schen Entwurfs (a. a. O. Bd. II 2 S. 852 ff.).

[7]) Siehe oben S. 205 Anm. 1.

wollte Stein zwar die Gesetzesinitiative zugestehen; über Gesetzentwürfe sollte er sich jedoch nur gutachtlich, nicht beschließend äußern, da die Nation an das politische Selbsthandeln noch nicht gewöhnt sei. Im übrigen aber gelte es, die Nation, indem man sie an den Geschäften teilnehmen lasse, zu den Geschäften zu erziehen: „Überhaupt werden sich die Menschen erst durch Geschäfte bilden, und durch Handeln wird die Nation erst mit ihrer Geschäftsfähigkeit bekannt."

b) Unter Anpassung an die Ideen Steins entstand *Rehdigers zweiter Entwurf*[1]. Die Gesamtvertretung, nun als „gesetzgebender Senat" bezeichnet, sollte aus drei „Bänken" oder „Kollegien" bestehen. Das *Kollegium der Würden und Stände* aus 36 Mitgliedern des hohen Adels und des hohen Klerus sollte eine Art Oberhaus sein; das *Nationalkollegium* aus 120 gewählten Mitgliedern sollte sich in acht Sektionen nach ständischen Merkmalen gliedern[2] und damit die bürgerliche Gesellschaft widerspiegeln; das *Staatskollegium* aus 48 vom König ernannten Mitgliedern war eine Vorwegnahme des späteren preußischen Staatsrats. Dieses *Dreikammersystem* hat lange als eine befremdliche Verirrung abstrakt-theoretischen Verfassungsdenkens gegolten. Man hat verwundert gefragt, wie es den Beifall Steins und der übrigen Reformer habe finden können. Doch war die vorgeschlagene Dreiteilung nichts als ein Abbild der damaligen gesellschaftlichen Wirklichkeit. Noch standen hoher Adel und Klerus in unangefochtener Geltung; der bürgerliche Besitz- und Bildungsstand drang mächtig vor und strebte nach einem Anteil an der politischen Macht; die hohe Bürokratie bewährte sich eben jetzt durch den aufgeschlossenen und beharrlichen Eifer für die Staatsreform. *Adel, gehobenes Bürgertum und hohe Bürokratie* waren die drei politischen Grundkräfte im damaligen Staatsleben; dem suchte Rehdigers Vorschlag einer dreigegliederten Nationalvertretung zu entsprechen.

Stein pries in seiner Denkschrift vom 7. November 1808[3] die systematische Vollständigkeit des von Rehdiger vorgeschlagenen Repräsentativsystems. Es begreife in sich „Eigentum und Fähigkeit"; dem Eigentum gebe es das notwendige Übergewicht; es verleihe der Verfassung damit Stetigkeit gegenüber der Veränderlichkeit der Ansichten und Meinungen. Doch forderte Stein, daß im Nationalkollegium dem Zivil- und Militärdienst keine Vertretung zugebilligt werde: „Beide (Gruppen) sind in ihrer Eigenschaft als öffentliche Beamte Werkzeuge der Regierung; sie haben als solche kein selbständiges Dasein, keine Befugnis, gegen den Willen der Regierung eine Meinung zu äußern, zu beschließen. Am wenigsten kann der Soldat als eine beratschlagende und beschließende Körperschaft erscheinen, da er einzig und allein zum Gehorsam und zum kräftigen Handeln bestimmt ist". Ferner wollte Stein dem König das Recht vorbehalten, den „Reichstag" aufzulösen; dieser sollte dann binnen sechs Monaten neu gewählt werden.

3. Der Widerstand der Reaktion gegen die „Reichsstände"

In den letzten Monaten seiner Amtszeit verfolgte Stein den Plan der Repräsentativverfassung mit Eifer. In einem offiziösen Zeitungsartikel vom

---

[1] *Pertz*, Gneisenau Bd. 1 S. 406 ff.
[2] Vorgesehen waren Sektionen für Handel, Gewerbe, städtischen Grundbesitz, ländlichen Großbesitz, ländlichen Kleinbesitz, Bildungsstand, zivilen und militärischen Staatsdienst.
[3] *Stein*, a. a. O. Bd. II 2 S. 920 ff.

26. September 1808 [1]) kündigte er an, daß die Regierung ein „repräsentatives System" vorbereite, „welches der Nation eine wirksame Teilnahme an der Gesetzgebung zusichert, um hierdurch den Gemeinsinn und die Liebe zum Vaterlande dauerhaft zu begründen". Die Reformpartei forderte in dieser kritischen Zeit die Berufung der Nationalrepräsentation vornehmlich, damit das Volk durch seine gewählte Vertretung zur *Annahme oder Ablehnung des Pariser Vertrags* [2]) Stellung nehmen, genauer gesagt: damit die Regierung sich bei der Ablehnung des Vertrags auf die durch die Nationalrepräsentation bekundete Zustimmung des Volkes stützen könne.

Boyen machte in seiner Denkschrift vom 29. September 1808 zuerst diesen Vorschlag [3]). In einer Denkschrift vom 14. Oktober 1808 forderten *Scharnhorst, Gneisenau, Nicolovius, Süvern, Schön, Grolman* und *Röckner,* „das Volk in seinen zu berufenden Stellvertretern darum zu befragen", ob die Pariser Konvention ratifiziert werden solle oder nicht [4]). Stein hielt dem König in einer Denkschrift vom 12. Oktober 1808 die Notwendigkeit vor, „die Nation mit der Lage der Verhältnisse gegen Frankreich bekannt zu machen", d. h. Reichsstände zu diesem Zweck zu berufen [5]); ebenso stellte er in dem Entwurf einer „Proklamation an sämtliche Bewohner des Preußischen Staates" vom 21. Oktober 1808 der Nation eine „ständische Verfassung" in Aussicht [6]).

Es ist bemerkenswert, daß nach diesen Forderungen die Nationalrepräsentation nicht bloß für Fragen der Gesetzgebung, sondern für die Stellungnahme zu einer Grundentscheidung der *auswärtigen Politik* zuständig sein sollte. Wären die Reformer damit durchgedrungen, so wäre die Regierung zwar außenpolitisch durch den Beistand der Nationalvertretung gestärkt worden, aber zugleich in Abhängigkeit von der Nationalvertretung geraten. Die *auswärtige Gewalt, eines der sorgsam gehüteten Kernstücke der königlichen Prärogative, wäre in den Kompetenzbereich der Volksvertretung gefallen.* Ein solcher Präzedenzfall hätte leicht der Anfang der Parlamentarisierung der Exekutivgewalt werden können.

Die durch den drohenden Übergang Preußens zum konstitutionellen System längst alarmierte Reaktion setzte denn auch alles in Bewegung, um den König von der Berufung der Nationalstände aus solchem Anlaß abzubringen. Der Sturz Steins, der durch Napoleons ultimative Forderung unmittelbar ausgelöst wurde [7]), war zugleich das Werk dieser reaktionären Gruppe, des Fürsten *Hatzfeldt,* der Minister *Voss* und *Goltz,* des Generals *Yorck,* des Geheimrats *Nagler,* die den Vorkämpfer der Repräsentativverfassung zu beseitigen bestrebt war. Auch *Hardenberg* und *Altenstein,* obwohl der Reformpartei angehörig, nahmen an dem Treiben gegen Stein teil [8]). Dieser aber

---

[1]) Königsberger Zeitung vom 29. September 1808 (*Stein,* a. a. O. Bd. II 2 S. 876 ff.).
[2]) Siehe oben S. 117.
[3]) *H. v. Boyen,* Erinnerungen (1889/90) Bd. 1 S. 489.
[4]) *Stein,* a. a. O. Bd. II 2 S. 891 ff.
[5]) Ebenda S. 889 ff.
[6]) Ebenda S. 902 ff.
[7]) Siehe oben S. 118.
[8]) Dazu Altensteins Meditation „Über die Wahl des Regierungssystems durch Preußen bei dem wahrscheinlichen Abgang Steins" (vgl. *Lehmann,* Stein Bd. 2 S. 593; *Ritter,* Stein Bd. 2 S. 82 f., sowie S. 355 Anm. 27).

bekannte sich in seinem (von Schön verfaßten) „Politischen Testament" vom 24. November 1808 noch einmal zur *allgemeinen Nationalrepräsentation*. Sie taste das Recht und die Gewalt des Königs nicht an; vielmehr werde der höchsten Gewalt ein Mittel gegeben, um die Wünsche des Volks kennen zu lernen und den Anordnungen der Regierung lebendige Kraft zu verleihen.

„Mein Plan war daher, jeder aktive Staatsbürger, er besitze hundert Hufen oder eine, er treibe Landwirtschaft oder Fabrikation oder Handel, er habe ein bürgerliches Gewerbe oder sei mit geistigen Banden an den Staat geknüpft, habe ein *Recht zur Repräsentation*. Mehrere mir eingereichte Pläne sind von mir vorgelegt. Von der Ausführung oder Beseitigung eines solchen Plans hängt Wohl und Wehe unseres Staates ab, denn auf diesem Wege allein kann der Nationalgeist positiv erweckt und belebt werden" [1]).

II. Die preußische Verfassungsfrage 1809—15

1. Die Verfassungsfrage unter Dohna-Altenstein

Von dem Ministerium Dohna-Altenstein war zu hoffen, daß es in der Bemühung um eine Nationalrepräsentation nicht erlahmen werde, da gerade *Altenstein* immer zu den Befürwortern des Verfassungsplans gehört hatte. Aber die drängenden Probleme der Außen- und Innenpolitik hinderten das Ministerium, sich der Verfassungsreform anzunehmen. Diese drohte schon jetzt zu versanden.

Altensteins Rigaer Denkschrift hatte sich entschieden zur Repräsentativverfassung bekannt:
„Um dem Zwecke näher zu treten, der Nation mehr Teilnahme an der Administration zu geben und diese dadurch vom dem Tode zu retten ... bleibt nichts übrig, als eine Art von Nationalrepräsentation in die Verfassung zu legen." Nicht nach Ständen sollte gewählt werden, da man so zu bloßen Interessenvertretern komme; die gewählten Repräsentanten sollten „nicht die Sachen ihrer Wähler vertreten, sondern deren Anteil an der ganzen Staatsverwaltung". Die Abgeordneten sollten daher nicht durch „Instruktionen" der Wähler gebunden, sondern mit „Vollmachten" ausgestattet sein. Nicht das imperative, sondern das freie Mandat war hier vorgeschlagen [2]).
Wenn Altenstein sich darauf berief, daß er diese Idee der Repräsentativverfassung von Stein übernommen habe, so war sein Vorschlag doch weit stärker als der mit altständischen Reminiszenzen durchsetzte Stein'sche Plan auf eine Volksvertretung modernen Stils gerichtet [3]).
Auch *Dohna*, der als Innenminister die eigentliche Zuständigkeit für die Verfassungsfrage besaß, stand diesen Plänen nahe. Aber er kam während seiner Amtszeit in dieser Frage keinen Schritt voran, was er nach seinem Rücktritt in einem Brief an Hardenberg vom 22. August 1810 damit rechtfertigte, daß die Zeit für eine Repräsentativverfassung noch nicht reif sei.
Die allgemeinen Zeitumstände seit 1808 seien nicht geeignet gewesen, „auch nur auf die entfernteste Weise an die Bildung eines Reichstags zu denken ... Nur wenn die Nation zu einer Konstitution reif ist, kann eine dem Geist und den Bedürfnissen der Nation ... ganz angemessene, wahrhaft heilbringende Nationalkonstitution entstehen". Preußens Lage sei so, daß Unfähigkeit und Leidenschaftlichkeit in den Reichs-

---

[1]) *Stein*, a. a. O. Bd. II 2 S. 988 ff.
[2]) *Winter*, Reorganisation Bd. 1 S. 404 f.
[3]) *Stern*, Abhandlungen und Aktenstücke S. 155.

ständen alsbald zum Verderben führen müßten; „revolutionäre Bewegungen" würden zwangsläufig ausgelöst werden. Während der nächsten Jahre möge man von einer so gefährlichen Einrichtung absehen [1]). Diese Warnung vor Reichsständen brachte Dohna auch in der folgenden Zeit noch wiederholt zum Ausdruck (17. und 30. Oktober 1810) [2]).

2. Das Verfassungsversprechen von 1810

Hardenberg griff nach seinem Regierungsantritt ungeachtet der Bedenken seines Vorgängers den Plan der Nationalrepräsentation alsbald auf. Schon 1807 war er für eine Nationalvertretung eingetreten, allerdings mit einigen sichernden Vorbehalten gegenüber Altensteins Vorschlag. Hardenberg hatte damals gesagt:

„Die Nation mit der Staatsverwaltung in nähere Verhältnisse zu bringen, sie mehr damit bekannt zu machen und dafür zu interessieren, ist allerdings heilsam und nötig. Die Idee einer Nationalrepräsentation, ohne Abbruch der monarchischen Verfassung, ist schön und zweckmäßig. Der Begriff gefährlicher Nationalversammlungen paßt nicht auf sie. Durch die Amalgamierung der Repräsentanten mit den einzelnen Verwaltungsbehörden wird sie den Nutzen gewähren, ohne den Nachteil zu haben. Sie soll keinen besonderen konstitutiven Körper, keine eigene Behörde bilden" [3]).

1810 suchte Hardenberg eine sofortige Entscheidung für die Repräsentativverfassung herbeizuführen, wozu er sich von Stein ermutigen ließ [4]). Es gelang dem Staatskanzler, den König zu bewegen, in das Finanzedikt vom 27. Oktober 1810 [5]) ein *königliches Verfassungsversprechen* einzusetzen. In dem Edikt sagte der König zu, *„der Nation eine zweckmäßig eingerichtete Repräsentation sowohl in den Provinzen als für das Ganze zu geben, deren Rat Wir gern benutzen ... werden"*.

Man kann zweifeln, ob es sich bei dieser in Gesetzesform gekleideten Verfassungszusage nur um ein Programm oder um ein bindendes Versprechen handelte. Unverbindliche Programmsätze, deren Erfüllung keine eigentliche Rechtspflicht ist, können an und für sich auch in einem Gesetz Aufnahme finden; immerhin begründet die Gesetzesform eine Vermutung für eine verbindliche Erklärung. Daß die Kundgabe bestimmter Absichten als verbindliches Versprechen gemeint ist, ergibt sich zwingend, wenn das Staatsoberhaupt in einer kritischen außen- und innenpolitischen Situation bei einschneidenden Ent-

---

[1]) Ebenda S. 162 ff.
[2]) Ebenda S. 165.
[3]) Vgl. *Winter*, aaO, Bd. 1 S. 318. — Der Sinn dieser Sätze ist nicht ganz eindeutig. Eine „Amalgamierung" der Repräsentanten mit den Verwaltungsbehörden ließ sich zwar bei Kreis- und Provinzialständen, schwerlich aber bei einer Nationalvertretung denken. Eine für den Gesamtstaat gebildete Volksvertretung konnte nichts anderes als ein „konstitutiver Körper" sein. Hardenbergs Bemerkungen sollten die Bedenken des Königs gegen eine Nationalrepräsentation zerstreuen, ohne daß sein Vorschlag wesentlich von Altensteins Plan abwich.
[4]) Steins Denkschrift vom 12./13. September 1810 über Hardenbergs Finanzplan forderte erneut, „durch Nationalrepräsentation ... einen öffentlichen und Gemeingeist zu bilden" (*Stein*, a. a. O. Bd. III S. 395 ff.). Stein unterstrich diesen Vorschlag bei der Zusammenkunft mit Hardenberg in Hermsdorf (14. September 1810).
[5]) Text: Dokumente Bd. 1 Nr. 9. Siehe auch oben S. 211.

scheidungen ankündigt, daß diesen Maßnahmen eine in innerem Zusammenhang mit ihnen stehende, korrespondierende Maßnahme folgen werde. Diese wechselseitige Beziehung zwischen den in dem Finanzedikt von 1810 getroffenen aktuellen Anordnungen und der für die Zukunft abgegebenen Verfassungszusage aber war vorhanden. Das Finanzedikt legte dem Volk mit Rücksicht auf die Notlage des Staates schwere finanzielle Opfer auf; über das nach altständischem Recht bestehende Erfordernis ständischer Zustimmung setzte der König sich hinweg; auch die vorherige Berufung und Befragung der seit Jahren geplanten Nationalvertretung unterblieb. Wenn der König in dieser Lage verhieß, für die Zukunft außer Provinzialständen auch eine Nationalrepräsentation zu schaffen, so verpfändete er damit sein Wort nicht nur im politischen, sondern auch im staatsrechtlichen Sinn.

3. Die ständische Fronde

Hardenbergs Absicht, dem Wort des Königs gemäß alsbald eine Volksrepräsentation für den preußischen Gesamtstaat zu schaffen, rief die hochkonservative Opposition neu auf den Plan. Der Anspruch der „ständischen Fronde" auf Wiederherstellung der vorabsolutistischen Ständeverfassung konnte durch nichts schwerer getroffen werden als durch den Übergang zu einem gesamtstaatlich-bürgerlichen Repräsentativsystem, das die Privilegien der alten Stände wie die Autonomie der alten Landesteile Preußens in gleichem Maße übergangen hätte [1]).
Während Hardenberg zur Vorbereitung der Repräsentativverfassung für den Februar 1811 eine *Landesdeputierten-Versammlung* berief [2]), forderten die von Finckenstein und Marwitz geführten Kurmärkischen Stände, unter Berufung auf den Rezeß von 1653 [3]), daß ein *kurmärkischer Landtag* versammelt werde, damit die im Staatsinteresse notwendigen Maßnahmen „auf dem Wege des Rechts" getroffen würden. Hardenberg lehnte die Berufung des kurmärkischen Landtags ab, da die Regierung sonst gezwungen sein würde, mit jedem einzelnen Provinziallandtag zu einer Vereinbarung über die das Schicksal des Gesamtstaats betreffenden Fragen zu kommen. In einer Versammlung der Deputierten des kurmärkischen Adels, die am 19. Januar 1811

---

[1]) Der Kampf der altständischen Opposition gegen das Repräsentativsystem hatte sein tragisches Vorspiel in dem Konflikt um *Kleists* „Berliner Abendblätter", das seit dem 1. Oktober 1810 erscheinende Organ der feudalen Opposition. *Adam Müller* griff hier in einer Reihe pseudonymer Aufsätze die Hardenberg'sche Reformpolitik an, so den Wirtschaftsliberalismus, der sich in der Reform auszudrücken schien, wie den Versuch, den Staatskredit unter Bruch mit den alten Rechten der Stände wiederherzustellen; das Recht der Stände auf Mitwirkung bei der Gesetzgebung bezeichneten die „Abendblätter" als ein unverjährbares Prinzip jeder geordneten Verfassung. Dieser unbequemen Opposition wußte Hardenberg sich jedoch schnell zu entledigen. Er ließ den „Abendblättern" soviel Zensurschwierigkeiten bereiten, daß sie am 30. Mai 1811 eingingen. (Vgl. *Steig*, H. v. Kleists Berliner Kämpfe, 1901).
[2]) Siehe unten S. 299.
[3]) Rezeß vom 26. Juli 1653 (CCM VI 1 Nr. 118); siehe oben S. 138.

im Landschaftshaus in Berlin stattfand, entwickelte *Marwitz* darauf sein oppositionelles Programm, das er in drei Grundsätzen zusammenfaßte:

„1. daß wir alles dasjenige verwerfen und als nicht geschehen betrachten, was nicht auf dem Wege des Rechts von uns verlangt worden ist; — 2. daß wir bereit sind und uns dafür erklären, alle Lasten willig zu übernehmen, die die Rettung des Staates herbeiführen können und die auf dem vorgenannten Wege von uns gefordert werden; — 3. daß wir über die wirklichen Bedürfnisse des Staates zur höchstmöglichen Klarheit zu gelangen trachten" [1]).

Die damit erhobene Forderung, die im Staatsinteresse notwendigen Maßnahmen nur *„auf dem Wege des Rechts"*, oder, wie es auch hieß, *„auf konstitutionellem Wege"*, d. h. durch eine Vereinbarung der Regierung mit der Vielzahl der alten provinzialständischen Körperschaften, ins Werk zu setzen, beantwortete der Staatskanzler mit der scharfen Vorhaltung, ein kurmärkischer Landtag existiere nicht; es gebe kein Recht der Adelsopposition, sich als „Deputierte der kurmärkischen Stände" zu bezeichnen. Marwitz erwiderte mit nicht geringerer Schärfe:

„Die Qualität der Landstandschaft ist uns angeboren, so gut wie unser Familienname, und wir können also eigentlich ebenso wenig angeben, wodurch wir Stände sind, als wodurch wir unsern angeborenen Namen führen. Deshalb können wir uns auch ebenso wenig anders nennen als „Stände", als wir einen anderen Familiennamen annehmen dürfen. Die Landstandschaft haftet am Grundbesitz, und alle Besitzer sind unsere Mitstände" [2]).

Gegen das positive Recht des Staates führte der Vorkämpfer der Opposition das *Naturrecht des Standes* ins Feld; die Formel von den *angeborenen Rechten* bezeichnete hier, anders als in den Manifesten der demokratischen Revolution, nicht das gleiche Menschenrecht Aller, sondern die altüberkommenen, vom absoluten Staat seit langem eingeebneten Sonderrechte der privilegierten Stände. Das angeborene Recht der Standschaft galt diesem Konservativismus als ein Recht, das unvergänglich und unverjährbar und jedem Eingriff des Staates entzogen sei. Diese naturrechtlich-ständestaatliche Argumentation machte alle Maßnahmen der Reform von der Zustimmung der feudalen Provinzialstände abhängig; denn alle Reformen griffen in irgend einer Weise in alte Rechte ein. Da mit einer schnellen und einhelligen Zustimmung der Stände zu den Maßnahmen der Reform nicht zu rechnen war, hätte die Anerkennung der Marwitz'schen Argumente die Reformpolitik von vornherein zum Scheitern verurteilt.

Durch eine *Denkschrift vom 11. Februar 1811,* die Adam Müller verfaßte und Marwitz unterzeichnete, richtete die Fronde einen erneuten Appell an den Staatskanzler [3]). Eine weitere *Protestschrift,* die sich gegen einseitige Anordnungen Hardenbergs wandte, ließ Marwitz unmittelbar an den König gelangen [4]). Da alle Schritte erfolglos blieben, riefen die Stände der Kreise Lebus und Beeskow-Storkow mit einer *„Letzten Vorstellung",* die Marwitz im Juni

---

[1]) *Meusel,* F. L. v. d. Marwitz, Bd. 2, Teil 1, S. 222 f.
[2]) Ebenda S. 236 f.
[3]) Ebenda S. 253 ff.
[4]) Ebenda S. 288 ff.

1811 am Hof überreichte, gleichfalls unmittelbar den König an [1]). Diese ständische Beschwerdeschrift hielt der Reformpolitik Hardenbergs entgegen, sie beruhe auf einem Bruch des Rechts; sie löse den überlieferten Staat auf; sie bringe einen verderblichen Wechsel in das Staatsleben und Unheil über das Land. Nur der Zwang könne die Stände veranlassen, sich den Maßnahmen der Regierung zu unterwerfen.

Zum letzten Mal in der preußischen Verfassungsgeschichte beriefen die alten Stände sich damit auf ihr *Widerstandsrecht* gegenüber der unrechtmäßig handelnden Obrigkeit. Hardenberg sah, daß er dieser gefährlichen Gegenbewegung nur mit einem drastischen Schritt Herr werden könne. Er erwirkte beim König, daß *Finckenstein* und *Marwitz*, die Führer der Fronde, verhaftet und ohne gerichtliches Verfahren als Staatsgefangene in die Festung Spandau eingeliefert wurden. Gegen das Widerstandsrecht setzte die Regierung damit das staatliche *Notstandsrecht*, das jus eminens der Obrigkeit, ein. War die Dauer der Inhaftierung auch nur kurz, so legte die eindeutige Äußerung königlichen Unwillens die ständische Opposition doch fürs Erste lahm. Die Reformgesetze konnten ungehindert von ständischen Zustimmungs- oder Einspruchsrechten in die Tat umgesetzt werden [2]).

4. Die Notabeln-Versammlung

Um den Übergang zur Repräsentativverfassung vorzubereiten, berief Hardenberg für den 23. Februar 1811 eine *Notabeln-Versammlung* (offiziell „Landesdeputierten-Versammlung" genannt) nach Berlin. Sie entsprach in etwa der Notabeln-Versammlung, die in Frankreich 1789 der Berufung der Nationalstände vorangegangen war. So lag es nahe, auch in der preußischen Einrichtung die Vorstufe einer gewählten Repräsentation zu sehen.

Die 64 Mitglieder der preußischen Notabeln-Versammlung von 1811 wurden von der Krone ernannt. Unter den „Landesdeputierten" befanden sich je ein Beamter der Provinzialregierungen, 18 Vertreter des adligen Gutsbesitzes, 11 Vertreter der Städte, 8 Vertreter des nicht-adligen Gutsbesitzes [3]). Die Versammlung war in ihrer Kompetenz auf die Beratung der Regierung bei den weiteren Maßnahmen der mit dem Finanzedikt begonnenen Steuerreform beschränkt. Sie war also kein Beschlußorgan, sondern ein Konsultativorgan; sie besaß keinen Dauercharakter, sondern war nur für einen bestimmten, zeitlich begrenzten Zweck berufen; ihre Zuständigkeit erstreckte sich nicht auf die gesamte Gesetzgebung, sondern nur auf die schwebenden Finanzgesetze. Doch schon diese bescheidenen Anfänge einer preußischen Repräsentativverfassung

---

[1]) Ebenda Bd. 2, Teil 2, S. 3 ff.

[2]) Adam Müller, den gefährlichsten publizistischen Wortführer der Fronde, hatte Hardenberg schon vorher kaltgestellt, indem er ihn im Mai 1811 mit einem bezahlten Scheinauftrag nach Wien entsandte. (Vgl. *E. R. Huber*, Adam Müller und Preußen, in: Nationalstaat und Verfassungsstaat, 1965, S. 48 ff.).

[3]) Sie „Bauern" zu nennen, wie es in der Regel geschieht, ist mißverständlich; denn zumeist waren sie Domänenpächter oder nicht-adlige Großgrundbesitzer.

bezeichnete die altständische Partei als einen „revolutionären Akt", dem sie mit erneutem Widerspruch entgegentrat.

In seiner Eröffnungsrede forderte Hardenberg die Deputierten auf, nicht in bloßem Gehorsam, sondern *in freier Überzeugung* zu den Steuerplänen der Regierung Stellung zu nehmen [1]). Die dem Staat auferlegten Lasten müßten gleichmäßig verteilt werden, damit die *Gleichheit vor dem Gesetz* für alle Untertanen gesichert werde. Nur so könne im Staat „*Ein Nationalgeist, Ein Interesse und Ein Sinn*" entstehen [2]). Doch verhallte dieser Aufruf zur nationalen Solidarität ungehört. Unter den Notabeln, die in vier Sektionen tagten, erhoben sich alsbald die einander entgegengesetzten wirtschaftlichen Interessen der verschiedenen Stände wie der verschiedenen Provinzen des Staates. Den Widerstand des adligen Grundbesitzes in der Versammlung verstärkte die Polemik, die die feudale Fronde der kurmärkischen Ritterschaft gleichzeitig draußen im Land entfesselte. Vor der Aufgabe, einen einmütigen Willen der Nation zur Überwindung der Finanzkrise zu bilden, versagten die Notabeln völlig. So lag für Hardenberg der Schluß nahe, es sei in der Tat, wie ihm *Dohna* vorausgesagt hatte, die Zeit noch nicht reif für die Berufung einer allgemeinen Repräsentation, die das Finanzedikt versprochen hatte. Dem Reformwerk konnten, wie sich bei diesem ersten Versuch zeigte, von einer Repräsentation nur Schwierigkeiten drohen. Die Hoffnung der Reformer, für ihre Pläne die Unterstützung der Nation zu gewinnen, war gründlich enttäuscht. Es wäre kaum gerechtfertigt, diesen Mißerfolg auf die fehlerhafte Auswahl der Notabeln zurückzuführen; schwerlich hätte sich in einer volksgewählten Repräsentation damals mehr Gemeingeist gezeigt. Eben dieser Fehlschlag von 1811 war eine der Ursachen dafür, daß in Preußen nicht die Volksvertretung, sondern die hohe Bürokratie der Träger der Staatserneuerung wurde. Das Verdienst der Bürokratie, die Stein-Hardenberg'schen Reformen gegen eine vielfältige Opposition, auch den Widerstand aus dem Lande selbst, durchgesetzt zu haben, war das Fundament, auf dem das Beamtentum in Preußen für ein volles Jahrhundert sein Ansehen zu begründen und zu bewahren vermochte.

5. Die interimistische Nationalrepräsentation

a) Die Wahl der Generalkommission

Trotz der bedenklichen Erfahrungen mit der am 16. September 1811 geschlossenen Notabeln-Versammlung setzte Hardenberg seine Bemühungen um die Nationalrepräsentation fort. Das „fernerweite Edikt über die Finanzen des Staats und das Abgabensystem" vom 7. September 1811 (GS 253) ordnete

---

[1]) Vgl. *Ranke*, Hardenberg, Bd. 4, S. 246 ff.
[2]) So gibt *Ranke*, a.a.O., S. 248 die Rede vom 23. Februar 1811 nach der „eigenhändigen Handschrift" Hardenbergs wieder. *Treitschke*, Dt. Gesch. Bd. 1, S. 364, verlegt (wohl aus Irrtum) diese Worte in die Schlußrede Hardenbergs vom 16. September 1811.

in seinem § 13 die Einberufung einer *interimistischen Nationalrepräsentation* an. Die schon in dem Finanzedikt vom 27. Oktober 1810 geplante „Generalkommission zur Regulierung der Provinzial- und Kommunalkriegsschulden" sollte nunmehr zusammentreten und sich als vorläufige Volksvertretung konstituieren.

Aus 39 Mitgliedern war diese erste preußische Volksvertretung ursprünglich zusammengesetzt; sie wuchs später, einschließlich ihres Präsidenten, auf 42 Mitglieder an. Zum Präsidenten, der zugleich staatlicher Kommissarius war, berief der König den ehemaligen Minister Schroetter. Die Abgeordneten wurden nicht, wie die Notabeln, vom König ernannt, sondern gewählt; 18 Vertreter des adligen Grundbesitzes wurden von den altständischen Kreistagen entsandt; 12 (später 14) städtische Grundbesitzer wurden von den Stadtverordnetenversammlungen bestellt; 9 Vertreter des nicht-adligen ländlichen Grundbesitzes wurden vom freien Bauerntum[1] unter der Voraussetzung des Mindestbesitzes von einer Hufe in indirekter Wahl bestimmt. Die Wahlen waren frei; doch wurden die Landräte und Magistrate, die die Wahlen zu leiten hatten, darauf hingewiesen, „daß nur unbescholtene, einsichtsvolle, mit gehöriger Kenntnis ihrer Provinz ausgerüstete, dem königlichen Hause und dem Vaterlande notorisch treu ergebene, vorurteilslose Männer zu Repräsentanten gewählt werden dürfen".
Die Regierung war bestrebt, die Entstehung einer Opposition zu verhindern; in einzelnen Fällen erhob der Staatskanzler Einspruch gegen die stattgefundene Wahl. Auf der anderen Seite suchte die Regierung, die imperative Bindung der Repräsentanten an den Willen ihrer Wahlkörperschaften zu verhindern. Das freie Mandat wurde den Gewählten nicht nur als Recht zugesichert, sondern auch als Pflicht auferlegt. Es zeigt sich hier, daß das freie Mandat wie im allgemeinen Staatsinteresse so auch im Regierungsinteresse liegt, da es Entscheidungen nach sachlichem Urteil möglich macht, während das imperative Mandat zu vorgefaßten Kollektiv-Entscheidungen und einer starren korporativen Opposition führt.

b) Die beiden Sessionen der Generalkommission

Am 10. April 1812 trat die interimistische Nationalrepräsentation in Berlin zu ihrer ersten Sitzungsperiode zusammen. Von Anfang an aber war sie dadurch gehemmt, daß ihr weder eine bestimmte Zuständigkeit noch eine feste Geschäftsordnung gegeben war. Die Versuche der Versammlung, den Staatskanzler anzuhalten, ihr eine „Konstitution" zu geben, schlugen zunächst fehl. Am 9. Juli 1812 legte eine königliche „Instruktion" den Geschäftskreis der Generalkommission in den engsten Grenzen fest[2]. Doch blieb dem König selbstverständlich das Recht, von Fall zu Fall aus höchster Machtvollkommenheit zu entscheiden, ob andere Staatsvorhaben mit oder ohne Vorbereitung durch die Nationalrepräsentation ins Werk zu setzen seien. In der Regel wurden jedoch während des Bestehens der interimistischen Repräsentation die bedeu-

---

[1] Daß auch hier der Begriff „Bauernstand" leicht zu Mißverständnissen führen kann, zeigt sich etwa daran, daß als Vertreter des ostpreußischen Köllmer- und Bauernstandes Graf Dohna-Wundlacken gewählt wurde. Auch in der interimistischen Versammlung gehörten die Vertreter des „Bauernstandes" überwiegend der feudalen oder großagrarischen Schicht an (siehe oben S. 299 Anm. 3).
[2] Instruktion für die Generalkommission zur Liquidierung, Ausgleichung und Regulierung des Provinzial- und Kommunalkriegsschuldenwesens vom 9 Juli 1812 (GS 130).

tendsten Staatsgesetze erlassen, ohne daß die Versammlung um ihre Meinung gefragt worden wäre oder auch nur Kenntnis von ihnen erhalten hätte, so etwa das Vermögens- und Einkommensteuer-Edikt vom 24. Mai 1812 und das Gendarmerie-Edikt vom 30. Juli 1812. Proteste der Versammlung gegen diese Nichachtung blieben erfolglos.

Petitionen, mit denen die Generalkommision sich in Fragen der Budgetgestaltung und der Militärverfassung einzumischen suchte, wies der Präsident als königlicher Kommissarius unter Zustimmung des Staatskanzlers als außerhalb ihrer Kompetenz liegend zurück. Kein Wunder, daß die Versammlung bald heftige Klage über die „elende und prekäre Existenz", die ihr zugemutet werde, führte. In einer Eingabe an den König forderten die Repräsentanten die erweiterte Festlegung ihrer Kompetenzen. Jeder Gesetzentwurf solle der Versammlung zur Beratung vorgelegt werden; eine „Übersicht über den Finanzstand" solle ihr gegeben werden; jederzeit solle sie das Recht haben, sich mit Eingaben an den König in beliebigen Angelegenheiten zu wenden. Die üblichen Rechte parlamentarischer Körperschaften (Mitwirkung bei der Gesetzgebung und Budgetgestaltung; Petitionsrecht) nahm die Nationalrepräsentation damit für sich in Anspruch. Die kriegerischen Verwicklungen, in die Preußen mit dem russischen Feldzug und den Befreiungskriegen eintrat, ließen es zu einer Entscheidung in dieser Verfassungsfrage nicht mehr kommen. Im Februar 1813 stellte die interimistische Nationalrepräsentation ihre Tätigkeit praktisch ein.

Ihre zweite *Sitzungsperiode* begann nach der Befreiung des deutschen Bodens am 21. Februar 1814. Doch wurde die Kompetenz der Versammlung auch bei dieser zweiten Berufung vorsorglich eng begrenzt. Nur für die Ausgleichung der Kriegslasten, die Maßnahmen zur Erhaltung des Grundbesitzes, die Verleihung des Eigentums an die Bauern, die damit zusammenhängenden Ablösungsfragen und die Parzellierung von Gütern sollte sie beratend zuständig sein. Eine königliche Kommission wurde ihr vorgesetzt, die das Ergebnis der Beratungen entgegenzunehmen hatte [1]).

6. Das Verfassungsversprechen von 1815

Die Wirksamkeit der interimistischen Nationalrepräsentation war somit auch in der zweiten Session äußerst beengt. Trotzdem nahm die Versammlung sich, seit der Sieg über Frankreich feststand, die Freiheit, offen für die Vollendung des Verfassungswerks einzutreten. Am 10. April 1815 forderte sie, die Einführung der versprochenen Konstitution durch Berufung einer definitiven Nationalrepräsentation zu beschleunigen [2]). Nicht nur dieser Vorstoß, sondern auch die gleichzeitigen Verhandlungen über die Deutsche Bundesakte, deren Art. 13 den Aufbau „landständischer Verfassungen" in den deutschen Einzelstaaten vorschrieb [3]), bestimmten Hardenberg, dem König den Erlaß der Verordnung vom 22. Mai 1815 vorzuschlagen, die das Verfassungsversprechen von 1810 feierlich wiederholte. In der Erwartung, daß die endgültige Verfassung nunmehr in Kürze in Kraft treten werde, löste die Regierung die interimistische Nationalrepräsentation am 10. Juli 1815 auf.

Dies war für die preußischen Verfassungsbestrebungen ein verhängnisvoller Akt. Mit Recht hatte man in der provisorischen Versammlung gefordert, diese

---

[1]) Kabinettsbefehl vom 17. November 1813.
[2]) Schreiben der interimistischen Landesrepräsentation an den Staatskanzler vom 10. April 1815 *(Stern,* aaO S. 221).
[3]) Siehe unten S. 640 ff.

solle nicht der „Auflösung", sondern der „Ablösung" verfallen; d. h. sie solle versammelt bleiben, bis die definitive Nationalrepräsentation konstituiert sei. „Es sei immer besser, daß diese Versammlung als daß keine hier sitze" [1]). Man fürchtete nicht ohne Grund, daß bei einer Beseitigung des Provisoriums das Definitivum lange auf sich warten lassen werde. Aber obwohl Hardenberg entschlossen war, seine Reformen durch die Einführung der Repräsentativverfassung zu krönen, schlug er diese Warnung vor dem Vakuum, das mit dem Wegfall der interimistischen Volksvertretung entstehen mußte, in den Wind. Allerdings durfte er darauf vertrauen, daß die Krone sich durch dieses zweite Verfassungsversprechen, das nicht mehr wie 1810 nur an ein Finanzedikt angehängt, sondern in einer allein diesem Gegenstand gewidmeten Verordnung enthalten war, unverbrüchlich gebunden fühlen werde.

Die Verordnung über die zu bildende Repräsentation des Volkes vom 22. Mai 1815 (GS 103) lautete (im Auszug):
Präambel: „Die Geschichte des Preußischen Staats zeigt zwar, daß der wohltätige Zustand bürgerlicher Freiheit und die Dauer einer gerechten, auf Ordnung gegründeten Verwaltung in den Eigenschaften der Regenten und in ihrer Eintracht mit dem Volke bisher diejenige Sicherheit fanden, die sich bei der Unvollkommenheit und dem Unbestande menschlicher Einrichtungen erreichen läßt.
Damit sie jedoch desto fester begründet, der Preußischen Nation ein Pfand Unsers Vertrauens gegeben und der Nachkommenschaft die Grundsätze, nach welchen Unsere Vorfahren und Wir selbst die Regierung Unsers Reichs mit ernstlicher Vorsorge für das Glück Unserer Untertanen geführt und treu überliefert und *vermittelst einer schriftlichen Urkunde als Verfassung des Preußischen Reichs* dauerhaft bewahrt werden, haben Wir Nachstehendes beschlossen:
§ 1. Es soll eine Repräsentation des Volks gebildet werden.
§ 2. Zu diesem Zwecke sind:
a) die Provinzialstände da, wo sie mit mehr oder minder Wirksamkeit noch vorhanden sind, herzustellen und dem Bedürfnisse der Zeit gemäß einzurichten;
b) wo gegenwärtig keine Provinzialstände vorhanden, sind sie anzuordnen.
§ 3. Aus den Provinzialständen wird die Versammlung der Landesrepräsentanten gewählt, die in Berlin ihren Sitz haben soll.
§ 4. Die Wirksamkeit der Landesrepräsentanten erstreckt sich auf die Beratung über alle Gegenstände der Gesetzgebung, welche die persönlichen und Eigentumsrechte der Staatsbürger, mit Einschluß der Besteuerung, betreffen.
§ 5. Es ist ohne Zeitverlust eine Kommission in Berlin niederzusetzen, die aus einsichtsvollen Staatsbeamten und Eingesessenen der Provinzen bestehen soll.
§ 6. Diese Kommission soll sich beschäftigen:
a) mit der Organisation der Provinzialstände;
b) mit der Organisation der Landesrepräsentanten;
c) mit der Ausarbeitung einer Verfassungs-Urkunde nach den aufgestellten Grundsätzen."

Die Verordnung vom 22. Mai 1815 enthielt in eindeutig rechtsverbindlicher Form das Versprechen einer schriftlichen Verfassungsurkunde mit repräsentativen Einrichtungen. Aus den Provinzialständen [2]) sollte die indirekt gewählte Landesrepräsentation hervorgehen; ihre Kompetenz sollte zwar nur beratender Natur, aber auf die gesamte Gesetzgebung erstreckt sein. Der bloße Konsultativcharakter der versprochenen Repräsentation brauchte keine ernstliche Ein-

---

[1]) Rede des Repräsentanten Elsner vom 7. April 1815 (*Stern*, aaO S. 217).
[2]) Siehe oben S. 167.

buße an Wirksamkeit zu bedeuten, wie das Beispiel des 1817 eingesetzten Staatsrats zeigen sollte[1]). „Unselig" hat *Treitschke* das Versprechen von 1815 genannt[2]); doch war unselig an ihm allein, daß es nicht eingelöst worden ist[3]).

Die für den Bruch des königlichen Worts verantwortliche Restaurationspartei hat sich zur Rechtfertigung ihres Verhaltens zwar darauf berufen, daß der König durch die Verordnung vom 22. Mai 1815 nicht gebunden gewesen sei. Diese habe einen Akt einseitiger souveräner Rechtsetzung dargestellt, der ebenso einseitig-souverän habe widerrufen werden können. Ganz abgesehen jedoch davon, daß der König einen solchen Widerruf, der immerhin den Vorzug der Offenheit gehabt hätte, niemals wagte, sondern es bei der schlichten Nichteinlösung seines Worts bewenden ließ, wäre auch ein solcher einseitiger Widerruf rechtlich ebenso unzulässig gewesen, wie die einseitige Nichterfüllung es war. Die Verordnung vom 22. Mai 1815 enthielt kein unverbindliches Verfassungsprogramm, sondern eine verbindliche Verfassungszusage, die jedenfalls insofern von unmittelbarer juristischer Aktualität war, als sie die Epoche des monarchischen Absolutismus in Preußen beendete. Die Verordnung vom 22. Mai 1815 war ein Akt unwiderruflicher Selbstbindung der monarchischen Vollgewalt; sie war eine einseitige, aber bindende Verfassungs-Stipulation. Sie stellte ein *vorkonstitutionelles Verfassungsgesetz Preußens* dar.

Ein solches vorkonstitutionelles Gesetz ist einem nach einer Revolution erlassenen Wahlgesetz vergleichbar, das die Berufung einer konstituierenden Nationalversammlung anordnet. Auch durch ein solches Wahlgesetz sind seine revolutionären Urheber gebunden. Sie können sich nicht darauf berufen, daß sie die Wahl der Nationalversammlung aus eigener Machtvollkommenheit angeordnet hätten und daher auch befugt seien, das Wahlgesetz einseitig wieder aufzuheben und die Nationalversammlung unverrichteter Dinge wieder nach Hause zu schicken. Bindendes Verfassungsrecht kann auch durch einseitige Verfassungsakte vorkonstitutioneller Art geschaffen werden, wenn irgend der Satz Gültigkeit besitzt, daß das Recht eine Ordnung ist, die nicht nur die Rechtsunterworfenen, sondern auch das rechtsetzende Organ verpflichtet.

III. Der Bruch des königlichen Verfassungsversprechens

1. Das Problem der „Ständischen Repräsentativverfassung"

Die Verordnung vom 22. Mai 1815 nahm das System der künftigen Verfassung in einem wichtigen Punkt vorweg. Nach ihr war die Landesrepräsentation, der „allgemeine Landtag", auf die Provinzialstände zu gründen. Damit wurde die Neuordnung der Provinzialverfassungen zur Voraussetzung der neuzugestaltenden Staatsverfassung; ferner war mit dieser Verknüpfung von Provinzial- und Reichsständen eine Vorentscheidung für die indirekte Wahl des allgemeinen Landtags gefällt.

Die *direkte Volkswahl* für das gesamtstaatliche Parlament galt damals als ein Prinzip der demokratischen Revolution. Deshalb lehnten nicht nur die

---

[1]) Siehe oben S. 158.
[2]) *Treitschke*, Dt. Gesch. Bd. 2 S. 275.
[3]) So auch *Treitschke*, Der erste Verfassungskampf in Preußen, Pr. Jb. Bd. 29 (1872) S. 329: „Ich bleibe der Meinung, daß weit überwiegende Gründe für die unbedingte Einlösung des königlichen Wortes sprachen; nur als constitutioneller Staat behielt Preußen Fühlung mit dem deutschen Leben, und nur die Verfassung konnte das von der Verwaltung begonnene Werk der Einigung des Staates abschließen".

konservativen Gruppen die direkte Wahl rundweg ab. Auch die entschiedensten Befürworter der Repräsentativverfassung wünschten einen Aufbau der repräsentativen Körperschaften in gestuften Wahlgängen von den Gemeindevertretungen über Kreis- und Provinzialstände aufsteigend bis zum Gesamtlandtag. Direkte Wahlen hätten schon unter den damaligen Verhältnissen unvermeidbar zur schnellen Entwicklung großer, auf das ganze Staatsgebiet erstreckter, durchorganisierter und zentral geleiteter *politischer Parteien* geführt. Die Entscheidung für die *indirekte Wahl* sollte diesen Umschlag in den Parteienstaat verhindern; man wollte den Gefahren entgehen, denen die monarchische Ordnung in Frankreich seit 1789 im Zeichen der direkten Wahlen erlegen war. Indem die Verordnung vom 22. Mai 1815 für den allgemeinen Landtag in den Kreis- und Provinzialvertretungen einen nicht parteimäßig, sondern ständisch bestimmten Unterbau vorschrieb, entschied sie sich für eine *ständische Repräsentativverfassung*, also eine Zwischenform zwischen dem überlieferten altständischen und dem modernen parlamentarischen Vertretungssystem. Die alte ständische Dreiteilung in Adel, Klerus und Stadtpatriziat sollte dabei durch eine neue dreigliedrige Ständeordnung: *Adel, Bürgertum und Bauerntum* ersetzt werden. So wenig wie an direkte Wahlen dachte man an ein *allgemeines und gleiches Wahlrecht;* in allen drei Ständen sollten vielmehr nur die durch Grundbesitz oder Steuerleistungen bestimmten Ausmaßes qualifizierten Besitzschichten aktiv und passiv wahlberechtigt sein.

Die Problematik der „ständischen Repräsentativverfassung" lag in Folgendem: In der überlieferten Ständeverfassung waren die ständischen Vertreter nicht Repräsentanten des Volksganzen, sondern Wortführer des besonderen Standes, dem sie angehörten. In diesen altständischen Körperschaften spiegelte sich nicht die Einheit der Nation, sondern die Vielgestaltigkeit des ständisch gegliederten sozialen Organismus wider. In der von den preußischen Reformern geplanten Repräsentativverfassung aber ging es um die Verkörperung der nationalen und staatlichen Ganzheit, um die Teilnahme der Gesamtnation an den staatlichen Geschäften, um die Bildung einer nationalen Willensheit im Staat. Am deutlichsten hatte *Hardenberg* dies vor der Notabeln-Versammlung verkündet: *„Ein Nationalgeist, Ein Interesse und Ein Sinn"* solle in der Nationalrepräsentation verkörpert sein [1]. Das aber wurde unmöglich, wenn man für die Bildung des repräsentativen Körpers nun auf das ständische Prinzip, wenngleich in abgewandelter Form, zurückgriff. Die durch indirekte Wahl in den allgemeinen Landtag berufenen ständischen Deputierten würden sich nicht als Repräsentanten des Volksganzen, sondern als Vertreter ihrer Standesinteressen gefühlt haben. Der Versuch der Verordnung vom 22. Mai 1815, zwei entgegengesetzte Vertretungsprinzipien, den geburts- und besitzständischen und den repräsentativen Gedanken, gleichgewichtig zu verbinden, wäre mit ziemlicher Sicherheit fehlgeschlagen; das ständische würde das repräsentative Moment zurückgedrängt haben.

2. Die Opposition gegen die ständische Repräsentativverfassung

Doch konnte trotz dieses weitgehenden Zugeständnisses an die altständischen Forderungen der Widerstand, den die seit 1815 fortschreitend erstarkende Reaktion dem Hardenberg'schen Verfassungsplan entgegensetzte, nicht überwunden werden. Die altständisch Gesinnten lehnten einmal die in der

---

[1] Siehe oben S. 300.

Verordnung vom 22. Mai 1815 vorgesehene Anpassung der überkommenen provinzialständischen Verfassung „an die Bedürfnisse der Zeit" ab, wollten also die Begrenzung ihrer privilegierten Stellung nicht zulassen, wie sie eintreten mußte, wenn der bäuerliche und der bürgerliche Besitz einen paritätischen Anteil in den ständischen Körperschaften erhielt [1]). Vor allem aber widersprachen die Anhänger des restaurativen Prinzips nach wie vor der Berufung eines Landtags für den Gesamtstaat. Mit dem altständischen verband sich dabei der föderative Gedanke; nach dem Willen der Reaktionspartei sollte *Preußen kein Einheitsstaat, sondern eine Föderation von Provinzen sein* [2]). Durch eine gesamtstaatliche Vertretungskörperschaft wäre das unitarische Prinzip in Preußen mächtig belebt worden; den Altkonservativen aber galt der die hergebrachten Rechte der historischen Gebietsteile schmälernde Unitarismus als eine besonders bösartige Form der jakobinisch-revolutionären wie auch der bürokratischen Gleichmacherei.

Das stärkste Hindernis erwuchs dem Vollzug der Verordnung vom 22. Mai 1815 allerdings aus dem sichtlichen Vordringen des nationalen und demokratischen Radikalismus seit dem enttäuschenden Ausgang des Wiener Kongresses. Angesichts der Manifestationen der vielfältigen radikalgesinnten Bewegungen, besonders der Turnerschaft und der Burschenschaft [3]), verstärkte sich nicht nur bei der Reaktion, sondern entstand auch bei einem Teil der Reformer die Besorgnis, die geplanten Gemeinde-, Kreis- und Provinzialvertretungen, vor allem aber ein allgemeiner Landtag würden der radikalen Partei als Werkzeug des Umsturzes dienen. *Die Furcht vor dem Mißbrauch der Verfassung erwies sich als das stärkste Argument gegen die Verfassung.*

Die in der Verordnung vom 22. Mai 1815 angekündigte Berufung des allgemeinen Landtags für den September des gleichen Jahres war schon wegen des neu ausbrechenden Krieges unmöglich. Dann aber erschien es als zweckmäßig, zunächst die Bildung des seit langem geplanten Staatsrats abzuwarten, damit er an der Vorbereitung und Beratung der Verfassung beteiligt werden könne. Erst als sich der Staatsrat gemäß der Verordnung vom 20. März 1817 konstituiert hatte, kam auch die Verfassungsdiskussion wieder in Gang. Erst jetzt wurde insbesondere die schon in der Verordnung vom 22. Mai 1815 vorgesehene *Verfassungskommission* unter Hardenbergs Vorsitz aus 22 Mitgliedern des Staatsrats gebildet [4]). Sie trat am 7. Juli 1817 zum einzigen Mal zusammen [5]).

Die Gegensätze in dieser Kommission erwiesen sich nämlich als ein neues Hemmnis. Die zum Studium der Provinzialverfassungen auf eine Rundfahrt entsandte Unterkommission *Altenstein-Beyme-Klewitz* vermehrte zwar das Erfahrungsmaterial, brachte jedoch die Verfassungsfrage der Entscheidung nicht näher. Um einen Kompromiß mit den Gegnern herbeizuführen und wenigstens zu einem Teilergebnis zu kom-

---

[1]) Siehe oben S. 165 ff.
[2]) Siehe oben S. 164, 171. [3]) Siehe unten S. 696 ff.
[4]) Kabinettsordre an den Staatsrat vom 30. März 1817 (*Schneider,* Der Preußische Staatsrat, S. 203, Anm. 2).
[5]) Mitglieder der Verfassungskommission waren: Hardenberg, Gneisenau, Fürst Radziwill, der ehemalige Minister Brockhausen, die amtierenden oder späteren Minister Altenstein, Beyme, Boyen, Bülow, Humboldt, Kircheisen, Klewitz, Schuckmann, Wittgenstein, der General Knesebeck, der Erzbischof Spiegel, der Chefpräsident des Obertribunals Grolman, sowie die Staatsräte Ancillon, Daniels, Eichhorn, Rehdiger, Savigny und Stägemann.

men, wiederholte *Klewitz* den Vorschlag seiner früheren Verfassungsdenkschriften, neue Provinzialstände in den einzelnen Provinzen zu bilden, auf den Landtag für den Gesamtstaat aber zu verzichten [1]). Daß gerade ein so bewährter Reformer wie Klewitz in dieser Kernfrage der Verfassungsreform vor der Opposition zurückwich, mag sich aus der realistischen Einsicht erklären, daß angesichts der Stärke der Opposition fürs Erste nicht mehr als die Reform der provinzialständischen Verfassung zu erreichen sei. *Hardenberg* jedoch hielt trotz des Zurückweichens seines Finanzministers an der Absicht fest, die Reform durch die Berufung der allgemeinen Landesvertretung zu vollenden.

Eine lähmende Wirkung auf den Fortgang der preußischen Verfassungsberatungen übten 1817 vor allem die Nachrichten über das *Wartburgfest* aus [2]), die auch die Anhänger des Verfassungsgedankens mit Sorge erfüllten. Daraus vor allem erklärt sich, daß die Verfassungsarbeit der Kommission des Staatsrats vom Herbst 1817 ab stockte. Das Jahr 1818 stand im Schatten des *Aachener Kongresses*, den Metternich benutzte, um seine warnende und mahnende Stimme gegen die preußischen Verfassungsbestrebungen zu erheben. Offenbar waren in dieser Lage weder *Altenstein* noch *Beyme* noch *Klewitz* geneigt, ihre Ministerstellung durch besonderen Eifer für das Hardenberg'sche Verfassungsprojekt zu gefährden.

Dafür arbeitete *Rehdiger*, der Mitglied des Staatsrats, aber ohne Staatsamt war und daher nichts als die Gnade des Königs aufs Spiel zu setzen hatte, auf Veranlassung von Klewitz eine umfangreiche Denkschrift „Über die Repräsentation im preußischen Staate" aus, die er am 8. Januar 1819 einreichte. Sie schlug eine vierfache Stufung im Aufbau der preußischen Repräsentativkörperschaften vor; Kreisstände, Departementstände (d. h. Stände der Regierungsbezirke), Provinzialstände und Landstände sollten sich zu einem Ganzen zusammenfügen [3]). Die Denkschrift Rehdigers fand vielfache Zustimmung [4]); einen unmittelbaren Einfluß auf die weiteren Verfassungsarbeiten übte sie jedoch offenbar nicht aus.

3. Hardenbergs „Ideen zu einer landständischen Verfassung in Preußen"

Um sich im Kardinalpunkt der Verfassungsfrage, der Errichtung des allgemeinen Landtags, eine wirksame Unterstützung gegenüber der starken restaurativen Gruppe des Staatsrats zu sichern, zugleich aber, um seinen gefährlichsten persönlichen Widersacher zur Zusammenarbeit im Kabinett zu zwingen, veranlaßte Hardenberg Anfang 1819 die Ernennung Humboldts zum Minister für Ständische Angelegenheiten [5]). Zugleich aber suchte er die wiederum stecken gebliebene Verfassungsreform durch neue Vorschläge zu beleben, die er bereits bei Humboldts Ernennung ankündigte. Erst am 12. Oktober 1819, also nachdem, wie die Regierungen hofften, die radikale Bewegung durch die Karlsbader Beschlüsse endgültig eingedämmt war [6]), legte Hardenberg

---

[1]) Dazu die erste Denkschrift von *Klewitz* vom 24. September 1816 (*Treitschke*, Pr. Jb. Bd. 29 S. 348), sowie die zweite Denkschrift von *Klewitz:* „Was erwarten die preußischen Länder von ihrem König und was kann der König ihnen gewähren?" vom 28. April 1817 (ebenda S. 349).   [2]) Siehe unten S. 717 ff.
[3]) Über Rehdigers Verfassungsdenkschriften von 1808 siehe oben S. 292 f. Rehdigers Verfassungsdenkschrift von 1818/19, ein Manuskript von rd. 130 Seiten, blieb unveröffentlicht und lag zuletzt im Geh. Staatsarchiv in Breslau (vgl. *P. Lenel*, Beiträge zur Biographie des preuß. Staatsrats v. Rehdiger, HZ Bd. 124, 1921, S. 220 ff.). Ein nur kurzer Bericht über den Inhalt der Denkschrift bei *Treitschke*, Pr. Jb. Bd. 29 S. 413.
[4]) Zustimmende Briefe der führenden preußischen Staatsmänner zu Rehdigers Denkschrift bei *P. Lenel*, aaO.
[5]) Siehe oben S. 153.   [6]) Siehe unten S. 732 ff.

der Verfassungskommission des Staatsrats diese neuen Vorschläge, die „Ideen zu einer landständischen Verfassung in Preußen", vor [1]). Der neue Plan gab sich deutlich als eine Erfüllung der Pflichten, die Preußen durch den Art. 13 der Bundesakte übernommen hatte, der jedem deutschen Staat den Erlaß einer „landständischen Verfassung" vorschrieb [2]).

Hardenbergs Plan von 1819 zielte auf eine staatliche Grundordnung, die auf der lebendigen Kraft des freien Eigentums in Stadt und Land beruhen sollte. Ihr Fundament sollte eine auf das Recht der Selbstverwaltung gegründete Gemeindeordnung sein [3]). Aus den Gemeinden sollten durch indirekte Wahl die Kreistage, aus diesen die Provinziallandtage gewählt werden; in diesen sollte „jeder Stand aus seiner Mitte" die Abgeordneten des Allgemeinen Landtags wählen. Alle Deputierten der Kreistage, der Provinziallandtage und des Allgemeinen Landtags sollten „bloß ihrer eigenen Überzeugung" folgen; an „Mandate und Instruktionen" ihrer Wähler sollten sie sich nicht halten dürfen. Wähler sollte jedermann ohne Rücksicht auf Stand oder Gewerbe sein; doch waren christliche Konfession, Grundbesitz, Volljährigkeit und Unbescholtenheit als Bedingungen der Wahlfähigkeit vorgesehen. Alle Gesetzentwürfe, insbesondere solche, „welche die persönlichen Rechte der Staatsbürger und ihr Eigentum, neue Auflagen usw. angehen", sollten dem Allgemeinen Landtag zugeleitet werden, nachdem sie zunächst durch den Staatsrat gegangen waren. Dagegen sollten auswärtige Verhältnisse, militärische Angelegenheiten und Polizeiverordnungen von der Kompetenz des Landtags ausgenommen bleiben. Ob das negative Votum des Landtags den König hindern sollte, einem Gesetz die Sanktion zu erteilen, ließ der Vorschlag ausdrücklich offen. In der Schwebe ließ der Staatskanzler auch, ob der Landtag nach dem Ein- oder dem Zweikammersystem einzurichten sei. Trotz des heftigen Kampfes, den *Metternich* damals im Deutschen Bund gegen die Repräsentativverfassungen führte [4]), suchte *Hardenberg* auch nach den Karlsbader Beschlüssen, Preußen auf den Weg des Konstitutionalismus zu führen. Sein Ziel war die gleichzeitige Befestigung des „monarchischen Prinzips" und der „wahren Freiheit und Sicherheit des Eigentums".

Daher setzte Hardenberg sich auch nachdrücklich für einen *Schutz der Grundrechte* ein:
„Gleichheit aller Staatsbürger vor dem Gesetz; Gleichheit der christlichen Konfessionen und Duldung und Freiheit aller Religionsübungen; gleiche Pflichten gegen den König und den Staat; das Recht eines jeden, auf einen unparteiischen richterlichen Urteilsspruch zu provozieren und binnen einer bestimmten Zeit verhört und jenem Urteilsspruch unterworfen zu werden; die in der preußischen Monarchie schon lange bestehende Unabhängigkeit der Gerichte in Absicht auf ihre richterlichen Aussprüche; die Befugnis eines jeden, seine Bitten und Beschwerden in geziemenden Ausdrücken an den Thron zu bringen — alles dieses sind Dinge, die in die Verfassung aufzunehmen sind."
Ferner schlug der Staatskanzler Bestimmungen über die Ministerverantwortlichkeit, die Beamtenhaftung, die Preßfreiheit, das Erziehungswesen und die Öffentlichkeit der

---

[1]) Text bei *Treitschke*, Dt. Gesch. Bd. 2 Anhang S. 625 ff.
[2]) Dazu unten S. 640 ff.
[3]) Dazu oben S. 179.
[4]) Siehe unten S. 643 ff.

Gerichts- und Parlamentsverhandlungen vor. Ein *monarchisch-bürgerlicher Kompromiß* war die Grundidee, die Hardenbergs Plan von 1819 verfolgte.

Die reaktionäre Partei wandte sich entschieden auch gegen dieses Projekt. Das Motto, mit dem der Staatskanzler seine Denkschrift schloß: „Salus publica suprema lex esto!" brandmarkte sie als ein Bekenntnis zum „salut public" der französischen Revolution. Sie suchte damit das Schreckgespenst des jakobinischen Wohlfahrtsausschusses („Comité du salut public") zu beschwören.

4. Humboldts Denkschrift „Über Preußens ständische Verfassung"

Die Tragik der preußischen Verfassungsreform in dieser letzten Phase der um sie geführten Kämpfe lag darin, daß die persönliche Gegnerschaft zwischen *Hardenberg* und *Humboldt* unüberwindliche Hindernisse aufrichtete, obwohl ein ernsthafter sachlicher Unterschied zwischen ihren Verfassungsplänen nicht bestand. Humboldt, der sein Ministerium „für Ständische und Kommunalangelegenheiten" als ein Amt zur Vorbereitung der „Ständischen Verfassung" begriff [1]), beanspruchte damit die Zuständigkeit für alle Verfassungsangelegenheiten, auch für die Verfassungsreform. Hardenberg betrachtete die Verfassungsreform dagegen als eine ihm als dem Staatskanzler vorbehaltene Aufgabe, modern gesprochen: als eine Frage der „Richtlinien der Politik". Hinter diesem Konflikt zwischen Kanzlerzuständigkeit und Ressortzuständigkeit verbarg sich nicht nur die Machtrivalität der beiden bedeutendsten Staatsmänner, die damals im preußischen Staatsdienst standen, sondern zugleich eine Grundsatzfrage der Regierungsverfassung: *Kanzlerprinzip, Kollegialprinzip oder Ressortprinzip* [2]), die seitdem zum ewigen Thema der verfassungstheoretischen und verfassungspolitischen Debatte geworden ist.

Schon in dem Humboldts Ministerernennung beigefügten Begleitschreiben vom 11. Januar 1819 [3]) hatte Hardenberg mit Vorbedacht erwähnt, daß er, der Kanzler, nunmehr im Auftrag des Königs beschleunigt am Abschluß der Konstitution arbeiten werde. Dieser Hinweis sollte von vornherein eine Ausdehnung des Humboldt'schen Ressorts auf die eigentliche Verfassungsreform ausschließen. Humboldt empfand diesen Hinweis als einen willkürlichen Eingriff des Kanzlers in den Geschäftskreis, den der König ihm als dem Minister für Ständische Angelegenheiten zugewiesen hatte. Der enge Verkehr mit Stein, den Humboldt damals pflog, mag ihn in dem Beschluß bestärkt haben, den Sturz des Kanzlers mit allen Mitteln zu betreiben, um so das Verfassungswerk ganz in die eigene Hand zu bekommen. In dem Schreiben an den König vom 24. Januar 1819 [4]) legte Humboldt seine Ernennung zum Minister für Ständische Angelegenheiten dahin aus, daß er das „Organ des Staatsministeriums sein wolle, durch welches die Vorschläge zur Verfassung an Seine Majestät gelangen" und daß es seine Sache sein werde, „das ganze Gebäude (der Verfassung) in die Wirklichkeit treten zu lassen". Zwar wies der König diese Auslegung scharf und kalt in der Kabinettsordre vom 31. Januar 1819 [5]) zurück; er, der König selbst, werde die Grundlagen der Verfassung bestimmen; der Minister habe Weiteres abzuwarten. Praktisch bedeutete das, daß nicht Humboldt, sondern daß Hardenberg der eigent-

---

[1]) Siehe oben S. 153.
[2]) Siehe oben S. 154.
[3]) Text: *S. A. Kaehler*, W. v. Humboldt und der Staat S. 564.
[4]) Humboldts politische Briefe Bd. 6 S. 446.
[5]) Ebenda S. 464.

liche Berater des Königs in Verfassungsfragen bleiben solle. Aber Humboldt hielt trotz dieser Zurückweisung an dieser Absicht fest, dem Kanzler das große Werk der Verfassungsschöpfung zu entwinden.

Der sachliche Gegensatz über die Grundsätze der Regierungsverfassung, also darüber, ob das Kollegial- oder das Kanzlerprinzip gelten solle, war bereits früher, in der ersten *Verfassungsdenkschrift Humboldts* vom 14. Juni 1817[1]), hervorgetreten. Damals hatte Humboldt die Bildung eines „verantwortlichen", d. h. eines selbständigen und unabhängigen Kollegialministeriums vorgeschlagen; in ihm sollte der Staatskanzler nur „primus inter pares" sein[2]). Umfassender und tiefer ging die *zweite Verfassungsdenkschrift Humboldts* „Über Preußens ständische Verfassung" vom 4. Februar 1819[3]) auf die Probleme des preußischen Konstitutionalismus ein. Die „Erziehung des Volkes zur Einsicht und Tat" war danach das große Ziel der Repräsentativverfassung. Von Hardenbergs „Ideen" wichen die praktischen Vorschläge Humboldts kaum ab, vor allem nicht in der zweiten Fassung, die er seiner Denkschrift im Oktober 1819 gab[4]). Nur an der scharfen Kritik des Staatskanzleramtes Hardenbergs und an dem Vorschlag, das Kanzler- durch das Kollegialprinzip zu ersetzen, hielt Humboldt fest. Die persönliche Schärfe, die er seiner Kritik gab, schloß jede Verständigung zwischen den beiden Staatsmännern aus.

5. Das dritte Verfassungsversprechen (1820)

Trotz der Gegensätze zwischen *Hardenberg* und *Humboldt* schien sich im Herbst 1819 eine günstigere Aussicht für die Verfassungsarbeit zu öffnen. An Stelle der vielköpfigen Verfassungskommission von 1817 übernahm ein neuer Verfassungsausschuß aus sechs Mitgliedern die Verfassungsberatungen. Dem Ausschuß gehörten die Minister *Hardenberg, Humboldt* und *Schuckmann* sowie die Staatsräte *Eichhorn, Daniels* und *Ancillon* an; die vier Anhänger der „ständischen Repräsentativverfassung" hatten gegenüber den beiden reaktionären Ausschußmitgliedern (Schuckmann, Ancillon) das deutliche Übergewicht. Die Ausschußberatungen im Oktober 1819, die zunächst einen guten Verlauf nahmen, wurden jedoch durch die Ministerkrise des Spätjahres 1819, zu der es über der Annahme der Karlsbader Beschlüsse durch die Mehrheit des preußischen Kabinetts kam, jäh unterbrochen. Mit Humboldts Ausscheiden aus dem Ministeramt am 1. Januar 1820 verlor der Verfassungsausschuß nicht nur seinen bewegenden Geist; der neue Konflikt führte vielmehr das Ende der Kommission herbei.

Der Sturz Humboldts, Beymes und Boyens[5]) war zwar ein persönlicher Triumph des Staatskanzlers. Aber dieser verlor damit zugleich die Kräfte aus seinem Kabinett, die im Hauptziel der Verfassungsreform seine Verbündeten gegen die restaurative Partei waren. Im Ministerium, im Staatsrat und bei Hof gewannen nun die altständisch Gesinnten eindeutig die Oberhand; Hardenberg war während seiner letzten Amtsjahre in der Verfassungsfrage fast

---

1) *Humboldt*, GS Bd. XII S. 196 ff.
2) Siehe auch oben S. 153 f.
3) *Humboldt*, GS Bd. XII S. 225 ff.
4) Ebenda S. 389 ff.
5) Siehe oben S. 154, unten S 736.

völlig isoliert. So bezeichnete die Entlassung der von Humboldt geführten Ministergruppe am 1. Januar 1820 auch den Punkt, an dem die Verfassungsbestrebungen der preußischen Reformzeit endgültig scheiterten. Zugespitzt gesagt: *die Reformzeit, die mit der Ernennung Steins am 4. Oktober 1807 begonnen hatte, ging mit Humboldts Entlassung am 1. Januar 1820 zu Ende.*

Hardenberg gab sich vielleicht der Täuschung hin, mit der Demission seines persönlichen Widersachers habe er endlich freie Hand für den Abschluß der Verfassungsreform gewonnen. Und in der Tat errang er unmittelbar nach dem Ministerwechsel einen letzten Erfolg. Er erreichte, daß in das Staatsschuldengesetz vom 17. Januar 1820 (GS 9)[1]) die Bestimmung eingefügt wurde, daß die Staatsschuld geschlossen sei und daß neue Staatsschulden über den festgestellten Betrag von 180 Millionen Talern hinaus nur unter der *Mitgarantie der Reichsstände* aufgenommen werden dürften. Zur Erhöhung der Staatsschuld bedurfte es somit der Zustimmung einer preußischen Nationalrepräsentation[2]). Solange diese nicht gebildet war, hatte der Staat sich seiner Kreditfähigkeit begeben, und zwar auch im Fall des dringenden öffentlichen Finanzbedarfs. *Hardenberg* nahm diese Vorschrift in der Absicht auf, eine neue gesetzliche Garantie für die Erfüllung des königlichen Verfassungsversprechens zu schaffen. Denn es war sicher, daß über kurz oder lang die Notwendigkeit hervortreten würde, für dringende Staatsaufgaben neue Staatsschulden einzugehen. Der wachsende staatliche Finanzbedarf mußte Preußen somit auf den Weg der Repräsentativverfassung zwingen. Im Grunde war der Art. II des Staatsschuldengesetzes ein *drittes Verfassungsversprechen des Königs*, dessen Einlösung durch ein Junctim mit dem Eintritt staatlichen Kreditbedarfs verbunden war.

6. Das Scheitern Hardenbergs

Mit Recht hat *Treitschke* bemerkt, jetzt, nach dem Abschluß der großen Einzelreformen, sei gewährleistet gewesen, daß eine gewählte Volksvertretung sich nicht mit den von ihren Gegnern befürchteten revolutionären Experimenten, sondern mit nüchterner Sacharbeit beschäftigt haben würde. Dagegen seien revolutionäre Erschütterungen unvermeidbar gewesen, wenn der König entgegen seinem dreimaligen Versprechen dem Volk die Verfassung weiter vorenthielt. Nur „ein preußischer Landtag, zur rechten Zeit berufen, konnte der Krone die Schmach des Jahres 1848 ersparen"[3]). Aber solche Voraussicht war der reaktionären Partei fremd, in deren Führung nun immer stärker der

---

[1]) Text: Dokumente Bd. 1 Nr. 23. Siehe auch oben S. 215 f.
[2]) Art. II Abs. 2: „Sollte der Staat künftighin zu seiner Erhaltung oder zur Förderung des allgemeinen Besten in die Notwendigkeit kommen, zur Aufnahme eines neuen Darlehens zu schreiten, so kann solches nur mit Zuziehung und unter Mitgarantie der künftigen reichsständischen Versammlung geschehen."
[3]) *Treitschke*, Deutsche Geschichte Bd. 3 S. 98.

altständisch gesinnte Kronprinz hervortrat. Der Fehlschlag, den Hardenberg bei der geplanten Landgemeinde- und Kreisordnung, den noch mangelnden Fundamenten seiner Gesamtverfassung, erlitt [1]), zeigte, daß die Macht nun ganz an die antikonstitutionelle Gruppe übergegangen war. Wie Stein 1808 dem Vorwurf des Jakobinismus ausgesetzt gewesen war, so sah Hardenberg sich nun von der Kronprinzenpartei als „Jakobiner", als „Demagoge", als „Demokrat" verdächtigt. Gegen seine Staatsverwaltung wurde wegen ihrer Reformgesinnung der Vorwurf laut, sie sei der Schrittmacher der „preußischen Revolution".

Trotzdem entwickelte der Staatskanzler in einer *Denkschrift vom November 1820* erneut seine Verfassungsidee [2]). Entschiedener als früher bekannte er sich, um den Vorwurf des Demokratismus zu entkräften, nun zum Zweikammersystem. Die *Erste Kammer* sollte aus den mediatisierten Standesherren und anderen Vertretern des Hohen Adels, aus hohen Geistlichen beider Konfessionen sowie aus Männern des besonderen königlichen Vertrauens bestehen, die *Zweite Kammer* aus Vertretern der drei Stände des adligen, des bäuerlichen und des städtischen Grundbesitzes. Durch engbegrenzte Zuständigkeiten, durch die Nicht-Öffentlichkeit der Sitzungen, durch Ausschluß der parlamentarischen Ministerverantwortlichkeit sollte die Gefahrlosigkeit der Volksvertretung gesichert werden. Aber die Furcht des Königs vor dem „demagogischen Unwesen", der durch die Schriften *Adam Müllers, Hallers, de Maistres* und *Bonalds* genährte romantisch-restaurative Sinn des Kronprinzen, der Abscheu der altständisch-feudalen Partei vor konstitutionellen Einrichtungen wurden durch solche Zusicherungen nicht mehr beschwichtigt. Daß der Staatskanzler in eben dieser Zeit von Liberalen wie *Benzenberg* und *Benjamin Constant* als Vorkämpfer des Konstitutionalismus, des Parlamentarismus, des Liberalismus und der Demokratie, ja der „Ideen von 1789" gepriesen wurde, versetzte seinem Ansehen am preußischen Hof einen tödlichen Stoß [3]). Die Ultra-Konservativen, an ihrer Spitze *Fürst Wittgenstein*, konnten gegen Hardenberg nun mit dem Vorwurf vorgehen, daß er eine „konstitutionelle Monarchie" zu begründen beabsichtige; das kam in einer Zeit allgemeiner Rückläufigkeit fast der Bezichtigung des Hochverrats gleich.

In dieser Situation griffen die Verfassungsgegner auf den Klewitz'schen Vorschlag von 1817 zurück, die Reform auf die Berufung von Provinzialständen zu beschränken, von der Berufung von Reichsständen aber abzusehen. Vergeblich erinnerte Hardenberg in einer Denkschrift vom 2./24. Mai 1821 an das verpfändete königliche Wort, das dem Volk eine ständische Gesamtvertretung verheiße [4]). Die wiederbelebte *Verfassungskommission des Staatsrats* sagte sich, nun unter dem Vorsitz des Kronprinzen stehend, von allen kon-

---

[1]) Siehe oben S. 181 f.
[2]) Text veröffentlicht von *A. Stern*, in: Forschungen zur dt. Gesch. Bd. 26 (1886) S. 328.
[3]) Über Benzenbergs Eintreten für Hardenberg und die dadurch entfesselten Angriffe vgl. *Treitschke* Bd. 3 S. 113 ff. Über Constants Schrift „Du triomphe inévitable et prochain des principes constitutionels en Prusse" (1821) ebenda S. 223 f.
[4]) *Treitschke*, Bd. 3 S. 225 f.; auch Pr. Jb. Bd. 29 S. 450 f.

stitutionellen Plänen los [1]). Zwischen monarchischem Prinzip und Demokratie gebe es keinen Kompromiß; da man nicht für die Demokratie eintreten könne, müsse man für die Monarchie und damit gegen die Verfassung sein [2]). Auf diese Erklärung der Verfassungskommission entschied der König durch die *Kabinettsordre vom 11. Juni 1821*, daß die Reform auf die Einrichtung der Provinzialstände zu begrenzen sei:

„Das Weitere wegen Zusammenberufung der allgemeinen Landstände bleibt der Zeit, der Erfahrung, der Entwicklung der Sache und Meiner landesväterlichen Fürsorge anheimgestellt."

Der Minister *v. Voss* rechtfertigte diese Entscheidung zwar mit der Erklärung, es stehe in der freien Entscheidung des Königs, ob er „jene als Gesetzgeber gegebene Verordnung" ausführen wolle oder nicht [3]). In Wahrheit war der König, wie schon dargetan, nicht befugt, sein wiederholtes Verfassungsversprechen unerfüllt zu lassen [4]). Für den Staatskanzler war das königliche Verhalten eine kränkende Desavouierung. Weit schwerer aber noch wog es als Minderung der königlichen Ehre und Autorität. Nichts hat in der ersten Hälfte des 19. Jahrhunderts dem monarchischen Prinzip in Deutschland mehr geschadet als dieser vermeintlich der Wahrung des monarchischen Prinzips dienende Bruch des königlichen Worts.

Seit dieser Niederlage war der Staatskanzler ein gescheiterter Mann. Sein Tod in Genua am 26. November 1822 beendete auch äußerlich die Epoche der preußischen Staatsreform. Die nun in der preußischen Staatsverwaltung maßgebenden Beamten waren zum Teil hervorragende Fachleute; aber es fehlte ihnen die Größe, die sie befähigt hätte, den preußischen Staat auch staatsmännisch zu führen. Die politische Bestimmungsgewalt in Preußen lag nun für zwei Jahrzehnte in der Hand der Hochkonservativen, denen (nach einem Wort Hallers) das Gesetz über die Provinzialstände [5]), mit dem der Plan der Repräsentativverfassung in Preußen vollends barst, als „wesentlich anti-revolutionär und restaurierend", als eine „Rückkehr zur natürlichen Ordnung der Dinge" galt [6]). Das aber war gerade das Problem, ob wirklich die „natürliche Ordnung" mit der alten Ordnung identisch war und ob nicht vielmehr die natürlichen Gegebenheiten des heraufsteigenden Zeitalters nach neuen Formen staatlichen Daseins und Handelns verlangten. In den Märzstürmen des Jahres 1848 sollte sich zeigen, daß die Restauration in Preußen nicht zu einer natürlichen und gefestigten Ordnung, sondern nur zu einem fragwürdigen und brüchigen Überbau über der politischen und sozialen Realität geführt hatte.

---

[1]) Mitglieder der Verfassungskommission von 1821 waren: der Kronprinz, die Minister *Schuckmann* und *Wittgenstein*, der Staatsrat *Ancillon*, der Kabinettsrat *Albrecht*. Alle fünf waren Angehörige der altständisch-reaktionären Partei.
[2]) Bericht der Verfassungskommission des Staatsrats vom 28. Mai 1821.
[3]) *Treitschke*, Deutsche Geschichte Bd. 3 S. 235.
[4]) Siehe oben S. 303 f.
[5]) Siehe oben S. 170 ff.
[6]) *Treitschke*, aaO Bd. 3 S. 243.

Kapitel IV

DER SÜDDEUTSCHE KONSTITUTIONALISMUS

§ 19. Die Entstehung der süddeutschen Verfassungen

Schrifttum: J. Schmelzing, Staatsrecht des Kgr. Bayern (1820/22); *F. Chr. Schunk*, Staatsrecht des Kgr. Bayern (1824); *C. Cucumus*, Staatsrecht der konstitutionellen Monarchie Bayerns (1825); *L. v. Dresch*, Grundzüge des bayer. Staatsrechts (2. Aufl. 1835); *E. v. Moy*, Lehrb. des bayer. Staatsrechts (1840—43); *K. Brater*, Die Verfassungsurkunde des Kgr. Bayern (4. Aufl. 1872); *J. Pözl*, Lehrbuch des bayer. Verfassungsrechts (5. Aufl. 1877); *G. Frh. v. Lerchenfeld*, Geschichte Bayerns unter König Maximilian Joseph I. (1854); *M. Frh. v. Lerchenfeld*, Die bayer. Verfassung und die Karlsbader Beschlüsse (1883); *K. Frh. v. Stengel*, Die Verfassungsurkunde des Kgr. Bayern und die Entwickelung des bayer. Verfassungsrechts seit deren Erlassung (1895); *R. Graf du Moulin Eckart*, Bayern unter dem Ministerium Montgelas (1895); *M. v. Seydel*, Bayerisches Staatsrecht (2. Aufl. 1895/96); *H. Rehm*, Quellensammlung zum Staats- und Verwaltungsrecht des Kgr. Bayern (1903); *Th. Bitterauf*, Bayern als Königreich 1806/1906 (1906); *R. Piloty-C. A. v. Sutner*, Die Verfassungsurkunde des Kgr. Bayern (2. Aufl. 1907); *M. Doeberl*, Bayern und die deutsche Erhebung wider Napoleon I. (Abh. d. hist. Kl. der bayer. Ak. d. Wiss. Bd. 24, Abt. 1, 1907, S. 345 ff.); *ders.*, Entwicklungsgeschichte Bayerns (3. Aufl. 1916 bis 1928); *ders.*, Bayern und Deutschland (1922—25); *ders.*, Rheinbundverfassung und bayerische Konstitution (1924); *v. Laubmann-Doeberl*, Denkwürdigkeiten des Grafen Maximilian v. Montgelas über die innere Staatsverwaltung Bayerns (1908); *R. Öschey*, Die bayer. Verfassungsurkunde vom 26. Mai 1818 und die Charte Ludwigs XVIII. vom 4. Juni 1814 (1914); *L. Doeberl*, Maximilian von Montgelas und das Prinzip der Staatssouveränität (1925); *E. Franz*, Bayerische Verfassungskämpfe (1926); *L. Maenner*, Bayern vor und in der französischen Revolution (1927); *K. A. v. Müller*, Das bayer. Problem in der deutschen Geschichte (1931); *W. Uhde*, Hermann Frh. v. Rotenhan (1933); *F. Koeppel*, Ignaz v. Rudhart (1933); *F. Zimmermann*, Bayerische Verfassungsgeschichte vom Ausgang der Landschaft bis zur Verfassungsurkunde von 1818 (Diss. München 1940); *H. Rall*, Kurbayern in der letzten Epoche der alten Reichsverfassung (1952).

F. v. Weech, Geschichte der bad. Verfassung (1868); *ders.*, Bad. Geschichte (1890); *F. Wielandt*, Das Staatsrecht des Ghzt. Baden (1895); *L. Müller*, Bad. Landtagsgeschichte (1899—1902); *K. Glockner*, Bad. Verfassungsrecht (1905); *R. Carlebach*, Bad. Rechtsgeschichte (1906/09); *C. Bornhak*, Staatsrecht des Ghzt. Baden (1908); *E. Walz*, Staatsrecht des Ghzt. Baden (1909); *W. Windelband*, Badens Austritt aus dem Rheinbund (ZGORh. NF 25, 1910, S. 102 ff.); *W. Andreas*, Geschichte der bad. Verwaltungsorganisation und Verfassung 1802—18 (1913); *A. Fickert*, Montesquieus und Rousseaus Einfluß auf den vormärzlichen Liberalismus Badens (1914); *R. Goldschmit*, Geschichte der bad. Verfassungsurkunde 1818—1918 (1918); *A. Krieger*, Bad. Geschichte (1921); *F. Schnabel*, Geschichte der Ministerverantwortlichkeit in Baden (1922); *ders.*, Sigismund Frh. v. Reitzenstein (1927); *M. Glaser*, Die bad. Politik und die deutsche Frage zur Zeit der Befreiungskriege und des Wiener Kongresses (ZGORh. NF 41, 1927, S. 286 ff.); *A. Waller*, Baden und Frankreich in der Rheinbundszeit (Diss. Freiburg 1935); *K. S. Bader*, Der deutsche Südwesten in seiner territorialstaatlichen Entwicklung (1950); *R. G. Haebler*, Bad. Geschichte (1951).

R. v. Mohl, Das Staatsrecht des Kgr. Württemberg (2. Aufl. 1840); *ders.*, Geschichte der
württ. Verfassung von 1819, ZfdGesStWiss. Bd. 6, 1850, S. 44 ff.; *Fricker-Geßler*, Geschichte der Verfassung Württembergs (1869); *F. Bitzer*, Regierung und Stände in Württemberg (1882); *O. v. Sarwey*, Das Staatsrecht des Kgr. Württemberg (1883); *K. V. v.
Riecke*, Verfassung, Verwaltung und Staatshaushalt des Kgr. Württemberg (2. Aufl. 1887);
A. v. Schlossberger, Politische und militärische Korrespondenz König Friedrichs I. von
Württemberg mit Napoleon I. 1805–13 (1889); *L. Gaupp*, Das Staatsrecht des Kgr. Würt-
temberg (2. Aufl. 1895); *K. Göz*, Staatsrecht des Kgr. Württemberg (1908); *F. Wintter-
lin*, Die württ. Verfassung 1815–19 (Württ. Jb. f. Stat. u. LKde, 1912, S. 47 ff.); *A. List*,
Der Kampf ums gute alte Recht (1815–19) nach seiner ideen- und parteigeschichtlichen
Seite (1913); *E. Schneider*, König Wilhelm I. und die Entstehung der württ. Verfassung
(Württ. Vjh. für Landesgesch. NF Bd. 25, 1916, S. 532 ff.); *E. Hölzle*, König Friedrich
von Württemberg (ebenda NF Bd. 36, 1930, S. 269 ff.); *ders.*, Das Alte Recht und die
Revolution. Eine politische Geschichte Württembergs in der Revolutionszeit 1789–1805
(1931); *ders.*, Württemberg im Zeitalter Napoleons und der deutschen Erhebung (1937);
A. E. Adam, Ein Jahrhundert württembergischer Verfassung (1919); *Cl. Bauer*, Politischer Katholizismus in Württemberg bis 1848 (1929); *A. Dehlinger*, Württ. Staatswesen
in seiner gesch. Entwicklg. bis heute (1951–53).
Chr. W. Schweitzer, Öffentl. Recht des Ghzt. Sachsen-Weimar (1825); *G. Meyer*, Staatsrecht des Ghzt. Sachsen-Weimar (1884); *W. A. Knetsch*, Das Staats- und Verwaltungsrecht von Sachsen-Weimar-Eisenach (1909); *H. Ortloff*, Die Verfassungsentwicklung
im Ghzt. Sachsen-Weimar-Eisenach (Z. d. Ver. f. thür. Gesch. NF Suppl. 2, 1907);
H. Ehrentreich, Die freie Presse in Sachsen-Weimar [1813–1820] (1907); *F. Hartung*,
Das Großherzogtum Sachsen unter der Regierung Carl Augusts (1923).
K. E. Weiß, System des öffentl. Rechts des Ghzt. Hessen (1837); *K. Cosack*, Staatsrecht
des Ghzt. Hessen (1894); *W. van Calker*, Hess. Verfassungsgesetze (1906); *ders.*, Staatsrecht des Ghzt. Hessen (1913); *H. Ulmann*, Denkwürdigkeiten aus dem Dienstleben
des hessen-darmstädtischen Staatsministers Frh. du Thil (1921); *A. Müller*, Die Entste-
hung der hess. Verfassung von 1820 (1931).
F. T. Friedemann, Die Verfassung und Verwaltung des Hz. Nassau (1833); *R. v. Meex*,
Handb. zur näheren Kenntnis der Verfassung und Verwaltung des Hz. Nassau (1833);
W. Sauer, Nassau unter dem Minister v. Marschall (Ann. d. Ver. f. nass. Altertumskunde
und Geschichtsforschung Bd. 22, 1890 S. 79 ff.); *ders.*, Das Herzogtum Nassau in den
Jahren 1813–1820 (1893); *Ch. Spielmann*, Geschichte von Nassau (1910–26).
Abdruck der Verfassungstexte: Dokumente Bd. 1 Nr. 53 (Bayern), Nr. 54 (Baden),
Nr. 55 (Württemberg), Nr. 56 (Hessen).

I. Die Anfänge des deutschen Konstitutionalismus

1. Staatsintegration und Repräsentativverfassung

Die vier größeren süddeutschen Staaten Bayern, Württemberg, Baden und
Hessen-Darmstadt[1]) hatten sich in der Rheinbundzeit zu einem stark vergrößerten und arrondierten Gebietsstand erhoben. *Bayern* erwarb 1803 bis
1810 die geistlichen Fürstentümer Augsburg, Bamberg, Eichstätt, Freising,
Passau und Regensburg, die Reichsstädte Augsburg, Lindau, Nördlingen, Nürnberg, Regensburg, Rothenburg und andere, die Markgrafschaften Ansbach
und Bayreuth, dazu 1815 das Fürstentum Aschaffenburg und das Großherzogtum Würzburg, schließlich gemäß dem Frankfurter Territorialrezeß von 1819

---

[1]) Die beiden kleineren süddeutschen Staaten *Hohenzollern-Hechingen* und *Hohenzollern-Sigmaringen*, die 1849 preußisch wurden, werden im Folgenden übergangen. *Hessen-Darmstadt* gehörte streng genommen nur z. T. zu den süddeutschen (d. h. südmai-
nischen) Staaten; doch wird es hier mit ihnen zusammen behandelt.

die linksrheinische Pfalz. Altbayern dehnte sich so durch den schwäbischen, den fränkischen und den pfälzischen Zuwachs zu einem Staatskörper von ansehnlichem Gebietsumfang aus. Auch *Württemberg* erweiterte sich in dieser Zeit auf das Doppelte seines alten Bestandes. Die österreichischen Besitzungen in Oberschwaben, die Reichsstädte Eßlingen, Gmünd, Hall, Heilbronn, Reutlingen, Rottweil, Ulm u. a. m., die Fürstentümer Hohenlohe und Öttingen, die Grafschaften Waldburg und Limpurg, die Propstei Ellwangen und die Abtei Zwiefalten traten mit zahlreichen kleineren Gebieten zu Altwürttemberg hinzu. *Baden* war bis 1803 ein unbedeutender Kleinstaat, der sich aus den beiden Markgrafschaften Baden-Baden und Baden-Durlach gebildet hatte. Jetzt wuchs es auf ein Vielfaches seines ursprünglichen Gebietsbereichs an. Der österreichische Breisgau, die Fürstentümer Fürstenberg, Leiningen und Löwenstein-Wertheim, die rechtsrheinische Kurpfalz, der rechtsrheinische Teil des Bistums Straßburg, das Bistum Konstanz, die Abtei St. Blasien, die Reichsstädte Offenburg, Gengenbach und Zell vermehrten das badische Territorium beträchtlich [1].

Zu Königen oder Großherzögen erhöht, standen die Herrscher der süddeutschen Staaten schon in der Rheinbundszeit, erst recht aber seit der Befreiung Deutschlands vor der Aufgabe, ihre alten mit den neuerworbenen Gebieten zu einer festen staatlichen Einheit zu verschmelzen. Nur so konnten sie ihre Länder nach innen durch legislative und administrative Leistungen zu einem Ganzen verbinden und zugleich im Kreis der deutschen Staaten zu gefestigtem Ansehen und Einfluß gelangen. Staatliche Einheit aber konnten sie nur schaffen, indem sie die überkommene Selbständigkeit ihrer einzelnen Gebietsteile durch ein streng zentralistisch-bürokratisches Regime beseitigten. In der Rheinbundszeit entwickelte sich in Bayern unter dem Ministerium *Montgelas* (1799—1817) ein zentralistisch-bürokratisches Verwaltungssystem im Stil des aufgeklärten Absolutismus; aus der Vielzahl von Einzelgebieten formte sich so der unitarische bayerische Staat. Auch in Württemberg, wo die altständische Verfassung bis dahin den absolutistischen Neigungen der Herzöge erfolgreich widerstanden hatte, wurde in der Rheinbundszeit der Absolutismus um der Staatseinheit willen nachgeholt; nur durch Einebnung des alten, an den Einzelgebieten haftenden Ständewesens konnte der württembergische Gesamtstaat geschaffen werden. Schließlich erhob auch Baden sich unter einer zentralgeleiteten Bürokratie zur Staatseinheit des vielgerühmten „Musterlands". In allen süddeutschen Ländern waren die im Rheinbundsystem eingeführten „konstitutionellen" Einrichtungen napoleonischen Stils ein bloßes Beiwerk der rein bürokratischen Staatsverfassung. Nicht nur in Preußen, sondern auch in Süddeutschland begann der Staat des 19. Jahrhunderts als eine Herrschaftsordnung, in der das Beamtentum zur eigentlich staatstragenden Schicht wurde. Die *Staatsbildung* in den süddeutschen Ländern war eine aus-

---

[1] Über die Einzelheiten der Gebietserweiterungen, die Bayern, Württemberg und Baden durch den Reichsdeputationshauptschluß (1803), den Frieden von Preßburg (1805), die Rheinbundsakte (1806), den Frieden von Schönbrunn (1809) und den Pariser Vertrag (1810) erfuhren, siehe oben S. 47, 48, 67, 77.

gesprochene *Verwaltungsleistung;* sie war ein Prozeß *administrativer Integration.* Und trotz der bald bei ihnen einsetzenden konstitutionellen Ära entsprachen die süddeutschen Länder politisch-soziologisch noch lange Zeit weit eher dem Typus des *bürokratischen Verwaltungsstaats* als dem des *bürgerlichen Verfassungsstaats.*

Nach dem Ende der Rheinbundzeit war allerdings offenbar, daß die süddeutschen Fürsten trotz der ihnen zuteilgewordenen Anerkennung ihrer Souveränität und territorialen Integrität ihre innerstaatliche Macht nicht länger allein auf dieses monarchisch-bürokratische System würden stützen können. Sie mußten versuchen, aus der mit bürokratischen Mitteln geschaffenen Verwaltungseinheit eine partikularstaatliche „National-Einheit" zu entwickeln. Sie mußten sich bemühen, die alten und die neuen Untertanen zu einer mit gemeinsamem Staatsbewußtsein erfüllten „Nation" zu formen. Das aber war nur möglich, wenn die Landeseinwohner aus bloßer Untertanschaft in. die Stellung von Staatsbürgern erhoben und mit entsprechenden Rechten und Freiheiten ausgestattet wurden. *Der Übergang zur Repräsentativverfassung war für die süddeutschen Herrscher ein Gebot der dynastischen Selbstbehauptung wie der Staatsräson.* Es gab kein wirksameres Mittel als die Bildung einer volksgewählten Vertretungskörperschaft, um in jedem der aus zahllosen Gebietsteilen neugeschaffenen Länder den gemeinsamen Staatssinn zu wecken und einen politischen Gesamtwillen zu formen. So wurde das Repräsentativsystem in Süddeutschland zum Mittel der staatlichen Einung. *Die administrative Integration wurde durch die parlamentarisch-repräsentative Integration ergänzt.* Der deutsche Föderalismus festigte und entwickelte sich in Süddeutschland eben dadurch, daß die partikulare Staatlichkeit sich mit Hilfe der Repräsentativverfassung aus einer Sache der Dynastie und der Bürokratie zu einem staatsbürgerlichen Anliegen des Volkes selbst erhob. Dieses verfassungspolitische Kalkül erklärt, weshalb die süddeutschen Souveräne, die eben noch dem Absolutismus gehuldigt hatten, nach 1815 entschieden den konstitutionellen Weg einschlugen. Sie gaben ihren Ländern Verfassungsurkunden nach dem Muster der französischen Charte von 1814, die mit der fortdauernden monarchischen Souveränität die Mitwirkungsrechte von Volksvertretungen verbanden. So entstanden die ersten geschriebenen Verfassungen mit Grundrechten und Gewaltenteilung, mit Zweikammersystem und Ministerverantwortlichkeit, mit bürgerlichem Wahlrecht und freiem Abgeordnetenmandat in Deutschland.

Im Entwicklungsgang des deutschen Frühkonstitutionalismus standen die süddeutschen Staaten zwar nicht am Beginn. Vielmehr ging *Nassau* mit seiner Verfassung vom 1./2. September 1814 voran. Es folgten eine Reihe von Kleinstaaten: *Schwarzburg-Rudolstadt* (8. Januar 1816), *Schaumburg-Lippe* (15. Januar 1816) und *Waldeck* (19. April 1816). Es schloß sich daran *Sachsen-Weimar,* dem Großherzog Carl August am 5. Mai 1816 eine Verfassung gab, die die bürgerlichen Freiheitsrechte in einer Generalklausel verbriefte. Seinem Beispiel folgte das benachbarte *Sachsen-Hildburghausen* (19. März 1818). Diesen sechs ersten deutschen Verfassungen des konstitutionellen Typus reihten sich die Verfassungen der drei süddeutschen Staaten *Bayern* (26. Mai 1818), *Baden* (22. August 1818) und *Württemberg* (25. September 1819) an. Der württembergischen voraus ging noch die Verfassung von *Liechtenstein* (9. November

1818). In der weiteren Folge ergingen Verfassungen für *Hannover* (7. Dezember 1819), *Braunschweig* (25. April 1820), *Hessen-Darmstadt* (17. Dezember 1820), *Sachsen-Coburg* (8. August 1821). Diese erste Epoche der deutschen Verfassungsentstehung endete mit der Verfassung von *Sachsen-Meiningen* (4. September 1824), an deren Stelle nach der Vereinigung von Meiningen und Hildburghausen die Verfassung für *Sachsen-Meiningen-Hildburghausen* (23. August 1829) trat. Das waren insgesamt immerhin 15 deutsche Staaten, die zwischen 1814 und 1830 ihr Verfassungsrecht gesetzlich fixierten [1]).

2. Oktroyierte und vereinbarte Verfassungen

Nach der Art der Entstehung waren zwei Gruppen von Verfassungen zu unterscheiden. Es gab *oktroyierte Verfassungen,* die der Landesherr einseitig aus höchster Machtvollkommenheit erließ, so die beiden Verfassungen von Nassau 1814 und von Bayern 1818; es gab aber auch *vereinbarte Verfassungen,* die auf einem Verfassungsvertrag zwischen dem Fürsten und einer alt-überkommenen oder ad hoc berufenen Ständevertretung beruhten, so die Verfassung von Württemberg 1819. Der konstitutionellen Staatslehre, die die verfassunggebende Gewalt dem Fürsten und dem Volk gemeinsam zusprach, erschienen nur die vereinbarten Verfassungen als vollwertig; der Lehre vom monarchischen Prinzip [2]) dagegen galt der Erlaß der Verfassung gerade als ein Akt höchster monarchischer Machtvollkommenheit, die nicht durch eine Verfassungsvereinbarung geschmälert werden durfte. Die konstitutionelle Theorie wiederum sah auch die vom Herrscher einseitig erlassenen Verfassungen als „vereinbart" an, wenn das Volk sie nachträglich durch konkludentes Verhalten, etwa die Teilnahme an Wahlen, „anerkannte"; so deutete man die Verfassungen von Baden 1818 und von Hessen-Darmstadt 1820 in „vereinbarte" Verfassungen um. Der einseitigen Aufhebung oder Durchbrechung waren auch die vom Landesherrn einseitig erlassenen Verfassungen entrückt, da sie die Verfassungsänderung in den Weg der formellen Gesetzgebung verwiesen; zu jeder Verfassungsänderung bedurfte es damit der Zustimmung der neugeschaffenen, an der Gesetzgebung beteiligten Volksvertretungen.

Ihrem politischen Sinngehalt nach beruhten alle Verfassungen des Frühkonstitutionalismus auf einem *monarchisch-liberalen Kompromiß.* Sie suchten die überlieferte monarchische Herrschaftsgewalt mit bürgerlichen Freiheits- und Mitbestimmungsrechten zu vereinen. Sieht man das Wesen der Demokratie in der vollen Gleichheit aller Bürger und in der ausschließlichen Herrschaftsgewalt des Volkes, so waren die Verfassungen des Frühkonstitutionalismus nicht „demokratisch". Denn sie gingen nicht von der politischen Egalität aller Untertanen aus, privilegierten vielmehr den grundbesitzenden Adel in den Ersten Kammern und das gebildete und besitzende Bürgertum durch die Gestaltung des Wahlrechts für die Zweiten Kammern. Außerdem blieb der Fürst an der Gesetzgebungsgewalt beteiligt und mit der alleinigen Exekutivgewalt ausgestattet; die Staatsgewalt ging also nicht vom Volk allein aus.

---

[1]) Siehe auch unten S. 656 f.
[2]) Siehe unten S. 651 ff.

Dem „monarchischen Prinzip" gemäß galt der Fürst auch in diesen Verfassungsstaaten als Träger der Souveränität. Der Sache nach beruhten die frühkonstitutionellen Verfassungen Deutschlands somit auf einem Kompromiß monarchischer, aristokratischer und bürgerlich-demokratischer Elemente.

Die fünfzehn vor 1830 entstandenen Verfassungen des deutschen Frühkonstitutionalismus wichen naturgemäß in mannigfacher Weise voneinander ab. Dem klassischen Konstitutionalismus kamen die süddeutschen Verfassungen am nächsten; auch in ihrer politischen Bedeutung überragten sie die gleichzeitig mit ihnen entstandenen Verfassungen der übrigen mittleren und kleineren Länder.

II. Das Königreich Bayern

1. Die bayerische Verfassungsentwicklung unter Montgelas

Das altbayerische Kernland hatte sich schon im 18. Jahrhundert zur strengen absoluten Monarchie geformt. In den durch den außerordentlichen Gebietszuwachs der Jahre 1803—10 hinzugekommenen Gebieten dagegen bestand vielfach die altständische Verfassung fort. Das Ziel der bayerischen Verfassungspolitik der Rheinbundszeit war, den Gesamtstaat im Stil des rigorosen Etatismus und Zentralismus zum Einheitsstaat zu gestalten. *König Maximilian I. Josef* [1] fand in dem *Grafen Montgelas* [2] einen leitenden Minister, der während seines langen Wirkens (1799—1817) das Staatswesen ganz nach den Prinzipien des aufgeklärten Polizei- und Wohlfahrtsstaats entwickelte; durch eine „Revolution von oben" löschte der bedeutende Schöpfer des modernen souveränen und unitarisch-zentralistischen bayerischen Staates den Patrimonialismus und Feudalismus wie die Eigenständigkeit der heterogenen altbayerischen, schwäbischen und fränkischen Gebietsteile aus. Daß es gelang, in den neubayerischen Landesteilen in kurzer Zeit nicht nur Anhänglichkeit an die Dynastie, sondern ein ausgesprochen bayerisches Staatsgefühl zu wecken, gehört zu den erstaunlichen Erfolgen des etatistisch-bürokratischen Regimes in dem scheinbar so staatsfeindlichen bürgerlichen Jahrhundert. Auch bei der Schöpfung der Verfassung vom 1. Mai 1808 [3] kam es Montgelas nicht in erster Linie auf die konstitutionelle Sicherung bürgerlicher Freiheits- oder Mitbestimmungsrechte, sondern vornehmlich darauf an, durch eine „Kodifikation des gesamten Staatsrechts" aus dem „Aggregat verschiedenster Kräfte" eine rationale Staatseinheit zu schaffen [4].

---

[1] *Kurfürst Maximilian IV. Josef* (1756—1825) trat 1799 die Regierung in Kurbayern an; als König (1806—25) nannte er sich Maximilian I. Josef.

[2] *Maximilian Graf von Montgelas* (1759—1838), aus ursprünglich savoyischem Geschlecht, war der bedeutendste Staatsmann des aufgeklärten Absolutismus in Bayern; seine Regierungsgrundsätze sind eher josefinisch als friderizianisch zu nennen. Er hatte dem Illuminatenorden angehört und verleugnete niemals diese geistige Verwurzelung in der katholischen Aufklärung.

[3] Text: *Pölitz*, Die europäischen Verfassungen (2. Aufl. 1832) Bd. 1 S. 96 ff.

[4] *L. Doeberl*, M. v. Montgelas und das Prinzip der Staatssouveränität (1925), S. 24.

Von Napoleon bei diesem Schritt auf einer Zusammenkunft in Mailand beraten, erließ König Max Josef am 1. Mai 1808 die von Montgelas entworfene *Verfassung*, die am 1. Oktober 1808 in Kraft trat. Um aus den so verschiedenartigen Teilen die bayerische Staatseinheit zu formen, sollte die Verfassung die Rechte des Staates gegenüber den Einzelnen ebenso wie die Rechte der Einzelnen gegenüber dem Staat sichern und gegeneinander ausgleichen. Sie gliederte das Land, um eine einheitliche und zentrale Verwaltung aufzubauen, in 15 nach Flüssen benannte Kreise; 1810 wurde ihre Zahl auf 9 beschränkt. In den Kreisen sollte neben den staatlichen Beamten eine *Kreisversammlung* eingesetzt werden, deren Mitglieder der König aus den 400 steuerkräftigsten Grundeigentümern zu berufen hatte. Jede der Kreisversammlungen sollte dann 7 Mitglieder aus den 20 steuerkräftigsten Grundeigentümern und Unternehmern in die *Nationalrepräsentation* wählen. Diese sollte über die Gesetzentwürfe, die der Geheime Rat im Benehmen mit den Kommissionen der Nationalrepräsentation aufzustellen hatte, ohne Diskussion abstimmen. Jedoch erlangte dieses bayerische Repräsentativsystem keine praktische Bedeutung; die Nationalrepräsentation trat niemals zusammen.

Dafür entwickelte sich die *Regierung* als Träger des autoritären Unitarismus und Zentralismus umso stärker. Nach den modernen französischen Organisationsprinzipien entstand ein Ministerium mit den fünf klassischen Ressorts: den Ministerien des Auswärtigen, des Innern, der Finanzen, der Justiz und des Kriegs (1808); allerdings hatte Montgelas die drei erstgenannten Ministerien in Personalunion inne. Neben die Regierung trat der *Geheime Rat* als oberstes beratendes Organ; ihm gehörten außer dem König, dem Kronprinzen und den Ministern eine Reihe von Geheimen Räten an, die der König berief. Außer der Beratung von Gesetzentwürfen war ihm auch die Entscheidung von Kompetenzkonflikten übertragen; in dieser Verbindung von Regierungs- und Justizfunktionen schloß man sich an das Vorbild des französischen Conseil d'Etat an, dessen juridischer Aufgabenbereich allerdings weiter als der des Geheimen Rats war. Die *Gerichtsorganisation* baute sich in drei Instanzen auf: Stadtgerichte, Landgerichte und Patrimonialgerichte entschieden in erster, Appellationsgerichte in zweiter, das Oberappellationsgericht in München in dritter Instanz. In Strafsachen waren die Appellationsgerichte in erster Instanz zuständig. Während er für das Zivilrecht die Rezeption des *Code civil* plante, erließ der König für das Strafrecht ein selbständiges *Strafgesetzbuch* (16. Mai 1813), dessen Entwurf *Anselm Feuerbach* auf der Grundlage der Abschreckungstheorie (statt des bis dahin maßgeblichen Vergeltungsprinzips) schuf.

Zu den nachhaltigsten Maßnahmen des Ministeriums Montgelas in der Rheinbundzeit gehörte die im Geist des aufgeklärten Absolutismus und der unbeschränkten Staatssouveränität gehaltene *Neuordnung des bayerischen Staatskirchenrechts*. Durch sein „Mémoire instructif sur les droits des ducs de Bavière en matière ecclésiastique" [1] von 1799 legte Montgelas das Fundament dieses Reformwerkes. In Einklang mit der damals herrschenden Staatsrechtslehre, Kirchenrechtslehre und politischen Publizistik — aber mit größerer Entschiedenheit und Klarheit als irgendjemand sonst — setzte Montgelas die vollständige Unterordnung der Kirche unter den Staat [2], die Verschärfung des Placet und des Recursus ab abusu, die Aufhebung der geistlichen Gerichtsbarkeit [3] und der Steuerfreiheit des Klerus [4], die staatliche Ernen-

---

[1] Vgl. *L. Doeberl*, a.a.O., S. 123.

[2] Dazu der Schlußsatz des Mémoire: „La doctrine des deux puissances est une chimère monstrueuse de l'ambition sacerdotale; l'Eglise est dans l'Etat et non l'Etat dans l'Eglise" (ebenda S. 124).

[3] Verordnung über das Verhältnis zwischen weltlicher und geistlicher Gewalt vom 7. Mai 1804 (RegBl. 1804, S. 509 ff.). Dort der Satz: „Wir werden aber auch nie dulden, daß die Geistlichkeit und irgendeine Kirche einen Staat im Staate bilde, daß dieselbe in ihren weltlichen Handlungen und mit ihren Besitzungen den Gesetzen und den gesetzmäßigen Obrigkeiten sich entziehe".

[4] Verordnung vom 8. Juni 1807 (RegBl. 1807, S. 969 ff.).

nung der Bischöfe und Geistlichen [1]), die Säkularisation des Kirchenguts [2]) und die Verstaatlichung des Unterrichtswesens [3]) durch. Auch für die Verstaatlichung des Eherechts trat der Minister ein [4]). In den Verhandlungen über ein bayerisches Konkordat 1806/09 suchte er, allerdings vergeblich, die kuriale Anerkennung dieses staatskirchenrechtlichen Territorialismus zu erreichen [5]). Mit der *Verfassung von 1808* bekannte der bayerische Staat sich uneingeschränkt zum Grundsatz der Gewissensfreiheit. Das *Religionsedikt von 1809* schließlich führte in Bayern die Grundsätze der Toleranz und Parität, sowie die volle Unterordnung der Kirche unter den Staat in äußeren wie in gemischten Angelegenheiten durch. Es krönte damit das von Montgelas erstrebte territorialistische Staatskirchenrecht [6]).

2. Die bayerische Verfassung von 1818

In Bayern war die Konstitution von 1808 mit ihren pseudo-repräsentativen Einrichtungen unausgeführt geblieben; doch konnte man bei der nach 1815 notwendigen Neuordnung von ihr als einer Textgrundlage ausgehen. Schon während des Wiener Kongresses gab *König Max Josef* seiner Regierung den Auftrag, die Verfassung von 1808 den veränderten Verhältnissen anzupassen und als revidiertes Staatsgrundgesetz neu zu verkünden. Der Entwurf der eingesetzten Verfassungskommision war jedoch so unzulänglich, daß der König ihn, auch dem Rat des Kronprinzen Ludwig folgend, verwarf.

Vornehmlich aber kam die bayerische Verfassungsarbeit zum Ruhen, weil *Montgelas* sich auch jetzt noch allen Neuerungen widersetzte. Der Minister, dessen kluger, bedenkenloser, der Staatsräson ergebener Politik Bayern die Erfolge der Regierungszeit Max Josefs zu danken hatte, glaubte die Einheit, Macht und Wohlfahrt des Landes allein dann gesichert, wenn der aufgeklärte Absolutismus und der bürokratische Zentralismus seines polizeistaatlichen Systems beibehalten würden. Gegen den Klerikalismus bestimmter altbayerischer Kreise, die deutsch-patriotische Romantik des Kronprinzen wie den bürgerlichen Liberalismus der neubayerischen Städte Frankens und Schwabens verharrte Montgelas in unerschüttertem Gegensatz. Ständische Vertretungen wollte er allenfalls zur Verbrämung der bürokratischen Allmacht zulassen; eine echte

---

[1]) Über die Bischofsernennung siehe unten S. 402 f.; die Ernennung der Geistlichen stützte der bayerische Staat auf ein allgemeines Patronatsrecht, das er u. a. auf die Rechtsnachfolge in die Rechtsstellung der ehemaligen geistlichen Landesherren zu gründen suchte.

[2]) Schon bei den Säkularisationsbestimmungen des RDH trat Montgelas als entscheidender Anreger hervor; über die Durchführung der Säkularisation in Bayern siehe oben S. 54.

[3]) Ministerialentschließung vom 10. Mai 1810 (vgl. *L. Doeberl*, a.a.O., S. 140 f.).

[4]) Montgelas bekannte sich entschieden zum Prinzip der Zivilehe; in diesem Punkt konnte er seine Pläne nicht verwirklichen.

[5]) Über die bayerischen Konkordatsverhandlungen und ihren Abschluß siehe unten S. 420 ff.

[6]) Edikt über die äußeren Rechtsverhältnisse der Einwohner in Beziehung auf Religion und kirchliche Gesellschaften vom 24. März 1809 (RegBl. 897).

Repräsentativverfassung erschien ihm als der Anfang des revolutionären Jakobinismus. Er verkündete, der König und die Bürokratie seien die einzig legitime Repräsentation des Volkes; das „monarchische Prinzip" modifizierte er damit im Sinn des monarchischen Beamtenstaats: *Le roi règne, mais la bureaucratie gouverne!* Jedoch machte diese antiklerikal-aufklärerische Gesinnung den ehemaligen Illuminaten am Wiener Hof verdächtig; österreichische Einflüsse erschütterten die Stellung des bayerischen Ministers so sehr, daß ihn schließlich ein Vorstoß des Kronprinzen Ludwig zu Fall brachte. Am 2. Februar 1817 sprach der König die Entlassung aus. Der Weg für die Wiederaufnahme des Verfassungswerks war damit frei.

Zwei besondere Gründe drängten dazu, das Verfassungswerk zu beschleunigen: der Abschluß des bayerischen Konkordats und der bayerisch-badische Streit um die rechtsrheinische Pfalz. Das zur Neuordnung des bayerischen Kirchenwesens mit der Kurie vereinbarte *Konkordat* vom 5. Juni 1817 schränkte infolge der Nachgiebigkeit der staatlichen Unterhändler die aus dem Staatskirchentum überkommenen Staatshoheitsrechte gegenüber der Kirche erheblich ein[1]). Um diesen Mißerfolg zu korrigieren, entschloß die Regierung sich, das Konkordat zusammen mit einem einseitig als Staatsgesetz erlassenen neuen *Religions-Edikt* als Anhang zur Verfassung in Kraft zu setzen. Eine Reihe staatlicher Vorbehalte im Religions-Edikt begrenzten die staatlichen Zugeständnisse, die das Konkordat der Kurie gesichert hatte. Um diesem fragwürdigen Vorgehen den Schein der Legalität zu geben, bedurfte man der Verfassung, die als Staatsgrundgesetz einen Vorrang auch vor dem mit der Kurie geschlossenen Staatsvertrag beanspruchte. Aber auch in dem diplomatischen Kampf Bayerns mit Baden um die *rechtsrheinische Kurpfalz* suchte man in München die Verfassung ins Feld zu führen; man hoffte, die öffentliche Meinung Deutschlands günstig zu stimmen, wenn Bayern rasch, und zwar noch vor Baden, eine bürgerlich-freiheitliche Verfassung zustande bringe. Zwischen Bayern und Baden kam es so zu einem Wettlauf der Verfassungsgebung, den Bayern mit einigen Monaten Vorsprung gewann. Trotzdem sollten die bayerischen Hoffnungen auf den Rückerwerb des Baden zugefallenen alten wittelsbachischen Besitzes sich als unrealisierbar erweisen[2]).

Der sachkundige Generaldirektor im bayerischen Innenministerium *Georg Friedrich von Zentner*[3]) brachte die Verfassungsarbeit, die er nach Montgelas' Sturz tatkräftig aufnahm, zu schnellem Abschluß. An der Vorbereitung nahm nur der Staatsrat als staatliche Zentralbehörde, aber kein Vertretungsorgan des Volkes teil. So erging die am 26. Mai 1818 ausgefertigte Verfassung[4]) allein aus der Machtvollkommenheit des Königs, aus seinem „freien Entschlusse", wie ihr Vorspruch betonte. Sie war – auch darin der französischen Charte von 1814 verwandt – der Modellfall einer oktroyierten Konstitution.

---

[1]) Siehe unten S. 423 ff.
[2]) Siehe unten S. 324 ff.
[3]) Siehe unten S. 362.
[4]) Text: Dokumente Bd. 1 Nr. 53.

III. Das Großherzogtum Baden

1. Die badische Verfassungsentwicklung in der Rheinbundszeit

Der badische Staat stand in der Rheinbundszeit vor fast noch größeren Aufgaben der staatsrechtlichen Unitarisierung als die beiden süddeutschen Königreiche. Erst 1771 hatten die durch den konfessionellen Gegensatz seit Reformation und Gegenreformation bitter entzweiten Markgrafschaften Baden-Durlach und Baden-Baden sich in der Hand der Durlach'schen Linie vereinigt. Eine Unzahl weiterer heterogener Gebietsteile waren seit 1803 zu Baden hinzugekommen. An die landständischen Traditionen anzuknüpfen, die sich in den Einzelteilen noch in vielfältiger Gestalt fanden, war unmöglich, wenn die Staatseinheit gewonnen werden sollte. So blieb auch für Baden nur der Weg, zunächst einmal durch entschlossenen Absolutismus die Einheit der ganzen Ländermasse zu begründen, die sich vom mittleren Main bis zum Bodensee erstreckte.

Die landständischen Einrichtungen ebnete die Regierung überall ein; im Breisgau hob sie die landständische Verfassung ausdrücklich auf [1]). Den Plan, eine Verfassung nach westfälischem Muster zu schaffen, ließ sie bald fallen. Dafür organisierte sie die Verwaltung und die Gerichtsbarkeit nach den modernen Prinzipien rationaler Staatstechnik [2]). Ihren Abschluß fand diese Neuordnung in dem Organisationsedikt vom 26. November 1809 [3]), das der Minister *v. Reitzenstein* schuf [4]). Die zentrale Staatsleitung übernahm das Staatsministerium, dem ein konsultativer Staatsrat zur Seite trat. Die Verwaltung nahmen die zehn Kreise, die Ämter und als Lokalinstanzen die Gemeinden wahr. Die Justiz erhielt ihren Aufbau in den nun üblich werdenden drei Instanzen; an der Spitze stand das Oberhofgericht in Mannheim.

2. Die badische Erbfolgefrage

Nach dem Ende der Rheinbundszeit hatte Baden noch dringendere Gründe als Bayern, den seit 1803 erworbenen Gebietsbesitz durch eine Verfassung fest zu vereinen. Die Hauptlinie der Zähringer stand vor dem Erlöschen; damit drohte auch dem erst in der Rheinbundszeit geschaffenen Staat der neue Zerfall. Der älteste Sohn des Großherzogs *Karl Friedrich* [5]) starb lange vor dem Vater; der nun zur Thronfolge berufene Enkel *Karl* [6]) blieb in der Ehe mit *Stephanie Beauharnais*, der Stieftochter Napoleons, zunächst kinderlos. Auch Karl Friedrichs weitere Söhne aus erster Ehe, die Markgrafen

---

[1]) Verordnung vom 23. Mai 1806. Vgl. *J. Bader*, Die ehemaligen breisgauischen Stände (1846).

[2]) Vgl. dazu im Einzelnen W. *Andreas*, Geschichte der badischen Verwaltungsorganisation und Verfassung in den Jahren 1802—1818 Bd. 1 (1913) S. 38 ff.

[3]) Das Edikt mit seinen sechs Beilagen ist veröffentlicht im RegBl. 1809 Nr. 49 bis 52.

[4]) Über ihn unten S. 373.

[5]) Lebensdaten: 1728—1811; Markgraf seit 1738 (bis 1746 unter Vormundschaft); Kurfürst 1803—06; Großherzog 1806—11.

[6]) Lebensdaten: 1786—1818; Mitregent 1808—11; Großherzog 1811—1818.

Friedrich [1]) und Ludwig [2]), waren ohne Nachkommen. Nun besaß Karl Friedrich aus einer zweiten Ehe mit der Freiin Luise Geyer von Geyersberg, die er zur Freifrau, 1796 zur Gräfin *Hochberg* erhoben hatte, weitere männliche Nachkommen; schon am 24. November 1787, vor der am gleichen Tag vollzogenen Eheschließung, hatte er dieser Nachkommenschaft das Thronfolgerecht zugesichert, falls seine sonstigen männlichen Nachkommen aussterben sollten. Da die Agnaten des Hauses diese Bestimmung anerkannten, war an ihrer staatsrechtlichen Wirksamkeit nicht zu zweifeln. Überdies legte Karl Friedrich sie 1796 noch einmal förmlich fest; 1806 sicherte er sie durch eine erneute Sukzessionsakte. Die drei Grafen von Hochberg — Leopold [3]), Wilhelm und Maximilian — waren für den Fall, daß die Zähringische Hauptlinie erlosch, somit vollberechtigte Anwärter auf den badischen Thron, wenn auch naturgemäß die Zweifel an dem Erbfolgerecht der Nachkommen aus der nur „zur linken Hand" geschlossenen Ehe Karl Friedrichs niemals ganz verstummten [4]).

3. Der bayerisch-badische Streit um die Pfalz

Jedenfalls versuchte Bayern, die dynastischen Probleme des Hauses Zähringen für sich auszunutzen. In dem *Vertrag von Ried* vom 8. Oktober 1813 ließ Bayern sich von Österreich für alle ihm etwa zugemuteten Gebietsabtretungen eine entsprechende Gebietsentschädigung versprechen, die in unmittelbarem geographischem Zusammenhang mit dem bayerischen Hauptstaatsgebiet stehen sollte [5]). Diese Klausel schloß unausgesprochen für den Fall, daß die linksrheinische Pfalz zu Bayern zurückkehren sollte, bereits auch einen Rückfallanspruch auf die angrenzende rechtsrheinische Kurpfalz, die 1803 badisch geworden war [6]), ein, da nur so der zugesicherte Gebietszusammenhang geschaffen werden konnte. Demgemäß erhielt Bayern in dem geheimen österreichisch-bayerischen Vertrag vom 23. April 1815 (Art. XVI) [7]) eine Zusage, die ihm neben anderen Gebietsentschädigungen, darunter dem badischen Main- und Tauberkreis und Teilen des badischen Neckarkreises, auch die Rückgabe der badisch gewordenen Teile der ehemaligen Kurpfalz für den Fall ver-

---

[1]) Lebensdaten: 1756—1817.
[2]) Lebensdaten: 1763—1830; Großherzog 1818—30 (als Nachfolger seines Neffen Karl).
[3]) Lebensdaten: 1790—1852; Großherzog 1830—52.
[4]) Vgl. die Darstellung bei *Klüber*, Acten des Wiener Kongresses, Bd. 8 (1818) S. 166 ff. Dort auch Näheres über den Unterschied zwischen einer „Trauung zur linken Hand" (wie sie bei der Hochberg'schen Ehe vorlag) und einer „morganatischen Ehe", die nur vorliegt, wenn durch Vertrag Ausnahmen von den standes- und erbfolgerechtlichen Wirkungen der Ehe gemacht sind, was in Bezug auf die männlichen Nachkommen der Hochberg'schen Ehe nicht der Fall war.
[5]) Art. III der geheimen Separatartikel des Vertrags von Ried (siehe unten S. 494).
[6]) § 5 RDH: Baden erhält als Entschädigung für seinen Teil an der Grafschaft Sponheim usw. . . . „die pfälzischen Ämter Ladenburg, Bretten und Heidelberg mit den Städten Heidelberg und Mannheim". Siehe auch oben S. 48.
[7]) Text bei *Klüber*, a.a.O., Bd. 8, S. 129 ff. Rußland und Preußen traten dem Vertrag durch Mitunterzeichnung bei. Siehe auch unten S. 578, 581.

sprach, daß in Baden ein männlicher Erbe der gegenwärtig regierenden Dynastie nicht vorhanden sei („à défaut d'héritier mâle de la dynastie régnante aujourd'hui dans le Grand-Duché de Bade"). Von der zunächst geplanten Aufnahme dieses Art. XVI in die Wiener Kongreßakte sahen die Beteiligten jedoch ab, da sonst der Beitritt Badens zu der neuen Koalition gegen Napoleon nicht zu erlangen gewesen wäre. Vielmehr verpflichteten die alliierten Hauptmächte sich in dem badischen Beitrittsvertrag vom 12. Mai 1815 [1]), nicht zu dulden, daß dem politischen Bestand des Großherzogtums Abbruch geschehe. Trotzdem schlossen Österreich, Rußland, Großbritannien und Preußen am 20. November 1815 in Paris eine neue Übereinkunft [2]), deren Art. VII dem König von Bayern die Rückgabe der badischen Teile der Kurpfalz für den Fall des Erlöschens der Hauptlinie der badischen Dynastie versprach („la reversion de la partie du palatinat appartenant à la Maison de Bade après l'extinction de la ligne directe du Grand-Duc régnant"). Gestützt auf diese Zusage erhob Bayern nun offen den Rückgabeanspruch, mit dem es Baden den Besitz seiner wertvollsten nördlichen Landesteile streitig machte.

Den Rechtsgrund des auf die rechtsrheinische Kurpfalz erhobenen Reversionsanspruchs sah man in München darin, daß die Kurpfalz bis 1803 in Wittelsbach'scher Hand gewesen war und daß die jetzt in Bayern regierende Linie der Wittelsbacher ihre angestammte Herrschaft in der Pfalz besessen hatte (der Kurpfälzer Karl Theodor war 1777 Kurfürst auch von Bayern geworden; der Birkenfelder Max Josef war, bevor er 1799 bayerischer Kurfürst wurde, regierender Herzog in Pfalz-Zweibrücken). Da die Verträge von 1814/15 jedoch die Legalität der Gebietsveränderungen der napoleonischen Zeit grundsätzlich anerkannt hatten, besaß Bayern keinen Rechtsanspruch auf den Rückerwerb der durch den Reichsdeputationshauptschluß 1803 an Baden gekommenen rechtsrheinischen Pfalz, so wenig etwa, wie Preußen einen Rechtsanspruch auf die 1806/07 abgetretenen Markgrafschaften Ansbach und Bayreuth gegenüber Bayern geltend machen konnte.

Noch weniger überzeugend war die bayerische Berufung auf einen Entschädigungsanspruch wegen der linksrheinisch gelegenen *Grafschaft Sponheim*, die in bayerisch-badischem Kondominium gestanden hatte und nach einem Vertrag von 1425 beim Aussterben des einen Hauses ganz an das andere fallen sollte. Die Grafschaft Sponheim war im Frieden von Lunéville an Frankreich abgetreten worden; Bayern wie Baden hatten für diesen Verlust durch den Reichsdeputationshauptschluß reichliche Entschädigung erhalten. Trotzdem forderte Bayern nun für den Fall, daß die Zähringische Hauptlinie ausstürbe, eine erneute Entschädigung für den Verlust des Sponheim'schen Anteils. Die Münchener Argumentation war die: Wäre das Haus Zähringen vor dem Lunéviller Frieden erloschen, so wäre die Grafschaft Sponheim ganz an Bayern gefallen; Baden hätte dann 1803 keine Entschädigungsansprüche für linksrheinische Gebietsverluste gehabt; es hätte damals kein Anlaß bestanden, die rechtsrheinischen Teile der Kurpfalz abzutrennen und als Kompensationsgebiet an Baden zu geben. Doch mußte auch in einer Zeit, die mit den oft fiktiven Grundlagen dynastischer Erbansprüche noch vertraut war, dieser Versuch, das erwartete Aussterben der Zähringischen Hauptlinie hinter den Lunéviller Frieden zurückzudatieren und eine Nachwirkung des Sponheim'schen Erbvertrags zu konstruieren, als rechtlich unmöglich erscheinen. Um jedoch diesen indirekt aus dem Sponheim'schen Erbvertrag von 1425 hergeleiteten, nur beim Aussterben der Zähringer praktisch eintretenden Heimfallanspruch nicht aus der Hand zu geben, erkannte Bayern die Übertragung des badischen Thronfolgerechts auf die Hochberg'sche Linie nicht als rechtswirksam an.

[1]) Text bei *Klüber*, a.a.O., Bd. 4, S. 427.
[2]) Text: CJCG Bd. 1, S. 291.

4. Das badische Hausgesetz und die badische Verfassung

In diesen Schwierigkeiten schien das Glück des Hauses Zähringen sich neu zu festigen, als der Ehe des Großherzogs *Karl* (1811–18) mit Stephanie Beauharnais im Jahre 1812 ein Sohn entsproß. Aber der Erbprinz, auf dem die Hoffnungen der Zähringischen Hauptlinie ruhten, starb bald nach der Geburt[1]). Ein 1816 geborener zweiter Erbprinz starb im folgenden Jahr. Kein Wunder, daß angesichts dieses doppelten Todesfalls bald schlimme Vermutungen auftauchten. Das Haus Bayern, das sein Interesse am Aussterben der Zähringer so offen bekundet hatte, geriet in den Verdacht, die Hand im Spiel zu haben. Aber auch auf die Grafen von Hochberg fiel ein häßlicher Schatten, da der Tod der beiden Nachkommen der Hauptlinie die Hochberg'sche Erbanwartschaft wieder aufleben ließ. Dem Großherzog Karl dagegen blieb nach dem Tod seiner Söhne keine andere Wahl, als sich im Interesse seines Landes entschieden für das Erbfolgerecht seiner Oheime aus der Hochberg'schen Linie einzusetzen. Er erließ am 4. Oktober 1817 (Reg.Bl. 1352) ein *Haus- und Familienstatut*, das die Unteilbarkeit und Unveräußerlichkeit des Landes erneut festlegte und das Thronfolgerecht der gleichzeitig zu „Markgrafen zu Baden" erhobenen Grafen von Hochberg noch einmal ausdrücklich anerkannte[2]).

Angesichts der durch den bayerischen Reversionsanspruch auf die Kurpfalz verschärften dynastischen Probleme des Hauses Zähringen aber war für Baden die Sicherung seiner Staatlichkeit durch eine Repräsentativverfassung ein dringendes Gebot. Die schon 1808/09 begonnenen Vorarbeiten, die nur zu einem Pseudo-Konstitutionalismus geführt haben würden, blieben bei der Wiederaufnahme des Verfassungswerks beiseite; Großherzog *Karl* entschloß sich zu einer echten Repräsentativverfassung, die er nach längerwährenden Vorarbeiten am 22. August 1818 in Kraft setzte.

Schon während des Wiener Kongresses hatte der Großherzog eine Kommission berufen, die die badische Konstitution entwerfen sollte. Den Großmächten erklärte der Großherzog am 1. Dezember 1814, die ständische Verfassung in Baden solle „den Untertanen die Bewilligung der direkten sowohl als der indirekten Steuern, die Mitaufsicht auf deren Verwendung, die Teilnahme an der Gesetzgebung und das Recht der Beschwerdeführung bei eintretender Malversation der Staatsdiener" einräumen. Nachdem der Verfassungsentwurf des Ministers *v. Marschall*[3]) die Zustimmung des Großherzogs nicht gefunden hatte, erhoben der Adel, die Geistlichkeit und die Bürgerschaft des Landes den lebhaften Ruf nach einer Verfassung, damit endlich der Herrschaft des Beamtentums eine Schranke gesetzt werde. Den Art. 13 der inzwischen in Kraft getretenen Bundesakte benutzte diese Verfassungspartei als zusätzliche Stütze. Der Großherzog versprach darauf durch das *Edikt vom 16. März 1816* feierlich, zum 1. August des Jahres eine ständische Volksvertretung zur Entgegennahme der Verfassung einzuberufen. Doch zwangen Schwierigkeiten, die sich bei den Verfassungsberatungen vor allem über die Frage des Ein- oder Zweikammersystems ergaben, dazu, die Berufung der Ständeversammlung zu vertagen; die Regierung schützte vor, sie müsse zunächst die Richtlinien des Bundestags zu Art. 13 der Bun-

---

[1]) Der erste Sohn des Großherzogs *Karl* starb am Tag der Geburt. Er erhielt keinen Namen.
[2]) Der Rat zum Erlaß des Hausgesetzes stammte von *Reitzenstein*, der eben jetzt seine Wirksamkeit als Berater des Landesherrn wieder aufgenommen hatte. Vgl. *W. Andreas*, a.a.O, S. 460.
[3]) Siehe unten S. 373.

desakte abwarten. Auch nach der Berufung des Ministeriums *Berstett*[1]) verstrich noch das ganze Jahr 1817 ohne Ergebnis. Im April 1818 aber trat eine neue Verfassungskommission zusammen, in der der Finanzrat *Nebenius*[2]) den entscheidenden Einfluß gewann[3]). Seinem Entwurf gab der Großherzog am 22. August 1818 die landesherrliche Sanktion[4]).

Nach dem Tod des Großherzogs Karl (8. Dezember 1818) führte sein Nachfolger Großherzog *Ludwig* (1818–30), der letzte aus der Zähringischen Hauptlinie[5]), das Verfassungswerk fort; am 23. Dezember 1818 erließ er die gleichfalls von Nebenius ausgearbeitete Wahlordnung[6]), und im April 1819 eröffnete er die Sitzung der zum ersten Mal in Karlsruhe zusammentretenden badischen Kammern.

5. Der Ausgang des bayerisch-badischen Konflikts

In Bayern rief schon das badische Hausgesetz von 1817, das die Hochberg'schen Erbansprüche gewährleistete, helle Empörung hervor. München brach den diplomatischen Verkehr mit Karlsruhe ab; zeitweise schien es, als rüste man zum Krieg. Mit Eifer bemühte König Max Josef sich um die österreichische Unterstützung, auf die er kraft des Vertrags von Ried einen Rechtsanspruch zu haben glaubte. Die Entlassung Montgelas'[7]) war ein Zugeständnis, mit dem er sich die Gunst des Wiener Hofes zu erwirken suchte. Aber die unbestimmten Zusagen Österreichs waren nur ein Mittel der Beschwichtigung. Um die bayerischen Ansprüche endgültig abzuwehren, erklärte die badische Verfassung von 1818 das Großherzogtum erneut für „unteilbar und unveräußerlich in allen seinen Teilen" (§ 3); die Regierung des Landes erklärte sie für „erblich in der großherzoglichen Familie nach den Bestimmungen der Deklaration vom 4. Oktober 1817, die als Grundlage des Hausgesetzes einen wesentlichen Bestandteil der Verfassung bilden und als wörtlich in (sie) aufgenommen betrachtet werden" solle (§ 4). Damit war das Erbfolgerecht der Hochberg'schen Linie auch verfassungsmäßig festgelegt. Seit dem Regierungsantritt des kinderlosen Großherzogs *Ludwig* (1818) war diesen Thronfolgebestimmungen gemäß Markgraf *Leopold*, der älteste der Hochberg'schen Grafen, der nächste Anwärter auf die badische Krone.

Unmittelbar nach dem Erlaß der badischen Verfassung kam es auf dem *Aachener Kongreß* (September/Oktober 1818) zur Entscheidung in dem bayerisch-badischen Streit. Die versammelten europäischen Mächte verwarfen trotz der vertraglichen Bedingungen, die sie 1813/15 zugunsten Bayerns eingegangen waren, die bayerischen Ansprüche auf den Heimfall der rechtsrheinischen Pfalz; sie erkannten das Erbfolgerecht der Hochberg'schen Linie unein-

---

[1]) Siehe unten S. 373.
[2]) Siehe unten S. 374.
[3]) Über die Einzelheiten der Verfassungsvorarbeiten vgl. *Frh. v. Weech*, Geschichte der badischen Verfassung (1868); ferner *W. Andreas*, a.a.O, S. 396 ff.
[4]) Text der Verfassungsurkunde: Bad. RegBl. 1818 S. 1425 (auch in Dokumente Bd. 1 Nr. 54).
[5]) Der jüngste Sohn aus Großherzog Karl Friedrichs erster Ehe und Oheim des Großherzogs Karl (siehe oben S. 324 Anm. 2).
[6]) Text der Wahlordnung vom 23. Dezember 1818: RegBl. 1818 S. 1452 ff.
[7]) Siehe oben S. 322.

geschränkt an. Lediglich das Amt Steinfeld (am Main), eine badische Exklave aus früherem Wertheim'schem Besitz, mußte Baden an Bayern abtreten; doch erhielt Baden als Entschädigung die österreichische Herrschaft Geroldseck, den letzten Rest der vorderösterreichischen Besitzungen am Oberrhein [1]). Bayern protestierte zwar gegen die Entscheidung der Großmächte; seine Rechte aus dem Sponheim'schen Erbvertrag wie aus dem früheren Besitz der Kurpfalz behielt es sich ausdrücklich vor. Aber praktisch war der Streit mit dem Spruch der Großmächte entschieden. Der Art. 10 des *Frankfurter Territorialrezesses* vom 20. Juli 1819 [2]) bestätigte das Thronfolgerecht der Grafen von Hochberg noch einmal; da auch Bayern den Rezeß unterzeichnete, war der leidige Streit damit rechtlich endgültig entschieden.

Allerdings lebten die Streitigkeiten nach der Thronbesteigung König *Ludwigs* von Bayern (1825) vorübergehend wieder auf. Der romantisch-kunstsinnige Herrscher konnte den Verlust Heidelbergs und Mannheims nicht verschmerzen. So entfesselte er eine neue Fehde um die rechtsrheinischen Teile der Pfalz, indem er eine Denkschrift „Sur la réversibilité du Palatinat" an alle europäischen Regierungen versandte. Preußen dagegen verteidigte in einer gleichfalls den europäischen Höfen zugeleiteten Denkschrift vom Januar 1828 die badischen Rechte und ließ zugleich der bayerischen Regierung erklären, daß es jedem Gewaltakt entgegentreten werde. Wesentlich den Schutz, den Preußen den badischen Rechten gewährte, hatte der gefährdete südwestdeutsche Staat es zu danken, daß sein territorialer Besitzstand ungeschmälert blieb. Nur mit Groll fügte König Ludwig sich in diese Lage, in der ihm, wie er meinte, das Recht auf das angestammte Erbe seines Hauses vorenthalten wurde.

Doch auch nachdem sie mit Großherzog *Leopold* (1830—52) die Herrschaft in Baden hatte übernehmen können, lastete der Schatten ihres umkämpften Aufstiegs noch weiter auf der Hochberg'schen Linie des Hauses Zähringen. In der tragischen Gestalt *Kaspar Hausers* lebte der Streit um die badische Thronfolge noch einmal auf. Der 1828 in Nürnberg aufgetauchte junge Mensch, der angab, von Kindesbeinen an in einem unterirdischen Kerker gehalten worden zu sein, erschien der öffentlichen Phantasie bald als der 1812 geborene Erbgroßherzog von Baden, von dem man sich nun erzählte, daß er nicht nach der Geburt gestorben, sondern vertauscht und entführt worden sei. So gerieten die Hochberger in den Verdacht, den legitimen Thronerben beseitigt und in unmenschlicher Weise versteckt gehalten zu haben. Der Verdacht gegen die inzwischen zur Macht gekommene Hochberg'sche Linie verstärkte sich, als Kaspar Hauser 1833 in Ansbach von einem Unbekannten ermordet wurde. Auf das Grab des Rätselhaften wurde die Inschrift gesetzt: „Hic occultus occulto occisus". Bayern bediente sich in seinen fortdauernden Angriffen gegen Baden auch dieses dunklen Ereignisses. Kein Geringerer als der berühmte bayerische Kriminalist *Anselm Feuerbach* widmete sich dem ergebnislosen Versuch, Licht in das Geheimnis des Unglücklichen zu bringen, der in so ungeklärter Weise in die dynastisch-territorialstaatlichen Kämpfe Süddeutschlands verstrickt war und in ihnen unterging [3]).

---

[1]) Siehe unten S. 581.
[2]) Ebenda.
[3]) Die Literatur über Kaspar Hauser ist unübersehbar. Vgl. u. a. *A. Feuerbach*, Kaspar Hauser. Beispiel eines Verbrechens am Seelenleben des Menschen (1832); *O. Mittelstädt*, Kaspar Hauser und sein badisches Prinzentum (1876); *G. F. Kolb*, Kaspar Hauser. Ältere und neuere Beiträge (1883); *A. v. d. Linde*, Kaspar Hauser. Eine neugeschichtliche Legende (1887); *J. Meyer*, Authentische Mitteilungen über Kaspar Hauser (2. Aufl. 1913); *R. Stratz*, Kaspar Hauser, Wer er war — wer er vielleicht war (1925); *H. Pies*, Kaspar Hauser, Augenzeugenberichte und Selbstzeugnisse (1926); *ders.*, Fälschungen und Tendenzberichte einer ‚offiziellen' Hauser-Literatur (1927); *ders.*, Die amtlichen Aktenstücke über Kaspar Hausers Verwundung und Tod (2. Aufl. 1928);

IV. Das Königreich Württemberg

1. Die württembergische Verfassungsentwicklung in der Rheinbundszeit

Von den größeren süddeutschen Staaten hatte nur Württemberg seine ständische Verfassung bis ins beginnende 19. Jahrhundert lebendig bewahrt. Gegenüber den absolutistischen Neigungen einzelner Herrscher [1]) hatte die altständische Verfassung sich behauptet. Auch Herzog *Karl Eugen* (1737—93) hatte sich gezwungen gesehen, in dem mit den Landständen unter der Garantie Englands, Dänemarks und Preußens geschlossenen *Erbvergleich von 1770* die ständische Verfassung anzuerkennen. Jede der drei Garantiemächte war seitdem zur Intervention befugt, wenn sie die Rechte der württembergischen Stände gefährdet glaubte. Karl Eugens Brüder, die ihm auf dem Thron folgten, *Ludwig Eugen* (1793—95) und *Friedrich Eugen* (1795—97), tasteten das „gute alte Recht" des Landes nicht an. Aber der Sohn Friedrich Eugens, Herzog *Friedrich II.* (1797—1816), war entschlossen, sich von dem Mit-Regiment seiner Stände zu befreien. Die Verdreifachung seines Territorialbesitzes, die er 1803—05 erlangte, gab ihm dazu die Gelegenheit. Am 30. Dezember 1805, eben nachdem er durch den Preßburger Frieden die Königswürde erlangt hatte, hob König Friedrich [2]) die Ständeverfassung Alt-Württembergs einseitig auf. Das war ein verfassungswidriger Staatsstreich; denn die durch den Erbvergleich von 1770 gesicherte Verfassung konnte rechtmäßig nur durch einen Vertrag zwischen dem Fürsten und seinen Ständen geändert oder beseitigt werden. Aber die Rückendeckung, die König Friedrich bei Napoleon besaß, machte den Garantiemächten von 1770 jede Intervention und den württembergischen Ständen jeden Widerstand unmöglich. So fügten die bisher bevorrechtigten Stände, die Geistlichkeit und die bürgerliche Oberschicht, sich in den Verlust der Rechte, die die alte Ständeverfassung ihnen in der „bürgerlich-theologischen Oligarchie" [3]) Alt-Württembergs gewährleistet hatte. Auch in den neu-württembergischen Gebieten beseitigte der König das altständische System. Das Königliche Manifest vom 18. März 1806 schloß Alt- und Neu-Württemberg dann zu einem Einheitsstaat zusammen.

Die *altständische Verfassung* des württembergischen Stammlandes war allerdings durch schwere Mängel gekennzeichnet. Da in Altwürttemberg der Adel zur Reichsritterschaft gehörte, bestimmten die lutherische Geistlichkeit und das alteingesessene Bezitzbürgertum allein das landständische Leben; orthodoxe Religiosität und harter Klassengeist beherrschten das Land. Die Verwaltung lag in der Hand einer Kaste subalterner Schreiber, die die Geschäfte oft nach Gutdünken führten und die, da sie keine Besoldung erhielten, von übermäßigen Sporteln lebten, mit denen sie das Land belasteten. Die zeitgenössischen Berichte der rechtlich und fortschrittlich Denkenden

---

H. Peitler-H. Ley, Kaspar Hauser (1927); *A. Bartning*, Neues über Kaspar Hauser (2. Aufl. 1928); *F. Klee*, Neue Beiträge zur Kaspar Hauser Forschung (1929); *O. Jungmann*, Kaspar Hauser. Stoff und Problem (Diss. Frankfurt 1935).
[1]) So der Herzöge Eberhard Ludwig (1677—1733) und Karl Alexander (1733—37).
[2]) Über ihn *E. Hölzle*, König Friedrich von Württemberg (Württ. Vjh. für Landesgesch. NF Bd. 36, 1930, S. 269 ff.).
[3]) Vgl. *Treitschke*, Deutsche Geschichte Bd. 2 S. 295.

geißeln die Vetternwirtschaft, die sich in der Administration entwickelte[1]). Lange standen der ständische und der fürstliche Egoismus sich in fruchtlosem Streit gegenüber. Herzog Karl Eugen, der Gründer der Karlsschule, war in seinem aufgeklärten Despotismus, der sich an Friedrich dem Großen und an Joseph II., aber auch am Vorbild der französischen Könige orientierte, der erste Herrscher, der sich den Prinzipien moderner Staatlichkeit erschloß. Sein Neffe, König Friedrich, von vitalerem Ehrgeiz und rücksichtsloserem Machtsinn beseelt, suchte gegenüber dem ständischen Vorteilsstreben und dem „Schreiber-Unfug" nicht nur seine persönliche Macht, sondern auch das Staatsinteresse zu sichern, als er 1805 das „gute, alte Recht" aufhob. Gerade auch der liberal gesinnte Minister *v. Wangenheim* unterstützte und bestimmte den König in diesem Kampf gegen die Herrschaft des Schreibertums[2]).

Vor allem aber war der König durch den starken Gebietszuwachs gezwungen, die ständischen Verfassungseinrichtungen zu beseitigen, wenn irgend aus der Vielzahl der Gebietssplitter ein einheitlicher Staat sich formen sollte. Die einfache Erstreckung der altwürttembergischen Ständeverfassung auf die neuerworbenen Gebietsteile war angesichts der verschiedenartigen ständischen Struktur der alten und der neuen Landesteile unmöglich. Neben die lutherisch-orthodoxe Geistlichkeit Altwürttembergs trat nun der Klerus der neuerworbenen katholischen Territorien Südschwabens. Neben das kastenbewußte Bürgertum Altwürttembergs trat das weltoffene, freigesinnte Bürgertum der schwäbischen Reichsstädte. Neben die bürgerlichen Stände trat der mediatisierte Reichsadel Schwabens, der außer der Reichsritterschaft eine Reihe von standesherrlichen Familien, so die Fürsten Hohenlohe und Öttingen sowie die Grafen Waldburg, umfaßte. Nur unter Bruch mit der alten Verfassung konnte aus all diesen Gebietsteilen mit ihrer vom altwürttembergischen Sozialgefüge so stark abweichenden ständischen Struktur eine Staatseinheit gebildet werden. Die Staatsräson verlangte den Staatsstreich. Um so dringender aber war es, den Rechtsbruch, der in der einseitigen Lösung des Königs von der „guten alten Ordnung" lag, durch eine neue gesamtwürttembergische Verfassung zu heilen.

Dazu bedurfte es allerdings einer Reihe vorbereitender Maßnahmen. An die Stelle des Geheimen Rats, der bis dahin in Alt-Württemberg als Bindeglied zwischen dem Landesherrn und den Landständen eingeschaltet gewesen war, trat ein *Staatsministerium* modernen Stils, das weder ständisch noch konstitutionell beschränkt war, sondern als Vollzugsorgan des absoluten königlichen Willens diente. Die klassische Fünfzahl der Ministerien wurde von vornherein auf sechs erweitert; neben den Departements für Auswärtiges, Inneres, Justiz, Finanzen und Krieg stand als sechstes das Departement für die geistlichen Angelegenheiten. Die vom Ministerium geleitete *Landesverwaltung* bildete, in dreizehn Kreisen organisiert, ein zentralgeordnetes Machtgefüge. Ihr war auch die gemeindliche Selbstverwaltung in vollem Maße unterworfen; es geht kaum zu weit, wenn man sagt, daß eine Verstaatlichung der Gemeinden sich vollzog[3]). Administrative Mittel stellten so die neue Staatseinheit her.

Um aus dem nunmehr konfessionell gemischten Land einen einheitlichen Staat zu formen, war es weiter notwendig, den bisherigen Vorrang der lutherischen Landeskirche aufzuheben. Das *Religionsedikt* vom 15. Oktober 1806[4]) sicherte den Angehörigen der drei christlichen Religionsparteien die „freie und ungehinderte Religionsübung" im gesamten Staatsgebiet zu. Den konfessionellen Minderheiten gestattete es die Bildung neuer kirchlicher Gemeinden mit dem Recht zu öffentlichem Gottesdienst. Weder bei der Zulassung zu öffentlichen Ämtern noch bei der Aufnahme in das örtliche Bürgerrecht durften künftig Unterschiede zwischen den Angehörigen der drei christlichen Konfessionen gemacht werden. Christliche Mischehen konnten all-

---

[1]) Vgl. *Hegel*, Über die neuesten inneren Verhältnisse Württembergs, besonders über die Gebrechen der Magistratsverfassung (1798); *ders.*, Verhandlungen in der Versammlung der Landstände des Königreichs Württemberg (1815–16). Beides in: Schr. z. Politik u. Rechtsphil. (2. Aufl. 1923) S. 150 ff., 155 ff.

[2]) Vgl. *E. Hölzle*, Württemberg im Zeitalter Napoleons S. 87.

[3]) Ebenda S. 92 ff.

[4]) RegBl. 1807 S. 609; Abdruck: Staat und Kirche Bd. I Nr. 34.

gemein, d. h. ohne besonderen Dispens, geschlossen werden. Zugleich zog die Regierung das bisher vom Staatsvermögen abgesondert verwaltete evangelische Kirchengut, den sog. Kirchenkasten, für den Staatsfiskus ein [1]). Sie rechtfertigte den Eingriff damit, daß die Aufgaben, denen dieser Teil des Kirchenvermögens diente, zum großen Teil, nämlich auf dem Gebiet des Unterrichts-, Kranken- und Wohlfahrtswesens, von der Kirche auf den Staat übergegangen seien; die für diese Aufgaben eingesetzten Mittel müßten angesichts der eingeführten konfessionellen Parität nunmehr allen Staatsbürgern ohne Unterschied des Bekenntnisses zugute kommen. Doch ging es bei dieser *württembergischen Säkularisation* nicht ohne Gewaltsamkeit ab. Auch sah der Staat sich, da er das gesamte Kirchengut übernommen hatte, nunmehr gezwungen, die fortdauernden kirchlichen Aufgaben, besonders auf dem Gebiet der Seelsorge, durch Staatsleistungen geldlich zu decken. Immerhin entstand durch diesen Eingriff die Grundlage eines geschlossenen staatlichen Finanzwesens, eines geordneten Staatshaushalts und einer gleichmäßigen Besteuerung. Um der Vetternwirtschaft bei der Vergebung der Pfarrstellen und -pfründen ein Ende zu machen, übernahm der König das Recht zur Ernennung der protestantischen Geistlichen. Auch nahm er das Recht zur Einführung einer neuen Liturgie in Anspruch, die vom Geist der Aufklärung bestimmt war. Den vereinzelten Widerstand kleiner kirchlicher Kreise brach der Herrscher mit Härte [2]).

2. Der Kampf ums „gute alte Recht"

Der Gedanke, die in der Rheinbundszeit eingeleitete Staatsreform durch den Erlaß einer Verfassung abschließend zu sichern, lag in Württemberg ebenso nahe wie in Bayern und Baden. Auch König *Friedrich* kam jedoch erst durch die Verhandlungen des Wiener Kongresses zu dem endgültigen Entschluß, seinem Land eine Verfassung zu geben. Trotz der alteingewurzelten und in der Befreiungszeit neubelebten Kraft der ständischen Ideen seines Landes [3]) suchte der König zunächst den Weg der Verfassungsoktroyierung zu beschreiten. Zwar berief er einen gesamtwürttembergischen Landtag aus 125 Vertretern; 50 davon gehörten dem Adel, 4 der Geistlichkeit an; 64 waren Abgeordnete der Oberämter, 7 der Städte des Landes. Dem am 15. März 1815 eröffneten Landtag legte der König das neue Staatsgrundgesetz jedoch in der Weise vor, daß er ein feierliches Gelöbnis auf die Verfassung aussprach und ihre sofortige Verbindlichkeit proklamierte.

Aber längst hatte sich im ganzen Land eine geschlossene Opposition gebildet [4]). Adel und Bürgertum, Alt- und Neuwürttemberger fanden sich auch im Landtag in einmütigem Widerstand gegen diese Oktroyierung zu-

---

[1]) Siehe oben S. 54 f.

[2]) Vgl. *E. Hölzle*, aaO S. 116.

[3]) Die „ständische Bewegung" in Württemberg lebte schon 1814 unter beifälligem Anteil der deutschen öffentlichen Meinung wieder auf. Der *Frh. vom Stein* unterstützte sie, und *Görres* rief im „Rheinischen Merkur" die alten Garantiemächte England, Dänemark und Preußen auf, sich für die Wiederherstellung der Verfassung Württembergs einzusetzen (vgl. *E. Hölzle*, aaO S. 188).

[4]) Über die beiden Denkschriften der Opposition zur Verfassungsfrage, die des Oberjustizrats *Georgii* („Soll die Altwürttembergische Verfassung die Basis der Neuen Constitution werden?") und die des Oberjustizrats *Lempp* („Bemerkungen über die Grundzüge der neuen Verfassung in Württemberg") vgl. *E. Hölzle*, aaO S. 194.

sammen. Im Namen der Stände lehnte ihr Wortführer *Graf Waldeck,* einer der mediatisierten Standesherren [1]), 1815 die vom König vorgelegte Verfassung ab. Das war ein aufsehenerregender staatsrechtlicher Akt. Denn Württemberg war seit 1805 ein absoluter Staat, in dem der König die Machtvollkommenheit besaß, eine Verfassung einseitig zu erlassen. Wenn der Monarch eine ständische Versammlung einberief, um vor ihr die Verfassung in Wirksamkeit zu setzen, so gestand er der Versammlung damit kein Zustimmungsrecht zu; er betrachtete sie nur als Adressaten eines einseitigen königlichen Verfassungsakts. Die württembergischen Stände aber beanspruchten, indem sie die vorgelegte Verfassung verwarfen, ein echtes Mitentscheidungsrecht. Zum ersten Mal wurde damit im modernen Deutschland die *Lehre vom Verfassungsvertrag* konsequent verfochten, die dualistische Lehre also, nach der es zwei Träger des pouvoir constituant — Herrscher und Volk — gibt, die die Verfassung nur durch ihren übereinstimmenden Willen in Kraft zu setzen vermögen. Allerdings stützten die württembergischen Stände diese Forderung nicht auf moderne demokratisch-konstitutionelle Argumente, sondern auf Reminiszenzen an das altständische System. Und auch in der Sache versteifte der Landtag sich auf die Wiederherstellung der altständischen Verfassung, des „guten alten Rechts". Zusammen mit den Ständen Altwürttembergs nahmen auch die neuwürttembergischen Vertreter dieses alte Recht für sich in Anspruch. So war dieser erste Verfassungskampf des 19. Jahrhunderts ein Streit um die altständische Restauration, nicht um das moderne Repräsentativsystem [2]).

Vor dem Protest des Landtags, den eine allgemeine stürmische Volksbewegung unterstützte, wich König Friedrich zurück. Am 16. April 1815 erklärte er sich bereit, mit vier Vertretern des Landtags darüber zu verhandeln, welche Einrichtungen des alten Rechts in die Verfassung übernommen werden sollten. Mit diesem Zugeständnis des Königs war die neuerlassene Verfassung wenngleich nicht rechtlich, so doch faktisch suspendiert. Der Landtag aber ging, durch das Zurückweichen des Königs ermutigt, aufs Ganze; er forderte, daß die altständische Verfassung in allen Teilen wiederhergestellt und auf den Gesamtstaat ausgedehnt werde. Fast ein halbes Jahr verstrich mit ergebnislosen Verhandlungen. Dann entschloß der König sich zu einem Gewaltstreich; er entließ den Landtag, ohne auf den Abschluß der schwebenden Auseinandersetzungen zu warten. Da der Landtag es ablehnte, der Forderung des Königs gemäß Bevollmächtigte für weitere Beratungen zu ernennen, kam die Verfassungsarbeit zum Stillstand. Der Landtag rief, noch ehe er auseinanderging, durch einen Beschluß vom 26. Juli 1815 [3]) die Garanten des Erbvergleichs von 1770 (England,

---

[1]) Georg Graf zu Waldeck und Pyrmont (1785—1826) hatte Teil an der Grafschaft Limpurg, die durch die Rheinbundsakte 1806 zu Württemberg kam. Er trat 1811 in den württembergischen Staatsdienst; seit 1815 forderte er im Namen der Mediatisierten die Wiederherstellung der alten Verfassung; wegen seiner oppositionellen Haltung verlor er sein Staatsamt. Seit 1820 war er Mitglied der Kammer der Standesherren.

[2]) Vgl. auch den Brief des *Frh. vom Stein* an den Grafen Waldeck von Ende September 1815 (Briefwechsel Bd. 5 S. 277): „Das Betragen der Württembergischen Landstände erregt das höchste Interesse, da es *der erste Kampf der Freunde einer verständigen und gesetzlichen Freiheit* mit den Anhängern der Gewalt und blinden Willkür ist — ich bin überzeugt, daß sie den Sieg erringen werden, wenn die höchst achtbaren Männer, welche den Württembergischen Volksstamm vertreten, fortfahren, mit Liebe zur gesetzlichen Ordnung beharrlich und folgerecht zu handeln."

[3]) Der Landtag faßte den Beschluß bei nur drei Gegenstimmen (vgl. *E. Hölzle,* aaO S. 201).

Dänemark und Preußen) mit der Bitte um Intervention an, eine Aktion, die zwar
im altständischen Recht nicht ungewohnt war, mit den Staatsprinzipien des 19. Jahrhunderts jedoch nicht mehr verträglich erschien. Die Impermeabilität des Staates, die
Souveränität des Staatsoberhaupts, aber auch das neuerwachte patriotische Bewußtsein
ließen es nicht mehr zu, daß die Untertanen ausländische Mächte zum Schutz gegen
den eigenen Herrscher anriefen, selbst wenn dieser sich in unrechtmäßiger Ausübung
der Staatsgewalt befand. Die alte Lehre vom ständischen Widerstandsrecht, nach der
es statthaft war, gegen die eigene unrechtmäßige Obrigkeit auch mit fremdem Beistand vorzugehen, war mit der Staatsidee des 19. Jahrhunderts nicht mehr vereinbar.
Die drei Garantiemächte befreiten sich aus der Verlegenheit, indem sie den Erbvergleich von 1770 als nicht mehr bestehend und ihr Interventionsrecht daher als erloschen betrachteten. Immerhin mahnten die Könige von Preußen und von England
den württembergischen Landesherrn zur Verständigung, und auch der Kaiser setzte
sich für einen Ausgleich ein.

So lenkte König Friedrich erneut ein. Auf Rat des Freiherrn v. Wangenheim, der sich
schon vorher mit einer anonymen Schrift in den Verfassungsstreit eingeschaltet
hatte [1]), berief der König im Oktober 1815 den Landtag wieder zusammen. Er legte
den Ständen durch Reskript vom 13. November 1815 einen Verfassungsentwurf in
14 Artikeln vor, die der Volksvertretung das unbeschränkte Recht der Steuerbewilligung, das Recht zur Teilnahme an der Gesetzgebung sowie die Verantwortlichkeit
aller Staatsbeamten zubilligten [2]). Aber die Stände sahen dieses Entgegenkommen
als nicht hinreichend an; ihr Gegenentwurf führte zu neuen endlosen Verhandlungen.
Streit ergab sich vor allem um das von der Regierung vorgeschlagene Zweikammersystem [3]), dem der Landtag die Forderung nach dem überlieferten Einkammersystem
entgegensetzte. Die Hartnäckigkeit der im Landtag vorherrschenden altständischen
Partei verhinderte die in greifbare Nähe gerückte Einigung.

3. Die württembergische Verfassung von 1819

Auch nach dem Tod König Friedrichs (30. Oktober 1816) kam man der
Verständigung zunächst nicht näher. König *Wilhelm I.* (1816—64) ließ einen
neuen Verfassungsentwurf fertigen, der zwar den ständischen Forderungen
weithin Rechnung trug, im Ganzen aber doch mehr von modernen liberalen
als von altständischen Gedanken bestimmt war [4]). Als der Landtag auch dieses
ihm am 3. März 1817 vorgelegte Anerbieten nach heftigem Streit am 2. Juni
1817 verwarf [5]), löste der König ihn sofort auf. Der Plan, den Verfassungs-

---

[1]) (K. A. v. *Wangenheim*), Die Idee der Staatsverfassung in ihrer Anwendung auf
Württembergs alte Landesverfassung und den Entwurf zu deren Erneuerung (1815).

[2]) Diesem königlichen Entgegenkommen zollte auch der *Frh. vom Stein* lebhaften
Beifall (Brief an Cotta vom 17. November 1815, Briefwechsel Bd. 5 S. 283).

[3]) Dazu *Wangenheims* zweite Verfassungsschrift: Über die Trennung der Volksvertretung in zwei Abteilungen und über landständische Ausschüsse (1816). *Hegel*
äußerte seine Zustimmung zu dieser Schrift in der Rezension in den „Heidelberger
Jahrbüchern" 1817 (Nr. 66 ff.).

[4]) Auch für diesen Entwurf setzte *Stein* sich ein; er kam zu diesem Zweck eigens
nach Stuttgart (vgl. Steins Brief an Eichhorn vom 17. Mai 1817; Briefwechsel Bd. 5
S. 392). Zu den Vorkämpfern für das „gute alte Recht" gesellte sich damals vor
allem *Ludwig Uhland*, der als Angehöriger der alten bürgerlich-bürokratischen Oligarchie gegen die Einführung einer „Adelskammer" polemisierte (siehe unten S. 384).

[5]) Die Mehrheit bestand aus den Altwürttembergern verstärkt um den Hochadel,
die Minderheit aus den Neuwürttembergern und den ehemaligen Reichsrittern, die
von Stein für die Verfassung gewonnen waren (vgl. *E. Hölzle*, aaO S. 223).

entwurf nun durch *Volksabstimmung* bestätigen zu lassen – ein dem napoleonischen Vorbild folgender Versuch, von ständisch-repräsentativen zu plebiszitären Formen überzugehen, übrigens der einige Versuch dieser Art im deutschen 19. Jahrhundert – scheiterte allerdings vollkommen. Es gab in Deutschland damals keinen Boden für gouvernemental inspirierte Massenbewegungen; so sah der König sich bei dem Verfassungsplebiszit vom eigenen Volk desavouiert.

Nachdem so die Verfassungsverständigung mit dem Landtag wie mit dem Volk unmittelbar mißlungen war, blieb kein Ausweg, als das System des aufgeklärten bürokratischen Absolutismus, wie es sich seit 1805 in Württemberg entwickelt hatte, zunächst fortzusetzen. Wangenheim, der eigentliche Verfechter des fürstlich-ständischen Ausgleichs, schied aus dem Ministeramt, nachdem der ehemalige westfälische Minister *Carl August v. Malchus*, ein strenger Vertreter des bürokratischen Obrigkeitsstaats, in die württembergische Regierung berufen worden war. Unter der zielbewußten Staatsleitung durch den Minister *v. Maucler* festigte die Macht der bürokratischen Administration und damit auch die des Königs sich neu; gleichzeitig aber gelang Maucler der Kompromiß mit einem Teil der altständischen Partei auf Kosten der national-deutsch und liberal Gesinnten. Im Jahr des Sand'schen Attentats und der Karlsbader Beschlüsse bot sich dieses Bündnis des bürokratischen Etatismus und des altständischen Partikularismus gegen den liberalen und nationalen Konstitutionalismus als naheliegende Lösung an.

Diese Wendung der Dinge nutzte König Wilhelm aus. Am 10. Juni 1819 ordnete er neue Wahlen zum Landtag an; am 13. Juli konstituierte die neuberufene Vertretung sich in Ludwigsburg. Gouvernemental und altständisch Gesinnte hatten die Mehrheit; die liberal und national gesinnte Gruppe der „Volksfreunde", zu denen der junge *Friedrich List* gehörte, unterlag[1]. Schnell fand die Mehrheit sich mit der Regierung auf gemeinsamem Boden zusammen. Der Landtag dankte dem König, daß dieser „von neuem den *Weg des Vertrages* betreten, auf dem sich von jeher die Verfassung des Landes entwickelt" habe. Nachdem die Regierung einige Grundforderungen der Stände, so die Einrichtung des „ständischen Ausschusses" und der „ständischen Kasse" bewilligt hatte, nahm die Landesvertretung das Zweikammersystem an. Die Mehrheit stimmte darauf dem Regierungsentwurf zu. Am 25. September 1819 unterzeichnete König Wilhelm die Verfassung[2], die er am folgenden Tag feierlich beschwor. Der erste echte *Verfassungsvertrag* des konstitutionellen Repräsentativsystems war damit nach langen Kämpfen zustandegekommen. Wenn auch in ihm die Relikte des altständischen Rechts stärker als in den Verfassungen Bayerns und Badens hervortraten, so war doch auch die württembergische Verfassung von 1819 keine Ständeverfassung alten Stiles mehr, sondern eine Repräsentativverfassung moderner Art, in deren Rahmen sich ein konstitutionelles Staatsleben entwickeln konnte.

---

[1]) Über die württembergische Bewegung der „Volksfreunde" vgl. *E. Hölzle*, a.a.O S. 226 ff.; über List siehe unten S. 384 f.
[2]) Text: Dokumente Bd. 1 Nr. 55.

V. Das Großherzogtum Hessen

1. Hessen-Darmstadt bis zum Wiener Kongreß

Das Landgrafentum Hessen-Darmstadt hatte durch den Frieden von Lunéville zwar das linksrheinische Fürstentum Hanau-Lichtenberg (Pirmasens) verloren, war aber mit kurmainzischen und westfälischen Gebieten reich entschädigt worden. Landgraf Ludwig X. (1790—1830), der als Großherzog (seit 1806) den Namen Ludwig I. führte, hob, um seinem Gesamtstaat die Einheit zu schaffen, die landständischen Einrichtungen in den einzelnen Gebietsteilen durch die Verordnung vom 1. Oktober 1806 auf. Regierung, Verwaltung und Justiz seines Staates organisierte er während der Rheinbundszeit im Stil des Spätabsolutismus neu.

1813 ging Großherzog Ludwig I. noch eben rechtzeitig von Napoleon auf die Seite der Alliierten über. Auf dem Wiener Kongreß mußte er sich mit dem Verlust seines Herzogtums Westfalen abfinden. Dafür erhielt er auf dem linken Rheinufer ein nicht unbedeutendes Gebiet mit den Städten Worms, Mainz und Bingen als Entschädigung. So setzte das Großherzogtum sich nun aus den drei Provinzen Oberhessen (Gießen), Rheinhessen (Mainz) und Starkenburg (Darmstadt) zusammen. Auch hier erschien der Erlaß einer Verfassung als das wirksamste Mittel zur staatlichen Einigung.

2. Die Verfassung von 1820

Großherzog Ludwig I. versprach seinem Land denn auch feierlich den Erlaß einer Verfassungsurkunde. Er suchte dieser Zusage zu genügen, indem er durch das *Edikt vom 18. März 1820* landständische Einrichtungen für seinen Staat schuf. Aber das hessische Volk war mit dieser oktroyierten Verfassung nicht zufrieden. Es übte Kritik an dem Zweikammersystem, an den geringen Rechten der Landstände, an der engherzigen Beschränkung des Wahlrechts. Bei den Wahlen zur Zweiten Kammer kam die Opposition zu einem eindeutigen Sieg. Die Mehrzahl der Gewählten verweigerte den Eid auf das Märzedikt, da dieses nicht die vom Großherzog feierlich versprochene „Verfassung" sei. Die Erste Kammer ging nicht so weit; doch forderte auch sie vom Großherzog, daß er die Verfassung durch eine Reihe weiterer Gesetze vervollständige. Ludwig I. fand sich bereit, dieser Forderung zu genügen; auch in der Zweiten Kammer leistete nun ein Teil der Abgeordneten den geforderten Eid; den Eidesverweigerern wurde ihr Mandat aberkannt. Die Regierung kam der Opposition darauf weiter entgegen, indem sie versprach, das Märzedikt durch eine neue zwischen der Krone und den Kammern vereinbarte Verfassung abzulösen.

Allerdings erhob sich bald innerhalb des Landes wie außerhalb der Protest der konservativ Gesinnten gegen die geplante Verfassungsvereinbarung. Daß man in Baden versteckt, in Württemberg offen den Weg des Verfassungsver-

trags gegangen war, hatten sie hingenommen. Daß Hessen diesen Weg der
Verfassungsübereinkunft nun fortsetzen wollte, rief ihren Widerspruch hervor,
weil sie sahen, wie das Prinzip des Verfassungsvertrags im Begriff stand, durch
eine Kette von Präzedenzfällen zur Regel zu werden. Aber in Hessen-Darmstadt siegte dann doch die Einsicht, daß die von konservativer Seite geforderte
Oktroyierung der Verfassung von der gesamten konstitutionellen Bewegung
Deutschlands als Provokation empfunden werden und deshalb im Endeffekt
nur dem revolutionären Radikalismus dienlich sein würde. Die Regierung wählte
deshalb einen Ausweg. Sie ließ die Verfassung sachlich durch eine Übereinkunft zwischen Krone und Volksvertretung feststellen; zur Inkraftsetzung aber
benutzte sie die Form eines einseitigen landesherrlichen Erlasses. Es war eine
verschleierte Verfassungsvereinbarung, für die man sich hier entschied. Doch
war trotz dieser Verschleierung die hessische Verfassung vom 17. Dezember
1820 ohne Zweifel kein oktroyiertes, sondern ein vereinbartes Staatsgrundgesetz. In dem Freiherrn *du Thil* fand Großherzog Ludwig dann bald einen hoch-
konservativ gesinnten Minister, der die Entwicklung des konstitutionellen Lebens in Hessen in engen Schranken zu halten wußte[1]).

§ 20. Die Institutionen des frühkonstitutionellen Staatsrechts

I. Krone und Regierung

1. Das Staatsoberhaupt

Jede der vier süddeutschen Verfassungen[2]) ging von der *Unantastbarkeit der
Erbmonarchie* aus. Der Staat als Gesamtheit aller älteren und neueren Gebietsteile war ein „souveräner monarchischer Staat"[3]). Die Person des Herrschers war „heilig und unverletzlich"[4]). Der Monarch vereinigte alle Rechte
der Staatsgewalt in sich; nur in der *Ausübung* dieser Rechte war er verfassungsmäßigen Beschränkungen unterworfen[5]). Die Krone war erblich im
Mannesstamm der Dynastie; es galt das Recht der Erstgeburt und die agna-
tisch-linearische Erbfolge[6]). Nur beim Erlöschen des Mannesstamms griff die
weibliche Erbfolge ein[7]). Wenn der Herrscher minderjährig oder an der Aus-

---

[1]) *Karl Wilhelm Heinrich Frh. du Bos du Thil* (1777–1859) wurde 1821 Außen- und
Finanzminister, 1829 leitender Staatsminister in Hessen-Darmstadt; er blieb bis 1848
im Amt.
[2]) Texte: Dokumente Bd. 1 Nr. 53–56.
[3]) Tit. I § 1 BayV.
[4]) Tit. II § 1 Abs. 2 BayV.; § 4 Abs. 2 WürttV.; § 5 Abs. 2 BadV.; Art. 4 Abs. 2
HessV.
[5]) Tit. II § 1 Abs. 1 BayV.; § 4 Abs. 1 WürttV.; § 5 Abs. 1 BadV.; Art. 4 Abs. 1
HessV.
[6]) Tit. II § 2 BayV.; § 7 WürttV.; § 4 BadV.; Art. 5 Abs. 1 HessV.
[7]) Tit. II § 5 BayV.; § 7 WürttV.; Bad. Hausgesetz v. 4. Oktober 1817; Art. 5 Abs. 2
HessV.

übung der Regierungsgewalt verhindert war, trat die Regentschaft (in Bayern und Württemberg: „Reichs-Verwesung") ein [1]). Zum Regenten war dann der nächste Agnat berufen. Bayern verlangte vom König den förmlichen Verfassungseid, Württemberg ein feierliches Verfassungsgelöbnis „bei königlichem Wort", Hessen eine ähnliche Versicherung [2]); Baden dagegen kannte eine solche Verpflichtungserklärung nicht. In Württemberg konnte der Thronfolger den Huldigungseid der Untertanen erst fordern, wenn er selbst das Verfassungsgelöbnis abgelegt hatte [3]); in Bayern war nichts Entsprechendes bestimmt. Nirgends war der Verfassungseid eine Bedingung für den Erwerb der Krone oder für die Ausübung der Regierungsgewalt. Vielmehr trat auch im Konstitutionalismus dem überlieferten legitimistischen Grundsatz gemäß im Augenblick des Tods des Herrschers *unmittelbar* die Sukzession des Nachfolgers in die volle Herrschergewalt ein.

Trotz der verfassungsmäßigen Beschränkungen des Herrschers in der Ausübung der Staatsgewalt ruhten alle süddeutschen Verfassungen auf dem *monarchischen Prinzip* [4]). Der Herrscher war kein bloßes „Staatsorgan" neben anderen; die monarchische Gewalt war ihm weder vom Volk noch von der Volksvertretung durch einen „Staatsvertrag" delegiert; sie war auch nicht erst durch die Verfassung in seine Hand gelegt. Nicht nur historisch, sondern auch nach dem logischen Zusammenhang war der Herrscher vor der Verfassung da. Die Staatsgewalt galt als ein dem Herrscher unmittelbar von Gott anvertrautes heiliges und zugleich heiligendes Amt. Die Verfassung diente nicht der Begründung, sondern nur der Begrenzung der herrscherlichen Macht. Im konstitutionellen System blieb die Monarchie ihrem Ursprung und ihrer Substanz nach „vorkonstitutionell". Eben deshalb konnten die konstitutionellen Verfassungen davon ausgehen, daß trotz der Einführung des Repräsentativsystems die Staatsgewalt nicht zwischen dem Fürsten und der Volksvertretung geteilt sei, sondern in ihrer ganzen Fülle weiterhin dem Monarchen zustehe, wenngleich dieser in gewissen Funktionen an die Mitwirkung der Kammern gebunden war. Der Monarch blieb alleiniger Träger der Souveränität. Auch wo die Verfassung auf einem Verfassungsvertrag beruhte, waren Fürst und Volksvertretung nicht „koordiniert". Es bestand kein „Dualismus", kein Nebeneinander zweier gleichwertiger Verfassungsorgane. Der Fürst war der Herrscher, die Volksvertretung ein Organ des Staats. Mit dem später erlassenen Art. 57 der Wiener Schlußakte [5]) standen die frühkonstitutionellen Verfassungen Süddeutschlands durchaus in Einklang.

Ein *landesherrliches Notrecht* war ausdrücklich nur in der hessischen Verfassung vorgesehen. Der Großherzog war befugt, „ohne ständische Mitwirkung ... in dringenden Fällen das Nötige zur Sicherheit des Staates vorzukehren" [6]). Dem Monarchen war damit die Kompetenz zuerkannt, nach

---

[1]) Tit. II § 9 BayV.; § 11 WürttV.
[2]) Tit. X § 1 BayV.; § 10 WürttV.; Art. 106 HessV.
[3]) § 10 WürttV.
[4]) Darüber unten S. 651 ff.
[5]) Siehe unten S. 652.
[6]) Art. 73 HessV.

seinem Ermessen über das Vorliegen eines dringenden Notstands wie über Art und Maß der zur Sicherheit des Staates zu treffenden Maßnahmen zu entscheiden. Er konnte allgemeine Verordnungen wie konkrete Verfügungen erlassen, um die Notlage zu beseitigen; er konnte mit Rechtsvorschriften wie mit effektiven Maßnahmen vorgehen, um den Staat zu sichern. Es war ihm gestattet, von seiner militärischen Macht Gebrauch zu machen, Sondergerichte einzusetzen und in die Rechte seiner Untertanen einzugreifen. Jede Kontrolle des Landtags war gegenüber solchen Notmaßnahmen ausgeschaltet; erst das hessische Gesetz vom 15. Juli 1862 verpflichtete den Großherzog, eine Notverordnung, wenn sie nach Ablauf eines Jahres noch länger in Wirksamkeit bleiben sollte, den Kammern zur Genehmigung vorzulegen und sie aufzuheben, wenn eine von ihnen der Verlängerung widersprach[1]). In den drei anderen Ländern war umstritten, ob das Landesrecht kraft eines stillschweigenden Vorbehalts dem Landesherrn ein entsprechendes Notrecht einräume.

Nach weit überwiegender Auffassung war es allerdings ein ungeschriebener Satz des gemeindeutschen Staatsrechts, daß bei dringender Gefahr für den Staat die Regierung zur Selbsterhaltung das *Staatsnotrecht* ausüben könne, das weder nach seinen Voraussetzungen noch nach seinen Mitteln positivrechtlich beschränkt sei. Es wurde nur verlangt, daß eine dringende Gefahr vorliege und eine zwingende Notwendigkeit für die zur Abwehr der Gefahr getroffenen Maßnahmen bestehe. Ferner waren weder Machtsprüche in Zivilrechtsstreitigkeiten noch die gesetzwidrige Verhängung oder Verschärfung von Strafen noch die Änderung der Verfassung im Weg von Notmaßnahmen statthaft. Die Durchbrechung sonstiger verfassungsmäßiger Freiheitsrechte dagegen galt im Notrecht als erlaubt[2]). Der in der hessischen Verfassung (Art. 73) positivrechtlich festgelegte Satz galt in den übrigen Ländern somit als übergesetzliche Norm.

2. Das Staatsministerium

Zu den Neuerungen des konstitutionellen Staatsrechts gehörte überall die Errichtung eines selbständigen Ministeriums als zentraler Regierungsbehörde. Dieser Übergang zur *Minister-Regierung* vollzog sich allerdings nicht nur in den konstitutionellen Staaten, sondern allgemein; auch Österreich und Preußen gingen damals zu dem neuen Regierungssystem über, das ein Erfordernis moderner rationaler Staatslenkung und Staatsverwaltung war[3]). Trotz der außerordentlichen Bedeutung dieser Neuerung war in den süddeutschen Verfassungen über die Stellung des Gesamtministeriums und der Einzelminister, über das Nebeneinander der Ressorts, über Ministerverantwortlichkeit und Gegenzeichnung entweder überhaupt nichts oder nur Unzulängliches gesagt. Die bayerische Verfassung erwähnte nur an einer Stelle beiläufig, daß es ein „Gesamtministerium" gab[4]); im übrigen beschränkte sie sich auf die Feststellung, daß die Staatsminister wie die sonstigen Staatsdiener für die genaue

---

[1]) Hessisches Gesetz betr. Anordnungen zur Sicherheit des Staats in dringenden Fällen vom 15. Juli 1862 (RegBl. S. 288); Wortlaut auch: Dokumente Bd. 1 Nr. 56 S. 230 Anm. 26.
[2]) *H. A. Zachariä*, Deutsches Staats- und Bundesrecht (3. Aufl. 1867) Bd. 2 S. 121 ff.
[3]) Siehe oben S. 145 ff.
[4]) Tit. II § 19 BayV.

Befolgung der Verfassung verantwortlich und daß sie einem ständischen Beschwerderecht und einem besonderen Anklageverfahren ausgesetzt seien[1]). Die badische und die hessische Verfassung hoben nur die Verantwortlichkeit der Minister für die Beachtung der Verfassung hervor[2]). Die württembergische Verfassung erweckte mit Rücksicht auf die altständischen Forderungen zwar den Anschein, als ob die Regierungsgewalt wie früher bei einem „Geheimen Rat" liege; doch ergab sich in der Praxis, daß die Staatsleitung sich bei dessen Kern, dem sechsgliedrigen Ministerium mit den Ressorts für Justiz, Auswärtige Angelegenheiten, Inneres, Kirchen- und Schulwesen, Finanzen und Krieg, befand. Sie gestand ferner dem König ausdrücklich das Recht zu, die Minister „nach eigener freier Entschließung" zu ernennen und zu entlassen; außerdem legte sie für das Gesamtministerium das Kollegialsystem fest[3]). Schließlich schrieb sie die ministerielle Kontrasignatur für alle königlichen Verfügungen und die Ministerverantwortlichkeit für alle kontrasignierten oder eigenverantwortlichen Entscheidungen der Minister vor[4]). Hessen regelte die Ministerverantwortlichkeit in einem besonderen Gesetz vom 5. Juli 1821/8. Januar 1824, das als integrierender Bestandteil der Verfassung galt[5]).

Trotz der Unvollständigkeit dieser Bestimmungen ließen sie doch das eigentlich Entscheidende des konstitutionellen Systems, die *selbständige Ministerverantwortlichkeit*, erkennen. Obwohl die Herrschaftsgewalt des Monarchen fortdauerte, war doch die eigentliche Führung der Staatsgeschäfte auf das Gesamtministerium und die Ressortminister übergegangen. Nicht nur in Württemberg, wo dies ausdrücklich bestimmt war, sondern auch in Bayern, Baden und Hessen setzte sich mit der Ministerverantwortlichkeit das Prinzip der *Gegenzeichnung* durch. Die durch sie bekundete Verantwortlichkeit bestand nicht nur gegenüber dem Monarchen, sondern auch gegenüber den Kammern und dem ganzen Land. Zwar kam es nirgends zum parlamentarischen Regierungssystem. Aber politische Fehlgriffe der Minister waren der Kritik der Volksvertretungen und der öffentlichen Meinung ausgesetzt. Und wenngleich die Kammern nicht in der Lage waren, ihrer Kritik durch ein Mißtrauensvotum staatsrechtlichen Nachdruck zu verleihen, so wog die den Kammern gegenüber bestehende politische Ministerverantwortlichkeit doch schwer. Die freie Entscheidung des Monarchen über die *Ernennung und Entlassung* der Minister allerdings blieb überall erhalten, nicht nur in Württemberg, wo dies ausdrücklich gesagt war[6]).

3. Ministeramt und Kammermandat

Eine *Inkompatibilität* (Unvereinbarkeit) zwischen der Mitgliedschaft in einer der Kammern und der Bekleidung des Ministeramts war in keiner der süddeutschen Verfassungen festgelegt[7]). Regierung und Volksvertretung waren

---

[1]) Tit. X §§ 4–6 BayV.
[2]) § 7 Abs. 2 BadV.; Art. 109 HessV.
[3]) §§ 54–61 WürttV.
[4]) §§ 51, 52 WürttV.
[5]) Art. 109 Abs. 2 HessV. Text des Gesetzes: Dokumente Bd. 1 Nr. 57.
[6]) Dazu *F. Schnabel*, Geschichte der Ministerverantwortlichkeit in Baden (1922).
[7]) Tit. VII § 24 BayV. bestimmte: „Die Staatsminister können den Sitzungen der Kammern beiwohnen, *wenn sie auch nicht Mitglieder derselben sind*". Diese Bestimmung schloß nicht etwa formellrechtlich die Mitgliedschaft der Minister in einer

zwar politische Gegenspieler; doch bestand nach deutschem konstitutionellem Staatsrecht zwischen ihnen keine sorgfältig gewahrte Gewaltentrennung. So wie der Regierung vielfältige Einwirkungsmöglichkeiten im parlamentarischen Bereich zukamen, war es den Kammermitgliedern nicht verwehrt, in leitende Staatsämter einzutreten; auch der Aufstieg in ein Ministeramt stand ihnen offen.

Die Vereinbarkeit von Ministeramt und Mitgliedschaft in der *Ersten Kammer* lag in der Natur der Sache. Die Erste Kammer stand im klassischen Zweikammersystem stets in der Nähe der Regierung; wenn sie auch nicht einfach ein Regierungsinstrument war, so waren doch die Angehörigen der in der Ersten Kammer vertretenen sozialen Schichten die natürlichen Anwärter auf die Ministerposten, vor allem in der frühkonstitutionellen Zeit, die sich erst langsam von den Überlieferungen der feudalen Epoche löste. So gehörten denn auch praktisch zahlreiche Minister in der Zeit des deutschen Frühkonstitutionalismus kraft Erbrechts oder kraft landesherrlicher Berufung der Ersten Kammer an. Die Vereinbarkeit von Ministeramt und Mitgliedschaft in der *Zweiten Kammer* war zwar gleichfalls staatsrechtlich nicht ausgeschlossen; doch war praktisch die Verbindung von höchstem Regierungsamt und parlamentarischem Mandat eine seltene Ausnahme. Immerhin gab es diesen Fall schon in den dreißiger Jahren, wie das Beispiel des badischen Innenministers *Ludwig Winter* zeigt, der gleichzeitig als liberaler Abgeordneter in der badischen Zweiten Kammer saß [1]). Inhaber hoher Verwaltungsämter fanden sich auch sonst in den süddeutschen Zweiten Kammern; der bayerische Abgeordnete *Rudhart* ist dafür ein bemerkenswertes Beispiel [2]).

Allerdings trat gerade in den erwähnten Fällen die Problematik dieser Verbindung von leitendem Staatsamt und Kammermandat deutlich hervor. *Winter* und *Rudhart* waren, als sie in die Kammern eintraten, zwar hohe, aber noch nicht leitende Regierungsbeamte. Sie traten den Regierungen, denen sie unterstellt waren, in unverhüllter Opposition entgegen; beide wurden deshalb aus der Hauptstadt strafversetzt. Nachdem sie dann die Gunst der Regierungen wiedererlangt hatten und in führende Ämter berufen worden waren, mäßigten sie die Entschiedenheit, mit der sie für liberale Ideen in den Kammern auftraten, merklich. Beide galten ihren ehemaligen radikalliberalen Gesinnungsfreunden nun als Abtrünnige. *Winter*, der in der Zeit der reaktionären Bundespolitik nach 1832 das badische Innenministerium leitete, war als Regierungsmitglied gezwungen, rückschrittliche Maßnahmen, die er als bloßes Kammermitglied entschieden bekämpft haben würde, vor dem badischen Landtag zu vertreten. Und auch *Rudhart* entschied sich in solchen Gewissenskonflikten in seiner späteren Zeit eher für die Gebote der Staatsräson als für die liberalen Grund-

---

der Kammern aus, sondern sagte nur, daß sie nicht etwa schon kraft ihres Rechts, an den Sitzungen teilzunehmen, auch Mitglied der Kammern seien. Ausdrücklich ergab sich aus § 76 BadV., daß die Minister formellrechtlich Mitglied einer der Kammern sein konnten („Nur bei der Abstimmung treten sie ab, *wenn sie nicht Mitglieder der Kammer sind*".)

[1]) Siehe unten S. 374.
[2]) Siehe unten S. 371.

forderungen. Die Verbindung von leitendem Staatsamt und Mandat führte in Deutschland also nicht zur Parlamentarisierung der Ämter, sondern, vereinfacht gesagt, zur Gouvernementalisierung der Mandate. Für das Scheitern des parlamentarischen Gedankens in Deutschland im 19. Jahrhundert waren solche Entwicklungen, wie sie sich bei *Winter* und *Rudhart* ereigneten, im Grund verfassungsgeschichtlich wichtiger als irgendwelche Entscheidungen für oder gegen den Parlamentarismus im bloß verfassungsnormativen Bereich.

II. Volk und Volksvertretung

1. Das Zweikammersystem

Beim Übergang zur Repräsentativverfassung wurde überall in Süddeutschland das *Zweikammersystem* eingeführt, in Württemberg allerdings, wie schon erwähnt, erst nach langen Kämpfen. Diese dem englischen Modell nachgebildete Doppelung hatte folgenden Sinn: Einmal rettete sich mit der überwiegend aristokratischen Ersten Kammer ein Restbestand der althergebrachten Privilegien des Adels in den konstitutionellen Staat. Zum anderen trat der gewählten Zweiten Kammer mit ihren bürgerlich-fortschrittlichen Tendenzen in der Ersten Kammer eine beharrende, retardierende Kraft entgegen. Allerdings wäre es eine starke Verzeichnung des soziologischen Tatbestands wie des staatstheoretischen Sinngehalts, wenn man sagen wollte, in Deutschland sei im 19. Jahrhundert das Zweikammersystem zur Organisationsform des ständischen Dualismus zwischen *Adel und Bürgertum* geworden. In der Ersten Kammer versammelte sich zwar im Prinzip der hohe und der grundbesitzende Adel; daneben aber standen die Vertreter der Kirchen, der Universitäten und der Stadtbehörden. In der Zweiten Kammer vereinten sich die Repräsentanten des gebildeten und besitzenden Bürgertums; aber auch der Adel, der Klerus und das Beamtentum waren in der Zweiten Kammer stark vertreten; in einigen Ländern waren der Gutsadel und die Geistlichkeit institutionell der Zweiten Kammer zugewiesen. Keine der Kammern war die Vertretung eines bestimmten Standes; beide galten vielmehr als Repräsentation des Gesamtvolks, auch die Erste Kammer, die nach ihrem institutionellen Sinn keine Korporation zur Wahrung aristokratischer Standesinteressen, sondern eine das Ganze repräsentierende Einrichtung wie die Zweite Kammer war. Im Zweikammersystem deutscher Prägung standen sich also nicht getrennte Standesvertretungen gegenüber; vielmehr galt der Grundsatz der Doppel-Repräsentation.

Die *Erste Kammer* („Kammer der Reichs-Räte") bestand in *Bayern* aus den königlichen Prinzen, den Kronbeamten[1]), den beiden Erzbischöfen, einem weiteren

---

[1]) Es gab vier solche Kronämter (Kronobersthofmeister, Kronoberstkämmerer, Kronoberstmarschall und Kronoberstpostmeister); vgl. Reglement vom 28. Juli 1808, RegBl S. 2109.

katholischen Bischof und dem Präsidenten des protestantischen Generalkonsistoriums, den Häuptern der mediatisierten reichsständischen (fürstlichen und gräflichen) Familien, sowie aus Personen, die der König wegen hoher Geburt, hervorragender Verdienste oder großen Vermögens erblich oder lebenslang besonders berief[1]). In *Württemberg* gehörten zur Ersten Kammer vornehmlich die königlichen Prinzen, die Häupter der fürstlichen und gräflichen Familien und die vom König erblich oder auf Lebenszeit berufenen weiteren Mitglieder; dagegen war die Kirche hier nicht in der Ersten Kammer, sondern in der Zweiten vertreten[2]). Die Repräsentanten der Universitäten, die in anderen Ländern oft der Ersten Kammer angehörten, waren in Bayern und in Württemberg gleichfalls der Zweiten Kammer zugewiesen. In *Baden* bestand die Erste Kammer aus den Prinzen der Dynastie, den Häuptern der standesherrlichen Familien, dem Erzbischof von Freiburg und einem vom Großherzog auf Lebenszeit ernannten protestantischen Prälaten, aus acht Abgeordneten des grundherrlichen Adels, aus zwei Abgeordneten der Universitäten Freiburg und Heidelberg, sowie aus den vom Großherzog besonders berufenen Personen[3]). Während in Bayern und Württemberg nur der hohe Adel zur Ersten Kammer gehörte, war in Baden auch der niedere Grundadel in ihr vertreten. *Hessen* zog neben den Vertretern des hohen Adels auch die der Kirchen und Universitäten zur Ersten Kammer zu, verwies dagegen die Vertreter des Grundadels in die Zweite Kammer[4]).

Die *Zweite Kammer* bestand in *Bayern* aus fünf Gruppen: 1) den adligen Gutsbesitzern (⅛ der Abgeordneten); 2) den Geistlichen der katholischen und protestantischen Kirchen (ebenfalls ⅛); 3) den Abgeordneten der Städte und Märkte (¼); 4) den nichtadligen Landeigentümern (½); 5) dazu kam je ein Vertreter der drei Universitäten[5]). Adel und Klerus verfügten also über ein Viertel, das Bürger- und Bauerntum über drei Viertel der Sitze, wobei nur zu bedenken ist, daß die ländlichen Abgeordneten weithin dem Adel und Klerus stärker zugeneigt waren als den Vertretern des Stadtbürgertums. In *Württemberg* war die Zweite Kammer ähnlich zusammengesetzt; 13 Mitglieder des ritterschaftlichen Adels, die 6 protestantischen Generalsuperintendenten und 3 hohe katholische Kleriker, der Kanzler der Universität, je 1 Abgeordneter der 7 bedeutendsten Städte und je 1 Abgeordneter der 64 Oberämter bildeten den Landtag[6]). Von der Gesamtheit der 94 Abgeordneten waren 71 als Vertreter der Stadt- und Landbevölkerung anzusehen; sie bildeten soziologisch eine starke Mehrheit gegenüber den 23 Vertretern des Adels, des Klerus und der Universität; politisch ging auch hier ein Teil der Vertreter von Stadt und Land mit den konservativen Gruppen zusammen. In *Hessen* umfaßte die Zweite Kammer 50 Abgeordnete, von denen 6 aus dem grundbesitzenden Adel, 10 aus den größeren Städten und 34 aus dem Land gewählt wurden[7]); auch hier aber waren zahlreiche Vertreter des Landes konservativ gesinnt. In *Baden* fanden sich im Gegensatz zu dem sonst in Süddeutschland geltenden System in der Zweiten Kammer nur Abgeordnete der Städte und Ämter, insgesamt 63 an Zahl[8]). Die Zweite Kammer war somit in Baden weit stärker als in den drei anderen süddeutschen Ländern bürgerlich-bäuerlich zusammengesetzt. Auch politisch hatte sie den fortschrittlichsten Charakter unter den süddeutschen Parlamenten, besonders da das badische Bürger- und Bauerntum dieser Zeit weithin unter dem Einfluß der liberalen Doktrinen Westeuropas stand. Doch kam nicht nur im badischen Landtag, sondern in allen Repräsentativkörperschaften Süddeutschlands der bürgerliche Liberalismus im Lauf der Zeit zu starker politischer Geltung.

---

[1]) Tit. VI § 2 BayV.
[2]) § 129 WürttV. Siehe dazu Gesetz vom 16. Juli 1906; Text: Dokumente Bd. 1 Nr. 55 S. 202 Anm. 33.
[3]) § 27 BadV.
[4]) Art. 52 HessV.
[5]) Tit. VI §§ 7, 9 BayV.
[6]) § 133 WürttV.
[7]) Art. 53 HessV.
[8]) § 33 BadV.

Volk und Volksvertretung

2. Die Stellung der Kammern und ihrer Mitglieder

Die Einberufung der Kammern war Sache des Monarchen; doch mußte er die Kammern mindestens alle drei Jahre, in Baden alle zwei Jahre versammeln [1]. Ihm stand ferner das Recht zu, die Sitzungen der Kammern zu vertagen oder zu schließen. Bei der Vertagung dauerte die *Sitzungsperiode* („Session") als solche weiter an; die Tagungen waren nur vorübergehend unterbrochen. Die Schließung beendete die Session; die *Legislaturperiode* („Wahlperiode") dagegen lief fort bis zu ihrem verfassungsmäßigen Ende oder bis zur vorzeitigen Kammerauflösung. Die Mandatsdauer betrug sechs, in Baden acht Jahre [2]. Die in die freie Entscheidung des Monarchen gestellte vorzeitige *Auflösung* der Kammern bewirkte, im Unterschied zur Schließung, daß die Mandate der gewählten Abgeordneten erloschen; es mußte dann innerhalb einer bestimmten Frist eine Neuwahl stattfinden, in Bayern und Baden binnen drei, in Württemberg und Hessen binnen sechs Monaten [3]. Nirgends besaßen die Kammern das Recht der Selbstversammlung oder der Selbstauflösung. Dagegen hatte der einzelne Abgeordnete das Recht, sein Mandat niederzulegen; doch konnten weder seine Wähler ihn abberufen noch seine „Partei" oder „Fraktion" ihn zum Austritt aus der Kammer zwingen oder gar aus der Kammer ausschließen. Nur der Verlust der Wahlfähigkeit zog das Erlöschen des Mandats nach sich. Darüber hinaus konnte in Württemberg der Staatsgerichtshof gegen einen des Hochverrats oder der Verfassungsverletzung angeklagten Abgeordneten auf „zeitliche oder immerwährende Ausschließung von der Landstandschaft" erkennen [4].

Auf die Beachtung der Verfassung waren die Abgeordneten beider Kammern zu vereidigen. Der bayerische und der badische *Abgeordneteneid* hatten folgenden Wortlaut:

„Ich schwöre Treue dem Könige (Großherzog), Gehorsam dem Gesetze, Beobachtung und Aufrechthaltung der Staatsverfassung und in der Ständeversammlung nur des ganzen Landes allgemeines Wohl und Bestes ohne Rücksicht auf besondere Stände oder Klassen nach meiner innern Überzeugung zu beraten" [5].

Der württembergische Abgeordneteneid wich davon etwas ab; er lautete:

„Ich schwöre, die Verfassung heilig zu halten, und in der Ständeversammlung das unzertrennliche Wohl des Königes und des Vaterlandes, ohne alle Nebenrücksicht, nach meiner eigenen Überzeugung treu und gewissenhaft zu beraten" [6].

In Württemberg war somit die Treue zur Verfassung in der Eidesformel vorausgestellt. Alle süddeutschen Länder forderten von den Abgeordneten zugleich Ver-

---

[1] Tit. VII § 22 BayV.; § 127 WürttV.; § 46 BadV.; Art. 64 HessV.

[2] Tit. VI § 13 BayV.; § 157 WürttV.; § 38 BadV.; Art. 59 HessV. In Baden wurden die Abgeordneten auf acht Jahre gewählt; doch wurde alle zwei Jahre ein Viertel der Mandate erneuert. Über die vorübergehende Verlängerung dieser Fristen durch das verfassungsändernde Gesetz vom 14. April 1825 siehe unten S. 381.

[3] Tit. VII § 23 BayV.; § 186 WürttV.; Art. 64 HessV.; § 44 BadV. (hier unter der Voraussetzung, daß die Auflösung erfolgte, ehe der Gegenstand der Beratung erschöpft war).

[4] § 203 WürttV.

[5] Tit. VII § 25 BayV.; § 69 BadV.; ähnlich der hessische Abgeordneteneid (Art. 88 HessV.).

[6] § 163 WürttV.

fassungstreue und Treue gegenüber dem Landesherrn. Diese doppelte Eidespflicht konnte für die Abgeordneten zu einem *Eideskonflikt* führen, in dem es zweifelhaft war, ob die Treue zur Verfassung oder die Treue zum König den Vorrang besitze. Es konnten also ähnliche Pflichtenkollisionen wie bei dem „doppelten Fahneneid" entstehen[1]).

Die Beratungen der Kammern waren *öffentlich*. Nur auf Verlangen der Regierung oder auf besonderen Beschluß der Kammer konnte die Sitzung unter Ausschluß der Öffentlichkeit stattfinden[2]). Erst diese Öffentlichkeit der Kammerverhandlungen machte die Anteilnahme des Volkes an der parlamentarischen Arbeit möglich. Allerdings trat früh die Besorgnis hervor, daß die Öffentlichkeit der Beratungen die Neigung der Abgeordneten wachrufen könne, Reden „zum Fenster hinaus" zu halten, die parlamentarische Debatte also zu einer Schaustellung für die öffentliche Meinung zu machen. Der Frankfurter Bundestag nahm an der Öffentlichkeit der Kammerverhandlungen bald Anstoß; er suchte sie durch Bundesbeschlüsse einzuschränken[3]). Wahrheitsgetreue Parlamentsberichte durften in der Presse veröffentlicht werden[4]). Die Minister hatten zu allen Sitzungen beider Kammern jederzeit Zutritt; auf ihr Verlangen mußten sie bei allen Debatten gehört werden[5]). Sofern die Minister nicht Mitglieder der Kammer waren, unterstanden sie der Disziplinargewalt des Kammerpräsidenten nicht. Sie konnten daher nicht zur Ordnung gerufen, mit Wortentziehung bestraft oder aus der Sitzung ausgeschlossen werden.

3. Das Wahlsystem

Mitglied der Ersten Kammer wurde man nicht durch Wahl, sondern kraft Erbrechts, kraft Amtes oder kraft landesherrlicher Ernennung. Nur in Baden entsandten der grundherrliche Adel und die Landesuniversitäten ihre Vertreter durch Wahl in die Erste Kammer. Für die Zweite Kammer dagegen war durchweg die *Wahl der Abgeordneten* vorgeschrieben. In Württemberg kamen die Vertreter des Klerus teils durch ihr Amt, einer durch königliche Ernennung, ein weiterer durch Wahl des Domkapitels in die Zweite Kammer; auch der Vertreter der Universität gehörte der Zweiten Kammer kraft Amtes an. Die Vertreter des Adels dagegen wurden in Württemberg in die Zweite Kammer gewählt, in Bayern darüber hinaus auch die Vertreter des Klerus und der Universitäten.

Wichtiger als diese Berufung besonderer Ständevertreter in die Zweiten Kammern war die Wahl der *städtischen und ländlichen Abgeordneten*. In allen vier süddeutschen Staaten galt in der Epoche des Frühkonstitutionalismus *kein allgemeines und gleiches Wahlrecht*. Auch dem Liberalismus erschien in

---

[1]) Siehe unten S. 364 ff.

[2]) Öffentlichkeit für beide Kammern war vorgeschrieben in Baden (§ 78), nur für die Zweite Kammer in Württemberg (§§ 167, 168). In Hessen hatten die Kammern „das Recht, eine bestimmte Anzahl von Zuhörern zuzulassen" (Art. 100); die volle Öffentlichkeit der Kammersitzungen führte erst das verfassungsändernde Gesetz vom 10. Oktober 1849 (RegBl. 519) ein (Siehe dazu Dokumente Bd. 1 S. 234 f. Anm. 40).

[3]) Bundesbeschlüsse vom 16. August 1824, vom 28. Juni 1832 (Art. V) und vom 12. Juni 1834 (Art. 25); siehe dazu unten S. 765 f. und Weiteres in Bd. II S. 154 ff., S. 177ff.

[4]) Die Freiheit der Parlamentsberichterstattung galt als ein Bestandteil der Öffentlichkeit der Parlamentssitzungen; ausdrücklich garantiert wurde das Berichterstattungsrecht erst in späterer Zeit (siehe Art. 22 Abs. 2 BismReichsV; dazu Bd. III S. 887).

[5]) Tit. VII § 24 BayV.; § 169 WürttV.; § 76 BadV.; Art. 62 HessV.

dieser Epoche die Masse der Unselbständigen und Besitzlosen als unfähig, in politischen Fragen ein eigenes Urteil zu fällen. Das liberale Bürgertum wandte sich gegen die Allgemeinheit und Gleichheit der Wahl mit dem Argument, daß man damit die urteilslose Masse dem Demagogentum als Hilfstruppe zuführe; das allgemeine und gleiche Wahlrecht galt auch der liberalen Mitte als ein Werkzeug der Revolution. Nur der demokratische Radikalismus bestand auf der Egalität des Wahlsystems. Die süddeutschen Verfassungen beschränkten mit Zustimmung der Mehrheit der bürgerlichen Bewegung das Wahlrecht auf die gebildeten und besitzenden Schichten.

In *Bayern* stand das aktive Wahlrecht der Stadt- und Landbewohner nur den Staatsbürgern zu, die Grundvermögen besaßen, aus dem sie jährlich einen bestimmten Mindestsatz direkter Steuern zahlten [1]). In *Württemberg* war das aktive Wahlrecht allen direkt besteuerten Staatsbürgern zuerkannt [2]); da es damals in Württemberg als direkte Steuern nur die Grundsteuern gab, war auch hier das Wahlrecht mit dem Grundbesitz verbunden. Ein ähnliches Zensuswahlrecht galt in *Hessen* [3]). Am fortschrittlichsten war auch in dieser Frage Baden: Wahlberechtigt war, wer im Wahldistrikt als Bürger angesessen war oder ein öffentliches Amt bekleidete [4]). Als Bürger „angesessen" waren zwar nur die Grundeigentümer; aber außer ihnen war in Baden die einflußreiche Schicht der öffentlichen Beamten, auch soweit sie kein Grundeigentum hatten, zur Wahl zugelassen. Das Wahlalter war durchweg hoch (25 Jahre). Frauen waren zur Wahl nicht berechtigt. In allen vier süddeutschen Staaten war die Wahl indirekt; zwischen den Wählern und der Volksvertretung stand also die mit der Bestimmung der Abgeordneten betraute Schicht der Wahlmänner. Das passive Wahlrecht setzte ein Mindestalter von 30 Jahren voraus; außerdem wurde ein qualifizierter Vermögensstand gefordert.

Obwohl somit das aktive wie das passive Wahlrecht den besitzenden Schichten vorbehalten war, sollten die gewählten Abgeordneten keine bloßen Interessenvertreter des besitzenden Standes, sondern Repräsentanten des ganzen Volkes sein. Die württembergische Verfassung umschrieb diese Grundregel des Repräsentativsystems so: „Der Gewählte ist als Abgeordneter nicht des einzelnen Wahlbezirks, sondern des ganzen Landes anzusehen. Es kann ihm daher nur keine Instruktion, an welche er bei seinen künftigen Abstimmungen in der Ständeversammlung gebunden wäre, erteilt werden" [5]). Nach der badischen Verfassung hatten die Abgeordneten „nach eigener Überzeugung" abzustimmen; Instruktionen ihrer „Kommittenten" durften sie nicht annehmen [6]). In Hessen ging der Abgeordneteneid darauf, „nach bester, eigener, durch keinen Auftrag bestimmter Überzeugung" zu handeln [7]). Das gleiche galt auch für die Mitglieder der bayerischen Kammer, wie die Fassung des bayerischen Abgeordneteneides ergibt. Ganz Süddeutschland bekannte sich damit zu dem System *freien Mandats* als dem Kernstück der Repräsentativverfassung. Die *Immunität* der Abgeordneten, d. h. die Freiheit von jeder straf- oder disziplinarrechtlichen Verantwortlichkeit für die in den Kammern oder sonst auf Grund des parlamentarischen Berufs ausgeübte Tätigkeit, kannten in der frühkonstitutionellen Zeit nur Württemberg [8]) und Hessen, allerdings mit der Einschränkung, daß Beleidigungen und Verleumdungen der Regierung, der Ständeversammlung oder einzelner Personen strafbar blieben [9]).

---

[1]) Beilage X zur bayV.
[2]) § 137 WürttV.
[3]) Hess. Verordnung über die landständischen Wahlen vom 22. März 1820 (also vor der Verfassung erlassen); die Verordnung blieb bis 1849/50 in Kraft.
[4]) § 36 BadV.   [5]) § 155 WürttV.
[6]) § 48 BadV.   [7]) Art. 88 Abs. 2 HessV.
[8]) Über die württembergische Praxis, mißliebige Abgeordnete mit Hilfe der §§ 135 158 WürttV. aus der Kammer auszuschließen, siehe unten S. 385 f.
[9]) § 185 WürttV.; Art. 83 HessV.

Die Verhaftung eines Abgeordneten wegen sonstiger Straftaten während der Sitzungsperiode war in allen vier Ländern nur bei Zustimmung der Kammer statthaft [1]
Sowohl die Bestimmungen über den Abgeordneteneid als auch die Vorschriften zur Sicherung des freien Mandats verpflichteten den Abgeordneten zur *Überzeugungstreue*, zur Ausübung seines parlamentarischen Amts ausschließlich nach der „inneren Überzeugung" von dem, was für das allgemeine Wohl geboten sei. Die süddeutschen Verfassungen übernahmen mit dem Begriff der „Überzeugung" ein Grundwort der freiheitlich-nationalen Metaphysik und Ethik in das staatsrechtliche Vokabular des deutschen Konstitutionalismus [2].

4. Der Wirkungsbereich der Volksvertretung

Um mittels der Repräsentativverfassung das Volk in den Staat zu integrieren, durfte die Volksvertretung nicht auf die *Deliberation* beschränkt, sie mußte zur *Dezision* in einer Reihe staatlicher Grundfunktionen herangezogen werden. Gewiß kann auch ein konsultatives Organ starken Einfluß gewinnen, wie das Beispiel des preußischen Staatsrats zeigt [3]. Voraussetzung echter Repräsentation aber ist das Recht zur Entscheidung, mindestens zur Mitentscheidung in einem festumrissenen Aufgabenkreis. Jeder repräsentative Körper bedarf daher einer unentziehbaren Kompetenz. Wenn es dem Ermessen der Regierung überlassen ist zu bestimmen, welche Gegenstände sie vor das Parlament bringen will, so steht diesem eine wirkliche Entscheidungsgewalt nicht zu. Die süddeutschen Verfassungen räumten, von dieser Einsicht bestimmt, den beiden Kammern einen festen Zuständigkeitsbereich und ein Mitentscheidungsrecht ein.

a) Die Gesetzgebung

Zu dem Wirkungsbereich der süddeutschen Volksvertretungen gehörte vor allem die Gesetzgebung. In allen vier süddeutschen Ländern konnte seit dem Erlaß der Verfassungen ein *Gesetz* nur unter Zustimmung beider Kammern beschlossen werden. Diese Kompetenznorm setzte Einigkeit darüber voraus, was ein *Gesetz im materiellen Sinne* sei. Für den konstitutionellen Gesetzesbegriff stellte *Bayern* die berühmte Formel auf, ohne Zustimmung der Kammern dürfe „kein allgemeines neues Gesetz, welches die *Freiheit* der Personen oder das *Eigentum* des Staatsangehörigen betrifft, erlassen, noch ein schon bestehendes abgeändert, authentisch erläutert oder aufgehoben werden" [4]. Diese bayerische Klausel ergab den allgemeingültigen Gesetzesbegriff des Konstitutionalismus: *Gesetz ist jede allgemeine Norm, die in Freiheit oder Eigentum der Einzelnen eingreift* [5]. In *Baden* galt ein entsprechender, durch

---

[1]) Tit. VII § 26 BayV.; § 184 WürttV.; § 49 BadV.; Art. 84 HessV.
[2]) Siehe unten S. 711 ff.   [3]) Siehe oben S. 158   [4]) Tit. VII § 2 BayV.
[5]) Urheber dieser „Eigentums- und Freiheitsklausel" ist der *Frh. vom Stein* (vgl. dessen Bemerkungen zu *Hardenbergs* Entwurf der Bundesverfassung vom August/September 1814 — Briefe u. Amtl. Schr. Bd. V S. 141). Siehe auch Bd. III S. 913.

die Eigentums- und Freiheitsklausel umschriebener Gesetzesbegriff[1]). Aber auch wo, wie in Württemberg[2]) und Hessen[3]), der Gesetzesbegriff nicht ausdrücklich definiert war, galt diese Eigentums- und Freiheitsklausel als ungeschriebenes gemeindeutsches Staatsrecht.

Die *Gesetzes-Initiative* war in allen süddeutschen Ländern in der frühkonstitutionellen Zeit dem Monarchen (bzw. der Regierung) vorbehalten, so daß nirgends eine der Kammern von sich aus einen Gesetz-Entwurf aufstellen und beschließen konnte[4]). Dieser Ausschluß der parlamentarischen Gesetzes-Initiative (das Verbot der Gesetzentwürfe „aus der Mitte des Hauses") war eines der Merkmale, durch die der Frühkonstitutionalismus sich vom vollentwickelten Konstitutionalismus unterschied. Die Kammern waren in der konstitutionellen Frühzeit darauf beschränkt, sich mit Wünschen und Anträgen an den Landesherrn zu wenden und ihn in dieser Form um den „Vorschlag eines Gesetzes" zu bitten[5]). Ein solches Recht zur *Gesetzes-Petition* („Motion") kam einer Gesetzes-Initiative nicht gleich, da die Regierung nicht verpflichtet war, den erbetenen Gesetz-Entwurf einzubringen. Immerhin lag für die Regierungen die Gefahr nahe, daß die Gesetzes-Petition durch nachdrückliche Handhabung zu einer Gesetzes-Initiative gesteigert werde. Um dieser Entwicklung zu steuern, setzte die bayerische Regierung 1825 durch, daß die Geschäftsordnung des Landtags den Zusatz erhielt, kein Abgeordneter dürfe im Rahmen einer Petition einen förmlich ausgearbeiteten Gesetzentwurf vorlegen. Das Recht zur Gesetzes-Petition verlor in Bayern damit erheblich an Spielraum.

In allen Ländern Süddeutschlands blieb der Landesherr neben den Kammern ein gleichberechtigtes Organ der Legislative. Die von den Kammern beschlossenen Gesetze bedurften der landesherrlichen Bestätigung; außerdem oblag dem Landesherrn die *Sanktion* (Erteilung des Gesetzes-Befehls) und die *Promulgation* (Ausfertigung und Verkündung) der Gesetze[6]). Die Kammern nahmen also nur an der materiellen Feststellung des Gesetzes-Inhalts, nicht an dem formellen Erlaß der Gesetze teil. Es galt, wie auch im späteren deutschen Konstitutionalismus nicht das reine Prinzip der Gewaltentrennung; die Exekutive blieb vielmehr auch Legislativorgan.

b) Die Verfassungsänderung

Auch Änderungen der Verfassung waren im Weg der Gesetzgebung vorzunehmen. In den Ländern, in denen die Verfassung durch Verfassungsvertrag entstanden war, setzte die Verfassungsänderung eine neue Verfassungsvereinbarung voraus. Das Gesetz konnte als Form einer solchen Vereinbarung benutzt werden; denn da es auf der Willensübereinstimmung der beiden Kammern und des Landesherrn beruhte, kam ihm selbst der Charakter einer Vereinbarung zu. Auch in den Ländern mit einseitig vom Landesherrn erlassener Verfassung war für Verfassungsänderungen dieser Weg der Verfassungsvereinbarung in Form des Gesetzes vorgeschrieben. Darüber hinaus aber waren

---

[1]) § 65 BadV.: Der Zustimmung beider Kammern bedurfte es zu allen die Freiheit und das Eigentum der Staatsangehörigen betreffenden allgemeinen neuen Landesgesetzen oder zur Abänderung der bestehenden.
[2]) § 124 WürttV.
[3]) Art. 72 HessV. (hier war besonders hervorgehoben, daß auch Polizeigesetze der Zustimmung des Landtags bedürftig waren).
[4]) § 172 WürttV.; Art. 76 HessV.
[5]) Tit. VII § 19 BayV.; § 172 Abs. 1 WürttV.; § 67 Abs. 1 BadV.; Art 76 I HessV.
[6]) Tit. VII § 30 BayV.; § 172 Abs. 2 WürttV.; § 66 BadV.

für Verfassungsänderungen *qualifizierte Bedingungen* gestellt. Eine bestimmte Mindestzahl von Abgeordneten mußten bei dem Gesetzesbeschluß anwesend sein („Quorum"); eine erhöhte Mehrheit von ihnen mußte sich für den Gesetzesvorschlag entscheiden.

So war in *Bayern* die Anwesenheit von ¾ der verfassungsmäßigen Zahl der Mitglieder in beiden Kammern vorgeschrieben; eine Mehrheit von ²/₃ der Abstimmenden war für die Annahme des Vorschlags erforderlich. In *Württemberg* war zur Beschlußfähigkeit des Landtags stets die Anwesenheit der Hälfte der Mitglieder in der Ersten, von ²/₃ der Mitglieder in der Zweiten Kammer vorausgesetzt; bei verfassungsändernden Gesetzen mußten in jeder Kammer ²/₃ der anwesenden Abgeordneten zustimmen. In *Baden* bestand keine Vorschrift über die Anwesenheitsziffer; dagegen bedurfte es für Verfassungsänderungen der ²/₃-Mehrheit der Anwesenden in beiden Kammern. In *Hessen* war ebenfalls die ²/₃-Mehrheit der Anwesenden, mindestens aber die Zustimmung von 26 Mitgliedern der Zweiten und von 12 Mitgliedern der Ersten Kammer notwendig[1]). Eine Bestimmung, nach der verfassungsändernde Gesetze nur als förmliche Textänderungen oder Zusätze zur Verfassung statthaft seien, gab es nicht. Verfassungsdurchbrechende Gesetze, also solche, die ohne Änderung des Verfassungstextes von der Verfassung abwichen, waren statthaft, wenn die Kammern sie mit der für Verfassungsänderungen vorgeschriebenen Mehrheit beschlossen. Ein erstes wichtiges Beispiel einer Verfassungsdurchbrechung waren die badischen Verfassungsänderungen von 1825, die allerdings 1831 wieder rückgängig gemacht werden mußten (siehe unten S. 381).

c) Die Finanzgewalt

Zu den landständischen Rechten gehörte nach den süddeutschen Verfassungen auch die Teilnahme an der Ausübung der staatlichen Finanzgewalt. Daß die *Auferlegung von Steuern* der Zustimmung der Kammern bedurfte, verstand sich von selbst; denn sie stellte einen Eingriff in das „Eigentum" der Einzelnen dar und war daher nur in der Form des Gesetzes zulässig. Trotzdem hoben die Verfassung das Recht der Kammern, beim Erlaß von Steuergesetzen mitzuwirken, besonders hervor[2]). Für die Regierung wie die Kammern war die Frage wichtig, ob das Steuergesetz ein dauerndes Gesetz sei oder ob es nur eine befristete Bewilligung enthalte. In Bayern war die Dauer der Steuerbewilligung auf sechs Jahre begrenzt; auch Württemberg und Baden kannten die befristete Bewilligung; im übrigen aber sagten die Verfassungen aller Länder, daß die Steuerbewilligung nicht von Bedingungen abhängig gemacht werden dürfe[3]), wie es in der altständischen Zeit üblich gewesen war. Der Zustimmung der Stände bedurfte auch die Aufnahme von Anleihen[4]). In Hessen allerdings war der Regierung das Recht eingeräumt, in „außerordentlichen Fällen, wo drohende äußere Gefahren die Aufnahme von Capitalien dringend erfordern", die Einberufung der Stände aber unmöglich war, die notwendige Summe lehnbar aufzunehmen[5]). Das Recht zur Aufnahme von

---

[1]) Tit. X § 7 BayV.; §§ 160, 176 WürttV.; § 64 BadV.; Art. 110 HessV.
[2]) Tit. VII § 3 BayV.; §§ 109, 124 WürttV.; § 53 BadV.; Art. 67 HessV.
[3]) Tit. VII § 9 BayV.; § 113 WürttV.; § 56 BadV.; Art. 68 HessV.
[4]) Tit. VII § 11 BayV.; § 107 WürttV.; § 57 BadV.; Art. 78 HessV.
[5]) Art. 71 HessV.

Not-Anleihen, vor allem von Kriegs-Anleihen, erschien hier zum ersten Mal als Ausnahme-Recht der Regierung in einem deutschen Verfassungstext.

Das *Staats-Budget*, d. h. der für einen bestimmten Zeitraum aufgestellte, in sich ausgeglichene Plan der Einnahmen und Ausgaben, war den Kammern bei der Steuerbewilligung vorzulegen. Doch stand in Bayern, Baden und Hessen den Kammern eine *Beschlußfassung* über den Etat im Ganzen nicht zu[1]). In diesen Ländern gab es in der frühkonstitutionellen Zeit noch keine förmliche Budgetgewalt der Volksvertretung. Allerdings konnten die Kammern auch hier durch Steuerverweigerung Einfluß auf den Gesamtfinanzplan des Staates nehmen. In Württemberg bedurfte schon nach der Verfassung von 1819 der Haupt-Etat der Anerkennung und Annahme seitens der Stände; das Budget war dann auf drei Jahre gültig[2]). Hier gab es also von Anfang an eine vollentwickelte förmliche Budgetgewalt der Volksvertretung.

d) Sonstige ständische Rechte

Zu diesen Hauptfunktionen kamen eine Reihe von Zuständigkeiten zweiten Ranges. Einmal hatten die Kammern das *Petitionsrecht*, d. h. sie konnten sich durch Mehrheitsbeschluß mit Vorstellungen, Wünschen, Anträgen und Beschwerden an den Herrscher wenden[3]). Dieses Recht konnte benützt werden, um auf die Staatsgestaltung mit praktischen Vorschlägen einzuwirken. Es konnte aber auch als Kampfmittel dienen, etwa um durch polemische Beschwerden die Regierung öffentlich bloßzustellen, Mißstände aufzudecken, pflichtvergessene oder unfähige Staatsbeamte anzuprangern und überhaupt die öffentliche Meinung zu aktivieren. In der frühkonstitutionellen Zeit, in der es ein Interpellationsrecht noch nicht gab, war das Petitionsrecht eine der wirksamsten Waffen der parlamentarischen Opposition.

In Bayern, Baden und Hessen hatten die Kammern ferner das Recht, sich der *Verfassungsbeschwerden* der Staatsbürger anzunehmen. Sahen die Kammern eine wegen Verletzung der konstitutionellen Rechte eingelegte Beschwerde als begründet an, so hatten sie eine gemeinsame Vorstellung an den Landesherrn zu richten[4]). Dieser konnte über die Beschwerde dann entweder selbst entscheiden oder ein Gericht mit der Entscheidung beauftragen[5]). Württemberg kannte eine entsprechende parlamentarische Kompetenz zur Entgegennahme und Weiterleitung von Verfassungsbeschwerden nicht.

Schließlich stand den Kammern das Recht der *Ministeranklage* wegen Verfassungsverletzungen zu. In *Bayern* unterschied die Verfassung zwischen der bloßen Beschwerde wegen ministerieller Verfassungsverletzungen und der förmlichen Anklage wegen „vorsätzlicher Verletzung der Staatsverfassung". Über die Beschwerde hatte der König, über die Anklage hatte das Oberste

---

[1]) Tit. VII § 4 BayV.; § 55 BadV.; Art. 68 Abs. 2 HessV.
[2]) § 112 WürttV.
[3]) Tit. VII § 19 BayV.; § 124 WürttV.; § 67 BadV.; Art. 79 HessV.
[4]) Tit. VII § 21 BayV.; § 67 Abs. 2 BadV.; Art. 81 HessV.
[5]) Siehe unten S. 623.

Gericht des Landes zu entscheiden[1]). In *Württemberg* gehörten die auf Umsturz der Verfassung gerichteten Unternehmungen wie die Verletzung einzelner Verfassungsbestimmungen vor einen besonderen Staatsgerichtshof, wenn entweder Mitglieder der Regierung (Minister oder Departements-Chefs) oder Mitglieder der Stände angeklagt waren. Die Anklage gegen Ständemitglieder konnte von der Regierung oder den Ständen, die Anklage gegen Regierungsmitglieder konnte nur von den Ständen ausgehen[2]). Auch *Baden*[3]) und *Hessen*[4]) erkannten den Ständen das Recht der Ministeranklage zu. Dagegen gab es in keinem süddeutschen Land in der frühkonstitutionellen Zeit eine eigentliche *Verfassungsgerichtsbarkeit*, d. h. *eine gerichtliche Zuständigkeit zur Entscheidung von Verfassungsstreitigkeiten* zwischen den obersten Verfassungsorganen. Erst 1834 suchte der Deutsche Bund, diese Lücke durch Errichtung des Bundesschiedsgerichts zu schließen[5]).

Angesichts der den süddeutschen Kammern zustehenden bedeutenden Kompetenzen ist es, um ein volles Bild zu erhalten, notwendig, sich zu vergegenwärtigen, welche Rechte *nicht* in ihren Wirkungskreis fielen. Sie hatten kein Recht, auf die *Regierungsbildung* einzuwirken; weder ein Vorschlagsrecht noch ein Recht zum Vertrauens- oder Mißtrauensvotum war ihnen eingeräumt. Sie hatten keinen Anteil an der *Auswärtigen Gewalt*; sie nahmen nicht an der Entscheidung über Krieg und Frieden teil, noch hatten sie ein Zustimmungsrecht beim Abschluß von Bündnis- oder sonstigen Staatsverträgen[6]). Die *militärische Kommandogewalt* war gleichfalls dem Zugriff der Stände gänzlich entrückt; über die Aufstellung, Ausbildung, Ausrüstung, die Stärke und den Einsatz des Heeres entschied der Monarch als Oberster Kriegsherr nach den frühkonstitutionellen süddeutschen Verfassungen allein innerhalb der durch die Bundeskriegsverfassung begründeten Verpflichtungen. Auch die *innere Verwaltung* war der ständischen Einwirkung entzogen, soweit nicht Verfassungs- oder Gesetzwidrigkeiten einen Anlaß zu ständischen Beschwerden boten. Schließlich war auch die *Rechtspflege* gemäß der nun anerkannten Unabhängigkeit der Gerichte von jedem Eingriff der Kammern frei. Der Grundsatz der Gewaltenteilung war im Frühkonstitutionalismus in dem Sinn verwirklicht, daß die Kompetenzen der Volksvertretung auf die Legislative beschränkt waren, wohingegen allerdings, wie schon erwähnt, die Exekutive an der Gesetzgebung neben den Kammern beteiligt war. Es war ein System „hinkender Gewaltenteilung", das auf diese Weise in der frühkonstitutionellen Epoche entstand.

§ 21. Die Grundrechte im frühkonstitutionellen Staatsrecht

Die vier süddeutschen Verfassungen beschränkten sich nicht auf die Einräumung und Abgrenzung der Rechte des Volks und der Volksvertretung; sie sicherten zugleich dem Einzelnen einen weiten Bereich persönlicher Rechte, gewährleisteten ihm also eine „staatsfreie Sphäre". Nach dem Vorbild der

---

[1]) Tit. X §§ 5, 6 BayV.
[2]) §§ 195, 199 WürttV.
[3]) § 67 BadV. – Das hier vorgesehene Ausführungsgesetz erging am 5. Oktober 1820 (RegBl. S. 1552).
[4]) Nach Art. 109 Abs. 2 HessV. bildete das Gesetz über die Verantwortlichkeit der Minister und obersten Staatsbeamten vom 5. Juli 1821/8. Januar 1824 „einen integrierenden Teil der Verfassung". (Text: Dokumente Bd. 1 Nr. 57).
[5]) Siehe unten S. 623 f.
[6]) Eine Ausnahme galt für Württemberg (§ 85 d. V.), wo den Kammern ein Zustimmungsrecht für bestimmte Staatsverträge (Gebietsveräußerungen usw.) eingeräumt war.

nordamerikanischen und der französischen Freiheitsgarantien enthielten die süddeutschen Verfassungen, einer Hauptforderung des Liberalismus entsprechend, einen *Katalog von Grundrechten*, die die Stellung der bürgerlichen Gesellschaft im Staat verfassungsmäßig abschirmten. In Bestimmungen über die Staatsangehörigkeit, die Gleichheit vor dem Gesetz, die Freiheit der Person, die Freiheit der Meinung sowie die Freiheit des Eigentums und des Berufs entwickelten sich, in den vier Verfassungen im Wesentlichen übereinstimmend, die Grundformen der modernen bürgerlichen Staats- und Gesellschaftsordnung.

Die gleichen Rechtsprinzipien, die Preußen im Weg der großen Reformgesetzgebung durchgeführt hatte, fanden in den Grundrechtskatalogen der süddeutschen Verfassungen ihren staatsrechtlichen Ausdruck. Der Sinn der Grundrechtsgarantien bestand in dieser Zeit nicht nur und nicht einmal in erster Linie in einer Freiheitssicherung zugunsten des Einzelnen. Vielmehr vollzog sich durch diese Freiheitsverbürgungen ein grundlegender staats- und gesellschaftspolitischer Wandel. Das Verhältnis von Staat und Gesellschaft und das innere Gefüge der Gesellschaft selbst wurde durch diese Freiheitssicherungen neu bestimmt. Die Gewährleistung der Grundrechte hatte in der frühkonstitutionellen Epoche den institutionellen Sinn der Sozialgestaltung; sie war ein Stück der großen Staats- und Sozialreform.

I. Staatsangehörigkeit und Staatsbürgerrecht

Wenn die Rechtsstellung der Einzelnen gegenüber der Staatsgewalt gesichert werden sollte, so war es zunächst erforderlich, feste Normen über den Inhalt, den Erwerb und den Verlust der Staatsangehörigkeit zu schaffen. Solange die Verleihung und die Entziehung der Staatsangehörigkeit in das Ermessen der Behörden gestellt war, war der Einzelne der Staatsgewalt hoffnungslos ausgeantwortet. Zu den Hauptgrundsätzen des süddeutschen Konstitutionalismus gehörte, daß der Einzelne die Staatsangehörigkeit im Regelfall nicht durch Verleihung, sondern durch Geburt erwarb, und zwar gemäß dem in Deutschland entwickelten „jus sanguinis" *durch Abstammung* von Eltern der betreffenden Staatsangehörigkeit, gleichviel auf welchem Territorium die Geburt sich ereignete. Ergänzend gab es neben dem Erwerb der Staatsangehörigkeit durch Geburt die Verleihung der Staatsangehörigkeit *durch Einbürgerung* (Naturalisation) [1]. Auch den Verlust der Staatsangehörigkeit knüpfte das süddeutsche Staatsrecht an eindeutige Tatbestände: den Erwerb einer fremden Staatsangehörigkeit, den Eintritt in fremden Staatsdienst, die Auswanderung („Wegzug"), die Eheschließung einer Inländerin mit einem Ausländer [2]. Die strafweise Entziehung der Staatsangehörigkeit (Ausbürgerung) eines im Inland lebenden eigenen Staatsuntertanen fand nicht mehr statt, da

---

[1] Tit. IV § 1 BayV.; § 19 WürttV.; Art. 13 HessV.

[2] Bayer. Edikt über den Indigenat vom 26. Mai 1818, Beilage I zur Verfassung, § 6; WürttV. §§ 33—35; HessV. Art. 17.

nach gemeindeutschem Staatsrecht im 19. Jahrhundert weder ein Zwang zur Auswanderung noch eine strafrechtliche Landesverweisung mehr zulässig war.

Zu den wesentlichen Rechten, die mit der Staatsangehörigkeit verbunden waren, gehörte das *Staatsbürgerrecht*, d. h. das Recht, der öffentlichen Gewalt vollwertig als Einzelner gegenüberzutreten, etwa durch Teilnahme an Wahlen, durch Ausübung des Beschwerderechts, durch Mitwirkung im Gemeindewesen oder in der Rechtspflege. Dieses Staatsbürgerrecht setzte außer der Staatsangehörigkeit die gesetzliche Volljährigkeit, die Ansässigkeit im Staatsgebiet, bei Neuzugewanderten außerdem den Ablauf von 6 Jahren (in Hessen 3 Jahren) voraus. Das Staatsbürgerrecht ging selbstverständlich mit der Staatsangehörigkeit verloren, unabhängig davon aber noch in zwei Fällen: einmal bei unerlaubter Annahme ausländischer Dienste, Gehalte, Pensionen oder Ehrenzeichen; zum anderen bei „bürgerlichem Tod", d. h. bei der strafgerichtlichen Aberkennung der gesamten bürgerlichen Rechte[1]), also bei einer Strafe, die über die bloße Entziehung der „bürgerlichen Ehrenrechte" hinausging[2]). In Hessen trat der Verlust des Staatsbürgerrechts sogar bei jeder Verurteilung zu peinlicher Strafe ein[3]).

II. Die Gleichheit vor dem Gesetz

Den Grundforderungen der modernen Staatstheorie entsprechend sicherten die süddeutschen Verfassungen die Rechtsstellung des Einzelnen im Staat vor allem durch die Garantie der bürgerlichen Rechtsgleichheit. Die bayerische Verfassung bekannte sich in ihrem Vorspruch zu diesem Prinzip mit der berühmten Doppelformel: *„Gleichheit der Gesetze und vor dem Gesetze."* Damit war nicht nur die Gleichheit der Gesetzanwendung durch Verwaltung und Gerichte, sondern auch die inhaltliche Gleichheit der Gesetze selbst verbrieft. Schon im Frühkonstitutionalismus verpflichtete der Gleichheitssatz, richtig verstanden, nicht nur die Exekutive und die Justiz, sondern auch die gesetzgebende Gewalt.

1. Gleichheitssatz und ständische Privilegierungen

Allerdings waren die süddeutschen Verfassungen trotz dieses Programmsatzes von radikaler Egalität weit entfernt. So gab es nach allen süddeutschen Verfassungen weiterhin besondere Vorrechte des Adels, des besitzenden Bürger- und Bauerntums und der drei christlichen Konfessionen. Der Adel war vor allem durch die besondere Vertretung in der Ersten Kammer, der Besitz war durch die Gestaltung des Wahlrechts für die Zweite Kammer, die drei christlichen Hauptkonfessionen waren durch ihre staatskirchenrechtliche Sonderstellung vielfältig bevorzugt. *Diese dreifache Privilegierung des Geburts-, Besitz- und Bekenntnisstandes gehörte im frühen 19. Jahrhundert zu dem verfassungsmäßigen Vorbehalt, der den Gleichheitssatz begrenzte.*

---

[1]) Bayer. Edikt über den Indigenat §§ 8, 9.
[2]) Die Strafe des bürgerlichen Todes wurde in Bayern abgeschafft durch Gesetz vom 18. November 1849; allgemein wurde sie in Deutschland beseitigt durch das Strafgesetzbuch vom 31. Mai 1870 (Norddt. BGBl. 197).
[3]) Art. 16 HessV.

Die Gleichheit vor dem Gesetz

Dieser Vorbehalt war in Württemberg besonders klar umschrieben mit dem Satz: „Alle Württemberger haben gleiche staatsbürgerliche Rechte, und ebenso sind sie zu gleichen staatsbürgerlichen Pflichten und gleicher Teilnahme an den Staatslasten verbunden, soweit nicht die Verfassung eine ausdrückliche Ausnahme enthält" [1]). Die badische Verfassung besaß eine ähnliche Vorbehaltsklausel [2]). Die hessische Verfassung enthielt einen solchen ausdrücklichen Verfassungsvorbehalt nicht [3]); doch war auch hier außer Zweifel, daß die Verfassung die grundsätzlich anerkannte Rechtsgleichheit durch Einschränkungen der genannten Art durchbrechen konnte. Auch verfassungsändernde Gesetze konnten zusätzliche Besser- oder Schlechterstellungen für bestimmte Gruppen neu einführen.

2. Gleichheitssatz und Gesellschaftsreform

Trotz dieser fortdauernden Rechtsunterschiede waren in den Verfassungen Süddeutschlands wichtige Teile des auf bürgerliche Gleichheit gerichteten Reformprogramms verwirklicht.

a) Alle vier Verfassungen verwarfen die *Leibeigenschaft* (Erbuntertänigkeit, Hörigkeit, Vasallität); sie beseitigten damit endgültig alle Rechtsformen persönlicher Unfreiheit nach dem Vorbild der entsprechenden Edikte der Rheinbundzeit [4]).

b) Der Rechtsgleichheit diente weiter der Grundsatz *gleicher Zulassung aller Staatsangehörigen zu den öffentlichen Ämtern*. Nach der bayerischen Verfassung konnte „jeder Bayer ohne Unterschied" zu allen Zivil-, Militär- und Kirchenämtern gelangen. Nach der württembergischen und ähnlich nach der hessischen Verfassung durfte kein Staatsbürger „wegen seiner Geburt" von irgendeinem Staatsamt ausgeschlossen werden. Die badische Verfassung machte die wichtige Einschränkung: „Alle Staatsbürger der *drei christlichen Konfessionen*" haben gleichen Anspruch auf öffentliche Stellen [5]).

c) Die Verfassungen legten ferner die fast ausnahmslose *Gleichheit der Wehrpflicht* fest [6]); nur zugunsten der mediatisierten standesherrlichen Familien galt nach Art. 14 der Bundesakte eine auch für die Landesverfassungen verbindliche Befreiung. Allerdings räumte das in Süddeutschland eingeführte Konskriptionssystem den Wehrpflichtigen das Recht zum Loskauf ein [7]).

d) Schließlich galt nach den süddeutschen Verfassungen die *Gleichheit der Steuerpflicht*. Ständische Privilegierungen und Exemtionen, auch individuelle Befreiungen fanden nicht mehr statt [8]). Nur wirkte auch hier zugunsten der Mediatisierten die Meistbegünstigungsklausel der Bundesakte (Art. 14), die ihnen zusicherte, die „privilegierteste Klasse ... in Ansehung der Besteuerung" zu sein. Die *Möglichkeit* einer steuerrechtlichen Privilegierung der Mediatisierten war damit bundesrechtlich vorbehalten. Wenn somit die verfassungsrechtlichen Positivierungen des Gleichheitssatzes nicht ohne Durchbrechung waren, so beseitigten sie doch die wichtigsten Hemmungen, die bis dahin der Entwicklung allgemeiner Gleichheit in Staat und Gesellschaft entgegenstanden.

---

[1]) § 21 WürttV.
[2]) § 7 BadV.
[3]) Art. 18 HessV.
[4]) Tit. IV § 6 BayV.; § 25 WürttV.; § 11 BadV.; Art. 25 HessV.
[5]) Tit. IV § 5 BayV.; § 22 WürttV.; § 9 BadV.; Art. 19 HessV.
[6]) Tit. IV § 12 BayV.; § 23 WürttV.; § 10 BadV.; Art. 29 HessV.
[7]) Siehe oben S. 242 ff.
[8]) Tit. IV § 13 BayV.; § 21 WürttV.; § 8 BadV.; Art. 30 HessV.

III. Die Freiheit der Person

Neben dem allgemeinen Gleichheitssatz zählte die Garantie der persönlichen Freiheit zu den großen Errungenschaften der frühkonstitutionellen Zeit. Allerdings blieb die Freiheitsgarantie durch eine Reihe von Schutzvorbehalten zugunsten der Staatssicherheit und des öffentlichen Friedens begrenzt. Es galt als Staats- und Rechtsgrundsatz, daß jede Freiheitsgarantie ihr notwendiges Korrelat in Maßnahmen zum Schutz gegen *Mißbrauch der Freiheit* finden müsse; die angemessene Grenze zwischen legitimem Freiheitsgebrauch und illegitimen Freiheitsmißbrauch zu bestimmen, war schon damals, wie zu allen Zeiten, schwer. Besonders die restaurativen Regierungen wetteiferten darin, durch Maßnahmen, die angeblich dem Mißbrauch der Freiheit steuern sollten, die bürgerliche Freiheit auszuhöhlen. Auch in Süddeutschland kam es wiederholt zu erheblichen Freiheitsbeschränkungen unter der Devise, daß es gelte, den Staat, das Recht und die gesellschaftliche Ordnung gegen die mißbräuchliche Benutzung der Freiheit zu sichern.

1. Der Vorbehalt des Gesetzes

Das wirksamste Mittel der Freiheitsbegrenzung, das schon die süddeutschen Verfassungen benutzten, war der *Vorbehalt des Gesetzes*, d. h. die Form der Verfassungsgarantie, die die Freiheit nur „nach Maßgabe der Gesetze" anerkennt. Der allgemeine Gesetzesvorbehalt tastet die Freiheitsgarantie nicht an, wenn das freiheitsbeschränkende Gesetz wirklich nur der Abwehr des Freiheitsmißbrauchs dient. Doch besteht bei jedem Gesetzesvorbehalt die Gefahr, daß die gesetzlichen Freiheitsbeschränkungen über das notwendige Maß hinausgehen und mit dem Mißbrauch der Freiheit auch die echte Freiheit treffen. Die Hauptsicherung gegen diesen Mißbrauch des Gesetzesvorbehalts bestand in den konstitutionellen Verfassungen darin, daß die gesetzgebende Gewalt in der Hand der dreigliedrigen Legislative (des Monarchen und beider Kammern) lag. Die in das Gesetzgebungsverfahren eingeschaltete gegenseitige Kontrolle der drei Faktoren der Legislative hinderte die Exekutive wie die Volksvertretung, durch einseitige gesetzgeberische Maßnahmen den Gesetzesvorbehalt zu übermäßigen Freiheitsbeschränkungen auszunutzen. Es liegt auf der Hand, daß der Gesetzesvorbehalt weit leichter zum Gesetzesmißbrauch führen kann, wenn die gesetzgebende Gewalt nicht dreigeteilt, sondern in einer Hand vereinigt ist. Im übrigen ist es zu allen Zeiten nur ein schmaler Grat, auf dem die echte Freiheit sich zwischen den Abgründen der Staatsgefährdung durch individuellen Freiheitsmißbrauch und der Freiheitsgefährdung durch staatlichen Gesetzesmißbrauch bewegt.

2. Die einzelnen personalen Freiheitsrechte

a) An der Spitze der Freiheitsgarantien stand in den süddeutschen Verfassungen die Gewährleistung der *Sicherheit der Person*.

Die Freiheit der Person

Die bayerische Verfassung gewährleistete „jedem Einwohner Sicherheit seiner Person"; die württembergische und hessische Verfassung garantierten jedem Bürger die „Freiheit der Person"; in Baden war die „persönliche Freiheit" unter den Schutz der Verfassung gestellt [1]).

b) Diese Sicherungen wirkten sich vor allem als *Schutz gegen willkürliche Verhaftung und Verfolgung* aus. Nur in den gesetzlich bestimmten Fällen und Formen durfte der Einzelne verhaftet, verfolgt und bestraft werden [2]); Verwaltung und Justiz waren beim Vorgehen gegen die persönliche Freiheit an das Gesetz gebunden.

Damit setzte sich im Strafrecht der Grundsatz *„Nullum crimen, nulla poena sine lege"* durch. Die Strafbarkeit einer Handlung mußte im Zeitpunkt der Tat bestimmt sein; rückwirkende Strafgesetze waren verfassungsmäßig ausgeschlossen. Dazu trat die *Garantie des gesetzlichen Richters.* Niemand durfte seinem ordentlichen, d. h. dem durch das Gesetz bestimmten Richter entzogen werden [3]). Eine Straftat durfte zur Aburteilung nicht von dem zuständigen Gericht durch Evokation an ein anderes Gericht oder an eine Verwaltungsbehörde gezogen werden. Die *Kabinettsjustiz,* d. h. jeder politische Machtspruch der Regierung in Justizsachen, und ebenso die *Justizverweigerung,* d. h. die Ablehnung oder Vereitelung eines Richterspruchs im Bereich der richterlichen Zuständigkeiten, waren verboten.

c) Die *Unabhängigkeit der Gerichte* war verfassungsmäßig festgelegt [4]). Die Regierung, die Verwaltungsbehörden, aber auch die Volksvertretung waren nicht befugt, in ein schwebendes Verfahren einzugreifen oder ein rechtskräftig ergangenes Urteil aufzuheben.

Dem Monarchen stand nur das Recht der Begnadigung, nicht aber das der Strafverschärfung zu; auch durfte er sich nicht in eine schwebende Untersuchung oder ein anhängiges Verfahren einmischen. Richter durften wegen der von ihnen ausgesprochenen Erkenntnisse nicht gemaßregelt werden. Nur durch einen Richterspruch, so hob die bayerische Verfassung ausdrücklich hervor, konnte ein Richter seines Amtes enthoben werden. Diese institutionelle Sicherung der unabhängigen, gesetzmäßigen Rechtspflege gehörte zu den stärksten Rechtsgarantien, die der Konstitutionalismus der persönlichen Freiheit bot.

d) Übereinstimmend räumten die süddeutschen Verfassungen jedem Staatsbürger die *Freiheit der Auswanderung* ein.

Bayern gestand verfassungsmäßig die freie Auswanderung allerdings nur in einen „anderen Bundesstaat", d. h. in einen anderen Mitgliedstaat des Deutschen Bundes, zu. Württemberg, Hessen und Baden dagegen erkannten die Auswanderungsfreiheit auch für die Übersiedlung in außerdeutsche Staaten an [5]). Auch dieses Recht zur Emigration war für den Einzelnen ein bedeutender Schutz seiner freiheitlichen Stellung. Bis zu dieser Zeit war die Auswanderung nach den deutschen Territorialgesetzen entweder durch das Erfordernis einer landesherrlichen Erlaubnis oder durch Wegzugssteuern und andere Abgaben oder durch Veräußerungspflichten aufs Stärkste beeinträchtigt. Die Auswanderungsfreiheit innerhalb Deutschlands trug wesentlich zur nationalen Integration auch in Wirtschaft und Verkehr bei. Die Freiheit der Aus-

---

[1]) Tit. IV § 8 BayV.; § 24 WürttV.; § 13 BadV.; Art. 23 HessV.
[2]) Tit. IV § 8 BayV.; § 26 WürttV.; § 15 BadV.; Art. 33 HessV.
[3]) Tit. IV § 8 BayV.; § 26 WürttV.; § 15 BadV.; Art. 31 HessV.
[4]) Tit. VIII § 3 BayV.; § 93 WürttV.; § 14 BadV.; Art. 32 HessV.
[5]) Tit. IV § 14 BayV.; § 32 WürttV.; § 12 BadV.; Art. 24 HessV. Dazu Bundesbeschluß über die Wegzugsfreiheit vom 23. Juli 1817; bad. Verordnung vom 14. August 1817 (RegBl. 1347).

wanderung nach Übersee setzte zahllose Deutsche in den Stand, sich aus den beengten Verhältnissen der Heimat zu lösen und in fremden Ländern eine neue Existenz nach dem Maß ihrer Kräfte zu gewinnen.

IV. Glaubensfreiheit und Meinungsfreiheit

1. Innere und äußere Meinungsfreiheit

Untrennbar verbunden mit der Freiheit der Person waren die Verfassungsnormen, die der Garantie der Freiheit des Denkens und Glaubens galten. Zu ihr gehörte im 19. Jahrhundert, wie in allen freiheitlich gesinnten Zeiten, ein Doppeltes: die *freie Meinungsbildung* und die *freie Meinungsäußerung*. Offenkundig steht beides in wechselseitigem Zusammenhang. *Die Meinungskundgabe ist nur wirklich frei, wenn es sich um die Äußerung einer freigebildeten Meinung handelt; die Freiheit der Meinungsbildung wiederum setzt voraus, daß die Meinung sich im Austausch und Widerstreit offen geäußerter Anschauungen formt.* Derselbe Zusammenhang des Denkens und Bekundens besteht im religiösen Bereich, in dem *Glaubensfreiheit* und *Bekenntnisfreiheit* sich wechselseitig bedingen.

Noch in einem weiteren Sinn meint der Begriff „Meinungsfreiheit" zweierlei: er bezieht sich auf die Freiheit der *individuellen Meinung* wie auf die der *öffentlichen Meinung;* eines ist ohne das andere nicht denkbar. Denn die Meinung des Einzelnen ist in Bildung und Äußerung nur frei, wenn sie sich im Bereich des Öffentlichen kundzutun vermag, womit die Einzelmeinung zum Element der öffentlichen Meinung wird. Ebenso aber kann sich „öffentliche Meinung" nur in der Integration einer Vielzahl freier Einzelmeinungen formen; die von oben manipulierte, „gelenkte" Meinung ist keine öffentliche Meinung mehr. Die dem konstitutionellen Staatsrecht eigentümliche Garantie der Meinungsfreiheit betraf daher nicht nur die Einzelmeinung, sondern auch die öffentliche Meinung; sie hatte von Beginn an nicht nur den Sinn eines allein dem Individuum zugeteilten Freiheitsrechts, sondern auch den einer das Gesellschaftsganze betreffenden institutionellen Garantie des *Rechts der freien öffentlichen Meinung.*

Die *Kernfrage der Meinungsfreiheit* ist, ob Freiheit nur für die Wahrheit oder auch für den Irrtum gewährt werden soll. Wird die Meinungsfreiheit auf die Freiheitsgewähr für die „Wahrheit" beschränkt, so ergibt sich daraus die Vollmacht des Staates zur Unterdrückung des „Irrtums". Es bedarf dann einer staatlichen Instanz, die verbindlich entscheidet, was vor dem Recht als Wahrheit und was als Irrtum zu gelten hat. Freiheitsfeindliche Systeme bedienen sich in der Regel des Arguments, daß durch Autorität die Grenze zwischen Wahrheit und Irrtum bestimmt werden müsse, damit nur die „Wahrheit", nicht auch der „Irrtum" Freiheit genieße. Wer autoritativ entscheiden kann, was „Wahrheit" ist, kommt leicht zu der Sentenz: „Keine Freiheit für die Feinde der Wahrheit!" Auch der konservative Widerstand gegen die Meinungsfreiheit im frühen 19. Jahrhundert stützte sich auf die Erwägung, daß es ein „Verrat an der Wahrheit" sei, wenn ihren Gegnern ein Grundrecht auf „Irrtum" und „Lüge" eingeräumt werde. In diesem Sinn wandte sich nicht nur *Metternich*, sondern auch *Goethe* gegen den „Unfug der Preßfreiheit" [1]. Auch die Verfassungen, die die Preßfreiheit anerkannten, ließen doch Gesetze gegen ihren „Mißbrauch" zu [2]. Die fortschrittlich Gesinnten aber bestritten die Legitimation irgendeiner Instanz, vornehmlich auch die des Staates, ein Urteil in dem immerwährenden Prozeß zwischen Wahrheit und Irrtum zu fällen. Meinungsfreiheit war für sie gleichbedeutend mit *Überzeugungsfreiheit* [3], die zwar der Entfaltung der Wahrheit dienen soll, aber ausschließt, daß durch Entscheidung von oben bestimmt wird, welche Überzeugung objektiv wahr und welche objektiv falsch ist. Echte Meinungsfreiheit besteht nur, wo im freien Widerstreit der Überzeugungen das Wahre gefunden werden kann. Zur Meinungsfreiheit gehört daher die *Diskussionsfreiheit*; im freien Kampf der Überzeugungen und Argumente soll der Irrtum widerlegt, er soll nicht durch Autorität unterdrückt werden. Überzeugungs- und Diskussionsfreiheit gehörten im 19. Jahrhundert nicht nur zu den institutionellen Elementen des sich entwickelnden parlamentarischen Betriebs, sondern zur gesellschaftlichen Ordnung überhaupt. Die Meinungsfreiheit in diesem Sinn war wesentlich auch Freiheit für den Zweifel und für den Irrtum, und zwar gleichermaßen in Religion, Politik, Lehre, Forschung und Kunst, da es ohne das Wagnis des Irrens den Zugang zum Wahren nicht gibt. Es gehört zu den großen Paradoxien des Geistes, daß Freiheit für die Wahrheit ohne Freiheit für den Irrtum nicht möglich ist.

2. Der frühkonstitutionelle Schutz der Gewissens- und der Pressefreiheit

a) Wenngleich die vier süddeutschen Verfassungen von der Garantie radikaler Meinungsfreiheit weit entfernt waren, so legten sie doch den Grund, auf dem allseitige Freiheit der Meinung sich nach und nach entfalten konnte. In erster Linie verbürgten sie die *religiöse Gewissensfreiheit*.

Nach der bayerischen Verfassung war jeder Religion die einfache Hausandacht zugesichert; auch wer einem der christlichen Bekenntnisse nicht angehörte, hatte „vollkommene Gewissensfreiheit" und war nur in den staatsbürgerlichen Rechten bestimmten Beschränkungen unterworfen. Entsprechende Sicherungen der Gewissensfreiheit enthielten die drei anderen süddeutschen Verfassungen [4]. Wenn damit auch ein gewisser Vorzug für die Angehörigen der christlichen Konfessionen aufrechterhalten blieb, so war nun doch die Freiheit des Glaubens der Andersdenkenden nicht länger angetastet [5].

---

[1] „Gespräche mit Eckermann" (27. März 1831).
[2] Siehe unten 358.
[3] Siehe unten S. 711 ff.
[4] Tit. IV § 9 BayV.; § 27 WürttV.; § 18 BadV.; Art. 22 HessV.
[5] Über die sonstigen Grundsätze des in den süddeutschen Verfassungen entwickelten Staatskirchenrechts siehe unten S. 392 ff.

b) Im weltlichen Bereich war das wichtigste Institut der Meinungsfreiheit im 19. Jahrhundert die *Freiheit der Presse*, zu der nicht nur die Freiheit des Zeitungs-, Zeitschriften- und Buchwesens, sondern überhaupt jede Äußerung und Verbreitung von Gedankeninhalten mittels der Druckerpresse oder einer anderen Vervielfältigungstechnik gehört.

Die bayerische Verfassung bestimmte: „Die Freiheit der Presse und des Buchhandels ist nach den Bestimmungen des hierüber erlassenen besonderen Edikts gesichert"[1]). Dies war eine typische Verfassungsgarantie unter Gesetzes-Vorbehalt. Gewährleister war die Pressefreiheit zwar im Grundsatz; doch ließ die erwähnte Vorschrift beliebige Beschränkungen im Ausführungsgesetz zu. Man hat Garantien dieser Art später als „leerlaufend" bezeichnet; im 19. Jahrhundert waren sie jedoch, wie schon gesagt, insofern nicht inhaltslos, als die Dreigliederung der Gesetzgebungsfaktoren einen Schutz gegen allzu tiefe Eingriffe in die gewährleistete Freiheit bot. Auch das in Bayern zugleich mit der Verfassung und daher noch einseitig vom König erlassene *Edikt über die Freiheit der Presse* von 1818[2]) schuf wenigstens insofern ein Stück wirklicher Preßfreiheit, als es die Vorzensur auf die politische Literatur beschränkte und sich im übrigen mit der Nachzensur begnügte. In *Württemberg* war bestimmt: „Die Freiheit der Presse und des Buchhandels findet in ihrem vollen Umfange statt, jedoch unter Beobachtung der gegen den Mißbrauch bestehenden oder künftig zu erlassenden Gesetze"[3]). In *Hessen* galt eine damit fast wörtlich übereinstimmende Verfassungsnorm[4]). Als Abwehr des „Mißbrauchs" der Preßfreiheit konnte allerdings jede Art von Zensur gesetzlich eingeführt werden. *Baden* beschränkte sich zunächst auf die Vorschrift: „Die Preßfreiheit wird nach den künftigen Bestimmungen der Bundesversammlung gehandhabt werden"[5]), erließ dann aber später ein besonders weitgehendes freiheitliches Preßgesetz[6]). Auf die Maßnahmen des Deutschen Bundes, die auf die Beschränkung der Preßfreiheit zielten, wird noch einzugehen sein[7]).

V. Eigentumsfreiheit und Berufsfreiheit

Zu den wesentlichen Freiheitsgarantien der frühkonstitutionellen Epoche gehörten schließlich die Verbürgungen, die der wirtschaftlichen Stellung des Einzelnen galten. Sollte die individuelle Freiheit gegenüber der Staatsgewalt gewährleistet sein, so bedurften das *Eigentum* wie die *Berufsausübung* einer zuverlässigen Abschirmung gegenüber der Staatsgewalt. Im alten Polizeistaat war das Eigentum vermöge des jus eminens des Landesherrn, die Berufsausübung durch die Vielzahl merkantilistischer Beschränkungen und Privilegierungen der staatshoheitlichen Bestimmungsgewalt vollständig unterworfen. Wie die preußische Reformgesetzgebung so brach auch die süddeutsche Verfassungsgesetzgebung gerade in dieser Hinsicht mit der überlieferten Ordnung, um Raum für das freie Spiel der Kräfte in einer auf Wettbewerb gegründeten Wirtschaftsordnung zu schaffen.

---

[1]) Tit. IV § 11 BayV.
[2]) Beilage III zur Verfassung.
[3]) § 28 WürttV.
[4]) Art. 35 HessV.
[5]) § 17 BadV.
[6]) Siehe unten S. 602.
[7]) Siehe unten S. 742 ff.

Eigentumsfreiheit und Berufsfreiheit

1. Die Garantie des Privateigentums

In erster Linie begründete die *Eigentumsgarantie* dieses neue System eigenverantwortlichen Schaffens. Sie war die Grundbedingung des bald machtvoll entfalteten Handels- und Industriesystems des bürgerlichen Kapitalismus. Die freie Eigentumsverfassung wurde zum Kernstück der modernen Wirtschaftsverfassung. Die hier gefällte verfassungsrechtliche Grundentscheidung führte zugleich zu einem unvergleichlichen wirtschaftlichen Aufschwung wie zu schweren sozialen Schäden. Da die Eigentumsgarantie nicht zwischen beweglichem und Grundbesitz, zwischen Finanz- und Sachvermögen, zwischen Eigentum an Konsumgütern und Produktionsmitteln, zwischen Groß- und Kleinbesitz, zwischen agrarischem und gewerblichem Besitz unterschied, bereitete sie, im übrigen im Einklang mit der die Privatrechtswissenschaft nun beherrschenden Pandektistik wie mit der Wirtschaftstheorie des klassischen Liberalismus, die Nivellierung und Formalisierung des Eigentumsbegriffs vor, unter dessen Decke sich eine außerordentliche Eigentumsumschichtung vollzog. Im Prozeß der Kapitalakkumulation bildeten sich neue wirtschaftliche Machtstellungen, die den Schutz der Eigentumsgarantie erlangten, während es gegen die Zerstörung des dem Wettbewerb nicht gewachsenen mittelständischen und kleinen Besitzes keine staatliche Sicherung gab. Im Zeichen der Rechtsgleichheit entwickelte sich in der Eigentumsverfassung so ein hohes Maß faktischer Ungleichheit, die bald zum sozialen Protest der proletarisierten Massen wie der gefährdeten Mittelklasse gegen die neue Ordnung führen sollte.

Die Garantie des Eigentums fand sich in den vier süddeutschen Verfassungen in etwa dem gleichen Sinn. *Bayern* gewährleistete jedem Einwohner „Sicherheit seines Eigentums und seiner Rechte". In *Württemberg* und *Hessen* sagte die Verfassung jedem Bürger „Freiheit des Eigentums" zu. In *Baden* war das Eigentum unter den Schutz der Verfassung gestellt[1]). Zu diesem Eigentumsschutz gehörte vor allem die *Sicherung gegen Enteignung*. Die Entziehung des Eigentums für öffentliche Zwecke war nach den Verfassungen nur zulässig auf Grund einer förmlichen Entscheidung der obersten Staatsbehörde und nur nach vorgängiger *Entschädigung*[2]). Württemberg ließ darüber hinaus für den Streit über die Höhe der Entschädigung den *ordentlichen Rechtsweg* zu. Die *Eigentumskonfiskation*, also die strafweise Entziehung des Vermögens, wurde abgeschafft[3]). Bayern allein gestattete sie hinfort noch als qualifizierte Strafe bei Desertion; dagegen wurde auch hier die Konfiskation als Strafe für Hoch- und Landesverrat, für welche Delikte sie bisher allgemein gegolten hatte[4]), ausgeschlossen. Auch bei der strafweisen Entziehung des Staatsbürgerrechts[5]) durfte sie nicht angewandt werden. Mit der Entschädigungsgarantie bei der Enteignung und dem Konfiskationsverbot wurde in den süddeutschen Verfassungen das hohe Maß des Eigentumsschutzes erreicht, das bis zur Gegenwart für rechtsstaatliche Ordnungen kennzeichnend geblieben ist.

[1]) Tit. IV § 8 BayV.; § 24 WürttV.; § 13 BadV.; Art. 23 HessV.

[2]) Tit. IV § 8 BayV.; § 30 WürttV.; § 14 BadV.; Art. 27 HessV.

[3]) Tit. VIII § 6 BayV.; § 98 WürttV.; § 16 BadV.; Art. 105 HessV.

[4]) In Preußen verhängte das Kriegsgericht 1808 gegen den Obersten v. Ingersleben wegen der Kapitulation von Küstrin zunächst neben der Todesstrafe auch die Strafe der Konfiskation, die dann aber aufgehoben wurde, weil kein Fall von Verrat vorgelegen habe (siehe oben S. 233). 1813 sprach das französische Kriegsgericht in Wesel die Strafe der Konfiskation gegen den Grafen v. Bentinck wegen Hochverrats (gegen Frankreich) aus (siehe unten S. 770).

[5]) Siehe oben S. 352.

2. Die Freiheit der Berufswahl

Dagegen bekannte keine der vier süddeutschen Verfassungen sich zum Prinzip der *Gewerbefreiheit*. Von den Theorien der englischen Nationalökonomie war man in Süddeutschland wesentlich weiter als in Norddeutschland entfernt. Das bayerische Gewerbegesetz von 1825 hob zwar das Zunftwesen auf, ging aber nicht zur Gewerbefreiheit, sondern zum Konzessionssystem über. Die Verleihung von Gewerbebefugnissen lag nun nicht mehr bei den Zünften, sondern ausschließlich bei den staatlichen Behörden. An die Stelle des Wirtschaftskorporativismus trat also hier zunächst einmal der Wirtschaftsetatismus. Der Württemberger *Friedrich List*, der für die Gewerbefreiheit eintrat, war in Süddeutschland ein Einzelgänger, dem das Unverständnis seiner Regierung zum Verhängnis wurde [1]). Der Badener *Nebenius*, der fortschrittlichste unter den im Staatsamt stehenden süddeutschen Wirtschaftspolitikern [2]), wich in der von ihm entworfenen Verfassung dem Problem der Gewerbefreiheit und des Freihandels vorsichtig aus. Mit dem Verharren in einer überlebten Wirtschaftsverfassung unterschieden die süddeutschen Staaten sich von Preußen, das den Übergang zur Gewerbefreiheit vollzogen hatte [3]). Dieser wirtschaftsverfassungsrechtliche Gegensatz gehörte mit zu den Hemmnissen, die der deutschen Zoll- und Handelseinheit im Wege standen.

Lediglich die *Freiheit der Berufswahl* erkannten die württembergische und die hessische Verfassung an: „Jeder hat das Recht, seinen Stand und sein Gewerbe nach eigener Neigung zu wählen und sich dazu im In- und Ausland auszubilden, mithin auch auswärtige Bildungsanstalten in Gemäßheit der gesetzlichen Vorschriften zu besuchen" [4]). Damit gewährten diese Länder im Prinzip auch die *akademische Freizügigkeit*, um deren Aufnahme in die Bundesakte die preußischen Reformer sich vergeblich bemüht hatten. Im übrigen aber war *Freiheit der Berufswahl* nicht identisch mit *Freiheit der Berufsausübung*. Die Garantie der freien Berufswahl schloß daher das Konzessionssystem nicht aus.

§ 22. Die ersten süddeutschen Verfassungskämpfe

I. Verfassungskämpfe in Bayern

1. Das Ministerium Rechberg-Lerchenfeld

Der Sturz des Ministeriums Montgelas ging wesentlich auf den politischen Einfluß des Feldmarschalls *Fürst Wrede* zurück, dem Bayern den rechtzeitigen Anschluß an die Verbündeten (1813) und die energische Vertretung seiner Interessen auf dem Wiener Kongreß (1814/15) zu danken hatte. Wrede, der sich auch um den schnellen Abschluß der Verfassung (1818) verdient machte, trat als Präsident an die Spitze der Kammer der Reichsräte (der Ersten Kammer)

---

[1]) Siehe unten S. 384 ff.
[2]) Siehe unten S. 374 f.
[3]) Siehe oben S. 203 ff.
[4]) § 29 WürttV.; dazu auch § 31 ebenda. Ähnlich Art. 36 HessV.

und gehörte als Minister ohne Portefeuille zum Kabinett. Von dieser Doppel-
position aus wirkte er ständig auf die politische Leitung des bayerischen
Staates ein.

In der nach Montgelas' Sturz (1817) gebildeten Regierung waren zunächst
ausschlaggebend der Außenminister *Graf Rechberg*, der Innenminister *Graf
Thürheim* und der Finanzminister *Frh. v. Lerchenfeld.* Neben ihnen hatte
der Generaldirektor im Innenministerium *Frh. v. Zentner* eine bedeutende
Stellung inne; er gehörte seit 1820 dem Kabinett im Rang eines Staatsministers
an. Innerhalb der Regierung bildeten sich bald zwei Parteien. Die reaktionäre Ministergruppe, zu der Rechberg und Thürheim zählten, trug sich ständig
mit dem Plan eines Staatsstreiches; sie wollte die Verfassung gewaltsam beseitigen und zu einem absolutistisch-ständischen System zurückkehren. Wrede,
Lerchenfeld und Zentner bildeten die Gruppe der Verfassungsfreunde; ohne
sich liberalen Anschauungen hinzugeben, verteidigten sie doch das konstitutionelle System gegen die Anschläge der Konfliktspartei.

Karl Philipp Fürst Wrede (1767—1838) entstammte einem westfälischen Freiherrn-
geschlecht; der Großvater und der Vater standen in kurpfälzischem Dienst. Der junge
Wrede studierte in seiner Geburtsstadt Heidelberg Rechtswissenschaft; schon mit
18 Jahren (1785) wurde er Hofgerichtsrat; seit 1786 stand er im Dienst beim Oberamt
Heidelberg. Im ersten Koalitionskrieg war er kurpfälzischer Zivilkommissar zunächst
beim Korps Hohenlohe, dann bei der Armee Wurmser; mit dem Friedensschluß
(1797) trat er in den Zivildienst zurück. Beim Ausbruch des zweiten Koalitionskriegs
ging er in den Militärdienst über; als Oberst trat er an die Spitze eines kurpfälzischen
Freiwilligenkorps; das militärische Handwerk, das ihm bis dahin ganzlich unvertraut
war, erlernte er im Feld. Nach dem Frieden von Lunéville (1801) arbeitete er an der
Reorganisation der bayerischen Armee mit; 1804 wurde er Generalleutnant. Er
kämpfte 1805 gegen die Österreicher, 1807 gegen die Preußen und Russen, 1809 gegen
die Tiroler; 1812 stand er erneut an der Spitze der bayerischen Truppen gegen Rußland im Krieg. Als Oberbefehlshaber des bayerischen Korps setzte er 1813 gegen Montgelas den Übertritt Bayerns auf die Seite der Verbündeten durch. Er unterzeichnete
den Vertrag von Ried [1]) und vertrat Bayern auf dem Wiener Kongreß [2]). Nach dem
Sturz von Montgelas (1817) gehörte er als Präsident der Kammer der Reichsräte zu der verfassungstreuen Partei. Doch trat er
den radikalen Forderungen der Zweiten Kammer, soweit sie die Militärverfassung
betrafen, scharf entgegen [3]). 1822—29 war er Generalissimus der bayerischen Armee.
Nach dem „Hambacher Fest" (1832) wurde er als „außerordentlicher Hofcommissär"
mit Truppen in die Pfalz abgeordnet; durch ein strenges Militär- und Polizeiregiment
stellte er die öffentliche Sicherheit und Ordnung wieder her (siehe Bd. II S. 148 f.).
Er übte damit die Funktionen eines *Militärbefehlshabers im Belagerungszustand* aus; die
pfälzischen Liberalen nannten ihn „Bayerns Alba", gewiß ein Unrecht an dem bewähr-
ten Gegner des Rechberg'schen Staatsstreichplans.

Alois Graf v. Rechberg-Rothenlöwen (1766—1849) begann seine Laufbahn als
pfalz-zweibrückischer Comitialgesandter am Regensburger Reichstag; 1798/99 vertrat
er den Kurfürsten Max Joseph auf dem Rastatter Kongreß. Er war dann bayerischer
Gesandter in Petersburg (1799), Berlin (1800), Regensburg (1801—06) und Wien
(1806—15); auf dem Wiener Kongreß (1814/15) war er zweiter bayerischer Vertreter
(neben Wrede). 1816 war er bayerischer Bundestagsgesandter in Frankfurt. 1817 übernahm er als Nachfolger Montgelas' das Amt des bayerischen Außenministers, das er

---

[1]) Siehe unten S. 494.
[2]) Siehe unten S. 547 Anm. 1.
[3]) Siehe unten S. 366.

bis 1825 innehatte. In seine Amtszeit fielen der Abschluß des Konkordats [1]), der Erlaß der Verfassung [2]) und die Karlsbader Beschlüsse [3]), denen er lebhaft zustimmte. 1819 und 1822 trug er sich als Führer der reaktionären Ministergruppe mit ernsthaften Staatsstreichplänen [4]). Nach seiner Entlassung (28. Oktober 1825) lebte er wechselnd auf seinen württembergischen Gütern und in München.

Max Frh. v. Lerchenfeld (1778—1843) entstammte einer altbayerischen Adelsfamilie. Nach dem Studium der Rechtswissenschaften trat er 1803 in den inneren Verwaltungsdienst, wobei er durchweg mit der Eingliederung neuerworbener Gebiete beschäftigt war, so in Ulm (1803), in Ansbach (1808), in Nürnberg (1809), in Innsbruck (1810—13) und in Würzburg (1814—17). Nach dem Sturz der Regierung Montgelas wurde er 1817 Finanzminister im Kabinett Rechberg. Er ordnete den Staatshaushalt und das Staatsschuldenwesen, trat bei den Konkordatsverhandlungen für die Wahrung der staatlichen Rechte ein und nahm wesentlichen Anteil an dem Erlaß der Verfassung und des Religionsedikts. Mit Wrede und Zentner bekämpfte er die Staatsstreichpläne Rechbergs. Bei der Verkündung der von Rechberg befürworteten Karlsbader Beschlüsse setzte Lerchenfeld den Zusatz durch, daß diese in Bayern nur Geltung erlangen sollten, soweit sie mit der Unabhängigkeit der Krone und den verfassungsmäßigen Rechten der Untertanen nicht in Widerspruch stünden [5]). Auch erreichte Lerchenfeld, daß nicht Rechberg, sondern Zentner als bayerischer Vertreter zu den Wiener Konferenzen entsandt wurde [6]). Nach dem Regierungswechsel von 1825 verlor Lerchenfeld zwar sein Ministerium [7]). Doch wurde er in bedeutenden Stellungen weiter verwendet. Er war zunächst Bundestagsgesandter (1825—33), dann erneut Finanzminister (1833—34), darauf Gesandter in Wien (1835—42) und schließlich wieder Bundestagsgesandter (1842—43) bis zu seinem Tod.

Georg Friedrich v. Zentner (1752—1835) war bürgerlicher Herkunft; er wurde 1792 geadelt; seit 1819 war er Freiherr. Nach dem Studium der Rechte war er 1777—97 Professor des Staatsrechts an der Universität Heidelberg. Er nahm 1797 als Legationsrat der kurbayerischen Gesandtschaft am Rastatter Kongreß teil und trat 1799 ganz in den bayerischen Verwaltungsdienst über, zunächst als Geheimer Referendär beim geistlichen Departement, bald auch beim auswärtigen Departement in München. Unter Montgelas verfaßte er 1802 die Instruktion über die Aufhebung der Klöster. Seit 1808 war er Leiter der Sektion für das Unterrichtswesen im Innenministerium; 1817 stieg er zum Generaldirektor im Innenministerium auf. Als solcher hatte er den entscheidenden Anteil an der Ausarbeitung der Verfassung [8]). Als Angehöriger der verfassungstreuen Gruppe innerhalb der Regierung vertrat er Bayern auf den Wiener Ministerkonferenzen 1819/20, deren Ergebnis die Wiener Schlußakte war. Seit 1820 stand er im Rang eines Staatsministers; 1823 wurde er Justizminister; er blieb auch nach dem Regierungswechsel von 1825 in diesem Amt; 1827 wurde er außerdem Minister des Auswärtigen. 1831 trat er in den Ruhestand. Er ist ein bedeutendes Beispiel für den Typus des Staatsrechtslehrers, der die aktive Wirksamkeit im Staatsdienst der akademischen Forschung und Lehre vorzieht.

2. Der bayerische Frühliberalismus

Schon bald, nachdem der erste bayerische Landtag am 5. Februar 1819 zusammengetreten war, kam es zu den ersten Krisen im Gefüge des kon-

---

[1]) Siehe unten S. 422.
[2]) Siehe oben S. 322.
[3]) Siehe unten S. 732 ff.
[4]) Siehe unten S. 367, 368.
[5]) Siehe unten S. 738.
[6]) Siehe unten S. 753 Anm. 2.
[7]) Siehe unten S. 369.
[8]) Siehe oben S. 322.

stitutionellen Systems. In der Zweiten Kammer Bayerns gab es anfangs noch keine deutlich profilierten politischen Parteien. Eher waren landsmannschaftliche Zusammenschlüsse sichtbar; so setzten etwa die Abgeordneten Mainfrankens oder die der ehemals preußischen Markgrafschaften Ansbach und Bayreuth sich gegen die Vorherrschaft Altbayerns zur Wehr. Auch die ersten Wortführer des bayerischen Liberalismus kamen aus mainfränkischem Gebiet; der Bamberger Bürgermeister *v. Hornthal*, ein redebegabter, scharfsinniger, radikaler Parlamentarier, und der Würzburger Professor *Behr*, ebenfalls bald Bürgermeister seiner Stadt. Unter ihrer Führung entwickelte sich in der Kammer die liberale Opposition gegen die Regierung, obwohl diese seit Montgelas' Entlassung zunächst von maßvoll reformfreundlicher Haltung war.

Das erste Anliegen der Liberalen war, der Kammer die *Gesetzesinitiative* zu verschaffen, die die Verfassung ihr vorenthielt. Sie bestürmten den König mit Gesetzes-Petitionen, indem sie ihm förmliche Gesetzentwürfe mit der Bitte vorlegten, sie durch die Regierung beim Landtag einbringen zu lassen; auf diesem Umweg suchten sie das Petitionsrecht praktisch als Initiativrecht zu handhaben. Nachdrücklich forderte die Kammer sodann die *Reform der Rechtspflege*, indem sie sich, liberalen Grundsätzen gemäß, für die Öffentlichkeit des Gerichtsverfahrens und für Schwurgerichte einsetzte. In beiden Einrichtungen sahen die fortschrittlich Denkenden die Garantie einer freiheitlich-volkstümlichen Rechtspflege. Daß die Unabhängigkeit der Rechtspflege auch dadurch gefährdet werden kann, daß die Laienrichter, die in den Schwurgerichten allein über den Schuldspruch entscheiden, in Abhängigkeit von der „öffentlichen Meinung" geraten, wurde bei diesen Bestrebungen noch nicht bedacht.

Franz Ludwig v. Hornthal (1765–1833; geadelt 1815), war Advokat in Bamberg, dann Polizeidirektor in Nürnberg; in seiner Schrift über den Art. 13 der Bundesakte setzte er sich für weitgehende landständische Rechte in dem vom Bunde vorgeschriebenen Landesverfassungen ein[1]. Er wurde zum Bürgermeister von Bamberg und zum Abgeordneten der Zweiten Kammer gewählt; in ihr lenkte er durch den Vorstoß für den Verfassungseid des Heeres und durch eine Petition gegen die Karlsbader Beschlüsse die Aufmerksamkeit auf sich. Aufsehen erregte auch eine weitere Schrift Hornthals, in der er die Intervention der Heiligen Allianz in Spanien bekämpfte[2]. Die Schrift war in ironischer Absicht dem Bundestag gewidmet; das hatte einen Bundesbeschluß zur Folge, der ungenehmigte Widmungen an die Frankfurter Versammlung verbot. In den bayerischen Landtag von 1825 wurde Hornthal nicht mehr gewählt; 1831 dagegen errang er erneut ein Mandat, dessen Ausübung die Regierung ihm jedoch vermöge einer Verfügung, die Beamten den Eintritt in die Kammer nur bei ausdrücklicher Erlaubnis gestattete, zunächst verwehrte. Als oppositioneller Schriftsteller trat Hornthal noch wiederholt an die Öffentlichkeit, so mit einer Schrift über die Neutralität Deutschlands gegenüber der Julirevolution und mit einem Bericht über die Zweite Kammer von 1831. Seit 1837 gehörte Hornthal der Kammer wieder an.

Wilhelm Josef Behr (1775–1851) studierte Rechtswissenschaften und war 1799 bis 1821 Professor des Staatsrechts an der Universität Würzburg[3]. Als Vertreter der

---

[1] *Hornthal*, Schreiben an Dabelow, den 13. Artikel betreffend (1815).

[2] *Ders.*, Werden die deutschen Bundesfürsten überhaupt, insbes. die constitutionellen, an einem feindlichen Einfalle wider Spanien Theil nehmen? (1823).

[3] *Behr* ist der Verfasser zahlreicher wissenschaftlicher Werke; es seien genannt: System der Allgemeinen Staatslehre (1804); System der angewandten Allg. Staatslehre

Universität kam er 1819 in die Erste Kammer; als entschiedener Liberaler gesellte er sich dort zur Opposition. Im Zug der mit den Karlsbader Beschlüssen einsetzenden Demagogenverfolgung ordnete die Regierung die polizeiliche Überwachung der Vorlesungstätigkeit Behrs an. 1821 wurde er zum Bürgermeister von Würzburg gewählt; er behielt zwar Titel und Gehalt eines Professors, erlangte aber die Erlaubnis, seine Vorlesungen fortzusetzen, nicht; auch seinen Sitz in der Ersten Kammer büßte er ein. Wiederholt wurde er in die Zweite Kammer gewählt; aber die Regierung versagte ihm die Erlaubnis zum Eintritt in den Landtag. Behr ließ sich dadurch vollends in den Radikalismus treiben. Auf dem liberalen „Constitutionsfest" in Gaibach (27. Mai 1832) hielt er eine Rede, die die Polizei als aufrührerisch empfand. Behr kam in mehrjährige Untersuchungshaft und wurde 1836 wegen fortgesetzten versuchten Hochverrats zu Festungsstrafe auf unbestimmte Zeit und Abbitte vor dem Bildnis des Königs verurteilt. 1839 wurde er aus der Haft entlassen; doch wurde ihm Zwangsaufenthalt zunächst in Passau, dann in Regensburg auferlegt. 1847 wurde ihm die Rückkehr nach Würzburg gestattet; aber erst die Amnestie vom 6. März 1848 gab ihm die volle Freiheit zurück. Er war Abgeordneter der Frankfurter Nationalversammlung für den Wahlkreis Kronach; doch hatte die lange Strafe ihn zermürbt, so daß er in der Paulskirche, zu deren ältesten Mitgliedern er gehörte, bald in den Hintergrund trat.

3. Konflikte um die Heeresverfassung

Zum ersten großen Konflikt zwischen der Regierung und der liberalen Opposition kam es über Fragen der Heeresverfassung, die bald zu einem Kernproblem des ganzen deutschen Konstitutionalismus werden sollten, nämlich über der Frage nach dem Verfassungseid der Armee und der Frage nach der Kammerzuständigkeit für das Militärbudget.

a) Der Streit um den Fahneneid

Es war der Abgeordnete v. Hornthal, der in der bayerischen Kammer zuerst die *Vereidigung des Heeres auf die Verfassung* forderte. Die bayerische Verfassung kannte viele Formen des Verfassungseids; der König und der Regent, die Abgeordneten, die Minister, die sonstigen „Staatsdiener" sowie die Staatsbürger hatten den Eid auf die Verfassung zu leisten. Für das Heer dagegen war der Verfassungseid nicht vorgeschrieben. Denn unter „Staatsdienern" (Tit. X § 3) verstand die Verfassung nur die Beamten des Zivildienstes, nicht die Offiziere, Unteroffiziere und Mannschaften des Heeres, die vielmehr nur den *Fahneneid*, den Treu- und Gehorsamseid auf den König als den Kriegsherrn, abzulegen hatten. Hornthal allerdings wollte den Begriff „Staatsdiener" auf die Angehörigen der Armee ausgedehnt wissen; er meinte also, daß schon nach der Verfassung selbst der militärische Verfassungseid vorgeschrieben sei, eine Auslegung, die jedoch dem Sinn des Tit. X § 3 nicht entsprach.

oder Staatskunst (1810); Neuer Abriß der Staatswissenschaftslehre (1816); Von den rechtlichen Grenzen der Einwirkung des Deutschen Bundes auf die Verfassung, Gesetzgebung und Rechtspflege seiner Gliedstaaten (1820; gegen die Karlsbader Beschlüsse gerichtet).

Die durch Hornthals Vorstoß aufgeworfene Frage rührte an den Kern der Heeres- wie der Staatsverfassung; in immer neuen Abwandlungen hat sich seitdem das gleiche Verfassungsproblem in Deutschland gestellt. Wird die Armee nur durch einen *einfachen Fahneneid* gebunden, so ist sie ausschließlich dem Inhaber der obersten Kommandogewalt zu Treue und Gehorsam verpflichtet. Sie kann die an sie gerichteten militärischen Befehle nicht auf die Verfassungsmäßigkeit prüfen. Auch Befehlen, deren Verfassungsmäßigkeit zweifelhaft ist, ist sie vorbehaltlos unterworfen. In einem Verfassungskonflikt steht die Armee dem obersten Befehlshaber auf Grund ihrer unbedingten Treue- und Gehorsamspflicht rückhaltlos zur Verfügung. Bei einem *doppelten Fahneneid* dagegen, der sowohl die Treue- und Gehorsamspflicht gegenüber dem Kriegsherrn als auch die Treuepflicht gegenüber der Verfassung umschließt, ergibt sich im Verfassungskonflikt eine Pflichtenkollision der Armee. Sie steht vor der Frage, welcher der beiden Teile des Fahneneids sie stärker bindet, der Eid auf den Kriegsherrn oder der Eid auf die Verfassung. Es liegt nahe, den Verfassungseid als einen dem Gehorsamseid hinzugesetzten Vorbehalt zu verstehen; die Pflicht zur Verfassungstreue steht dann über der Gehorsamspflicht. Doch wird damit dem Soldaten, an den ein Dienstbefehl von zweifelhafter Verfassungsmäßigkeit ergeht, die Entscheidung über oft schwierige staatsrechtliche Streitfragen zugemutet. Offenkundig hat das eine doppelte Konsequenz. Einerseits wird der Soldat mit dem *Risiko der staatsrechtlichen Fehlentscheidung* belastet. Verweigert er die Ausführung eines Befehls, den er irrtümlich für verfassungswidrig hält, so ist er der Gefahr gerichtlicher Aburteilung ausgesetzt, weil er sich einer Verletzung seiner Pflichten schuldig gemacht habe; übernimmt er die Ausführung eines Befehls, den er irrtümlich für verfassungsmäßig hält, so läuft er Gefahr, bei einem Sieg der Opposition wegen Teilnahme am Hochverrat des Befehlshabers zur Rechenschaft gezogen zu werden. Andererseits aber wird die Armee, wenn sie auf Grund eines Verfassungseids über die Verfassungsmäßigkeit oder Verfassungswidrigkeit von Dienstbefehlen zu entscheiden hat, in die Rolle eines *Hüters der Verfassung* versetzt. Im Verfassungskonflikt liegt es, wenn der Einsatz militärischer Macht notwendig wird, in der Entscheidungsgewalt der Armee, sich mit staatsrechtlichen Argumenten für die Auffassung des Kriegsherrn und der Regierung oder für die der Opposition zu entscheiden. Die Armee wird durch den Verfassungseid einem politischen Risiko ausgesetzt, zugleich aber mit einer politischen Schiedsrichterfunktion im Verfassungskonflikt ausgestattet, in besonderem Maß natürlich dort, wo es, wie in den frühkonstitutionellen Verfassungen, an einem Staatsgerichtshof für Verfassungsstreitigkeiten fehlt. Durch den Verfassungseid wird die Armee notwendigerweise politisiert. So stark die Gründe sind, die im Verfassungsstaat gegen den einfachen Fahneneid sprechen, der die Armee einer Bindung an die Verfassung nicht unterwirft, so schwierig sind doch auch die Probleme, die sich aus einem doppelten Fahneneid ergeben [1]). Die Verfassungsklausel im Fah-

---

[1]) Über diese Problematik *E. Friesenhahn*, Der politische Eid (1928) S. 100. Der Verfasser betont im Text, unter Berufung auf *Treitschke*, *Stahl* und *Brater*, die

neneid zwingt die Armee, jedenfalls ihre führende Schicht, in kritischen Lagen zur *Deliberation*, nämlich zur Beratung darüber, ob ein ergangener Befehl als verfassungswidrig anzusehen und seine Ausführung zu verweigern ist oder ob er als verfassungsmäßig und damit als bindend anerkannt werden muß. Und da es im Ernstfall praktisch nicht der einfache Soldat, sondern der Kreis der militärischen Befehlshaber, unter Umständen der oberste General allein ist, der sich über die Verfassungsmäßigkeit oder Verfassungswidrigkeit von Befehlen des Staatsoberhaupts schlüssig werden muß, erhält die Armeeführung kraft des Verfassungseids ein politisches Eigengewicht gegenüber allen Faktoren des zivilen Staatslebens. Der Verfassungseid zwingt die Armee nicht nur zum Gehorsam, sondern er ermächtigt sie auch zum Widerstand gegenüber der Zivilgewalt, nämlich dann, wenn diese sich – nach der freigebildeten Überzeugung der Armeeführung – verfassungswidrig verhält. Das ist die eigenartige Ambivalenz des militärischen Verfassungseids. Aus militärischen und staatspolitischen Notwendigkeiten ist demgegenüber im 19. Jahrhundert immer wieder der Grundsatz verfochten worden: *„Die Armee deliberiert nicht; sie gehorcht"* [1]). Gerade auch die radikale Linke hat sich damals zu diesem wehrverfassungsrechtlichen Prinzip bekannt.

Den Wunsch Hornthals nach einem militärischen Verfassungseid nahm die Opposition in der bayerischen Kammer lebhaft auf. Auch die öffentliche Meinung nahm weithin für den Vorschlag Partei; selbst in der Armee fand er Anklang, besonders bei jüngeren Offizieren, die sich gegen die auf unbedingter Gehorsamspflicht beharrende Generalität, vor allem gegen *Wrede*, auflehnten. In seiner Mehrheit allerdings verwarf das Offizierskorps, mit der Regierung in dieser Frage einig, die vorgeschlagene Neuerung. Um dieser Haltung Nachdruck zu geben, setzte eine Offiziersgruppe eine Bittschrift in Umlauf, die die Regierung ersuchte, den militärischen Verfassungseid abzulehnen. Offiziere, Unteroffiziere und Mannschaften unterzeichneten die Petition. Der damit in der Armee selbst entbrennende Meinungsstreit führte zu einer Erschütterung des disziplinierten militärischen Gefüges. Ein petitionierendes Heer befindet sich, auch wenn es sich im gouvernementalen Sinn äußert, bereits auf dem Weg der politischen Deliberation. Denn wenn es Teilen der Armee gestattet ist, im Sinn der Regierung zu petitionieren, so kann es anderen Teilen nicht verwehrt sein, sich mit oppositionellen Beschwerden oder Propositionen an die Regierung zu wenden. Das Recht zur Petition ist der Anfang des Rechts zur Opposition. Mit ihrer gemeinsamen Bittschrift gaben die regierungstreuen Offiziere der militärischen Gegenpartei ein gefährliches Beispiel.

Den Landtag allerdings machten die Wirkungen des Hornthal'schen Vorstoßes betroffen; er verfolgte den Vorschlag des militärischen Verfassungseids nicht weiter. Der König aber, der noch vor Kurzem als Deutschlands fortschrittlichster Monarch hatte gelten wollen, fand nun die Bindung unerträglich, die er mit dem Erlaß der

---

Notwendigkeit des einfachen Fahneneids, der mit unzweideutiger Klarheit sagt, wem zu gehorchen ist. „Diese unzweideutige Klarheit geht verloren, wenn die Verfassungsklausel in den Fahneneid eingefügt wird". In der Fußnote (10) dagegen weist der Verfasser unter Berufung auf *Zachariä* und *Pözl* auf die Gefährlichkeit einer Ausnahme des Heeres vom Verfassungseid hin, „da sie dem Gedanken Vorschub leistet, als ob das Heer außerhalb oder über der Verfassung stehe".

[1]) So in Preußen der Art. 38 der rev. Verf. von 1850 (Art. 37 der oktr. Verf. von 1848): *Die bewaffnete Macht darf nicht beratschlagen!* Bemerkenswerter Weise kam diese Bestimmung durch die „Charte Waldeck" (den Kommissionsentwurf der Nationalversammlung) in den Verfassungstext. Im Regierungsentwurf fand sich eine solche Bestimmung noch nicht. Siehe dazu Bd. II S.70, 731, 734, 832, 910; Bd. III S. 75 f., 1015; Bd. IV S. 517, 599; Bd. VI S. 518 f., 631.

Verfassung eingegangen war. Der Wandel der allgemeinen inneren Lage Deutschlands ließ in König Max Josef den Plan reifen, sich der eben erst in Kraft gesetzten Verfassung durch einen *Staatsstreich* zu entledigen. Die Folgen des Sand'schen Attentats schienen diesen Staatsstreichplan zu begünstigen. Jedoch erhielt der bayerische König, als er sich dafür die preußische Rückendeckung zu sichern suchte, die kühle Antwort (11. Mai 1819), Bayern müsse, nachdem es den Weg der Verfassung einmal beschritten habe, auch auf ihm beharren; zum Bruch der Verfassung biete Preußen nicht die Hand [1]). Metternich äußerte sich im gleichen Sinn, und so leistete Max Josef auf den Plan des Verfassungsumsturzes fürs Erste Verzicht.

b) Der Streit um das Militärbudget

Kurz darauf kam es zu einem neuen Konflikt, als der Landtag an den für das *Militärbudget* geforderten Steuern erhebliche Abstriche machte. Der Abschied, mit dem der König den Landtag am 16. Juli 1819 schloß, kündete an, daß die Regierung den nach ihrer Ansicht unzulänglichen Militäretat überschreiten werde, sofern die dem Land durch die deutsche Bundesakte auferlegten Pflichten [2]) dies erforderlich machen sollten. Zum ersten Mal zeigte sich hier, in welchem Maß die Bundesverfassung den deutschen Ländern eine Handhabe bot, um sich über Bestimmungen der Landesverfassungen hinwegzusetzen. Es gehört zu den verfassungspolitischen Paradoxien dieser Zeit, daß gerade Bayern, das sonst bestrebt war, die Autonomie des Landesverfassungsrechts gegenüber dem Bundesrecht bis zum Äußersten zu wahren, in dieser Konfliktfrage den Grundsatz vertrat, die Bundesverfassung gehe der Landesverfassung vor; die Landesregierung könne sich daher über Beschlüsse ihrer Kammern hinwegsetzen, wenn sie anders ihre Bundespflichten nicht zu erfüllen vermöge. Die Bundesverfassung bot kraft eines solchen Vorrangs, wie sich später mannigfach erwies, den Landesregierungen in der Tat eine *Legalitätsreserve* in Fällen eines landesverfassungsrechtlichen Konflikts mit der Volksvertretung. Notfalls konnte eine Landesregierung, wenn sie sich in einem Streit mit ihren Kammern auf ihre bundesrechtlichen Verpflichtungen berief, auf die Hilfe des Bundes in der Form einer Bundesintervention rechnen.

Als nach dreijähriger Pause der bayerische Landtag 1822 erneut zusammentrat, erwachten seine oppositionellen Neigungen neu. *Hornthal* und *Behr* gingen in den

---

[1]) Die Kernstelle des preußischen Antwortschreibens vom 11. Mai 1819 (Text: *Treitschke*, Pr. Jb. Bd. 29 S. 417 f.) lautete: „Erwägen wir, daß der König von Baiern, bei Einführung dieser Constitution, solche nicht nur als eine seinem Volke gewährte und ausgezeichnete, aus seiner freien Huld hervorgegangene Wohltat geltend gemacht, sondern auch seinen freien gegründeten oder vermeintlichen Anspruch der Nation auf eine solche Verfassung ausdrücklich anzuerkennen sich nicht gescheut hat, und daß die Ständeversammlung ihrerseits die neue Verfassung nicht nur in demselben Sinne angenommen und sich, besonders was die Rechte der Nation betrifft, denen gehuldigt zu haben dem Könige als Hauptverdienst angerechnet wird, so bestimmt als kühn ausgesprochen hat — so können wir die großen und drohenden Gefahren nicht verkennen, welche mit der durch die eigenmächtige Aufhebung der Verfassungsurkunde herbeigeführten Krise unzertrennlich verbunden sein würden".

[2]) Siehe unten S. 609 ff.

Debatten der Zweiten Kammer mit Eifer gegen die Regierung vor. Auch der Ruf nach dem Verfassungseid des Heeres wurde wieder laut. Die bayerische Regierung dagegen trug sich erneut mit Staatsstreichplänen; wiederum suchte sie dafür den Beistand Österreichs und Preußens nach. Aber die entmutigende Unterredung, die der Außenminister *Graf Rechberg* im Oktober 1822 mit Metternich und Bernstorff in Salzburg hatte, veranlaßte die bayerische Regierung auch jetzt, von dem Verfassungsumsturz Abstand zu nehmen.

4. Staatsdienst und parlamentarisches Madat

Der Landtag, der 1825 zum dritten Mal berufen wurde, machte der Regierung geringere Schwierigkeiten. *Hornthal* war nicht wiedergewählt worden. Den inzwischen zum Bürgermeister von Würzburg aufgestiegenen Abgeordneten *Behr* aber schaltete die Regierung aus der Kammer aus, indem sie ihm den für die Ausübung seines Mandats beamtenrechtlich erforderlichen Urlaub verweigerte [1]. Dieses Mittel der *Urlaubsverweigerung* stellte in allen Staaten des Frühkonstitutionalismus ein von den Regierungen rigoros verwandtes Mittel dar, um liberale Beamte, die in die Kammer gewählt waren, am Auftreten in der Kammer zu verhindern [2]. Zwar kannten die Verfassungen eine *Inkompatibilität von Abgeordneten- und Beamtenstellung* nicht; auch war weder die Bewerbung um ein Mandat noch seine Annahme von der Genehmigung der Regierung abhängig. Andererseits aber war den frühkonstitutionellen Verfassungen die Bestimmung unbekannt, daß ein Abgeordneter zur Ausübung seines Mandats keines Urlaubs bedürfe. Ein in privater Anstellung stehender Abgeordneter konnte, wenn er auf sein Angestelltenverhältnis nicht verzichten wollte, von seinem Dienstherrn durch Urlaubsverweigerung an der Mandatsausübung verhindert und im Fall eines Konflikts entlassen werden; diese Beschränkung fiel allerdings zunächst nicht ins Gewicht, da Privatangestellte sich kaum in den Kammern fanden. Staats- und Gemeindebeamte dagegen saßen in den frühkonstitutionellen Parlamenten in großer Zahl; auch sie bedurften, um an Parlamentstagungen teilzunehmen, des Urlaubs seitens ihrer vorgesetzten Behörde. Durch Urlaubsverweigerung konnte ihnen die Teilnahme an den Kammertagungen unmöglich gemacht werden. Da die Entscheidung über den Urlaub im Ermessen der Dienstbehörden stand, waren die Regierungen in der Lage, gouvernemental gesinnte Beamte zur Kammer zuzulassen, oppositionell eingestellte dagegen von der parlamentarischen Tätigkeit auszuschließen.

Nun war, vom Boden der zu Beginn des 19. Jahrhunderts geltenden Dienstpragmatik aus geurteilt, der Beamte damals ein dem Fürsten in persönlicher Treue- und Gehorsamspflicht verbundener Staatsdiener. Für die Regierungen war es daher schwer erträglich, daß die in die Kammern gewählten Beamten zum großen Teil dort als Wortführer der Opposition auftraten. Ihr Sachverstand und ihre dienstliche Erfahrung, vor allem aber die Kenntnis, die sie von verwaltungsinternen Vorgängen hatten, machten diese parlamentarisch tätigen Beamten zu gefährlichen Gegnern der Exekutive. Umso nützlicher

---

[1]) Siehe oben S. 363, 364.
[2]) Siehe unten S. 375; Bd. II S. 34 f., 39, 437, 441 f.; Bd. III S. 97, 895; dazu auch Bd. VI S. 368 f.

waren sie kraft ihrer Kenntnis von Verwaltungsdingen für die Kammern, besonders in einer Zeit, in der die Staatspraxis in weitem Umfang noch ein Arcanum der Regierenden war und die aus freien und wirtschaftlichen Berufen kommenden Parlamentarier der Schulung im praktischen Staatsleben durchaus ermangelten. Beamte waren für die Entwicklung eines effektiven politischen Einflusses der Kammern im deutschen Frühkonstitutionalismus schlechthin unentbehrlich. So war es, wiewohl in der Theorie manches gute Argument für die Inkompatibilität von Beamtenstellung und parlamentarischem Mandat schon damals angeführt werden konnte, in der Praxis eine wohlerwogene Entscheidung, wenn die frühkonstitutionellen Verfassungen Deutschlands die Unvereinbarkeit von öffentlichem Amt und Abgeordnetenmandat nicht einführten. Mit dem Sinn der Verfassung war es daher unvereinbar, wenn die Regierung auf dem Umweg über die Urlaubsverweigerung zu einer faktischen Inkompatibilität zu kommen suchte. Besonders inkorrekt aber war es, wenn die Regierung dieses Mittel benutzte, um oppositionelle Beamte aus den Kammern zu verdrängen oder zu gouvernementalem Wohlverhalten zu nötigen.

Im Fall *Behr* kam hinzu, daß er als Bürgermeister streng genommen keines Urlaubs der Regierung, sondern nur der Bewilligung seitens der Stadtverwaltung bedurfte. Aber die Regierung wies ihn im Dienstaufsichtsweg an, sein Amt nicht zu vernachlässigen. Um sich der disziplinarrechtlichen Bestrafung und Amtsenthebung nicht auszusetzen, verzichtete Behr auf die Ausübung seines Mandats. Die Opposition war damit ihres zweiten Führers beraubt.

5. Der Thronwechsel von 1825 und das Ministerium Armansperg

In der durch den Streit um die Urlaubsverweigerung neu gespannten Lage starb König Max Josef am 13. Oktober 1825. Sein Nachfolger König *Ludwig I.* (1786–1868; Regierungszeit 1825–48) war der Verfassung schon als Kronprinz zugeneigt gewesen; wiederholt hatte er sich gegen den Einfluß der reaktionären Partei, zunächst gegen *Montgelas,* dann gegen *Rechberg,* gewandt. Die Gegensätze zwischen der Regierung und der Kammer waren nun fürs Erste überwunden; an Staatsstreichpläne dachte man nicht mehr. Deutschgesinnt, in romantischem Geist der Kunst und der Bildung zugewandt, von der Überzeugung durchdrungen, daß Religion und geistige Freiheit vereinbar seien, in offenem Bekenntnis zur Verfassungstreue trat der König die Regierung an; gerade auch die Liberalen setzten große Hoffnungen auf ihn. Alsbald nach dem Thronwechsel kam es zur Neubildung des Ministeriums. Der Außenminister *Rechberg,* der Innenminister *Thürheim* und der Finanzminister *Lerchenfeld* traten zurück. An die Spitze der Regierung berief der König den *Grafen Armansperg,* der das Finanzministerium, zunächst daneben auch das Innenministerium übernahm. Der neue Minister verwaltete das Finanzwesen im Sinn des Königs mit großer Sorgfalt (daher sein Beiname „Graf Sparmannsberg"). In der Regierung blieb der Justizminister *Frh. v. Zentner,* der Schöpfer der Verfassung, der seine dem Ausgleich geneigte Politik fortsetzte; er verwaltete seit 1827 auch das Außenministerium. Durch Verminderung der Militärausgaben sowie durch milde Handhabung der Zensur, deren bisherige Rechtsgrundlage, die nach den Karlsbader Beschlüssen erlassene Preßverordnung, beseitigt wurde, gewann die Regierung das Vertrauen auch der Opposition. Eine erneute Wandlung kündete sich jedoch an, als der König 1828 *Eduard v. Schenk* als Innen- und Kultusminister in das Kabinett aufnahm. Durch seinen religiösen Eifer weckte der neue Minister die Besorgnis der Liberalen. Doch kam es erst nach der Julirevolution zu neuen dramatischen Konflikten zwischen der Regierung und dem Parlament.

Verdienste erwarb Ludwig I. sich in seinen ersten Regierungsjahren vor allem auch um das *Hochschul- und Schulwesen,* wo er Reformen in Anlehnung an das preußische Vorbild durchführte. 1826 verlegte der König die Universität Freising nach München; er stattete die neue Hochschule mit Lehr- und Lernfreiheit aus und erhob sie durch die Berufung bedeutender Gelehrter, so vor allem Schellings, in die Reihe der angesehensten deutschen Bildungsstätten. Die Reform der Gymnasien vertraute er *Friedrich Thiersch,* dem bedeutenden Pädagogen, an, dessen Schulordnung von 1829 die bayerischen höheren Lehranstalten gleichwertig neben die Gelehrtenschulen Preußens, Sachsens und Württembergs stellte. So schien Bayern unter dem neuen Herrscher nach den vorausgegangenen Verfassungskämpfen einer Zeit innerer Befriedung entgegenzugehen. Nur der leidige Streit um die rechtsrheinische Pfalz, den Ludwig I. neu entfachte [1]), warf einen ernsten Schatten auf den Beginn seiner Regierungsjahre.

Auch mit der Zweiten Kammer kam es fürs Erste zur besseren Verständigung. In *Ignaz Rudhart,* der wegen seines freigesinnten Buches über das deutsche Bundesrecht unter der alten Regierung in die Provinz strafversetzt worden war, erhielt die liberale Partei der Kammer nun einen maßvollen, klugen und volkstümlichen Führer, der wegen seiner Bereitschaft zum Ausgleich auch bei der Regierung großes Ansehen erlangte. Mit steigenden parlamentarischen Erfahrungen wuchs bis 1830 in der Kammer die Bereitschaft zur Mäßigung; mit der Gewöhnung an das Vorhandensein des parlamentarischen Gegenspielers stieg in der Bürokratie die Bereitschaft zur Achtung vor der Volksvertretung [2]).

Ludwig Graf Armansperg (1787—1853) trat nach dem Studium der Rechtswissenschaft 1808 in den bayerischen Staatsdienst. Er war 1813—14 Zivilkommissär bei der Armee und dann Verwaltungsrat in einigen von den Verbündeten besetzten französischen Departements; 1815 war er Mitglied der Armee-Generalintendantur in Frankreich; seit 1816 in der Regierung des Rheinkreises, dann des Regenkreises tätig, zuletzt Vizepräsident. Nach dem Regierungswechsel von 1825 wurde er Staatsrat; 1826—31 Finanzminister, 1826—28 auch Innen-, 1828—31 Außenminister. Er machte sich durch sparsame Finanzwirtschaft verdient. Da man ihm liberale Neigungen vorwarf, entließ der König ihn 1831 während des Konflikts mit dem „stürmischen Landtag". Armansperg verweigerte die Annahme des Gesandtenpostens in London, ließ sich aber 1832 dazu bestimmen, als Präsident der Regentschaft für den minderjährigen König Otto nach Griechenland zu gehen; 1832—37 leitete er als Staatskanzler die griechische Regierung, jedoch, wie man ihm vorwarf, in Abhängigkeit von der englischen Diplo-

---

[1]) Siehe oben S. 328.   [2]) Über die Entwicklung seit 1830 siehe Bd. II S. 32 ff., 436 ff.

matie. Als Mitglied der Kammer der Reichsräte nahm Armansperg auch nach der Abberufung von seinem griechischen Posten und der Rückkehr nach Bayern noch an den öffentlichen Angelegenheiten teil.

Eduard v. Schenk (1788—1841) stammte aus einer bürgerlichen Familie; der Vater war Generaldirektor des bayerischen Finanzdepartements unter Montgelas, der Großvater kurpfälzischer Unteroffizier. Der junge Schenk studierte in Landshut bei Savigny und Sailer; nach der Promotion (1812) trat er in den bayerischen Justizdienst. Er schrieb Gedichte und Dramen; sein Trauerspiel „Belisar" ging damals über alle deutschen Bühnen; auch pflegte er vielseitige literarische Beziehungen, etwa zu Grillparzer. Sein spätromantischer Sinn trieb ihn zur Konversion und zu einem klerikalen Konservativismus. 1818 wurde er Geheimsekretär, 1823 Generaldirektor im Justizministerium. Armansperg berief ihn 1825 als Leiter der Abteilung des Kirchen- und Unterrichtswesens in das Kultusministerium. 1828 wurde Schenk Innen- und Kultusminister. Mit ihm begann ein grundsätzlicher Kurswechsel der bayerischen Innenpolitik. Mit Eifer leitete Schenk die genaue Erfüllung des Konkordats ein; er förderte die Wiederherstellung der Klöster, die Errichtung von Priesterseminaren, die Zulassung von Prozessionen; auch erteilte er die Erlaubnis zur Wiederaufnahme der Oberammergauer Passionsspiele. Im Schulwesen drängte er die von *Thiersch* durchgeführten humanistischen Reformen durch klerikalisierende Maßnahmen zurück. Während er sich auf der einen Seite durch zahlreiche bedeutende Regierungsvorhaben auszeichnete (so die Ordnung des Medizinalwesens, des Bibliothekswesens, des Prüfungswesens), stellte er sich auf der anderen Seite durch reaktionäre Aktionen bloß, so durch das Zensurgesetz von 1831 und durch eine von ihm veranlaßte königliche Anordnung, die allen Staatsbeamten den Eintritt in die Zweite Kammer untersagte. Die Angriffe des Landtags gegen Schenk waren so stark, daß der König den Minister 1831 entließ. Es war das der erste Fall eines parlamentarischen Ministersturzes in Deutschland. Schenk wurde Generalkreiskommissär in Regensburg; außerdem berief der König ihn in die Kammer der Reichsräte.

Friedrich Wilhelm Thiersch (1784—1860) stammte aus Kirchscheidungen bei Freyburg a. d. Unstrut; eine Freistelle in Schulpforta erschloß dem Bäckersohn den Zugang zur klassischen Bildung. Er studierte Theologie in Leipzig, dann Philologie in Göttingen. 1809 ging er als Gymnasiallehrer und Erzieher der fünf bayerischen Prinzessinnen nach München. Dem Haß der Altbayern gegen das Eindringen des norddeutsch-humanistischen Elements in das süddeutsche Bildungswesen widerstand er unbeirrt [1]. Er gründete das Seminar für die Ausbildung der Lehrer an den höheren Schulen, wurde 1814 Mitglied der Akademie der Wissenschaften, deren philologisch-historische Klasse er leitete, übernahm 1826 eine Professur an der neugegründeten Universität München und setzte den humanistischen Lehrplan für die bayerischen höheren Schulen entgegen den Ministerialentwürfen durch [2]. Der Sturz Schenks eröffnete ihm neue Wirkungsmöglichkeiten; 1833—36 war er Inspekteur der bayerischen Gymnasien. Seit 1837 aber war er erneut in die Opposition gegen das Ministerium Abel gedrängt; er schrieb in der „Allgemeinen Zeitung" liberale Artikel, bekämpfte die Abelschen Kniebeugungserlaß und trat im Kölner Kirchenstreit für die Rechte des preußischen Königs ein. Seinen Ruhm als „praeceptor Bavariae" konnte die vielfältige Gegnerschaft, auf die er stieß, nicht mehr verdunkeln.

Ignaz v. Rudhart (1790—1838) studierte in Landshut bei Savigny und Gönner; er promovierte 1810 und wurde 1811 (mit 21 Jahren!) Professor für Rechtsgeschichte und Völkerrecht in Würzburg [3]. 1817 gab er sein Lehramt auf. Er wurde zunächst

---

[1]) Dazu *Thierschs* Abwehrschrift: „Betrachtungen über den angenommenen Unterschied zwischen Nord- und Süddeutschland" (1809); sie richtet sich vornehmlich gegen die von dem *Frh. v. Aretin* ausgehende altbayerische Agitation.

[2]) *Thiersch*, Über gelehrte Schulen, mit besonderer Rücksicht auf Bayern (1826—31).

[3]) Unter *Rudharts* staatsrechtlichen Schriften aus dieser ersten Epoche ragen hervor: „Geschichte der Landstände in Bayern" (1816); „Über die Verwaltung der Justiz durch die administrativen Behörden" (1817); „Übersicht der vorzüglichsten Bestimmungen verschiedener Staatsverfassungen über Volksvertretung" (1818).

Mitglied des Generalfiskalats, einer Behörde, die die Rechtsangelegenheiten des Fiskus zu bearbeiten hatte; dann machte Lerchenfeld ihm zum Vortragenden Rat im Finanzministerium. Rudhart nahm über seine Ressortarbeit hinaus an den allgemeinen politischen Aufgaben, so am Ausbau der Verfassung und an den Vorarbeiten zur Wiener Schlußakte teil; auch beschäftigte er sich mit der Landesstatistik. Durch eine Schrift über das deutsche Bundesrecht [1]) verscherzte er sich die Gunst der Regierung, die ihn in die Provinz versetzte; als Regierungsdirektor kam er 1823 nach Bayreuth, 1826 nach Regensburg. Seit 1825 war er Abgeordneter für die Städte des Mainkreises in der Zweiten Kammer, in der er sich durch seine Rednergabe und seine Sachkunde in den Reihen der Liberalen auszeichnete. Im Parlament wie in der Öffentlichkeit setzte er sich für Preßfreiheit [2]) und für Gewerbefreiheit [3]) ein. Unter König Ludwig I. wurde Rudhart persona grata bei der Regierung; die Radikalen der Zweiten Kammer griffen ihn wegen seiner maßvollen Haltung bald als Abtrünnigen an, besonders als er im „stürmischen Landtag" von 1831 gegen die von den Radikalen geforderte Kürzung der Zivilliste des Königs sprach. Rudhart wurde Präsident des Unterdonaukreises, behielt aber auch in dieser hohen Beamtenstellung gleichzeitig sein Mandat in der Zweiten Kammer bei. 1837 wurde Rudhart als Nachfolger des Grafen Armansperg Ministerpräsident und Außenminister bei König Otto von Griechenland; er trat jedoch schon am Ende des Jahres von diesem Amt, das ihm nicht gemäß war, zurück; er starb auf der Rückreise von Athen. Bayern verlor in ihm seinen bedeutendsten Parlamentarier und einen seiner hervorragendsten Beamten der frühkonstitutionellen Zeit.

II. Verfassungskämpfe in Baden

1. Die badische Regierung

In der badischen Regierung der Rheinbundszeit hatte der Geist aufgeklärt-patriarchalischer Staatlichkeit geherrscht, wie ihn am trefflichsten die Minister *v. Reitzenstein* und *v. Marschall* verkörperten. Nicht aus liberalen Neigungen, sondern aus Staatssinn waren sie für die Verfassung eingetreten, stets um einen Ausgleich zwischen der Autorität der Krone und den bürgerlichen Ideen und Interessen bemüht. Seit 1818 aber war in der Regierung, in der nun der Minister *v. Berstett* hervortrat, ein starr reaktionärer Kurs bestimmend geworden, der vor allem auch von dem Bundestagsgesandten *v. Blittersdorf* beeinflußt wurde. Es kam unvermeidbar zu einer Kette von Konflikten zwischen dem reaktionären Kabinett und der zweiten Kammer. Gegenüber den ständig mit dem Gedanken des Staatsstreichs spielenden reaktionären Ministern hatten die verfassungstreuen hohen Ministerialbeamten Badens, vor allem *Winter* und *Nebenius,* einen schweren Stand. Die Schwierigkeiten nahmen nicht ab, als in den dreißiger Jahren der auf Ausgleich bedachte Reitzenstein erneut an die Spitze des Staatsministeriums trat und auf der einen Seite Blittersdorf, auf der anderen Seite Winter und nach ihm Nebenius Minister wurden. Winter war der einzige liberale Staatsmann des deutschen Vormärz, der gleichzeitig Minister und Mitglied einer zweiten Kammer war; diese Doppelstellung brachte ihn in manchen Gewissenskonflikt, da er als Minister Entscheidungen verfech-

---

[1]) *Rudhart*, Das Recht des deutschen Bundes (1822).
[2]) *Ders.*, Über die Censur der Zeitungen im Allgemeinen und besonders nach bairischem Staatsrecht (1826).
[3]) *Ders.*, Über den Zustand des Königreichs Baiern (1825—27).

ten mußte, die er als Abgeordneter schwerlich gutheißen konnte [1]). Da die badischen Regierungsverhältnisse der frühkonstitutionellen Epoche besonders kennzeichnend für die allgemeine deutsche Verfassungslage dieser Zeit sind, seien
einige biographische Hinweise auch hier eingefügt.

Sigismund Karl Frh. v. Reitzenstein (1766—1847) stammte aus Franken und kam
1789 in badische Dienste. Er schloß 1796 den badischen Sonderfrieden von Basel mit
Frankreich und war 1797—1803 badischer Gesandter in Paris; als solcher erreichte er
für Baden die außerordentlichen Gebietserweiterungen dieser Zeit. 1807 ging er nach
Heidelberg, um sich wissenschaftlichen Studien zu widmen. 1809/10 war er badischer
Staats- und Kabinettsminister; in kurzer Zeit führte er die Verwaltungsreform durch.
Französische Einwirkungen zwangen ihn zur Demission; erneut zog er sich nach Heidelberg zurück. 1813 vermittelte er den Beitritt Badens zur großen Allianz. 1817/18
war er, ohne formell ein Ministeramt zu bekleiden, doch der entscheidende Berater
des Großherzogs Karl und das eigentliche Haupt der Regierung. Nach dem Regierungsantritt des Großherzogs Ludwig ging Reitzenstein wieder nach Heidelberg; als
Förderer der Universität erwarb er sich hohe Verdienste. 1832—42 war er Präsident
des Staatsministeriums in Karlsruhe. Er konnte sich dem reaktionären Kurs der Bundespolitik nicht entziehen; 1834 wirkte er als Vertreter Badens auf den Wiener Ministerialkonferenzen an den geheimen Bundesbeschlüssen mit. Dem „System Blittersdorf" (siehe unten) war er zwar nicht in den Prinzipien, wohl aber in den Methoden
abgeneigt.

Karl Wilhelm Frh. Marschall v. Bieberstein (1763—1817) [2]) war der Sohn eines
württembergischen Obersten und wurde auf der Karlsschule erzogen. 1792 trat er in
den badischen Staatsdienst; 1806 wurde er Wirklicher Geheimer Rat und Leiter des
Polizeidepartements (d. h. der inneren Verwaltung) des Großherzogtums; 1808/09
war er Hofrichter in Mannheim. Unter Reitzenstein, dem er politisch eng verbunden
war, war er 1809/10 Staatsminister des Innern; auch er verlor sein Amt, weil er
sich das französische Mißtrauen zugezogen hatte. Er wurde 1811 badischer Gesandter
in Stuttgart. 1814/15 vertrat er (zusammen mit dem Außenminister *v. Berckheim)*
Baden auf dem Wiener Kongreß. Er trat dort mit einem bemerkenswerten Entwurf
der Bundesverfassung hervor. 1817 wurde er nach Karlsruhe berufen; er stellte
einen Entwurf der Landesverfassung auf, der jedoch der Ablehnung verfiel [3]). Trotzdem übte er in dieser Zeit neben Reitzenstein den stärksten politischen Einfluß aus.
Noch bevor seine erneute Ernennung zum Minister ausgesprochen worden war, starb
er plötzlich (am 11. August 1817).

Wilhelm Frh. v. Berstett (1769—1837), im Elsaß gebürtig, war zunächst Offizier
in der österreichischen Armee. 1809 trat er in den badischen Hofdienst ein. Er war
Begleiter des Großherzogs Karl auf dem Wiener Kongreß. 1816 wurde er der erste
badische Bundestagsgesandte, 1817 badischer Außenminister. Er vollzog den Übertritt
Badens in die Front der reaktionären Mächte; auf den Karlsbader und den Wiener
Konferenzen (1819/20) folgte er der Linie Metternichs. Über das Adelsedikt und
den Militäretat kam er mit den Kammern in schweren Konflikt. Von den Staatsstreichplänen der ultrakonservativen Minister *v. Fischer* und *v. Berckheim* wich er
mit dem von ihm eingeleiteten „Innsbrucker System" nur geringfügig ab [4]). Der
Bundestagsgesandte *Blittersdorf* war sein wichtigster Gehilfe. Nach der Julirevolution
schied Berstett 1831 aus dem Dienst.

Friedrich Karl Frh. von Blittersdorf (1792—1861) begann seine Laufbahn 1813
als Sekretär bei der badischen Gesandtschaft in Stuttgart; 1816 war er Legationsrat
unter Berstett bei der badischen Bundesgesandtschaft in Frankfurt; 1817 kam er ins
Außenministerium in Karlsruhe, 1818 als Geschäftsträger nach Petersburg. 1819 zog

---

[1]) Siehe oben S. 340.
[2]) Der nassauische Minister Ernst Ludwig v. Marschall war sein Bruder.
[3]) Siehe oben S. 326.
[4]) Siehe unten S. 379.

Berstett ihn zu seiner Unterstützung bei den Wiener Konferenzen zu. Von 1821–35 war Blittersdorf dann badischer Bundestagsgesandter. Er setzte sich für eine starke Bundeszentralgewalt ein, war einer der entschiedensten Anhänger des Metternich'schen Systems, kämpfte unbeirrt gegen alle liberalen und konstitutionellen Bestrebungen und trat betont immer wieder für den badischen Staatsstreichplan, wenn auch ohne Erfolg, ein. 1832 brachte er, gestützt auf die freiheitsfeindlichen Bundesbeschlüsse, das badische Preßgesetz zu Fall. 1835–43 war er badischer Außenminister. Während er anfänglich von *Winter* noch einigermaßen in Schach gehalten werden konnte, setzte er sich seit dessen Tod mit seinem reaktionären System, dem „System Blittersdorf", voll durch. 1843–48 war er erneut badischer Bundestagsgesandter; fast dreißig Jahre hindurch war er somit die beherrschende Figur der badischen Politik.

Ludwig Georg Winter (1778–1838), ein Pfarrersohn aus dem Schwarzwald, trat nach dem Studium der Rechts- und Staatswissenschaften 1800 in den badischen Staatsdienst ein. Nachdem er in verschiedenen Stellungen der Zentral-, der Kreis- und der Stadtverwaltung tätig gewesen war, kam er 1815 als Ministerialrat ins Innenministerium; 1817 wurde er dort Geheimer Referendär. Das Adelsedikt vom 23. April 1818 war sein Werk. Am ersten Landtag 1819 nahm Winter in doppelter Eigenschaft teil, als Regierungskommissär und als Abgeordneter der Stadt Durlach. In der Zweiten Kammer kämpfte Winter gegen das Adelsedikt vom 16. April 1819[1]). *Er trat damit, obwohl Mitglied der Regierung, parlamentarisch gegen die Regierung auf.* Der Konflikt zwischen Amt und Mandat trat in seiner Person in der deutschen Parlamentsgeschichte zum ersten Mal deutlich hervor. Vorübergehend schob das Ministerium den unbequemen Beamten zur Kreisregierung nach Freiburg ab; aber schon 1821 kam Winter nach einer formellen Versöhnung mit Berstett in den Ministerialdienst zurück. Wie wenig er damit seine innere Unabhängigkeit preisgegeben hatte, zeigte sich, als er 1822 in der Zweiten Kammer gegen den Gemeindegesetz-Entwurf der Regierung und für liberale Reformen in der Gerichtsbarkeit Stellung nahm. In dem Konflikt um das Militärbudget dagegen erwies er sich als regierungstreu[2]). Seit 1824 war Winter Ministerialdirektor im Innenministerium; erneut vertrat er nun die Regierung regelmäßig gegenüber den Kammern. Sein Mandat verlor er bei den Wahlen von 1825; aber 1831 kam er als Abgeordneter für Karlsruhe-Land in die Zweite Kammer zurück. Im gleichen Jahr wurde Winter (als Nachfolger Berckheims) Chef des Innenministeriums; 1833 erhielt er auch den Ministerrang. In dieser Zeit vereinigte er *Ministeramt und Abgeordnetenmandat* in seiner Hand. Dem Antrag des Abgeordneten v. Itzstein folgend, legte er dem Landtag den Gesetzentwurf vor, der die Verfassungsänderungen von 1825 wieder beseitigte[3]). Im übrigen bemühte er sich als Innenminister um die gleichzeitige Abwehr der Reaktion und des Radikalismus. Er geriet dadurch in Konflikte mit seinen verfassungsfeindlich gesinnten Ministerkollegen, aber auch mit dem entschiedenen Flügel der Liberalen. 1832 war er gezwungen, die reaktionären Bundesbeschlüsse in Baden durchzuführen; die Aufhebung des Preßgesetzes, die Schließung der Universität Freiburg, die Zwangspensionierung von *Rotteck* und *Welcker*[4]) fielen in Winters Verantwortungsbereich. Die außerordentliche Popularität des bürgerlichen Ministers wurde durch diese Konflikte nicht gemindert. Seine letzte bedeutende Amtshandlung war die Vorlage über den Eisenbahnbau Mannheim-Basel.

Karl Friedrich Nebenius (1785–1857) war der Sohn eines markgräflich badischen Amtmanns. Nach dem Studium der Rechts- und Staatswissenschaften war er seit 1807 Geheimer Sekretär, seit 1811 Finanzrat im badischen Finanzministerium. Um die Neuordnung des badischen Steuerwesens machte er sich hochverdient. Er schaltete sich 1816/17 literarisch in den badischen Territorial- und Erbfolgestreit ein. 1818 fertigte er den Entwurf der Verfassung, der dann in Kraft gesetzt wurde, an. Im Streit um das deutsche Zollsystem war er einer der ideenreichsten Befürworter der süd-

---

[1]) Siehe unten S. 378.
[2]) Siehe unten S. 379 f.
[3]) Siehe unten S. 381.
[4]) Siehe unten S. 376.

westdeutschen Interessen; er war der Verfasser einer Denkschrift zur Zollfrage, die Berstett auf den Karlsbader Konferenzen verteilen ließ[1]). Seit 1823 war Nebenius Geheimrat im Innenministerium; seit 1830 war er Staatsrat und Ministerialdirektor in diesem Amt; als solcher erhielt er 1831 auch das Respiciat für die Universitäten und höheren Lehranstalten. Er machte sich in diesem Ressort um die Hochschulen des Landes, insbesondere um die Gründung der Technischen Hochschule Karlsruhe verdient. Aber auch das badische Volksschulgesetz von 1835 war sein Werk. Er setzte trotz seiner früheren Gegnerschaft gegen die preußische Zollpolitik nun den Beitritt Badens zum Deutschen Zollverein durch. Zusammen mit Winter trat er für den Eisenbahnbau Mannheim-Basel auf Staatskosten ein. 1838/39 war er als Winters Nachfolger Innenminister; doch verdrängte Blittersdorf den liberal gesinnten Kollegen bald aus dem Amt. 1845/46 war er noch einmal Innenminister, konnte sich aber auch jetzt nicht behaupten. Aus seinem Amt als Präsident des (1844 gegründeten, 1849 aufgehobenen) Staatsrats wurde Nebenius nach der Revolution 1849 entlassen.

2. Die badischen Kammern

Stärker noch als in Bayern traten in Baden die liberalen Tendenzen hervor, und zwar hier in beiden Kammern des Landtags. Die Nähe Frankreichs nicht nur, sondern auch das soziale und geistige Gefüge des Landes ließen den doktrinären Liberalismus hier fester als irgendwo sonst in Deutschland Wurzel schlagen. Die Erste Kammer besaß in *Rotteck*, dem Freiburger Staatsrechtslehrer, der die Universität vertrat, einen Wortführer der liberalen Staatstheorie, der weit über die Grenzen seiner Heimat hinaus Gehör fand. Die Zweite Kammer hatte eine oppositionelle Mehrheit, deren Führer *Ludwig Winter* Verwaltungserfahrung mit liberaler Gesinnung vereinte. In beiden Kammern war das Beamtentum stärker noch als in anderen deutschen Ständeversammlungen vertreten. Diese Beamten-Parlamentarier fühlten sich, obwohl im Staats- oder Gemeindedienst stehend, doch als Repräsentanten des Volks gegenüber der Regierung; Kritik und Opposition an der Exekutive sahen sie als ihre Pflicht an. Zwar bediente die Regierung sich auch hier des Mittels der Urlaubsverweigerung, um sich der unbequemsten Gegner zu erwehren. Aber auch der Landtag, der am 22. April 1819 zum ersten Mal zusammentrat, wußte die Mittel zu handhaben, die er kraft der Verfassung gegen die Regierung besaß. Die badischen Kammern benutzten die Gesetzespetition als Ersatz der fehlenden Gesetzesinitiative noch häufiger, als es in den übrigen süddeutschen Ländern geschah[2]). Sie forderten auf diesem Weg Verkehrsfreiheit, Pressefreiheit, Öffentlichkeit und Mündlichkeit des Gerichtsverfahrens, die Einsetzung von Schwurgerichten und die Trennung von Justiz und Verwaltung. Den durch das Steuerbewilligungsrecht gegebenen Einfluß auf das Staatsbudget übten sie energisch aus, insbesondere auch um die Militärausgaben zu drosseln.

Die zur Opposition gegen die Regierung neigenden Liberalen, die in den ersten Landtagsperioden Badens die Majorität in der Zweiten Kammer besaßen, erlitten 1825 eine vollständige Niederlage; mit den geringfügigen Resten der Kammeropposition hatte die Regierung Berstett ein leichtes Spiel. In der 1831 neugewählten Zweiten Kammer dagegen hatten die Liberalen

---

[1]) Siehe unten S. 798.
[2]) Siehe oben S. 363.

erneut das Übergewicht. *Ludwig Winter,* der gleichzeitig das Innenministerium übernahm, zählte als Abgeordneter nun zu dem gemäßigten Liberalen. Ausschlaggebend wurden dagegen die Radikalliberalen, in deren Gruppe neben *Rotteck,* der aus der Ersten in die Zweite Kammer überwechselte, der zweite Freiburger Staatsrechtslehrer *K. Th. Welcker* hervortrat. Auf dem linken Flügel der Liberalen war *Itzstein* vom Anfang der zwanziger Jahre bis zum Revolutionsjahr 1848 der führende Mann. Er galt als das hervorragendste parlamentarische Talent Deutschlands in der ganzen frühkonstitutionellen Zeit.

Karl Rodecker v. Rotteck (1775—1840) war der Sohn eines von Josef II. geadelten Freiburger Professors der Medizin. 1790 begann er mit dem Studium der Rechtswissenschaft; 1798 erhielt er eine Professur für Geschichte an der Universität seiner Vaterstadt; 1818 übernahm er statt dessen einen Lehrstuhl für Staatswissenschaften und Naturrecht, was in der Zeit der klassischen Rangordnung der Fakultäten als eine bedeutende Beförderung galt. In den Sessionen 1819/20 und 1822/23 vertrat Rotteck die Universität Freiburg in der Ersten Kammer; seit 1831 gehörte er der Zweiten Kammer an. Wie er in seinen zahlreichen historischen, staatstheoretischen und staatsrechtlichen Schriften unter offenkundiger Anlehnung an die Ideen von 1789 die Grundsätze eines radikalen Liberalismus verfocht, so setzte er sich in den Kammern für die fortschrittlichen Postulate der Zeit ein. Gestützt auf die in Baden eingeführte Preßfreiheit gab er seit 1832 mit Welcker ein liberales Kampfblatt, den „Freisinnigen", heraus, der jedoch bald, wie auch die von Rotteck allein herausgegebenen „Allgemeinen politischen Annalen", einem Verbot des Bundestags verfiel. Rottecks und Welckers gemeinsames Auftreten hatte zur Folge, daß die Regierung vorübergehend die Schließung der Universität Freiburg verfügte; beide Freiburger Professoren versetzte sie 1832 in den Ruhestand. 1833 wählte die Freiburger Bürgerschaft Rotteck zum Bürgermeister; doch lehnte die Regierung die Bestätigung ab. Seit 1834 gab Rotteck gemeinsam mit Welcker das „Staatslexikon", das große staatsrechtliche Manifest der frühliberalen Verfassungsideen, heraus. Aus Feindseligkeit gegen Preußen bekämpfte Rotteck den Anschluß Badens an den Zollverein. 1837, in den „Kölner Wirren", stellte Rotteck sich in einer polemischen Schrift auf die Seite des verhafteten Erzbischofs Droste-Vischering; mit liberalen Argumenten stritt er für die klerikale Sache. Den Unitarismus vieler seiner liberalen Gesinnungsgenossen suchte er mit dem vielzitierten Wort zu zügeln: „Ich will lieber Freiheit ohne Einheit als Einheit ohne Freiheit!" [1])

Karl Theodor Welcker (1790—1869), ein Pfarrersohn aus Oberhessen, wurde nach dem Studium der Rechts- und Staatswissenschaften in schneller Folge Professor in Giessen, Kiel, Heidelberg und (1819) in Bonn. Dort wurde er, dessen liberale Haltung bekannt war, nach den Karlsbader Beschlüssen in politische Untersuchungen verwickelt, die sich bis 1822 hinzogen [2]). Im gleichen Jahr übernahm Welcker eine Professur für Staatsrecht und Pandektistik in Freiburg. Obwohl zunächst noch bemüht, sich gegen den Verdacht der Teilnahme an den „demagogischen Umtrieben" zu verteidigen [3]), bekannte er sich bald wieder offen zu seinen politischen Prinzipien. 1830 richtete er an den Bundestag eine Petition, in der er Preßfreiheit forderte. 1831 trat er als Abgeordneter für Ettenheim in die Zweite badische Kammer ein, der er bis zur Revolution von 1848/49 ohne Unterbrechung angehörte. Seine Amtsenthebung (1832) beantwortete er mit einer erneuten Verteidigungsschrift [4]). Unbeirrt kämpfte er in dem folgenden Jahrzehnt gegen das reaktionäre „System Blitters-

---

[1]) Vgl. *H. v. Rotteck,* Das Leben Karl v. Rottecks (1843).   [2]) Siehe unten S. 747.
[3]) *K. Th. Welcker,* Öffentliche aktenmäßige Verteidigung gegen die öffentliche Verdächtigung der Teilnahme oder Mitwisserschaft an sogenannten demagogischen Umtrieben (1822).
[4]) *K. Th. Welcker,* Etwas über den Geist des Freisinnigen und meine Grundsätze, in: Neuer Beitrag zur Lehre von den Injurien u. der Preßfreiheit, 1833; Vorw. S. III—XL).

dorf". Sein Lehramt erhielt er zwar 1840 zurück; aber er verlor es 1841 zum zweiten Mal, da er in einen erneuten Konflikt mit der Regierung, wegen des Streits um den Urlaub der beamteten Abgeordneten, geriet. 1843 griff er den Bundestag durch die Herausgabe der Geheimen Protokolle von 1834 (aus dem Nachlaß von Klüber) unmittelbar an[1]). Den Kampf gegen die Zensur setzte er hartnäckig fort[2]). Die bedeutendste Epoche seiner politischen Wirksamkeit waren die Revolutionsjahre 1848/49, in denen er zu den einflußreichsten Abgeordneten der Frankfurter Nationalversammlung gehörte[3]). Seit dem Fehlschlag der Revolution lebte er politisch zurückgezogen; nur 1866 trat er noch einmal als Gegner der preußischen Politik hervor.

Johann Adam v. Itzstein (1775–1855) war der Sohn eines kurfürstlich mainzischen Geheimrats. Er trat 1799 in den Verwaltungsdienst der Benediktinerabtei Amorbach, 1803 bei deren Säkularisation in den Dienst des Fürstentums Leiningen, 1809 nach dessen Mediatisierung in den Dienst des Großherzogtums Baden, zunächst als Oberamtmann in Schwetzingen, dann (seit 1819) als Hofgerichtsrat in Mannheim. 1822 kam er als Abgeordneter für Mannheim in die Zweite Kammer. Sofort trat er als schärfster Opponent der Regierung auf; sein Einfluß brachte das Militärbudget zu Fall[4]). Die Regierung versetzte den oppositionellen Beamten strafweise ans Hofgericht nach Meersburg; Itzstein jedoch weigerte sich, dem Versetzungsbefehl zu folgen; das führte zu einem langen beamtenrechtlichen Streit, an dessen Ende Itzstein pensioniert wurde. 1825 wurde Itzstein nicht wiedergewählt; aber 1831 kehrte er als Abgeordneter für Schwetzingen in die Kammer zurück. Durch die „Motion Itzstein", den Antrag auf eine Regierungsvorlage, die die Verfassungsänderungen von 1825 rückgängig machte[5]), errang er einen großen Erfolg; der Innenminister Winter entsprach Itzsteins Verlangen, und der Landtag hob unter Zustimmung des Landesherrn die Verfassungsänderungen 1831 auf. In allen Konflikten zwischen Regierung und Opposition stand Itzstein in der folgenden Zeit in der vordersten Front. 1837 verlangte er das Einschreiten des Bundes in Hannover gegenüber dem Staatsstreich des Königs Ernst August. 1841/42 griff er die badische Regierung im Urlaubsstreit mit den beamteten Kammermitgliedern heftig an; die Kammer stimmte dem von Itzstein beantragten Mißtrauensvotum gegen die Regierung mit 34 gegen 24 Stimmen zu. Itzstein kommt damit der Ruhm zu, das erste parlamentarische Mißtrauensvotum in Deutschland durchgesetzt zu haben[5a]). 1848/49 saß Itzstein im Vorparlament und in der Frankfurter Nationalversammlung als Abgeordneter der gemäßigten Linken; bei der Wahl des Reichsverwesers fielen 32 Stimmen auf ihn. Nach der Auflösung des Rumpfparlaments floh er in die Schweiz, dann ins Elsaß; er kehrte zurück, nachdem er den Verdacht ausgeräumt hatte, am Aufstand von 1849 beteiligt gewesen zu sein.

3. Der Streit um das Adelsedikt

Zu einem ersten Konflikt kam es über dem Adels-Edikt. Noch vor dem Zusammentritt des Landtags hatte die Regierung ein Edikt erlassen, das die Rechte des Hohen Adels merklich beschnitt[6]). Darin sahen die mediatisierten Standesherren Badens einen Eingriff in ihre durch Art. 14 der Bundesakte

---

[1]) *Ders.*, Wichtige Urkunden für den Rechtszustand der deutschen Nation, mit eigenhändigen Anmerkungen von J. L. Klüber, aus dessen Papieren mitgeteilt und erläutert (1843).
[2]) *W. Schulz* und *K. Welcker*, Inquisition, geheime Censur und Kabinettsjustiz im verderblichen Bunde (1845).
[3]) Darüber Näheres in Band II S. 597, 615, 623, 815, 857.
[4]) Siehe unten S. 379.   [5]) Siehe unten S. 381.
[5a]) Siehe dazu Bd. II S. 442.
[6]) Verordnung die Rechtsverhältnisse der vormaligen Reichsstände und Reichsangehörigen betreffend von 23. April 1818 (RegBl. S. 1408).

gewährleisteten Rechte [1]). Sie veranlaßten eine Intervention Österreichs und Preußens zu ihren Gunsten; da die Rechtslage eindeutig für sie sprach, blieb der Regierung keine Wahl, als in einem zweiten Edikt das bundesrechtlich gebotene Mindestmaß der den Mediatisierten zustehenden Rechte anzuerkennen. Dieses neue Adelsedikt erging am 16. April 1819 als ein von der Krone einseitig erlassenes Gesetz, sechs Tage bevor der Landtag sich zum ersten Mal vereinigte [2]). Die Regierung sah voraus, daß sie die Zustimmung der Zweiten Kammer zu diesem Gesetz, das die Rechte des mediatisierten Adels teilweise wiederherstellte, nicht erlangt haben würde; eben deshalb wählte sie die Form des einseitigen Erlasses, was zulässig war, solange der Landtag sich noch nicht konstituiert hatte und die Verfassung daher noch nicht in Wirksamkeit gesetzt war [3]). Politisch war es eine Herausforderung, daß die Regierung sich am Vorabend der Landtagseröffnung noch ihrer vor dem Erlöschen stehenden alleinigen Gesetzgebungsmacht bediente. An dem formellen Recht der Regierung, das Adelsedikt noch zu erlassen, bestand jedoch kein Zweifel. So war es ungerechtfertigt, die Regierung eines Verfassungsbruchs zu beschuldigen. Allenfalls konnte man ihr den Mißbrauch eines auslaufenden formalen Rechts zum Vorwurf machen.

Die liberale Opposition berief sich auch darauf, Art. 13 der Bundesakte setze, indem er eine „landständische Verfassung" vorschreibe, die Rechtsgleichheit der Bürger voraus; Art. 14 der Bundesakte, der den Mediatisierten bestimmte Privilegien zusichere, sei deshalb mit Art. 13 unvereinbar und nichtig. Schon diese Auslegung des Art. 13 war angesichts der Vieldeutigkeit des Begriffs „landständische Verfassung" eine gewaltsame Konstruktion; die Lehre aber, daß es „verfassungswidrige Verfassungsnormen" geben könne, wird durch dieses frühe Beispiel eher widerlegt als bekräftigt. Als dann die Zweite Kammer förmlich die Aufhebung des Adelsedikts verlangte, antwortete Großherzog Ludwig am 28. Juli 1819 mit der Vertagung der Kammern. So zeigte sich gleich am Anfang, welch wirksame Waffe der Regierung mit ihrem Vertagungsrecht zur Verfügung stand.

4. Der badische Staatsstreichplan

Wie in Bayern bot sich auch in Baden angesichts dieser Konfliktslage der Gedanke des *Staatsstreichs* an. Der Minister v. *Berstett*, der unter Großherzog Ludwig der führende Mann in der Regierung geworden war, nachdem der *Frh. v. Reitzenstein* sich erneut zurückgezogen hatte, war schnell mit einem Plan zur Hand. Der Großherzog sollte die dem Land überlassenen Staatsdomänen wieder als persönlichen Besitz der Dynastie an sich nehmen; der zu erwartende Protest des Landtags sollte als Verfassungsbruch deklariert werden; als Gegenschlag sollte der Herrscher dann den Landtag aus einem beschließenden in ein bloß beratendes Organ verwandeln. Für diesen Gewaltakt

---

[1]) Siehe unten S. 559.
[2]) Edikt die standes- und grundherrlichen Rechtsverhältnisse im Großherzogtum Baden betreffend vom 16. April 1819 (RegBl. S. 1487).
[3]) § 82 BadV.

erhoffte Berstett sich die Hilfe des Bundes, besonders aber Österreichs und Preußens. Aber auch hier trat *Metternich* dem Staatsstreich entgegen.

In seinem Schreiben an Berstett vom 4. Mai 1820[1]) führte der Staatskanzler aus: Die wichtigste Aufgabe der Zeit sei die Erhaltung des Bestehenden, und zwar nicht nur die Erhaltung der alten Ordnung, sondern auch die der neu eingeführten Institutionen. Jede einmal gesetzlich eingeführte Verfassung müsse erhalten werden; es sei beharrlich an ihr festzuhalten, gleichviel welches ihr Inhalt sei. Nur die vorsichtige Verfassungsrevision auf legalem Weg wollte der Staatskanzler zulassen; den Staatsstreich verwarf er rundweg. Diese Antwort ist ein bemerkenswertes Zeichen der Rechtsgesinnung, die Metternich erfüllte. So sehr er die süddeutschen Verfassungen, zumal die dem Repräsentativsystem so weitgehend entsprechende Verfassung Badens, mißbilligte, so entschieden erkannte er sie als geltendes Recht an, das nicht anders als im Wege Rechtens geändert werden dürfe[2]).

Die badische Regierung sah sich durch diese Mahnung zum Einlenken gezwungen. Sie berief die 1819 vertagten Kammern im Juni 1820 erneut ein. Den im Beamtenverhältnis stehenden Abgeordneten bewilligte sie nun den nötigen Urlaub. Sie lockerte die auch in Baden nach den Karlsbader Beschlüssen verschärfte Zensur. Der Landtag erwies sich für dieses Entgegenkommen dankbar. Es kam zu friedlichen Verhandlungen zwischen Regierung und Volksvertretung; im September 1820 konnte der erste badische Landtag ohne neuen Konflikt geschlossen werden.

5. Das „Innsbrucker System"

Im badischen Landtag von 1822 trat die liberale Opposition wieder nachdrücklich hervor. In der Zweiten Kammer bildete sich ein radikaldemokratischer Flügel, den *Johann Adam v. Itzstein* führte. Nach wie vor waren die in die Kammer gewählten liberalgesinnten Beamten die gefährlichsten Widersacher der Regierung. Im Auftrag des Ministers *Berstett* suchte der Gesandte *Blittersdorf* in Wien um Hilfe gegen die im Landtag „allmächtige Kaste der Staatsdiener" nach. Im Oktober 1822 hielt Berstett selber in Innsbruck Metternich und dem preußischen Außenminister Graf Bernstorff Vortrag über die gespannte innerbadische Lage. Die Vertreter der beiden Großmächte rieten zwar nach wie vor vom Staatsstreich ab, ermahnten den badischen Minister aber, dem Landtag im Rahmen der verfassungsrechtlichen Möglichkeiten energisch und unbeirrt entgegenzutreten. Die damit in Baden eingeleitete reaktionäre Politik (das „Innsbrucker System") suchte die Einflußrechte der Kammern und die Freiheitsrechte der Bürger soweit zurückzudrängen, wie es unter Ausnutzung der äußersten Möglichkeiten der Legalität noch als irgend vertretbar erschien. Der immer wieder aufflammenden Neigung der badischen Regierung, auch diese äußersten Grenzen zu überschreiten und zum offenen Staatsstreich überzugehen, trat die preußische Regierung allerdings durch neue Abmahnungen entgegen.

Wie zuvor in Bayern[3]) so kam es in Baden über dem *Militärbudget* zum Streit. Der Landtag verweigerte die im Voranschlag der Regierung vorgesehenen Steuern,

---

[1]) Text bei *Klüber-Welcker,* Wichtige Urkunden S. 315 ff.
[2]) Siehe auch unten S. 535 f.
[3]) Siehe oben S. 367.

die für Militärausgaben dienen sollten, zu einem erheblichen Teil. Darauf erklärte Großherzog Ludwig, dem bayerischen Beispiel folgend, nach Art. 58 der Wiener Schluß-akte seien die Kammern nicht berechtigt, ihn an der Erfüllung seiner bundesmäßigen Kontigentspflichten zu hindern[1]). Er werde daher die für die Unterhaltung der Ar-mee erforderlichen Summen auch ohne verfassungsmäßige Bewilligung der Kammern ausgeben. Wiederum mußte also das Bundesrecht dazu dienen, die landständischen Rechte zu beschränken. Als auf diese Kampfansage der Regierung hin die Zweite Kammer an ihrem ablehnenden Beschluß festhielt, verließen die Minister demon-strativ den Sitzungssaal. Der Großherzog verfügte nun die *Schließung* (nicht bloß, wie er es 1819 getan hatte, die Vertagung) des Landtags. Das Finanzgesetz war ge-scheitert, und die Regierung wirtschaftete ohne die Zustimmung der Kammern. Das System eines „budgetlosen Regiments" war also schon in der frühkonstitutionellen Zeit bekannt; es ist bezeichnend, daß von Anfang an der Militäretat den Anlaß für solche Budgetkonflikte zwischen Regierung und Parlament bot.

Baden hatte die Hoffnung, daß der bundesrechtliche Grund, den die Regierung als Vorwand für den Konflikt gewählt hatte, den Bundestag veranlassen werde, in dem Ver-fassungsstreit zugunsten der Krone einzugreifen. Eine Denkschrift von *Gentz* bestärkte die Regierung in dieser Zuversicht. Ob allerdings die Voraussetzungen einer Bundesin-tervention (Widersetzlichkeit der Untertanen gegen die Regierung[2]) vorlagen, war mehr als zweifelhaft. Die Einmischung in einen bloßen Verfassungsstreit, in dem es nicht zur „Widersetzlichkeit" kam, war dem Bund nur gestattet, wenn er die Garantie für die Landesverfassung ausdrücklich übernommen hatte[3]); Baden hatte um diese Garantie zwar nachgesucht, aber sie war ihm nicht gewährt worden[4]). Preußen lehnte daher jede Inter-vention des Bundes in dem badischen Streit ab.

Der Minister v. Berstett entschloß sich darauf zum Handeln auf eigene Faust. Im Dezember 1824 verfügte der Großherzog auf Rat seines Ministers die *Auflösung* des Landtags[5]). Auch diese Maßnahme hielt sich, dem „Innsbrucker System" entspre-chend, noch in den Grenzen der Legalität. Immerhin war die Regierung nun an der Grenze ihrer legalen Möglichkeiten angelangt; hintereinander hatte sie alle verfas-sungsmäßigen Kampfmittel gegen die Kammern – Vertagung, Schließung, Auflösung – in wenigen Jahren angewandt. Alles kam für die Regierung darauf an, daß sie in dem nach der Auflösung entbrennenden Wahlkampf obsiegte. Sie bediente sich da-her aller verfügbaren Mittel der Wahlbeeinflussung. Der Klerus, in Baden bis vor kurzem unter *Wessenbergs* Führung selbst Träger aufgeklärt-liberalen Geistes, war seit einiger Zeit im Zug der beginnenden katholischen Erneuerungsbewegung zu kon-servativer Haltung zurückgekehrt; er leistete der Regierung im Wahlkampf die wert-vollste Hilfe. Der Wahlsieg, den die regierungstreuen Gruppen errangen, war ein-deutig; nur drei liberale Abgeordnete zogen in die 1825 neugewählte Zweite Kam-mer ein.

Erneut dachte die reaktionäre Gruppe, die Gunst der Stunde zum *Staatsstreich* zu nutzen. Aber neben Berstett saßen in der Regierung als verfassungstreue Mit-glieder der Finanzminister *Böckh* und der liberale Staatsrat *Winter*[6]). So hielt die Regierung sich im Ganzen doch auf dem verfassungsmäßigen Weg. Sie konnte das umso eher, als sie fürs Erste durch die Wahlen von 1825 gegen die liberale Oppo-sition gesichert war. Die beiden Sessionen des Landtags (1825 und 1828) verliefen ohne Zwischenfälle; bis in die Zeit der Julirevolution kehrte Ruhe in das Verfas-sungsleben Badens ein.

---

[1]) Art. 58 WSchlA: „Die im Bunde vereinten souveränen Fürsten dürfen durch keine landständische Verfassung in der Erfüllung ihrer bundesmäßigen Verpflichtungen ge-hindert oder beschränkt werden".
[2]) Siehe unten S. 631 ff.
[3]) Siehe unten S. 649 ff.
[4]) Siehe unten S. 650.
[5]) Erlaß vom 11. Dezember 1824 (Reg.Bl. S. 1795).
[6]) Siehe oben S. 374.

6. Die Verfassungsänderungen von 1825

Der wichtigste verfassungsrechtliche Vorgang dieser stillen Jahre war die *legale Verfassungsrevision*, die die Regierung, auch hierin dem Innsbrucker System getreu, auf Grund der Wahlen von 1825 durchsetzte. Nach Zustimmung der beiden Kammern erließ Großherzog Ludwig das verfassungsändernde Gesetz vom 14. April 1825 (Reg.Bl. S. 1801). Es verlängerte den Zeitabstand zwischen den Wahlen zur Zweiten Kammer von zwei auf sechs Jahre; ferner verlängerte es die Laufzeit des Auflagegesetzes (praktisch: des Budgets) auf drei Jahre; die Berufung der Stände brauchte deshalb nur mehr alle drei Jahre stattzufinden. Die Regierung erlangte vermöge dieses Gesetzes eine verstärkte Unabhängigkeit gegenüber dem Parlament. Sie konnte diese Verfassungsänderungen jedoch nur wenige Jahre behaupten. Das durch den Antrag des Abgeordneten Itzstein veranlaßte Gesetz vom 8. Juni 1831 (Reg.Bl. S. 79) hob die Verfassungsänderungen von 1825 auf und stellte damit die Verfassung von 1818 in vollem Umfang wieder her[1]).

Trotz dieser kurzen Dauer ist das badische Gesetz vom 14. April 1825 bemerkenswert als erster Fall eines verfassungsändernden Gesetzes im deutschen konstitutionellen System. Es ist ein Präzedenzfall für die häufig angewandte deutsche Methode des verfassungsdurchbrechenden Gesetzes, das den Text der Verfassungsurkunde unangetastet läßt und die Verfassungsabweichungen außerhalb des Verfassungstextes anordnet. Daß dieser mit dem badischen Verfassungsrevisionsgesetz von 1825 begonnene Brauch nicht eben lobenswert ist, ist inzwischen allgemein bekannt[1a]). Das Bonner Grundgesetz (Art. 79 Abs. 1) hat sich von ihm entschieden abgekehrt.

III. Verfassungskämpfe in Württemberg

1. Die württembergische Regierung

Obwohl bereits seit Ende 1817 ohne Ministeramt, übte *Wangenheim* in den ersten Jahren nach dem Inkrafttreten der Verfassung einen weit über die Funktion eines Bundestagsgesandten hinausgehenden Einfluß auf die württembergische Regierungspolitik aus. Wangenheim war die treibende Kraft bei den Verhandlungen über die deutsche Zolleinigung und über einen südwestdeutschen Zoll-Sonderbund[2]); er stand im Mittelpunkt der Bemühungen um die Neuregelung des Staatskirchenrechts im Gebiet der oberrheinischen Kirchenprovinz[3]); er brachte Württemberg durch seine „Triaspolitik" wie durch seine liberalen Konspirationen am Bundestag in eine heikle bundespolitische Lage[4]). Mit Wangenheims Sturz 1823 nahm diese Nebenregierung des Bundestagsgesandten ein jähes Ende. Wangenheims Nachfolger am Bundestag, *Frh. August Heinrich von Trott zu Solz*, der von 1824 bis 1840 in Frankfurt tätig war, betrieb die württembergische Bundespolitik nicht mehr, wie sein Vor-

---

[1]) Über die Entwicklung Badens seit 1830 siehe Bd. II S. 39 ff., 441 ff.
[1a]) Siehe dazu Bd. V S. 64 f., Bd. VI S. 421 ff.
[2]) Siehe unten S. 810 ff.
[3]) Siehe unten S. 434.   [4]) Siehe unten S. 754 ff.

gänger, auf eigene Faust. Der Außenminister *Graf Wintzingerode*, der von 1819 bis Ende 1823 im Amt war, scheiterte an dem Versuch, einen mittleren Kurs zwischen der Metternich'schen Politik und dem eigenwilligen Partikularismus König Wilhelms I. zu steuern. Sein Nachfolger im Außenministerium *Graf Beroldingen* fügte Württemberg in die Reihe der konservativen deutschen Kabinette ein. Die Leitung der inneren Staatsgeschäfte lag seit 1818 fest in *Mauclers* Hand. Er machte sich um die Neugestaltung und Konsolidierung des württembergischen Staatswesens hoch verdient; zugleich aber trat er allen freiheitlichen Regungen energisch und mitunter mit bedenklichen Methoden entgegen. Das erwies sich insbesondere am Verhalten der Regierung im Fall List.

Karl August Frh. v. Wangenheim (1773–1850) stammte aus altem thüringischem Adel. Nach dem Studium der Rechtswissenschaften in Jena und Erlangen[1]) trat er in den koburg-saalfeldischen Dienst. 1803 wurde er Vizepräsident der Regierung; doch wurde er 1804 auf Grund eines Konflikts mit seinem vorgesetzten Minister entlassen; ein ihm günstiges Urteil des Reichshofrats brachte ihm keinen Nutzen, weil über dem Prozeß das Reich zu Ende gegangen war[2]). 1806 trat Wangenheim in den württembergischen Staatsdienst über; er wurde Präsident der Oberfinanzkammer und Kurator der Universität Tübingen. Sein literarisches Eingreifen in die württembergischen Verfassungsverhandlungen[3]) trug ihm die Berufung in die Verfassungskommission ein. Nach dem Thronwechsel von 1816 wurde er Kultusminister; doch zwang ein Konflikt mit dem Minister Malchus ihn schon im November 1817 zum Ausscheiden aus der Regierung. Das württembergische Verfassungswerk wurde zwar ohne Wangenheim abgeschlossen. Aber als Bundestagsgesandter (1817–23) gewann Wangenheim nun eine außerordentliche Wirkungsmöglichkeit. Mit seinem Sturz[4]) nahm eine groß angelegte Laufbahn ein frühes Ende. Wangenheim lebte zunächst in Dresden, dann in Coburg. Sein Versuch, 1832 einen Kammersitz zu übernehmen, scheiterte daran, daß die Regierung die Auffassung vertrat und durchsetzte, wer außerhalb des Landes wohne, besitze die Wählbarkeit im Lande nicht[5]). Erst in der Zeit der deutschen Revolution trat Wangenheim politisch erneut mit Schriften hervor, in denen er seine Trias-Idee wiederzubeleben suchte[6]).

Heinrich Levin Graf Wintzingerode (1778–1856) stammte aus Kurhessen; schon sein Vater war in den württembergischen Dienst getreten und zum Minister aufgestiegen. Der junge Wintzingerode begann seine Laufbahn 1802 als Attaché bei der württembergischen Gesandtschaft in Regensburg. Seit 1803 war er in der inneren Verwaltung tätig. 1808 wurde er Gesandter in Karlsruhe, 1809 in München, 1810 in Paris, 1813 in Petersburg und 1816 in Wien. Daneben war er 1814/15 württembergischer Vertreter auf dem Wiener Kongreß. 1819 wurde er Außenminister; er vertrat Württemberg auf den Karlsbader und auf den Wiener Konferenzen 1819/20. Zur Trias-

---

[1]) Wangenheim, der schon in Jena (1792) relegiert worden war, war in Erlangen Senior des (verbotenen) Ordens der Konstantisten (siehe unten S. 706), der sich zu den Ideen der französischen Revolution bekannte; wegen seiner Ordenszugehörigkeit wurde Wangenheim auch in Erlangen relegiert (1795). Vgl. *G. Schmidgall*, Der württembergische Staatsminister K. A. v. Wangenheim als Student (Schwäb. Merkur, 1926, Nr. 520).

[2]) *Wangenheim*, Auch ein Beitrag zur Geschichte der Organisation der Sachsen-Coburg-Saalfeldischen Lande durch den Geheimen Rath und dirigierenden Minister *Th. v. Kretschmann* (1805).

[3]) Siehe oben S. 333.

[4]) Siehe unten S. 756 ff.

[5]) *Wangenheim*, Die Wahl des Frh. v. Wangenheim in die württembergische Ständeversammlung (1832).

[6]) *Ders.*, Österreich, Preußen und das reine Deutschland auf der Grundlage des deutschen Staatenbundes organisch zum deutschen Bundesstaat vereinigt (1849); *ders.*, Das Dreikönigsbündnis und die Radowitzische Politik (1851).

politik König Wilhelms und Wangenheims stand er in einiger Distanz; so mag es sein, daß ihm der von den deutschen Großmächten erzwungene Sturz Wangenheims nicht ungelegen kam; aber da er über diesem Konflikt von 1823 [1]) das Vertrauen des Königs verlor, sah er sich nun selbst zur Demission genötigt. Die Aussicht auf Wangenheims Nachfolge am Bundestag verscherzte er sich durch einen anonymen Artikel in einem Pariser Blatt, in dem er die angeblich liberalen und die partikularistischen Neigungen seines Landesherrn in kompromittierender Form behandelte. Als seine Urheberschaft bekannt wurde, blieb dem hochbegabten, erst 45 Jahre alten Staatsmann nur der Rückzug ins Privatleben übrig [2]).

Paul Friedrich Frh. v. Maucler (1783—1859) trat nach dem Studium der Rechtswissenschaften 1803 als Assessor bei der Oberlandesregierung in Ellwangen ein; er wurde 1806 Mitglied des Oberjustizkollegiums, 1808 Kreishauptmann in Ludwigsburg, 1810 Obertribunalrat in Tübingen, 1811 Landvogt in Calw, 1812 Chefdirektor am Criminaltribunal in Eßlingen und 1816 Hofkammerpräsident. Nach dem Thronwechsel trat er in die Regierung ein, zunächst 1817 als Geheimrat; seit 1818 war er als Justizminister der maßgebende Mann innerhalb des Ministeriums. Von 1831 bis zum 6. April 1848 war er Geheimratspräsident; auch nach seinem durch die Revolution erzwungenen Rücktritt nahm er bis zu seinem Tod als Mitglied der Ersten Kammer am öffentlichen Leben teil.

2. Die württembergischen Kammern

Im württembergischen Landtag, dessen erste Sitzungsperiode im Januar 1820 begann, kam es zunächst nicht zu ständischen Konflikten. Anders als in Bayern und Baden gab es im Stuttgarter Parlament im Anfang keine starke liberale Opposition.

Die ersten Wahlen verliefen ohne eigentlichen Kampf. Auf dem Land bezeichneten die Oberamtmänner den Bauern die zu wählenden Kandidaten, und das an sein altständisches Schreiberregiment gewohnte Volk kam diesen Weisungen nach. Wie in Baden bestand die große Mehrheit der in die *Zweite Kammer* gewählten Abgeordneten aus Beamten. Aber sie waren, anders als in Baden, nicht aufgeklärt, liberal und oppositionell, sondern protestantisch-orthodox und gouvernemental gesinnt; sie fühlten sich selber als Regierung. So gab es eine eigentliche Oppositionspartei in der Zweiten Kammer nicht. Die *Erste Kammer* aber, um die so heiß gerungen worden war, erwies sich wiederholt als beschlußunfähig, da mehr als die Hälfte der Mitglieder nicht erschienen. In diesem Fall war die beschlußunfähige Kammer „als einwilligend in die Beschlüsse der andern" anzusehen. Die erschienenen Mitglieder der unvollzähligen Kammer besaßen das Recht, „den Sitzungen der andern mit Stimmrecht beizuwohnen" [3]). Da diese Sachlage nicht selten eintrat, kam es in Württemberg zeitweise eben doch zu einem „unfreiwilligen Einkammersystem" [4]). Unter den Abgeordneten der Zweiten Kammer ragten in der Anfangszeit des württembergischen Frühkonstitutionalismus der Verleger *Cotta* und der Dichter *Uhland* hervor.

---

[1]) Siehe unten S. 754 ff.
[2]) Dazu *Wilko Graf Wintzingerode*, Graf H. L. Wintzingerode, ein Württemberger Staatsmann (1866).
[3]) § 161 WürttV.
[4]) *Treitschke*, Dt. Gesch. Bd. 3 S. 51 f.

Johann Friedrich Cotta, seit 1822 *Frh. v. Cottendorf* (1764—1832), studierte Rechtswissenschaft und wurde zunächst Advokat. 1787 übernahm er die großväterliche Buchhandlung J. G. Cotta in Tübingen; den dazu gehörigen Verlag baute er aus kleinen Anfängen zu einem Unternehmen von Weltruf aus; vor allem Goethe und Schiller gehörten zu seinen Autoren. 1798 begann er mit der Herausgabe der „Allgemeinen Zeitung" in Stuttgart, einem liberal und national getönten Blatt. Dem von der württembergischen Regierung ausgesprochenen Verbot entzog er sich, indem er den Verlagsort für die „Allgemeine Zeitung" 1803 nach Ulm und 1810 nach Augsburg verlegte. Als schon weltberühmter Verleger erschien Cotta 1814/15 auf dem Wiener Kongreß, um für die Preßfreiheit und für das Verbot des Büchernachdrucks zu werben. Im württembergischen Verfassungskampf trat er als Abgeordneter des Oberamts Böblingen in der Ständeversammlung von 1815 hervor. Wie Wangenheim, mit dem er befreundet war, bemühte er sich um eine Vermittlung in dem Gegensatz zwischen der Regierung und der altständischen Partei; so machte er sich um das Zustandekommen der Verfassung von 1819 verdient[1]. Seit 1820 gehörte er als ritterschaftlicher Vertreter des Schwarzwaldkreises der Zweiten Kammer an; seit 1821 war er Mitglied des ständischen Ausschusses; 1824—31 war er Vizepräsident der Zweiten Kammer. In den Freiherrnstand wurde er 1822 vom bayerischen König erhoben. Politisch vertrat er nun einen sehr maßvollen Liberalismus; Konflikte mit der Regierung wußte er zu vermeiden. Sein Hauptverdienst in dieser späteren Zeit war die vermittelnde Rolle, in der er sich 1828/29 um einen Kompromiß in den württembergisch-preußischen Zollverhandlungen bemühte; der Abschluß des süddeutsch-preußischen Vertrags vom 27. Mai 1829, der entscheidende Vorstufe des Deutschen Zollvereins war, ist in erster Linie Cotta zu danken[2].

Ludwig Uhland (1787—1862) studierte Rechtswissenschaft; er promovierte 1810, war 1812/14 Sekretär im württembergischen Justizministerium und ließ sich 1814 als Advokat in Stuttgart nieder. In seiner politischen Haltung verband er radikal-liberale, demokratisch-republikanische und altständisch-konservative Ideen. Seit 1815 war er literarisch in diesem Sinn tätig; er kämpfte leidenschaftlich für das „gute alte Recht", also die Wiederherstellung der altständischen Verfassung, zugleich aber für die entschiedene Demokratie, so in einer Flugschrift „Keine Adelskammer!" (1817), in der er gegen das Zweikammersystem stritt. 1819 wurde er für das Oberamt Stuttgart in die konstituierende Kammer gewählt; dann gehörte er der Zweiten Kammer 1820 bis 1826 und 1833 bis 1838 an. Er zählte zur liberalen Opposition, hielt sich aber trotz seiner demokratisch-republikanischen Überzeugungen von jedem extremen Auftreten fern. Seit 1829 war er Professor für deutsche Literatur in Tübingen. In dem Landtag von 1833 zeigte seine oppositionelle Haltung sich deutlicher. Nachdem der Landtag wegen eines Konflikts mit der Regierung aufgelöst worden war, wurde Uhland erneut gewählt; doch verweigerte die Regierung ihm den Urlaub, dessen er nunmehr als Staatsbeamter (auch als Universitätsprofessor!) für die Ausübung des Mandats bedurfte. Uhland legte darauf seine Professur nieder; durch das Ausscheiden aus dem Staatsdienst sicherte er sich die Möglichkeit, sein Kammermandat wahrzunehmen. Zu bedeutender politischer Wirksamkeit kam er noch einmal in den Revolutionsjahren 1848/49[3]. Später trat er politisch nicht mehr in betonte Erscheinung.

3. Der Fall Friedrich List

Die gouvernementale Eintönigkeit des württembergischen Verfassungslebens zwischen 1820 und 1830 unterbrach der Streit um *Friedrich List*. Der bedeutendste deutsche Nationalökonom der frühliberalen Epoche war 1789

---

[1] Siehe oben S. 333 f.
[2] Siehe unten S. 817 ff.
[3] Darüber Näheres in Bd. II S. 596, 768, 882.

in der Reichsstadt Reutlingen geboren; 1817 wurde er Professor der Staatswissenschaften in Tübingen. Er trat mit freiheitlichen wirtschaftspolitischen Ideen hervor; besonders die Herstellung der Wirtschafts- und Verkehrseinheit lag ihm am Herzen [1]. Mit nationaldeutscher Gesinnung verband er liberale Überzeugungen; wie Dahlmann in Norddeutschland so war List in Süddeutschland der Repräsentant der nationalliberalen Idee in dieser frühen Zeit; ihr schuf er in seiner Zeitung „Der Volksfreund" ein literarisches Organ. Durch den Freimut, mit dem er vom gouvernementalen wie vom bürgerlichen Konformismus abwich, machte List sich der Regierung wie den Honoratioren unbequem. Zweimal verwehrte die Regierung ihm den Eintritt in die Zweite Kammer. Im Juli 1819 wurde er zum ersten Mal gewählt; aber die Regierung erklärte die Wahl für ungültig, da List an dem vorgeschriebenen Wahlalter von 30 Jahren einige Tage fehlten. Als er bei der Nachwahl erneut kandidierte, leitete die Regierung eine Strafuntersuchung ein, mit dem Vorwurf, sein Wahlaufruf habe beleidigenden Inhalt. Da niemand in die Kammer gewählt werden durfte, der „in eine Criminal-Untersuchung verflochten" war [2], konnte die Regierung mit diesem dolosen Vorgehen Lists Wahl erneut verhindern. Erst beim dritten Anlauf konnte List, nachdem er im Dezember 1820 erneut gewählt worden war, seinen Sitz in der Kammer einnehmen. Diese Vorgänge zeigen, wie mannigfach die Mittel waren, die den frühkonstitutionellen Regierungen zur Beschränkung der Wählbarkeit mißliebiger Politiker zur Verfügung standen.

Bald fand die Regierung denn auch eine neue Handhabe, um gegen den lästigen Wortführer nationaler und liberaler Ideen vorzugehen. In einem politischen Manifest forderte List die Öffentlichkeit der Rechtspflege, die Freiheit der Gemeindeverwaltung, die Verminderung der Beamtenstellen, den Verkauf der Staatsdomänen und die Einführung einer einzigen direkten Steuer. Mit diesen sachlichen Vorschlägen verband er einen temperamentvollen Angriff gegen die in Württemberg noch immer herrschende „Schreiberkaste". Diese Kritik trug ihm ein Gerichtsverfahren wegen Beleidigung des Beamtenstandes ein. Erneut zog die Regierung nun den schon erwähnten § 135 der Verfassung heran, um von der Zweiten Kammer den Ausschluß Lists zu fordern. Sie drang mit diesem Ansinnen in der Kammer durch, die ihrem bedeutendsten Mitglied das Mandat entzog und Lists politischer Wirksamkeit in Württemberg ein schmähliches Ende bereitete.

Nach § 135 der Verfassung war, wie schon gesagt, die Wählbarkeit eines Kandidaten aufgehoben, wenn dieser im Zeitpunkt der Wahl in eine Kriminaluntersuchung verstrickt war; § 158 bestimmte ergänzend, daß ein in die Kammer gewählter Abgeordneter, der während der Wahlperiode die in § 135 festgesetzten Eigenschaften verlor, zum Austritt aus der Kammer gezwungen sei. Weit davon entfernt, die Abgeordnetentätigkeit durch Gewähr der Immunität zu sichern, gab die württembergische Verfassung der Regierung damit das Recht, gegen einen ihr mißliebigen Abgeordneten eine Kriminaluntersuchung einzuleiten und ihn dadurch unmittelbar, ohne

---

[1] Über Lists Kampf für die deutsche Zolleinheit und gegen das preußische Zollsystem siehe unten S. 791, 794, 804 f., 811.
[2] § 135 WürttV.

daß der Sachverhalt gerichtlich geprüft und ein Urteil ergangen war, aus der Kammer auszuschließen. Auch eine unbegründete Untersuchung, deren Haltlosigkeit sich später ergab, führte bei dieser Auslegung der Verfassung den Mandatsverlust herbei. Jede Opposition konnte mit diesem Mittel erstickt werden; denn ein Vorwand für ein Untersuchungsverfahren ließ sich immer finden.

Es wäre Sache der Kammer gewesen, ihre Mitglieder gegen diesen offenkundigen Mißbrauch einer fragwürdigen Verfassungsnorm zu schützen. Aber die Mehrheit der württembergischen Zweiten Kammer ging willfährig auf das Ansinnen, das die Regierung ihr stellte, ein. Da List nicht freiwillig aus der Kammer austrat, schloß die Kammermehrheit ihn aus. Im Strafverfahren wurde er dann wegen Beleidigung des Beamtentums zu Festungshaft verurteilt. Er entzog sich der Haft zunächst durch die Flucht, kehrte aber bald im Vertrauen darauf, daß die Regierung Nachsicht üben werde, ins Land zurück. Aber die Regierung kerkerte ihn auf dem Hohen-Asperg ein; erst als er sich bereit fand, auf sein Bürgerrecht zu verzichten und das Land zu verlassen, gewann er 1825 die Freiheit zurück. Damit war der bedeutendste Kopf des süddeutschen Liberalismus aus dem parlamentarischen Leben ausgeschaltet und gezwungen, ins Exil zu gehen und sich nach der Rückkehr nach Deutschland (1830) in fruchtlosen außerparlamentarischen Kämpfen zu verzehren [1].

Der Fall List ist verfassungsgeschichtlich bedeutsam, weil er zeigte, daß die Repräsentativverfassung, zu deren Wesen das Recht zur freien Opposition gehört, nur funktionsfähig ist, wenn sie den Abgeordneten *volle Immunität* garantiert. Der Vorgang gab den Bestrebungen Auftrieb, die darauf zielten, den Mängeln des frühkonstitutionellen Systems abzuhelfen und dem Parlament wie seinen Mitgliedern ausreichenden Schutz gegen den Verfassungsmißbrauch der Regierungen zu verschaffen.

---

[1] *Friedrich List* lebte seit 1830 in Leipzig, später in Paris und schließlich in Augsburg. Sein großes Werk: „Das nationale System der politischen Ökonomie" erschien 1840. List endete 1846 durch Selbstmord.

Kapitel V

DAS DEUTSCHE STAATSKIRCHENRECHT IM FRÜHKONSTITUTIONALISMUS

§ 23. Das Grundverhältnis von Staat und Kirche im 19. Jahrhundert

Schrifttum: E. Friedberg, Die Gränzen zwischen Staat und Kirche und die Garantien gegen deren Verletzung (1872); *E. Zeller,* Staat und Kirche (1873); *R. Sohm,* Das Verhältnis von Staat und Kirche aus dem Begriff von Staat und Kirche entwickelt (Z. f. KR Bd. 11, 1873, S. 157 ff.); *P. Hinschius,* Staat und Kirche (1883); *K. Rieker,* Die rechtliche Stellung der evangelischen Kirche Deutschlands (1893); *ders.,* Sinn und Bedeutung des landesherrlichen Kirchenregiments (1902); *ders.,* Das landesherrliche Kirchenregiment in Bayern (1913); *W. Kahl,* Lehrsystem des Kirchenrechts und der Kirchenpolitik Bd. 1 (1894); *E. Troeltsch,* Die Trennung von Staat und Kirche (1907); *K. Rothenbücher,* Die Trennung von Staat und Kirche (1908); *J. Niedner,* Der Begriff der innerkirchlichen Angelegenheiten (Festschr. f. A. Thon, 1911, S. 237 ff.); *Boeckenhoff-Koeniger,* Katholische Kirche und moderner Staat (2. Aufl. 1920); *E. Hirsch,* Staat und Kirche im 19. und 20. Jahrh. (1929); *G. J. Ebers,* Staat und Kirche im neuen Deutschland (1930); *E. R. Huber,* Verträge zwischen Staat und Kirche im Deutschen Reich (1930), S. 4 ff.; *J. Heckel,* Cura religionis, ius in sacra, ius circa sacra (Festschr. f. U. Stutz, Kirchenrechtl. Abh. Bd. 117/118, 1938, S. 224 ff.); *R. Smend,* Staat und Kirche (ZevKR Bd. 1, 1951, S. 4 ff.); *M. Heckel,* Staat und Kirche nach den Lehren der evangelischen Juristen Deutschlands in der ersten Hälfte des 17. Jahrhunderts (Z. d. Savigny-Stiftung f. RGesch., Kan. Abt., Bd. 42, 1956, S. 117 ff.; Bd. 43, 1957, S. 202 ff.); *H. Liermann,* Kirchen und Staat (1954/55); *H. Quaritsch,* Kirchen und Staat (Der Staat 1, 1962, S. 175 ff., 289 ff.). Texte der zitierten Landesverfassungen; Dokumente Bd. 1 Nr. 53 (BayV.), Nr. 55 (WürttV.), Nr. 58 (KurhessV.), Nr. 59 (SächsV.).

I. Das Verhältnis von Staat und Kirche als Verfassungsproblem

1. Die Kernfrage des Staatskirchenrechts

In allen Völkern und zu allen Zeiten gehört die Frage nach dem Verhältnis zwischen der politischen und der religiösen Ordnung zu den Hauptproblemen des Verfassungsrechts. Vor allem im Abendland hat sich, seit mit der Christianisierung die *Kirche* sich zur herrschenden religiösen Macht erhob, neben den zahlreichen Problemen, die daraus für den Glauben, für Kultur und Bildung, für Wissenschaft und Gesellschaft wie für das Dasein des Einzelnen entstanden, auch die besondere *Verfassungsfrage* ergeben, in welchem Sinn und in welchen Formen das spannungsreiche Verhältnis der beiden großen Mächte gerecht und zumutbar gestaltet werden kann.

Das Grundverhältnis von Staat und Kirche

Von Anfang an war die kirchliche Obrigkeit eine Macht nicht nur im spirituellen Bereich, sondern zugleich eine der fundamentalen Institutionen des innerweltlichen Daseins. In dieser doppelten Mächtigkeit war die kirchliche Obrigkeit im Mittelalter wie in der beginnenden Neuzeit eine Größe, die bald als Helfer, bald als Gegner neben die staatliche Obrigkeit trat. Ebenso aber war diese nicht nur Schirmvogt und „weltlicher Arm" der Kirche; oft schlug der weltliche Beistand in die weltliche Herrschaft über die Kirche um. Auch nachdem die Reformation den geistlich-weltlichen Universalverband des Unum Corpus Christianum gespalten hatte und das Nebeneinander von „Staat" und „Kirche" als zweier getrennter Verbände entstanden war, ja auch noch nach der vollen „Säkularisation" des Staates und der „Spiritualisierung" der Kirche in dem großen nachreformatorischen Trennungsprozeß, der sich erst im beginnenden 19. Jahrhundert vollendete, blieb die starke Wechselwirkung bestehen, kraft deren die Kirche in den Raum des Staates, der Staat in den Raum der Kirche fördernd, kontrollierend oder hemmend hineinwirkt. Zu allen Zeiten nun waren die Kämpfe zwischen Staat und Kirche, zu denen diese Entwicklung seit dem Mittelalter in unaufhörlicher Folge führte, auch *Verfassungskämpfe*, d. h. auch Kämpfe um die rechte Gestaltung der Grundordnung des Staates. Der hoch- und spätmittelalterliche Kampf „zwischen geistlichem und weltlichem Recht", die Kämpfe um Reformation und Gegenreformation, der Kampf um Episkopalismus, Territorialismus und Kollegialismus im Zeitalter des Absolutismus waren solche Verfassungskämpfe. In nicht geringerem Maße aber waren es die Kämpfe des 19. Jahrhunderts um die Säkularisation, um die Reorganisation des katholischen Kirchenwesens und um die Union der protestantischen Landeskirchen, um das geistliche oder staatliche Ehe- und Schulrecht, um die Ausbildung und Anstellung der Geistlichen, um Kirchengut und Staatsleistungen, um Bischofswahl und Bischofseid, um Placet und Recursus ab abusu, um Parität und Koordination, um Freiheit der Kirche im Staat und Freiheit des Staates von der Kirche. In der konstitutionellen Epoche waren die Auseinandersetzungen um die verfassungsrechtliche Gewährleistung kirchlicher Freiheiten und die verfassungsrechtliche Statuierung kirchlicher Pflichten Verfassungskämpfe erster Ordnung. Der *Kölner Kirchenkampf* in der ersten, der *Kulturkampf* in der zweiten Hälfte des 19. Jahrhunderts waren Verfassungskonflikte, die das innere Gefüge des Staates vielleicht noch stärker als der Streit um die Staatsorganisation, um die bürgerlichen Freiheitsrechte oder um die wirtschaftliche und soziale Ordnung erschütterten.

Als Ergebnis vielfältiger Berührungen, Verbindungen und Abgrenzungen im Verhältnis von Staat und Kirche entstand das *Staatskirchenrecht*, d. h. die Gesamtheit der teils einseitig vom Staat, teils einseitig von der Kirche, teils zweiseitig von Staat und Kirche geschaffenen Rechtseinrichtungen und Rechtsnormen, die das staatlich-kirchliche Verhältnis in eine feste, dauernde Ordnung zu bringen suchen. In seinen Hauptsätzen und Grundeinrichtungen ist das Staatskirchenrecht ein wesentlicher Bestandteil des *Staatsverfassungsrechts,* gleichviel ob es seinen Platz in der staatlichen Verfassungsurkunde gefunden hat oder nicht. Mit dem Wechsel der großen staatlichen Verfassungsepochen ist kraft der Interdependenz der einzelnen Verfassungsteile in aller Regel auch ein Wandel des Staatskirchenrechts verbunden. Der *Absolutismus* des 18. Jahrhunderts, in dem die Suprematie des Staates über die Kirche sich stärker als je zuvor durchsetzte, führte zu einem besonders stabilen System des Staatskirchenrechts, das durchweg auf einseitigen Staatsgesetzen beruhte. Im preußischen ALR erhielt dieses obrigkeitsstaatliche Staatskirchenrecht seine klassische Form. Der *Konstitutionalismus* des 19. Jahrhunderts hat das Staatskirchenrecht trotz der starken traditionellen Momente, von denen es bestimmt blieb, einer tiefen Umgestaltung unterworfen. Die Grundfrage des neuen Staatskirchenrechts bestand darin, ob es länger einseitig durch den staatlichen Willen in Verfassung und Gesetz oder ob es nunmehr kraft kirchlicher Autonomie einseitig durch kirchliche Anordnung oder schließlich ob es auf Grund eines staatlich-kirchlichen Kompromisses zweiseitig durch Staatskirchenverträge („Konkordate") zu ordnen sei.

Das Staatskirchenrecht des 19. Jahrhunderts entwickelte sich, aufs Ganze gesehen, in einer unentschiedenen Schwebelage, indem jede dieser drei möglichen Gestaltungsformen zur Anwendung kam. Die im Absolutismus aufgekommene Lehre von der Unterordnung der Kirche unter die Staatsomnipotenz behauptete sich im 19. Jahrhundert in der gemilderten Form der *Lehre von der staatlichen Kirchenhoheit;* der bürokratische Etatismus wie der der Macht der Kirche noch weit mehr als der Macht des Staates mißtrauende Liberalismus waren sich in dem Bekenntnis zur staatlichen Kirchenhoheit als dem Kernsatz des Staatskirchenrechts einig. Die kirchliche Rechtstheorie dagegen erneuerte, zumindest im katholischen Bereich, die im Prinzip nie preisgegebene *Lehre von der kirchlichen Autonomie* in geistlichen wie in „gemischten" Angelegenheiten; gerade im Kampf um die res mixtae — vor allem Ehe und Schule — trat das wiederbelebte Machtbewußtsein der Kirche bald hervor. Zugleich aber entfaltete sich im Verhältnis von Staat und katholischer Kirche das auf Ausgleich und Verständigung ausgerichtete *Konkordatssystem* mit neuer Kraft. Der Kulturkampf war eine Krise dieses aus heterogenen Bestandteilen aufgebauten Staatskirchenrechts; daß er mit einem Friedensschluß zwischen Staat und Kirche beigelegt wurde, in dem jeder der beiden Partner seine Grundposition zu wahren vermochte, zeigte, wenngleich man die Form des Konkordats vermied, daß die *Koordination von Staat und Kirche* und damit das Vereinbarungsprinzip die sachgerechte und vernunftgebotene Lösung sei.

2. Die Typologie des Staatskirchenrechts

Die Wissenschaft, die sich im 19. Jahrhundert um die Klärung des Verhältnisses von Staat und Kirche bemühte, unterschied eine bestimmte Zahl von „kirchenpolitischen Systemen", genauer gesagt: von *Typen des Staatskirchenrechts.* Das staatlich-kirchliche Verfassungsverhältnis kann im Grundsatz auf der Verbindung oder der Trennung von Staat und Kirche beruhen; deshalb sind als Grundtypen die staatsverbundenen und die staatsfreien Kirchen zu unterscheiden. Die naheliegenden und oft gebrauchten Bezeichnungen „Staatskirchen" und „Freikirchen" sind mißverständlich; sie benennen nur bestimmte Sondertypen innerhalb der beiden Grundgruppierungen, aber nicht diese selbst.

a) Die staatsverbundenen Kirchen

Die staatsverbundenen Kirchen teilen sich in solche, die auf dem Vorrang der Kirche, solche, die auf dem Vorrang des Staates und solche, die auf der Gleichordnung von Kirche und Staat beruhen.

aa) Der *kirchliche Vorrang („Hierokratie")* kann in der Form der reinen Theokratie entwickelt sein, in der die Kirche selbst Staat ist. Er kann aber auch als Herrschaft der Kirche über den selbständig organisierten Staat („Kirchenstaatstum") in die Erscheinung treten. Er kann schließlich auch bedeuten, daß im Staat durch direkte oder indirekte kirchliche Einwirkung die Prinzipien und Interessen der Kirche vorherrschend sind, ein System, das, vor allem polemisch, als „Klerikalismus" bezeichnet wird.

bb) Der *staatliche Vorrang* prägt sich entweder so aus, daß die weltliche Obrigkeit zugleich kirchliche Obrigkeit ist. In älterer Zeit entwickelte dieses System sich in der Form des „Cäsareopapismus", in neuerer Zeit auf veränderter Grundlage in den evangelischen Kirchen in der Form des „landesherrlichen Kirchenregiments". Im absoluten Staat galt die Kirche als eine den Staatszwecken dienende, folglich der Staatsgewalt voll unterworfene, aber auch mit starken staatlichen Privilegien ausgestattete Anstalt; in diesem „Staatskirchentum" gab es entweder nur eine einzige Staatskirche („Gallikanismus", „Josefinismus") oder aber eine Mehrheit gleichberechtigter Landeskirchen („Preußisches Paritätssystem"). Abgeschwächt wurde der Vorrang des Staates im System der staatlichen Kirchenhoheit; hier hielt die Staatsgewalt sich von der Einmischung in die innerkirchlichen Angelegenheiten frei; für die äußeren Kirchenangelegenheiten, zu denen der Staat in der Regel allerdings auch die „res mixtae" zählte, hielt er dagegen an seinem Kirchenhoheitsrecht fest.

cc) Aus diesem System der Kirchenhoheit erwächst leicht die *Koordination von Staat und Kirche,* indem nämlich der Staat die volle Autonomie der Kirche nicht nur für alle geistlichen Angelegenheiten, sondern grundsätzlich auch für ihr Organisations- und Amtsrecht anerkennt; die staatliche Aufsichtsgewalt wird auf einen schmalen peripheren Bereich begrenzt. Doch bedeutet dieses System nicht etwa „Trennung von Staat und Kirche". Es beruht vielmehr, bei grundsätzlicher Koordination, auf einer ausgewogenen Wechselbeziehung gegenseitiger Rechte und Pflichten. Der Staat erkennt den *Öffentlichkeitsanspruch* der Kirche, diese erkennt den *Obrigkeitsanspruch* des Staates an; die „gemischten Angelegenheiten" werden in wechselseitiger Verständigung geordnet. Das Koordinationssystem beruht entweder auf einer einseitigen Verfassungsgarantie des Staates („Garantiesystem") oder auf staatlich-kirchlichen Verträgen („Konkordatssystem").

b) Die staatsfreien Kirchen

aa) Die staatsfreien Kirchen können trotz ihrer Trennung vom Staat eine rechtlich privilegierte Stellung behaupten, was dann in der Regel doch wieder zu wechselseitigen Verbindungen (Staatsleistungen an die Kirchen; staatliche Aufsichtsrechte über die Kirchen in einem engumgrenzten Bereich; kirchliches Besteuerungsrecht; Anerkennung der Kirchen als Körperschaften des öffentlichen Rechts) führt. Man hat dieses System daher auch „hinkende Trennung" von Staat und Kirche genannt.

bb) Die Trennung kann den Kirchen aber auch, vom staatlichen Recht her gesehen, die Stellung von rein vereinsmäßig organisierten, privatrechtlichen Gemeinschaften zuweisen. Sie sind dann dem allgemeinen Vereinsrecht des Staates untergeordnet, besitzen nur vereinsrechtliche Befugnisse, aber auch die vereinsrechtliche Autonomie, soweit es ihr Verhältnis zum Staat angeht, während ihre innere Ordnung ihnen ganz überlassen ist.

c) Übersicht

Alle diese Typen haben, sei es in Deutschland, sei es anderwärts, ihre geschichtliche Verwirklichung gefunden. Gewiß ließe sich das gezeichnete Bild durch weitere Nuancierungen noch verfeinern. Doch mag dieses Schema zur verfassungsgeschichtlichen Orientierung über die Grundfrage, vor die der konstitutionelle Staat des 19. Jahrhunderts sich bei der Neuordnung des Staatskirchenrechts gestellt sah, genügen. Es werden also zwölf Typen des Staatskirchenrechts unterschieden.

A. Staatsverbundene Kirchen

a) mit kirchlichem Vorrang:

   1. Theokratie

   2. Kirchliche Suprematie („Kirchenstaatstum")

   3. Kirchliche Hegemonie („Klerikalismus")

b) mit staatlichem Vorrang:

   4. Staatliche Kirchenleitung („Cäsareopapismus")

   5. Summepiskopat des Staatsoberhaupts („landesherrliches Kirchenregiment")

   6. Staatskirchentum mit nur einer Staatskirche („Gallikanismus"; „Josefinismus")

   7. Staatskirchentum mit mehreren Staatskirchen („preußisches Paritätssystem")

   8. Staatliche Kirchenhoheit

c) mit Gleichordnung:

   9. Garantiesystem („verfassungsgesicherte staatsverbundene Kirche")

  10. Konkordatssystem („vertragsgesicherte staatsverbundene Kirche")

B. Staatsfreie Kirchen

  11. Privilegierte Freikirchen („hinkende Trennungskirchen")

  12. Vereinskirchen („privatrechtliche Religionsgesellschaften")

II. Grundsätze des konstitutionellen Staatskirchenrechts

1. Entwicklungs- und Beharrungstendenzen im Staatskirchenrecht

Im 19. Jahrhundert begann auch in Deutschland die Entwicklung von der alten staatsverbundenen zur modernen staatsfreien Kirche, eine Tendenz, die man in Deutschland als „Trennung von Staat und Kirche", in Italien mit der Formel „freie Kirche im freien Staat" (libera chiesa in libero stato) und in Frankreich als „Laizismus" (im Unterschied zum „Klerikalismus") bezeichnet hat. Obwohl diese Bestrebungen im Einklang mit dem „Geist der Zeit" zu stehen schienen, ist es im 19. Jahrhundert in Deutschland nicht zur wirklichen „Trennung" zwischen Staat und Kirche gekommen. Bei aller Entfremdung, die sich zeitweise zur Feindseligkeit und zum offenen Kampf steigerte, hat weder der Staat sich ganz von der Kirche noch die Kirche sich ganz vom Staat gelöst. Diese Beharrung auf der überlieferten Verbundenheit von Staat und Kirche hatte eine Vielzahl von Ursachen.

Die *konservativen Gruppen* in Staat und Kirche verteidigten den alten Bund von „Thron und Altar", der ihnen als Fundament des Staates wie der Kirche galt. Der *bürokratisch-autoritäre Etatismus* suchte die Rechte des Staates gegenüber der Kirche, *Episkopat und Klerus* suchten die kirchlichen Rechte im Staat zu wahren. Die Zeit für theokratische Staatsbildungen, wie sie sich in den geistlichen Fürstentümern bis in das 19. Jahrhundert gehalten hatten, oder für eine klerikale Hegemonie gegenüber dem Staat, sei es auch nur in der Form der *potestas indirecta,* war zwar endgültig vorbei. Auch das Staatskirchentum des 17. und 18. Jahrhunderts, das in katholischen Territorien nicht minder als in protestantischen die Kirchen als Staatsanstalten betrachtet und behandelt hatte, war, von der Kirche wie vom Staat her gesehen, unhaltbar geworden. Umso stärker bemühten sich Konservativismus und Orthodoxie, Beamtentum und Geistlichkeit um neue Formen, in denen die Verbundenheit von Staat und Kirche festgehalten werden konnte.

Auch vom *Liberalismus* des 19. Jahrhunderts her war die volle Trennung der beiden großen Mächte nicht erwünscht. Denn ihm lag zwar an der vollen Freiheit des Einzelnen auch in religiösen Dingen, nicht aber an der vollen Freiheit der Kirche, die ihm als eine die Freiheit des Einzelnen wie die Kompetenzen des Staates in gleichem Maß gefährdende Kollektivmacht erschien. So forderte gerade auch die liberale Bewegung bald, daß der Staat sich um seiner eigenen Hoheit wie um der individuellen Freiheit willen eine straff zu handhabende Kirchenaufsicht bewahre. Wo der Staat sich, wie im bayerischen Konkordat von 1817, seiner überlieferten Rechte gegenüber der Kirche zu begeben schien, lief die staatliche Bürokratie im Verein mit der liberalen Bewegung Sturm gegen diese „Verschleuderung" der Staatsmacht. Den Liberalen aller Schattierungen galt die straffe staatliche Kirchenhoheit als eine Garantie der individuellen Gewissensfreiheit, die nicht so sehr vom Staat als von der Kirche her bedroht erschien. Die Aufrechterhaltung der staatlichen Machtmittel gegenüber der Kirche (Placet, Recursus ab abusu, Temporaliensperre usw.) galt dem Liberalismus als eine Grundvoraussetzung der Freiheit überhaupt.

Konservative, liberale und bürokratische Kräfte, aber auch die Kirche selbst wirkten so, wenn auch aus verschiedener Motivation, zusammen, um die Verbindung des Staates mit der Kirche in gewandelten Formen zu erhalten. So stark oft im Einzelnen die Gegensätze waren, die bei der Gestaltung des neuen Staatskirchenrechts hervortraten, so wirksam blieb doch auch der gemeinsame Grundsatz, daß zu dem System fortdauernder kirchlicher Privilegierung im Staat als adäquates Prinzip die kirchliche Unterordnung unter die Staatshoheit gehöre. Die Epoche des absolutistischen Staatskirchentums löste der Konstitutionalismus ab durch die *Epoche der staatlichen Kirchenhoheit*, die verbunden war mit Verfassungsgarantien für die kirchlichen Vorrechte im Staat wie für die individuelle Religionsfreiheit.

2. Das überlieferte Grundverhältnis von Staat und Kirche

Das Staatskirchenrecht des Absolutismus, wie es im preußischen Allgemeinen Landrecht, in nicht geringerer Schärfe aber im österreichischen Josefinismus und im bayerischen Kirchensystem seinen Ausdruck gefunden hatte, unterwarf die Kirche als Staatseinrichtung in vollem Maß der Staatsaufsicht. Auch die „geistlichen Oberen" waren dem Staat zu vorbehaltloser Treue und unbedingtem Gehorsam verpflichtet [1]).

a) Im Verhältnis zur *katholischen Kirche* war die Durchsetzung dieses Systems dadurch erschwert, daß der Papst als das Haupt der Gesamtkirche eine auswärtige souveräne Macht und als solche der staatlichen Aufsichtsgewalt entrückt war. Trotzdem sicherten die deutschen Territorien in Übereinstimmung mit der Praxis des Auslands sich die Subordination des innerstaatlichen Kirchenwesens durch eine Reihe besonderer Rechtseinrichtungen, die im beginnenden 19. Jahrhundert noch in voller Funktion standen.

Es galten folgende staatskirchenrechtliche Hauptgrundsätze: 1) Der *unmittelbare Verkehr zwischen der Kurie und dem Episkopat* war verboten; die Bischöfe mußten sich für den Verkehr mit Rom der Vermittlung der Staatsbehörden bedienen. 2) Alle kirchlichen Anordnungen (nicht nur die rechtsetzenden, sondern auch die auf rein geistliche Dinge beschränkten), so päpstliche Rundschreiben und Breven, bischöfliche Hirtenbriefe und Erlasse, bedurften der staatlichen Genehmigung, des *Placet*, ohne das die Kundgabe an die Kirchenglieder unstatthaft war. 3) Gegen kirchliche Entscheidungen war dem betroffenen Kleriker oder Laien die Anrufung der Staatsbehörden, der *recursus ab abusu*, eingeräumt; der Staat beanspruchte das Recht, die angefochtene Entscheidung in vollem Umfang zu prüfen und sie nach seinem Ermessen aufzuheben. 4) Die *Auswahl und Ernennung der Bischöfe* stand unter entscheidendem staatlichen Einfluß, sei es, daß der Landesherr, gleichviel ob er selbst Katholik oder Protestant war, der Kurie den zu bestellenden Bischof verbindlich benannte, sei es daß er den wahlberechtigten Domkapiteln die Wahl eines bestimmten Kandidaten vorschrieb („Nomination") [2]). 5. Auch die *Auswahl und Ernennung der Pfarrer* war

---

[1]) Vgl. *K. Rieker*, Die rechtl. Stellung der evg. Kirche Deutschlands S. 297 ff.

[2]) Dieses landesherrliche Recht der Bischofsbenennung bestand in Deutschland im 18. Jahrhundert naturgemäß nur für die *Landesbistümer* (siehe unten S. 401 f.). Für

in weitem Umfang vom Staat abhängig, sei es daß der Landesherr auf Grund eines besonderen Rechtstitels das Patronatsrecht besaß, sei es daß er, wie es nun üblich wurde, einen aus der Staatshoheit abgeleiteten *allgemeinen Staatspatronat* in Anspruch nahm.

b) Die *protestantischen Landeskirchen* waren dem Staat noch stärker zuge-ordnet, und zwar dadurch, daß hier zwei im Prinzip durchaus verschiedene Rechtsinstitute sich der Wirkung nach immer stärker verbanden: das landes-herrliche Kirchenregiment und das Staatskirchentum.

Das *landesherrliche Kirchenregiment* [1]), der „Summepiskopat" des Landesherrn, war das dem Monarchen als dem vornehmsten Kirchenglied („praecipuum membrum ecclesiae") seit der Reformation innerhalb der protestantischen Landeskirchen zuste-hende Recht der obersten Kirchenleitung [2]). Als „summus episcopus" war der Landes-herr Inhaber des *jus in sacra* [3]). Er war in dieser Eigenschaft Organ der Kirche, nicht des Staates; zwischen Kirchenleitung und Staatsleitung bestand eine Art von Personal-union [4]). Zur Ausübung seiner kirchenregimentlichen Funktionen bediente der Landes-herr sich besonderer, von ihm eingesetzter Behörden, der seit dem 16. Jahrhundert entwickelten *Konsistorien;* sie hatten nicht als Staats-, sondern als Kirchenbehörden zu gelten und übten nicht Staats-, sondern Kirchengewalt aus.
Auf der anderen Seite waren die protestantischen Landeskirchen nicht anders als die katholische Kirche im Staatsgebiet kraft des herrschenden Staatskirchentums der *staatlichen Kirchenaufsicht* unterworfen, die keinen kirchenregimentlichen Charakter trug, sondern ein Bestandteil der Staatsgewalt war. Nur brauchte dieses staatliche *jus circa sacra* [5]) gegenüber den protestantischen Landeskirchen nicht so umfassend

---

die *Reichsbistümer* galt im Grundsatz für die Bestellung der Bischöfe noch das Worm-ser Konkordat von 1122. Zur Ausübung des Nominationsrechts des preußischen Königs vgl. das berühmte Schreiben Friedrichs des Großen an das Breslauer Domkapitel vom 17. Dezember 1743 *(Lehmann-Granier,* Preußen und die kath. Kirche seit 1640, 1878– 1902, Teil II S. 458):

„Le St. Esprit et Moi nous avons resolus ensemble que le Prelat Schaffgotsch seroit elû Quadjuteur de Breslau, et ceux de vos Chanoines qui si oposeront seront regardez comme des âmes devouées à la cour de Vienne et au Diable, et qui resistent au St. Esprit meritent le plus haut periode de damnation." (Schreibweise wie im Original).
   [1]) Über den Ursprung des landesherrlichen Kirchenregiments siehe vor allem *J. Heckel,* Cura religionis S. 266 ff. Als historisch-politisches Faktum seit etwa 1550 gefestigt, fand es theologische Fundierung durch *Pareus* (1608), und zwar unter dem Begriff der *potestas ecclesiastica externa,* in dem die beiden älteren Befugnisse der Obrigkeit, nämlich die *custodia utriusque tabulae* und die davon unterschiedene Auf-gabe der Fürsten als *praecipuum membrum ecclesiae,* zur Einheit verschmolzen wur-den *(Heckel,* aaO S. 276).
   [2]) Aufschlußreich und erhellend dazu neuerdings *Martin Heckel,* Staat und Kirche nach den Lehren der evangelischen Juristen Deutschlands in der ersten Hälfte des 17. Jahrhunderts (aaO, bes. Bd. 42 S. 210 ff. über die Episkopaltheorie.
   [3]) Die Bezeichnung *jus in sacra* (so schon IPO Art. XIII § 8) kam als gleichbedeu-tend mit „potestas ecclesiastica interna" seit dem 17. Jahrhundert für das landes-herrliche Kirchenregiment auf *(J. Heckel,* aaO S. 283). Soweit der Landesherr als sum-mus episcopus das „landesherrliche Kirchenregiment" über die evangelische(n) Kirche(n) seines Territoriums ausübte, hatte er naturgemäß das „ius in sacra" auch im 19. Jahr-hundert noch inne; aber er übte insoweit eben Kirchengewalt, nicht Staatsgewalt aus.
   [4]) Zu dieser *duplex-persona-Lehre,* nach der der Fürst zwei unterschiedene Per-sonen, die des Landesherrn und die des Bischofs, in sich vereinigt, vgl. *M. Heckel,* aaO S. 237 f., der allerdings von einer „Realunion" der beiden Ämter spricht. Mir scheint der Begriff „Personalunion" hier noch treffender zu sein.
   [5]) Vgl. *J. Heckel,* aaO S. 283 ff., der den Begriff des *ius circa sacra* gleichfalls auf *Pareus* (1608), nämlich auf die Formel *potestas regia circa ecclesiastica* zurück-

und intensiv wie gegenüber der katholischen Kirche ausgeübt zu werden, da das landesherrliche Kirchenregiment den Einklang des protestantischen Kirchenwesens mit dem Staat ohnedies sicherstellte. Da zudem die Zeit des Absolutismus den Summepiskopat des Landesherrn und die Stellung der Konsistorien oft mißverstand und fälschlich als Ausstrahlung der staatlichen Souveränität auffaßte, verwischten sich in der Praxis die Grenzen zwischen den landesherrlichen Leitungsbefugnissen in der Kirche und den staatlichen Hoheitsbefugnissen gegenüber der Kirche mehr und mehr, zumal in der Blütezeit der Aufklärung, in der die Kirchen als Staatsanstalten galten und der qualitative Unterschied zwischen der im Summepiskopat ausgeübten Kirchengewalt des Landesherrn und der aus dem Staatskirchentum abgeleiteten Staatsgewalt in Vergessenheit geriet. So nahmen nun auch die Konsistorien den Charakter von Staatsbehörden an, die kirchenregimentliche und staatsaufsichtsrechtliche Funktionen gleichzeitig ausübten [1]).

3. Die kirchliche Autonomie

Diese überkommene Ordnung des Verhältnisses von Staat und Kirche bestand nicht nur bis in die Anfangsjahre des 19. Jahrhunderts; sie dauerte in ihren äußeren Einrichtungen mit der Kraft einer eingewurzelten Tradition während der konstitutionellen Epoche des Staatskirchenrechts weithin fort. Trotzdem kam es mit dem Beginn der konstitutionellen Ära zu einer inneren Wende im staatlich-kirchlichen Grundverhältnis. Ihre Voraussetzung war die tiefe religiöse Erneuerung, die sich im Katholizismus wie im Protestantismus im beginnenden 19. Jahrhundert vollzog. Die radikale Wesensverschiedenheit von Glauben und Weltvernunft, von geistlichen und weltlichen Dingen, von Kirche und Staat, trat neu ins Bewußtsein. Daraus erhob sich notwendig der Anspruch der Kirche auf volle *Autonomie* in allen „innerkirchlichen Angelegenheiten". Die Staatsaufsicht gegenüber den Kirchen blieb zwar in der Form der *staatlichen Kirchenhoheit* bestehen, wurde aber nun deutlich auf das jus circa sacra beschränkt, während die Kirche im Bereich des jus in sacra volle Freiheit vom Staat gewann. Der Protestantismus besann sich auf den fundamentalen Unterschied zwischen der staatlichen Kirchenhoheit und dem landesherrlichen Kirchenregiment. Der Landesherr blieb zwar summus episcopus, aber in offenkundiger Trennung von seiner staatlichen Stellung.

Diese große Wende im Staatskirchenrecht setzte mit der Säkularisation von 1803 ein, die für die Kirche nicht nur eine schwere Einbuße an Besitz und Macht, sondern zugleich einen Akt der Befreiung zu sich selbst bedeutete [2]). Die *Autonomie* der Kirche in innerkirchlichen Angelegenheiten fand ihre staatsrechtliche Sicherung dann in den frühkonstitutionellen Verfassungen Süddeutschlands und später auch Mitteldeutschlands. In den Territorien, die bis 1848 ohne Verfassungsurkunde waren, vor allem in Preußen, ging die Staatspraxis schon in dieser vorkonstitutionellen Zeit den gleichen Weg. Die

---

führt (aaO S. 296). Für die „terminologische Zweiteilung" (ius in sacra — ius circa sacra) in dem heute üblichen Sinn „kam die historische Stunde mit der Geburt des paritätischen konstitutionellen Staates ... Das ius circa sacra erhielt jetzt einen überkonfessionellen, rein staatsrechtlichen Inhalt, während das ius in sacra zum Ausdruck der konfessionellen Verbandsgewalt, vor allem der protestantischen Kirchen, wurde" (*Heckel*, aaO S. 296).

[1]) Siehe unten S. 463 f.   [2]) Siehe oben S. 56 ff.

Verfassungsurkunden gewährleisteten die *Freiheit der kirchlichen Eigenverwaltung* („verfassungsmäßige Autonomie"), d. h. die freie Verwaltung des Worts und der Sakramente („geistliche Sachen") [1]. Die Kirchen erlangten diese Autonomie äußerlich durch einen Akt staatlicher Selbstbeschränkung; aber der Staat verstand sich zu diesem Akt der Emanzipation eben doch nur, weil die Kirchen aller Bekenntnisrichtungen in einem großen Vorgang innerkirchlicher Erneuerung die Kraft zur Freiheit offenbart hatten.

Allerdings behielt der Staat sich bei dieser Gewährung der Autonomie eine Reihe wesentlicher Rechte vor: 1) In Zweifelsfällen entschied er über die Grenzen der verfassungsmäßigen Autonomie der Kirchen [2]; er bestimmte also, ob eine Angelegenheit zum Bereich der rein geistlichen, innerkirchlichen Angelegenheiten gehöre oder nicht. 2) Im Bereich der *gemischten Angelegenheiten* („res mixtae"), die, wie das Ehe- oder Schulrecht, nach kirchlicher Auffassung zum geistlichen Bereich, nach staatlicher Auffassung aber zu den Staatsangelegenheiten gehörten, beanspruchte der Staat die volle Entscheidungsgewalt [3]. 3) Als Staatsangelegenheit sah der Staat insbesondere die Ordnung der *äußeren Rechtsstellung der Kirchen* an, so die Entscheidung über die Rechtsfähigkeit der Kirchen selbst und ihrer Einrichtungen und Verbände, die Anerkennung oder Verleihung der Rechte einer öffentlich-rechtlichen Korporation an die Religionsgesellschaften, die Verleihung des Besteuerungsrechts, die Aufsicht über die Verwaltung des Kirchenvermögens, die Regelung der Modalitäten des Kirchenaustritts.

In den evangelischen Landeskirchen blieb neben der staatlichen Kirchenhoheit das *landesherrliche Kirchenregiment* bestehen; nur wurde es als innerkirchliche Leitungsfunktion (jus episcopale) von dem Staatshoheitsrecht gegenüber den Kirchen (jus circa sacra) nun klar unterschieden. So wurden in Preußen 1817 die bei den Oberpräsidenten bestehenden *Konsistorien* auf das jus in sacra beschränkt, während das jus circa sacra von den *Regierungspräsidenten* wahrzunehmen war. Das landesherrliche Kirchenregiment stand den Landesherren auch dort zu, wo sie am Bekenntnisstand ihrer Landeskirche nicht teilhatten, so in Bayern und Sachsen. Doch fand sich in den Verfassungen häufig die Vorschrift, daß dort, wo der Landesherr einer anderen Konfession als der seiner protestantischen Landeskirche zugetan war, die kirchenregimentlichen Befugnisse („Auftrag in Evangelicis") der Ausübung nach von einem Ministerausschuß wahrzunehmen waren, dessen Mitglieder der Landeskirche angehören mußten [4].

4. Die staatliche Kirchenhoheit

In vollem Umfang wahrten die konstitutionellen Verfassungen das „Obersthoheitliche Schutz- und Aufsichtsrecht" des Staates gegenüber den Kirchen, also die staatliche Kirchenhoheit [5]. Der in der Theologie wie in der Kirchenrechtslehre seit langem entwickelte Unterschied zwischen dem *jus in sacra* und dem *jus circa sacra* setzte sich nun in Theorie und Praxis als Kernstück des Staatskirchenrechts durch.

---

[1] Tit. IV § 9 Abs. 5 BayV.; § 71 WürttV.; § 132 KurhessV.; § 57 Abs. 2 SächsV.

[2] § 212 der Braunschweig. Landesordnung von 1832; dieser Satz galt in allen deutschen Territorien auch unabhängig von einer ausdrücklichen verfassungsmäßigen Festlegung als ungeschriebener Bestandteil des Staatskirchenrechts.

[3] Wo der Staat in Ehe- oder Schulsachen im 19.. Jahrhundert noch kirchliche Zuständigkeiten anerkannte (kirchliche Eheschließung, geistliche Schulaufsicht), handelten die kirchlichen Stellen nach der Auffassung des Staates kraft staatlicher Ermächtigung; das Prinzip der staatlichen Suprematie war damit gewahrt.

[4] § 76 WürttV.; § 57 Abs. 2 SächsV.

[5] Tit. IV § 9 Abs. 5 BayV.; § 72 WürttV.; § 133 KurhessV.; § 57 Abs. 1 SächsV.

Kraft dieser Unterscheidung schränkte der Staat seine überlieferten Aufsichtsrechte in der Epoche des Konstitutionalismus nicht unerheblich ein. 1) Ein Teil der deutschen Territorien gestattete den Bischöfen schon früh den *unmittelbaren Verkehr mit der Kurie;* andere Staaten dagegen, wie Preußen [1]) und Kurhessen [2]) hielten zunächst noch daran fest, daß dieser Verkehr sich unter Kontrolle der Staatsbehörden zu vollziehen habe; schließlich gab man diese Beschränkung, die sich ohnedies als wirkungslos erwies, allgemein auf [3]). 2) Das staatliche *Placet* für kirchliche Anordnungen hielten die Regierungen als unverzichtbaren Bestandteil der Staatshoheit fest; sie beschränkten es in der praktischen Handhabung jedoch auf Gesetze und Verordnungen der Kirchen, während sie geistliche Weisungen (Hirtenbriefe usw.) vom Placet frei ließen. 3) Bestehen blieb die Einrichtung des *Recursus ab abusu,* also das Beschwerderecht, mit dessen Hilfe jeder von kirchlichen Anordnungen Betroffene die Entscheidung der Staatsbehörden anrufen konnte; doch engten die Staaten den Recursus auf Fälle offenkundigen Mißbrauchs kirchlicher Macht ein [4]). Die bisherige Ermessenskontrolle schwächte sich in eine Kontrolle der Ermessensgrenzen ab. 4) Die Konkordate und Zirkumskriptionsbullen modifizierten die staatliche Einwirkung auf *Auswahl und Bestellung der katholischen Bischöfe;* nur Bayern erhielt das volle Nominationsrecht; die übrigen Staaten begnügten sich mit einem Designationsrecht oder mit einem Einspruchrecht gegenüber den wahlberechtigten Domkapiteln [5]); die Bischöfe blieben dem Staat zu Treue und Gehorsam verpflichtet, was sie in einem feierlichen Bischofseid zu bekräftigen hatten [6]). 5) Hinsichtlich der *Auswahl und Bestellung der Geistlichen* blieb es bei den besonderen staatlichen Patronatsrechten; auch an dem Anspruch auf einen allgemeinen Staatspatronat hinsichtlich aller Stellen, für die kein besonderes Patronatsrecht bestand, hielten die Regierungen überwiegend fest. 6) Besonderen Einfluß gewann der Staat in dieser Zeit dadurch, daß er in weitem Umfang für die *Ausbildung der Geistlichen* das Studium an den theologischen Fakultäten der staatlichen Universitäten vorschrieb; dabei war ihm besonders das Berufungsrecht für die theologischen Lehrstühle und die Dienstgewalt über die Theologieprofessoren von Nutzen. Doch erwies sich bald, daß in Konfliktsfällen, so in Preußen im Streit um den Hermesianismus, die Kirche ausreichende Abwehrmittel gegenüber einer von ihr mißbilligten Ausübung des staatlichen Besetzungsrechts besaß. Im äußersten Fall konnte die Kirche über einen einzelnen Universitätslehrer oder eine ganze Fakultät die *Vorlesungssperre* (ein Besuchsverbot für Theologiestudenten) verhängen, ein Abwehrmittel von zweifelhafter Rechtmäßigkeit, doch zuverlässigem Erfolg. 7) Zu den Aufsichtsmitteln des Staates gegenüber den Geistlichen dagegen gehörte die *Temporaliensperre,* d. h. die Einbehaltung der einem Geistlichen aus Staatsmitteln zustehenden persönlichen Einkünfte, ein etwas grobschlächtiges Disziplinarmittel gegenüber Kirchendienern, die sich staatlichen Anordnungen widersetzten.

5. Der Grundsatz der Parität

Zu den Hauptgrundsätzen des konstitutionellen Staatskirchenrechts zählte nunmehr die fast allgemein eingeführte *Parität der drei christlichen Bekenntnisgemeinschaften.* Auch in dieser Hinsicht ging die entscheidende Wandlung von der Säkularisation aus. Bis dahin war nur Preußen (seit dem Erwerb Schlesiens, Westpreußens und Posens) ein konfessionell stark gemischter Staat

---

[1]) § 4 der Preuß. Dienstinstruktion vom 23. Oktober 1817 (GS 238).
[2]) § 135 der KurhessV.
[3]) Preuß. Kabinettsorder vom 1. Januar 1841; Art. 12 e des Bayer. Konkordats von 1817 i. V. mit dem Ministerialerlaß vom 25. März 1841.
[4]) § 135 e KurhessV.; § 58 SächsV.
[5]) Siehe unten S. 424, 438 ff., 445 ff., 450.
[6]) Siehe unten S. 424, 439 Anm. 8.

gewesen, der sich aus Staatsräson zur Gleichbehandlung der verschiedenen Konfessionen entschlossen hatte („preußisches Paritätssystem"). Seit den großen Gebietsveränderungen von 1803 und später aber vereinigten auch fast alle deutschen Mittelstaaten Untertanen der verschiedenen christlichen Bekenntnisse in größerer Zahl in ihrem Territorium, so Bayern durch den Erwerb Frankens und der Pfalz, Württemberg durch den Erwerb seiner südlichen Landesteile, Baden durch den Erwerb der süd- und mittelbadischen wie der mainischen Gebiete, Hessen-Darmstadt durch den Erwerb von Mainz, Kurhessen durch den Erwerb von Fulda, Hannover durch den Erwerb von Osnabrück und Hildesheim, des Emslands und des Eichsfelds, Oldenburg durch den Erwerb des Münsterlands. In Preußen verstärkte sich 1815 mit dem Erwerb der Rheinlande und Westfalens der katholische Bevölkerungsanteil weiter. Angesichts dieser Lage reichte die bloße Anerkennung der persönlichen Religionsfreiheit für alle Untertanen nicht aus; um den inneren Zusammenhalt des Staates zu sichern, war es notwendig, darüber hinaus die konfessionelle Parität, d. h. die Gleichberechtigung der verschiedenen Bekenntnisgemeinschaften als solcher, in vollem Maße einzuführen.

Schon § 63 RDH gewährleistete den Untertanen der sog. Entschädigungsländer, die unter eine konfessionsfremde Obrigkeit traten, die bisherige Religionsübung. Die einzelnen Rheinbundstaaten bauten den Grundsatz der Parität der drei christlichen Konfessionen dann durch Religionsedikte weiter aus [1]). Nach der Überwindung der Fremdherrschaft sicherte Art. 16 der Bundesakte den Angehörigen aller christlichen Religionsparteien die Gleichheit im Genuß der bürgerlichen und politischen Rechte zu [2]). Dann erhoben die Verfassungsurkunden der deutschen Länder die Parität der drei christlichen Bekenntnisse zum Grundsatz des allgemeinen deutschen Staatsrechts [3]). Nur wenige kleinere Länder hielten an der Bevorrechtung ihrer protestantischen Landeskirche fest [4]). In Österreich bestand als einzigem Land die dominierende Rechtsstellung der katholischen Kirche fort.

Wo Parität galt, erlangten die Kirchen der drei christlichen Bekenntnisse in gleicher Weise *die Stellung öffentlich-rechtlicher Körperschaften*. Sie traten nicht nur unter die Hoheits-, sondern auch unter die Beistandsgewalt des Staates, der ihren Grundsätzen, ihren Einrichtungen und ihren Dienern einen erhöhten staatsrechtlichen Schutz gegen Verunglimpfung gewährte, ihnen das Besteuerungsrecht gegenüber ihren Mitgliedern zuerkannte, den Vollzug ihrer rechtsgültig erlassenen Anordnungen sicherte, das Kirchengut gewährleistete, die Einkünfte der Kirchen durch Staatsleistungen vermehrte und sie an öffentlichen Einrichtungen gleichberechtigt teilnehmen ließ. Im *Eherecht* erhielt sich weiterhin die kirchliche Eheschließung; die obligatorische Zivilehe gab es nur in den deutschen Gebieten des französischen Rechts. Am *Schulwesen* nahmen die Konfessionen, je nach den örtlichen Verhältnissen, in der Form der geistlichen Schulaufsicht teil [5]). Zur *Armee*- und zur *Gefängnisseelsorge* wurden die

---

[1]) Bayerische Religionsedikte vom 10. Januar 1803 und 24. März 1809; Württembergische Religionsedikte vom 14. Februar 1803 und 15. Oktober 1806; Bad. Religionsedikt vom 14. Mai 1807; Sächsische Rezessionsurkunde vom 11. Dezember 1806. Siehe dazu unten S. 427, 441.

[2]) Art. 16 der Bundesakte war Gegenstand lebhafter Auseinandersetzungen auf dem Wiener Kongreß. Siehe dazu unten S. 412 ff.

[3]) Tit. IV § 9 Abs. 2 BayV.; § 19 BadV.; § 70 WürttV.; § 132 KurhessV.; § 56 Abs. 1 SächsV.

[4]) § 29 der Sachsen-Meiningenschen V.; § 128 der Sachsen-Altenburgischen V.; ferner beide Mecklenburg kraft des überlieferten Rechts.

[5]) Siehe oben S. 282 f.

Konfessionen gleichmäßig zugelassen. Den Schutz kirchlicher Feiertage genossen sie in gleichem Maß. Doch blieb dieser Grundsatz der Parität auf die drei christlichen Hauptkonfessionen beschränkt. Die Freiheit des Glaubens und der Religionsübung galt auch für christliche Sekten und nicht-christliche Religionsgemeinschaften; die Parität dagegen, d. h. die gleichmäßige Privilegierung im Staat, galt in der Epoche des Frühkonstitutionalismus und auch später nur für die katholische, die lutherische und die reformierte, dann auch für die evangelisch-uniierte Kirche.

6. Koordination oder Subordination

Von dem absolutistischen Staatsgrundsatz, daß alle „Kirchengesellschaften" als Staatsanstalten der Staatsgewalt subordiniert seien, trennte der konstitutionelle Staat sich nur mit Mühe. Doch war der Verzicht auf das Subordinationsprinzip unvermeidbar, seit die kirchliche Autonomie in geistlichen Angelegenheiten anerkannt war. Es war damit das Fundament für die *Koordination von Staat und Kirche* gelegt. Auch praktisch machte der Staat, als er nach 1815 daran ging, die durch die Säkularisation außer Gefüge geratene katholische Kirchenorganisation zu erneuern, die Erfahrung, daß die Kirche nicht länger bereit war, sich der einseitigen Staatsgesetzgebung zu beugen. Die Kurie schaltete sich in die Reorganisation des deutschen Kirchenwesens mit ihrem Anspruch auf gleichberechtigte Mitgestaltung ein. Dem Beispiel des napoleonischen Frankreich folgend[1]), griff auch in Deutschland der Staat im Beginn der konstitutionellen Epoche auf das alte Mittel des Konkordats zur Regelung der staatskirchenrechtlichen Verhältnisse zurück. Und zwar begann in Deutschland nun die Epoche der *Landeskonkordate*, denen der Sache nach auch die auf staatlich-kirchlichen Vereinbarungen beruhenden Zirkumskriptionsbullen zuzurechnen sind[2]). Nicht nur Bayern, sondern auch Preußen, Hannover, Württemberg, Baden, Hessen-Darmstadt, Kurhessen und Nassau erkannten nach 1815 die Kurie als einen vertragsfähigen und damit gleichgeordneten Partner an.

Nun war diese Anerkennung der Koordination von Staat und Kirche zunächst in mehrfacher Hinsicht beschränkt. Sie bezog sich nur auf die *katholische Kirche*, und innerhalb dieser nur auf die Kurie als Vertretung der Gesamtkirche, nicht auf die innerstaatlichen Kirchensprengel. Der Staat hielt zunächst noch daran fest, daß die Bistümer der Staatsgewalt unterworfene Kirchenbereiche und daß die Bischöfe der Staatsgewalt unterworfene Kirchenbehörden seien, wofür in der Tat die staatlichen Befugnisse bei der Auswahl und Bestellung der Bischöfe und deren Treue- und Gehorsamspflicht gegenüber dem Landesherrn sprachen. Trotzdem schloß die Anerkennung der Gleichordnung der katholischen Gesamtkirche sowohl logisch als auch praktisch-politisch die Konsequenz ein, daß auch die innerstaatlichen Kirchensprengel

---

[1]) Siehe unten S. 418.
[2]) Siehe unten S. 437, 444, 449.

im Bereich ihrer verfassungsmäßig gewährleisteten Autonomie, d. h. im Bereich ihrer innerkirchlichen Angelegenheiten, die gleiche Koordination gegenüber dem Staat erlangten, wie sie der Gesamtkirche nun zuerkannt war. Für die *protestantischen Landeskirchen* aber mußte sich schon kraft des Prinzips der Parität derselbe Rechtszustand ergeben, wenngleich er zunächst noch durch die Fortdauer des landesherrlichen Kirchenregiments verdunkelt war. Je mehr dieses sich allerdings als eine reine Personalunion von Staats- und Kirchenleitung erwies, desto weniger konnte es noch als ein Ausdruck staatlicher Suprematie gegenüber der Kirche genommen werden und als ein Hindernis für die Anerkennung der Gleichordnung von Staat und evangelischer Kirche gelten.

In der Rechtsstellung der drei christlichen Hauptkonfessionen bahnte sich somit seit dem Frühkonstitutionalismus ein Doppelstatus an. *Sie waren im Bereich ihrer Autonomie, d. h. der geistlichen Angelegenheiten, dem Staat koordiniert; in dem darüber hinausgehenden Bereich, vor allem in den ihre äußere Rechtsstellung angehenden Angelegenheiten, blieben sie dem Staat als dem Träger der höchsten Gewalt über alle äußere Rechtsgestaltung subordiniert.* So einleuchtend nun auch dieser Doppelstatus — Koordination in geistlichen Angelegenheiten, Subordination in äußeren Angelegenheiten — erscheinen mochte, so erheblich waren die Fragwürdigkeiten, die ihm innewohnten. Einmal blieb die sachliche Abgrenzung zwischen inneren und äußeren Angelegenheiten stets umstritten. Zum anderen aber strahlte die im Koordinationsbereich angesiedelte geistliche Gewalt der Kirche notwendig auch auf ihre äußere Rechtsstellung aus und enthob diese mehr oder weniger deutlich der einfachen Subordination. Und umgekehrt: Die auf die äußeren Rechtsangelegenheiten der Kirche erstreckte staatliche Hoheitsgewalt wirkte notwendig auch auf die Ausübung der geistlichen Gewalt ein und relativierte mehr oder weniger deutlich die der Kirche im inneren Bereich zugesprochene Koordination. So wurde gerade der Doppelstatus zur Quelle immerwährender Klagen über anmaßende Übergriffe von der einen wie von der anderen Seite. Da Innen und Außen in jeder Institution in unmittelbarer Interdependenz verbunden sind, wurde der Versuch, durch Trennung von Innen und Außen einen aus Koordination und Subordination gemischten Doppelstatus der Kirche aufzubauen, das Kernproblem des konstitutionellen Staatskirchenrechts und der Anlaß der schweren kommenden Verfassungskonflikte im staatlich-kirchlichen Grundverhältnis.

§ 24. Die katholische Kirche in Deutschland

Schrifttum: J. Beck, Frhr. J. H. v. Wessenberg (1862); *H. Brück,* Die rationalist. Bestrebungen im kath. Deutschland (1865); *ders.,* Geschichte der kath. Kirche im 19. Jahrh. (1902); *O. Mejer,* Zur Geschichte der römisch-deutschen Frage (1871—85); *A. Frantz,* Das Projekt eines Reichskonkordats und die Wiener Konferenzen von 1804 (Festg. f. Ihering, 1892); *ders.,* Das Projekt eines Reichskonkordats nach den

Wiener Konferenzen 1804—06 (Festg. f. Hänel, 1907); *L. König*, Pius VII., die Säkularisation und das Reichskonkordat (1904); *A. F. Ludwig*, Weihbischof Zirkel von Würzburg in seiner Stellung zur theologischen Aufklärung und zur kirchlichen Restauration (1904/06); *H. Bastgen*, Die Neuerrichtung der Bistümer in Österreich nach der Säkularisation (1914); *ders.*, Dalbergs und Napoleons Kirchenpolitik in Deutschland (1917); *E. Ruck*, Römische Kurie und deutsche Kirchenfrage auf dem Wiener Kongreß (1915); *J. Hofer*, Klemens Maria Hofbauer (2./3. Aufl. 1923); *G. Torsy*, Gesch. des Bistums Aachen während der französischen Zeit 1802—14 (Diss. Bonn 1940); *M. Spindler*, Die kirchlichen Erneuerungsbestrebungen in Bayern im 19. Jahrh. (Hist. Jb. Bd. 71, 1951, S. 197 ff.); *R. Wichterich*, Leben und Zeit des Kardinalstaatssekretärs Ercole Consalvi (1951); zusammenfassend: *F. Schnabel*, Deutsche Geschichte im 19. Jahrh. Bd. 4 (1937) S. 3 ff.; *H. E. Feine*, Kirchliche Rechtsgeschichte Bd. 1 (3. Aufl. 1955) S. 541 ff.

I. Die Folgen der Säkularisation

Der Reichsdeputationshauptschluß von 1803 traf die katholische Kirche Deutschlands in doppelter Weise: durch die Aufhebung der geistlichen Fürstentümer und durch die Säkularisation des Kirchenguts. Er veränderte somit einmal die Lage des deutschen Episkopats, zum anderen die Vermögenslage der deutschen Kirche von Grund auf (siehe oben S. 43, 51).

1. Die Lage des Episkopats

Mit der Aufhebung der geistlichen Fürstentümer verlor der deutsche Episkopat seine Landeshoheit; die deutschen Bischöfe wurden zu ausschließlich geistlichen Würdenträgern; ihre Funktionen beschränkten sich auf die kirchliche Weihe- und Jurisdiktionsgewalt. Zwischen den weltlichen Hoheitsgebieten der geistlichen Fürstentümer und den geistlichen Sprengeln der Bischöfe hatten von jeher erhebliche Unterschiede bestanden; die Amtsgewalt der Bischöfe bestand seit 1803 nur in ihren kirchlichen Sprengeln fort. Die Zahl der deutschen Bischöfe ging erheblich zurück, seit mit dem Frieden von Lunéville das linke Rheinufer verloren war. Im Reichstag von 1792 zählte man noch 26 reichsunmittelbare Bischöfe (5 Erzbischöfe: Mainz, Trier, Köln, Salzburg und Besançon, 21 reichsunmittelbare Suffraganbischöfe); dazu eine große Zahl von reichsunmittelbaren Äbten und Äbtissinnen. Nach 1803 befanden sich noch 15 der ehedem reichsunmittelbaren Bistümer als geistliche Sprengel in den Grenzen des Reichs: die beiden Erzbistümer Aschaffenburg-Regensburg und Salzburg, in Norddeutschland die 4 Bistümer Münster, Osnabrück, Hildesheim und Paderborn, in Süddeutschland die 9 Bistümer Bamberg, Würzburg, Eichstätt, Konstanz, Augsburg, Freising, Passau, Trient und Brixen. Dazu kamen als zweite Gruppe die Bistümer, die von jeher nicht reichsunmittelbar gewesen waren, sondern die Stellung von *Landesbistümern* (ohne Territorialhoheit) innehatten. Das waren: in *Preußen* das Erzbistum Gnesen und die Bistümer Posen, Kulm, Ermland und Breslau [1]); in *Bayern* das Bistum Chiemsee; in *Österreich* das Erzbistum Wien und die Bistümer St. Pölten und

---

[1]) Dazu einige weitere Bistümer in den nur vorübergehend zu Preußen gehörenden polnischen Provinzen (siehe unten S. 443 Anm. 1).

Linz; in den *Alpenländern* die Bistümer Leoben, Seckau, Lavant (Sitz Marburg), Gurk (Sitz Klagenfurt) und Chur (Sitz Meran); in *Krain und dem Küstenland* das Erzbistum Görz und die Bistümer Laibach und Triest; in *Böhmen und Mähren* die Erzbistümer Prag und Olmütz sowie die Bistümer Brünn, Budweis, Leitmeritz und Leitomischl (Sitz Königgrätz); in *Galizien* das Erzbistum Lemberg und das Bistum Krakau.

Eine dritte Gruppe bildeten schließlich seit dem Frieden von Lunéville die *rechtsrheinischen Sprengel* der linksrheinisch belegenen, durch die Umwälzungen von 1801/03 aufgehobenen deutschen Bistümer (Köln, Trier, Speyer, Worms). Die päpstliche Zirkumskriptionsbulle *Qui Christi Domini* vom 29. November 1801, die das Kirchenwesen auf dem französisch gewordenen linken Rheinufer durch Errichtung der französischen Bistümer Aachen und Trier neu ordnete, behielt den linksrheinisch aufgehobenen deutschen Bistümern bis auf Weiteres die Verwaltung ihrer rechtsrheinischen Diözesangebiete vor. Es bildete sich hier also eine deutsche Restverwaltung der Diözesen Köln, Trier, Speyer und Worms, die bis zur Neuordnung des deutschen Kirchenwesens bestehen blieb [1].

Mit dem RDH von 1803 traten alle bisher reichsunmittelbaren Erzbischöfe und Bischöfe Deutschlands in die Stellung von *Landes-Bischöfen* ein. Ihre geistlichen Sprengel befanden sich nun innerhalb des Hoheitsgebiets weltlicher Territorialstaaten; alle Bischöfe wurden aus Reichsfürsten zu Untertanen eines weltlichen Landesherrn. In den 15 ehemaligen Reichs-Bistümern waren 1812 die Bischofsstühle nur noch in 5 Fällen rite besetzt [2]; die übrigen waren verwaist und wurden von Generalvikaren verwaltet. Die Neubesetzung war nicht möglich, da für die Bischofsernennung oder -wahl in diesen neu unter die Landeshoheit getretenen Bistümern das alte Reichsrecht unanwendbar geworden war, während das für die schon bisher landesunmittelbaren Bistümer geltende Recht nicht ohne Verständigung zwischen Staat und Kirche auf sie übertragen werden konnte. Da zudem die Grenzen der geistlichen Sprengel der säkularisierten Reichsbistümer mit den seit 1803 neugeschaffenen Grenzen der vergrößerten Territorialstaaten nicht übereinstimmten, strebte jeder deutsche Einzelstaat nach einer neuen Diözeaneinteilung, um die Kongruenz der weltlichen Herrschaftsbereiche und der kirchlichen Jurisdiktionsbereiche herzustellen. Es sollten *Landes-Bistümer* nun auch in dem genaueren Sinn ent-

---

[1] Das rechtsrheinische Kölner Offizialat hatte seinen Sitz in Arnsberg, das Trierer in Limburg, das Wormser in Lampertsheim, das Speyerer in Bruchsal; außerdem bestand eine rechtsrheinische Restverwaltung des Straßburger Sprengels in Ettenheim (vgl. *Mejer*, Zur Geschichte der römisch-deutschen Frage Bd. 1 S. 20). Neben dem Limburger Offizialat bildete sich 1816 ein Vikariat in Ehrenbreitstein für den preußisch gewordenen Teil des rechtsrheinischen Trierer Sprengels, vgl. *L. Kaas*, Das Trierer Apostolische Vikariat in Ehrenbreitstein 1816—24 (Z. d. Sav. Stift., Kan. Abt., Bd. 38, 1917, S. 135 ff.). Ferner *A. Wetterer*, Das bischöfl. Vikariat in Bruchsal vor der Säkularisation 1802/03 bis 1827 (Freiburger Diöz. Arch. Bd. 29, 1928, S. 49 ff.).

[2] Nämlich Regensburg und Konstanz (beide Fürstprimas Dalberg), Eichstätt (Graf Stubenberg), Brixen (Graf Lodron), Trient (Graf Thun). Auch Passau war an sich noch besetzt; doch residierte der Bischof (L. v. Thun) schon seit 1800 nicht mehr in seiner Diözese; die Verwaltung überließ er dem Generalvikar.

stehen, daß, jedenfalls im Bereich der größeren und mittleren Territorialstaaten, die Diözesangrenzen die Staatsgrenzen nicht mehr überschnitten. Größere Staaten wie Bayern erstrebten die Einteilung ihres Gebietes in mehrere derartige landesinterne Territorialbistümer; die mittleren Staaten wie Württemberg, Baden, Hessen-Darmstadt und Nassau forderten ein einziges Landesbistum mit voller Identität der Landes- und der Bistumsgrenzen. Nur so konnten die auf ihre Souveränität bedachten Landesherren das von ihnen dem überlieferten Staatskirchenrecht gemäß beanspruchte Mitbestimmungsrecht bei der Auswahl der neuen Landesbischöfe erlangen und überhaupt die neuen Landesbistümer in äußeren Angelegenheiten der staatlichen Hoheitsgewalt voll unterwerfen. Bevor diese neue Abgrenzung ("Zirkumskription") der Diözesen nicht vollzogen war, zögerten die Kurie wie die Landesherren die erforderliche Verständigung über die Neubesetzung der vakanten Bischofssitze hinaus. Die wachsende Zahl der Vakanzen war bezeichnend für die Desorganisation, die 1803–15 im katholischen Kirchenwesen Deutschlands um sich griff.

2. Die Lage des Kirchenguts

In nicht geringerem Maß erschütterte die Säkularisation des Kirchenguts das Fundament der katholischen Kirche in Deutschland. Wie schon erwähnt, vollzog die Säkularisation des Kirchenguts sich in einem doppelten Akt: Unmittelbar mit der Aufhebung der Landeshoheit der geistlichen Reichsfürsten gingen sämtliche Vermögensrechte der bischöflichen Stühle und der Domkapitel, sowie der ausdrücklich im RDH genannten Propsteien, Abteien, Stifter, Klöster und sonstigen kirchlichen Einrichtungen auf die begünstigten Staaten über. Darüber hinaus ermächtigte der RDH die Landesherren, alle Güter der fundierten Stifter, Abteien und Klöster für den Staat einzuziehen. Von dieser Ermächtigung machten die deutschen Länder durchweg Gebrauch; zum Teil hatten sie schon unabhängig davon das Klostergut aus eigener Machtvollkommenheit eingezogen[1]).

Für die katholische Kirche war diese Konfiskation ein zerstörender Schlag. Die Bischofsstühle, die Domkirchen und die Domkapitel verloren ihre materielle Basis. Zwar schrieb § 35 RDH eine vermögensrechtliche Entschädigung durch die „feste und bleibende Ausstattung" der Domkirchen aus Staatsmitteln vor[2]); aber zu dieser neuen vermögensrechtlichen Fundierung der Bistumsverwaltung kam es in den Wirren der Zeit zunächst nicht. Die über das ganze Land weitverzweigten kirchlichen Stifter mit ihren vielfältigen Funktionen auf dem Gebiet des Unterrichts, der Krankenpflege und des Fürsorgewesens verschwanden zum größten Teil. Klöster wurden nicht selten in Zuchthäuser verwandelt oder für andere profane Zwecke benutzt. Erhalten blieb allein das Vermögen der Lokalkirchen[3]). Da diese aber häufig in Klöster inkorporiert gewesen und aus Klostergut unterhalten worden waren, verloren auch sie durch die Säkularisation ihren vermögensrechtlichen Rückhalt.

---

[1]) Siehe oben S. 54 f.   [2]) Siehe oben S. 56.
[3]) § 63 des Reichsdeputationshauptschlusses vom 25. Februar 1803 (Dokumente, Bd. 1, Nr. 1).

3. Die Entweltlichung der Kirche

Trotz der Schwere dieses der Kirche zugefügten Schlags ist es eine Simplifikation, wenn man die Säkularisation einfach einen staatlichen Raubzug nennt. Denn wie die Aufhebung der geistlichen Landeshoheit so trug auch die *Verweltlichung des Kirchenguts* in einem erheblichen Maß zur *Entweltlichung der Kirche* bei. Die Aufhebung der Landeshoheit befreite die Kirche von staatlich-politischen Herrschaftsfunktionen, die ihrem Wesen fremd waren; die Verstaatlichung des Kirchenguts enthob die Kirche von nicht weniger wesensfremden weltlichen Verwaltungsfunktionen. Die Säkularisation des Kirchenguts ging mit der Verstaatlichung weiter Verwaltungsbereiche Hand in Hand, vor allem auf dem Gebiet der Unterrichts-, der Wohlfahrts- und der Fürsorgeverwaltung. Wenn die Kirche aufhören sollte, als „Staatsanstalt" zu gelten, so mußte sie von solchen administrativen Obliegenheiten, mit denen sie bisher in den unmittelbaren Bereich der Staatstätigkeit hineinragte, entlastet werden. Wenn aber in diesem großen Umschichtungsvorgang die Kirche ihre weltlich-administrativen Aufgaben dem Staat abtrat, so rechtfertigte dies wiederum, daß der Teil ihres Vermögens, der diesen weltlichen Aufgaben gewidmet war, auf den Staat überging. Denn das Kirchengut war wie alles öffentliche Eigentum zweckgebunden; die Aufgabenverlagerung mußte eine Eigentumsverlagerung nach sich ziehen.

Eben aus dieser Erwägung aber erwuchs die staatliche Pflicht, der Kirche im Zug der Säkularisation soviel an Kirchengut zu überlassen oder neu zuzuwenden, wie sie hinfort bedurfte, um ihren geistlichen Aufgaben voll zu genügen Die Ausstattungspflicht für die fortbestehenden Bischofsstühle, Domkirchen und Domkapitel, aber auch für die durch den Wegfall ihrer bisherigen Unterhaltsträger geschädigten Pfarrkirchen ergab sich daher nicht nur aus den positiven Vorschriften des RDH, sondern auch kraft der ungeschriebenen Rechtsregeln, die bei einer solchen Neuabgrenzung öffentlicher Aufgaben und Mittel bestimmend sind. Dem Vorwurf rechtloser Gewaltsamkeit konnte der Staat nur entgehen, wenn er seiner Ausstattungspflicht bereitwillig und entgegenkommend genügte. Daß der Staat den Vollzug der Ausstattung verzögerte, solange er noch unter dem Druck des Krieges und der ihm auferlegten Kriegstribute stand, war begreiflich. Seit der Frieden 1814/15 wiedergewonnen war, war die schleunige Neuordnung der Diözesan-Einteilung wie die vermögensrechtliche Neufundierung der Kirche politisch, moralisch und rechtlich geboten.

II. Die innere Lage des deutschen Katholizismus

1. Die nationalkirchliche Bewegung

Dem Streben der Einzelstaaten nach ausschließlicher Zuständigkeit für das Kirchenwesen stand im Bereich des deutschen Katholizismus um das Jahr 1815 allerdings eine starke *nationalkirchliche Bewegung* entgegen. Sie hatte ihren Ursprung im überlieferten Episkopalismus des alten Reichskirchentums, der sich nun vorsichtig mit gewissen nationalpolitischen Erwartungen verband. Das Ziel der auf dem Wiener Kongreß hervortretenden nationalkirchlichen Strömung war, an Stelle der zerbrochenen Reichskirchenverfassung ein neues gesamtdeutsches Staatskirchenrecht zu schaffen, um so die Einheit der katholischen Kirche in Deutschland gegenüber der Gefahr der Spaltung in eine Vielzahl partikularstaatlicher Kirchensprengel zu wahren und zugleich die Freiheit der in der Nationalkirche vereinten Landesbistümer gegenüber der Landesstaatsgewalt zu sichern. Die nationalkirchliche Bewegung dieser Zeit hatte also mit einer „Los-von-Rom-Bewegung" nichts zu tun. Immerhin hätte eine im Rahmen der katholischen Gesamtkirche gebildete deutsche Nationalkirche eine starke Position auch im Verhältnis zur Kurie erlangt; der vereinigte deutsche Episkopat hätte einen höheren gesamtkirchlichen Einfluß gewonnen, als es einer Vielzahl getrennter deutscher Diözesen möglich war. Schließlich wäre eine deutsche Nationalkirche politisch auf der einen Seite ein starkes Mittel gesamtdeutscher Integration, zugleich aber auf der anderen Seite ein mächtiger Gegenspieler des Staates geworden.

Die nationalkirchliche Bewegung von 1814/15 schloß sich an den Febronianismus des 18. Jahrhunderts an [1]). Sie hielt dogmatisch an allen Überlieferungen des Katholizismus fest, suchte aber den deutschen Episkopat nach dem Vorbild des Gallikanismus organisatorisch zu verbinden, unter der Leitungsgewalt eines deutschen Primas zusammenzuschließen und gegenüber der Kurie mit gewissen Freiheiten auszustatten. Diesem seit seinem einstigen Fehlschlag verschütteten febronianischen Gedanken gab in der Zeit der Freiheitskriege die nationalpolitische Einigungsbewegung, die ja keineswegs nur von den protestantisch-norddeutschen Gebieten, sondern mindestens in gleichem Maß von den katholischen Gebieten ausging, einen bedeutenden neuen Antrieb. Nach der bis ins 19. Jahrhundert reichenden Überlieferung war in Deutschland gerade der Protestantismus territorialstaatlich-partikularistisch, der Katholizismus dagegen weit stärker gesamtdeutsch bestimmt. So setzten sich denn auch nicht nur entschiedene Protestanten wie Stein und Arndt, sondern auch entschiedene Katholiken wie Josef Görres für die nationaldeutsche Einheit ein. Daß dann im Lauf des 19. Jahrhunderts der Protestantismus vornehmlich Träger des unitarischen, der Katholizismus vornehmlich Träger des partikularistischen Gedankens wurde, war eine Verkehrung der ursprünglichen Fronten. Die Vertreter der deutschen nationalkirchlichen Bewegung um 1815, vor allem ihr Wortführer, der Konstanzer Generalvikar *Frh. von Wessenberg*, waren zugleich entschiedene Verfechter der katholischen Sache, die sie durch ein katholisches Reichskirchentum zu stärken suchten.

Heinrich Freiherr von Wessenberg (1774—1860) [2]) war als Glied einer vorderösterreichischen Adelsfamilie, die ein Anrecht auf eine Kapitelstelle in Konstanz besaß,

---

[1]) *Justinus Febronius* (= Nikolaus von Hontheim), De statu ecclesiae et legitima potestate Romani Pontificis (1763). Dazu O. *Mejer*, Febronius (2. Aufl. 1885); F. *Vigener*, Gallikanismus und episcopalistische Strömungen im deutschen Katholizismus zwischen Tridentinum und Vaticanum. HZ Bd. 111 (1913) S. 495 ff.; E. *Reifart*, Der Kirchenstaat Trier und das Staatskirchentum (Diss. Freiburg 1950, MSchr.).

[2]) Vgl. *J. Beck*, J. Heinrich v. Wessenberg (1863).

schon mit 18 Jahren Domherr geworden. Mit 28 Jahren übernahm er 1802 das Amt des Generalvikars des Bistums Konstanz, wo er den Kurerzkanzler und Erzbischof von Mainz, *Karl Theodor von Dalberg,* der auch den Konstanzer Bischofssitz innehatte, vertrat. Erst 1812 empfing Wessenberg die Priesterweihe. In seiner Diözese führte er die deutsche Messe ein; er ordnete den möglichst weitgehenden Gebrauch der deutschen Sprache im Gottesdienst an; er stellte die Predigt in die Mitte der kultischen Handlung. Die kirchliche Einsegnung gemischter Ehen gestattete er, sofern die Brautleute sich verpflichteten, die Söhne in der Konfession des Vaters, die Töchter in der der Mutter erziehen zu lassen[1]). In seinem Priesterseminar in Meersburg ließ er die jungen Kleriker zu einem wissenschaftlich gebildeten und sittlich gefestigten Stand, zugleich aber in einem Geist erziehen, der febronianische und nationaldemokratische Gedanken mit konfessioneller Duldsamkeit verband. Selbst ganz von den Lehren des Febronius durchdrungen, suchte Wessenberg die bischöfliche Gewalt möglichst weit von den Eingriffen der Kurie freizuhalten; so setzte er sich für das episkopale gegen das kuriale Kirchenrecht ein. Wegen Überschreitung seiner Kompetenzen machte man ihm in Rom den Prozeß; aber er verteidigte sich hartnäckig und geschickt gegen die Vorwürfe, denen er ausgesetzt war. Während der Rheinbundszeit ließ Wessenberg sich, dem Beispiel Dalbergs folgend, in das napoleonische Kirchensystem einbeziehen. An dem Nationalkonzil, das Napoleon 1811 nach Paris berief, nahmen beide teil. Während jedoch Dalberg, zuletzt Großherzog von Frankfurt, durch seine rheinbündische Politik vor der deutschen öffentlichen Meinung kompromittiert war und nach dem Sturz seines Protektors froh sein durfte, daß man ihm gestattete, sich auf die geistlichen Funktionen in seiner Diözese Regensburg zurückzuziehen, öffnete sich für Wessenberg der Weg zu bedeutender politischer Wirksamkeit. Er war Anhänger der gesamtdeutschen Einheit, hielt sich aber von den radikaleren Forderungen der Stein, Arndt und Görres fern. Mit seinen nationalkirchlichen Bestrebungen suchte er sich beim Wiener Hof zur Geltung zu bringen, wofür er die besten persönlichen Voraussetzungen mitbrachte, da *Metternich* sein Vetter war und da sein älterer Bruder, der *Freiherr Johann von Wessenberg,* im Dienst des Staatskanzlers bei den Verhandlungen über die Bundesverfassung auf dem Wiener Kongreß eine wesentliche Rolle spielte[2]). Über den Konflikt um seine Stellung als Bistumsverweser (1817—27) siehe unten S. 432 f.

2. Die katholische Erneuerung

Das neue Verhältnis zum Staat, das die katholische Kirche im 19. Jahrhundert suchte und in Abkehr vom Episkopalismus, von nationalkirchlichen Bestrebungen und vom Staatskirchentum in zähen diplomatischen Verhandlungen, aber auch in harten Kämpfen schließlich gewann, gründete sich auf den starken inneren Wandel, der sich im deutschen Katholizismus zwischen 1800 und 1830 vollzog. Zusammen mit der politischen Neuordnung Deutschlands kam es zu einer inneren Wiedergeburt des deutschen Katholizismus. Ein weithin rationalistisch gebildeter Klerus, geleitet von einem weltoffen und weltmännisch denkenden Episkopat, hatte im 18. Jahrhundert die Auffassung geteilt, daß die Kirche vornehmlich eine im Dienst von Staat und Gesellschaft stehende moralische Anstalt sei. Dem spirituellen Wesensprinzip des Katholizismus war dieser Klerus ebenso entfremdet wie dem alten säkularen Herrschaftsprinzip der Weltkirche. In der Zeit der großen Umwälzung drang in Deutschland zunächst der Episkopalismus stärker vor. Wenngleich in Deutschland der Febronianismus gescheitert war, so waren seine Gedanken doch im

---

[1]) Siehe dazu Bd. II S. 185 ff.   [2]) Siehe unten S. 544 Anm. 3; 552.

deutschen Episkopat und Klerus weit verbreitet geblieben. Angesichts der völligen Ohnmacht, in die das Papsttum durch die französische Revolution und die napoleonische Universalherrschaft geriet, erschien es in der Rheinbundszeit als überflüssig, die Unabhängigkeit des deutschen Episkopats gegenüber der Kurie ausdrücklich in einem Dokument nach Art der Emser Punktation festzulegen. Als Primas von Deutschland (oben S. 79) hätte *Dalberg*, wäre er nicht zu tief in die politischen Konflikte verstrickt gewesen, damals leicht die Stellung eines obersten deutschen Kirchenfürsten für sich erringen können. Zu keiner Zeit war Deutschland so weit entklerikalisiert, wie zwischen 1803 und 1815. Selbst in Bayern, dem wichtigsten katholischen Staat Süddeutschlands, war unter dem Regime Montgelas die Aufklärung und der Grundsatz der Staatssouveränität auch im Verhältnis zur Kirche absolut herrschend. Und in Österreich, dem stärksten unter allen deutschen katholischen Staaten, war der „Josefinismus" der Kirche nicht nur von außen her durch die Staatsgewalt aufgenötigt; die katholische Welt selbst war von innen her durch josefinische Ideen bestimmt [1]).

Für die Entwicklung des Katholizismus im 19. Jahrhundert war entscheidend, daß diese weltzugewandte rationalistisch-antipapale Überlieferung, die sich im *Wessenbergianismus* noch einmal dokumentierte, von einer neuen katholischen Glaubenshaltung abgelöst wurde. In steigendem Maß wandte der Katholizismus sich gegen den Indifferentismus und Liberalismus in den eigenen Reihen wie gegen die Unterordnung des Kirchenwesens unter den Staat. Die doppelte Frontstellung gegen Modernismus und Staatsomnipotenz, gegen Liberalismus und Absolutismus, „gegen Demokratie und Bürokratie" kennzeichnete die katholische Renaissance der frühkonstitutionellen Zeit.

Die neue Haltung offenbarte sich an der *Kurie*, als Papst Pius VII. (1800—23) nach seiner Rückkehr nach Rom [2]) durch die Bulle Sollicitudo omnium ecclesiarum vom 7. August 1814 den von Papst Klemens XIV. 1773 aufgehobenen Jesuitenorden wiederherstellte. Immerhin war Pius VII. gemeinsam mit dem Kardinalstaatssekretär Consalvi noch um einen Ausgleich mit dem Staat bemüht. Unter Papst Leo XII. (1823—29) dagegen besann die Kirche sich auf ihren überlieferten Vorherrschaftsanspruch. Die Kardinalsgruppe der „Eiferer" (der „Zelanti"), die seit langem mit der kurialen Gruppe der „Liberalen" im Wettstreit stand, verdrängte nun auch Consalvi. Sie übernahm die Macht an der Kurie, deren Kampf gegen Indifferentismus und Tolerantismus nun offen einsetzte. Papst Pius VIII. (1829—30) unternahm den folgenschweren Angriff gegen die konfessionellen Mischehen [3]). Papst Gregor XVI. (1831—46) trat entschieden für den Zentralismus und die Hierarchie in der Kirche ein; er war es, der als erster Papst seit langer Zeit den Konflikt mit dem Staat wagte. In den „Kölner Wirren" errang er einen vollen Erfolg [4]). Die Lehre von der „indirekten Gewalt" der römischen Weltkirche gegenüber dem Staat tauchte in diesen Jahrzehnten wieder auf. Durch eine entschlossene geistliche Leitung, die sich auch der überlieferten Fähigkeiten

---

[1]) *E. Winter*, Der Josephinismus und seine Geschichte (1943); *Fr. Valjavec*, Der Josephinismus (1944); *F. Maaß*, Der Josephinismus (1951/53).
[2]) *Pius VII.*, der sich um einen Ausgleich der Kirche mit dem napoleonischen Frankreich bemühte (Konkordat 1801, Kaiserkrönung 1804), geriet mit dem Kaiser wegen der Aufhebung des Kirchenstaats (1809) in Konflikt. Der Papst tat den Kaiser in den Bann; darauf ließ dieser den Papst 1809—14 zunächst in Savona, dann in Fontainebleau gefangen halten. Nach dem Sturz des Kaisertums kehrte der Papst am 24. Mai 1814 nach Rom zurück. [3]) Siehe Bd. II S. 194 ff. [4]) Ebenda S. 239 ff.

der kurialen Diplomatie gegenüber dem Staat bediente, gewann die Kirche, die durch Aufklärung, Revolution, Bonapartismus und Säkularisation dem Erliegen nahegebracht zu sein schien, in kurzer Zeit eine neue und ständig wachsende Macht.

Gleich kräftig erhob die neue Gesinnung sich im *deutschen Episkopat*. Zu deutschen Bischöfen wurden seit 1815 nicht mehr, wie vielfach in der vorausgegangenen Zeit, weltlich gesinnte Mitglieder des hohen Adels berufen. Solange die deutschen Bischöfe überwiegend zugleich geistliche Reichsfürsten gewesen waren, kam es bei ihrer Auswahl darauf an, daß sie nach Ansehen, Einfluß, Erfahrung und persönlichen Gaben ihren landesherrlichen Obliegenheiten gewachsen waren; die geistlichen Funktionen ihres Amtes konnten sie dem Weihbischof überlassen. Nun aber, nach dem Wegfall der landesherrlichen Stellung, wurde für die Auswahl der Bischöfe die Eignung für das geistliche Amt entscheidend. Persönliche Frömmigkeit, dogmatische Treue, theologische Bildung, priesterliche Haltung und Vertrauen des Klerus und des Kirchenvolks wurden für die Kandidatur gefordert; an die Stelle der hochadeligen Kirchenfürsten traten häufig Kleriker, die aus niederem Stand zur Bischofswürde aufstiegen. Der Episkopat, bisher eine durch und durch feudale Institution, wurde „entfeudalisiert" und, wenn man dies so nennen will, „demokratisiert". Den Platz der weltmännischen, aufgeklärten, „febronianischen" Bischöfe des 18. Jahrhunderts nahmen nun Männer von asketischer, glaubensstarker Haltung ein, die zum Kampf gegen die staatliche Kirchenhoheit und die liberale Gesellschaft entschlossen waren. Der Episkopalismus verlor in diesem entfeudalisierten deutschen Episkopat seine gesellschaftlichen Voraussetzungen. Die Entfeudalisierung des hohen Klerus schuf die Grundlage der nun einsetzenden Romtreue (des „Ultramontanismus") der erneuerten Katholischen Kirche Deutschlands.

Vor allem in der sich vertiefenden *theologischen Wissenschaft* fand das Glaubensbewußtsein des Katholizismus einen starken Halt. *Sailer* und *Hirscher*, *Möhler* und *Döllinger* hoben die katholische Theologie aus der Dürre des Rationalismus zu neuer innerer Kraft[1]. Die staatliche Universitätsreform, die auch den theologischen Fakultäten die Freiheit der Forschung und Lehre einräumte und zur Besetzung der theologischen Lehrstühle mit hervorragenden Gelehrten führte, trug dazu bei, die theologische Wissenschaft aus der Staatsunterworfenheit zu lösen. Die theologischen Fakultäten widmeten sich der Erziehung eines neuen Klerikerstandes, der von Treue zu Dogma und Kirche bestimmt war. Den niederen Ständen erschloß die erneuerte theologische Erziehung den Zugang nicht nur zum Amt, sondern auch zur geistlichen Bildung. Diese Haltung ergriff auch die gebildeten Schichten des katholischen Kirchenvolks, die sich im Bann der Romantik von der mechanistischen Staats- und Gesellschaftsauffassung des Rationalismus freimachten, um der Werte des Kultus, des Dogmas und der Hierarchie inne zu werden und die göttliche Ordnung der Dinge an sich zu erfahren.

Friedrich Schlegel und *Clemens Brentano* waren die Wortführer dieser Rekatholisierung des geistigen Lebens, *Adam Müller*, *Albrecht von Haller* und *Franz von Baader* die Vorkämpfer einer neugegründeten katholischen Staats- und Gesellschaftstheorie. *Josef Görres*, der sich in seiner Jugend den Ideen von 1789 zugewandt hatte und dann als Kämpfer für die Befreiung von der Fremdherrschaft hervorgetreten war, entwickelte sich nach seiner Emigration in Straßburg und dann nach seiner Berufung an die Münchner Universität zum glaubensstarken Anwalt katholischer Wissenschaft und katholischer Ordnung[2].

---

[1] *Johann Michael Sailer* (1751–1832) war Professor der Dogmatik in Landshut (1800–1821), zuletzt Bischof in Regensburg (seit 1829). – *Johann Baptist von Hirscher* (1788–1865) war Professor der Moraltheologie in Tübingen (1817–37), dann in Freiburg i. Br. – *Johann Adam Möhler* (1796–1838) war Professor der Kirchengeschichte in Tübingen (1826–35), dann in München. – *Ignaz von Döllinger* (1799–1890) war Professor für Kirchengeschichte und Kirchenrecht in Aschaffenburg (1823–26), dann in München. Trotz seiner Gegnerschaft gegen die Aufklärung blieb er Anhänger des Episkopalismus; darüber kam es später zu seinem Konflikt mit Rom wegen des Syllabus (1864) und der Infallibilität (1870).

[2] Über *Görres* siehe Bd. II S. 253 ff., 359 f.

Alle diese Kräfte — Papsttum, Episkopat und Klerus, Theologie und Gesellschafts-lehre, Dichtung und Kulturwissenschaft — hätten nicht ausgereicht, den Katholizismus von innen her neu zu gestalten, wenn nicht im Volk selbst die katholische Glaubens-macht lebendig und stark geworden wäre. Der ländliche Adel und das Bauerntum waren die wesentlichen Träger dieses volkhaften Katholizismus. Aber auch in den städtischen Schichten, in der Kaufmannschaft, in den freien akademischen Berufen wie in den niederen und höheren Beamtentum, zeigte die unzerstörte religiöse Substanz des Katholizismus sich in neuer Kraft. Der Klerus, die theologische und die weltliche Wissenschaft, die Bildung und der Besitz wie das einfache Volk wurden die Träger der „katholischen Erneuerung", d. h. einer Haltung, die zwar nicht grundsätzlich staatsfremd oder gar staatsfeindlich war, die aber mit der Staatstreue und mit der Bereitschaft, dem Staat das Seine zu geben, den Willen verband, die Autonomie des religiösen und kirchlichen Bereichs gegen alle kirchenhoheitlichen Staatsakte zu ver-teidigen, die man als Übergriffe der weltlichen Gewalt in die Freiheit des Bekennt-nisses, des Kultus und der Kirche empfand.

III. Die deutsche Kirchenfrage auf dem Wiener Kongreß

1. Der Plan des Reichskonkordats

Als 1814 der Wiener Kongreß zusammentrat, lag es nahe, die Neuordnung des Staatskirchenrechts auf gesamtdeutscher, also nunmehr auf bundesrecht-licher Grundlage zu suchen. Schon § 62 RDH hatte diesen Weg vorgezeichnet, indem er bestimmte:

„Die Erz- und Bischöflichen Diözesen verbleiben in ihrem bisherigen Zustande, bis eine andere Diözesaneinrichtung *auf reichsgesetzliche Art* getroffen sein wird, wovon denn auch die Einrichtung der künftigen Domkapitel abhängt."

Vergeblich jedoch bemühte sich von 1803—06 der Wiener Hof und im Einvernehmen mit ihm der *Fürstprimas von Dalberg*, der zugleich Kurerz-kanzler des Reichs und vornehmster deutscher Kirchenfürst war, ein *Reichs-konkordat* zustandezubringen, das das Verhältnis von Kirche und Staat ein-heitlich für Deutschland neu ordnen und auch die schwebende Frage der Organisation, Abgrenzung und Ausstattung der Diözesen regeln sollte [1]). Nachdem 1806 der Kaiser als Vertragspartner der Kurie für ein solches Reichs-konkordat weggefallen war, versuchte Dalberg seit 1807 wenigstens ein *Rhein-bundskonkordat*, also einen gemeinsamen Vertrag der Rheinbundstaaten mit der Kurie, abzuschließen; aber er scheiterte auch mit diesem Plan. In beiden Fällen war Ursache des Fehlschlags nicht nur, daß die Vertragsziele der staat-lichen und der kirchlichen Unterhändler weit auseinandergingen, sondern mehr noch, daß vor allem Bayern, aber auch andere deutsche Staaten die schwebenden Fragen durch eigene Landeskonkordate zu regeln beabsichtigten und daher die auf ein gesamtdeutsches Konkordat gerichteten Bestrebungen

---

[1]) Vgl. *Mejer*, Zur Geschichte der römisch-deutschen Frage Bd. 1 S. 201 ff.; *A. Frantz*, Das Projekt eines Reichskonkordats und die Wiener Konferenzen von 1804 (Festg. f. Ihering, 1892); *ders.*, Das Projekt eines Reichskonkordats nach den Wiener Konferenzen 1804/06 (Festg. f. Hänel, 1907); *L. König*, Pius VII., die Säkularisation und das Reichskonkordat (1904).

durchkreuzten. Gegenüber dem staatskirchenrechtlichen Unitarismus der Dalberg'schen Pläne setzte der staatskirchenrechtliche Partikularismus sich in der Rheinbundszeit durch.

1814/15 lebte der Plan eines „Reichskonkordats" erneut auf. Doch erhob sich nun noch deutlicher als bisher die Zuständigkeitsfrage, ob es die Sache des Deutschen Bundes oder die der Einzelstaaten sei, die staatskirchenrechtliche Neuordnung im Einvernehmen mit der Kurie durchzuführen. Der Deutsche Bund war staatsrechtlich mit dem Reich zwar nicht identisch und auch nicht sein Rechtsnachfolger; unmittelbar aus dem § 62 RDH konnte der Bund eine Kompetenz für die Regelung des Staatskirchenrechts durch *Bundeskonkordat* oder *Bundesgesetz* daher nicht ableiten. Aber es wäre möglich gewesen, die *politische Kontinuität* von Reich und Bund gerade auf diesem Gebiet zu wahren, auf dem kraft einer großen Tradition die gesamtstaatliche, nicht die territoriale Kompetenz gegeben war. Daher setzten auf dem Wiener Kongreß starke Bestrebungen ein, dem Bund die Kompetenz für ein gesamtdeutsches *Bundeskirchenrecht* zu sichern und die Wirren der Säkularisationsepoche damit bundeseinheitlich zu beseitigen. Doch nahmen die Einzelstaaten kraft ihrer Souveränität die Neugestaltung der Kirchenverfassung für sich in Anspruch. Das deutsche Staatskirchenrecht entwickelte sich seit dem Wiener Kongreß als reines *Landeskirchenrecht*, auch und gerade im Bereich des katholischen Kirchenwesens.

2. *Wessenberg und Consalvi auf dem Wiener Kongreß*

Dalberg, der nach seinem Sturz neben seinem Regensburger Bischofsamt auch das Konstanzer weiter inne hatte, entsandte seinen Generalvikar Wessenberg auf den Wiener Kongreß, damit dieser dort die Interessen der katholischen Kirche Deutschlands vertrete. Alsbald setzte Wessenberg sich für seine nationalpolitisch-reichskirchlichen Pläne ein. Er forderte, wie vordem Dalberg, den Abschluß eines *Reichskonkordats* zwischen der im Bund vereinigten Gesamtheit der deutschen Regierungen und der Kurie, weiter die Einsetzung eines *Primas für Deutschland*, wobei es im Grunde darum ging, Dalberg in der ihm von Napoleon verliehenen Würde wiederherzustellen, schließlich die Aufnahme der Grundsätze des deutschen Staatskirchenrechts in die Bundesakte, also die Schaffung eines *verfassungsmäßigen Bundeskirchenrechts*, das der katholischen Kirche die Rückgabe ihres Eigentums, die Neubegründung ihrer Verfassung und die Wiederherstellung ihrer Rechte und Freiheiten gewährleisten sollte. Für die Bischöfe und Domkapitel forderte Wessenberg die Einräumung der privilegierten Mitgliedschaft in den Landständen im gleichen Maß, wie sie damals für die mediatisierten Reichsstände in Aussicht genommen war [1].

---

[1] Dazu zwei *Denkschriften Wessenbergs* vom 27. November 1814, eine dritte Denkschrift undatiert, eine vierte Denkschrift vom 8. Juni 1815 (*Klüber*, Acten des Wiener Kongresses Bd. 4, S. 299 ff.).

Mit diesen Forderungen stieß Wessenberg auf eine doppelte Gegnerschaft. Einmal setzte er sich dem heftigen Widerstand der deutschen Mittelstaaten, besonders Bayerns und Württembergs, aus, die, wie auch sonst auf ihre „Souveränität" bedacht, das gesamte Staatskirchenrecht als einen Bestandteil ihrer Landeshoheit beanspruchten. Die nationalkirchliche Bewegung erschien den Verfechtern des staatskirchenrechtlichen Partikularismus als ein provozierender Angriff auf die in der Rheinbundszeit gewonnene Landeskirchenhoheit. Scharf trat auch die Kurie Wessenbergs Plänen entgegen. Papst *Pius VII.* war kaum aus seiner Gefangenschaft in Fontainebleau nach Rom zurückgekehrt, als er den Kardinalstaatssekretär *Consalvi*, einen der bedeutendsten unter den vielen bedeutenden kurialen Diplomaten des 19. Jahrhunderts[1]), an die europäischen Höfe und schließlich auf den Wiener Kongreß entsandte, damit er dort die Wiederherstellung der geistlichen und weltlichen Souveränität des Papsttums druchsetze[2]). In der Tat gab die Wiener Kongreßakte dem Papst den Kirchenstaat zurück; auch den geistlichen Primat des Papstes in der Kirche erkannten die Mächte an. Consalvi war ein entschiedener Gegner der febronianisch-episkopalistischen Ideen, die den nationalkirchlichen Forderungen Wessenbergs zugrunde lagen. Daher widersetzte er sich allem, was der deutschen Kirche eine Selbständigkeit nach gallikanischem Vorbild hätte verleihen können. Aber Consalvi erkannte zugleich die Gefahren, die der kirchlichen Freiheit von dem staatskirchenrechtlichen Partikularismus der deutschen Einzelstaaten drohten. Die Mediatisierung der deutschen Bistümer zu katholischen Landesbistümern unter staatlicher Hoheit war für das kuriale Denken keine geringere Bedrohung als die Errichtung einer deutschen Reichskirche unter der Leitungsgewalt eines deutschen Primas. So war auch der Kardinalstaatssekretär in Wien zu einem Kampf mit doppelter Front gezwungen – gegen Wessenbergs nationalkirchliche Ideen wie gegen die staatskirchlichen Ideen der partikularistischen Feinde Wessenbergs.

Auf dem Kongreß unterstützte Consalvi die im Auftrag des deutschen Episkopats in Wien auftretenden *drei Oratoren* Wamboldt, Helfferich und Schies[3]). Auf Weisung des Hauptes der ultramontanen Richtung im deutschen Episkopat, des Bischofs von Eichstätt Graf Stubenberg, forderten die Oratoren unter Berufung auf die Nichtigkeit des Reichsdeputationshauptschlusses die Restauration der 1803 aufgehobenen geistlichen Fürstentümer, mindestens aber die Rückgabe des säkularisierten Kirchenguts[4]). Dieses Begehren der ultramontanen Partei hätte naturgemäß nur im Weg

---

[1]) Der Marchese *Consalvi* (1757–1824) war seit 1800 Staatssekretär Papst Pius' VII., der ihn zwar 1806 auf Geheiß Napoleons entlassen mußte, ihn 1814 aber wieder berief; Consalvi bekleidete sein Amt bis zu Pius' VII. Tod (1823).

[2]) Übersicht über Consalvis Tätigkeit auf dem Wiener Kongreß bei *Klüber*, Acten Bd. 6 S. 427 ff. Sie begann mit einer Note vom 17. November 1814 (Text bei *Ruck*, Röm. Kurie und deutsche Kirchenfrage S. 115 ff.), die die Forderungen der Kurie anmeldete, und endete mit den Protestnoten vom 14. Juni 1815 (siehe unten S. 415).

[3]) *Franz Christoph Frh. v. Wamboldt* (1761–1831) war Domdechant in Worms und Kapitular des Mainzer Metropolitankapitels in Aschaffenburg; *Josef Anton Helfferich* (1762–1832) war Präbendar der Domkirche in Speyer, *Karl Schies* (1764–1823) war Advokat in Mannheim.

[4]) *Denkschriften der Oratoren:* a) „Darstellung des traurigen Zustandes der entgüterten und verwaisten Katholischen Kirche Teutschlands und ihrer Ansprüche" vom 30. Oktober 1814 (*Klüber*, Acten Bd. 1 Heft 2 S. 28); b) „Betrachtungen über den

einer bundesrechtlichen Übereinkunft aller deutschen Staaten erfüllt werden können. Auch die weitere Forderung Consalvis, die vakanten deutschen Bistümer ohne jede Mitwirkung der Staatsgewalt allein durch den Papst besetzen zu lassen, wäre nur mittels einer den widerstrebenden Einzelstaaten aufgenötigten gesamtdeutschen Vereinbarung durchsetzbar gewesen. Um nun den staatskirchenrechtlichen Partikularismus der deutschen Territorialstaaten mit dem ihm innewohnenden Prinzip der unbeschränkten staatlichen Kirchenhoheit im Interesse der Kirche zu brechen, verlangte Consalvi — insoweit in Einklang mit seinem Gegenspieler Wessenberg — den Abschluß eines *deutschen Gesamtkonkordats* und die Festlegung der Grundsätze des gesamtdeutschen Staatskirchenrechts in der Bundesverfassung. Dieses unitarischen Mittels des „Reichskonkordats" (wie man abgekürzt immer noch sagte) suchte Consalvi sich allerdings zu einem ausgesprochen anti-unitarischen Zweck zu bedienen. Insbesondere widersprach der Kardinalstaatssekretär der Einsetzung eines deutschen Primas und jeder Unterstützung des deutschen Episkopalismus durch die Bundesgewalt [1]).

3. Die deutsche Bundesakte und das Staatskirchenrecht

Doch setzten weder *Wessenberg* noch *Consalvi* sich auf dem Wiener Kongreß durch. Preußen und Österreich versagten sich zwar den Vorschlägen der beiden kirchlichen Gegenspieler nicht. *Preußen* näherte sich dem nationalkirchlichen Programm Wessenbergs an, indem es in seinen Entwürfen für die katholische Kirche Deutschlands „eine so viel als möglich gleichförmige, zusammenhängende Verfassung" in Aussicht nahm, während die evangelischen Landeskirchen ihre ausschließlich partikularstaatliche Stellung bewahren und für ihre Rechte lediglich eine Bundesgarantie erhalten sollten [2]). Und *Österreich* trat für ein gesamtdeutsches Konkordat ein, indem es die Bundesversammlung zu Verhandlungen mit der Kurie ermächtigen wollte [3]). Der gemeinsame öster-

---

Wert der Gesetze des Reichsdeputationsschlusses von 1803" (ebenda Bd. 4 S. 290); c) „Denkschrift für die Kirche des katholischen Teutschlands betr. die Zuziehung ihrer Repräsentanten auf dem Congreß bei Beratung der teutschen Angelegenheiten so weit die Kirche dabei interessiert ist" vom 1. März 1815 (ebenda Bd. 2 S. 255); d) „Bemerkungen über den Art. 15 der neuesten Constitutionsacte" (d. h. des Bundesverfassungsentwurfs vom 23. Mai 1815) (ebenda Bd. 4 S. 295).

[1]) Um den Gedanken an die nationalkirchliche Einheit des katholischen Kirchenwesens in Deutschland von vornherein auszuschließen, sprach *Consalvi* in seinen Eingaben auf dem Wiener Kongreß stets von *„den katholischen Kirchen (!) Deutschlands"*. Die Oratoren dagegen benutzten die Formel *„die katholische Kirche Teutschlands"*. Wessenberg bediente sich der Bezeichnung *„die katholische Kirche in Deutschland"* oder *„die teutsche Kirche"*, später (streng föderativ!) *„die katholische Kirche in den teutschen Bundesstaaten"*. (Vgl. dazu die Nachweise bei Klüber, Acten Bd. 6 S. 429 Fußnote).

[2]) Siehe dazu: a) *Preußischer Entwurf* der Bundesakte vom April 1815, § 11: „Die katholische Religion in Teutschland wird, unter der Garantie des Bundes, eine so viel als möglich gleichförmige, zusammenhängende Verfassung erhalten" (*Klüber*, Acten Bd. 1 Heft 4 S. 110); b) *Preußischer Entwurf* vom 1. Mai 1815, § 11 Abs. 1: Wie oben in erweiterter Fassung; Abs. 2: „Die Rechte der Evangelischen gehören in jedem Staate zur Landesverfassung; und Erhaltung ihrer auf Friedensschlüssen, Grundgesetzen und anderen gültigen Verträgen beruhenden Rechte sind dem Schutz des Bundes anvertraut" (ebenda Bd. 2 S. 307)

[3]) *Österreichischer Entwurf* vom Mai 1815, Art. 17 Satz 3: „Die Angelegenheiten der katholischen Kirche sollen mit dem römischen Hof auf der Versammlung (= Bundesversammlung) verhandelt werden" (ebenda Bd. 2 S. 133).

reichisch-preußische Entwurf, der der katholischen Kirche Deutschlands eine „Verfassung" unter der Garantie des Bundes verhieß [1]), scheiterte jedoch am Widerstand der Mittelstaaten [2]). Einen abgeschwächten Vorschlag, der immerhin noch von einer „Verfassung der katholischen Kirche in den deutschen Bundesstaaten" sprach [3]), brachte Bayern durch sein Veto in der letzten Konferenz des Wiener Kongresses zu Fall [4]). Die den Mittelstaaten in den Verträgen von Ried und Fulda zugesicherte Souveränität [5]) erwies sich auch hier als unüberschreitbare Schranke. Wenn Bayern und Württemberg überhaupt für eine gesamtdeutsche Föderation gewonnen werden sollten, war es unmöglich, ihnen die im vergangenen Jahrzehnt erst voll errungene Kirchenhoheit bundesrechtlich zu beschränken. Nicht nur der Plan eines deutschen Gesamtkonkordats, sondern die Aufnahme staatskirchenrechtlicher Grundsätze in die Bundesakte überhaupt mußte aufgegeben werden. Weder die Religions-, Gewissens-, Bekenntnis- und Kultusfreiheit noch die Rechtsstellung der drei christlichen Kirchen [6]) noch die Autonomie der kirchlichen Eigenverwaltung noch die Unantastbarkeit des Kirchenguts [7]) erhielten die bundesrechtliche Ge-

---

[1]) *Österreichisch-preußischer Entwurf* vom 23. Mai 1815, Art. 15: „(1) Die katholische Kirche in Teutschland wird, unter der Garantie des Bundes, eine ihre Rechte und die zur Bestreitung ihrer Bedürfnisse notwendigen Mittel sichernde Verfassung erhalten. (2) Die Rechte der Evangelischen gehören in jedem Staate zur Landesverfassung, und ihre auf Friedensschlüssen, Grundgesetzen und anderen gültigen Verträgen beruhenden Rechte werden ausdrücklich aufrechterhalten" (ebenda Bd. 2 S. 321).

[2]) Konferenzprotokoll vom 31. Mai 1815: „Ad art. 15 ward bei den wider diesen Artikel gemachten Erinnerungen auf den Antrag des Herrn Fürsten Metternich beschlossen, diesen Artikel ganz aus der Bundesakte herauszulassen" (ebenda Bd. 2 S. 441).

[3]) Konferenzprotokoll vom 2. Juni 1815: Statt des gestrichenen Art. 15 wurde ein neuer Artikel beschlossen, „wodurch im Allgemeinen die Rechte der katholischen und evangelischen Kirche gewahrt würden" (ebenda Bd. 2 S. 471). Er erscheint in dem *Revidierten Entwurf der Bundesakte* als Art. 16: „Die katholische Kirche in den teutschen Bundesstaaten wird eine ihre Rechte und Dotation sichernde Verfassung erhalten. Eben so werden die Rechte der Evangelischen in jedem Bundesstaat in Gemäßheit der Friedensschlüsse, Grundgesetze oder anderer gültiger Verträge aufrechterhalten" (ebenda Bd. 2 S. 490).

[4]) Konferenzprotokoll vom 8. Juli 1815: Auf Antrag Bayerns wurde beschlossen, den Art. 16 (siehe vorstehende Anmerkung) zu streichen (ebenda Bd. 2 S. 535).

[5]) Siehe unten S. 494 ff.

[6]) Der preußische Entwurf vom 1. Mai 1815 enthielt in § 9 Abs. 4 die Bestimmung: „Die drei christlichen Religionsparteien genießen in allen teutschen Staaten gleiche Rechte". Dieser Versuch, das „preußische Paritätssystem" in die Bundesakte einzuführen, scheiterte am österreichischen Widerspruch. Der Paritätsgrundsatz hätte implicite auch eine allgemeine Garantie der Religions-, Gewissens-, Bekenntnis- und Kultusfreiheit für die drei christlichen Konfessionen bedeutet. Der an Stelle der preußischen Paritätsformel auf österreichischen Vorschlag in die Bundesakte aufgenommene Art. 16 (siehe unten im Text) war für die Bekenntnis- und Kultusfreiheit nur indirekt von Bedeutung.

[7]) Nach dem österreichischen Entwurf vom Mai 1815 sollte jeder Konfession „die ausschließliche Verwaltung der Gegenstände ihres Kultus und ihrer Kirchengelder" zustehen. In den späteren Entwürfen und im endgültigen Text findet diese Formel, die eine verklausulierte Umschreibung der Garantie der kirchlichen Vermögensrechte enthielt, sich nicht mehr.

währleistung. Ebensowenig konnte die Bundesverfassung den Inhalt und die Grenzen der einzelstaatlichen Kirchenhoheit bundeseinheitlich regeln. Schließlich blieben auch die Neuordnung der Diözesangrenzen und die Ausstattung der Domkirchen den Einzelstaaten überlassen.

Seit 1815 fiel das gesamte Staatskirchenrecht damit in die ausschließliche Zuständigkeit der Einzelstaaten. Art. 16 der Bundesakte beschränkte sich auf den Satz:

„Die Verschiedenheit der christlichen Religionsparteien kann in den Ländern und Gebieten des deutschen Bundes keinen Unterschied in dem Genusse der bürgerlichen und politischen Rechte begründen."

Damit war jedoch weder Parität noch Toleranz bundesrechtlich garantiert. Der Art. 16 sagte weder, daß in jedem Land alle christlichen Glaubensrichtungen zuzulassen noch daß in jedem Land die drei christlichen Hauptkonfessionen des westfälischen Friedens als gleichberechtigte Religionsparteien anzuerkennen noch daß in jedem Land den Anhängern der drei Hauptbekenntnisse die Gewissens- und die Kultusfreiheit in gleichem Maß einzuräumen seien.

Vielmehr war aus Art. 16 Folgendes zu entnehmen: Der Begriff „christliche Religionspartei" bezog sich nicht auf jede beliebige christliche Glaubensrichtung, sondern beschränkte sich, dem überlieferten Wortsinn entsprechend [1]), auf die drei christlichen Hauptkonfessionen: Katholiken, Lutheraner und Reformierte [2]). Art. 16 sprach jedoch diesen drei Hauptkonfessionen als solchen (also ihren organisierten Kirchengesellschaften) keinerlei Rechte zu. Der religionsrechtliche Status der drei „Religionsparteien" bemaß sich nicht nach Bundesrecht; vielmehr entschied ausschließlich das Landesrecht darüber, ob alle drei Religionsparteien paritätisch die Anerkennung als öffentliche Kirchengesellschaft („öffentliche Corporation") [3]) oder ob nur eine oder zwei von ihnen diese Eigenschaft besaßen, während die anderen auf die Stellung privater Religionsgesellschaften beschränkt oder überhaupt nicht zugelassen waren.

Nur den *einzelnen Anhängern* der drei Hauptkonfessionen sicherte Art. 16 in jedem Land die volle Rechtsgleichheit, und zwar in *bürgerlichen und poli-*

---

[1]) Der Begriff „Religionspartei" war seit dem Augsburger Religionsfrieden der „Zentralbegriff" des kirchenpolitischen Systems des Reichs (*Heckel*, Kirchengut und Staatsgewalt, Festg. für R. Smend 1952, S. 113). Er bezog sich anfänglich auf zwei, seit dem Westfälischen Frieden (1648) auf die drei christlichen Hauptkonfessionen. Durch Art. 16 der Bundesakte wurde der Zentralbegriff des überlieferten kirchenpolitischen Systems bundesrechtlich konserviert.

[2]) Die Vorentwürfe des Art. 16 sprachen von den *drei* christlichen Religionsparteien: diese nähere Bestimmung wurde in der Konferenz vom 31. Mai 1815 gestrichen (*Klüber*, Acten Bd. 2 S. 439 f.). Dabei wurden sofort Bedenken gegen eine Ausdehnung des in Art. 16 ausgesprochenen Grundsatzes auf die privaten christlichen Glaubensgemeinschaften (Sekten usw.) ausgesprochen. Diese Bedenken waren unbegründet; denn die Streichung der Zahl „drei" beseitigte die Beschränkung nicht, die im Begriff der „Religionspartei" lag. Art. 16 konnte also nicht so verstanden werden, als ob er laute: „Die Verschiedenheit der christlichen *Glaubensrichtungen* . . ."

[3]) Über die Entstehung dieses Begriffs im bayerischen Staatskirchenrecht siehe unten S. 428.

tischen Rechten, zu. Zu diesen bürgerlichen und politischen Rechten des Einzelnen gehörte auch das Recht der persönlichen Glaubens- und Gewissensfreiheit, dagegen weder das Recht auf religionsgesellschaftlichen Zusammenschluß („religiöse Vereinigungsfreiheit") noch das Recht auf öffentliche Religionsausübung („Kultusfreiheit")[1]. Der Art. 16 begründete also *keine Gleichheit der korporativen Religionsrechte*, sondern nur für die Anhänger der drei Hauptkonfessionen die Gleichheit der individuellen Bürgerrechte. Dazu zählte auch das Recht auf Wohnsitz und Heimat, so daß das Bundesrecht den Anhängern der drei Hauptkonfessionen in jedem deutschen Land einen Schutz gegen Austreibung wegen Religionsverschiedenheit bot, auch wenn die Konfession, der er angehörte, in dem betreffenden Land als Korporation nicht zugelassen war.

Die *Rechtsstellung der Protestanten* in den katholischen Ländern bestimmte sich im Rahmen des Art. 16 der Bundesakte nach den näheren Vorschriften der Landesverfassungen und landesrechtlichen Religionsedikte, so vor allem in Bayern[1a]. In *Österreich* bemaßen die Rechte der Protestanten sich nach wie vor nach dem *Toleranzpatent* Josefs II. vom 17.Oktober 1781. Es gestattete den Lutheranern wie den Reformierten die Errichtung von Bethäusern mit Schulen, jedoch ohne Turm, Geläut und Straßeneingang; die Merkmale der Öffentlichkeit waren den protestantischen Kultusgebäuden also versagt. Das Patent erlaubte den beiden protestantischen Bekenntnissen ferner die Anstellung von Geistlichen und Schullehrern, jedoch auf eigene Kosten. Voraussetzung dieser Rechte war, daß 100 protestantische Familien an einem Ort oder seiner näheren Umgebung vereinigt waren. 1819 erging ein Verbot, das den Studierenden der evangelischen Theologie den Besuch landesfremder Universitäten untersagte; es wandte sich – im Geist der Karlsbader Beschlüsse – wesentlich gegen die norddeutschen Universitäten und die von ihnen ausgehenden burschenschaftlichen Ideen. Statt dessen richtete Österreich für die beiden protestantischen Bekenntnisse eine theologische Lehranstalt in Wien ein. 1837 kam es zu einem schweren Konflikt des Staats mit der evangelischen Minderheit bei der „Expulsion" der Zillertaler Protestanten, die in offenem Verstoß gegen den Art. 16 der Bundesakte zur Auswanderung nach Preußen gezwungen wurden[2].

4. Der endgültige Verzicht auf das Bundeskirchenrecht

Daß der deutsche Bund darauf verzichtete, in die Bundesverfassung Bestimmungen über ein gesamtdeutsches Staatskirchenrecht aufzunehmen, das die 1803 zerstörten Rechte der katholischen Kirche in Deutschland wiederhergestellt hätte, veranlaßte *Consalvi*, am 14. Juni 1815 Protest gegen die Bundesakte einzulegen[3]. Dem Kardinalstaatssekretär war bewußt, daß es

---

[1]) Anderer Meinung *H. A. Zachariä*, Enthält der Art. 16 der deutschen Bundesakte auch eine Garantie der freien und öffentlichen Religionsübung für alle christlichen Religionsparteien? (Z. f. dt. StR Bd. 1, 1865, S. 25 ff.).
[1a]) Siehe unten S. 427 ff.   [2]) Siehe *Treitschke*, Dt. Gesch. Bd. 4 S. 556 f.
[3]) Consalvi übergab am 14. Juni 1815 zwei Protesterklärungen: a) eine Note betr. die weltlichen Angelegenheiten des Heiligen Stuhls mit beigefügter Protestation (in dt. Übersetzung bei *Klüber*, Acten Bd. 4 S. 319, 325), b) eine Note betr. die geistlichen

bei den gegebenen Verhältnissen schwieriger sein werde, die Interessen der Kurie gegenüber dem Machtwillen der deutschen Einzelstaaten, auch der katholischen, durchzusetzen als gegenüber der nur locker gefügten deutschen Staatsgesamtheit, in der sich immer die Möglichkeit bieten mußte, den einen gegen den anderen auszuspielen. Aber Consalvis Protest verhallte wirkungslos, obwohl Papst Pius VII. ihn persönlich wiederholte[1].

Auch die weiteren Bemühungen *Wessenbergs*, seine nationalkirchlichen Pläne nach der Annahme der Bundesakte noch zu verfolgen, schlugen fehl. Vergebens wandte der Konstanzer Generalvikar sich an die deutschen Höfe mit dem Vorschlag, von Bundes wegen gemeinsame Grundsätze für die bevorstehenden Verhandlungen mit der Kurie über die staatskirchenrechtlichen Verhältnisse Deutschlands festzusetzen; vergebens forderte er, daß dem Bundestag die oberste Entscheidungsgewalt für alle Streitigkeiten zwischen Staat und Kirche zugewiesen werde. Wiederum war es Bayern, das solche Vorschläge schroff verwarf und jede Entwicklung eines Bundeskirchenrechts als Eingriff in die den Ländern zugesicherte Souveränität zurückwies.

Daher mißlang auch der Versuch *Badens*, den Konflikt, in den es 1817 mit der Kurie wegen der Wahl Wessenbergs zum Bistumsverweser von Konstanz geriet[2], dem Bundestag als eine „allgemeine Kirchenangelegenheit der deutschen Nation" vorzulegen. Der Bundestag wagte nicht, seine Kompetenz auf diesen Streit zwischen Staat und Kirche auszudehnen. Nur *Wangenheim*, der Vertreter Württembergs in Frankfurt, hatte den Mut, im Dezember 1817 die Feststellung gemeinsamer Grundsätze für ein mit der Kurie zu vereinbarendes Konkordat vorzuschlagen. Aber nur eine Reihe kleinerer Höfe beteiligte sich an den damit eingeleiteten Konferenzen, so daß schließlich nur eine gemeinsame Regelung für die Staaten der oberrheinischen Kirchenprovinz zustandekam[3].

So enthielt denn auch die Wiener Schlußakte von 1820 über das Staatskirchenrecht keine andere Bestimmung als die verlegene Vertröstung, der in Art. 16 der Bundesakte behandelte Gegenstand bleibe der „ferneren Bearbeitung" durch die Bundesversammlung vorbehalten, „um durch gemeinschaftliche Übereinkunft zu möglichst gleichförmigen Verfügungen darüber zu gelangen" (Art. 65). Zu einer solchen Übereinkunft der Einzelstaaten über die Prinzipien des Staatskirchenrechts sollte es im Deutschen Bund jedoch niemals kommen. Erst von 1867 ab nahm die Gesetzgebung des Norddeutschen Bundes, dann die des Reiches sich gewisser Grundsatzfragen des deutschen Staatskirchenrechts an[4].

§ 25. Die deutschen Staatskirchenverträge

Schrifttum: E. *Münch*, Vollständige Sammlung aller älteren und neueren Konkordate Bd. 2 (1831); F. *Walter*, Fontes iuris ecclesiastici antiqui et hodierni (1862); L. *Schöppe*, Konkordate seit 1800 (1964).
(C. *v. Höfler*), Concordat und Constitutionseid der Katholiken in Bayern (1847);

Angelegenheiten des Heiligen Stuhles, mit der „Protestatio nomine Sanctitatis Suae Pii Papae VII. et Sanctae Sedis apostolicae, contra ea omnia, quae in praejudicium jurium et rationum Ecclesiarum Germaniae, atque etiam Sanctae Sedis, vel sancita vel manere permissa sunt in Congressu Vindobonensi" (*Klüber*, Acten Bd. 6 S. 437, 441).

[1] Consistorialrede vom 4. September 1815 (*Klüber*, Acten Bd. 4 S. 312).
[2] Siehe unten S. 432 f.   [3] Siehe unten S. 433 ff.
[4] Siehe Bd. IV S. 647f., 666 ff.

H. Sicherer, Staat und Kirche in Bayern ... 1799–1821 (1873); *K. A. Geiger*, Das bayerische Konkordat von 1817 (1918); *W. A. Patin*, Das bayerische Religionsedikt (Diss. Erlangen 1919); *A. Doeberl*, Die bayerischen Konkordatsverhandlungen 1806/07 (1924); *B. Bastgen*, Bayern und der Heilige Stuhl in der ersten Hälfte des 19. Jahrhunderts (1940). *I. v. Longner*, Beiträge zur Geschichte der oberrheinischen Kirchenprovinz (1863); *H. Brück*, Die oberrheinische Kirchenprovinz (1868); *H. Maas*, Geschichte der kathol. Kirche in Baden (1891); *E. Göller*, Vorgeschichte der Bulle Provida sollersque (Freiburger Diözesanarchiv NF Bd. 28, 1927, S. 143 ff.; Bd. 29, 1928, S. 436 ff.). *E. A. Th. Laspeyres*, Gesch. und heutige Verfassung der katholischen Kirche Preußens (1840); *M. Bierbaum*, Vorverhandlungen zur Bulle De salute animarum (1921); *E. Hegel*, Die kirchenpolitischen Beziehungen Hannovers, Sachsens und der norddeutschen Kleinstaaten zur röm. Kurie 1800–46 (1934). *F. A. Staudenmaier*, Geschichte der Bischofswahlen (1830); *O. Mejer*, Das Veto deutscher protestantischer Staatsregierungen gegen katholische Bischofswahlen (1866); *F. v. Sybel*, Das Recht des Staates bei Bischofswahlen in Preußen, Hannover und der oberrheinischen Kirchenprovinz (1873); *E. Friedberg*, Der Staat und die Bischofswahlen in Deutschland (1874); *A. Rösch*, Der Einfluß der deutschen protestantischen Regierungen auf die Bischofswahlen (1900); *U. Stutz*, Der neuste Stand des deutschen Bischofswahlrechtes (1909); *ders.*, Über das Verfahren bei der Nomination auf Bischofsstühle (Sitz. Ber. d. preuß. Ak. d. Wiss., 1928); *H. E. Feine*, Persona grata, minus grata. Zur Vorgeschichte des deutschen Bischofswahlrechts im 19. Jahrhundert (Festschr. f. A. Schultze, 1934, S. 65 ff.); *W. Weber*, Die politische Klausel in den Konkordaten (1939); *J. H. Kaiser*, Die politische Klausel der Konkordate (1949). *E. R. Huber*, Die Garantie der kirchlichen Vermögensrechte (1927); *ders.*, Verträge zwischen Staat und Kirche (1930); *J. Heckel*, Kirchengut und Staatsgewalt (Festg. f. R. Smend, 1952, S. 103 ff.); *A. Hollerbach*, Verträge zwischen Staat und Kirche (1965). *E. R. Huber–W. Huber*, Staat und Kirche Bd. I (1973) Teil B S. 169 ff.

I. Das Konkordatssystem

Das 19. Jahrhundert war in einem spezifischen Sinn ein *Jahrhundert der Konkordate*. Förmliche Vereinbarungen zwischen Staat und Kirche wurden das bedeutendste Mittel, um das Staatskirchenrecht neu zu gestalten, wenngleich daneben das Mittel einseitig staatlicher und einseitig kirchlicher Gesetze in Anwendung blieb. Schon in älteren Zeiten war das Konkordat benutzt worden, um durch Übereinkunft zur Reform zu kommen[1]. Es entsprach der Überlieferung wie dem zunächst auf Verständigung gerichteten Geist der Zeit, daß man im 19. Jahrhundert den Weg der einseitigen Entscheidung zu vermeiden und statt dessen den Weg der Vereinbarung zu beschreiten suchte, um das durch innere und äußere Umwälzungen schwer beeinträchtigte

---

[1] Verträge zwischen Staat und Kirche hatte es schon im Mittelalter in größerer Zahl gegeben, so das Wormser Konkordat (1122), das Konstanzer Konkordat (1418), die Fürstenkonkordate (1447) und das Wiener Konkordat (1448). Das Wiener Konkordat war das letzte *Reichskonkordat*. Im 17. und 18. Jahrhundert waren, vornehmlich in Bayern, *Landeskonkordate* zwischen dem Landesherrn und den außerhalb seines Staatsgebiets seßhaften Reichsbischöfen über die Ausübung der bischöflichen Gewalt in den landeszugehörigen Diözesangebieten zustande gekommen (siehe unten S. 420). „Landeskonkordate" zwischen deutschen Territorialstaaten und der Kurie gab es bis zum Anfang des 19. Jahrhunderts nicht.

Staatskirchenrecht neu zu ordnen. So entstand im Verhältnis des Staates zur katholischen Kirche das System der *vertragsgesicherten staatsgebundenen Kirche*[1]), das die mannigfachen staatlich-kirchlichen Konflikte der Folgezeit zwar wiederholt erschüttert, in seinem rechtlichen Bestand aber selbst im Kulturkampf nicht aufgehoben haben.

In der Entwicklung des konkordatären Staatskirchenrechts des 19. Jahrhunderts ging *Frankreich* voran. Der Versuch, die Stellung der Kirche durch die einseitige staatliche Revolutionsgesetzgebung zu bestimmen, hatte in Frankreich zu völliger Anarchie geführt. Am 15. Juli 1801 schlossen Napoleon als Konsul und Papst Pius VII. das *Französische Konkordat*[2]), das den Kirchenkampf, der durch die Revolution entfesselt worden war, beilegte und die kirchlichen Verhältnisse reorganisierte. Der Papst versprach die neue Zirkumskription der französischen Diözesen; er überließ dem Ersten Konsul die Nomination der französischen Bischöfe; die Inthronisation der Bischöfe behielt er sich vor; die Ortsgeistlichen wurden von den Bischöfen ernannt, bedurften jedoch der staatlichen Genehmigung; Bischöfe und Pfarrer mußten einen Gehorsams- und Treueid gegenüber der Regierung leisten; der Papst nahm die revolutionäre Einziehung des Kirchenguts hin; zum Ausgleich dafür übernahm der Staat die Besoldung des Klerus; der Staat erkannte die Kirche wieder als eine öffentliche Institution und den Katholizismus als die herrschende Staatsreligion an. Die Vorteile, die das Konkordat dem französischen Staat bot, überwogen die Zugeständnisse, die der Papst erlangte, bei weitem. Es war im Grunde ein verstärkter Gallikanismus, in den die Kurie vertraglich einwilligte. Dieses gallikanische System bekräftigte Napoleon, indem er im Anschluß an das Konkordat die *Organischen Artikel* vom 8. April 1802[3]) als ein Staatsgesetz erließ, das die Bestimmungen des Konkordats ergänzte und in einem gewissen Ausmaß modifizierte. Das faktische Übergewicht des Staates zeigte sich noch deutlicher, als Napoleon dem Papst im Januar 1812 eine zweite Vereinbarung, das *Konkordat von Fontainebleau*, aufnötigte[4]). Der Papst verzichtete in ihm nicht nur auf den Kirchenstaat, sondern auch auf die Inthronisation der Bischöfe, womit er die Reste seiner Macht über die französische Kirche preisgab[5]). Als sich dann jedoch die Folgen der russischen Niederlage des Kaisers zeigten und die römischen Kardinäle den Abmachungen widersprachen, widerrief Pius VII. den ihm aufgezwungenen Vertrag. Nach Napoleons Sturz blieb das durch den päpstlichen Widerruf wieder voll hergestellte Konkordat von 1801 in Kraft[6]).

Deutschland beschritt im 19. Jahrhundert gleichfalls diesen Weg des konkordatären Staatskirchenrechts, und zwar begann hier, nach dem Fehlschlag der Versuche, zu einem *Reichskonkordat* zu kommen, die *Epoche der Landeskonkordate*. Den Auf-

---

[1]) Ich wähle diese Bezeichnung für das konstitutionelle Staatskirchenrecht als Gegenstück zu der Formel „*vertragsgesicherte Trennungskirche*", die U. Stutz für das deutsche kirchenpolitische System nach 1918 geprägt hat. Siehe auch die Übersicht oben S. 391.

[2]) Text: *Walter*, Fontes iuris ecclesiastici S. 187.

[3]) Text: *Walter*, Fontes S. 190

[4]) Text: *Münch*, Vollständige Sammlung Teil 2 S. 50.

[5]) Papst Pius VII. war damals der Gefangene des Kaisers (siehe oben S. 407, Anm. 2); so erklärt sich seine sonst unbegreifliche Nachgiebigkeit.

[6]) Das Konkordat vom 11. Juni 1817, das das zwischen Leo X. und Franz I. abgeschlossene Konkordat von 1516 wiederherstellen und das Konkordat von 1801 aufheben sollte, trat mangels staatlicher Ratifikation nicht in Kraft. Das Konkordat von 1801 überdauerte die wechselvollen Ereignisse von 1830, 1848 und 1870—71; es wurde erst durch das französische Staatsgesetz vom 9. Dezember 1905, das den Laizismus einführte, aufgehoben. Da das französische Gesetz von 1905 in Elsaß-Lothringen nicht galt, bestand das Konkordat von 1801 dort weiter fort. Zu dieser Streitfrage: *E. R. Huber*, Verträge zwischen Staat und Kirche (1930) S. 137 ff.; *A. Erler*, Das napoleonische Konkordat im Elsaß und in Lothringen (Arch. f. kath. KR. Bd. 122, 1947. S. 237 ff.).

takt bildete das bayerische Konkordat vom 5. Juni 1817. Die für die übrigen deutschen Länder mit starker katholischer Bevölkerung geschlossenen Abmachungen waren zwar der äußeren Form nach *Zirkumskriptionsbullen*, d. h. kirchliche Gesetze zur neuen Abgrenzung der Diözesen, die zugleich als Staatsgesetze publiziert wurden. Aber sie beruhten auf Vereinbarungen zwischen der Kurie und den deutschen Einzelstaaten; der Sache nach waren sie echte Verträge [1]) wie das bayerische Konkordat. Diese Staatskirchenverträge der Jahre 1817—27 bewahrten während des ganzen 19. Jahrhunderts ihre Geltung; erst nach 1919 wurden sie durch neue Landeskonkordate abgelöst. So war in den wichtigsten deutschen Staaten das katholische Staatskirchenrecht der konstitutionellen Epoche konkordatsgebunden [2]). Im Verhältnis des Staats zur evangelischen Kirche dagegen konnte der Vertragsgedanke sich im Zeitalter des landesherrlichen Kirchenregiments noch nicht durchsetzen.

II. Das bayerische Konkordat von 1817

1. Der „bayerische Gallikanismus"

Zu Beginn des 19. Jahrhunderts blickte Bayern auf eine lange Epoche entschiedenen Staatskirchentums zurück. Unter den Wittelsbachern hatte sich ein über den österreichischen Josefinismus noch hinausgehender „bayerischer Gallikanismus" entwickelt, nach dem die Kirche zwar dogmatisch ganz von katholischen Glaubenssätzen bestimmt und der Lehrautorität des Papstes unterstellt blieb, im übrigen aber von der kurialen Gewalt weitgehend gelöst und stattdessen in äußeren wie in inneren Angelegenheiten der Staatshoheit unterworfen war. Selbstverständlich erstreckte dieses bayerische Staatskirchentum des 18. und beginnenden 19. Jahrhunderts sich nur auf Altbayern, insbesondere also nicht auf die reichsunmittelbaren geistlichen Fürstentümer, die erst seit 1803 in bayerische Hand kamen. Der partikularstaatliche „Gallikanismus" Altbayerns war dem „Reichsgallikanismus" des reichsunmittelbaren Episkopats schroff entgegengesetzt, da er eine territorialgebundene katholische Staatskirche erstrebte, also nicht, wie der Episkopalismus febronianischer Prägung, auf eine föderative katholische „Nationalkirche" Deutschlands gerichtet war. Aber dieser Widerstand Bayerns gegen eine Nationalkirche war kein Zeugnis eines bayerischen Klerikalismus oder Ultramontanismus; er entstammte ausschließlich dem bayerischen Willen zu geschlossener territorialer Staatlichkeit. Seine klassische Ausprägung erhielt dieses staatskirchenrechtliche Programm unter *Montgelas,* der das Prinzip der Staatssouveränität und der reinen Staatsräson mit voller Schärfe gerade auch gegenüber der Kirche zur Geltung zu bringen wußte [3]).

---

[1]) Über die umstrittene Vertragsnatur der Konkordate vgl. *E. R. Huber,* Verträge zwischen Staat und Kirche (1930) S. 59 ff.

[2]) Österreich vollzog die Neuordnung des katholischen Kirchenwesens zwar ohne formelle konkordatäre Abmachungen, aber auch in staatlich-kirchlichem Einvernehmen (vgl. *H. Bastgen,* Die Neuerrichtung der Bistümer in Österreich nach der Säkularisation, 1914). Zum Abschluß eines österreichischen Konkordats kam es erst 1855; der Staat hob dieses Konkordat 1870 (nach dem Vaticanum) einseitig unter Berufung auf die clausula rebus sic stantibus auf. Dazu Bd. III S. 155 ff.

[3]) Siehe oben S. 320.

Der Verwirklichung dieses bayerischen Gallikanismus stand hindernd nur im Wege, daß es bis 1803, von dem unbedeutenden Bistum Chiemsee abgesehen, *keine bayerischen Landesbistümer* gab[1]), sondern daß das bayerische Staatsgebiet kirchlich zu den Sprengeln der außerhalb des Staatsgebiets residierenden reichsunmittelbaren Bischöfe und Äbte gehörte, die in Bayern ihre Jurisdiktions- und Weihegewalt ausübten, so der Erzbischof von Salzburg, die Bischöfe von Augsburg, Freising, Passau, Regensburg, Eichstätt und Bamberg. Deshalb konnten die bayerischen Kurfürsten bis 1803 das bedeutendste Recht des Monarchen im gallikanischen System, das Recht zur Nomination der Bischöfe, nicht in Anspruch nehmen. Umso stärker bemühten die bayerischen Kurfürsten sich, die Ausübung der Jurisdiktions- und Weihegewalt durch die landesfremden Reichsbischöfe wie die Ausübung der ortskirchlichen Gewalt in den Kirchensprengeln Bayerns unter die volle Botmäßigkeit der Staatsgewalt zu bringen. Mit den für Bayern zuständigen Reichsbischöfen befand die bayerische Regierung sich in dauernden Machtkämpfen. In ihrem Verlauf kam es vom 16.–18. Jahrhundert zu einer Vielzahl von *Konkordaten*, bei denen es sich jedoch nicht, wie bei den echten Konkordaten, um Verträge des Staates mit der Kurie, sondern um Vereinbarungen des Staates mit den nicht landsässigen Reichsbischöfen über die wechselseitige Abgrenzung der geistlichen und der staatlichen Kompetenzen handelte[2]).

Der Reichsdeputationshauptschluß von 1803 beseitigte das entscheidende Hindernis eines bayerischen Landeskirchentums. Die Bischöfe verloren auch in Bayern ihren weltlichen Herrschaftsbereich und ihre Reichsunmittelbarkeit; aus Reichsfürsten wurden sie bayerische Staatsuntertanen. Nur für Regensburg (Aschaffenburg) bestand zunächst noch eine Ausnahme; aber auch sie fiel mit der Einverleibung Regensburgs in den bayerischen Staat (1810) und dem Verlust der fürstlichen Stellung des Bischofs von Regensburg als Großherzog von Frankfurt (1813/14) fort. Infolge der außerordentlichen Ausdehnung seines Gebiets umfaßte Bayern auf dem Höhepunkt der Rheinbundzeit (1810–12) nicht weniger als zehn Bistümer: die ehemaligen Reichsbistümer Regensburg und Salzburg (beide seit 1810), Bamberg, Eichstätt, Augsburg, Freising, Passau, Brixen sowie die Landesbistümer Chiemsee und Chur[3]).

2. Die Konkordatsverhandlungen 1806/09

Seit dem Erwerb der Königswürde und der vollen Souveränität (1805/06) strebte Bayern mit verstärkter Kraft nach einer bayerischen Staatskirche. Den besten Weg zu diesem Ziel sah man, nach napoleonischem Vorbild, im Abschluß eines *bayerischen Konkordats*, und zwar nicht mit den Bischöfen, die als Landesuntertanen nun nicht mehr als vertragsfähig galten, sondern mit der Kurie unmittelbar[4]). Die Konkordatsverhandlungen, die Bayern mit der Kurie 1806–09 führte[5]), blieben jedoch ergebnislos. Bayern war an

---

[1]) Siehe oben S. 401 f.
[2]) Siehe oben S. 417.
[3]) 1803–06 hatte auch das Bistum Würzburg vorübergehend zu Bayern gehört. 1806–10 gehörte ferner das Bistum Trient zu Bayern, das 1810 infolge der Abtretung des südlichen Teils von Südtirol an Italien kam.
[4]) Vgl. *Mejer*, Zur Geschichte der römisch-deutschen Frage Bd. 1 S. 242 ff., 371 ff.; *Geiger*, Das bayerische Konkordat S. 60 ff.
[5]) Den *ersten Konkordatsentwurf* legte Bayern der Kurie durch französische Vermittlung schon im Juni 1802 vor (Text: *Sicherer*, Staat und Kirche in Bayern, Urkundenanhang S. 10). Den für die Kirche unannehmbaren Vorschlag beantwortete Papst Pius VII. mit dem Breve vom 12. Februar 1803 (ebenda S. 11), das die Toleranzpolitik der bayerischen Regierung scharf verurteilte. Den *zweiten Konkordats-*

diesem Abschluß eines eigenen Landeskonkordats besonders interessiert, weil er das sicherste Mittel war, um den Abschluß eines Reichs- (oder eines Rheinbunds-) konkordats, das die staatskirchenrechtlichen Landeszuständigkeiten beschnitten haben würde, zu verhindern [1]). Deshalb trat Bayern, als 1806 der päpstliche Unterhändler *della Genga* [2]) in Regensburg zu Verhandlungen über das Reichskonkordat erschien, sofort in eigene Verhandlungen über ein Landeskonkordat mit ihm ein. Aber die Gegensätze zwischen den Partnern konnten trotz jahrelanger Bemühungen nicht überbrückt werden. Bayern war entschlossen, die staatlichen Souveränitätsrechte gegenüber der Kirche in dem Konkordat in vollem Umfang durchzusetzen. Es forderte nicht nur das Benennungsrecht (das praktisch ein Ernennungsrecht war) für alle Bischofssitze [3]), sondern auch das unbeschränkte Placet für alle kirchlichen Anordnungen und den unbeschränkten Staatspatronat für sämtliche geistlichen Stellen und Pfründen. Della Genga dagegen verlangte, daß Bayern, obwohl es nun durch große protestantische Gebiete erweitert war, sich zur altüberlieferten katholischen Glaubenseinheit bekenne, daß es den protestantischen Untertanen also die durch die Gesetzgebung Montgelas' zuerkannte Toleranz und Parität verweigere und daß es entgegen der seit kurzem geübten Staatspraxis keine konfessionell gemischten Ehen dulde [4]). Diese Forderungen beantwortete die Regierung 1809 mit dem Abbruch der Verhandlungen.

Das Staatskirchenrecht wurde statt durch Konkordat nun durch einseitiges Staatsgesetz, das *Religionsedikt vom 24. März 1809* [5]), geregelt. Das Edikt bekannte sich zur Toleranz und Parität; gegenüber den Kirchen beider Konfessionen nahm es noch nachdrücklicher, als die „organischen Artikel" Napoleons, das staatliche Aufsichtsrecht in Anspruch. Dagegen konnte das Edikt ohne kirchliche Zustimmung weder die Diözesangrenzen ändern, um sie an die Landesgrenzen anzupassen, noch konnte es einseitig ein staatliches Mitwirkungsrecht bei der Bischofsernennung einführen. So wurde mit ihm das eigentliche Ziel der bayerischen Kirchenpolitik, das katholische Landeskirchentum, noch nicht erreicht. Umso entschiedener beharrte Bayern gegenüber Dalbergs Bestrebungen auf seinem Widerspruch gegen ein gesamtdeutsches Konkordat, das den Weg für ein partikularstaatliches Landeskirchentum endgültig versperrt haben würde.

---

entwurf unterbreitete die Regierung der Kurie im Mai/Juni 1803 (ebenda S. 14); der Versuch des Gesandten von Häffelin, in Rom in Verhandlungen über dieses Sonderkonkordat einzutreten, scheiterte.
[1]) Siehe oben S. 409 f.
[2]) *Hannibal della Genga* (1760—1829), Erzbischof von Tyrus, Kurialdiplomat, wurde 1816 Kardinal; 1823—29 war er Papst (Leo XII.).
[3]) Das Nominationsrecht nahmen die zahlreichen Flugschriften und sonstigen Publikationen der Zeit als ein bereits bestehendes Recht des Staates in Anspruch, so etwa mit dem Argument, das einst von den Agilolfingern (also bis 788!) ausgeübte Besetzungsrecht sei mit der Säkularisation der Reichsbistümer wieder aufgelebt. Vgl. auch bei *N. Th. Gönner*, Teutsches Staatsrecht (1804) S. 687 die gewagte staatsrechtliche Konstruktion: „In den säkularisierten Landen ist durch Suppression aller Domkapitel das denselben bisher zugestandene Wahlrecht auf die entschädigten Erbfürsten übergegangen und in ein landesherrliches Benennungsrecht verwandelt worden".
[4]) Dazu die bei *Sicherer*, a.a.O., S. 24 ff. mitgeteilten Entwürfe und Gegenentwürfe.
[5]) Siehe oben S. 321.

3. Der Abschluß des Konkordats

Nach 1815 nahm der Münchner Hof die Verhandlungen mit der Kurie über ein bayerisches Konkordat erneut auf [1]). Der staatliche Unterhändler, der achtzigjährige Bischof *Frh. v. Häffelin* [2]), war seinen kurialen Gegenspielern nicht gewachsen. Zwar leitete er die Verhandlungen vorsichtig ein, indem er seinen Vertragsentwurf auf die bloße Zirkumskription der neuen bayerischen Diözesen beschränkte [3]). Der römische Gegenentwurf dagegen, der von der kurialen Partei der „Eiferer" (Zelanti), aber auch von der ultramontan gesinnten Gruppe der bayerischen Bistumsvorstände [4]) inspiriert war, mutete Bayern den Verzicht auf die Hauptgrundsätze seines Staatskirchenrechts und auch auf das Nominationsrecht für die Bischofssitze zu [5]). *Montgelas,* der den kurialen Entwurf entschieden ablehnte, wurde mitten in den Konkordatsverhandlungen gestürzt [6]). Aber auch das neue Ministerium *Rechberg-Lerchenfeld* gab Häffelin die Instruktion, auf den „unveräußerlichen Rechten der Krone" und vor allem auf dem jus circa sacra gegenüber der Kirche unbedingt zu beharren; das landesherrliche Nominationsrecht auf die Bischofsstühle sei eine conditio sine qua non. Einen darauf gefertigten neuen Konkordatsentwurf vom April 1817 wies die Regierung wegen des nur geringfügigen Entgegenkommens der Kurie wiederum unter entsprechenden Weisungen an Häffelin zurück. Trotzdem unterzeichnete dieser am 5. Juni 1817 einen Vertragstext, der den Regierungsinstruktionen bei weitem nicht entsprach. Ein neu entsandter zweiter Unterhändler (Graf Xaver Rechberg, der Bruder des Außenministers) erreichte, abgesehen von einigen Verbesserungen zweiten Ranges, daß Consalvi in diesen Nachverhandlungen nunmehr das volle Nominationsrecht des Königs zugestand. Darauf bestätigte König Max Josef am 24. Oktober 1817, dem Rat der Minister Rechberg und Thürheim folgend, die revidierte Vereinbarung. Schon bei dieser Unterzeichnung ließ sich der König von der Rechtsansicht seiner Minister [7]) bestimmen, es sei möglich, bei einem Vertrag mit der Kurie durch eine Mentalreservation die staatlichen Hoheitsrechte

---

[1]) Dazu *Sicherer*, aaO S. 189 ff.; *Mejer*, aaO Bd. 2 S. 87 ff.; *Geiger*, aaO S. 81 ff.

[2]) *Kasimir Frh. v. Häffelin* (1737—1827), Titularbischof von Chersonnes (1787), war seit 1783 Vizepräsident des „Geistlichen Rats" (der obersten staatlichen Kultusbehörde) in München, seit 1803 bayerischer Gesandter beim Vatikan. Nachdem er Rom nach der Gefangennahme des Papstes (1809) hatte verlassen müssen, kehrte er 1815 auf seinen Gesandtenposten zurück. 1818 wurde er Kardinal. Er blieb bis zu seinem Tod (27. August 1827) auf seinem römischen Posten.

[3]) Text des Entwurfs: *Sicherer*, a.a.O., S. 52.

[4]) Diese Gruppe, die von dem Fürstbischof von *Eichstätt* Graf Stubenberg geführt war und zu der auch die Generalvikare von *Bamberg, Augsburg* und *Passau* sowie der Weihbischof von *Würzburg* (Gregor Zirkel) gehörten, wandte sich mit einer Denkschrift vom Mai/Juni 1816 an den König und nach Eröffnung der Konkordatsverhandlungen mit einer Eingabe an den Papst; sie brachte darin ihre den staatlichen Absichten entgegengesetzte Auffassung zum Ausdruck. *Regensburg* (Erzbischof Dalberg) und *Freising* (Weihbischof Wolf) lehnten die Mitwirkung ab.

[5]) Text: *Sicherer*, a.a.O., S. 54.

[6]) Siehe oben S. 322.

[7]) Gutachten Alois Rechbergs bei *Sicherer*, a.a.O., S. 71.

in vollem Umfang vorzubehalten und die der Kirche eingeräumten Vertrags-
rechte demgemäß durch einseitige staatliche Maßnahmen einzuschränken.

Das abgeschlossene Konkordat[1]) hielt die Regierung, aus Furcht vor dem zu erwartenden Widerstand, zunächst geheim. Als die Kurie im Dezember 1817 den Text des
Konkordats bekanntgab, triumphierte zwar die unter Führung des Bischofs von Eichstätt, des *Grafen Stubenberg*, mächtig angewachsene ultramontane Partei. Aber mit den
Protestanten, die unter der Führung des Juristen *Anselm Feuerbach* dem Konkordat
erbittert widersprachen, vereinigten sich die gemäßigten Katholiken, unter ihnen *Ignaz
Rudhart*, zum gemeinsamen Protest[2]). So geriet die Regierung in dem Augenblick, in
dem sie ein langerstrebtes Ziel erreicht hatte, in einen gefährlichen Konflikt. Sie sah sich
genötigt, in einer königlichen Erklärung vom 12. März 1818 feierlich zu versprechen,
daß sie die Rechte der Protestanten nicht mindern lassen, sondern ihnen in der bevorstehenden Verfassung eine volle Garantie geben werde.

4. Der Inhalt des Konkordats

a) Der Satz, der bei den Gegnern des Konkordats den stärksten Anstoß
erregte, war die in Art. I ausgesprochene Garantie der *Integrität der kirchlichen
Rechte*. Die katholische Religion sollte in ganz Bayern „unversehrt mit jenen
Rechten und Prärogativen erhalten werden, welche sie nach göttlicher Anordnung und den kanonischen Satzungen zu genießen hat" („*quibus frui debet ex
Dei ordinatione et canonicis sanctionibus*"). Der Staat unterwarf, wenn es dabei
blieb, sein ganzes Territorium, einschließlich der protestantischen Gebietsteile
in Franken, Schwaben und der Rheinpfalz, dem Anspruch auf Ausschließlichkeit, zu dem die katholische Kirche sich berechtigt glaubt. Die in dem Kirchen-
edikt von 1809 proklamierte Toleranz und Parität waren, wenn der Art. I zum
Vollzug kam, aufgegeben. Ebenso aber enthielt der Art. I, sofern er konsequent durchgeführt wurde, den Verzicht des Staates auf seine bisherige Kirchenhoheit. Denn die katholische Kirche fordert nach göttlichem und nach
kanonischem Recht die volle Freiheit von staatlicher Einmischung. Schließlich
opferte der Art. I auch den Episkopalismus dem Papalismus, da der Staat es mit
diesem Zugeständnis der Kirche überließ, über die innere Kirchenverfassung
nach ihrem Ermessen frei zu entscheiden.

Zweifelhaft war nur, ob die Kirche beim Abschluß des Konkordats erwarten konnte,
daß die Generalklausel des Art. I je diese ihrem Wortlaut entsprechende außerordentliche Tragweite auch in der Realität erlangen werde. Wer sich zuviel versprechen läßt, erlangt im Grunde nichts. Der Kirche mußte bewußt sein, daß für den
Staat eine Zusage, die ihm, wörtlich genommen, die Preisgabe wesentlicher Kirchenhoheitsrechte aufgenötigt und ihn zur Entrechtung seiner nichtkatholischen Untertanen gezwungen hätte, schlechthin unerfüllbar war. Der Art. I bedurfte, um überhaupt realisierbar zu sein, von vornherein der einschränkenden Interpretation. Es sollte sich bald erweisen, wie gefährlich für die Kirche die Überspannung ihrer Forde-

---

[1]) Text: Staat und Kirche Bd. I Nr. 73.
[2]) Über Rudharts (anonyme) Schrift „Betrachtungen über das bayerische Konkordat" (Aarau 1818) und über die sonstige zeitgenössische Literatur vgl. *Mejer*, a.a.O.,
Bd. 2 S. 159 ff.

rungen war. Denn gerade diese Übersteigerung bot dem Staat die Möglichkeit zur Politik der Mentalreservation, d. h. zu einseitigen Interpretationen und Modifikationen, die Teile des Konkordats nachträglich ihres wesentlichen Sinngehalts beraubten.

b) Die Hauptbestimmungen des Konkordats betrafen die neue *Diözesaneinteilung*. Den Wunsch des Staates, daß ein einziger bayerischer Erzbischof bestellt und die übrigen Bischöfe diesem als Suffragane untergeordnet würden, erfüllte die Kurie nicht. Zu nah lag für sie die Gefahr, daß ein solcher Metropolitanbischof sich zum „Primas von Bayern" erhoben und den Mittelpunkt eines neuen „gallikanischen Systems" gebildet hätte. Statt der einen schuf das Konkordat zwei bayerische Erzdiözesen. Dem *Erzbistum München*, wohin es den Sitz der bisherigen Diözese Freising verlegte, unterstellte es die Suffraganbistümer Augsburg, Passau und Regensburg; die Regensburger Metropolitanstellung, in der sich die Mainzer erzbischöfliche Würde fortgesetzt hatte, entfiel. Dem *Erzbistum Bamberg* gliederte es die Suffraganbistümer Würzburg, Eichstätt und Speyer ein (Art. II).

1. Der Haupterfolg des Staates bestand darin, daß das Konkordat (Art. IX) dem König für alle acht Bischofsstühle das *Recht der Nomination* einräumte. An die königliche Nomination schloß sich die kanonische Einsetzung („Institution") der Bischöfe durch den Papst an.

2. Die Domkapitel an den acht Domkirchen stattete das Konkordat mit einer angemessenen Zahl von Stellen aus (Art. III). Die Dompröpste ernannte der Papst, die Domdechanten der König. Die Vergebung der Domkanonikate stand in den sechs „päpstlichen Monaten" (Januar, März, Mai, Juli, September und November) dem König [1]), in der übrigen Zeit in drei Monaten den Erzbischöfen oder Bischöfen, in drei Monaten den Domkapiteln zu (Art. X).

3. Für die *Besetzung der Pfarreien*, die unter althergebrachtem landesherrlichem Patronat standen, erhielt der König das Recht der *Präsentation* (Art. XI); außerdem ging auf den König das Präsentationsrecht, das nicht mehr bestehenden geistlichen Korporationen (also insbesondere säkularisierten Klöstern) zugestanden hatte, über. Das bedeutete praktisch eine gewisse Ausdehnung der landesherrlichen Patronatsrechte, aber keineswegs die Anerkennung eines allgemeinen Staatspatronats. Vielmehr erkannte das Konkordat an, daß die früher frei verliehenen Stellen auch künftig von den Erzbischöfen und Bischöfen frei zu vergeben seien.

4. Die Erzbischöfe und Bischöfe hatten dem König einen *Treueid* folgenden Wortlauts zu leisten (Art. XV):

„Ich schwöre und gelobe auf Gottes heilige Evangelien Gehorsam und Treue seiner Majestät dem Könige. Ebenso verspreche ich, keine Communication zu pflegen, an keinem Ratschlage Teil zu nehmen und keine verdächtige Verbindung weder im Inlande noch auswärts zu unterhalten, welche der öffentlichen Ruhe schädlich sein könnte, und wenn ich von einem Anschlage zum Nachteile des Staates, sei es in meiner Diözese oder sonst irgendwo, Kenntnis erhalten sollte, solches seiner Majestät anzuzeigen" [2]).

Der Bischofseid war ein reiner Gehorsams- und Treueid, kein Verfassungseid. Das erklärt sich nur zum Teil daraus, daß es eine Verfassungsurkunde in Bayern beim

---

[1]) *Menses papales* (päpstliche oder apostolische Monate) heißen die sechs ungeraden Monate, in denen die Verleihung kirchlicher Benefizien dem Papst vorbehalten war (so seit dem 16. Jahrhundert). Dieses Recht überließ der Papst vielfach, wie auch in dem angeführten Fall, den Landesherren.

[2]) Die Eidesformel des bayerischen Konkordats war der des französischen von 1801 (Art. VI) wörtlich nachgebildet, mit dem einzigen Unterschied, daß es dort im ersten Satz hieß:„... obéissance et fidélité *au gouvernement établi par la constitution de la république française*".

Abschluß des Konkordats noch nicht gab. Der Erlaß der Verfassung stand unmittelbar bevor, und so wäre es durchaus denkbar gewesen, den Bischöfen auch die Achtung des staatlichen Verfassungsrechts eidlich aufzuerlegen. Der Verzicht auf den Verfassungseid[1]) läßt darauf schließen, daß es dem Staat wie der Kirche darauf ankam, eine ausschließlich personhafte Treue- und Gehorsamspflicht der Bischöfe gegenüber dem Staatsoberhaupt zu begründen. Vielleicht erschien auch ein besonderer Verfassungseid der Bischöfe als entbehrlich, weil diese nach der Verfassung dem allgemeinen Verfassungseid der Staatsuntertanen unterworfen waren.

c) Wenn der bayerische König auch nicht alle Ziele erreicht hatte, so waren die Erfolge, die er sich durch das Nominationsrecht, das Präsentationsrecht und den Bischofseid sicherte, doch groß. Kein anderer deutscher Staat hat im 19. Jahrhundert eine so starke Bestimmungsgewalt bei der Besetzung der kirchlichen Ämter erhalten. Aber die staatlichen Zugeständnisse fielen nicht weniger stark ins Gewicht.

1. Den Erzbischöfen und Bischöfen wurde die *freie Leitung der Diözesen* eingeräumt (Art. XII). Sie erhielten das Recht, beim Staat Anzeige gegen Bücher zu erstatten, die sie als wider den Glauben, die Kirchenzucht oder die guten Sitten gerichtet empfanden; der Staat verpflichtete sich, die beanstandete Literatur zu unterdrücken (Art. XIII). Auch versprach der Staat, nicht zu dulden, daß die katholische Religion durch Wort, Tat oder Schrift verächtlich gemacht werde (Art. XIV).
2. Um die Folgen der Säkularisation zu beheben, sagte der Staat die *Dotation* der erzbischöflichen und bischöflichen Stühle sowie der Domkapitel zu. Den kirchlichen Einrichtungen sicherte er bestimmte Einkünfte zu, die auf Güter und ständige Fonds zu gründen und in die freie Verwaltung der Kirche zu überweisen waren (Art. VI). Mit der Erfüllung dieser Zusage würde der Staat die Säkularisation des Kirchenguts teilweise rückgängig gemacht haben.
3. Eine Reihe weiterer Zusicherungen bezog sich auf die *Erhaltung und Errichtung kirchlicher Institutionen.* So versprach der Staat die Aufrechterhaltung der bischöflichen Seminare als Staatsanstalten (Art. V)[2]), die Errichtung von Altersheimen für Geistliche aus Staatsmitteln (Art. VI), die Wiederherstellung von Klöstern aus Staatsmitteln zum Unterricht, zur Aushilfe in der Seelsorge und zur Krankenpflege (Art. VII).
4. Allen kirchlichen Vermögensträgern gewährleistete der Staat den *ungestörten Besitz des Kirchenguts;* auch das volle Erwerbsrecht der Kirche erkannte er unter Verzicht auf die Bestimmungen gegen den Vermögenserwerb der „toten Hand" an (Art. VIII).

d) Die freie Eigenverwaltung, der volle staatliche Schutz, die freie organisatorische Entwicklung, die Überlassung von Staatsmitteln, die Garantie des Besitz- und Erwerbsrechts gaben der Kirche einen Rechtsstatus, wie sie ihn in dieser Fülle niemals besessen hatte. Selbst im Mittelalter war die kirchliche Gewalt stärkeren Begrenzungen unterworfen gewesen, als das bayerische Konkordat sie seinem Wortlaut nach festhielt. Auch die *Schlußbestimmungen* des Konkordats unterstrichen diese einzigartige Stellung der bayerischen Kirche. Alle der neuen Übereinkunft entgegenstehenden staatlichen Gesetze, Verordnungen und Verfügungen sollten aufgehoben sein (Art. XVI). Alle im Konkordat nicht aufgeführten kirchlichen Angelegenheiten sollten künftig

---

[1]) Auch die vorstehend erwähnte französische Eidesformel enthielt keinen eigentlichen Verfassungseid; immerhin bestand nach ihr die Treue- und Gehorsamspflicht nur gegenüber einer verfassungsmäßig eingesetzten Regierung.
[2]) Näheres über diese philosophisch-theologischen Hochschulen in Bayern siehe Bd. IV S. 943 f.

allein nach Lehre und Ordnung der Kirche („juxta doctrinam Ecclesiae ejusque vigentem et approbatam disciplinam") behandelt werden (Art. XVII). Ebenso wie der Art. I erregten diese Art. XVI und XVII den erbitterten Unwillen aller Konkordatsgegner. Denn sie konnten nicht anders verstanden werden, als daß der Staat auf sein gesamtes Staatskirchenrecht, soweit es nicht ausdrücklich im Konkordat aufrechterhalten war, Verzicht leiste und daß in allen kirchlichen Angelegenheiten, soweit nicht ausdrücklich etwas anderes bestimmt war, die unbeschränkte Autonomie der Kirche und insbesondere das kanonische Recht („vigens et approbata disciplina") gelte. Die Bischofsernennung und der Bischofseid schienen mit dieser Preisgabe aller sonstigen wesentlichen Staatshoheitsrechte weit überbezahlt zu sein. Angesichts dieser Sachlage stieß auch auf starke Ablehnung die vom König gegebene Zusage, das Konkordat als Staatsgesetz zu verkünden (Art. XVIII).

Dieser Satz, der der Kirche den innerstaatlichen Vollzug des Konkordats verhieß, erhielt allerdings bald eine ungeahnte Bedeutung. An sich sprach der Satz nur etwas Selbstverständliches aus; wie ein völkerrechtlicher Vertrag bedarf auch ein Konkordat, um im Innern des Staates für Behörden und Untertanen verbindlich zu werden, der Umwandlung („Transformation") aus Vertragsrecht in Gesetzesrecht. Aber mit dieser Zusage der Vertragsausführung durch die Staatsgesetzgebung verschaffte die bayerische Regierung sich den Vorwand, das Konkordat im Sinn der Legaltheorie zu behandeln und es rechtlich den Staatsgesetzen gleichzustellen. War das Konkordat *nur ein Staatsgesetz*, so bestand kein Hindernis, bei seiner Verkündung zusätzliche oder einschränkende Gesetze einseitig von Staats wegen zu erlassen — genauer gesagt: neben das Konkordatsgesetz ein zweites Staatsgesetz zu stellen, in dem der Staat über das Konkordat hinaus Rechte für sich in Anspruch nahm, die der Kirche eingeräumten Rechte beschränkte, zusätzliche Pflichten der Kirche statuierte, Freiheiten für die Untertanen oder für andere Religionsgesellschaften gewährleistete und damit die getroffenen Vereinbarungen zum Nachteil der Kirche modifizierte [1]. Die „Organischen Artikel", die Napoleon dem Konkordat von 1801 als Staatsgesetz hatte folgen lassen, waren das Vorbild des Verfahrens, zu dem man sich in Bayern in Sinnverkehrung des Art. XVIII entschloß. Nur ist auch hier zu bedenken, daß die kirchlichen Unterhändler dem Staat in den Art. XVI und XVII des Konkordats Versprechungen abgenötigt hatten, mit deren wortgetreuer Erfüllung sie nach Lage der Dinge schlechthin nicht rechnen konnten. Die Mentalreservation, unter der der Staat diese Versprechungen abgab [2]), war für die Kirche

---

[1]) Diese von der bayerischen Regierung damals vertretene, mehr als fragwürdige Rechtsauffassung fand ihren Hauptverteidiger in *Sicherer*, Staat und Kirche in Bayern, S. 257: „Da die Vollziehung der Vertragsbestimmung — welche dem Wortlaute nach die unbeschränkte Herrschaft des kanonischen Rechts und die Außerkraftsetzung des dem kanonischen widerstreitenden weltlichen Rechtes zusicherte — in dem Vertrage selbst von einem Akte der weltlichen Gesetzgebung, von der Erhebung des Konkordats zum Staatsgesetz, abhängig erklärt worden war, so lag es in der Macht des Gesetzgebers, der Geltung des kanonischen Rechtes jene Schranken zu ziehen, welche für die Erhaltung der Gleichberechtigung unter den christlichen Konfessionen und für die Behauptung der landesherrlichen Rechte gegenüber der Kirchengewalt sich als unentbehrlich erwiesen".

[2]) Diese Mentalreservation tritt in dem Bericht des Unterhändlers Graf Xaver Rechberg vom 22. Nov. 1817 aus Rom (*Mejer*, aaO Bd. 2 Teil 1 S. 144) deutlich zu Tage: „Diejenigen, welche nur an den Buchstaben der Convention halten und die Rechte nicht kennen, welche die Fürsten in Bayern von jeher über die Kirche ausgeübt haben, noch die Modifikationen, welche sich daraus für das Concordat ergeben werden, betrachten dasselbe als sehr günstig für den Heiligen Stuhl."

426

nicht unerkennbar. Das mildert etwas die Bedenklichkeit des Verfahrens, das die Regierung einschlug, um sich der Bindung durch den unterzeichneten Vertrag teilweise zu entziehen.

5. Das bayerische Religionsedikt

Es war nicht erst der schon erwähnte Widerstand des bayerischen Protestantismus und des gemäßigten Katholizismus, der die Regierung veranlaßte, den rechtlich zweifelhaften Weg einer einseitigen gesetzlichen Korrektur des Konkordats zu beschreiten. Schon vor der Unterzeichnung war die Regierung vielmehr, wie das Gutachten des Ministers Rechberg zeigt[1]), entschlossen, diesen Weg zu gehen, um die Oberhoheit des Staates gegenüber der Kirche zu wahren. Anfang 1818 entschied die Regierung sich, das Konkordat als Staatsgesetz zu verkünden, zugleich aber ein zweites selbständiges Staatsgesetz ohne Verständigung mit der Kurie zu erlassen, das die Grundsätze des bayerischen Staatskirchenrechts festlegte. Der bevorstehende Erlaß der Verfassung bot dazu die günstige Gelegenheit. Als Beilage II zur Verfassung vom 26. Mai 1818 erging das *Religions-Edikt* („Edikt über die äußeren Rechtsverhältnisse der Einwohner des Königreichs Bayern in Beziehung auf Religion und kirchliche Gesellschaften")[2]). Es regelte die Stellung der drei christlichen Hauptkonfessionen (Katholiken, Lutheraner und Reformierte), zugleich aber auch die der Untertanen von anderer christlicher Glaubensrichtung. Es enthielt nicht nur zusätzliche Bestimmungen zum Konkordat, sondern beanspruchte auch die „Interpretation" der mehrdeutigen, elastischen Generalklauseln, die das Konkordat enthielt. In einer Reihe von Punkten stand das Religions-Edikt in offenkundigem Widerspruch zu dem eben erst vereinbarten und nun gleichfalls verkündeten Staatskirchenvertrag. Dabei beanspruchte das Religions-Edikt für sich den rechtlichen Vorrang, was sich nicht nur aus der Reihenfolge der Verkündungen[3]), sondern auch daraus ergab, daß das Edikt als Teil der Verfassung galt und damit gegenüber dem nur als einfaches Gesetz verkündeten Konkordat eine erhöhte Geltungskraft im Bereich des staatlichen Rechts erhielt. Das war ein harter Schlag gegen die Kirche, die sich um einen Teil ihrer errungenen Vorteile gebracht sah.

a) Das Religions-Edikt sicherte den bayerischen Untertanen die volle Religions- und Gewissensfreiheit zu (§§ 1–4). Es gab den volljährigen Staatsangehörigen die Wahl (und damit auch den Wechsel) des Glaubensbekenntnisses frei (§§ 5–11). Für die Religionsverhältnisse der Kinder aus gemischten Ehen sollte in erster Linie der Ehevertrag der Eltern maßgebend sein; fehlte es an einer solchen Vereinbarung, so sollten die Söhne der Religion des Vaters, die Töchter der Religion der Mutter folgen (§§ 12–20).

---

[1]) Siehe oben S. 422 Anm. 7.
[2]) Text: Staat und Kirche Bd. I Nr. 60.
[3]) Die Verfassung vom 26. Mai 1818 wurde am 6. Juni 1818 publiziert, das Religionsedikt (gleichfalls vom 26. Mai 1818) erschien im RegBl. am 17. Juni 1818, das Konkordat (mit dem Datum vom 5. Juni 1817) erschien im RegBl. erst am 22. Juli 1818.

b) Die drei christlichen Hauptkonfessionen erkannte das Edikt als „*öffentliche Kirchengesellschaften*" mit gleichen bürgerlichen und politischen Rechten an (§ 24). Die übrigen christlichen Religionsgesellschaften behandelte es als Vereine des allgemeinen bürgerlichen Rechts (§ 25). Die drei Hauptkonfessionen dagegen erhielten als „aufgenommene Kirchengesellschaften" („communitates receptae" im Sinn des Osnabrücker Friedens) die Rechtsstellung „*öffentlicher Korporationen*" (§ 28) [1]. An Stelle des alten kirchenpolitischen Zentralbegriffs der „christlichen Religionspartei" trat damit der neue kirchenpolitische Zentralbegriff: die als „öffentliche Körperschaft" anerkannte Kirchengesellschaft [2]. Die *Kirchengebäude* dieser öffentlichen Kirchengesellschaften erhielten den Schutz öffentlicher Gebäude (§ 29), ihre *Geistlichen* den Schutz öffentlicher Beamten (§ 30), ihr *Kirchengut* trat unter die Schutzgewalt des Staates (§ 31) [3]. Die nicht-aufgenommenen Religionsgesellschaften (Sekten usw.) dagegen waren als bloße *Privatglaubensgesellschaften* auf den Privatgottesdienst beschränkt (§§ 32—34); sie besaßen insbesondere kein Recht auf Glocken (§ 35), die als äußeres Zeichen des öffentlichen Gottesdienstes galten [4]. Mit diesen Vorschriften bekannte der Staat sich zur Toleranz und, im Hinblick auf die drei privilegierten Bekenntnisse, zur Parität; das stand in offenbarem Widerspruch zu der Bindung, die er in Art. I des Konkordats eingegangen war.

c) Für die drei Hauptkonfessionen wie auch für zugelassene Privat-Religionsgesellschaften bestimmte das Edikt, daß sie zwar in *inneren Kirchenangelegenheiten* die freie Eigenverwaltung genossen, jedoch der Staatsaufsicht unterworfen waren (§ 38). Als „innere Kirchenangelegenheiten" waren dabei aufgezählt: die Glaubenslehre, die Form und Feier des Gottesdienstes, die geistliche Amtsführung, der religiöse Unterricht, die Kirchendisziplin, die Approbation und Ordination der Geistlichen, die Einweihung der Kirchengebäude und Friedhöfe, sowie die Ausübung der Gerichtsbarkeit in rein geistlichen Sachen. Der Staat nahm damit für sich in Anspruch, den Bereich der innerkirchlichen Angelegenheiten durch Gesetz abzugrenzen. Und auch in diesem Bereich besaß die Kirche keine volle Freiheit; sie war auch hier der Oberhoheit des Staates unterworfen. Um dies über jeden Zweifel zu erheben, ordnete das Edikt an, die geistliche Gewalt dürfe in ihrem eigenen Wirkungsbereich nicht gehemmt werden und der Staat werde sich in die rein geistlichen Gegenstände des Gewissens und der Religionslehre nicht einmischen — *vorbehaltlich seines obersten Schutz- und Aufsichtsrechts* (§ 50). Auch die Klausel, daß der König bei feierlichem Anlaß öffentliche Gebete und Dankfeste anordnen könne (§ 55), gehörte in diesen Zusammenhang, ebenso die weitere Vorschrift, daß der König bei Spaltungen, Unordnungen und Miß-

---

[1] Es war dem König unbenommen, außer den drei Hauptkonfessionen auch andere Glaubensrichtungen als „aufgenommene Kirchengesellschaften" zu öffentlichen Korporationen zu erheben; doch kam dieser Vorrang zunächst einmal nur den drei Hauptkonfessionen zu.

[2] Vgl. *Heckel*, Kirchengut und Staatsgewalt, aaO S. 119. Wenn dort Anm. 49 der Unterschied zwischen der „öffentlichen Korporation", die nur öffentliche Rechtsfähigkeit besaß, und der modernen Körperschaft des öffentlichen Rechts, die auch private Rechtsfähigkeit innehat, hervorgehoben wird, so betrifft doch diese Differenz nur eine Frage sekundären Ranges. Man kann daher feststellen, daß das bayerische Religionsedikt mit dem Begriff der *öffentlichen Korporation* einen kirchenpolitischen Zentralbegriff eingeführt hat, der bis heute bestimmend geblieben ist.

[3] Dazu auch Tit. IV § 9 bayer. Verf. von 1818: „Allen Religionsteilen ohne Ausnahme ist das Eigentum der Stiftungen und der Genuß ihrer Renten nach den ursprünglichen Stiftungsurkunden und dem rechtmäßigen Besitze, sie seien für den Kultus, den Unterricht oder die Wohltätigkeit bestimmt, vollständig gesichert." Über diese *Grundformel der modernen Garantie des Kirchenguts* vgl. *Heckel* aaO S. 120 ff. Die Formel findet sich entsprechend in den Verfassungen von Baden (§ 20), Württemberg (§ 70), Sachsen (§ 60), Kurhessen (§ 138), Hannover 1840 (§ 75), schließlich auch in der preuß. Verfassung von 1850 (Art. 15). Über die Entwicklung im Ganzen vgl. *E. R. Huber*, Die Garantie der kirchlichen Vermögensrechte (1927).

[4] Siehe auch oben S. 415.

bräuchen in der Kirche eine Kirchenversammlung einzuberufen berechtigt sei (§ 56). Mit dem Art. I des Konkordats war alles das nicht in Einklang zu bringen.

d) Eine Reihe von Bestimmungen des Religions-Edikts waren den Kirchen günstig. Es erkannte die Aufsichtsgewalt der kirchlichen Oberen gegenüber den Geistlichen und den Kirchengliedern hinsichtlich der Befolgung der Kirchengesetze, der Aufrechterhaltung des Kultus sowie der Bewahrung und Ausbreitung des reinen Glaubens (§ 39), das Korrektionsrecht gegenüber den Geistlichen (§ 40) und die Kirchenzucht gegenüber den Kirchengliedern (§ 41) an, allerdings mit dem Zusatz, daß die Kirchengewalt nicht das Recht habe, Glaubensgesetze mit äußerer Zwangsgewalt geltend zu machen (§ 42). Es gestand der geistlichen Gewalt das Recht zu, unwürdigen Kirchengliedern den Zutritt zu den Kirchenversammlungen zu versagen (§ 43); damit sanktionierte es die Exkommunikation als Mittel der Kirchenzucht. Es gewährleistete der Kirche das Recht, Eigentum zu erwerben und zu besitzen (§ 44); das kirchliche Eigentum stellte es unter die staatliche Garantie (§ 46). Es verzichtete für die Zukunft auf die Einziehung des Kirchenvermögens zum Staatsvermögen, also die Säkularisation (§ 47). Gegenüber der Verletzung des kirchlichen Rechts sagte es den staatlichen Schutz zu, vorausgesetzt daß die Kirche nicht ihrerseits die Grenze ihres Wirkungsbereichs überschritten habe (§ 51). Diese Begünstigungen waren für die Kirche wichtig; aber der Staat gewährte sie auf der Grundlage seines alten Schutzrechts, des *jus advocatiae;* sie galten daher doch in erster Linie als ein Ausdruck bevormundender Staatsfürsorge, wie sie zu den Elementen des alten Staatskirchentums gehört hatte.

e) Mit voller Schärfe trat im Religions-Edikt die Kirchenhoheit des Staates hervor, wo es die Einzelheiten der staatlichen Aufsichtsgewalt, des *jus inspiciendi,* regelte. Das Edikt übernahm den *Recursus ab abusu:* alle Kirchenglieder konnten wegen Mißbrauchs der geistlichen Amtsgewalt Beschwerden an die Staatsbehörden richten, die nach Vernehmung der geistlichen Behörden, in Eilfällen sogar ohne solche Anhörung, entschieden (§§ 52—54). Ebenso hielt das Edikt am staatlichen *Placet* fest: alle Gesetze, Verordnungen und Anordnungen der Kirchengewalt durften erst nach königlicher Einsicht und Genehmigung publiziert und vollzogen werden (§ 58); nur solche Anordnungen, die sich lediglich an die untergeordnete Geistlichkeit richteten, waren vom Placet befreit (§ 59). Kirchliche Gerichte durften nur nach königlicher Bestätigung eingerichtet werden (§ 60). Die Kirchenversammlungen, d. h. auch der Gottesdienste, unterstanden der staatlichen Überwachung (§ 57). Für alle *äußeren Angelegenheiten* der Kirchen nahm der Staat die ausschließliche Gesetzgebung und Gerichtsgewalt in Anspruch (§§ 64, 65). Auch für die Geistlichen behielt der Staat sich in Kriminalsachen die Gerichtsbarkeit vor (§ 69). Alles Vermögen der Kirchen und der Geistlichen nahm an den allgemeinen staatlichen Lasten teil; alle überlieferten Exemtionen fielen weg (§§ 73, 74). Die Verwaltung des Kirchenvermögens unterlag der staatlichen Aufsicht.

f) Vor allem die *gemischten Angelegenheiten* unterwarf das Edikt der staatlichen Mitbestimmung. Dazu zählte es auch die Anordnungen über Ort, Zeit und Zahl der gottesdienstlichen Handlungen, über sonstige kirchliche Feiern (Prozessionen usw.), über die Errichtung geistlicher Gesellschaften, geistlicher Bildungs-, Verpflegungs- und Strafanstalten, über die Einteilung der Diözesan-, Dekanats- und Pfarrsprengel u.a.m. Aber auch für alle anderen kirchlichen Anordnungen, die dem öffentlichen Wohl nachteilig sein konnten, nahm es das Recht der staatlichen Beanstandung in Anspruch (§§ 76—78). Bei Streitigkeiten aus simultanen Rechtsverhältnissen zwischen mehreren Konfessionen behielt es dem Staat die Entscheidung vor (§ 92). Die Aufhebung der Simultaneen bedurfte der staatlichen Genehmigung oder Anordnung (§§ 98, 99). Auch mit diesen Bestimmungen wahrte der bayerische Staat sich die Kirchenhoheit in einem weitgespannten Umfang.

g) Wie der Staat über das Verhältnis des Konkordats zum Religions-Edikt dachte, ging aus dessen Schlußformel hervor:

„In Ansehung der übrigen inneren Kirchenangelegenheiten sind die weiteren Bestimmungen, in Beziehung auf die katholische Kirche, in dem mit dem päpstlichen Stuhl abgeschlossenen Konkordat vom 5. Junius 1817 ... enthalten."

Das Religions-Edikt beanspruchte also die primäre Geltung; das Konkordat sollte nur subsidiär zur Ergänzung dienen. Die Kirche nahm diese Herausforderung mit erregtem Widerspruch auf. *Bischof Häffelin*, der als Lohn für den Abschluß des Konkordats zum Kardinal erhoben worden war, erklärte, um die Unantastbarkeit seines Werks zu retten, das Religions-Edikt gelte nur für die Nicht-Katholiken. Als *Papst Pius VII.* diese Lesart übernahm, erwiderte *König Max Josef* mit Schärfe, selbstverständlich gelte das Edikt als allgemeines Staatsgesetz für jedermann[1]). So drohte schon im Augenblick der staatlichen Publikation des Konkordats der neue Ausbruch des Konflikts zwischen Kirche und Staat.

6. Die Tegernseer Erklärung

Zum offenen Konflikt kam es alsbald über dem *Verfassungseid der Geistlichen*. Wie schon erwähnt, legte die Eidesformel des Konkordats den Bischöfen und sonstigen Geistlichen nur einen Treu- und Gehorsamseid gegenüber dem König, keinen Verfassungseid auf. Die Verfassung selbst jedoch forderte den Verfassungseid von allen Staatsbürgern (Tit. X § 3), und da die Bischöfe wie die sonstigen Geistlichen zugleich Bürger des Staates waren, hatten sie vermöge dieser allgemeinen Untertanenpflicht grundsätzlich den Verfassungseid zu leisten[2]). Einen besonderen Abgeordneteneid kannte Bayern nicht; aber von den Mitgliedern beider Kammern wurde bei dem Eintritt in die Volksvertretung der allgemeine Untertaneneid gefordert, falls sie ihn nicht bereits aus anderem Anlaß geleistet hatten. Da nun das Religions-Edikt ein Teil der Verfassung war, umschloß der Verfassungseid auch die Verpflichtung auf das umstrittene Edikt. Die katholischen Geistlichen lehnten zum großen Teil wegen des Widerspruchs zwischen Konkordat und Edikt den Verfassungseid ab[3]), oder sie leisteten ihn nur unter Vorbehalt, indem sie dem Eid die Reservationsklausel hinzusetzten: „daß er nicht gegen die Gesetze der katholischen Kirche verstoße". Zwischen Rom und München kam es über dieser Frage zu langwierigen und verworrenen Auseinandersetzungen, in deren Verlauf der neuentsandte Münchener Nuntius *Serra-Cassano* erklärte, es sei Katholiken verboten, den Verfassungseid ohne Reservationsklausel zu leisten. Als dann beim Zusammentritt des ersten bayerischen Landtags im Februar 1819 Verfassungseide von den Abgeordneten geschworen wurden, ließ die Regierung zwar Eide mit Vorbehaltsklausel zu; aber zahlreiche katholische Abgeordnete beider Kammern, darunter auch Geistliche und sogar einzelne Bischöfe, leisteten den Verfassungseid ohne Reservation.

Schwierige Verhandlungen zwischen dem Staat und der Kurie schlossen sich an. Der Kardinalstaatssekretär *Consalvi* forderte am 8. März 1820 von der bayerischen Regierung, daß sie erkläre, der Verfassungseid beziehe sich nur auf die bürgerliche Ordnung und bei einem Widerspruch zwischen dem Reli-

---

[1]) Note Häffelins vom 27. September 1818 und dazu die Erklärung des Außenministers Graf Rechberg vom 18. November 1818 (*Mejer*, a.a.O. Bd. 2 Teil 1 S. 183 ff.; Text der Note auch: Staat und Kirche Bd. I Nr. 76).

[2]) Der Untertaneneid lautete auf „Treue dem Könige, Gehorsam dem Gesetze und Beobachtung der Staatsverfassung".

[3]) Dazu *C. v. Höfler*, Conkordat und Constitutionseid der Katholiken in Bayern (1847).

gionsedikt und dem Konkordat habe dieses den Vorrang. Der Minister *Rechberg* lehnte diese Erklärung am 30. April 1820 ab. Nach weiterem langem Hin und Her, während dessen die Bestimmungen des Konkordats über die neue Zirkumskription immer noch auf ihren Vollzug warteten, verständigte man sich auf die *Tegernseer Erklärung*, die König Max Josef am 15. September 1821 abgab[1]).

Der König erklärte, es seien nunmehr die Anstände, die den Vollzug des Konkordats bisher gehindert hätten, entfallen; dieses sei daher alsbald zum Vollzug zu bringen; der Verkündung und Ausführung der päpstlichen Zirkumskriptionsbulle *Dei ac Domini* vom 1. April 1818 über die Errichtung und Umgrenzung der neuen Diözesen stehe kein Hemmnis mehr entgegen. Der Verfassungseid solle niemandem einen Gewissenszwang antun; er beziehe sich nach den Bestimmungen der Verfassung nur auf die „bürgerlichen Verhältnisse" und verpflichte daher die katholischen Untertanen zu nichts, „was den göttlichen Gesetzen oder den katholischen Kirchensatzungen entgegen wäre". Das Konkordat gelte als Staatsgesetz und müsse von den Staatsbehörden genau befolgt werden. Diese Erklärung kam der Kirche weit entgegen, da sie die umstrittene Deklaration Häffelins vom 27. September 1818 teilweise wiederholte. Aber wenn sie die Verbindlichkeit des Konkordats betonte, so ging sie doch zugleich stillschweigend auch von der allgemeinen Verbindlichkeit der Verfassung und des Religionsedikts, die den Vorrang vor dem Konkordat beanspruchten, aus. Und die Feststellung, daß der Verfassungseid die Untertanen nur im Rahmen der „bürgerlichen Ordnung" verpflichte, war keine wirkliche Einschränkung, da etwas anderes vom Staat nach seiner Natur nicht in Anspruch genommen werden konnte, diese Bindung der Untertanen im staatsbürgerlichen Bereich aber auch vollauf genügte, um das Staatsinteresse zu wahren. Die Tegernseer Erklärung bekannte sich zur vollen Verbindlichkeit des staatlichen wie zur vollen Verbindlichkeit des kirchlichen Rechts, ließ aber, wie es nicht anders sein konnte, die Frage offen, was angesichts des unleugbaren Widerspruchs zwischen Konkordat und Religionsedikt nun eigentlich rechtens sei. Es gibt kaum einen deutlicheren Fall des „dilatorischen Formelkompromisses"; hinter dem Schleier einer ausgleichenden Klausel blieb der Gegensatz verborgen, aber unvermindert bestehen. Immerhin bot dieser Scheinkompromiß die Möglichkeit, das Konkordat nunmehr zu vollziehen. Die auf Grund der königlichen Nomination von der Kurie ausgesprochene Ernennung der acht bayerischen Bischöfe hatte der bayerische Nuntius schon kurz vorher bekannt gegeben.

Daß der Staat im übrigen trotz des Bekenntnisses zur vollen Verbindlichkeit des Konkordats nicht wirklich bereit war, seinen Konkordatspflichten vollauf zu genügen, erwies sich daran, daß bei dem nunmehr einsetzenden Vollzug der Zirkumskriptionsbulle Dei ac Domini die neuen Bistümer geschaffen wurden, ohne daß die *Dotation der Kirche* in liegenden Gütern oder Fonds, zu der der Staat sich im Konkordat verpflichtet hatte, zustande kam. Während des ganzen folgenden Jahrhunderts entzog sich der Staat sich der Dotationspflicht. Er fand die Kirche mit jährlichen Leistungen in Geld ab; die versprochene Teil-Restitution des säkularisierten Kirchenguts unterblieb. So wie der Staat seine Vertragspflichten in diesem Punkt nicht erfüllte, so minderte auch sonst das Religionsedikt die Wirkungskraft des Konkordats während der ganzen konstitutionellen Epoche. Die in dem konkordatären System eingeleitete Gleichordnung von Staat und Kirche blieb durch die fortdauernde Macht des bayerischen Staatskirchentums rechtlich modifiziert. Allerdings drang seit etwa 1830 im Staat selbst der Klerikalismus so mächtig vor, daß in der Realität die katholische Kirche Bayerns, ganz unabhängig von der staatskirchenrechtlichen Lage, einen weit bedeutenderen Einfluß errang, als sie ihn unter der Herrschaft des Absolutismus je besessen hatte. Über die Konflikte, die sich im bayerischen Verfassungsleben des Vormärz daraus ergaben, wird später zu handeln sein (siehe Bd. II S. 436 ff.).

---

[1]) Text: Staat und Kirche Bd. I Nr. 85.

III. Die oberrheinische Kirchenprovinz

1. Der Streit um Wessenberg

Wie Bayern so erstrebten auch die übrigen süddeutschen Staaten seit dem Ende des Reichs ein den Staatsgrenzen angepaßtes Staatskirchentum mit Landesbistümern und dem landesherrlichen Recht zur Nomination der Landesbischöfe[1]). Dem stand allerdings entgegen, daß die katholische Kirche grundsätzlich akatholischen Herrschern nicht die positive Benennung eines Bischofs, sondern nur die negative Ausschließung eines Kandidaten von der Bischofswahl zugesteht[2]). Nicht das Nominationsrecht, sondern nur das Vetorecht konnten die protestantischen Höfe in Stuttgart, Karlsruhe oder Darmstadt nach diesem kanonischen Grundsatz für sich erwarten.

Der kirchlichen Neuordnung in Südwestdeutschland stand vor allem der *Fall Wessenberg* im Weg[3]). Das Bistum Konstanz erstreckte sich seit der Säkularisation als geistlicher Sprengel auf badisches, württembergisches, hohenzollernsches und schweizerisches Staatsgebiet. Auf der anderen Seite gehörte das Großherzogtum Baden kirchlich nur zum Teil der Diözese Konstanz an; andere badische Landesteile zählten zu den Diözesen Straßburg, Speyer, Worms, Mainz und Würzburg. Für den Straßburger Anteil war Wessenberg allerdings seit 1802 zum Administrator bestellt. Im Ganzen aber bestand eine schwer entwirrbare staatlich-kirchliche Gemengelage. Wegen der Neuerungen, die Wessenberg als Generalvikar Dalbergs in der Konstanzer Diözese vorgenommen hatte[4]), trennte Papst Pius VII. durch ein Breve vom 2. November 1814 den schweizerischen Anteil von der Diözese Konstanz ab; ferner wies er Dalberg an, den in Rom mißliebigen Generalvikar zu entfernen[5]). Darüber kam es zu dem letzten großen Konflikt zwischen dem episkopalen und dem papalen System.

---

[1]) Über die ergebnislosen württembergischen Konkordatsverhandlungen von 1807 vgl. *Mejer*, a.a.O. Bd. 1 S. 259 ff. Konkordatsverhandlungen mit Baden waren damals gleichfalls in Aussicht genommen, kamen aber nicht in Gang (ebenda S. 281 ff.).

[2]) Dieser Grundsatz, den die Kurie als altüberliefert zu bezeichnen pflegt, gilt als unverbrüchlich erst seit Beginn des 19. Jahrhunderts. Im 18. Jahrhundert jedenfalls galt eine Ausnahme von ihm für die preußischen Könige (siehe unten S. 446). Deutlichen Ausdruck fand der Grundsatz zuerst in Art. XVII des französischen Konkordats vom 15. Juli 1801. Auch Art. IX des bayerischen Konkordats gestand das Nominationsrecht nur dem König und seinen *katholischen* Nachfolgern zu.

[3]) Dazu badische Denkschrift für den Bundestag über das Verfahren des Röm. Hofes bei der Ernennung des Generalvikars Frh. v. Wessenberg zum Nachfolger im Bistum Constanz vom 17. Mai 1818 (gedruckt Frankfurt 1818); ferner *Longner*, Beiträge zur Geschichte der oberrheinischen Kirchenprovinz S. 151; *Beck*, Wessenberg S. 266 ff.; *Mejer*, a.a.O. Bd. 2 Teil 1 S. 71 ff.

[4]) Siehe oben S. 405 f.

[5]) Text des Breve vom 2. November 1814 in der oben (Anm. 3) angeführten Denkschrift; es richtet sich gegen „... famosum illum Wessenberg, de cujus perversis doctrinis, pessimis exemplis et temerariis obluctationibus adversus Sedis Apostolicae jussiones delata nobis sunt certissimique documentis probata, ut sine magna fidelium offensione ... tolerare eum diutius nequeamus".

Dalberg fügte sich zwar zunächst dem päpstlichen Befehl. Er fand sich jedoch damit ab, daß die badische Regierung dem Entlassungsdekret das Placet versagte. Schon vorher hatte er Wessenberg, obwohl er den Widerstand der Kurie gegen den Generalvikar kannte, zu seinem Koadjutor in Konstanz mit dem Recht der Nachfolge ernannt. Der Großherzog von Baden bestätigte Wessenberg in dieser Rechtsstellung, während der König von Württemberg, auf dessen Gebiet das Konstanzer Bistum übergriff, sich einer Entscheidung enthielt. Wessenberg war also staatlich bestätigter Koadjutor nur im badischen Teil seiner Diözese; der beginnende Zerfall des länderübergreifenden Bistums Konstanz zeichnete sich damit ab. Nach Dalbergs Tod wählte das Konstanzer Domkapitel am 17. Februar 1817 den Koadjutor Wessenberg zum Kapitularvikar (Bistumsverweser). Der Großherzog von Baden beeilte sich, die Wahl zu bestätigen, während der Papst durch ein Breve vom 15. März 1817 das Domkapitel nachdrücklich wegen der Wahl eines von der Kurie offen mißbilligten Kandidaten rügte. Die Wahl selbst erklärte der Papst für nichtig. Doch versagte der badische Staat auch dieser kirchlichen Anordnung das Placet, so daß sie in Baden nicht publiziert und daher auch nicht in Kraft gesetzt werden konnte. Der Schweizer Nuntius Testaferrata, der das Breve trotzdem publizierte, mußte wegen dieses Übergriffs abberufen werden. Pius VII. begründete seine Entscheidung zwar in einem an den Großherzog gerichteten Breve vom 21. Mai 1817; der Landesherr beanspruchte jedoch, über die Gültigkeit einer vom Domkapitel vollzogenen Wahl selbst zu entscheiden; in einer Erklärung vom 16. Juni 1817 hielt er deshalb an dem von ihm bestätigten Bistumsverweser fest; auch wies er diesen durch die Regierung an, seinen Dienst weiter zu versehen[1]). Die Verhandlungen, die der umstrittene Bistumsverweser in Rom führte, blieben ergebnislos, da er den ihm zugemuteten Widerruf ablehnte[2]). Gestützt auf den ganzen Klerus, die katholische Bevölkerung des Landes, die öffentliche Meinung, die Kammern und die Regierung blieb Wessenberg gegen den Willen der Kurie als Bischofsvertreter im Amt. Der vom alten Staatskirchentum getragene Episkopalismus lehnte sich offen gegen den von der Kurie verfochtenen Papalismus auf. Die badische Regierung versuchte durch ihre Denkschrift vom 17. Mai 1818[3]) den Beistand des Bundestags für ihren Streit mit der Kurie zu erwirken; aber die Frankfurter Versammlung blieb untätig. Und die württembergische Regierung versagte Wessenberg jede Rückendeckung, weil der Konflikt ihr die willkommene Gelegenheit bot, die Trennung des württembergischen Kirchensprengels von der Diözese Konstanz und die Errichtung eines eigenen Landesbistums zu betreiben. So beschränkte die geistliche Gewalt des Bistumsverwesers sich, wie vordem seine Stellung als Koadjutor, auf den badischen Teil des Konstanzer Diözesanbereichs, während er als Generalvikar nach wie vor im Gesamtgebiet seiner Diözese anerkannt war. Seine Amtsbefugnisse endeten mit der Aufhebung des Bistums Konstanz 1827 (siehe unten S. 436).

2. Die Frankfurter Vereinsstaaten

Nachdem Badens Versuch, in dem Konflikt mit der Kurie die Unterstützung des Deutschen Bundes zu gewinnen, fehlgeschlagen war, war das Großherzogtum, da es sich auf die Dauer schwerlich allein gegen die Kurie durchsetzen konnte, auf die Verbindung mit den anderen überwiegend protestantischen Ländern Südwestdeutschlands angewiesen[4]). Wessenberg, der nach

---

[1]) Text der drei Erklärungen vom 15. März, 21. Mai und 16. Juni 1817: Staat und Kirche Bd. I Nr. 95–97.

[2]) Wessenberg sollte erklären, „dasjenige, was seine Heiligkeit mißbilligt haben, gleichfalls zu mißbilligen".

[3]) Siehe oben S. 432 Anm. 3.

[4]) Vgl. *Mejer*, Römisch-deutsche Frage, Bd. 2 Teil 2 S. 165 ff.; *Longner*, Beiträge S. 408 ff.; *Brück*, Oberrhein. Kirchenprovinz S. 9 ff.

1815 seine auf dem Wiener Kongreß erfolglos gebliebenen Bemühungen zunächst in Frankfurt fortgesetzt hatte, um dort den Entschluß zu einem *Bundeskonkordat* zu wecken, schaltete sich auch jetzt wieder ein[1]); auch ihm kam es jetzt jedoch weniger auf ein formelles Bundeskonkordat als auf ein Zusammengehen der deutschen Mittelstaaten an. Vor allem der Freiherr *von Wangenheim*, der Vorkämpfer der deutschen Triaspolitik[2]), bemühte sich, seit er im November 1816 württembergischer Kultusminister geworden war, um ein württembergisches Landeskonkordat, und seit er im November 1817 die Stelle eines württembergischen Bundestagsgesandten übernommen hatte, um ein solidarisches Vorgehen der protestantischen Höfe Deutschlands in Verhandlungen mit Rom. Da Preußen vorzog, eigene Wege zu gehen, suchte Wangenheim die südwestdeutschen Regierungen zu einem gemeinsamen Aktionsprogramm über den Aufbau eines den Territorialstaaten zugeordneten katholischen Kirchenwesens zusammenzuschließen. Das kirchenpolitische System, das die beteiligten Regierungen verfochten, war das gleiche: man bekämpfte das Papalsystem und bekannte sich zum Episkopalismus, allerdings nicht in dem nationalkirchlichen Sinn Wessenbergs, sondern mit dem Ziel einer territorial gebundenen Staatskirche[3]). Der Geist dieses partikularstaatlichen „Gallikanismus" beherrschte auch die *Frankfurter Konferenzen*, in denen unter Wangenheims Vorsitz die Vertreter von Württemberg, Baden, Hessen-Darmstadt, Kurhessen, Nassau und weiteren kleinen Staaten vom März 1818 ab zusammentraten. Einige der norddeutschen Staaten, die zu den Konferenzen eingeladen worden waren, verweigerten allerdings die Teilnahme oder sprangen nach kurzer Zeit ab. Der Vatikan betrachtete diese Verhandlungen mit großer Reserve, da die staatlichen Vertreter entweder, wie Wangenheim, Protestanten waren oder als Katholiken eine ausgesprochen „josefinische", „febronianische" oder „wessenbergianische" Haltung zeigten. Mit einem gewissen Recht konnte man die Frankfurter Konferenzen in der Tat ein Unternehmen der Wessenbergianer nennen[4]).

Die Konferenzteilnehmer einigten sich auf der Grundlage der „Allgemeinen Grundsätze" Wangenheims in längeren Beratungen[5]) auf ein gemeinsames kirchenpolitisches Programm[6]) und schließlich auf eine *Deklaration*[7]), die als Entwurf für ein gemeinsames Konkordat dienen sollte, sowie auf *Grundbestim-*

---

[1]) Dazu Wessenbergs (anonyme) Flugschrift „Betrachtungen über die Verhältnisse der Katholischen Kirche im Umfange des Deutschen Bundes" (gedruckt Karlsruhe 1818).

[2]) Siehe unten S. 754 ff.

[3]) Dazu die auf Wangenheims Veranlassung ausgearbeiteten „Allgemeinen Grundsätze, nach welchen in deutschen Staaten ein Konkordat abzuschließen wäre" (*Mejer*, a.a.O S. 172 ff., S. 178 ff.).

[4]) Über die Persönlichkeit der Konferenzteilnehmer vgl. *Mejer*, a.a.O. S. 176 f., S. 187 ff.

[5]) Vgl. den Bericht über die einzelnen Sitzungen bei *Mejer*, a.a.O. S. 190 ff.

[6]) „Grundzüge zu einer Vereinbarung über die Verhältnisse der katholischen Kirche in den deutschen Bundesstaaten" (Text: *Münch*, Konkordate Bd. 2 S. 333).

[7]) Text: *Longner*, Beiträge S. 630 ff.; *Brück*, Oberrhein. Kirchenprovinz S. 522 ff. Auszug: Staat und Kirche Bd. I Nr. 104.

mungen, die als Staatsgesetz einseitig erlassen werden sollten[1]). Die „Deklaration" und die „Grundbestimmungen" nahmen die beteiligten Staaten[2]) durch den Staatsvertrag vom 7. Oktober 1818 endgültig an. Die vereinbarte „Deklaration" sah die Errichtung von fünf Landesbistümern vor, deren Dotation in Grundeigentum und Grundrenten oder, sofern diese Ausstattung mit unbeweglichen Gütern nicht möglich sei, in festen und ausreichenden Einkünften die „Grundbestimmungen" näher regelten. Für die Bischofsernennung sah die Deklaration ein Verfahren vor, in dem die Domkapitel drei Kandidaten zu wählen hatten, aus denen der Landesherr dann den Bischof bezeichnen sollte; dem Papst wurde die Bestätigung vorbehalten. Diese Deklaration teilten die vereinigten Regierungen der Kurie durch eine gemeinsame Gesandtschaft am 24. März 1819 mit, um die päpstliche Annahme durchzusetzen[3]). Begreiflicherweise wies die Kurie den ungewöhnlichen Versuch, einen Vertrag in dieser ultimativen Form zustandezubringen, zurück. Consalvis Note vom 10. August 1819[4]) machte insbesondere geltend, daß die Kirche nach ihren bekannten Grundsätzen nicht in der Lage sei, akatholischen Herrschern das Nominationsrecht für Bischofsstühle, und zwar auch nicht in der vorgeschlagenen Form des Auswahlrechts aus einem Dreiervorschlag, einzuräumen. Auch an den übrigen Artikeln der Deklaration übte der Kardinalstaatssekretär eine weitläufig begründete Kritik. Die Note schloß mit dem Vorschlag, zunächst weiter nichts als die neue Diözesaneinteilung anzuordnen, um dann später nach einem Einverständnis in den anderen Fragen zu suchen. Die oberrheinischen Gesandten erwiderten jedoch, die von ihnen vorgeschlagene Deklaration habe den Charakter einer „Magna Charta libertatis ecclesiae catholicae romanae"; den Rechten ihrer katholischen Untertanen (gegenüber Rom!) dürften die deutschen Fürsten nichts vergeben; ihr jus circa sacra („dies geheiligte Recht") könne in Verhandlungen mit Rom nicht in Frage gestellt werden[5]). Nach weiterem Notenwechsel reisten die oberrheinischen Gesandten im Oktober 1819 aus Rom ab.

---

[1]) „Grundbestimmungen für ein organisches Staatskirchengesetz" (gedruckt bei *Eilers*, Deutsche Blätter 4 S. 81 ff.).

[2]) Nämlich Württemberg, Baden, Hessen-Darmstadt, Kurhessen, Nassau, Frankfurt, Mecklenburg-Schwerin, die thüringischen Herzogtümer, Oldenburg, Waldeck, Lübeck und Bremen. Auszugsweiser Abdruck des Staatsvertrags: Staat und Kirche Bd. I Nr. 105.

[3]) Über die Verhandlungen der „oberrheinischen Gesandtschaft" in Rom 1819 vgl. *Mejer*, a.a.O. Bd. 3 S. 7 ff. Die Gesandten waren der Württemberger *Moritz August Frh. v. Schmitz-Grollenburg* (1775–1849) und der hessen-darmstädtische Außenminister *Johann Frh. v. Türckheim* (1749–1824).

[4]) Note Consalvis vom 10. August 1819: „Esposizione dei Sentimenti de sua Santita sulla Dichiarazione dei Principi e Stati Protestanti riuniti della confederazione germanica" (Text: *Paulus*, Die neuesten Grundlagen der deutsch-katholischen Kirchenverfassung, 1821, S. 322 ff.; *Münch*, Konkordate Bd. 2 S. 378). Bemerkenswert ist, daß Consalvi seine Note vorher dem preußischen Gesandten beim Vatikan *Niebuhr* zur Prüfung übergeben und auf dessen Rat alle Stellen geändert hatte, die als verletzend erscheinen konnten (vgl. *Mejer*, a.a.O. Bd. 3 S. 23).

[5]) Note der oberrh. Gesandten vom 3.9.1819 (*Paulus*, a.a.O. S. 307; *Münch*, a.a.O. S. 368).

Angesichts dieses Fehlschlags verhandelte man in Frankfurt vom März 1820 bis Februar 1822, der kurialen Anregung doch folgend [1]), über das Provisorium einer bloßen Zirkumskription [2]). Man war sich mit der Kurie darüber einig, daß in jedem der fünf hauptbeteiligten Staaten ein eigenes Landesbistum entsprechend den staatlichen Grenzen und über den fünf Bistümern ein Metropolitanverband zu errichten sei. Doch war es schwer, sich darüber zu verständigen, welche der Diözesen den Rang eines Erzbistums erhalten sollte. Schon Consalvis Noten vom 10. August 1819 und vom 21. September 1819 schlugen vor, das Erzbistum Mainz wiederherzustellen, um so die ehrwürdigste und bedeutendste der deutschen Erzdiözesen zu erneuern; auch Hessen-Darmstadt setzte sich für diese Wiederherstellung ein, indem es sich auf das jus postliminii berief. Aber die übrigen Staaten gönnten Hessen-Darmstadt diesen Vorrang nicht, und der Hinweis auf das jus postliminii erweckte ihre Befürchtung, das wiederhergestellte Mainz könne auch die Restitution seiner alten Vermögensrechte gegenüber den Rechtsnachfolgern betreiben. Insgeheim fürchtete auch der hessische Großherzog, der Glanz des wiederhergestellten Mainzer Erzstuhls könne am Ende die landesherrliche Souveränität überstrahlen. So verständigte man sich, Baden als das Land mit der höchsten Zahl katholischer Untertanen zum Sitz des Erzbistums zu machen.

Um Wessenberg auszuschalten [3]), der immer noch als Bistumsverweser an der Spitze des badischen Bistums Konstanz stand, hatte man schon vorher den Ausweg vorgesehen, das Bistum Konstanz aufzuheben und die neue Diözese in Freiburg [4]) zu begründen. Ein uraltes, schon in der ersten Hälfte des sechsten Jahrhunderts genanntes deutsches Bistum ging damit unter. Es wurde nicht etwa nur der Sitz des Bistums verlegt (so wie man in Bayern Freising nach München transferiert hatte); vielmehr wurde Konstanz aufgehoben und Freiburg neu errichtet. So konnte man die staatlich anerkannten Anwartschaftsrechte Wessenbergs übergehen. Die Bereitschaft der badischen Regierung, den Konstanzer Bistumsverweser preiszugeben, war ein Zeichen beginnenden staatlichen Sinneswandels. Im Bann der seit 1819 mächtig hervortretenden staatlichen Restauration näherten den deutschen Regierungen sich der kirchlichen Restauration an. Die „konservativen Ordnungsmächte" — Kirche und Staat — verbanden sich gegen die Aufklärung, gegen den Liberalismus, gegen die Demokratie, gegen die „Revolution". Wessenberg, ein später Repräsentant des aristokratischen aufgeklärten Jahrhunderts und zugleich von volkstümlicher Haltung, war durch seine Reformen wie durch seinen Widerstand gegen Rom ein Heros der liberaldemokratischen Bewegung geworden. In der badischen Kammer war *Rotteck* der leidenschaftliche Verfechter der Wessenberg'schen Ideen. Eben das verstärkte das Mißtrauen des Staates gegen den Konstanzer Administrator. Besonders seit mit *Blittersdorf* ein entschiedener Reaktionär Einfluß auf die Regierung in Karlsruhe gewonnen hatte [5]), bemühte diese sich selbst aus eigenem Antrieb, den des Liberalismus verdächtigen Bistumsverweser kaltzustellen; die Gründung des Erzbistums Freiburg war auch hierfür der sicherste Weg. Und bald trat *Blittersdorf* für einen schnellen Ausgleich mit der Kurie ein, um dadurch die streng-kirchliche Richtung des Klerus für die Bildung einer monarchisch-konservativen Partei in Baden zu gewinnen [6]).

---

[1]) Grundlage dieser Verhandlungen über die oberrheinische Zirkumskription war eine Note Consalvis vom 21. September 1819 (Text: *Mejer*, aaO Bd. 3 S. 48 Fußnote 2).

[2]) Vgl. *Mejer*, aaO Bd. 3 S. 185 ff.

[3]) Seit dem Tod des Großherzogs Karl (8. Dezember 1818) hatte Wessenberg seinen Rückhalt in der badischen Regierung verloren; Großherzog Ludwig nahm keinen Anstand, den Konstanzer Bistumsverwalter fallen zu lassen.

[4]) Ursprünglich war Rastatt vorgesehen; aus finanziellen Gründen gab der Staat dann Freiburg den Vorzug.

[5]) Über Blittersdorf siehe oben S. 373 f.

[6]) *Blittersdorf:* „Bemerkungen über die Bildung einer monarchisch gesinnten Partei in dem Großherzogtum Baden" *(Mejer,* aaO Bd. 3 S. 278).

3. Die Bulle Provida sollersque

Nachdem mit Freiburg der Sitz der neuen Erzdiözese feststand, einigte man sich in Frankfurt auch über die sonstigen Fragen. Die Orte der anderen Diözesen waren bereits gesichert. Das neue württembergische Landesbistum erhielt seinen Sitz in *Rottenburg*, also in keiner der prächtigen Residenzen ehemaliger Reichsabteien wie Ellwangen oder Weingarten, sondern in einer protestantischen Umgebung und auf altwürttembergischem Boden. Hessen-Darmstadt erhielt sein Landesbistum in *Mainz*, wo seit 1802 ein französisches Bistum bestanden hatte. Für Kurhessen nahm man ein neues Bistum in *Fulda* an der Stelle der alten Reichsabtei in Aussicht. Nassau bekam ein neues Bistum in *Limburg*, das ehedem kurtrierisches Territorium, also altes Stiftsland gewesen war. Frankfurt schloß sich dem Bistum Limburg an, um der Zugehörigkeit zu Mainz, dem es aus alter Rivalität feindselig gesinnt war, zu entgehen. Diese fünf Bistümer bildeten unter der Führung *Freiburgs* einen Metropolitanverband, die *Oberrheinische Kirchenprovinz*. Fünf Dotations- (oder Fundations-) instrumente, die die Regierungen der Kurie im März 1821 übergaben, regelten die Ausstattung der Bistümer mit den erforderlichen Mitteln. Für die beteiligten Staaten überraschend ordnete die Kurie darauf durch die Bulle *Provida sollersque* vom 16. August 1821[1]) die neue Zirkumskription an.

Die damit festgelegte Diözesaneinteilung entsprach den vorausgegangenen Frankfurter Vereinbarungen, denen die Kurie sich, wenn auch in der Frage des Sitzes des Erzbischofs nur widerstrebend, anschloß. Auf den Frankfurter Beschlüssen beruhte auch die in Art. XII geregelte Dotation der Domkirchen in Grundstücken, festen Fonds und anderen hypothekarisch gesicherten Einkünften („in bonis fundisque stabilibus aliisque redditibus cum iure hypothecae specialis et in fundos postmodum ac bona stabila convertendis ab iis in proprietate possidendis et administrandis"), wie die in den Art. XIII bis XVII umschriebene Einzelausstattung der Domkirchen und Domkapitel. Die den Staaten obliegende Ausstattungspflicht lief überall auf die Übertragung von Grundbesitz mit bestimmtem Ertragswert in das freie Eigentum der Domkirchen hinaus. Doch erfüllte keiner der Staaten diese Pflicht zur Realdotation; überall beschränkten die Regierungen sich in der Folgezeit auf regelmäßige Geldzahlungen in der Höhe der vorgesehenen Ertragswerte. Die Kirche fand sich im Lauf des folgenden Jahrhunderts mit dieser veränderten Erfüllung der Dotationspflichten ab[2]).

Über kirchliche Zugeständnisse in der Frage der Bischofsernennung, von denen die Regierungen ihr Entgegenkommen in der Dotationsfrage abhängig machen wollten, enthielt die Bulle Provida sollersque nichts. Sie betonte lediglich, daß die Bischöfe künftig vom Heiligen Stuhl zu bestellen seien (Art. XI), eine Feststellung, die die Form der staatlichen Mitwirkung in der Schwebe ließ. Auf staatlicher Seite hielt man sich für berechtigt, auf dieses eigenmächtige Vorprellen der Kirche mit einem entsprechend einseitigen Akt zu antworten. So beschlossen die in Frankfurt versammelten Regierungsvertreter durch Staatsvertrag vom 8. Februar 1822[3]), der Bulle Provida sollersque die staatliche *Sanktion* zu erteilen, jedoch unter dem einschränkenden *Vorbehalt*, „insofern sie mit den (staatlichen) Anträgen, Verabredungen und Verfügungen übereinstimmt". Die Ausfertigung der fünf *Fundationsinstrumente* für die einzelnen Diözesen nach einem einheitlichen Formular behielten die Staaten sich vor. Schließ-

---

[1]) Text: Staat und Kirche Bd. I Nr. 106.
[2]) Über das entsprechende Verhalten Bayerns siehe oben S. 431.
[3]) Text: Staat und Kirche Bd. I Nr. 108.

lich sah der Vertrag eine zunächst geheimzuhaltende *Kirchenpragmatik*[1]) vor, in der die Staaten sich über gemeinsame Grundsätze des Staatskirchenrechts verständigten. Außerdem sollten die *Deklaration* und die *Grundbestimmungen* von 1818 Verbindlichkeit behalten. An den Grundgedanken eines strengen Staatskirchentums, vor allem einer scharfen Kirchenaufsicht, hielten die vereinigten Staaten damit fest. Demgemäß nahmen die Regierungen auch die *Nomination der Bischöfe* auf Grund eines vorausgegangenen Dreiervorschlags des Diözesanklerus in Anspruch. Sie bezeichneten nun die Kandidaten, denen sie die Leitung der neuen Diözesen anvertraut wissen wollten. Alle Dekane des badischen Bistums schlugen einhellig *Wessenberg* als den würdigsten an erster Stelle vor; aber die Regierung überging ihn und nominierte an seiner Stelle den Seminar-Professor *Walker*. Dieser hatte sich wie alle anderen von den Regierungen benannten Kandidaten[2]) vorher auf die Kirchenpragmatik verpflichtet. Aber die Kurie beharrte auf dem Grundsatz, daß protestantischen Herrschern die Nomination nicht zugestanden werden könne. Sie lehnte deshalb die Ernennung der Vorgeschlagenen ab[3]). Scharf beanstandete sie sowohl, daß Wahlen veranstaltet worden waren, als auch, daß der Staat den Kandidaten eine Verpflichtung auf die Kirchenpragmatik abverlangt hatte. In ihrem Gegenvorschlag legte die Kurie den Regierungen eine Liste mit 14 päpstlichen Kandidaten vor; sie räumte den Regierungen die negative Ausschließung einzelner dieser Kandidaten durch eine Veto ein. Aber die Regierungen ließen sich auf diesen Modus nicht ein[4]). Ein neuer Konflikt brach damit aus; die Bistümer waren errichtet, aber die Bischofsstühle blieben leer.

4. Die Bulle Ad Dominici gregis custodiam

Erst nach jahrelangen weiteren Verhandlungen einigten sich die Staaten mit der Kurie auf ein neues System der Bischofsernennung, das seitdem als *oberrheinisches System* berühmt geworden ist. In Ergänzung der Zirkumskriptionsbulle erging nach vorausgegangener Verständigung zwischen der Kurie und den Vereinsstaaten[5]) am 11. April 1827 die Bulle *Ad Dominici gregis custodiam*[6]), die die Wahl des Erzbischofs, der Bischöfe und der Kanoniker regelte. Die Bulle stellte das alte Wahlrecht der Domkapitel für alle fünf Diözesen wieder her. Weder der Papst noch der Landesherr erhielten somit ein freies Ernennungsrecht. Doch legte sie vor die Wahl ein Vorverfahren. Die Domkapitel hatten dem Landesherrn eine Kandidatenliste für die Wahl vorher einzureichen; der Landesherr erhielt das Recht, die von ihm als minder genehm angesehenen Kandidaten („personae minus gratae") von der Wahl auszuschließen; doch mußte eine „hinreichende Zahl" von Kandida-

---

[1]) Text: Staat und Kirche Bd. I Nr. 107.

[2]) Über sie vgl. *Brück*, Oberrhein. Kirchenprovinz S. 50.

[3]) Note Consalvis vom 27. Februar 1823 (Text: *Friedberg*, Bischofswahlen, Anhang S. 117).

[4]) Note der Regierungen vom 3. Juni 1823 (ebenda S. 124). Antwort-Note Consalvis vom 13. Juni 1823 (ebenda S. 127). Der Notenwechsel setzte sich in den nächsten Jahren weiter fort, auch nachdem 1823 an Consalvis Stelle der Kardinalstaatssekretär *della Somaglia* getreten war. Zwischen ihm und der badischen Regierung wurden die Verhandlungen der Jahre 1824–26 geführt, aus denen die Verständigung erwuchs.

[5]) Die Einigung ergab sich a) aus dem sog. *päpstlichen Ultimatum* (mitgeteilt in den Noten vom 16. Juni, 18. September und 19. Dezember 1825); b) aus der *Annahme* dieses Ultimatums durch die Vereinsstaaten (Note vom 4./7. September 1826; *Brück*, a.a.O. S. 544).

[6]) Text: Staat und Kirche Bd. I Nr. 109.

ten übrig bleiben [1]). Die Bulle beschränkte somit das von den Regierungen ursprünglich geforderte positive Auswahlrecht aus einem Dreiervorschlag durch das inzwischen bereits in Hannover eingeführte Listenverfahren auf ein negatives Ausschließungsrecht („jus excludendi"). Als „hinreichende Zahl", die auf der Liste bleiben mußte, waren auch am Oberrhein, wie für Hannover in den Vertragsverhandlungen zugesichert, zwei Kandidaten anzusehen [2]). Doch zwang diese Klausel den Landesherrn, falls ihm eine Liste mit Kandidaten, die sämtlich „minder genehm" erschienen, zuging, nicht etwa, zwei von ihnen zur Wahl freizugeben; denn das wäre mit dem Recht des Staates zum Ausschluß mißliebiger Personen unvereinbar gewesen. Vielmehr war eine Liste, die mit mindergenehmen Kandidaten so übersetzt war, daß eine hinreichende Zahl von genehmen nicht übrig bleiben konnte, nicht als ordnungsmäßig im Sinn des vereinbarten Rechts anzusehen. Die Regierung konnte durch Nichteingehen auf eine derartige Liste das Domkapitel zum Einreichen einer neuen Liste verpflichten. Wenn also auch dem Landesherrn nicht das Recht zustand, alle Namen auf der Liste oder alle bis auf einen zu streichen, so konnte er doch denselben Effekt erzielen, indem er eine Liste als nicht ordnungsmäßig zurückwies [3]). In diesem Sinn hatte der Landesherr somit ein *unbeschränktes Veto* [4]). Auch stand die Entscheidung über das „minder genehm" in seinem freien Ermessen; das Domkapitel war nicht berechtigt, sich mit der „subjektiven Gewißheit" zu begnügen, daß ein Kandidat nicht minder genehm sei, sondern hatte sich durch Vorlage der Liste „objektive Gewißheit" darüber zu verschaffen [5]); bei einer negativen Entscheidung der Regierung war es zur Streichung der als minder genehm bezeichneten Kandidaten gehalten, ohne zur Prüfung befugt zu sein, ob die Beanstandung sich auf „gerechte Gründe" stütze [6]). Dagegen war der Landesherr nach dem oberrheinischen Listenverfahren nicht in der Lage, die Wahl auf einen eigenen, vom Domkapitel nicht benannten Kandidaten zu lenken. An dem Anspruch auf die Anwesenheit eines landesherrlichen Kommissars bei den Wahlen hielten die Vereinsstaaten, wie auch Preußen und Hannover, jedoch stillschweigend fest [7]), ebenso an dem Anspruch auf den Bischofseid [8]).

[1]) Der der entsprechenden Klausel der hannoverschen Zirkumskriptionsbulle Impensa Romanorum Pontificum von 1824 (siehe unten S. 450) nachgebildete Kernsatz des Art. I der Bulle Ad Dominici Gregis custodiam lautet: „Si forte vero aliquis ex candidatis ipsis summo Territorii Principi *minus gratus* exstiterit, Capitulum e catalogo eum delebit, reliquo tamen manente *sufficienti* Candidatorum *numero*, ex quo novus Antistes eligi valeat."

[2]) Die Kirche allerdings erkannte später gelegentlich Wahlen auf Grund einer Zweierliste nicht als wirksam an und suchte als Mindestzahl drei Kandidaten durchzusetzen; vgl. *Stutz*, Bischofswahlrecht S. 217 f.

[3]) Über diesen diffizilen Unterschied von Streichen und „Nichteintreten" vgl. *Stutz*, aaO S. 219 ff.

[4]) Ebenda S. 128 ff.

[5]) Ebenda S. 170 ff.

[6]) Ebenda S. 175 ff.

[7]) Ebenda S. 227 ff. Erst um 1860 leisteten die oberrheinischen Staaten auf den Wahlkommissar Verzicht.

[8]) Der oberrheinische Bischofseid lautete: „Ich schwöre und verspreche bei dem Hl. Evangelium Gottes Seiner p. p. *sowie den Gesetzen des Staates* Gehorsam und Treue.

Die beiden Bullen Provida sollersque und Ad Dominici gregis custodiam wurden von den beteiligten Regierungen nun sanktioniert und publiziert[1]). Sie erhielten damit neben ihrer kirchengesetzlichen Geltung den Rang und die Kraft von *Staatsgesetzen* [2]). Doch brachten die Regierungen gegenüber beiden Bullen in der Verkündungsformel die Einschränkung an, die landesherrliche Sanktion werde ihnen nur unter der Reservation erteilt, daß aus den Bestimmungen der publizierten Bullen auf keinerlei Weise „Etwas abgeleitet oder begründet werden kann, was Unseren Hoheitsrechten schaden oder ihnen Eintrag tun könnte oder was den Gesetzen und Verordnungen, den erzbischöflichen und bischöflichen Rechten oder den Rechten der evangelischen Konfession und Kirche entgegen wäre"[3]). Die Einschränkung bezog man von staatlicher Seite auf die Art. 5 und 6 der Bulle Ad Dominici gregis custodiam, die infolgedessen als von der staatlichen Sanktion ausgenommen galten. Art. 5 bestimmte, daß an den bischöflichen Seminarien eine hinreichende Zahl von Geistlichen in Gemäßheit der Tridentinischen Beschlüsse auszubilden sei; Art. 6 beanspruchte für die Bischöfe den freien unmittelbaren Verkehr mit dem Heiligen Stuhl und die volle (daher vom staatlichen Placet freie!) Jurisdiktionsgewalt gemäß den Sätzen des kanonischen Rechts. Diese beiden Artikel, denen die Vereinsstaaten vertraglich zugestimmt hatten, denen sie aber die staatsrechtliche Transformation verweigerten, standen rechtlich in einem sonderbaren Zwielicht; sie waren staatlich-kirchliches Vertragsrecht und verbindliches Kirchenrecht, aber – mangels der staatsgesetzlichen Sanktion – kein wirksames Staatsrecht [4]). Zwar erkannten Württemberg und Baden 1857/59 in neuen Vereinbarungen mit der Kurie die Art. 5 und 6 auch staatsrechtlich an; doch scheiterten diese oberrheinischen Konkordate am Widerspruch der Kammern [5]).

5. Das Breve Re sacra

Einer staatlich-kirchlichen Übereinkunft gemäß erging zusätzlich zu der Bulle *Ad Dominici gregis custodiam* das Breve *Re sacra* vom 28. Mai 1827[6]). Die Vereinsstaaten erreichten mit ihm, daß ergänzend zu der in der Bulle selbst

---

Ferner verspreche ich, kein Einverständnis zu unterhalten, an keiner Beratschlagung Teil zu nehmen und weder im In- noch Auslande Verbindungen einzugehen, welche die öffentliche Ruhe gefährden; vielmehr wenn ich vor irgend einem Anschlage zum Nachteile des Staates, sei es in meiner Diözese oder anderswo, Kunde erhalten habe, solches Seiner p. p. zu eröffnen". Gegenüber dem bayerischen Bischofseid (siehe oben S. 424) zeichnete der oberrheinische sich durch die zusätzliche Verpflichtung zu Gehorsam und Treue *gegenüber den Staatsgesetzen* aus. Da zu diesen auch die Staatsverfassung rechnete, war der oberrheinische Bischofseid auch ein *Verfassungseid*; ferner umfaßte er auch die Bindung an die staatlichen Gesetze und Verordnungen über das Staatskirchenrecht, in den Staaten der oberrheinischen Kirchenprovinz vor allem auch an die Verordnungen „betreffend die Ausübung des landesherrlichen Schutz- und Aufsichtsrechts über die katholische Kirche" vom 30. Januar 1830 (siehe unten S. 441).

[1]) In Nassau am 9. Oktober 1827, in Hessen-Darmstadt am 12. Oktober 1827, in Baden am 16. Oktober 1827, in Württemberg am 24. Oktober 1827, in Kurhessen erst am 31. August 1829. Texte der vier erstgenannten Patente bei *Weiß*, Arch. d. Kirchenrechtswissenschaft Bd. 2, 1831, S. 234, 261, 266, 283; Text des Kurhessischen Patents bei *Walter*, Fontes juris ecclesiastici S. 339.

[2]) Zutreffend *Stutz*, Bischofswahlrecht S. 101 f.; gegen die abweichende Auffassung von *Rösch*, Der Einfluß der deutschen protestantischen Regierungen auf die Bischofswahlen, S. 30 Anm. 3.

[3]) So das badische Patent (Staat und Kirche Bd. I Nr. 112); die übrigen sind fast gleichlautend.

[4]) Vgl. *Stutz*, a.a.O., S. 19 ff. (Literatur S. 102 f.).

[5]) Ebenda S. 21 f. (Literatur S. 107 f.). Näheres Bd. III S. 190, 197.

[6]) Text: *Friedberg*, Bischofswahlen, Anhang S. 244; Deutsche Übersetzung: Staat und Kirche Bd. I Nr. 110.

anerkannten Vertragspflicht der Kirche die Domkapitel, dem Beispiel des schon vorher für Preußen erlassenen Breve Quod de fidelium gemäß, die päpstliche Weisung erhielten, sich vor der Wahl zu versichern, daß gegen keinen der Kandidaten der Einwand der Mindergenehmheit erhoben werde[1]).

Was in Hannover nur durch die Bulle, in Preußen nur durch das Breve gewährleistet war, erhielt am Oberrhein die doppelte Garantie durch Bulle und Breve zugleich. In diesem formalen Sinn kann man das Breve, wie es in den Vertragsverhandlungen geschah, eine „garantie de plus" nennen. In der Sache dagegen ging das Breve nicht über die Bulle hinaus. Es bedeutete nur, daß das, was mit der Bulle bereits durch kirchlich-staatlichen Vertrag, durch Kirchengesetz und Staatsgesetz geregelt war, den Domkapiteln durch eine kirchliche Vollzugsanweisung eingeschärft wurde. Eine darüber hinausgehende selbständige Bedeutung besaß das Breve Re sacra nicht[2]).

6. Die landesherrlichen Verordnungen von 1830

Bald nach der Publikation der beiden Bullen stellten die Vereinsstaaten die Fundationsurkunden für die neuerrichteten Bistümer aus[3]). Nun kam es gemäß dem vereinbarten Listenverfahren zur *Besetzung der Bischofsstühle*. Erster Erzbischof von Freiburg wurde Bernhard Boll[4]). Dem Konstanzer Bistumsverweser Wessenberg blieb kein Ausweg, als sein Amt niederzulegen. Am längsten dauerte es mit der Besetzung von Mainz[5]); erst 1830 kam der Mainzer Stuhl an den Freiburger Dekan Burg, einen ausgesprochenen Wessenbergianer, der an den Verhandlungen mit Rom teilgenommen und sich durch besondere Staatstreue hervorgetan hatte[6]).

Nachdem die Besetzung der Bischofsstühle überall, und zwar im Wesentlichen im Sinn der Regierungen, vollzogen war, sicherten diese sich, ihrem alten Vorhaben gemäß, die überlieferten Kirchenhoheitsrechte, indem sie nun mit einem einseitigen Staatsgesetz hervortraten, das die Grundgedanken der Frankfurter „Kirchenpragmatik" übernahm. Auf Grund einer internen Übereinkunft erließen die beteiligten Staaten am 30. Januar 1830 gleichlautende *landesherrliche Verordnungen betreffend die Ausübung des verfassungsmäßigen Schutz- und Aufsichtsrechtes über die katholische Kirche*[7]). Die Verordnungen behielten dem Staat die „unveräußerlichen Majestätsrechte des

---

[1]) Der Kernsatz des Breve Re sacra lautet: „Cum porro ex Ivonis Cartonensis monitu florere inspiciatur et fructificare Ecclesia quando Regnum et Sacerdotium inter se conveniunt, vestrarum erit partium eos adsciscere, quos ante solemnem Electionis actum noveretis praeter qualitates caeteras ecclesiastico jure praefinitas, prudentiae insuper laude commendari nec Serenissimo Principi minus gratos esse". – Die entsprechende preußische Klausel unten S. 447.

[2]) Vgl. zu dieser lang umstrittenen Frage *Stutz*, Bischofswahlrecht S. 198 ff.

[3]) Für Freiburg (16. Oktober 1827), Limburg (8. Dezember 1827), Rottenburg (14. Mai 1828), Fulda (18. September 1828).

[4]) Der ursprünglich staatlicherseits nominierte Kandidat Walker war inzwischen gestorben. Siehe auch Bd. II S. 444.

[5]) Über die Besetzung der anderen oberrheinischen Diözesen vgl. *Brück*, a.a.O., S. 119 ff.; Staat und Kirche Bd. I S. 268.

[6]) Über Bischof *Burg* siehe Bd. III S. 200.

[7]) Text: Staat und Kirche Bd. I Nr. 114.

Schutzes und der Oberaufsicht über die Kirche" in vollem Umfang vor (§ 3). Sie sicherten das staatliche Placet (§§ 4, 5), die volle staatliche Gerichtsbarkeit für Geistliche (§ 6), den Bischofseid (§§ 7, 16) und den Treueid der Geistlichen (§ 34), die Ausbildung der Geistlichen an Staats-Fakultäten (§ 25) und die staatliche Mitwirkung bei den Prüfungen (§ 29), sowie den Recursus ab abusu (§ 36). Die Mehrzahl der oberrheinischen Bischöfe erkannten die Verordnung ohne Widerspruch an. Papst Pius VIII. dagegen tadelte in seinem an die Bischöfe gerichteten Schreiben „Pervenerat non ita pridem" vom 30. Juni 1830[1]) diese bischöfliche Willfährigkeit. Aber nur Bischof *Rieger* von Fulda erhob, der päpstlichen Weisung gemäß, gegen die Verordnung formellen Protest[2]). Auch durch unmittelbare Gegenvorstellungen der Kurie[3]) ließen die Vereinsstaaten sich nicht hindern, hinfort nach den staatskirchenrechtlichen Grundsätzen der Verordnungen von 1830 zu verfahren. Am staatlichen Placet für die kirchliche Gesetzgebung, am Recursus ab abusu und an den sonstigen überlieferten Kirchenhoheitsrechten hielten sie fest. Auch die Staaten des Oberrheins hatten nun ihre „organischen Artikel" nach dem Vorbild des napoleonischen Gesetzes vom 18. germinal X und des bayerischen Religionsedikts.

Mochte diese einseitige staatliche Gesetzgebung auch im Rahmen des durch die beiden vereinbarten Bullen geschaffenen konkordatären Vertragsverhältnissen zwischen Staat und Kirche juristisch fragwürdig sein, so war doch an der innerstaatsrechtlichen Verbindlichkeit der Verordnungen vom 30. Januar 1830 nicht zu zweifeln. Die Kirchenoberen aber befanden sich angesichts dieser Doppelgleisigkeit des Rechts in einer heiklen Lage, da sie als geistliche Organe zum Gehorsam gegenüber Rom, als Organe einer dem Staate eingeordneten öffentlichen Körperschaft wie als staatliche Untertanen wie schließlich kraft ihres Bischofseids zum Gehorsam gegenüber der Landesobrigkeit und den Landesgesetzen verpflichtet waren. Jeder künftige Konflikt zwischen Staat und Kirche mußte angesichts dieser doppelten Gehorsamsbindung zu einer schweren Pflichtenkollision führen.

IV. Die Neuordnung in Preußen

1. Die preußische Kirchenpolitik nach 1815

Während in Bayern und in den Ländern der oberrheinischen Kirchenprovinz die Grundlagen des Staatskirchenrechts erst nach mannigfachen Mißhelligkeiten neu geordnet werden konnten, kam es in Preußen reibungslos zu einem Einverständnis zwischen Kirche und Staat[4]). Dabei waren an sich die Schwierigkeiten hier besonders groß. Zwei Fünftel der preußischen Unter-

---

[1]) Text: *Walter*, Fontes juris ecclesiastici, S. 345; Auszug: Staat und Kirche Bd. I Nr. 115.
[2]) Vgl. *Brück*, a.a.O., S. 131 ff. Text: Staat und Kirche Bd. I Nr. 116.
[3]) Dazu die unter Papst Gregor XVI. ergangene Note des Kardinalstaatssekretärs Bernetti vom 5. Oktober 1833 (Text: *Friedberg*, Gränzen S. 873 ff.), sowie die Antwort der oberrheinischen Regierungen vom 4. September 1834 (ebenda S. 875 ff.); ferner das Breve Papst Gregors XVI. an die oberrheinischen Bischöfe vom 4. Oktober 1834 (*Brück*, a.a.O., S. 139 f.).
[4]) Vgl. *Mejer*, Zur Geschichte der römisch-deutschen Frage Bd. 2 Teil 2 S. 3 ff., Bd. 3 S. 88 ff.; *Laspeyres*, Geschichte und heutige Verfassung der kath. Kirche Preußens Bd. 1 S. 733 ff.

tanen gehörten nach den Gebietsveränderungen von 1815 der katholischen Kirche an [1]); aber Preußen blieb ein betont protestantischer Staat. Die katholischen Untertanen zählten etwa zur Hälfte zum polnischen Volkstum, so daß der nationalpolitische Gegensatz die konfessionelle Spannung verschärfte (und umgekehrt!). Der Rest der preußischen Katholiken war überwiegend in den Provinzen Schlesien, Rheinland und Westfalen ansässig; auch hier verband sich mit der katholischen Konfession ein betontes politisches Sonderbewußtsein. Die Probleme, die sich daraus ergaben, konnte der Staat nur meistern, wenn er ein gutes Einvernehmen mit der Kurie gewann. Dazu bedurfte es einer zugleich sicheren und entgegenkommenden Haltung der Regierung, einer Festigkeit in den kirchenpolitischen Grundsätzen und einer verständnisvollen Bereitwilligkeit, auch den Grundsätzen der katholischen Kirche Rechnung zu tragen [2]).

Hardenberg und *Altenstein*, jener als Staatskanzler, dieser seit 1817 als Kultusminister für die preußische Kirchenpolitik verantwortlich, waren von Gegnerschaft gegen den Katholizismus frei [3]). Im Kultusministerium standen der Leiter der Kirchensektion *Nicolovius* und der Referent für katholische Angelegenheiten *Schmedding* in einem vertrauensvollen Verhältnis [4]). Besonders der letztgenannte, ein katholischer Westfale, leistete seinem Ministerium und dem Staat als erfahrener Kanonist außerordentliche Dienste. Daß die Übereinkunft mit der Kurie so glatt herbeigeführt werden konnte, war jedoch vornehmlich das Verdienst *Niebuhrs*, der seit 1816 preußischer Gesandter am Vatikan war. Der norddeutsche Protestant war von Achtung und Verständnis für das katholische Kirchenwesen und für die Würde des Papsttums erfüllt; umgekehrt erwarb er sich durch seine Gelehrsamkeit und Aufrichtigkeit das

---

[1]) Die Gebietsentwicklung Preußens von 1803 bis 1815 führte zu einem außerordentlichen Wandel im Anteil der katholischen Kirche am preußischen Staatsgebiet. 1806 lagen in Preußen 13 Bischofssitze (Breslau, Ermland, Kulm, Posen, Gnesen, Wloclawek (= Leslau), Plock, Wigry, Warschau; ferner Münster, Paderborn, Hildesheim, Osnabrück). Nach dem Tilsiter Frieden gehörten zu Preußen nur noch zwei Bischofssitze (Breslau, Ermland). Durch den Wiener Kongreß wurden fünf der verlorenen Sitze wieder preußisch (Kulm, Posen, Gnesen, Münster, Paderborn). Ferner kamen neu zu Preußen drei Bischofssitze (Corvey, Aachen, Trier). 1815 gehörten damit zu Preußen zehn Diözesen. Dazu kamen die von Generalvikaren verwalteten rechtsrheinischen Sprengel von Alt-Köln (Sitz: zuletzt Deutz) und Alt-Trier (Sitz: Ehrenbreitstein). Nur sechs preußische Diözesen waren 1815/16 rite besetzt (Breslau, Ermland, Posen, Gnesen, Paderborn, Corvey).

[2]) Diese die preußische Kirchenpolitik seit der Reformzeit bestimmende Einsicht findet sich auch in *Steins* Nassauer Denkschrift vom Juni 1807 (Briefwechsel usw. Bd. 2 S. 213): die Aufsicht über die katholische Kirche müsse man einem katholischen Minister anvertrauen, „der mit den Grundsätzen dieser Kirche und ihrer hierarchischen Verfassung genau bekannt wäre und der seine Kenntnisse benutzte, die in dieser Kirche nötigen Verbesserungen *mit Rücksicht auf ihre wesentliche und unabänderliche Verfassung* vorzunehmen".

[3]) Dazu *Altensteins* Denkschrift „Allgemeine Betrachtungen über das Verhältnis der katholischen Kirche im preußischen Staat und über eine mit dem römischen Hofe deshalb zu treffende Vereinbarung" vom 30. März 1818 *(Mejer, aaO, Bd. 2 Teil 2 S. 90).*

[4]) Über *Nicolovius* oben S. 132, über *Schmedding* oben S. 275 sowie Bd. II S. 195.

Vertrauen des Papstes und der Kurienkardinäle[1]). Niebuhr glaubte imstande zu sein, seinem Staat ein günstiges Konkordat umfassenden Inhalts zu vermitteln[2]). Als er endlich 1820 von seiner Regierung die Instruktion erhielt[3]), seine Verhandlungen auf die Abgrenzung und Ausstattung der preußischen Bistümer zu beschränken[4]), brachte er dieses bescheidenere Werk zu schnellem Abschluß. Die reiche Dotation der preußischen Domkirche, die König Friedrich Wilhelm III. bewilligte, machte auch Pius VII. zum Entgegenkommen geneigt. So konnte der Staatskanzler Hardenberg, der selbst in Rom erschien, am 23. März 1821 die Übereinkunft mit dem Kardinalstaatssekretär Consalvi mündlich vollenden. Der König gab der getroffenen Vereinbarung durch Kabinettsordre vom 9. Juni 1821 seine Sanktion.

2. Die Bulle De salute animarum

Verabredungsgemäß wurde diese Übereinkunft allerdings nicht als „Konkordat", d. h. in der Form eines zweiseitigen Staatskirchenvertrages publiziert. Wie am Oberrhein erhielt sie vielmehr die Form eines Kirchengesetzes. Am 16. Juli 1821 verkündete Pius VII. die Zirkumskriptionsbulle *De salute animarum*[5]). Durch Kabinettsordre vom 23. August 1821 (GS 113) gab der preußische König der Bulle seine „Billigung und Sanktion", kraft deren die in ihr enthaltenen Verfügungen „als bindendes Statut der katholischen Kirche des Staates von allen, die es angeht, zu beobachten sind". Doch setzte er den Vorbehalt hinzu, daß Billigung und Sanktion nur unbeschadet der königlichen Majestätsrechte und der Rechte der Untertanen Evangelischer Religion erteilt seien[6]). Durch diese königliche Sanktion und Publikation erhielt die Bulle auch die Kraft eines preußischen Staatsgesetzes.

Die Bulle sah zwei preußische Metropolitanverbände, einen westlichen und einen östlichen, sowie zwei exemte Bistümer vor. Im Westen stellte sie – statt des in der französischen Zeit geschaffenen Bistums Aachen – das Erzbistum *Köln*, eine der drei alten Metropolen des Rheinlandes, wieder her, ein bedeutendes Zugeständ-

---

[1]) Dazu auch der Hinweis oben S. 435 Anm. 4.
[2]) Dazu Niebuhrs Denkschrift vom 15. Oktober 1819 (*Mejer*, a.a.O. Bd. 3 S. 94 ff.).
[3]) Instruiert wurde Niebuhr formell vom Staatskanzler; beteiligt waren nebeneinander das Außenministerium (Sachbearbeiter der Geh. Legationsrat *Carl Georg v. Raumer*) und das Kultusministerium (Sachbearbeiter: *Nicolovius* und *Schmedding*). Als Berater der Regierung wurde auch der Domdechant Graf *Spiegel*, Münster, herangezogen. Über *Graf Spiegel*, den späteren Erzbischof von Köln, siehe Bd. II S. 195.
[4]) Die Instruktion für Niebuhr stammt vom 5. Mai 1818; sie besteht aus drei Teilen: den „Hauptpunkten" (einem formell für den König bestimmten Bericht), dem auf ihnen beruhenden (lateinischen) „Konkordatsentwurf" und endlich der eigentlichen „Instruktion" (vgl. *Mejer*, a.a.O., Bd. 2 Teil 2 S. 103 ff.). Sie blieb jedoch zwei Jahre lang unerledigt bei Hardenberg liegen. Erst die beiden Kabinettsordres des Königs an den Staatskanzler vom 6. April und 23. Mai 1820 enthielten die königliche Ermächtigung zum Abschluß einer Konvention mit Rom (*Mejer*, a.a.O., Bd. 3 S. 111 ff.). Darauf ging dem preußischen Gesandten in Rom die Instruktion von 1818 unverändert am 15. Juli 1820 zu. Eine „Nachinstruktion" erhielt Niebuhr am 7. Dezember 1820 (*Mejer*, a.a.O., Bd. 3 S. 139)
[5]) Text: *Walter*, Fontes juris ecclesiastici S. 239; dt: Staat und Kirche Bd. I Nr. 91.
[6]) Text: Staat und Kirche Bd. I Nr. 90.

nis des Staates, der damit zur Erneuerung einer der ältesten und angesehensten Kirchenwürden Deutschlands beitrug und dem katholischen Kirchentum einen lebendigen Mittelpunkt in der mächtigsten unter den aufstrebenden rheinischen Städten schuf. Die alten Bistümer *Trier*, *Münster* und *Paderborn* wurden der Erzdiözese Köln als Suffraganbistümer zugeordnet. Außer dem Bistum Aachen hob die Bulle auch das Bistum Corvey auf[1]). Im Osten wurden Gnesen und Posen zum Erzbistum *Gnesen-Posen* zusammengefaßt[2]). Das Bistum *Kulm* wurde als Suffraganbistum in diesen Metropolitanverband, der sich auf die Provinzen Posen und Westpreußen erstreckte, eingeordnet. Das Bistum *Ermland* mit dem Sitz in Frauenburg (für die Provinz Ostpreußen) und das Fürstbistum *Breslau* (für die Provinz Schlesien) blieben exemt. Breslau behielt, als einziges preußisches Bistum, auch fremdes Staatsgebiet unter seiner Jurisdiktion; sein Sprengel erstreckte sich nach wie vor auf die österreichischen Teile Alt-Schlesiens. Der Fürstbischof von Breslau behauptete damit ausgedehnten kirchlichen Besitz in österreichisch Schlesien. Dafür blieb die preußische Grafschaft Glatz ein Teil des österreichischen Bistums Olmütz. Im Ganzen umfaßte Preußen damit acht Bistümer, wenn man Gnesen und Posen, die in der kirchlichen Leitung verbunden, als Sprengel aber getrennt waren, trotzdem als Einheit rechnet. Für jedes der acht Bistümer regelte die Bulle die Zusammensetzung der *Domkapitel* genau. Für den Zugang zu den Domkapiteln schrieb die Bulle unter anderem den vorherigen Empfang der höheren Weihen vor; dagegen bestimmte sie, daß Stand und Geburt keinen Unterschied des Rechts für die Aufnahme in die Domkapitel mehr begründeten; das Adelsprivileg für die Kapitelstellen fiel damit fort. Die Besetzung der Stelle des Dompropstes und der in den päpstlichen (ungeraden) Monaten frei werdenden Kanonikate behielt der Papst sich vor; die Besetzung der Stelle der Domdechanten und der übrigen Kanonikate überließ er dem Erzbischof oder Bischof. Für alle acht Diözesen Preußens erkannte die Bulle das Wahlrecht der Domkapitel bei der *Bischofsernennung* an, für die östlichen Bistümer nach dem bestehenden Modus, für die westlichen (einschließlich Breslau) nach wiederhergestelltem Wahlrecht. Die apostolische Bestätigung der Wahl behielt der Papst sich vor. Die bisherigen Vorrechte der Geburt und des Standes fielen auch bei der Bischofswahl fort. Über die staatliche Einwirkung auf die Wahl enthielt die Bulle nichts.

Für alle Domkirchen war die *Ausstattung* mit einem dinglichen Grundzinsrecht („census") an Waldungen und sonstigem Grundbesitz vereinbart. Der Ertrag sollte den Bedarf der bischöflichen Mensa, des Domkapitels und des bischöflichen Seminars decken. Mit Rücksicht darauf, daß die preußischen Staatsgüter, die für diese Dotation in Frage kamen, infolge des Krieges noch stark belastet waren, sollte der census erst 1833 zugewiesen werden; in der Zwischenzeit waren kraft der königlichen Verheißung bestimmte jährliche Geldleistungen an die dotationsberechtigten kirchlichen Einrichtungen zu erbringen. Bei diesem System ist es dann über das Jahr 1833 hinaus bis in die Gegenwart geblieben. Auch in Preußen sah man also von der versprochenen realen Fundierung der Ausstattung ab. Doch waren die preußischen Staatsleistungen aus der Zirkumskriptionsbulle außerordentlich hoch. Sie beliefen sich zugunsten der katholischen Kirche um 1840 auf 720 000 Taler jährlich, während die evangelische Kirche in dieser Zeit an vergleichbaren Leistungen nur 240 000 Taler erhielt, ein bemerkenswertes Faktum in einem so betont protestantischen Staat mit überwiegend protestantischer Bevölkerung.

3. Das Breve Quod de fidelium

Nicht minder wichtig als für Bayern und die Staaten der oberrheinischen Kirchenprovinz war für Preußen die Neuordnung des staatlichen Einflusses

---

[1]) *Aachen* war Bischofssitz 1802—1821, *Corvey* 1783—1821.

[2]) Gnesen hatte 1815, als es an Preußen zurückkam, fast seinen ganzen Diözesanbereich an Russisch-Polen verloren. Der Erzbischof von Gnesen Graf Raczynski trat zurück und machte damit den Weg für die gebotene Zusammenfassung frei.

auf die Bischofswahl. Die preußische Regierung war einsichtig genug, für den protestantischen Landesherrn die mit den kanonischen Grundsätzen unvereinbare formelle *Nomination* der Bischöfe nicht zu fordern, obwohl der König ein effektives Nominationsrecht bisher gemäß den Grundsätzen der friderizianischen Kirchenpolitik in den Landesbistümern des deutschen Ostens ausgeübt hatte[1]). Bei der ersten Besetzung der vakanten preußischen Bischofsstühle, für die das Wahlrecht der Domkapitel noch nicht galt, sondern der Papst die Entscheidung traf, akzeptierte die Kurie trotzdem die Vorschläge der Regierung[2]). Die Frage, welches Einflußrecht dem Staatsoberhaupt bei den künftigen Bischofswahlen zustehen sollte, war nicht in der Zirkumskriptionsbulle selbst, sondern in dem zusammen mit ihr erlassenen päpstlichen Breve *Quod de fidelium* vom 16. Juli 1821[3]) neu geregelt. Da das Breve nur eine an kirchliche Stellen gerichtete Vollzugsordnung des Papstes war, wurde es lediglich den Adressaten (den Domkapiteln) durch Vermittlung der Regierung zugestellt, dagegen nicht als Staatsgesetz publiziert. Es bildete jedoch einen Teil der zwischen Staat und Kirche getroffenen Vereinbarung, war also *staatlich-kirchliches Vertragsrecht*; sich einseitig von ihm zu lösen, war der Kirche durch diese Vertragsbindung verwehrt[4]).

Allerdings ergab sich alsbald ein gefährlicher Zwist. Für Gnesen-Posen, Kulm und Ermland bestimmte die Bulle De salute animarum gemäß der vorausgegangenen Übereinkunft, daß hier „nichts Neues eingeführt" werden solle. Die preußische Regierung ging davon aus, daß dieser Passus sich auch auf die staatliche Einwirkung auf die Bischofswahl beziehe, daß also auch darin alles beim Alten bleibe. Für *Posen-Gnesen* und *Kulm* bedeutete das, daß der König dem Domkapitel eine Person bezeichnete, die dann in einer Scheinwahl zu wählen war. Dieses Designationsrecht kam praktisch einem Nominationsrecht gleich. Für *Ermland* galt nach dem Petrikauer Vertrag von 1512, daß der König dem Domkapitel vier ihm genehme Kandidaten präsentierte, unter denen das Kapitel dann die „freie Wahl" hatte; doch konnte der König durch seinen bei der Wahl anwesenden Kommissar die Wahl leicht auf den von ihm bevorzugten Kandidaten lenken. Diese Verfahren glaubte die preußische Regierung durch die römischen Vereinbarungen gesichert zu haben. Die Kurie übergab der Regierung jedoch zusammen mit der Zirkumskriptionsbulle Ausfertigungen des Breve Quod de fidelium auch für die genannten östlichen Diözesen, was darauf schließen ließ, daß sie den neuen Modus der staatlichen Beteiligung auch dort eingeführt wissen wolle. Die Regierung leitete die Breven nach einigen Bedenken sämtlichen Diözesen zu, ging aber davon aus, daß die Klausel des Breve Quod de fidelium über die Rechte des Königs bei

---

[1]) Über diese „Quasi-Nomination" durch den preußischen König vgl. *Laspeyres*, a.a.O., S. 368 ff., S. 440; *Friedberg*, Bischofswahlen S. 44; eingehend *Stutz*, Bischofswahlrecht S. 140 ff. Wegen Breslau siehe auch oben S. 393 Anm. 2.

[2]) Ernannt wurden dem Regierungsvorschlag gemäß zum Erzbischof von Köln *Graf Spiegel*, zum Bischof von Trier *v. Hommer*, zum Bischof von Breslau *v. Schimonsky*, zum Bischof von Kulm der Dompropst *Mathy*.

[3]) Text: *Walter*, Fontes juris ecclesiastici S. 262; Auszug (dt): Staat und Kirche Bd. I Nr. 92.

[4]) Zutreffend *Stutz*, Bischofswahlrecht S. 24 (Literatur S. 111 ff.).

der Bischofswahl für Gnesen-Posen, Kulm und Ermland ohne Bedeutung sei, da es nach der Bulle De salute animarum dort auch insoweit beim alten Rechtszustand bleibe. In der Praxis verfuhren die Regierung und die Domkapitel denn auch weiter in der alten Weise [1]). Erst der vereinbarte Notenwechsel vom 23./24. September 1841 [2]) bestimmte, daß das Bischofswahlrecht der Bulle De salute animarum und des Breve Quod de fidelium uneingeschränkt in ganz Preußen anzuwenden sei.

Nach dem Breve Quod de fidelium, das von Anfang an für die Bischofswahlen in Breslau sowie in den vier westlichen Diözesen Köln, Trier, Münster und Paderborn, seit 1841 auch in den östlichen Diözesen galt, besaßen die Domkapitel ein von staatlichen Vorschlägen freies Wahlrecht. Doch wies das Breve die Domkapitel an, nur solche Kandidaten zu wählen, von denen sie sich vor der Wahl vergewissert hatten, daß sie dem König nicht minder genehm seien [3]) („nec Serenissimo Regi minus gratos esse noveretis"). Das war keine Wahl im Listenverfahren wie bei dem „oberrheinischen System". Die Domkapitel mußten sich vielmehr durch eine Vorwahl auf *einen* Kandidaten einigen, den der König dann nach vertraulicher Information als *persona minus grata* zurückweisen konnte. Der Form nach war also ein königliches *Einspruchsrecht* gegenüber der Vorwahl vorgesehen. Die eigentliche Wahl konnte nur auf einen vom König approbierten Kandidaten gelenkt werden. Der königliche Einfluß war hier stärker als bei dem Listenverfahren; aber auch das Breve Quod de fidelium erkannte nur ein negatives Ausschließungsrecht, kein positives Nominationsrecht des Königs an.

In der Praxis konnte der Staat seinen Einfluß allerdings in der Form ausüben, daß der König dem Domkapitel durch den Wahlkommissar oder auf anderem Weg bedeutete, daß es ihm angenehm sein würde, wenn das Kapitel die Wahl auf einen namentlich bezeichneten Kandidaten richten würde. Auf diesem Umweg entstand dann doch ein positives Bestimmungsrecht für den Monarchen. Unter der Regierung Friedrich Wilhelms III. wurde bei allen Sedisvakanzen in den dem Breve Quod de fidelium unterstehenden westlichen Diözesen diese Praxis beobachtet [4]). Die Krone bezeichnete den Domkapiteln einen bestimmten Kandidaten als persona grata und forderte damit seine Wahl unter Ausschluß aller übrigen Kandidaten. Die Wahl ging dann in Anwesenheit eines königlichen Kommissars vor sich. Während dieser im Anfang den der Regierung genehmen Kandidaten im Wahlgang förmlich benannte, kam diese Offenheit bald mit Rücksicht auf die Kurie außer Brauch; der Regierungskandidat wurde den Mitgliedern der Domkapitel nun vertraulich bekannt gegeben. Doch war naturgemäß der Kurie auch diese Praxis bekannt, die das negative Aus-

[1]) So bei den Wahlen in Kulm (1823 und 1833), Gnesen-Posen (1826 und 1830) und Ermland (1837 und 1841). Vgl. *Friedberg*, Bischofswahlen S. 213 ff.
[2]) Text: *Friedberg*, aaO Anhang S. 28. Dazu auch Bd. II S. 259 ff.
[3]) Der Kernsatz des Breve lautet: „Vestrarum partium erit, eos adsciscere, quos, praeter qualitates caeteras ecclesiastico jure praefinitas, prudentiae insuper laude commendari, nec Serenissimo Regi minus gratos esse noveretis, de quibus antequam solemnem electionis actum ex Canonum regulis rite celebretis, ut Vobis constet curabitis."
[4]) So bei den Wahlen in Breslau (1823 und 1835), Münster (1825), Paderborn (1825) und Köln (1835); bei der letztgenannten, die zur Wahl des Frh. Droste-Vischering zum Nachfolger des Grafen Spiegel als Erzbischof von Köln führte, hatte der Wahlkommissar dem Domkapitel außer dem Gewählten noch einen zweiten Kandidaten als persona grata bezeichnet. Vgl. *Friedberg*, aaO S. 220 ff.

schließungsrecht tatsächlich, den Verhältnissen im preußischen Osten entsprechend, zu einem positiven Vorschlagsrecht steigerte. Es galt somit faktisch in Preußen ein dem bayerischen Recht der Nomination weitgehend vergleichbares *Recht der Designation*, nur daß der Kandidat nicht, wie in Bayern, gegenüber dem Papst, sondern gegenüber dem wahlberechtigten Domkapitel designiert wurde. Bis 1835 hieß die Kurie dieses dem Breve Quod de fidelium nur der Form, aber nicht der Sache nach entsprechende Designationsverfahren gut. Dann aber erlitt dieses Verfahren im Zusammenhang mit den Kölner Wirren beim Eintritt der Sedisvakanz in Trier (1836) einen völligen Schiffbruch. Nach jahrelangem Streit gab Friedrich Wilhelm IV. das Designationsrecht preis; er übernahm im Einverständnis mit der Kurie das Listenverfahren nach oberrheinischem Muster[1]).

Bis 1835 aber wurde das in vielen anderen Fragen bezeigte staatliche Entgegenkommen mit dem Zugeständnis der Kurie hinsichtlich der Bischofswahlen reichlich gelohnt. Von allen protestantischen deutschen Staaten genoß Preußen den stärksten Einfluß auf die Auswahl der Kirchenoberen. Bis in die dreißiger Jahre bestand auf dieser Grundlage ein ungetrübtes Verhältnis zwischen dem preußischen Staat und dem katholischen Volksteil. Wesentlich dafür war vor allem, daß die Regierung bei der ersten Besetzung der Kölner Erzdiözese die Ernennung des *Grafen Spiegel* zum Erzbischof erwirkt hatte, eines mit Stein befreundeten Angehörigen des westfälischen Adels, der, aufgeklärt und staatstreu gesinnt, den febronianischen und wessenbergianischen Ideen nahe stand. 1813 hatte Graf Spiegel sich noch von Napoleon zum Bischof von Münster erheben lassen; den Treueid hatte er damals in die Hand der Kaiserin Marie Louise geleistet; seine Loyalität gegenüber dem Kaiser der Franzosen war so weit gegangen, daß Spiegel in einem Hirtenbrief seine Diözesanen zur Feier des napoleonischen Sieges bei Dresden (26./27. August 1813) aufgefordert hatte. Nach Napoleons Sturz hatte Papst Pius VII. die Erhebung Spiegels zum Bischof von Münster für nichtig erklärt und seinen Rücktritt erzwungen. Der preußische König aber nahm die Dienste des hochangesehenen aristokratischen Klerikers bereitwillig entgegen. An der dem Kaiser der Franzosen erwiesenen Treue nahm der Berliner Hof, wie auch in vielen anderen Fällen, nach anfänglichem Zögern keinen Anstoß; das Vergangene ließ man vergangen sein. Der in den preußischen Grafenstand aufgestiegene Prälat wurde 1821 im Einverständnis mit Staat und Kirche zum ersten Erzbischof von Köln ernannt. Er schien der würdigste und sicherste Garant der preußischen Position im katholischen Westen der Monarchie zu sein. Doch sollte seine Staatstreue gerade zum Anlaß des ersten großen Konflikts zwischen der Kirche und dem preußischen Staat, der „Kölner Wirren" werden[2]).

4. Die Fortgeltung des alten Staatskirchenrechts

Wie in der oberrheinischen Kirchenprovinz war auch in Preußen nur die Abgrenzung, Ausstattung und Besetzung der Diözesen durch Übereinkunft geregelt. Alles übrige Staatskirchenrecht war dem konkordatären System entzogen. Gegenüber den anderen deutschen Ländern war Preußen dadurch im Vorteil, daß es dieses außerkonkordatäre Staatskirchenrecht nicht durch neue einseitig erlassene Staatsgesetze zu regeln brauchte. Es genügte in Preußen, an dem überlieferten, gesetzlich geordneten Staatskirchenrecht festzuhalten. Dieses bestand in Altpreußen aus den einschlägigen Bestimmungen des *Allgemeinen Landrechts* von 1793, im Rheinland aus den französischen *Organischen Artikeln* von 1802, die kraft der Staatensukzession auch unter

---

[1]) Kabinettsordre des Königs vom 24. Februar 1841 (Text: *Friedberg*, a.a.O. S. 238).
[2]) Darüber Näheres Bd. II S. 185 ff., insbesondere S. 200 ff.

der preußischen Herrschaft fortgalten. In den sonstigen neu zu Preußen gekommenen Gebieten, so in den westfälischen Diözesen Münster und Paderborn, wandte man die Grundsätze des Allgemeinen Landrechts kraft Gewohn-
heitsrechts an. In ganz Preußen galten das königliche *Placet* und der *Recursus
ab abusu*, die Staatsaufsicht über die kirchliche Vermögensverwaltung, über die
kirchlichen Unterrichtsanstalten und Prüfungen, die staatliche Zensur der kirchlichen Schriften, das Erfordernis staatlicher Zulassung für geistliche Orden und
Gesellschaften. Besonders empfindlich war für die Kirche die Klausel, daß der
amtliche Verkehr zwischen den Bischöfen und dem Vatikan nur durch Vermittlung der Staatsbehörden zulässig sei. Alle diese überlieferten staatlichen
Rechte bestanden auch nach dem Inkrafttreten der Übereinkunft von 1821
fort. An dieser Kontinuität des Staatskirchenrechts gab es während der Verhandlungen zwischen Staat und Kirche auf keiner Seite einen Zweifel. Anders
als in Bayern oder der Oberrheinischen Kirchenprovinz konnte sich die Kurie
im Falle Preußens nicht durch den nachträglichend Erlaß eines einseitigen Gesetzes, das vorher sorgfältig verheimlicht worden wäre, hintergangen fühlen.
Das preußische Staatskirchenrecht war vor dem Abschluß der Verhandlungen
nach Umfang und Grenzen genau bestimmt und der Kurie genau bekannt. Es
war ein Verhängnis, daß im folgenden Jahrzehnt durch geheime Vorkehrungen
und Abmachungen das gute Verhältnis zwischen staatlichen und kirchlichen
Stellen vergiftet und dadurch der Kölner Kirchenstreit ausgelöst wurde. Doch
führten gerade diese Auseinandersetzungen der dreißiger Jahre zu einer ver-
nünftigen und auch für die Kirche genügenden Begrenzung des überlieferten
Umfangs der jura circa sacra des preußischen Staats.

V. Die Neuordnung in Hannover

1. Die Bulle Impensa Romanorum Pontificum

Außer Preußen besaß in Norddeutschland nur Hannover ein selbständiges katholisches Kirchenwesen. In Hannover dachte man zunächst an den
Abschluß eines förmlichen Konkordats; die Regierung schickte den Gesandten *Friedrich v. Ompteda* zu diesem Zweck im April 1817 nach Rom.
Es war, angesichts der mit den übrigen deutschen Staaten schwebenden
Verhandlungen, nicht verständlich, daß der Kardinalstaatssekretär *Consalvi*
zu Beginn der mit Hannover geführten Besprechungen in der Note vom
2. September 1817 erklärte, es gäbe kein Oberaufsichtsrecht des Staates
gegenüber der Kirche; die Ausstattung der Domkirchen aus staatlichen Mitteln sei nur eine Rückgabe geraubten kirchlichen Eigentums;
die vom Heiligen Geist berufenen Bischöfe bedürften keiner staatlichen
Bestätigung[1]. Solche Äußerungen mußten den englisch-hannoverschen
Hof um so mehr herausfordern, als sie mit den Zugeständnissen, zu denen
die Kurie sich anderwärts bereit fand, in offenem Widerspruch standen. Nach

---

[1] Text: *Friedberg*, Gränzen S. 352; *Mejer*, Römisch-deutsche Frage Bd. 2 Teil 2 S. 301.

langjährigen schleppenden Verhandlungen[1]), die auf staatlicher Seite der Gesandte *Franz Ludwig Wilhelm v. Reden* (1754–1831), nach Omptedas Tod (1819) hannoverscher Gesandter bei der Kurie, übernahm, einigten die Kurie und Hannover sich schließlich auf eine Abmachung, die der Papst mit der Zirkumskriptionsbulle *Impensa Romanorum Pontificum* vom 26. März 1824[2]) verkündete und der König wenig später, am 20. Mai 1824, als Staatsgesetz sanktionierte[3]).

Die Bulle erhielt die alten Bistümer *Osnabrück und Hildesheim* als hannoversche Landesbistümer aufrecht. Der Staat versprach auch hier die Realdotation der Domkirchen in liegenden Gütern, an deren Stelle es jedoch auf die Dauer bei den für die Anfangszeit vereinbarten jährlichen Geldleistungen an die bischöfliche Mensa und das Domkapitel verblieb. Für die Bischofswahl führte die Bulle das Listenverfahren ein, das der Regierung das Recht gab, die von ihr als „minder genehm" angesehenen Kandidaten auszuschalten; doch enthielt die Bulle den schon erwähnten Zusatz, es müsse dabei eine „hinreichende Zahl" übrigbleiben[4]). In den Verhandlungen hatte Consalvi erklärt, die Formel „sufficiens numerus" sei so zu verstehen, daß *mindestens zwei Kandidaten* auf der Liste bleiben müßten, da sonst das Wahlrecht des Domkapitels verkümmert werde.

2. Die kirchenhoheitlichen Majestätsrechte

Die Rechte der Kirchenhoheit (jura circa sacra) behielt der hannoversche König sich bei der Sanktion der Bulle ausdrücklich vor. Auch er beanspruchte also weiterhin vor allem das Placet und den Recursus ab abusu. Doch handhabte die hannoversche Regierung diese staatlichen Rechte mit Nachsicht. Der Bischof von Osnabrück *Lüpke* wußte später zu berichten, daß er niemals um das vorgeschriebene Placet für einen Hirtenbrief nachgesucht habe[5]). Zu schwereren Konflikten zwischen dem Staat und der katholischen Kirche kam es in diesem Gebiet trotz seines überwiegend protestantischen Charakters bis zum Ende des Königreichs Hannover nicht.

§ 26. Der Staat und die evangelische Union

Schrifttum: O. *Pfleiderer*, Entwicklung der protestantischen Theologie seit Kant (1891); F. *Kattenbusch*, Die deutsche evangelische Theologie seit Schleiermacher (6. Aufl. 1934); K. *Barth*, Die protestantische Theologie im 19. Jahrhundert (1947); E. *Hirsch*, Geschichte der neuern evangelischen Theologie (1949–53).
J. G. *Scheibel*, Aktenmäßige Geschichte der neuesten Unternehmung einer Union (1834); F. J. *Stahl*, Die Kirchenverfassung nach Lehre und Recht der Protestanten (1840); Ä. L. *Richter*, Geschichte der evangelischen Kirchenverfassung in Deutschland

---

[1]) Vgl. *Mejer*, a.a.O. Bd. 2 Teil 2 S. 117 ff., 241 ff.; Bd. 3 S. 62 ff., 237 ff.; E. *Hegel*, Die kirchenpolit. Beziehungen Hannovers ... zur röm. Kurie S. 52 ff.
[2]) Text: Staat und Kirche Bd. I Nr. 121.
[3]) Text: Ebenda Nr. 120.
[4]) Der Kernsatz des Art. XIII der Bulle lautet „At si forte aliquis ex Candidatis ipsis Gubernio sit *minus gratus*, Capitulum e catalogo eum expunget, reliquo tamen manente *sufficienti* Candidatorum *numero*, ex quo novus Episcopus eligi valeat." Über die entsprechende Klausel der später erlassenen oberrheinischen Bulle Ad Dominici Gregis custodiam (von 1827) siehe oben S. 439; über die preußische Klausel oben S. 447.
[5]) Arch. f. kath. Kirchenrecht NF Bd. 15 S. 214.

(1851); *C. I. Nitzsch*, Urkundenbuch der Evangelischen Union (1853); *F. Brandes*, Geschichte der evangelischen Union in Preußen (1872/73); *Th. Wangemann*, Die kirchl. Kabinettspolitik Friedrich Wilhelms III. (1884); *K. Rieker*, Die rechtliche Stellung der evangelischen Kirche Deutschlands (1893); *Chr. Tischhauser*, Geschichte der evangelischen Kirche Deutschlands (1900); *E. Förster*, Die Entstehung der preußischen Landeskirche (1905); *O. Hintze*, Die Epochen des evangelischen Kirchenregiments in Preußen (HZ Bd. 97, 1906, S. 67 ff.); *W. Wendland*, Die Religiosität und die kirchenpolitischen Grundsätze Friedrich Wilhelms III. (1909).
C. B. Hundeshagen, Die Bekenntnisgrundlagen der vereinigten evangelischen Kirche in Baden (1851); *H. Bassermann*, Zur Frage des Unionskatechismus (1901); *J. Bauer*, Zur Geschichte des Bekenntnisstandes (1915); *ders.*, Über die Vorgeschichte der Union in Baden (1915); *ders.*, Die Union (1921).

I. Der deutsche Protestantismus am Beginn des 19. Jahrhunderts

1. Protestantismus und Bildungsreligion

Nicht anders als das katholische Kirchentum stand der Protestantismus in Deutschland im 18. Jahrhundert unter dem bestimmenden Einfluß der Aufklärung. Die biblische Überlieferung war der historischen Kritik ausgesetzt; die biblischen Wunder wurden naturwissenschaftlich erklärt; der Offenbarungsglaube wich der Vernunftreligion. In der Theologie wie im Pfarrerstand griff der *Deismus* um sich, der die Besonderheiten der Konfessionen und Religionen hinter einer ihnen allen zugrundeliegenden allgemeinen Wahrheit zurücktreten ließ. Neben dem sich ständig ausbreitenden theologischen Rationalismus erhielt sich allerdings eine starke *altlutherische Orthodoxie,* die auf den dogmatisch verhärteten Glaubenssätzen des Reformators beharrte. Und schließlich entfaltete sich, fern der Vernunftreligion wie der strengen Dogmatik, als dritte Richtung der *Pietismus* in der unmittelbaren Teilhabe innerlich bewegter Gemeinschaften, der „Stillen im Lande", an Gott.

Der in der Orthodoxie wie im Pietismus fortwirkende Offenbarungsglaube sah sich fast hoffnungslos vereinsamt, als im ausgehenden 18. Jahrhundert die deutsche *Bildung* ganz in den Bann der idealistischen Philosophie, der klassischen Dichtung, der humanistischen Ideen, der kritischen Geisteswissenschaft, der exakten Naturwissenschaft und der utilitaristischen Staats- und Gesellschaftslehre trat. Nicht nur für Wissenschaft und Politik, sondern auch für die Religion eines Volkes ist die Haltung seiner Bildungsschicht in der Tiefe bestimmend. Die deutsche Bildung nun stand zu Ende des 18. Jahrhunderts, obwohl sie noch ganz aus der protestantischen Tradition stammte, im Begriff, sich vom biblischen Glauben vollends zu lösen. Was im gebildeten Bürgertum an protestantischer Überlieferung fortlebte, war vornehmlich die christliche Ethik, deren Sätze man als den Ausdruck einer allgemein gültigen sittlichen Vernunft verstand. Auch die heidnische Antike sah man in ihrem Licht; zugleich vertraute man auf ihr Fortwirken in der dem Glauben entfremdeten Zukunft. Die durch Fülle und Mannigfaltigkeit bestimmte Bildungsidee des Neuhumanismus trieb das geistige Deutschland aus der Enge der protestantischen

Konfessionalität. Damit der Mensch in der Totalität seiner Anlagen und Kräfte sich ganz zu sich selber entfalte und die Gesellschaft in der unendlichen Vielfalt ihrer Möglichkeiten zu einem allseitig ausgeformten Ganzen werde, schien es notwendig, die Einseitigkeit des bloß Konfessionellen zu überwinden und sich zu öffnen für die grenzenlose Weite der *Bildungsreligion.* Das Bekenntnischristentum wandelte sich zum Kulturchristentum, das sich von Dogma und Symbol, von Sakrament und Kultus entfernte, um sich im Ethos des reinen Menschentums zu erfüllen. Als Gegenposition gegen den flachen Rationalismus wie gegen die enge Orthodoxie wurde der *Kulturprotestantismus* die zentrale geistige Macht der deutschen gebildeten Gesellschaft des 19. Jahrhunderts.

2. Schleiermacher und die protestantische Erneuerung

Die Theologie *Friedrich Schleiermachers* (1768—1834) bot der Abkehr der Bildung vom konfessionell bestimmten Glauben Einhalt; sie leitete die Rückwendung zur bekenntnisgebundenen Religiosität ein [1]). Schleiermachers „Reden über die Religion an die Gebildeten unter ihren Verächtern" (1799) drangen deshalb so stark in die Breite und Tiefe, weil sie von einem Mann ausgingen, der, im Pietismus der Herrnhuter Brüdergemeinde erzogen und im wissenschaftlich-humanistischen Geist der klassischen Zeit geschult, nun von dem großen Strom des romantischen Weltgefühls erfaßt war und aus ihm die Kraft seines erneuernden Wirkens gewann. So wie die Romantik in ihren katholisierenden Repräsentanten — in Novalis, in Friedrich Schlegel, in Adam Müller — dem aufgeklärten Katholizismus eine neue katholische Gläubigkeit entgegensetzte, so wandelte Schleiermacher, indem er das Wesen der Religion als „Sinn für das Unendliche" definierte, den Protestantismus zur neu erlebten Glaubensmacht. Frei von konfessioneller Enge und orthodoxer Starrheit belebte er die Kraft des reformatorischen Wortes neu. Zwar war es nicht der schlichte und gerade Bibelglaube, der in Schleiermachers Theologie um neuen Ausdruck rang. An die Gebildeten unter den Verächtern der Religion wandte sich „der zweite Reformator"; aber eben auf die Erweckung der Bildungsschicht zum Glauben kam es an, wenn der Protestantismus nicht zur allgemeinen Ethik verblassen oder in die Esoterik pietistischer Zirkel zurücktreten, sondern erneut eine das öffentliche Leben der Nation bestimmende Mächtigkeit erringen sollte. Schleiermacher überwand für die führende Gesellschaftsschicht — die Gelehrten, Literaten, Beamten, Offiziere und Staatsmänner — die Trennung von Bildung und Bekenntnis; er stellte für sie die Einheit von Wissen und Glauben wieder her. Er gab in den Jahren des Zusammenbruchs, der Reform und des Befreiungskampfs den Führungskräften des Staates den inneren Halt in einer neuen gefestigten Religiosität. In den beiden Jahrzehnten nach 1815, als im Staat die Reaktion und in der Kirche die Orthodoxie zu neuer Vorherrschaft kam, hielt er das erneuerte religiöse

---

[1]) Vgl. vor allem *W. Dilthey,* Leben Schleiermachers Bd. 1 (1870); *F. Flückiger,* Philosophie und Theologie bei Schleiermacher (1947); *E. Hirsch,* Geschichte der neuern evangelischen Theologie (1949—54) Bd. 4 S. 490 ff., Bd. 5 S. 281 ff.

Bewußtsein in der zwar zurückgedrängten, aber doch fortwirkenden Reformbewegung lebendig. Gewiß verbanden sich in diesem Reformator des 19. Jahrhunderts mit den Vorzügen der pastoralen Eloquenz, der produktiven Gelehrsamkeit und der kirchenpolitischen Aktivität mancherlei menschliche Schwächen. Er war zu weich, zu empfindsam und auch zu gebildet, als daß er sich mit der Kraft eines zweiten Luther in der Härte der entbrennenden Kämpfe hätte behaupten können. Doch dankt der deutsche Protestantismus es vornehmlich Schleiermacher — trotz allem, was gegen diese Art von Theologie eingewandt werden kann —, daß er in dem Jahrhundert der Technik, der exakten Wissenschaft, der politischen und industriellen Machtakkumulation, der Vermassung und Verflachung, der Erfolgsucht und der Proletarisierung als eine geistige Macht wirksam geblieben ist.

Schleiermacher war ein Mann nicht nur der kirchlichen, sondern auch der staatlichen Reform. Er kam unter Stein ins preußische Innenministerium; dann war er in Humboldts Kultus-Departement tätig, wo er sich Verdienste um die Reform des Erziehungswesens erwarb[1]). Schon in Steins Amtszeit bemühte er sich auch um die Reform der protestantischen Kirchenverfassung und des protestantischen Staatskirchenrechts[2]). Die enge Verbundenheit von Kirche und Staat war ihm, dem Patriotismus und Religiosität eine fraglose Einheit bildeten, selbstverständlich. Aber die Kirche galt ihm nicht mehr als „Staatsanstalt"[3]), sondern als eine in sich selbst ruhende Gemeinschaft; die Religion war ihm kein bloß der Beförderung guter staatsbürgerlicher Gesinnungen dienendes Erziehungsmittel, sondern eine in der Freiheit menschlichen Daseins wachsende Kraft. Nur vermöge dieser inneren Selbständigkeit und Freiheit bedeuteten Kirche und Religion (so lehrte er) auch für den Staat eine schöpferische Hilfe. Eben dieser Geist war es, der die Männer der preußischen Staatsreform ergriff. Die Stein und Arndt, die Altenstein und Nicolovius verkörperten gewiß ein weniger differenziertes Christentum als der Prediger der Berliner Gesellschaft; ihr männlicher Glaube haftete am Bibelwort, und sie scheuten sich nicht, auch im täglichen Kampf um Freiheit und Recht die unmittelbare Hilfe Gottes zu erhoffen. Doch war es kein Zufall, daß der geächtete Stein auf seiner Flucht 1809 Trost und Zuversicht im Lesen Schleiermacherscher Predigten gewann.

Auch der preußische Hof wuchs unter der Regierung Friedrich Wilhelms III. immer stärker in den neugefügten Protestantismus hinein. Das reformierte preußische Herrscherhaus, das von der Mehrheit seiner — zumeist dem Luthertum zugewandten — Untertanen durch den konfessionellen Zwiespalt des Protestantismus getrennt war, sah nun die Zeit gekommen, die protestantischen Konfessionen des Landes durch eine *bekenntnismäßige Union* zu vereinen. Keine der Aufgaben, die ihm als Herrscher in der wechselvollen Epoche seiner Regierung gestellt waren, ergriff Friedrich Wilhelm III. mit soviel persönlicher

---

[1]) Siehe oben S. 275.
[2]) Siehe unten S. 460.
[3]) Dazu Schleiermachers „Reden über die Religion" (1799), in denen er sich dagegen wendet, daß der Staat die Kirche „als eine Anstalt, die er eingesetzt und erfunden hat", behandelt.

Teilnahme, wie diese glaubensmäßige Einigung des gespaltenen Protestantismus. Nicht die Staatsvernunft allein führte den König auf diesen Weg. Eine starke persönliche Religiosität eigener Art beseelte ihn; sie war weder dem philosophischen Rationalismus noch der konfessionellen Orthodoxie noch dem Pietismus verwandt; sie vereinte eine streng protestantische Ethik mit der selbstverständlichen Hingabe an das unmittelbar aufgenommene Wort des Herrn. So war das Verhältnis des Königs zu den religiösen Fragen seiner Zeit seltsam zwiespältig. Sein Unionsplan war fast revolutionär, da er nicht nur eine Verwaltungsunion der beiden Konfessionen, sondern eine Bekenntnisunion erstrebte. Seine Gläubigkeit aber war traditionell, nicht im Sinn eines bloßen Konventions-Christentums, wohl aber im Sinn einer hausbackenen Schlichtheit, die von den religiösen Fragestellungen dieser aufgewühlten Zeit unberührt blieb.

Von dieser höfisch-dynastischen Religiosität, aber auch von der Theologie Schleiermachers unterschied sich von Grund auf die in der akademischen Jugend, den Turnern und der Burschenschaft, wachsende christlich-teutonische Schwärmerei[1]). Daß Vaterlandssinn und Religion in lebendiger Entsprechung stünden, hatte auch *Schleiermacher* gelehrt; als Mann und Christ war er der Bedrückung entgegengetreten, und wie er die Waffen der zum Kampf ausziehenden Freiwilligen mit seinem Segen begleitete, so verbanden sich im Patriotismus der Befreiungsjahre die Glaubenskräfte mit den nationalpolitischen Energien. *Arndt* etwa verschmolz in seinen Liedern, seinen Flugschriften, besonders aber in seinem „Katechismus für den deutschen Kriegs- und Wehrmann" (1813) das Christlich-Religiöse mit den politisch-militanten Ideen der Zeit. Doch hielt auch er sich dabei in den Grenzen einer kirchlich legitimen Haltung. *Jahn* dagegen gab sich dem christlichen Teutonismus hin, in dem sich religiöses Schwärmertum und politische Demagogie gefährlich mischten. Er forderte eine „freigläubige einige deutsche Kirche", in der er das „reine Christentum" mit dem deutschen „Volkstum" zu einer „wahren Volksreligion", wie Luther sie vergeblich erstrebt habe, zu verbinden suchte. Der objektive Gehalt eines bekenntnishaft gebundenen Glaubens wich in dieser christlich-germanischen Schwärmerei dem Subjektivismus der inneren „Überzeugung"[2]). Daß auch ein Theologe wie *de Wette*, der Berliner Kollege Schleiermachers, der „Rechtfertigung allein durch die Überzeugung" das Wort redete (kaum anders läßt sich sein Brief zum Sand'schen Attentat theologisch umschreiben)[3]), zeigt, wie nahe die Gefahr lag, daß der Protestantismus in dieser Zeit weder Offenbarungsreligion noch Vernunftreligion noch Bildungsreligion blieb, sondern sich zur *Überzeugungsreligion* wandelte. „Überzeugung" war dieser Zeit nicht nur eine säkularisierte Form des Gewissens, sondern auch eine von den mythischen Kraft der Ersatz-Religion aufgehöhte Form der Meinung, die sich der freien Diskussion entzog, um sich, wie es allein dem Glauben zukommt, als ein Absolutes zu setzen. Es war freischwebende protestantische Religiosität, die sich in diesem Absolutum der Überzeugung kundtat.

3. Die protestantische Erweckungsbewegung

Vom Subjektivismus der Überzeugungsreligion wie vom Idealismus der Bildungsreligion war die protestantische Erweckungsbewegung des 19. Jahrhunderts durch die Bindung an das persönliche Glaubenserlebnis geschieden. Sie leitete sich vom älteren Pietismus her, der nun, von romantischen wie von

---

[1]) Siehe unten S. 706 ff.
[2]) Siehe unten S. 711 ff.
[3]) Siehe unten S. 730 f.

urtümlich-volkhaften Elementen belebt, eine Wiedergeburt erfuhr. In den lutherischen Gebieten des preußischen Ostens, in den reformierten Gemeinden des
bergischen Landes, in der bodenständigen Orthodoxie der schwäbischen Klein-
städte und Dörfer entstand dieser neue Pietismus, an dem altadlige und groß-
bürgerliche Kreise wie kleinbürgerliche und bäuerliche Gemeinden den gleichen Anteil nahmen. Vielgestaltig war das Verhältnis zur Welt, das sich aus
dieser Glaubenshaltung bildete. Drängte der Kreis der Erweckten im Ostdeut-
schen Pietismus zur unmittelbaren Neugestaltung des Staates, so ergab sich im
westdeutschen Pietismus vornehmlich die christliche Durchdringung des Be-
rufslebens, die „innerweltliche Askese"; in den kleinen Gemeinden Südwestdeutschlands aber entwickelte sich eine stillwirkende Frömmigkeit, die die Welt
zu wandeln strebte, indem sie sich allem, was über den engsten Bereich hinausging, verschloß. Esoterische Empfindsamkeit verband sich mit der Erwartung
einer neuen und unmittelbaren Offenbarung. So wie im erneuerten Katholizismus der Glaube an das Wunder wiedererwachte, so erwartete und erlebte der
pietistische Protestantismus die persönliche Erweckung als ein Wunder, das
sich am Einzelnen durch einen Eingriff der göttlichen Gnade vollzog. In Preußen erhob dieser neue Pietismus sich durch den Kreis der Brüder Gerlach zur
politischen Macht, die vor allem auf den Kronprinzen Einfluß gewann. Im Wup-
pertal festigte sich in ihm das Selbstbewußtsein des westdeutschen Bürgertums, das für seine innere Freiheit, auch gegenüber dem Staat, durch ein Leben
in der Verbundenheit mit Gott den tieferen Halt fand. In Württemberg steigerte die Erweckungsbewegung sich in *Johann Christoph Blumhardt* (1805–80)
zu einer Form der Frömmigkeit, in der die Kraft des Glaubens sich auch in
äußeren Zeichen kundtat, bis hin zur Heilung von Krankheiten durch Hand-
auflegen und geistlichen Zuspruch.

Eine dem konfessionellen Dogmatismus entrückte religiöse Grundstimmung
bildete sich im Kreis der Erweckten, die in der mystischen Vereinigung mit
Christus zu leben suchten. „Christus in uns" hieß das Grundwort der kleinen
Zirkel, die sich abseits der amtlich-förmlichen „Zwangskirche" in brüderlicher
Liebe verbanden. Dieses johanneische Christentum vereinte sich mit apo-
kalyptischen und chiliastischen Erwartungen. Die Simplizität der Erweckungs-
Predigt hob sich betont und bewußt von der differenzierten Geistigkeit der
Schleiermacher'schen Schriftauslegung ab. Das Erlebnis der Sündhaftigkeit, die
Bereitschaft zur Buße, die Erwartung des Heils, die Innerlichkeit und Ver-
klärung gaben den pietistischen Gemeinschaften eine innere Kraft, wie sie
dem offiziellen Gottesdienst fremd war. Obwohl von der Kirche mit Mißtrau-
en beobachtet und an manchen Orten durch Verachtung oder Verfolgung bedroht, erlangte in Preußen die Erweckungsbewegung durch die Teilnahme hö-
fischer, aristokratischer und bürokratischer Kreise doch eine bedeutende Rolle
im öffentlichen Leben der Nation. Die einflußreiche Stellung, die *Moritz August v. Bethman-Hollweg* (1795–1877), einer der Erweckten, in Preußen errang[1]), kennzeichnet diese langsam gefestigte Machtposition des Kreises, zu

---

[1]) Vgl. *F. Fischer*, Moritz August v. Bethman-Hollweg und der Protestantismus (1938).

dem außer den Gerlachs auch Thadden-Trieglaff, Kleist-Retzow und der junge Bismarck gehörten. Durch Herkunft und Gesinnung der konservativen Staats-idee verbunden, unterschied dieser Kreis sich von der vulgären Form des obrigkeitlich-administrativen Staatsdenkens, nicht anders als der Pietismus sich in der Kirche von der alten Orthodoxie abhob.

4. Die kirchlichen Parteien

Der neue Pietismus war eine Bewegung, aber keine kirchliche Partei. Dagegen entwickelten sich in der protestantischen Kirche, gleichgerichtet wie im Staat, in dieser Zeit die beiden *kirchlichen Parteien* des Positivismus und des Liberalismus, die für ein Jahrhundert die Träger der innerkirchlichen Richtungs-kämpfe blieben. Ohne daß die politischen Parteien der frühkonstitutionellen Epoche, Konservative und Liberale, sich mit den kirchlichen Richtungen der traditionellen Orthodoxie und des freigeistigen Fortschritts vollkommen ge-deckt hätten, standen der politische und der kirchliche Konservativismus, der politische und der kirchliche Liberalismus doch in einem nahen Zusammenhang [1]). Keineswegs aber waren die kirchlichen Parteien nur eine Widerspiegelung der politischen Parteiung im religiösen Bereich. Sie waren aus autonomen reli-giösen Antrieben erwachsen; in gewissem Sinn wirkte gerade die kirchliche Parteibildung anregend, auslösend und bestimmend auf die politische ein. Wie in der großen Bewegung des Liberalismus das Streben nach Freiheit des religiösen Gewissens, des Bekenntnisses und des Kultus am Anfang stand, so bildete sich der Konservativismus im Kampf der Strenggläubigen gegen Ratio-nalismus, Deismus, Indifferentismus und Freigeisterei. Die ersten Wortführer des katholischen wie des protestantischen Konservativismus, de Maistre und Bonald in Frankreich, Adam Müller und Friedrich Schlegel in Wien, Haller in der Schweiz, die Gerlachs und ihre Freunde in Preußen, kamen vom reli-giösen Widerstand gegen den modernen Zeitgeist aus auch zur politischen Reaktion. Umgekehrt wirkten die politischen Parteien kraft ihrer ideellen und willensmäßigen Selbständigkeit dann rückstrahlend auch auf die kirch-lichen Parteien ein. Eben diese lebendige Wechselwirkung zwischen den poli-tischen und den kirchlichen Gruppen zeigt, in welchem Maß Staat und Kirche auch in dieser Epoche ihrer beginnenden Trennung noch eine Einheit bildeten, nicht nur in äußeren Interessen, sondern von innen und von der Sache her.

5. Der Gegensatz der Konfessionen

Der Gegensatz von Positivismus und Liberalismus innerhalb des Prote-stantismus war in den Jahrzehnten nach 1815 zunächst in gewissem Sinn stärker als der überkommene protestantische Affekt gegen die katholische Kirche. In der Zeit des Rationalismus waren Protestantismus und Katholizis-

---

[1]) Darüber die berühmten Vorlesungen von *Fr. J. Stahl*, Die gegenwärtigen Parteien in Staat und Kirche (zuerst gehalten 1850/51; im Druck erschienen 1863).

mus einander näher gekommen als je zuvor. Die Unterschiede des Bekenntnisses und des Kultus waren in einer Epoche, in der beide Seiten sich um die Grundvorstellungen bemühten, die allen Religionen gemeinsam sind, weniger wichtig geworden. In der christlichen Ethik, die nun der wesentliche Inhalt der Glaubenslehre war, gab es kaum einen Unterschied zwischen den Konfessionen. *Toleranz und Parität* wurden den Konfessionen nicht nur von außen durch staatliches Zwangsgebot auferlegt; beides kam aus einer ihnen selbst innewohnenden Bereitschaft, zwar nicht zur Vereinigung, wohl aber zur versöhnlichen Koexistenz.

Diese Bereitschaft zu friedfertigem Nebeneinander dauerte anfänglich auch im 19. Jahrhundert an. Mehr und mehr wich dann allerdings diese Versöhnlichkeit dem neuen *Streit der beiden großen Konfessionen*. Zwei Hauptursachen wirkten dabei zusammen. Einmal hatten die territorialen Umgestaltungen zu Beginn des 19. Jahrhunderts alle größeren deutschen Staaten (allenfalls Österreich ausgenommen) zu *konfessionell gemischten Staaten* gemacht, d. h. zu Staaten, in denen die konfessionelle Minderheit nicht bedeutungslos, sondern nach Zahl und Geltung ein gleichwertiger Staatsteil war. Zum anderen erhoben sich die Staatsangehörigen im 19. Jahrhundert aus der bloßen Untertanschaft zum staatsbürgerlichen Status; sie wurden eine Kraft, die den Staat zwar bedrängte, auf deren politische Aktivität der Staat aber zugleich existentiell angewiesen war. Konfessionelle Spannungen, Gegensätze und Konflikte innerhalb der Bevölkerung waren daher nun kein bloßes Objekt der staatlichen Religionspolitik mehr; sie bedeuteten eine Spaltung innerhalb eines zur aktiven Mitgestaltung aufsteigenden Subjekts der Staatsgewalt. Der Streit der Konfessionen wurde damit in einem neuen Sinn ein eminent staats- und verfassungspolitisches Problem.

Für diesen konfessionellen Streit aber wuchsen die Anlässe, seit mit der inneren Erneuerung des Katholizismus und des Protestantismus die dogmatischen Unterschiede wieder ins Bewußtsein traten. Mit den territorialen Umgestaltungen und den verstärkten Binnenwanderungen setzte eine fortschreitende Vermischung der bisher landschaftlich geschiedenen Konfessionsgruppen ein; das ergab vermehrte Berührungs-, aber auch vermehrte Reibungspunkte. Aufsehenerregende Konversionen erweckten bei den Protestanten die Besorgnis vor planmäßiger Rekatholisierung; die zahlreichen konfessionellen Mischehen, zu denen es nun kam, empfand der Katholizismus als eine Gefährdung seiner Position; in dem Versuch, die katholische Kindererziehung in den Mischehen zu sichern, sah wiederum der Protestantismus eine Bedrohung des konfessionellen Friedens. Den bürgerlich-liberalen Bildungsschichten galt der verstärkte Konfessionalismus beider Kirchen als ein Angriff auf die Freiheit des Geistes, auf die Voraussetzungslosigkeit der Wissenschaft und schließlich ganz allgemein auf die Kultur. Das Wort „Kulturkampf" fiel noch nicht; aber es bereitete sich doch die Kulturkampfstimmung vor, eben in dem Sinn, daß es gelte, die kulturelle Freiheit gegen den Rückfall in einen überwunden geglaubten Dogmatismus, Konfessionalismus und Klerikalismus zu sichern. Die Autonomie der Kirchen gegenüber dem Staat war das Anliegen beider

Konfessionen, in einem Staat mit vorherrschendem Protestantismus wie dem preußischen aber doch in erster Linie das der katholischen Kirche, während die protestantischen Landeskirchen sich kraft des landesherrlichen Kirchenregiments in der besonderen Obhut des Königs wußten. Die dogmatische Strenge des Katholizismus, seine Mysterien und Sakramente, die Verehrung der Heiligen, die Wallfahrten und Prozessionen, die auf Zwangsmittel gegründete Disziplin, die Hierarchie des Klerus und der Primat des Papstes waren dem profanen Liberalismus und dem bekenntnisgebundenen Protestantismus in gleichem Maß anstößig. Einzelne Vorgänge, wie die Visionen der Katharina Emmerich, die Gebetsheilungen des Prinzen Alexander Hohenlohe, schließlich die Ausstellung des Heiligen Rockes in Trier (1844) riefen eine Abwehrbewegung gegen das Katholische schlechthin hervor. In der Ablehnung dessen, was man als „Klerikalismus" und „Ultramontanismus" bezeichnete, waren der nationale Patriotismus und der bürgerliche Liberalismus, die sich vornehmlich im protestantischen Lager entwickelten, einig. In wachsender Feindseligkeit wandte der Protestantismus sich gegen die katholischen Institutionen, deren Macht man durch Aufklärung, Revolution und allgemeinen Fortschritt gebrochen geglaubt hatte und die man nun in so überraschendem Aufstieg, wenn nicht in militantem Angriff sah. So war die Eintracht der Konfessionen, die weithin ein Kennzeichen des 18. Jahrhunderts gewesen war, im 19. Jahrhundert durch den neu aufbrechenden konfessionellen Gegensatz in bestürzender Weise gefährdet.

II. Die Anfänge der altpreußischen Union

1. Die Unionsfrage und der Staat

Umso mehr schien die Zeit gekommen, den Zwiespalt innerhalb des Protestantismus zwischen dem Luthertum und den Reformierten durch eine *Bekenntnis-Union* zu überwinden. Wenn im 18. Jahrhundert die dogmatischen Differenzen zwischen Katholizismus und Protestantismus weithin zurückgetreten waren, so galt dies umso mehr für die innerprotestantischen Bekenntnisgegensätze. Gewiß war das Luthertum in manchen dogmatischen Fragen, so etwa in der Abendmahlslehre, vom reformierten Bekenntnis stärker als vom katholischen getrennt. Auch der Kultus war in manchen lutherischen Landeskirchen dem katholischen näher verwandt als dem nüchternen reformierten Gottesdienst. Aber die Zeit der heftigen konfessionellen Streitigkeiten, der feindseligen Verfolgungen zwischen den beiden Kirchen der Reformation war nun endgültig vorbei. Vor allem in Preußen, wo die reformierte Dynastie über einer vorwiegend lutherischen Bevölkerung stand, war für die Fortsetzung des alten innerprotestantischen Bekenntniskampfs kein Raum. Die geistige Wiedergeburt des Protestantismus im frühen 19. Jahrhundert machte auch die gemeinsame Verwurzelung der beiden Konfessionen in der Reformation neu bewußt. Die Gedächtnisjahre 1817 (Luthers Thesenanschlag) und 1830 (Confessio Augustana) feierten beide Konfessionen gleichermaßen. So lag es in der Zeit der großen Reformen nicht nur dem preußischen Staat, sondern auch den beiden Bekenntnissen selbst nahe, den Weg zur interkonfessionellen Union zu suchen.

Dazu bedurfte es der tätigen Hilfe des Staates, dem die beiden protestantischen Konfessionen als Landeskirchen zugeordnet waren. Das Nebeneinander von landesherrlichem Kirchenregiment und staatlicher Kirchenhoheit gab dem preußischen König eine doppelte Legitimation, sich der Unionsfrage anzunehmen. Diese war eine Frage sowohl der Kirchenverfassung als auch des Staatskirchenrechts. Noch galt die Kirche, galten in Preußen vor allem die Landeskirchen der beiden protestantischen Konfessionen als Elemente auch der staatlichen Grundordnung, also der materiellen Verfassung, in der der Staat in dieser vorkonstitutionellen Epoche lebte. Das Unionsproblem war damit auch und gerade ein staatliches Verfassungsproblem von außerordentlichem Rang.

In Brandenburg-Preußen war, seit Kurfürst Johann Sigismund 1613 zum reformierten Bekenntnis übergetreten war, die Verständigung zwischen den beiden protestantischen Konfessionen ein kirchenpolitisches Hauptanliegen der Dynastie. Die preußischen Herrscher setzten sich für protestantische Duldsamkeit ein; sie suchten in jeder der Konfessionen Aktionen zu verhindern, die der anderen anstößig erscheinen konnten. So ließ Brandenburg-Preußen etwa die reformierte Prädestinationslehre nicht zu. Friedrich Wilhelm I., der sich in seiner Jugend mit dogmatischen Zweifeln gequält hatte, hielt später in seiner festen biblischen Frömmigkeit alle innerprotestantischen Differenzen für „Theologengezänk". Dem Rationalismus Friedrichs des Großen galten diese Gegensätze erst recht als nichtig; der König wirkte darauf hin, daß beide Konfessionen sich die Sakramentsgemeinschaft gewährten. Das Allgemeine Landrecht bestimmte, daß jede der beiden Kirchen verpflichtet sei, die Mitglieder der anderen im Notfall zu den Sakramenten zuzulassen. Friedrich Wilhelm III. ließ sich schon als Kronprinz von seinem Erzieher, dem Hofprediger (und späteren Bischof) Sack, der selbst wiederholt in Denkschriften für die Annäherung der protestantischen Kirchen eingetreten war [1]) und der dann die Hauptschrift über ihre Vereinigung verfaßte [2]), für die Union gewinnen. Der König sah in dem Abendmahlsstreit „eine unfruchtbare theologische Spitzfindigkeit", die den „schlichten Bibelglauben des ursprünglichen Christentums" zu verwirren drohe [3]). So bescheiden der König von seinen eigenen Gaben dachte, so fest glaubte er doch im religiösen Bereich an seinen besonderen Beruf, die Union der beiden Bekenntnisse zu bewirken, nicht durch äußeren Zwang allerdings, sondern unter freier Zustimmung der Gemeinden.

2. Die Staatsreform und die Kirchenverfassung

Wie für die staatlichen Reformen, so schien auch für diese große Kirchenreform mit dem Zusammenbruch von 1806/07 die rechte Stunde gekommen.

---

[1]) Vgl. Friedrich Samuel Gottfried *Sacks* Promemoria vom 13. Juli 1798: „Die beiden protestantischen Kirchen in den preußischen Ländern sind durch die weise Toleranz der Landesherren Gott Lob! schon dergestalt verschwistert und vereiniget, daß die Verschiedenheit der beiderseitigen kirchlichen Systeme ihr ehemaliges Gewicht verloren hat und keine wesentliche Trennung unter ihnen mehr veranlaßt." (vgl. *E. Förster*, Die Entstehung der preußischen Landeskirche Bd. 1 S. 107).

[2]) *Sack*, Über Vereinigung der beiden protestantischen Kirchenparteien in der preußischen Monarchie (1812).

[3]) *Treitschke*, Deutsche Geschichte Bd. 2 S. 238.

Stein nahm sich der Kirchenfrage mit wachem Interesse an. Auch ihm erschien die staatliche Förderung der Religion nicht bloß als ein Gebot der Staatsräson im Sinn des alten Wohlfahrts- und Polizeistaats; vielmehr galt die Religion ihm als eine dem erneuerten Staat wesensnotwendige geistige Macht [1]). Daß „der religiöse Sinn des Volkes neu belebt" werden müsse, damit die Liebe zu Vaterland und Königtum gedeihe, legte er der Regierung in seinem „politischen Testament" von 1808 besonders ans Herz [2]). *Schleiermacher* [3]), der sich schon seit 1802 mit theologischen Argumenten für die Union eingesetzt hatte [4]), erhielt nach seiner Berufung ins Ministerium den Auftrag, eine neue Kirchenverfassung zu entwerfen [5]). Wie im Staat die ständische Repräsentation zu den wesentlichen Neuerungen gehören sollte, so war nach Steins Plänen in der Kirche die alte hierarchische Konsistorialverfassung des Luthertums durch synodale Elemente zu ergänzen.

Steins Publikandum über die veränderte Verfassung der obersten Staatsbehörden vom 16. Dezember 1808 (GS 1806—10 S. 361), das als neue staatliche Zentralbehörde für kirchliche Angelegenheiten die *Sektion für Kultus* schuf, sagte über deren Zuständigkeit folgendes:

„Sie erhält alle Rechte der obersten Aufsicht und Fürsorge des Staates in Beziehung auf Religionsübung *(jus circa sacra)*, wie diese Rechte das ALR Teil 2 Tit. 11 § 113 ff. bestimmt hat, ohne Unterschied der Glaubensverwandten. Nach Maßgabe der den verschiedenen Religionsparteien zugestandenen Verfassung hat sie auch die Konsistorialrechte *(jus sacrorum)* namentlich in Absicht der Protestanten nach § 143 aaO des ALR."

Diesem Grundsatz gemäß hob die Verordnung vom 26. Dezember 1808 (GS S. 464) das Oberkonsistorium und die lutherischen Konsistorien in den Provinzen, das reformierte Kirchendirektorium wie auch das Consistoire supérieur der Französisch-Reformierten auf [6]). Staatliche Mittelinstanzen für Kirchenangelegenheiten wurden die bei den Regierungspräsidenten eingerichteten *Geistlichen und Schul-Deputationen.* Ihnen stand nach der Instruktion vom 26. Dezember 1808 (GS S. 481) „die Ausübung des landesherrlichen juris circa sacra in seinem weitläufigsten Umfange" zu; ausdrücklich war hinzugesetzt, daß zum Amtskreis der Deputation auch die Sorge dafür gehöre,

„daß der öffentliche Schul- und geistliche Unterricht und *Kultus* sowohl seinem *Innern* als *Äußern* nach verbessert und zweckmäßiger eingerichtet werde, um Religiosität

---

[1]) *Schnabel,* Deutsche Geschichte Bd. 4 S. 322.
[2]) *Stein,* Briefwechsel Bd. 2 S. 585.
[3]) *Schleiermacher* kam vom reformierten Bekenntnis her; sein Vater war reformierter Feldprediger in Schlesien, „die ganze Familie mit ... der Aristokratie der reformierten Prediger eng befreundet" *(Dilthey,* Ges.Schr. Bd. IV S. 354).
[4]) *Schleiermacher,* Zwei unvorgreifliche Gutachten in Sachen des protestantischen Kirchenwesens, zunächst in Beziehung auf den preußischen Staat (geschrieben 1802/03; veröffentlicht 1804).
[5]) *Schleiermacher,* Entwurf einer neuen Kirchenordnung der preußischen Monarchie (September 1808), veröffentlicht in Doves Zeitschr. f. Kirchenrecht Bd. 1 S. 326 ff.
[6]) Das Oberkonsistorium, das Kirchendirektorium und das Consistoire supérieur kämpften zwar noch eine Weile um ihren Fortbestand, lösten sich dann aber 1809 unter der Regierung Dohna-Altenstein auf (vgl. *Förster,* aaO Bd. 1 S. 140 f.).

und Moralität, Duldungsgeist und Annäherung zwischen den verschiedenen Glaubensverwandten, Bürgersinn und Teilnahme für die öffentliche Sache, Anhänglichkeit an
Vaterland, Verfassung und Landesherrn, Achtung und Ausübung der Gesetze zu
befördern".

Auffällig ist, daß Steins Publicandum zusammen mit dem jus circa sacra
auch das jus in sacra (= jus sacrorum) in die Hand der Sektion für Kultus,
also einer reinen Staatsbehörde, legte. Ebenso betraute die Instruktion vom
26. Dezember 1808 die Geistlichen und Schul-Deputationen, indem sie vom
„jus circa sacra in seinem weitläufigsten Umfange" sprach, nicht nur mit
Kirchenaufsichts-, sondern auch mit Kirchenleitungsbefugnissen, wie aus der
angeführten Erläuterung hervorgeht, die ausdrücklich von der Verbesserung
und zweckmäßigeren Einrichtung des Kultus *in seinem Innern* als einer Aufgabe der staatlichen Deputation spricht. Einen Wesens- und Zuständigkeits-
unterschied zwischen den aus der staatlichen Kirchenhoheit und den aus dem
landesherrlichen Kirchenregiment hervorgehenden Befugnissen machten die
Reformverordnungen von 1808 also nicht. Das war ein unverkennbarer
Rückschritt [1]) gegenüber einer Trennung, die sich schon im Bewußtsein des
18. Jahrhunderts mehr und mehr durchgesetzt hatte [2]). Wäre diese Vereinigung
von Kirchenregiment und Kirchenhoheit in der Hand staatlicher Behörden
das letzte Wort der Stein'schen Reform gewesen, so hätte diese sich in der
Tat zu einem Staatskirchentum reinsten Stils bekannt [3]).
In Wahrheit hatte die Zuständigkeits-Vereinigung von 1808 nur den Charakter eines organisatorischen Provisoriums, das nicht bloß den überlieferten
Instanzen-Pluralismus im Kirchenwesen überwinden, sondern vor allem die
Union der evangelischen Landeskirchen vorbereiten und die Entwicklung einer
neuen evangelischen Kirchenverfassung unter staatlichem Beistand möglich
machen sollte. *Kirchenvereinigung und Kirchenverfassung setzten den aktiven
Einsatz des Staates voraus; dieser war nur möglich, wenn Kirchenregiment
und Kirchenhoheit vorübergehend in der Hand staatlicher Zentral- und Regio-
nalbehörden zusammengefaßt wurden.* Unter diesem Aspekt waren die
organisatorischen Maßnahmen von 1808 alles andere als ein Rückfall in das
Staatskirchentum. Sie waren vielmehr eine Inanspruchnahme des *jus reformandi* für die Staatsgewalt, die sich auf ihre alte Pflicht besann, bei zwingender Notwendigkeit zur Verbesserung des Kirchenwesens mit ihren Kräften
Beistand zu leisten. Daß man dabei nicht an eine dauernde Verschmelzung

---

[1]) Kritisch dazu auch das (aufgehobene) Oberkonsistorium in der Eingabe an den
König vom 13. April 1809: „Sollte Ew. Kgl. Majestät... mit dem bisherigen Ober-
konsistorio dieselbe Ansicht zu nehmen und die *oberbischöfliche Regierung der Kirche*
als eine von der *oberherrlichen Regierung des Staates* durchaus verschiedene Funktion
der protestantischen Fürsten zu betrachten geruhen, so dürfte die dringende Bitte der
Kirche..., die oberste Leitung der kirchlichen Landes- und Provinzialangelegenheiten
durch ein selbständiges Oberkonsistorium und selbständige Provinzialkonsistorien verwalten zu lassen, in Ew. Kgl. Majestät Augen ebenso gerecht als erfüllbar erscheinen"
(Förster, aaO S. 144).   [2]) Siehe oben S. 394.
[3]) So allerdings *Förster*, aaO S. 169: „Die dem Wesen des Protestantismus treuste
Form des religiösen Gemeinschaftslebens ist das Staatskirchentum, wie es Stein mit
sichrer Hand wieder aufrichtete."

von Kirchenregiment und Kirchenhoheit denken konnte, ergab sich daraus, daß die Kirchenreformpläne des Staates notwendig zu einer Stärkung der innerkirchlichen Selbständigkeit und damit zu einer Emanzipation der Kirche vom Staat führen mußten.

Die staatlichen Bemühungen um die Reform der evangelischen Kirchenverfassung hatten das Ziel, Elemente der *Synodalverfassung* und der *Episkopalverfassung* in einer sachgerechten Weise zu verbinden. Schon Schleiermachers Verfassungsdenkschrift von 1808 trat für eine Kombination von Synodal- und Episkopalverfassung ein. Die inneren Kirchenangelegenheiten sollten in die Eigenverwaltung der Kirche übergehen; diese sollte einen solchen Grad von Unabhängigkeit erhalten, daß sie „ein sich selbst regierendes lebendiges Ganze" darstellen würde. Träger der kirchlichen Verwaltung sollten in den Gemeinden die gewählten Presbyterien, in den Kreisen die aus den Geistlichen zusammengesetzten Synoden sein. An die Spitze der Provinzialkirchen sollten kollegial verfaßte Kapitel mit einem Bischof als Leiter treten. In besonderen Fällen sollte der König eine allgemeine Synode aus Vertretern aller Provinzialkirchen einberufen können. Mit Plänen dieser und ähnlicher Art war die Sektion für Kultus seitdem beschäftigt. Ihr Leiter *Nicolovius* regte dabei an, auf eine förmliche Episkopalverfassung zu verzichten und Generalsuperintendenten statt der Bischöfe zu bestellen. 1812 reichte die Geistliche und Schul-Deputation von Breslau den Entwurf einer Synodalverfassung ein, der von dem Konsistorialrat *Gaß* stammte. Zu ihm nahm *Schleiermacher* im Auftrag der Sektion für Kultus Stellung, indem er selbst mit dem Entwurf einer „Synodalordnung für die protestantische Geistlichkeit in sämtlichen Provinzen" vom 2. Januar 1813 hervortrat[1]). Auch nach diesem Entwurf sollten die Synoden nur aus Geistlichen bestehen, und zwar aus sämtlichen protestantischen Geistlichen eines Bezirks ohne Unterschied der lutherischen und der reformierten Konfession.

In die gleiche Richtung wies die im Einverständnis mit 22 kurmärkischen Superintendenten verfaßte Denkschrift der Superintendenten *Küster, Neumann* und *Triebel*[2]) und ebenso das Gutachten der vom König beauftragten *Geistlichen Kommission*[3]). Das Gutachten bekannte sich zu dem Grundsatz, daß die Kirche als „moralisch-religiöse Anstalt" sich hinsichtlich ihrer inneren Angelegenheiten selbst zu regieren habe. Für die Kirchenverfassung schlug es die Einsetzung von *Presbyterien* in den Gemeinden, von nur aus Geistlichen bestehenden *Kreis*- und *Provinzialsynoden* als beratenden Organen, sowie von *Provinzialkonsistorien* und eines *Oberkonsistoriums* als selbständig leitenden Behörden vor. In den von einem Generalsuperintendenten geleiteten Provinzialkonsistorien sollten die geistlichen Räte vorherrschen; doch sollten die Konsistorien zugleich Kirchen- und Staatsgewalt ausüben und insbesondere auch für die staatlichen Unterrichtsangelegenheiten zuständig sein. Auch das Oberkonsistorium sollte als eine gemischt kirchlich-staatliche Behörde gebildet werden. Es war begreiflich, daß sowohl der Minister *Schuckmann* als auch *Nicolovius* sich mit Schärfe gegen den Klerikalismus dieser Vorschläge wandten. Die vorgeschlagene Synodalverfassung überantwortete die innerkirchlichen Angelegenheiten ausschließlich den Geistlichen und schaltete das Laienelement gänzlich aus. Die vorgeschlagene Konsistorialverfassung aber gab außer den kirchenregimentlichen auch die kirchenhoheitlichen Befugnisse und sogar rein staatliche Angelegenheiten, wie das Unterrichtswesen, in die Hand geistlicher Behörden. Die Staatsbehörden richteten ihre Kritik vornehmlich dagegen, daß nach dem Vorschlag der Kommission „die seit der Reformation von den preußischen Regenten über die protestantische Kirche ... ausgeübten *Majestätsrechte* nun getrennt und unabhängig von aller Staatsgewalt lediglich an die *Geist-*

---

[1]) Text: *Förster*, a.a.O. Bd. 1 S. 306 ff.

[2]) *Küster-Neumann-Triebel*, Grundlinien einer künftigen Verfassung der protestantischen Kirche im preußischen Staate (1815).

[3]) Gutachten der Geistlichen Kommission (bestehend aus Sack, Ribbeck, Hanstein, Hecker, Offelsmeyer, Eylert) betreffend die Verbesserung der Kirchenverfassung vom 4. Juni 1815 (Text: *Förster*, a.a.O. S. 319 ff.).

lichkeit ... übergehen" würden. Schuckmanns Polemik gipfelte in dem Satz: „Die Zeit der Hierarchie ist vorüber ... Will die Kirche im Äußeren regieren, so gräbt sie ihr Grab"[1]).

3. Die Einsetzung der Provinzialkonsistorien und die Anfänge der Synodalverfassung

Schon vor dem Abschluß des Gutachtens der Geistlichen Kommission hatte die preußische Regierung mit vorbereitenden kirchenverfassungsrechtlichen Maßnahmen begonnen. Die Verordnung wegen verbesserter Einrichtung der Provinzialbehörden vom 30. April 1815 (GS 85) [1a]) setzte *Provinzial-Konsistorien* ein und hob zugleich die bei den Regierungen bestehenden Geistlichen und Schul-Deputationen auf. Doch stellte die Verordnung damit nicht etwa die alten, bis 1808 in Tätigkeit gewesenen Konsistorien wieder her; noch weniger richtete sie die im Gutachten der Geistlichen Kommission vorgeschlagene Konsistorialverfassung ein. Die Provinzialkonsistorien von 1815 waren reine Staatsbehörden, nicht anders als die Geistlichen und Schul-Deputationen; die Verordnung hob im Grund nur die bisher bei den Regierungen bestehende Behördenorganisation auf die Stufe der neugeschaffenen Provinzialverwaltung. Die Leitung der Provinzialkonsistorien übernahm der Oberpräsident. Als Mitglieder der Konsistorien fungierten katholische und evangelische Räte. Die Zuständigkeit der Konsistorien erstreckte sich auf die Angelegenheiten aller Konfessionen. In katholischen Kirchenangelegenheiten erhielten die Konsistorien die landesherrlichen *Rechte circa sacra*; in evangelischen Kirchenangelegenheiten stattete die Verordnung sie mit den *landesherrlichen Konsistorialrechten* aus, was bedeutete, daß sie sowohl die kirchenregimentlichen Befugnisse des Königs (jura in sacra) als auch die kirchenhoheitlichen Befugnisse des Staates (jura circa sacra) ausübten. Sie waren *Staatsbehörden*, die gleichzeitig Staatsgewalt und Kirchengewalt inne hatten. Nach dem Vorschlag der Geistlichen Kommission dagegen wären die Konsistorien *geistliche Behörden* geworden, die gleichzeitig Kirchengewalt und Staatsgewalt inne gehabt hätten.

Nur teilweise dem Gutachten der Geistlichen Kommission, vornehmlich aber dem Bericht des Staatsministeriums vom 16. Januar 1816 folgend, ordnete der König durch die Kabinettsordre vom 27. Mai 1816[2]) die Einsetzung von *Presbyterien* in den Kirchengemeinden, sowie von *Kreis-* und *Provinzialsynoden* an. Die Synoden beider Stufen bestanden nur aus Geistlichen; das Laienelement blieb also ausgeschaltet. Die Vereinigung der Geistlichen beider Bekenntnisse in *einer* evangelischen Synode hieß der König gut; auf einen Vereinigungszwang aber verzichtete er. Die Synoden erhielten die Zuständigkeit zur Förderung der Ausbildung der Geistlichen und zur Handhabung der

---

[1]) So der vom Innenminister *Schuckmann* verfaßte Bericht des Staatsministeriums vom 16. Januar 1816 über das Gutachten der Geistlichen Kommission (Text: *Förster*, a.a.O. S. 403 ff.).
[1a]) Auszug: Staat und Kirche Bd. I Nr. 55.
[2]) Text: *Förster*, a.a.O. S. 423 ff. Auszug: Staat und Kirche Bd. I Nr. 258.

Kirchenzucht über Geistliche durch Ermahnung, Zurechtweisung und notfalls Anzeige an die geistliche Behörde (d. h. das Konsistorium). Im übrigen waren sie auf die *Beratung* der inneren Angelegenheiten der Kirche beschränkt; eine beschließende Funktion stand ihnen also nicht zu. Das Recht zur Wahl der Superintendenten und der Mitglieder der Konsistorien verweigerte die Kabinettsordre den Synoden ausdrücklich. Sie behielt die Ernennung der Superintendenten, denen der Vorsitz in den Kreissynoden, und der Generalsuperintendenten, denen der Vorsitz in den Provinzialsynoden zustand, erst recht natürlich die Ernennung der Mitglieder der Konsistorien dem König vor. Die Einsetzung eines Oberkonsistoriums lehnte der König ab; die oberste Leitung der geistlichen Angelegenheiten verblieb der Sektion für Kultus (seit 1817 dem Kultusministerium).

Die Kreis- und Provinzialsynoden waren in diesen Anfängen der Synodalverfassung noch keine echten kirchlichen Körperschaften, sondern kaum mehr als evangelische (konfessionelle oder interkonfessionelle) *Pastoralkonferenzen*. Aber ihr beratendes und empfehlendes Wort war doch ein bedeutender Schritt auf dem Weg zur Bildung einer einheitlichen evangelischen Kirche Preußens. Allerdings sah der König vom Abschluß der Synodalverfassung durch eine gesamtpreußische Generalsynode ab. Genau betrachtet gab es damals noch keine einheitliche lutherische oder reformierte Landeskirche für ganz Preußen, sondern eine Mehrzahl teils lutherischer, teils reformierter *Provinzialkirchen*, die nicht einmal jeweils unter sich durch ein föderatives Band zusammengehalten waren. Während für den König die Union in erster Linie ein religiöses Anliegen war, war sie für die hohe staatliche Bürokratie, soweit sie unitarisch gesinnt war, auch ein Mittel, um die Einheit des Staates zu festigen. Die Bürokratie strebte daher nicht nur die Bekenntnisunion, sondern auch den Zusammenschluß der Provinzialkirchen in einer einheitlichen *evangelischen Landeskirche Preußens* an.

III. Der Kampf um die Union

1. Die Vereinigung der Bekenntnisse und das jus episcopale des Landesherrn

Vom Standpunkt des Kirchenrechts aus stand der Vereinigung bekenntnisgleicher Provinzialkirchen zu einer lutherischen oder reformierten Landeskirche Preußens durch königlichen Akt kein Hindernis entgegen. Es bedurfte dazu, anders als bei der neuen Diözesaneinteilung der katholischen Kirche, keiner Verhandlung des Staates mit einer ihm selbständig gegenüberstehenden Kirchengewalt. Die Zusammenfassung der Provinzialkirchen zu bekenntnisgebundenen Landeskirchen war ein reiner Akt der kirchlichen und der staatlichen Organisationsgewalt, die in der Hand des Königs verbunden waren.

Die Vereinigung der bekenntnisverschiedenen protestantischen Kirchen zu *einer* evangelischen Landeskirche Preußens dagegen fiel nicht mit gleicher Selbstverständlichkeit in die königliche Zuständigkeit. Denn sie enthielt — wie gering oder hoch auch immer man den Grad des Bekenntnisunterschieds zwischen Lutherischen und Reformierten veranschlagen mochte — eine Entscheidung über den Bekenntnisstand der bisher bekenntnisverschiedenen evangelischen Kirchen. Nun stand gewiß dem König als dem summus episcopus der Kirchen beider Konfessionen auch das *jus in sacra* zu; er besaß damit eine innerkirchliche Kompetenz nicht nur in Fragen des Organisations-, Amts- und Disziplinarrechts, sondern auch in Fragen des Kultus und der Konfession. Aber das *jus in sacra* des Landesherrn war beschränkt auf die Wahrung des Kultus und der Konfession gegen Irrtum und Verderbnis, gegen Verfälschung und Abfall. Es umfaßte dagegen kein *jus reformandi* im Sinn eines Rechts zur freien Änderung des Bekenntnisstands. Dieser Grenze seiner summepiskopalen Gewalt war Friedrich Wilhelm III. sich durchaus bewußt. Sein Ziel war eine Bekenntnisvereinigung ohne Ausübung eines Bekenntniszwangs.

Gewiß beanspruchte der preußische König eine oberstbischöfliche Gewalt, ein *jus episcopale,* nicht nur im Sinn eines dekorativen Rechtstitels, sondern im Sinn einer substantiellen Kompetenz, die er, falls es not tat, auch in geistlichen Fragen anzuwenden entschlossen war. Aber er war als evangelischer Christ zugleich ein Gegner des Gewissenszwangs. Da es ihm offenbar nicht nur auf eine organisatorische Einigung unter Aufrechterhaltung der Bekenntnis- und Kultusverschiedenheiten, sondern auf eine volle Union ankam, bemühte er sich um die *freie Zustimmung* der Gemeinden zu dem geplanten Zusammenschluß. Sein jus episcopale wollte er nur anwenden, um den Kirchen den Weg zur bekenntnismäßigen Vereinigung zu öffnen; den eigentlichen Vollzug der Union aber erwartete er von dem freien Entschluß der Gemeinden. Die Zwangs-Union wäre, so meinte er, nicht nur kirchenrechtlichen, sondern vor allem auch gewissensmäßigen Bedenken ausgesetzt gewesen. Es ist daher ganz ungerechtfertigt, dem König vorzuwerfen, er habe sich bei seinen Unionsplänen für die staatliche Zwangskirche und gegen die Volkskirche entschieden. Im Gegenteil: Während bei der Reformation des 16. Jahrhunderts durchweg die weltlichen Obrigkeiten, nicht etwa die kirchlichen Gemeinden, die es im Rechtssinn damals noch garnicht gab, die Entscheidung über den Bekenntnisstand fällten, gestand bei der preußischen Kirchenreform des 19. Jahrhunderts der Inhaber des *jus episcopale* aus Gewissensgründen den kirchlichen Gemeinden ein Mitentscheidungsrecht zu. Früher als im staatlichen Bereich entwickelte sich so im kirchlichen Raum kraft eines freien Zugeständnisses der Obrigkeit ein genossenschaftliches Recht der Mitgestaltung in Verfassungsfragen fundamentalen Ranges. Es wäre gewiß eine Vergröberung und Verzeichnung, dies eine „Demokratisierung" der Kirchenverfassung zu nennen. Aber es ist doch, und zwar auch staats- und verfassungspolitisch, von Bedeutung, daß die preußischen Könige den Vertretern des Kirchenvolks früher als den Vertretern des Staatsvolks ein solches Mitentscheidungsrecht gewährten.

2. Die Kernfragen der Union

Drei besondere Aufgaben waren nach den Plänen des preußischen Königs durch Verständigung mit den Gemeinden zu lösen: Die Frage der Bekenntniseinheit, die Frage der Einheit der Liturgie und die Frage der Einheit der Kirchenverfassung.

Der Staat und die evangelische Union

a) Die evangelische Bekenntniseinheit

Der Einheit des Bekenntnisses und der Sakramente schienen zunächst keine besonderen Schwierigkeiten entgegenzustehen. Die Bekenntnisgegensätze zwischen Reformierten und Lutheranern waren seit langem zurückgetreten. Mischehen zwischen Angehörigen der beiden protestantischen Konfessionen, die einst mit gleicher Härte wie protestantisch-katholische Mischehen verhindert worden waren, waren allgemein üblich geworden und galten auch den Geistlichen nicht mehr als bedenklich. Die dogmatischen Divergenzen lösten sich mehr und mehr in der Lehre von der „fundamentalen Einheit" der beiden evangelischen Glaubensrichtungen auf. Schleiermachers Theologie schien die sichere Grundlage der Bekenntnis-Union zu sein.

Die Jahrhundertfeier der Reformation 1817 war der Anlaß für den entscheidenden Schritt des Königs. Nach mehreren vorbereitenden Anordnungen erklärte er in der Kabinettsordre vom 1. März 1817[1]), nachdem er statt der „unpassenden" Benennung „Protestanten" die Bezeichnung „Die evangelische Kirche" angeordnet hatte, würdiger als durch die *Vereinigung beider Konfessionen der evangelischen Kirche* könne das Säkularfest nicht begangen werden. In einer vom Hofbischof *Eylert* entworfenen, von der Berliner Synode unter Schleiermachers Vorsitz gutgeheißenen *Proklamation vom 27. September 1817[2]*) richtete der König an die Christen der beiden evangelischen Bekenntnisse den Aufruf, das Reformationsfest gemeinsam zu begehen und dabei das Abendmahl gemeinsam nach den biblischen Einsetzungsworten einzunehmen, wobei die Lutheraner sich statt des Gebrauchs der Hostie der reformierten Sitte des Brotbrechens fügen sollten. Dieses Zeichen der Brüderlichkeit sollte den Anfang einer im Geist ihres heiligen Stifters „neu belebten evangelisch-christlichen Kirche" setzen. In dieser Form beging die Berliner Geistlichkeit den Reformationstag; der König und der Hof fanden sich in der Potsdamer Garnisonskirche zum Abendmahl ein. Fast alle evangelischen Gemeinden Preußens schlossen sich freiwillig dem Beispiel an. Die Berliner Synode forderte durch ihren Vorsitzenden Schleiermacher die gesamten protestantischen Kirchen Preußens auf, sich künftig dem Vorschlag des Königs gemäß *Evangelische Kirche* zu nennen. Nicht mehr der Protest gegen Rom, sondern die Bindung an die unverfälschte evangelische Wahrheit sollte der Kirche hinfort den Namen geben.

Auch im übrigen Deutschland machte die Union gleichzeitig erhebliche Fortschritte. *Nassau* hatte schon vorher die Einheit der evangelischen Bekenntnisse hergestellt. Im August 1818 bildete sich die Union in der *Rheinpfalz*. Dann folgte *Baden* und schließlich die Provinzen *Hessens* diesem Vorbild. In *Preußen* dagegen blieb die Union zunächst auf die Abendmahlsgemeinschaft beschränkt. Doch wurden darüber hinaus einer Aufforderung des Königs gemäß mehr und mehr die Prediger beider Konfessionen ohne Rücksicht auf dogmatische Verschiedenheiten überall zu den geistlichen Ämtern zugelassen. Die Union sollte auf dem so bereiteten Boden von selbst aus den Gemeinden wachsen. Daß die Vereinigung der bisher getrennten Konfessionen zu einem einheitlichen Bekenntnis und Ritus nicht durch Zwang von oben geschaffen

---

[1]) Text: *Förster*, a.a.O. Bd. I S. 270.
[2]) Text: *Nitzsch*, Urkundenbuch S. 125; dazu auch: Staat und Kirche Bd. I Nr. 259.

werden könne, sondern der *Approbation der Synoden*, und zwar für ganz Preußen der *Approbation einer Generalsynode* bedürfe, sprach der König selbst unmißverständlich in einer Kabinettsordre vom 27. September 1817 aus.

Trotz dieses behutsamen Vorgehens regte sich bald der *Widerstand gegen die Union*. Er kam zuerst nicht aus dem reformierten, sondern aus dem lutherisch-orthodoxen Lager. In der Tat konnten die Reformierten, die in Brot und Wein nur ein Sinnbild des Herrn, in der heiligen Handlung nur ein Gedächtnismahl sahen, in der Abendmahlsfrage leichter über die Bekenntnisverschiedenheit hinweggehen als das Luthertum mit seiner strengeren Auslegung. Doch erhoben nicht die preußischen Lutheraner, sondern die strenggläubigen Kirchen *Holsteins, Sachsens* und *Mecklenburgs* den ersten Protest. Der Kieler Prediger *Klaus Harms* gab schon zum Reformationsfest 1817 seine 95 Thesen kund, die sich gegen die Vereinigung der Bekenntnisse wandten. Bald offenbarte sich auch in Preußen, daß die vermittelnde Abendmahlsformel den alten Streit nicht wirklich überwunden hatte. In den „rechtgläubigen" Gemeinden beider Richtungen erhielten sich die alten Lehren; der Union warf man vor, die Kirche entziehe sich auf diesem Weg der Frage nach dem religiösen Sinn ihres vornehmsten Gnadenmittels.

Nachdem der lange Agendenstreit, von dem gleich zu sprechen sein wird, die Frage der Union einige Zeit in den Hintergrund hatte treten lassen, gab die Beilegung des Konflikts um das jus liturgicum auch der Bekenntnisunion neue Kraft. Die *Säkularfeier der Confessio Augustana* 1830 schien den Anhängern der Union der geeignete Anlaß, die Vereinigung oder Verbindung beider Bekenntnisse in der evangelischen Kirche tatkräftig zu befördern [1]. Aber gerade diese erneuerten Bemühungen um den Fortgang der Union wurden zum Anlaß des *Separationsstreits*, der zwischen 1830 und 1840 die kaum gewonnene Einheit der evangelischen Kirche tief erschüttern sollte [2].

b) Die Einheit der Liturgie

In eine schwere Krise trat der Unionsgedanke dadurch, daß als das Hauptanliegen des Königs immer deutlicher der Wunsch nach Einheit der Liturgie hervortrat. Der protestantische Gottesdienst, der von jeher der Predigt mehr Gewicht als der liturgischen Feier beilegte, war im 18. Jahrhundert von leerer Nüchternheit. Die althergebrachten kultischen Formen wurden nicht mehr beachtet oder veräußerlicht oder willkürlich verändert; aus der im Protestantismus proklamierten „liturgischen Freiheit" entwickelte sich eine anarchische Formverschiedenheit, wenn nicht eine volle Formlosigkeit. Nun war dem König nichts mehr als solche Willkür der Form verhaßt. Gewiß ist es unrecht, ihm nachzusagen, ihn habe im Heerwesen nur die Parade, im Kirchenwesen nur die Liturgie gefesselt [3]. Doch überragte sein Interesse an den Formen des Kultus ganz offensichtlich sein Verständnis für Fragen der Dogmatik und der Kirchenverfassung. Der Auftrag, den er 1814 der Geistlichen Kommission gab [4], war ausdrücklich auf die Begutachtung der Liturgie und der sonstigen gottesdienstlichen Bräuche beschränkt; die Kommission erweiterte diesen Auftrag eigenmächtig, indem sie auch zu den Verfassungsfragen, die sie

---

[1] Dazu Denkschrift Altensteins über Förderung der Union vom 16. April 1830 (Text: *Förster*, aaO Bd. 2 S. 478 ff.).
[2] Darüber Näheres Bd. II S. 272 ff.
[3] *Schnabel*, Dt. Gesch. Bd. 4 S. 331.
[4] Siehe oben S. 462.

für vordringlich hielt, Stellung nahm. Der König aber wandte sich beim Studium des Kommissionsgutachtens wesentlich dessen liturgischen Partien zu [1]). Die Formen des Kultus waren ihm allerdings keine Äußerlichkeit; er war sich des Sinns bewußt, der in Symbolen, Riten und kultischen Handlungen geborgen ist. Sein Wunsch, die Amtstracht der Geistlichen zu ordnen, den Bischofstitel wiederherzustellen, den Gebrauch von Kruzifix und Leuchter wiedereinzuführen, das Schlagen des Kreuzes und das Niederknien in die liturgische Handlung aufzunehmen, war vom Wissen um den Ernst der Form bewegt. Mit Eifer forschte der König nach den Gebräuchen der frühreformatorischen Zeit. Der *Entwurf einer preußischen Agende*, den er den Konsistorien und Synoden übergab, gründete sich auf den ursprünglichen lutherischen Ritus, den er mit Elementen des anglikanischen und des skandinavischen Gottesdienstes verband. Die Kritik, die sein Entwurf fand, war widerspruchsvoll und bestärkte ihn darin, daß er das Richtige getroffen habe. So führte er die neue Liturgie 1821 in der Militärseelsorge als *Militäragende*[2]), dann 1822 auch im zivilen Gottesdienst als *Allgemeine Agende* ein [3]). In dieser neuen Ordnung trat die Predigt zurück hinter der feierlichen Liturgie, die sich mit ihren hochkirchlichen Formen der katholischen Messe näherte. Das allerdings trug der Agende in dem nun entbrennenden *Agendenstreit*[4]) den Vorwurf ein, sie führe „katholisierendes Zeremonienwerk" in den evangelischen Gottesdienst ein. Kirchenrechtlich aber entstand die Frage, ob der König berechtigt sei, eine solche Agende in der evangelischen Kirche einseitig vorzuschreiben.

Gegen die Berufung des Königs auf seine oberstbischöfliche Gewalt, die auch ein *jus liturgicum* in sich schließe, erhob sich mannigfacher Protest [5]). *Schleiermacher*, so sehr er für die Union eingenommen war, äußerte sich scharf gegen das jus liturgicum des Monarchen [6]). Eine Flut von Schriften für und wider begleitete den *preußischen Agendenstreit*. Der König selbst trat mit einer Schrift hervor [7]), was Schleiermacher zu einer polemischen Gegenschrift veranlaßte [8]). Der Geheimrat *Kamptz*, der mit einem eigenen scharfsinnigen Rechtsgutachten für das jus liturgicum des Landesherrn eingetreten war [9]), schlug vor, den berühmten Theologen wegen dieses Freimuts zu maßregeln; doch war die Regierung klug genug, sich einer solchen Knebelung des freien Worts zu enthalten. In der Sache forderte Schleiermacher, daß die Ausübung des jus liturgicum vertagt werde, bis die Kirche eine Synodalverfassung

[1]) Über die eigenen Entwürfe des Königs von 1816/17 vgl. *Förster*, aaO Bd. 1 S. 231 ff.
[2]) „Kirchenagende für die Königlich Preußische Armee" (gedruckt Berlin 1821).
[3]) „Kirchenagende für die Hof- und Domkirche zu Berlin" (gedruckt Berlin 1822).
[4]) Dazu *Förster*, aaO Bd. 2 S. 70 ff. (mit Literaturangaben).
[5]) Verzeichnis der Schriften für und wider das jus liturgicum bei *Förster*, aaO Bd. 2 S. 71 f.
[6]) *Pacificus sincerus:* „Über das liturgische Recht evangelischer Landesfürsten. Ein theologisches Bedenken" (1824).
[7]) Friedrich Wilhelm III.: „Luther in Beziehung auf die preußische Kirchenagende vom Jahr 1822" (1827).
[8]) *Schleiermacher*, Gespräch zweier selbst überlegender evangelischer Christen über die Schrift: Luther in bezug auf die neue preußische Agende. Ein letztes Wort oder ein erstes (1827).
[9]) *v. Kamptz*, Über das bischöfliche Recht in der evangelischen Kirche in Deutschland (in: Jahrbücher für die preußische Gesetzgebung, Bd. 31, 1828, S. 25 ff.).

habe; dann solle durch freie Zustimmung der Gemeinden über die Agendenfrage entschieden werden.

Nun war vom König schwerlich zu erwarten, daß er in der Verfassungsfrage das synodale Prinzip in dem geforderten Umfang anerkennen werde. Ein „Dekretieren von oben" aber suchte der König dadurch zu vermeiden, daß er die Agende nicht als Zwangsgesetz einführte, sondern sie den Gemeinden zur freien Annahme empfahl. Trotz dieser Zurückhaltung blieb die Frage, ob der König zuständig sei, die gottesdienstliche Ordnung in der geschehenen Weise umzugestalten. Zwar konnte nicht bestritten werden, daß die oberstbischöfliche Gewalt des Königs, sein jus episcopale, das ein jus in sacra war, auch das Recht umfaßte, die Formen und Gebräuche des Gottesdienstes einheitlich zu ordnen. Der Einwand ein „Laie" könne nicht Träger solcher Funktionen sein, die den Kultus der Kirche betrafen, war nicht nur unhistorisch, sondern auch unprotestantisch; denn die evangelische Kirche kennt den Standesunterschied von Laien und Klerus nicht; die Kirchenleitung kann daher auch bei einem Laien, auch beim Staatsoberhaupt, liegen. Auch der weitere Einwand, der Landesherr habe als summus episcopus dieses jus liturgicum nur im Einvernehmen mit den kirchlichen Instanzen ausüben dürfen, ging fehl. Die Konsistorien waren dem König untergeordnete, von ihm abhängige Kirchenbehörden, deren Zuständigkeitskreis die oberstbischöfliche Gewalt des Königs nicht beschränkte. Die Synoden aber waren bloß beratende Gremien; es lag im Ermessen des Königs, ihren Ratschlag einzuholen und zu befolgen oder nicht. Eine echte Synodalverfassung mit einem unumgänglichen Mitentscheidungsrecht der Synoden gab es in Preußen damals eben noch nicht.

Das eigentliche Rechtsproblem des Agendenstreits lag jedoch tiefer als in diesem vordergründigen Bereich. Die vom König eingeführte Agende beschränkte sich nicht darauf, *Formen und Gebräuche* im Rahmen eines unveränderten Bekenntnisstandes zu ordnen. In einer ganzen Reihe von Fragen griff die liturgische Neuordnung ändernd in bestimmte dogmatische Positionen ein. Im Ziel, die beiden evangelischen Bekenntnisse zu einen, mutete die königliche Agende den Lutherischen die Annahme bestimmter Elemente des reformierten Bekenntnisses und umgekehrt den Reformierten die Annahme bestimmter Bestandteile der lutherischen Konfession zu. Der Streit um das *jus liturgicum* war daher in Wahrheit ein Streit um das *jus reformandi* des Landesherrn. Und den Gegnern des Königs im Agendenstreit war zuzugeben, daß das landesherrliche Kirchenregiment nicht das Recht umfaßte, mit äußerer Zwangsgewalt den Bekenntnisstand der evangelischen Gemeinden zu ändern, und zwar auch nicht durch die Verpflichtung auf veränderte liturgische Formen von dogmatischem Bedeutungsgehalt[1]).

Nun übte der König bei der Anwendung seines jus liturgicum einen direkten *Glaubens- und Gewissenszwang* nicht aus[2]). Wie in der Abendmahlsfrage beschränkte er auch in der Agendenfrage sein jus episcopale auf ein Empfehlungsrecht; um der Gewissensfreiheit willen räumte er den Gemeinden die Entscheidung über Annahme oder Ablehnung der neuen Liturgie ein. Doch erscheint die „Freiwilligkeit", mit der die Agende angenommen wurde, hier oder dort in einem etwas fragwürdigen Licht. Nachdrücklich warb der König für die Annahme seiner Liturgie. Den Geistlichen, die die Agende hartnäckig ablehnten, ließ er sein Mißfallen aussprechen; diejenigen, die sich um die Annahme besonders verdient machten, zeichnete er aus, in manchen Fällen

---

[1]) So grundsätzlich auch das sorgfältige „Gutachten über das Rechtsverhältnis in liturgischen Angelegenheiten" (1825) des Kultusministeriums (*Förster*, a.a.O. Bd. 2 S. 394 ff.; Auszug: Staat und Kirche Bd. I Nr. 260). Das Gutachten unterscheidet: 1. das *jus liturgicum negativum*, d. h. das Recht des Landesherrn, die bestehende gottesdienstliche Ordnung gegen Veränderungen zu schützen; dieses Recht bestehe kraft des jus circa sacra; 2. das *jus liturgicum positivum*, d. h. das Recht, die bestehende gottesdienstliche Ordnung zu ändern, das nur dem jus in sacra angehören könne; es sei nicht ratsam, ein Zwangsrecht solcher Art für den Landesherrn in Anspruch zu nehmen.

[2]) Verbindlich angeordnet wurde die Agende vom König nur für die Militärseelsorge (1822) und für die staatlichen Wohltätigkeits-, Erziehungs- und Strafanstalten (1824).

durch Verleihung des Roten Adlerordens — „non propter acta, sed propter agenda" spottete Schleiermacher darüber. Obwohl das ALR die Zustimmung der Kirchengemeinden und des Patrons zu gottesdienstlichen Änderungen vorschrieb, sah der König die Annahme durch die Geistlichen als ausreichende Grundlage für die Einführung der Agende an. Mit dem Magistrat der Stadt Berlin, der das Patronat über eine Reihe von Kirchen innehatte, kam es darüber zu einem peinlichen Rechtskonflikt, in dem der Magistrat sich gegen den Monarchen durchsetzte; er erwirkte, daß die bereits eingeführte Agende wieder aufgehoben wurde [1]). Zwölf Berliner Geistliche, an der Spitze Schleiermacher, die die Agende in einer freimütigen Erklärung ablehnten, sahen sich wegen ihrer Unbotmäßigkeit in ein Disziplinarverfahren verwickelt und mit einem Verweis bestraft [2]). Bei der „Freiwilligkeit" in der Agendenfrage war eben doch sehr viel indirekter Zwang im Spiel.

Der Widerstand jedoch, auf den er stieß, veranlaßte den König schließlich, den widerstrebenden Geistlichen und Gemeinden die Annahme der Agende durch eine Reihe von Zugeständnissen möglich zu machen. Vor allem der „Nachtrag" zur Agende von 1829 [3]) gestattete sowohl die Aufrechterhaltung bestimmter lutherischer oder reformierter „Parallelformen" wie auch zahlreicher traditioneller Gebräuche der einzelnen Provinzen. Während sich im Anfang (1823) nur etwa ein Sechzehntel der Geistlichen für die Annahme entschied, stieg die Zahl der Annehmenden bis 1827 auf fünf Sechstel und dann ständig weiter an. 1829 erklärte auf Grund des „Nachtrags" auch *Schleiermacher* seinen Beitritt. 1830 waren es im Osten der Monarchie nur noch wenige Geistliche, die auf dem Widerspruch beharrten, während im Westen allerdings die überwiegende Zahl die Agende nach wie vor ablehnte. Doch war auch hier die Zeit zur friedlichen Beilegung des Agendenstreits gekommen. Während in den östlichen Provinzen Preußens die von den Provinzialsynoden auf der Grundlage der Allgemeinen Agende beschlossenen Provinzialagenden die königliche Genehmigung in den Jahren 1829—31 erhielten, erlangte die 1830 von der Provinzialsynode beschlossene Provinzialagende für Rheinland und Westfalen 1834 die königliche Zustimmung [4]). Im Ganzen war es damit doch gelungen, zu einer gemeinsamen, nur in Nebenpunkten differierenden Agende für ganz Preußen zu kommen, und zwar auf dem Boden der freiwilligen Verständigung, ohne Zwangsgesetz.

c) Die Einheit der Kirchenverfassung

Das Werk der Union war erst abgeschlossen, wenn es gelang, auch in der entscheidenden Frage der Kirchenverfassung, dem Einbau des synodalen Elements, eine Übereinkunft zu finden. Die *synodale Bewegung* in der Evangelischen Kirche war gewiß kein bloßer Reflex der politischen Kämpfe um das Repräsentativprinzip. Doch war immerhin schon in älterer Zeit eine gewisse Wechselwirkung zwischen dem staatlichen Grundsatz der Ständeverfassung und dem kirchlichen Prinzip der Synodalverfassung gegeben; hier wie dort handelte es sich um die institutionelle Verwirklichung der gliedschaftlichen Vertretung. Nach reformierter Lehre verkörpert die Synode die Gemeinschaft der Heiligen, so wie nach demokratischer Lehre das Parlament die Nation darstellt. Aber diese Parallelität bedeutet nicht, daß die synodale Theorie der parlamentarischen nachgebildet sei. Mit weit größerem Recht ließe sich sagen, daß der politische Begriff der Repräsentation eine Säkularisation der reformierten Repräsentationsidee sei und daß die politische Repräsentativverfas-

---

[1]) Vgl. *Förster,* aaO Bd. 2 S. 107 ff.   [2]) Ebenda S. 133 ff.
[3]) Kabinettsordre vom 4. Januar 1829 (Text: *Förster,* aaO Bd. 2 S. 191).
[4]) Näheres Bd. II S. 270 ff.

sung sich der reformierten Synodalverfassung nachgebildet habe. Jedenfalls bestand in den reformierten Gebieten Westdeutschlands zu Beginn des 19. Jahrhunderts eine lange synodale Tradition, die für die nun im gesamten evangelischen Raum einsetzende synodale Bewegung weit wichtiger war als die politischen Bemühungen um eine landständische Verfassung. So war es ein aus der Kirche selbst kommender Vorgang, wenn in Preußen die Kabinettsordre von 1816 die Bildung von *Kreis- und Provinzialsynoden*, allerdings nur mit beratenden Aufgaben und ohne gewählte Vertreter der Laien, anordnete [1]).

Diese synodalen Einrichtungen waren für den Unionsgedanken ein voller Erfolg; denn fast ohne Ausnahmen vereinigten die Geistlichen beider Konfessionen sich in gemeinsamen Kreis- und Provinzialkörperschaften. Die synodale Bewegung verlangte allerdings mehr; sie erstrebte für die Kreis- und Provinzialsynoden das Recht der Beschlußfassung, häufig der Gesetzgebung, im preußischen Westen sogar die kirchenregimentliche Gewalt. Darüber hinaus aber verlangte sie eine *Generalsynode* für den Gesamtstaat, die aus Geistlichen und gewählten Laien bestehen und die Verfassungsurkunde der Union entwerfen sollte. Die vereinzelt zuerst 1818, meist erst 1819 zusammentretenden Provinzialsynoden riefen durch eine Reihe radikaler Beschlüsse den Unwillen des Königs hervor. In dem düsteren Jahr der Karlsbader Beschlüsse erschien jedes freie Wort, auch wenn es aus dem Raum der Kirche kam, als ein Beitrag zur Revolution. Nach langem Zögern entschloß das Kultusministerium sich 1823, auf die Vorschläge zur Bildung einer preußischen Generalsynode nicht einzugehen [2]). So wie 1822 im Raum des Staates die Entscheidung gegen den „allgemeinen Landtag" und für die Beschränkung auf bloße Provinzialstände gefallen war [3]), so entschied der König sich nun im Raum der Kirche gegen die Generalsynode und für die Beschränkung auf provinzialkirchliche Synodalkörperschaften.
Neben dem synodalen Prinzip aber setzte das episkopale sich durch. Nicht nur der Summepiskopat des Landesherrn blieb erhalten; auch in den Provinzialkirchen entwickelte sich das System autoritärer kirchlicher Leitung. Zwar verzichtete man auf die Einführung des Bischofstitels. Die Kabinettsordre vom 7. Februar 1828 ordnete die Einsetzung von Generalsuperintendenten in allen preußischen Provinzen, auch denen, die bisher ein solches Amt nicht kannten, an. Sie trug damit ein starkes hierarchisches Element in den Aufbau der preußischen Landeskirche. In jeder Provinzialkirche erlangte der *Generalsuperintendent* eine bischofsgleiche Macht und Autorität. Daß er nicht Mitglied des Konsistoriums, sondern nur Präses der Provinzialsynode war, erhöhte seine Unabhängigkeit von der staatlichen und kirchlichen Bürokratie; daß er vom König ernannt, nicht von der Provinzialsynode gewählt wurde, gab ihm Unabhängigkeit auch gegenüber den synodalen Kräften.
Die synodale Bewegung aber wurde nach diesen Fehlschlägen umso lebhafter tätig, besonders in den westlichen Teilen Preußens. Schleiermacher, der eifrigste Vorkämpfer der Union, war zugleich der mutigste Wortführer des synodalen Gedankens. Sein Protest gegen jedes Dekretieren der Bekenntniseinheit von oben, seine Forderung, daß nichts Entscheidendes in Bekenntnis und Kultus geändert werden dürfe ohne freie Zustimmung der Gemeinden, sein Grundsatz, daß der König sein jus episcopale in liturgischen Fragen nicht ausüben dürfe, bis eine synodale Verfassung der Evangelischen Kirche geschaffen sei — dies alles zielte darauf, daß dem Kirchenvolk, und zwar Geistlichen wie Laien, durch gewählte Körperschaften ein Teilnahmerecht an allen innerkirchlichen Entscheidungen eingeräumt werden müsse. Gegenüber dem Alleinentscheidungsrecht des summus episcopus und der von diesem eingesetzten Konsistorien verfocht Schleiermacher das Mitbestimmungsrecht des Kirchenvolks; gegenüber dem hierarchisch-autoritären Prinzip vertrat er das repräsentative Prinzip; er

[1]) Siehe oben S. 463.
[2]) Siehe oben S. 462, 464.
[3]) Siehe oben S. 311 ff.

kämpfte gegen die Bischofskirche und für die Volkskirche. Aber in den Jahren der Reaktion seit 1819 teilte der Vorkämpfer der Kirchenreform das Schicksal der Männer der Staatsreform. Daß die berüchtigte Schrift des Professors Schmalz ihn als ehemaliges Mitglied des „Tugendbundes" politisch denunzierte[1]), daß er dann in dem Streit um den Brief des Theologen de Wette an Sands Mutter in einen Universitätskonflikt geriet, in dem auch Hegel zu seinen schärfsten Gegnern zählte[2]), daß seine Haltung im Agendenstreit ihm eine disziplinarrechtliche Maßregelung eintrug, waren Symptome des fortschreitenden Zerwürfnisses, das die Geister in der Frage der Kirchenverfassung schied.

Bis zum Jahre 1830 kam man in der Evangelischen Kirche Preußens über eine *Episkopalverfassung mit starken konsistorialen und schwachen synodalen Institutionen* nicht hinaus. Ähnlich wie im Staat, so bedurfte es in der Kirche neuer und schwererer Krisen, bevor das hierarchisch-autoritäre System sich mit gleich gewichtigen synodalrepräsentativen Formen zu einer Verfassung verbinden konnte, die man (mit einigem Vorbehalt) dann doch wohl als „kirchlichen Konstitutionalismus" bezeichnen durfte. Über diese Weiterentwicklung wird im zweiten Band dieses Buchs zu berichten sein[3]).

---

[1]) Über *Schmalz* siehe oben S. 144 f. Über seine Denunziationsschrift „Berichtigung einer Stelle in der Bredow-Venturinischen Chronik für das Jahr 1808" (1815) siehe auch oben S. 286 Anm. 1 und unten S. 719.

[2]) Siehe unten S. 730 f.

[3]) Siehe Bd. II S. 268 ff.

C.

DER DEUTSCHE BUND

(1815—1830)

Kapitel VI

DIE BUNDESGRÜNDUNG

§ 27. Die Kernfrage der staatsrechtlichen Neuordnung Deutschlands

Quellen: G. F. v. *Martens,* Recueil des principaux traités depuis 1761 (1791–1801) mit Supplement (1802–08) und Fortsetzung u. d. T. Nouveau recueil des traités (seit 1817); *J. L. Klüber,* Acten des Wiener Kongresses (8 Bde 1815–18, Erg. Bd. 1835); *Ph. A. G. v. Meyer,* Corpus Juris Confoederationis Germanicae (3. Aufl. 1858–69; zitiert CJCG); *Frh. v. Stein,* Briefwechsel, Denkschriften, Aufzeichnungen (Ausgabe *Botzenhart* 1931–37; zitiert: Briefwechsel); *ders.,* Briefe und Amtliche Schriften (Ausgabe *Hubatsch* 1957–65; zitiert: Briefe u. Amtl. Schr.).
Schrifttum: E. M. *Arndt,* Germanien und Europa (1803); Fantasien für ein künftiges Deutschland (1815); Catechismus für den teutschen Kriegs- und Wehrmann (1813); Zwei Worte über die Entstehung und Bestimmung der Teutschen Legion (1813); Der Rhein, Teutschlands Strom, aber nicht Teutschlands Gränze (1813); Beherzigungen von dem Wiener Kongress (1814); Über Preußens Rheinische Mark und über Bundesfestungen (1815); *J. Görres,* Deutschland und die Revolution (1819).
J. Uhlmann, J. Görres und die deutsche Einheits- und Verfassungsfrage bis zum Jahre 1824 (1912); *H. Jappe,* Die Vorstellungen von Volk und Nation, Staat und Reich im Rheinischen Merkur (FBPG Bd. 46, 1934, S. 112 ff.); *W. v. Eichborn,* E. M. Arndt und das deutsche Nationalbewußtsein (Diss. Heidelberg 1933); *R. Fahrner,* Arndt. Geistiges und politisches Verhalten (1937); *K. J. Obenauer,* E. M. Arndt und der Rhein (1941); *H. Kohn,* Arndt and the character of German nationalism (Am. Hist. Rev. Bd. 54, 1949, S. 787 ff.).
A. Fournier, Zur Gesch. des Tugendbundes, in: Studien und Skizzen, Bd. 1 (1885) S. 303 ff.; *F. Meinecke,* Weltbürgertum und Nationalstaat (7. Aufl. 1928); *ders.,* Zur Geschichte des Gedankens der preuß. Hegemonie in Deutschland (HZ Bd. 82, 1899, S. 89 ff.); *E. Bernatzik,* Die Ausgestaltung des Nationalgefühls im 19. Jhdt. (1912); *A. Rapp,* Der deutsche Gedanke seit dem 18. Jhdt. (1920); *ders.,* Großdeutsch-Kleindeutsch (1922); *H. Drüner,* Der nationale und der universale Gedanke bei dem Freiherrn von Stein (Hist. Vj. Schr. Jg. 22, 1925, S. 28 ff.); *W. Mommsen,* Die deutsche Einheitsbewegung (1930); *ders.,* Zur Beurteilung der deutschen Einheitsbewegung (HZ Bd. 138, 1928, S. 523 ff.); *A. Scharff,* Der Gedanke der preuß. Vorherrschaft in den Anfängen der deutschen Einheitsbewegung (1929); *A. Berney,* Reichstradition und Nationalstaatsgedanke 1789–1815 (HZ Bd. 140, 1929, S. 57 ff.); *H. Tiedemann,* Der deutsche Kaisergedanke vor und nach dem Wiener Kongress (1932); *C. Brinkmann,* Der Nationalismus und die deutschen Universitäten im Zeitalter der deutschen Erhebung (1932); *K. Braunias,* Nationalgedanke und Staatsgestaltung im 19. und 20. Jhdt. (1934); *Chr. Hildebrand,* Der Einbruch des Wirtschaftsgeistes in das deutsche Nationalbewußtsein zwischen 1815 und 1871 (Diss. Heidelberg 1936); *Ph. Eberhard,* Die politischen Anschauungen der Christlich-Deutschen Tischgesellschaft (Diss. Erlangen 1937); *R. Aris,* History of political thought in Germany from 1789 to 1815 (1936); *R. H. Thomas,* Liberalism, nationalism and the German intellectuals 1822–1847 (1952); *W. Andreas,* Das Zeitalter Napoleons und die Erhebung der Völker (1955).

Die Kernfrage der staatsrechtlichen Neuordnung Deutschlands

I. Die deutsche Frage

Als Deutschland in den Befreiungskriegen, auf das Bündnis mit England und Rußland gestützt, die Fremdherrschaft überwand, waren die Nation, die Regierungen und die Verbündeten sich einig, daß die Stunde gekommen sei, die getrennten deutschen Partikularstaaten in einem politischen Gesamtkörper wieder zu vereinen. Mit der Frage, in welcher staatsrechtlichen Form diese Wiederherstellung Deutschlands zu vollziehen sei, trat ein allgemeines und dauerndes Grundproblem der deutschen Geschichte erneut in das Feld der politischen Entscheidung. Ein volles Jahrtausend deutscher Verfassungsgeschichte war erfüllt vom Kampf zwischen den beiden gegensätzlichen Lösungen: der straffen staatlichen Zusammenfassung Deutschlands unter einer starken Zentralgewalt und der lockeren bündischen Einung der autonomen Teile unter einem schwachen Föderativorgan. In unendlichen Variationen über das Thema: *Staat oder Bund?* war der große Prozeß deutscher Verfassungsgestaltung abgelaufen. Auch die auf dem Wiener Kongreß versammelten deutschen Staatsmänner standen vor dieser alten Frage „Staat oder Bund", die allerdings mit dem Aufkommen des Nationalgedankens in eine neue Phase trat. Die Entscheidung für den *„deutschen Staat"*, ein politisches Gebilde mit starken unitarisch-zentralistischen Einrichtungen, war im beginnenden 19. Jahrhundert notwendig eine Entscheidung für den *Nationalstaat,* einen Staat also, in dem die Nation nicht nur ihre politische Form, sondern auch das Recht zur repräsentativen Teilnahme an der Ausübung der Staatsgewalt gewann. Die Entscheidung für den *„deutschen Bund",* ein politisches Gebilde mit schwachen gemeinsamen Institutionen und starker Selbständigkeit der partikularstaatlichen Glieder, war im beginnenden 19. Jahrhundert dementsprechend eine *Negation des nationalstaatlichen Gedankens.*

Die aktiven Träger des Kampfes gegen die Fremdherrschaft, die radikalere Richtung unter den preußischen Reformern zumal, die Jugend, die unter den Fahnen der Verbündeten für Freiheit und Selbstbestimmung gekämpft hatte, weithin aber gerade auch die Bürger und Bauern in den französisch oder rheinbündisch gewesenen Teilen Deutschlands wollten einen nationaldeutschen Gesamtstaat, der sich auf Einheit und Freiheit gründe und der Nation Unabhängigkeit, Sicherheit und Wohlfahrt verbürge. Mit der Erinnerung an die Größe und den Glanz des alten Reichs verband sich in diesem Streben das Nationalbewußtsein der aufsteigenden bürgerlichen Gesellschaft, deren freigesetzte Energien sich hier zum ersten Mal einem selbstgewählten politischen Ziel zuwandten. Das Beispiel der französischen Revolution hatte die deutsche Nationalidee mächtig belebt; doch ging diese zugleich aus eigener Überlieferung hervor. In einer Fülle von Bekundungen hatte die deutsche Nation seit den Tagen Mösers und Klopstocks, Herders und Fichtes, Schillers und Kleists ihren Anspruch auf geistige, dann auch auf politische Einheit und Freiheit ausgedrückt. Nun, nach dem siegreichen Befreiungskampf, ging es nicht mehr um Bekenntnisse und Beteuerungen, sondern um die Verwirklichung und Formung des deutschen Nationalstaats in einer konkreten verfassungsmäßigen Gestalt. In zahllosen Dokumenten und Plänen der Jahre 1812—15 sprach das nationalstaatliche Element sich aus, am schärfsten in den vielfältigen Bemühungen, mit denen *Stein* und *Humboldt* auf die staatsrechtliche Reorganisation Deutschlands einzuwirken suchten. So verschieden diese beiden bedeutendsten unter den deutschen Reformern nach Herkunft, Wesensart, Staatssinn und realer Zielsetzung waren, so stark war doch ihre Übereinstimmung in der Einsicht, daß die Nation eine autonome politische Wesenheit sei, die ein Recht auf staatliche Einheit, Selbstbestimmung und Selbstentfaltung besitze. So forderten sie gemäß dem erklärten und durch die Tat erhärteten Willen der Nation, die deutschen Stämme und Landschaften unter einer gemeinsamen obersten Gewalt in einem rechtlich geordneten und gesicherten Gemeinwesen zu vereinen. In der Verfassung dieses nationalen Gesamtstaatskörpers wollten sie die zentrale Exekutivgewalt mit einer an der Legislative beteiligten Nationalrepräsentation und die einheitliche Gesamtstaatsgewalt mit beschränkten Hoheitsrechten der gliedstaatlichen Territorien verbinden. Sie meinten auch, daß der Nation, nachdem sie sich im Befreiungskampf aus eigenem Antrieb für ihr staatliches Schicksal eingesetzt hatte, das Recht auf eine selbstbestimmte Staatlichkeit nicht länger vorenthalten werden dürfe. Sie waren entschlossen, diesen zentralgeleiteten, mit gewählter Volksvertretung und geschützten Bürgerrechten ausgestatteten deutschen Staatskörper nicht durch Revolution, sondern durch Reform, d. h. in Anlehnung an die Tradition des alten Reichs wie an die vitale Staatlichkeit der deutschen Territorien, zu schaffen.

II. Die Widersacher der nationalstaatlichen Lösung

Jedoch trafen die Befürworter deutscher Einheit und Freiheit auf den Widerstand vielfältiger Kräfte, deren gemeinsamer Wille sich darauf richtete, die deutschen Partikularstaaten nur durch ein loses föderatives Band zu verknüpfen. Die europäischen Verbündeten, die deutschen Hauptmächte Österreich und Preußen, schließlich und vor allem aber die süddeutschen Rheinbundstaaten verhinderten die Lösung der deutschen Frage im nationalstaatlichen Sinn.

1. Die deutsche Frage und die europäischen Mächte

Entgegen Steins berühmtem Wort: „Deutschland kann nur durch Deutschland gerettet werden!" [1]) erfocht den Sieg im Befreiungskampf gegen die Fremdherrschaft nicht die deutsche Nation allein, sondern die große Allianz, in der Rußland, England, Österreich und Preußen sich zum Sturz der napoleonischen Universalmonarchie vereinigt hatten. Der Krieg, der in Deutschland als Volkserhebung und Volkskrieg begann, nahm dann doch mehr und mehr

---

[1]) Brief Steins an Gneisenau vom 20. Februar 1809 (*Stein,* Briefwechsel usw. Bd. 3 S. 41).

die Natur eines mit konventionellen militärischen und diplomatischen Mitteln geführten, regulären Staaten-Krieges an. Nicht die deutsche Nation als handlungsfähige Gesamtheit, sondern die in der Quadrupelallianz vereinten europäischen und deutschen Großmächte waren die Träger des Sieges, die Partner der Bündnis- und Friedensverträge und die Sachwalter der Völker bei dem nun in Angriff zu nehmenden Werk der deutschen Reorganisation. Das machte die Lösung der deutschen Frage abhängig von dem Maß, in dem die europäischen Großmächte Rußland und England, die deutschen Großmächte Österreich und Preußen, schließlich aber auch die vor dem endgültigen Sieg auf die Seite der Verbündeten übergetretenen größeren Rheinbundstaaten bereit waren, die nationalstaatliche Einigung Deutschlands zu fördern oder zu dulden. Und auch das besiegte Frankreich gewann, da es auf dem Wiener Kongreß in die Rolle eines gleichberechtigten Glieds der europäischen Pentarchie aufstieg, ein Einflußrecht bei der Lösung der deutschen Frage.

Nun konnte keiner der europäischen Großmächte daran gelegen sein, daß nach der Überwindung Napoleons in der Mitte Europas ein mächtiger deutscher Nationalstaat entstand. Rußland und England hatten zwar ein vitales Interesse daran, daß die europäische Mitte sich ausreichend ordnete und festigte, um ihre Unabhängigkeit und territoriale Integrität gegenüber neuen Überwältigungsversuchen verteidigen zu können. Beide aber waren zugleich darauf bedacht, daß in Zentraleuropa kein Staatskörper aufkam, der über die volle Kraft eines unitarischen Nationalstaats verfügt hätte. Noch stärker war Frankreich, seiner klassischen Politik folgend, entschlossen, jede Zusammenfassung der deutschen Einzelstaaten über eine lockere Föderation hinaus zu verhindern. So kam es, daß alle europäischen Bündnis- und Friedensverträge der Jahre 1813—15 sich zwar auf die Wiederherstellung einer unabhängigen deutschen Staatenverbindung, zugleich aber auf die Erhaltung der politischen Selbständigkeit der deutschen Territorialstaaten richteten.

a) Schon der vor Tilsit geschlossene russisch-preußische *Vertrag von Bartenstein* vom 26. April 1807 enthielt die Formel, eine der wesentlichen Voraussetzungen der Unabhängigkeit Europas sei die *Unabhängigkeit Deutschlands;* gemeinsames Ziel der beiden Vertragschließenden sei es daher, in Deutschland eine *rechtlich verfaßte Staatenverbindung* („une fédération constitutionelle") unter der gemeinsamen Leitung der beiden deutschen Hegemonialmächte Preußen und Österreich („ces deux puissances prépondérantes en Allemagne") zu schaffen (Art. 5)[1]. Schon diese Bartensteiner Klausel enthielt somit eine Vorentscheidung über die Form, in der die deutsche Unabhängigkeit künftig gesichert werden sollte, nämlich nicht in der Form eines nationalen Bundesstaats („état fédératif"), sondern in der eines Staatenbundes („fédération des états") unter der preußisch-österreichischen Zweier-Hegemonie. Dieses föderative Modell des Bartensteiner Vertrags blieb die Grundlage der späteren endgültigen Vereinbarungen.

b) Der russisch-preußische *Bündnisvertrag von Kalisch* vom 28. Februar 1813 sagte (hierin dem Bartensteiner Vertrag folgend) in einem Geheimartikel Preußen zwar die Rückgabe aller vor dem Krieg von 1806 besessenen Gebiete (mit der alleinigen Ausnahme Hannovers) zu; im Osten beschränkte die Rückgabe-Garantie sich im Wesentlichen auf die Herstellung einer territorialen Verbindung zwischen Ostpreußen und

---

[1]) Text: *Martens,* Recueil Bd. 8 S. 606.

Schlesien[1]). Über die eigentliche deutsche Frage aber schwieg der Vertrag von Kalisch sich aus.

c) Der vom russisch-preußischen Oberbefehlshaber *Kutusow* am 25. März 1813 im Namen des Zaren und des preußischen Königs erlassene *Aufruf von Kalisch*[2]) dagegen verhieß „den Fürsten und Völkern Deutschlands" nicht nur die „Rückkehr zur Freiheit und Unabhängigkeit", sondern auch die *„Wiedergeburt eines ehrwürdigen Reiches"*. Es war der Geist Steins, der aus dieser Proklamation sprach; der ehemalige preußische Minister und jetzige Berater des Zaren beschäftigte sich seit langem mit der Proklamation, die beim Beginn des Kampfes auf deutschem Boden der Nation die Wiederherstellung des Reichs in Freiheit und Einheit ankünden sollte[3]). Der Aufruf setzte hinzu:

„*Hiermit ist zugleich das Verhältnis ausgesprochen, in welchem Seine Majestät der Kaiser aller Reußen zum wiedergeborenen Deutschland und zu seiner Verfassung stehen wollen. Es kann dies, da Sie den fremden Einfluß vernichtet zu sehen wünschen, kein anderes sein, als eine schützende Hand über ein Werk zu halten, dessen Gestaltung ganz allein den Fürsten und Völkern Deutschlands anheimgestellt bleiben soll. Je schärfer in seinen Grundzügen und Umrissen dies Werk heraustreten wird aus dem ureigenen Geiste des deutschen Volkes, desto verjüngter, lebenskräftiger und in Einheit gehaltener wird Deutschland wieder unter Europens Völkern erscheinen können.*"

Unüberhörbar war damit zugesagt, daß die Herstellung von Freiheit und Einheit wie insbesondere die Ordnung der deutschen Verhältnisse durch ein Verfassungswerk nicht Sache der Fürsten allein, sondern zugleich die der „deutschen Völker", ja daß sie im ureigenen Geist der Nation gegründet sein solle. Wenn es dabei blieb, so konnte die Erneuerung des Reichs sich nur in der Form eines national-repräsentativen Bundesstaats vollziehen. Daher beriefen die Anhänger der bundesstaatlich-nationaldeutschen Lösung sich seitdem immer wieder auf die Zusage, die sie dem Manifest von Kalisch entnahmen.

d) Der *Bündnisvertrag von Teplitz* vom 9. September 1813[4]), in dem Österreich sich der russisch-preußischen Allianz anschloß, war dem Kalischer Manifest gegenüber ein Rückschritt. Er verhieß die Wiederherstellung Preußens und Österreichs nach dem status quo von 1805, die Wiederherstellung Hannovers und der übrigen nordwestdeutschen Staaten, die Auflösung des Rheinbundes und die völlige und unbedingte Unabhängigkeit der zwischen Österreich und Preußen, dem Rhein und den Alpen gelegenen deutschen Einzelstaaten. Über die Frage der deutschen Einigung äußerte der Teplitzer Vertrag sich nicht. Doch war mit der Garantie der einzelstaatlichen Unabhängigkeit die Aufrichtung eines nationalen Bundesstaats nicht vereinbar; nur an einen lockeren Staatenbund war nun noch zu denken. Stein, der Befürworter des nationalen Bundesstaats, hatte in Kalisch nur einen Schein-Sieg, in Teplitz aber die entscheidende Niederlage erlitten. Man begreift die Erbitterung, mit der er sich in diesen Tagen über seinen großen Gegner *Metternich* äußerte: den „egoistischen kalten schlauen Minister, der zwar rechnet, aber ohne Tiefe" und der zwar „ein guter Buchhalter, aber kein großer Mathematiker" sei[5]). Doch erwies Metternich sich bald in der deutschen Frage nicht nur als erfolgreicher Taktiker, sondern auch als der bessere Stratege.

e) Der allen nationalstaatlichen Plänen entschieden abgeneigte österreichische Staatskanzler erreichte, daß die verbündeten Großmächte auch in ihren weiteren Abmachungen die Souveränität der deutschen Einzelstaaten als Grundlage der künftigen deut-

---

[1]) Text: *Martens*, Nouveau Recueil Bd. 3 S. 234 (auch CJCG Bd. 1 S. 135).
[2]) Text: Dokumente Bd. 1 Nr. 28.
[3]) Dazu Denkschrift Steins für den Zaren vom 16. März 1813 (*Stein*, Briefwechsel Bd. 4 S. 238 ff.); sie setzt sich mit zwei Denkschriften Bernadottes und des Grafen Münster zu dieser Frage auseinander. Verfasser des Entwurfs des Kalischer Aufrufs war *Rehdiger* (vgl. *Ritter*, Stein Bd. 2 S. 198 mit S. 376 Anm. 20). Dazu oben S. 133.
[4]) Text: *Martens*, Nouveau Recueil Bd. 1 S. 596 ff.
[5]) Brief Steins an Münster vom 16. September 1813 (*Stein*, Briefwechsel Bd. 4 S. 417).

schen Föderation anerkannten, so in dem *Entwurf von Langres* vom 2. Februar 1814[1]) und in dem zwischen Rußland, England, Österreich und Preußen geschlossenen *Vertrag von Chaumont* vom 1. März 1814[2]). Diese Vereinbarungen legten als gemeinsames Kriegsziel die Beschränkung Frankreichs auf seine Grenzen von 1792 fest, womit Deutschland außer auf das Elsaß und auf Lothringen auch auf das Gebiet von Saarlouis verzichtete[3]), während im übrigen das linke Rheinufer an Deutschland zurückfallen sollte. Für die deutsche Verfassung sahen die Vereinbarungen vor, daß Deutschland aus souveränen, aber föderativ geeinten Gliedstaaten bestehen sollte.

f) Dementsprechend schrieb der *Erste Pariser Frieden* vom 30. Mai 1814, unter Beschränkung Frankreichs auf die Grenzen von 1792, jedoch unter zusätzlicher Preisgabe des Gebiets von Saarbrücken[4]), vor: „Les Etats de L'Allemagne seront indépendans et unis par un lien fédératif" (Art. 6 Abs. 2)[5]). Damit war für die deutschen Verfassungsverhandlungen eine zweite Vorentscheidung gefallen, die die deutschen Mächte auf dem Wiener Kongreß, selbst wenn sie es einmütig gewollt hätten, ohne Zustimmung der übrigen Partner des Pariser Friedensvertrags nicht hätten umstoßen können. Der *Zweite Pariser Frieden* vom 20. November 1815[6]), der Frankreich auf die Grenzen von 1790 beschränkte, gab das Saargebiet einschließlich Saarlouis an Deutschland zurück, erhielt im übrigen aber den Ersten Pariser Frieden und damit auch dessen Art. 6 Abs. 2 aufrecht.

2. Die deutsche Frage und Österreich

Auch das österreichische Staatsinteresse stand der nationalstaatlichen Einigung Deutschlands hindernd entgegen. Die großen nicht-deutschen Gebietsteile Österreichs – vor allem Ungarn, Galizien, Kroatien und Norditalien – konnten nicht Bestandteile eines deutschen Nationalstaats werden. Notwendig hätte jede Form der nationalstaatlichen Einigung Deutschlands daher den habsburgischen Staatsverband aufgelockert; seine slawischen, ungarischen und italienischen Teile hätten außerhalb des deutschen Gesamtstaats bleiben müssen. Der habsburgische Vielvölkerstaat wäre in eine Personal- oder allenfalls eine Realunion zwischen seinen deutschen und seinen nicht-deutschen Ländern aufgelöst worden. Die nationalen Spannungen im österreichischen Gesamtstaat hätten sich notwendig verschärft und schließlich zu einer Spaltung geführt. Wenn Österreich seinen deutschen Staatsbürgern die Vereinigung mit den Deutschen anderer Länder in einem Nationalstaat gestattet hätte, so wäre es um so schwieriger geworden, den durch dieses Beispiel angeeiferten nichtdeut-

---

[1]) Die Ministerkonferenz von Langres beauftragte *Metternich* am 1. Februar 1814 mit einem Entwurf, der den Verhandlungen mit dem franz. Außenminister *Armand Graf v. Caulaincourt* (1773-1827) in Châtillon zugrunde liegen sollte. Der Entwurf, über den es nicht zu den geplanten Verhandlungen kam, findet sich bei *Fournier*, Der Kongreß von Châtillon (1900) S. 306 ff. Der Deutschland betreffende Passus des Entwurfs von Langres lautet: „L'Allemagne composée de princes souverains unis par un lien fédératif qui assure et garantisse l'indépendance de l'Allemagne".

[2]) Text: *Martens*, Nouveau Recueil Bd. 1 S. 683.

[3]) Das Gebiet von Saarlouis war seit 1681 in französischem Besitz.

[4]) Staat und Fürstentum Saarbrücken waren erst durch die Friedensschlüsse von 1797 und 1801 an Frankreich gefallen, hätten also schon 1814 an Deutschland zurückkommen müssen, wenn man sich an den als Regel angenommenen status quo von 1792 gehalten hätte.

[5]) *Martens*, Nouveau Recueil Bd. 2 S. 1 (auch CJCG Bd. 1 S. 240).

[6]) *Martens*, Nouveau Recueil Bd. 2 S. 682 (auch CJCG Bd. 1 S. 299).

schen Staatsbürgern Österreichs die Verfolgung nationalungarischer, national-
polnischer oder nationalitalienischer Ziele zu verwehren. Die Auflösung des
habsburgischen Kaiserstaats hätte zwar der Logik der Nationalstaatsidee entsprochen; mit der österreichischen Staatsidee und der geschichtlichen Mission,
die Österreich in Südost- und Südeuropa für sich in Anspruch nahm, aber war
die Auflösung der Donaumonarchie und daher auch die nationalstaatliche
Einigung Deutschlands unvereinbar.

Es wäre für Österreich kein zumutbarer Ersatz für den Verlust seiner übernationalen Stellung gewesen, wenn es in einem deutschen Nationalstaat das
Kaisertum und damit die politische Führung erlangt hätte. Schon das alte
Kaisertum hatte dem Hause Habsburg nicht ohne Grund als eine bloße Bürde
gegolten, da es ihm zwar Autorität, aber keine Macht vermittelt hatte. Das
Kaisertum erneut zu übernehmen, ohne daß der Kaiser zugleich die Macht
erhielt, die Last seines Ansehens zu tragen, wäre von Österreich her gesehen
wider alle Staatsvernunft gewesen. Metternich folgte der kühlen Einsicht,
daß Österreich in seiner europäischen wie in seiner deutschen Stellung durch
die Wiederannahme der deutschen Krone nichts zu gewinnen habe, daß Österreichs Geltung und Stärke sich vielmehr weit sicherer auf ein System koordinier-
ter und föderierter deutscher Staaten als auf den brüchigen Boden kaiserlicher
Prärogativen gründen lasse. An dem aus solchen Erwägungen erwachsenen
österreichischen Widerstand mußte die nationalstaatliche Einigung Deutschlands
notwendig scheitern.

3. Die deutsche Frage und Preußen

Aber auch starke *preußische Interessen* standen der Verwirklichung der
Nationalstaatsidee entgegen. Zwar hatte Preußen, das in dem vorausgegangenen Jahrhundert als „Rebell gegen das Reich" das meiste dazu beigetragen
hatte, die alte Reichseinheit vollends zu zerstören, sich unter der Führung der
Reformpartei auf seine deutsche Aufgabe besonnen. Da indes eine preußische
Führung in einem gesamtdeutschen Nationalstaat, solange Österreich diesem
angehörte, außerhalb aller realen Möglichkeiten stand, hätte Preußen sich der
österreichischen, zumindest aber einer direktorialen Führung des deutschen Gesamtstaats unterordnen müssen. Preußen fühlte sich nach seinen bedeutenden
Staatsreformen, nach der Erneuerung seines Waffenruhms, nach der Wiederherstellung und Erweiterung seines territorialen Besitzstands und nach dem
Rückgewinn seiner europäischen Geltung als eine dem habsburgischen Kaiserstaat gleichgeordnete und allen anderen deutschen Staaten überlegene europäische Großmacht. In einem deutschen Bundesstaat konnte es weder die Unterordnung unter ein österreichisches Kaisertum noch die Gleichordnung mit
den kleineren deutschen Staaten hinnehmen.

Die Einordnung in einen nationalgeeinten deutschen Gesamtstaat erschien
Preußen allenfalls zumutbar, wenn es als Kompensation für seinen König das
Amt eines Reichsfeldherrn und zugleich durch den Erwerb Gesamtsachsens die
Vorherrschaft in Nord- und Mitteldeutschland erhielt. Das aber hätte in den

deutschen Nationalstaat von vornherein eine Spaltung in zwei getrennte, jeweils von Österreich und Preußen hegemonial geleitete Einflußbereiche mit der Mainlinie als Grenze gebracht. Statt nationaler Einheit hätte sich ein österreichisch-preußischer Dualismus nicht nur in der Führungsgewalt, sondern auch in der maßgeblichen Gebietsgewalt ergeben. Es wäre dem deutschen Gesamtstaat gerade das vorenthalten worden, was er nach Ansicht der Verfechter des nationaldeutschen Gedankens am dringendsten bedurfte, nämlich eine einheitliche Zentralgewalt.

4. Die deutsche Frage und die Rheinbundstaaten

Schließlich waren auch die eben erst zu voller Souveränität aufgestiegenen und mit so außerordentlich vermehrtem Territorialbesitz ausgestatteten Könige und Großherzöge des ehemaligen Rheinbunds nicht bereit, sich unter die Hoheit eines deutschen Nationalstaats zu beugen. Im Vollgefühl einer endlich errungenen staatlichen Unabhängigkeit widerstrebten sie, jedenfalls in ihrer dynastisch-bürokratischen Führung, jeder Einordnung in ein System, das ihrer Unabhängigkeit Abbruch tat. In ihrem Festhalten an der neuerworbenen Machtfülle gewannen sie den Beistand Österreichs, das ihnen bei ihrem Übertritt ins Lager der Verbündeten in den Verträgen von Ried, Fulda und Frankfurt die volle Souveränität wie grundsätzlich auch den Fortbesitz der seit 1803 errungenen Landerwerbungen garantierte [1]).

III. Die denkbaren Formen der Neuordnung

Obwohl somit praktisch die Entscheidung schon vorweggenommen war, als der Wiener Kongreß 1814 zusammentrat, ist es von Interesse, sich die verschiedenen Möglichkeiten zu vergegenwärtigen, die sich theoretisch in dieser Zeit für die staatsrechtliche Neuordnung Deutschlands boten.

1. Der nationale Einheitsstaat

Von den denkbaren Lösungen schied die Bildung eines nationalen Einheitsstaats von vornherein aus. Die Form einer am französischen Vorbild orientierten „république une et indivisible" hatte in Deutschland nur eine geringe, politisch bedeutungslose Anhängerschaft. *Fichte*, der mit seinem Ruf nach einem „Zwingherrn zur Deutschheit" als einziger die Idee eines nationalrevolutionären Unitarismus proklamiert hatte, war tot. *Stein* hatte zwar vorübergehend mit dem Gedanken gespielt, die dynastischen Territorialstaaten in einem deutschen Nationalstaat untergehen zu lassen, war aber inzwischen auf den Boden traditionsbestimmter Lösungen zurückgekehrt. Seine publizistischen Helfer *Arndt* und *Görres* hatten diese Schwenkung mitvollzogen. Die Grup-

---

[1]) Siehe unten S. 494 ff.

pen, die bald als die eigentlichen Verfechter des nationalstaatlichen Unitarismus hervortreten sollten, die radikaleren Elemente der *Burschenschaft* und der *Turnerschaft,* hatten sich 1814/15 noch nicht politisch formiert. Die *deutsche Linke,* die in den von den liberal-demokratischen Gedanken von 1789 beseelten Geheimgesellschaften organisiert war, war in der Zeit der deutschen Neuordnung des Jakobinismus oder gar des Bonapartismus verdächtig. Noch war der dynastisch-partikularstaatliche Gedanke so mächtig, daß der Plan einer deutschen Nationalrepublik nur als eine müßige Spielerei erschien. Er hatte lediglich eine negative Bedeutung, indem die restaurativen Elemente ihn als Schreckmittel benutzten, um auch die Vertreter gemäßigt nationalstaatlicher Lösungen als Schrittmacher der nationaldemokratischen Revolution zu diskreditieren. Schon bereitete sich die Kampagne vor, die Stein und Gneisenau, aber auch Humboldt und Hardenberg als Parteigänger oder Förderer des „Tugendbundes" zu entlarven und damit als verkappte Anhänger des deutschen Jakobinismus zu kompromittieren suchte.

Läßt man die gänzlich irreale Möglichkeit eines nationalen Einheitsstaats beiseite, so blieben als denkbare Formen einer deutschen Einigung nur übrig: die einfache Wiederherstellung des alten Reichs, die Bildung eines deutschen Bundesstaats und die Bildung eines deutschen Staatenbunds.

2. Die Wiederherstellung des Reichs

Die Reichserneuerung wäre 1814/15 staatsrechtlich die einfachste Lösung gewesen. Wie schon früher dargetan, hatte die Niederlegung der deutschen Kaiserkrone 1806 so wenig wie der vorausgegangene Austritt der Rheinbundstaaten vom reinen Rechtsstandpunkt aus das Ende des Reichs herbeigeführt [1]. Nun haben gewiß im Staats- und Verfassungsleben auch die dem Recht widerstreitenden faktischen Ereignisse eine rechtsumgestaltende Kraft, wenn sich in ihnen eine veränderte Wirklichkeit gegenüber einem leeren Normengefüge auf die Dauer durchsetzt. Aber als Napoleon 1814, dann endgültig 1815 überwunden war, lag die faktische Reichsauflösung erst acht oder neun Jahre zurück. Es war nicht außerhalb des Bereichs des Möglichen, nach dieser verhältnismäßig kurzen Spanne staatsrechtlicher Unordnung den Austritt der Rheinbundstaaten aus dem Reich und die bei der Niederlegung der Kaiserkrone von ihrem Inhaber ausgesprochene Reichsauflösung für *nichtig* zu erklären und Reich und Kaisertum auf diesem einfachen Weg wiederaufleben zu lassen. Die sieben Jahre der Fremdherrschaft wären dann ein bloßes *Interregnum* gewesen. Wiederholt hatte das alte Reich eine solche herrscherlose Zeit überdauert; es gab kein rechtliches Hindernis, auch in diesem Fall auf die Lehre vom möglichen Fortbestand eines politischen Ganzen bei vorübergehendem Wegfall seiner Organe zurückzugreifen.

Dem von Stein ursprünglich verfochtenen *Kaiserplan* lag diese staatsrechtliche Konzeption einer schlichten *Renovatio Imperii* zugrunde. Der Kaiser hätte durch einen Widerruf seines Verzichts die Reichsgewalt wieder an sich genom-

---

[1]) Siehe oben S. 72 ff.

men; der alte Reichstag hätte interimistisch seine Funktionen wieder aufgreifen können, bis man sich über die verfassungsrechtliche Neuordnung im fortbestehenden Reich einig geworden war. Auch England-Hannover vertrat damals zunächst die Ansicht, daß das Reich durch den Verzicht Franz' II. auf die Krone staatsrechtlich nicht aufgelöst worden sei. Der englische König als Kurfürst des Reichs habe die Aufhebung der alten Reichsverfassung niemals als gültig angesehen; das Kaisertum als Einrichtung sei erhalten geblieben; nur sei die Krone seit 1806 ohne Inhaber; das Haus Habsburg könne sie grundsätzlich ohne Weiteres von neuem an sich nehmen. Allerdings, so lautete die englisch-hannoversche Ansicht weiter, hätten die dem Pariser Frieden vorausgegangenen Negotiationen dem Haus Habsburg einen einseitigen Widerruf des Verzichts von 1806 unmöglich gemacht; die Erneuerung der Reichsverfassung und des Kaisertums sei damit von neuen Negotiationen unter den europäischen Partnern der dem Pariser Frieden vorausgegangenen Verhandlungen abhängig geworden[1]. In ihrem letzten Teil war das eine etwas gewundene Erwägung, die offensichtlich nur das englische Mitspracherecht bei der Neugestaltung Deutschlands vorbehalten sollte.

Doch hätte diese schlichte Reichserneuerung vorausgesetzt, daß die alte Reichsordnung trotz ihrer Mängel den Deutschen noch als eine legitime Form ihres politischen Zusammenhalts, als eine wenigstens vorläufige Garantie der Unabhängigkeit und Sicherheit, als ein Hort der angestammten und neuerworbenen Freiheiten und des Anspruchs der Einzelnen auf einen Anteil an der Bildung und dem Vollzug des politischen Gesamtwillens erschienen wäre. Gerade in der Nation aber war dieses traditionelle Reichsbewußtsein am Erlöschen; es wurde von dem ganz andersgearteten modernen Nationalstaatsbewußtsein verdrängt. In gleichem Maße aber war die einfache Wiederherstellung des Reichs davon abhängig, daß die Mächtigeren unter den deutschen Einzelstaaten sich bereit gefunden hätten, als Reichsstände unter Kaiser und Reich zu treten. Nun gab es gewiß auch unter den deutschen Fürsten mannigfache restaurative Tendenzen, die auf eine solche Reichserneuerung zielten. Im Ganzen aber entbehrte der Reichs-Legitimismus auch auf der Seite der Regierungen der Tragfähigkeit. Die acht Jahre seit der Zerstörung des Reichsgefüges waren mehr als eine Unterbrechung. Sie waren ein Umbruch, dessen tiefe Wirkungen nicht einfach ausgelöscht werden konnten; die Geschichte dieser tragischen und großen Jahre ließ sich nicht ungeschehen machen. Auch ungeachtet des Widerstands, den Österreich, Preußen und die Mittelstaaten dieser staatsrechtlich einfachsten Lösung entgegensetzten, fehlte es an den inneren Voraussetzungen der restitutio imperii.

3. Die bundesstaatliche Lösung

Allerdings wäre nach den Plänen der von Stein geführten Kaiserpartei die Reichserneuerung nur die Vorstufe eines nationaldeutschen Bundesstaats, also

---

[1]) Erklärung des Grafen *Münster* vom 25. November 1814 (*Klüber*, Acten Bd. 1 Heft 1 S. 83 ff.). Siehe dazu unten S. 550 Anm. 3.

eines von dem alten Reich wesensmäßig durchaus abweichenden Staatstypus, gewesen. Als die Reichserneuerung unüberwindbaren Hindernissen begegnete, verzichtete man auf den Umweg; auf den Bundesstaat unmittelbar richteten sich nun die Bemühungen der deutschen Nationalstaats- und der preußischen Reformpartei. Dieser „Bundesstaat" war als eine Kompromißform zwischen dem Staatenbund und dem Einheitsstaat gedacht. *Territorial* wäre bei der bundesstaatlichen Lösung nur im Prinzip der Gebietsstand der Einzelstaaten erhalten geblieben. Stein wie die Vertreter Preußens beabsichtigten, diejenigen unter den Rheinbundfürsten, die bis zuletzt dem Banner Napoleons gefolgt waren, vor allem den König von Sachsen, ihrer Herrschaft zu entheben und durch eine großzügige Grenzveränderung in Norddeutschland ein einheitliches großpreußisches Territorium herzustellen, das ein starkes gebietliches Gegengewicht gegen die österreichische Ländermasse und gegen die süddeutschen Territorien bilden sollte. *Verfassungsrechtlich* hätte die bundesstaatliche Lösung zu einer starken Zentralgewalt des Bundes geführt. Um ihren Träger zu bestimmen, war es allerdings nötig, den österreichisch-preußischen Dualismus zu überwinden oder ihm in geeigneter Form Rechnung zu tragen. Da es nach Lage der Dinge unmöglich war, Österreich unter die preußische oder umgekehrt Preußen unter die österreichische Vorherrschaft zu stellen, versuchte man, das Führungsproblem dadurch zu lösen, daß in dem zu schaffenden Bundesstaat das Haus Habsburg das deutsche Kaisertum, der König von Preußen aber das Amt des Bundesfeldherrn und damit die militärische Kommandogewalt über das Bundesheer wenigstens in Norddeutschland erhielt. Dieses System einer *doppelten Bundesspitze* hätte nun allerdings den Dualismus Österreich-Preußen verfassungsrechtlich institutionalisiert. Es wäre eine erstaunliche Art von „Gewaltenteilung", eine Trennung von oberster politischer Repräsentation und oberster militärischer Befehlsgewalt entstanden. Es ist verständlich, daß Österreich sich dieser Spaltung von Autorität und Macht, von kaiserlicher *auctoritas* und preußischer *potestas*, entschieden widersetzte.

Die bundesstaatliche Lösung hätte weiter den liberaldemokratischen Prinzipien der Volksrepräsentation, der Grundrechte und der Rechtseinheit (durch Bildung eines obersten Bundesgerichts) bis zu einem gewissen Grad Rechnung getragen. Starke national-unitarische Elemente hätten das föderative System durchsetzt. Die bundesstaatliche Lösung hätte die Souveränität der Einzelstaaten aufgehoben und durch die Souveränität des Gesamtstaats verdrängt. Eben diese Wesenszüge riefen den heftigen Widerstand nicht nur Österreichs, sondern auch der deutschen Königreiche hervor. Insbesondere die von Preußen erstrebte Vergrößerung auf Kosten Sachsens und einiger kleinerer nordmainischer Territorien erschien den auf Erhaltung des gegebenen Zustands bedachten Mittelstaaten ebenso unannehmbar wie die mit dem preußischen Anspruch auf das Bundesfeldherrnamt drohende preußische Hegemonie. Aber auch in Preußen selbst verstärkten sich bald die Widerstände der restaurativen Kräfte gegen die bundesstaatliche Lösung, die nicht nur die in ihrer partikularstaatlichen Unabhängigkeit erneut gefestigte preußische Großmacht einer gesamtdeutschen Zentralgewalt unterworfen, sondern auch die liberalen und demokratischen Elemente gekräftigt hätte, auf deren Ausschaltung in Preußen die Reaktionspartei so eifrig bedacht war. Und selbst die Reformer Hardenberg und Humboldt näherten sich bald einer Politik, die ihr vornehmstes Ziel in dem Ausbau der selbständigen Großmachtstellung Preußens innerhalb des europäischen Konzerts sah; die Einordnung Preußens in einen deutschen Bundesstaat konnte einer solchen Politik nur hinderlich sein. Schließlich schwenkten Hardenberg und Humboldt ganz auf die staatenbündische Linie Metternichs ein, nachdem sich gezeigt hatte, daß sie den Widerstand Österreichs, Englands und Frankreichs gegen die volle Annexion Sachsens nicht zu überwinden und daß sie auch den Teilerwerb Sachsens und den Erwerb des linken Rheinufers für Preußen nur unter Verzicht auf jede nationalstaatliche Lösung der deutschen Verfassungsfrage einzuhandeln vermochten.

4. Die staatenbündische Lösung

Die Beschränkung der deutschen Verfassungspläne auf die Bildung eines deutschen *Staatenbundes* war von Anfang an das Ziel der österreichischen, von Metternich geleiteten Politik, aber auch das Ziel, für das Bayern und Württemberg allenfalls gewonnen werden konnten. „Staatenbund" hieß dabei ein staatsrechtliches System, das nicht die Wiederherstellung des status quo ante, sondern die Anerkennung des status quo zur Grundlage hatte. Der deutsche Staatenbund ließ die territorialen Veränderungen im Ganzen unberührt, die seit dem Reichsdeputationshauptschluß und während der Rheinbundzeit eingetreten waren; er fand sich ab mit der Vernichtung des territorialen Besitzrechts der zahlreichen in der Zwischenzeit mediatisierten oder säkularisierten alten Reichsstände; er schloß in sich zugleich aber die Garantie des territorialen Besitzstands für die 1814/15 in staatlicher Selbständigkeit vorhandenen Herrschaftsbereiche. Das alte Unrecht sollte legalisiert, eine weitere Vereinfachung der deutschen Länderkarte aber ausgeschlossen werden. Der deutsche Staatenbund gestand den Territorialstaaten die *Souveränität,* die ihnen mit der Reichsauflösung zugefallen war, gemäß dem in den Verträgen von Ried, Fulda und Frankfurt anerkannten Grundsatz zu; nur durch ein lockeres föderatives Band konnten die Einzelstaaten bei dieser staatenbündischen Lösung vereinigt werden. Eine so geartete deutsche Föderation konnte kein gemeinsames Staatsoberhaupt, keine einheitliche Gesetzgebung, Verwaltung und Rechtsprechung, keine Wirtschafts- und Zolleinheit, vor allem aber kein einheitliches Heerwesen beanspruchen. Die staatenbündische Gemeinsamkeit konnte sich nur in der Einsetzung eines föderativen, auf verhältnismäßig geringfügige Kompetenzen der Außen- und Innenpolitik beschränkten Kollegialorgans kundtun. Die staatenbündische Lösung bedeutete den Verzicht auf nationale Einheit, auf den gemeindeutschen Schutz der bürgerlichen Freiheitsrechte und auf demokratische Mitbestimmung in einer gesamtdeutschen Verfassung. Aber sie erhielt das innerdeutsche und das europäische Gleichgewicht aufrecht und empfahl sich daher allen, die das Stabilitätsprinzip höher stellten als die Idee der nationalstaatlichen Selbstbestimmung.

§ 28. Die Auflösung des Rheinbunds und die deutsche Zentralverwaltung

Schrifttum: W. *Oncken,* Österreich und Preußen im Befreiungskriege (1876/79); A. *Pfister,* Aus dem Lager des Rheinbundes 1812 und 1813 (1897); H. *Bloch,* Mecklenburg zu Beginn der Freiheitskriege (1913); W. *Windelband,* Badens Austritt aus dem Rheinbund (ZGORh NF Bd. 25, 1910, S. 102 ff.); A. *Schwertmann,* Hamburgs Schicksal im Jahre 1813 (Diss. Greifswald 1911); O. *Bezzel,* Studien zur Geschichte Bayerns in der Zeit der Befreiungskriege (1926); E. *Schneider,* Der Anschluß [Württembergs] an die Verbündeten im Jahre 1813 (in: Aus der württembergischen Geschichte, 1926, S. 90 ff.).
J. A. F. *Eichhorn,* Die Centralverwaltung der Verbündeten unter dem Frhrn. vom Stein (1814); J. J. *Rühle v. Lilienstern,* Die deutsche Volksbewaffnung (1815); P. *Wetzel,* Die Genesis des am 4. April 1813 eingesetzten Zentralverwaltungsrats und seine Wirksamkeit bis zum Herbst dieses Jahres (Diss. Greifswald 1907); F. *Plathner,* Behördenorganisation und Kriegskontributionen im Königreich Sachsen 1813/14 (1909); W. *Just,* Verwaltung und Bewaffnung im westlichen Deutschland nach der Leipziger Schlacht 1813/14 (1911).

I. Der Zentralverwaltungsrat

1. Die Errichtung des Zentralverwaltungsrats

Als Preußen im Frühjahr 1813 im Bündnis mit Rußland den Kampf um die Befreiung Deutschlands begann, kam es darauf an, die Rheinbundstaaten, die noch an Napoleons Seite im Krieg gegen Rußland standen, zum Abfall vom Rheinbund und seinem Protektor und zum Anschluß an die preußisch-russische Koalition zu bewegen. Der preußisch-russische *Vertrag von Breslau* vom 19. März 1813[1]) suchte diesen Frontwechsel der Rheinbundstaaten zu befördern. Er drohte allen noch nach Ablauf einer bestimmten Frist im Bündnis mit Frankreich verharrenden deutschen Fürsten den Verlust ihrer Herrschaft an. Demgemäß rief der gemeinsame russisch-preußische Oberbefehlshaber Fürst Kutusow in der *Proklamation von Kalisch* vom 25. März 1813[2]) die noch mit Frankreich verbündeten deutschen Staaten auf, an dem Befreiungskampf teilzunehmen und den Rheinbund preiszugeben. Die Kernsätze des Aufrufs lauteten:

„Und so fordern sie (die verbündeten Herrscher) denn treues Mitwirken, besonders von jedem deutschen Fürsten, und wollen dabei gern voraussetzen, daß sich keiner finden werde unter ihnen, der, indem er der deutschen Sache abtrünnig sein und bleiben will, sich reif zeige der verdienten Vernichtung durch die Kraft der öffentlichen Meinung und durch die Macht gerechter Waffen.

---

[1]) Abgeschlossen von *Stein* und *Nesselrode* als russischen, von *Hardenberg* und *Scharnhorst* als preußischen Bevollmächtigten. (Text: *Martens,* Nouveau Recueil Bd. 1 S. 564; auch CJCG Bd. 1 S. 138).
[2]) Siehe oben S. 479.

Der Rheinbund, diese trügerische Fessel, mit welcher der Allentzweiende das erst zertrümmerte Deutschland, selbst mit Beseitigung des alten Namens, neu umschlang, kann als Wirkung fremden Zwanges und als Werkzeug fremden Einflusses, länger nicht geduldet werden. Vielmehr glaubten Ihre Majestäten einem längst gehegten, nur mühsam noch in beklommener Brust zurückgehaltenen, allgemeinen Volkswunsche zu begegnen, wenn Sie erklären, daß die Auflösung dieses Vereins nicht anders als in Ihren bestimmtesten Absichten liegen könne"[1]).

Der unmittelbare Erfolg dieses Aufrufs blieb allerdings angesichts der noch ungeklärten Kriegslage zunächst gering. Nur die Herzöge von Mecklenburg-Schwerin und Strelitz traten im März/April 1813 aus dem Rheinbund aus, um sich den Verbündeten anzuschließen.

Stein, der als Berater des Zaren im Frühjahr 1813 innerhalb der Koalition großen Einfluß besaß, war entschlossen, gegenüber den ins Lager der Verbündeten übergetretenen wie gegenüber den am Bündnis mit Napoleon festhaltenden Rheinbundstaaten im gesamtdeutschen Interesse eine übergeordnete politische Autorität aufzubauen, nicht nur um die gemeinsamen kriegerischen Anstrengungen zu fördern, sondern mehr noch, um die Vereinigung der deutschen Staaten unter einer gemeinsamen Verfassung vorzubereiten. Auf Steins Betreiben sah der Vertrag von Breslau die Errichtung eines *Zentralverwaltungsrats* vor, der in den rheinbündischen Gebieten nördlich des Mains, sobald sie im Zug der militärischen Operationen von der Fremdherrschaft befreit sein würden, die oberste Gewalt übernehmen sollte. Insbesondere sollte er das Recht haben, provisorische Regierungen in den befreiten Rheinbundstaaten einzusetzen, die Staatseinkünfte einzuziehen und die Landesbewaffnung zu leiten.

Die *Konvention von Kalisch* vom 4. April 1813 setzte den Zentralverwaltungsrat effektiv ein[2]). Er war ein Kollegialorgan aus russischen und preußischen Bevollmächtigten; *Stein* gehörte ihm als Präsident, die preußischen Staatsräte *Schön und Rehdiger* gehörten ihm als Mitglieder an[3]).

2. Die Zuständigkeit des Zentralverwaltungsrats

Nach den erwähnten Verträgen hatte der Zentralverwaltungsrat in den befreiten, von den Verbündeten besetzten Gebieten die allgemeine Polizei- und Finanzhoheit, die Requisitionsgewalt und die Rüstungsgewalt. Seine praktische Tätigkeit umfaßte vor allem folgende Maßnahmen: die Anforderung von *Natural- und Quartierleistungen* für die verbündeten Armeen, die Erhebung einer *Kriegssteuer* (Kontribution) als Finanzbeitrag zum deutschen

---

[1]) Text: Dokumente Bd. 1 Nr. 28.

[2]) Text: CJCG Bd. 1 S. 139.

[3]) Vereinbart war, daß Rußland und Preußen je zwei Mitglieder ernennen sollten. Der Zar ernannte den Innenminister *Graf Kotschubey*, der jedoch sein Amt im Zentralverwaltungsrat niemals antrat und *Stein*; der preußische König berief *Schön* und *Rehdiger*. In dem faktisch dreigliedrigen Kollegium fiel Stein (anstelle Kotschubeys) als dem zweiten russischen Bevollmächtigten der Vorsitz zu. Dazu Bekanntmachung des Feldmarschalls *Fürst Kutusow* vom 6. April 1813 (*Stein*, Briefwechsel Bd. 4 S. 260).

Befreiungskampf, die Aufstellung eines *Truppenkontingents* (Linie, Landwehr, Landsturm) in jedem befreiten Land; dazu kamen Einzelmaßnahmen, wie z. B. die *Aufhebung der Kontinentalsperre*, die der Zentralverwaltungsrat überall anordnete.

Nach der Konvention besaß der Zentralverwaltungsrat zur Durchführung seiner Aufgaben die Befugnis, mit den Landesherren befreiter Gebiete, die sich freiwillig auf die Seite der Verbündeten stellten, *Akzessionsverträge* abzuschließen, die die Bedingungen regelten, unter denen die Landesherren zur weiteren Ausübung der Landesgewalt befugt sein sollten, und die Bestimmungen über die von diesen zu leistenden Beiträge an Truppen, Naturalabgaben für die Heeresverpflegung und Geld zur Deckung der gemeinsamen Kriegskosten enthielten; ferner stand ihm die Aufsicht über den Vollzug dieser Verträge zu. Solange es nicht zu einer vertraglichen Regelung kam, nahm der Zentralverwaltungsrat das Recht in Anspruch, kraft der ihm in den befreiten Gebieten zuerkannten Rüstungs-, Requisitions- und Finanzhoheit durch *einseitige Anordnungen* über den zu leistenden Beitrag an Truppen, Natural- und Finanzabgaben zu entscheiden.

In den Gebieten, deren Landesherren den Übertritt auf die Seite der Verbündeten ablehnten, besaß der Zentralverwaltungsrat vom Augenblick der Besetzung ab kraft des Rechts der *occupatio bellica* die volle Entscheidungs- und Befehlsgewalt. Denn Rußland stand mit sämtlichen deutschen Staaten von 1812 her im Krieg, den die Befreiung von der französischen Herrschaft nicht automatisch beendete; der Kriegszustand dauerte fort, bis der Übertritt auf die Seite der Verbündeten und der Abschluß eines Friedens- und Bündnisvertrags ihn aufhob. Nach der Ansicht Steins galt dieses *„Recht der Eroberung"* sogar gegenüber den auf die Seite der Verbündeten übergetretenen Landesherren, wenn ein Akzessionsvertrag über die wechselseitigen Beziehungen nicht zustande kam oder wenn Beigetretene die Verpflichtungen aus einem solchen Vertrag nicht erfüllten[1]). Zur Sicherung dieser Befehlsgewalt wies Kutusow als Armee-Oberbefehlshaber in der Bekanntmachung vom 6. April 1813 alle öffentlichen Beamten und alle Einwohner des nördlichen Deutschland an, den Verfügungen des Zentralverwaltungsrats unbedingte Folge zu leisten.

Der Zentralverwaltungsrat besaß schließlich das Recht, außer den Beamten des eigenen Zentralbüros auch *Zivilgouverneure* (Generalintendanten, Generalkommissare) für die einzelnen Bereiche zu ernennen, in die er die befreiten deutschen Länder einteilte; an die bisherigen oder früheren Landesgrenzen war er dabei nicht gebunden[2]). Dem Zivilgouverneur sollte ein vorläufiger Landesrat zur Seite stehen, eine Einrichtung, in der Stein die Anfänge einer Repräsentativverfassung festzulegen gedachte. Ausgenommen von der Zuständigkeit des Zentralverwaltungsrats sollte nur das wiederherzustellende Kurfürstentum *Hannover* und die ehemals *preußischen Gebiete* sein; hier sollte die alte Gebietshoheit der Regierungen automatisch mit der Befreiung wiederaufleben.

Seine Befugnisse leitete der Zentralverwaltungsrat aus der Vollmacht der beiden verbündeten Staaten Preußen und Rußland ab. Er war, wenn man so will, seiner formellen Rechtsstellung nach ein gemeinsames *preußisch-russisches Besatzungsorgan*. Doch gingen die Zuständigkeiten, die er beanspruchte, über bloß besatzungsrechtliche

---

[1]) Dazu Steins Rechtfertigungsschreiben an den Grafen Münster vom 19. Mai 1813 (*Stein*, Briefwechsel Bd. 4 S. 332): „Die Deutsche Fürsten gehen durch ihre innige Schlechtigkeit unter, nicht durch unser Benehmen. Der Verwaltungsrat trat *befehlend* auf, da er in eroberten Ländern zu handeln hatte und mit Recht jeden Fürsten so lange als seinen Feind ansah, bis er sich für die Deutsche Sache erklärte".

[2]) Geplant waren anfänglich fünf Verwaltungsbezirke: 1) Sachsen und die anhaltischen Herzogtümer; 2) das Königreich Westfalen ohne Hannover und die preußischen Gebiete; 3) die Herzogtümer Berg, Westfalen und Nassau; 4) das Departement der Lippe; 5) das Departement der Elbmündungen und Mecklenburg. Nur der erste und der letzte dieser Bezirke wurden im Frühjahr 1813 eingerichtet.

Befugnisse weit hinaus. Auch wenn man bedenkt, daß 1813 für das Besatzungsrecht noch nicht die engen Normen der „Haager Landkriegsordnung" galten, hätte doch auch damals kraft der bloßen Besatzungsgewalt nicht das Recht in Anspruch genommen werden können, die Bewohner eines besetzten Gebiets für die gemeinsame Kriegführung zu rekrutieren. Aber Stein und seine Mitarbeiter empfanden sich in ihrer Tätigkeit als Treuhänder der Nation und als ein *gesamtdeutsches Organ*. Im Auftrag der Nation gedachten sie bis zur endgültigen Neuordnung Deutschlands eine Obergewalt in den befreiten Gebieten auszuüben, und zwar nicht nur in denjenigen Ländern, deren Souveräne im Bündnis mit Napoleon verharrten, sondern auch in denjenigen, deren Landesherren der Koalition beitraten. Wenn Stein sich auch zu dem Vorschlag, den Zentralverwaltungsrat zu einem *„Deutschen politischen Rat"* zu erheben, nur vorsichtig äußerte[1]), so ist doch außer Zweifel, daß er den Zentralverwaltungsrat als den Anfang einer deutschen Staatsorganisation betrachtete, sozusagen als die Keimzelle eines nationaldeutschen Bundesstaates. Eben deswegen begegneten die Regierungen Österreichs und der süddeutschen Länder bei ihrem Beitritt zur Koalition dem Zentralverwaltungsrat als einer Institution des nationalen Unitarismus mit starken Bedenken und mit der festen Absicht, seinen Befugnissen engere Grenzen zu setzen.

3. Die Tätigkeit des Zentralverwaltungsrats

Infolge des langsamen Fortgangs der militärischen Operationen war dem Zentralverwaltungsrat zunächst eine bedeutendere Wirksamkeit versagt. Immerhin erstreckte sein Verwaltungsbereich sich im April 1813 einerseits auf das von Bernadotte besetzte *norddeutsche Küstengebiet* (beide Mecklenburg, Lübeck und Hamburg) und andererseits auf die von Blücher besetzten *mitteldeutschen Gebiete* (das Königreich Sachsen, die anhaltischen und Teile der thüringischen Herzogtümer). Von Dresden aus, wo er am 9. April 1813 seinen Sitz nahm, begann der Zentralverwaltungsrat seine Arbeit. In den beiden Hauptgebieten gewann sie einen durchaus verschiedenartigen Charakter. Denn beide Mecklenburg und die nach der Befreiung von den Verbündeten in ihrer alten Verfassung wiederhergestellten Freien Städte Lübeck und Hamburg schlossen sich der Koalition an, so daß der Zentralverwaltungsrat seine Tätigkeit hier im Einvernehmen mit den landeseigenen Obrigkeiten ausüben konnte. In Mitteldeutschland dagegen setzte der König von Sachsen seinen Widerstand gegen die Verbündeten fort; sein Land mußte der Zentralverwaltungsrat daher als besetztes feindliches Gebiet behandeln. Doch konnte der Zentralverwaltungsrat sich weder im verbündeten Küstengebiet noch im feindlichen Sachsen voll durchsetzen. Man hat Steins Verwaltungstätigkeit in dieser ersten Phase heftig getadelt, und in der Tat ist auffällig, wie sein unausgeglichenes Naturell zwischen unangebrachter Schroffheit gegenüber den mecklenburgischen Verbündeten und ausweichender Schwäche gegenüber dem feindlichen Sachsen schwankte. Doch ließ die Ungunst der Kriegsverhältnisse eine ausgereifte

---

[1]) Vgl. Schreiben des Freiherrn *Hans v. Gagern* an Stein vom 27. April 1813: „Werden Sie aber ein Deutscher politischer Rat, wie ich kaum zweifle und faktisch schon der Fall ist, so strebe ich darnach (sc. Ihnen von Nutzen zu sein)." Dazu Steins Antwort vom 27. April 1813: „Ich kann keine Veranlassung zu einer doppelten Diplomatie geben, die ein übles Ende nimmt. Dem Inhalte der Bemerkungen trete ich übrigens bei..." *(Stein,* Briefwechsel Bd. 4 S. 306, 307).

Politik des Zentralverwaltungsrats in diesen Anfängen nicht zu [1]). Schon Anfang Mai 1813 ging Sachsen, Ende Mai gingen Hamburg und Lübeck und im August auch die mecklenburgischen Herzogtümer den Verbündeten wieder verloren. Immerhin sind die Konflikte, in die die Zentralverwaltung sich in dieser kurzen Spanne verstrickt sah, verfassungsgeschichtlich wichtig; denn sie trugen dazu bei, daß es nicht gelang, aus der Zentralverwaltung für die befreiten Gebiete die Anfänge eines gesamtdeutschen Vollzugsorgans zu entwickeln.

a) Mecklenburg

Herzog Friedrich Franz I. von *Mecklenburg-Schwerin*, der als einziger deutscher Fürst schon im März 1813 zur Koalition übergetreten war, konnte wie der im April zu den Verbündeten übergegangene Herzog Karl von *Mecklenburg-Strelitz* [2]) mit Fug eine entgegenkommende Behandlung erwarten. Doch erkannte der Zentralverwaltungsrat den Herzögen keineswegs ohne Weiteres die Stellung von Verbündeten zu. *Stein* wie der als Zivilgouverneur („Generalintendant") für den Küstenbezirk (beide Mecklenburg, Lübeck, Hamburg) eingesetzte Frh. v. *Alopäus* (damals russischer Gesandter in Berlin) erhoben gegenüber den mecklenburgischen Herzögen harte militärische und finanzielle Forderungen [3]). Obwohl der schweriner Herzog aus freien Stücken noch mehr Truppen stellte, als Stein verlangt hatte, konnte man sich über die angemessene Herabsetzung des Finanzbeitrags zu den Kriegskosten nicht verständigen [4]). Als „Verbündete" lehnten beide Herzöge die Entgegennahme von „Befehlen" des Zentralverwaltungsrats ab, solange ihnen in diesem nicht ein gemeinsamer Sitz eingeräumt sei [5]). Stein dagegen war geneigt, einen Präzedenzfall zu schaffen und die Länder der Herzöge, obwohl diese, dem Kalischer Aufruf Folge leistend, freiwillig zu den Verbündeten übergetreten waren, als „besetztes feindliches Gebiet" zu behandeln, solange die im Kalischer Vertrag vorgesehene Akzessionsvereinbarung nicht abgeschlossen sei [6]). Der Entwurf der Beitritts-Konvention [7]) scheiterte schließlich aber auch

---

[1]) Dazu vorläufiger Bericht Steins für Zar Alexander I. über die Tätigkeit des Zentralverwaltungsrats vom 2. August 1813 *(Stein,* Briefwechsel Bd. 4 S. 386).

[2]) Über den Anschluß des Strelitzer Herzogs Karl, des Schwiegervaters des preußischen Königs, an die Verbündeten vgl. den Brief des Herzogs an Stein vom 8. April 1813 (ebenda S. 263): Nur die „eifrige Ergreifung" von Mitteln zur Teilnahme am allgemeinen Befreiungskampf entscheide darüber, ob die deutschen Fürsten „nemlich es wirklich wehrt sind, Deutsche Fürsten zu sein".

[3]) Dazu Schreiben Steins an Alopäus vom 10. April 1813 (ebenda S. 264); Instruktion Steins für Alopäus vom 26. April 1813 *(Pertz,* Stein Bd. 3 S. 662).

[4]) Note des Herzogs von Mecklenburg-Schwerin vom 3. Mai 1813 *(Stein,* Briefwechsel Bd. 4 S. 316); Antwort des Zentralverwaltungsrats vom 7. Mai 1813 (ebenda S. 321); Noten des Herzogs von Mecklenburg-Strelitz vom 7. Juni, 16. Juni und 10. August 1813 (ebenda S. 356, 361, 392), die eine Geldleistung überhaupt verweigern.

[5]) Gemeinsame Note der Herzöge von Schwerin und Strelitz vom 26. Mai 1813, mit Begleitbericht von Alopäus an Stein vom 28. Mai 1813 (ebenda S. 346, 347).

[6]) Zurückweisung der mecklenburgischen Note vom 26. Mai 1813 durch Schreiben des Zentralverwaltungsrats an Alopäus vom 3. Juni 1813 (ebenda S. 360); die kleineren Einzelstaaten könnten keinen Sitz im Zentralverwaltungsrat, sondern allenfalls späterhin eine Kollektivstimme erhalten; Gegenerklärung in der Note von Mecklenburg-Schwerin vom 1. Juli 1813 (ebenda S. 368), mit der scharfen Feststellung, die Regierung lehne jeden direkten Eingriff des Zentralverwaltungsrates in die Landesangelegenheiten ab.

[7]) Mecklenburg-schwerinscher Konventions-Entwurf vom 1. Juli 1813 (ebenda S. 368).

daran, daß Stein die von Mecklenburg geforderte Garantie des vollen territorialen und staatsrechtlichen Besitzstands als „unpassend" und „nachteilig" verwarf [1]); eine solche Garantie hätte die Stein'schen Verfassungspläne, die eine merkliche Begrenzung der Landeshoheitsrechte in sich schlossen, beeinträchtigt. Der Konflikt entbrannte also gerade um die Klausel, die Österreich schon im April 1813 dem König von Sachsen zuzugestehen bereit gewesen war [2]) und die es im Oktober und November 1813 den süd-, mittel- und westdeutschen Rheinbundstaaten bereitwillig einräumte [3]). Da diese Haltung Österreichs allgemein bekannt war, rief auch Mecklenburg gegenüber dem Zentralverwaltungsrat den Schutz der (im Sommer 1813 noch neutralen) Wiener Regierung an; diese erhielt dadurch, noch bevor sie der Koalition beigetreten war, die Möglichkeit, in diesen norddeutschen Fragen diplomatisch zu intervenieren. Vor allem aber erlangte sie Material gegen Stein, der seit eh und je im Verdacht des Jakobinismus stand und diesen Ruf durch sein die landesherrliche „Souveränität" mißachtendes Auftreten gegenüber Mecklenburg zu bestätigen schien. Der österreichische Einspruch führte auch dazu, daß Alopäus, als Mecklenburg und die Küstengebiete im Herbst 1813 wieder in die Hand der Verbündeten fielen, aus dem Amt des Zivilgouverneurs ausscheiden mußte und dieses vakant blieb [4]).

b) Sachsen

Das Königreich Sachsen besetzten die Verbündeten im Frühjahr 1813, nachdem der dem Bündnis mit Frankreich treu gebliebene König Friedrich August I. außer Landes (zunächst nach Regensburg, dann nach Prag) gegangen war; sie unterstellten es dem Zentralverwaltungsrat, der es unmittelbar (ohne Ernennung eines Zivilgouverneurs) verwaltete, wobei er sich der von dem König vor seiner Flucht am 25. Februar 1813 zur Wahrnehmung der Regierungsgeschäfte eingesetzten *Immediat-Kommission* als landeseigener Zentralbehörde bediente [5]). Nur forderte Stein von ihr, daß sie keine andere Autorität als die der verbündeten Besatzungsmächte (des russischen Zaren und des preußischen Königs) anerkenne und daß jede Verbindung mit außerhalb des Landes befindlichen Obrigkeiten (also mit dem eigenen Landesherrn) „bei nachdrücklicher Ahndung" aufzuhören habe [6]). Die Immediat-Kommission widersprach diesem Stein'schen Erlaß unter Berufung auf ihren Treueid [7]). In einzelnen Punkten kam sie den Anordnungen des Zentralverwaltungsrats nach, so durch Aufhebung der Kontinentalsperre [8]). Dagegen widersetzte sie sich den dem Land vom Zentralverwaltungsrat auferlegten Kriegssteuern und Naturalabgaben [9]).

In ihrem Widerstand gegen den Zentralverwaltungsrat sah sich die Immediat-Kommission durch die finassierende Politik des flüchtigen Landesherrn bestärkt. Dieser

---

[1]) Randbemerkung Steins zu dem Konventions-Entwurf (Briefwechsel Bd. 4 S. 369); Ablehnung des Entwurfs durch den Zentralverwaltungsrat am 11. Juli 1813 (ebenda S. 375); dazu Bericht von Alopäus vom 28. Juli 1813 (ebenda S. 384).

[2]) Siehe unten S. 493.

[3]) Siehe unten S. 494 ff.

[4]) Siehe unten S. 499 ff.

[5]) Mitglieder der Immediat-Kommission waren der Minister *v. Globig*, der Oberkammerherr *v. Friesen* und die Geh. Finanzräte *v. Manteuffel* und *v. Zezschwitz*.

[6]) Reskript Steins an die Immediat-Kommission vom 10. April 1813 *(Stein*, Briefwechsel Bd. 4 S. 265 f.).

[7]) Antwort der Immediat-Kommission an Stein vom 11. April 1813 (ebenda S. 266).

[8]) Anordnung Steins vom 13. April 1813; Vollzugsmeldung der Immediat-Kommission vom 16. April 1813 (ebenda S. 273, 281).

[9]) Aufforderung Steins vom 13. April 1813 an die Immediat-Kommission zur Zahlung einer Abschlagssumme von 500 000 Rthlr auf die noch zu bestimmende Kriegssteuer (ebenda S. 276); Antwort der Immediat-Kommission vom 20. April 1813 (ebenda S. 292). Nach dem Bericht der Immediat-Kommission vom 26. April 1813 (ebenda S. 303) waren bis zu diesem Tag 62 000 Rthlr auf die Kontribution gezahlt.

hatte im Frühjahr 1813 militärisch und diplomatisch eine Schlüsselstellung inne; sein Übergang zu den Verbündeten hätte die Stellung Napoleons in Deutschland zum Wanken und den Rheinbund zum Einsturz gebracht; sein Verharren auf der Seite Napoleons befestigte die französisch-rheinbündische Position. Am 9. April 1813 richtete der preußische König an den sächsischen den dringenden Ruf, sich dem preußisch-russischen Bündnis anzuschließen; Friedrich August I. anwortete am 16. April 1813 ausweichend [1]). Nachdem er nach Prag gegangen war, schloß er am 20. April 1813 den *sächsisch-österreichischen Vertrag*, in dem er Neutralität versprach und dafür die österreichische Garantie seines Besitzstands erhielt [2]). Das war für die Verbündeten eine herbe Enttäuschung; für den Zentralverwaltungsrat bedeutete die österreichische Garantie eine ernste Erschwernis in der Erfüllung seiner Aufgaben, da für die Immediat-Kommission mit dem Vertrag eine neue Lage eingetreten war; jedes Eingehen auf die Anordnungen des Zentralverwaltungsrats machte sie fürderhin von der Zustimmung des sächsischen Königs abhängig [3]). Nun befand Sachsen sich jedoch noch im Krieg mit Rußland; die Verbündeten waren daher in der Lage, bei einem Widerstand der landeseigenen Behörden das volle Kriegsrecht anzuwenden; sie konnten die nicht gefügige Immediat-Kommission absetzen und zur vollständigen Sequestration des Landes übergehen. Stein zögerte allerdings vor dieser Konsequenz [4]), zumal man ihm von allen Seiten die schonende Behandlung Sachsens anriet [5]); als er sich schließlich doch für energisches Vorgehen entschied [6]), war es dafür zu spät. Auf Grund der veränderten militärischen Lage mußten die Verbündeten Sachsen, am 8. Mai auch Dresden, den Sitz des Zentralverwaltungsrats, räumen. Der sich nun offen zu seinem französischen Bündnis bekennende sächsische König trat seine Landesherrschaft wieder an, verlor allerdings zugleich durch diese Preisgabe der Neutralität die österreichische Garantie aus dem Vertrag vom 20. April 1813.

II. Der Beitritt der Rheinbundstaaten zur großen Allianz

Der Beitritt Österreichs zu der preußisch-russischen Koalition [7]) änderte die innerdeutschen Machtverhältnisse von Grund auf. An Österreich gewannen die

---

[1]) Text der beiden Schreiben bei *Klüber*, Acten Bd. 7 S. 276 f.

[2]) Text des Vertrags bei *W. Oncken*, Österreich und Preußen im Befreiungskrieg (1876—79) Bd. 2 S. 267 ff.

[3]) So in dem oben S. 492 Anm. 9 erwähnten Bericht vom 26. April 1813.

[4]) Dazu das Hin und Her im Streit um die Kontribution: Androhung von Zwangsmaßnahmen durch den Zentralverwaltungsrat (28. April), erneute Zahlungsverweigerung der Kommission (29. April), Zahlungsaufforderung (30. April), wiederholte Zahlungsverweigerung (2. Mai), letzte Zahlungsaufforderung (4. Mai); siehe die fünf Schreiben bei *Stein*, Briefwechsel Bd. 4 S. 308, 309, 310, 314, 319.

[5]) In diesem Sinn vor allem Scharnhorsts Brief an Stein vom 11. April 1813, unter Berufung auf die ungeklärte militärische Lage und die Notwendigkeit, sich die Völker der befreiten Gebiete zu Freunden zu machen (ebenda S. 270 f.); Scharnhorsts Brief an Stein vom 15. April 1813 dagegen rät zur Absetzung der Immediat-Kommission (ebenda S. 278 f.).

[6]) Das Promemoria Steins vom 21. April 1813 (ebenda S. 293) schlägt vor, sich gegenüber Sachsen des „Eroberungsrechts" zu bedienen, die Autorität und Gewalt des Königs als suspendiert zu behandeln, die Immediat-Kommission zu beseitigen und die Regierungsgewalt einem von den Verbündeten zu ernennenden, dem Zentralverwaltungsrat zu unterstellenden Ausschuß zu übertragen, schließlich die sächsischen Truppen der Armee der Verbündeten einzugliedern. Ähnlich Steins Denkschrift vom 26. April 1813 (ebenda S. 304).

[7]) Österreichische Kriegserklärung an Frankreich vom 12. August 1813; Vertrag von Teplitz vom 9. September 1813 (siehe oben S. 479).

Rheinbundstaaten, die sich im Herbst 1813 angesichts des Sinkens des napoleonischen Sterns auf die Seite der Verbündeten schlugen, einen mächtigen Garanten ihrer Interessen; der Stein'schen Zentralverwaltung erwuchs ein zäher Widersacher, dem es gelang, ihre Vollmachten, die nach dem Breslauer Vertrag unbeschränkt sein sollten, in enge Grenzen zurückzuführen.

1. Die Verträge von Ried, Fulda und Frankfurt

a) In der deutschen Verfassungsfrage schuf Österreich eine vollendete Grundtatsache durch den mit Bayern geschlossenen *Vertrag von Ried* vom 8. Oktober 1813 [1]). In diesem Vertrag, mit dem Bayern sich kurz vor der Leipziger Schlacht vom Rheinbund und vom Bündnis mit Frankreich löste und der·Koalition gegen Napoleon beitrat, garantierte Österreich, zugleich im Namen seiner Verbündeten, dem bayerischen König seinen territorialen Besitzstand wie seine volle Souveränität. Etwaige Landabtretungen sollten nur auf Grund freier Vereinbarung und gegen Entschädigung stattfinden. Der Vertrag von Ried war ein Präjudiz gegen die engere nationalstaatliche Verbindung Deutschlands. Er machte jede Beschränkung der partikularstaatlichen Souveränitätsrechte vom freien Verzicht der Einzelstaaten abhängig, der von den süddeutschen Staaten jedoch nicht zu erwarten war. Stein, der gehofft hatte, die Rheinbundstaaten kraft des „Rechts der Eroberung" zu Zugeständnissen in der deutschen Frage zwingen zu können, erhob gegen die Grundsätze des Vertrags von Ried zwar Protest [2]), jedoch ohne Erfolg. Am 4. November 1813 traten Rußland und Preußen in Frankfurt dem Vertrag von Ried bei, womit Preußen nicht nur auf den Rückerwerb der 1806/07 verlorenen Markgrafschaften Ansbach und Bayreuth verzichtete [3]), sondern praktisch durch Anerkennung der *Rieder Souveränitäts-Garantie* auch den von Hardenberg und· Humboldt gehegten deutschen Verfassungsplänen ein unüberwindliches Hindernis schuf.

Die Souveränitäts-Garantie fand sich in dem Rieder Vertragswerk in doppelter Fassung, und zwar im eigentlichen Bündnisvertrag und in einem beigefügten Geheimvertrag.

Art. 4 des Bündnisvertrags lautete: „S.M. l'Empereur d'Autriche garantit tant en son nom qu'au nom de Ses Alliés, à S.M. le Roi de Bavière la jouissance libre et paisible, ainsi que *la Souveraineté pleine et entière* de tous les états, villes, domaines et forteresses, dont Elle se trouvoit en possession avant le commencement des· hostilités."

Art. 1 des Geheimvertrags lautete: „Les deux hautes parties contractantes regardent comme un des objets principaux de leurs efforts dans la guerre actuelle, la dissolution du Rhin et *l'indépendance entière et absolue de la Bavière*, de sorte que dégagée et placée hors de toute influence étrangère, *Elle jouisse de la plénitude de Sa souveraineté.*"

---

[1]) Text: *Martens*, Nouveau Recueil Bd. 1 S. 610 (auch *Klüber*, Acten Bd. 1 Heft 2 S. 89 ff.; CJCG Bd. 1 S. 217).

[2]) Steins Brief an Hardenberg (?) vom 30. Oktober 1813 (*Stein*, Briefwechsel Bd. 4 S. 451 f.): „Les arrangements faits avec la Bavière nous lient les mains et nuisent aux mesures générales à prendre".

[3]) Siehe oben S. 66, 113 und unten S. 570.

b) Umso schärfer forderte Stein, wenigstens gegen diejenigen Rheinbundstaaten, die bis dahin noch nicht zu den Verbündeten übergetreten waren, darunter vor allem gegen *Württemberg, Baden* und *Nassau,* nach dem Eroberungsrecht zu verfahren, d. h. die Regierungsgewalt der Landesherren zu suspendieren, diesen den Aufenthalt in ihrem Staatsgebiet bis zum Kriegsende zu untersagen und die Länder in Sequestration zu nehmen [1]). Dieses Vorgehen hätte die nationaldeutschen Bundesstaatspläne Steins mächtig gefördert; die interimistische Zentralverwaltung hätte mit den sequestrierten Rheinbundstaaten ein Faustpfand für die Verhandlungen über die staatsrechtliche Neuordnung Deutschlands erlangt; die sequestrierten Gebiete wären bei Kriegsende nicht automatisch an die Landesherren zurückgefallen; die Hauptmächte hätten die Rückgabe vielmehr von der Bedingung der mitgliedschaftlichen Einordnung in einen zentralgeleiteten Bundesstaat abhängig machen können. Entsprechend hätten sie bei der Wiederherstellung der nordwestdeutschen Staaten, die in der Rheinbundszeit untergegangen waren, sowie bei der Zuweisung ehemals säkularisierter oder mediatisierter Gebietsteile an neue Landesherren verfahren können. Erst recht aber hätte dieses Vorgehen gegenüber solchen Landesherren Platz greifen können, denen schon im Breslauer Vertrag vom 19. März 1813 wegen des hartnäckigen Festhaltens am Bündnis mit Napoleon die Verwirkung ihrer Herrschaftsrechte angedroht worden war [2]).

Aber die von der Sequestration bedrohten Landesherren vollzogen zum großen Teil noch rechtzeitig den Frontwechsel unter dem Abschluß von Garantie-Verträgen, die dem Rieder Vertrag nachgebildet waren. So enthielt der vom Königreich Württemberg abgeschlossene *Vertrag von Fulda* vom 2. November 1813 [3]) eine entsprechende Zusicherung. Wesentlich für die Entwicklung der deutschen Frage war allerdings, daß die Souveränitätsgarantie des Vertrags von Fulda gegenüber der Rieder Formel durch einen Vorbehalt, der der Wiederherstellung und Sicherung der deutschen Unabhängigkeit und Freiheit galt, eingeschränkt war.

Der Fuldaer Vertrag enthielt folgende Zusagen:
Art. 4 des Bündnisvertrags: „S.M. l'Empereur d'Autriche garantit tant en Son nom qu'au nom de Ses Alliés, à S.M. le Roi de Wirtemberg *la souveraineté et la jouissance libre et paisible de Ses Etats.*"
Art. 1 des Geheimvertrags: „Les deux hautes parties contractantes regardent comme un des objets principaux de leurs efforts dans la guerre actuelle la dissolution

---

[1]) Steins Denkschrift vom 30. Oktober 1813 (ebenda Bd. 4 S. 452): Die Rheinbundstaaten „werden sich vor den siegreichen Verbündeten beugen, sie werden sich zu Truppenstellungen verbindlich machen, in geringer entbehrlicher Zahl, aber uns möglichst die Benutzung der Kräfte ihres Landes erschweren, unsere Maßregeln lähmen, uns im Unglück verlassen und verraten. Um den Plan der Entwicklung und Benutzung der Kräfte Deutschlands in seinem vollen Umfang auszuführen, ist es nötig, die Verwaltung der Länder durch Gouverneurs leiten zu lassen und die Gewalt der Fürsten vermöge des den Verbündeten zustehenden Eroberungsrechts bis zu dem Frieden zu suspendieren, sie selbst aber aus dem Lande bis dahin zu entfernen."
[2]) Siehe oben S. 487.
[3]) Text: CJCG Bd. 1 S. 222 (auch bei *Klüber,* Acten Bd. 1 Heft 2 S. 93).

de la confédération du Rhin. S.M. le Roi de Wirtemberg, dégagé de tout lien constitutionel étranger, jouira en conséquence *de toute Sa Souveraineté*, sous la garantie des rapports politiques qui devront être la suite des arrangemens à prendre à l'époque de la paix future, dans le sens de rétablir et assurer l'indépendance et la liberté de l'Allemagne."

Der abweichend vom Rieder Vertrag gefaßte Satz 2 des Art. 1 des Geheimvertrags stellte die Württemberg zugesprochene Souveränitäts-Garantie also unter folgende salvatorische Klausel:

„. . . unbeschadet der politischen Verbindungen, die sich aus den bei Abschluß des künftigen Friedens zu treffenden Vereinbarungen über die Herstellung und Sicherung der Unabhängigkeit und Freiheit Deutschlands ergeben werden."

Diese Klausel hatte den Sinn, daß Württemberg sich gegenüber den zu treffenden Vereinbarungen zum Schutz der deutschen Unabhängigkeit und Freiheit nicht auf die ihm zugesicherte Souveränität sollte berufen können.

c) Ein großer Teil der übrigen auf die Seite der Verbündeten übertretenden Rheinbundstaaten erlangte durch den Abschluß der *Frankfurter Akzessionsverträge* vom 20., 23. und 24. November 1813 [1]) Zusicherungen, die denen des Rieder und des Fuldaer Vertrags in etwa entsprachen, und zwar Baden, Hessen-Darmstadt, Nassau sowie die Mehrzahl der thüringischen Staaten (Sachsen-Koburg, Sachsen-Gotha, Sachsen-Meiningen, Sachsen-Hildburghausen, Schwarzburg-Rudolstadt und Schwarzburg-Sondershausen). Die Frankfurter Verträge garantierten den der Allianz beitretenden Rheinbundfürsten *Souveränität und Gebietsbesitz*. Jedoch mußten die angeschlossenen Rheinbundstaaten sich allen Abtretungen (an Macht oder Gebiet) unterwerfen, die sich bei der kommenden Neuordnung als notwendig erweisen würden, um die Macht und Unabhängigkeit Deutschlands zu sichern [2]).

Diese *Unterwerfungsklausel* enthielt eine Blanko-Verpflichtung, die von außerordentlicher Tragweite werden konnte. Mit ihr sicherten die ehemaligen Rheinbundfürsten sich zwar gegen die unmittelbare Sequestration ihrer Gebiete durch das Stein'sche Zentralverwaltungsdepartement. Aber die ausgesprochene Garantie der Souveränitäts- und Gebietsrechte war höchst prekärer Natur, da sie dem Vorbehalt aller Einschränkungen, die künftig zur Sicherung der deutschen Unabhängigkeit vereinbart werden sollten, unterworfen war.

d) Eine Reihe anderer Rheinbundstaaten erlangten eine solche ausdrückliche Bestandsgarantie nicht. So war bei beiden Mecklenburg und Sachsen-Weimar der Abschluß der Akzessionsverträge unter anderem an der von diesen Staaten geforderten Garantieklausel gescheitert [3]). Auch die anhaltischen, reußischen und lippischen Länder sowie das Großherzogtum Würzburg erhielten keine vertragliche Verbürgung ihres Bestands, ihrer Integrität und ihrer Souveränität. Doch konnte diese Gruppe der Rheinbundmächte, zu der mit

---

[1]) Texte: CJCG Bd. 1 S. 224—229.

[2]) Art. 1 des Geheimvertrags mit *Baden:* „S.A.R. le Grand-Duc de Bade se prêtera à toutes les cessions qu'exigeront les arrangemens futurs en Allemagne, calculés pour le maintien de la force et l'indépendance de ce pays." Ähnliche Bestimmungen in Art. 4 des Vertrags mit *Hessen-Darmstadt*, Art. 4 des Vertrags mit *Nassau*, Art. 4 des Vertrags mit *Sachsen-Coburg* usw.: „S. A. R. s'engage à se conformer ... aux arrangemens qu'exigera l'ordre des choses, qui sera définitivement établi pour le maintien de l'indépendance de l'Allemagne."

[3]) Siehe oben S. 492.

den beiden Mecklenburg auch diejenigen gehörten, die ihren Übertritt am frühesten vollzogen hatten, nicht schlechter gestellt sein als die Rheinbundstaaten, die ihre Schwenkung benutzten, um sich vertragliche Gewährleistungen auszubedingen. Keiner dieser Staaten konnte somit ohne Zustimmung des Landesherrn aufgehoben oder in seinem territorialen oder staatsrechtlichen Besitzstand geschmälert werden. Zu der auf dem Wiener Kongreß beschlossenen Aufhebung des Großherzogtums Würzburg (einer habsburgischen Sekundogenitur) bedurfte es daher der Zustimmung des Großherzogs [1]).

2. Die Restitution aufgehobener Einzelstaaten

Zu den befreiten Ländern, die sich der Koalition anschlossen, gehörten außer den eben erwähnten *Rheinbundstaaten*, die ihren staatsrechtlichen Bestand ununterbrochen bewahrt und vielfach ihren territorialen Besitzstand ausgedehnt hatten, eine Reihe von *wiederhergestellten Staaten*, die in der Rheinbundzeit untergegangen, jetzt aber wieder aufgelebt waren. Diese staatsrechtliche und territoriale Restitution erreichten vor allem die nordwestdeutschen Staaten, die im Königreich Westfalen aufgegangen oder unmittelbar von Frankreich annektiert worden waren (*Hannover, Braunschweig* [2]), *Kurhessen* [3]), *Oldenburg*), sodann die Hansestädte *Lübeck, Hamburg, Bremen,* schließlich auch die Freie *Stadt Frankfurt.* Durchweg beanspruchten die wiederhergestellten Staaten, in *Identität und Kontinuität* mit den in der Rheinbundszeit untergegangenen Staaten gleichen Namens zu stehen. Die Herrschaftsverhältnisse der Rheinbundzeit seien auf rechtlose Usurpation gegründet gewesen; die Akte, die den Untergang der alten Staaten und ihre Einverleibung in einen neugegründeten Staat (wie das Königreich Westfalen oder das Großherzogtum Frankfurt) oder gar in das französische Kaiserreich hätten bewirken sollen, seien null und nichtig. Kraft einer rechtlichen Fiktion nahm man also den virtuellen Fortbestand der alten Staaten während der Rheinbundzeit an. Das Streben, Geschichte durch solche Fiktionen ungeschehen zu machen, hat somit eine lange Überlieferung.

Lübeck und *Hamburg* konstituierten sich schon nach ihrer ersten Befreiung im Frühjahr 1813 erneut als selbständige Stadtstaaten, verloren diese staatsrechtliche Selbständigkeit aber wieder bei der Rückeroberung durch die französischen Truppen. Nach der

---

[1]) Siehe unten S. 576, 578.
[2]) Zur Wiederherstellung von Hannover und Braunschweig hatte Preußen sich in dem Bündnis- und Subsidienvertrag mit England vom 14. Juni 1813 (*Martens,* Nouveau Recueil Bd. 1 S. 571 ff) verpflichtet: „S.M. le Roi de Prusse qui, dans ses négotiations avec la Russie, a reservé expressement les droits de la Maison de Brunswic-Lunébourg sur Hannovre coopérera par tous Ses moyens en Son pouvoir pour que la dite Maison, ainsi que la Maison ducale de Brunswic, recouvrent Leurs états héréditaires."
[3]) Wiederherstellungsvertrag für Kurhessen vom 2. Dezember 1813 (CJCG Bd. 1 S. 226). Er enthält in Art. II eine den Frankfurter Verträgen der Rheinbundstaaten (siehe oben S. 496) entsprechende Klausel: Garantie der Souveränität und des Gebietsbestands verbunden mit Unterwerfung unter die künftigen Bindungen zur Erhaltung der deutschen Unabhängigkeit.

zweiten Befreiung erlangten sie dann endgültig ihre Staatlichkeit wieder, Lübeck schon Ende 1813, Hamburg im Mai 1814. Die Wiederherstellung der Freien Stadt *Bremen* führte der russische Generalmajor Tettenborn durch [1]. Da dieser nach Steins Ansicht zu einer solchen Maßnahme nicht autorisiert war, veranlaßte der Minister die nachträgliche Bestätigung durch das Zentralverwaltungsdepartement.

Die Wiederherstellung der Freien Stadt *Frankfurt* wurde von Stein vorgeschlagen, in einer Verordnung geregelt und auf Grund eines Beschlusses des Ministerrats vom Zentralverwaltungsdepartement mit Wirkung vom 1. Januar 1814 vollzogen [2]. Die Stadt Frankfurt schied damit aus dem Verband des ehemaligen Großherzogtums Frankfurt aus; das Zentralverwaltungsdepartement setzte die alte reichsstädtische Verfassung wieder in Kraft [3]. In Fragen der Kriegsleistungen (Truppenkontingente, Naturalabgaben, Geldkontribution) blieb die Freie Stadt jedoch dem Generalgouvernement für das Großherzogtum Frankfurt [4]) unterstellt, ebenso in Angelegenheiten der politischen und der Militärpolizei. Für das in damaligen Zeiten auch in solchen Wechselfällen obwaltende Bedürfnis nach Verwaltungskontinuität ist bezeichnend, daß der *Frh. v. Günderode* (1753—1824), der 1806 Stadtschultheiß von Frankfurt und 1810 großherzoglicher Präfekt des „Departements" Frankfurt (d. h. des Stadtgebiets im Rahmen des Großherzogtums) geworden war, nunmehr vom Zentralverwaltungsdepartement erneut zum Stadtschultheiß bestellt wurde (1813) und von 1815—24 als Präsident des Gesetzgebenden Körpers an der Spitze des bedeutendsten Repräsentativorgans der Stadt stand.

Zahlreichen anderen mediatisierten Fürsten dagegen verweigerte das Zentralverwaltungsdepartement die Wiederherstellung, so insbesondere den *westfälischen Kleinfürsten*, die sich durch den Fürsten von Bentheim-Steinfurth mit dem Antrag auf Restitution an Stein wandten. Dieser begründete die Ablehnung damit, sowohl die 1806 vom Rheinbund als auch die später durch französische Anordnung vollzogenen Mediatisierungen müßten grundsätzlich mit Rücksicht auf die „nötige Einheit" als rechtsbeständig anerkannt werden [5]. Das Streben, die Geschichte der Rheinbundszeit ungeschehen zu machen und gewaltsame Usurpationen als rechtlos und nichtig zu behandeln, stieß also auf Grenzen, die man nicht nach Rechtserwägungen, sondern nach politischer Zweckmäßigkeit zog [6].

3. Rheinbundstaaten ohne Bestandsgarantie

Obwohl den wiederhergestellten Staaten eine ausdrückliche Garantie der Souveränität und des Gebietsbesitzes nicht ausgesprochen wurde, mußte diese als ihnen stillschweigend zuerkannt gelten. Denn sie konnten gewiß nicht

---

[1]) Vgl. Tettenborns Bericht an Stein vom 8. November 1813 *(Stein,* Briefwechsel Bd. 4 S. 459). *Friedrich Karl Frh. v. Tettenborn* (1778—1845) war Badener, aber seit 1794 österreichischer Offizier; 1812 trat er in russische Dienste; daher machte er die Kriege als russischer Heerführer mit. Auf dem Wiener Kongreß wurde er dem Großherzog von Baden bekannt; er wurde dessen Ratgeber, trat 1818 auch formell in badische Dienste und war 1819—45 badischer Gesandter in Wien.

[2]) Schreiben Steins an Hardenberg vom 3. Dezember 1813 (ebenda S. 482), mit der beigefügten Verordnung (ebenda S. 484).

[3]) Über den Vollzug siehe die Berichte *Hügels* an Stein vom 17. und 28. Dezember 1813 und 2. Januar 1814, sowie des Generalgouverneurs *Prinz Philipp von Hessen-Homburg* an Stein vom 27. Dezember 1813 (ebenda S. 493, 504, 506, 527). Über den Konflikt zwischen *Hügel* und *Friese* wegen der Frankfurter Verfassung siehe oben S. 131.

[4]) Siehe unten S. 507.

[5]) Schreiben Steins an den Fürsten v. Bentheim-Steinfurth vom 14. Januar 1814 *(Stein,* Briefwechsel Bd. 4 S. 546).

[6]) Über den Streit wegen der Wiederherstellung des Landes *Kniphausen* unter der Herrschaft des Grafen Bentinck siehe unten S. 771 ff.

schlechter gestellt sein als die der Koalition beigetretenen und durch die Verträge von Ried, Fulda und Frankfurt gesicherten Rheinbundmächte. Ohne Bestandsgarantie waren daher nur die Rheinbundstaaten, deren Landesherren bis zuletzt den Kampf an Napoleons Seite fortsetzten, so das Königreich *Sachsen*, oder die in der Hand von napoleonischen Satelliten gewesen waren, wie das Königreich *Westfalen* und die Großherzogtümer *Frankfurt* und *Berg*, oder denen die Aufnahme in den Kreis der Verbündeten versagt wurde, wie die Fürstentümer *Isenburg* und *von der Leyen*. Wie über diese Gebiete, so konnte auch über die ehemals deutschen Länder, die unmittelbare Bestandteile Frankreichs geworden waren, ohne daß ein Anwärter mit einem Wiederherstellungsanspruch vorhanden war, nach dem *Recht der Rückeroberung* entschieden werden, sobald die Verbündeten den vollen Sieg errungen hatten. Neben Sachsen, Frankfurt, Berg, Isenburg und anderen besetzten Staaten waren diese „herrenlosen" Gebiete vom Herbst 1813 ab der territoriale Verwaltungsbereich der nunmehr erneuerten deutschen Zentralverwaltung.

III. Das Zentralverwaltungsdepartement

1. Die Errichtung des Zentralverwaltungsdepartements

Trotz der Einschränkung seines räumlichen Aktionsbereichs im Sommer 1813 hatte der *Zentralverwaltungsrat* seine Tätigkeit niemals ganz eingestellt. Nach dem Sieg an der Katzbach (26. August 1813) konnte er seine politisch-administrative Wirksamkeit alsbald wieder auf die sächsische Lausitz erstrecken. Der Beitritt Österreichs zur Koalition machte eine *Reorganisation der Zentralverwaltung* erforderlich, um die Stein, Hardenberg, Humboldt und Metternich sich im September und Oktober 1813 lebhaft bemühten[1]. Das Ergebnis war die *Konvention von Leipzig* vom 21. Oktober 1813[2], mit der unmittelbar nach der Leipziger Schlacht neben Rußland und Preußen nunmehr auch die übrigen drei Hauptverbündeten Österreich, Großbritannien und Schweden in die zur Verwaltung der befreiten Gebiete geschaffene Organisation eintraten. Die Konvention wandelte den kollegialen Zentralverwaltungsrat in das bürokratisch geleitete *Zentralverwaltungsdepartement* unter Leitung *Steins* (als „Minister") um. Im kollegialen Zentralverwaltungsrat war es zu erheblichen Reibungen zwischen Stein und seinen alten preußischen Mitarbeitern *Schön* und *Rehdiger* gekommen; diese schieden aus der Zentralverwaltung nunmehr aus[3], was Steins Stellung, die ohnedies kraft des ihm zugestandenen vollen Direktionsrechts wesentlich verstärkt war, noch weiter steigerte.

---

[1] Über die Reorganisation der Zentralverwaltung siehe die Vorschläge Steins (Promemoria vom 19. August 1813 und Denkschrift vom 25. September 1813; *Stein*, Briefwechsel Bd. 4 S. 394, 422), sowie die Berichte Humboldts und Hardenbergs über ihre Verhandlungen mit Metternich und dem Zaren vom 4./5. Oktober 1813 (ebenda S. 426 ff., 429 ff.), mit der Erzählung vom unaufgeklärt gebliebenen Verschwinden einer ersten, schon Anfang Oktober 1813 unterzeichneten Vertragsurkunde.
[2] Text: *Martens*, Nouveau Recueil Bd. 1 S. 615 (auch CJCG Bd. 1 S. 140).
[3] Siehe dazu auch oben S. 488 Anm. 3.

Auflösung des Rheinbunds und deutsche Zentralverwaltung

Das verbreitete Urteil, die Leipziger Konvention habe die Stein'sche Zentralverwaltung so sehr verwässert, daß sie zu einer wirksamen Tätigkeit im Sinn ihres Leiters nicht mehr gelangt sei, ist schwerlich begründet. Gewiß begrenzte die Leipziger Konvention den räumlichen wie den sachlichen Aufgabenbereich der Zentralverwaltung erheblich. Trotzdem blieb ein bedeutendes Tätigkeitsfeld, und zwar umso mehr, als nun erst auch die Kriegslage eine räumlich weitgedehnte und sachlich intensive Arbeit der Zentralverwaltung gestattete. Wenn der Breslauer Vertrag vom 19. März 1813 dem Zentralverwaltungsrat *„unbeschränkte Vollmachten"* in Aussicht gestellt hatte, so lag die Errichtung einer solchen *Besatzungsdiktatur* weder im Interesse der verbündeten Mächte noch in dem der deutschen Sache; schon der Kalischer Vertrag vom 4. April 1813 hatte deshalb die Vollmachten des Zentralverwaltungsrats eingeengt. Die Leipziger Konvention enthielt noch geringere Vollmachten für die Zentralverwaltung als der Kalischer Vertrag. Doch auch sie eröffnete dem neuen Zentralverwaltungsdepartement vom Oktober 1813 ab einen großen Aufgaben- und Machtbereich. Er verengerte sich zwar räumlich dadurch, daß das Zentralverwaltungsdepartement die Mehrzahl der Rheinbundstaaten wie die wiederhergestellten Staaten aus seiner unmittelbaren Zuständigkeit entließ. Eine gewisse Oberzuständigkeit behielt es jedoch auch in ihnen. Und durch die Unterstellung der befreiten linksrheinischen und schließlich auch der besetzten altfranzösischen Gebiete erwuchs dem Zentralverwaltungsdepartement bald ein neuer großer Aktionsbereich. Diese Zentraladministration mit ihren vielverzweigten Unterbehörden mußte improvisiert werden; in voller Wirksamkeit stand sie nur in den sieben Monaten zwischen der Leipziger Schlacht und dem Ersten Pariser Frieden. Angesichts dieser Umstände ist die Arbeit des Zentraldepartements ein erstaunliches Beispiel damaliger Verwaltungskunst. Von einem Versagen der Zentralverwaltung könnte nur gesprochen werden, wenn Steins Ziel der Aufbau einer *politischen Oberbehörde* für die befreiten Gebiete unter Ausschaltung der bisherigen oder früheren Landesherren gewesen wäre; davon aber konnte keine Rede sein, wie Steins eigene Vorschläge erkennen lassen, die sich nur auf die Bildung einer provisorischen Verwaltungsbehörde mit beschränkten Aufgaben richteten. Gewiß hätte Stein die Tätigkeit seines Departements in gewissen Hinsichten gern etwas weiter erstreckt, als er es angesichts des Widerstands der größeren unter den ehemaligen Rheinbundstaaten vermochte. Aber das ändert nichts daran, daß er in dieser ersten, allerdings nur provisorisch für die Kriegsdauer errichteten gesamtdeutschen Zentralbehörde ein außerordentliches Wirkungsfeld besaß.

Das Zentralverwaltungsdepartement nahm seinen Sitz zunächst in Leipzig [1]), dann in Frankfurt [2]). Dem durch gemeinsame Wahl seitens der fünf Hauptverbündeten an die Spitze der Zentralverwaltung berufenen Minister stand das Recht zu, sein Departement selbständig zu leiten; sein Zentralbüro konnte er nach eigenem Ermessen einrichten. In das Büro traten ein für Preußen der Geheimrat *Friese* [3]), für Österreich der Hofrat *Frh. v. Hügel* [4]), für Rußland der Staatsrat *Merian* (ein Schweizer Emi-

---

[1]) Publicandum Steins vom 23. Oktober 1813 (*Stein*, Briefwechsel Bd. 4 S. 444).

[2]) Zwischendurch war der Sitz der Zentralverwaltung, dem Hauptquartier der Verbündeten folgend, in Freiburg i. Br., in Basel und an verschiedenen Orten Frankreichs; nach dem Ersten Pariser Frieden nahm die Zentralverwaltung ihren Sitz wieder in Frankfurt a. M.

[3]) Über ihn siehe oben S. 131.

[4]) *Johann Alois Frh. v. Hügel* (1753—1826), ein Koblenzer Bürgersohn, der erst in kurtrierischem, dann in österreichischem Dienst stand (1791 in den Reichsfreiherrnstand erhoben), war vor 1806 österreichischer Vertreter beim Reichstag in Regensburg. Er rettete 1805 die Reichskleinodien vor den vordringenden Franzosen durch rechtzeitige Überführung nach Wien. Im Zentralverwaltungsdepartement war er österreichischer Zivilgouverneur für Frankfurt (als rechte Hand der wechselnden Generalgouverneure). Seine Hoffnung auf das Amt des österreichischen Bundestagsgesandten in Frankfurt schlug fehl. Der noch unedierte schriftliche Nachlaß der Familie Hügel, der im Eigentum englischer Nachkommen steht, liegt in Freiburg i. Br.

grant)und der Kollegienassessor *Turgenieff;* zu seinem Kabinettssekretär berief Stein den Kammergerichtsrat *Eichhorn*[5]). Der Minister hatte sich nach Instruktionen und Weisungen der fünf verbündeten Regierungen zu richten und war ihnen Rechenschaft schuldig. Zur Ausübung dieser Rechte bestellten die verbündeten Regierungen je einen *Delegierten* beim Zentralverwaltungsdepartement, die zusammen einen *Ministerrat* („Ministerconseil") bildeten; dieser bestand teils aus im Hauptquartier anwesenden Ministern, teils aus eigens entsandten Diplomaten der Verbündeten; Vorsitzender war *Hardenberg.* Stein wäre gern auch Mitglied des Ministerrats geworden; es hatte gute Gründe, daß die Verbündeten das ablehnten. Denn der Ministerrat war Aufsichts- und Weisungsorgan gegenüber dem Leiter der Zentralverwaltung, was dessen Zugehörigkeit zu dem Rat nach der Logik der Sache ausschloß. Der Minister hatte dem Ministerrat Berichte über seine Tätigkeit zu erstatten und Antworten von ihm entgegenzunehmen; in wichtigen Fragen der Zentralverwaltung erbat Stein von sich aus die Beschlußfassung des Rats. Dieser war jedoch nicht unmittelbar in die Verwaltungstätigkeit eingeschaltet, sondern auf eine Kontroll- und Weisungsgewalt begrenzt.

2. Die Aufgaben des Zentralverwaltungsdepartements

Der Aufgabenbereich des Zentralverwaltungsdepartements war nicht, wie man annehmen könnte, auf die Gebietsteile beschränkt, deren Landesherren auf der Seite des Feindes standen oder die ohne Landesherren waren; allerdings konnte die Zentralverwaltung nur in diesen Gebietsteilen durch die von ihr eingesetzten Zivilgouverneure die unmittelbare Verwaltung ausüben. Völlig ausgenommen von der Zuständigkeit des Zentralverwaltungsdepartements aber waren nach der Leipziger Konvention nur die ehemals österreichischen, preußischen, hannoverschen und schwedischen Gebiete, dazu das Großherzogtum Würzburg als österreichische Sekundogenitur. Im übrigen aber besaß das Zentralverwaltungsdepartement auch gegenüber den ehemaligen Rheinbundstaaten und den restituierten Staaten, deren Landeshoheitsrechte bei ihren eigenen Obrigkeiten lagen, die Zuständigkeit, auf einen angemessenen Beitrag an Truppen und Geld zu den gemeinsamen Kriegsanstrengungen hinzuwirken. Insoweit war das Zentralverwaltungsdepartement ein *gesamtdeutsches Militärverwaltungsdepartement;* es hatte, zugespitzt gesagt, die Verwaltungszuständigkeiten eines *gesamtdeutschen Kriegsministeriums.*

Für diese *zentralen Aufgaben* bediente das Zentralverwaltungsdepartement sich folgender Einrichtungen:
a) Für die Militärorganisation wurde ein *Generalkommissar für die deutschen Bewaffnungsangelegenheiten* ernannt (der preußische Major, dann Oberstleutnant *Rühle von Lilienstern*)[6]), der dem Zentralverwaltungsdepartement unterstellt war. Dem

---

Vgl. *H. Finke,* Ein österreichisches Privatarchiv des 19. Jahrhunderts in England, Hist. Jb. Bd. 57, 1937, S. 541 ff.   [5]) Siehe oben S. 130 f., sowie Bd. II S. 481.

[6]) *August Rühle v. Lilienstern* (1780—1847) war preußischer Offizier bis September 1807, wurde dann Erzieher des Prinzen Bernhard von Sachsen-Weimar, der in der sächsischen Armee in Dresden diente. 1811—13 war Rühle ohne dienstliche Stellung; dann trat er als preußischer Major in Blüchers Stab. Im Dezember 1813 wurde er Generalkommissar im Zentralverwaltungsdepartement. Rühle kam nach dem Krieg ins preußische Kriegsministerium, in dem er 1819, nach Grolmans Rücktritt, als Generalmajor die Leitung des 2. Departements, der Generalstabs-Abteilung, übernahm. Siehe auch oben S. 231.

Generalkommissariat[1]) oblag es, nach Maßgabe des von den verbündeten Fürsten in Frankfurt am 24. November 1813 vereinbarten *Frankfurter Neubewaffnungsprotokolls*[2]) für die Aufstellung und Bereitstellung der Truppenkontingente in den deutschen Ländern (außer Österreich, Preußen, Hannover und Würzburg) Sorge zu tragen. Die Hauptaufgabe bestand dabei in der Organisation der *Linien- und Landwehrformationen,* die der Generalkommissar für alle befreiten Länder außer Bayern, Württemberg und Kurhessen in fünf Armeekorps zusammenzufassen hatte[3]). Als Richtsatz für das von jedem Land beizusteuernde Kontingent an Linientruppen galt der Satz von 2 % der Bevölkerung; daneben war ein entsprechendes Landwehrkontingent zu stellen[4]). Für die Rekrutierung der Truppen bedienten die zu den Verbündeten übergegangenen Rheinbundstaaten sich in der Regel ihrer bisherigen Konskriptionsgesetze, die sie durch Landwehr- und Landsturmordnungen ergänzten. Aber auch in den dem Zentralverwaltungsdepartement unmittelbar unterstellten Generalgouvernements benutzten die Generalgouverneure zur Rekrutierung neben dem Aufruf von Freiwilligen die gesetzliche Wehrpflicht nach Maßgabe der rheinbündischen Konskriptionsgesetze, wobei sie nur die Vorschriften über Stellvertretung und Auslosung außer Kraft setzten[5]). Bei dieser Anwendung des rheinbündischen Wehrrechts ging man also mit einer gewissen Unbefangenheit zu Werk. Besonderen Wert legte das Zentralverwaltungsdepartement auf die *Organisation des Landsturms* in den ehemaligen Rheinbundstaaten und den sonstigen befreiten Gebieten. Der Generalkommissar bildete große Landsturmdistrikte, die *Bannerschaften,* und ernannte als Landsturmbefehlshaber, die ihm unmittelbar untergeben waren, die Bannerherren[6]). Die Gesamtzahl der auf diese Weise vom Generalkommissar des Zentralverwaltungsdepartements aufgestellten Linien- und Landwehrverbände betrug rund 165 000 Mann[7]); die Stärke der von ihm aufgestellten Landsturmformationen belief sich auf über 320 000 Mann[8]).

b) Ebenso war dem Zentralverwaltungsdepartement die *Generalintendantur* untergeordnet, deren Sache die Einziehung und Verwaltung der den Ländern obliegenden Naturalleistungen war[9]). Unmittelbar in der Hand des Zentralverwaltungsdepartements lag die Organisation des deutschen Lazarettwesens, eine Aufgabe, deren

---

[1]) In dem Generalkommissariat Rühles waren damals u. a. tätig: *E. M. Arndt, M. v. Schenkendorf* und *F. L. Jahn*; es wurde damit zum Zentrum deutsch-patriotischer Bestrebungen. (Stein lehnte es übrigens ab, sich seinen Untergebenen Jahn, den „fratzenhaften Kerl", von Eichhorn vorstellen zu lassen.)

[2]) Text: *Eichhorn,* a.a.O. S. 96 (auch CJCG Bd. 1 S. 202).

[3]) Für die Aufstellung der Landwehr diente die preußische Landwehrordnung als Vorbild; siehe oben S. 253 ff.

[4]) Über den Richtsatz von 2 % vgl. Schreiben Steins an den Herzog von Weimar vom 3. November 1813 (*Stein,* Briefwechsel Bd. 4 S. 456).

[5]) Vgl. die Berichte Gruners an Stein über die Rekrutierung im Generalgouvernement Berg vom 4. Dezember und 20. Dezember 1813; Mißbilligung in Steins Antwort vom 28. Dezember 1813; Verteidigung Gruners in der Erwiderung vom 6. Januar 1814; Abschlußbericht Gruners vom 24. Januar 1814 (ebenda S. 487, 494, 505, 532, 554).

[6]) Vgl. Schreiben Steins an Bassenheim, mit Ernennung zum Bannerherren, vom 6. Februar 1814 (ebenda S. 570). Über den Landsturmkonflikt mit Württemberg, Baden, Hessen-Darmstadt, Nassau siehe unten S. 505.

[7]) Bericht Steins an den Zaren vom 4. Mai 1814 (Stein a.a.O. S. 638 f.); die Stärke der Linien- und Landwehrverbände ist hier mit 165 384 Mann beziffert.

[8]) Bericht Steins an den Zaren vom 22. März 1814 (ebenda S. 610); die Stärke des in Württemberg, Baden, Hessen-Darmstadt, Nassau sowie den Generalgouvernements Frankfurt und Berg aufgestellten Landsturms ist hier mit 322 000 Mann angegeben.

[9]) Darüber die dem Frankfurter Bewaffnungsprotokoll beigefügten „Grundsätze über die Naturalverpflegung und -leistungen für die verbündeten Heere" (*Eichhorn,* a.a.O. S. 96 ff.).

Bedeutung einigermaßen klar wird, wenn man sich die grauenhaften Zustände vergegenwärtigt, die im Sanitätswesen nach der Leipziger Schlacht eingetreten waren [1]). Das Zentralverwaltungsdepartement errichtete regionale Lazarettdirektionen zur ärztlichen Versorgung der verbündeten Armeen [2]). Ferner oblag ihm die Koordination der *Waffen- und Munitionsherstellung* in den verbündeten und den befreiten Ländern. Dazu kam schließlich der Abschluß von Vereinbarungen über die *Militärpolizei*, eine besonders wichtige und schwierige Aufgabe angesichts der Übergriffe, deren sich Truppeneinheiten und einzelne Truppenangehörige der verbündeten Heere schuldig machten, die in der Zwischenstellung von Eroberern und Befreiern in die rheinbündischen Gebiete kamen.

c) Zu den allgemeinen Aufgaben des Zentralverwaltungsdepartements gehörte ferner die Einziehung und Verwaltung der Beiträge, die die deutschen Territorialstaaten zu den *Kriegskosten* zu erbringen hatten [3]). Das Zentralverwaltungsdepartement führte darüber Verhandlungen mit den Regierungen, wirkte bei Abschluß von Akzessionsverträgen auf entsprechende Beitragsverpflichtungen hin und brachte die *Frankfurter Kriegskosten-Vereinbarung* vom Dezember 1813 zustande, an der 26 Einzelstaaten beteiligt waren. Die Vereinbarung legte für jeden Einzelstaat einen Kriegskosten-Beitrag in Höhe der Brutto-Staatseinkünfte eines Haushaltsjahres fest. Es ergab sich daraus eine Gesamtverpflichtung (Hauptobligation) der beteiligten 26 Staaten in Höhe von 17 116 500 Gulden, die in Raten abzuführen waren [4]). Nach Abschluß des Pariser Friedens übernahm die Abwicklung der noch schwebenden Obligationsschulden eine bei dem Zentralverwaltungsdepartement gebildete *Kriegskosten-Liquidations-Commission*, deren Chef Graf Solms-Laubach war. Die an der allgemeinen Kriegskosten-Vereinbarung nicht beteiligten Staaten (Bayern, Württemberg, Hannover) waren durch Sonderabmachungen zu entsprechenden Leistungen verpflichtet.

3. *Die Zuständigkeiten des Zentralverwaltungsdepartements in den der Koalition beigetretenen Staaten*

Von der Zuständigkeit des Zentralverwaltungsdepartements freigestellt waren nach der Leipziger Konvention nur die ehemals preußischen, österrei-

---

[1]) Bericht des Berliner Mediziners Reil an Stein vom 26. Oktober 1813 aus Leipzig (bei *Pertz*, Stein Bd. 3 S. 437 ff.); Reil starb wenige Tage später an einer Infektion, die er sich bei seinen Bemühungen um das Los der Verwundeten zugezogen hatte.

[2]) Dazu das dem Frankfurter Bewaffnungsprotokoll beigefügte „Regulativ über die Errichtung und Unterhaltung der Lazarette" (*Eichhorn*, aaO S. 118 ff.).

[3]) Vgl. *Eichhorn*, aaO S. 110 ff.

[4]) Die Höhe der den Einzelstaaten auferlegten Beiträge ist instruktiv; die Anteile an der Hauptobligation waren wie folgt bemessen (*Klüber*, Acten Bd. 1 Heft 2 S. 79):

	Gulden			Gulden
1. Baden	4 791 666 $^2/_3$		16. S.-Meiningen	275 000
2. Hessen-Darmstadt	3 166 666 $^2/_3$		17. Waldeck	266 666 $^2/_3$
3. Kurhessen	2 500 000		18. Schw. Rudolstadt	210 000
4./5. Beide Nassau	1 250 000		19. Schw. Sondershausen	210 000
6. S.-Gotha	1 083 333 $^1/_3$		20. Anhalt-Cöthen	200 000
7. S.-Weimar	792 000		21. S.-Coburg	166 666 $^2/_3$
8. Anhalt-Dessau	416 666 $^2/_3$		22. Hoh. Sigmaringen	150 000
9. Nassau-Oranien	393 250		23. S.-Hildburghausen	125 000
10./13. Vier Reuß	333 333 $^1/_3$		24. Schaumbg. Lippe	108 333 $^1/_3$
14. Anhalt-Bernburg	292 000		25. Hoh. Hechingen	77 583 $^1/_3$
15. Lippe-Detmold	288 333 $^1/_3$		26. Liechtenstein	20 000

chischen und schwedischen Gebiete, ferner Hannover und Würzburg, praktisch ferner auch Bayern und Württemberg kraft einer besonders weiten Auslegung der Souveränitätsklausel der Verträge von Ried und Fulda. Im übrigen aber waren die der Koalition beigetretenen Rheinbundstaaten und die wiederhergestellten Staaten der Autorität des Zentralverwaltungsdepartements nicht automatisch entrückt. Vielmehr bemaßen die Rechte des Zentralverwaltungsdepartements gegenüber den Regierungen dieser Länder sich nach den *Akzessionsverträgen*, die die fünf Hauptverbündeten durch das Departement mit diesen Staaten abschlossen [1]. Es hing also völlig von diesen Akzessionsverträgen [2] oder von den bei der Wiederherstellung eines Staates gemachten Vorbehalten [3] ab, ob und in welchem Umfang eine Einwirkung des Zentralverwaltungsdepartements in diesen Ländern zulässig blieb.

In seinen zentralen Funktionen (Koordination der Aufstellung von Linien-, Landwehr- und Landsturmverbänden, Anforderung von Natural- und Geldbeiträgen für die Kriegführung, Einrichtung des Lazarettwesens, Koordination der Rüstungsproduktion, Einrichtung der Militärpolizei) besaß das Zentralverwaltungsdepartement Zuständigkeiten auch gegenüber diesen mit eigenen Landesobrigkeiten ausgestatteten Ländern. Nur konnte es diese Zuständigkeit nicht im Weg einseitiger Anordnung ausüben; vielmehr mußte es sich der Mittel der gütlichen Übereinkunft, des freundschaftlichen Ratschlags oder auch der nachdrücklichen Vorstellung bedienen. Zu diesem Zweck konnte es *Agenten* bei den Landesregierungen ernennen, die nach seinen Weisungen Einfluß auf die Truppenaufstellung, die Natural- und Geldleistungen und die sonstigen in seinem Aufgabenbereich liegenden Landesmaßnahmen zu nehmen hatten [4]. Die Agenten hatten den Abschluß von Akzessionsverträgen zu vermitteln und ihre Erfüllung zu überwachen; soweit solche Verträge nicht zustande kamen, hatten sie auf die Erfüllung der den Einzelstaaten kraft ihres Beitritts zur Koalition nach der Natur der Dinge obliegenden Pflichten zu dringen.

Schon beim *Abschluß der Akzessionsverträge* bestand die Hauptschwierigkeit für das Zentralverwaltungsdepartement in dem Widerstand, den die Landesregierungen der Festlegung angemessener Truppenkontingente und Finanzbeträge entgegensetzten [5]. Ebenso zeigten sich bei der *Durchführung der Akzessionsverträge* empfindliche Verzögerungen sowohl hinsichtlich der Aufstellung der Linien-, Landwehr- und Landsturmformationen als auch hinsichtlich der Aufbringung der geschuldeten Natu-

---

[1] Ziff. 3 der Leipziger Konvention.

[2] Über den Akzessionsvertrag der Stadt Bremen mit dem Zentralverwaltungsdepartement siehe Steins Schreiben an Humboldt vom 15. Januar 1814 *(Stein,* Briefwechsel Bd. 4 S. 548), über die dabei entstandenen Differenzen *Just,* aaO S. 61 f.

[3] Über die bei der Wiederherstellung der Stadt Frankfurt vorbehaltenen Befugnisse des Generalgouverneurs siehe oben S. 498.

[4] Zu Agenten bestellte das Zentralverwaltungsdepartement u. a.: für die thüringischen Staaten den *Frh. v. Riedesel,* für Anhalt den *Frh. v. Troschke,* für Kurhessen den russischen Major *v. Bötticher,* für Baden *M. v. Schenkendorf,* für die Hansestädte zunächst den Konsul *Delius,* dann *Dr. Gildemeister.*

[5] Vgl. Steins Schreiben an Hardenberg vom 3. November 1813 und an den Herzog von Sachsen-Weimar vom gl. Tg., mit denen er den weimarischen Entwurf eines Akzessionsvertrags ablehnte *(Stein,* Briefwechsel Bd. 4 S. 455, 456).

ral- und Geldleistungen. *Stein* erklärte angesichts dieser Säumnis, den auf die Seite der Verbündeten übergetretenen wie den wiedereingesetzten Fürsten sei die Landesgewalt nur unter der Bedingung zuerkannt, daß sie die in den Akzessionsverträgen übernommenen Verpflichtungen erfüllten; den säumigen Landesherren setzte er eine letzte Frist mit der Drohung, nach ihrem Ablauf würden die Verbündeten den Generalkommissar für die deutsche Bewaffnung ermächtigen, die Landesbewaffnung unmittelbar in seine Hand zu nehmen [1]). Darin, daß diese Drohung nötig war, offenbart sich das Maß der Spannungen, die sich schon während des gemeinsamen Kriegs zwischen den Hauptverbündeten und den Mittelstaaten entwickelten; die Gegensätze, die auf dem Wiener Kongreß offen hervortreten sollten, kündeten sich hier bereits an.

Besonders heftig waren die Widerstände gegen die vom Generalkommissar aufgebaute *Landsturmorganisation* in einem Teil der zur Koalition übergetretenen Rheinbundstaaten. Der Protest richtete sich dagegen, daß die Landsturmbezirke („Bannerschaften") ohne Rücksicht auf die Landesgrenzen festgesetzt waren, was nach Ansicht der Landesregierungen die Impermeabilität des Landesstaatskörpers verletzte, daß die vom Zentralverwaltungsdepartement ernannten Landsturmbefehlshaber („Bannerherren") eine von der Landesstaatsgewalt unabhängige militärische Gewalt erhielten, daß die in der Landsturmorganisation eingesetzten „Schutzdeputationen" als gewählte Organe ein demokratisch-jakobinisches Element in das Militärwesen einführten. Insbesondere Baden [2]), Hessen-Darmstadt und Nassau [3]) bereiteten der Frankfurter Landsturmordnung erhebliche Schwierigkeiten. Stein löste den Konflikt, indem er für diese drei Länder auf die Einsetzung von Bannerherren verzichtete; in Nassau und Hessen-Darmstadt übernahmen die Erbprinzen das Amt der Landsturmbefehlshaber [4]). Über das Fehlen einer einheitlichen deutschen Landsturmordnung und die Widersprüche im Landsturmsystem der südwestdeutschen Staaten führte Stein damals bewegte Klage [5]).

In *Bayern, Württemberg und Hannover* hatten das Zentralverwaltungsdepartement und der Generalkommissar keine Zuständigkeit für die Aufstellung der Landwehr und des Landsturms, weil die drei Königreiche sich der deutschen Zentralverwaltung gänzlich entzogen [6]). Trotzdem versuchte Stein auf diplomatischen Wegen (in München durch Vermittlung des bayerischen Generals *Verger,* in Stuttgart durch Vermittlung des russischen Gesandten *Golowkin,* in Hannover über den englischen General *Stewart* und den Grafen *Münster*), das Frankfurter Bewaffnungsprotokoll auch in diesen Gebieten zur Geltung zu bringen [7]). In einem Schreiben an Graf

---

[1]) Verfügung Steins vom 12. Februar 1814 (Briefwechsel Bd. 4 S. 576).

[2]) Über den badischen Landsturm siehe den Bericht Schenkendorfs an Stein vom 16. Februar 1814 (ebenda S. 578), bes. über den Widerstand des Ministers v. Reitzenstein gegen die die „monarchische Souveränität" beeinträchtigende Frankfurter Landsturmordnung. Die Proteste Schenkendorfs gegen die den Frankfurter Grundsätzen nicht entsprechende Badische Landsturmordnung vom 12. Februar 1814 blieben wirkungslos (Berichte vom 2. März und 29. März 1814, ebenda S. 585, 619).

[3]) Über die Aufstellung des Landsturms in Nassau siehe den Bericht des Herzogs von Nassau-Usingen an Stein vom 4. März 1814 (ebenda S. 591), der sich auf die Nassauische Landsturmordnung vom 21. Januar 1814 bezieht. Über die Proteste Nassaus und Hessen-Darmstadts gegen die Einsetzung von Landsturm-Bannerherren siehe ebenda S. 596, 607. Gleiche Bedenken im Schreiben des Grafen Münster an Stein vom 13. März 1814 (ebenda S. 607).

[4]) Vgl. Schreiben Steins an Rühle vom 27. März 1814, an den hessischen Minister v. Türckheim vom 29. März 1814, an Herzog Friedrich von Nassau vom 30. März 1814 und an den nassauischen Minister v. Marschall vom gl. Tg. (ebenda S. 616, 617, 622, 623).

[5]) Vgl. Schreiben Steins an Rühle vom 8. März und 27. März 1814 (ebenda S. 595, 616), sowie Bericht an den Zaren vom 22. März 1814 (ebenda S. 610).

[6]) Siehe oben S. 504.

[7]) Vgl. Schreiben Steins an Golowkin vom 25. Dez. 1813 (ebenda S. 499); über den Widerstand des Stein besonders verhaßten Königs von Württemberg gegen die

Münster findet sich, nach dem einleitenden Zugeständnis, daß Hannover der Kompetenz des Zentralverwaltungsdepartements nicht unterstehe, folgender Appell: „Was aber anderen deutschen Staaten die Verbindlichkeit der Verträge zur Pflicht macht, das fordert als freiwilligen Beschluß gleich dringend das Interesse aller Verbündeten, also auch Sr. Großbritannischen Majestät als Churfürsten von Hannover an dem gedeihlichen Fortgang und der Ausführung der deutschen Landesbewaffnung, welche nur durch die Übereinstimmung der einzelnen deutschen Territorien in den Hauptgrundsätzen erreicht werden kann" [1]). Einen Erfolg hatte Stein mit diesen Bemühungen um die Einbeziehung der drei Königreiche in ein einheitlich geordnetes deutsches Bewaffnungssystem nicht.

4. Die Sequestration der „herrenlosen" Länder

In den befreiten Gebieten, deren Landesherren der Koalition nicht beitraten oder zu ihr nicht zugelassen wurden („herrenlose Länder"), übernahm das Zentralverwaltungsdepartement die unmittelbare Staatshoheit, die es im Weg der Zwangsverwaltung bis zur Neuregelung der Gebietsverhältnisse ausübte. Dieser *Sequestration* unterlagen das Königreich *Sachsen*, der nichtpreußische Teil der Provinz *Westfalen*, die Großherzogtümer *Frankfurt* und *Berg*, sowie die Länder der zur Koalition nicht zugelassenen Fürsten von *Isenburg* und *von der Leyen*. Nach Überschreitung des Rheins übernahm das Zentralverwaltungsdepartement ferner die Sequestration der ehemals deutschen *linksrheinischen Gebiete*. In diesen Bereichen übte das Zentralverwaltungsdepartement keine bloß koordinierende und kontrollierende, sondern eine unmittelbar vollziehende *oberste Gewalt* kraft des „Rechts der Eroberung" aus. Zur Durchführung seiner Befugnisse teilte das Zentralverwaltungsdepartement diese Gebiete in einzelne *Generalgouvernements;* für jedes von ihnen bestellte es einen *Generalgouverneur*, der die gesamte Zivilgewalt mit einem von ihm berufenen *Gouvernementsrat* übernahm.

Stein hatte ursprünglich geplant, diese Gouvernements-Verwaltung auf alle Hauptgebiete Mittel-, Nord- und Südwestdeutschlands auszudehnen. Da jedoch die Mehrzahl der in Frage kommenden Staaten im Oktober-November 1813 auf die Seite der Verbündeten übertrat, unterstanden der Autorität des Zentralverwaltungsdepartements nur folgende Verwaltungsbezirke:

1. das *Generalgouvernement Sachsen* [2]); Generalgouverneur war *Fürst Repnin*, ein

---

Frankfurter Landwehr- und Landsturmordnung vgl. Schreiben Golowkins an Stein vom 1. Januar 1814, Antwort Steins vom 15. Januar 1814, Antwort Golowkins vom 19. Januar 1814 (ebenda S. 526, 547, 549). Dazu auch *Eichhorn*, aaO S. 61 f.

[1]) Schreiben Steins an Münster vom 26. Dezember 1813 *(Stein*, Briefwechsel Bd. 4 S. 502).

[2]) Zu dem Generalgouvernement Sachsen gehörten anfänglich auch die thüringischen, anhaltischen, reußischen und schwarzburgischen Fürstentümer, bis deren Landesherren, nach Abschluß der Akzessionsverträge, die Verwaltung ihrer Länder zurückerhielten. Auch dann behielt Repnin zunächst noch die Kontrolle über die Leistung der Finanz- und Truppenbeiträge dieser Länder (vgl. Schreiben Steins an den Herzog von Anhalt-Dessau vom 7. November 1813; Schreiben Steins an Repnin über die Akzessionsverträge für Reuß, Schwarzburg und Gotha vom 1. Dezember 1813; ebenda S. 459, 481). An Stelle Repnins übernahm diese Befugnis dann der *Generalkommissar für Thüringen*, Frh. v. Riedesel, bis er *Agent* des Zentralverwaltungsdepartements bei den thüringischen, schwarzburgischen und reußischen Fürstentümern wurde. Agent bei den anhaltischen Herzogtümern wurde gleichzeitig der Frh. v. Troschke (siehe oben S. 504 Anm. 4).

russischer Generalmajor [1]). Auf Grund einer russisch-preußischen Übereinkunft vom Oktober 1814, der Österreich und England zustimmten, ging die Verwaltung Sachsens am 8. November 1814 an einen preußischen Generalgouverneur, den Staatsminister *Frh. von der Reck*, über [2]). Sachsen wurde von preußischen statt von russischen Truppen besetzt. An der Unterstellung unter das Zentralverwaltungsdepartement änderte sich damit nichts [3]);

2. das *Generalgouvernement Frankfurt;* Generalgouverneur war zunächst der österreichische Feldmarschalleutnant Prinz Philipp von Hessen-Homburg, dann der österreichische Feldzeugmeister Fürst Heinrich XIII. von Reuß-Greiz [4]);

3. das *Generalgouvernement Berg;* Generalgouverneur war zunächst der ehemalige Berliner Polizeipräsident Justus Gruner [5]), dann (seit Februar 1814) der preußische Generalmajor Fürst Solms-Lich [6]);

4. das *Gebiet zwischen Rhein und Weser;* es bestand aus den ehemals preußischen Teilen der Provinz Westfalen, an deren Spitze als preußischer Zivilgouverneur der Frh. v. Vincke trat; er erhielt auch die Verwaltung der ehemals nicht-preußischen Teile Westfalens, die dem Zentralverwaltungsdepartement unterstanden; Vincke war also einerseits der preußischen Regierung, andererseits dem Zentralverwaltungsdepartement untergeordnet [7]).

Zu diesen rechtsrheinischen Verwaltungsbezirken traten nach der Befreiung des linken Rheinufers [8]):

5. das *Generalgouvernement Niederrhein* (Sitz Aachen); Generalgouverneur war der

---

[1]) Dazu Instruktion Steins für Repnin vom 23. Oktober 1813, Erster Bericht Steins über die Tätigkeit Repnins vom 5. November 1813, Anweisung Steins an Repnin vom 9. November 1813 *(Stein, Briefwechsel Bd. 4 S. 443, 457, 461)*. Weiteres siehe unten S. 509 f.

[2]) *Eberhard Ludwig Frh. v. d. Reck* (1744—1816) war 1784—1806 preußischer Justizminister (unter dem Großkanzler) und Chef des Lehensdepartements gewesen.

[3]) Über die Einsetzung und die Beendigung des preußischen Generalgouvernements in Sachsen siehe unten S. 567.

[4]) Über die Errichtung des Generalgouvernements Frankfurt siehe Brief Steins an Hardenberg vom 30. November 1813, sowie Brief Steins an den ersten Generalgouverneur Prinz Philipp von Hessen vom 12. Dezember 1813 (ebenda S. 480, 492). Über die Stellung der Stadt Frankfurt siehe oben S. 498.

[5]) Als einziges Regierungsmitglied war der bergische Innenminister Graf Nesselrode in Düsseldorf zurückgeblieben; er trat nach Gruners Ankunft zurück und übergab ihm die Geschäfte. Vgl. Gruners Berichte an Stein vom 25. und 27. November 1813 (ebenda S. 473, 475).

[6]) Über ihn die nicht eben freundliche Bemerkung Steins: „J'ai nommé le P. Solms gouverneur du Grand Duché de Berg; cela lui offrira un cercle d'activité et lui fera perdre pour un temps l'idée fixe qui domine son cerveau, celle de l'agrandissement de la maison de Solms" (Brief an Frau vom Stein vom 20. November 1813, ebenda S. 469).

[7]) Zu den nicht-preußischen Gebieten Westfalens, die dem Zentralverwaltungsdepartement unterstanden, gehörten die Städte Dortmund und Recklinghausen, ferner die Gebiete zahlreicher mediatisierter Reichsgrafen (Bentheim-Steinfurth, Salm, Croy, Rheda u.a.m.). Vgl. Brief Vinckes an Stein vom 18. November 1813 (ebenda S. 466). Über die Ablehnung der Restitution der Landeshoheit dieser „Moorgrafen" siehe oben S. 498.

[8]) Dazu Steins Denkschrift „Über die Bildung der Verwaltungsbehörden für die französischen Provinzen" vom 11. Januar 1814 (ebenda S. 538). Die zweite Denkschrift Steins vom 12. Januar 1814 (ebenda S. 540) unterscheidet schärfer zwischen den ehemals deutschen, belgischen und schweizerischen Gebieten, die von Frankreich annektiert worden waren, und den altfranzösischen Gebieten. Ferner Steins Schreiben an Schwarzenberg vom 23. Januar 1814 (ebenda S. 552) sowie an den Vizekanzler der österreichischen Hofkanzlei Frh. v. Baldacci vom 30. Januar 1814 (ebenda S. 561).

preußische Oberpräsident Sack; sein Gebiet umfaßte die bisher französischen Departements Roer, Ourthe und Niedermaas;

6. das *Generalgouvernement Mittelrhein* (Sitz Trier) mit den Gouvernementsbezirken Koblenz und Kreuznach; Generalgouverneur war Justus Gruner [1]); sein Gebiet umfaßte die bisher französischen Departements Rhein und Mosel, Saar und Donnersberg;

7. das *Generalgouvernement Elsaß* mit den Bezirken Unter- und Oberelsaß; Generalgouverneur war der österreichische Hofrat von Bartenstein.

Die Zuständigkeit des Zentralverwaltungsdepartements wurde beim weiteren Vordringen der verbündeten Armeen auch auf die besetzten altfranzösischen Gebiete erstreckt. Insoweit war die Tätigkeit des Zentralverwaltungsdepartements und der auch hier eingesetzten Generalgouverneure rein besatzungsrechtlicher Art; es wird darauf in dieser verfassungsgeschichtlichen Darstellung nicht weiter eingegangen.

5. Die Stellung der Generalgouverneure

Alle Generalgouverneure waren dem Zentralverwaltungsdepartement dienstlich untergeordnet. Der Leiter des Departements, der die Generalgouverneure ernannte und sie jederzeit abberufen konnte, war berechtigt, sie mit Instruktionen zu versehen, die der vorherigen Zustimmung der verbündeten Regierungen oder des Ministerrats nicht bedurften. Ihm stand das Recht zur Direktion und Kontrolle gegenüber der Tätigkeit der Generalgouverneure zu; diese waren streng an seine Weisungen gebunden und durften nur in unvorhergesehenen oder besonders dringenden Fällen auf eigene Verantwortung handeln. Zur Durchführung ihrer Obliegenheiten hatten sie einen *Gouvernementsrat* zu bilden, in den sie Staatsangehörige ihres Verwaltungsgebiets, aber auch landesfremde Vertreter der verbündeten Staaten berufen konnten; der Gouvernementsrat übte praktisch die Tätigkeit einer provisorischen Landesregierung aus. Im übrigen hatten die Generalgouverneure sich zum Vollzug ihrer Anordnungen möglichst der bestehenden Landesbehörden zu bedienen; in zwingenden Ausnahmefällen waren sie jedoch berechtigt, den Vollzug selbst zu übernehmen. Sie waren die höchste Autorität in ihrem Verwaltungsgebiet, der „Vereinigungspunkt aller Militär- und Ziviladministration"; sie hatten Anspruch auf den unbedingten Gehorsam aller Landesbehörden und Landesuntertanen [2]). Von den im Dienst bleibenden Landesbeamten forderte der Generalgouverneur die Unterzeichnung eines Reverses, durch den sie sich zum Gehorsam verpflichteten; widrigenfalls wurden sie entlassen. Minister, Beamte oder andere öffentlich bekannte Persönlichkeiten, die in engen Beziehungen zu den Franzosen gestanden hatten, wurden, soweit sie nicht außer Landes gegangen waren, in einer Reihe von Fällen verhaftet oder mit Aufenthaltszwang an Orte in Ländern der Hauptverbündeten verschickt [3]).

---

[1]) Die Ernennung Gruners zum Generalgouverneur für den Mittelrhein entsprach dem Vorschlag Blüchers an Stein vom 26. Dezember 1813 *(Stein,* Briefwechsel Bd. 4 S. 504).
[2]) Publicandum Steins vom 23. Oktober 1813 (ebenda S. 444).
[3]) Über die Verhaftung oder Verschickung sächsischer Staatsmänner, die als Parteigänger der Franzosen bekannt waren, vgl. den Bericht Repnins an Stein vom 3. Dezember 1813 (ebenda S. 482).

Die Stellung der Generalgouverneure

Zu den Aufgaben der Generalgouverneure gehörte [1]):

1) die *Versorgung* der innerhalb ihres Verwaltungsgebiets stationierten Truppenteile der Verbündeten mit Unterkunft und Verpflegung im Zusammenwirken mit den Militärintendanten der einzelnen Armeen, sowie die Einrichtung des Lazarettwesens;

2) die Erhebung von *Naturalabgaben und Kontributionen*, die aus ihren Verwaltungsgebieten als Beitrag zur gemeinsamen Kriegführung aufzubringen waren;

3) die Heranziehung der *militärischen Kräfte* ihrer Verwaltungsgebiete durch Aufstellung von Linien-, Landwehr- und Landsturmverbänden nach Maßgabe des Frankfurter Bewaffnungsprotokolls;

4) die allgemeine *Leitung und Beaufsichtigung der landeseigenen Verwaltungsbehörden*. Es kann somit keine Rede davon sein, daß die Zuständigkeit des Zentralverwaltungsdepartements durch die Leipziger Konvention auf das Heeresverpflegungs- und das Heeresersatzwesen beschränkt worden sei, wie oft behauptet wird. Im Gegenteil: Zur Zuständigkeit der dem Zentralverwaltungsdepartement unterstellten Generalgouverneure gehörte die gesamte Verwaltungsaufsicht gegenüber den landeseigenen Instanzen, einschließlich des Rechts, in zwingenden Fällen an ihrer Stelle die notwendigen Vollzugsmaßnahmen zu treffen. Über die Vollmacht bloßer Besatzungsbehörden, deren Zuständigkeit sich gemäß dem Begriff der *occupatio bellica* auf die militärische Sicherung der im Land stehenden Heeresverbände beschränkt, gingen die Obliegenheiten der Generalgouverneure in den befreiten deutschen Ländern weit hinaus, was insbesondere die von ihnen geleitete Landesbewaffnung deutlich macht. Am krassesten trat dies im *Königreich Sachsen* hervor [2]). Der nach der Schlacht von Leipzig in die Gefangenschaft der verbündeten Armeen geratene König von Sachsen wurde weiter als Feind behandelt; der Kriegszustand zwischen Sachsen und den Verbündeten dauerte an [3]). Trotzdem richtete die Tätigkeit des Generalgouverneurs von Repnin, den Weisungen des Zentraldepartements gemäß, sich darauf, die Bevölkerung Sachsens zu Kriegsleistungen an der Seite der Verbündeten heranzuziehen. Das Generalgouvernement Sachsen nahm demgemäß an der deutschen Landesbewaffnung wie an der Aufbringung des Kriegsbedarfs durch Natural- und Geldleistungen teil. Als Zentralbehörde setzte der Generalgouverneur auch in Sachsen einen *Gouvernementsrat* ein, in den deutschgesinnte sächsische Landesuntertanen eintraten [4]). Der Gouvernementsrat bildete zwei Kommissionen, die *Rüstungskommission*, die die Aufstellung der sächsischen Truppen übernahm, die an der Seite der Verbündeten ins Feld traten [5]), und die *Zentralsteuerkommission*, die die dem Land auferlegte außerordentliche Kriegskontribution von 2 Millionen Talern zu erheben und abzuführen hatte. Schwierigkeiten erwuchsen dem Generalgouverneur in erster Linie aus der Protektion, die Österreich dem gefangenen sächsischen König zuteil werden ließ [6]). So förderte Österreich die Bestrebungen der sächsischen Partei, die die Wiedereinsetzung des Königs betrieb. Störend waren für den Generalgouverneur auch die Tendenzen einer zweiten sächsischen Partei, die sich um die Übertragung der sächsischen Krone auf einen protestantischen Fürsten des Hauses Wettin, nämlich den Herzog *Karl Friedrich* von Sach-

---

[1]) Siehe oben S. 501 ff.

[2]) Siehe oben S. 492 f.

[3]) Siehe oben S. 499.

[4]) Dem Gouvernementsrat gehörten an: der russische Staatsrat *v. Merian*, der preußische Geheimrat *Krüger*, sowie die sächsischen Untertanen *Frh. v. Miltitz*, Oberst *v. Carlowitz*, Finanzrat *v. Oppel* und Appellationsgerichtsrat *Chr. Gottfr. Körner* (der Freund Schillers und Vater des Dichters; er trat nach dem Krieg in preußische Dienste über).

[5]) Leiter der Rüstungskommission war der sächsische General *Justus Vieth v. Golssenau*, der Ende 1812 den Abschied genommen und 1813 alsbald den Übertritt zu den Verbündeten vollzogen hatte.

[6]) Dazu die Berichte Repnins an Stein vom 16., 17., 19. und 30. November 1813 (*Stein*, Briefwechsel Bd. 4 S. 462, 463, 468, 478).

sen-Weimar bemühte [1]). Der sächsische Staat wäre mit diesem Thronwechsel aus einem Feind zu einem Verbündeten der Koalition geworden, was durchaus nicht in der Intention der russisch-preußischen Verwaltung lag. Die Konflikte, die aus der „sächsischen Frage" auf dem Wiener Kongreß hervorgehen sollten, kündeten sich damit auch im Bereich der sächsischen Gouvernementsverwaltung an. (Siehe dazu unten S. 564 ff.).

§ 29. Die Bundespläne Steins, Humboldts und Hardenbergs

Schrifttum: Siehe die Angaben zu den § § 10 und 27. Ferner *W. A. Schmidt,* Geschichte der deutschen Verfassungsfrage (1890); *A. Pfister,* Aus dem Lager der Verbündeten 1814 und 1815 (1897); *A. Fournier,* Der Kongreß von Châtillon (1900); *W. Real,* Die deutsche Verfassungsfrage am Ausgang der napoleonischen Herrschaft bis zum Beginn des Wiener Kongresses (Diss. Münster 1935); *K. Griewank,* Preußen und die Neuordnung Deutschlands 1813—1815 (FBPG Bd. 52, 1940, S. 234 ff.).

I. Der Verfassungsplan Steins

Aus der großen Zahl der verfassungspolitischen Projekte, die die Verhandlungen des Wiener Kongresses über die deutsche Frage vorbereiteten und begleiteten, ragt der Verfassungsplan Steins, der auf einen Bundesstaat mit starker Zentralgewalt zielte, hervor. Nimmt man es genau, so gab es allerdings keinen einheitlichen Stein'schen Plan, sondern eine Kette variierender Stein'scher Verfassungsvorschläge, die in nicht weniger als dreizehn großen Denkschriften der Jahre 1812—15, ungerechnet die zahllosen Briefe, Artikel, Randnoten und Einzeläußerungen, enthalten sind. Es lag in der Natur eines an verschiedenen Fronten und in wechselnden Lagen geführten Verfassungskampfes, daß die Vorschläge und Argumente Steins sich wandelten. Trotzdem standen seine großen Ziele unverrückbar fest.

1. Die deutsche Einheit

a) Der Plan des Bundesstaats

Die deutsche Einheit war das Hauptziel, dem Steins Bemühungen galten. Steins berühmter Brief vom 1. Dezember 1812 an Münster [2]) ist ein bleibendes Dokument dieser Gesinnung:

„Ich habe nur ein Vaterland, das heißt Deutschland, und da ich nach alter Verfassung nur ihm und keinem besonderen Teil desselben angehörte, so bin ich auch nur ihm und nicht einem Teil desselben von ganzer Seele ergeben. Mir sind die

---

[1]) Über diese „weimarische" Partei vgl. den letzten der vorstehend genannten Berichte Repnins, ferner Bericht von Carlowitz an Stein vom 20. Februar 1814 *(Stein,* Briefwechsel Bd. 4 S. 582). Herzog *Karl Friedrich* (1783—1853) war vermählt mit der Großfürstin *Maria Paulowna,* der Schwester des Zaren *Alexander,* und hoffte deshalb auf russische Protektion.

[2]) *Ernst Graf zu Münster* (1766—1839) war 1805—31 englischer Minister für hannoversche Angelegenheiten und als solcher 1814—15 einer der einflußreichsten Diplomaten des Wiener Kongresses.

510

Dynastien in diesem Augenblick der großen Entwicklung vollkommen gleichgültig; mein Wunsch ist, daß Deutschland groß und stark werde, um seine Selbstständigkeit und Unabhängigkeit und Nationalität wieder zu erlangen und zu behaupten in seiner Lage zwischen Frankreich' und Rußland — dieses ist das Interesse der Nation und ganz Europas; es kann auf dem Weg alter, zerfallener und verfaulter Formen nicht erhalten werden . . .

Mein Glaubensbekenntnis . . . führt zur Einheit; ist sie nicht möglich, zu einem Auskunftsmittel, zu einem Übergang. Setzen Sie an die Stelle Preußens, was Sie wollen, lösen Sie es ganz auf, verstärken Österreich mit Schlesien und der Kurmark und dem ganzen Königreich Westphalen mit Ausschluß der Vertriebenen, reduzieren Sie Bayern, Württemberg und Baden, als von Rußland begünstigte, wieder auf das Verhältnis vor 1802 und machen Österreich zum Herrn von Deutschland, ich wünsche es, das ist sehr gut, ist es aber ausführbar?" [1].

Dem stolzen Bekenner seiner alten Reichsunmittelbarkeit galt doch das historisch Gewordene niemals allein um seines Alters willen als erhaltenswert. Der engen Bindung an die preußischen Partikularinteressen wußte er sich entrückt; so wäre er um der deutschen Einheit willen bereit gewesen, die Hegemonie Österreichs in Deutschland anzuerkennen, wenn sie sich nur als ausführbar erwiesen hätte. Von allen dynastisch-legitimistischen Rücksichten war er frei; die Dynastien galten ihm als Instrumente im Dienst des Nationalwohls, und so war er entschlossen, ihre Machtfülle der nationalen Souveränität unterzuordnen. Dem Ganzen der Nation allein war er zugetan. Aber da er sah, daß die nationale Einheit in der gegebenen Lage nicht unmittelbar und nicht ohne Zugeständnisse geschaffen werden konnte, war er entschlossen, durch Aushilfsmittel wenigstens das Ausführbare zu erreichen.

Steins Verfassungsleitbild war eine aus dem mittelalterlichen Reichssystem entwickelte Ordnung. Wiederholt wies er auf die Verfassung des 10. bis 13. Jahrhunderts als ein Modell hin [2]. Doch verkannte er nicht, daß man die mittelalterlichen Verfassungszustände nicht einfach wiederbeleben könne. Was er mit diesem Hinweis auf das alte Reich beschwor, war das Bild einer Verfassung, die die Einheit mit der stammhaften Gliederung des Volkskörpers verbunden, die unter der Autorität der Zentralgewalt die Rechte der Territorien gesichert und die neben das Kaisertum als Repräsentativorgan die Reichsstände gestellt hatte. In der gleichen Weise sollte auch die künftige deutsche Verfassung Einheit und gegliederte Mannigfaltigkeit, Zentralgewalt und landeshoheitliche Selbständigkeit, monarchische Autorität und repräsentative Mitbestimmung verbinden.

Selbständigkeit, Unabhängigkeit und Nationalität bezeichnete Stein in dem Brief an Münster als die bestimmenden Ziele. In der Nation das „Gefühl der Selbständigkeit" zu erwecken [3], unter Vernichtung des Rheinbundes die „Un-

---

[1]) *Stein*, Briefe und Amtl. Schr. Bd. III S. 817. Die Fassung des Briefes bei *Pertz*, Stein Bd. 3 S. 224 weicht von der oben zitierten in einigen Punkten ab.

[2]) *Stein*, Denkschrift über Deutschlands künftige Verfassung. (Der deutsche Entwurf der Denkschrift, datiert vom 17. September 1812, bei *Stein*, Briefe u. Amtl. Schr. Bd. III S. 742; der endgültige Text, datiert vom 18. September 1812, ebenda S. 745, deutsche Rückübersetzung bei *Pertz*, Stein Bd. 3 S. 140 ff.).

[3]) Denkschrift vom 17. September 1812 (Briefe u. Amtl. Schr. Bd. III S. 744).

abhängigkeit Deutschlands" aufzurichten [1]), die „Integrität der deutschen Völkerschaften" zu wahren [2]), war sein vornehmstes Anliegen. Als „gerecht und bescheiden" bezeichnete er den „Wunsch jedes Deutschen", daß nach zwanzigjährigem Kampf „ein beharrlicher Zustand der Dinge entstehe, der dem Einzelnen Sicherheit des Eigentums, der Freiheit und des Lebens, der Nation Kraft zum Widerstand" gegen einen „Angriffskrieg von Auswärtigen" verschaffe [3]). Die Wiederherstellung der alten deutschen Westgrenze (Maas, Mosel, Vogesen), der „Vormauer" des Reichs, forderte er aus defensiven Absichten [4]). Nach den Erfahrungen der vergangenen Jahrhunderte, zumal aber der letzten Jahrzehnte, könne, so meinte er, ohne Einheit weder die Unabhängigkeit noch die Sicherheit Deutschlands erhalten werden.

Doch war Stein dem unitarischen Zentralismus durchaus abhold. Er verwarf für Deutschland die nationalrevolutionäre Idee der „république une et indivisible". Wie er mit seinen Verwaltungsreformen das Eigenleben der Gemeinden und Provinzen gekräftigt hatte, so suchte er das Reich als eine Korporation von lebensfähigen Territorien zu errichten. Zwar wandte er sich erbittert gegen den Souveränitätsanspruch der „36 Despotien", der aus Willkür und Zufall entstandenen monarchischen Mittel- und Kleinstaaten Deutschlands. Trotzdem war auch er für den föderativen Aufbau des Reichs aus einer Vielzahl staatlich organisierter, politisch eigenständiger Teile. Nur berief er sich gegenüber dem staatenbündischen Föderalismus darauf, das Reich solle nach den Beschlüssen der Alliierten [5]) ein Bundesstaat sein [6]). Darunter aber verstand er eine föderative Einheit mit einer Zentralgewalt, die die Souveränität des Ganzen über die Landeshoheit der Teile erheben sollte. Eine mit administrativen und militärischen Machtmitteln ausgestattete Bundesexekutive und eine mit ausreichenden Zuständigkeiten versehene Bundeslegislative galten ihm als das organisatorische Minimum der Reichseinheit.

b) Der dualistische Plan (Doppelbund)

In den Kämpfen der Jahre 1813/15 erwuchsen unüberwindliche Hindernisse für diese bundesstaatliche Lösung. Als Ausweg schlug Stein schon früh die *Zweiteilung Deutschlands* in einen österreichischen und einen preußischen Machtbereich mit der Mainlinie als Grenze vor [7]). In beiden Teilen sollte jeweils eine starke österreichische

---

[1]) Denkschrift vom 17. November 1812 *(Stein, Briefe u. Amtl. Schr. Bd. III S. 804).
[2]) Denkschrift von Ende August 1813 (ebenda Bd. IV S. 238).
[3]) Ebenda.
[4]) Denkschrift vom 1. November 1812 (ebenda Bd. III S. 794), Denkschrift von Ende August 1813 (ebenda Bd. IV S. 238).
[5]) Darüber oben S. 478 ff., besonders über den Art. 6 Abs. 2 des Ersten Pariser Friedens mit der Formel „unis par un lien fédératif".
[6]) So in der von Stein entworfenen Note des Zaren Alexander vom 11. November 1814. (Die verschiedenen Entwürfe der Note bei *Stein,* Briefe u. Amtl. Schr. Bd. V S. 188 ff.; deutsche Übersetzung des dritten Entwurfs bei *Pertz,* Stein Bd. 4 S. 150; französische Originalnote bei *W. A. Schmidt,* aaO S. 252 ff.). Siehe auch unten S. 549 Anm. 1.
[7]) Denkschrift vom 1. Nov. 1812 (Briefe u. Amtl. Schr. Bd. III S. 794) und später in mannigfachen Abwandlungen. Schon als Oberpräsident in Westfalen soll Stein, einem Bericht seines Freundes *A. W. Rehberg* zufolge, diese Idee der Aufteilung Deutschlands

oder preußische Hegemonialgewalt entwickelt werden; eine enge Föderation sollte die beiden Teile Deutschlands verbinden. Die neben den beiden Hauptmächten selbständig bleibenden Länder sollten zu Österreich oder Preußen als „Vasallen" unter Verzicht auf das Recht der Bündnisse und Gesandtschaften, also auf die völkerrechtliche Handlungsfreiheit, in ein engeres Bundesverhältnis treten; diese beiden deutschen „Bundesstaaten" aber sollten miteinander in einem „Staatenbund" vereinigt sein. Dieser Plan des *Doppelbundes* nahm sowohl die 1848/49 von Gagern verfochtene Idee des „engeren und weiteren Bundes"[1]) als auch den nach 1871 von Bismarck in abgewandelter Form geschaffenen Zweibund in etwa vorweg. Erinnert man sich dieser Folgewirkungen der Idee des Doppelbundes, so ist es vielleicht doch nicht berechtigt, diesen „unbehilflichen Versuch Steins zur Realpolitik"[2]) zu tadeln. Der deutsche Dualismus war 1814/15 ein Faktum so gut wie 1848/49 und 1866/67; der Doppelbund war die geeignete Form, um dieser Realität Rechnung zu tragen. Teilung bedeutet nicht unbedingt Trennung; auch im Dualismus kann die Einheit erhalten werden, wenn die gegenseitige Loyalität durch aufrichtige Föderation verbürgt ist.

c) Der trialistische Plan (dreigliedriger Bund)

Als auch diese Zweiteilung sich als undurchführbar erwies, schlug Stein statt ihrer eine *Dreiteilung* vor; Österreich, Preußen und Deutschland sollten nebeneinander treten. Eben jenes „dritte Deutschland", von dem später so viel die Rede war[3]), sollte nach diesem Vorschlag als selbständiger Bundesstaat unter die Oberhoheit des Kaisers von Österreich als Deutschen Kaisers treten[4]). Mitglieder des engeren Deutschland sollten auch die vor dem Reichsdeputationshauptschluß von 1803 reichsunmittelbar gewesenen Reichsstände sein; die seitdem zugunsten der Mittelstaaten durchgeführten Mediatisierungen, insbesondere die Erwerbungen Bayerns, Württembergs und Badens, sollten also rückgängig gemacht werden. An die Stelle der landesherrlichen Souveränität sollte im engeren Deutschland eine beschränkte „Landeshoheit" treten. Die Macht des Kaisers im engeren Deutschland sollte auf auswärtige Politik, Militär- und Finanzwesen erstreckt, die Macht der Territorien durch Vermehrung ihrer Zahl und Verminderung ihres Besitzes geschwächt werden, damit „die Souveränität oder die Despotie der 36 Häuptlinge" endlich veschwinde. Ein Reichsministerium, bestehend aus dem Reichsfeldmarschall, dem Reichskanzler und dem Reichsfinanzminister, sollte dem Kaiser im engeren Deutschland zur Seite stehen; an der Gesetzgebung sollte ein Reichstag beteiligt sein. Den Ländern sollte die Landeshoheit insbesondere auf den Gebieten der Polizei (d. h. hier der inneren Verwaltung), der Rechtspflege, der Erziehung und der Kultur verbleiben; sie sollten eine landständische Verfassung erhalten. Preußen, das Stein um Mecklenburg, Holstein und Sachsen zu vergrößern vorschlug, sollte mit dem engeren Deutschland und mit Österreich zu einem Staatenbund unter wechselseitiger Garantie der „Verfassung und Integrität" vereinigt sein.

„Wird dieser Bund von Deutschland, Österreich und Preußen mit Treue beobachtet, mit Kraft verteidigt, so ist seine Macht hinreichend, die Ruhe und Integrität der

---

zwischen Österreich und Preußen verfochten haben (vgl. *G. Ritter*, Stein Bd. 1 S. 121). Das gleiche Ziel proklamiert der berühmte Brief Steins an den Herzog von Nassau-Usingen vom 13. Januar 1804; Deutschlands Unabhängigkeit und Selbständigkeit könnten nur gewinnen, wenn die kleinen Staaten mit den großen Monarchien, „von deren Existenz die Fortdauer des deutschen Namens abhängt", vereinigt würden; „die Vorsehung gebe, daß ich dieses glückliche Ereignis erlebe" (*Stein*, Briefe u. Amtl. Schr. Bd. I S. 721). Diese *dualistische Konzeption* war im übrigen ein Element der traditionellen preußischen Politik; sie lag auch dem Bartensteiner Vertrag von 1807 zugrunde (siehe oben S. 478).

[1]) Siehe Bd. II S. 800 ff.
[2]) *Ritter*, Stein Bd. 2 S. 156.
[3]) Siehe unten S. 754 ff.
[4]) Denkschrift von Ende August 1813 (Briefe u. Amtl. Schr. Bd. IV S. 238).

Deutschen Völkerschaften zu gründen und dauerhaft zu erhalten, und vielleicht unter günstigen Umständen Frankreich das Land zwischen Rhein und Schelde wieder zu entreißen, um hier einen neuen Zwischenstaat zu gründen, der Deutschlands Vormauer gegen seinen natürlichen Feind ist."

Diese Denkschrift Steins vom August 1813 gehört zu den umstrittensten Dokumenten seines verfassungspolitischen Wirkens. Die Verfechter des kleindeutschen Gedankens haben in dem Vorschlag zur „Exkludierung Preußens" einen Verrat an dessen deutscher Mission gesehen. Als besonders widerspruchsvoll gilt, daß Stein den deutschen Charakter Preußens stark betonte und ihn dem „halbslawischen" Charakter Österreichs entgegensetzte, daß er aber trotzdem das deutsche Kaisertum an das Haus Habsburg geben wollte. Auch daß er an die Wiederherstellung des Gebietsstands von 1802 dachte, obwohl er doch in den früheren Denkschriften das System des Westfälischen Friedens so scharf getadelt hatte, wird als unbegreiflich angesehen. Geht man jedoch von der realen Lage des Sommers 1813 aus, so war dieser Plan weniger abwegig, als er auf den ersten Blick erscheint. Noch war der Sieg über Napoleon nicht errungen; noch standen die Rheinbundstaaten im französischen Lager; eben erst hatte Österreich sich nach langem Zögern entschlossen, der Koalition beizutreten. Ein Zusammenschluß Österreichs, Preußens und der übrigen Staaten war damals weder in der Form des Einheitsstaates noch in der des nationalen Bundesstaates möglich; ein bloßer Staatenbund aber stellte nach Steins Überzeugung eine unzureichende Lösung dar. In dieser Situation war der vorgeschlagene *Trialismus*, also der Plan, das bundesstaatlich geeinte „dritte Deutschland" mit Österreich und Preußen zu einem Staatenbund zu vereinen, nicht gar so wirklichkeitsfremd. Auch hoffte Stein damals noch, die reale Basis für den Zusammenschluß des „dritten Deutschland" durch seine eigene Tätigkeit an der Spitze des Zentralverwaltungsrats schaffen zu können. Erst die Verträge von Ried und Fulda, die die Souveränität der süddeutschen Einzelstaaten auch gegen die Einbeziehung in einen solchen Bundesstaat der deutschen Mittel- und Kleinstaaten sicherten, zerstörte die realen Möglichkeiten dieser dreigliedrigen Föderation.

2. Die Zentralgewalt

Die auf eine Zwei- oder Dreiteilung Deutschlands zielenden Vorschläge Steins waren immer nur als ein Aushilfsmittel, vielleicht nur als ein Provisorium gedacht. Sein Ziel war die Einheit Deutschlands; ihr wandte er sich mit neuen Vorschlägen zu, als sich im Kriegsverlauf bessere Aussichten für sie zu bieten schienen. Als Hauptaufgabe galt ihm die Bildung einer *aktionsfähigen Zentralgewalt*. Daß sie dem Reich seit dem Westfälischen Frieden gefehlt hatte, erschien ihm als der Kernschaden der deutschen Verfassung.

Die *Erneuerung des Kaisertums* bot sich als der selbstverständliche Weg an [1]); auf sie waren Steins erste Vorschläge daher gerichtet. Auch die Denkschrift Steins von Ende August 1813 enthielt diesen Vorschlag, allerdings mit der Modifikation, daß weder Österreich noch Preußen diesem deutschen Kaisertum unterstellt sein sollten. Als auch dieser Weg sich infolge des österreichischen Widerstands, des preußischen und des süddeutschen Widerspruchs als ungangbar erwies, trat Stein vorübergehend dafür ein, die oberste Reichsgewalt einem *Bundesdirektorium* zuzuweisen, in dem Österreich, Preußen, Bayern und Hannover, wenn ganz unumgänglich auch Württemberg, vertreten sein sollten [2]).

---

[1]) Siehe oben S. 483 f.
[2]) Denkschrift vom 10. März 1814 (Briefe u. Amtl. Schr. Bd. IV S. 612).

Ihm war die Leitung der Bundesversammlung, die Ausführung der dort gefaßten Beschlüsse, die Aufsicht über die sozialen, politischen, gerichtlichen und militärischen Einrichtungen der Gesamtheit, die Wahrnehmung der auswärtigen Angelegenheiten und die Entscheidung über Krieg und Frieden zugedacht. Auch unter einer mit so starken Kompetenzen ausgestatteten Direktorialgewalt wäre der Bund ein Bundesstaat, kein bloßer Staatenbund geworden, vorausgesetzt allerdings, daß das Direktorium Einigkeit und Kraft gezeigt haben würde, um seine Befugnisse wirksam zu gebrauchen. Ob dies der Fall gewesen wäre, ist angesichts der Gegensätze zwischen Österreich, Preußen und den Mittelstaaten zweifelhaft. Selbst bei vollem Einvernehmen zwischen Österreich und Preußen wäre das fünfköpfige Direktorium durch das Veto der Mehrheit (der drei Vertreter der Mittelstaaten) gegenüber Direktorialbeschlüssen lahmgelegt worden, da für die Großmächte kein erhöhtes Stimmgewicht vorgesehen war. Die Schwierigkeiten würden sich kaum verringert haben, wenn man statt des fünfköpfigen ein siebenköpfiges Direktorium eingesetzt hätte. Die offenbare Brüchigkeit der direktorialen Lösung veranlaßte Stein schließlich, während des Wiener Kongresses zu seinem ursprünglichen Kaiserplan zurückzukehren [1]).

Es kam Stein bei seinem *Kaiserplan* in erster Linie darauf an, der deutschen Nation in der erneuerten kaiserlichen Würde ein Symbol der Überlieferung, ein Wahrzeichen der Einheit, ein Unterpfand staatlicher Autorität und Macht zu geben. Wie der direktorial organisierten Exekutive so sollten auch der kaiserlichen Zentralgewalt die gesamte auswärtige Gewalt, die Aufsicht über die militärischen, gerichtlichen und administrativen Einrichtungen und die Durchführung der Bundesbeschlüsse zustehen. Ferner regte Stein an, der Zentralgewalt das Recht einzuräumen, gegen treulose Bundesglieder die Acht zu verhängen [2]). Die Fortbildung der alten Reichsacht zur modernen Reichsexekution war damit eingeleitet.

Das zur Führung der Geschäfte vorgesehene *Reichsministerium* sollte aus dem Reichskanzler, dem Reichsfeldmarschall und dem Reichsfinanzminister bestehen [3]). An Stelle des üblichen fünfgliedrigen war damit ein dreigliedriges Ministerium vorgeschlagen; offenbar sollte der Reichskanzler das Äußere, das Innere und die Justiz zugleich verwalten. Jedenfalls war Stein bestrebt, die Handlungsfähigkeit der Zentralgewalt zu sichern, indem er anregte, dem Reichsoberhaupt eine selbständige Minister-Regierung modernen Stiles beizuordnen.

3. Die Nationalrepräsentation

Ein weiteres Hauptelement des Stein'schen Plans war die Einsetzung einer selbständigen *Reichslegislative* in Form einer deutschen Nationalrepräsentation. Sie sollte als zweites Reichsorgan gleichgeordnet neben die Reichsexekutive treten und mitentscheidend an der Gesetzgebung teilnehmen. Allerdings war Stein kein Anhänger moderner parlamentarisch-demokratischer Formen; eine

---

[1]) Denkschrift (für den Zaren) „Sur le rétablissement de la dignité Impériale en Allemagne" vom 17. Febr. 1815 (Briefe u. Amtl. Schr. Bd. V S. 274). Dazu unten S. 554.
[2]) Bemerkungen Steins vom 16. Juli 1814 zu einer Denkschrift Hardenbergs (ebenda Bd. V S. 67).
[3]) Denkschrift Steins für Hardenberg von Ende August 1813 (ebenda Bd. IV S. 242).

in Parteien aufgespaltene Vertretungskörperschaft würde er verworfen haben. Das Beispiel der französischen Nationalversammlung und des Nationalkonvents erschien ihm nicht nachahmenswert; er sah in ihnen nur das demagogische Zerrbild der Demokratie. Sein Bemühen war auf eine *ständische Nationalversammlung* gerichtet. Zunächst dachte er daran, den alten Reichstag unter einer gewissen Modifikation der Stimmverteilung wiedereinzusetzen, ihm auch diesen ehrwürdigen Namen zu lassen. Jedoch sollten die Mitglieder des Reichstags *Repräsentanten, keine Gesandten* sein [1]); damit aber ging Stein nun eben doch vom ständischen zum repräsentativen Verfassungsgedanken über. Obwohl der stammesmäßigen und landschaftlichen Gliederung des Reichs entsprechend von den „Reichsständen" ausgewählt, sollten die Mitglieder des Reichstags nicht instruktionsgebundene Bevollmächtigte eines Auftraggebers sein, sondern das Ganze der Nation vertreten; sie hätten kein imperatives, sondern ein freies Mandat bekleidet. Es hätte sich eine moderne Nationalrepräsentation auf altständischer Grundlage ergeben; ihre Aufgabe wäre es gewesen, die staatlich organisierte Nation ohne Bruch vom Überlieferten ins Zukünftige zu geleiten.

Als Stein sich durch die Umstände gezwungen sah, sich den föderativen Plänen seiner Gegner bis zu einem gewissen Grad anzupassen, schlug er statt des Reichstags eine Bundesversammlung vor, deren Mitglieder teils von den Landesregierungen, teils von den Landtagen bestellt werden sollten [2]). So wie der Reichstag Steins den Anfang eines unitarischen Parlaments gebildet hätte, wäre seine Bundesversammlung die Urform eines föderativen Verfassungsorgans geworden.

Dieses oberste Repräsentativorgan hätte dem Staatenhaus der Frankfurter Reichsverfassung [3]) in etwa entsprochen. Alle Mitglieder der Bundesversammlung, einschließlich der Regierungsvertreter, sollten ein freies Mandat bekleiden, also nicht instruktionsgebundene Gesandte, sondern Repräsentanten sein. Die Bundesversammlung sollte über alle politischen Interessen, über die innere Gesetzgebung, über die Bundessteuern, über die zivilen und militärischen Bundeseinrichtungen, sowie über Streitigkeiten zwischen den Bundesmitgliedern entscheiden. Man hat diesen Vorschlag wegen der Mischung von Regierungsvertretern und Landtagsvertretern eine „staatsrechtliche Unmöglichkeit" genannt [4]), doch schwerlich mit Recht. Denn auch der Reichsrat der Weimarer Republik war in solcher Weise zusammengesetzt, und zwar in noch schrofferer Gegensätzlichkeit, da in ihm die Vertreter der Landesregierungen instruktionsgebunden, die preußischen Provinzialvertreter aber mit einem freien Mandat ausgestattet waren.

Selbstverständlich würde die Bundesversammlung keine demokratische Volksvertretung dargestellt haben, sofern man unter „Demokratie" nur ein nach den Ideen der französischen Revolution geartetes politisches System versteht. Diesen Ideen war Stein von Grund auf abgeneigt; wenn er sich um Formen bemühte, die der Nation eine aktive Teilnahme an der staatlichen Willensbildung und Verantwortung erschließen sollten, so dachte er an andere Formen als die der egalitären Nationaldemokratie. Aber jedenfalls wären nach diesem Plan die Mitglieder der Nationalrepräsentation nicht mehr allein von den Regierungen, sondern wenigstens zum Teil von den Landtagen, und damit von gewählten Volksvertretungen entsandt worden. Die Nation

---

[1]) Ebenda.
[2]) Denkschrift vom 10. März 1814 (Briefe u. Amtl. Schr. Bd. IV S. 612).
[3]) Siehe Bd. II S. 830.   [4]) *G. Ritter*, Stein Bd. 2 S. 267

hätte mindestens indirekt einen mitbestimmenden Einfluß bei der Auswahl eines Teils der Abgeordneten gehabt. Stein war durchaus ein Anhänger des indirekten Wahlrechts; er nahm nach den Erfahrungen Frankreichs an, daß direkte Wahlen den nationalrevolutionären Dynamismus hervorrufen, daß aber indirekte Wahlen ihn eindämmen würden.

4. Die Beschränkung der Landeshoheit

Obwohl er für deutsche Einheit mit allen Kräften kämpfte, war Stein ein Gegner des Unitarismus und Zentralismus. Sein Verfassungsplan enthielt, der deutschen Überlieferung getreu, von Beginn an starke föderative Elemente. Sie verstärkten sich in dem Maß, in dem Steins Bereitschaft wuchs, auf dem Weg des Kompromisses zu einem Einvernehmen mit seinen Widersachern zu kommen. Trotzdem blieb er unerbittlich in der Ablehnung des „rheinbündischen Wesens", worunter er sowohl alle Rückverbindungen mit dem napoleonischen System als auch alle Versuche der Mittelstaaten, sich weiter auszudehnen, verstand. Besonders Bayern und Württemberg galten dem Hasser mittelstaatlichen Souveränitätsdünkels als die Träger einer solchen Rheinbundsgesinnung. Immer wieder warf er den beiden süddeutschen Königreichen vor, daß sich in ihnen ein „System des Ehrgeizes" gegen die Mitfürsten, ein „System der Vereinzelung" (d. h. des Partikularismus) gegen den Bund und ein „System des Despotismus" gegenüber den eigenen Untertanen verkörpere. Sie seien eine Gefahr nicht nur für die innere Ordnung und Sicherheit Deutschlands, sondern auch für den Frieden Europas; denn auch dieser hänge davon ab, daß „nicht ein Schwarm kleiner Höfe existiere, deren aufregende, stänkernde und notwendig treulose Politik eine Verwicklung von Ränken und Schlichen unterhält, die mehr oder weniger auf die Verhältnisse der großen Höfe zurückwirken." Daher seien Grenzen zu ziehen gegen die „Souveränität" der Fürsten, gegen den „schreienden Mißbrauch der Gewalt", gegen die „Launen der Despoten, welche durch eine jakobinische und neidische Dienerschaft geleitet werden." Deutschland müsse aufhören, ein „Tummelplatz von Unterdrückern und Unterdrückten" zu sein [1]). Diese Anklage richtete sich nicht etwa gegen Preußen oder Österreich, sondern gegen die Rheinbundstaaten, die Stein als Verkörperung des bürokratischen Despotismus erschienen.

Um die Souveränität der „36 Despotien" [2]) angemessen zu begrenzen, schlug Stein erstens die Wiederherstellung des territorialen Gefüges von 1802, zweitens die Beschränkung der Souveränität auf eine schlichte Landeshoheit, und drittens die Einführung ständischer Landesverfassungen vor [3]).

a) Die Wiederherstellung der Verfassung von 1802 hätte, im strengen Sinn verstanden, die territoriale Restauration, wenn nicht der säkularisierten geistlichen, so doch jedenfalls der mediatisierten weltlichen Reichsstände bedeutet, also der zahlreichen Reichsfürsten, Reichsgrafen, Reichsritter, Reichsstädte und Reichsdörfer, die seit 1803 in einen größeren staatlichen Zusammenhang eingetreten waren. Dies wäre, wie auch

---

[1]) Denkschrift vom 4. November 1814 (Briefe u. Amtl. Schr. Bd. V S. 186).
[2]) Die Zahl „36" meint die deutschen Landesmonarchien nach dem Stand von 1815 (ohne Österreich und Preußen!).
[3]) Denkschrift von Ende August 1813 (Briefe u. Amtl. Schr. Bd. IV S. 404).

immer man über die Methoden der deutschen „Flurbereinigung" von 1803 und später denken mochte, ein unvorstellbarer Rückschritt gewesen, ein verhängnisvoller Verstoß gegen das nationale Interesse, ein Akt der Restitution, der sich im Namen des alten Rechts gegen das höhere Recht der durch Vernunft und Notwendigkeit gebotenen Neuordnung vergangen hätte. Allerdings war Stein in dieser Frage nicht von einer starr restaurativen Haltung. Während er z. B. die Wiederherstellung der freien Stadt Frankfurt selbst anregte, lehnte er als Leiter des Zentralverwaltungsdepartements die Restitution der Landeshoheit der westfälischen Reichsgrafschaften ab. Rechtlich war zwischen beiden Fällen schwerlich ein Unterschied; vom Standpunkt politischer Zweckmäßigkeit aus war diese unterschiedliche Behandlung vielleicht gerechtfertigt. Doch konnte es nicht ausbleiben, daß es bei solchen Unterscheidungen in der Wiederherstellung nicht ohne Vorurteil und Willkür zuging.

b) Steins zweiter Vorschlag, der auf die Verwandlung der territorialen Souveränität in eine begrenzte Landeshoheit zielte, hätte zu einem bedeutenden verfassungspolitischen Fortschritt führen können. Stein suchte die berechtigte Eigenständigkeit der deutschen Länder zu sichern und doch ihrem Sonderstaatstum die gebotenen Schranken zu setzen. Den Ländern wäre die Domäne der Staatlichkeit — innere Verwaltung, Rechtspflege, Erziehungswesen und Kultusverwaltung — geblieben. Die Aufgabenbereiche aber, in denen es um die Einheit und Sicherheit des Ganzen ging, nämlich auswärtige Politik, Militärwesen, Münz- und Zollverwaltung, auch die Aufsicht über die Reichsgerichte, wären der Zentralgewalt zugefallen. Zwischen den Teilen und dem Ganzen wäre damit ein Gleichgewicht der Kräfte entstanden, wie es dem echten Föderalismus eigentümlich ist; die konstruktive Mittellinie zwischen Partikularismus und Unitarismus wäre gefunden worden.

c) Nach Steins drittem Vorschlag sollten die Territorialstaaten *landständische Verfassungen* erhalten. Wie er für den Gesamtstaatskörper eine Nationalrepräsentation forderte, die altständische mit modernen repräsentativen Elementen zu einem Ganzen verbunden hätte, so regte er für die deutschen Länder Vertretungskörperschaften an, die zwar nicht demokratisch-egalitären, sondern traditionell-ständischen Charakter besitzen, aber trotzdem eine echte Repräsentation mit freiem Mandat darstellen sollten. Die Wortführer der Demokratie in Deutschland sahen in dieser Mischform von altständischem und repräsentativem System allerdings nur eine verkappte Reaktion, während Metternich umgekehrt in jedem Zugeständnis an die repräsentative Idee einen verhängnisvollen Schritt auf dem Weg in den Abgrund der Demagogie und Anarchie erblickte. Stein aber, getreu dem Montesquieu'schen Postulat, daß die gesunde Verfassung wesentlich auf der Wirksamkeit der *pouvoirs intermédiaires* beruhe, suchte durch die „ständische Verfassung" die Zwischengewalten zu organisieren, die dem Volk einen Anteil an der staatlichen Willensbildung vermitteln sollten, ohne der Volkssouveränität unbeschränkten Raum zu geben. Die ständischen Landesrepräsentationen hätten der Allgewalt der Landesherren Schranken gesetzt, ohne das monarchische Prinzip zu vernichten. Um diese maßvolle Mitte zwischen Monarchie und Demokratie wirklich zu gewinnen, wollte Stein allerdings in den ständischen Vertretungen keine bloße Fassade vor dem System des Krypto-Absolutismus, sondern mit echten Kompetenzen ausgestattete Organe des Gemeinwillens errichten. Noch am 24. Mai 1815 tadelte er in einer Eingabe an das russische Kabinett, daß sich im Entwurf der Bundesverfassung nur eine vage Formel über den Erlaß „landständischer Verfassungen" in den Einzelstaaten finde, ohne daß gesagt werde, was unter solchen Verfassungen zu verstehen sei, welche Einrichtungen ihnen wesensnotwendig seien, welche Zuständigkeiten die Landstände, welche Rechte und Freiheiten die Staatsbürger besitzen sollten [1]. Auch dieser letzte Vorstoß zeigt, daß Stein unter einem Bundesstaat einen Gesamtstaatskörper verstand, der der Verfassungshoheit seiner Gliedstaaten enge Schranken setzt, indem er sie zum Erlaß von Verfassungsurkunden mit bundesrechtlich genau definiertem Inhalt verpflichtet. Jedoch siegte auch in dieser Hinsicht auf dem Wiener Kongreß der „Staatenbund", der die Verfassungsautonomie der Territorien nur insoweit beschränkte, als er ihnen den Erlaß von Verfassungen nicht

---

[1] Denkschrift vom 24. Mai 1815 (Briefe u. Amtl. Schr. Bd. V S. 314).

näher bestimmten Inhalts gebietet. Erst die Wiener Schlußakte von 1820 griff in diese Verfassungsautonomie der Länder stärker ein, nunmehr aber nicht zur Garantie des repräsentativen, sondern zur Garantie des monarchischen Prinzips [1]).

II. Der Verfassungsplan Humboldts

1. Das Nationalstaatsproblem

Stein befand sich 1812/15 nicht in einem preußischen Amt; so konnte er das deutsche Interesse ohne Rücksicht auf preußische Belange vertreten. *W. v. Humboldt* dagegen, neben Hardenberg der zweite offizielle Vertreter Preußens auf dem Wiener Kongreß, war, wenngleich nach Gesinnung der deutschen Sache nicht weniger als Stein zugewandt, doch durch sein Amt in erster Linie dem preußischen Staatsinteresse verpflichtet. Als Humboldt 1808 den Posten des preußischen Gesandten beim Vatikan mit der Leitung der preußischen Kultusverwaltung vertauschte [2]), fand er den unmittelbaren Zugang in die Wirklichkeit des preußischen Staates. Sein Amt als preußischer Gesandter in Wien (seit 1810) aber machte ihn mit der Notwendigkeit des deutschen Nationalstaats vertraut. Durch sein politisches Denken und Wirken zog sich seitdem der Zwiespalt zwischen dem Bekenntnis zur deutschen Einheit und dem Eintreten für den preußischen Staatsvorteil. Die Rücksicht auf die preußische Politik zwang Humboldt in Wien statt zu einem Bündnis mit Stein zur Anlehnung an Hardenberg. Beide fanden sich in der Absicht, den nationaldeutschen Forderungen Steins nur in dem Grad stattzugeben, in dem diese die machtstaatliche Position Preußens nicht beeinträchtigten. Wie Hardenberg lag auch Humboldt daran, Preußen durch Erweiterung seines Machtbesitzes in der Gleichordnung gegenüber Österreich zu festigen; beide suchten alles zu verhindern, was Österreich die Hegemonie in Deutschland verschaffen konnte. Sie erstrebten einen Kompromiß zwischen der Stein'schen Idee des nationalen Bundesstaats und dem Metternich'schen Plan des reinen Staatenbunds, wollten also, wie Humboldt es später selbst ausdrückte, *einen Staatenbund mit bundesstaatlichen Elementen.*

Unter den Äußerungen Humboldts zur deutschen Frage ragt die *Denkschrift vom Dezember 1813* hervor, mit der er Stein seine verfassungspolitischen Ideen vortrug [3]). Die Denkschrift, der die Skizze eines Verfassungsentwurfs beilag, beeinflußte Stein stark; die Korrekturen, denen dieser seine ursprünglichen Pläne, wie wir sahen, unterwarf, gingen im wesentlichen auf Humboldts Anregungen zurück. Auch auf Form und Inhalt der späteren Bundesakte wirkte Humboldt durch diese Vorschläge ein, wenn auch gerade ihr entscheidendes Stück, wie sich zeigen wird, in die Verfassung des Deutschen Bundes nicht einging. Das Bekenntnis zur *gesamtdeutschen Einheit*, das sich in Humboldts Denkschrift findet, gehört zu den klassischen Dokumenten des erwachenden

---

[1]) Siehe unten S. 651 ff.
[2]) Siehe oben S. 274.
[3]) Denkschrift Humboldts für Stein vom Dezember 1813 (*Stein*, Briefe u. Amtl. Schr. Bd. IV S. 413 ff.).

deutschen Nationalsinns dieser Zeit. Der Mann, der stärker als jeder andere der Reformer in der neuhumanistisch-weltbürgerlichen Idee der *Kulturnation* lebte, sprach hier aus, daß diese zur Bewahrung und Entfaltung ihres geistigen Besitzes der politischen Formung zur *Staatsnation* bedürftig sei.

„Deutschland muß frei und stark sein, nicht bloß damit es sich gegen diesen oder jenen Nachbar oder überhaupt gegen jeden Feind verteidigen könne, sondern deswegen, weil nur eine auch nach außen hin starke Nation den Geist in sich bewahrt, aus dem auch alle Segnungen im Innern strömen.
Es muß frei sein, um das, auch wenn es nie einer Prüfung ausgesetzt würde, notwendige Selbstgefühl zu nähren, seiner Nationalentwicklung ruhig und ungestört nachzugehen und die wohltätige Stelle, die es in der Mitte der europäischen Nationen für dieselben einnimmt, dauernd behaupten zu können ...
Auch läßt sich das Gefühl, daß Deutschland ein Ganzes ausmacht, aus keiner deutschen Brust vertilgen, und es beruht nicht bloß auf Gemeinsamkeit der Sitten, Sprache und Literatur (da wir es nicht im gleichen Grade mit der Schweiz und dem eigentlichen Preußen teilen), sondern auf der Erinnerung an gemeinsam genossene Rechte und Freiheiten, gemeinsam erkämpften Ruhm und bestandene Gefahren, auf dem Andenken an eine engere Verbindung, welche die Väter verknüpfte und die nur noch in der Sehnsucht der Enkel lebt" [1].
Die Natur selbst sei es, die auf eine tiefe und geheimnisvolle Weise Individuen in Nationen vereinige; sie habe auch bewirkt, daß Deutschland allezeit im Gefühl seiner Bewohner wie in den Augen der Fremden *„Eine Nation, Ein Volk, Ein Staat"* bleibe [2].

Wie tief war die innere Wandlung, die sich in diesem nationalstaatlichen Bekenntnis, verglichen mit dem humanitären Individualismus der Humboldt'schen Jugendschrift [3]), ausdrückte! Gewiß waren schon in ihr mit der Proklamation der Freiheit des Individuums doch auch die Ansätze eines überindividuellen Denkens weit stärker verbunden, als das landläufige Urteil es wahrhaben will. Doch standen in Humboldts Jugendschrift *Individuum und Nation*, zur Einheit verbunden, *im Gegensatz zum Staat*. Unter „Nation" verstand Humboldt damals nicht den organisierten, auf äußeren Besitz, auf Macht und erobernde Ausdehnung gerichteten Nationalstaat, sondern, ähnlich wie Herder, ein durch Natur und Humanität geprägtes geistiges Gebilde, das, um sich zu sich selbst zu entfalten, eines möglichst hohen Maßes an Freiheit vom Staat bedürfe.

a) Um der Freiheit der Nation willen also sollte nach den „Ideen" der Staat auf die Erhaltung der Sicherheit beschränkt und ihm verboten sein, für das „gesamte physische und moralische Wohl der Nation" zu sorgen, den „positiven Wohlstand der Nation" zu befördern oder mit positiven Endzwecken auf die Lage des Bürgers (und der Nation) zu wirken [4]. Alle über die Erhaltung der Sicherheit hinausgehende Wirksamkeit des Staates verwarf Humboldt damals, weil sie die „Kraft der Nation" mindere [5]. Den „Mitgliedern der Nation, die mit sich in Gemeinschaft leben", stellte er die „einzelnen Untertanen gegenüber, welche mit dem Staat in ein Verhältnis kom-

---

[1]) Ebenda S. 512.
[2]) Ebenda S. 513.
[3]) „Ideen zu einem Versuch, die Grenzen der Wirksamkeit des Staates zu bestimmen" (*Humboldt*, Ges. Schr. Bd. 1).
[4]) Ebenda S. 105, 112, 174.
[5]) Ebenda S. 114.

men" [1]). In immer neuen Variationen wandelte er diese Antithese von National-verein und Untertanenverband ab. Die „ganze Nation" unterschied er von dem „Teil, der zur Regierung gehört", also von der herrschenden Oberschicht; in den Beamten sah er nicht Diener der Nation, sondern „Diener des Staates" [2]); er unterschied „Nationalanstalten", die auf dem Boden der Freiwilligkeit und ohne Mithilfe des Staates eingerichtet sind, von „Staatsanstalten", die auf „unmittelbarer Gewalt" be-ruhen. Von der Staatserziehung, die nur auf eine „negative Weise" (nämlich indem sie Freiheit gewährt) wirken kann, trennte er die echte und positive Nationalerziehung, die sich erst bilden soll [3]). Die Führung der Nation sah er als ein geistig-bildungs-mäßiges Phänomen, die Herrschaft im Staat als einen Vorgang der Machtkonzentra-tion und Machtanwendung an; den kritischen Umschlag von Freiheit in Knechtschaft setzte er mit diesem Übergang von Führung in Herrschaft gleich [4]). Der Staat er-schien ihm als „eine zusammengesetzte und verwickelte Maschine", nicht als Zweck, sondern als Mittel zur Bildung des Menschen, und zwar als ein „untergeordnetes Mit-tel", dem der wahre Zweck, der Mensch, nicht aufgeopfert werden dürfe; auch die Staatsverfassung bezeichnete er als ein bloßes Mittel, ja als ein „notwendiges Übel" [5]). Der „Nationalverein" und die „Staatsverfassung", „wie eng sie auch ineinander ver-webt sein mögen", dürften nicht verwechselt werden [6]). Die freie Wirksamkeit der Nation, die gewaltsame des Staates stellte er einander gegenüber. Und da ihm die Verfassung als ein Mittel erschien, den herrschenden und den beherrschten Teil der Nation miteinander zu verbinden, d. h. die Kluft zwischen Staat und Nation zu überbrücken und beide in eins zu setzen, wandten die „Ideen" sich mit Schärfe *gegen eine Verfassung!* Sie verwarfen „die Verbreitung eines der Konstitution würdigen Geistes unter der Nation", da dies die Bürger in der Entfaltung ihrer Individualität hemmen müsse [7]). Erträglich sei allenfalls eine Verfassung, die einen möglichst ge-ringen Einfluß auf den Charakter der Bürger ausübe [8]). Eine unmittelbar auf den Nationalcharakter wirkende Verfassung dränge diesen in eine bestimmte Richtung, verleite ihn zur Übersteigerung und bilde so die eigentliche Ursache der Revolution; kraft dieser Dialektik löse die Verfassung die Gegenkräfte gegen sich selbst aus und befördere sie unvermeidbar den Umsturz [9]). Die Schrift lehnte den Nationalstaats-gedanken auch und gerade in der Form der nationalen Demokratie als eine Gefahr für die Nation wie für den Staat ab. Hinter dieser Paradoxie verbarg sich mehr vorausschauende Klugheit, als das 19. Jahrhundert aufzufassen vermocht hat.

b) Im Bann der Gedanken der preußischen Reformzeit aber bekannte Humboldt sich nun mit der Denkschrift von 1813 zur Notwendigkeit der *Einheit von Nation und Staat.* Er gab mit dieser „Wendung zum Staat" nicht preis, was er von der Na-tion erhoffte: die Selbstbewegung des Geistes der Gemeinschaft zur Freiheit und zur Kultur. Aber er erwartete, daß der durch die Reform hindurchgegangene Staat ein Gefäß der geistigen Freiheit werde. Der Staat als die von geistigen Kräften geprägte Form konnte nicht auf dem Boden des überkommenen partikularen Etatismus wach-sen; denn so wie die geistige Nation das ganze Deutschland umfaßte, mußte auch der durch diese geistige Einheit konstituierte Staat eine nationaldeutsche Einheit sein. Wenn Geist und Macht ein Ganzes werden sollten, so mußte aus der Einheit der Kulturnation die Einheit des Nationalstaates folgen. Mit dem Widerstand gegen die nationaldemokratische Revolution Frankreichs, der Überwindung des napoleonischen Machtstaates und der Wandlung Preußens durch die Reform glaubte er die Dämonie der staatlichen Macht gebannt. Der Weg schien ihm frei, um Nation und Staat ge-

---

[1]) Ebenda S. 113.
[2]) Ebenda S. 125, 131.
[3]) Ebenda S. 115.
[4]) Ebenda S. 135.
[5]) Ebenda S. 157, 180, 236.
[6]) Ebenda S. 236.
[7]) Ebenda S. 234.
[8]) Ebenda S. 234.
[9]) Ebenda S. 146.

meinsam auf ihre eigentliche Bestimmung, die Entfaltung des Geistes zur Freiheit, zu lenken. Nicht um der Einheit der nationalen Macht, sondern um die Einheit der nationalen Kultur willen forderte Humboldt in den Jahren des deutschen Befreiungskampfes den deutschen Nationalstaat. Diese wiederherzustellende und zu erneuernde Einheit empfand er nicht mehr als Produkt der Gewalt, des Zwanges und der Macht, sondern als ein freies Erzeugnis der Natur, als ein Ergebnis der in Gemüt und Gefühl tief eingewurzelten seelischen Kraft, als eine Manifestation tausendjähriger Erinnerungen an die Gemeinsamkeit des nationalen Rechts und des nationalen Ruhms. Der Humboldt'sche Nationalstaatsgedanke war gleichweit vom Realismus der preußischen Staatsräson wie von der Ideologie der nationalrevolutionären Expansion entfernt. Anders als der der Realpolitik näherstehende Stein sah Humboldt den Sinn der deutschen Einheit nicht vornehmlich in der Verteidigung der deutschen Sicherheit und Integrität. Den Kern des Nationalstaatsprinzips fand er darin, daß die Nation sich als staatliche Einheit organisieren müsse, um die in sie gesenkten geistigen Anlagen und Kräfte segensreich und fruchtbar zu entfalten. Um dieses Zieles willen erschien es ihm auch notwendig, die in eine Vielheit von Staaten gespaltene deutsche Nation in einem gemeinsamen Staatskörper zusammenzufassen.

2. Das Föderativproblem

So stark das Bekenntnis Humboldts zur nationalstaatlichen Einheit Deutschlands war, so zurückhaltend antwortete er auf die Frage nach der ihr gemäßen Form. Wer die Einheit um der Macht und der Sicherheit willen erstrebte, mußte unitarisch-zentralistische Formen für die Verfassung Deutschlands wünschen. Wer dagegen die geistlich-sittliche Konsolidation Deutschlands als wesentlich ansah, konnte sich fürs Erste mit einer loseren Föderation begnügen; er konnte darauf vertrauen, daß die Nation sich innerhalb des bündischen Rahmens in langsamer, stetiger und gewaltloser Entwicklung zur festeren Einheit verbinden werde.

Daher entschied Humboldt sich für die *staatenbündische Lösung* des deutschen Problems. Nur zum Teil war dies darin begründet, daß Humboldt als preußischer Staatsmann nicht bereit war, Preußen einem nationaldeutschen Bundesstaat einzuordnen, der entweder unter habsburgischem Kaisertum oder jedenfalls unter bestimmendem Einfluß Österreichs hätte stehen müssen. Weit stärker als diese Rücksicht auf die preußische Staatsräson fiel für ihn ins Gewicht, daß ein nationaler Bundesstaat nicht ohne gestaltenden Eingriff in das freie Wachstum der deutschen Staatsverhältnisse geschaffen werden konnte. Tief eingewurzelt in Humboldts Wesensart war die Überzeugung, daß die verfassunggestaltende Tat ein Ausdruck naturwidriger Willkür sei, daß eine die natürliche Wachstumsstufe überspringende Verfassung den Charakter des „Künstlichen" und „Gemachten" habe, daß ein auf diesem Weg entstandener Staat ein unbeständig-fragwürdiges Erzeugnis menschlicher Anmaßung sei. Deshalb schlug Humboldt vor, die Nation in Form eines bloßen *„Staatenvereins"* zu verbinden, die politische Ordnung Deutschlands also auf die lockere Form des Staatenbunds zu beschränken.

a) Schon in dem Jugendaufsatz über die „französische Konstitution" hatte Humboldt sich zu der Ansicht bekannt, eine Verfassung könne „nach bloßen Grundsätzen der Vernunft", d. h. des rationalen Planens und Wollens, nicht geschaffen werden. In der Denkschrift vom Dezember 1813 drückte er das, nunmehr im Hinblick auf die deutsche Verfassungsfrage, so aus:

Der Verfassungsplan Humboldts

„Jede Verfassung, auch als ein bloß theoretisches Gewebe betrachtet, muß einen materiellen Keim ihrer Lebenskraft in der Zeit, den Umständen, dem Nationalcharakter vorfinden, der nur der Entwicklung bedarf. Sie rein nach Prinzipien der Vernunft und Erfahrung gründen zu wollen, ist im hohen Grade mißlich" [1].

Die Einheit, die in der Verfassung Form gewinnen soll, muß in der vorgegebenen Wirklichkeit schon im Ansatz vorhanden sein, wenn eine wirkliche Verfassung, nicht bloß ein abstraktes und brüchiges Normengefüge und nicht bloß eine rein technische Machtordnung (ein „sekundäres System" in dem heute von *H. Freyer* gemeinten Sinn) entstehen soll. An dieser Vorbedingung einer „wirklichen Verfassung" schien es Humboldt zu fehlen. Seine Verfassungsbemühungen waren von tiefer Skepsis überschattet; es gebe, so meinte er, „in unserer Zeit gar keine Form, die einer Verfassung Deutschlands zur Grundlage dienen könnte". So wie *Savigny* wenig später die Frage nach dem Beruf der Zeit zur nationalen Gesetzgebung verneinte, so bestritt Humboldt 1813 den Beruf der Zeit zur nationalen Verfassungsgebung. Zwar sei in Deutschland der Geist der Nation auf Einheit gerichtet; doch sei die Zeit für eine Verfassung, in der diese Einheit Gestalt gewinnen könne, noch nicht gekommen.

b) Den Vorschlag, Deutschland in der Form eines „*Staatenvereins*" zu organisieren, begründete Humboldt so: Nur wenn Haupt und Glieder einer Nation sich aus freier Einsicht darin fänden, daß sie Haupt und Glieder seien, könne eine „Verfassung" entstehen. Solange das nicht der Fall sei, bleibe nichts übrig, als sich auf einen Staatenbund zu beschränken. Die Bindung der Deutschen an ihr stammesmäßig-dynastisches Sonderdasein schien ihm noch zu stark, als daß die Nation unmittelbar den Weg zur Staatseinheit finden könne:
„Der Deutsche ist sich nun bewußt, daß er ein Deutscher ist, indem er sich als Bewohner eines besonderen Landes in dem gemeinsamen Vaterlande fühlt, und seine Kraft und sein Streben werden gelähmt, wenn er, mit Aufopferung seiner Provinzialselbständigkeit, einem fremden, ihn durch nichts ansprechenden Ganzen beigeordnet wird..."
„Die Nationen haben, wie die Individuen, ihre durch keine Politik abzuändernden Richtungen. Die Richtung Deutschlands ist, ein Staatenverein zu sein" [2].

c) Die Einigung Deutschlands in der Form eines Staatenbundes bedeutete praktisch: Verzicht auf ein gemeinsames Oberhaupt; Verzicht auf eine gemeinsame Exekutive und Legislative; Verzicht auf eine Nationalrepräsentation. In allen entscheidenden Fragen widersetzte sich Humboldt in der Denkschrift von 1813 somit dem Stein'schen Plan eines durch unitarische Institutionen gefestigten Bundesstaats. Der Absicht Steins, die deutsche Kaiserwürde wiederherzustellen, um die Einheit Deutschlands durch diese monarchische Zentralgewalt zu sichern, widersprach er scharf in einem Artikel gegen den „Rheinischen Merkur" [3] und in zwei unmittelbar gegen Stein gerichteten Denkschriften [4]. Nicht durch „politische Macht", sondern durch „Mannigfaltigkeit der Bildung" habe die deutsche Nation ihre Stellung in Europa gewonnen; dieser Vorzug werde aufgeopfert, wenn Deutschland, ähnlich wie Frankreich oder Spanien, „in einer Masse zusammengeschmolzen" werde [5]. Er sah im Kaisertum das Symbol des nationalunitarischen Machtstaats und verwarf deshalb die Erneuerung einer Würde, von der er fürchtete, daß sie mehr Gewalt in sich vereinen könne, als ihm im nationalen Interesse zu liegen schien.

3. Das Hegemonialproblem

Trotz seiner Gegnerschaft gegen den Bundesstaatsplan war Humboldt kein Parteigänger Metternichs. Wollte dieser den Staatenbund als gleichgewichtiges

---

[1]) Bei *Stein*, Briefe u. Amtl. Schr. Bd. IV S. 416.
[2]) Ebenda S. 418.
[3]) *Humboldt*, Ges. Schr. Bd. 11 S. 293.
[4]) Ebenda S. 295 ff., 302 ff.
[5]) Denkschrift vom Dezember 1813 (*Stein*, Briefe u. Amtl. Schr. Bd. IV S. 418).

System entwickeln, so war Humboldt bestrebt, dem Staatenbund durch hegemoniale Leitung ein Element stärkerer Einung einzufügen. Zwar dachte er nicht an eine Einer-Hegemonie, wie sie sich später im Bismarck'schen Reich mit der preußischen Vorrangstellung entwickeln sollte. Humboldts Vorschlag zielte vielmehr auf eine plurale Hegemonie differenzierten Stils. In den auswärtigen Angelegenheiten sollte der Bund der Hegemonie Österreichs und Preußens unterstehen; in den inneren Angelegenheiten sollte ein gemeinsamer Vorrang der vier Staaten Österreich, Preußen, Bayern und Hannover geschaffen werden. Das war staatsrechtlich eine Kombination von *Zweier- und Viererhegemonie.*

Das Hegemonialprinzip sollte die Mittel- und Kleinstaaten nicht dem Despotismus der Großen überantworten. Doch sollte das natürliche Übergewicht Österreichs und Preußens, in gewissem Grad auch Bayerns und Hannovers, offen hervortreten. Es erschien Humboldt verfehlt, den durch die Natur der Sache begründeten Vorrang der größeren Mächte durch die verfassungsrechtliche Fiktion einer formalen Gleichberechtigung zu verdecken, durch die sich, wie er sagte, die Großmächte doch nicht die „Hände würden binden lassen"; solche „Formen würden bloß zum Scheine dastehen, umgangen und durchlöchert werden" [1].

Die österreichisch-preußische Hegemonie auf dem Gebiet der *auswärtigen Gewalt* sollte nach Humboldts Vorschlag das Recht umfassen, mit Wirkung für die Gesamtheit der deutschen Staaten über die Erklärung des „vaterländischen Krieges" zu entscheiden; in ihm sollten alle deutschen Staaten verpflichtet sein, an der „Verteidigung des gemeinschaftlichen Vaterlandes" teilzunehmen [2]. Von der Entscheidung über den Bundeskrieg sollten alle übrigen Bundesmitglieder ausgeschlossen sein. Österreich und Preußen sollten das Recht besitzen auch unabhängig vom Bund Kriege zu führen; alle anderen deutschen Länder dagegen sollten das Recht verlieren, „an auswärtigen Kriegen und überhaupt an anderen als deutschen Bundeskriegen teilzunehmen, darauf abzweckende Bündnisse zu schließen, fremden Truppen den Eintritt in ihren Staaten zu gestatten oder die ihrigen in Sold zu geben" [3]. Die deutschen Einzelstaaten, außer Österreich und Preußen, wären kriegs- und bündnisunfähig geworden und zugleich in Bezug auf Bundeskrieg und Bundesfrieden völlig unter die Entscheidungsgewalt der beiden hegemonialen Mächte getreten. Diese Minderung ihrer Völkerrechtsfähigkeit hätte die Souveränität der Mittel- und Kleinstaaten aufgehoben und den staatenbündischen Charakter des Bundes wesentlich modifiziert. Die Minderung ihrer Selbständigkeit hätte die Einzelstaaten um so schwerer getroffen, als die ihnen entzogenen Rechte nicht auf ein gemeinsames Bundesorgan, sondern auf die beiden hegemonialen Mächte allein übergegangen wären. Andererseits setzte der Humboldt'sche Plan eine dauernde außenpolitische Solidarität Österreichs und Preußens voraus. Angesichts der Spannungen und Gegensätze zwischen Österreich und Preußen würde diese dualistische Hegemonie keine starke außenpolitische Aktionskraft entfalten, vielleicht würde sie jedoch, wie Humboldt hoffte, die defensive Kraft des Bundes gesteigert haben.

Die auf dem Gebiet der *inneren Exekutive* vorgesehene Viererhegemonie (Österreich, Preußen, Bayern, Hannover) sollte nach Humboldts Plan die „Garantie der gegenseitigen Rechte der einzelnen deutschen Staaten" übernehmen. Alle Streitigkeiten innerhalb des Bundes sollten der schiedsrichterlichen Vermittlung und Entscheidung der vier Mächte unterbreitet werden. „Selbst die entfernteste Möglichkeit zu jeder inneren Fehde" sollte ausgeschaltet sein [4]. Das der Erhaltung des inneren Friedens in einer föderativen Einheit dienende Mittel der *Bundesexekution* wäre

---

[1]) Ebenda S. 421.
[2]) Ebenda S. 420.
[3]) Ebenda S. 421.
[4]) Ebenda S. 421.

damit in die Hand der vier Mächte gekommen; die übrigen deutschen Länder schloß Humboldts Plan auch hier von jeder Mitberatung und Mitentscheidung aus. Auch dies hätte einen außerordentlichen Eingriff in die Unabhängigkeit der nicht bevorrechteten Länder bedeutet.

4. Das Souveränitätsproblem

Das hegemoniale System hätte somit die *existenziellen Entscheidungen* des „äußeren und inneren Staatsrechts" [1]) den nichtbevorrechtigten Bundesgliedern entzogen. Da das Wesen der Souveränität in der freien Entscheidung über die Existenzfragen besteht, so wäre nach Humboldts Plan die Souveränität der nicht-hegemonialen Länder beseitigt gewesen. In dem Humboldt'schen Staatenbund hätte die Souveränität weder beim Bund noch bei allen Gliedstaaten, sondern außenpolitisch bei zwei, innenpolitisch bei vier Gliedstaaten gelegen. Wenn Humboldt trotzdem versicherte, jeder deutsche Fürst solle mit „allen Souveränitätsrechten" ausgestattet bleiben [2]), so war das eine verbale Beteuerung, die mit der Realität nicht in Einklang zu bringen gewesen wäre.

Es war höchst bezeichnend, daß Stein zu Humboldts Denkschrift bemerkte, der Ausdruck „*Souveränität*" sei in einer deutschen Bundesverfassung als „ausländisch oder unpassend" überhaupt zu vermeiden; er sei durch die Formel zu ersetzen, daß jeder deutsche Fürst „alle *Hoheit* hat, insofern sie nicht durch den Bundes-Abschied und die innere Bundes Verfassung beschränkt wird" [3]). In der Tat bezeichnete der Begriff *Landeshoheit* weit zutreffender als der Begriff „Souveränität" die Stellung, die die Territorialstaaten nach Humboldts Vorschlag innehaben sollten. Wenn Humboldt auch nicht wie Stein die „Verfassung von 1802" wiederherstellen, also nicht die seit 1803 mediatisierten Reichsstände restituieren wollte, so bekämpfte er doch entschieden den entgegengesetzten Plan, die „Flurbereinigung" Deutschlands fortzuführen, d. h. die Kleinstaaten samt und sonders zu mediatisieren und so die Zahl der Länder weiter zu vermindern. Humboldt sah voraus, daß bei einer Aufteilung Deutschlands auf vier oder fünf große Staaten jeder einzelne von ihnen zwangsläufig volle politische Selbständigkeit beanspruchen werde, was mit einer wirklich föderativen Einheit unvereinbar sei. Zum Wesen eines Bundes, so führte er aus, gehöre notwendig eine größere Anzahl von Gliedern [4]). Statt eines solchen künstlichen vier- oder fünfgliedrigen Staatensystems forderte Humboldt den *vielgliedrigen Föderalismus;* dieser allein mache es möglich, die Landeshoheit der Einzelstaaten auf eine bloße „Provinzialselbständigkeit" zu begrenzen [5]). Von der Vielgliedrigkeit des Bundessystems erwartete Humboldt keine Schwächung, sondern eine Stärkung der Gesamtstaatlichkeit.

---

[1]) Ebenda S. 419.
[2]) Ebenda S. 422.
[3]) Bemerkungen Steins vom 3. Januar 1814 zu Humboldts Denkschrift (*Stein*, Briefe u. Amtl. Schr. Bd. IV S. 428 ff.).
[4]) *Humboldt,* Denkschrift vom Dezember 1813 (aaO S. 418).
[5]) Ebenda S. 418.

Zu der starken Begrenzung der Landeshoheit mittels der Hegemonialbefugnisse sollten nach Humboldts Plan weitere Beschränkungen hinzutreten. So schlug er eine *„gemeinschaftliche Militärverfassung Deutschlands"* vor. Das Bundesheer sollte aus festen Kontingenten der Einzelstaaten bestehen; doch sollten nur die größeren Kontingente selbständige Armeekorps bilden, die kleineren dagegen in „allgemeinen Armeekorps" unter dem unmittelbaren Befehl des Bundes vereinigt sein [1]). Eine *gemeinsame deutsche Gerichtsverfassung* sollte für alle Einzelstaaten ein Zivil- und Strafverfahren in drei Instanzen anordnen und die kleineren Staaten einer übergeordneten Revisionsinstanz, am besten einem selbständigen obersten Bundesgericht, unterwerfen [2]). Ein *gemeinsamer deutscher Handelsvertrag* sollte die Binnenzölle beseitigen oder jedenfalls stark ermäßigen; eine *deutsche Zollunion* mit einer gemeinschaftlichen „Deutschen Handels- und Finanzbehörde" sollte entstehen [3]). Die volle binnendeutsche *Freizügigkeit* sollte die nationale Integration befördern; dem geistigen Partikularismus hoffte Humboldt durch akademische Freizügigkeit am wirksamsten zu begegnen. Auch diese Maßnahmen hätten dem Humboldt'schen Föderativsystem starke unitarische Züge verliehen.

Wie Stein so suchte auch Humboldt die Verfassungsautonomie der Einzelstaaten durch die bundesrechtlich begründete Pflicht zum Erlaß *landständischer Verfassungen* einzuschränken. Von Bundes wegen sollte auch der Mindestinhalt dieser Landesverfassungen vorgeschrieben werden. Kraft dieser Bundesgrundsätze sollten in jedem Einzelstaat die Landstände als „Schutzwehr gegen die Eingriffe der Regierung" wie als Einrichtung zur Weckung des „Gefühls der Selbständigkeit in der Nation" wirken [4]). Während Humboldt die Frage nach den landständischen Kompetenzen in seiner Denkschrift offen ließ, schloß Stein in seiner Erwiderung vom 3. Januar 1814 diese Lücke, indem er hinzufügte:

„Die wesentlichen Rechte der Stände sind: Recht, auf den periodisch zu berufenden Landtägen sich zu versammeln, teilzunehmen an der Landes-Gesetzgebung, an der Abgaben-Verwilligung, Erhebung und Verwendung" [5]).

Da Steins Zusatz auch Humboldts eigentliche Absicht umschrieb, wäre auch nach ihr den Einzelstaaten das Repräsentativsystem von Bundes wegen auferlegt worden. Gerade daran zeigt sich, daß zwischen der Staatenbundsidee Humboldts und der Bundesstaatsidee Steins keine grundlegende Abweichung bestand. Die einzelstaatliche „Souveränität" wäre auch in Humboldts Staatenverein aufgehoben gewesen, da der Bund den Ländern die freie Verfügung über den *pouvoir constituant* in weitem Umfang entzogen hätte. So konnte Stein sich in seiner Erwiderung im Wesentlichen mit Humboldts Ideen einverstanden erklären, womit er freilich seine weitergehenden Absichten, die auf eine deutsche Zentralgewalt zielten, wegen des unüberwindlichen Widerstands der Kabinette vorläufig zurücktreten ließ.

III. Der Verfassungsplan Hardenbergs

Humboldts Plan vom Dezember 1813 bildete die unmittelbare Vorstufe zu Hardenbergs *„Entwurf der Grundlage der deutschen Bundesverfassung"*, der im Juli 1814 aus Beratungen des preußischen Staatskanzlers mit Stein und dem Grafen Solms-Laubach entstand [6]). Diese *Einundvierzig Punkte* versuchten, die Staatenbunds- und die Bundesstaatsidee zu verschmelzen und damit eine eigenartige Mischform eines „politischen Föderativkörpers" zu gewinnen.

---

[1]) Ebenda S. 420.
[2]) Ebenda S. 423.
[3]) Ebenda S. 424.
[4]) Ebenda S. 422.
[5]) Bemerkungen Steins zu Humboldts Denkschrift (aaO S. 429).
[6]) Text: *Pertz,* Stein Bd. 4 S. 49 ff.; *Klüber,* Acten Bd. 1 Heft 1 S. 45 ff.

Der Verfassungsplan Hardenbergs

1. Die Bundesorganisation

Nach den 41 Punkten sollte Deutschland ein „Ewiger Bund" der Einzelstaaten sein. Der Austritt aus dem Bund wäre rechtlich unzulässig und unmöglich geworden. Auf die Verletzung des Bundesvertrags durch einen Gliedstaat sollte die Strafe der Acht stehen. Mitglieder des Bundes sollten alle deutschen Staaten sein; doch sollte Österreich nur mit Salzburg, Tirol, Vorarlberg, Berchtesgaden [1]) und seinen oberrheinischen Gebieten [2]), Preußen nur mit seinen linkselbischen Provinzen in den Bund eintreten. Mit der Hauptmasse ihrer Territorien wären beide Großmächte also außerhalb des engeren Bundes geblieben. Doch sollten sie in ein unauflösliches Bündnis mit dem deutschen Bund treten und seine Verfassung und Integrität gewährleisten. Steins Idee der Dreiteilung Deutschlands und der Kombination eines engeren und eines weiteren Bundes war damit unter gewissen Modifikationen übernommen.

Die Mitglieder des engeren Bundes sollten in die *sieben Kreise* Vorder-Österreich, Bayern-Franken, Schwaben, Oberrhein, Niederrhein-Westfalen, Niedersachsen, Obersachsen-Thüringen eingeteilt sein. Wie in der alten Reichsverfassung hätten die Kreise ein organisatorisches Band zwischen den Einzelstaaten und dem Gesamtstaat hergestellt. An der Spitze der Kreise sollte der mächtigste unter den kreisangehörigen Landesherren als Kreisoberst stehen: in Vorder-Österreich der Kaiser von Österreich, in Bayern-Franken der König von Bayern, in Schwaben der König von Württemberg, am Oberrhein der Kaiser von Österreich und der Großherzog von Baden, in Niederrhein-Westfalen der König von Preußen, in Niedersachsen der König von England als Landesherr von Hannover, in Obersachsen-Thüringen der König von Preußen und der Kurfürst von Hessen. Alle ehemaligen Kurfürsten, die sich noch in landesherrlicher Stellung befanden (also nicht der König von Sachsen, der seine Rechte nach preußischer Ansicht verwirkt hatte), waren als Kreisobersten berücksichtigt, Baden und Kurhessen allerdings nur mit einer zweiten Kreisobersten-Stelle. Um Österreich und Preußen ein Übergewicht zu sichern, waren ihnen je zwei Kreisoberstenstellen zugedacht.

2. Die Bundesversammlung

Oberstes Bundesorgan sollte die Bundesversammlung in Frankfurt sein; sie sollte aus dem Direktorium, dem Rat der Kreisobersten und dem Rat der Fürsten und Stände bestehen.

a) Das *Bundesdirektorium* sollte vom österreichischen Kaiser und vom preußischen König gleichberechtigt und gemeinsam ausgeübt werden. Doch hätte dem Kaiser mit dem Vorsitz in der Bundesversammlung ein gewisser Vorrang zugestanden. Das Direktorium sollte das Entscheidungsrecht bei widersprechenden Beschlüssen des Rats der Kreisobersten und des Rats der Fürsten und Stände haben, was allerdings die österreichisch-preußische Einmütigkeit voraussetzte.

b) Zur eigentlichen Leitung des Bundes sah Hardenbergs Plan den *Rat der Kreisobersten* vor. In ihm waren für Österreich und Preußen je drei, für Bayern, Hannover, Württemberg, Baden und Kurhessen je eine Stimme vorbehalten. Öster-

---

[1]) Der Verbleib von Berchtesgaden bei Bayern wurde erst später entschieden.
[2]) Der Verbleib der vorderösterreichischen Gebiete am Oberrhein bei Österreich war damals noch vorgesehen.

reich und Preußen hätten mit zusammen sechs Stimmen die fünf übrigen Mitglieder also majorisieren können. Mit der Zuständigkeit des Rats der Kreisobersten für die auswärtige Gewalt, die militärische Gewalt und die innere Exekutivgewalt hätte in den wichtigsten Bundesangelegenheiten der Vorrang der sieben Kreisobersten bestanden; innerhalb dieser Siebener-Hegemonie aber wäre auf Grund der Stimmverteilung die eigentliche Hegemonie Österreich und Preußen zugefallen. Humboldts Idee, den Staatenbund durch das hegemoniale Prinzip zu modifizieren, war hier übernommen, zugleich aber durch das Übergewicht der Zweier-Hegemonie über die Siebener-Hegemonie verstärkt.

c) Der *Rat der Fürsten und Stände* sollte sich aus den Vertretern aller bundesangehörigen Einzelstaaten sowie aller mediatisierten Reichsstände zusammensetzen. Jeder Fürst mit mehr als 50 000 Untertanen sollte eine Virilstimme haben, ebenso jede der vier Bundesstädte; die übrigen Mitglieder des Rats sollten zusammen sechs Kuriatstimmen führen. Dieses Gremium hätte keine Nationalrepräsentation, wie Stein sie vorgeschlagen hatte, dargestellt; die Mitglieder wären nicht „Abgeordnete" mit freiem Mandat, sondern instruierte Bevollmächtigte gewesen. Es hätte sich also ein ständiger Gesandtenkongreß nach dem Vorbild des alten Reichstags entwickelt; alle Ansätze zu einer Repräsentativversammlung oder gar einer demokratischen Volksvertretung waren vermieden. Der Rat der Fürsten und Stände sollte gemeinsam mit dem Rat der Kreisobersten und dem Direktorium die gesetzgebende Gewalt des Bundes ausüben. Er sollte auf diese legislative Funktion beschränkt sein, während der Rat der Kreisobersten und das Direktorium gleichzeitig an der Legislative und an der Exekutive teilgenommen hätten.

3. Die Bundeskompetenzen

Die Zuständigkeit der *Bundesgesetzgebung* sollte nach Hardenbergs Entwurf alles umfassen, was die „innere Wohlfahrt" und das „allgemeine Interesse" betraf. Mittels dieser unbestimmten, dehnbaren Klausel hätte jeder Gegenstand der Bundeslegislative unterworfen werden können. Einen Zuständigkeitskatalog mit klarer Kompetenzabgrenzung zwischen Bund und Ländern hätte es nicht gegeben. Ein unantastbarer Bereich „ausschließlicher Landesgesetzgebung" war nicht vorgesehen; der Bund hätte vielmehr eine unbeschränkte „Kompetenz-Kompetenz" besessen. Die Bundesgesetze sollten den unbedingten Vorrang vor den Landesgesetzen haben. Diese weite Gesetzgebungskompetenz des Bundes hätte den Umfang der Reichslegislative sowohl nach der Bismarck'schen wie nach der Weimarer Verfassung erheblich übertroffen. Es offenbarte sich hier in Hardenbergs Plan ein äußerstes Maß an unitarischer Tendenz, und zwar im Rahmen einer nach ihrer äußeren Form „staatenbündischen" Verfassung.

Zum Zuständigkeitsbereich der Bundesexekutive sollte vor allem die *auswärtige Gewalt*, einschließlich der Entscheidung über Krieg und Frieden, gehören. Mitgliedstaaten, die nicht zugleich auswärtige, also bundesfremde Länder besaßen (d. h. alle außer Österreich und Preußen), sollten nicht das Recht haben, allein und ohne den ganzen Bund Krieg zu führen oder Teil an auswärtigen Kriegen zu nehmen oder auch nur selbständig mit fremden Mächten zu unterhandeln. Damit wäre, wie nach Humboldts Vorschlag, allen deutschen Einzelstaaten, außer Österreich und Preußen, die völkerrechtliche Handlungsfähigkeit und das Recht zu einer selbständigen Außenpolitik genommen gewesen. Auch hier trat ein stark unitarischer Zug des Hardenberg'schen Bundesprojekts hervor.

Nach der *Bundes-Militärverfassung* sollte das Bundesheer zwar aus Kontingenten der Einzelstaaten zusammengesetzt sein; doch sollten die kleineren Staaten ihre Truppen den Verbänden der Kreisobersten einfügen. In Friedenszeiten sollten die Kontingente unter dem Befehl ihrer Landesherren stehen; im Kriegsfall und bei inneren Exekutionen sollten sie unter die Kommandogewalt des Kreisobersten treten. Diese sollten auch im Frieden die Aufsicht über die ganze Militärverfassung und die Oberinspektion über die Truppen des Kreises innehaben. Die Bundesfestungen sollten dem Befehl des Kreisobersten, in dessen Bezirk sie lagen, unterstellt sein. Eine einheitliche zentrale Bundeskommandogewalt und ein Bundesfeldherr waren nicht vorgesehen; die Befehlsgewalt der Kreisobersten hätte die Bildung einer militärischen Einheit sogar erschwert. Bei einem Angriff auf einen deutschen Einzelstaat sollten alle Mitglieder des Bundes zur gemeinsamen Verteidigung verpflichtet sein. Im Inneren des Bundes sollte ein Verbot für den Krieg zwischen Bundesgliedern und ebenso für jede Selbsthilfe gelten.

Um den Frieden im Bund zu wahren, sahen die 41 Punkte die Entwicklung einer eigenen *Bundes-Gerichtsverfassung* vor, und zwar in wesentlich weiterem Umfang als nach Humboldts Vorschlag. Ein eigenes Bundesgericht in Frankfurt mit Richtern, die die Bundesstände zu präsentieren gehabt hätten, sollte über alle Streitsachen zwischen Bundesgliedern entscheiden. Die Exekution der Urteile sollte Sache des Kreisobersten sein, zu dessen Gebiet das im Rechtsstreit unterlegene Bundesglied gehörte. Die Untertanen sollten zum Rekurs an das Bundesgericht bei Grundrechtsverletzung oder Justizverweigerung berechtigt sein. Im übrigen sollten in Prozessen der Untertanen gegen ihren Landesherrn die Gerichte der Kreisobersten in letzter Instanz entscheiden. Die Justizhoheit derjenigen Einzelstaaten, die keine Kreisobersten-Stelle inne hatten, wäre somit mannigfach durchbrochen worden. Auch darin zeigte sich die Intention Hardenbergs, die Länder ohne Kreisobersten-Rang in ihren Rechten bedeutend zu verkürzen.

4. Bundeshoheit und Landeshoheit

Wenn die 41 Punkte auch am staatenbündischen Charakter des geplanten Föderativ-Körpers festzuhalten suchten, so dachten sie doch, nicht anders als die Vorschläge Steins und Humboldts, an eine empfindliche Begrenzung der Landeshoheit. Von einer „Souveränität" der Landesherren war nicht mehr die Rede; ausdrücklich verwandten die 41 Punkte vielmehr den von Stein vorgeschlagenen Begriff der „Landeshoheit", über den sie sagten:

„Jeder jetzt im Besitz der Landeshoheit sich befindliche Staat übt in seinen Grenzen die landeshoheitlichen Rechte aus, welche die Bundesakte nicht zum gemeinschaftlichen Besten ausnimmt oder beschränkt."

Diese Ausnahmen und Beschränkungen aber wären nach Hardenbergs Plan bei der Gesetzgebungshoheit, der auswärtigen Gewalt, der Militärgewalt und der Justizhoheit der Einzelstaaten äußerst fühlbar gewesen. Nur die Verwaltungshoheit der Einzelstaaten war in dem Entwurf nicht unmittelbar angetastet; aber der Bundesgesetzgebung hätte es freigestanden, auch hier aushöhlende oder aufhebende Bestimmungen zu erlassen. Hardenbergs Plan hätte die fortschreitende Unitarisierung Deutschlands möglich gemacht.

Auch die in den 41 Punkten proklamierten *Deutschen Bürgerrechte* hätten der Landesgewalt wirksame Schranken gesetzt. Sechs Grundrechte der Deutschen sollten danach unter die Garantie des Bundes gestellt werden. Erstens wäre durch das Recht der *Auswanderungs- (und Einwanderungs-) freiheit* innerhalb des Bundes die volle

Freizügigkeit von einem deutschen Land zu jedem anderen gewährt worden. Zum zweiten hätte das Recht auf *Sicherheit gegen Verhaftung* jede Ausdehnung einer Festnahme über eine gewisse Zeit hinaus von einem auf gesetzlicher Grundlage zu erlassenden Richterspruch abhängig gemacht. Drittens sollte der *Schutz des Eigentums* gegen private Antastung wie gegen staatliche Eingriffe (Beschlagnahme, Konfiskation usw.) gewährleistet werden. Viertens sollte es ein *Recht der Beschwerde* gegenüber der öffentlichen Gewalt bei den Landesgerichten wie beim Bundesgericht, hier nach Maßgabe der schon erwähnten Vorschläge über den Rekurs, geben. Fünftens waren zur *Sicherung der Preßfreiheit* besondere ergänzende Normen in Aussicht genommen. Sechstens sollte durch *akademische Freizügigkeit*, d. h. durch das „Recht, sich auf jeder Deutschen Lehranstalt zu bilden", die Entwicklung der geistigen Freiheit und Einheit in Deutschland gefördert werden. Zum ersten Mal war in den 41 Punkten ein *gemeindeutscher Grundrechtskatalog* aufgestellt, der gegenüber der Landesstaatsgewalt auch durch den Rekurs an das Bundesgericht gesichert worden wäre.

Schließlich war in den 41 Punkten der Gedanke der landständischen Verfassung genauer als in Humboldts Vorschlag präzisiert. Ein „Minimum der Rechte" der in zwei Kammern geteilten Landstände sollte von Bundes wegen festgesetzt werden. In der ersten Kammer sollten die „Familien-Häupter der mediatisierten vormaligen Reichsstände, sowie des sonst unmittelbaren und übrigen Adels" sitzen. Die zweite Kammer sollte aus „erwählten Ständen" bestehen. Damit hätte der Bund den Ländern ein Repräsentativsystem nach englischem Muster zur Pflicht gemacht, gewiß noch keine Volksvertretung im demokratischen Sinn, aber doch einen Vertretungskörper von starker fortschrittlicher Funktion. Die Kompetenz der Landstände sollte außer der Gesetzgebungs- und Budgetgewalt auch das Recht umfassen, sich für die Wahrung der Landesverfassung gegenüber dem Landesherrn einzusetzen und im Konfliktsfall den Bund anzurufen. Die Landesverfassung wäre damit der Garantie des Bundes unterstellt worden; bei Verfassungsstreitigkeiten innerhalb eines Landes hätte sich ein Interventionsrecht des Bundes ergeben. Auch diese *Verfassungsaufsicht des Bundes* hätte das staatenbündische Prinzip erheblich im nationalunitarischen Sinn modifiziert.

§ 30. Der Bundesplan Metternichs

Schrifttum: Aus Metternichs nachgelassenen Papieren (hg. von *Fürst Richard Metternich* und *A. v. Klinkowström,* 1880—84); Lettres du prince de Metternich à la comtesse de Lieven (hg. von *J.* Hanoteau, 1909); Correspondance du Cardinal Consalvi avec le Prince de Metternich 1815—23 (hg. von *C. van Duerm,* 1899).

K. F. v. Buol-Schauenstein (hg. von *C. J. Burckhardt,* 1934).

O. *Brandt,* Metternich. Denkwürdigkeiten (1921); *ders.,* Politisches Gleichgewicht und Völkerbund im Zeitalter Napoleons (Preuß. Jb. Bd. 178, 1919, S. 385 ff.); *K. Groos,* Fürst Metternich. Eine Studie zur Psychologie der Eitelkeit (1922); *A. O. Meyer,* Fürst Metternich (1924); *H. v. Srbik,* Metternich (1. und 2. Bd. 1925; 3. Bd. 1954); *V. Bibl,* Metternich, der Dämon Österreichs (1936); *E. Lauber,* Metternich. Eine gesamtdeutsche Leistung (1939); *ders.,* Metternichs Kampf um die europäische Mitte (1939); *K. O. Frh. v. Aretin,* Metternichs Verfassungspläne 1817/18 (Hist. Jb. Bd. 74, 1955, S. 718 ff.).

R. *Fürst Metternich,* Österreichs Teilnahme an den Befreiungskriegen (bearbeitet von *A. Frh. v. Klinkowström,* 1887); *F. v. Krones,* Aus dem Tagebuch Erzherzog Johanns von Österreich 1810—15 (1891); *A. v. Arneth,* Johann Frh. v. Wessenberg (1898); *F. C. Wittichen,* Briefe von und an Gentz (1909—13); *A. Fournier,* Gentz und Wessenberg (1907); *V. Bibl,* Kaiser Franz, der letzte römisch-deutsche Kaiser (1937); *H. Rössler,* Österreichs Kampf um Deutschlands Befreiung 1805—15 (1940).

Das Prinzip der Restauration

I. Metternich und die Restauration

1. Die Idee der Restauration

Klemens Lothar Fürst Metternich (1773—1859), von 1809 bis 1848 Leiter der österreichischen Politik, seit 1821 im Rang des Hof- und Staatskanzlers stehend[1]), schuf den Deutschen Bund in Abwehr der entschiedenen wie der gemäßigten Nationalstaatstendenzen nach dem *Prinzip der Restauration,* das er bestimmend für Europa, für Deutschland wie für Österreich machte. Der von nationalen und liberalen Vorurteilen beherrschten populären Meinung galt die Metternich'sche Restauration lange als der Inbegriff einer durch bloße Staatsräson bestimmten Polizeiherrschaft. Erst *Srbiks* Biographie hat allgemein bewußt gemacht, daß das „System" Metternichs ein Gefüge großer staatspolitischer Leitgedanken war, in denen eine der Nationalstaatsidee entgegengesetzte, an Sinngehalt und Kraft gleichwertige Staatskonzeption sich kundtat.

Der Begriff „Restauration", der dieser europäischen und deutschen Konzeption Metternichs, ja seiner ganzen Epoche den Namen gegeben hat, umschließt eine ganze Skala von Bedeutungen.

a) In erster Linie heißt „Restauration" die *Wiederherstellung einer legitimen Herrschaft,* die vorübergehend durch innere oder äußere Gewalt (Umsturz oder Eroberung) unterbrochen war. Die klassischen Fälle einer solchen Wiedereinsetzung sind die Restauration der Stuarts in England (1660) und die der Bourbonen in Frankreich (1814). Nach der dabei obwaltenden legitimistischen Theorie hat die gewaltsam unterbrochene Herrschaft rechtlich nie aufgehört zu bestehen. Karl II. ergriff 1660 ein Herrschaftsrecht, das ihm nach legitimistischer Lehre unmittelbar mit dem Tod Karls I. (30. 1. 1649) zugefallen war; nach der gleichen Auffassung trat Ludwig XVIII. bei der Wiederherstellung des bourbonischen Königtums ein Herrschaftsrecht an, das er de jure seit dem Tod des Dauphin (8. 6. 1795) besaß. Dieser extreme Legitimismus galt allerdings auch in der von Metternich geführten restaurativen Partei nicht unbestritten und uneingeschränkt; gerade der Wiedereinsetzung der Bourbonen widersprach Metternich zunächst, von *Gentz* unterstützt[2]), um der „Dynastie Bonaparte" den französischen Thron zu erhalten. In Deutschland kam es 1813/15 zur entsprechenden *Wiedereinsetzung depossedierter Herrscherhäuser* nur in Verbindung mit der Wiederherstellung von Staaten, die während der Fremdherrschaft im Weg der Fusion oder der Annexion aufgehoben worden waren.

b) „Restauration" heißt, wie damit schon angedeutet, zweitens die *Wiederherstellung eines Staates,* der vorübergehend durch Eroberung, gewaltsamen Anschluß oder erzwungenen Zusammenschluß einem anderen Staat einverleibt worden war. In diesem Sinn bekannte sich schon der preußisch-englische Vertrag von 1813 zur Restauration Hannovers und Braunschweigs; die Tätigkeit der deutschen Zentralverwaltung

---

[1]) Die Ernennung Metternichs zum Hof- und Staatskanzler sprach Kaiser Franz I. auf dem Kongreß von Laibach (Februar 1821) aus. Es hat sich jedoch der Brauch entwickelt, Metternich bereits für seine ganze vorausgegangene Ministerzeit als „Staatskanzler" zu bezeichnen.

[2]) Es ist immerhin bemerkenswert, daß *Gentz,* der in einer Denkschrift von 1804 der Anerkennung „du titre impérial de Bonaparte" so heftig widerraten hatte (siehe oben S. 64), sich 1814 mit gleicher Heftigkeit für die Erhaltung des napoleonischen Kaisertums aussprach, übrigens u. a. mit dem Argument, schon 1804 habe er geltend gemacht, der (von ihm damals bekämpfte) Entschluß, Napoleons Kaiserwürde anzuerkennen, würde für alle Zeiten unwiderruflich sein; „kein Gott könnte diesen Schritt ungeschehen machen".

bestand weithin im Vollzug dieses Restaurationsprogramms[1]). Auch die Wiedervereinigung der vorübergehend getrennten Teile eines Staates oder der Wiederanschluß vorübergehend abgespaltener Teile ist ein Akt solcher Restauration, so z. B. die in Teplitz vereinbarte Wiederherstellung Österreichs und Preußens nach dem status quo von 1805. Das streng restaurative Denken neigt auch hier zu der Vorstellung einer Erneuerung des alten Zustands mit Wirkung „ex tunc", also zur Wiederherstellung des „status quo ante" in der Weise, daß der zwischenzeitliche Herrschaftszustand „nullifiziert", als nichtig behandelt, wird. Die 1813/15 wiederhergestellten deutschen Staaten betrachteten sich im Sinn dieses restaurativen Legitimismus nicht als Neugründungen, sondern gingen von der selbstverständlichen Annahme ihrer *Identität und Kontinuität* mit den alten gleichen Namens und von ihrem virtuellen Fortbestand während der Zwischenherrschaft aus[2]).

c) „Restauration" heißt drittens die *Wiederherstellung der Staatsverfassung* und *Rechtsordnung* nach zeitweiliger Unterbrechung des althergebrachten Verfassungs- und Rechtszustands durch Fremdherrschaft oder revolutionäre Gewalt. Die Restauration kann die Gesamtherstellung des alten Verfassungs- und Rechtszustands in sich schließen oder auf die Erneuerung von Teilen der alten Ordnung beschränkt sein. Bei der Wiederherstellung der Freien Städte Hamburg, Bremen, Lübeck und Frankfurt 1813/14 wurden ausdrücklich die alten Stadtverfassungen wieder in Kraft gesetzt[3]). Und bei der Wiederherstellung der in der Rheinbundzeit untergegangenen Staaten Hannover, Braunschweig, Oldenburg, Kurhessen ging man im Prinzip vom Wiederaufleben der alten Ständeverfassungen, soweit es vorher solche gegeben hatte, aus. Allerdings erhob sich auch hier, und zwar mit Dringlichkeit, die Frage, ob bei der Restauration der zwischenzeitliche Zustand als *rechtlose Usurpation* mit der Folge betrachtet werden kann und soll, daß alle Staatsakte der Zwischenherrschaft an und für sich als nichtig gelten und rechtsbeständig nur kraft nachträglicher Legalisierung werden. Der Kurfürst von Hessen suchte diese extrem legitimistische Theorie durchzusetzen, während im übrigen die wiedereingesetzten Herrscher zum großen Teil aus Staatsräson geneigt waren, die Ergebnisse zwischenzeitlicher Rechtsänderungen als rechtsbeständig anzuerkennen. Ihr *jus postliminii*, d. h. das bei der Befreiung von Fremdherrschaft oder Revolutionsgewalt erwachsende Recht des legitimen Landesoberhaupts, zwischenzeitlichen Rechtsänderungen die Anerkennung zu versagen, wandten sie nur in beschränktem Umfang an[4]).

d) „Restauration" hieß in der deutschen Situation von 1813/14 viertens die *Wiederherstellung des Staatszusammenhangs unter den deutschen Territorien*, der seit 1806 unterbrochen war. Darüber, daß dieses alte Band in irgendeiner Form zu erneuern sei, war man sich in allen Lagern, abgesehen allenfalls vom extrem rheinbündischen Partikularismus, einig. Die Wiederherstellung der Einheit in der Form eines entschieden nationalstaatlichen Unitarismus hätte man allerdings nicht als „Restauration", sondern als eine umstürzende Neuerung empfunden, wenngleich die nationalstaatliche Partei sich bemühte, ihre Vorschläge aus älteren deutschen Verfassungszuständen abzuleiten. In Wahrheit konnte „Restauration" nur genannt werden entweder die Wiederherstellung des Reichs in seiner früheren Verfassung, wobei sich dann alsbald Meinungsverschiedenheiten darüber ergeben mußten, ob auf den Verfassungszustand von vor oder nach dem Reichsdeputationshauptschluß (1803) zurückzugehen sei, oder aber die Wiederherstellung eines deutschen Staatszusammenhangs in einer gegenüber früher in der Form zwar modifizierten, in der Wirkung aber ähnlichen Art. Da an eine volle Wiederherstellung der alten Verfassungsverhältnisse ernstlich schon deswegen nicht gedacht werden konnte, weil niemand die Wiederherstellung der geistlichen Fürstentümer oder auch nur aller mediatisierten weltlichen Herrschaften wünschte, blieb für eine restaurative Lösung der deutschen Frage nur ein *Kompromiß*, wie Metternich ihn im Einverständnis mit den süddeutschen Rheinbundstaaten erstrebte. Die Veränderungen des innerdeutschen Besitzstands bis 1805, die auf Reichsgesetzen be-

---

[1]) Siehe oben S. 487 ff.
[2]) Siehe oben S. 497.
[3]) Siehe oben S. 490, 497 f.
[4]) Siehe unten S. 758–763.

ruhten, und ebenso die „Auflösung des Reichs", die auf einen Akt des Reichsoberhaupts zurückging und die Duldung des Reichstags gefunden hatte [1]), waren als legales Definitivum hinzunehmen; im übrigen war nach der restaurativen Idee ein Staatszusammenhang bündischen Charakters herzustellen, der die Erhaltung von Sicherheit und Ordnung nach außen und innen gewährleistete, gleichzeitig aber die Souveränität der Territorien nicht beeinträchtigte. Diese Restaurationspolitik zielte also nicht auf Wiederherstellung des Alten in allen Fällen und um jeden Preis, sondern zugleich auf Abwandlungen, die jedoch ein Element bewahrender Sicherung, nicht, wie die nationalbundesstaatliche Lösung, ein Element des Umsturzes und Fortschritts bildeten.

e) „Restauration" hieß in der europäischen Situation von 1813/14 fünftens die *Wiederherstellung der europäischen Verfassung von 1789,* also des vorrevolutionären „jus publicum Europaeum". Die revolutionäre Aufrichtung eines neuen internationalen Legitimitäts- und Homogenitätsprinzips, das durch die „Ideen von 1789" umschrieben war, und sodann die militärisch-expansive Aufrichtung des hegemonialen Imperiums Napoleons hatten die alte, auf monarchische Legitimität und Souveränität und auf internationales Gleichgewicht gegründete zwischenstaatliche Rechtsordnung Europas zerstört. Damit war insbesondere das Prinzip einer *prästabilierten Harmonie* der Staaten und zugleich das *Regulativ jeder Friedensordnung* entfallen. Denn der Gleichgewichtsgrundsatz hatte zwar in der Zeit des klassischen „jus publicum Europaeum" den Ausbruch von Kriegen zwischen den europäischen Mächten nicht hindern können; doch hatte er für Kriegsziel und Friedensschluß eine limitierende Bedeutung gehabt; der Vernichtungskrieg und der Vernichtungsfrieden waren ausgeschlossen, solange das Gleichgewichtsprinzip in Geltung stand. Die europäische Restaurationspolitik hatte den Kampf gegen Napoleon nicht aus nationalstaatlichen Impulsen, sondern eben deshalb geführt, weil sein imperiales System eine gleichgewichtige Rechts- und Friedensordnung zwischen gleichberechtigten Staaten unmöglich machte. Nach dem Sieg war ihr Hauptanliegen, vorsorgend zu verhindern, daß eine neue imperiale Macht, sei es das gefürchtete Zarenreich, sei es ein neuaufkommender deutscher Nationalstaat, in das entstandene Vakuum der Macht eindrang. Vielmehr kam es der restaurativen Partei darauf an, zu den Prinzipien der vorrevolutionären Ordnung Europas, insbesondere zum Grundsatz der Machtbalance, alsbald zurückzukehren.

f) „Restauration" hieß sechstens in allen diesen Beziehungen nicht nur Rückkehr zum Alten, sondern zugleich *Sicherung der wiederhergestellten Ordnung* gegen erneuten Umsturz. Und zwar kam es für die Restaurationspolitik auf Sicherung gegen Bedrohungen von außen wie von innen an. Restauration bedeutete also das *Gesamtsystem der Abwehrmittel gegen Aggression und Revolution;* über das diesem restaurativen Zweck dienende große Friedensinstrument der „Heiligen Allianz" wird noch zu sprechen sein. Im Staatsinnern bedeutete die durch diesen Sicherungszweck bestimmte Restauration nicht nur Abwehr der Revolution im Sinn von Schutzmaßnahmen gegen den direkten Umsturz. Mehr noch bedeutete sie — nach der Maxime, daß es schon den Anfängen zu wehren gilt — die vorbeugende Ausschaltung aller Ideen und Institutionen, die den Umsturz befördern konnten. Eben darum geriet die Restauration in einen so heftigen Gegensatz gegen die Grundsätze der bürgerlichen Gleichheit und Freiheit wie gegen die Verfassungseinrichtungen des modernen Konstitutionalismus, also die Volksvertretung, die Preß- und Lehrfreiheit, das freie Vereins- und Versammlungswesen. Jedes restaurative System lebt in der Furcht vor den Gefahren von gestern. Die Furcht vor der Revolution trieb die Restaurationspolitik in die Gegnerschaft gegen alle konstitutionellen Neuerungen, obwohl diese, rechtzeitig und maßvoll eingeführt, am ehesten einen Schutz gegen den revolutionären Radikalismus hätten bieten können [2]).

---

[1]) Über die rechtliche Problematik dieser Auffassung siehe oben S. 72 ff.

[2]) Über die preußische Restaurationspartei, ihre Ideen, Gruppen und hervorragenden Vertreter, siehe oben S. 135 ff.; über das restaurative Prinzip in der preußischen Wehrverfassung siehe S. 248 f., in der preußischen Gesamtstaatsverfassung S. 297 ff., 305 ff. Über die europäische Restaurationspolitik der Heiligen Allianz siehe unten S. 687 ff.

2. Die Wegbereiter der Restauration

Der große literarische Wegbereiter des restaurativen Prinzips in Deutschland war zunächst *Friedrich v. Gentz* [1]). In seinen Publikationen, Denkschriften, Entwürfen und Briefen entfaltete sich die Pragmatik der Restaurationspolitik der Metternich'schen Zeit. Seine systematisch-staatstheoretische Grundlegung aber erhielt der Begriff „Restauration" nach der Niederwerfung der napoleonischen Universalmonarchie in *K. L. v. Hallers* berühmtem Werk „Restauration der Staatswissenschaft" (1816—25). Es forderte, gemäß seinem Untertitel: „Theorie des natürlich geselligen Zustands der Chimäre des künstlich bürgerlichen entgegengesetzt", die Rückbesinnung von den Fiktionen der Vertrags- und der Rechtsstaatstheorie auf das eigentliche Wesen des Staates, auf die beständigen Prinzipien jeder Staatsverfassung und auf die Ordnungsgrundlagen eines gesicherten Gesellschaftszustands. Das Wesen des Staates sah Haller in der *Macht,* die in der Hand des Starken ruht und sich über den Hilfs- und Schutzbedürftigen erhebt. Den Staat als Machtordnung hielt er für keinen Gegensatz zum Naturzustand, sondern für die Fortsetzung des Naturzustandes in weitergebildeter Form. Der Besitz der Macht galt ihm nicht als soziologisches Faktum, sondern als eine legitimitätsbegründende Ausstrahlung der göttlichen Weltregierung; die Herrschaft sah er als von Gottes Gnaden gestiftet an. Auch in der *Republik* erkannte er dieses Machtprinzip als verwirklicht an; als seine wahre Erscheinungsform aber erschien ihm die *Monarchie* in ihren drei Arten: dem Patrimonial-, dem Militär- und dem Priesterkönigtum. Altständische Einrichtungen galten ihm als mit der Monarchie vereinbar, aber nicht eine Volksrepräsentation. Auch für den bestehenden Staat, der, genau betrachtet, eine Verbindung von patrimonialen, kriegerischen und klerikalen Elementen war, empfahl sich nach Hallers Restaurationsphilosophie die Rückkehr zum „natürlichen Machtzustand", d. h. zur starken Monarchie mit altständischer, nicht mit repräsentativer Verfassung. In der Restaurationspolitik des Deutschen Bundes und der deutschen Einzelstaaten gewann diese Lehre höchste Bedeutung. Gerade deshalb blieb die Kritik an dieser großen restaurativen Konzeption nicht aus [2]). Was dem Restaurator des Staatsdenkens als Rückbesinnung auf echte Staatlichkeit erschien, galt seinen fortschrittlichen Gegnern als „gewaltsame Zurückdrängung des Staatslebens auf frühere und bereits überwunden gewesene Standpunkte" [3]); seine „Restauration" erschien der liberalen Staatswissenschaft als „ein Werk, aus dem viel zu lernen ist, aber nicht die Wahrheit".

---

[1]) Über ihn siehe oben S. 143.

[2]) Vgl. insbes. die Kritik *Hegels* (Rechtsphilosophie § 258), die sich gegen Hallers Machtbegriff wendet, weil dieser *„nicht die Macht des Gerechten und Sittlichen, sondern die zufällige Naturgewalt"* meint. Die Stelle ist zugleich für Hegels eigenen Machtbegriff, der so oft verkannt oder entstellt wird, von großer Bedeutung. — Gegen Haller auch *H. Leo,* Studien und Skizzen zu einer Naturlehre des Staates (1833) S. 44 ff.; *F. J. Stahl,* Die Philosophie des Rechts Bd. 1 (3. Aufl. 1856) S. 560 ff.

[3]) *R. v. Mohl,* Die Geschichte und Literatur der Staatswissenschaften Bd. 2 (1856) S. 558.

II. Legitimität, Autorität, Stabilität

Wollte *Haller* der Restaurator der Staatswissenschaft sein, so empfand *Metternich* sich als den Wiederhersteller der Staatsordnung selbst. Dem wirklichkeitserfahrenen Staatsmann war die Einsicht vertraut, daß die dahingeschwundenen Erscheinungsformen des Alten durch doktrinäre Rückführung nicht wiederzubeleben sind. Wie er der Restauration der Bourbonen im Anfang widersprach, so lehnte er (mit mehr Erfolg) für Deutschland die Wiederherstellung des Reichs, des Kaisertums und der säkularisierten oder mediatisierten Reichsfürstentümer ab. Ihm kam es nicht auf die Wiedereinsetzung der Depossedierten in verlorene Besitzstände an, sondern auf die Wiederbelebung der unverzichtbaren Staats- und Rechtsgrundsätze, die er durch den zerstörenden und auflösenden „Geist der Zeit" bedroht glaubte. Diesen Kräften der Dekomposition durch Restauration der europäischen und deutschen Ordnung einen Damm entgegenzusetzen, war der Sinn seines „Systems", das er auf die drei Prinzipien der Legitimität, der Autorität und der Stabilität zu gründen suchte.

1. Das Legitimitätsprinzip

Der radikale Legitimismus sieht in jedem wohlerworbenen Besitz, vor allem in der kraft Geburt zugefallenen monarchischen Herrschaft, ein Recht, das nur nach vorgegebenen Grundsätzen veräußert oder vererbt, niemals aber durch Gewalt vernichtet werden kann. Metternichs Legitimitätsprinzip ging zwar von dieser legitimistischen Grundvorstellung aus, jedoch nicht im Sinn der absoluten Unverbrüchlichkeit. Er erkannte an, daß es Fälle gibt, in denen Notwendigkeit und Vernunft dazu zwingen, eine Durchbrechung der legitimistischen Kontinuität als rechtmäßig und rechtsbeständig anzuerkennen. In Deutschland hätten bei radikalem Legitimismus sämtliche depossedierten Fürstenhäuser in ihre alten Rechte wiedereingesetzt werden müssen; von einem destruktiven Legitimismus dieser Art war Metternich weit entfernt. Indem er in den Verträgen von Ried und Fulda den territorialen Besitzstand der größeren Rheinbundstaaten garantierte, legalisierte er zugleich zahllose Depossedierungsakte, zu denen es in dem Jahrzehnt der großen gewaltsamen Flurbereinigung gekommen war. Metternich entschied sich *für die Legalität* der territorialen Veränderungen *gegen die Legitimität* unantastbarer Herrschaftsrechte. Es ist ein Mißverständnis des Legitimismus, wenn man Metternich den Grundsatz unterstellt, daß Legitimität unter allen Umständen vor Legalität gehe.

Das Metternich'sche Legitimitätsprinzip war vielmehr durch ein starkes Bedürfnis nach Ordnung und Sicherheit gekennzeichnet. Wo die Berufung auf alte, jedoch durch die Gewalt der Tatsachen durchbrochene Rechte die inzwischen gefestigte Ordnung zu erschüttern drohte, neigte der Staatskanzler dazu, die neuen, wenngleich unter fragwürdigen Titeln erworbenen Rechte als gültig anzuerkennen. Sein Stabilitätsbedürfnis scheute die Wiederherstellung alter

Rechtszustände, wo sie eine neue Umwälzung bedeutet haben würde. Dem Prinzip der Legitimität zog das Prinzip der Stabilität eine feste Grenze.

Demgemäß gab Metternich dem legitimistischen Wiederherstellungsgrundsatz nur statt, wo durch die Auflösung der napoleonischen Trabantenstaaten oder die Rückgängigmachung französischer Annexionen Raum für die Restauration entstanden war, also vor allem in Nord- und Nordwestdeutschland. Den Besitzstand der süddeutschen Staaten ließ er unberührt, weil er in dem in Süddeutschland geschaffenen Machtgefüge eine Gewähr stabiler Ordnung sah. Für das linke Rheinufer erkannte er die Notwendigkeit an, einen geschlossenen preußischen Gebietsstand ohne Rücksicht auf alte Rechte zu schaffen, weil die deutsche Westgrenze nur so gesichert werden konnte. Dem Annexionsanspruch Preußens gegenüber Sachsen widersetzte er sich nicht so sehr mit Rücksicht auf die Legitimität der wettinischen Herrschaft; vielmehr ging es ihm hier darum, dem die deutsche und europäische Stabilität gefährdenden Expansionsdrang Preußens eine Schranke zu ziehen. In allen diesen Fällen folgte er dem Legitimitätsprinzip nur, soweit es mit den Grundsätzen der Stabilität, der Sicherheit und des Machtgleichgewichts in Einklang stand. Wo Metternich sich aus Staatsräson zur Anerkennung neuer Machtverhältnisse verstand, sprach er auch ihnen in gleichem Maß wie altüberlieferten Herrschaftsrechten die Legitimität zu. Das Recht deutscher Landesherren an neuzugewiesenen Besitztümern galt ihm als ebenso unverbrüchlich wie andere Herrschaftsrechte aus unvordenklicher Zeit. Das Restaurationsprinzip Metternichs war kein doktrinärer Traditionalismus; in unbefangenem Realismus erkannte er häufig neue Machtverhältnisse unter Nichtachtung überlieferter Rechte an. Die neugeschaffene Ordnung aber suchte er mit allen Mitteln gegen das Expansionsbedürfnis außerdeutscher und deutscher Staaten wie gegen die innere Bedrohung durch nationale, liberale und demokratische Ideen zu schützen, die ihm samt und sonders als Kräfte der Unterwühlung, der Zersetzung und des Umsturzes erschienen.

2. Das Autoritätsprinzip

Als sicherste Gewähr gegen die „Demagogie" des Nationalismus, des Liberalismus und der Demokratie galt Metternich die monarchische *Autorität*. Doch war sein Autoritätsgedanke nicht mit dem einfachen Machtprinzip identisch, wenngleich er wußte, daß *auctoritas* ohne *potestas* im politschen Bereich auf die Dauer nicht bestehen kann. Zumal mit rückhaltlosem Despotismus hatte der restaurative Glaube an Autorität nichts zu tun. Metternich sah in der Autorität eine Garantie des *Rechts*; nur verstand er unter „Recht" etwas anderes als seine national, liberal oder demokratisch gesinnten Gegner. „Recht" war ihm der Inbegriff der ruhenden Ordnung, die gegen Veränderung, Auflösung und Umwälzung zu sichern war. Das Selbstbestimmungsrecht der Völker, das Mitbestimmungsrecht der Untertanen, das Freiheitsrecht der Bürger galten ihm als unruhebringende, ordnungsgefährdende und rechtlose Machtansprüche. In der unbezweifelbaren und unantastbaren Autorität des monarchischen Amtes dagegen sah er die Bürgschaft für Ordnung und Dauer. Eben deshalb suchte er die herrscherliche Autorität gegen die Kräfte des Fortschritts, der Bewegung und der permanenten Revolution durch das „monarchische Prinzip" zu schützen, das er in Art. 57 der Wiener Schlußakte zum Kern des Bundesrechts und der Landesverfassungen erhob [1]).

---

[1]) Siehe unten S. 651 ff.

3. Das Gleichgewichtsprinzip

Als Mittel nicht nur zur Stabilisierung der Machtverhältnisse, sondern als Ausdruck des zwischen Völkern und Staaten kraft der Natur der Sache geltenden Rechts erschien dem restaurativen Denken *das europäische und deutsche Gleichgewicht*. Der Kern der europäischen und deutschen Politik Metternichs war die Überzeugung, daß Frieden, Ordnung und Recht in Europa wie in Deutschland nur entstehen könnten, wenn die rivalisierenden Staaten durch die Ausgeglichenheit des Gesamtbestands ihrer Kräfte in ein stabiles Gleichgewicht gesetzt seien. Er sah in der europäischen Hegemonialpolitik Frankreichs oder Rußlands wie in der deutschen Hegemonialpolitik Preußens nicht nur eine Bedrohung österreichischer Interessen, sondern auch eine Gefährdung der allgemeinen Ordnung durch Momente der Instabilität, der ständigen Beunruhigung, des permanenten Machtkampfs. Der alten Lehre vom europäischen Gleichgewicht stellte er als Strukturprinzip der Neuordnung Deutschlands die Lehre vom Gleichgewicht der deutschen Kräfte zur Seite. Im einen wie im anderen Fall galt ihm als Voraussetzung des Gleichgewichts allerdings nicht die gleichmäßige Machtverteilung unter alle Beteiligten; seine Gleichgewichtsidee war also nicht vom Dogma absoluter und effektiver Gleichberechtigung bestimmt. Er wußte, daß die Stabilität eines Gleichgewichtssystems am sichersten durch ausgleichende Führung gewahrt wird. Das Balancesystem sollte jeweils auf dem Machtvorrang einer kleinen, in sich gleichgewichtigen Staatengruppe beruhen. Die Labilität einer atomisierten Staatenanarchie suchte er in Europa durch die Fünfmächte-Hegemonie („Pentarchie"), in Deutschland durch den Dualismus oder Trialismus zu überwinden, um so zur Stabilität eines geordneten und befriedeten Staatssystems zu gelangen. Das Gleichgewicht in der führenden Gruppe wollte er mit deren Übergewicht gegenüber der Vielheit der Staaten zweiten oder dritten Ranges vereinen. Die Sicherung dafür, daß in diesem Kräftespiel auch die kleineren Mächte zu ihrem Recht kamen, sah er in der ihnen offen stehenden Möglichkeit, der Gefahr des Machtmißbrauchs gemeinsam zu begegnen; notfalls konnten sie Anlehnung an eine unter den rivalisierenden Mächten der Spitzengruppe suchen. Der Erstarrung eines einseitigen Machtvorsprungs war in dem Gleichgewichtssystem durch die ständige Fluktuation der Machtverhältnisse, zu der auch die kleineren Mächte erheblich beitragen konnten, vorgebeugt. Als Meister der indirekten politischen Aktion, „des Temporisierens und Finassierens", der zur Perfektion der geschmeidigen Zähigkeit entwickelten klassischen Diplomatie kämpfte der Wiederhersteller der europäischen und deutschen Ordnung gegen die dreifache Bedrohung des Gleichgewichts, nämlich gegen die jakobinisch-napoleonische Diktatur, gegen die bei ihrem Zusammenbruch drohende russische Hegemonie und gegen den deutschen Nationalstaatsgedanken, in dessen Konsequenz ihm die preußische Hegemonie in Deutschland wie die deutsche Hegemonie in Europa zu liegen schien [1].

---

[1] Über das Verhältnis von Gleichgewicht und Vorrang vgl. besonders *H. Triepel*, Die Hegemonie (1938).

III. Metternich und der Staatenbund

1. Der Nationalstaat und das europäische Gleichgewicht

Für Metternich war der Wiener Kongreß die große Manifestation der Gleichgewichtsidee. Er erreichte, daß Frankreich wieder in die Rolle der fünften Großmacht im Rahmen der europäischen Pentarchie einrückte, wodurch das Gegengewicht gegen das russisch-preußische Zusammenspiel sich verstärken ließ. Er verhinderte die Errichtung eines unter russischer Herrschaft stehenden allpolnischen Königreichs, das Rußlands östliche Vorherrschaft ausgedehnt hätte. Er vereitelte das Aufkommen einer absoluten Vormachtstellung Preußens in Nord-, Mittel- und Süddeutschland, indem er den staatlichen Fortbestand Sachsens erstritt und die Stellung der übrigen deutschen Mittelstaaten festigte. Mit der fortdauernden Teilung Italiens schloß er das Entstehen eines neuen nationalstaatlichen Machtfaktors in Südeuropa aus. Sein Haupterfolg aber war, daß es ihm gelang, in Mitteleuropa, d. h. im deutschen und im österreichischen Machtbereich, ein Bollwerk gegen die nationalstaatliche Entwicklung zu schaffen. Die deutsche Verfassungsfrage war für Metternich nur ein Teilstück aus dem großen Kreis der europäischen Probleme. Die streng föderative Lösung, die er verfocht, entsprang nicht nur dem Sonderinteresse Österreichs, sondern sicherte das europäische Gleichgewicht gegen die Gefahr, die ihm von einem geeinten deutschen Nationalstaat drohen konnte. In bewahrendem Sinn suchte Metternich mit dieser Konzeption die europäische Staatengesellschaft in der Grundform, die sie im 18. Jahrhundert besessen hatte, wiederherzustellen und gegen die revolutionierende Kraft des Nationalstaatsgedankens abzuschirmen. Er hoffte, daß der französische Nationalismus sich durch die Verweisung in die Grenzen von 1792 oder 1790 und durch die Restauration des bourbonischen Königtums werde neutralisieren lassen; in Italien und Deutschland aber meinte er, durch präventive Maßnahmen den Aufstieg und Sieg der Nationalstaatsidee verhindern zu können. Eben darum widersetzte er sich allen Einrichtungen, an denen die nationalstaatlichen Bestrebungen in Deutschland einen Halt hätten gewinnen können: der Wiederherstellung des deutschen Kaisertums, dem preußischen Bundesfeldherrnamt, der Mediatisierung der mittel- und nordwestdeutschen Rheinbundstaaten, der Errichtung einer deutschen Nationalrepräsentation, der Beschränkung der Landeshoheit durch ausgedehnte Bundeskompetenzen für Gesetzgebung, Rechtsprechung und Militärwesen. Die staatenbündische Zusammenfassung der deutschen Territorien, das dualistische Nebeneinander Österreichs und Preußens, die Erhaltung der einzelstaatlichen Souveränität waren ihm Mittel zur Bewahrung nicht nur des deutschen, sondern auch des europäischen Gleichgewichts, das er durch einen deutschen Nationalstaat gefährdet glaubte.

2. Der Nationalstaat und die europäische Revolution

Nicht minder stark fiel ins Gewicht, daß Metternich den Nationalismus als identisch mit den radikalen, umstürzenden Bewegungen der Zeit, mit Liberalismus und Demokratie, ansah, den Kräften also, von denen er nach den Erfahrungen der französischen Revolution sicher war, daß sie in Verderben und Zerstörung führen und in Terror und Tyrannei enden müßten. Wenn Metternich auch, seiner Gleichgewichtsidee gemäß, versicherte, daß er nach der Balance zwischen den beharrenden und den fortschrittlichen Kräften der Zeit strebe, so überwog sein Wille zur Bewahrung des Gewordenen doch so sehr, daß ihm auch der gemäßigte Liberalismus und Konstitutionalismus nur als die Schrittmacher der radikalen Revolution erschienen. Die repräsentativ-konstitutionelle Monarchie galt ihm nur als Vorstufe der Volkssouveränität, der gewaltenteilende, auf angeborene unantastbare Menschenrechte gegründete Rechtsstaat nur als Vorform der Anarchie, der Bundesstaat nur als Etappe auf dem Weg in den nationaldemokratischen Unitarismus. Doch war diese Ablehnung der Mischformen, Zwischenlösungen und Kompromisse mit einer echten Lehre vom Gleichgewicht nicht vereinbar. Denn die wahre Balance kann nur in der Koordination der Gegenkräfte entwickelt werden. Metternichs innenpolitisches System dagegen war einseitig auf die Erhaltung des monarchischen Absolutismus, wenn auch in seiner gemilderten Spätform, gerichtet. Die gestörte soziale und politische Harmonie konnte in Wahrheit nur durch Gleichordnung der bewahrenden und der fortschrittlichen Kräfte zurückgewonnen werden, nicht aber in einem System, das den dynamischen Energien des sozialen und politischen Fortschritts nur die Rückkehr zum Altbeständigen entgegenzusetzen wußte. Nicht die Synthese der Kräfte, sondern die einseitige Entscheidung für Monarchie, für Legitimität und Autorität, für Stabilität und Ordnung war die Quintessenz dessen, was Metternich für „Recht" hielt. So sehr er ein Willkürregime des monarchischen, militärischen oder bürokratischen Despotismus in der Theorie verwarf, so starr war sein Bekenntnis zu Hierarchie und Disziplin, als deren Widerpart er die „liberale Demagogie" der nationalen, bürgerlichen und demokratischen Ideen bekämpfte. Er war ohne Blick dafür, daß nur durch die Einfügung der bürgerlichen Kräfte in den überlieferten Staat die drängende Aufgabe sozialer und politischer Reformen bewältigt werden konnte. In eingewurzelter Feindseligkeit gegen die Freiheit der Universitäten und der Wissenschaft, der Presse und der öffentlichen Meinung, des Vereins- und Versammlungswesens, in hochmütiger Abwehrstellung gegen Wahlen und politische Parteien mißachtete er die Fähigkeiten zu Aufbau und Ordnung, die in der von ihm als destruktiv empfundenen „liberalen Bourgeoisie" angelegt waren.

Dem Konservativismus Metternichs erschien die *Nation* nur als ein Ferment der liberalen und demokratischen Auflösung der Staatlichkeit. Weder eine organische Individualität noch ein politisches Selbstbestimmungsrecht erkannte er der Nation zu. So wie er — obwohl dem alten Reichsadel zugehörig — frei von überliefertem Reichspatriotismus war, den es sonst in den Führungsschichten Österreichs nicht selten gab, war er auch frei vom Nationalbewußtsein, das er dem Jakobinertum gleichsetzte und wie dieses verabscheute. Nicht nur Steins Nationalgefühl, das sich aus alter Reichsgesinnung und modernem Nationalismus eigentümlich mischte, sondern auch Humboldts höchst differenziert mit der Humanitätsidee verwobene Nationalidee war ihm fremd und verdächtig. Als echte politische Wesenheit erkannte er nur die historisch gewordenen Staaten an; er sah diese nicht in nationaler Isolierung, Unabhängigkeit und Selbstherrlichkeit, sondern in föderativer Verbundenheit als Glieder eines universalen europäischen Gesamtkörpers. In ihm wies er der „Pentarchie" der fünf Großmächte den Vorrang zu, nicht nur im Sinn der politischen Führung und Verantwortung, sondern in dem der rechtlichen Hegemonie. Da die Bildung neuer Nationalstaaten dieses europäische Staatsgefüge erschüttern mußte, kämpfte er gegen die nationalen Einigungsbewegungen, wo immer in Europa er auf sie stieß. Das „deutsche Volk" kam in seinem Begriffs- und Sprachvermögen nicht vor. Wie Italien, von dem er es offen sagte, war ihm auch Deutschland im Grunde nur ein „geographischer Begriff"; die „deutschen Völker", die diesen Raum bewohnten, schienen ihm durch ihre Natur wie durch ihr Interesse zur „Uneinheitlichkeit" bestimmt zu sein. Er war überzeugt, daß sich aus den Völkerschaften Deutschlands, Italiens oder der Schweiz nicht kraft einer eingewurzelten Eigenart, sondern nur kraft revolutionärer Gewaltsamkeit unteilbar-einheitliche Staatskörper würden formen lassen. Für Deutschland vor allem glaubte er, die Gemeinsamkeit alter Erinnerungen und Gewohnheiten, die Gleichheit der Sprache und Kultur, die Einheit des geographischen Zusammenhangs, die Übereinstimmung politischer und wirtschaftlicher Interessen seien durch die staatenbündische Föderation genügend gewahrt. Eine deutsche Nationalverfassung verurteilte er als ein künstlich-gewaltsames Gebilde, als eine *„Revolution in legislativer Form"*. Ein mit national-repräsentativen und liberal-rechtsstaatlichen Einrichtungen durchsetztes bundesstaatliches System erschien ihm nur als Vorbereitung des Staatszerfalls, zu dessen Abwendung man schließlich zwangsläufig eine Militärdespotie napoleonischen Gepräges werde aufrichten müssen. Um Autorität, Ordnung und Freiheit gegen die Anarchie wie gegen die cäsaristische Tyrannis zu sichern, forderte er die Solidarität der legitimistisch-monarchischen Staaten innerhalb der weiteren europäischen Allianz wie innerhalb der engeren deutschen Föderation. Vernunft, Sittlichkeit und Gerechtigkeit schienen ihm nach dem Sturz der napoleonischen Universalmonarchie die Wiederherstellung der europäischen Staatengesellschaft wie die Bildung eines deutschen Staatenvereins zu gebieten. Beiden Föderativgebilden erkannte er ein Recht auf Selbsterhaltung, daher aber auch ein Recht zur Intervention zu, wenn in einem ihrer Gliedstaaten die bestehende Ordnung durch nationale, liberale oder demokratische Umsturzbewegungen gefährdet war. Der Interventionismus der Heiligen Allianz wie die Demagogen-Abwehr des Deutschen Bundes waren ihm deshalb kein Ausdruck bloßer Machtpolitik oder polizeistaatlicher Willkür; für ihn drückte sich darin nichts anderes aus als die moralische Solidarität innerhalb eines homogenen überstaatlichen Ganzen.

3. Institutionelle oder indirekte Hegemonie

Wie der Herstellung der gesamtstaatlichen Einheit Deutschlands so leistete Metternich auch der Einsetzung einer gesamtdeutschen Zentralgewalt entschiedenen Widerstand. Vor allem war er der *Erneuerung des Kaisertums* durchaus abgeneigt. Dem Vertreter rationaler Staatlichkeit schien ein Kaisertum, das nicht mit Macht umkleidet war, nur als eine Last für das habsburgische Haus. Selbst von der Wiederherstellung der bloßen Kaiserwürde, die nur ein Symbol der Autorität gewesen wäre, fürchtete er Verwicklungen und Mißhelligkeiten in Deutschland wie in Europa. Er war sicher, daß auch die Mächte, die sich jetzt für das Kaisertum aussprachen, später zu Gegnern dieser Einrichtung werden würden, in deren Tradition nun einmal der Anspruch auf Vormacht gegenüber den deutschen und auf Vorrang gegenüber den europäischen Fürsten lag. Auch schien ihm die Kaiseridee mit dem Gleichgewichtsprinzip nicht gut vereinbar zu sein. Er war überzeugt, es werde leichter sein, Österreichs Ansehen und Macht in den europäischen und deutschen Fragen auf dem unauffälligen Weg der diplomatischen Aktion zu erhöhen als auf der Grundlage des römischen oder des deutschen Kaisertitels. In weiser Beschränkung beanspruchte er für Österreich nicht, daß es die *oberste,* wohl aber daß es die *erste* deutsche Macht sei, „primus inter pares", wie *Gentz* es ausdrückte. Und dieses Ziel erschien Metternich eher erreichbar, wenn die habsburgische Dynastie nicht durch den Anspruch und die Verantwortung belastet war, die sich mit der Kaiserwürde notwendig verbanden.

Aber auch die *direktoriale Zentralgewalt* lehnte Metternich im Grunde ab, obwohl er sich in den Verhandlungen zeitweise an die darauf gerichteten Vorschläge anzunähern schien. Keinesfalls wollte er eine zweigeteilte („dualistische") Hegemonie Österreichs und Preußens. Aber auch von der Einrichtung einer Vierer-, Fünfer- oder Siebener-Hegemonie, die den Wiener Kongreß lange beschäftigten, versprach er sich keinen Vorteil für die deutsche Föderation. Er erwartete, daß der hegemoniale Einfluß Österreichs und Preußens im Bund umso stärker sein werde, je weniger er institutionell sichtbar sei. Er vertraute auf die „force des choses", das natürliche Gewicht des österreichischen und auch des preußischen Staatskörpers. Verfassungsrechtlich fixierte Vorrechte und Kompetenzen galten dem Meister der Imponderabilien nur als ein störendes Beiwerk in einer auf die Methode der „indirekten Gewalt" gegründeten Ordnung.

So war Metternichs Plan auf einen Staatenbund aus rechtlich unabhängigen, souveränen Einzelstaaten ohne Bundesoberhaupt, ohne umfassende Bundesorganisation und ohne weitgedehnte Bundeskompetenzen gerichtet. Bereitwillig hatte er den Rheinbundstaaten in den Verträgen von Ried, Fulda und Frankfurt die *Souveränität* zugestanden, nicht weil er ihnen effektiv die schrankenlose Unabhängigkeit einzuräumen bereit war, sondern weil er auf die faktischen Abhängigkeiten baute, die sich hinter der Fassade der rechtlichen Unabhängigkeit von selbst einstellen würden. Der österreichische Außenminister war gewiß kein Anhänger des Souveränitätsdünkels der „36 Despotien". Aber er zog die Methode der schwebenden Unbestimmtheiten jeder Form der institutionellen Bundeshegemonie vor. So war er entschlossen, auf dem Wiener Kongreß nicht nur die weitergehenden Stein'schen Pläne, sondern auch den von Preußen vorgelegten Plan der „einundvierzig Punkte" zu durchkreuzen.

4. Kraft und Dauer des restaurativen Föderalismus

Das Metternich'sche System des restaurativen Föderalismus verkörperte eine ethisch-politische Idee, deren Folgerichtigkeit und Kraft auch dann nicht bestritten werden kann, wenn man sie als einen herausfordernden Widerspruch zum Geist der Zeit empfindet. Das Gleichgewicht der Großmächte innerhalb Europas diente der dauernden Sicherung des allgemeinen Friedens, das Gleichgewicht der Nationen im habsburgischen Vielvölkerstaat der Erhaltung der Ruhe Südosteuropas, das Gleichgewicht der Territorialmächte im Deutschen Bund der Stabilität in Mitteleuropa. Die Verteidigung des dynastischen Legitimismus und der territorialen Souveränität war kein letztes Ziel, sondern selbst nur ein Mittel zum Zweck der zwischenstaatlich-gleichgewichtigen Ordnung. Metternich dachte schwerlich besser als Stein von den Fürsten des Rheinbunds, die sich eben noch der Huld des Imperators erfreut hatten, um nun nach seinem Sturz ihre bis dahin nur fiktiv vorhandene Souveränität effektiv in Besitz zu nehmen. Aber Metternich bedurfte der durch den dynastischen Legitimismus gesicherten partikularen Souveränität der deutschen Einzelstaaten als eines Instruments im deutschen und europäischen Gleichgewichtssystem. So formte er als Verteidiger und Erneuerer der Ideen des 18. Jahrhunderts sein „System", das für ein halbes Jahrhundert den Kräften des bürgerlichen Nationalismus in Deutschland widerstand.

Nur scheinbar ging das „System" mit dem Sturz Metternichs im Jahre 1848 zugrunde. Vielmehr fand es in den gegenrevolutionären Kräften, die die bürgerliche Revolution überwanden, seine sinnadäquate Fortsetzung. In Österreich war die Ära Schwarzenberg-Windischgrätz, in Preußen war die Ära Manteuffel, im Deutschen Bund war die Epoche der Bundesrestauration der fünfziger Jahre nur auf dem Untergrund der Metternich'schen Tradition begreiflich. Und auch als diese Zeit des Rückschlags durch den neuen Vorstoß der nationalen, liberalen und demokratischen Ideen überwunden war, blieb das „monarchische Prinzip" Metternichs im deutschen Konstitutionalismus bis 1918 ein gesichertes Element. Auch *Bismarck*, den die national-liberale Legende als den großen Gegner und Überwinder Metternichs zu preisen liebt, war weithin in der durch Metternich bestimmten Tradition gebunden. In der Zeit seiner Zurückgezogenheit auf Schloß Johannisberg empfing der gestürzte Staatskanzler im August 1851 den Besuch des neuernannten preußischen Gesandten beim Bundestag; sein Leben lang erinnerte Bismarck sich dieser Begegnung mit dem großen Staatsmann, der ihm bei aller Gegensätzlichkeit des Wesens, der Bildung, des Temperaments, der Methoden und Ziele doch stets als ein Vorbild hohen Staatssinns und vollkommener Staatskunst erschien. In Deutschland zwar ging Bismarck von der Idee des gleichgewichtigen zu der des hegemonialen Föderalismus, vom Staatenbund zum Bundesstaat, vom Spätabsolutismus zum konstitutionellen Repräsentativsystem und zum Nationalstaatsprinzip über. Für Europa aber hielt er an der Idee des zwischenstaatlichen Gleichgewichts fest. In der Schonung Österreichs und Frankreichs nach den siegreichen Kriegen, in dem sorgfältig gewahrten Einvernehmen mit Rußland, in der wohlabgewogenen Rücksicht auf die englischen Interessen wirkte in Bismarcks Politik die Metternich'sche Idee der europäischen Pentarchie fort, bis sie und mit ihr Europa im tödlichen Kampf zwischen dem österreichisch-deutschen Zweibund und der russisch-französisch-englischen Tripel-Entente zerbrach[1]).

§ 31. Die deutsche Verfassungsfrage und der Wiener Kongreß

Schrifttum: J. L. Klüber, Acten des Wiener Kongresses (8 Bde 1815–18; Erg. Bd. 1835); *ders.*, Übersicht der diplomat. Verhandlungen des Wiener Kongresses (1816); *A. Alison*, Lives of Lord Castlereagh and Sir Charles Stewart (1861); *Comte d'Angeberg*, Le congrès de Vienne et les traités de 1815 (1864); *W. A. Schmidt*, Geschichte der deutschen Verfassungsfrage während der Befreiungskriege und des Wiener Kongresses 1812–15 (1890); *Hans Delbrück*, Friedrich Wilhelm III. und Hardenberg auf dem Wiener Kongreß, HZ Bd. 63 (1889) S. 242 ff.; *H. Friedjung*, Das Angebot der deutschen Kaiserkrone an Österreich im Jahre 1814 (Bericht über die 9. Vers. dt. Historiker (1900) S. 16 ff.; *A. Fournier*, Zur Vorgeschichte des Wiener Kongresses (Studien und Skizzen Bd. 2, 1908, S. 290 ff.); *ders.*, Die Geheimpolizei auf dem Wiener Kongreß (1913); *ders.*, Briefe vom Wiener Kongreß (Dt. Rundschau 163, 1915, S. 357 ff.; 164, 1915, S. 130 ff.); *J. F. Hoff*, Die Mediatisiertenfrage in den Jahren 1813 bis 1815 (1913); *J. G. Eynard*, Au congrès de Vienne (1914; dt. 1923); *K. Bertuch*, Tagebuch vom Wiener Kongreß (hg. von H. v. Egloffstein, 1916); *E. Ruck*, Die römische Kurie und die deutsche Kirchenfrage auf dem Wiener Kongreß (1917); *M. H. Weil*, Les dessous du Congrès de Vienne (1917); *S. Baron*, Die Judenfrage auf dem Wiener Kongreß (1920); *J. G. Lockhart*, The peacemakers 1814–15 (1932); *Ch. K. Webster*, The Congress of Vienna (2. Aufl. 1934); *K. Wolff*, Die deutsche Publizistik in der Zeit der Freiheitskämpfe und des Wiener Kongresses 1813–15 (1934); *W. Real*, Die deutsche Verfassungsfrage am Ausgang der napoleonischen Herrschaft bis zum Beginn des Wiener Kongresses (Diss. Münster 1935); *J. Marriott*, Castlereagh (1936); *J. K. Mayr*, Die Schlußakte des Wiener Kongresses (Hist. Bl. Heft 7, 1937, S. 61 ff.); *ders.*, Aufbau und Arbeitsweise des Wiener Kongresses (Archival. Z., Bd. 45, 1939, S. 64 ff.); *W. Andreas*, Die Anfänge des Wiener Kongresses (Europ. Revue 16, 1940, S. 144 ff.); *ders.*, Das Wiener Kongreßwerk und die Großmächte (ebenda 16, 1940, S. 340 ff.); *ders.*, Das Zeitalter Napoleons und die Erhebung der Völker (1955) S. 574 ff.; *K. Griewank*, Der Wiener Kongreß und die Neuordnung Europas (1942); *Jean de Bourgoing*, Vom Wiener Kongreß, Zeit- und Sittenbilder (1943); *H. Nicolson*, Der Wiener Kongreß oder Über die Einigkeit unter Verbündeten 1812–22 (1946).

M. Doeberl, Bayern und die deutsche Erhebung wider Napoleon I. (Abh. der Bayer. Ak. d. Wiss. 1907, S. 345 ff.); *E. Hölzle*, Württemberg im Zeitalter Napoleons und der deutschen Erhebung (1937); *Maria Glaser*, Die badische Politik und die deutsche Frage zur Zeit der Befreiungskriege und des Wiener Kongresses (ZGORh NF Bd. 41, 1927, S. 268 ff.); *J. H. Dietrich*, Hessen-Darmstadt auf dem Wiener Kongreß (Qu. u. F. z. hess. Gesch. Bd. 4, 1917, S. 147 ff.); *H. v. Egloffstein*, Carl August auf dem Wiener Kongreß (1915); *K. Krausnick*, Ernst Graf von Münster in der europäischen Politik 1806–15 (Berliner Diss. 1936); *K. F. Brandes*, Graf Münster und die Wiedererstehung Hannovers 1812–15 (Berliner Diss. 1938); *F. Apian-Bennewitz*, Leopold von Plessen und die Verfassungspolitik der deutschen Kleinstaaten auf dem Wiener Kongreß (Rostocker Diss. 1933); *H. J. Hartmann*, Das Schicksal der preußisch-österreichischen Verfassungsvorschläge, insbes. des Entwurfs vom 14. Oktober 1814, auf dem Wiener Kongreß (Göttinger Diss. 1964).

I. Die Doppelaufgabe des Wiener Kongresses

Der Wiener Kongreß war ein Doppel-Kongreß. Er war ein *europäischer Friedensvollzugskongreß*, auf dem die Alliierten des großen Krieges und

---

[1]) Siehe dazu Bd. IV S. 158 ff., 234 ff., Bd. V S. 1155 ff.

Frankreich sich zusammenfanden, um auf der Grundlage des Ersten Pariser Friedens vom 30. Mai 1814 die Neuordnung Europas zu vollenden und auf Dauer zu sichern [1]). Er war zugleich ein *deutscher Verfassungskongreß*, auf dem die deutschen Staaten sich unter Führung Österreichs und Preußens vereinten, um ihre in Art. VI Abs. 2 des Pariser Friedens vorgesehene Verbindung durch Abschluß eines Bundesvertrags herzustellen [2]). Dieser Wiener Doppelkongreß leitete die moderne Epoche der Kongreßpolitik ein. Er war der erste europäische Kongreß, der kein „Friedenskongreß" im gewöhnlichen Sinn war. Denn er diente nicht (wie seine großen Vorläufer, die Kongresse von Münster und Osnabrück 1648) der Vereinbarung eines Friedensvertrags zwischen noch im Kriegszustand gegeneinander stehenden Mächten; vielmehr diente er der Durchführung eines bereits vorher vereinbarten Friedensvertrags. Eben dies machte es möglich, daß Frankreich, das sich bei den Pariser Verhandlungen noch in der Rolle des Besiegten befunden hatte, auf dem Wiener Kongreß in die Rolle des gleichberechtigten Partners eintrat.

Die beiden Teil-Kongresse waren äußerlich deutlich von einander getrennt. Die *europäischen Fragen* behandelte entweder der engere Kreis der europäischen Pentarchie, also der fünf Hauptmächte Österreich, Preußen, Rußland, England und Frankreich, oder aber das europäische Plenum aller acht Mächte, die vollberechtigte Kongreßteilnehmer waren [3]). Sie entschieden die europäischen Fragen in weitem Umfang auch mit Wirkung für dritte Staaten, so etwa die italienischen und die schweizerischen Verfassungs- und Gebietsfragen, die mit den in Wien anwesenden Bevollmächtigten dieser kleineren Mächte zwar inoffiziell ausgehandelt, konferenzmäßig aber von den großen Fünf oder allen Acht geregelt wurden. Die *deutsche Verfassungsfrage* lag anfangs gleichfalls dem engeren Kreis einer „deutschen Pentarchie" vor, der Österreich und die Königreiche Preußen, Bayern, Württemberg und Hannover angehörten; die Verhandlungen gingen dann jedoch an das deutsche Plenum über, in dem sämt-

---

[1]) Art. XXXII des Ersten Pariser Friedens schrieb die Einberufung eines allgemeinen Kongresses sämtlicher am Krieg auf der einen oder anderen Seite beteiligt gewesenen Staaten vor, „pour régler les arrangemens qui doivent compléter les dispositions du présent traité".

[2]) Art. VI Abs. 2 des Ersten Pariser Friedens: „Les états de l'Allemagne seront indépendans et unis par un lien fédératif". Zur Entstehungsgeschichte dieser Formel siehe oben S. 480 Anm. 1.

[3]) Die acht Mächte und ihre Bevollmächtigten waren: *Österreich* (Fürst Metternich, Frh. Johann v. Wessenberg); *Preußen* (Fürst Hardenberg, Frh. W. v. Humboldt); *Rußland* (Außenminister Graf Nesselrode, Graf Stackelberg, Fürst Rasumowsky; neben diesen offiziellen Bevollmächtigten waren einflußreiche Berater des Zaren Alexander in Wien Fürst Czartoryski, Graf Kapodistrias, Graf Pozzo di Borgo und Frh. vom Stein); *England* (Außenminister Lord Castlereagh, an seiner Stelle seit Februar 1815 der Herzog v. Wellington; Lord Cathcart, Lord Clancarty und Lord Stewart); *Frankreich* (Außenminister Fürst Talleyrand; Emmerich Herzog v. Dalberg, ein Neffe des deutschen Fürstprimas; Graf La Tour du Pin; Graf Noailles): *Schweden* (Graf Löwenhielm); *Spanien* (Chevalier Labrador), *Portugal* (Graf Palmella). Neben diesen acht eigentlichen Kongreßmächten waren eine unübersehbare Zahl kleinerer Staaten, depossedierte Fürsten, Stände, Kantone, Städte und sonstige Beteiligte auf dem Kongreß vertreten; man zählte mehr als 200 Kongreßteilnehmer mit einer entsprechenden Zahl von Bevollmächtigten.

liche deutschen Regierungen vertreten waren. Trotz dieser formellen Trennung des europäischen und des deutschen Kongresses waren die Einwirkungsbereiche doch vielfältig ineinander verzahnt, nicht nur weil Österreich und Preußen sowie England-Hannover in beiden Gremien vertreten waren, sondern auch, weil Rußland und Frankreich an der deutschen Frage ein unmittelbares Interesse nahmen und wiederholt, wenngleich in gegensätzlichem Sinn, bei den deutschen Mächten intervenierten. Die deutsche Verfassungsfrage war zugleich eine Frage der europäischen Politik. Die deutschen Gebietsfragen zumal behandelte in Wien nicht das deutsche, sondern das europäische Gremium. Die in das deutsche Territorialgefüge tief einschneidenden Gebietsveränderungen, zu denen es auf dem Wiener Kongreß kam, regelte deshalb das europäische Vertragswerk, die „Wiener Kongreßakte", nicht der deutsche Bundesvertrag.

Am 18. September 1814 leitete eine Vorkonferenz der Bevollmächtigten Österreichs, Preußens, Rußlands und Englands den Kongreß ein. Der offizielle Eröffnungstermin des unter Metternichs Vorsitz stehenden Kongresses war der 1. November 1814. Schon vorher aber begannen die Bevollmächtigten der in Wien vertretenen deutschen Regierungen[1]) die Verhandlungen, aus denen nach achtmonatigem Ringen die Deutsche Bundesakte hervorging.

II. Der Kampf um die Zwölf Artikel

1. Der österreichisch-preußische Entwurf

Am 13. September 1814 legte Hardenberg auf einer Vorkonferenz in Baden bei Wien dem österreichischen Außenminister den Plan der „41 Punkte" vor[2]). Schon am 14. Oktober 1814 einigten Hardenberg und Metternich sich auf einen gemeinsamen österreichisch-preußischen Entwurf des Bundesvertrags, die Zwölf Artikel[3]), die zwar gegenüber den 41 Punkten einen merklichen Rückschritt bedeuteten, zugleich aber doch einige Zugeständnisse Metternichs an die preußische Auffassung enthielten. Jedenfalls war es ein Gewinn, daß die beiden deutschen Hauptmächte sich überhaupt auf einer mittleren Linie verständigen konnten. Denn nur so rechtfertigte sich die Hoffnung, daß es gelingen werde, den von Anfang an hervortretenden bayerisch-württembergischen Widerstand zu überwinden[4]).

a) Die Zwölf Artikel sahen wie der preußische Vorentwurf die Stiftung eines Ewigen Bundes der Einzelstaaten zur Wahrung und Verteidigung der deutschen Unabhängigkeit und Integrität vor. Zu diesem Zweck sollten die „bisherigen Regierungsrechte" der Einzelstaaten in gewissem Umfang beschränkt werden. Eine Garantie der

---

[1]) Vertreten waren alle späteren Mitgliedstaaten des Deutschen Bundes, Sachsen allerdings erst vom Mai 1815 ab. Offiziell nicht vertreten war Hessen-Homburg, dessen Wiederherstellung erst am Ende des Kongresses beschlossen wurde. Ohne diese beiden sind für den Kongreß 40 deutsche Staaten zu zählen, vorausgesetzt man zählt zwei Nassau (Usingen und Weilburg) sowie vier Reuß (Greiz, Schleiz, Lobenstein und Ebersdorf) jeweils für sich.
[2]) Siehe oben S. 526 ff.   [3]) Text: Klüber, Akten Bd. 1 Heft 1 S. 57 ff.
[4]) Dazu H. J. Hartmann, Das Schicksal der preuß.-österr. Verfassungsvorschläge (1964).

einzelstaatlichen „Souveränität" in der Art der Verträge von Ried, Fulda und Frankfurt enthielten die Zwölf Artikel also nicht. Sie gingen vielmehr entsprechend den Vorbehaltsklauseln der Verträge von Fulda und Frankfurt[1]) davon aus, daß die Souveränitätsrechte der Einzelstaaten durch den Bundesvertrag einzuschränken seien.

b) Auch in der Frage der *Bundesorganisation* schlossen die Zwölf Artikel sich dem preußischen Vorentwurf an. Sie verzichteten auf ein Bundesoberhaupt, schlugen vielmehr eine dreigliedrige Organisation, bestehend aus dem Bundesdirektorium, dem Rat der Kreisobersten und dem Rat der Fürsten und Städte vor. Das *Bundesdirektorium* sollte nicht mehr Österreich und Preußen gemeinsam, sondern Österreich allein zustehen; es sollte sich aber auf Vorsitz und Geschäftsführung in beiden Räten beschränken. Der *Rat der Kreisobersten* sollte als „deutsche Pentarchie" aus Österreich und Preußen (je 2 Stimmen) sowie Bayern, Hannover und Württemberg (je 1 Stimme) bestehen. Die beiden Hauptmächte hätten somit in dem entscheidenden Bundesorgan die übrigen Beteiligten überstimmen, aber auch jede der Hauptmächte hätte mit zwei Königreichen eine Mehrheit bilden können. Der Ausschluß von Kurhessen und Baden, von denen eine Anlehnung an Preußen zu erwarten war, stärkte das österreichische Übergewicht. Das Gesamtvertretungsorgan sollte nicht mehr „Rat der Fürsten und Stände", sondern *Rat der Fürsten und Städte* heißen; die mediatisierten Reichsstände sollten also ausgeschaltet sein. Das war ein Entgegenkommen besonders gegenüber Bayern und Württemberg, die den Vorschlag, den landesuntertänig gewordenen ehemaligen Reichsständen ihres Gebiets eine Vertretung in einem Bundesorgan einzuräumen, als Anschlag auf die landesherrliche Souveränität empfanden.

c) Die *Bundeskompetenzen* waren in den Zwölf Artikeln enger als in dem preußischen Vorentwurf umrissen. Immerhin sollte der Bund über eine eigene Legislative und Exekutive verfügen. Die *Bundesgesetzgebung* sollte vom Rat der Kreisobersten und vom Rat der Fürsten und Städte gemeinsam ausgeübt werden. Der Rat der Kreisobersten sollte die *Bundesexekutive* innehaben; er sollte den Bund völkerrechtlich vertreten und über Krieg und Frieden entscheiden; er sollte ferner die in inneren Angelegenheiten gefaßten Bundesbeschlüsse vollziehen. Die Kreisobersten sollten die *Kreisversammlungen* und das *Kreismilitärwesen* leiten. Außerdem sollten ihre obersten Gerichte zu Kreisgerichten für die kleineren Kreisstände erhoben werden. Streitigkeiten der Bundesglieder untereinander sollten entweder von einem *vereinbarten Austrägalgericht* oder dem *obersten Bundesgericht* entschieden werden; dieses sollte auch für Rekurse wegen Verletzung der Bundesverfassung zuständig sein.

d) Auch in der *Beschränkung der Landeshoheit* kam Metternich dem preußischen Vorschlag entgegen. Nach den Zwölf Artikeln sollte allen Einzelstaaten, außer Österreich und Preußen, der selbständige Krieg wie das selbständige Bündnis mit fremden Mächten verboten sein. Jeder Gliedstaat sollte verpflichtet werden, landständische Einrichtungen mit einem bundesrechtlich vorgeschriebenen Minimum von Rechten zu schaffen. Die Bundesverfassung sollte schließlich bestimmte „Rechte aller Deutschen" auch mit Wirkung gegenüber der Landesstaatsgewalt gewährleisten, darunter auch die Freizügigkeit innerhalb des ganzen Bundesgebiets.

2. Der bayerisch-württembergische Widerstand im „Deutschen Ausschuß"

Die Zwölf Artikel boten zwar keine Ideallösung, aber doch ein ausbaufähiges Föderativsystem. Mit ihren Ansätzen einer Bundesgesetzgebung, einer Bundesexekutive, einer Bundesmilitär- und Bundesgerichtsverfassung, mit den Bestimmungen über die Landstände und über die deutschen Bürgerrechte hätten sie mindestens die erste feste Grundlage für Einheit und Freiheit geschaffen. In der Hoffnung, so zu einem schnellen Ergebnis zu kommen, gaben die Regierungen von Wien, Berlin und Hannover den Entwurf am 16. Oktober 1814

---

[1]) Siehe oben S. 496.

zur Vorberatung an einen engeren Ausschuß, das *Deutsche Comité*. Österreich, Preußen, Bayern, Württemberg und Hannover waren in ihm vertreten [1]); so war die Entscheidung für die *deutsche Pentarchie*, die sich nach dem Entwurf in dem entsprechend zusammengesetzten „Rat der Kreisobersten" verkörpern sollte, vorweggenommen. Der Ausschuß war ein *Rat der Könige*, da auch Hannover inzwischen die Königswürde angenommen hatte [2]). Die ehemaligen Kurfürsten, denen die Königswürde versagt blieb (Kurhessen, Baden), waren von dem Ausschuß ausgeschlossen. Als Rechtfertigung für den Vorrang der in ihm vertretenen fünf Mächte führte man an, daß alle übrigen deutschen Staaten, auch Baden und Kurhessen, sich in den Akzessionsverträgen im Voraus den Bestimmungen des künftigen Bundesvertrags unterworfen hätten [3]); ein Recht zur völlig freien Verhandlung und Entscheidung stehe daher nur diesen Fünf, deren Haltung noch nicht präjudiziert sei, zu [4]). Die Fünf beanspruchten also, über die Grundsätze der künftigen deutschen Verfassung vorweg zu entscheiden, und zwar mit Verbindlichkeit gegenüber allen anderen deutschen Staaten [5]). Die Absicht, dies den zum Deutschen Ausschuß nicht zugezogenen Regierungen offiziell zu notifizieren, stellten die Fünf allerdings dann doch zurück [6]). Mit großer Heftigkeit widersetzten die Ausgeschlossenen sich dem angemaßten Vorrang der Fünf; zumal Baden verlangte erbittert die Aufnahme in das Führungsorgan [7]), während Hessen-Darmstadt und Nassau nicht nur den in dem Comité verkörperten „deutschen Pentarchat", genauer die Verbindung von „Zweiherrschaft" und „Fünfherrschaft", sondern jede Form eines hegemonialen Organs verwarfen und die Gleichberechtigung Aller forderten [8]). Doch erlag das Comité nicht diesen Angriffen von außen; es zerbrach an seinen inneren Gegensätzen, und zwar an dem Widerstand, den Bayern, vor allem aber Württemberg den Vorschlägen der Mehrheit entgegensetzten. Nach dreizehn ergebnislosen Sitzungen stellte der Ausschuß am 16. November 1814 seine Tätigkeit ein [9]).

---

[1]) Bevollmächtigte im Deutschen Ausschuß waren: für *Österreich* Metternich und Wessenberg, für *Preußen* Fürst Hardenberg und Humboldt; für *Bayern* Feldmarschall Wrede; für *Hannover* Münster und Graf Hardenberg; für *Württemberg* Wintzingerode und Frh. von Linden.

[2]) Note des Grafen Münster vom 12. Oktober 1814; Patent des Prinzregenten im Namen des Kurfürsten Georg III. von Hannover, wonach er den Titel eines Königs von Hannover annimmt, vom 26. Oktober 1814 *(Klüber*, Akten Bd. 1 Heft 1 S. 64, 65).

[3]) Siehe oben S. 496.

[4]) Darüber, daß in Wahrheit auch Württemberg durch den Fuldaer Vertrag einem Vorbehalt unterworfen war, siehe oben S. 496.

[5]) Protokoll der 1. Sitzung des Deutschen Ausschusses *(Klüber*, Akten Bd. 2 S. 71 f.).

[6]) Protokoll der 2. und der 3. Sitzung (ebenda S. 78 f., 84).

[7]) Note Badens vom 15. Oktober 1814 (ebenda Bd. 1 Heft 2 S. 58).

[8]) Note Hessen-Darmstadts vom 6. November 1814 (ebenda Bd. 4 S. 45) gegen den deutschen „Pentarchat". Note des nassauischen Bevollmächtigten Frh. v. Gagern an Graf Münster vom 13. Januar 1815 (ebenda Bd. 1 Heft 2 S. 63) gegen „Zweiherrschaft" und „Fünfherrschaft". Ähnlich ein Artikel „Die Fünfherrschaft" im Rheinischen Merkur Nr. 191 vom 9. Februar 1815.

[9]) Protokolle der 13 Sitzungen bei *Klüber*, Akten Bd. 2 S. 64 ff.

a) Heftig widersprachen die beiden süddeutschen Königreiche jeder Verbindung, die ihnen eine Beschränkung der in Ried und Fulda gewährleisteten Souveränitätsrechte zumutete. So forderte Fürst Wrede im Namen Bayerns für alle Einzelstaaten das Recht, selbständige Bündnisse mit auswärtigen Staaten abzuschließen und auf eigene Faust an auswärtigen Kriegen teilzunehmen [1]). Württemberg wandte sich gegen den Versuch, „aus verschiedenen Völkerschaften, z. B. Preußen und Bayern, *sozusagen eine Nation* schaffen zu wollen" [2]). Beide Staaten bestanden darauf, daß den Bundesgliedern nicht nur „Regierungsrechte", sondern „Souveränitätsrechte" einzuräumen seien. Sie wandten sich gegen jede Souveränitätsschmälerung, wie sie ihnen durch das österreichisch-preußische Stimmgewicht im „Rat der Kreisobersten" (vier gegen drei Stimmen) [3]), durch die geplanten Bundeskompetenzen, durch die bundesrechtliche Garantie eines bestimmten Mindestmaßes landständischer Befugnisse und staatsbürgerlicher Rechte [4]) und durch die Einsetzung eines Bundesgerichts [5]) zugemutet würde. Sie machten geltend, mit der Aufhebung der alten Reichsverfassung hätten sie gegenüber ihren Ständen und Untertanen unumschränkte Machtbefugnisse erlangt; diese preiszugeben seien sie nicht bereit [6]).

b) Metternich wies diese partikularistischen Einwände auffällig schroff zurück. Der Ausschuß sei eingesetzt, um einen „Bund" zu errichten; das aber sei nur möglich, wenn die einzelnen Glieder in gewisse Begrenzungen ihrer Selbstherrlichkeit willigten; *wer den Zweck wolle, müsse auch die Mittel wollen* [7]). Und Münster belehrte die süddeutschen Opponenten, „in dem Begriff der Souveränitätsrechte (liege) keine Idee der Despotie"; der englische König sei „unleugbar ebenso souverän, als es jeder andere Fürst in Europa ist, und die Freiheiten seines Volkes befestigten seinen Thron, anstatt ihn zu untergraben" [8]). Metternich setzte hinzu, unter Souveränität seien in neuerer Zeit „despotische Rechte" verstanden worden, die kein Staat für sich begehren könne; deshalb sei der Begriff der Souveränität in der Bundesverfassung besser zu vermeiden [9]). Trotz dieser Mahnungen übergab Württemberg am 3. November 1814 einen Entwurf für einen Minimal-Bund [10]), der den Vorstellungen der Mehrheit des Ausschusses Hohn sprach.

c) Der bayerisch-württembergische Widerstand veranlaßte Stein, die *Intervention des Zaren Alexander* anzurufen [11]). Stein nannte die rheinbündische Souveränität, um die die süddeutschen Königreiche kämpften, eine „ungeheure Mischung von Rechten, Mißbräuchen und Anmaßung"; er erinnerte an den Aufruf von Kalisch, der die Wiedergeburt des ehrwürdigen Deutschen Reiches verheißen, und an das Bündnis von Chaumont, das die Errichtung eines Deutschen Bundesstaats in Aussicht genommen habe; er forderte, daß Rußland die Bildung dieses Bundes gegen die süddeutsche Opposition energisch unterstütze. In der Tat richtete Rußland am 11. Novem-

---

[1]) Erklärung Wredes, der bayerische König sei nicht bereit, „sich der Ausübung irgendeines Regierungsrechtes, das der Souveränität anhängt, zu begeben", am wenigsten seines Bündnisrechts (ebenda Bd. 2 S. 84 und 91, ferner S. 114, 116 und 130).

[2]) Württ. Note, in der 3. Sitzung überreicht (ebenda S. 97).

[3]) Über den bayerischen Widerspruch gegen die „Doppelstimme" Österreichs und Preußens ebenda S. 118 ff. und 126 ff.

[4]) Württ. Erklärung in der 4. Sitzung (ebenda S. 107).

[5]) Protokoll der 9. Sitzung (ebenda S. 167).

[6]) Gegen diese staatsrechtliche Auffassung Bayerns und Württembergs das hannoversche Votum vom 21. Oktober 1814 (ebenda Bd. 1 Heft 1 S. 68, Bd. 2 S. 107).

[7]) Protokoll der 4. Sitzung (ebenda Bd. 2 S. 104).

[8]) In dem oben Anm. 6 erwähnten hannoverschen Votum (ebenda Bd. 1 Heft 1 S. 69 f.).

[9]) Protokoll der 4. Sitzung (ebenda Bd. 2 S. 109).

[10]) Protokoll der 8. Sitzung, mit Anlage A (ebenda S. 145 f., 148 ff.).

[11]) Schreiben Steins an den Zaren vom 4. November 1814 (*Stein*, Briefe u. Amtl. Schr. Bd. V S. 186).

ber 1814 eine von Stein entworfene vertrauliche Note [1]) an Preußen und Österreich, in der der Zar erklären ließ, daß er den österreichisch-preußischen Bundesplan durch seine Vermittlung zu unterstützen bereit sei. Der glühendste unter den deutschen Patrioten sah sich durch den Widerstand des dynastischen Partikularismus gezwungen, eine ausländische Macht um Intervention in der deutschen Verfassungsfrage zu bitten. Doch vertraute Stein darauf, daß sein Einfluß auf den Zaren genüge, um diesen zu einem Eingreifen im ausschließlich deutschen Interesse zu bewegen.

3. Die Note der Neunundzwanzig

Stein mobilisierte zugleich die deutsche öffentliche Meinung, indem er in Görres' *Rheinischem Merkur* eine Reihe von Artikeln für die deutsche Einheit und gegen die einzelstaatliche Absonderung erscheinen ließ [2]). So sehr er der Entfesselung einer „jakobinischen" Bewegung abgeneigt war, so sehr hielt er es für notwendig, gegen das dynastische Sonderstaatstum die öffentliche Meinung der Nation ins Feld zu führen. Er gewann damit die psychologische Basis für den diplomatischen Vorstoß, von dem er sich die entscheidende Wende erhoffte. Es gelang ihm nämlich, die im Deutschen Ausschuß nicht vertretenen Mittel- und Kleinstaaten für sein Einigungsziel in Aktion zu bringen. Die *Länder des „nicht-königlichen Deutschland"* waren weit von einer Identifikation mit den bayerisch-württembergischen Souveränitätsansprüchen entfernt. Sie waren bereit, den kraft der Natur der Dinge bestehenden Vorrang Österreichs und Preußens anzuerkennen und sich in einen föderativen Staatskörper einzufügen, der ihren Hoheitsrechten die um der deutschen Unabhängigkeit und Sicherheit willen erforderlichen Beschränkungen auferlegte. Am 16. November 1814 richteten *neunundzwanzig Regierungen* (fünfundzwanzig Fürsten und vier Freie Städte) eine Note an die deutschen Hauptmächte [3]). Von den im Deutschen Ausschuß nicht vertretenen 35 Staaten [4])

---

[1]) Die drei Fassungen des Stein'schen Entwurfs der Note bei *Stein*, ebenda Bd. V S. 188, 193, 194; die tatsächlich an Österreich und Preußen übergebenen Noten *(Klüber*, Akten, Bd. 1 Heft 1 S. 61, und *W. A. Schmidt*, aaO S. 252 ff.) weichen sowohl von der dritten Fassung Steins als auch untereinander geringfügig ab.

[2]) Vgl. besonders den Artikel vom 31. Oktober 1814, der den bayerisch-württembergischen Widerstand behandelte und die Intervention der Alliierten in Aussicht stellte. Dazu der bayerische Protest in der 12. Sitzung des Ausschusses *(Klüber*, Akten Bd. 2 S. 191).

[3]) Text: *Klüber*, Akten Bd. 1 Heft 1 S. 72 ff. Von dem (nicht mehr vorhandenen) Entwurf weicht die endgültige Fassung stark ab (vgl. Brief Marschalls an Stein vom 16. Nov. 1814, bei *Stein*, Briefwechsel Bd. 5 S. 86 f.).

[4]) Von den (nach Abzug der fünf Mitglieder des Deutschen Ausschusses) in Wien damals vertretenen 35 Mittel- und Kleinstaaten unterzeichneten die Note der Neunundzwanzig: 1) Kurhessen, 2) Hessen-Darmstadt, 3) Braunschweig, 4—5) beide Mecklenburg (Schwerin, Strelitz), 6—10) fünf sächsische Herzogtümer (Weimar, Gotha, Hildburghausen, Koburg, Meiningen), 11—13) drei Anhalt (Dessau, Köthen Bernburg), 14) Nassau-Oranien (Niederlande) für Luxemburg, 15—16) beide Nassau (Usingen, Weilburg), 17—18) beide Schwarzburg (Rudolstadt, Sondershausen), 19—22) vier Reuß (Greiz, Schleiz, Lobenstein, Ebersdorf), 23) Waldeck, 24) Lippe-Detmold, 25) Schaumburg-Lippe, 26—29) vier freie Städte (Hamburg, Bremen, Lübeck, Frankfurt).

schlossen nur Baden [1]), beide Hohenzollern, Oldenburg, Holstein und Liechtenstein sich von dem gemeinsamen Schritt zunächst aus [2]). Die Neunundzwanzig erklärten, sie seien nicht bereit, den Vorrang von fünf deutschen Mächten hinzunehmen, bestünden vielmehr auf der Gleichheit der Rechte aller Gliedstaaten in einem künftigen deutschen Bund. Sie forderten eine Bundesverfassung, die die Freiheit und Unabhängigkeit ganz Deutschlands sichere. Um dieses Zieles willen seien sie bereit, zum Besten des Ganzen in gleichmäßig für alle geltende Beschränkungen ihrer Souveränität in inneren wie in auswärtigen Angelegenheit einzuwilligen. Sie seien damit einverstanden, daß jeder staatlichen Willkür durch landständische Verfassungen vorgebeugt und daß den Ständen das Recht der Gesetzgebung, der Ausgabenbewilligung, der Aufsicht über die Steuerverwendung sowie das Beschwerderecht gegen Amtsmißbrauch eingeräumt werde. Für die Gerichtsverfassung verlangten sie die bundesrechtliche Garantie der richterlichen Unabhängigkeit. Schließlich aber, und darin gipfelte der Vorstoß, forderte die Note die Erneuerung des deutschen Kaisertums; im Auftrag der Neunundzwanzig bekräftigte der braunschweigische Gesandte in einer Sondernote an Münster diesen Kaiservorschlag [3]).

Den Erklärungen der Neunundzwanzig traten in der Folge die Fürsten von Hohenzollern-Hechingen und -Sigmaringen [4]), der Großherzog von Baden [5]), der Herzog von Oldenburg [6]) und schließlich auch der Fürst von Liechtenstein [7]) bei. Es ent-

---

[1]) *Baden* übergab am 16. Nov. 1814 eine Note (*Klüber*, Akten Bd. 1 Heft 1 S. 97), in der es das Recht der fünf Ausschußmitglieder bestritt, Gesetzgeber der übrigen deutschen Staaten zu sein, und in der es zugleich erneut seinen Anspruch auf Gleichberechtigung mit den Fünf erhob.

[2]) Außer den genannten fehlten von den späteren Mitgliedern des deutschen Bundes *Sachsen* und *Hessen-Homburg*, deren Wiederherstellung noch in der Schwebe war.

[3]) Erklärung des braunschweigischen Bevollmächtigten *v. Schmidt-Phiseldeck* vom 16. Nov. 1814 (*Klüber*, Akten Bd. 1 Heft 1 S. 77), die nähere Erläuterungen über die dem Kaiser zugedachten Kompetenzen enthält. Antwort von Münster an die 29 vom 25. Nov. 1814 (ebenda S. 83), der dem Kaiservorschlag zwar beipflichtete, seine Verwirklichung aber auf Grund des Pariser Friedens von der Zustimmung aller Kabinette abhängig glaubte. Dagegen *Erwiderung der Einunddreißig* (der 29 Regierungen mit beiden Hohenzollern, aber ohne Baden, Oldenburg, Holstein und Liechtenstein) vom 20. Dez. 1814 (ebenda S. 87); durch „auswärtige Negotiationen" könne der „inneren Einrichtung des deutschen Staatenbundes und der daraus hervorgehenden Wahl eines Bundeshaupts kein Hindernis entgegengesetzt werden". Betrachte man, „wie es die erklärte Absicht aller Teile ist, die teutsche Nation als ein innig vereintes Ganze, so wird deren Gesamtwille auf dem Bundestage ausgesprochen, und durch die kaiserliche Sanktion allgemeines Gesetz, dessen Ausführung dem Kaiser obliegt ...". Es sei gewiß, „daß nach Theorie und Geschichte ein bedeutender Staatenbund ohne ein Oberhaupt dauernd nicht geknüpft werden könne".

[4]) Note der *beiden Hohenzollern* vom 24. Nov. 1814 (*Klüber*, Akten Bd. 1 Heft 1 S. 93); sie spricht den uneingeschränkten Beitritt zur Note der Neunundzwanzig aus.

[5]) Note *Badens* vom 1. Dez. 1814 (ebenda Bd. 1 Heft 1 S. 100); sie beschränkt die badische Zustimmung auf den Vorschlag landständischer Verfassungen; doch nahm Baden seit dem 9. Dez. 1814 an den Sitzungen des „Vereins" teil; die Note vom 2. Febr. 1815 unterzeichnete Baden mit (siehe unten S. 554).

[6]) *Oldenburg* schloß sich dem Verein Ende Dez. 1814 an; auch es unterzeichnete die Note vom 2. Febr. 1815 (siehe unten S. 554).

[7]) Der Fürst von *Liechtenstein* trat dem Verein im Febr. 1815 bei; seine Unterschrift findet sich zum ersten Mal auf der Note vom 22. März 1815 (siehe unten S. 556).

stand damit der *Verein der vierunddreißig Mittel- und Kleinstaaten* [1]). Dieser Verein des „nicht-königlichen Deutschlands" war ein Gegenverein gegen die „Pentarchie"; er war eine Zeitlang von so erheblicher Bedeutung, daß der Vorschlag auftauchte, aus ihm auf Dauer einen „deutschen Fürstenbund" (einschließlich der Freien Städte) zu errichten, der als Ganzes mit den fünf deutschen Hauptmächten einen Staatenbund („das föderierte Deutschland") bilden sollte [2]).

Die Note der Neunundzwanzig und die sich ihr anschließenden weiteren Aktionen des deutschen Staatenvereins waren keine Intervention zugunsten der „Zwölf Artikel". Der Verein griff vielmehr auf Steins ursprünglichen Plan zurück, indem er an die Stelle der Hegemonie der fünf Ausschuß-Mächte das Kaisertum und im übrigen die volle Gleichheit an Rechten und Pflichten für alle Bundesglieder forderte. Es darf vermutet werden, daß Stein, der den Vorstoß der Neunundzwanzig angeregt hatte, auch der Urheber dieses Abweichens von den Zwölf Artikeln war. Angesichts der im Deutschen Ausschuß hervorgetretenen Uneinigkeit unter den fünf Mächten galt es Stein als erwiesen, daß sich aus der „Pentarchie" eine aktionsfähige Bundesexekutive nicht werde entwickeln lassen. So nahm er nun unter Abkehr von den Plänen Hardenbergs und Humboldts, denen er nur notgedrungen fürs Erste zugestimmt hatte, mit der Note der Neunundzwanzig den Kampf um einen nationalen Bundesstaat wieder auf.

4. Die Sprengung des „Deutschen Ausschusses"

Am selben Tag, an dem die Neunundzwanzig ihre Note übergaben, sprengte Württemberg den Deutschen Ausschuß, indem es sich auf der 13. Sitzung (16. November 1814) unter Protest von den weiteren Beratungen zurückzog [3]). Dieser Zwischenfall hätte Österreich und Preußen die Freiheit des Handelns wiedergeben können. In der Tat schien Metternich eine neue Phase der Verfassungsverhandlungen einleiten zu wollen, als er am 22. November erklärte [4]): Die Errichtung des Deutschen Bundes sei nach den vorausgegangenen Verträgen, besonders dem Pariser Frieden, eine beschlossene und endgültige Sache. Es stehe nicht in der Willkür der einzelnen Fürsten, dem Bund beizutreten oder nicht. Keinem deutschen Staat sei es gestattet, den Beitritt zum Bund von anderen Vorteilen abhängig zu machen, als denen, die für das Ganze der deutschen Nation aus dem Bund entspringen sollten; kein deutscher Staat habe das Recht, sich von dem Bund auszuschließen und sich dadurch in Widerspruch mit dem Wohl des Ganzen zu stellen [5]). Nach so entschiedenen Worten mußte man annehmen, daß die beiden deutschen Großmächte ihr Ansehen wie

---

[1]) Als einziger der in Wien vertretenen Staaten des „nicht-königlichen Deutschland" blieb *Dänemark* (für Holstein) dem Verein fern, und zwar wegen der noch fortdauernden Differenzen über die Ausführung des Kieler Friedens (14. Jan. 1814). Nachdem diese behoben waren, nahm auch Dänemark (für Holstein) an den „Deutschen Konferenzen" teil (Mai-Juni 1815), und zwar durchaus im Sinn der Politik der Vereinsstaaten. Dänisch-holsteinische Bevollmächtigte in Wien waren die Grafen *Joachim* und *Christian Bernstorff* (dieser wurde später preußischer Außenminister; siehe oben S. 139 f.).

[2]) Denkschrift „Über die Repräsentation des nicht-königlichen Teutschlands auf dem Teutschen Bundestage und seine Gestaltung zu diesem Zwecke" von Ende 1814 (*Klüber*, Akten Bd. 1 Heft 2 S. 48).

[3]) Württembergische Note vom 16. Nov. 1814 (ebenda Bd. 1 Heft 1 S. 101).

[4]) Erklärung Metternichs vom 22. Nov. 1814 (ebenda S. 104).

[5]) Württemberg erwiderte mit der Note vom 24. Nov. 1814 (ebenda S. 109).

ihre Macht gebrauchen würden, um nunmehr ihren Bundesvorschlag ohne Rücksicht auf die opponierende Minderheit durchzusetzen.

In diesem Augenblick zerstörte der *Konflikt in der sächsisch-polnischen Frage* das Einvernehmen zwischen Österreich und Preußen. Er machte das Zusammenwirken der beiden Mächte auch in der deutschen Verfassungsfrage unmöglich. Nicht wegen der württembergischen Obstruktion, über die man sich hätte hinwegsetzen können, sondern wegen des österreichisch-preußischen Zerwürfnisses stellte der deutsche Ausschuß seine Tätigkeit ein. Er trat auch nach der Beilegung des Konflikts nicht wieder zusammen [1]).

III. Der Fortgang des Kampfes um den Bundesvertrag

1. Der Wessenberg'sche Verfassungsplan

Auch während der durch die sächsisch-polnische Frage verursachten Konferenzkrise rissen die österreichisch-preußischen Bemühungen um einen Kompromiß in der Bundesfrage allerdings nicht gänzlich ab. Im Dezember 1814 stellte der zweite österreichische Kongreßbevollmächtigte *Wessenberg* einen neuen Bundesplan auf [2]), der eine rein staatenbündische Lösung vorsah.

Um den Bund nicht am Widerspruch Einzelner scheitern zu lassen, schlug Wessenberg einen Bundesvertrag vor, der den Einzelstaaten den Beitritt freistellte. Allen Bundesgliedern sollten gleiche Rechte zustehen; hegemoniale Einrichtungen sollte es nicht mehr geben. Einziges Bundesorgan sollte ein permanenter *Bundesrat* [3]) unter Österreichs Vorsitz werden. Der Bund sollte weder die ausschließliche auswärtige Gewalt noch eine wirkliche Militär- und Justizhoheit besitzen; seine Gesetzgebungskompetenz sollte auf Einrichtungen zur gemeinsamen Verteidigung und auf Gegenstände der allgemeinen Wohlfahrt beschränkt sein. Den Gliedstaaten sollte die „Souveränität" einschließlich der vollen auswärtigen Gewalt und der Entscheidung über Krieg und Frieden verbleiben; sie sollten nur verpflichtet sein, keine auswärtigen Verbindungen gegen den Bund einzugehen. In allen Gliedstaaten sollten zwar Landstände eingerichtet werden; doch sollten deren Organisation und Kompetenz dem Ermessen der Einzelstaaten überlassen bleiben. Es war ein Minimum an Bund, was Wessenbergs Entwurf vorsah. Mit ihm schlug Österreich politisch die Brücke zu den süddeutschen Königreichen, während es sich gleichzeitig von Preußen distanzierte. Allerdings bediente Metternich sich dieses Minimalplans zunächst nur als eines taktischen Schachzugs gegen Preußen, dem er vor Augen führte, daß das preußische Beharren auf einer radikalen Lösung der sächsischen Frage eine Entscheidung der Bundesfrage im preußischen Sinn unmöglich machen werde. Um die Dinge in der Schwebe zu halten, reichte Metternich den Wessenberg'schen Plan nicht einmal als offiziellen österreichischen Vorschlag ein; er hielt ihn vielmehr als Drohung in der Hinterhand.

2. Der zweite Humboldt'sche Verfassungsplan

Auf der anderen Seite bemühten die preußischen Staatsmänner sich, ihre Bundesidee zu retten. Ein umgearbeiteter Verfassungsentwurf Humboldts vom

---

[1]) Über die sächsisch-polnische Frage siehe unten S. 564 ff.
[2]) Text: *Klüber*, Akten Bd. 2 S. 1 ff.
[3]) Die Bezeichnung „Bundesrat" für das von den Einzelstaaten gebildete Föderativorgan taucht an dieser Stelle zum ersten Mal auf.

Dezember 1814 trug der veränderten österreichischen Haltung in gewissen Punkten Rechnung. Humboldt entwickelte einen Alternativvorschlag [1]). Die erste Lösung behielt die Kreiseinteilung bei; die zweite verzichtete auf die Kreisverfassung, die beiden Räte und die Fünfer-Hegemonie. Dafür sah ein Ergänzungsvorschlag Humboldts vom 20. Januar 1815 [2]) einen *Bundestag* vor, der aus einem „Engeren Rat" mit Beschluß- und Vollzugskompetenz und einem „Plenum" mit bloß beratender Funktion bestehen sollte. Die preußischen Bevollmächtigten legten Metternich diese Entwürfe nach der Schlichtung des sächsisch-polnischen Konflikts im Februar 1815 vor.

Die preußische Begleitnote an Metternich vom 2./10. Februar 1815 [3]) erklärte zu dem Alternativvorschlag: Die Bildung der deutschen Verfassung und die Vereinigung der Gliedstaaten zu einem festen Staatskörper sei nicht nur im Interesse der Höfe, sondern zugleich nach den gerechten Ansprüchen der Nation auf Sicherheit und Wohlfahrt notwendig. Die „treffliche Mannigfaltigkeit" der deutschen Stämme könne wohltätig wirken, wenn sie durch eine allgemeine Verbindung ausgeglichen werde. Preußen sei allerdings zu Zugeständnissen an die Selbständigkeit der Einzelstaaten bereit. Nur drei Punkte seien es, von denen man nicht abgehen könne: „eine kraftvolle Kriegsgewalt, ein Bundesgericht und landständische, durch den Bundesvertrag gesicherte Verfassungen". Besonderes Gewicht maß die Note der Gerichtsverfassung bei: Ohne das Bundesgericht würde dem Rechtsgebäude in Deutschland „der letzte und notwendigste Schlußstein" mangeln. Schließlich suchte Preußen auch jetzt noch gegenüber dem Minimalprogramm Wessenbergs ein System hegemonialer Führung Deutschlands, wenngleich in einer unauffälligeren Form, durchzusetzen. Im Engeren Rat nämlich sollte der Vorrang der fünf Mächte und das Stimmübergewicht Österreichs und Preußens zur Geltung kommen. Auch sollte die Gerichts- und Militärgewalt dem Bund eine zuverlässige Exekutive sichern. Die landständischen Verfassungen schließlich sollten die Hoheitsgewalt der Landesherren gebührend beschränken.

3. Steins Kaiserplan

Vielleicht wäre eine österreichisch-preußische Verständigung auf der Grundlage des revidierten Humboldt'schen Plans möglich gewesen, wenn Stein nicht eben jetzt durch die Wiederaufnahme des Kaiserplans, der ohnedies seit der Note der Neunundzwanzig wieder zur Debatte stand, eine neue Krise herbeigeführt hätte. Man hat Stein vorgeworfen, mit dieser Rückkehr zu einem längst als undurchführbar erwiesenen Projekt habe er die Verhandlungen sinnlos kompliziert und verhängnisvoll verzögert. Doch hatte die Zwischenzeit gezeigt, daß die Fünfer-Hegemonie funktionsunfähig, erst recht aber, daß der Grund des Bundes schwankend war, wenn dieser sich bloß auf das Einvernehmen der beiden führenden Mächte stützte. Nur eine effektiv leitende Gewalt, so meinte Stein, werde imstande sein, den Bund lebens- und aktionsfähig zu machen [4]).

---

[1]) Entwurf mit Kreiseinteilung: *Klüber*, Akten Bd. 2 S. 18 ff.; Entwurf ohne Kreiseinteilung: ebenda S. 55 ff. Zu dem zweiten Entwurf die kritischen Bemerkungen Steins vom 26./29. Dez. 1814 (*Stein*, Briefe u. Amtl. Schr. Bd. V S. 226 ff.).

[2]) *W. A. Schmidt*, Verfassungsfrage S. 395 ff.   [3]) *Klüber*, Akten Bd. 2 S. 6 ff.

[4]) Dazu Steins Schreiben an Hardenberg vom 27. Februar 1815 (Text: *Stein*, Briefe u. Amtl. Schr. Bd. V S. 278 f.; Übersetzung: *Pertz*, Stein Bd. 4 S. 343):

„Die Aufstellung einer leitenden Einrichtung des Bundes, mag man ihr nun

a) Um in der Kaiserfrage Beistand zu gewinnen, veranlaßte Stein eine zweite Aktion der im „Deutschen Ausschuß" nicht vertretenen Mittel- und Kleinstaaten. Eine von zweiundreißig Regierungen [1]) unterzeichnete Note vom 2. Februar 1815 [2]) forderte, unter Hinweis auf den bedauerlichen Stillstand der deutschen Angelegenheiten, daß nunmehr an Stelle des deutschen Comités ein *deutscher Kongreß* „unter gehöriger Zuziehung aller Teile des künftigen Ganzen" berufen werde. Die Zweiunddreißig erklärten, daß sie unter sich völlig einig über den Inhalt der Bundesverfassung seien; sie sprachen die Hoffnung aus, daß auch die fünf Hauptmächte zu allem die Hand bieten würden, „was in dem Bunde teutscher Staaten Einheit, Selbständigkeit und teutsche Freiheit begründen kann". Die Kaiserfrage war zwar nicht erneut ausdrücklich erwähnt; aber es stand nach der Note der Neunundzwanzig außer Frage, daß die Regierungen der Vereinsstaaten die Einheit auch jetzt noch vornehmlich durch die Wiederherstellung des Kaisertums zu sichern gedachten. Preußen wie Österreich sagten auf die Note hin die Einladung sämtlicher Regierungen zu künftigen deutschen Konferenzen zu [3]).

b) Um seinem Kaiserplan einen weiteren Fürsprecher zu sichern, rief Stein erneut den Zaren an. Er veranlaßte den Grafen Kapodistrias, dem Zaren am 9. Februar 1815 eine Denkschrift vorzulegen [4]), die in dem Vorschlag gipfelte, das deutsche Kaisertum wiederherzustellen. Das Wohl Deutschlands wie die Ruhe Europas verlangten eine deutsche Verfassung, die die Verschiedenheit der Interessen in einem einzigen Interesse vereine. Die geplante Vorherrschaft der fünf deutschen Kabinette werde nur zur Fortdauer der deutschen Uneinigkeit führen, die die Sicherheit Europas bedrohe. Rußland müsse, um ein wahrhaftes Gleichgewicht in Europa zu schaffen, für eine deutsche Zentralgewalt und ein mit ausreichenden Befugnissen ausgestattetes deutsches Oberhaupt eintreten. Nur der Kaiser von Österreich könne dieses deutsche Oberhaupt sein. Die deutsche Krone werde Österreich keine aggressive Vorherrschaft, sondern nur ein erhaltendes und passives Übergewicht *(„une prépondérance conservatrice et passive")* verleihen. Der Zar ließ sich überzeugen und gab den Auftrag, Österreich und Preußen für den Kaiserplan zu gewinnen. Die Verhandlungen Kapodistrias' mit Hardenberg und Metternich blieben jedoch ohne Ergebnis.

c) Auf der Grundlage eines vom Grafen *Solms-Laubach* entworfenen Vorschlags [5]) richtete Stein darauf eine direkte Denkschrift an den Zaren [6]), die die Stellung und die Rechte des deutschen Kaisers näher umriß. Da das fünfgliedrige Direktorium

---

einen geschichtlichen Namen geben, der soviel Erinnerungen zurückruft wie der des Kaisers, oder einen anderen, einer mit Rechten ausgestatteten und mit bestimmter Verantwortlichkeit beladenen Einrichtung, ist so wesentlich, um einer Versammlung wie dem Bundestag einen regelmäßig fortschreitenden Gang zu erteilen, daß ich die Abwesenheit einer solchen Einrichtung als einen Grund betrachte, wodurch der Bundestag von seiner Geburt an gelähmt sein wird".

[1]) Von den 29 Unterzeichnern der Note vom 16. November 1814 fehlte bei den 32 Unterzeichnern der Note vom 2. Februar 1815 der Fürst von *Nassau-Oranien-Diez*, der im Begriff stand, sich zum König der Niederlande zu erheben und dafür seine nassauischen Besitzungen an Preußen abzutreten. Er blieb jedoch für Luxemburg Mitglied des Vereins und trat auch später wieder zusammen mit den übrigen Vereinsstaaten hervor; der nassau-oranische (nunmehr niederländisch-luxemburgische) Bevollmächtigte auf dem Wiener Kongreß, *Frh. Hans v. Gagern,* blieb Steins wichtigster Mittelsmann zu dem Staatenverein. Dafür war die Note vom 2. Februar 1815 von Baden, Oldenburg und beiden Hohenzollern unterzeichnet. Zu diesen 32 Unterzeichnern sind die *Niederlande* (für Luxemburg) aus den erwähnten Gründen sowie *Liechtenstein,* das im Februar den Beitritt vollzog, hinzuzurechnen; der Verein hatte damals also mit 34 Vereinsstaaten seine stärkste Ausdehnung.

[2]) Text: *Klüber,* Akten Bd. 1 Heft 3 S. 127.

[3]) Antwortnoten vom 4. und 9. Februar 1815 (ebenda S. 132, 134).

[4]) „Considérations sur l'Empire Germanique" *(Pertz,* Stein Bd. 4 S. 735 ff.).

[5]) Vorschlag vom 13. Februar 1815 *(Stein,* Briefe u. Amtl. Schr. Bd. V S. 269 f.).

[6]) Denkschrift vom 17. Februar 1815 (ebenda S. 274). Siehe auch oben S. 515.

nur ein System der Eifersucht und des Zwiespalts hervorrufe, sei es notwendig, dem Bund ein einziges Oberhaupt zu geben; wenn man Österreich dieses Amt übertrage, so werde es, das sonst zur Absonderung neige, fest mit ganz Deutschland verbunden werden. Die Kompetenzen des Kaisers sollten sich auf ein Vetorecht gegenüber den vom Bundestag beschlossenen Bundesgesetzen, auf die Ernennung des Vorsitzenden des Bundesgerichts und die Ausführung der bundesgerichtlichen Urteile, auf die Leitung der Kriegsmacht im Einvernehmen mit einem dreigliedrigen Fürstenrat, sowie auf die Entscheidung über Krieg und Frieden gemeinsam mit dem Bundestag beschränken. Außerdem sollte der Kaiser folgende Ehrenrechte haben: alle Gesetze und Urteile des Bundes sollten in seinem Namen ergehen; die Gesandten des Bundes sollten von ihm beglaubigt werden; der österreichische Vertreter am Bundestag sollte den Rang eines Kaiserlichen Commissarius führen. Aus Rücksicht auf Preußen wagte Stein nicht, dem Kaiser die alleinige Leitung der Militärmacht des Bundes zuzugestehen. Daß dem Kaiser in Militärsachen ein „Rat" von drei Fürsten, unter ihnen der König von Preußen, beigegeben werden sollte, war nichts anderes als ein Rest der direktorialen Lösung, die Stein selbst so scharf und einleuchtend kritisiert hatte. Ohne den eindeutigen militärischen Oberbefehl aber konnte das Kaisertum die Funktion, die Stein ihm zugedachte, unmöglich erfüllen. So mangelte dem Plan an diesem Punkt die Folgerichtigkeit. Aber es fehlte ihm ohnehin in dieser Lage der Verhandlungen wegen des preußischen Widerstands jede Aussicht auf Erfolg.

4. Preußens Protest gegen den Kaiserplan

Während Metternich und Wessenberg es vermieden, dem erneuerten Kaiserplan direkt zu widersprechen, erhoben Hardenberg und Humboldt im Namen Preußens sofort Protest. Humboldts Denkschriften vom 24. Februar und 3. März 1815 [1]) faßten die preußischen Einwendungen gegen das Kaisertum wirkungsvoll zusammen. Sie waren aber zugleich auch eine endgültige Absage an den Bundesstaat und ein entschiedenes Bekenntnis zum Staatenbund. Wenngleich diese Stellungnahme auch den österreichischen Intentionen entsprach, so ging die staatenbündische Lösung unmittelbar doch aus dem preußischen, nicht aus dem österreichischen Votum hervor.

Humboldt führte in seiner hervorragenden staatsrechtlichen Analyse aus: Dem Kaiser könne die einem Bundesoberhaupt gebührende ausgedehnte *Macht* nicht übertragen werden; Preußen könne sich ihr ebensowenig wie Bayern und die übrigen größeren Staaten unterwerfen. Ein Kaisertum ohne Macht aber werde seinem Inhaber keinen Vorteil gewähren; daher werde der Kaiser stets den Interessen seiner eigenen Staaten eher als dem Bundesinteresse dienen. Diese Gefahr sei am stärksten bei *Österreich*, das schon früher seine Pflichten gegen das Reich vernachlässigt habe und dessen Interessen jetzt noch mehr von denen Deutschlands getrennt seien, weil seine Hauptmacht in Italien, Ungarn und Polen liege. Ein *Bund ohne Oberhaupt* sei nach Lage der Dinge am vorteilhaftesten; auch sei er allein praktisch möglich. Da ein *föderatives Gegengewicht* gegen das Kaisertum erforderlich und auch in allen Kaiserplänen vorgesehen sei, werde mit der Wiederherstellung des Kaisertums die Eifersucht im Bunde wachsen; diese könne nur durch größere kaiserliche Macht gebändigt werden. Wenn die Entscheidung über *Krieg und Frieden* dem Kaiser allein zustehe, verfüge dieser nach seinem Belieben über Deutschland; bedürfe sie seiner Genehmigung, so könne er den „gerechtesten und edelsten Nationalaufschwung" vereiteln; bedürfe sie eines gemeinsamen Beschlusses von Kaiser und Bundestag, so entstehe eben der Mangel an Einheit und Kraft, den man der direktorialen Bundes-

---

[1]) Text bei *W. v. Humboldt*, Ges. Schr. Bd. XI S. 295 ff.

verfassung vorwerfe. Die Aufhebung der geistlichen und vieler weltlicher Reichsstände durch *Säkularisation und Mediatisierung* habe das Verhältnis zwischen einer Zentralgewalt und den partikularen Gewalten zu deren Gunsten so verschoben, daß, wo früher der kaiserliche Wille ausgereicht habe, nun Heere erforderlich würden. Wenn Deutschland sich durch das Kaisertum mit der europäischen Großmacht Österreich verbinde, so werde es sich *in alle Konflikte Österreichs verstrickt* sehen, während bei einer bloß staatenbündischen Verfassung die deutschen Mächte in äußeren Konflikten Österreichs die Neutralität bewahren könnten. Im Inneren werde der Kaiser, wenn er als Oberhaupt auf eigene Verantwortung handeln müsse, sich hüten, gegen *Verfassungsverletzungen* eines größeren Gliedstaats einzuschreiten; in einem Staatenbund ohne Oberhaupt dagegen brauche Österreich keine Bedenken zu tragen, sich einem Mehrheitsbeschluß gegen einen des Verfassungsbruchs schuldigen Gliedstaat anzuschließen. In einem Staatenbund werde *die öffentliche Meinung* größeren Einfluß haben; schädliche Tendenzen würden in ihm leichter zu vermeiden und durch bessere Entscheidungen zu ersetzen sein. Der Staatenbund entspreche dem *Geist der deutschen Nation*, die weder unruhig noch aufrührerisch sei, aber vorwärts strebe und sich jener Unbeweglichkeit widerstrebe, für die die Erfahrungen der Jahrhunderte umsonst gemacht sind. Die *Einigkeit Österreichs und Preußens* sei die Voraussetzung für die Ruhe und Sicherheit Deutschlands und für das europäische Gleichgewicht; diese Einigkeit werde durch das Kaisertum gefährdet, während sie sich in einem Staatenbund leichter werde wahren lassen [1]).

IV. Der Abschluß der Bundesakte

1. Die Allianz- und Akzessionsverträge vom Frühjahr 1815

In die ausweglos erscheinenden Kongreß-Verhandlungen trafen am 7. und 11. März 1815 die Nachrichten von Napoleons Rückkehr aus Elba. Die europäische wie die deutsche Sicherheit war erneut von Grund auf bedroht. Um den Kampf gegen den Usurpator in Einigkeit aufzunehmen, war es notwendig, die deutsche Verfassungsfrage unverzüglich zu lösen. Der Kaiserplan, der einer schnellen Entscheidung im Weg stand, mußte fallen. Zum zweiten Mal sah Stein sich zum Verzicht auf das Kernstück seiner Bundeskonzeption gezwungen. Statt dessen waren unverzüglich Schritte für einen militärischen und politischen Zusammenschluß der deutschen Staaten geboten.

Die europäischen Mächte vereinbarten in Wien alsbald die Aufnahme des Kampfes gegen Napoleon [2]). Am 25. März 1815 schlossen Österreich, Preußen, Rußland und England unter Erneuerung des Vertrags von Chaumont [3]) den neuen Allianz-Vertrag ab [4]). Die Bevollmächtigten des deutschen Staatenvereins erklärten sich in der *Note der Dreiunddreißig* vom 22. März 1815 [5]) bereit, ihren militärischen Beitrag zu dem

[1]) Dieser Auszug entspricht der zweiten Denkschrift Humboldts vom 3. März 1815 „Sur le rétablissement de la dignité Impériale en Allemagne".

[2]) Erklärung der acht in Wien vertretenen europäischen Hauptmächte vom 13. März 1815 (*Klüber*, Akten Bd. 1 Heft 4 S. 51; auch CJCG Bd. 1 S. 246).

[3]) Siehe oben S. 480.

[4]) Allianz-Traktat der vier Großmächte vom 25. März 1815 (*Klüber*, aaO S. 57; CJCG Bd. 1 S. 247).

[5]) Unterzeichnet war die Note vom 22. März 1815 (*Klüber*, aaO S. 43) von allen Vereinsstaaten einschließlich Niederlande (Luxemburg) und Liechtenstein, jedoch ohne Hessen-Darmstadt und Baden. Hessen-Darmstadt erklärte am 31. März 1815 den

Krieg zu leisten. Zugleich aber forderten sie, daß endlich ein Bundesvertrag abgeschlossen werde, der den Bundesgliedern Selbständigkeit und Unverletzlichkeit und „den deutschen Staatsbürgern eine freie geordnete Verfassung durch Erteilung gehöriger staatsbürgerlicher Rechte" garantiere. Österreich und Preußen nahmen diese Aufforderung alsbald an und sicherten die Aufnahme vorläufiger Besprechungen zu[1]). Eine Note der Mittel- und Kleinstaaten vom 14. April 1815[2]) wiederholte sowohl das Anerbieten des Beitritts zum Kriegsbündnis gegen Napoleon als auch das Ersuchen nach ungesäumten Beratungen über den deutschen Bundesvertrag. Auf Grund der vorausgegangenen längeren Verhandlungen[3]) traten die Vereinsstaaten durch den Akzessionsvertrag vom 27. April 1815[4]) der Viermächte-Allianz bei; einige deutsche Einzelstaaten schlossen separate Akzessionsverträge ab[5]). Die neuen Verhandlungen über die deutsche Bundesakte begannen erst im Mai 1815, nachdem Österreich und Preußen sich über eine modifizierte Verhandlungsbasis geeinigt hatten.

2. Der österreichisch-preußische Bundesvorschlag

Ein neuer Entwurf Humboldts in *Vierzehn Artikeln* vom April 1815 gab den österreichisch-preußischen Verhandlungen die Grundlage[6]). In einer revidierten Fassung teilte Hardenberg diesen Entwurf Humboldts, den fünften, den der preußische Unterhändler seit Beginn des Kongresses eingereicht hatte, dem österreichischen Außenminister am 1. Mai mit[7]). Österreich stellte am 7. Mai den Dezember-Entwurf Wessenbergs in einer leicht veränderten Fassung von *Neunzehn Artikeln* zur Diskussion[8]). Aus beiden Entwürfen

Beitritt zu der Note (*Klüber*, Akten Bd. 4 S. 51), womit diese auf 33 Unterzeichner kam. *Baden* dagegen hielt sich von der Unterzeichnung fern (siehe dazu unten S. 559). *Württemberg*, das gleichfalls zum Beitritt eingeladen worden war, antwortete mit distanzierter Kälte (Note vom 6. April 1815; *Klüber*, Akten Bd. 4 S. 126).
[1]) Note vom 29. März 1815 (ebenda Bd. 1 Heft 4 S. 48 ff.).
[2]) Text: Ebenda Bd. 2 S. 203. Unterzeichnet von 32 Vereinsstaaten (allen außer Baden und Hessen-Darmstadt).
[3]) Verhandlungsprotokolle bei *Klüber*, Akten Bd. 4 S. 391 ff.
[4]) Text: Ebenda Bd. 2 S. 273. Es fehlten erneut Baden und Hessen-Darmstadt, so daß die Zahl der Beteiligten 32 betrug. Die Gesamtstärke der von ihnen zu stellenden Truppen belief sich auf 38 510 Mann. Die Verhandlungen über die gemeinsame Verpflegung der aufgestellten Truppen übernahm eine Kommission, der für Preußen Humboldt und Stägemann angehörten. Darüber standen für das gesamte Verpflegungswesen der Alliierten die Commissarien der verbündeten Hauptmächte, an deren Spitze erneut der Frh. vom Stein trat. Vgl. die Protokolle der Kommission bei *Klüber*, Akten Bd. 4 S. 439 ff.
[5]) Separate Akzessionsverträge schlossen *Hannover* am 7. April 1815 (ebenda Bd. 8 S. 212), *Bayern* am 15. April 1815 (Bd. 8 S. 222), *Baden* am 12. Mai 1815 (Bd. 4 S. 427), *Hessen-Darmstadt* am 23. Mai 1815 (Bd. 4 S. 431), *Sachsen*, nachdem es den Friedensvertrag unterzeichnet hatte, am 27. Mai 1815 (Bd. 8 S. 227) und als letzter deutscher Staat *Württemberg* am 30. Mai 1815 (Bd. 8 S. 230). Allerdings hatte Württemberg schon durch einen Vertrag mit Österreich vom 5. April 1815 (Bd. 4 S. 497) den Durchmarsch österreichischer Truppen durch württembergisches Gebiet gestatten müssen. Bemerkenswert ist, daß der *König von Hannover* der Allianz gesondert beitrat, obwohl er als *König von England* der Vierer-Allianz von Anfang an zugehörte.
[6]) Text des „Entwurfs Humboldt in 14 Artikeln" bei *Klüber*, Bd. 1 Heft 4 S. 104 ff.
[7]) Text des Revidierten Entwurfs Humboldt ebenda Bd. 2 S. 298 ff.
[8]) Text des Revidierten Entwurfs Wessenberg ebenda Bd. 2 S. 308 ff.

entstand in österreichisch-preußischen Konferenzen ein gemeinsamer Entwurf von *Siebzehn Artikeln* [1], den Metternich am 23. Mai der Konferenz sämtlicher deutscher Einzelstaaten, die nun endlich zusammentrat, zur Entscheidung übergab. Nach der Beratung auf diesen „deutschen Konferenzen" entstand daraus eine revidierte Fassung von *Zwanzig Artikeln* [2], die Metternich den Konferenzteilnehmern am 2. Juni überreichte [3]. Nach letzten Änderungen verabschiedeten die Bevollmächtigten diesen Entwurf als „Deutsche Bundesakte" mit dem Datum vom 8. Juni 1815 (siehe unten S. 560.)

a) *Humboldts April-Vorschlag* verzichtete auf ein Bundesoberhaupt und ein Bundesdirektorium, auf eine Kreisverfassung und einen Rat der Kreisobersten. Die Bundesaufgaben wies er einer Bundesversammlung zu, in der ein „Vollziehungsrat" aus wenigen Mitgliedern bestimmend sein sollte. Reste der direktorialen Hegemonie erhielten sich also auch hier in einer abgeschwächten Form.

b) Der *österreichisch-preußische Mai-Vorschlag* sah als wesentliche Neuerung vor, daß die Plenarversammlung des Bundes in doppelter Form tagen sollte, als einfaches Plenum mit gleichem Stimmgewicht aller Mitglieder und als qualifiziertes Plenum mit einer nach der Größe der Einzelstaaten gestuften Stimmverteilung. Über Bundesgesetze, allgemeine Bundeseinrichtungen und Bundesverfassungsänderungen sollte in dieser qualifizierten Form entschieden werden. Über die innere Ordnung der Gliedstaaten enthielt der Entwurf nur noch den Satz: „In allen Deutschen Staaten soll eine landständische Verfassung bestehen". Weder über die Organisation noch über die Zuständigkeit der Landstände war damit etwas gesagt. Im übrigen aber hielt der Vorschlag wesentliche Teile der früheren Entwürfe fest, so die Bestimmungen über die legislative Kompetenz der Bundesversammlung, über die Einsetzung eines Bundesgerichts, über die Rechte der Mediatisierten, die durch Kuriat-Stimmen in der Bundesversammlung vertreten sein sollten, sowie über die Rechte der Deutschen, d. h. die Bundesgarantien zugunsten der Staatsbürger gegen Übergriffe der Landesstaatsgewalt.

3. Die Deutschen Konferenzen

Selbst in seiner bescheidenen staatenbündischen Form war der österreichisch-preußische Verfassungsvorschlag vom 23. Mai 1815 erneut der heftigen Opposition der süddeutschen Staaten ausgesetzt. An den vom 23. Mai bis 10. Juni durchgeführten Wiener Konferenzen der deutschen Staaten [4] nahm *Württem-*

---

[1] Text des österreichisch-preußischen Entwurfs ebenda Bd. 2 S. 314 ff.
[2] Text ebenda Bd. 2 S. 479 ff.
[3] Zur Erleichterung der Übersicht seien die zehn Entwürfe der Bundesverfassung rekapituliert:
    1) Preußischer Entwurf (41 Artikel) vom September 1814;
    2) Österreichisch-preußischer Entwurf (12 Artikel) vom Oktober 1814;
    3) Erster Entwurf Wessenberg vom Dezember 1814;
    4) Entwurf Humboldt „mit Kreisverfassung" vom Februar 1815;
    5) Alternativ-Entwurf Humboldt „ohne Kreisverfassung" vom Februar 1815;
    6) Preußischer Entwurf (14 Artikel) vom April 1815;
    7) Revidierter preußischer Entwurf vom 1. Mai 1815;
    8) Revidierter Entwurf Wessenberg (19 Artikel) vom 7. Mai 1815;
    9) Gemeinsamer österreichisch-preußischer Entwurf (17 Artikel) vom 23. Mai 1815;
    10) Revidierter Konferenz-Entwurf (20 Artikel) vom 2. Juni 1815.
[4] Protokolle über die elf Konferenzen bei *Klüber*, Akten Bd. 2 S. 324 ff. — Vertreten waren *Österreich* (Metternich, Wessenberg), *Preußen* (Hardenberg, Humboldt),

berg, das durch sein Ausscheiden schon den „Deutschen Ausschuß" gesprengt hatte, nicht teil. *Baden*, dessen Kongreßbevollmächtigte Wien verlassen hatten, war in den ersten fünf Sitzungen durch einen Beobachter, dann nicht mehr vertreten [1]. *Bayern* dagegen nahm an den Konferenzen teil, beharrte aber auf seinem Widerstand gegen alle die Einheit des Bundes stärkenden Bestimmungen. Es fand Unterstützung bei *Sachsen*, das durch die Unterzeichnung des Friedensvertrags (18. Mai 1815) die Möglichkeit erlangt hatte, als deutsche Macht auf dem Kongreß und auch in den deutschen Konferenzen aufzutreten.

Der erneuerte Vorschlag des niederländisch-luxemburgischen Bevollmächtigten v. Gagern, die Kaiserwürde und dementsprechend den Namen des Reichs wiederherzustellen (als „Reich teutscher Nationen"), setzte sich nicht durch [2]. Vielmehr wurde nach langem Hin und Her schließlich in der 8. Sitzung den bayerisch-sächsischen Anträgen gemäß die „Souveränität" der Landesherren in Art. 1 der Bundesakte anerkannt [3]. Auf bayerischen Antrag wurde den Gliedstaaten nach zähem Ringen in Art. 11 im Rahmen ihrer selbständigen auswärtigen Gewalt das Recht zum Abschluß von Bündnissen aller Art zugestanden; nur Verbindungen gegen den Bund oder seine Gliedstaaten wurden untersagt [4]. Der Versuch der kleineren Staaten, in dem Art. 13 über die landständischen Verfassungen den gliedstaatlichen Volksvertretungen ein „Minimum an Gerechtsamen", nämlich das Mitberatungsrecht über Gesetze, das Steuerbewilligungsrecht und das Beschwerderecht, zu garantieren, mißlang; Art. 13 wurde vielmehr in seiner knappen Fassung, „so unvollkommen sie auch sei", angenommen [5]. Auf sächsischen Antrag wurde in Art. 7 bestimmt, daß alle Beschlüsse über Bundesgrundgesetze, über organische Bundeseinrichtungen, über jura singulorum der Gliedstaaten und über Religionsangelegenheiten der Einstimmigkeit bedürften, wodurch jedes Bundesglied das Recht erlangte, die verfassungsmäßige Fortbildung des Bundesrechts durch sein Veto zu verhindern [6]. Das Bundesgericht wurde auf ultimative Drohung Bayerns noch in der 10. Sitzung gestrichen [7]. Die Rechte der Mediatisierten wurden auf Verlangen der Mittelstaaten fast völlig beseitigt; insbesondere wurde ihnen das Recht genommen, im Bundestag durch Kuriatstimmen vertreten zu sein [8].

Bayern (Rechberg), *Sachsen* (Schulenburg, Globig), *Hannover* (Münster, Graf Hardenberg), die *Niederlande* wegen Luxemburg (Gagern), *Dänemark* wegen Holstein (Bernstorff), *Hessen-Darmstadt* (Türckheim). Die übrigen Mittel- und Kleinstaaten waren in den ersten beiden Konferenzen durch 5 gemeinsame Deputierte, von der dritten Konferenz an aber ihrer Forderung entsprechend durch Einzelbevollmächtigte (für insgesamt 28 Staaten) vertreten. An den Konferenzen nahmen also (ohne Württemberg und ohne das seit der 6. Sitzung nicht mehr vertretene Baden) 39 deutsche Staaten teil. Bei dieser Zählung sind ebenso wie bei den früheren Nassau noch als zwei Staaten (N.-Usingen, N.-Weilburg) und Reuß als vier Staaten gerechnet.

[1] Als Beobachter nahm für Baden Frh. v. Berstett an der 1. bis 5. Sitzung teil. Auf der 6. Sitzung erklärte Baden sich mit Württemberg solidarisch und zog den Beobachter zurück *(Klüber*, Akten Bd. 2 S. 452, 457 f.); es forderte Verschiebung der Verhandlungen bis nach dem Ende des neu entbrannten Krieges.

[2] *Klüber*, Akten Bd. 2 S. 411.

[3] Ebenda S. 344, 454, 493 f.

[4] Ebenda S. 357.

[5] Ebenda S. 358, 424, 516, 529, 533.

[6] Ebenda S. 407, 466, 473 f., 497 f.

[7] Ebenda S. 499 f., 532 f.

[8] Ebenda S. 436, 444—450, 452, 467—469, 474, 504 f., 521 f., 532. Dazu vor allem die Rechtsverwahrung der Mediatisierten vom 3. Juni 1815, abgegeben von Fürst Franz Georg Carl v. Metternich, dem Vater des Ministers (ebenda S. 538); ferner Rechtsverwahrung der nordwestdeutschen Mediatisierten vom 5. Juni 1815 (ebenda S. 540); Rechtsverwahrungen des Hauses Solms vom 3. und 12. Juni 1815 (ebenda

Am bayerischen Widerspruch scheiterte auch der österreichisch-preußische Vorschlag, bindende Bestimmungen über die gemeinsame Verfassung der katholischen Kirche in Deutschland und über die Landesverfassungen der evangelischen Kirchen durchzusetzen [1]. Der Versuch, die Gleichstellung der Juden von Bundes wegen zu gewährleisten, mußte aufgegeben werden, da die vier Freien Städte und Sachsen sich widersetzten [2]. Die bundesrechtlich gewährleisteten Grundrechte der Deutschen wurden auf ein Minimum beschränkt.

4. Die Unterzeichnung der Bundesakte

In der 9. Konferenz am 5. Juni 1815 nahm die Mehrheit der Länder die Bundesakte in „zweiter Lesung" an, einige allerdings nur unter Vorbehalten. Bayern und Sachsen verweigerten noch die Abgabe eines Votums; da Württemberg und Baden an den Sitzungen immer noch nicht teilnahmen, stand die Bundesakte in der Gefahr, von diesem geschlossenen mitteldeutsch-süddeutschen Staatenblock verworfen zu werden. Am 6. Juni aber erklärte Sachsen unter bestimmten Reservationen seinen Beitritt zum Bund [3]), und am 8. Juni schloß sich auch Bayern, nachdem es seine letzten ultimativen Forderungen (die Streichung der Bestimmungen über das Bundesgericht und über die Kirchenverfassung) durchgesetzt hatte, dem Bund an [4]). Am 10. Juni, in der 11. Konferenz, wurde die mit dem Datum vom 8. Juni 1815 gefertigte *Deutsche Bundesakte* endgültig bestätigt [5]). Die neununddreißig auf den Konferenzen vertretenen Regierungen [6] (d. h. alle bis auf Württemberg, Baden und Hessen-Homburg) unterzeichneten durch ihre Bevollmächtigten die Bundesakte und nahmen damit als ursprüngliche Mitglieder an der Bundesgründung teil. Auch Preußen und Hannover leisteten die Unterschrift, wenngleich beide unter der Erklärung, sie hätten gewünscht, der Bundesurkunde „eine größere Ausdehnung, Fertigkeit und Bestimmtheit" zu geben; sie wollten jedoch lieber einen weniger vollständigen und vollkommenen Bund als garkeinen zustande bringen [7]). *Württemberg* und *Baden,* sowie das erst jetzt wiederhergestellte *Hessen-Homburg* vollzogen den Beitritt erst später, waren also nicht ursprüngliche „Mit-Pasziszenten" des Bundesvertrags, sondern nachträglich aufgenommene Bundesglieder. Die Fürsten *Isenburg* und *von der Leyen* suchten vergeblich um Aufnahme in den Bund nach; sie verfielen gemäß den Beschlüssen des Hauptkongresses der Mediatisierung.

Bd. 6 S. 323/325); weitere Rechtsverwahrung der Fürsten Metternich, Leiningen, Hohenlohe, Löwenstein-Wertheim und anderer vom 13. Juni 1815 (ebenda Bd. 2 S. 584 ff.).

[1]) Ebenda Bd. 2 S. 441, 471, 476, 535 (Streichung des Art. 15 des Entwurfs).

[2]) Ebenda Bd. 2 S. 365, 440, 450, 456, 471, 477 ff., 501 f. (Abschwächung des Art. 16 Abs. 2 der Bundesakte zu einem bloßen Programmsatz).

[3]) Ebenda Bd. 2 S. 551 f.; dazu auch die schriftliche Erklärung vom 8. Juni 1815 (ebenda Bd. 5 S. 527).

[4]) Ebenda Bd. 2 S. 531.

[5]) Ebenda Bd. 2 S. 558 ff.

[6]) Über die Zählung siehe oben S. 545 Anm. 1 und unten S. 583 Anm. 1.

[7]) Preußische Erklärung vom 6. Juni 1815 *(Klüber,* Bd. 2 S. 556); ähnlich die hannoversche Erklärung (ebenda S. 524).

a) *Württemberg* gab schon am 9. und 10. Juni 1815 zu erkennen, daß es seinen Widerstand zu beenden und den Beitritt zu vollziehen willens sei [1]. Nunmehr aber ließen die übrigen Staaten Württemberg nicht mehr zur nachträglichen Unterzeichnung der bereits abgeschlossenen Bundesurkunde zu. Sie räumten ihm nur das Recht zum separaten Beitritt ein, forderten aber den „unbedingten und vollkommenen Beitritt", womit sie jeden württembergischen Vorbehalt ausschlossen [2]. Die Beitrittserklärung Württembergs vom 10. Juni 1815 beschränkte sich jedoch auf die Anerkennung der ersten elf Artikel der Bundesakte. Metternich wies sie daher am 11. Juni zurück. Eine württembergische Note vom gleichen Tag, mit dem erneuten Versuch, die Aufnahme ohne Erklärung des vorbehaltlosen Beitritts zu erlangen, beantwortete Metternich nicht mehr [3]. *Baden* bewahrte seine Reserve zunächst vollständig. Erst nachdem Napoleon zum zweiten Mal und nunmehr endgültig niedergeworfen war, vollzogen beide Staaten ihren Beitritt zum Bund, und zwar Baden am 26. Juli, Württemberg am 1. September 1815. Da die meisten Staaten dem Bund nur unter dem Vorbehalt der Allbeteiligung beigetreten waren, war erst mit dem württembergischen Anschluß die Gründung endgültig vollzogen.

b) Dem Landgrafentum *Hessen-Homburg* gab erst die Schlußakte des Wiener Kongresses (Art. 48) die staatliche Selbständigkeit wieder. Mit dem Bundesbeschluß vom 7. Juli 1817 [4] wurde Hessen-Homburg neu in den Bund aufgenommen.

c) Der Fürst von *Isenburg*, dem die Wiener Kongreßakte (Art. 52) die Landeshoheit entzog, suchte seine Herrschaft zu retten, indem er am 10. Juni 1815 seinen Beitritt zum Deutschen Bund erklärte [5]. Sein Aufnahmegesuch blieb unbeachtet. Gleichfalls ohne Erfolg suchte der Fürst *von der Leyen* sich die Landeshoheit zu bewahren [6]; die Wiener Kongreßakte (Art. 51) mediatisierte auch sein Gebiet, was ihm den Beitritt zum Bund unmöglich machte. Ebenso erklärte der Graf von *Bentinck* als Inhaber der Herrschaft Inn- und Kniphausen erfolglos den Beitritt zum deutschen Bund [7]. Die umstrittene Stellung des Landes Kniphausen konnte erst 1825 durch einen oldenburgisch-bentinckschen Vertrag geklärt werden [8].

V. Stein und Humboldt über die Bundesakte

Die Enttäuschung aller, die vom Wiener Kongreß die nationale Einigung Deutschlands erhofft hatten, war, als das Ergebnis der Wiener Verhandlungen bekannt wurde, groß. Daß die Verfechter unitarischer, liberaler und demokratischer Ziele die Bundesakte verwarfen, versteht sich von selbst; bald

---

[1] Drei württembergische Noten vom 9. und 10. Juni 1815 (ebenda S. 562, 563, 564).
[2] Im Auftrag der Bundesglieder legte Metternich den württembergischen Bevollmächtigten ein *Beitritts-Formular* zur Unterzeichnung vor, ferner eine von den Bundesgliedern ausgefertigte *Akzeptations-Urkunde*, die jedoch nur bei vorbehaltloser Unterzeichnung des Beitritts-Formulars in Kraft treten sollte (ebenda S. 569, 570).
[3] Siehe die Akten der Registratur (ebenda Bd. 6 S. 314 ff).
[4] Text: *Martens*, Nouveau Recueil Bd. 3 S. 132.
[5] Note des Fürsten Isenburg vom 10. Juni 1815 *(Klüber,* Akten Bd. 2 S. 577).
[6] Denkschriften des Fürsten von der Leyen (Herrschaft Hohen Geroldseck bei Lahr mit 4 460 Einwohnern) vom 27. Oktober 1814, 16. November 1814 und 22. März 1815 (ebenda Bd. 6 S. 326 ff., 356 ff. und Bd. 1 Heft 1 S. 60 f.).
[7] Noten des Grafen von Bentinck vom 20. Februar 1815, 5. März 1815, 4. April 1815 und 10. Juni 1815 (ebenda Bd. 1 Heft 4 S. 40 f., Bd. 4 S. 119 ff., Bd. 3 S. 579 ff. und Bd. 2 S. 581 ff.).
[8] Siehe unten S. 771 ff.

sollte es aus diesen Gruppen zu den heftigsten Angriffen auf das staatenbündische System kommen. Aber auch die Verfechter einer gemäßigt nationaldeutschen Lösung, unter ihnen vor allem Stein und Humboldt, hielten mit
ihrer kritischen Meinung nicht zurück.

1. Steins Urteil über die Bundesverfassung

Stein faßte seine Einwendungen gegen die Bundesakte in einer Denkschrift
vom 24. Juni 1815 zusammen[1]). In ihr sagte er:

> „Jeder Mann, der sein Vaterland liebt und dessen Glück und Ruhm wünscht, ist
> berufen zu untersuchen, ob der Inhalt dieser Urkunde entspricht der Erwartung der
> Nation, der Größe ihrer Anstrengungen, ihrer Leiden, der Tatkraft und Beschaffen-
> heit des Geistes, der sie jene zu machen und diese zu ertragen in Stand setzte? ob sie
> in dieser Urkunde die Gewähr ihrer bürgerlichen und politischen Freiheit findet? ob
> die dadurch geschaffenen Einrichtungen dem durch die verbündeten Herrscher in ihren
> Bekanntmachungen verkündeten Zweck des Krieges entsprechen?"

Die Antwort Steins auf diese Fragen war ein entschiedenes Nein. Der
Bund sei ohne Bundeshaupt und ohne Bundesgerichte; er sei zu schwach zur
gemeinsamen Verteidigung; die Rechte der Einzelnen seien ungenügend gesichert; die Handlungsfähigkeit der Bundesversammlung sei durch das Erfordernis der Einstimmigkeit bei wichtigen Beschlüssen gefährdet; die auswärtige Gewalt der Gliedstaaten sei durch das Verbot, auswärtige Verbindungen gegen den Bund und seine Glieder einzugehen, nur unzureichend beschränkt.

Steins Denkschrift fährt fort: „Von einer so fehlerhaften Verfassung läßt sich nur
ein sehr schwacher Einfluß auf das öffentliche Glück Deutschlands erwarten, und man
muß hoffen, daß die despotischen Grundsätze, von denen mehrere Cabinette sich noch
nicht losmachen können, nach und nach durch die öffentliche Meinung, die Freiheit
der Presse und das Beispiel zerstört werden, welches mehrere Fürsten, besonders
Preußen, geben zu wollen scheinen, indem sie ihren Untertanen eine weise und wohltätige Verfassung erteilen."
Soweit Stein seine Hoffnungen auf die durch das Verfassungsversprechen König
Friedrich Wilhelms III. angekündigte konstitutionelle Entwicklung Preußens setzte,
sah er sich allerdings bald durch die Tatsachen widerlegt (siehe oben S. 304 ff.).

2. Humboldts Bundesdefinition

Positiver als das Urteil Steins, aber doch auch von Skepsis und Resignation
bestimmt, war die Meinung, die *Humboldt* über die Bundesakte äußerte, als
er die vorübergehende Vertretung Preußens in der Bundesversammlung mit

---

[1]) Deutscher Text bei *Pertz*, Stein Bd. 4 S. 444 ff.; französischer Originaltext bei
Stein, Briefe u. Amtl. Schr. Bd. V S. 394 ff.

der großen Denkschrift „Über die Behandlung der Angelegenheiten des Deutschen Bundes" vom 30. September 1816 abschloß[1]). Abwägend wie Humboldts politische Anschauungen überhaupt war auch jetzt noch seine Stellung zur Frage der deutschen Einheit. Er erkannte auf der einen Seite den Drang der deutschen Nation, sich zur Einheit zu formen, als geschichtlich notwendig und politisch berechtigt an:

> „Man wird Deutschland nie hindern können, auf irgend eine Weise *Ein Staat und Eine Nation* sein zu wollen. Die Neigung, wenn nicht nach Einheit, wenigstens doch nach irgend einem Verbande, liegt, ohne daß man sie austilgen kann, in allen Köpfen und Gemütern, und hätte man Österreich und Preußen dieser Vereinigung abgeneigt gefunden, so würde man sie ohne beide versucht haben."

Aber trotz dieses Einheitsstrebens der Nation schien es Humboldt weder erwünscht noch möglich zu sein, Deutschland als einen vollentwickelten, allseitig handlungsfähigen und frei entscheidenden Staat zu organisieren; der „Deutsche Bund" sei die einzig denkbare Form, in der die Einzelstaaten verbunden werden könnten. Das Wesen dieses Bundes werde durch die Alternative *Staatenbund oder Bundesstaat* nicht hinreichend bestimmt. Österreich neige mehr dem Staatenbund, Preußen mehr dem Bundesstaat zu; so sei der Bund als eine *Kombination des staatenbündischen und des bundesstaatlichen Prinzips* entstanden.

Damit kam Humboldt zu der Begriffsbestimmung: „daß der Deutsche Bund, seiner ursprünglichen Bestimmung und seinem politischen Dasein nach, (zwar) ein richtiger *Staatenbund* ist, der sich aber zur Erreichung seines inneren und äußeren Zwecks in gewissen durch die (Bundes-)Akte bestimmten Beziehungen eine Einheit und einen Zusammenhang gegeben hat, welche ihn in diesen Beziehungen zu einem *Bundesstaat* machen; daß also bei Bestimmung aller künftigen Verhältnisse der Begriff einer Verbindung selbständiger Staaten als die Grundidee und der Zweck, die den Bund zu einem *kollektiven Staat* machende Einheit als Mittel zu diesem Zweck und als nur immer aus wirklichen und bestimmten Bedingungen des Grundvertrags und der ihm gesetzmäßig gegebenen Erweiterungen hervorgehend angesehen werden muß."

Ein Staatenbund mit gewissen bundesstaatlichen Elementen also war der Deutsche Bund nach dieser Humboldt'schen Definition. Seinem Sinn und Zweck nach war er ein Staatenbund; die bundesstaatlichen Einsprengungen waren ein bloßes Mittel für den allgemeinen staatenbündischen Zweck. Sie waren auf die verfassungsmäßig festgelegten Einrichtungen beschränkt und durften nicht ausdehnend interpretiert werden. Der Staatenbund war die Regel, die bundesstaatlichen Elemente waren die Ausnahme, die die Regel, indem sie sie durchbrachen, doch auch zugleich voraussetzten, anerkannten und befestigten. Der Deutsche Bund wollte die deutsche Einheit, soweit sie mehr als ein föderatives Band war, nicht als Zweck, sondern nur als Mittel; das war der Kerngehalt von Humboldts Bundeslehre. In der Situation von 1815, so urteilte Humboldt, „war es unmöglich nichts, und unmöglich das Rechte zu tun. Was nun zwischen diesen beiden Extremen zustande kommen konnte, das ist die wahre Definition des Deutschen Bundes."

---

[1]) Text in *Humboldts* Ges. Schr. Bd. XII S. 57 ff.

§ 32. Die deutschen Gebietsfragen
vom Wiener Kongreß bis zum Frankfurter Territorialrezeß

Schrifttum: C. W. v. Lancizolle, Übersicht der deutschen Reichsstandschafts- und
Territorialverhältnisse vor dem französischen Revolutionskriege, der seitdem eingetretenen Veränderungen und der gegenwärtigen Bestandteile des Deutschen Bundes und
der Bundesstaaten (1830); M. S. F. Schoell, Histoire abrégée des traités de paix entre
les puissances de l'Europe depuis la paix de Westphalie (1817—18).
B. G. Niebuhr, Preußens Recht gegen den sächsischen Hof (1814); J. A. F. Eichhorn,
An die Widersacher der Vereinigung Sachsens mit Preußen (1815); Ch. K. Webster,
England and the Polish-Saxon problem at the Congress of Vienna (1913); W. Kohl-
schmidt, Die sächsische Frage auf dem Wiener Kongreß (1930); Kl. v. Olshausen, Die
Stellung der Großmächte zur sächsischen Frage auf dem Wiener Kongreß und deren
Rückwirkung auf die Gestaltung der deutschen Ostgrenze (Diss. München 1933); R.
Rie, Das Legitimitätsprinzip des Wiener Kongresses (Arch. d. Völkerrechts Bd. 5,
1955/56, S. 272 ff.).
Cl. Th. Perthes, Die Einverleibung Krakaus und die Schlußakte des Wiener Kongres-
ses (2. Aufl. 1847); M. Szarota, Die letzten Tage der Republik Krakau (1911); A. Four-
nier, Zur Gesch. der polnischen Frage 1814—15 (MIÖG Bd. XX, 1899, S. 444 ff.);
Recke, Die polnische Frage als Problem der europäischen Politik (1927); H. Fleisch-
hacker, Russische Antworten auf die polnische Frage 1795—1917 (1941); Krupinski, Die
Westmächte und Polen von Napoleon I. bis Versailles (1941); M. Laubert, Die preu-
ßische Polenpolitik von 1772—1914 (2. Aufl. 1944).
W. Dökert, Die englische Politik auf dem Wiener Kongreß (Diss. Leipzig 1911); R.
Brendel, Die Pläne einer Wiedergewinnung Elsaß-Lothringens 1814—1815 (1914); Ch.
K. Webster, British Diplomacy 1813—15. Select Documents dealing with the recon-
struction of Europe (1921); K. Rheindorf, Englands Rheinpolitik 1813—15 (Els.-Lothr.
Jb. Bd. 7, 1928, S. 158 ff.); K. Goldmann, Die preußisch-britischen Beziehungen 1812—
1815 (Diss. Frankfurt 1934); Herold-Nießen-Steinbach, Geschichte der französischen
Saarpolitik (1934); E. M. Klingenburg, Die Entstehung der deutsch-niederländischen
Grenze 1813—15 (Diss. Bonn 1940); K. Griewank, Das Elsaß und seine Nachbarländer
in den Friedensschlüssen 1814—15 (Els.-Lothr. Jb. Bd. 20, 1942, S. 272 f.).

I. Der Kampf um Sachsen und Polen

1. Die sächsisch-polnische Frage

Das Königreich Sachsen und das Herzogtum Warschau [1]), die seit 1807 unter
Friedrich August I. in Personalunion verbunden waren, gehörten als Verbündete Napoleons zu den Besiegten des Krieges von 1813/14. Die geschlagene
sächsische Armee war schließlich zu den Alliierten übergegangen; das Gebiet
beider Staaten war kriegsbesetzt; der König war in Kriegsgefangenschaft abge-
führt. Kraft der vollständigen Debellation waren beide Staaten nach klassischen Völkerrechtsgrundsätzen dem Eroberungsrecht der Alliierten anheim-
gefallen. Rußland, das das Herzogtum Warschau okkupiert hielt, war zur Einverleibung entschlossen, obwohl diese praktisch auf Kosten seiner Verbündeten
Preußen und Österreich ging, aus deren ehemaligen Provinzen Neuostpreußen,
Südpreußen und Galizien das Herzogtum Warschau bestand. Fiel Gesamt-

---

[1]) Über die Entstehung des Herzogtums Warschau siehe oben S. 113, über seinen
Gebietsumfang unten S. 567 f.

polen jetzt an Rußland, so gingen damit die Rechte Preußens und Österreichs aus den mit Rußland früher geschlossenen Verträgen über die polnischen Teilungen endgültig unter; selbst wenn man diese Verträge als nicht mehr rechtsbeständig ansah, ergab sich aus ihnen für Preußen und Österreich an und für sich doch mindestens eine moralische Anwartschaft auf die Wiederherstellung des alten Besitzstands. Schwerer noch fiel ins Gewicht, daß die russische Machtstellung sich tief nach Mitteleuropa vorschob und für Preußen wie für Österreich eine schwere flankierende Bedrohung hervorrief, wenn Kulm, Bromberg, Posen, Kalisch und Krakau russisch wurden. Trotzdem war Preußen zum Verzicht auf seine polnischen Provinzen bereit, wenn es als Kompensation die Totalannexion des *Königreichs Sachsen* erlangte. Beide Gebietsfragen waren mit der deutschen Verfassungsfrage eng verknüpft. Denn einmal bestimmte die Stellung Preußens und Österreichs in Deutschland sich auch danach, wieweit beide Staaten durch den endgültigen Verlust ihrer früheren polnischen Provinzen im Osten geschwächt blieben oder aber durch ihren Rückerwerb einen starken polnischen Bevölkerungsanteil erhielten und damit, wie ihnen die deutschen Mittelstaaten oft vorhielten, zu „halb-slawischen" Mächten wurden. Zum anderen war unter gesamtdeutschem Blickpunkt wichtig, ob mit Kursachsen einer der angesehensten deutschen Territorialstaaten kraft des Rechts der Eroberung ausgelöscht und ob zugleich Preußen durch diesen mitteldeutschen Gebietserwerb zur beherrschenden deutschen Zentralmacht werden sollte [1]).

a) Sachsen

Der Erwerb Sachsens, der wiederholt das Ziel der preußischen Politik gewesen war, rückte 1814/15 in greifbare Nähe. Es war fast unbestritten, daß der König von Sachsen durch sein zähes Festhalten an dem französischen Bündnis seine Herrschaftsbefugnisse moralisch wie rechtlich verwirkt habe [2]). Nach allgemein anerkannten Grundsätzen des Völkerrechts gewährte das „Recht der Eroberung" einen vollauf genügenden Titel, um ihn seiner Herrschaft zu entheben und sein Land einem der Sieger einzuverleiben [3]). Preußen begründete den Anspruch auf die Totalannexion Sachsens mit seinen Verdiensten um die deutsche Sache, zugleich aber damit, daß ihm eine Gebietsentschädigung für diejenigen seiner 1806 und 1807 verlorenen Gebiete zustehe, auf deren Rückfall es jetzt verzichten müsse; das waren die polnischen Provinzen, die Ruß-

---

[1]) Die wichtigsten Aktenstücke zur sächsisch-polnischen Frage finden sich bei *Klüber*, Akten Bd. 7 S. 6—282.

[2]) Über die Rechtfertigungsversuche Sachsens siehe u. a. die Schriften „Exposé de la marche politique du Roi de Saxe" vom Juli 1814 (*Klüber*, Akten Bd. 7 S. 201 ff.); „Apologie de Frédéric Auguste Roi de Saxe" (September 1814); „Lettre d'un Saxon sur la réintégration de la Saxe et de son Souverain" (1814).

[3]) Die Denkschriften und Flugschriften aus der Zeit des Wiener Kongresses beriefen sich dafür vor allem auf *F. v. Vattel*, Le droit des gens (1758—77) Buch III Kap. 8, 9, 11. Danach ist der „ungerechte Feind" voll der einseitigen Bestimmungsgewalt des „gerechten Feindes" unterworfen, insbesondere auch dem Recht der Wegnahme und Zueignung seines Gebiets („Recht des Erwerbs durch rechtmäßige Eroberung").

land für sich verlangte, ferner Ansbach und Bayreuth, die bei Bayern bleiben sollten, sowie Hildesheim, Goslar und Ostfriesland, deren Abtretung an Hannover Preußen im Vertrag von Reichenbach hatte versprechen müssen, um den englischen Beistand zu gewinnen [1]). Da Preußen nach den Verträgen von Kalisch, Reichenbach und Teplitz die Wiederherstellung in einem Verhältnis zustand, das statistisch dem status quo von 1805 gleichkam [2]), hatte es Anspruch auf eine entsprechende Entschädigung in Land und Leuten [3]). Es suchte diese Entschädigung in erster Linie in Sachsen zu gewinnen, während ihm an einem weiteren Vordringen nach Westdeutschland, besonders auf dem linken Rheinufer, zunächst nichts gelegen war; eine gemeinsame Grenze mit Frankreich wollte Preußen anfänglich lieber vermeiden. Für den Fall der Totalannexion Sachsens dachte Preußen daran, die entthronte Dynastie gnadenweise mit einem kleineren Territorium in Italien, in Westfalen (Münster) oder auf dem linken Rheinufer (Bonn) zu entschädigen. Wenn es zu dem Totalerwerb Sachsens kam, konnte Preußen auf den Rückerwerb der 1807 verlorenen polnischen Provinzen Neuostpreußen und Südpreußen zugunsten Rußlands um so eher verzichten, als Sachsen nicht nur wirtschaftlich und militärisch, sondern auch nationalpolitisch von ungleich höherem Wert für Preußen als die früheren polnischen Besitzungen war. Daher setzten sich für die Einverleibung Sachsens nicht nur die Verfechter der preußischen Machtpolitik, sondern auch die deutsch-patriotisch Gesinnten ein, die von Preußen eine entschiedene Politik im nationaldeutschen Sinn erhofften. Stein, Humboldt und Hardenberg, Gneisenau, Boyen und Grolman, Niebuhr und Eichhorn [4]), aber auch der rechtlich denkende Altkonservative Marwitz rechneten damit, daß dem um Sachsen vergrößerten preußischen Staat die Führung in allen deutschen Fragen notwendig zufallen, daß dieser dadurch aber notwendig auch in die Verantwortung gegenüber seiner deutschen Aufgabe hineinwachsen werde. Sie glaubten, daß Preußen, wenn es sich Sachsens bemächtigte, nicht dem Gesetz

---

[1]) Geheimer Sonder-Artikel des englisch-preußischen Bündnisvertrags von Reichenbach vom 14. Juni 1813 (*Schoell*, Histoire abrégée Bd. 10 S. 254).

[2]) In einem Geheimartikel des Bündnisvertrags von *Kalisch* vom 27./28. Februar 1813 (*Klüber*, Akten Bd. 7 S. 280) versprach *Rußland*, „à ne pas poser les armes aussi longtems que la Prusse ne sera point réconstituée dans les proportions statistiques géographiques et financières conformes à ce qu'elle était avant l'époque précitée" (d. h. vor 1806). — In einer Geheimklausel des Vertrags von *Reichenbach* vom 14. Juni 1813 (ebenda S. 281) verpflichtete England sich, „à contribuer à l'agrandissement de la Prusse ... dans des proportions statistiques et géographiques pour le moins telles qu'elles étaient avant la guerre de 1806". — Im Vertrag von *Teplitz* vom 9. September 1813 (ebenda S. 282) versprach Österreich „la réconstruction de la ... monarchie prussienne, sur l'échelle la plus rapprochée de celle, où elle se trouvait en 1805".

[3]) Die preußische Entschädigungsforderung wurde in Wien nicht nach Gebietsumfang, sondern nach Einwohnerzahlen errechnet. Man ging davon aus, daß die Bevölkerungszahl Preußens 1805 rd. 9 884 000 betragen hatte und 1807 auf rd. 5 205 000 gesunken war, so daß der preußische Entschädigungsanspruch sich 1814/15 auf ein Gebiet mit rund 4 679 000 Einwohnern richtete. Die Bevölkerung Sachsens belief sich damals auf rund 2 038 000 Einwohner.

[4]) Vgl. *B. G. Niebuhr*, Preußens Recht gegen den sächsischen Hof (1814); *J. A. F. Eichhorn*, An die Widersacher der Vereinigung Sachsens mit Preußen (1815).

der Gewalt folge, sondern eine Mission im Dienst der Nation erfülle, da es Deutschland damit sein „Zentrum" gebe.

Der Unterstützung *Rußlands* war Preußen bei seinen sächsischen Forderungen sicher, solange es Rußland in der polnischen Frage beistand. Aber auch *England* erkannte im Anfang die preußischen Ansprüche auf Sachsen voll an [1]). *Österreich* stand den preußischen Absichten auf Sachsen zwar mit begreiflicher Abneigung gegenüber. Doch hatte Hardenberg schon im Januar 1814 ein Versprechen Metternichs erlangt, das er als Einverständnis mit dem Gesamterwerb Sachsens auslegen durfte. Und Metternich betonte noch in einem Schreiben vom 22. Oktober 1814 gegenüber Hardenberg, daß Österreichs Interesse zwar grundsätzlich für die Erhaltung Sachsens spreche, daß Österreich aber gleichwohl der Einverleibung Sachsens zustimmen könne, wenn Preußen sich im übrigen in enger Solidarität mit Österreich halte; dabei war vor allem an Solidarität in der polnischen Frage gedacht [2]). Auf Grund dieses weitgehenden Einverständnisses errang Preußen den großen Anfangserfolg, daß die Verbündeten ihm im Oktober 1814 an Stelle Rußlands *die militärische Besetzung und Verwaltung des Generalgouvernements Sachsens* übertrugen [3]). Das durfte als eine präjudizierende Vorwegnahme der endgültigen Entscheidung angesehen werden [4]). Erst die Differenzen in der polnischen Frage führten zu einer Revision der österreichischen und der englischen Haltung gegenüber dem sächsischen Problem [5]).

b) Polen

Die polnische Frage führte auf dem Kongreß schnell zu schweren Mißhelligkeiten. Das von Rußland kraft des Rechts der Eroberung beanspruchte *Herzogtum Warschau* bestand ausschließlich aus ehemals preußischen und österreichischen Gebietsteilen, nämlich einerseits aus den von Preußen im Tilsiter

---

[1]) Vgl. die beiden Schreiben *Castlereaghs* vom Oktober 1814 (*Klüber*, Akten Bd. 7 S. 6, 10); in dem zweiten heißt es: „Le roi de Saxe a, d'après tout principe du droit public, perdu la totalité de ses droits... Le roi de Saxe n'a aucun droit, ni à être rétabli, ni à être indemnisé; il peut s'adresser à l'indulgence des conquérans, et s'ils lui offrent une compensation dans une autre partie de l'Europe, et que cette compensation ne lui paraisse pas proportionnée à ce qu'il perd, il peut seulement se plaindre de l'insuffisance, mais non pas de l'injustice de l'offre qu'on lui fait".

[2]) Schreiben Metternichs an Hardenberg vom 22. Oktober 1814 (*Klüber*, Akten Bd. 7 S. 19 ff.).

[3]) Über die Bildung des Generalgouvernements Sachsen siehe oben S. 506 f. Den Wechsel der Besetzung vereinbarten Rußland und Preußen im Oktober 1814 unter Zustimmung Österreichs und Englands. Dazu Rechtsverwahrung des *Königs von Sachsen* vom 4. November 1814; Übergabe-Bekanntmachung des russischen General-Gouverneurs *Fürst Repnin* vom 8. November 1814; Erklärung *Repnins* an die sächsischen Landesbehörden vom gl. Tg.; Besitznahme-Erklärung des preußischen Generalgouverneurs *Frh. von der Reck* vom 10. November 1814 (*Klüber*, Akten Bd. 1 Heft 2 S. 1 ff.).

[4]) Vgl. die vorstehend erwähnte Erklärung Repnins an die sächsischen Landesbehörden vom 8. November 1814. Sie enthält den Satz, der Wechsel des Besatzungsregimes geschehe, „um dadurch die Verbindung Sachsens mit Preußen, welche nächstens auf eine noch förmlichere und feierliche Weise bekannt gemacht werden wird, einzuleiten und beide Völker gleichsam zu verbinden". Der König von Preußen als künftiger sächsischer Landesherr werde beide Staaten in Personalunion vereinigen.

[5]) Über den englischen Widerspruch gegen den russischen Versuch, einen fait accompli in Sachsen zu schaffen, siehe unten S. 569.

Frieden abgetretenen Gebieten (*Netzedistrikt* mit Bromberg; Provinz *Süd-preußen* mit Thorn, Gnesen, Posen, Kalisch und Tschenstochau; Provinz *Neuostpreußen* mit Bialystock und Warschau) und andererseits aus den von Österreich im Frieden von Schönbrunn 1809 abgetretenen Gebieten (*West-galizien* mit Krakau, Sandomir, Lublin, Kielce und Radom). Zar Alexander I. war entschlossen, den beiden Verbündeten die Rückgabe dieser ihnen aus der zweiten und dritten polnischen Teilung zustehenden Gebiete zu verweigern; allenfalls zu kleinen Grenzberichtigungen war er bereit. Um der geplanten *Totalannexion* Polens den Schein einer „Befreiung" zu geben, beabsichtigte der Zar, das Herzogtum Warschau und den russischen Anteil aus den polnischen Teilungen zu einem *Königreich Polen* zusammenzufassen, dieses jedoch durch Personalunion und andere Vorkehrungen mit Rußland fest zu vereinigen. Mit diesem weit nach Westen ragenden großpolnischen Königreich im russischen Reichsverband ergab sich für Rußland jedoch eine militärisch-strategische Linie, die man allgemein als eine ganz Europa bedrohende Angriffsposition empfand. Die europäischen Kabinette und Völker standen unter dem Alb-druck, daß man die europäische Hegemonie Napoleons nur gebrochen habe, um sie durch die europäische Hegemonie des Zaren zu ersetzen.

Während Preußen, um sich Sachsen zu sichern, das russische Vordringen hinzuneh-men bereit war, wandte Österreich sich entschieden gegen den russischen Plan, ein „Königreich Polen" mit Schein-Autonomie und unter eigener Verfassung zu schaffen. Für Österreich ergab sich aus der russischen Absicht die besondere Gefahr, daß das scheinbar wiederhergestellte Königreich Polen der Mittelpunkt einer all-polnischen Agitation und damit der Herd einer dauernden Beunruhigung für das bei Österreich verbliebene südliche Galizien (mit Tarnow, Przemysl und Lemberg) werden mußte. Daher wollte Metternich Rußland nur die Einverleibung des „Herzogtums Warschau" bei Verzicht auf den Königstitel und auf den Namen „Polen" und bei Rückgabe erheblicher Teile der ehemaligen polnischen Provinzen an Preußen wie an Österreich zugestehen. Für diesen Rückerwerb schlug Metternich eine Grenzziehung gegenüber Russisch-Polen längs der *Warthe-Nida-Linie* vor; Thorn, Bromberg, Gnesen, Posen, Kalisch und Tschenstochau sollten wieder zu Preußen, Krakau wieder zu Österreich kommen. Metternich hoffte zugleich, Preußen durch die Aussicht auf den Rück-erwerb polnischer Gebiete zum Verzicht auf die Totalannexion Sachsens bestimmen zu können.

2. Das Dreimächte-Bündnis gegen Rußland und Preußen

Auf dem Wiener Kongreß schlossen *England* und *Frankreich* sich dem öster-reichischen Widerstand gegen die russischen Pläne an. England, das grund-sätzlich der Wiederherstellung eines unabhängigen polnischen Staates zuneigte, empfahl als „zweitbeste Lösung" eine vierte Teilung Polens etwa nach den Grenzen der Teilungen von 1793 oder 1795. Frankreich trat von vornherein für diese erneute polnische Teilung ein, von der es starke Spannungen zwischen den drei Teilungsmächten erhoffte. Vor allem lag ihm daran, daß Preußen in ein östliches Engagement verstrickt und dadurch an der Entfaltung seiner Kraft im Westen gehemmt würde. Für die drei Mächte kam es darauf an, Preußen auf ihre Seite zu ziehen und zum solidarischen Widerstand gegen die russische

Expansion zu bestimmen. Da Preußen jedoch, nach vorübergehendem Schwanken, seinen Platz an der Seite Rußlands wählte, schlossen die drei Mächte sich zu einem festen Bündnis gegen Rußland und Preußen zusammen, wobei sie nunmehr nicht nur die russischen Ansprüche auf ganz Polen, sondern auch die preußischen Ansprüche auf ganz Sachsen bekämpften. Um die Jahreswende 1814/15 kam es fast zum Krieg zwischen den entzweiten Staatengruppen.

a) Hardenberg ließ sich in Wien durch Metternich und Castlereagh zunächst zu einer gewissen Abkehr von Rußland bestimmen. Angesichts der anfänglichen österreichisch-englischen Zugeständnisse in der sächsischen Frage erklärte er sich zur Teilnahme an dem Widerspruch gegen den polnischen Königstitel und an der Eindämmung der russischen Gebietsansprüche bereit. Als Wortführer der drei Regierungen verlangte Castlereagh vom Zaren entweder die Bildung eines wirklich unabhängigen gesamtpolnischen Staates in den Grenzen von 1772 oder aber eine neue Teilung Polens unter Rückgabe erheblicher polnischer Gebiete an Preußen und Österreich. Wenn Rußland bei der Teilung auf dem polnischen Königstitel für seinen Anteil bestehe, so sollte die weiter östlich verlaufende *Narew-Weichsel-Linie* seine Grenze bilden; bei einem russischen Verzicht auf den Königstitel und auf eine polnische „Verfassung" waren England und Österreich bereit, sich mit einer russischen Grenze westlich der Weichsel (etwa mit der *Warthe-Nida-Linie)* abzufinden.

b) Diese englisch-österreichisch-preußische Front zerriß der Zar, indem er durch persönliche Einwirkung den preußischen König dahin brachte, seinen Staatskanzler zu desavouieren. Auf Weisung des Königs vollzog Hardenberg Anfang Dezember 1814 eine neue Schwenkung. Er teilte Metternich und Castlereagh mit [1], durch eine Intervention beim Zaren habe er zu erreichen versucht, daß Preußen *Thorn* mit der Warthe als Grenze und Österreich *Krakau* mit der Nida als Grenze erhalte. Rußland habe sich bereit erklärt, auf Thorn und Krakau zu verzichten und beide zu freien und neutralen Staaten zu erheben; es habe damit die ursprünglich geforderte, weiter westlich verlaufende „aggressive Grenzlinie" preisgegeben. Dafür aber bestehe Rußland auf der Überlassung ganz Sachsens an Preußen, der Österreich und England ja bereits zugestimmt hätten. Dem König von Sachsen biete Preußen als Entschädigung die Fürstentümer Münster und Paderborn als „*Großherzogtum Sachsen-Münster*" an. Obwohl das russische Angebot in bezug auf Thorn und Krakau hinter den österreichisch-englischen Erwartungen weit zurückblieb, suchte Hardenberg seine Partner zur Annahme zu bewegen. In der Note Hardenbergs fand sich zum ersten Mal die diplomatisch verhüllte Drohung, aus dem Zwist wegen Polen und Sachsen könne ein Krieg zwischen den Verbündeten entstehen.

c) Die Folge dieser Schwenkung (des „preußischen Verrats an der europäischen Sache") war, daß der Widerstand gegen die Annexion Sachsens sich in England und Österreich erheblich verhärtete. Castlereagh, der ohnehin wegen der Preisgabe Sachsens unter starken Druck der Unterhaus-Opposition und der englischen öffentlichen Meinung geraten war, leugnete als Reaktion auf den preußischen Kurswechsel jedes frühere Einverständnis mit dem preußischen Einverleibungsplan ab [2]. Auch Metternich widerrief in seiner Antwort an Hardenberg die österreichische Zustimmung zur Totalannexion Sachsens [3]. Nur etwa ein Fünftel des sächsischen Staatsgebiets wollte er Preußen zugestehen. Dafür bot Metternich Preußen, außer den Gebietserweiterungen in Westfalen und am Niederrhein („*Großherzogtum Berg*"), nun-

---

[1] Note Hardenbergs an Metternich vom 2. Dezember 1814 *(Klüber,* Akten Bd. 7 S. 291 ff.).

[2] Schon die Erklärung des Fürsten *Repnin* (siehe oben S. 567 Anm. 4) löste Widerspruch im Unterhaus aus; in einer Note vom Dezember 1814 bestritt Castlereagh das Vorliegen einer Übereinkunft, durch die England der Annexion Sachsens zugestimmt habe *(Klüber,* Akten Bd. 1 Heft 2 S. 7 ff.). Dazu ferner Castlereaghs Erklärung vor dem Unterhaus am 20. März 1815 *(Klüber,* aaO Bd. 7 S. 162 ff., 175 f.).

[3] Schreiben Metternichs an Hardenberg vom 10. Dez. 1814 (ebenda Bd. 7 S. 28).

mehr die Erstreckung der linksrheinischen Erwerbungen Preußens bis an die südliche Linie *Kreuznach-Trier* an. Im Osten bestand Metternich auf der unbedingten Rückgabe Thorns und Krakaus an Preußen und Österreich; die Bildung freier und neutralisierter Stadtrepubliken werde nur zur ständigen Beunruhigung der drei Nachbarstaaten führen. Außerdem beharrte er auf der Warthe-Nida-Linie, die die letzte „natürliche Grenze" darstelle; allerdings betrachte Österreich die Nida-Linie nicht als conditio sine qua non. Den Kernpunkt der Note bildete der Hinweis, daß die deutsche Bundesfrage untrennbar verknüpft mit der engsten Verbindung der österreichischen und preußischen Politik sei; eben weil sie ein unübersteigbares Hindernis für diese Verbindung sei, lehne Österreich die Totaleinverleibung Sachsens durch Preußen ab. Dabei berief Metternich sich darauf, daß nicht nur Bayern und andere deutsche Staaten, sondern daß auch *Frankreich* die Preisgabe Sachsens als unzumutbar empfinde. In der Tat hatte die französische Regierung sich schon am 5. Dezember 1814 offiziös in diesem Sinn geäußert [1]). Und am 19./26. Dezember gab der von Metternich informierte französische Außenminister in Wien schriftliche Erklärungen ab, die der Einverleibung Sachsens als einer Verletzung des Prinzips der Legitimität und einer Gefahr für das deutsche und damit auch für das europäische Gleichgewicht widersprachen [2]).

d) Preußen, das immer noch an der mitteldeutschen Arrondierung seines Staatsgebiets stärker als an einer linksrheinischen Ausdehnung interessiert war, die seine ohnedies schon ungünstige Militärgrenze noch ungünstiger gestalten mußte, schlug nunmehr vor, den König von Sachsen durch ein ihm linksrheinisches Territorium zu entschädigen, das allerdings ein in das preußische Verteidigungssystem eingefügter Vasallenstaat sein sollte. Als Antwort auf die bayerischen Einwendungen gegen die Annexion Sachsens erklärte Preußen, daß es sich mit einer Teilannexion allenfalls zufrieden geben werde, wenn es die 1806/07 verlorenen Markgrafschaften Ansbach und Bayreuth von Bayern zurückerhalte [3]). Rußland aber faßte seine Vorschläge zum Jahresende 1814 dahin zusammen: Totalabtretung Sachsens an Preußen, Entschädigung des sächsischen Königs durch Zuweisung eines neugebildeten linksrheinischen Staats (mit Luxemburg, Trier, Prüm, Malmedy und als Hauptstadt Bonn), Verwandlung Thorns und Krakaus in freie und neutralisierte Städte, Grenzverlauf im übrigen gegen Preußen an der *Proszna* (also noch weiter westlich als die Warthe-Linie); gegen Österreich nur eine kleine Grenzberichtigung (Abtretung von Tarnopol) [4]).

e) Das österreichisch-preußische Zerwürfnis hatte vor allem die Folge, daß Österreich sich, wie wir sahen, in der deutschen Verfassungsfrage von den Vorschlägen Preußens abkehrte [5]). Österreich wandte sich nun gegen die direktoriale Bundeszentral-

---

[1]) Französische Denkschrift „Mémoire sur le sort de la Saxe et de son Souverain" vom November 1814; französische Erklärung betreffend die Vereinigung Sachsens mit Preußen im „Moniteur universel" vom 5. Dezember 1814 (*Klüber*, Akten Bd. 1 Heft 2 S. 11, 15).

[2]) Schreiben Talleyrands an Metternich vom 19. Dezember 1814 (ebenda Bd. 7 S. 48 ff.); es sah für Preußen (bei Verzicht auf Sachsen) die Rückgabe von Danzig, Bromberg, Posen und Kalisch vor, also die Grenzziehung nach der Warthelinie. — Ferner Schreiben Talleyrands an Castlereagh vom 26. Dezember 1814 (ebenda S. 61 f.): „Le grand et dernier but auquel l'Europe doit tendre, et le seul que la France se propose, est de *finir la révolution* et d'établir ainsi une véritable paix .. Les dynasties révolutionnaires ont disparu, *hors une* (gemeint ist Joachim Murat in Neapel). Les dynasties légitimes ont été rétablies, mais l'une d'elles est menacée (nämlich Sachsen). La révolution n'est donc pas encore finie. Que faut-il pour qu'elle finisse? *Que le principe de la légitimité triomphe sans restriction*, que le Roi et le Royaume de Saxe soient conservés, et que le Royaume de Naples soit rendu à son légitime souverain."

[3]) Note Hardenbergs vom 16. Dezember 1814 (ebenda S. 40 ff.).

[4]) Note des russischen Außenministers Graf Nesselrode vom 31. Dezember 1814 (ebenda S. 69).

[5]) Siehe oben S. 552.

gewalt („Rat der Kreisobersten"), gegen die Kreiseinteilung und gegen die den Kreisobersten in den Kreisen zugedachte militärische Stellung. Dem ganzen Plan der „Zwölf
Punkte" entzog es damit den Boden. Schließlich schlug es im Dezember 1814 insgeheim vor, einen deutschen Staatenbund mit österreichischer Führung und unter Ausschluß Preußens zu errichten[1]). Zwar sollte Preußen die „Freiheit des Beitritts" bleiben; in Wahrheit hätte es nur die Wahl zwischen Ausstoßung und Unterwerfung
erhalten.

f) Um die Jahreswende 1814/15 steigerten die Gegensätze sich zur unmittelbaren
Kriegsgefahr. Als Hardenberg sich zu dem Wort hinreißen ließ, Rußland und Preu
ßen würden die Ablehnung ihrer Forderungen als Kriegserklärung betrachten, schlossen
Österreich, England und Frankreich eine geheime *Tripel-Allianz*, in der die Beteiligten sich gegenseitig vollen militärischen Beistand gegen einen preußisch-russischen
Angriff versprachen[2]). Bayern, Hannover und Holland schlossen sich dem Geheimbündnis an.

3. Die Teilung Sachsens und Polens

Während sich so die Fronten in ernster Kriegsdrohung aufreihten, kam es
unter englischer Vermittlung zu neuen Verhandlungen in dem nun berufenen
Fünfmächte-Ausschuß. Das eben erst niedergeworfene Frankreich, das als willkommener Verbündeter den anti-preußisch-russischen Dreibund verstärkt hatte,
trat dank der Gunst der Stunde nun auch in die Rolle eines gleichberechtigten
Glieds der europäischen Pentarchie zurück. Am 8. Februar 1815 einigten die
fünf europäischen Hauptmächte sich auf einen Kompromiß im polnisch-sächsischen Streit. Wie so oft die Verständigung in streitigen Gebietsfragen nur in
der Form der Teilung gefunden werden kann, so einigten sich auch hier die
Großmächte auf Kosten der Kleineren durch die *Teilung Polens und Sachsens*.

a) In der *polnischen Frage* erwies der weitere Widerstand gegen die russischen Pläne
sich als unmöglich, wenn man den Krieg vermeiden wollte. So beschloß man, das
Herzogtum Warschau als „Königreich Polen" mit dem Kaiserreich Rußland zu verbinden. Dafür gab Rußland gewisse Teile Polens an Preußen und Österreich zurück.
Westgrenze von Russisch-Polen (*„Kongreß-Polen"*) wurde weder die Weichsel- noch
die Warthe-Linie, sondern die noch weiter westlich verlaufende *Prosna-Linie*. Preu
ßen erhielt Thorn (auf dessen Erhebung zur Freien Stadt Rußland verzichtete), den
Netzedistrikt (der mit Thorn zur Provinz Westpreußen kam) und das ehemals zur
Provinz Südpreußen gehörige Departement Posen, das unter dem Namen „Großherzogtum Posen" eine neue preußische Provinz bildete. Dagegen fiel der Rest von
Südpreußen, besonders das zwischen Prosna und Warthe gelegene Gebiet mit Kalisch
und Tschenstochau ebenso wie die ganze Provinz Neuostpreußen als Teil von Kongreß-Polen an Rußland. Österreich bekam nur vier Kreise West-Galiziens zurück.
Das Gebiet von *Krakau* wurde autonome Republik. Von dem Anschluß der bei den
alten polnischen Teilungen russisch gewordenen Gebiete an das „Königreich Polen"
sah der Zar ab. So entstand Kongreß-Polen als ein schein-autonomes Gebiet unter

---

[1]) Bericht des Grafen Münster an den Prinzregenten von England vom 17. Dezember 1814; bei *G. H. Graf zu Münster*, Politische Skizzen über die Lage Europas vom
Wiener Congreß bis zur Gegenwart (1867) S. 209 f.
[2]) Allianz-Vertrag zwischen Österreich, England und Frankreich vom 3. Januar 1815
(Text: *Klüber*, Akten Bd. 9 S. 177).

russischer Herrschaft, das an Gebietsumfang weit hinter dem alten polnischen Reich, aber auch wesentlich hinter dem Herzogtum Warschau zurückblieb.

b) In der *sächsischen Frage* einigte man sich auf einer mittleren Linie[1]). Preußen erhielt die nördliche Hälfte Sachsens mit mehr als zwei Fünfteln der sächsischen Untertanen[2]) und den Städten Kottbus, Torgau, Wittenberg, Merseburg, Weißenfels und Naumburg. Das Königreich Sachsen blieb in dem Restgebiet mit drei Fünfteln der sächsischen Untertanen bestehen; Dresden, Bautzen und Leipzig blieben sächsisch. Zu dem Verzicht auf Leipzig fand Preußen sich erst bereit, als der Zar ihm Thorn, das zunächst eine Freie Stadt hatte werden sollen, überließ. Der durch den Kompromiß vom 8. Februar 1815 zwischen den Großmächten vereinbarten *Teilung Sachsens* stimmte König *Friedrich August* erst am 18. Mai 1815 unter dem gemeinsamen Druck Englands, Frankreichs und Österreichs zu[3]). Das Generalgouvernement stellte seine Tätigkeit in Sachsen ein[4]); der König von Preußen ergriff Besitz von den ihm zugefallenen sächsischen Landesteilen, die er mit benachbarten altpreußischen Gebieten (insbesondere Magdeburg-Halle) zur *Provinz Sachsen* zusammenfaßte[5]).

4. Der Aufstand der sächsischen Armee

Teile der sächsischen Armee waren unter dem Befehl des Generals *Johann Adolf v. Thielmann* schon vor der Leipziger Schlacht zu den Verbündeten übergetreten. Nach der Völkerschlacht, der Gefangennahme des sächsischen Königs und der Besetzung ganz Sachsens hatte das Generalgouvernement der Verbündeten die gesamte sächsische Armee übernommen und unter der Leitung der Rüstungskommission des Generals *Vieth v. Golssenau* reorganisiert[6]). Nach dem Ersten Pariser Frieden stand das sächsische Korps unter der Führung des von den Verbündeten dazu berufenen Generals *v. Thielmann* im Verband der alliierten Truppen, und zwar, als Teil der Armee Blücher, am Rhein. Die Gefangenhaltung des Königs, der preußische Annexionsplan und schließlich der in Wien gefaßte Teilungsbeschluß erregten die Offiziere und Mannschaften des sächsi-

---

[1]) Der preußische Vorschlag vom 12. Januar 1815 (*Klüber*, Akten Bd. 7 S. 79 ff.) sah die Totalannexion Sachsens und die Entschädigung des sächsischen Königs mit einem linksrheinischen Territorium (Residenz Bonn) vor. Der österreichische Gegenvorschlag vom 28. Februar 1815 (ebenda S. 83 ff.) beschränkte den preußischen Erwerb auf einen Teil Sachsens, der jedoch nicht mehr als ein Fünftel, sondern etwa zwei Fünftel des sächsischen Staatsgebiets betrug. Außerdem vergrößerte der österreichische Vorschlag die preußischen Erwerbungen in Nordwestdeutschland und links des Rheins erheblich (Linie Kreuznach-Trier). Preußen erreichte am 8. Februar 1815 (ebenda S. 96 ff.) noch eine Erweiterung seines sächsischen Anteils.

[2]) Sachsen hatte nach der Bevölkerungsliste von 1812 2 038 000 Einwohner; an Preußen fielen Gebiete mit 855 000, bei Sachsen blieben Gebiete mit 1 183 000 Einwohnern.

[3]) Friedensvertrag zwischen Sachsen einerseits, Österreich, Rußland und Preußen andererseits vom 18. Mai 1815 (*Klüber*, Akten Bd. 6 S. 120 ff.); Vertrag über den Beitritt Englands zu diesem Friedensvertrag vom September 1815 (ebenda Bd. 8 S. 199 ff.). Die Aktenstücke über die dem Friedensschluß vorausgegangenen Verhandlungen mit dem König von Sachsen sind ebenda Bd. 7 S. 145 ff. wiedergegeben.

[4]) Vgl. Verfügung des Generalgouvernements Sachsen wegen Vorbereitung zu der Abteilung dieses Landes vom 19. Februar 1815 (*Klüber*, Akten Bd. 7 S. 141).

[5]) Siehe oben S. 163.

[6]) Siehe oben S. 509.

schen Korps, die zum großen Teil königstreu gesinnt waren und ihren Korpskommandanten *Thielmann* als „Deserteur" betrachteten, aufs Tiefste. Die Rückkehr Napoleons von Elba und die verzögerliche Taktik, mit der der sächsische König den Verbündeten auch nach ihrer Einigung in der sächsisch-polnischen Frage begegnete, steigerten bei den sächsischen Truppenteilen die innere Opposition gegen den Wiener Teilungsbeschluß [1]).

Der preußische König aber betrachtete die Teilung Sachsens, seit die Verbündeten sich in Wien geeinigt hatten, als einen *fait accompli,* auch solange die Zustimmung des sächsischen Königs noch nicht vorlag. Preußen bediente sich der Theorie, der König von Sachsen habe seine Herrschaft kraft *debellatio* verloren; in der beschlossenen Teilung liege gegenüber dem Haus Wettin *keine Wegnahme* der an Preußen fallenden Landesteile, sondern eine *Rückgabe* der Teile, auf die Preußen Verzicht geleistet hatte. Dieser völker- und staatsrechtlich gewiß höchst fragwürdigen Theorie folgend, ordnete der preußische König schon am 14. März 1815 die *Teilung der sächsischen Armee* an. Die Mannschaften und Unteroffiziere des sächsischen Korps, die aus den Preußen zugedachten Gebieten Sachsens stammten, sollten sofort in neugebildeten preußischen Regimentern zusammengefaßt werden; in den alten sächsischen Truppenteilen sollten nur die aus Rest-Sachsen stammenden Mannschaften und Unteroffiziere verbleiben. Den Offizieren des sächsischen Korps sollte die Wahl zwischen dem Übertritt in den preußischen Dienst oder dem Festhalten an ihrem sächsischen Dienstverhältnis freistehen. Die Vereidigung der aus den sächsischen Truppenteilen neugebildeten preußischen Regimenter auf ihren neuen Obersten Kriegsherrn sollte aufgeschoben bleiben, bis der sächsische König mit der Unterzeichnung des Friedensvertrags die Entbindung seiner ehemaligen Untertanen von dem ihm geleisteten Fahneneid vollzogen haben würde. Diesen Teilungsbefehl richtete König Friedrich Wilhelm III. an *Gneisenau,* den Generalstabschef *Blüchers,* dessen Befehlsgewalt das sächsische Korps, wie gesagt, unterstand. Nach der Teilung sollten die sächsisch bleibenden Regimenter der Armee *Wellingtons* eingegliedert werden. *Gneisenau,* der sich des heiklen Charakters des Teilungsbefehls bewußt war, zögerte den Vollzug zunächst hinaus. Aber einer zweiten Weisung des Königs folgend, befahl er dann doch am 2. Mai 1815 die effektive Teilung des sächsischen Korps in preußische und sächsische Verbände. Da der preußisch-sächsische Friedensvertrag, mit dem König Friedrich August sich dem Wiener Teilungsbeschluß unterwarf, erst am 18. Mai 1815 unterzeichnet wurde, war der Befehl zur Teilung der sächsischen Armee ein Vorgriff auf einen noch nicht abgeschlossenen Vertrag über die Teilung des Landes.

Der preußische Befehl zur Teilung der sächsischen Armee löste unmittelbar den *Aufstand* von Verbänden des inzwischen in Belgien stehenden Korps gegen die preußische Armeeführung aus. Legitimistisch gesinnte Truppenteile rotteten sich in *Lüttich* zusammen und stürmten das dort von *Blücher* bezogene Quartier; mit knapper Not gelang dem preußischen Heerführer die Flucht. Es wird

---

[1]) Vgl. *Treitschke,* Dt. Gesch. Bd. 1 S. 717 ff.; *Fr. Rößler,* Die Lütticher Affaire 1815 (1894).

berichtet, daß *Gneisenau* und *Grolman* dem Marschall zum Entkommen verhalfen. Es gelang den Preußen, die aufständischen Truppenteile schnell zu überwinden; ein großer Teil der sächsischen Verbände beteiligte sich an der Auflehnung nicht [1]). Sieben Rädelsführer wurden standrechtlich wegen Meuterei abgeurteilt und erschossen; die Fahne der sächsischen Garde wurde auf Blüchers Befehl vor der Front verbrannt. Der preußische General *v. Borstell*, der sich weigerte, diese entehrende symbolische Strafe vollziehen zu lassen, kam unter kriegsgerichtlicher Anklage nach Berlin. Das ganze sächsische Korps wurde aus dem Frontbereich gezogen und nach Magdeburg in Marsch gesetzt. Erst dort kam es, nunmehr auf der Grundlage des inzwischen abgeschlossenen preußisch-sächsischen Friedensvertrags vom 18. Mai 1815, mit der Teilung des sächsischen Staatsgebiets auch zur Teilung der sächsischen Armee.

Der sächsische Aufstand in Lüttich macht deutlich, wie schwer es angesichts eines solchen Ereignisses ist, die Grenze zwischen verbrecherischer Meuterei und legitimem Widerstand zu bestimmen. Daß nicht nur die preußische Armeeführung, sondern alle Verbündeten die Auflehnung der sächsischen Truppen als einen Fall verbrecherischer Insubordination und vollendeten Kriegsverrats empfinden mußten, liegt auf der Hand. So lehnte *Wellington* es ab, die sächsischen Verbände nach diesem Vorfall in seine Armee zu übernehmen. Galt schon die gewaltsame Auflehnung gegen den militärischen Oberbefehlshaber für sich allein als schweres militärstrafrechtliches Vergehen, so schien in dem lütticher Aufstand die Schuld der Aufrührer besonders groß, da sie sich im Krieg und sozusagen im Angesicht des Feindes nur kurze Zeit vor den entscheidungsschweren Schlachten zu dem Versuch eines Gewaltstreichs hatten hinreißen lassen. Doch wird das unvoreingenommene Urteil nicht verkennen, daß der Vorfall auch eine andere Seite hatte. Vieles spricht dafür, daß der Befehl zur Teilung der sächsischen Armee, da er dem noch nicht abgeschlossenen preußisch-sächsischen Friedensvertrag vorgriff, *völkerrechtswidrig* war. Nun machte allerdings eine solche Völkerrechtswidrigkeit den erlassenen Teilungsbefehl nicht ohne Weiteres *militärrechtlich* unwirksam. In der Epoche des klassischen Völkerrechts verpflichtete und berechtigte das Völkerrecht nur die Staaten als solche. Mit dem völkerrechtswidrigen Teilungsbefehl verletzte der preußische Staat die Rechte des sächsischen Staates. Aber das für sich allein machte den erlassenen Teilungsbefehl als militärischen Kommandoakt nicht ungültig im Verhältnis zwischen dem preußischen Armeeoberbefehlshaber und den ihm unterstellten Angehörigen des sächsischen Korps. Die Berufung auf die Völkerrechtswidrigkeit eines erteilten militärischen Befehls konnte in diesen älteren Zeiten die militärische Insubordination niemals rechtfertigen.

Bei dem preußischen Befehl zur Teilung der sächsischen Armee kam jedoch hinzu, daß er den betroffenen Angehörigen der sächsischen Truppenteile zumutete, ihren *Fahneneid* zu brechen. Dieser war weder durch die Gefangennahme des sächsischen Königs noch durch die Einreihung der sächsischen Regi-

---

[1]) *Treitschke*, aaO, hebt rühmend hervor, daß sein Vater, der als junger sächsischer Offizier damals bei Lüttich stand, „seine Leute im Zaum zu halten wußte".

menter in die Armeen der Verbündeten erloschen. Nachdem feststand, daß der sächsische König nicht, wie es an sich möglich gewesen wäre, auf Grund des Tatbestands der *debellatio* einseitig depossediert werden würde, daß ihm vielmehr gestattet werden würde, an die Spitze seines Staates zurückzukehren, bestand rechtlich kein Zweifel mehr daran, daß der ihm geleistete Fahneneid für die aus dem sächsischen Staatsverband ausscheidenden Untertanen erst mit der von dem sächsischen König erklärten Entbindung enden werde. Nun nahm der preußische Teilungsbefehl auf den Fahneneid der sächsischen Soldaten zwar, wie schon erwähnt, insoweit Rücksicht, als eine Neuvereidigung der neugebildeten Regimenter auf den preußischen König zunächst nicht stattfinden sollte. Aber nicht erst die Leistung eines solchen neuen Fahneneids, sondern schon der Übertritt aus sächsischen in preußische Truppenteile hätte einen Bruch des noch geltenden Fahneneids gegenüber dem sächsischen König bedeutet. *Gegenüber einer solchen Zumutung des Bruchs des Fahneneids aber ist der Soldat zum Widerstand verpflichtet, und zwar auch wenn der Befehl von dem eigenen militärischen Befehlshaber ausgeht.* Nun läßt sich gewiß leicht einwenden, die Berufung auf den Fahneneid habe zwar den passiven Widerstand gegen die Durchführung des Teilungsbefehls, nicht aber die aktive Auflehnung, Zusammenrottung und Gewaltanwendung gerechtfertigt. Wichtiger als diese Erörterung der Art, der Intensität und des Zeitpunkts des zulässigen Widerstands ist in einem Sachverhalt wie dem hier behandelten jedoch die grundsätzliche Feststellung, daß überhaupt *ein Fall des gerechtfertigten militärischen Widerstands* gegeben war. Eine der Abwehr der Zumutung des Eidbruchs dienende Auflehnung war im Prinzip keine Meuterei, sondern ein legitimer Gebrauch des Widerstandsrechts. Wenn es dabei zu Widerstands-Exzessen kam, so waren sie zwar strafbar; doch durfte bei der Entscheidung über das Maß der Strafwürdigkeit nicht außer Acht gelassen werden, daß ein legitimer Anlaß zum Widerstand vorlag und daß den aufrührerischen Truppenteilen nur ein Fehlgriff in der Wahl der Mittel vorzuwerfen war.

Solche Erörterungen machen dem aufrichtig Denkenden allerdings bewußt, wie sehr in solchen elementaren Konflikten das juristische Urteil vom Ablauf und Ergebnis des faktischen Geschehens abhängig ist. Da der sächsische König sich bald nach der erfolglosen Auflehnung seiner Truppen dem Teilungsvertrag unterwarf und da auch auf dem Schlachtfeld die Sache der Verbündeten triumphierte, gilt der lütticher Aufstand im Urteil der Geschichte als ein böser Fall der Meuterei, den Blücher zu Recht mit harter Hand niedergeschlagen habe. Wären die Würfel des Schlachtenglücks bei Belle Alliance anders gefallen und hätte sich daraus die Wiederherstellung Sachsens im unversehrten Gebietsbestand ergeben, so wären die Aufrührer von Lüttich vielleicht als Blutzeugen des gerechten Widerstands gegen die ungerechte Gewalt in die Geschichte eingegangen, während Blüchers harter Zugriff möglicher Weise als ein Beispiel für schlimmen Mißbrauch der militärischen Kommandogewalt gelten würde. Diese Ambivalenz des juristischen Urteils macht die Grenzen offenkundig, die dem objektiven Entscheidungsvermögen des Menschen in politisch-ethischen Konflikten solcher Art gezogen sind.

II. Die übrigen Territorialveränderungen 1814/15

1. Die Gebietsbestimmungen der Wiener Kongreßakte

Die Wiener Verhandlungen führten nicht nur in dieser umstrittenen sächsisch-polnischen Frage, sondern in einer Unsumme von weiteren Fällen zu Veränderungen im Gebietsbestand der deutschen Staaten. Nach der großen Zusammenlegung von 1803 waren die Wiener Territorialveränderungen der zweite Vorgang einer großen und dauernden Flurbereinigung in Deutschland. Wieder kam es zu bedeutenden *Mediatisierungen*, die nunmehr die Großherzogtümer Berg, Würzburg und Frankfurt, sowie die Fürstentümer Isenburg und von der Leyen betrafen; auch das Fürstentum Nassau-Diez erlosch [1]). Auf der anderen Seite sanktionierte der Kongreß eine Reihe von bedeutenden *Wiederherstellungen* (Hannover, Braunschweig, Oldenburg, Kurhessen, die vier freien Städte); neu beschlossen wurde die Wiederherstellung von Hessen-Homburg. Dazu kamen schließlich wichtige *Gebietsabtretungen* zwischen den fortbestehenden deutschen Staaten. Die meisten dieser Gebietsveränderungen regelte die Wiener Kongreßakte vom 9. Juni 1815 [2]); einige Gebietsfragen regelten die Beteiligten durch Sonderverträge.

a) *Österreich* erhielt
1. in *Westgalizien* (vom Herzogtum Warschau) vier Kreise, aber ohne Krakau, das autonome Republik wurde [3]);
2. im *Alpengebiet* (von Italien) Istrien, Triest, Süd-Kärnten und Süd-Tirol, (von Bayern) Tirol und Vorarlberg; die Entscheidung über Salzburg sowie das Innviertel und das Hausruckviertel blieb noch in der Schwebe; Berchtesgaden blieb bayerisch [4]);
3. in *Italien* das lombardo-venetische Königreich;
4. in *Westdeutschland* das Fürstentum Isenburg [5]), ferner alle Gebiete rechts und links des Rheins, die im Pariser Frieden unter die Verfügungsmacht der Sieger ge-

---

[1]) Siehe oben S. 554 Anm. 1.

[2]) Text der Kongreßakte bei *Klüber*, Akten Bd. 6 S. 3 ff. Die deutschen Staaten, die nicht Unterzeichner der Kongreßakte waren, traten ihr gemäß der in Art. 119 enthaltenen Akzessionsklausel bei; sie wurden damit Partner dieses europäischen Vertrags. Vgl. die Beitrittsaufforderung Metternichs an sämtliche deutschen Fürsten und freien Städte vom 13. Juni 1815 (ebenda Bd. 6 S. 211).

[3]) Vertrag zwischen Rußland, Österreich und Preußen über die Errichtung der Freien Stadt Krakau vom 3. Mai 1815 (ebenda Bd. 5 S. 138), mit Verfassung der Stadt (ebenda S. 149).

[4]) Geheimvertrag zwischen Österreich und Bayern vom 3. Juni 1814 (ebenda Bd. 8 S. 122) über die Rückgabe von Tirol, Vorarlberg, Salzburg sowie des Inn- und Hausruckviertels; wiederholt in dem Vertrag vom 23. April 1815 (ebenda Bd. 8 S. 129), der jedoch nicht ratifiziert und dessen Inhalt nicht, wie ursprünglich beabsichtigt, in die Kongreßakte übernommen wurde. Dieser nicht in Kraft gesetzte Vertrag vom 23. April 1815 mutete (als Entschädigung Bayerns für seine Gebietsabtretungen an Österreich) den Ländern Württemberg, Baden, Hessen und Kurhessen erhebliche Gebietsopfer gegenüber Bayern zu. Außerdem sprach der Vertrag Bayern den Rückfall der rechtsrheinischen Pfalz beim Aussterben des badischen Hauses im Mannesstamm zu. Um die Einigkeit der deutschen Staaten angesichts des neu ausgebrochenen Kampfes gegen Napoleon nicht zu stören, wurde die Frage der Entschädigung Bayerns bei der Inkraftsetzung der Kongreßakte vertagt. Siehe oben S. 324 ff., 327 ff., sowie unten S. 578.   [5]) Art. 52 der Kongreßakte.

stellt worden waren, aber auch jetzt noch nicht endgültig an einen bestimmten Staat gegeben wurden[1]). Kraft dieser Generalklausel erwarb Österreich vor allem Teile der Departements Fulda und Frankfurt sowie das Fürstentum von der Leyen (Hohen-Geroldseck), links des Rheins eine Anzahl von Gebieten der ehemaligen Departements Saar und Donnersberg[2]). Österreich benutzte diese treuhänderisch übernommenen Erwerbungen später, um die noch strittigen Gebietsansprüche Kurhessens, Hessens, Bayerns und Badens zu befriedigen[3]). Die vorderösterreichischen Gebiete, vor allem die Ortenau und der Breisgau, kamen nicht an Österreich zurück, sondern blieben bei Baden.

b) *Preußen* erhielt

1. im *Osten* das Gebiet von Danzig, ferner (vom Herzogtum Warschau) den Netzedistrikt, Thorn und das Departement Posen[4]);

2. in *Pommern* das bisherige Schwedisch-Pommern mit der Insel Rügen; Schweden trat diese Gebiete im Kieler Vertrag vom 14. Januar 1814 an Dänemark ab[5]); dieses gab sie im Austausch gegen das Herzogtum Lauenburg an Preußen weiter[6]); das Herzogtum Lauenburg erwarb Preußen zu diesem Zweck von Hannover[7]);

3. von *Sachsen* die bereits näher gekennzeichneten zwei Fünftel des Landes[8]);

4. den größten Teil der *im Frieden von Tilsit abgetretenen Gebiete*, nämlich den Kreis Kottbus, die Altmark, das linkselbische Gebiet von Magdeburg, Halberstadt, Quedlinburg, Mansfeld, das Eichsfeld, Nordhausen, Mühlhausen, Erfurt, die Fürstentümer Münster und Paderborn, die Grafschaften Mark, Werden und Essen, Ravensberg, Tecklenburg und Lingen, das Herzogtum Kleve, das Fürstentum Neuenburg (Schweiz) und viele kleinere Gebiete; von den bis 1806/07 innegehabten Gebieten verzichtete Preußen zugunsten Bayerns auf Ansbach und Bayreuth, zugunsten Hannovers auf das Fürstentum Hildesheim, die Stadt Goslar, das Fürstentum Ostfriesland, die niedere Grafschaft Lingen und einen Teil des Fürstentums Münster[9]);

5. *rechts des Rheins* erhielt Preußen von Hannover den rechtselbischen Teil des Herzogtums Lauenburg, das im Austausch an Dänemark kam, ferner kleinere hannoversche Gebiete, sodann einen Teil des Departements Fulda, die Stadt Wetzlar, das Großherzogtum Berg einschließlich seiner früher kurkölnischen Teile, das Herzogtum Westfalen, das zuletzt hessen-darmstädtisch gewesen war, die Grafschaft Dortmund, das Fürstentum Corvey, die nassauischen Gebiete, die Preußen vom Hause Nassau-Diez oder im Gebietsaustausch von Nassau-Usingen oder Nassau-Weilburg zukamen[10]), schließlich eine große Zahl von mediatisierten Gebieten in Westfalen, darunter die Gebiete der Fürsten Salm-Salm und Salm-Kirburg, der Wild- und Rhein-

---

[1]) Art. 51 der Kongreßakte.

[2]) Dazu Vertrag zwischen Österreich und Preußen vom 12. Juni 1815 (*Schoell*, Bd. 11 S. 363), der die nach den Art. 51 und 52 der Kongreßakte an Österreich fallenden Gebiete näher umschrieb.

[3]) Siehe unten S. 580 ff.

[4]) Patent des preußischen Königs über die Besitznahme der an Preußen zurückfallenden Teile des Herzogtums Warschau vom 15. Mai 1815 (*Klüber*, Akten Bd. 7 S. 193).

[5]) Friedensvertrag zwischen Schweden und Dänemark vom 14. Januar 1814 (ebenda Bd. 5 S. 513).

[6]) Vertrag zwischen Preußen und Dänemark vom 4. Juni 1815 (ebenda Bd. 5 S. 505).

[7]) Vertrag zwischen Preußen und Hannover vom 29. Mai 1815 (ebenda Bd. 6 S. 141).

[8]) Patent des preußischen Königs über die Besitznahme der an Preußen abgetretenen Teile Sachsens vom 22. Mai 1815 (ebenda Bd. 7 S. 197; siehe oben S. 572).

[9]) Dazu der oben Anm. 7 erwähnte Vertrag.

[10]) Am 31. Mai 1815 trat der König der Niederlande als Herzog von Nassau-Oranien-Diez die nassau-oranischen Erblande seines Hauses an den König von Preußen ab. Gleichfalls am 31. Mai 1815 kam es zu einem Gebietsaustausch-Vertrag zwischen Preußen und den beiden Staaten Nassau-Usingen und Nassau-Weilburg (*Martens*, Nouveau Recueil, Bd. 2 S. 327 und S. 333); an Preußen fielen

grafen, der Herzöge von Croy und von Looz-Corswarem, die Grafschaften Steinfurt, Recklinghausen und Rittberg, die Herrschaften Rheda, Gütersloh, Gronau, Neustadt, Gimborn und Homburg, sowie den Besitz des im preußischen Gebiet enklavierten reichsunmittelbaren Adels;

6. *links des Rheins* erhielt Preußen außer seinen alten linksrheinischen Besitzungen (Kleve, Geldern, Mörs)[1] die gesamten anschließenden Rheinlande bis zur südlichen Grenze Nahe-Glan-Saar-Mosel-Sauer[2]); die Grenze folgte dann der allgemeinen Linie Sankt Vith-Malmedy-Eupen-Aachen-Hillensberg; dann schloß sie sich, von kleineren Grenzberichtigungen abgesehen, dem Verlauf der alten niederländischen Grenze an.

c) *Bayern* behielt Berchtesgaden, Ansbach und Bayreuth; es erwarb neu das Großherzogtum Würzburg und das Fürstentum Aschaffenburg; dagegen erhielt es weder Mainz, das an Hessen-Darmstadt fiel, noch den rechtsrheinischen Teil der ehemaligen Kurpfalz, der bei Baden blieb, was zu dem langwährenden badisch-bayerischen Streit führen sollte[3]). Über die Zuteilung der linksrheinischen Pfalz an Bayern enthielt die Kongreßakte noch keine Entscheidung.

d) *Sachsen* blieb Königreich im Rang unmittelbar nach Bayern; es erhob sich trotz der schweren Gebietsverluste bald erneut zu einem wichtigen Glied des deutschen Staatensystems.

e) *Hannover*, nunmehr als Königreich anerkannt und weiterhin in Personalunion mit England verbunden, erhielt das Gebiet des früheren Kurfürstentums, vermehrt um die ehedem preußischen Gebietsteile (Hildesheim, Goslar, Ostfriesland, sowie einen Teil von Lingen und Münster), ferner um die ehemals arenbergische Grafschaft Meppen und den ehemals dem Herzog von Looz-Corswarem gehörenden Teil von Rheina-Wolbeck, aber vermindert um das rechtselbische Lauenburg. Es mußte Preußen auf zwei Militärstraßen auf den Linien Halberstadt-Minden und Gifhorn-Minden einräumen; das preußische Kernland wurde durch sie mit dem preußischen Westen verbunden.

f) *Oldenburg, Mecklenburg-Schwerin, Mecklenburg-Strelitz* und *Sachsen-Weimar* wurden Großherzogtümer[4]). Ferner erhielten Oldenburg, Mecklenburg-Strelitz und Sachsen-Coburg die Zusage einer Gebietsentschädigung auf dem linken Rheinufer[5]). Sachsen-Weimar bekam von Preußen Gebietsteile aus den preußischen Erwerbungen im sächsisch-thüringischen und im fuldaischen Bereich[6]). Der Streit zwischen Oldenburg und dem Reichsgrafen *von Bentinck* um die Landeshoheit über *Kniphausen* dagegen blieb 1815 ungelöst[7]).

g) Das Landgrafentum *Hessen-Homburg* wurde wiederhergestellt, der Landgraf in seine Besitzungen wiedereingesetzt. Auch ihm wurde eine Gebietsentschädigung links des Rheins zugebilligt[8]).

---

die nassauischen Gebiete Linz, Altenkirchen, Vallendar, Ehrenbreitstein, Neuwied u. a. m.; an Nassau kamen die Fürstentümer Diez, Hadamar und Dillenburg und ein Teil des im übrigen an Preußen fallenden Fürstentums Siegen.

[1]) Preußisches Patent über die Besitzergreifung in den Herzogtümern Cleve, Berg und Geldern, dem Fürstentum Mörs und den Grafschaften Essen und Werden vom 5. April 1815 (*Klüber*, Akten Bd. 7 S. 286).

[2]) Preußisches Patent über die Besitzergreifung des ehemaligen Departements Rhein und Mosel und von Teilen der Departements der Saar, der Wälder, der Ourthe, der Niedermaas, der Roer und Teilen des Großherzogtums Berg vom 5. April 1815 (ebenda Bd. 7 S. 282).

[3]) Siehe oben S. 324 ff.

[4]) Art. 34–36 der Kongreßakte.

[5]) Art. 49 der Kongreßakte; dazu unten S. 582.

[6]) Vertrag zwischen Preußen und Sachsen-Weimar vom 1. Juni 1815 (*Martens*, Nouveau Recueil Bd. 2 S. 324); weiterer Vertrag zwischen den gleichen Partnern vom 22. September 1815 (ebenda Bd. 3 S. 323).

[7]) Siehe unten S. 771 ff.

[8]) Art. 48/49 der Kongreßakte; dazu unten S. 582.

2. Der Zweite Pariser Frieden

Nach der endgültigen Niederlage Napoleons bemühten die preußischen Unterhändler in Paris sich 1815 um eine Revision der deutsch-französischen Grenze, die die deutsche Sicherheit verstärken und zugleich altes Unrecht wiedergutmachen sollte. Doch widersprach Metternich der von Preußen geforderten *Wiedervereinigung des Elsaß mit Deutschland.* Im Interesse der europäischen Sicherheit riet er, das Ansehen des nun zum zweiten Mal mit Hilfe fremder Waffen wiederhergestellten Königtums der Bourbonen nicht durch eine das Selbstgefühl der französischen Nation verletzende Zumutung zu verdunkeln. Da Rußland und England der österreichischen Ansicht beitraten, konnte Preußen die Desannexion des Elsaß nicht durchsetzen. Dagegen erreichte Preußen die *Wiedervereinigung des Saargebiets mit Deutschland.* Im Zweiten Pariser Frieden vom 20. November 1815 [1]) trat Frankreich das Gebiet von Saarbrücken mit der Festung Saarlouis an Preußen ab. Außerdem verzichtete Frankreich an der pfälzisch-elsässischen Grenze auf die Festung *Landau* mit dem vorgelagerten Gebiet; beides fiel zunächst an Österreich [2]).

Diese Gebietsrevisionen des Zweiten Pariser Friedens, zu denen noch gewisse Änderungen an der französisch-niederländischen, der französisch-luxemburgischen, der französich-schweizerischen und der französisch-sardinischen Grenze kamen, bezeichnete man als „Wiederherstellung der Grenzen von 1790", so wie man beim Ersten Pariser Frieden von „Wiederherstellung der Grenzen von 1792" gesprochen hatte. Beide Schlagworte bieten nur einen ungefähren Anhalt. Saarbrücken und Landau z. B. hatten sowohl 1790 als auch 1792 zum Reich gehört [3]). Saarlouis dagegen war 1790 wie 1792 französisch gewesen; doch war es gleichfalls altes Reichsgebiet, dessen Frankreich sich durch die Gewaltpolitik Ludwigs XIV. bemächtigt hatte. In diesem einen Punkt griff man auf die Grenze von 1680 zurück [4]).

III. Der Territorialrezeß von 1819

1. Der Abschluß des Frankfurter Territorialrezesses

Die Wiener Kongreßakte ließ, wie schon gesagt, eine Reihe schwieriger Gebietsfragen offen; ebenso entschied der Zweite Pariser Frieden über Landau und die Saar nichts Endgültiges. Um diese Fragen zu klären, setzten die vier

---

[1]) Text: *Martens,* Nouveau Recueil Bd. 2 S. 682.

[2]) Zur Durchführung dieser neuen Gebietsabtretungen sowie zur Klärung der sonstigen in der Wiener Kongreßakte offen gebliebenen Gebietsfragen vereinbarten Österreich, Preußen, England und Rußland am 20. November 1815 ein Protokoll (*Martens,* Nouveau Recueil Bd. 2 S. 668), das die Grundlage der weiteren Gebietsregelungen (siehe unten) bildete.

[3]) Das 1815 von Frankreich abgetretene Gebiet von *Saarbrücken* umfaßte im Wesentlichen das alte Herzogtum Saarbrücken-Nassau. Saarbrücken war zwar ein Opfer der „Reunionen" von 1680 gewesen; doch hatte Frankreich es im Frieden von Ryswijk 1697 zurückgeben müssen. Völkerrechtlich war Saarbrücken erst durch den Frieden von Lunéville (1801) an Frankreich gekommen, ebenso die Reichsstadt Landau.

[4]) Saarlouis wurde 1681 von Ludwig XIV. auf deutschem Boden gegründet; die Festung wurde von Vauban erbaut. Im Frieden von Ryswijk erkannte das Reich die Annexion des Gebiets von Saarlouis an.

Hauptmächte 1816 eine *Territorialkommission* in Frankfurt ein, der Wessenberg (für Österreich), W. v. Humboldt (für Preußen), Anstett (für Rußland) und Clancarty (für England) angehörten. Unter ihrer Vermittlung schlossen die an den noch schwebenden Gebietsfragen beteiligten Staaten in den folgenden Jahren eine große Zahl von Einzelverträgen. In der Hauptfrage jedoch, den Auseinandersetzungen zwischen Bayern und Baden um die rechtsrheinische Pfalz, gelang eine Einigung zunächst nicht[1]). Erst auf dem Aachener Kongreß 1818[2]) verständigten sich die Mächte auch in dieser Frage über die Grundzüge eines Gebietsausgleichs. Den Vollzug und die Sicherung dieser Gebietsentscheidungen überließen die Mächte der Territorialkommission. Ihr gelang es in weiteren langen Verhandlungen, mit Baden zu einem Vertrag vom 10. Juli 1819 zu kommen, der den Gebietsausgleich gemäß den Beschlüssen des Aachener Kongresses festlegte. Darauf beendeten die vier Bevollmächtigten ihre Arbeit mit dem *Territorialrezeß* vom 20. Juli 1819[3]). Ein völkerrechtlicher Vertrag der fünf europäischen Großmächte[4]) regelte damit die deutschen Gebietsfragen. Allerdings enthielt der Territorialrezeß keine rechtsgestaltenden Bestimmungen. Er faßte vielmehr die Gebietsvereinbarungen, die außerhalb der Wiener Kongreßakte durch Einzelverträge getroffen waren, in einer Art von Zusatzakte zur Wiener Kongreßakte zusammen. Die Einzelverträge erhielten durch diese Einfügung in den Frankfurter Territorialrezeß die völkerrechtliche Anerkennung der Großmächte. Insoweit hatte der Territorialrezeß allerdings nicht nur deklaratorischen (rein feststellenden), sondern vermöge der Anerkennungswirkung auch rechtsbestärkenden Charakter.

2. Der Inhalt des Frankfurter Territorialrezesses

Im Einzelnen umfaßte der Territorialrezeß von 1819 auf der Grundlage der vorausgegangenen Einzelverträge folgende Bestimmungen:

a) *Österreich* erhielt außer den durch die Kongreßakte bereits zurückerstatteten Gebieten (Tirol, Vorarlberg) von Bayern auch Salzburg, das Innviertel, das Hausruckviertel und das tirolische Amt Vils zurück (Art. 1)[5]).

b) *Bayern* erhielt außer den ihm schon durch die Kongreßakte zugesprochenen Territorien:

1. die *linksrheinische Pfalz*, über die Österreich zunächst die Gebietshoheit ausgeübt hatte, nämlich vom ehemaligen Departement Donnersberg die Gebiete Zweibrücken, Kaiserslautern, Speyer und Kirchheimbolanden,

vom ehemaligen Departement Saar die Kantone Waldmohr, Blieskastel und einen Teil der Kantone Kusel, St. Wendel und Grumbach,

---

[1]) Siehe oben S. 324 ff.

[2]) Siehe unten S. 694.

[3]) Genauer Titel: „Recès général de la Commission territoriale rassemblée à Francfort"; Text: *Martens*, Nouveau Recueil Bd. 4 S. 604 ff.; *Klüber*, Quellensammlung S. 100 ff.; CJCG Bd. 1 S. 343 ff.

[4]) Dem Territorialrezeß, der zwischen Österreich, Preußen, Rußland und England vereinbart wurde, trat Frankreich durch die Akzessionsakte vom 20. Oktober 1820 bei.

[5]) Vertrag zwischen Österreich und Bayern vom 14. April 1816 (*Martens*, Nouveau Recueil Bd. 3 S. 11).

Der Frankfurter Territorialrezeß

die Kantone Landau, Bergzabern und Langenkandel sowie die übrigen links der
Lauter gelegenen Gebiete, die Frankreich im Zweiten Pariser Frieden abgetreten
hatte; Landau wurde dabei zur Bundesfestung erklärt; Bayern erhielt eine Militärstraße von Würzburg in die Rheinpfalz durch badisches Gebiet;

2. *rechtsrheinisch* einige ehemals fuldaische Gebiete (Hammelburg, Brückenau u. a.),
die zunächst an Preußen oder Kurhessen gefallen waren, das Gebiet von Redwitz,
das Österreich abtrat[1]), die Gebiete von Miltenberg, Amorbach, Heubach und
Alzenau, die Hessen-Darmstadt ihm überließ[2]), und einen Teil von Wertheim, auf
den Baden verzichtete[3]).

c) *Baden* erhielt als Entschädigung für Wertheim die Grafschaft Hohen-Geroldseck, die Österreich ihm überließ[4]). Der Geheimartikel des Vertrags vom 20. November 1815, der den Rückfall der rechtsrheinischen Pfalz an Bayern für den Fall
des Aussterbens der männlichen Linie des badischen Hauses vorsah, wurde widerrufen. Das Erbfolgerecht der Hochberg'schen Linie in Baden wurde anerkannt (Art. 8
bis 10)[5]).

d) *Preußen* erhielt die im Zweiten Pariser Frieden von Frankreich abgetretenen
Gebiete an der Saar (Saarbrücken, Saarlouis), ferner eine Reihe von Gebietsteilen
der ehemaligen Departements der Saar und der Mosel, die auf Grund des Art. 51
der Wiener Kongreßakte zunächst an Österreich gefallen waren (Art. 11—14)[6]).

e) *Hessen-Darmstadt* erhielt als Entschädigung für die 1815 an Preußen abgetretenen Gebiete (Herzogtum Westfalen, Grafschaften Wittgenstein-Wittgenstein und
Wittgenstein-Berleburg) das zunächst an Österreich gefallene Fürstentum Isenburg,
mit Ausnahme eines an Kurhessen kommenden Teils, ferner die Gebiete der Grafen
Solms-Rödelheim und Ingelheim, den Kreis Alzey (ausgenommen Kirchheimbolanden), die Kantone Worms und Pfeddersheim, schließlich Stadt und Gebiet von
Mainz einschließlich der rechtsrheinischen Vororte Kastel und Kostheim[7]); Hessen
bildete aus diesen linksrheinischen Gebieten die Provinz „Rheinhessen"; Mainz
wurde Bundesfestung unter gemeinsamer Besetzung durch Österreich und Preußen;
Österreich, Preußen und Bayern erhielten Militärstraßen durch hessen-darmstädti-
sches Gebiet (Art. 15—24).

f) *Kurhessen* erlangte, außer dem ihm von Preußen überlassenen Gebiet von Fulda[8])

---

[1]) Alle vorgenannten Bestimmungen schon in dem in S. 580 Anm. 5 bezeichneten
Vertrag vom 14. April 1816.

[2]) Vertrag zwischen Österreich/Preußen und Hessen-Darmstadt vom 30. Juni 1816
(*Martens*, aaO Bd. 3 S. 73).

[3]) Vertrag zwischen Österreich und Baden vom 10. Juli 1819 (*Martens*, aaO Bd. 4
S. 626); Baden trat Wertheim an Österreich ab, dieses nahm die Weitergabe an
Bayern vor.

[4]) Dazu der vorstehend genannte Vertrag vom 10. Juli 1819.

[5]) Vertrag zwischen Österreich, Preußen, Rußland und England einerseits, Baden
andererseits vom 10. Juli 1819 (*Martens*, aaO Bd. 4 S. 634). Siehe auch oben S. 325.

[6]) Protokoll vom 3./20. November 1815 (siehe oben S. 579 Anm. 2); dazu österreichisch-preußische Übergabevereinbarung vom 1. Juli 1816 (*Martens*, aaO Bd. 4
S. 241).

[7]) Vertrag zwischen Österreich und Preußen einerseits, Hessen-Darmstadt andererseits vom 10. Juni 1815 (*Martens*, aaO Bd. 2 S. 459); weiterer Vertrag zwischen den
gleichen Parteien vom 30. Juni 1816 (ebenda Bd. 3 S. 73). Über die schwierigen
Gebietsverhandlungen in diesen hessischen Fragen vgl. *Klüber*, Akten Bd. 6 S. 543 ff.

[8]) Vertrag zwischen Preußen und Kurhessen vom 16. Oktober 1815 (*Martens*,
aaO Bd. 3 S. 331); Kurhessen erhielt danach die gemäß der Wiener Kongreßakte
an Preußen gefallenen Teile des Departements *Fulda*, Preußen dafür von Kurhessen
die niedere Grafschaft Katzenelnbogen und einiges andere (Übergabe-Protokoll vom
5. Februar 1816, ebenda Bd. 3 S. 408). Preußen trat Katzenelnbogen weiter an Nassau ab.

und dem schon erwähnten Anteil am Isenburgschen Gebiet, einige Bezirke, die Hessen-Darmstadt ihm überließ (Art. 25 [1]).

g) Das *Landgrafentum Hessen-Homburg*, das Art. 48 der Kongreßakte wiederhergestellt hatte, erhielt von Hessen-Darmstadt die Gebiete zurück, deren es in der Rheinbundszeit beraubt worden war; linksrheinisch erhielt es gemäß der Entschädigungsklausel des Art. 49 der Wiener Kongreßakte die Herrschaft Meisenheim (Art. 26, 27, 29, 30) [2]).

h) *Oldenburg* erhielt gemäß der Entschädigungsklausel des Art. 49 der Wiener Kongreßakte linksrheinisch das Fürstentum Birkenfeld [3]) (mit Idar und Oberstein), *Sachsen-Coburg* gemäß der gleichen Bestimmung das Fürstentum Lichtenberg (mit Baumholder und St. Wendel) [4]); dagegen verzichtete *Mecklenburg-Strelitz* gegen eine Geldentschädigung zugunsten Preußens auf die ihm nach Art. 49 der Kongreßakte zustehende Gebietsentschädigung, für die ein Bezirk in der Eifel (Kronenburg, Reiferscheid, Schleiden) in Aussicht genommen war [5]); durch das Birkenfeldische wurde Preußen eine Militärstraße nach Saarbrücken zugestanden (Art. 27—33).

i) *Luxemburg* erhielt die Grenzgebiete, die Frankreich im Zweiten Pariser Frieden zusätzlich hatte abtreten müssen [6]). Die Stadt Luxemberg wurde Bundesfestung unter gemeinsamer preußischer und luxemburgisch-niederländischer Besatzung (Art. 34—37) [7]).

Die übrigen Gebietsbestimmungen des Frankfurter Territorialrezesses beziehen sich auf Regulierungen in der Schweiz und in Italien.

---

[1]) Vertrag zwischen Hessen-Darmstadt und Kurhessen vom 29. Juni 1816 (*Martens*, aaO Bd. 3 S. 64).

[2]) Vertrag zwischen Preußen und Hessen-Homburg vom September 1816 (*Schoell*, Histoire abrégée Bd. 11 S. 589); die Herrschaft Meisenheim kam 1866 an Preußen.

[3]) Vertrag zwischen Preußen und Oldenburg vom September 1816 (*Schoell*, aaO Bd. 11 S. 589); Übergabevertrag vom 9. April 1817 (*Martens* aaO Bd. 4 S. 405); Birkenfeld kam 1937 durch Reichsgesetz an Preußen.

[4]) Vertrag zwischen Preußen und Sachsen-Coburg vom September 1816 (*Schoell*, aaO Bd. 11 S. 588); das Fürstentum Lichtenberg kam durch Verkauf 1834 an Preußen.

[5]) Vertrag zwischen Preußen und Mecklenburg-Strelitz vom 18. September 1816 (*Martens*, aaO Bd. 4 S. 259); die Ausführung dieses Gebietsüberlassungsvertrags wurde suspendiert: in dem Vertrag vom 21. Mai 1819 (ebenda Bd. 4 S. 600) verzichtete Strelitz auf das ihm zustehende Gebiet zugunsten Preußens gegen Zahlung von 1 Million Talern.

[6]) Nämlich der Teile der ehemals habsburgischen südlichen Niederlande, des ehemaligen Reichsbistums Lüttich und des ehemaligen Herzogtums Bouillon, die nicht schon nach den Art. 65, 66 und 69 der Wiener Kongreßakte zum Königreich der Niederlande oder zum Großherzogtum Luxemburg gekommen waren. Über den Sukzessionsstreit wegen des *Herzogtums Bouillon* siehe die Darstellung und die Dokumente bei *Klüber*, Akten Bd. 4 S. 57 ff., Bd. 8 S. 250 ff. Das Herzogtum Bouillon, das im Ersten Pariser Frieden geteilt worden war, kam nach dem Zweiten Pariser Frieden ungeteilt zu Luxemburg; es gehörte zum Deutschen Bund, bis es 1839 an Belgien fiel.

[7]) Verträge der Niederlande mit Preußen (8. November 1816), England (16. November 1816), Österreich (12. März 1817) und Rußland (17. April 1817). Texte bei *d'Angeberg*, Le congrès de Vienne (1863) S. 1710 ff.; Text des österreichischen Vertrags auch bei *Martens*, Nouveau Recueil Bd. 3 S. 413. Der preußische Vertrag enthält die Einzelbestimmungen über die Besetzung und Verwaltung der Bundesfestung Luxemburg (dazu unten S. 615).

582

Kapitel VII

DIE BUNDESVERFASSUNG

Quellen: Protokolle der deutschen Bundesversammlung (1816 ff.); *J. L. Klüber,* Quellensammlung zu dem Öffentlichen Recht des Teutschen Bundes (3. Aufl. 1830); *Ph. A. G. v. Meyer,* Corpus Juris Confoederationis Germanicae (3. Aufl. 1858–69; zitiert CJCG); *W. Altmann,* Ausgewählte Urkunden zur deutschen Verfassungsgeschichte seit 1806, Teil 1 (1898); *E. R. Huber,* Dokumente zur deutschen Verfassungsgeschichte Bd. 1 (3. Aufl. 1978).
Schrifttum: C. v. Kaltenborn, Geschichte der deutschen Bundesverhältnisse und Einheitsbestrebungen 1806–56 (1857); *L. K. Aegidi,* Die Schlußakte der Wiener Ministerialkonferenzen (1860–69). *L. F. Ilse,* Geschichte der deutschen Bundesversammlung, insbesondere ihres Verhaltens zu den deutschen Nationalinteressen (1860–62).
L. v. Dresch, Das öffentliche Recht des deutschen Bundes (1820); *ders.,* Beiträge zu dem öffentlichen Rechte des deutschen Bundes (1822); *ders.,* Abhandlungen über Gegenstände des öffentlichen Rechts sowohl des deutschen Bundes überhaupt als auch einzelner Bundesstaaten (1830); *I. Rudhart,* Das Recht des deutschen Bundes (1822); *S. Jordan,* Lehrbuch des allgemeinen und deutschen Staatsrechts (1831); *R. Maurenbrecher,* Grundsätze des heutigen deutschen Staatsrechts (1837); *J. L. Klüber,* Öffentliches Recht des Teutschen Bundes und der Bundesstaaten (4. Aufl. 1840); *H. Zöpfl,* Grundsätze des gemeinen deutschen Staatsrechts (5. Aufl. 1863); *H. A. Zachariä,* Deutsches Staats- und Bundesrecht (3. Aufl. 1865–67); *G. Meyer-G. Anschütz,* Lehrbuch des deutschen Staatsrechts (7. Aufl. 1914–19).

§ 33. Bundesmitglieder und Bundesorgane

I. Die Mitgliedstaaten

1. Die souveränen Fürsten und freien Städte Deutschlands

Mitglieder des Deutschen Bundes waren nach der Präambel der Bundesakte[1] die „souveränen Fürsten und freien Städte Deutschlands". Diese Formel erweckte den Anschein, als sei der Deutsche Bund kein „Staatenbund", sondern ein „Fürsten- und Städtebund" gewesen, eine Föderation von Souveränen also und keine Föderation von Territorialstaaten. In Wahrheit handelten die deutschen Fürsten beim Eintritt in den Deutschen Bund als Repräsentanten ihrer Staaten. Diese waren es, die sich durch ihre höchsten Organe – die Fürsten und die Senate der freien Städte – zu einem Gesamtstaatskörper vereinigten.

Im Einzelnen gehörten dem Deutschen Bund nach dem Stand vom 1. September 1815 einundvierzig deutsche Staaten an[2]. Auf Grund eines Ab-

---

[1] Text: Dokumente Bd. 1 Nr. 30.
[2] Nämlich die 39 ursprünglichen Unterzeichner sowie Baden (beigetreten 26. Juli 1815) und Württemberg (beigetreten 1. September 1815); siehe oben S. 560 f.

gangs [1]) und eines Zugangs [2]) in den beiden ersten Jahren ergab sich auch nach dem Stand vom 7. Juli 1817 die Zahl von einundvierzig Bundesmitgliedern, nämlich:

a) das *Kaisertum* Österreich;

b) die fünf *Königreiche* Preußen, Bayern, Sachsen, Hannover und Württemberg;

c) das *Kurfürstentum* Hessen (Kassel);

d) die sieben *Großherzogtümer* Baden, Hessen-Darmstadt, Luxemburg, Mecklenburg-Schwerin, Mecklenburg-Strelitz, Sachsen-Weimar-Eisenach und Oldenburg [3]);

e) die zehn *Herzogtümer* Holstein-Lauenburg [4]), Braunschweig, Nassau [5]), Sachsen-Gotha-Altenburg, Sachsen-Koburg-Saalfeld, Sachsen-Meiningen, Sachsen-Hildburghausen, Anhalt-Dessau, Anhalt-Bernburg, Anhalt-Köthen;

f) die zwölf *Fürstentümer* Schwarzburg-Sondershausen, Schwarzburg-Rudolstadt, Hohenzollern-Hechingen, Hohenzollern-Sigmaringen, Liechtenstein, Waldeck, Reuß-Greiz (= Reuß ältere Linie), Reuß-Schleiz, Reuß-Ebersdorf und Reuß-Lobenstein (diese drei = Reuß jüngere Linie) [6]), Lippe und Schaumburg-Lippe;

g) das *Landgrafentum* Hessen-Homburg [7]);

h) die vier *Freien Städte* Hamburg, Bremen, Lübeck und Frankfurt.

Das waren im Anfang des Bundes 37 erbliche Monarchien und 4 Stadtrepubliken. Diese bundeszugehörigen Staaten waren unter sich von sehr verschiedenem Gebietsumfang und sehr verschiedener Bevölkerungszahl [8]), von sehr verschiedener politischer Macht und von sehr verschiedener wirtschaftlicher Potenz. Sie waren für spätere Vorstellungen von einer großen Mannigfaltig-

---

[1]) Nassau-Usingen; siehe unten Anm. 5.

[2]) Hessen-Homburg; siehe unten Anm. 7.

[3]) Herzog Peter von Oldenburg nahm den ihm zustehenden großherzoglichen Titel nicht an; erst sein Nachfolger Großherzog August akzeptierte 1829 diese Rangerhöhung (CJCG Bd. 2 S. 212).

[4]) Die unter der Herrschaft des Königs von Dänemark in Personalunion vereinigten Herzogtümer *Holstein* und *Lauenburg* sind hier als Einheit gerechnet, obwohl es sich genau genommen um zwei selbständige Staaten handelte; im Plenum der Bundesversammlung standen ihnen drei gemeinsame Stimmen zu.

[5]) Ursprünglich gehörten dem Bund das Herzogtum *Nassau-Usingen* und das Fürstentum *Nassau-Weilburg* als zwei selbständige Staaten an; doch regierten die beiden Landesherren ihre Gebiete schon seit 1806 gemeinsam. Die Linie Usingen erlosch am 24. März 1816; sie wurde von der Linie Weilburg beerbt, die beide Staaten zu einem einheitlichen Herzogtum zusammenfaßte. Im Plenum der Bundesversammlung führten beide Staaten von Anfang an zwei gemeinsame Stimmen.

[6]) Die drei reußischen Fürstentümer der jüngeren Linie besaßen im Plenum der Bundesversammlung nur *eine* gemeinsame Stimme.

[7]) Beitritt zum Bund am 7. Juli 1817 (siehe oben S. 578, 582).

[8]) Nach der Bundesmatrikel von 1818/19 (CJCG Bd. 2 S. 69) hatte das Bundesgebiet damals 30 163 488 Einwohner. Davon hatten die bundeszugehörigen Gebiete 1. Österreichs 9 482 227, 2. Preußens 7 923 439 Einwohner. Es folgten 3. Bayern (3 560 000), 4. Württemberg (1 395 462), 5. Hannover (1 305 351), 6. Sachsen (1 200 000), 7. Baden (1 000 000), 8. Hessen-Darmstadt (619 500), 9. Kurhessen (567 868), 10. Holstein (360 000), 11. M.-Schwerin (358 000), 12. Nassau (302 769), 13. Luxemburg (255 628), 14. Oldenburg (217 769), 15. Braunschweig (209 600), 16. S.-Weimar

keit der Verfassungs- und Sozialstruktur und zuweilen nicht ohne den Schimmer des Kuriosen. Doch bedeutete das neu geschaffene System einen erheblichen Fortschritt an rationaler Gestaltung im Vergleich zu der schlechthin unübersehbaren Vielgestalt der territorialen Verhältnisse Deutschlands, wie sie bis zu den großen Flurbereinigungen zwischen 1803 und 1815 bestanden hatte. Selbst der Rheinbund hatte für sich allein noch 40 Staaten umfaßt.

Die *Änderungen des territorialen Bundesgefüges*, die sich zwischen 1817 und 1866 ergaben, fielen nicht sehr ins Gewicht. Die Linie *Reuß-Lobenstein* erlosch am 7. Mai 1824; sie wurde von der Linie *Reuß-Ebersdorf* beerbt; deren letzter Vertreter dankte am 1. Oktober 1848 zugunsten der Linie *Reuß-Schleiz* ab; damit erst entstand das einheitliche Fürstentum *Reuß jüngere Linie*. Am 11. Februar 1825 erlosch das Herzogtum *Sachsen-Gotha-Altenburg* mit dem Tod des Herzogs Friedrich IV.[1]); Gotha fiel an *Sachsen-Koburg*, das auf Saalfeld verzichtete und sich nun *Sachsen-Koburg-Gotha* nannte; Altenburg kam an die Linie Sachsen-Hildburghausen, die dafür ihren ganzen bisherigen Besitz aufgab und den Namen *Sachsen-Altenburg* annahm; Sachsen-Meiningen erhielt zu dem bisherigen Besitz das Fürstentum Saalfeld und das Herzogtum Hildburghausen und nannte sich nun *Sachsen-Meiningen-Hildburghausen*[2]). Der Westteil des Großherzogtums *Luxemburg* wurde nach der belgischen Revolution von 1830 gemäß den Beschlüssen der Londoner Konferenz mit Belgien vereinigt und schied 1839 mit der Ratifikation dieser Beschlüsse aus dem Bund aus[3]); der Ostteil mit der Landeshauptstadt blieb Bundesglied. Als Entschädigung für den Verlust, den der Bund damit erlitt, wurde das niederländische Herzogtum *Limburg* 1839 in den Bund aufgenommen, das einzige neue Mitglied, das der Bund nach 1817 gewann; es stand allerdings mit Luxemburg in Personalunion und führte mit ihm gemeinsam nur eine Stimme; beide wurden daher nur als *ein* Bundesglied gezählt. *Anhalt-Köthen* fiel 1853 an die Linie *Dessau*, die 1863 auch die Linie *Bernburg* erwarb, so daß seitdem nur mehr ein einheitliches Herzogtum *Anhalt* bestand. Die Fürstentümer *Hohenzollern-Hechingen* und *Hohenzollern-Sigmaringen* kamen 1849 durch Staatsvertrag nach Abdankung der beiden Herrscher an Preußen, das damit seinen Territorialbesitz nach Süddeutschland ausdehnte. Im Ganzen verminderte sich die Zahl der Bundesglieder von 41 im Anfang auf 34 beim Ende des Bundes. Der Krieg von 1866 führte dann zu einer weiteren Verminderung der Zahl der deutschen Einzelstaaten, auch zum Ausscheiden Limburgs aus dem Deutschen Bund (siehe Bd. III S. 578 ff., 644 f.).

2. Österreich und Preußen im Bund

Österreich und Preußen gehörten dem Bund nur mit ihren vormals zum Deutschen Reich zählenden Gebietsteilen an. *Österreich* stand demgemäß mit

---

(201 000), 17. S.-Gotha (185 682), 18. Hamburg (129 800), 19. S.-Coburg (80 012), 20. M.-Strelitz (71 769), 21. L.-Detmold (69 062), 22. S.-Meiningen (54 400), 23. Schw.-Rudolstadt (53 937), 24. A.-Dessau (52 947), 25. Reuß jüngere Linie (52 205), 26. Waldeck (51 877), 27. Bremen (48 500), 28. Frankfurt (47 850), 29. Schw.-Sondershausen (45 117), 30. Lübeck (40 650), 31. A.-Bernburg (37 046), 32. H.-Sigmaringen (35 560), 33. A.-Köthen (32 454), 34. S.-Hildburghausen (29 706), 35. Sch.-Lippe (24 000), 36. Reuß ältere Linie (22 255), 37. H.-Homburg (20 000), 38. H.-Hechingen (14 500), 39. Liechtenstein (5 546). - Österreich und Preußen (in ihren bundeszugehörigen Gebieten) hatten zusammen 17 405 666 Einwohner, also fast 58 % der gesamten Bundesbevölkerung. Nahm man Österreich und Preußen mit ihrer Gesamteinwohnerzahl, so war ihr Übergewicht noch wesentlich höher.
[1]) Über die anläßlich dieses Sukzessionsfalls aufgekommene Streitfrage, ob die Gliedstaaten des Deutschen Bundes unteilbar seien, vgl. die bei *R. Mohl*, Gesch. und Lit. der Staatswissenschaften, Bd. 2 (1856) S. 274 f. angeführten Gutachten.
[2]) Vertrag vom 12. November 1825 (*Martens*, Nouveau Recueil Bd. 6 S. 1080).
[3]) Londoner Protokoll vom 19. April 1839 (ebenda Bd. 12 S. 770).

Ungarn, Siebenbürgen, Galizien, Kroatien, Slawonien, Dalmatien, Lombardo-Venetien sowie Istrien außerhalb des Bundes; diese österreichischen Reichsteile waren vom Bund her gesehen Ausland. Bundeszugehörig waren dagegen 1. das Erzherzogtum Österreich, 2. das Herzogtum Steiermark, 3. das Herzogtum Kärnten, 4. das Herzogtum Krain, 5. Friaul (= Görzer Kreis), 6. Triest, 7. die gefürstete Grafschaft Tirol (mit Trient und Brixen) und Vorarlberg, 8. das Herzogtum Salzburg, 9. das Königreich Böhmen, 10. das Markgraftum Mähren, 11. Österreichisch-Schlesien[1]). *Preußen* gehörte mit seinen Provinzen Ost- und Westpreußen und Posen sowie mit dem der Krone Preußen nur in Personalunion verbundenen Fürstentum Neuenburg nicht zum Bund. Bundeszugehörig waren also die Provinzen Pommern, Brandenburg, Schlesien, Sachsen, Westfalen, Jülich-Cleve-Berg und Niederrhein (beide 1822 zur Rheinprovinz zusammengefaßt[2]).

Diese Absonderung der nicht bundeszugehörigen Gebiete Österreichs und Preußens bedeutete, daß Bundesbeschlüsse für die bundesfremden Territorien nicht galten, daß eine Bundesintervention oder Bundesexekution auf diese Gebiete nicht erstreckt werden durfte, schließlich und vor allem, daß die Bundesgarantie für die territoriale Integrität der Bundesglieder sich auf diese Gebiete nicht bezog. Es bestand also keine militärische Beistandspflicht des Bundes und der einzelnen Bundesglieder, wenn es zu einem Angriff einer auswärtigen Macht auf Ungarn oder Galizien, auf die Lombardei oder Venetien, auf Ost- oder Westpreußen oder Neuenburg kam. Ebenso konnte der Bund bei inneren Unruhen in diesen bundesfremden Gebieten nicht um Hilfe angegangen werden.

Das hatte auch praktisch-politisch erhebliche Konsequenzen: Der polnische Aufstand von 1830 berührte nur Österreich und Preußen, nicht den Bund als solchen. Die Neuenburger Frage, die 1848 aus der gewaltsamen Abtrennung des Fürstentums von Preußen hervorging[3]), fiel nicht in die Bundeszuständigkeit. Die Erhebungen, zu denen es 1848 in Ungarn und den österreichischen Gebieten Norditaliens kam[4]), waren bundesrechtlich irrelevant. Als 1859 Italien im Zug seiner Einigungsbewegung den Angriff auf das österreichische Königreich Lombardo-Venetien eröffnete, war der Deutsche Bund nicht zum Beistand verpflichtet; erst wenn der italienische Angriff sich auf bundeszugehörige Gebiete, etwa Triest und Südtirol, ausgedehnt hätte, wäre der bundesrechtliche casus foederis gegeben gewesen[5]). Jedoch war es mit den Bundespflichten nicht vereinbar, wenn ein Bundesglied eine auswärtige Macht ermunterte, zum Angriff auf bundesfremde Gebiete eines anderen Bundesglieds anzutreten, oder wenn es gar einer auswärtigen Macht durch einen Bündnisvertrag Unterstützung bei einem solchen Angriff versprach, wie Preußen es in dem Geheimbündnis mit Italien 1866 tat[6]). Der Art. 11 Abs. 3 der Bundesakte, der auswärtige Verbindungen eines Bundesglieds verbot, die sich gegen ein anderes Bundesglied richteten, untersagte auch solche Abmachungen eines Bundesglieds mit einer auswärtigen Macht, die bundesfremde Gebiete eines anderen Bundesglieds in ihrer Integrität gefährdeten. Insoweit war auch die Integrität der bundesfremden Territorien der einzelnen Bundesglieder durch das Prinzip der wechselseitigen Bundestreue wenigstens *negativ* im Sinne einer Unterlassungspflicht, wenngleich nicht *positiv* im Sinne einer Beistandspflicht gewährleistet.

---

[1]) Österreichische Erklärung vom 6. April 1818 (CJCG Bd. 2 S. 62); sie nennt 12. Hohen-Geroldseck, das jedoch 1819 an Baden kam (siehe oben S. 581).
[2]) Preußische Erklärung vom 4. Mai 1818 (CJCG Bd. 2 S. 63). [3]) Siehe Bd. III S. 247.
[4]) Siehe Bd. II S. 565, 566. [5]) Siehe Bd. III S. 256 f., 260. [6]) Siehe Bd. III S. 521.

3. Ausländische Herrscher im Bund

Drei ausländische Herrscher gehörten dem Deutschen Bund an: der König
von England als König von *Hannover* (bis 1837), der König von Dänemark als
Herzog von *Holstein* und *Lauenburg* (bis 1864) und der König der Niederlande als Großherzog von *Luxemburg* (bis 1866). In allen Fällen waren die bundeszugehörigen Gebiete mit den ausländischen Staaten durch bloße Personalunion verknüpft; sie waren selbständige Gliedstaaten des Bundes und hatten
mit den genannten ausländischen Staaten nur die Person des Staatsoberhauptes
gemeinsam, waren mit ihnen aber nicht durch sonstige Staatseinrichtungen vereinigt. *Limburg*, das 1839 neu in den Bund kam, war der Form nach ein eigenes
„Herzogtum", das jedoch mit den Niederlanden nicht nur ein gemeinsames
Staatsoberhaupt, sondern auch eine gemeinsame Verfassung und Verwaltung
hatte; praktisch war es kein selbständiger Staat, sondern eine niederländische
Provinz. Daraus mußten sich, trotz der beruhigenden Versicherungen des Königs der Niederlande[1]), zwangsläufig Kollisionen mit dem Deutschen Bund
ergeben.
   Die ausländischen Herrscher dieser deutschen Gliedstaaten waren deutsche
Bundesfürsten wie alle anderen. Sie waren mit ihren bundeszugehörigen Gebieten den Bundesbeschlüssen unterworfen; im Fall eines Bundeskriegs waren sie
mit ihren deutschen Gebietsteilen zur Teilnahme verpflichtet; eine Bundesexekution oder Bundesintervention konnte sich auf ihre deutschen Gebiete, aber
selbstverständlich nur auf diese, erstrecken. Es war möglich, daß es zu einem
Bundeskrieg oder zu einem Krieg einzelner deutscher Länder gegen einen der
genannten ausländischen Staaten kam (so 1848–50 und 1864 gegen Dänemark)[2]). Das bundeszugehörige Gebiet des ausländischen Herrschers durfte
dann nicht auf dessen Seite am Krieg teilnehmen; ja, im Fall des Bundeskriegs
war es nach strengem Bundesrecht verpflichtet, auf der Seite des Bundes gegen
den ausländischen Staat des eigenen Herrschers zu kämpfen. Auch abgesehen
von diesen extremen, vielleicht mehr der Theorie angehörenden Hinweisen
ergaben sich aus den Personalunionen in der Praxis wiederholt sonderbare bundesrechtliche Verwicklungen und Konflikte[3]).
   Die Zugehörigkeit des englischen Königs zum Deutschen Bund endete bereits am
20. Juni 1837 mit dem Tod König Wilhelms IV. Die Personalunion zwischen *England*
und Hannover wurde durch das verschiedene Erbfolgerecht aufgelöst. Während in
England die Königin Viktoria, die Tochter des Herzogs von Kent, des verstorbenen
Bruder Wilhelms IV., auf Grund des weiblichen Erbrechts die Nachfolge ihres

---

[1]) Vgl. Bundesbeschluß vom 5. September 1839 (CJCG Bd. 2 S. 380): „Die Bundesversammlung findet übrigens in der Erklärung Sr. Majestät, daß, unbeschadet der mit
dem Königreich der Niederlande gleichen Verfassung und Verwaltung des Herzogtums
Limburg, die Anwendung der Bundesgesetze auf das Herzogtum Limburg in keiner Weise
beeinträchtigt werden solle, die sicherste Bürgschaft dafür, daß die Weisheit Sr. Königlichen Majestät Maßregeln treffen werde, welche geeignet sind, den Unzukömmlichkei-
ten vorzubeugen, die sonst möglicher Weise aus diesen Verhältnissen entstehen könnten"   [2]) Siehe Bd. II S. 671 ff.; Bd. III S. 468 ff.
[3]) So erhob die englische Regierung gelegentlich Einspruch gegen Bundesbeschlüsse,
denen der englische König in seiner Eigenschaft als König von Hannover zugestimmt
hatte (siehe auch unten S. 685 f.).

Oheims antrat, fiel die hannoversche Krone auf Grund des salischen Erbrechts an den Herzog Ernst August von Cumberland, einen weiteren Bruder Wilhelms IV. Die *niederländisch-luxemburgische* Personalunion überdauerte die Zeit des Deutschen Bundes; sie endete erst 1890 mit dem Tod König Wilhelms III., mit dem die männliche Linie des Hauses Nassau-Oranien erlosch; in den Niederlanden folgte ihm seine Tochter, die Königin Wilhelmine, in Luxemburg der 1866 in seinem Stammland depossedierte Herzog Adolf von Nassau (-Weilburg). Die Personalunion zwischen *Dänemark und Holstein-Lauenburg* hob der Wiener Frieden nach dem Krieg von 1864 auf. Im Unterschied zu Holstein-Lauenburg gehörte das Herzogtum Schleswig, das bis 1864 gleichfalls mit der dänischen Krone verbunden war, dem Deutschen Bund nicht an, da es auch dem alten Reich nicht zugehört hatte. Doch waren Holstein und Schleswig staatsrechtlich unteilbar verbunden; diese Unteilbarkeit eines bundeszugehörigen und eines bundesfremden Gebiets war der rechtliche Anlaß für die wiederholten deutsch-dänischen Konflikte, die schließlich zu dem Krieg von 1864 führten. (Über die schleswig-holsteinische Frage siehe Bd. II S. 660 ff., Bd. III S. 449 ff.).

4. Die Unauflöslichkeit des Bundes

Der Deutsche Bund war ein „*beständiger Bund*" zwischen den Bundesgliedern (Art. 1 der Bundesakte). Die Kündigung des Bundesvertrags, der Rücktritt vom Vertrag, der Austritt aus dem Bund waren rechtlich ebenso unstatthaft wie der Ausschluß eines Bundesglieds [1]. Lediglich ein neuer Vertrag, der der Zustimmung aller Bundesglieder bedurft hätte, oder, was dasselbe bedeutete, ein einstimmiger Bundesbeschluß konnte einen Gliedstaat aus dem Bund entlassen [2] oder diesen im Ganzen rechtmäßig auflösen. Selbst wenn ein Bundesglied sich darauf berufen konnte, daß die übrigen Bundesglieder ihm gegenüber den Bundesvertrag gebrochen hatten, gab die Bundesakte dem Verletzten kein Recht, vom Bundesvertrag zurückzutreten *(Sezession)* oder den Bundesvertrag für erloschen zu erklären *(Nullifikation)*. Allerdings nahm Preußen 1866 ein solches Recht für sich in Anspruch. Die Frage, ob das ein legitimer Rechtsgebrauch war, wird in Band III (S. 543 ff.) zu erörtern sein.

II. Die Bundesversammlung

1. Engerer Rat und Plenum

Zur Besorgung der Angelegenheiten des Bundes bestand als einziges Bundesorgan die ständige *Bundesversammlung* mit dem Sitz in Frankfurt am Main. Sie wurde, obwohl „Bundesversammlung" ihr offizieller Name war, doch häufig *Bundestag* genannt [3], in Anlehnung an den Namen des alten Reichstags, als dessen Fortsetzung sie in gewissem Sinne gelten konnte.

---

[1] Dazu auch Art. 5 WSchlA: „Der Bund ist als ein unauflöslicher Verein gegründet, und es kann daher der Austritt aus diesem Verein keinem Mitgliede desselben freistehen".

[2] Auch die Abtretung von Gebietsteilen eines Gliedstaates an einen nicht bundeszugehörigen Staat bedurfte der Zustimmung der Gesamtheit der Bundesglieder (Art. 6 WSchlA), so bei der Teilung Luxemburgs 1839 (siehe oben S. 585).

[3] So z. B. schon in Art. 8 WSchlA: „Die einzelnen Bevollmächtigten am *Bundestage* ..."; durchweg wurden die Bevollmächtigten als „Bundestagsgesandte" bezeichnet, wohl aus sprachlichen Gründen, da der Ausdruck „Bundesversammlungsgesandte" zu schwerfällig gewesen wäre.

Vertreter der Bundesglieder in der Bundesversammlung waren die *Bevollmächtigten* (im Rang eines Gesandten). Sie hatten ihre Stimme nach den Instruktionen ihrer Regierungen zu führen. Nicht-instruierte Stimmen durften nicht gezählt werden. Soweit im „Engeren Rat" mehrere Bundesglieder eine gemeinsame (Kuriat-)Stimme führten, wechselten die stimmführenden Bundestagsbevollmächtigten in regelmäßigem Turnus ab; sie mußten die Stimme dabei nach dem Mehrheitsentscheid der instruierenden Regierungen abgeben; bei Stimmengleichheit entschied nach Maßgabe der Kuriat-Verträge der stimmführende Mitgliedstaat[1]). Die Bundesversammlung hatte somit den Charakter eines *ständigen Gesandtenkongresses*. Auch darin entsprach sie dem Regensburger Reichstag. Die Gesandten, ihre Familien und Dienerschaften, sowie ihre Wohnungen besaßen Exterritorialität[2]). Die Geschäftsordnung beschloß der Bundestag selbst[3]). Der Vorsitz in ihm stand Österreich, der *Präsidialmacht* des Bundes, zu. Doch hatte der österreichische Präsidialgesandte nur geschäftsführende, keine entscheidenden Befugnisse, außer bei Stimmengleichheit im Engeren Rat. Jedes Bundesglied war befugt, „Vorschläge zu machen und in Vortrag zu bringen" (Art. 5 der Bundesakte); d. h. jede Mitgliedsregierung besaß das Initiativrecht in allen Angelegenheiten, die zur Kompetenz der Bundesversammlung gehörten. Die *Stimmverteilung* war unterschiedlich, je nachdem ob der Bundestag als Engere Versammlung oder als Plenum zusammentrat.

a) Die *Engere Versammlung* („Engerer Rat"), die grundsätzlich für die Bundesangelegenheiten zuständig war, umfaßte 17 Stimmen. Elf Staaten, nämlich Österreich, Preußen, Bayern, Sachsen, Hannover, Württemberg, Baden, Kurhessen, Hessen-Darmstadt, Holstein(-Lauenburg) und Luxemburg(-Limburg), führten je eine Virilstimme. Die übrigen 6 Stimmen standen als Kuriat-Stimmen jeweils mehreren Bundesgliedern gemeinsam zu. Die 12. Kurie umfaßte die sächsischen Großherzogtümer und Herzogtümer, die 13. Kurie Braunschweig und Nassau, die 14. Kurie beide Mecklenburg, die 15. Kurie Oldenburg, drei Anhalt und beide Schwarzburg, die 16. Kurie beide Hohenzollern, Liechtenstein, sämtliche Reuß, Schaumburg-Lippe, Lippe und Waldeck (seit 1838 auch Hessen-Homburg), die 17. Kurie Lübeck, Frankfurt, Bremen und Hamburg. Der Engere Rat entschied mit einfacher Mehrheit. Bei Stimmengleichheit gab der Vorsitzende, also der österreichische Präsidialgesandte, den Ausschlag (Art. 7 Abs. 3 der Bundesakte).

b) Für bestimmte Bundesangelegenheiten war nicht der Engere Rat, sondern das *Plenum* des Bundestags zuständig. Es unterschied sich vom Engeren Rat nur durch eine andere Verteilung der Stimmen. In der Vollversammlung stand jedem Bundesglied mindestens eine Stimme zu; die größeren Staaten hatten mehrere Stimmen. Ein Gesandter konnte auch im Plenum als Bevollmächtigter für mehrere Regierungen auftreten; er hatte die verschiedenen Stimmen einzeln abzugeben und konnte,

---

[1]) Über den Streit wegen der Stimmabgabe der 16. Kurie bei dem Bundesbeschluß vom 14. Juni 1866 über die Mobilmachung des Bundesheeres gegen Preußen siehe Bd. III S. 541 Anm. 40.

[2]) Dazu Note der Bundesversammlung an den Senat der Freien Stadt Frankfurt vom 22. Oktober 1816 (CJCG Bd. 2 S. 29 ff.).

[3]) Vorläufige Geschäftsordnung der deutschen Bundesversammlung vom 14. November 1816 (ebenda S. 32 ff.); dazu ferner Geschäftsordnung der Militärkommission vom 15. März 1819 (ebenda S. 78); Geschäftsordnung der übrigen Bundestagskommissionen vom 29. April 1819 (ebenda S. 80).

je nach seinen Instruktionen, auch in gegensätzlichem Sinn votieren. Österreich, Preußen, Bayern, Sachsen, Hannover und Württemberg waren mit je vier Stimmen, Baden, Kurhessen, Hessen-Darmstadt, Holstein und Luxemburg mit je drei Stimmen, Braunschweig, Mecklenburg-Schwerin und Nassau mit je zwei Stimmen ausgestattet; das waren 14 Staaten mit Mehrfachstimmen; zusammen hatten sie 45 Stimmen inne. Die übrigen Bundesglieder erhielten je eine Stimme; doch besaßen die drei Fürstentümer Reuß jüngere Linie (vereinigt 1824/48) von Anfang an nur eine gemeinsame Stimme. So ergaben sich im Plenum beim Beginn des Bundes 24 solche Einzelstimmen und insgesamt 69 Stimmen. Seit dem Erlöschen von Sachsen-Gotha (1825) waren es nur noch 68 Stimmen; mit der Zuerkennung einer Stimme an Hessen-Homburg (1838)[1]) ergab die ursprüngliche Zahl von 69 Stimmen sich erneut. Dabei blieb es bis 1847; bis 1863 ging die Zahl der Stimmen im Plenum infolge des Aufgehens der beiden Hohenzollern in Preußen (1849) und der Vereinigung der drei Anhalt (1853/1863) auf 65 zurück. Bei solchen staatlichen Zusammenschlüssen oder Einverleibungen trat keine Kumulation der Stimmen ein; vielmehr erloschen die Stimmen des untergehenden Staates. Es war daher ein bundesrechtliches Novum, daß Preußen 1867 (Art. 6 der Norddeutschen Bundesverfassung) und 1871 (Art. 6 der Bismarckschen Reichsverfassung) im Bundesrat die ehemaligen Stimmen der 1866 annektierten Staaten Hannover, Kurhessen, Holstein, Nassau und Frankfurt für sich in Anspruch nahm und so zusammen mit den eigenen alten Bundesstimmen auf insgesamt 17 Stimmen kam[2]).

Das Wesentliche an der Stimmverteilung im Bundestag war, daß entgegen den ursprünglichen Vorschlägen Österreich und Preußen auch zusammen mit den vier anderen Königreichen die Mittel- und Kleinstaaten nicht zu majorisieren vermochten, weder im Engeren Rat, wo die sechs größeren Staaten nur 6 von 17 Stimmen, noch im Plenum, wo sie 24 von 69 Stimmen besaßen. Die größeren Staaten waren in beiden Organen also auf rund ein Drittel der Stimmen beschränkt. Die Stimmverteilung vermied somit sorgfältig jedes hegemoniale System. Wie stark trotzdem die Vorrangstellung der beiden Großmächte war, wird noch darzulegen sein[3]).

2. Die Plenarsachen

Im Plenum der Bundesversammlung fand keine Beratung oder Erörterung statt; die *Deliberation* lag auch in Plenarsachen ausschließlich dem Engeren Rat ob. Diese Regel diente der Geschäftsvereinfachung; eine Entrechtung der nur an Kuriatstimmen teilnehmenden kleineren Mächte bedeutete sie nicht, da diese die volle Möglichkeit besaßen, ihre Auffassung auch im Engeren Rat durch den gemeinsamen Bevollmächtigten darzutun. Schwerer fiel ins Gewicht, daß der Engere Rat nach Art. 7 Abs. 1 der Bundesakte selber in allen Zweifelsfällen darüber zu entscheiden hatte, ob ein Gegenstand zu den Plenarsachen und damit zur *Dezision* vor das Plenum gehöre. Ferner hatte der

---

[1]) Das Landgrafentum *Hessen-Homburg* erhielt bei seiner Aufnahme am 7. Juli 1817 kein Stimmrecht; vielmehr wurde darüber eine weitere Anordnung vorbehalten (CJCG Bd. 2 S. 51). Erst der Bundesbeschluß vom 17. Mai 1838 (ebenda S. 352) teilte Hessen-Homburg für das Plenum eine Stimme zu; er schloß es im Engeren Rat der 16. Kurie an. Es stellt ein Kuriosum der Bundesgeschichte dar, daß ein im übrigen vollberechtigtes Bundesmitglied über zwei Jahrzehnte ohne Stimmrecht war. – Kein Stimmrecht hatte das *„besondere Land Kniphausen"*, das kein selbständiges Bundesmitglied war (siehe unten S. 773 ff.).

[2]) Siehe Bd. III S. 651, 657, 855. Im übrigen blieb es 1867 und 1871 bei der alten Stimmverteilung; nur Bayerns Anteil wurde 1871 von vier auf sechs Stimmen erhöht.

[3]) Siehe unten S. 673 f.

Engere Rat, wenn er die Zuständigkeit des Plenums anerkannte, den Plenarbeschluß vorzubereiten. Das Plenum hatte dann lediglich über den vom Engeren Rat formulierten Vorschlag abzustimmen; es war ein *reines Abstimmungsorgan*. Fand sich in einer Plenarsache im Engeren Rat keine Mehrheit für einen positiven Vorschlag, so kam die Sache nicht zur Plenarentscheidung. Faßte der Engere Rat dagegen einen (hier nur der einfachen Mehrheit bedürftigen) Vorbeschluß, so kam dieser zur Entscheidung an das Plenum. Zu den Plenarsachen zählten die Abfassung und Änderung der Grundgesetze des Bundes, die Beschlüsse, die die Bundesakte selbst betrafen, die Beschlüsse über „organische Bundeseinrichtungen" und über „gemeinnützige Anordnungen sonstiger Art" (Art. 6 der Bundesakte). Diese Kompetenznorm zeichnete sich nicht gerade durch begriffliche Klarheit aus.

a) Unter den *Grundgesetzen des Bundes* waren alle generellen Anordnungen zu verstehen, die die „Verfassung", d. h. die politische Grundordnung des Bundes, betrafen. Eine Definition des Begriffs „Grundgesetze" lehnten die Wiener Ministerialkonferenzen 1820 ab, weil „der Begriff eines Grundgesetzes einer von jenen einfachen Begriffen (sei), die durch schulgerechte Definitionen viel leichter verdunkelt, als aufgeklärt und befestigt würden" [1]. Eine von der Bundesversammlung eingesetzte Kommission hatte vorher den Begriff der Grundgesetze folgendermaßen umschrieben [2]: „Grundgesetze" des deutschen Bundes seien „diejenigen vertragsmäßigen Bestimmungen, welche die Errichtung des Bundes, den Verein seiner Glieder, die Festsetzung seines Zweckes, so wie der Rechte der Gesamtheit, der Teilnahme der einzelnen Bundesglieder an deren Ausübung, der Verpflichtungen derselben gegen den Bund, und der Verbindlichkeiten dieses gegen sie, endlich des Rechts, die Bundesangelegenheiten zu besorgen, betreffen". Diese etwas umständlich-pedantische Umschreibung faßte in der Tat alles Wesentliche zusammen; sie kann, obwohl nicht zum Bundesbeschluß erhoben, doch als eine sinngemäße Interpretation des Begriffs der Bundesgrundgesetze angesehen werden.

b) Unter die Formel „*Beschlüsse, die die Bundesakte betreffen*" fielen nur diejenigen Bundesbeschlüsse, die eine Auslegung oder eine Fortbildung der Bundesakte enthielten, darunter vor allem auch die authentischen Interpretationen der Bundesakte. *Beschlüsse, die die Bundesakte anwandten*, dagegen fielen nicht unter die Zuständigkeitsnorm des Art. 6. Denn in Anwendung der Bundesakte wurden alle Bundesbeschlüsse gefaßt; wäre jeder die Bundesakte anwendende Beschluß unter die Zuständigkeit des Plenums gefallen, so wäre das Entscheidungsrecht des Engeren Rats gänzlich aufgehoben gewesen.

c) Auch die dritte Gruppe der in Art. 6 der Zuständigkeit des Plenums zugewiesenen Beschlüsse, die *Anordnungen über organische Bundeseinrichtungen*, standen in unmittelbarem Zusammenhang mit den Bundesgrundgesetzen. „Organische Bundeseinrichtungen" waren Institutionen, die zur staatsrechtlich-politischen Organisation des Bundes, also zu seinem Verfassungsgefüge, gehörten. Gedacht war in erster Linie an den institutionellen Ausbau der Bundeskriegsverfassung und der Bundesgerichtsverfassung. Das Militärwesen des Bundes gehörte zu den wichtigsten „organischen Bundeseinrichtungen"; über die „Kriegsverfassung des Bundes" erging deshalb ein vom Plenum (einstimmig) beschlossenes organisches Bundesgesetz vom 9. April 1821 [3]. Ebenso gehörten zu den organischen Bundeseinrichtungen die durch die Austrägalordnung vom 16. Juni 1817 geschaffene Austrägalgerichtsbarkeit [4] und

---

[1] Vortrag der Redaktions-Kommission über den Entwurf der Schlußakte. Beilage A zum Prot. der 22. Sitzung der Wiener Konferenzen vom 15. April 1820 (*Aegidi*, Schluß-Akte S. 194).

[2] Kommissions-Gutachten vom 29. Juli 1818 (CJCG Bd. 2 S. 83 ff.).

[3] Siehe unten S. 609 ff.   [4] Siehe unten S. 625 ff.

die durch die Schiedsgerichtsordnung vom 30. Oktober 1834 eingeführte Schiedsgerichtsbarkeit [1]); auch in diesen beiden Fällen erging ein Plenarbeschluß.

d) Besonders vieldeutig war die vierte Gruppe der in Art. 6 aufgezählten Plenarsachen, die Gruppe der *gemeinnützigen Anordnungen sonstiger Art.* Gedacht war an
Bundesbeschlüsse, die nicht den eigentlichen Zweck des Bundes, die Abwehr von Gefahren für die Sicherheit, Unabhängigkeit und Unverletzlichkeit Deutschlands, betrafen [2]), sondern die die allgemeine Wohlfahrt fördern sollten. Solche auf die positive
Förderung des Gemeinwohls zielenden Maßnahmen fielen an und für sich in die Kompetenz der Einzelstaaten, nicht in die des Bundes. Immerhin öffnete die Kompetenz-
regel des Art. 6 der Bundesakte die Möglichkeit, auch Anordnungen, die über die Gefahrenabwehr hinausgingen, von Bundes wegen zu erlassen, allerdings nur durch einen
Plenarbeschluß mit *Zweidrittelmehrheit.* Art. 64 der Wiener Schlußakte änderte den
Art. 6 der Bundesakte dadurch wesentlich ab, daß er für Beschlüsse der genannten
Art eine freiwillige Vereinbarung unter sämtlichen Bundesgliedern verlangte; das lief
auf das Erfordernis der *Einstimmigkeit* für Beschlüsse über gemeinnützige Anordnungen hinaus [3]). Streng genommen verlangte Art. 64 der Wiener Schlußakte sogar paral-
lele Gesetze der Einzelstaaten in solchen Angelegenheiten des gemeinen Nutzens. Doch
war auch ein einstimmiger Plenarbeschluß des Bundes auf diesem Gebiet rechtmäßig
und rechtsverbindlich. Denn durch einstimmige Beschlüsse (die ja dem Erfordernis der
Verfassungsänderung genügten) konnte der Bundestag die *Kompetenz-Kompetenz*
ausüben; er konnte damit die in Art. 64 der Wiener Schlußakte vollzogene Zustän-
digkeits-Verengerung sprengen. Auf den Wiener Ministerialkonferenzen von 1820 begründete man diese Verengerung ausdrücklich damit, daß gemeinnützige Anordnungen
sich entweder der Natur der organischen Bundeseinrichtungen näherten oder aber
außerhalb der ausgesprochenen Bundeszwecke lägen; deshalb könnten sie nur aus
„freier Übereinkunft" hervorgehen [4]). Der Art. 64 der Wiener Schlußakte ist bemerkenswert als *der erste Fall einer Verfassungsänderung* im Deutschen Bund. Besonders kennzeichnend ist, daß er den Art. 6 der Bundesakte änderte, ohne dessen
Wortlaut zu revidieren.

e) Außer diesen in Art. 6 der Bundesakte aufgeführten Plenarsachen wies Art. 12
der Wiener Schlußakte noch drei weitere Entscheidungen dem Plenum der Bundesversammlung zu, nämlich 1) die Erklärung des Bundeskriegs; 2) den Abschluß des
Bundesfriedens; 3) die Aufnahme eines neuen Mitglieds in den Bund. Während die
Entscheidungen über Krieg und Frieden Akte der auswärtigen Gewalt des Bundes
waren, war die Aufnahme eines neuen Bundesglieds ein Akt der verfassunggebenden
Gewalt, da jede Neuaufnahme den Bundes-Verfassungsvertrag änderte. Die ersten
beiden Kompetenzklauseln erlangten keine praktische Bedeutung, da ein Bundeskrieg
während der Tätigkeit des Bundestags niemals geführt und deshalb auch ein Bundesfrieden während des Bestehens des Bundestags niemals geschlossen worden ist [5]). Die

---

[1]) Siehe unten S. 623 ff.   [2]) Siehe unten S. 594 ff.
[3]) Art. 64 WSchlA: „Wenn Vorschläge *zu gemeinnützigen Anordnungen*, deren
Zweck nur durch die zusammenwirkende Teilnahme aller Bundesstaaten vollständig
erreicht werden kann, von einzelnen Bundesgliedern an die Bundesversammlung gebracht werden, und diese sich von der Zweckmäßigkeit und Ausführbarkeit solcher
Vorschläge im Allgemeinen überzeugt, so liegt ihr ob, die Mittel zur Vollführung
derselben in sorgfältige Erwägung zu ziehen und ihr anhaltendes Bestreben dahin
zu richten, die zu dem Ende erforderliche *freiwillige Vereinbarung* unter den sämtlichen Bundesgliedern zu bewirken".
[4]) Vortrag der Redaktionskommission, Beilage A zur 22. Sitzung (*Aegidi*, aaO
S. 196 f.): „Sollte über gemeinnützige Anordnungen ... anders als durch Einhellig-
keit entschieden werden, so wäre die ganze, mit so vieler Sorgfalt hier gezogene
Grenzlinie zwischen der Competenz des Bundes und den Rechten der einzelnen Bundesstaaten verrückt und die Selbständigkeit der innern Gesetzgebung der letzteren
auf einem ihrer wichtigsten Punkte gefährdet."
[5]) Der Bundeskrieg gegen Dänemark 1848—50 wurde geführt, während der Bundestag seine Kompetenzen auf den Reichsverweser übertragen hatte (siehe Bd. II S. 671 ff.).

592

dritte Kompetenzklausel des Art. 12 der Wiener Schlußakte dagegen wurde bei der Aufnahme des Herzogtums Limburg durch den Bundesbeschluß vom 5. September 1839 [1]) angewandt.

3. Zweidrittelmehrheit und Einstimmigkeit

Plenarbeschlüsse bedurften grundsätzlich einer Mehrheit von zwei Dritteln der abgegebenen Stimmen. Für die wichtigsten Plenarsachen war jedoch Einstimmigkeit im Engeren Rat wie im Plenum erforderlich, nämlich 1) für die Annahme und Änderung von Bundesgrundgesetzen; 2) für Beschlüsse über organische Bundeseinrichtungen; 3) für Beschlüsse in Religionsangelegenheiten; 4) für die Aufnahme eines neuen Bundesgliedes [2]); 5) für gemeinnützige Anordnungen [3]). Bundesbeschlüsse, durch die *jura singulorum* der Mitglieder beeinträchtigt waren, konnten nur mit Zustimmung des betroffenen Bundesglieds gefaßt werden. Zu den jura singulorum rechnete man die Fälle, in denen „die Bundesglieder nicht in ihrer vertragsmäßigen Einheit, sondern als einzelne, selbständige und unabhängige Staaten erschienen" oder in denen „einzelnen Bundesgliedern eine besondere, nicht in den gemeinsamen Verpflichtungen aller begriffene Leistung oder Verwilligung für den Bund zugemutet" werden sollte [4]).

Das für die wichtigsten Bundesangelegenheiten eingeführte Prinzip der Einstimmigkeit gab jedem einzelnen Bundesglied die Möglichkeit, durch sein *Veto* das Zustandekommen selbst dringend gebotener Beschlüsse zu verhindern. So konnte jeder Gliedstaat, auch der kleinste, die organische Fortbildung der Bundesverfassung vereiteln. Das war ein schweres Hemmnis für jede *Bundesreform*. Doch scheiterten die Bundesreformversuche, die der Deutsche Bund in den beiden letzten Jahrzehnten seines Bestehens ergebnislos unternahm, nicht etwa an dem Einstimmigkeitsprinzip. Solange Österreich und Preußen in engem Einvernehmen und mit voller Entschlossenheit auftraten, gelang es ihnen dank ihrer effektiven und moralischen Überlegenheit, gegen opponierende Mittel- und Kleinstaaten am Ende doch zu einstimmigen Bundesbeschlüssen zu kommen. Das zeigte sich bei den Karlsbader Beschlüssen von 1819 [5]) ebenso wie bei der Verabschiedung der Wiener Schlußakte von 1820 [6]). Ein einmütiger österreichisch-preußischer Bundesreformvorschlag hätte auch zwischen 1848 und 1866 vielleicht zu anfänglichem Widerspruch des einen oder des anderen Mittelstaates, am Ende aber doch zu einem einhelligen Beschluß geführt.

Das Einstimmigkeitsprinzip im Deutschen Bund darf man in seiner effektiven Bedeutung daher nicht einfach mit dem *liberum veto* des alten polnischen Reichstags gleichsetzen. Gewiß dokumentierte sich in dem Einstimmigkeitsprinzip des Deutschen Bundes die Souveränität, die jedem Gliedstaat zuerkannt war. Änderungen der Bundesgrundgesetze galten als Änderung des Bundesgrundvertrags, und daher bedurften

---

[1]) CJCG Bd. 2 S. 380. Siehe auch oben S. 585, 587, sowie Bd. III S. 565, 693 ff.
[2]) Art. 7 Abs. 4 der Bundesakte; Art. 13 WSchlA.
[3]) Art. 64 WSchlA; siehe oben S. 592.
[4]) Art. 15 WSchlA.
[5]) Siehe unten S. 732 ff.   [6]) Siehe unten S. 753 f.

sie der vertragsmäßigen Zustimmung jedes Vertragspartners. Aber diese souveräne Bestimmungsmacht jedes Bundesglieds war faktisch doch schwächer als das Gewicht eines gemeinsamen österreichisch-preußischen Votums. Bei einem Dissens zwischen Österreich und Preußen dagegen war jeder die Bundesreform betreffende Beschluß unmöglich, und zwar nicht nur gemäß dem formellrechtlichen Einstimmigkeitsprinzip, sondern mehr noch nach der Natur der Sache, die eine Majorisierung einer der beiden deutschen Großmächte in Bundesverfassungsfragen ausschloß. (Siehe auch Bd. III S. 399 ff.).

§ 34. Bundeszweck und Bundesgewalt

Schrifttum: Siehe die Angaben vor § 33; ferner: *F. L. v. Berlepsch,* Über die Notwendigkeit der Anordnung eines deutschen Reichs- und Bundesgerichts (1815); *C. v. Dalwigk,* Die Austrägalinstanz (1817); *H. L. C. Euler,* Über die notwendige und gesetzliche Zulässigkeit der Austrägal-Instanz (1818); *W. J. Behr,* Von den rechtlichen Grenzen der Einwirkung des deutschen Bundes auf die Verfassung, Gesetzgebung und Rechtspflege seiner Gliedstaaten (2. Aufl. 1820); *R. Mohl,* Die öffentliche Rechtspflege des deutschen Bundes (1822); *A. W. Heffter,* Codex Austregalis Confoederationis Germanicae (in: Beiträge zum dt. Staats- und Fürstenrecht, 1829); *G. v. Struve,* Die verfassungsmäßige Erledigung von Streitigkeiten zwischen deutschen Bundesgliedern (1830); *C. F. Eichhorn,* Betrachtungen über die Verfassung des deutschen Bundes in Beziehung auf Streitigkeiten der Mitglieder desselben untereinander oder mit ihren Untertanen (1833); *C. E. Jarcke,* Über die austrägalgerichtliche Entscheidung der Streitigkeiten unter den Mitgliedern des deutschen Bundes (1833); *A. Arnold,* Die richterliche und vollziehende Gewalt des deutschen Bundes mit bes. Rücksicht auf das durch den Bundesbeschluß vom 30. Okt. 1834 eingeführte Bundes-Schiedsgericht (1835); *F. W. v. Leonhardi,* Versuch einer Entwicklung der Kriegsverfassung des deutschen Bundes (1835); *ders.,* Das Austrägalverfahren des deutschen Bundes (1838/45); *H. Solbrig,* Der Gedanke einer einheitlichen deutschen Gerichtsbarkeit im 19. Jhdt. (Diss. Breslau 1919).

I. Der Bundeszweck

1. Bundessicherheit und Bundeswohlfahrt

Dem Deutschen Bund, der ein Staatenbund, kein „Staat" war, fehlte, anders als einem echten Staat, die Universalität des Staatszwecks. Diese kam vielmehr den Gliedstaaten zu. Der Bund war auf bestimmte Einzelzwecke beschränkt, die der Bundesvertrag aufzählte, womit er zugleich die Bundeszuständigkeit begrenzte („enumeratio, ergo limitatio"). Die Vermutung der Zuständigkeit sprach nicht für den Bund, sondern für die Gliedstaaten.

Nach Art. 2 der Bundesakte war der Zweck des Bundes die *„Erhaltung der äußeren und inneren Sicherheit Deutschlands und der Unabhängigkeit und Unverletzlichkeit der einzelnen deutschen Staaten".* Entgegen ihrem Wortlaut bedeutete diese Formel nicht, daß sie dem Bund die Wahrung der „Sicherheit" *nur* für das Bundesganze, die Wahrung der „Unabhängigkeit und Unverletzlichkeit" *nur* für die Bundesglieder übertragen hätte. Die Sicherheit des Bundesganzen konnte nur erhalten werden, wenn der Bund auch den Bundesgliedern die innere und äußere Sicherheit gewährleistete. Und die Unabhängigkeit und Unverletzlichkeit der einzelnen Bundesglieder konnte nur bestehen, wenn auch dem Bundesganzen Unabhängigkeit und Unverletzlichkeit verbürgt war.

So hatte der Bund, richtig verstanden, die Sicherheit, Unabhängigkeit und Unverletzlichkeit in gleichem Maß für das Bundesganze wie für die Bundesglieder aufrecht zu erhalten.

Dagegen gehörte die Förderung der deutschen *Wohlfahrt* nicht zu den verfassungsmäßigen Bundeszwecken. Geht man von der dem damaligen Staatsdenken geläufigen, nicht nur das Polizeirecht, sondern das Staatsrecht überhaupt bestimmenden Unterscheidung von *Gefahrenabwehr und Wohlfahrtspflege* aus, so war die Bundestätigkeit grundsätzlich auf die Abwehr von Gefahren, die der deutschen Sicherheit, Unabhängigkeit und Unverletzlichkeit drohen konnten, beschränkt; dagegen war er von der positiven Förderung des Gemeinwohls im kulturellen, sozialen und wirtschaftlichen Bereich ausgeschlossen. Die Bundeskompetenz war auf abwehrende („negative"), nicht auf gemeinnützige („positive") Maßnahmen gerichtet [1].

2. Die innere Bundessicherheit

Mit dem Auftrag zur Erhaltung der inneren Sicherheit war dem Bund eine dreifache Aufgabe gesetzt.

Es oblag ihm erstens, *Streitigkeiten zwischen den Bundesgliedern* zu verhüten, gütlich beizulegen oder zur Entscheidung zu bringen. Gewaltanwendung und Selbsthilfeaktionen unter den Bundesgliedern mußte er nicht nur verbieten, sondern auch effektiv verhindern, wenn Sicherheit in Deutschland herrschen sollte. Der Bund hatte somit die Aufgabe der Friedenswahrung im Verhältnis der Bundesmitglieder untereinander.

Zu seiner Sicherungsfunktion gehörte es zweitens, in dem gespannten *Verhältnis zwischen Fürst und Untertanen* in den Einzelstaaten die notwendigen Vorkehrungen für die Wahrung von Frieden, Ordnung und Recht zu treffen. Dazu zählte das Hinwirken auf die Ordnung der inneren Landesverhältnisse durch Verfassungen, aber auch die Oberaufsicht darüber, daß Verfassung und Recht in den Gliedstaaten nicht durch Staatsstreich, Revolution oder andere Formen des Verfassungs- und Rechtsbruchs vernichtet, ausgehöhlt oder umgangen wurden. Dem Bund war damit sowohl der *Schutz der Obrigkeitsrechte* gegen Aufruhr, Umsturz und unrechtmäßigen Widerstand als auch der *Schutz der Untertanenrechte* gegen die Willkür der Staatsgewalt aufgegeben.

Zur Wahrung der inneren Sicherheit gehörte drittens, daß der Bund die notwendigen Maßnahmen zum Schutz des eigenen Bestandes und der eigenen Verfassung gegen *bundesfeindliche Angriffe und Bewegungen* traf. Dies brachte ihn von Anfang an in Gegensatz zu den nationalen, liberalen und demokratischen Bewegungen der Zeit, die auf Fort- oder Umbildung, in ihren radikalen Richtungen unzweifelhaft aber auf Umsturz des Bundes zielten. Als „demagogische Umtriebe" waren sie daher der bundesrechtlichen Verfolgung ausgesetzt. Den Begriff des „Staatsfeindes" und der „verfassungsfeindlichen Partei"

---

[1] Siehe oben S. 592.

verwandte man damals noch nicht; aber die „Demagogenverfolgungen", durch die der Bund sich ein unrühmliches Andenken geschaffen hat, waren nichts anderes als eine Summe verschiedenartiger Abwehrmaßnahmen gegen bundesfeindliche Ideen und Kräfte, also gegen Bestrebungen, in denen man einen Verstoß gegen die Grundsätze der in Wien vereinbarten gemeindeutschen Verfassung sah. Liberale und demokratische Forderungen, die sich gegen das monarchische Prinzip der Einzelstaaten richteten, galten ebenso sehr als eine Attacke gegen die innere Sicherheit Deutschlands wie alle sozialrevolutionären Angriffe auf die bestehende Gesellschafts- und Wirtschaftsordnung. Als eine Bedrohung der inneren Sicherheit Deutschlands erschienen vor allem aber die *nationalstaatlichen Bestrebungen,* die den dynastisch-eigenstaatlichen Partikularismus durch die gesamtdeutsche Einheit überwinden wollten. Gleichviel ob ihr Ziel die bundesstaatliche Einung oder die national-unitarische Republik war, den Hütern der geltenden Bundesverfassung galten sie als bundesfeindlicher „Jakobinismus". Der Verdacht des Jakobinertums richtete sich schon in den ersten Jahren des Bundes nicht nur gegen die Angehörigen der bürgerlichen Linken, sondern auch gegen die nationalkonservativen Vertreter des hohen Beamtentums, der Generalität und der bürgerlichen Bildungsschichten. Stein und Humboldt, Gneisenau und Boyen galten den Verfechtern des Metternich'schen Bundessystems als verkappte und deshalb besonders gefährliche Verfechter bundeswidriger Prinzipien. Die Abwehr gegen solche die „innere Sicherheit" des Bundes bedrohenden Bewegungen hielt während des halben Jahrhunderts, in dem der Bund bestand, fast ohne Unterbrechung an. Die Karlsbader Beschlüsse von 1819, die Wiener Schlußakte von 1820, die Sechs Artikel von 1832, die Geheimen Beschlüsse von 1834 zielten ebenso auf die Wahrung der inneren Bundessicherheit wie die Reaktionsbeschlüsse der fünfziger Jahre. Die Verteidigung der monarchisch-dynastischen und föderativen Ordnung mit gesetzlichen, polizeilich-exekutiven und richterlichen Mitteln gegen alle demokratischen, liberalen und nationalen Tendenzen war von dieser Bundes-Legalität her gesehen einer der wesentlichen inneren Bundeszwecke.

3. Die äußere Bundessicherheit

Gleich wichtig war für den Bund die Aufgabe, die äußere Sicherheit Deutschlands durch eine gleichgerichtete Außenpolitik und durch gemeinsame Verteidigungsvorkehrungen der Bundesglieder zu gewährleisten. Zwanzig Kriegsjahre hatten den Deutschen offenbar gemacht, daß Sicherheit gegen Bedrohungen und Angriffe von außen niemals durch die partikularstaatliche Vereinzelung gewonnen werden könne. Nur die gemeinsame Verteidigung konnte die Unverletzlichkeit der deutschen Grenzen wahren. Ein gesamtdeutsches Verteidigungsbündnis, das alle gewaltsamen Akte zwischen den Bundesgliedern ausschloß und die gemeinsame militärische Abwehr aller Angriffe von außen möglich machte, war die notwendige Grundlage der staatenbündischen Einung. Wollte man, daß der Bund diese elementare Aufgabe, die äußere Sicherheit Deutschlands zu gewährleisten, wirklich erfülle, so mußte man ihn mit starken

Befugnissen auf dem Gebiet der auswärtigen Politik und des Militärwesens ausstatten. Dem aber traten schon beim Abschluß des Bundesvertrags und erst recht bei seinem späteren Vollzug eine Vielzahl von Hemmungen entgegen. Die dem Bund ausdrücklich verliehenen Zuständigkeiten blieben gerade in dieser Hinsicht weit hinter dem Bundeszweck zurück. Es erhob sich daher von selbst die Frage, ob der Bund nicht kraft einer stillschweigenden Kompetenzzuweisung alle Zuständigkeiten besitze, die ihm zur Erfüllung der Bundeszwecke nötig waren.

4. Bundeszweck und Bundeskompetenz

Es ist ein altes Auslegungsproblem, ob aus dem *Zweck* einer Einrichtung unmittelbar auf die *Zuständigkeit* ihrer Organe geschlossen werden kann, oder ob es der ausdrücklichen Zuweisung der dem Zweck entsprechenden Befugnisse bedarf. Im ersten Fall hat die Zweckbestimmung schon für sich allein den Charakter einer adäquaten Zuständigkeitsnorm. Im zweiten Fall ist die Zweckbestimmung für sich allein „leerlaufend"; sie wird vollziehbar erst, wenn und soweit ihr entsprechende Zuständigkeitsnormen zur Seite treten. Im ersten Fall ist ein der Zweckbestimmung beigegebener Zuständigkeitskatalog im Zweifel nur beispielhaft, nicht erschöpfend gemeint; im zweiten Fall dagegen ist der Zuständigkeitskatalog limitativ und wirkt infolgedessen einschränkend auch auf die Zweckbestimmung zurück.

Die Deutsche Bundesakte sprach relativ viel von den Bundeszwecken, relativ wenig dagegen von den Bundeszuständigkeiten. So lange und so heftig man in Wien um die Abgrenzung der Bundeskompetenzen gerungen hatte, so undeutlich hatte man sie am Ende in der Bundesakte umschrieben. Die Wiener Schlußakte schloß diese Lücke des Bundesverfassungstextes. Ihr Art. 3 sagte über die Bundeszuständigkeiten:

„Der Umfang und die Schranken, welche der Bund seiner Wirksamkeit vorgezeichnet hat, sind in der Bundesakte bestimmt, die der Grundvertrag und das erste Grundgesetz dieses Vereins ist. Indem dieselbe die *Zwecke* des Bundes ausspricht, bedingt und begrenzt sie zugleich dessen *Befugnisse* und *Verpflichtungen*".

Wesentlich war vor allem der zweite Satz, der nichts anderes enthielt als eine staatsrechtliche Fassung der von *Metternich* oft angeführten staatstheoretischen Maxime: „*Wer den Zweck will, muß auch die Mittel wollen*". Das bei der Zweck-Mittel-Relation auftretende Auslegungsproblem wurde damit grundsätzlich so gelöst: *Die Bundeskompetenzen ergaben sich aus den Bundeszwecken; der Bund hatte alle Zuständigkeiten, deren er bedurfte, um seine verfassungsmäßigen Aufgaben zu erfüllen.*

Art. 3 der Wiener Schlußakte enthielt somit eine Generalermächtigung. Die Verfassung des Deutschen Bundes verzichtete auf einen Kompetenzkatalog in der Art der Bismarck'schen oder der Weimarer Reichsverfassung. Die einzelnen Bundeskompetenzen waren im Deutschen Bund vielmehr aus der Generalklausel über die Bundeszwecke abzuleiten. Der Deutsche Bund stand einerseits in seinem Funktionsbereich hinter den späteren deutschen Gesamtstaatskörpern durch die engere Bestimmung des Bundeszwecks zurück; er war jedoch andererseits wesentlich freier als die späteren deutschen Bundesstaaten gestellt, da er in der Verfolgung seiner Zwecke nicht durch limitative Zuständigkeitskataloge beschränkt, sondern ipso jure mit allen zweckgebotenen Kompetenzen ausgestattet war. *Der Bundeszweck und der Umfang der Bundesgewalt waren identisch.*

Zwar verfügte der Deutsche Bund, da ihm kein universaler Zweck gesetzt war, auch nicht über eine universale Kompetenz. Wie der Bundeszweck, so war auch der Umfang der Bundesgewalt begrenzt auf die Wahrung der Sicherheit, Unabhängigkeit und Unverletzlichkeit des Bundes und seiner Glieder. Doch umfaßte diese durch die *Sicherheits-Klausel* umschriebene Bundeszuständigkeit eine Fülle von Bundesbefugnissen, die sich machtvoll entwickeln ließen, sofern nur die Mehrheit der deutschen Regierungen sich entschloß, den effektiven Gebrauch der potentiellen Bundeskompetenzen durchzusetzen. Zuständigkeiten für sich allein sind nur Machtmöglichkeiten, noch kein Machtbesitz. Der Deutsche Bund bediente sich in mancher Hinsicht der aus dem Bundeszweck abgeleiteten Kompetenzfülle mit Energie, so vor allem bei der Wahrung der „inneren Sicherheit" in den Bundeskrisen von 1819, 1832 und 1850. Aber anderwärts vernachlässigte er in mannigfacher Hinsicht den Gebrauch der potentiellen Bundesgewalt, so vor allem auf dem Gebiet der auswärtigen Politik und des Militärwesens, wo er sich zu einem weit stärkeren Kompetenzgebrauch hätte entschließen müssen, wenn er den Bundeszweck wirklich hätte erreichen wollen. Wenn der Bund sich einer weitgehenden Zurückhaltung im aktiven Wirken befleißigte, so lag das durchaus nicht daran, daß die Bundesverfassung die Bundeskompetenzen allzu eng begrenzt hätte, sondern in weit höherem Maß an dem politischen Entschluß der Bundesversammlung, die Möglichkeiten, die die Bundesverfassung der Bundesgewalt bot, nur in bescheidenem Umfang auszuschöpfen.

Soweit der Bundeszweck reichte, konnte der Bund sich *aller Formen der Staatstätigkeit* bedienen; er konnte die Gesetzgebungsgewalt, die auswärtige Gewalt, die militärische Gewalt, die innere Exekutivgewalt und die Gerichtsgewalt für seine Zwecke in Anspruch nehmen. Voraussetzung war nur, daß er durch seine Gesetze die „organischen Bundeseinrichtungen" bereitstellte, um die einzelnen Funktionen staatlicher Wirksamkeit auszuüben. Auch an dieser Bereitstellung des organisatorischen Minimums für einen zweckadäquaten Gebrauch der Bundesgewalt ließ der Bund es jedoch weithin fehlen.

II. Die Bundesgesetzgebung

1. Erlassene und vereinbarte Bundesgesetze

Ob der Deutsche Bund über eine selbständige gesetzgebende Gewalt verfügte, ist immer streitig gewesen. Ein unbefangenes Urteil muß jedoch anerkennen, daß der Bund, da ihm alle Befugnisse zustanden, deren er für seine

Zwecke bedurfte, auch die Gesetzgebungsmacht im Bereich der Bundeszwecke innehatte.

Nach Art. 10 der Bundesakte war die erste Bundesobliegenheit „die Abfassung der *Grundgesetze* des Bundes und dessen organische Einrichtung in Rücksicht auf seine auswärtigen, militärischen und inneren Verhältnisse". Damit stand dem Bund die Gesetzgebungskompetenz für alle Grundgesetze und für alle Organisationsgesetze im Bereich der auswärtigen, militärischen und inneren Bundesexekutive zu. Diese Kompetenz war nach der Natur der Sache nicht auf die „erste Einrichtung" des Bundes, wie die Wiener Schlußakte von 1820 sie vornahm, beschränkt; sie gehörte vielmehr zu den dauernden Bundesfunktionen. Das ergab sich auch aus Art. 6 der Bundesakte, wo die Abfassung und Änderung der Grundgesetze sowie die Beschlüsse über „organische Einrichtungen" als eine dauernde Bundesfunktion vorausgesetzt waren. Innerhalb der echten Bundeszwecke besaß der Bund somit die unmittelbare Gesetzgebungsgewalt. Wie angedeutet, haben zahlreiche Stimmen in der Literatur des deutschen Bundesrechts dies lebhaft bestritten. Der Bund besitze keine gesetzgebende Gewalt „im eigentlichen, juristischen oder legislativen Sinne". Denn er sei kein „Staat", habe keine „Staatsgewalt" und keine „Staatshoheit", kein „Staatsgebiet" und keine „Staatsuntertanen"; er besitze keine „oberherrliche Gewalt" gegenüber den Gliedstaaten; die „Grundgesetze" des Bundes seien keine „oberherrlichen Gesetze", sondern „Vertragsgesetze" (leges conventionales) [1]. Logischer Weise wären bei solcher Betrachtung auch die einfachen Bundesgesetze als „Vertragsgesetze" anzusehen.

Auf diese Argumentation ist zu erwidern: Die wiedergegebene staatsrechtliche Distinktion von *erlassenen und vereinbarten Gesetzen* betrifft nicht die Gesetzgebungszuständigkeit, sondern das Gesetzgebungsverfahren. *Auch vereinbarte Gesetze sind echte Gesetze.* Für den Gesetzescharakter einer Norm ist es gleichgültig, ob die Gesetzgebung in der Form eines einseitigen Erlasses oder in der Form der Vereinbarung ausgeübt wird. Gleichgültig ist auch, ob für den Gesetzgebungsakt Einstimmigkeit unter den Beteiligten erforderlich ist oder ob ein Mehrheitsbeschluß genügt. Zudem aber verkennt die oben angeführte, extrem staatenbündische Theorie, daß die Bundesversammlung als oberstes Bundesorgan ihre rechtsetzende Funktion nicht in der Form des Vertragsschlusses ausübte, so wie im völkerrechtlichen Verkehr mehrere souveräne Mächte gemeinsame Normen im Weg der Vereinbarung aufstellen, die dann, um innerstaatliche Verbindlichkeit zu erlangen, durch selbständige Gesetzgebungsakte der einzelnen vertragschließenden Mächte in inneres Staatsrecht umgewandelt werden. Abgesehen von dem schon erwähnten Ausnahmefall der „gemeinnützigen Anordnungen" (Art. 64 WSchlA), war die Bundesversammlung befugt, durch Bundesbeschluß echte Bundesgesetze zu erlassen, d. h. von Bundes wegen *Rechtsnormen* zu schaffen, die mit der ordnungsmäßigen Verkündung unmittelbare Verbindlichkeit für und gegen die Betroffenen erlangten. Von bloß verfahrensmäßiger Bedeutung war, daß die recht-

---

[1] *Klüber,* Öffentliches Recht des Teutschen Bundes S. 284.

setzenden Bundesbeschlüsse zum Teil der Einstimmigkeit, zum Teil einer Zwei-drittelmehrheit, zum Teil aber nur der einfachen Mehrheit bedurften.

Bei den mit Stimmenmehrheit gefaßten Bundesbeschlüssen war auch ein in der Minderheit gebliebener Gliedstaat dem Gesetzesbeschluß der Bundesver-sammlung unterworfen; dem Bundesganzen stand somit eben doch eine ober-herrliche Gewalt gegenüber den Bundesgliedern zu. Aber auch die der Ein-stimmigkeit bedürftigen Bundesbeschlüsse waren keine „leges conventionales" im rein völkerrechtlichen Sinn. Denn auch bei ihnen faßte den verpflich-tenden Gesetzesbeschluß nicht die Vielheit der souveränen Einzelstaaten, son-dern die Bundesversammlung als ein Organ des Bundes selbst. Die rechtset-zende Autorität ging also auch bei einstimmigen Bundesgesetzen nicht von den einzelnen Regierungen, sondern vom Bund als solchem aus. Gewiß wurden eine Reihe wichtiger Bundesgesetze zunächst auf Ministerkonferenzen der Gliedstaaten, also auf völkerrechtlicher Grundlage, vorberaten und verein-bart und erst zur letzten Beschlußfassung der Bundesversammlung unterbreitet. Aber gerade dies gewiß nicht unbedenkliche Verfahren zeigt, daß eben in jedem Fall abschließend ein formeller Rechtsetzungsakt des Bundes selbst ergehen mußte. Bei einem echten Vereinbarungsgesetz hätte man statt dessen den Gesetzesbeschluß über den konferenzmäßig vorbereiteten Text den einzel-staatlichen Gesetzgebungsorganen überlassen müssen.

Der Deutsche Bund machte von seiner Gesetzgebungsgewalt in einer Reihe von markanten Gesetzgebungsakten Gebrauch. Besonders bedeutsam waren naturgemäß die *Organisationsgesetze* des Bundes, darunter die Austrägalordnung vom 16. Juni 1817, die Exekutionsordnung vom 3. August 1820, die Kriegsverfassung vom 9. April 1821 (11. Juli 1822) und die Schiedsgerichtsordnung vom 30. Oktober 1834. Doch beschränkten die Bundesgesetze sich nicht auf diesen organisatorischen Bereich. Die *Karlsbader Beschlüsse* [1]) etwa, die durch die Karlsbader Konferenzen vorbereitet, dann aber durch den Bundesbeschluß vom 20. September 1819 als Bundesgesetze sanktioniert wurden, griffen tief in die Rechte nicht nur der Gliedstaaten, sondern auch ihrer Untertanen ein.

2. Die Verkündung der Bundesgesetze

Die vom Bundestag beschlossenen Gesetze bedurften zu ihrer Vollziehbarkeit gegenüber Dritten nicht mehr der landesrechtlichen *Sanktion*, sondern nur noch der landesrechtlichen *Publikation* [2]). Durch die Gesetzesbeschlüsse der Bun-desversammlung waren die gliedstaatlichen Regierungen als solche unmittelbar gebunden. Daher bedurften Gesetze, die nur das Verhältnis des Bundes zu den Gliedstaaten betrafen, zu ihrer Vollziehbarkeit nicht einmal der glied-staatlichen Kundmachung [3]). Wenn in den Bundesbeschlüssen dagegen Pflichten

---

[1]) Siehe unten S. 732 ff.
[2]) Das war in der Mehrzahl der Landesverfassungen ausdrücklich anerkannt; vgl. bad. Verf. 1818 (§ 2), württ. Verf. von 1819 (§ 3), sächs. Verf. von 1831 (§ 89) u. a. m.
[3]) Z. B. die Exekutionsordnung; siehe unten S. 634 ff.

oder Rechte der Untertanen begründet werden sollten, bedurften sie zu ihrer Verbindlichkeit der Verkündung. Nun lag diese nach dem Bundesrecht nicht in der Hand eines Bundesorgans, sondern in den Händen der gliedstaatlichen Regierungen. Aber die Landesregierungen waren zur Verkündung der Bundesgesetze verpflichtet, besaßen also nicht das Recht, die Publikation eines Bundesgesetzes abzulehnen und damit dessen Wirksamwerden zu verhindern. So haben z. B. alle Gliedstaaten die Karlsbader Beschlüsse durch Verkündung in Kraft gesetzt, auch diejenigen, die bei dem Frankfurter Bundesbeschluß in der Geheimen Registrande ihren Widerspruch angemeldet hatten[1]). Ebenso war jede Landesregierung auch dann der Publikationspflicht unterworfen, wenn sie bei der Beschlußfassung im Bundestag offen in der Minderheit geblieben war. Wenn eine Landesregierung die Verkündung eines Bundesgesetzes unterließ, so verletzte sie damit ihre verfassungsmäßigen Bundespflichten. Der Bund konnte dann mit der Bundesexekution[2]) gegen sie vorgehen und die Verkündung erzwingen; im äußersten Fall konnte er die Verkündung im Weg der Ersatzvornahme durch den von ihm eingesetzten Exekutionskommissar in dem säumigen Gliedstaat vollziehen lassen; das Bundesgesetz erlangte damit verpflichtende Kraft für alle Behörden und Untertanen in dem betroffenen Land. Mit einem die Geltungskraft des Bundesgesetzes einschränkenden Vorbehalt durfte die landesrechtliche Verkündungsformel nicht versehen werden. Gegen diese Pflicht zur vorbehaltlosen Verkündung der Bundesgesetze verstieß Bayern allerdings bei der Publikation der Karlsbader Beschlüsse[3]).

3. Bundesrecht und Landesrecht

Obwohl die Grundgesetze des Bundes darüber schwiegen, galt schon im Deutschen Bund der *Vorrang des Bundesrechts vor dem Landesrecht.* Von dem in die späteren deutschen Verfassungen aufgenommenen Satz: „Reichsrecht (Bundesrecht) bricht Landrecht"[4]) unterschied das im Deutschen Bund gegebene Rangverhältnis der Rechtsquellen sich nur dadurch, daß ein von der Bundesversammlung beschlossenes Bundesgesetz seine derogatorische Kraft gegenüber dem Landesrecht erst erlangte, wenn es im Gliedstaat ordnungsmäßig publiziert worden war, und daß es im Deutschen Bund *kein Bundesorgan mit Publikationsbefugnis* gab. Wenn aber die Landesregierung das Bundesgesetz verkündet hatte[5]), so trat dieselbe Rechtswirkung ein, die später ein von dem

---

[1]) Siehe unten S. 735.
[2]) Siehe unten S. 634 ff,
[3]) Siehe unten S. 738.
[4]) Vgl. *§ 66 Frankf. Reichsverf.:* „Reichsgesetze gehen den Gesetzen der Einzelstaaten vor, insofern ihnen nicht ausdrücklich eine nur subsidiäre Geltung beigelegt ist"; ferner *Art. 2 BismRVerf.:* „...übt das Reich das Recht der Gesetzgebung...mit der Wirkung aus, daß die Reichsgesetze den Landesgesetzen vorgehen"; *Art. 13 Abs. 1 WeimRVerf.:* „Reichsrecht bricht Landrecht"; *Art. 31 Bonner GG:* „Bundesrecht bricht Landesrecht". Siehe dazu auch Bd. III S. 796, Bd. VI S. 410.
[5]) Oder bei der Ersatzverkündung der Exekutionskommissar (siehe oben).

zuständigen Reichsorgan verkündetes Reichsgesetz auslöste. Ein dem verkündeten Bundesgesetz widersprechendes Landesgesetz trat also automatisch außer Kraft; einer Aufhebung des bundeswidrigen Landesgesetzes durch den Landesgesetzgeber bedurfte es nicht. Allerdings war auch dies umstritten. Immerhin ist man in einer Reihe von Fällen in diesem Sinne vorgegangen.

Als z. B. die Bundesversammlung durch den Bundesbeschluß vom 10. November 1831 an die fortdauernden bundesrechtlichen Einschränkungen der Pressefreiheit[1]) erinnerte, revidierten einige Gliedstaaten ihre Preßgesetze im Weg der Landesgesetzgebung. Baden gab sich dagegen am 28. Dezember 1831 ein die Zensur aufhebendes Preßgesetz[2]). Der Bundesbeschluß vom 5. Juli 1832 wies Baden ausdrücklich auf den bundeswidrigen Charakter dieses Gesetzes hin. Darauf stellte der Großherzog durch Verordnung vom 28. Juli 1832[3]) fest, das Preßgesetz sei in seinen bundeswidrigen Teilen ipso jure unwirksam. Auf eine Aufhebung im Weg der Landesgesetzgebung verzichtete man in der zutreffenden Annahme, daß die bundeswidrigen Bestimmungen des Landesgesetzes ohnedies niemals rechtliche Wirksamkeit erlangt hatten.

4. Deutsche Vertragsgesetze

Eine Entwicklung des Bundesrechts war auch in anderer Weise als auf dem Weg der unmittelbaren Bundesgesetzgebung möglich. Diese Form benutzte man, wo bestimmte Materien, die außerhalb der Bundeskompetenzen lagen, einer gesamtdeutschen Regelung bedurften. Für diese Fälle der „gemeinnützigen Anordnungen" schrieb die Wiener Schlußakte (Art. 64), wie schon erwähnt, die Regelung durch freie Übereinkunft unter den Bundesgliedern vor. Man konnte für diese Übereinkunft zwar auch die Form des einstimmigen Bundes-Plenarbeschlusses wählen. Aber dem Wortlaut und Sinn des Art. 64 der Wiener Schlußakte entsprach es eher, wenn man statt dessen den Weg der einzelstaatlichen Parallelgesetzgebung auf der Grundlage einer vorausgegangenen vertraglichen Verständigung beschritt. So ging man z. B. beim Erlaß der Allgemeinen Deutschen Wechselordnung von 1847 und des Allgemeinen Deutschen Handelsgesetzbuchs von 1861 vor[4]). Sie als Bundesgesetze zu erlassen hätte außerhalb der eigentlichen Bundeszuständigkeit gelegen, da die „Sicherheit, Unabhängigkeit und Unverletzlichkeit" Deutschlands hier nicht im Spiel waren. Die föderalistischen Grundsätze der Bundesverfassung wurden besser gewahrt, wenn der Bund auf den genannten Gebieten nicht als Gesetzgeber handelte, sondern nur eine einheitliche Gesetzgebung der Gliedstaaten vorbereitete. Die beiden genannten Gesetze wurden deshalb nach Kommissionsberatungen zwischen den bundesangehörigen deutschen Staaten vereinbart und dann im Weg der Landesgesetzgebung gleichförmig in Kraft gesetzt. Hier also handelte es sich nicht um deutsche Bundesgesetze, sondern um übereinstimmende Landesgesetze; den Gliedstaaten stand nicht nur die Verkündung der Gesetze, sondern auch der maßgebende Gesetzesbeschluß zu. Die beiden

---

[1]) Siehe unten S. 742 ff.
[2]) Badisches Gesetz über die Polizei der Presse und über die Bestrafung der Preßvergehen vom 28. Dezember 1831 (RegBl. 1832 S. 29).
[3]) Reg.Bl. 1832 S. 371. Siehe auch Bd. II S. 43 ff.   [4]) Siehe Bd. III S. 975.

genannten Gesetze waren wirkliche Vertrags-Gesetze *(leges conventionales)*; sie waren auf völkerrechtlicher Basis vereinbarte, dann durch die Einzelstaaten erlassene gleichlautende Gesetze. Aber gerade diese Beispiele zeigen, wie stark die im Rahmen der Bundeskompetenz erlassenen echten Bundesgesetze sich von den bloß vereinbarten gemeinsamen Gesetzen unterschieden und wie sehr es daher berechtigt ist, innerhalb der eigentlichen Bundeszuständigkeit von einer wirklichen Gesetzgebungsgewalt des Bundes zu sprechen.

III. Die auswärtige Bundesgewalt

1. Die doppelte Völkerrechtsfähigkeit Deutschlands

Nach außen, im Verhältnis zu fremden Staaten, besaß der Deutsche Bund die volle völkerrechtliche Rechtsfähigkeit. Er war ein selbständiges Völkerrechtssubjekt; er konnte also Gesandtschaften mit auswärtigen Mächten austauschen, Bündnisse und andere völkerrechtliche Verträge vereinbaren sowie Krieg führen und Frieden schließen. Diese Rechte ergaben sich unmittelbar aus dem Bundeszweck, die Sicherheit, Unabhängigkeit und Unverletzlichkeit Deutschlands zu gewährleisten. Außerdem sah Art. 11 Abs. 2 der Bundesakte den „Bundeskrieg" ausdrücklich vor; die Wiener Schlußakte gab in Art. 12 die Entscheidung über Bundeskrieg und Bundesfrieden ausdrücklich in die Hand des Bundesplenums; in Art. 35 legte sie das Recht des Bundes zu Krieg, Frieden, Bündnissen und anderen Staatsverträgen ausdrücklich fest. Sie setzte allerdings hinzu, daß der Bund, seinem Zweck entsprechend, diese Rechte nur zu seiner Selbstverteidigung, zur Erhaltung der Selbständigkeit und äußeren Sicherheit Deutschlands und zur Wahrung der Unabhängigkeit und Unverletzlichkeit seiner Gliedstaaten ausüben werde. Doch ergab dies sich ohnehin daraus, daß die Bundeskompetenzen durch den Bundeszweck begrenzt waren.

Der Deutsche Bund besaß allerdings *kein Recht zur ausschließlichen auswärtigen Vertretung Deutschlands.* Entgegen den auf dem Wiener Kongreß ursprünglich geäußerten preußischen Absichten [1]) hatten vielmehr neben dem Bund auch alle Gliedstaaten die völkerrechtliche Handlungsfähigkeit inne. Auch sie konnten das Gesandtschaftsrecht ausüben, Verträge und Bündnisse mit fremden Staaten eingehen sowie Krieg führen und Frieden schließen. Das war zwar keine unbedingt zwingende Folgerung aus dem staatenbündischen Prinzip; denn auch in einem Staatenbund ist es möglich, die völkerrechtlichen Beziehungen dem Bund vorzubehalten. Die völkerrechtliche Handlungsfähigkeit der deutschen Gliedstaaten ergab sich vielmehr notwendig aus der Sonderstellung, die Österreich und Preußen im Bund besaßen. Da diese beiden Großmächte mit Teilen ihres Staatsgebiets außerhalb des Bundes standen [2]), war es unmöglich, ihnen die Wahrnehmung ihrer auswärtigen Beziehungen zugunsten der Bundesgewalt zu entziehen. Der Bund konnte die beiden Groß-

---

[1]) Siehe oben S. 528.   [2]) Siehe oben S. 585 f.

mächte auch unmöglich auf das Recht beschränken, selbständige auswärtige Beziehungen nur für ihre bundesfremden Territorien zu unterhalten. Denn damit wären sie des Rechts verlustig gegangen, gemäß ihrer Stellung im europäischen Konzert der Mächte eine einheitliche Außenpolitik zu führen. Der Bund mußte Österreich und Preußen vielmehr die völkerrechtliche Vertretungsmacht für ihr Gesamtstaatsgebiet zugestehen. Dann aber konnte er, wenn er die Gleichheit der gliedstaatlichen Rechte nicht empfindlich verletzen wollte, den übrigen deutschen Ländern die völkerrechtliche Vertretungsmacht nicht vorenthalten. So ergab sich im Deutschen Bund das fragwürdige System einer *vollentwickelten völkerrechtlichen Doppelstellung Deutschlands*. Der Bund und alle Länder nahmen in der gleichen Weise an den völkerrechtlichen Rechtsbeziehungen in Krieg und Frieden teil. Es gab — jedenfalls potentiell — nebeneinander Bundesgesandtschaften und Landesgesandtschaften, Bundesverträge und Landesverträge, Bundeskrieg und Landeskrieg, Bundesfrieden und Landesfrieden.

Aus dem Recht auf selbständige und unmittelbare Teilnahme am völkerrechtlichen Verkehr folgte das Recht der Länder auf eine selbständige, vom Bund unabhängige Außenpolitik. Dieses Recht war nur einer einzigen Einschränkung unterworfen. Art. 11 Abs. 3 der Bundesakte verpflichtete die Länder, „keine auswärtigen Verbindungen einzugehen, welche gegen die Sicherheit des Bundes oder einzelner Bundesstaaten gerichtet wären". Das war im Grund nichts anderes als die Wiederholung der berühmten Formel des Westfälischen Friedens, die die deutschen Territorien ermächtigt hatte, untereinander und mit ausländischen Staaten in Bündnisse einzutreten, außer in solche, die sich gegen Kaiser und Reich oder den öffentlichen Frieden richteten [1]). Dem alten Reich hatte diese Beschränkung des Bündnisrechts der Reichsterritorien wenig genutzt. Es war nicht zu hoffen, daß die bloße Aufnahme einer ähnlichen Formel in die Bundesakte einzelne deutsche Territorialstaaten im Fall ernsthafter Versuchung davor zurückhalten werde, bundeswidrige auswärtige Verbindungen einzugehen, sofern der Bund nicht die zur Abwehr solcher Felonie erforderlichen Machtmittel erhielt, deren das Reich entbehrt hatte. Jedenfalls stellte das selbständige Bündnisrecht der deutschen Einzelstaaten eine schwere Bedrohung für die dem Bund aufgegebene gemeinsame Wahrung der Sicherheit Deutschlands nach außen dar [2]).

Die selbständige außenpolitische Handlungsfähigkeit der Gliedstaaten verhinderte, daß der Bund als solcher eine einheitliche Außenpolitik trieb. Nur in den Anfangsjahren des Bundes gelang es Metternich, auf den internationalen Kongressen, die im Rahmen des europäischen Allianzsystems stattfanden, eine

---

[1]) Art. VIII § 2 IPO (Art. 63 IPM): „Cumprimis vero *ius faciendi inter se et cum exteris foedera* pro sua cuiusque conservatione ac securitate singulis Statibus perpetuo liberum esto; ita tamen, *ne eiusmodi foedera sint contra Imperatorem et Imperium pacemque eius publicam* vel hanc imprimis Transactionem fiantque salvo per omnia iuramento, quo quisque Imperatori et Imperio obstrictus est".

[2]) Zu der sich hier erhebenden praktischen Hauptfrage, ob das preußisch-italienische Bündnis vom 8. April 1866 mit dem Art. 11 Abs. 3 der Bundesakte vereinbar war, siehe oben S. 586, sowie Bd. III S. 520 ff.

gemeinsame außenpolitische Linie der deutschen Staaten zu entwickeln. Später reihten sich die einzelnen deutschen Staaten wiederholt in entgegengesetzte außenpolitische Fronten ein, etwa während des Krimkrieges, in dem es nicht möglich war, die Gemeinsamkeit der österreichischen und der preußischen Außenpolitik festzuhalten und damit Deutschland als Ganzes zu einem Faktor der europäischen Politik zu machen[1]). Das Fehlen eines Bundesoberhaupts oder einer anderen gemeinsamen Bundesexekutive trat gerade in den auswärtigen Beziehungen Deutschlands empfindlich hervor. Die vielgliedrige Bundesversammlung war nach ihrer Natur nicht imstande, selbständig, konsequent und nach eigenem Plan in das außenpolitisch-diplomatische Spiel einzugreifen. So behielten die Einzelstaaten die Außenpolitik als eine Domäne, über deren unangetasteten Besitz sie mit nicht geringerer Eifersucht wachten als die Landesregierungen späterer Zeiten über die Unversehrtheit ihres Polizei- oder Kulturressorts. Selbst 1848/49 stieß die vorläufige Reichszentralgewalt, als sie vorübergehend und mit wenig Erfolg zur selbständigen Wahrnehmung auswärtiger Beziehungen überging, auf den hartnäckigen Widerstand der Landesdiplomatie[2]).

2. Das Gesandtschaftsrecht

Schon der Bundesbeschluß vom 12. Juni 1817 über die auswärtigen Verhältnisse des Bundes[3]), der dauernd in Geltung blieb, regelte den diplomatischen Verkehr, den der Bund unterhielt. Art. 50 der Wiener Schlußakte fügte hinzu, daß die Bundesversammlung die beim Bund akkreditierten ausländischen Gesandten anzunehmen und, falls es als nötig befunden werde, Gesandte im Namen des Bundes an fremde Höfe abzuordnen habe. Das Protokoll der Wiener Ministerialkonferenzen bemerkte zu Art. 50 der Schlußakte jedoch ausdrücklich, es sei die Absicht, „bloß in außerordentlichen Fällen von Bundes wegen Gesandte zu ernennen"[4]). Demgemäß verzichtete der Bund auf ständige diplomatische Vertretungen bei fremden Regierungen. Sein *aktives Gesandtschaftsrecht* übte er, abgesehen von der vorübergehenden Einrichtung der Reichsgesandtschaften 1848/49[5]), nur in Sonderfällen aus. So war er z. B. auf der Londoner Konferenz von 1864 wegen Schleswig-Holstein durch einen eigenen Gesandten, den Grafen *Beust,* vertreten. Sein *passives Gesandtschaftsrecht* nahm der Bund dagegen von 1817 an ununterbrochen wahr. Er räumte also fremden Regierungen das Recht ein, sich durch diplomatische Vertretungen bei der Bundesversammlung repräsentieren zu lassen.
Das Vorbild dieser ausländischen Vertretungen in Frankfurt waren die Gesandtschaften des Auslands, die beim alten Reichstag in Regensburg bestanden hatten. Gerade aber wegen der ständigen Einmischung in innerdeutsche Angelegenheiten, deren diese früheren Gesandten beim Reich sich befleißigt hatten, waren Österreich und Preußen sich auf dem Wiener Kongreß darüber einig geworden, ständige auswärtige Gesandtschaften beim Bundestag nicht

---

[1]) Siehe Bd. III S. 224 ff.   [2]) Siehe Bd. II S. 633 ff.   [3]) CJCG Bd. 2 S. 44.
[4]) Konferenzprotokoll vom 15. Mai 1820 (*Aegidi,* aaO S. 339). [5]) Siehe Bd. II S. 636.

zuzulassen [1]). Bei der Verabschiedung der Bundesakte verzichtete man darauf, diese Frage ausdrücklich zu regeln. Das Schweigen der Bundesakte gab den auswärtigen Staaten die Möglichkeit, die Zulassung ständiger Gesandtschaften beim Bundestag zu fordern. So erschien mit anmaßender Eilfertigkeit *Graf Reinhard* als französischer Gesandter schon vor der Eröffnung des Bundestags in Frankfurt mit dem Anspruch auf Zulassung [2]), was *Hardenberg* und *Humboldt* in ihrem Widerwillen gegen die Erneuerung dieses alten Mißstands bestärkte [3]). Dem Drängen der Großmächte gaben die deutschen Regierungen schließlich nach; Frankreich, Rußland und England waren durch ständige Gesandte bei der Bundesversammlung in Frankfurt vertreten. Die Beglaubigungsschreiben lauteten auf Entsendung an den *Deutschen Bund* als solchen („la très Haute et très Illustre Confédération Germanique"), mit dem der Gesandte durch Vermittlung der Bundesversammlung zu verkehren hatte („avec laquelle il communiquera par l'entremédiaire de la Diète Fédérale séante à Francfort") [4]). Es war die dem Bund als einem selbständigen Völkerrechtssubjekt erneut bekundete Anerkennung, die in der Akkreditierung diplomatischer Vertreter in Frankfurt zum Ausdruck kam. Ebenso aber setzte das passive Gesandtschaftsrecht den Bund in den Stand, aus eigener Machtvollkommenheit über die völkerrechtliche Anerkennung von Staaten oder Regierungen mitzuentscheiden [5]).

Der Bund besaß das Recht, in diplomatischen Verkehr auch mit solchen Staaten oder Regierungen zu treten, denen einzelne deutsche Gliedstaaten die Anerkennung noch nicht ausgesprochen hatten. Als 1864 *Kaiser Maximilian von Mexiko* einen Gesandten beim Deutschen Bund akkreditierte, machte Baden, das der Regierung des Kaisers die Anerkennung noch vorenthielt, geltend, der Bund sei zur Entgegennahme eines ausländischen Gesandten erst nach Anerkennung seiner Regierung seitens aller deutschen Einzelstaaten befugt. Die badische Rechtsauffassung war unzutreffend. Denn das Gesandtschaftsrecht des Bundes war nicht akzessorisch aus der auswärtigen Gewalt der deutschen Einzelstaaten abgeleitet, sondern ein dem Bund selbständig und ursprünglich zustehendes Recht.

3. Der Bundeskrieg

In voller Unabhängigkeit stand dem Bund auch das Recht zur Erklärung und Beendigung des *Bundeskriegs* zu. Art. 35 der Wiener Schlußakte be-

---

[1]) Auf dem Wiener Kongreß hatten Preußen und Österreich sich bemüht, das passive Gesandtschaftsrecht des Bundes auf die Entgegennahme außerordentlicher Gesandtschaften zu beschränken, ständige Gesandtschaften auswärtiger Staaten beim Bund dagegen auszuschließen; der Vorschlag war nicht durchgedrungen. Vgl. die Entwürfe zur Bundesverfassung bei *Klüber*, Akten Bd. 2 S. 23, 142, 161.

[2]) Siehe unten S. 683.

[3]) Denkschrift Hardenbergs vom 11. Mai 1816; Denkschrift Humboldts vom 30. September 1816 (Gesammelte Schriften Bd. XII S. 53 ff.).

[4]) Beglaubigungsschreiben für den Grafen Reinhard vom 18. Juli 1817. Text bei *Dommermuth*, Das angebliche Garantierecht der europäischen Mächte über den Deutschen Bund (Diss. Frankfurt 1928) S. 81.

[5]) Praktische Bedeutung gewann dieses völkerrechtliche Anerkennungsrecht des Deutschen Bundes z. B. bei den Regierungswechseln in Frankreich im Juli 1830 und im Februar 1848.

schränkte den Bundeskrieg allerdings, dem Bundeszweck entsprechend, auf Fälle des *Verteidigungskriegs*, d. h. auf Kriege „zur Selbstverteidigung sowie zur Erhaltung der Selbständigkeit und äußeren Sicherheit Deutschlands und der Unabhängigkeit und Unverletzbarkeit der einzelnen Bundesstaaten". Dieser Wortlaut ergibt jedoch, daß der Bundeskrieg auch als präventiver oder offensiver Verteidigungskrieg, d. h. zur vorbeugenden Abwehr eines drohenden Angriffs, statthaft war. Die von auswärtigen Mächten ausgehende Verletzung eines Gliedstaats in seinem bundeszugehörigen Gebiet galt nach Art. 36 der Wiener Schlußakte immer als eine Verletzung des Gesamtbundes. Zugleich aber oblag jedem Gliedstaat die bundesrechtliche Pflicht, sich seinerseits jeder Verletzung auswärtiger Staaten zu enthalten. Verletzte ein deutscher Staat diese Friedenspflicht gegenüber dem Ausland, so konnte der Bund gegen den friedenstörenden Mitgliedstaat vorgehen (Art. 36 WSchlA), und zwar notfalls mit der Bundesexekution. Der Deutsche Bund verzichtete also nicht nur für sich selbst auf den Angriffskrieg, sondern verbot auch seinen Gliedstaaten jeden Separatkrieg, in dem ihnen „das Recht nicht zur Seite steht" (Art. 37 WSchlA). *Seit 1820 war das Verbot des rechtlosen Angriffskriegs somit ein für Bund und Gliedstaaten verbindlicher gemeindeutscher Verfassungssatz.* Die klassische völkerrechtliche Lehre vom *gerechten Krieg*, der zur Selbstverteidigung oder zur Wahrung verletzter Rechte geführt wird, war somit noch ein Bestandteil des deutschen Bundesverfassungsrechts.

Im übrigen waren bei Kriegsgefahr folgende Maßnahmen zu unterscheiden: Einem Gliedstaat, der in einen auswärtigen Konflikt verwickelt und dabei in seinen Rechten beeinträchtigt wurde, hatte die Bundesversammlung *diplomatische Unterstützung* zu leisten, damit ihm volle Sicherheit und angemessene Genugtuung zu Teil werde (Art. 37 WSchlA). Bestand die Besorgnis eines feindlichen Angriffs auf einen Gliedstaat oder den Bund im Ganzen, so konnte der Engere Rat feststellen, daß Kriegsgefahr bestehe; er hatte dann die notwendigen *Verteidigungsmaßnahmen* zu beschließen (Art. 38 WSchlA), also z. B. die Gesamt- oder Teilmobilmachung des Bundesheeres. Kam es zum *Angriff auf das Bundesgebiet*, so trat der Kriegszustand ohne besonderen Bundesbeschluß selbsttätig ein; der Engere Rat hatte dann ohne Verzug zu den erforderlichen Verteidigungsmaßnahmen zu schreiten (Art. 39 WSchlA), d. h. den militärischen Einsatz anzuordnen. Bei *vorbeugender Abwehr eines feindlichen Angriffs* dagegen war die förmliche Erklärung des Bundeskriegs erforderlich; über sie konnte nur das Plenum der Bundesversammlung mit Zweidrittelmehrheit beschließen (Art. 40 WSchlA). Bei einem *Krieg zwischen auswärtigen Mächten* endlich konnte der Bund die erforderlichen Verteidigungsmaßnahmen zur Wahrung der deutschen Neutralität treffen (Art. 45 WSchlA).

Jeder Gliedstaat des Bundes war verpflichtet, an den vorbeugenden Verteidigungsmaßnahmen wie (bei ausgebrochenem oder erklärtem Bundeskrieg) an den gemeinsamen Kriegshandlungen mitzuwirken. Es gab im Bundeskrieg *kein Neutralitätsrecht* der Bundesglieder, ebenso aber auch kein Recht, die Kriegspflicht durch *Subsidien* abzulösen. Das Mindestmaß der militärischen Kräfte, mit denen jedes Bundesglied am Bundeskrieg teilzunehmen hatte, schrieb die Bundesmatrikel vor. Zum Schutz der bundeszugehörigen Gebiete der deutschen Staaten bestand eine automatische und unbedingte *Beistandspflicht* des Bundes und aller Bundesglieder. Für die Staaten mit bundesfremden Besitzungen (Österreich und Preußen) war die Garantiepflicht des Bundes auf den bundeszugehörigen Gebietsstand beschränkt[1]). Im einzelnen war dazu bestimmt: Wenn ein Gliedstaat mit bundesfremden Besitzungen in seiner Eigenschaft als europäische Macht einen Krieg begann, so löste dies keinerlei Verpflichtungen des Bundes aus; der Krieg blieb „dem Bunde ganz fremd" (Art. 46 WSchlA). Wenn ein solcher Gliedstaat in seinen bundesfremden Gebieten angegriffen wurde, so entstand eine Beistandspflicht des Bundes nur, wenn der Engere Rat mit Stimmenmehrheit anerkannte, daß damit zugleich auch dem Bundesgebiet Gefahr drohe (Art. 47 WSchlA). Ein solcher *Beistandsbeschluß* verpflichtete auch die überstimmte Minderheit, zum Schutz bundesfremder Besitzungen von Bundesgliedern einzugreifen.

Im Rahmen eines Bundeskriegs war es den einzelnen Gliedstaaten untersagt, in einseitige Unterhandlungen mit dem Feind einzutreten oder einen Waffenstillstand oder Frieden einseitig abzuschließen (Art. 11 Abs. 2 der Bundesakte); dieses *Verbot der Separatverhandlungen, des Separatwaffenstillstands und des Separatfriedens* war ausdrücklich auch auf die Gliedstaaten mit bundesfremden Gebietsteilen, also auf Österreich und Preußen, erstreckt (Art. 48 WSchlA). Der Bund suchte sich damit gegen die Wiederholung des Vorgangs, wie er sich beim Abschluß des preußischen Sonderfriedens von Basel 1795 ereignet hatte[2]), zu sichern. Wie die Entscheidung über den Bundeskrieg so stand dem Bundestag die Beschlußfassung über den *Bundesfrieden* also allein zu. Jedoch war es jederzeit möglich, daß im Fall eines Bundeskriegs ein Einzelstaat oder mehrere sich auch als selbständige Mächte neben dem Bund an dem Krieg beteiligten; der Bundeskrieg konnte also mit einer Mehrzahl von Einzelstaatskriegen kombiniert sein. Vor allem Österreich und Preußen konnten Interesse daran haben, in einem Bundeskrieg gleichzeitig einen Einzelstaatskrieg zu führen. Diese Mächte nahmen dann neben dem Bund an den Entscheidungen über die Kriegführung, über den Abschluß eines Waffenstillstands und über den Friedensschluß teil.

a) Der einzige Bundeskrieg zwischen 1815 und 1866 war der *Bundeskrieg gegen Dänemark 1848/50*[3]). Nachdem die dänische Armee am 9. April 1848 die bei Flensburg stehenden Truppen der provisorischen Regierung Schleswig-Holsteins angegriffen hatte, erhielt Preußen von der Bundesversammlung das Mandat, den Bundeskrieg gegen Dänemark zu führen. Dem preußischen Oberbefehlshaber General v. Wrangel wurde außer den preußischen Truppen das 10. (hannoversche) Bundeskorps unterstellt. Den von Preußen abgeschlossenen Waffenstillstand von Malmö (26.August 1848) genehmigten die Frankfurter Nationalversammlung und der Reichsverweser im September 1848. Nach der Kündigung des Waffenstillstands (23. Februar 1849) wurden die Bundestruppen um bayerische und sächsische Kräfte verstärkt. Auch den zweiten von Preußen vereinbarten Waffenstillstandsvertrag (10. Juli 1849) hieß die Frankfurter Zentralgewalt gut. Zu den endgültigen Friedensverhandlungen wurde Preußen vom Frankfurter Interimsausschuß, der inzwischen

---

[1]) Siehe oben S. 586.   [2]) Siehe oben S. 29 ff.   [3]) Siehe Bd. II S. 671 ff.

die Funktionen des Reichsverwesers übernommen hatte, bevollmächtigt. Den Berliner Frieden vom 2. Juli 1850 schloß Preußen daher auch im Auftrag und Namen des Bundes als *Bundesfrieden* ab[1]).

b) Am *Krimkrieg*, dem einzigen großen europäischen Krieg zwischen 1815 und 1870, nahmen Österreich und Preußen nicht teil. Beide schlossen aber im Hinblick auf die bestehende Kriegsgefahr am 20. April 1854 ein *Schutz- und Trutzbündnis*. Diesem trat der Deutsche Bund durch Bundesbeschluß vom 24. Juli 1854 bei[2]). Eine Verwicklung Österreichs oder Preußens in den Krimkrieg hätte damit auch den Deutschen Bund automatisch in den Krieg einbezogen. Darüber hinaus stellte die Bundesversammlung durch Beschluß vom 9. Dezember 1854 fest, daß ein im Zug des Krieges unternommener „Angriff auf Österreich, sei es gegen das Gebiet des Kaiserstaats, sei es gegen seine Truppen in den Donaufürstentümern, das gesamte Deutschland zur Unterstützung Österreichs mit allen Mitteln verpflichtet"[3]). Das war eine außerordentlich weittragende Beistandszusage. Denn nach ihr wäre ein russischer Angriff auf die fern auf dem Balkan, in der Moldau und Walachei, stehenden österreichischen Truppen zum casus belli für ganz Deutschland geworden[4]).

c) Während des *österreichisch-italienischen Krieges* 1859 enthielt der Deutsche Bund sich der Teilnahme, so sehr Österreich sich um die Bundeshilfe bemühte. Nachdem Preußen sich zur Neutralität entschlossen hatte, um in entscheidenden Moment zur „bewaffneten Vermittlung" zu schreiten, entschied sich auch der Bundestag, nur ein bewaffnetes *Observationskorps* in Süddeutschland aufzustellen, um für den Fall gerüstet zu sein, daß der Krieg auf österreichisches Bundesgebiet übergreife oder in anderer Weise zu einer Gefahr für Deuschland werde[5]).

Diese Vorgänge zeigen, daß der Bund, da er ohne bundesunmittelbare militärische Macht war, auch im Kriegsfall nur in Anlehnung an eine der bedeutenden Militärmächte Deutschlands zu handeln vermochte. Eine selbständige Kriegs- oder Friedenspolitik zu führen, war er praktisch nicht imstande. Die militärischen Aktionen des Bundes gegen Dänemark (1864) und Preußen (1866) waren keine Fälle des Bundeskriegs, sondern solche der Bundesexekution; sie gehören daher in einen anderen Zusammenhang (siehe unten S. 634 ff.).

VI. Die Bundesmilitärgewalt

Der Aufbau der *Bundeskriegsverfassung*, d. h. der Wehrorganisation des Bundes, stand mit der Ausübung der auswärtigen Gewalt in engem Zusammenhang. Ohne eine Bundeskriegsverfassung war die Erhaltung der äußeren Sicherheit Deutschlands nicht möglich. Die Mängel der alten Reichskriegsverfassung hatten wesentlich zum Zusammenbruch des Reichs beigetragen. Umso wichtiger war, daß der Deutsche Bund in der Organisation der gemeinsamen Verteidigung nicht versagte. Aber die Schwierigkeiten, die sich hier erhoben, waren kaum geringer als die, die früher eine wirksame Reichskriegsverfassung verhindert hatten. Trotz aller Bemühungen war es auf dem Wiener Kongreß nicht gelungen, in die Bundesakte auch nur ein Wort über die Bundesmilitärverfassung einzufügen[6]). Die folgenden fünf Jahre waren mit vor-

---

[1]) Näheres über die mannigfachen verfassungsrechtlichen Verwicklungen, zu denen es bei dem Bundeskrieg von 1848/50 kam, in Bd. II S. 671 ff., 904 ff., 933 ff.
[2]) Texte: Dokumente Bd. 2 Nr. 8, 9.
[3]) Ebenda Nr. 11.
[4]) Näheres darüber in Bd. III S. 224 ff.   [5]) Siehe Bd. III S. 254 ff.
[6]) Zur Ausarbeitung der Grundbestimmungen der Bundeskriegsverfassung hatte der „Deutsche Ausschuß" in Wien einen *Militärausschuß* eingesetzt (vgl. die ihm aufge-

bereitenden Maßnahmen erfüllt, die in der Hand der *Militärkommission* des Bundestags lagen[1]. Da die Kommission noch nicht zum Abschluß ihrer Arbeiten gekommen war, begnügte die Wiener Schlußakte sich mit dem Satz, es sei Pflicht der Bundesversammlung, „die auf das Militärwesen des Bundes Bezug habenden organischen Einrichtungen und die zur Sicherstellung seines Gebiets erforderlichen Verteidigungs-Anstalten zu beschließen" (Art. 51). In Vollzug dieser Vorschrift erging das *Bundesgesetz über die Kriegsverfassung des Deutschen Bundes* vom 9. April 1821[2]; dazu traten die *Näheren Bestimmungen über die Kriegsverfassung des Deutschen Bundes* vom 12. April 1821/11. Juli 1822[3]. Diese „Näheren Bestimmungen" erhielten durch den Bundesbeschluß vom 4. Januar 1855 eine revidierte Fassung[4]), in der sie bis zum Ende des Bundes in Geltung blieben. Die oberste Leitung und Verwaltung der Bundes-Militärangelegenheiten lag dem *Militärausschuß des Bundestags* ob[5].

1. Die Kontingente des Bundesheeres

Angesichts seiner staatenbündischen Struktur konnte der Bund ein ihm unmittelbar zugeordnetes *einheitliches Bundesheer* nicht bilden. Vielmehr mußte er seinen Gliedstaaten das Recht einräumen, selbständige Armeen aufzustellen, die militärische Kommandogewalt in ihrem Bereich selbständig auszuüben, über die Wehrpflicht ihrer Untertanen zu entscheiden und eine eigene Militärgesetzgebung und Militärgerichtsbarkeit zu entwickeln. Der Bund konnte nur zu einem *Kontingentsheer* kommen, also zu einer föderativen Heeresformation aus gliedstaatlichen, der militärischen Obergewalt des Bundes untergeordneten Truppenteilen. Nun kann auch ein Kontingentsheer in unterschiedlicher Weise entwickelt sein. Es kann auf der fast völligen *Selbständigkeit der Kontingente* beruhen, die allenfalls in der militärischen Spitze zur Einheit verbunden sind. Es kann sich aber auch auf eine starke *Integration der Kontingente* gründen, wie es z. B. in der deutschen Armee 1871–1918 der Fall war[6]. Das Bundesheer von 1821–66 stellte eine Mischform zwischen dem bloß *föderierten Kontingentsheer* und dem *integrierten Kontingentsheer* dar; neben den fast vollkommen selbständigen Kontingenten der deutschen Großmächte und Bayerns standen die stark integrierten Verbände der kleineren deutschen Staaten.

Die Kernfrage beim Aufbau des Bundesheeres war, in welchem Umfang die Gliedstaaten verpflichtet sein sollten, Bundestruppen aufzustellen und zur

---

tragenen Beratungspunkte nach dem Beschluß vom 22. Oktober 1814; *Klüber*, Akten Bd. 2 S. 111). Im Fortgang der Beratungen erklärten Österreich und Preußen jedoch, daß „das Detail hierüber unmöglich vorweggenommen werden könne" und der ganze Komplex daher „an die Bundesversammlung verwiesen werden müsse" (Erklärung vom 1. Juni 1815, ebenda S. 457).
[1]) Geschäftsordnung für die technische Militär-Commission der Bundesversammlung vom 15. März 1819 (CJCG Bd. 2 S. 78). Vorausgegangen war ein *Militärausschuß* gemäß dem Bundesbeschluß vom 9. April 1818.
[2]) Dokumente Bd. 1 Nr. 39.   [3]) Ebenda Nr. 40.   [4]) CJCG Bd. 2 S. 622.
[5]) Eingesetzt durch Bundesbeschluß vom 9. April 1818 (Prot. d. BVers. § 85).
[6]) Siehe Bd. III S. 992 ff.

Verfügung der Bundesgewalt zu halten. Für die Zusammensetzung der alten Reichsarmee hatte eine reichsrechtliche Heeresmatrikel gegolten; auch für das Kontingentsheer des Deutschen Bundes mußte man eine solche Heeresmatrikel schaffen. Schon mit dem Bundesbeschluß vom 20. August 1818[1]) kam eine Vereinbarung der Gliedstaaten über die *Bundesmatrikel* zustande. Sie ging in einer am 4. Februar 1819 beschlossenen revidierten Fassung in die „Näheren Bestimmungen" von 1821/22 ein; später wurde sie wiederholt geändert. Jeder Gliedstaat hatte nach § 1 der „Näheren Bestimmungen" 1 % seiner bundesmatrikularmäßigen Bevölkerung als Hauptkontingent zum Bundesheer zu stellen; dazu kam im Kriegsfall ein Ersatzkontingent, das für jedes Kriegsjahr auf höchstens ½ % der Bevölkerung bemessen war. Die „Revidierte Kriegsverfassung" von 1855 setzte das Hauptkontingent auf 1 ⅙ %, das Reservekontingent auf ⅓ % und das Ersatzkontingent auf ⅙ % fest. Der Bundesbeschluß vom 27. April 1861[2]) faßte das Haupt- und Reservekontingent unter dem Namen Hauptkontingent (1 ½ %) zusammen und erhöhte das Ersatzkontingent auf ⅓ %. Nach einem den Kontingentsziffern entsprechenden Verteilungsschlüssel hatten die Gliedstaaten Matrikularbeiträge in eine *Bundeskriegskasse* zu zahlen.

Auf dieser Grundlage teilte das Bundesheer sich in *zehn Armeekorps*, die nach ihrer Landeszugehörigkeit teils einheitliche, teils gemischte Korps waren. Österreich und Preußen stellten je drei Korps, Bayern ein Korps; drei Korps waren aus den Truppen der übrigen Gliedstaaten als gemischte Verbände zusammengestellt. Das 8. Bundeskorps war das der süddeutschen Staaten ohne Bayern, das 9. Korps das der mitteldeutschen Staaten (besonders Sachsens), das 10. Korps das der norddeutschen Staaten (besonders Hannovers). Das kleinste Kontingent in einem der gemischten Korps stellte Liechtenstein mit 55 Mann[3]). 1830 bildete der Bund neben den zehn Armeekorps eine Reserveinfanteriedivision. Die Normalstärke des Bundesheeres betrug im aktiven Bestand rd. 300 000 Mann[4]), die Heeresvermehrungen ungerechnet, die sich aus den Erhöhungen von 1855 und 1861 ergaben. Die Kontingente waren von allen Gliedstaaten im Frieden *bereitzuhalten*; insofern war das Bundesheer ein stehendes Friedensheer, das der Bundestag mindestens alle fünf Jahre einer Musterung zu unterwerfen hatte. Wenn der Bundestag das *Aufgebot des Bundesheeres* („Mobilmachung") beschloß, so waren die Kontingente durch Einberufung der Beurlaubten und Reservisten auf vollen Kriegsstand zu bringen.

[1]) CJCG Bd. 2 S. 69.
[2]) CJCG Bd. 3 S. 29.
[3]) Nur 29 Mann betrug das Kontingent des „besonderen Landes" Kniphausen, das jedoch nicht selbständig, sondern dem oldenburgischen Kontingent zugeordnet war (siehe unten S. 774 f.)
[4]) Nach der Bundesmatrikel vom 20. August 1818/4. Februar 1819 (CJCG Bd. 2 S. 69) in Verbindung mit den „Näheren Bestimmungen" vom 12. April 1821/11. Juli 1822 (ebenda S. 136) hatten zu stellen: Österreich 94 822, Preußen 79 234, Bayern 35 600, die Staaten des 8. Korps 31 385, die des 9. Korps 31 730, die des 10. Korps 28 866 Mann (zusammen 301 637 Mann). Die zunächst auf 5 Jahre geltende Bundesmatrikel wurde durch Beschluß vom 12. Juli 1823 (CJCG Bd. 2 S. 149) verlängert. Sie wurde mehrfach berichtigt und am 14. April 1842 neu verkündet (ebenda S. 401). Siehe dazu Dokumente Bd. 1 Nr. 39, 40, 41.

Erst mit dieser „Aufstellung des Kriegsheeres" traten die von den Einzelstaaten bereitgehaltenen Bundeskontingente zum effektiven Bundesheer zusammen, das dann auch einen gemeinsamen Oberbefehlshaber, den Bundesoberfeldherrn [1]), erhielt.

Selbstverständlich umfaßten die in der Heeresmatrikel festgelegten Mannschaftskontingente nur die Truppenzahl, die jeder Einzelstaat zum Bundesheer beizutragen hatte. Das Bundeskontingent war dagegen keine Höchstzahl, die die Einzelstaaten gehindert hätte, kraft ihrer Militärhoheit eine höhere Präsenzstärke ihrer Armeen zu bestimmen und über ihr Bundeskontingent hinaus weitere Truppenverbände aufzustellen. So hatten Österreich und Preußen das Doppelte ihres Bundeskontingents als stehendes Heer unter den Waffen; das erklärt sich auch daraus, daß beide Staaten nur mit einem Teil ihres Gebiets und ihrer Untertanen dem Bund angehörten. König Ludwig I. von Bayern dagegen unterhielt nur die Hälfte des ihm auferlegten Bundeskontingents als Friedensheer, da er es vorzog, die Staatsmittel für seine berühmten Bauten auszugeben. Mit den Bundespflichten war diese Unterschreitung des Bundeskontingents, anders als eine Überschreitung, nicht vereinbar.

Die Art der *Rekrutierung* war jedem einzelnen Land überlassen. In Preußen galt seit dem Militärgesetz von 1814 die allgemeine Wehrpflicht; das Heer war hier in die aus aktiven und Reservetruppen zusammengesetzte Linie und die Landwehr gegliedert [2]). In zahlreichen anderen deutschen Staaten bestand das französische *Konskriptionssystem;* d. h. es galt zwar allgemeine Wehrpflicht, aber mit der Möglichkeit, einen Ersatzmann zu stellen [3]). Die Stärke der einzelnen Waffengattungen war für die Bundeskontingente durch Verhältniszahlen festgelegt; die Gliederung der Korps in Divisionen, Brigaden, Regimenter, Bataillone und Kompanien (Schwadronen, Batterien) war bundesrechtlich vorgeschrieben. Ebenso gab es Bundesbestimmungen über das bereitzuhaltende Material. Die für die Ausbildung und die Mannszucht in Aussicht genommenen gemeinsamen Bundesgrundsätze kamen nicht zustande. Uniformierung, Bewaffnung und Waffenübung waren in den Kontingenten verschieden. Der auch sonst zu Absonderlichkeiten geneigte Kurfürst von Hessen führte in seiner Armee vorübergehend den Zopf wieder ein.

2. Die Kommandogewalt über das Bundesheer

Schon aus diesen Verschiedenheiten ergaben sich eine Fülle von praktischen Schwierigkeiten. Eine gemeinsame Operation der Bundestruppen wäre im Ernstfall auf eine harte Probe gestellt gewesen. Das Hauptproblem war der *militärische Oberbefehl.* Einen ständigen Bundesfeldherrn gab es nicht. Den preußischen Bundesoberfeldherrn [4]) lehnten die übrigen Staaten aus Furcht vor der preußischen Hegemonie ab. Die Bundeskriegsgesetze von 1821/22 wichen der Entscheidung aus, indem sie die Berufung eines *Bundesoberfeldherrn* nur von Fall zu Fall vorsahen. Wenn der Bundestag die „Aufstellung des Kriegsheeres", d. h. die Gesamtmobilmachung, beschloß, so hatte der Engere Rat den Oberfeldherrn mit Stimmenmehrheit zu wählen. Mit der „Auflösung des Kriegsheeres", d. h. mit der Demobilmachung, hörte das Amt des Oberfeldherrn dann wieder auf. Bei einer Teilmobilmachung war dem Bundestag vorbehalten, die Frage des Oberbefehls nach seinem Ermessen zu regeln. Dieser

---

[1]) Siehe unten.
[2]) Siehe oben S. 249 ff.
[3]) Siehe oben S. 249.
[4]) Siehe oben S. 481, 485.

Verzicht auf ein ständiges Bundesfeldherrnamt und damit auch auf eine institutionalisierte militärische Spitzenorganisation schonte zwar die militärische Unabhängigkeit der deutschen Länder, machte aber den Aufbau eines einsatzfähigen Bundesheeres unmöglich.

War ein Oberfeldherr bestellt, so unterstand er allein der Bundesversammlung, die ihn in Eid und Pflicht zu nehmen hatte und die ihm Befehle und Instruktionen erteilen, ihn aber auch vor einem Bundeskriegsgericht zur Rechenschaft ziehen konnte. Zum Stellvertreter des Oberfeldherrn hatte die Bundesversammlung einen *Generallieutenant des Bundes* zu wählen. Der Oberfeldherr hatte ein Bundes-Hauptquartier mit einem Generalquartiermeister, einem Generaladjutanten und einem Generalstab zu bilden. Ein von Fall zu Fall gewählter *Ausschuß der Bundesversammlung* hatte die Verbindung mit dem Oberfeldherrn zu halten. Doch hatte der Oberfeldherr das Recht, den Operationsplan nach eigener Auffassung zu entwerfen, auszuführen und abzuändern; erst nach Einleitung der Operationen mußte er dem Bundestag die Grundzüge seines Planes mitteilen. Immerhin hätte sich im Hauptquartier des Oberfeldherrn im Kriegsfall der Ausschuß als ein oberster „Kriegsrat" aus Mitgliedern des Bundestags versammelt; daraus wären unvermeidbar schwere Friktionen zwischen der militärischen und der politischen Gewalt entstanden.

Der Oberfeldherr hatte trotz der erwähnten Kontrolle die volle *militärische Kommandogewalt* gegenüber den zum Bundesheer gehörigen einzelstaatlichen Kontingenten inne. Die ihm anvertraute Bundeskommandogewalt ging der Kommandogewalt der einzelstaatlichen Kriegsherren vor. Im Mobilmachungsfall wurde die Militärgewalt der Länder also mediatisiert. Die Kommandogewalt des Oberfeldherrn umfaßte den Entwurf des Operationsplans, die Aufstellung und Bewegung wie den Kampfeinsatz der Truppen, die Erteilung von Armeebefehlen an größere und kleinere Verbände, die Musterung der Truppenteile, sowie die Bestimmungsgewalt über die Ausrüstung, Verpflegung und Unterbringung der aufgebotenen Armee. Selbst über die Einstellung der Feindseligkeiten konnte er selbständig Übereinkünfte schließen; einen formellen Waffenstillstandsvertrag allerdings mußte er von der Zustimmung des Bundestags abhängig machen.

Die *Korpskommandanten* der einzelnen Bundeskorps ernannte nicht der Bundestag, sondern jeweils das Staatsoberhaupt des Einzelstaats, dessen Truppen sie befehligten; die Kommandanten der gemischten Korps waren gemäß einer Vereinbarung der beteiligten Regierungen zu ernennen. Entsprechend setzten die Einzelstaaten auch die Befehlshaber der nachgeordneten Verbände ein. Selbst im Kriegsfall hatte der Oberfeldherr keinen Einfluß auf die Besetzung der ihm untergeordneten Kommandostellen, was ein schwerer Mangel im Gefüge der Bundeskriegsverfassung war. Nur bei kriegsrechtlichen Vergehen konnte der Oberfeldherr einen ihm unterstellten Befehlshaber seines Postens entheben, verhaften und der kriegsgerichtlichen Untersuchung unterwerfen. Alle Befehlshaber waren ihren Vorgesetzten, also auch dem Oberfeldherrn, zu *unbedingtem Gehorsam* verpflichtet; ebenso konnten sie von ihren Untergebenen unbedingten Gehorsam fordern.

Die *Kriegsgerichtsbarkeit* stand den Befehlshabern der Korps, Divisionen, Brigaden und Regimenter zu. Der Oberbefehlshaber besaß nur das „Standrecht"; d. h. er verfügte über den außerordentlichen summarischen kriegsgerichtlichen Prozeß, den er in außergewöhnlichen Fällen, die eine schnelle Bestrafung forderten, einleiten konnte. Gegen Bruch des Fahneneids, Fahnenflucht, Verrat und Ungehorsam waren gemeinsame *Kriegsartikel* für das ganze Bundesheer vorgesehen [1]). Die übrigen militärischen Vergehen waren nach einzelstaatlichem Militärstrafrecht zu ahnden.

Das *Bundeskriegsgericht*, dem der Bundesoberfeldherr bei militärgerichtlichen Vergehen unterworfen werden konnte, bestand aus einem Feldmarschall oder General als Präsidenten, den die Bundesversammlung zu wählen hatte, und sechs Generälen des Bundesheers als Beisitzern; je einer von ihnen war von Österreich, von Preußen, von Bayern sowie von jedem der drei gemischten Korps zu kommandieren. Zu urteilen hatte das Bundeskriegsgericht nach dem Militärstrafrecht des Staates, dem der Bundesoberfeldherr angehörte [2]).

3. Die Bundesfestungen

Als ständige militärische Einrichtung des Bundes gab es nur die *fünf Bundesfestungen*. Mainz, Luxemburg und Landau-Germersheim waren Bundesfestungen schon seit den Pariser Verträgen von 1815 [3]); dazu kamen 1841/42 Rastatt und Ulm [4]). Die Bundesfestungen waren unter Einschränkung der Souveränität des Landes, zu dessen Gebiet sie gehörten, dem Bund militärisch unmittelbar untergeordnet; es lastete auf ihnen eine durch den Verteidigungszweck begrenzte Staatsservitut des Bundes. Die Gebietshoheit des jeweils zuständigen Einzelstaats blieb zwar grundsätzlich erhalten, war aber durch das Festungsrecht des Bundes beschränkt [5]); im Kollisionsfall ging das Festungsrecht des Bundes der territorialstaatlichen Gebietshoheit vor. Die Bundesfestungen waren kraft eines vertraglich eingeräumten *Besetzungsrechts* ständig mit Bundestruppen verschiedener Kontingente belegt. An ihrer Spitze standen der Gouverneur und der Kommandant, die nicht der Bund, sondern kraft eines eingeräumten Vorrechts der die Besatzung stellende Einzelstaat ernannte. Zu dem Festungsrecht des Bundes gehörte auch die Befugnis, die erforderlichen Verteidigungsanlagen herzustellen und zu unterhalten. Die·Kosten für die Errichtung, Wiederherstellung, Erweiterung und Verbesserung der Bundesfestungen hatten die Gliedstaaten durch Matrikularbeiträge zu decken. Die Festungswerke waren Eigentum des Bundes, der in dieser Hinsicht die Stellung einer juristischen Person besaß.

---

[1]) § 93 der „Näheren Bestimmungen" von 1821/1822. Die hier vorgesehenen Kriegsartikel, die für das ganze Bundesheer als „gleichförmiges Gesetz" gelten sollten, kamen nicht zustande.

[2]) § 66 der „Näheren Bestimmungen" der Kriegsverfassung des Deutschen Bundes.

[3]) „Protocole pour régler les dispositions relatives aux territoires et places cédées par la France" vom 20. November 1815 (CJCG Bd. 1 S. 291). Dazu Grundbestimmung wegen Übernahme der Festungen Mainz, Luxemburg und Landau von Seiten des Deutschen Bundes vom 5. Oktober 1820, nebst Anlagen (CJCG Bd. 2 S. 116). Weitere Bestimmungen über die Festungen enthält der Bundesbeschluß vom 28. Juli 1825 (ebenda S. 171).

[4]) Bundesbeschlüsse vom 26. März 1841 und vom 14. April, 28. April, 23. Juni, 7. Juli und 11. August 1842 (ebenda S. 402—405).

[5]) Art. 10 des Protokolls vom 20. November 1815: „Les places de Mayence, Luxembourg et Landau sont déclarées places de la Confédération Germanique, *abstraction faite de la souveraineté territoriale de ces places*".

Der Festungsdienst war in seinen Grundzügen wie folgt geordnet [1]): Der *Gouverneur* war der oberste militärische Befehlshaber der Festung; der *Kommandant*, dem die Leitung des Truppendienstes in der Festung oblag, war dem Gouverneur unterstellt und zu unbedingtem Gehorsam verpflichtet. Beide zusammen bildeten das *Festungsgouvernement;* sie traten zu regelmäßigen *Gouvernementskonferenzen* zusammen, zu denen auch die Leiter der Genie- und der Artilleriedirektion und weitere Vorstände der Festungsverwaltung herangezogen werden konnten. Doch hatte der Gouverneur stets die entscheidende Stimme. Dem Gouverneur oblag, mit Unterstützung durch den Kommandanten, die Erhaltung der Festung im vollkommensten Verteidigungsstand, die Sorge für die Sicherheit und die Verteidigung der Festung, in dringenden Fällen (an Stelle der dafür in erster Linie zuständigen Bundesversammlung) die *Erklärung des Belagerungszustands* für den Festungsbereich, die Verwaltung des Festungseigentums, sowie die allgemeine Aufsicht über die Aufrechterhaltung der Ordnung und der Mannszucht, über das Verfahren der Kriegsgerichtsbarkeit und über die Ausübung der Ortspolizei in der Festung. Die Handhabung der Disziplinargewalt und der Kriegsgerichtsbarkeit in der Festung dagegen lag nicht bei dem Gouverneur, sondern bei den Befehlshabern der einzelstaatlichen Kontingente, die in der Festung standen. Für die Untersuchung und Bestrafung der Disziplinarfälle und der Straffälle im Festungsbereich galt kein Bundesrecht, sondern war das Landesrecht der einzelnen Festungskontingente bestimmend. Im Kriegsfall traten die Bundesfestungen in den *Kriegszustand;* die Gouverneure der Bundesfestungen traten damit unter die Befehlsgewalt des Bundesoberfeldherrn.

Über die Besetzung der drei ersten Bundesfestungen schlossen die Inhaber der Gebietshoheit und die Träger der Besatzungsmacht Staatsverträge ab. Diese *Militärkonventionen* wurden von der Bundesversammlung durch den Plenarbeschluß vom 5. Oktober 1820 akzeptiert, d. h. bundesrechtlich legalisiert. In *Mainz,* der wichtigsten der Bundesfestungen, standen österreichische, preußische und hessen-darmstädtische Truppen; der Gouverneur und der Kommandant wurden abwechselnd von fünf zu fünf Jahren von Österreich und Preußen ernannt, und zwar so, daß immer ein Gouverneur der einen Macht mit einem Kommandanten der anderen verbunden war [2]). In *Luxemburg,* das von preußischen und (bis 1856) von niederländisch-luxemburgischen Truppen besetzt war, stellte Preußen ständig den Gouverneur und den Kommandanten [3]). In *Landau* übte Bayern allein das Besetzungs- und Ernennungsrecht aus [4]). In *Ulm* hatten Württemberg, Bayern und Österreich, in *Rastatt* hatten Baden, Preußen und Österreich das Besetzungsrecht inne.

[1]) Dazu das Reglement für die Bundesfestung Mainz vom 27. September 1832 (CJCG Bd. 2 S. 255 ff.).
[2]) Österreich-preußische Militärkonvention vom 10. August 1817 (CJCG Bd. 2 S. 119); in den Hauptbestimmungen wiederholt im Frankfurter Territorialrezeß vom 20. Juli 1819 *(Martens,* Nouveau Recueil Bd. 4 S. 604 ff.; auch CJCG Bd. 1 S. 343 ff.).
[3]) Preußisch-niederländischer Staatsvertrag vom 8. November 1816 *(d'Angeberg,* Le congrès de Vienne, S. 1710 ff.); geändert durch den preußisch-luxemburgischen Staatsvertrag vom 17. November 1856 (CJCG Bd. 2 S. 662), nach dem Preußen allein die Festungsbesatzung von Luxemburg stellte.
[4]) Österreich-bayerischer Staatsvertrag vom 14. April 1816 *(Martens,* Nouveau Recueil, Bd. 3 S. 11) in Verbindung mit Art. 10 Abs. 4 des Protokolls vom 20. November 1815.

Eine bundesunmittelbare militärische Einrichtung war ferner die *Bundesflotte*, die jedoch nur 1848/50, getragen von der Flottenbegeisterung der bürgerlichen Bewegung, für kurze Zeit bestand. Diese Anfänge der deutschen Kriegsmarine sind in Band II (S. 655 ff.) behandelt.

V. Die Bundesgerichtsgewalt

Die Verfassungseinheit eines Föderativstaates hängt in hohem Maß von dem Vorhandensein einer obersten Gerichtsgewalt des Bundes ab. Auch im Deutschen Bund bemühten die Befürworter einer festen bündischen Einheit sich lebhaft, dem Bund eine oberste Gerichtsgewalt zu verschaffen, und zwar einmal im Bereich politischer Rechtskonflikte, zum anderen im Bereich der gewöhnlichen Zivil- und Strafrechtspflege.

1. Bundesgerichtsbarkeit in politischen Rechtskonflikten

Das ältere Reichsrecht hatte eine Reichsgerichtsbarkeit für politische Rechtskonflikte sowohl im Zuständigkeitskreis des Reichskammergerichts als auch in dem des Reichshofrats gekannt. So lag es nahe, im Deutschen Bund entsprechende Formen einer *Bundesverfassungsgerichtsbarkeit* zu entwickeln. Die Grundgesetze des Bundes lehnten es allerdings ab, Streitigkeiten zwischen dem Bund und seinen Gliedstaaten der Gerichtsbarkeit zu unterwerfen. Dagegen sahen sie Gerichtsverfahren vor:

erstens für Streitigkeiten zwischen mehreren Gliedstaaten des Bundes in der Form des *Austrägalverfahrens* nach Maßgabe der Austrägalordnung vom 16. Juni 1817[1]);

zweitens für Verfassungsstreitigkeiten innerhalb der Gliedstaaten zwischen dem Landesherrn und den Landständen in der Form des durch Bundesbeschluß vom 30. Oktober 1834 eingeführten *Bundesschiedsverfahrens*[2]);

drittens für Verfassungsstreitigkeiten zwischen *Mediatisierten* und ihren Landesherren durch ein besonderes Verfahren nach Maßgabe des Bundesbeschlusses vom 15. September 1842[3]).

Diese Formen der Bundesverfassungsgerichtsbarkeit werden bei der Behandlung des Bundesverfassungsschutzes noch näher zu behandeln sein[4]).

2. Bundesgrundsätze über die Zivil- und Strafgerichtsbarkeit

Alle auf eine stärkere Einigung zielenden Verfassungsentwürfe hatten dem Deutschen Bund eine unmittelbare Zuständigkeit im Bereich der ordentlichen Zivil- und Strafgerichtsbarkeit zugedacht. Ein *Oberstes Bundesgericht* sollte der Träger der werdenden deutschen Rechtseinheit sein. Das zähe Beharren

---

[1]) Text: Dokumente Bd. 1 Nr. 37.
[2]) Text: Ebenda Nr. 47 Art. 3–14.
[3]) Text: CJCG Bd. 2 S. 408.
[4]) Siehe unten S. 621 ff.

Bayerns und Württembergs auf ihrer Justizhoheit brachte diese Bestrebungen zum Scheitern [1]). Der Bund begnügte sich mit den bescheidenen Rahmenvorschriften des Art. 12 der Bundesakte, die bestimmte Mindestanforderungen an die einzelstaatliche Gerichtsorganisation stellten. Immerhin nahm der Bund damit wenigstens eine oberste Aufsichts- und Bestimmungsmacht gegenüber der Landesgerichtsbarkeit in Anspruch.

Von großer und grundsätzlicher Bedeutung war vor allem, daß Art. 29 der Wiener Schlußakte dem Bund das Recht vorbehielt, im Fall der *Justizverweigerung*, d. h. der versagten oder gehemmten Rechtspflege in einem Gliedstaat, Beschwerden entgegenzunehmen und für Abhilfe zu sorgen [2]). Der Art. 29 enthielt implicite ein bundesrechtliches Verbot der Justizverweigerung. Einen Fall verweigerter Justiz stellte auch die sog. Kabinettsjustiz dar, d. h. die nach Entziehung einer Rechtssache aus der Entscheidungsmacht des gesetzlichen Richters kraft höchster Machtvollkommenheit gefällte Entscheidung des Landesherrn. „Kabinettsjustiz" war keine gesetzmäßig ausgeübte Justiz, wie der Art. 29 sie voraussetzte; das Verbot der Justizverweigerung umschloß daher auch ein *Verbot der Kabinettsjustiz*. Der Art. 29 gewährleistete somit den Anspruch jedes Deutschen auf den *gesetzlichen Richter* und ein *gesetzliches Gerichtsverfahren*. Das Verbot der Justizverweigerung nahm die den späteren Verfassungen eigentümliche Bestimmung vorweg, niemand dürfe seinem „gesetzlichen Richter" entzogen werden. So verstanden galt in Deutschland bereits kraft Bundesrechts auch der Grundsatz der *Selbständigkeit und Unabhängigkeit der Gerichte* [3]). Denn wie die Entziehung des gesetzlichen Richters einen Akt verweigerter Justiz bedeutete, so hätte der Versuch, den gesetzlichen Richter durch Weisungen in seinem Entscheidungsrecht zu beeinträchtigen, einen Akt „gehemmter Rechtspflege" im Sinn des Art. 29 der Wiener Schlußakte dargestellt.

Als gemeinsamer Bundesgrundsatz galt ferner nach Art. 12 der Bundesakte der Aufbau der Zivil- und Strafgerichtsbarkeit der Gliedstaaten in *drei Instanzen*. Dieser Drei-Instanzen-Zug war ein altes reichsrechtliches Prinzip, da den Ländern nach altem Recht der Besitz von zwei Instanzen vorgeschrieben war, über denen als dritte Instanz die Reichsgerichte standen. Viele Territorien hatten allerdings schon während des alten Reichs, gestützt auf *privilegia de non appellando*, die Zuständigkeit der Reichsgerichte ausgeschaltet und an ihrer Statt landeseigene Obergerichte dritter Instanz eingesetzt. Nachdem es sich auf dem Wiener Kongreß als unmöglich erwiesen hatte, für ganz Deutschland eine gemeinsame dritte Instanz in Form eines Obersten Bundesgerichts zu schaffen, schrieb der Art. 12 der Bundesakte wenigstens vor, daß alle Länder, in denen sie bis dahin fehlte, eine dritte Instanz zu errichten hatten. Länder mit weniger als 300 000 Einwohnern mußten sich mit anderen zur Bildung eines gemeinschaftlichen obersten Gerichts dritter Instanz vereinigen.

---

[1]) Siehe oben S. 548, 559.
[2]) Siehe unten S. 763.
[3]) Vgl. *J. L. Klüber*, Die Selbständigkeit des Richteramts und die Unabhängigkeit seines Urteils im Rechtsprechen (1832).

Doch konnten kleinere Länder mit wenigstens 150 000 Einwohnern ihre eigene dritte Instanz behalten, wenn sie sie bereits eingerichtet hatten. Auf Grund dieser Bundesvorschriften erhielten nun sämtliche Gliedstaaten des Bundes *Oberappellationsgerichte, Oberhofgerichte* oder *Obertribunale*. Mit der allgemeinen Einführung der dritten Instanz und der Zusammenfassung der kleineren Staaten zu leistungsfähigen gemeinschaftlichen Obergerichten trug der Deutsche Bund wesentlich dazu bei, daß die deutsche Gerichtsverfassung sich einheitlich gemäß den Grundsätzen des modernen Rechtsstaats entwickelte. Der Bund leistete trotz des Beharrens der Einzelstaaten auf ihrer Justizhoheit damit einen wichtigen Dienst an der gemeindeutschen Justizreform.

Einzelstaatliche Obergerichte waren:
1. für die bundeszugehörigen Länder *Österreichs* der Oberste Gerichtshof in Wien;
2. für *Preußen* das Geheime Obertribunal und der Rheinische Cassationshof in Berlin; das Obertribunal Berlin war seit 1851 auch für Waldeck-Pyrmont, seit 1856 für ganz Waldeck zuständig;
3. für *Bayern* das Oberappellationsgericht und der Cassationshof für die Rheinpfalz in München;
4. für *Sachsen* das Oberappellationsgericht in Dresden;
5. für *Hannover* das Oberappellationsgericht in Celle (seit 1857 auch für Lippe-Detmold zuständig);
6. für *Württemberg* das Obertribunal in Stuttgart; (1824—51 auch für beide Hohenzollern zuständig);
7. für *Baden* das Oberhofgericht in Mannheim;
8. für *Kurhessen* das Oberappellationsgericht in Kassel;
9. für *Hessen-Darmstadt* das Oberappellationsgericht und der Cassationshof in Darmstadt (zuständig auch für Hessen-Homburg und bis 1824 für beide Hohenzollern);
10. für *Nassau* das Oberappellationsgericht in Wiesbaden;
11. für *Braunschweig* das Oberappellationsgericht in Wolfenbüttel; zuständig auch für Waldeck (bis 1851/56), Lippe-Detmold (bis 1857) und Schaumburg-Lippe;
12. für *Luxemburg* der Oberste Gerichtshof in Luxemburg;
13. für *Holstein* (einschließlich Lauenburg) das Oberappellationsgericht in Kiel;
14. für *Oldenburg* (einschließlich Kniphausen) das Oberappellationsgericht in Oldenburg.

Gemeinschaftliche Obergerichte waren:
15. für die *thüringischen Staaten* das Oberappellationsgericht in Jena;
16. für die *anhaltischen* und *schwarzburgischen Staaten* das Oberappellationsgericht in Zerbst (1849 aufgehoben unter Anschluß der Beteiligten an Jena);
17. für *beide Mecklenburg* das Oberappellationsgericht in Parchim (seit 1840 in Rostock);
18. für die vier *freien Städte* das Oberappellationsgericht in Lübeck; da sie zusammen weniger als 300 000 Einwohner zählten, bedurften sie dafür einer besonderen Ermächtigung seitens des Bundes.

Den *Anschluß an die Obergerichte größerer Staaten* vollzogen:
19. *Waldeck, Lippe-Detmold und Schaumburg-Lippe* an das Oberappellationsgericht Wolfenbüttel; Waldeck schloß sich statt dessen 1851/56 an das Obertribunal Berlin, Lippe-Detmold schloß sich 1857 an das Oberappellationsgericht Celle an;
20. die beiden *Hohenzollern* an das Oberappellationsgericht Darmstadt bis 1824, dann an das Obertribunal Stuttgart bis 1851; auf Grund des 1849 vollzogenen Anschlusses an Preußen waren seit 1851 preußische höhere Instanzgerichte für Hohenzollern zuständig, zunächst das Appellationsgericht Arnsberg i. W., seit 1879 das Oberlandesgericht Frankfurt a. M.;
21. *Hessen-Homburg* an das Oberappellationsgericht Darmstadt;
22. *Liechtenstein* an das Appellationsgericht Innsbruck.

An allen gemeinschaftlichen Obergerichten behielt Art. 12 Abs. 4 der Bundesakte den Parteien die Befugnis vor, auf *Verschickung der Akten* an eine deutsche Juristenfakultät oder einen Schöppenstuhl anzutragen, damit dort das Endurteil abgefaßt werde. Mit dieser Klausel fügte der Bund eine Schicht älteren deutschen Rechtsbrauchs für einen Teil der Länder in die Justizverfassung des 19. Jahrhunderts ein. Die Bundesbeschlüsse vom 13. November 1834 und 5. November 1835[1]) verboten jedoch in Straf- und Polizeistrafsachen die Aktenversendung an Juristenfakultäten und Schöppenstühle. Streitig war, ob dieser Beschluß von 1835 zu den 1848 aufgehobenen „Ausnahmsgesetzen" gehörte[2]) und ob das Recht auf Aktenversendung damit seit 1848 wieder uneingeschränkt hergestellt war. Ihre praktische Bedeutung büßte die Aktenversendung mehr und mehr ein; doch hoben erst die Reichsjustizgesetze von 1877 sie endgültig auf[3]).

§ 35. Die Gewähr der Bundesverfassung

Schrifttum: F. W. v. Leonhardi, Das Austrägalverfahren (1838/45); *H. Triepel*, Die Reichsaufsicht (1917) S. 33 ff.; *W. Merk*, Verfassungsschutz (1935) S. 116 ff.; *H. J. Stolzmann*, Zur geschichtlichen Entwicklung des Rechts der Verfassungsstreitigkeiten, AöR NF Bd. 16 (1929) S. 355 ff.; *E. R. Huber*, Bundesexekution und Bundesintervention. Ein Beitrag zur Frage des Verfassungsschutzes im Deutschen Bund, AöR Bd. 79, 1953, S. 1 ff.

I. Begriff und Arten des Bundesverfassungsschutzes

1. Situationsbedingte und strukturbedingte Verfassungsgefahren

„Gewähr der Bundesverfassung" hieß im Deutschen Bund die Gesamtheit der Einrichtungen und Maßnahmen des *Bundesverfassungsschutzes*, d. h. der normativen, justiziellen und exekutiven Vorkehrungen, durch die der Bund seinen Bestand und seine Grundordnung gegen Gefahren sicherte, die ihn von innen her bedrohten. Jedes konkrete System des Verfassungsschutzes ist durch die Eigenart zweier Gefahrenkreise bestimmt – einmal der Gefahren, die dem Gemeinwesen in der politischen Situation, in der es sich befindet, von seinen Gegenkräften her entstehen, zum anderen der Gefahren, die aus der spezifischen Verfassungsstruktur des Gemeinwesens selbst hervorgehen. Es gibt situationsbedingte und strukturbedingte Verfassungsgefahren und demgemäß einen situationsbedingten und einen strukturbedingten Verfassungsschutz. Der eine dient dem Kampf gegen den *Verfassungsfeind*; der andere richtet sich auf die Verhütung der aus dem eigenen Wesen drohenden *Verfassungsstörung*. So betrachtet, mußte der Deutsche Bund sich gegen einen doppelten Komplex von Verfassungsgefahren wappnen. In der politischen Gesamtsituation, in der er stand, war er von der *bürgerlichen Bewegung* bedroht, die, in ihrer explosiven Mischung nationalstaatlicher, liberaler und demokratischer Ideen, das konservativ-restaurative Bundessystem zu sprengen drohte. Der Bund bedurfte

---

[1]) CJCG Bd. 2 S. 323, 324; auch Dokumente Bd. 1 Nr. 47 (Art. 57).
[2]) So *Zachariä*, Deutsches Staats- und Bundesrecht Bd. 2 S. 216 f. Anm. 9.
[3]) Über ein bemerkenswertes Beispiel der Aktenversendung (im bentinckschen Sukzessionsstreit) unten S. 776 ff. Über die Reichsjustizgesetze Bd. III S. 977 ff.

insoweit, vereinfacht gesagt, des Verfassungsschutzes gegen die bürgerliche Revolution. Er war zugleich aber den Verfassungsgefahren ausgesetzt, die sich aus den strukturellen Spannungen und Störungen eines *Föderativsystems* ergeben. In der Natur eines Staatenbundes liegt die Rivalität zwischen der Vielheit der gleichgeordneten Gliedstaaten und zwischen Gruppen von Gliedstaaten und dem Gesamtbund. Aus diesen föderativen Gegensätzen erwächst leicht eine Bundeskrise. Sie zu verhüten oder zu überwinden ist eine wesentliche Aufgabe des Verfassungsschutzes in einem föderativen System. Der Deutsche Bund bedurfte insoweit, wiederum vereinfacht ausgedrückt, eines Schutzes gegen die spezifischen Verfassungsgefahren der partikularistischen Separation und Sezession. Es war eine Seinsfrage des Bundes, ob es gelang, dieser doppelten inneren Bedrohung durch Einrichtungen und Maßnahmen des Verfassungsschutzes Herr zu werden.

2. Normative, justizielle und exekutive Mittel des Verfassungsschutzes

Die Einrichtungen, die dem Verfassungsschutz dienstbar gemacht werden können, sind dreifacher Art. Es gibt Formen des normativen, des justiziellen und des exekutiven Verfassungsschutzes. Zum *normativen Verfassungsschutz* gehören die gesetzlichen Bestimmungen, die generell durch Gebote und Verbote den Bestand des Staates und seiner Verfassung zu sichern suchen, insbesondere die Strafandrohungen gegen Umsturzversuch und Spaltungsversuch (*Hochverrat und Landesverrat*). Im Recht des Deutschen Bundes gab es zwar keine bundeseigenen Strafrechtsnormen zum Schutz der Bundesverfassung. Doch war nach dem Bundesgesetz vom 18. August 1836 jedes gegen den Bund gerichtete hoch- und landesverräterische Unternehmen in jedem Gliedstaat nach den landesgesetzlichen Bestimmungen über Hoch- und Landesverrat zu bestrafen, und zwar gemäß der zunächst überraschenden, dem Wesen eines Staatenbundes aber adäquaten Konstruktion, daß die Gesamtstaatsverfassung ein integrierender Bestandteil aller Einzelstaatsverfassungen sei [1]. Zum *justiziellen Verfassungsschutz* gehören die Vorkehrungen, die auf den gerichtsförmigen Austrag von Verfassungsstreitigkeiten innerhalb eines Gliedstaats, zwischen mehreren Gliedstaaten oder zwischen einem Gliedstaat und dem Gesamtstaat gerichtet sind. Wie schon hervorgehoben, sah der Deutsche Bund gerichtliche Verfahren allerdings nur für Streitigkeiten innerhalb eines Glied-

---

[1] Der mit Gesetzeskraft in allen Gliedstaaten verkündete Bundesbeschluß vom 18. August 1836 (Dokumente Bd. 1 Nr. 51) bestimmte:
„Da .... die Verfassung des Bundes wegen ihres wesentlichen Zusammenhanges mit den Verfassungen der einzelnen Bundesstaaten als ein notwendiger Bestandteil der letzteren anzusehen ist, mithin ein gegen den Bund oder dessen Verfassung gerichteter Angriff zugleich ein Angriff gegen jeden einzelnen Bundesstaat in sich begreift, so ist jedes Unternehmen gegen die Existenz, die Integrität, die Sicherheit oder die Verfassung des Deutschen Bundes in den einzelnen Bundesstaaten nach Maßgabe der in den letzteren bestehenden .... Gesetze, nach welchen eine gleiche gegen den einzelnen Bundesstaat begangene Handlung als Hochverrat, Landesverrat oder unter einer anderen Benennung zu richten wäre, zu beurteilen und zu bestrafen".

staats und für Streitigkeiten zwischen Gliedstaaten, nicht aber für Streitigkeiten zwischen Gliedstaaten und dem Bund vor. Der *exekutive Verfassungsschutz* schließlich umfaßt die der Bundesgewalt zugesprochene Befugnis, durch unmittelbaren Einsatz effektiver Macht den Bestand des Bundes und den inneren Bundesfrieden zu behaupten. In den Formen der Bundesintervention und der Bundesexekution sahen die Grundgesetze des Deutschen Bundes wirksame Maßnahmen eines solchen exekutiven Verfassungsschutzes vor. Angesichts ihrer besonderen Bedeutung bedürfen der justizielle und der exekutive Verfassungsschutz des Deutschen Bundes der näheren Betrachtung.

II. Der justizielle Verfassungsschutz

Schon unter der alten Reichsverfassung waren Verfassungsstreitigkeiten mehr als ein halbes Jahrtausend hindurch im Gerichtsweg ausgetragen worden, zunächst im lehn- und landrechtlichen Verfahren, wofür der Gelnhäuser Prozeß gegen Heinrich den Löwen (1180) ein berühmtes Beispiel ist, dann in den Verfahren vor den beiden Reichsgerichten, dem Reichskammergericht und dem Reichshofrat [1]). Obwohl dieser justizielle Verfassungsschutz in seinen überlieferten Formen sich wiederholt als ein fragwürdiges Mittel der Rechts- und Friedenswahrung erwiesen hatte, lag es nahe, bei der Errichtung des Deutschen Bundes an diese Tradition anzuknüpfen und sie in zeitgemäßer Gestalt zu erneuern. Erinnerungen an den älteren Justizstaat verbanden sich in den neugeschaffenen Formen mit der im 19. Jahrhundert aufkommenden Idee des modernen Verfassungs- und Rechtsstaates. Allerdings ergab sich, daß auch die neuen Formen des justiziellen Verfassungsschutzes bei schweren Verfassungsstörungen keine zuverlässige Rechtsgarantie boten. In ernsten Verfassungsgefahren war man gezwungen, auf den exekutiven Verfassungsschutz zurückzugreifen.

1. Verfassungsstreitigkeiten innerhalb eines Gliedstaates

a) Bundesfrieden und Landesverfassungsstreit

In einem Staatenbund sind kraft der den Einzelstaaten gewährleisteten Verfassungsautonomie die inneren Verfassungsstreitigkeiten eines Bundesglieds grundsätzlich nach Maßgabe der Landesverfassung in dem dort vorgesehenen Verfahren zu entscheiden. Trotzdem ist der Gesamtstaat genötigt, um der Erhaltung des Bundesfriedens willen auf Einrichtungen zu dringen oder sie selbst zu schaffen, die die Entscheidung von Landesverfassungsstreitigkeiten, insbesondere also die Entscheidung von Verfassungskonflikten zwischen der gliedstaatlichen Regierung und den an der Ausübung der Staatsgewalt betei-

---

[1]) Vgl. *R. Smend*, Das Reichskammergericht (1911); *O. v. Gschliesser*, Der Reichshofrat (1942); *E. Döhring*, Geschichte der deutschen Rechtspflege seit 1500 (1953).

ligten Vertretungskörperschaften, verbürgen. Fehlt es in einem Gliedstaat an eigenen Vorkehrungen, um solche inneren Verfassungsstreitigkeiten zu entscheiden, so stört der dann entbrennende offene Verfassungskonflikt den Verfassungsfrieden nicht nur in dem betroffenen Gliedstaat, sondern auch im Bund als solchem. Die Gewährleistung des Verfassungsfriedens setzt voraus, daß die Entscheidung der gliedstaatlichen Verfassungsstreitigkeiten *im Wege Rechtens* gesichert ist. Ein föderativer Gesamtstaat, der Verfassungsstreitigkeiten innerhalb eines Gliedstaats als bloße *Machtfragen* betrachtet, setzt sich der Gefahr aus, daß die auf der gliedstaatlichen Ebene getroffene Machtentscheidung die innere Homogenität und Ordnung des Bundesganzen vernichtet. Der Gesamtstaat hat ein vitales Interesse daran, daß gliedstaatliche Verfassungsstreitigkeiten als *Rechtsfragen* behandelt und erledigt werden. Sehen die Landesverfassungen ein juridisches Verfassungsstreitverfahren nicht vor, so ist der Bund gezwungen, subsidiär ein solches Rechtsverfahren bereitzustellen. Die alte große Aufgabe des Reichs, *Hüter von Frieden und Recht* in den territorialen Gliedern zu sein, war auch dem Deutschen Bund gestellt.

Ursprünglich hatte der Bund allerdings keine eigenen Vorkehrungen zur gerichtlichen Beilegung von Landes-Verfassungsstreitigkeiten getroffen. Der Bund hatte sich nicht in Verfassungsangelegenheiten der Gliedstaaten einzumischen (Art. 61 WSchlA); grundsätzlich war damit ein Entscheidungsrecht des Bundes in Verfassungsstreitigkeiten eines Landes ausgeschlossen. Nur wenn der Bund auf Ansuchen eines Gliedstaates die *Garantie der Landesverfassung* übernommen hatte [1]), konnte der Bundestag in Verfassungsstreitigkeiten intervenieren und eine Entscheidung fällen (Art. 60 WSchlA). Dieses Entscheidungsrecht der Bundesversammlung war die historische Wurzel des später im Bismarckschen Reich auf den Bundesrat übertragenen entsprechenden Rechts [2]). Bei solchen Entscheidungen hatte die Bundesversammlung zwar einen gerichtsähnlichen Verfahrensgang zu beachten; sie hatte den Parteien volles Gehör zu gewähren und mußte ihr Urteil auf Rechtserwägungen stützen. Denn es war ein Verfassungs*rechts*streit, den sie zu entscheiden hatte. Trotzdem war die Bundesversammlung in diesen Fällen kein „Gericht“; sie handelte vielmehr als das zum Verfassungsgaranten bestellte, höchste politische Bundesorgan. Um seine Entscheidungen durchzusetzen, konnte der Bund sich der Einrichtungen des exekutiven Verfassungsschutzes bedienen; je nach der Sachlage konnte er seine Entscheidung gegen die Landesregierung mit Hilfe der Bundesexekution, gegen die Landstände mit Hilfe der Bundesintervention vollstrecken.

b) Verfassungsgerichtsbarkeit der Länder

Den Gliedstaaten des Bundes stand es frei, in ihren landständischen Verfassungen eigene Einrichtungen des Verfassungsschutzes zu schaffen. Soweit die Länder von dieser Möglichkeit Gebrauch machten, entwickelten sie die „Gewähr der Landesverfassung“ in den drei Formen der Verfassungsbeschwerde, der Ministeranklage oder der echten Verfassungsklage. *Verfassungsbeschwerde* bedeutete das Recht der Landstände, sich bei einer Verfassungsverletzung beschwerdeführend an den Landesherrn zu wenden, der die strit-

---

[1]) Über die Fälle, in denen der Bund eine solche Verfassungsgarantie übernommen hatte, siehe unten S. 649 ff.
[2]) Art. 76 Abs. 2 Bism. RVerf. (dazu Bd. III S. 1067 ff.).

tige Verfassungsfrage dann entweder selbst entscheiden oder die Entscheidung an das Ministerium oder an das oberste Gericht seines Landes verweisen konnte. Nur in diesem letzten Fall führte die Verfassungsbeschwerde zur Verfassungsgerichtsbarkeit. *Ministeranklage* war das Recht der Stände, einen Minister, der sich einer Verfassungsverletzung schuldig gemacht hatte, vor dem höchsten ordentlichen Gericht des Landes oder vor einem besonderen Staatsgerichtshof anzuklagen, um die Bestrafung oder Amtsenthebung zu erwirken. Die echte *Verfassungsklage* schließlich bedeutete das Recht der Landstände, bei Zweifeln oder Streitigkeiten über den Sinn einzelner Verfassungsnormen ein Gericht (in der Regel ein „Kompromißgericht") anzurufen, damit dieses eine verbindliche Entscheidung treffe. Diese in einzelnen Verfassungen der frühkonstitutionellen Zeit vorgesehene Verfassungsklage war der Ursprung der modernen Verfassungsgerichtsbarkeit im eigentlichen Sinn.

Eine *Verfassungsbeschwerde* war in der bayerischen Verfassung von 1818 (Titel X § 5) vorgesehen. Bei einer Verfassungsverletzung konnten die Stände den König anrufen, der die Befugnis besaß, der Beschwerde entweder selbst abzuhelfen oder sie durch den Staatsrat oder durch die „oberste Justizstelle" entscheiden zu lassen. Das gleiche Verfahren war in der sächsischen Verfassung von 1831 (§ 140) eröffnet. Nach der badischen Verfassung von 1818 (§ 67) stand nur dem Großherzog die Entscheidung zu; die Überweisung der Entscheidung an ein Gericht gab es hier nicht.

Eine *Ministeranklage* konnte nach der badischen Verfassung von 1818 (§ 67), der württembergischen Verfassung von 1819 (§§ 195—205), sowie der kurhessischen Verfassung von 1831 (§ 100) erhoben werden. In *Baden* entschied über die Ministeranklage das Oberhofgericht; sein Urteil konnte lauten auf Verweis, Suspension, Entfernung vom Amt mit oder ohne Pension, mit oder ohne Vorbehalt der Wiederanstellung, sowie auf Dienstentsetzung[1]). In *Kurhessen* war über das Ziel der vor dem Ober-Appellationsgericht zu erhebenden Anklage bestimmt: „Die gegründet befundene Anklage ziehet, wenn nicht schon das Straf-Urteil die Amts-Entsetzung des Angeklagten ausspricht, jedenfalls dessen Entfernung vom Amte nach sich".

Eine echte *Verfassungsklage* sah als erste Verfassung die von Sachsen-Hildburghausen von 1818 (§ 57) vor. Diesem Vorbild schlossen sich die Verfassungen Kurhessens von 1831 (§ 154), Sachsens von 1831 (§ 153), Braunschweigs von 1832 (§ 231) sowie einer Reihe weiterer Länder an. Nach der kurhessischen Verfassung war die Entscheidung in die Hand eines Kompromiß-Gerichts, nach der sächsischen Verfassung in die eines Staatsgerichtshofs gelegt. Voraussetzung der Klage war durchweg, daß Zweifel über den Sinn (oder die Auslegung) einzelner Verfassungsbestimmungen bestanden, über die eine Verständigung nicht gelang. In zahlreichen Fällen kam es erst in den nach der Revolution von 1848 erlassenen Verfassungen zur Einrichtung einer solchen Verfassungsgerichtsbarkeit (so in Oldenburg und den vier Freien Städten). Die preußische Verfassung von 1850 enthielt eine entsprechende Klausel nicht[2]).

c) Bundesschiedsgerichtsbarkeit

Auch nach 1830 besaßen die Mehrzahl der Einzelstaaten eine eigene Verfassungsgerichtsbarkeit noch nicht; die Notwendigkeit, den Bundesfrieden durch eine justizielle Regelung der Verfassungsstreitfälle zu wahren, trat aber

---

[1]) Bad. Gesetz vom 5. Okt. 1820 (RegBl. S. 1552) § 9.
[2]) Art. 59 der preuß. Verf. von 1850 behandelte nur die Ministeranklage; doch fehlte es auch hier an dem erforderlichen Ausführungsgesetz (dazu Bd. III S. 66, 312).

immer stärker hervor. Deshalb führte der Bundesbeschluß vom 30. Oktober 1834[1]), der bundesverfassungsändernden Charakter und daher die Natur eines Bundesgrundgesetzes besaß, für alle Einzelstaaten eine *fakultative Schiedsgerichtsbarkeit* ein. Sie diente der Entscheidung von Verfassungsstreitigkeiten zwischen der Landesregierung und den Landständen (in den Freien Städten zwischen dem Senat und der Bürgerschaft). Zur Bildung des Schiedsgerichts benannte der Bundestag 34 Spruchmänner, aus deren Kreis im Streitfall jede der streitenden Parteien drei Schiedsrichter auswählte; dazu trat ein Obmann, den die Schiedsrichter aus dem Kreis der übrigen Spruchmänner entnahmen. War eine Partei säumig, so konnte der Bundestag nach dem jus devolutionis die Schiedsrichter bestellen. Die Entscheidung, die das Schiedsgericht mit Mehrheit fällte, besaß die Kraft und Wirkung eines austrägalgerichtlichen Erkenntnisses[2]); sie wurde notfalls nach der bundesgesetzlichen Exekutionsordnung vollstreckt. Das hier vorgesehene Schiedsgericht war ein echtes *Bundesgericht*. Seine Entscheidungen hatte es im Auftrag und Namen des Bundes zu fällen.

Doch war diese Schiedsgerichtsbarkeit für die Einzelstaaten nicht obligatorisch, sondern nur fakultativ. Die Einzelstaaten konnten daher, wenn sie sich der Schiedsgerichtsbarkeit des Bundes nicht unterwerfen wollten, entweder ein anderes als das hier vorgesehene Verfahren landesgesetzlich festlegen oder aber im Einzelfall auf den Gebrauch des bundesrechtlichen Verfahrens, auch wenn sie keine eigene Verfassungsgerichtsbarkeit besaßen, verzichten. Das Bundesschiedsgericht trat nur in Funktion, wenn entweder die Landesgesetze generell seine Zuständigkeit einführten oder wenn die streitenden Parteien im Einzelfall seine Zuständigkeit vereinbarten. Da das nirgends und niemals geschah, wurde der Bund auch mit dem Bundesgesetz von 1834 seiner Verantwortung für den Verfassungsfrieden in den Gliedstaaten nicht gerecht.

Das 1834 eingeführte Schiedsgerichtsverfahren war überdies ganz außerordentlich kompliziert. Die Regierungen waren verpflichtet, in einem Streit mit ihren Landständen die Entscheidung des Bundesschiedsgerichts nachzusuchen, bevor sie einen Antrag auf „Dazwischenkunft" des Bundes (d. h. auf Bundesintervention) stellten. Sahen sie von der Anrufung der Bundesversammlung von vornherein ab, so brauchten sie auch das Bundesschiedsgericht nicht anzurufen. Den Antrag auf schiedsrichterliche Entscheidung konnte die Landesregierung nur stellen, wenn die Landstände eingewilligt hatten. Versagten diese ihre Zustimmung, so war die Regierung befugt, wie sich aus der Natur der Sache ergibt, den Antrag auf Intervention unmittelbar an den Bundestag zu richten. Den Ständen gegenüber war die Regierung nicht verpflichtet, den Weg der schiedsgerichtlichen Erledigung des Streitfalls einzuschlagen. Ebenso besaßen die Stände nicht das Recht, von sich aus den Antrag auf bundesschiedsgerichtliche Entscheidung zu stellen[3]).

Da es in keinem einzigen Land zur gesetzlichen Einführung der Bundesschiedsgerichtsbarkeit kam und da ferner in keinem einzigen Streitfall die Zuständigkeit des

---

[1]) Dokumente Bd. 1 Nr. 47 (dazu auch Bd. II S. 180 f.).
[2]) Siehe unten S. 625 ff.
[3]) Vgl. die österreichische Erklärung im Bundestag 1839 (Prot. § 25 S. 83), daß „das Institut des Bundesschiedsgerichts .... ein nur fakultatives sei, welches deutsche Ständeversammlungen anzurufen niemals befugt und die Regierungen dem Bund gegenüber nur in gewissen Voraussetzungen .... zu benutzen verpflichtet seien."

Bundesschiedsgerichts vereinbart wurde, trat dieses bis zum Ende des Bundes niemals in Tätigkeit. In einem braunschweigischen Streitfall lehnten die Stände den Vorschlag der Regierung ab, den Weg der Bundesschiedsgerichtsbarkeit zu betreten. In einem kurhessischen Streitfall (dem Streit um die „Rotenburger Quart") wies der Bundestag das Gesuch der Stände, das schiedsgerichtliche Verfahren einzuleiten, zurück [1]).

Eine *obligatorische Zuständigkeit des Bundesschiedsgerichts* konnte nur in Streitigkeiten zwischen Mediatisierten und den Landesherren (Art. 14 der Bundesakte) entstehen. Nach Art. 63 der Wiener Schlußakte war in solchen Streitsachen den Mediatisierten der Rekurs an die Bundesversammlung eröffnet; dieser oblag es, wenn die Beschwerde begründet war, die erforderliche Abhilfe zu bewirken. Der Bundesbeschluß vom 15. September 1842 [2]) bestimmte, daß die definitive Entscheidung nach vorausgegangener Untersuchung vor einem zweitinstanzlichen Landesgericht entweder von der Bundesversammlung selbst oder in deren Auftrag und Namen von dem Bundesschiedsgericht zu fällen war.

2. *Streitigkeiten zwischen Gliedstaaten*

Unter den Bundesobliegenheiten war besonders bedeutsam die Pflicht zu Vorkehrungen, die dazu dienten, Streitigkeiten zwischen Bundesgliedern zu schlichten oder zur gerichtlichen Entscheidung zu bringen. Der Krieg untereinander wie jeder gewaltsame Austrag von Streitigkeiten, vor allem die Selbsthilfe, war den Gliedstaaten durch Art. 11 der Bundesakte untersagt. Dieses Gewalt- und Selbsthilfeverbot beschränkte die territorialstaatliche Souveränität erheblich. In den Zeiten des Fehderechts war die gewaltsame Auseinandersetzung zwischen deutschen Territorialmächten eine legale Institution gewesen; aber auch nach Erlaß des Fehdeverbots war es immer wieder zu Kriegen zwischen deutschen Territorien gekommen. Noch während des Wiener Kongresses wäre fast ein bewaffneter Konflikt zwischen den deutschen Mächten wegen der sächsischen Frage ausgebrochen [3]). Ja, noch unter der Herrschaft der Bundesverfassung schien es eine Zeitlang, als wolle Bayern seine Ansprüche auf die rechtsrheinische Pfalz gegenüber Baden im Weg gewaltsamer Selbsthilfe geltend machen [4]). Solche Verletzungen des inneren Bundesfriedens konnten nur vermieden werden, wenn die Bundesverfassung das Gewalt- und Selbsthilfeverbot durch verfahrensmäßige Einrichtungen ergänzte, die die friedliche Schlichtung oder Entscheidung von Streitigkeiten zwischen Bundesgliedern möglich machten.

a) Vermittlungsverfahren und Austrägalverfahren

Art. 11 der Bundesakte verpflichtete die Bundesglieder, ihre Streitigkeiten, wenn sie diese nicht auf direktem Weg friedlich beilegen konnten, unter Verzicht auf jede Gewaltanwendung beim Bundestag anzubringen. Handelte es

---

[1]) Zum Streit um die „Rotenburger Quart" siehe Bd. II S. 74 f.; ferner v. *Leonhardi*, Austrägalverfahren Bd. 2 S. 27 ff.
[2]) CJCG Bd. 2 S. 408.   [3]) Siehe oben S. 568 ff.
[4]) Siehe oben S. 324 ff.

sich um Streitigkeiten aus dem Bundesverhältnis, so kam dem *Bundestag* selbst die Entscheidung zu. Handelte es sich dagegen um Streitigkeiten, die nicht das Bundesverhältnis als solches betrafen, so fand das besondere *Vermittlungs- und Austrägalverfahren* statt[1]). Der Bundestag hatte dann einen Ausschuß zu bestellen, dem die Vermittlung zwischen den streitenden Parteien oblag. Gelang die Verständigung, so war das Ergebnis in einem schriftlichen *Vergleich* festzuhalten. Dieser hatte den Charakter einer rechtskräftigen Erledigung der Streitsache. Für seine Erfüllung übernahm der Bund die Garantie. Notfalls hatte der Bund daher den Vergleich mit Hilfe der Bundesexekution zu vollstrecken. Kam es im Vermittlungsverfahren nicht zu einer Einigung, so mußte der Bundestag, nachdem ihm die Sache vom Ausschuß unerledigt zurückgegeben worden war, eine *„wohlgeordnete Austrägalinstanz"* mit der gerichtlichen Entscheidung des Streits beauftragen[2]). Diese Kompetenz bezog sich, ohne Rücksicht auf die Rechtsnatur des Streites, auf alle Konflikte zwischen den Gliedstaaten, für die es eine anderweite, durch Gesetz oder Vereinbarung bestimmte Instanz nicht gab. Nur die Streitigkeiten zwischen Österreich und Preußen, die deren bundesfremden Besitzstand betrafen, fielen nicht unter das Bundes-Austrägalverfahren; denn sie lagen gänzlich außerhalb jeder Bundeskompetenz.

Die nähere Regelung des Austrägal-Verfahrens enthielt die *Bundesvermittlungs- und Austrägalgerichts-Ordnung* vom 16. Juni 1817[3]). Die Art. 21–24 der Wiener Schlußakte hielten diese vorläufige Austrägal-Ordnung aufrecht; der Bundesbeschluß vom 3. August 1820[4]) brachte nur einige Ergänzungen; die Exekutionsordnung vom 3. August 1820[5]) regelte die Vollstreckung[6]). Für die gerichtliche Entscheidung solcher Streitigkeiten zwischen Gliedstaaten hatten die ursprünglichen preußischen Verfassungsvorschläge[7]) ein *ständiges Bundesgericht* vorgesehen. Nach dem Scheitern dieser Pläne bemühte man sich um die Einrichtung einer *„permanenten Austrägalinstanz"*; d. h. ein bestimmtes Oberstes Landesgericht sollte für alle Bundes-Austrägalsachen zuständig sein. Da auch dieser Vorschlag stecken blieb, begnügte die Austrägal-Ordnung

---

[1]) Über den Unterschied zwischen diesen beiden Arten von Streitigkeiten, vgl. *A. W. Heffter*, Codex Austregalis S. 177 ff.; *v. Leonhardi*, Austrägalverfahren S. 92 ff.

[2]) „Austrägal-Instanz" leitet sich vom *Austragen* einer Rechtssache vor einem Schiedsrichter (Austrag-Richter, Austräger) ab; das Verfahren friedlich-vermittelnder Schlichtung, ebenso aber auch der in ihm ergehende Schiedsspruch hieß *der Austrag*, Mz. „die Austräge" (vgl. *J. Grimm*, Deutsche Rechtsaltertümer, 1828 f.). Durch Latinisierung ergaben sich Wortbildungen wie „jus Austraegarum" und „Instantia Austraegalis". Über das Austrägalverfahren im Reichsrecht vor 1806 vgl. *v. Leonhardi*, Das Austrägalverfahren Bd. 1 S. 16 ff.; *O. v. Gohren*, Ursprung und weitere Ausbildung der Austrägal-Instanz in Deutschland, Z. f. dt. Recht Bd. 18 (1858) S. 1 ff.

[3]) Text: Dokumente Bd. 1 Nr. 37.

[4]) Text: CJCG Bd. 2 S 111.

[5]) Text: Dokumente Bd. 1 Nr. 38.

[6]) Der Entwurf einer endgültigen Austrägal-Gerichts-Ordnung vom 21. Dezember 1820 wurde niemals verabschiedet, obwohl die Bundesversammlung sich jahrzehntelang immer wieder mit ihm beschäftigt hat.

[7]) Siehe oben S. 529, 546, 553, 558.

sich mit einer „*wandelbaren Austrägalinstanz*"; d. h. eines der drittinstanzlichen Obergerichte wurde von Fall zu Fall zur Austrägalinstanz bestellt, und zwar auf folgende Weise: Schlug das Vermittlungsverfahren fehl, so hatte der beklagte Einzelstaat drei unbeteiligte Gliedstaaten zu benennen, aus denen dem Kläger die Wahl zustand. Unterließ der Beklagte die fristgemäße Benennung, so ging seine Vorschlagsbefugnis nach dem jus devolutionis auf die Bundesversammlung über; die Auswahl stand auch in diesem Fall dem Kläger zu. Der oberste Gerichtshof des ausgewählten Landes hatte dann *im Namen, im Auftrag und an Stelle der Bundesversammlung* die Entscheidung in der anhängigen Streitsache zu fällen.

Die Austrägal-Instanz war also zwar der Einrichtung nach ein Landesgericht; ihrer Funktion nach aber nahm sie Bundeszuständigkeiten wahr. Sie war eine Einrichtung der *Bundes-Auftragsgerichtsbarkeit*. Ihre Entscheidungsgewalt leitete sie von der Bundesversammlung ab, an deren Stelle sie zu urteilen hatte. Die Übernahme dieses Bundesmandats war für das Gericht eine Bundespflicht. Die Austrägal-Instanz hatte unabhängig von allen Weisungen oder sonstigen Einwirkungen und endgültig zu entscheiden. Das Verfahren fand vor dem Plenum des zuständigen Gerichts statt, wenn nicht ein besonderer, aus mindestens 12 Mitgliedern und einem Präsidenten zu bildender Austrägal-Senat eingerichtet wurde. Soweit nicht besondere Rechtserkenntnisquellen den Vorrang hatten, war das Urteil „nach den in Deutschland hergebrachten *gemeinen Rechten*" zu sprechen; in Streitigkeiten des öffentlichen Rechts war also auf gemeines deutsches Staats- oder Verwaltungsrecht zurückzugreifen. Die gefällte Entscheidung war sofort rechtskräftig; die streitenden Bundesglieder waren verpflichtet, sich ihr alsbald zu unterwerfen. Ein Restitutionsverfahren konnte nur *ex capite novorum* (wegen neu aufgefundener Tatsachen oder Beweismaterialien) stattfinden. Die Vollstreckung des Austrägal-Urteils lag in der Hand der Bundesversammlung. Das Austrägal-Verfahren war ein klassisches Beispiel für die Kombination von politischer Vermittlung, gerichtlicher Entscheidung und abschließender Exekution in einem staatenbündischen Gesamtkörper.

aa) Den Bundesgliedern war es freigestellt, für einen bestimmten Streitfall oder generell für alle zwischen ihnen entstehenden Streitigkeiten ein Schiedsgericht zu vereinbaren, das dann den Vorrang vor der Bundes-Austrägal-Instanz hatte (Art. 24 WSchlA). Die für den Einzelfall geltenden Schiedsvereinbarungen hießen „*Kompromisse*", die generell getroffenen Schiedsabreden „*besondere Austräge*" („VertragsAusträge", „gewillkürte Austräge"); auch gab es Austräge kraft testamentarischer Bestimmung [1]). Die in älterer Zeit vereinbarten Kompromisse und besonderen Austräge galten auch im Deutschen Bund fort [2]). Die Vollstreckung solcher kompromissarischer Entscheidungen war stets Sache der Bundesversammlung (Art. 31 WSchlA).
bb) Ein *summarisches Austrägalverfahren* war für Besitzstreitigkeiten zwischen Bundesgliedern vorgesehen (Art. 20 WSchlA). Rief ein Gliedstaat die Bundesversamm-

---

[1]) Über den Unterschied vgl. *W. A. Schoepff*, De arbitris necessariis, imprimis austregis conventionalibus ac testamentariis (1724); *C. F. Eichhorn*, De differentia inter austraegas et arbitros compromissarios (1801).
[2]) Ein Verzeichnis der nach der Bundesgründung noch geltenden alten Familien und Erb-Austräge bei *A. W. Heffter*, Codex Austregalis S. 207 f.

lung zum Schutz eines Besitzstandes gegenüber einem anderen Gliedstaat an und war der „jüngste Besitzstand" streitig, so konnte die Bundesversammlung wegen der Eilbedürftigkeit der Sache ohne Durchführung eines Vermittlungsverfahrens sofort von sich aus ein benachbartes unbeteiligtes Bundesglied auffordern, den Besitzstand und die stattgehabte Besitzstörung durch sein Oberstes Gericht untersuchen und darüber einen Rechtsbescheid erstatten zu lassen. Der Bescheid hatte die Kraft eines gerichtlichen Urteils; er konnte von der Bundesversammlung im Exekutionsverfahren vollstreckt werden.

cc) Daneben gab es ein *außerordentliches Austrägalverfahren* (Art. 30 WSchlA). Wenn Forderungen von Privatpersonen nur deshalb nicht befriedigt werden konnten, weil zwischen mehreren Gliedstaaten streitig war, welchen von ihnen die Verpflichtung treffe, so hatte auf Anrufen der Beteiligten die Bundesversammlung einen gütlichen Ausgleich zu versuchen. Blieb sie damit erfolglos und kam es zwischen den Beteiligten nicht zu einem Kompromiß über das zuständige Gericht, so hatte die Bundesversammlung eine Austrägalinstanz zu bestimmen, die in einem Verfahren zwischen den beteiligten Gliedstaaten die strittige Vorfrage zu entscheiden hatte.

b) Rechts- und Interessenstreitigkeiten

Zu Austrägalverfahren kam es in der Zeit des Deutschen Bundes in zahlreichen Fällen. Staatsschuldensachen, Pensionssachen, Stiftungssachen, Zollsachen, Grenzkonflikte, Sukzessionskonflikte zwischen den Nachfolgeländern der 1815 aufgelösten Rheinbundstaaten, Eigentums-, Besitz-, Vertrags-, Wittums-, Erbschafts- und Kondominatsstreitigkeiten zwischen fürstlichen Häusern wurden vor die Austrägalgerichte gebracht[1]). Fast in allen Streitfällen waren *rechtliche und politische Streitfragen* eng ineinander verwoben. So erhob sich in Streitfällen zwischen Bundesgliedern bald der Einwand der *Nicht-Justiziabilität*. Man unterschied zwischen politischen und rechtlichen Streitigkeiten, zwischen Interessen- und Rechtskonflikten, und machte geltend, die politischen Streitigkeiten seien zwar der Vermittlung des Bundestags, nicht aber der Entscheidung einer Austrägalinstanz zugänglich. Man behauptete demgemäß einen Unterschied zwischen *Kompromiß-Entscheidungen*, die Sache des Bundestags, und *Austrägal-Entscheidungen*, die Sache eines Austrägal-Gerichts seien[2]). Einzelne Regierungen verfochten die noch schärfere Ansicht, Souveränitätsrechte seien ihrer Natur nach dem „Begriff von Prozeßsachen" und damit jeder gerichtlichen Erörterung entzogen[3]).

In dem *preußisch-köthenschen Streit um den Elbzoll*[4]) machte Preußen geltend, daß zwar *alle* Streitigkeiten der Bundesglieder unter sich bei der Bundesversammlung angebracht werden könnten, daß aber bei Kollisionen von *Interessen* nur Vermittlungsversuche ohne eventuelle Präjudize, nicht aber ein rechtliches Verfahren statt-

---

[1]) *v. Leonhardi*, Das Austrägalverfahren (1838/45) gibt den Tatbestand und (soweit ergangen) das Urteil von insgesamt 25 Austrägal-Streitfällen aus den Jahren 1820 bis 1845 wieder. Davon kamen 9 Fälle an das Oberappellationsgericht Celle, 4 Fälle an das Oberappellationsgericht Lübeck, je drei Fälle nach Mannheim und Jena, je ein Fall nach Wien, Berlin, München, Dresden, Stuttgart und Darmstadt.
[2]) In diesem Sinn Preußen schon 1817 bei den Verhandlungen über die Austrägalordnung (vgl. *v. Leonhardi* a.a.O).
[3]) So Holstein in einem Streit mit Hamburg und Lübeck um Zollfreiheiten (Bundestagsprotokolle 1823 § 108 S. 311).   [4]) Siehe unten S. 809.

finden könne, welches vielmehr nur dann statthaft sein dürfe, wenn die rechtliche Natur der Beschwerde ganz klar vorliege" [1]). Ähnlich war die preußische Ansicht in dem *braunschweigisch-lippischen Streit* um die Verbindlichkeit eines in der Rheinbundszeit zwischen dem Königreich Westfalen und Lippe geschlossenen Vertrags [2]). In diesem Fall lehnte der Bundesbeschluß vom 24. Februar 1831 die preußische Auffassung allerdings ausdrücklich ab [3]).

Auch sonst wiesen die Mehrzahl der übrigen Regierungen [4]) wie die Wissenschaft [5]), die Unterscheidung von politischen (oder überwiegend politischen) und rechtlichen (oder überwiegend rechtlichen) Streitigkeiten zurück. Das Recht stehe nicht der Politik oder dem Interesse, sondern immer nur dem Unrecht gegenüber; das Interesse sei entweder als rechtlich oder als widerrechtlich zu qualifizieren. „Demnach erkennt die Gerechtigkeit, und mit ihr die echte Politik überall nur einen Unterschied, den zwischen Recht und Unrecht ... Wider das Rechte gibt es kein Recht, viel weniger ein wahres Interesse, und das einzige, wahre Interesse streitet für die Herrschaft des Rechts. Das Recht ist das Gesetz der Gesetze, der Souverän der Souveräne" [6]).

In den Stimmen, die sich für die volle Justiziabilität aller Streitigkeiten zwischen Bundesgliedern einsetzten, sprach sich das strenge rechtsstaatliche Denken des Frühkonstitutionalismus bemerkenswert aus. Die Gegenmeinung stützte sich im letzten Grund darauf, daß den Einzelstaaten in einem Staatenbund die volle Souveränität erhalten geblieben sei. Das Prinzip der Nicht-Justiziabilität und das Prinzip der Souveränität sind stets aufs Engste verknüpft. So erkannte die klassische Völkerrechtslehre bis in die jüngste Zeit an, daß sich aus der Souveränität der Staaten die Nicht-Justizibialität der staatlichen Existenz- und Ehrenfragen ergebe. Wenn im Deutschen Bund den Einzelstaaten die schlechthin unbeschränkte Souveränität zustand, so mußte jede gliedstaatliche Regierung befugt sein, in einem existentiellen Konflikt mit einer andern die Unterwerfung unter eine Austrägal-Instanz zu verweigern. Nur war die Frage gerade, ob das Bundesrecht die Souveränität der Gliedstaaten wirklich in diesem äußersten Sinn gewährleistete. Offenbar wollte es doch eben *alle* Streitfälle zwischen Bundesgliedern nicht nur dem Vermittlungs-, sondern auch dem Austrägal-Verfahren zuweisen; sonst hätten die bundesgesetzlichen Kompetenznormen die Zuständigkeit der Austrägal-Gerichte begrenzt. Schwere Gefährdungen des Bundesfriedens konnten eben nicht anders als durch die unbeschränkte Justiziabilität der Streitigkeiten zwischen Bundesgliedern verhütet werden. So ist es nicht möglich, sich der Einsicht zu verschließen, daß das Bundesrecht trotz der weitgehenden Wahrung der einzelstaatlichen Landeshoheit doch bewußt die einzelstaatliche Souveränität um des inneren Bundesfriedens willen merklich einengte. Zugespitzt läßt sich sagen: *Die Friedensgarantie stand höher als die Souveränitätsgarantie.* Das Bundes-

---

[1]) Bundestagsprotokolle 1821 § 160 S. 472; 1822 § 82 S. 214.
[2]) Bundestagsprotokolle 1830 S. 1368 ff.
[3]) Bundestagsprotokolle 1831 S. 137.
[4]) So unter anderem der nassauische Bundestagsgesandte (Bundestagsprotokolle 1828 § 74 S. 195).
[5]) *Klüber*, Öffentliches Recht des Teutschen Bundes S. 215; ebenso *Zachariä*, Deutsches Staats- und Bundesrecht Bd. 2 S. 736 ff. Für die preußische Rechtsansicht; *Eichhorn*, Betrachtungen über die Verfassung des Deutschen Bundes (1833) S. 37 ff.; *Maurenbrecher*, Grundsätze des heutigen deutschen Staatsrechts S. 187.
[6]) *Klüber*, aaO.

recht schloß die Selbsthilfe der Einzelstaaten auch und gerade in den Konflikten, die von einer starken politischen Spannung erfüllt waren, aus. Das aber konnte es nur, indem es auch solche Interessenstreitigkeiten zwischen Gliedstaaten, einschließlich der existentiellen Konflikte, in die Zuständigkeit einer mit autoritativer Entscheidungsgewalt ausgestatteten Instanz verwies. Das war in *Streitigkeiten aus dem Bundesverhältnis* der Bundestag als das höchste politische Organ des Bundes (siehe oben S. 626); in anderen Streitfällen beschränkte das Bundesrecht den Bundestag auf die Vermittlung; ein Entscheidungsrecht gestand es ihm hier nicht zu. Es ergibt sich somit, daß das Bundesrecht die zuständigen Instanzen mit der Vollmacht ausgestattet hatte, um der Wahrung des Bundesfriedens willen in allen Streitigkeiten zwischen Gliedstaaten im Auftrag und Namen des Bundes mit unanfechtbarer Autorität zu entscheiden.

3. Streitigkeiten zwischen Land und Bund

Auf Streitigkeiten zwischen einem Gliedstaat und dem Bundesganzen war das Austrägal-Verfahren nicht erstreckt. Wenn also der Bundestag einen Bundesbeschluß faßte, den ein von ihm betroffener Gliedstaat als bundeswidrig ansah, oder wenn der Bund mit effektiven Maßnahmen, etwa der Bundesexekution oder der Bundesintervention, in einem Gliedstaat rechtswidrig vorging, so bestand für den betroffenen Gliedstaat keine Möglichkeit, diese Verfassungsstreitsache durch eine gegen den Bund gerichtete Klage vor ein Gericht zu bringen.

Doch lag bei einem solchen Verfassungskonflikt zwischen einem Einzelstaat und dem Bund stets auch eine Streitigkeit zwischen dem Einzelstaat und den übrigen Gliedstaaten vor, die in der Bundesversammlung ihre Stimme für den umstrittenen Bundesbeschluß oder die angefochtene Bundesmaßnahme abgegeben hatten. Anders als im Bundesstaat ist im Staatenbund der einzelne Gliedstaat, wenn er in einem Bundesorgan für bundesrechtswidrige Beschlüsse eintritt, dafür auch als Einzelner gegenüber dem Verletzten verantwortlich. Es bestand daher in einem Fall dieser Art für den überstimmten Einzelstaat rechtlich kein Hindernis, zunächst gegenüber den die Mehrheit bildenden Bundesgliedern um die Vermittlung der Bundesversammlung nachzusuchen und, wenn diese, wie zu erwarten, fehlgeschlagen war, bei Streitigkeiten aus dem Bundesverhältnis die Entscheidung des Bundestags zu verlangen, in anderen Streitfällen das Austrägalverfahren gegen die den Bundesbeschluß stützenden Bundesglieder zu betreiben. Auf diesem Weg konnten Streitigkeiten zwischen Land und Bund unter Umständen doch der Austrägalgerichtsbarkeit zugeführt werden. Allerdings ist es niemals zu einem Verfahren dieser Art gekommen. Doch lag es durchaus im Wesen eines Staatenbunds, daß die Bundesbeschlüsse nicht nur dem Bund als Ganzem, sondern auch den Gliedstaaten, die ihn herbeigeführt hatten, als Einzelnen zugerechnet wurden. Ein Streit, den ein bundesverfassungswidriger Bundesbeschluß auslöste, war daher nicht nur ein Streit zwischen dem verletzten Gliedstaat und dem Bund, sondern auch ein Streit zwischen dem verletzten Gliedstaat und den für die Verletzung verantwortlichen Gliedstaaten, die den Beschluß zustandebrachten, als solchen. Gegen sie konnte der Verletzte sich daher in der geschilderten Weise zur Wehr setzen.

Diesen Weg hätte z. B. Preußen gehen können, als es den Bundesbeschluß vom 14. Juni 1866, der die Mobilmachung des Bundesheeres verfügte, als bundeswidrig bekämpfte. Da es sich hier jedoch um eine Streitigkeit aus dem Bundesverhältnis selbst handelte, hätte nur der Bundestag selbst die Entscheidung fällen können. Dieser Weg hätte somit nicht zu einem Ergebnis geführt. Siehe dazu auch Bd. III S. 543 ff.

III. Der exekutive Verfassungsschutz

1. Die Bundesintervention

a) Voraussetzungen der Bundesintervention

Unter den Mitteln des exekutiven Verfassungsschutzes, die dem Bund zur Verfügung standen, besaß die *Bundesintervention*, d. h. die einem Land zur Abwehr innerer Unruhen erwiesene Bundeshilfe, den ersten Rang. Über sie war in Art. 26 der Wiener Schlußakte bestimmt:

„Wenn in einem Bundesstaate durch Widersetzlichkeit der Untertanen gegen die Obrigkeit die innere Ruhe unmittelbar gefährdet, und eine Verbreitung aufrührerischer Bewegungen zu fürchten, oder ein wirklicher Aufruhr zum Ausbruch gekommen ist, und die Regierung selbst, nach Erschöpfung der verfassungsmäßigen und gesetzlichen Mittel, den Beistand des Bundes anruft, so liegt der Bundes-Versammlung ob, die schleunigste Hülfe zur Wiederherstellung der Ordnung zu veranlassen. Sollte im letztgedachten Falle die Regierung notorisch außer Stande sein, den Aufruhr durch eigene Kräfte zu unterdrücken, zugleich aber durch die Umstände gehindert werden, die Hülfe des Bundes zu begehren, so ist die Bundes-Versammlung nichts desto weniger verpflichtet, auch unaufgerufen zur Wiederherstellung der Ordnung und Sicherheit einzuschreiten. In jedem Falle aber dürfen die verfügten Maßregeln von keiner längeren Dauer sein, als die Regierung, welcher die bundesmäßige Hülfe geleistet wird, es notwendig erachtet."

Die Bundesintervention war somit der Inbegriff der exekutiven Maßnahmen, durch die der Bund der bundes- und verfassungstreuen Regierung eines Gliedstaats erbetene, unter Umständen auch unerbetene Hilfe leistete, um die durch verfassungsfeindliche Kräfte bedrohte oder gestörte öffentliche Sicherheit und Ordnung, insbesondere den gefährdeten verfassungsmäßigen Zustand, in dem Gliedstaat zu erhalten oder wiederherzustellen. Anders als die Bundesexekution richtete sich die Bundesintervention nicht gegen die Regierung eines Landes. Sie war stets ein Akt der Hilfeleistung zugunsten einer Regierung, die sich selbst bundes- und landesrechtlich legal verhielt, aber in ihrer verfassungsrechtlichen Stellung und Wirkungsmacht in ihrem Land von aufrührerischen Bewegungen bedroht war. Zwar ging die Bundesverfassung davon aus, daß grundsätzlich die Aufrechterhaltung der inneren Ruhe und Ordnung in den Gliedstaaten ausschließlich den Landesregierungen zustehe (Art. 25 Satz 1 WSchlA). Eine Ausnahme galt jedoch, mit Rücksicht auf die innere Bundessicherheit und auf Grund der wechselseitigen Beistandspflicht der Bundesglieder, falls es zur Auflehnung der Untertanen, zu offenem Aufruhr oder zu einer mehrere Gliedstaaten bedrohenden gefährlichen Bewegung kam (Art. 25 Satz 2 WSchlA). Hier hatte der Bund ein Interventionsrecht, allerdings grundsätzlich nur dann, wenn die bedrohte gliedstaatliche Regierung ein Hilfsersuchen („*Requisition*") an den Bundestag richtete. Doch war der Bund in bestimmten Ausnahmefällen auch ohne Hilfsersuchen zum Einschreiten befugt, wenn nämlich die gliedstaatliche Regierung offenkundig außer Stande war, des Aufstands mit eigenen Kräften Herr zu werden, und sie zugleich faktisch gehindert war, das Hilfsersuchen auszusprechen, z. B. weil sie sich in der Gewalt der Aufständischen befand. Ob diese Voraussetzungen ihres Einschreitens vorlagen, war von der Bundesversammlung zu entscheiden. Dagegen stand ihr nicht die Befugnis zu, unabhängig von den genannten Voraussetzungen in einem Land aus eigenem Ermessen mit exekutiven Maßnahmen zur Wiederherstellung der Sicherheit und Ordnung vorzugehen. Das weitergehende Recht, den Belagerungs- und Kriegszustand über das ganze Bundesgebiet oder dessen Teile zu verhängen[1]) oder unmittelbar mit Ausnahmegewalt einzugreifen[2]), besaß die Bundesversammlung nicht. Nur in den Bundesfestungen konnte die Bundesversammlung (notfalls an ihrer Stelle der Festungsgouverneur) den Belagerungszustand nach Maßgabe der Festungsreglements verhängen (siehe oben S. 615).

b) Maßnahmen der Bundesintervention

Wenn die Mehrheit des Bundestags die Voraussetzungen der Bundesintervention als gegeben erachtete, so war sie allerdings zu Maßnahmen befugt, die nicht weniger weit als später die Ausnahmegewalt des Kaiers oder des Reichspräsidenten gingen. Es lag ihr dann ob, die schleunigste Hilfeleistung zu veranlassen. Zu diesem Zweck konnte sie alle Maßnahmen ergreifen, die die Exekutionsordnung vom 3. August 1820[3]) ihr gestattete. Da die Bundesversammlung bundesunmittelbare Machtmittel nicht besaß (auch die Kontingente des Bundesheeres waren Formationen der Länder), war sie darauf angewiesen, die Durchführung der Intervention durch *Bundesmandat* in die Hand einer oder mehrerer einzelstaatlicher Regierungen zu legen. Doch konnte sie einen *Bundeskommissar* bestellen und diesem die *Bundestruppen* unterordnen. Der Interventionskommissar konnte das der Bundesintervention unterworfene Land militärisch besetzen. Aufrührer konne er festnehmen und stand- oder kriegsgerichtlich aburteilen lassen. Landesbeamte, die am Aufruhr beteiligt waren oder diesen durch Billigung, Duldung oder Nachlässigkeit begünstigt hatten, konnte er suspendieren. Vereine, Versammlungen und Presseorgane konnte er verbieten; die Landstände konnte er vertagen, schließen oder auflösen. Auch konnte er die gesetzgebende Gewalt im Land für sich in Anspruch nehmen; er konnte also *gesetzvertretende Verordnungen* erlassen. Kurzum: er konnte

---

[1]) Art. 68 Bism.RVerf. (dazu Bd. III S. 1042 ff.).
[2]) Art. 48 Abs. 2 Weim.RVerf. (dazu Bd. VI S. 688 ff.).
[3]) Text: Dokumente Bd. 1 Nr. 38.

alle notwendigen und geeigneten Mittel anwenden, um den Aufruhr zu unterdrücken, den Widerstand zu brechen und die Ordnung wiederherzustellen und zu festigen.

Grundsätzlich war es möglich, daß im Fall der Bundesintervention die Regierung des Gliedstaats ihre Funktionen weiter ausübte; der Interventionskommissar des Bundes trat dann neben sie; er war allerdings nicht von Weisungen der Regierung, der er Hilfe leistete, sondern nur von Weisungen der Bundesversammlung abhängig. Denkbar war jedoch auch, daß für die Dauer der Intervention die Regierung des Gliedstaats gänzlich außer Funktion trat und der Bundeskommissar die gesamte Hoheitsgewalt in dem Land übernahm. Eine solche *Sequestration* der Regierungsgewalt des Landes kam vor allem in Betracht, wenn ein Aufruhr die gliedstaatliche Regierung faktisch außer Funktion gesetzt hatte. Der Bund konnte dann die Sequestration des Landes durch den Bundeskommissar vornehmen; erst wenn die volle Ordnung und Sicherheit wieder eingekehrt war, gab der Bundeskommissar die sequestrierte Staatsgewalt an die Landesregierung zurück. Zu solchen Sequestrationen ist es im Zug der Bundesintervention wiederholt gekommen, so 1830—39 in Luxemburg und 1850—52 in Kurhessen und Holstein. Bei der Sequestration konnten die Bundeskommissare die gesamte Landesgewalt in ihre Hand nehmen. Nur die Vertretung des Landes in der Bundesversammlung blieb in jedem Fall Sache des Landesherrn; der Bundeskommissar konnte sie nach ihrer Natur nicht in Anspruch nehmen.

In jedem Interventionsfall war das Einschreiten des Bundes auf die *Wiederherstellung des normalen Verfassungszustandes* beschränkt. Gewiß war es zulässig, während der Dauer der Intervention die Landesverfassung in einzelnen Bestimmungen zu durchbrechen oder in einzelnen Teilen zu suspendieren. Wenn sich in der Landesverfassung einzelne bundeswidrige Bestimmungen fanden und diese die aufrührerischen Bestrebungen befördert hatten, war es möglich, während der Dauer der Intervention auf die Beseitigung dieser mit dem Bundesrecht unvereinbaren Verfassungsbestimmungen hinzuwirken. Dagegen war es rechtlich unstatthaft, mit Hilfe der Interventionsgewalt eine in Wirksamkeit stehende Landesverfassung zu nullifizieren und eine neue Landesverfassung zu oktroyieren, wie es in Kurhessen während der Intervention von 1850—52 geschah.

c) Fälle der Bundesintervention

Von seinen Befugnissen aus Art. 26 der Wiener Schlußakte machte der Bund in einer erheblichen Zahl von Vorgängen Gebrauch. Die wichtigsten Fälle, auf die im historischen Zusammenhang später noch einzugehen sein wird, seien hier aufzählend erwähnt.

aa) Das Mittel der Bundesintervention wandte der Bund zum ersten Mal an, als 1830 die belgische Revolution auf das zum Deutschen Bund gehörige *Großherzogtum Luxemburg* übergriff. Fast das ganze Land, außer der Bundesfestung Luxemburg, befand sich bald in der Hand der Aufständischen. Der König der Niederlande *Wilhelm I.* rief in seiner Eigenschaft als Großherzog von Luxemburg am 15. Oktober 1830 die Hilfe des Bundes an. Am 17./18. März 1831 beschloß der Bundestag die bewaffnete Intervention mit einem Heer von 24 000 Mann. Die Leitung der Intervention wurde Hannover übertragen. Der Generalgouverneur Herzog *Bernhard* von Sachsen-Weimar[1] übernahm in den mit Bundestruppen belegten Landesteilen die ausführende Gewalt. In der Separationsakte vom 15. Oktober 1831 beschloß die Londoner Konferenz Luxemburg zu teilen[2]. Bis zur Ratifikation des Teilungsvertrags vom 19. April 1839 blieb der Generalgouverneur Träger der Regierungsgewalt in dem vom Bund sequestrierten Teil Luxemburgs; dann gab er die Regierungsgewalt an den Großherzog zurück. Es handelte sich hier um den Modellfall einer auf Hilfsersuchen des Landesherrn durchgeführten Bundesintervention. Den an der Bundesintervention beteiligten zehn Regierungen (Hannover, Kurhessen, Holstein, Braunschweig, Nassau, beide Mecklenburg, Lübeck, Bremen und Hamburg) erstattete der Bund ihren finanziellen Aufwand[3].

bb) Ohne Hilfsersuchen griff der Bund 1833 zur Bundesintervention in der Freien Stadt Frankfurt, und zwar im Anschluß an den *Frankfurter Wachensturm* (3. April 1833). Zur Unterdrückung der Frankfurter Unruhen entsandte der Bundestag durch Beschluß vom 12. April 1833 österreichische und preußische Truppen im Namen des Bundes in die Freie Stadt. Über den Mangel eines Beistandsgesuchs setzte er sich mit der Fiktion hinweg, der Senat der Freien Stadt sei außerstande, das Gesuch auszusprechen, da er sich in einer inneren Abhängigkeit von den aufrührerischen Elementen befinde. Die Proteste des Senats gegen die Intervention waren ohne Erfolg. Über seine bundesrechtlichen Befugnisse hinausgehend, nahm der Bund hier die Vollmacht in Anspruch, die zur Wahrung der Sicherheit und Ordnung am Tagungsort der Bundesversammlung erforderlichen Maßnahmen auch ohne Hilfsersuchen oder eine das Hilfsersuchen ausschließende Zwangslage der Landesobrigkeit zu treffen. So hielt der Bundestag an der Stationierung von Bundestruppen in Frankfurt fest, bis volle Sicherheit gegenüber jeder Gefahr der Wiederholung der Unruhen geschaffen war[4].

cc) Die bedeutendsten Fälle der Bundesintervention waren die Maßnahmen, die der Bundestag 1850–52 in *Kurhessen* und *Schleswig-Holstein* veranlaßte. Darüber wird später zu berichten sein (siehe Bd. II S. 904 ff., 926 ff.).

2. Die Bundesexekution

a) Voraussetzungen der Bundesexekution

Bundesintervention und Bundesexekution sind Institute von großer Unterschiedlichkeit; sie werden aber häufig verwechselt. Über die *Bundesexekution* bestimmte der Art. 31 der Wiener Schlußakte:

„Die Bundes-Versammlung hat das Recht und die Verbindlichkeit, für die Vollziehung der Bundes-Acte und übrigen Grundgesetze des Bundes, der in Gemäßheit ihrer Competenz von ihr gefaßten Beschlüsse, der durch Austräge gefällten schiedsrichterlichen Erkenntnisse, der unter die Gewährleistung des Bundes gestellten compromissarischen

---

[1] *Herzog Bernhard von Sachsen-Weimar* (1792–1862), niederländischer General; er war 1831–39 Generalgouverneur von Luxemburg. (Siehe auch Bd. II S. 118).

[2] Solche *Teilungen* waren zu allen Zeiten die *ultima ratio* internationaler Konferenzen wie zweiseitiger Kompromisse. In der deutschen Verfassungsgeschichte des 19. Jahrhunderts spielen solche Teilungen eine große Rolle: die Teilung Polens und Sachsens 1815 (siehe oben S. 571 f.), die Teilung Luxemburgs (1831), die Versuche zur Teilung Schleswigs und Holsteins (1864).

[3] Dazu Näheres in Bd. II S. 115 ff.

[4] Dazu Näheres in Bd. II S. 164 ff.

Entscheidungen und der am Bundestage vermittelten Vergleiche, so wie für die Aufrechthaltung der von dem Bunde übernommenen besonderen Garantien, zu sorgen, auch zu diesem Ende, nach Erschöpfung aller anderen bundesverfassungsmäßigen Mittel, die erforderlichen Executions-Maßregeln, mit genauer Beobachtung der in einer besonderen Executions-Ordnung dieserhalb festgesetzten Bestimmungen und Normen, in Anwendung zu bringen."

Wie für die spätere Reichsexekution[1]) oder für den heutigen Bundeszwang[2]) gilt für die Bundesexekution des Deutschen Bundes die allgemeine Formel: *Die Bundesexekution ist der Inbegriff der exekutiven Zwangsmaßnahmen, durch die ein föderativer Gesamtverband gegen einen Gliedstaat vorgeht, um diesen zur Erfüllung der von ihm vernachlässigten verfassungsmäßigen Bundespflichten anzuhalten.* Die Bundesexekution dient also dazu, den Bestand der föderativen Einheit durch Erfüllungszwang gegenüber einer gliedstaatlichen Regierung zu wahren, die durch Nachlässigkeit, Widersetzlichkeit, Auflehnung oder den Versuch der Sezession oder Separation die verfassungsmäßig gebotene Bundestreue verletzt. Bei der Begründung des Deutschen Bundes bestand Einmütigkeit darüber, daß die Bundesgewalt exekutive Zwangsbefugnisse gegenüber einer bundeswidrig handelnden gliedstaatlichen Regierung erhalten müsse, da nur so der Bestand des Bundesganzen gesichert werden könne. Schon die vorläufige Exekutionsordnung von 1819[3]) sah demgemäß die Möglichkeit der Bundesexekution vor; in Art. 31 der Wiener Schlußakte in Verbindung mit der Exekutionsordnung vom 3. August 1820[4]) fand sie ihre endgültige Form.

Art. 31 der Wiener Schlußakte behandelte zwei unterschiedliche Tatbestandsgruppen. Auf der einen Seite regelte er die *Vollstreckung* der gerichtlichen oder gerichtsähnlichen Entscheidungen (Austrägal-Urteile, kompromissarische Entscheidungen, Vergleiche). Der Bundeszwang war insoweit eine Hilfsfunktion *im Dienst der Bundesgerichtsbarkeit*: es lag ein Fall von „abhängiger Bundesexekution" vor, d. h. eine Vollzugsmaßnahme, die von einem im Voraus erstrittenen Rechtstitel abhängig war. Hier besaß die Bundesversammlung keine freie Entscheidung über den Inhalt der von ihr zu treffenden Maßnahmen; was zu geschehen hatte, war im Voraus durch rechtskräftige Entscheidung festgestellt. Auf der anderen Seite aber betraf der Art. 31 den *unmittelbaren Erfüllungszwang* ohne vorausgegangene gerichtliche Entscheidung, so bei den Maßnahmen zum Vollzug der Bundesakte, der sonstigen Bundesgrundgesetze, der Bundesbeschlüsse und der Bundesgarantien. Hier war der Bundeszwang ein Akt „selbständiger Bundesexekution", d. h. eine Vollzugsmaßnahme, deren Inhalt die Bundesversammlung durch eine eigene Entscheidung festzulegen befugt war. Nicht die Gerichtsgewalt, sondern die Exekutivgewalt des Bundes trat in diesen Maßnahmen des unmittelbaren Erfüllungszwangs hervor.

---

[1]) Art. 19 BismRVerf. (dazu Bd. III S. 1029 ff.), Art. 48 Abs. 1 WeimRVerf. (dazu Bd. VI S. 731 ff.).
[2]) Art. 37 Bonner Grundgesetz.
[3]) Text: Bekanntmachung in der Preußischen Gesetzsammlung 1819 S. 218 ff.
[4]) Text: Dokumente Bd. 1 Nr. 38.

b) Maßnahmen der Bundesexekution

Lag einer der Tatbestände des Art. 31 vor, so war nach der Exekutionsordnung von 1820 ein höchst umständliches Verfahren anzuwenden. Zunächst hatte die Bundesversammlung an die gliedstaatliche Regierung die *Aufforderung* zu richten, sie möge in bestimmter Frist entweder die zwischenzeitlich geschehene Erfüllung ihrer Bundespflichten anzeigen oder Gründe für die Hinderung oder Weigerung anführen. Stellte die Bundesversammlung nach Fristablauf fest, daß das pflichtwidrige Verhalten der Regierung andauerte und nicht durch besondere Hinderungs- oder Weigerungsgründe gerechtfertigt war, so faßte sie den formellen *Exekutionsbeschluß*. Ihn stellte sie der betroffenen Regierung mit der Aufforderung zu, nunmehr innerhalb einer zweiten Frist dem Beschluß Folge zu leisten. Verstrich auch diese Frist erfolglos, so beschloß die Bundesversammlung nunmehr den wirklichen *Eintritt der Exekution*. Dabei beauftragte sie eine der unbeteiligten Regierungen durch ein *Exekutionsmandat* mit den notwendigen Zwangsmaßnahmen; dieser Exekutionsmandatar ernannte einen Exekutionskommissar und stellte Truppen bereit. Dann forderte die Bundesversammlung die mit der Exekution bedrohte Regierung zum letzten Mal auf, ihren bundesrechtlichen Pflichten nachzukommen, widrigenfalls die Zwangsmaßnahmen unverzüglich beginnen würden. Blieb auch dieser letzte Appell wirkungslos, so kam es zum Exekutionsvollzug. Der Exekutionsmandatar ließ das Land militärisch besetzen und traf alle notwendigen und geeigneten Maßnahmen, um die Erfüllung der Bundespflichten des Landes durchzusetzen.

Grundsätzlich waren die Maßnahmen der Exekution gegen die *Regierung* des Landes zu richten, das in der Erfüllung seiner Pflichten säumig war (Art. 32 Satz 1 WSchlA). Die Maßnahmen gegen die Regierung konnten in der Suspension der Regierungsgewalt des Landesherrn, in der Absetzung des Ministeriums und in der Übernahme der vollen Regierungsgewalt durch den eingesetzten Exekutionskommissar bestehen. Wie die Bundesintervention konnte auch die Bundesexekution somit zur *Sequestration* des Landes führen. Während der Sequestration nahm der Exekutionskommissar sämtliche Regierungsbefugnisse der betroffenen Landesregierung in seine Hand. Nur die Wahrnehmung der Bundesstimme des Landes in der Bundesversammlung war auch im Fall der Exekution dem Exekutionskommissar versagt. Andererseits konnte der Landesherr des mit der Exekution überzogenen Landes in der Regel während der Dauer der Exekution seine Bundesstimme nicht ausüben; durchweg kam für die Dauer der Exekution die Bundesstimme des Landes zum Ruhen. Von dieser Einschränkung abgesehen, konnte der Bundeskommissar im Fall der Sequestration alle Kompetenzen in Anspruch nehmen, die der Landesherr und das Ministerium nach der Landesverfassung besaßen. Insoweit handelte er als ein kommissarisches Landesorgan. Darüber hinaus besaß der Kommissar als Bundesorgan die Befugnis zu allen durch die Sachlage gebotenen Zwangsmaßnahmen, ohne dabei durch die Schranken der Landesverfassung beengt zu sein. Die dem Träger der Exekution im Sequestrationsfall zugewiesene Machtfülle mit dieser Doppelstellung als Landes- und als Bundesorgan war nichts anderes als eine *kommissarische Diktatur*.

Denkbar war allerdings auch eine Exekution ohne Sequestration, d. h. ohne Suspension der Regierungsgewalt des Landesherrn. Dieser blieb dabei im Besitz seiner Funktionen; doch konnte der Exekutionskommissar unmittelbare und verbindliche Weisungen an die Regierung richten. Eine unmittelbare Einwirkung auf die innere Verwaltung des Landes stand dem Kommissar dann grundsätzlich nicht zu (Art. 32 Satz 1 WSchlA). Doch galt dieser Grundsatz der „*Impermeabilität*" der Staatsorganisation des Landes nicht, wenn entweder die Landesregierung, weil sie selbst zureichender Mittel ermangelte, die Hilfe des Bundes in Anspruch nahm, damit dieser unmittelbar auf die innere Verwaltung des Landes einwirke, oder wenn ein Aufruhr im Lande stattgefunden hatte, der der Bundesversammlung ein direktes Eingreifen nach Art. 26 gestattet haben würde (Art. 32 Satz 2 WSchlA). Diese nicht leicht entwirrbare Verknüpfung der Art. 32 und 26 erklärt sich daraus, daß die Bundesexekution (Art. 31, 32) und die Bundesintervention (Art. 26), so deutlich geschieden sie als juristische Einrichtungen waren, doch in ihren faktischen Voraussetzungen leicht ineinander übergehen konnten. Weigerten sich z. B. die Landstände, an der Aufhebung eines bundeswidrigen Landesgesetzes mitzuwirken, so konnte man darin sowohl eine die Bundesexekution rechtfertigende Nicht-Erfüllung der Bundespflichten des Landes als auch eine zur Bundesintervention führende Auflehnung gegen die Landesregierung, die zur Erfüllung der Bundespflichten bereit war, sehen. Schritt der Bund in einem solchen Fall mit der Bundesexekution ein, so war er befugt, auf Ersuchen der Landesregierung auch die notwendigen Maßnahmen gegen die Landstände zu richten, um den Einklang der Landesgesetze mit dem Bundesrecht herzustellen. Nicht anders lag es, wenn offener Aufruhr einem Land die Erfüllung seiner bundesmäßigen Pflichten unmöglich machte. Leitete die Bundesversammlung dann die Bundesexekution ein, so konnte der Bundeskommissar zugleich unmittelbar auf die innere Verwaltung des Landes einwirken.

Hatte der Bund die Erfüllung der Pflichten des Landes durchgesetzt, so mußte er die Bundesexekution durch einen Bundesbeschluß beenden. Der Bundestag nahm dann das Exekutionsmandat zurück; die Exekutionsmacht berief ihren Kommissar ab und zog ihre Truppen zurück. Die Kosten der Exekution waren von der Regierung des betroffenen Landes zu übernehmen. Niemals durfte die Exekution dazu dienen, die Selbständigkeit des betroffenen Landes auszulöschen, also es z. B. der Exekutionsmacht einzuverleiben, oder die Verfassung des betroffenen Landes umzustoßen und durch eine neue zu ersetzen. Denkbar war allerdings, daß der Verstoß gegen die Bundespflichten gerade darin bestand, daß die zuständigen Landesorgane sich weigerten, bundeswidrige Bestimmungen der Landesverfassung durch die erforderlichen verfassungsändernden Beschlüsse zu revidieren. Dann konnte der Bund mittels der Bundesexekution die bundeswidrigen Einzelbestimmungen der Landesverfassung außer Kraft setzen. Niemals aber konnte der Bund mit Hilfe der Bundesexekution eine Landesverfassung im Ganzen beseitigen und neugestalten.

Im äußersten Fall konnte die Bundesexekution auch zu einem *Eingriff in die Thronrechte* der in einem Land herrschenden Dynastie führen. Wog die Pflichtwidrigkeit, deren ein Landesherr sich gegenüber dem Bund schuldig gemacht hatte, so schwer, daß es als ausgeschlossen erscheinen mußte, ein loyales Verhältnis je wiederherzustellen, so konnte der Bund mittels der Bundesexekution in einer so extremen Lage die endgültige *Absetzung des Landesherrn* vornehmen. Dabei war dann der nach dem Thronfolgerecht des Landes nächstberufene Anwärter zur Nachfolge zuzulassen. Nur wenn auch dieser und die weiteren Anwärter keine Gewähr für die Rückkehr zu bundestreuem Verhalten boten, konnte der Bund die Bundesexekution durch Einsetzung einer Regentschaft vorläufig beenden.

Daß solche Eingriffe in das Thronrecht nicht außerhalb der praktischen Möglichkeiten lagen, hat sich zweimal in *Braunschweig* gezeigt. 1830 stand der Bund im Begriff, den regierenden Herzog von Braunschweig im Weg der Bundesexekution wegen bundeswidrigen Verhaltens seiner Thronrechte für verlustig zu erklären. Nachdem es dann zum gewaltsamen Thronwechsel in Braunschweig gekommen war, legalisierte der Bund diesen Umsturz durch bundesrechtliche Anerkennung des neuen Herrschers. Das war im Grund nichts anderes als eine „kalte Bundesexekution". 1879 erzwang das Reich durch die Drohung mit der Reichsexekution die Einsetzung einer Regentschaft in Braunschweig für den nachfolgeberechtigten, vom Reich aber nicht als regierungsfähig anerkannten Herzog von Cumberland[1]).

c) Formstrenge und formlose Bundesexekution

Die durch Art. 31 der Wiener Schlußakte und die Exekutionsordnung geregelte *formelle Bundesexekution* war ein schwerfälliges Instrument. Eine Kette von Beschlüssen und Fristsetzungen führte erst langsam zur endlichen Aktion hin. Dieses Verfahren mußte sich als unbrauchbar erweisen, wenn aus dem pflichtwidrigen Verhalten eines Landes eine ernste Gefahr für die Einheit des Bundes entstand und schnelles Handeln geboten war. Wäre der Bund in einer solchen Lage auf das Mittel der formellen Bundesexekution beschränkt gewesen, so hätte ihm gerade im Fall der äußersten Gefahr ein wirksames Mittel des exekutiven Verfassungsschutzes gefehlt. Dem Bund stand jedoch neben der formellen Bundesexekution das Recht zu *vorläufigen Abwehrmaßnahmen* zu, dessen er sich bei einer unmittelbaren existentiellen Gefahr bedienen konnte. Art. 19 der Wiener Schlußakte bestimmte darüber:

„Wenn zwischen Bundes-Gliedern Tätlichkeiten zu besorgen oder wirklich ausgeübt worden sind, so ist die Bundes-Versammlung berufen, vorläufige Maßregeln zu ergreifen, wodurch jeder Selbsthülfe vorgebeugt, und der bereits unternommenen Einhalt getan werde. Zu dem Ende hat sie vor allem für Aufrechthaltung des Besitzstandes Sorge zu tragen."

Diese Klausel des Art. 19 war von außerordentlicher Tragweite. Der Bund konnte sich ihrer nicht nur bedienen, wenn ein Streit zwischen zwei Glied-

---

[1]) Über den braunschweigischen Fall von 1830 siehe Bd. II S. 57 ff., über den von 1879 Näheres in Bd. IV S. 428 ff.

staaten der primäre Anlaß eines Bundeskonflikts war, sondern auch, wenn die Auflehnung eines Gliedstaats gegen den Bund die Ursache der Spannung bilde-te. Denn auch dann waren, wenn die Spannung zum offenen Konflikt zu wer-den drohte, „Tätlichkeiten zwischen Bundesgliedern", nämlich zwischen dem aufsässigen Bundesglied und den bundestreuen Einzelstaaten zu befürchten. Drohte ein solcher offener Konflikt, so war die Bundesversammlung ermäch-tigt, alle Maßnahmen unverzüglich, d. h. ohne Innehaltung von Formen und Fristen, zu treffen, um die verbotene Selbsthilfe eines Bundesglieds zu verhü-ten oder abzuwehren. Wie bei allen einstweiligen Abwehrmaßnahmen mußte das Bundesvorgehen auch hier darauf zielen, den gegebenen Besitzstand auf-rechtzuerhalten und der verbotenen Eigenmacht Einhalt zu gebieten.

d) Fälle der Bundesexekution

Auch das schärfste Mittel des föderativen Verfassungsschutzes, die Bundes-exekution, hat der Deutsche Bund wiederholt angewandt. Auf folgende Haupt-fälle sei hingewiesen:

aa) Nach einem langen Streit, der sich an die bundeswidrige Aufhebung der braun-schweigischen Verfassung durch die herzogliche Verordnung vom 10. Mai 1827 ange-schlossen hatte, leitete der Bund 1829 die Bundesexekution gegen *Herzog Carl von Braun-schweig* ein[1]). Im Bruch der Landesverfassung lag ein Verstoß des Herzogs gegen seine Bundespflichten. Deshalb beschloß der Bundestag am 29. August 1829, den Herzog auf-zufordern, die Verordnung von 1827 zu beseitigen und damit die Landesverfassung wie-der anzuerkennen. Da der Herzog der Aufforderung nicht Folge leistete, wurde im März 1830 der Exekutionsbeschluß gegen ihn gefaßt. Darauf nahm der Herzog am 22. April 1830 die Verordnung zurück, so daß es zum effektiven Vollzug des Exekutionsbeschlus-ses nicht mehr kam.

bb) 1834 weigerte der *Senat der Freien Stadt Frankfurt* sich, einen Beschluß des Bun-des zu vollziehen, der die Truppen der Freien Stadt dem Befehlshaber des öster-reichisch-preußischen Sicherheitskorps unterstellt hatte, das 1833 nach dem Wachen-sturm in Frankfurt stationiert worden war. Dem darauf gefaßten Exekutionsbeschluß des Bundestags unterwarf sich der Senat am 3. Juni 1834, so daß es auch hier zu effektiven Exekutionsmaßnahmen nicht mehr kam[2]).

cc) In *Holstein*, wo, wie erwähnt, die dänische Herrschaft 1850 mit Hilfe der Bundes-intervention wiederhergestellt worden war, wurde 1864 die dänische Herrschaft mit Hilfe der Bundesexekution gebrochen[3]).

dd) Gegen *Preußen* wurde 1866 zwar nicht die formelle Bundesexekution (Art. 31 WSchlA), wohl aber durch den Bundesbeschluß vom 14. Juni 1866, der die Mobilma-chung des Bundesheeres gegen Preußen anordnete, die formlose vorbeugende Bundes-exekution (Art. 19 WSchlA) eingeleitet. Darüber kam es dann zum österreichisch-preu-ßischen Krieg[4]).

---

[1]) Dieser Vorfall von 1829 bildete die Vorgeschichte des oben erwähnten braunschwei-gischen Thronwechsels von 1830. Dazu Bd. II S. 48 ff.

[2]) Der Exekutionsbeschluß gegen Frankfurt von 1834 stand in unmittelbarem Zu-sammenhang mit der oben erwähnten Bundesintervention in Frankfurt von 1832, die 1834 noch nicht beendet war. Der Vorgang ist bemerkenswert dafür, wie leicht sich aus der Intervention eine Exekution entwickeln kann. Dazu Bd. II S. 167 ff.

[3]) Dazu Bd. III S. 460 ff.

[4]) Dazu Bd. III S. 531 ff.

§ 36. Bundesverfassung und Landesverfassungen

Schrifttum: A. v. Feuerbach, Über teutsche Freiheit und Vertretung teutscher Völker durch Landstände (1814); *Fr. Ancillon,* Über Souveränetät und Staatsverfassungen (1815); *Chr. Dabelow,* Über den 13. Artikel der deutschen Bundesakte (1816); *F. L. v. Hornthal,* Schreiben an Dabelow, den 13. Artikel betreffend (1816); *W. T. Krug,* Das Repräsentativsystem (1816); *F. Chr. Schlosser,* Ständische Verfassung. Ihr Begriff, ihre Bedingung (1817); *S. Brendel,* Geschichte, Wesen und Wert der Nationalrepräsentation (1817); *K. v. Rotteck,* Ideen über Landstände (1820); *F. v. Gentz,* Über den Unterschied zwischen den landständischen und Repräsentativverfassungen (1819; Abdruck bei *Klüber-Welcker,* aaO S. 213 ff.); *R. Mohl,* Discrimen ordinum provincialium et constitutionis repraesentativae (1821); *G. F. König,* Das Königtum und die Repräsentation (1828); *K. Vollgraff,* Die Täuschungen des Repräsentativsystems (1832); *K. Pölitz,* Das constitutionelle Leben nach seinen Formen und Bedingungen (1831); *L. Flathe,* Geschichte des Kampfes zwischen dem alten und dem neuen Verfassungsprinzip der Staaten (1833); *C. E. Jarcke,* Die ständische Verfassung und die deutschen Konstitutionen (1834); *H. G. Reichard,* Monarchie, Landstände und Bundesverfassung in Deutschland (1836); *Fürst L. zu Solms-Lich,* Deutschland und die Repräsentativverfassungen (1838); *A. Möhl,* Über das Repräsentativsystem (1840); *Klüber-Welcker,* Wichtige Urkunden für den Rechtszustand der deutschen Nation (2. Aufl. 1845); *F. J. Stahl,* Das monarchische Prinzip (1845); *C. W. v. Lancizolle,* Über Königtum und Landstände in Preußen (1846); *C. D. v. Witzleben,* Die Grenzen der Volksrepräsentation in der konstitutionellen Monarchie (1847).

E. Loening, Die Repräsentativverfassung im 19. Jahrhundert (1899); *E. Kaufmann,* Studien zur Staatslehre des monarchischen Prinzips (1906); *O. Hintze,* Das monarchische Prinzip und die konstitutionelle Verfassung (Preuß. Jb. Bd. 144, 1911, S. 381 ff.; auch in: Staat und Verfassung S. 349 ff.); *H. O. Meisner,* Die Lehre vom monarchischen Prinzip im Zeitalter der Restauration und des Deutschen Bundes (1913).

I. Die landständischen Verfassungen

1. Grenzen der Verfassungsautonomie der Länder

Ein Hauptstreitpunkt auf dem Wiener Kongreß war, ob und in welchem Maß der Bund die Gliedstaaten zum Erlaß von Verfassungsgrundgesetzen verpflichten solle [1]. Entgegen den Bestrebungen, den Ländern den Übergang zur Repräsentativverfassung aufzuerlegen, beschränkte Art. 13 der Bundesakte sich auf die lakonische Feststellung: *„In allen Bundesstaaten wird eine Landständische Verfassung stattfinden".* Selbst das fordernde und verpflichtende „soll stattfinden" des Entwurfs mußte dem weniger präzisen „wird stattfinden" weichen. Trotzdem war auch damit eine Pflicht der Einzelstaaten begründet, Verfassungen in ihrem Gebiet zu schaffen; allerdings war weder ein Termin genannt, bis zu dem die Länder diese Verfassungen in Kraft zu setzen hatten, noch war gesagt, was eine „Landständische Verfassung" ihrem Begriff nach eigentlich sei. Offen war vor allem, wie die Landstände zusammengesetzt und berufen, sowie mit welchen Befugnissen sie ausgestattet werden sollten. Die Bundesakte enthielt sich in diesen Fragen jedes Eingriffs in die *Verfassungsautonomie der Gliedstaaten.* Nur über das „ob", nicht aber über

---

[1]) Siehe oben S. 518, 526, 530, 546, 548, 552, 553, 558, 559.

das „wie" einer landständischen Verfassung traf sie eine Entscheidung. Um der *Souveränität der Einzelstaaten* willen vermied der Bund es, die Verfassungsgewalt seiner Gliedstaaten durch materielle Normen über den Inhalt der Verfassung zu beschränken; um der *Souveränität der Landesherrn* willen verzichtete er insbesondere darauf, in die Gestaltung des Landeswahlrechts, die Bemessung der landständischen Kompetenzen oder die Gewähr von landesverfassungsmäßigen Grundrechten einzugreifen. Die unbestimmte Fassung des Art. 13 begrenzte den bundesrechtlichen Eingriff in den „pouvoir constituant" der Einzelstaaten auf ein Minimum.

2. Landstände und Repräsentativverfassung

Immerhin war mit dem Begriff „landständische Verfassung" gesagt, daß es in den Gliedstaaten *Landstände* geben müsse. Die Kernfrage des Art. 13 war, ob darunter eine Vertretungskörperschaft altständischen Stils oder eine moderne Volksrepräsentation zu verstehen sei. Obwohl das Wort „Stände" die erstgenannte Deutung nahelegt, dachten doch beim Inkrafttreten der Bundesakte nur hartgesottene Konservative an eine so antiquierte Interpretation. Denn die sozialen und politischen Grundlagen des alten Ständestaats hatte in der Mehrzahl der deutschen Länder zunächst der Absolutismus, dann die aufkommende bürgerliche Gesellschaft eingeebnet. Der öffentlichen Meinung galt die Restauration der altständischen Verfassung, die eine Rückkehr in den vorabsolutistischen Sozialzustand bedeutet hätte, weithin als absurd. Doch oszillierte der Begriff „Landstände" von Anfang an zwischen der Deutung im Sinn historischer Stände und der Deutung im Sinn einer Repräsentation des Volks in seiner gegenwärtigen Sozialstruktur. Wie unsicher der Boden war, auf dem man sich hier bewegte, ergibt sich daraus, daß der erste preußische Bundesentwurf der „Einundvierzig Punkte", in dem der Vorschlag (land-)ständischer Verfassungen zum ersten Mal erscheint, bei der *Zusammensetzung* der Landstände sogar nur die Mitgliedschaft des mediatisierten und des landsässigen Adels (der „erblichen und auserwählten Stände") erwähnte, obwohl doch sicher war, daß Hardenberg und Humboldt nicht daran dachten, dem bürgerlichen und bäuerlichen Besitz die Landstandschaft zu verweigern. Schon die „Zwölf Artikel" verzichteten völlig darauf, die Zusammensetzung der Landstände von Bundes wegen zu regeln, überließen es vielmehr den Einzelstaaten, ihren Landständen „eine der Landesart, dem Charakter der Einwohner und dem Herkommen angemessene Einrichtung zu geben". An diesem Stillschweigen in Bezug auf die Landstandschaft hielten alle Bundesentwürfe bis zum Ende fest. Dagegen waren Preußen und Österreich immer wieder bemüht, die *Kompetenzen* der Landstände bundesrechtlich durch eine Mindestbestimmung festzulegen; ein Anteil an der Gesetzgebung und die Steuerbewilligung erschienen als das gebotene Mindestmaß landständischer Rechte [1]).

---

[1]) Siehe oben S. 526, 530.

Aber die beiden Großmächte scheiterten am Ende auch mit diesem Bemühen um die bundesrechtliche Gewährleistung des landständischen Kompetenzbereichs.

Obwohl nun der Art. 13 ohne jede Verdeutlichung in Bezug auf den Aufbau und die Zuständigkeit der Landstände in Kraft trat, maß die öffentliche Meinung ihm den Sinn bei, daß den Ländern aufgegeben sei, das repräsentative System in Form einer möglichst in zwei Kammern gegliederten und mit Gesetzgebungs- und Besteuerungsgewalt ausgestatteten Volksvertretung zu schaffen. Selbstverständlich hätte diese „landständische Verfassung" sich von einer „demokratischen" noch in vielen Zügen von Grund auf unterschieden: einmal durch das Bestehen einer ersten aristokratischen Kammer neben einer zweiten volksgewählten, sodann durch starke Einschränkungen der Wahlgleichheit, etwa in der Form des Zensus- oder Klassenwahlrechts, schließlich durch das absolute Veto des Herrschers gegenüber allen landständischen Beschlüssen. Trotzdem sah die öffentliche Meinung in den versprochenen Landständen eine echte Repräsentation des Volksganzen. Die landständischen Abgeordneten sollten nicht Exponenten des Geburts-, Besitz- oder Berufsstandes, dem sie angehörten, sondern Vertreter des ganzen Staatsvolks sein[1]).

Art. 13 der Bundesakte ließ auch offen, auf welchem Weg die Einzelstaaten landständische Verfassungen einführen sollten. Wo die altständische Verfassung noch voll in Kraft stand, war es, vom Landesrecht her gesehen, unumgänglich, eine neue landständische Verfassung durch *Verfassungsvereinbarung*, d. h. durch einen Verfassungsvertrag zwischen dem Landesherrn und der alten Ständevertretung, ins Leben zu rufen. Wo dagegen der Absolutismus die altständischen Vertretungen entweder ganz beseitigt oder auf ein Schattendasein beschränkt hatte, war die verfassunggebende Gewalt auf den Landesherrn allein übergegangen. Ihm stand hier die Befugnis zu, die neue landständische Verfassung durch *einseitigen Verfassungserlaß*, also im Weg der Oktroyierung, in Kraft zu setzen. Es war ein Akt des Entgegenkommens, wenn der Landesherr auch in einem solchen Fall zunächst ad hoc eine Ständeversammlung einberief, um sich mit ihr über den Inhalt der neuen landständischen Verfassung zu verständigen. So kam es, von dem Verfahren der Verfassunggebung her gesehen, zu drei verschiedenen Typen von landständischen Verfassungen: den *notwendigen Verfassungsvereinbarungen*, den *freiwilligen Verfassungsvereinbarungen* und den *oktroyierten Verfassungen*.

Gleichviel aber ob die landständische Verfassung durch einseitigen landesherrlichen Erlaß oder durch Vereinbarung mit vorkonstitutionellen oder ad hoc berufenen Ständen zustande kam, in jedem Falle war der Fürst durch die landständische Verfassung endgültig gebunden. Die Verfassung einseitig aufzuheben oder zu ändern, war ihm für die Zukunft verwehrt. Ferner räumten echte landständische Verfassungen den Landständen ein Recht zur mitentscheidenden Ausübung der Staatsgewalt, kein bloßes Beratungs- und Vorschlagsrecht ein. Mindestens die ersten, bis 1819 erlassenen Verfassungen, vor

---

[1]) Darüber, daß in Württemberg insofern eine besondere Lage bestand, als hier nicht nur die konservative Rechte, sondern auch die liberale Linke für das altständische System eintrat, siehe oben S. 331 ff.

allem die bayerische, die badische, die württembergische und die hessische, waren solche *Repräsentativverfassungen* modernen Stils [1]). Die gewählte zweite Kammer stellte hier eine Vertretung des ganzen Volks gegenüber dem Staatsoberhaupt dar. Die öffentliche Meinung Deutschlands ging davon aus, daß dieses süddeutsche Modell dem Sinn des Art. 13 der Bundesakte entspreche. Sie erwartete, daß die in ihrem Verfassungswerk noch säumigen deutschen Staaten ihre Bundespflicht dem süddeutschen Beispiel folgend erfüllen würden.

3. *Die Unterscheidung von landständischen und Repräsentativverfassungen*

a) Der Gentz'sche Angriff auf das Repräsentativprinzip

Die erstarkende Reaktion setzte sich jedoch bald gegen diese Gleichsetzung des landständischen Prinzips mit der Repräsentativverfassung zur Wehr. Als 1819 die Gefährlichkeit der nationalrevolutionären Bestrebungen offenkundig hervortrat [2]), beeilte Metternich sich, durch eine einschränkende Interpretation des Art. 13 die bundesrechtliche Legitimität des liberaldemokratischen Anspruchs auf Repräsentativverfassungen zu zerstören. Er bediente sich für diese restaurative Verfassungsinterpretation seines großen Publizisten *Friedrich Gentz* [3]), der seine Schrift *„Über den Unterschied zwischen den landständischen und Repräsentativ-Verfassungen"* 1819 den zu den Karlsbader Konferenzen versammelten deutschen Staatsmännern übergab [4]).

Der Art. 13 der Bundesakte, so legte Gentz dar, verlange eine landständische und eben damit keine repräsentative Verfassung; der Unterschied bestehe im Folgenden: Landständische Verfassungen seien solche, in denen bestimmte „durch sich selbst bestehende Körperschaften" (wie der Adel, der Klerus, die Universitäten, die Städte) durch Abgeordnete vertreten würden, die nicht Repräsentanten der Gesamtnation, sondern Vertrauensmänner ihrer Entsendekörperschaften seien. Repräsentativverfassungen dagegen seien solche, in denen die Abgeordneten „nicht die Gerechtsame und das Interesse einzelner Stände... sondern die Gesamtmasse des Volks vorzustellen berufen" seien. Jeder Abgeordnete und insbesondere die Kammer im Ganzen könne hier beanspruchen, das ganze Volk in sich zu verkörpern. Damit werde nichts anderes als der „verkehrte Begriff" der Volks-Souveränität anerkannt; das „Phantom der sog. Volksfreiheit" und der „Wahn allgemeiner Gleichheit der Rechte" werde heraufbeschworen; an die Stelle natürlicher, gewachsener, historisch fundierter Grundelemente des Staates trete ein auf revolutionärer Gewalt oder konstruierter Willkür beruhendes System, das sich „Constitution" nenne, das jedoch unausweichlich den Untergang des Staates herbeiführe. Vor allem die mit dem Repräsentativ-System verbundene Volkswahl sei der erste Schritt zur „Demagogie". Der Landesherr höre auf, oberster Gesetzgeber zu sein; die Einheit der Staatsverwaltung werde aufgelöst; die Teilung der Gewalten setze sich durch und rufe die Anarchie hervor. Das Repräsentativ-System gipfele notwendig in der parlamentarischen Ministerverantwortlichkeit, der Öffentlichkeit der parlamentarischen Verhandlungen, der unbeschränkten Preßfreiheit, dem

---

[1]) Siehe oben S. 341 ff.
[2]) Siehe unten S. 732 ff.
[3]) Siehe oben S. 143.
[4]) Text bei *Klüber-Welcker*, Wichtige Urkunden S. 213 ff.

unbeschränkten Petitionsrecht und anderen „Accessionen", die die Staatsordnung zerstören und die Revolution heraufbeschwören müßten. Alles dies sei dem Begriff der „landständischen Verfassung" fremd und mit dem Recht wie mit dem Geist des Deutschen Bundes unvereinbar.

b) Die Unhaltbarkeit der Gentz'schen Auslegung des Art. 13 der Bundesakte

Offenkundig setzte Gentz die „landständischen Verfassungen" des Art. 13 mit dieser Unterscheidung einfach den *altständischen Verfassungen* gleich. Das bundesrechtliche Gebot, „landständische Verfassungen" zu erlassen, deutete er damit in ein *bundesrechtliches Verbot von Repräsentativverfassungen* um. Den Sinn des Art. 13 verkehrte Gentz damit ins gerade Gegenteil. Während überdies auf dem Wiener Kongreß am Ende alles darin einig war, daß die Verfassungsautonomie der Gliedstaaten deren Recht umfasse, Einrichtung und Zuständigkeit der Landstände nach freiem Ermessen zu ordnen, schränkte die Gentz'sche Interpretationskunst die Verfassungsautonomie der Länder aufs Schwerste und in einem bis dahin gänzlich ungeahnten Sinne ein.

Richtig war an dieser im Ganzen mehr als fragwürdigen Deduktion, daß die Einrichtung volksgewählter Repräsentativ-Körperschaften eine Entwicklung einleitete, die unvermeidlich zur Konstitutionalisierung des ganzen Staatswesens führen mußte. Ein Staat mit repräsentativer Volksvertretung wird notwendig zum „konstitutionellen Staat", in dem der monarchischen Obrigkeit keine bloße Vielheit ständischer Interessenvertreter, sondern die Einheit der repräsentierten Staatsnation gegenübertritt. Richtig war auch, daß in einem Staat mit repräsentativer Volksvertretung die strenge Geschlossenheit des Staatskörpers, wie sie dem Absolutismus eignete, einem aufgelockerten politischen Gefüge weichen muß, in dem innere Spannungen und Gegensätze verstärkt hervortreten; dem Willen des Herrschers stellt sich hier ein selbständiger und gleichgewichtiger Wille der Gesamtnation entgegen. Unrichtig war dagegen, daß die im Repräsentativsystem entwickelte Freiheit und Mitbestimmung der Nation notwendig zur Selbstzerstörung des Staates führen müsse. Im Gegenteil: die Konstitutionalisierung des Staates hat durchweg politische Kräfte entbunden, die, einsichtig gelenkt und vorausschauend eingesetzt, die Staatlichkeit nicht aufgelöst, sondern gefestigt haben.

Unrichtig aber war an der Gentz'schen Interpretation vor allem die These, daß der Art. 13 der Bundesakte auf dem „Unterschied von landständischen und Repräsentativ-Verfassungen" beruhe, d. h. daß er mit der Forderung „landständischer Verfassungen" das repräsentative und damit das konstitutionelle Prinzip verworfen habe. Als die in Wien versammelten Staatsmänner sich 1815 für „Landstände" entschieden, ließen sie bewußt offen, wie die damit geforderten Vertretungskörperschaften zusammenzusetzen, mit welchen Befugnissen sie auszustatten und wie sie staatstheoretisch einzuordnen sein würden. Sie zwangen die Gliedstaaten nicht zur Erneuerung des altständischen Wesens, sondern stellten ihnen den Übergang zu Verfassungen mit echten Gesamtvertretungskörperschaften frei. Die Gentz'sche Argumentation beruhte auf einer sinnverfälschenden Begriffsjurisprudenz, die um einer vorgefaßten politischen Intention willen das zu Beweisende in der als Prämisse verwandten Begriffskonstruktion vorwegnahm. Der methodische Mißbrauch, der in jeder derartigen petitio principii liegt, offenbart eine Gefahr, der die staatsrechtliche Argumentation, wenn sie sich in den Dienst politischer Absichten stellt, auch sonst leicht erliegt.

c) Der Verzicht auf die authentische Interpretation des Art. 13 der Bundesakte

Auf den Karlsbader Konferenzen schlug Metternich vor, in einer Präposition an die Bundesversammlung zu fordern, daß diese eine authentische Interpretation des Art. 13 im Sinn der Gentz'schen Unterscheidung beschließe. Er fand darin die Unterstützung der Mehrheit der Bevollmächtigten. Die Vertreter Bayerns und Badens beeilten sich zu versichern, daß die Verfassungen ihrer Länder nicht dem von Gentz entwickelten Begriff des Repräsentativsystems entsprächen, obwohl Gentz gerade diese beiden Verfassungen ausdrücklich (und mit Recht!) als Muster des von ihm angegriffenen Systems bezeichnet hatte. Der Württemberger *Wintzingerode* jedoch wandte sich gegen die einschränkende Interpretation, die Gentz dem Art. 13 zu geben wünschte, und brachte Metternichs Vorschlag einer authentischen Auslegung des Art. 13 zu Fall.

Der Vertreter Württembergs erklärte, es sei unmöglich, die Bundesakte rückwärts zu revidieren, nachdem mehrere deutsche Regierungen die Pflicht, den Art. 13 durch Errichtung einer Volksvertretung zu erfüllen, feierlich anerkannt hätten. Niemand könne leugnen, daß die bayerische und die badische wie auch die vor dem Abschluß stehende württembergische Verfassung auf dem demokratischen Prinzip der Volkssouveränität beruhten. *„Die Partie ist angefangen; die Regierungen haben diesen Point vergeben zu können geglaubt; wie sehr sie es bereuen mögen, die Partie muß ausgespielt werden"* [1]. Dieses offene Wort und der Widerspruch anderer Bevollmächtigter führten dazu, daß die in Karlsbad versammelten Staatsmänner davon absahen, der Bundesversammlung eine authentische Interpretation des Art. 13 im altständisch-restaurativen Sinn vorzuschlagen oder gar eine Änderung der süddeutschen Repräsentativverfassungen wegen angeblicher Unvereinbarkeit mit dem Art. 13 zu verlangen.

Trotzdem erreichte Metternich ein Doppeltes. Es gelang ihm, durch das in der Wiener Schlußakte festgelegte „monarchische Prinzip" der Konstitutionalisierung der Einzelstaaten eine bundesrechtliche Schranke zu setzen [2]. Es gelang ihm ferner, die bürgerliche Verfassungsbewegung so einzudämmen, daß von 1819 bis zur Julirevolution 1830 in Deutschland nur noch vereinzelte Repräsentativverfassungen entstanden, während die in diesem Jahrzehnt geschaffenen Verfassungen, die ohnedies nicht reich an Zahl waren, überwiegend auf einer Wiederherstellung altständischer Verhältnisse beruhten [3]. Erst die mit der Julirevolution ausgelöste zweite Welle der deutschen Verfassungsbewegung setzte sich über die willkürliche Rückwärts-Interpretation des Art. 13 hinweg und brachte das Repräsentativprinzip erneut zur Geltung. Darüber wird das Nähere in Bd. II (S. 30 ff.) mitzuteilen sein.

---

[1] *Klüber-Welcker,* Wichtige Urkunden S. 246.
[2] Siehe unten S. 651 ff.
[3] Siehe unten S. 656 f.

II. Die Wiener Schlußakte und die Landesverfassungen

1. Die Wiener Konferenzen und das Ordnungsprinzip

Das weitaus wichtigste Ergebnis der Karlsbader Konferenzen von 1819 war der Beschluß, alsbald zu neuen *Konferenzen in Wien* zusammenzutreten, um die begonnene Arbeit – „die größte retrograde Bewegung, die seit dreißig Jahren in Europa stattgefunden hat", wie Gentz triumphierend ausrief[1] – fortzusetzen. Die Wiener Konferenzen (November 1819–Mai 1820) dienten der Vereinbarung eines zweiten Bundesgrundgesetzes, das als *Wiener Schlußakte* mit dem Datum des 15. Mai 1820 gleichwertig neben die Bundesakte trat[2]. Die Schlußakte enthält vor allem eine ganze Reihe von Ergänzungen zum Prinzip der landständischen Verfassung, die zum Teil, wie vor allem die Bestimmung über das „monarchische Prinzip", eine Begrenzung, zum Teil aber auch eine Festigung des Verfassungsgedankens zur Folge hatten.

Es ist merkwürdig und bemerkenswert, daß die Wiener Konferenzen, die in der Absicht berufen worden waren, den in Karlsbad begonnenen Prozeß der konservativ-restaurativen Rückentwicklung der Bundesverfassung abzuschließen, sich von der immanenten Logik der Sache zwingen ließen, das System der landständischen Verfassungen in vielen Hinsichten zu stabilisieren. Die konservativen Staatsmänner waren zwar Feinde der schrankenlosen Freiheit, aber sie waren auch Feinde der freiheitsfeindlichen Willkür. Sie bekämpften alles, was sie als demokratische Anarchie und Demagogie betrachteten; aber sie lehnten ebenso sehr den Rechtsbruch von oben ab. Ihr politisches Bekenntnis hieß *Ordnung*. Und das bedeutete, nachdem nun einmal der Grundsatz der landständischen Verfassungen in der Bundesakte festgelegt und in einer Reihe von Ländern durchgeführt worden war, daß das landständische Prinzip einen Teil der bundesrechtlich zu sichernden Ordnung bildete und daß es weder durch Auflehnung von unten noch durch Willkür von oben verwirrt oder gesprengt werden durfte. Das konservative Ordnungsprinzip schloß den restaurativen Staatsstreich aus. Vor allem in den Artikeln 54 und 56 der Wiener Schlußakte kam dieser Ordnungsgedanke des Konservativismus mit verfassungsfestigender Wirkung zum Ausdruck.

2. Die Pflicht zum Erlaß einer landständischen Verfassung

Art. 54 der Wiener Schlußakte stellte klar, daß es nicht im Belieben der Landesregierungen stand, sondern eine ihnen auferlegte bundesrechtliche Pflicht war, eine landständische Verfassung zu erlassen. Die Bundesversammlung hatte darüber zu wachen, daß diese Pflicht nicht unerfüllt bleibe. Trotz dieser den Art. 13 der Bundesakte präzisierenden Bestimmungen unternahm die Bundesversammlung in dem Jahrzehnt von 1820 bis 1829 nichts, um die säumigen Regierungen an ihre bundesrechtliche Pflicht zu mahnen, – kein Wunder, da

---

[1] *Aegidi*, Schlußakte Teil 2 S. 2.   [2] Text: Dokumente Bd. 1 Nr. 31.

Österreich und Preußen an der Spitze derer standen, die sich ihrer Verfassungspflicht entzogen. Nun gab das Bundesrecht den Untertanen einer säumigen Regierung zwar die Befugnis, sich beschwerdeführend wegen der Nichterfüllung des Art. 13 an die Bundesversammlung zu wenden. Denn wenngleich der Art. 53 der Wiener Schlußakte den Einzelstaaten die Unabhängigkeit gegenüber der Bundesgewalt in ihren inneren Staatsverhältnissen gewährleistete, erkannte er der Bundesversammlung doch die Kompetenz zu, die Erfüllung der den Einzelstaaten in den Art. 12 ff. der Bundesakte auferlegten Verbindlichkeiten zu erwirken, „wenn sich aus hinreichend begründeten Anzeigen der Beteiligten ergibt, daß solche nicht stattgefunden habe". Aber dieses Beschwerderecht, das man als Recht zur *Untätigkeits-Beschwerde* bezeichnen könnte, blieb praktisch ohne Erfolg.

Zu den zur Beschwerde („Anzeige") befugten Beteiligten gehörten, soweit es sich um die Erfüllung der Verfassungspflicht der Einzelstaaten handelte, auch die einzelnen Untertanen, deren Rechte in den verheißenen landständischen Verfassungen zu umreißen waren[1]). Allerdings waren nach einem Beschluß der Bundesversammlung vom 27. Oktober 1831[2]) gemeinschaftliche Adressen oder Vorstellungen von Untertanen, die öffentliche Angelegenheiten des Bundes zum Gegenstand hatten, unstatthaft. Doch betraf dieser Beschluß nur die Eingaben, die den Bund als solchen angingen; er schloß gemeinsame Beschwerden gegen einzelstaatliche Regierungen, die die Erfüllung ihrer Bundespflichten vernachlässigten, nicht aus. Schon am 22. April 1823 stellte der preußische Minister Graf Bernstorff in einer Weisung an den preußischen Bundestagsgesandten zutreffend fest, die holsteinische Ritterschaft hätte ihre auf den Erlaß einer landständischen Verfassung zielende Eingabe an den Bundestag[3]) statt auf Art. 56 der Wiener Schlußakte richtiger Weise auf Art. 54 stützen müssen, d. h. eben auf die Vorschrift, die die Bundesversammlung ermächtigte, eine Anzeige entgegenzunehmen, die die Nicht-Erfüllung bundesrechtlicher Pflichten durch eine einzelstaatliche Regierung rügte. Zu einer erfolgreichen Petition von Landes-Untertanen wegen Nicht-Erfüllung der Verfassungspflicht ist es beim Bundestag jedoch niemals gekommen.

3. Die Änderung landständischer Verfassungen

Art. 56 der Wiener Schlußakte bestimmte: „Die in anerkannter Wirksamkeit bestehenden landständischen Verfassungen können nur auf verfassungsmäßigem Wege wieder abgeändert werden". Damit war, wenn die Bundesversammlung ihre Vollmachten ernst nahm, in jedem Land der Verfassungsumsturz durch Staatsstreich oder Revolution auch bundesrechtlich verboten. Der Art. 56 war ein bemerkenswertes Dokument Metternich'scher Stabilisierungspolitik. So sehr Metternich die seit 1815 erlassenen Verfassungen, vor

---

[1]) In diesem Sinn vor allem der Bundestagsgesandte *v. Berg* im November 1816 *(Ilse,* Geschichte der deutschen Bundesversammlung Bd. 1 S. 136 ff.): „Es ist daher nicht abzusehen, warum die Anzeige der Nichterfüllung ... von der Bundesversammlung nicht sollte angenommen werden und warum zu dieser Anzeige nicht Jeder, den es angeht, berechtigt sein sollte? ... Die Bundesversammlung tut nur, was sie auch ohne Aufforderung eines Dritten zu tun befugt und schuldig ist; sie verlangt Erfüllung des abgeschlossenen Vertrags".

[2]) CJCG Bd. 2 S. 238.

[3]) Siehe unten S. 648 f.

allem die süddeutschen, mißbilligte, so sehr verurteilte er alle Pläne der Landesobrigkeiten, diese Verfassungen durch Staatsstreich umzustoßen oder einseitig zu verändern [1]). Den einmal geschaffenen Verfassungszustand sah er, auch wenn er dem Verfassungsinhalt abgeneigt war, als einen unantastbaren Ordnungswert an. Er bestand daher darauf, daß auch die von ihm mißbilligten süddeutschen Verfassungen nur in einem verfassungsmäßigen Verfahren revisibel seien. Den gewaltsamen Umsturz verurteilte er als Ordnungsstörung, gleichviel, von wem er ausging, und gleichviel, welchem Ziel er diente. So verwarf er den Staatsstreich nicht weniger entschieden als die Revolution.

Der Art. 56 machte die Aufrechterhaltung der Landesverfassung zu einer *bundesrechtlichen Pflicht* der Landesherren. Die Nachlässigkeit gegenüber Umsturzbestrebungen von unten war nach ihm in gleicher Weise eine Verletzung der Bundespflichten wie der Umsturzversuch von oben. Daher eröffnete der Art. 56 den Untertanen eines Landes die Befugnis, die Bundesversammlung wegen eines drohenden oder vollzogenen Verfassungsbruchs gegen den Landesherrn anzurufen. Voraussetzung für den bundesrechtlichen Schutz einer Landesverfassung war jedoch, daß diese *in anerkannter Wirksamkeit* stand. Dafür genügte es nicht, daß sie in früherer Zeit in „rechtlicher Geltung" gestanden hatte und nicht ausdrücklich und im Weg Rechtens aufgehoben worden war; zur „anerkannten Wirksamkeit" gehörte vielmehr, daß eine Landesverfassung sich noch in effektiver Anwendung befand oder neu in rechtliche Geltung trat. Damit war die Gewährleistung, die Art. 56 an sich auch den älteren Ständeverfassungen Deutschlands zuteil werden ließ, eng umgrenzt. In der Mehrzahl der deutschen Einzelstaaten hatte der Absolutismus die altständischen Verfassungen nicht durch formelle Rechtsaufhebung, sondern durch faktische Nichtanwendung außer Kraft gesetzt, entweder in den Verfassungskämpfen des 17. und 18. Jahrhunderts oder aber im Spätabsolutismus des Rheinbundsystems. Nicht ein formeller Rechtsakt, sondern die Macht der Tatsachen hatte in diesen Fällen das altständische Recht vernichtet und das Recht des absoluten Herrschertums an seine Stelle gesetzt. Art. 56 verstand unter „anerkannter Wirksamkeit" nicht das nudum jus der verdrängten alten Ständeverfassungen, sondern nur die wirkliche Geltung, sei es eines alten, sei es eines neuen Verfassungssystems. Daß dies auch die Meinung der Bundesversammlung war, zeigte sich 1822 bei der Behandlung der Verfassungsbeschwerde der holsteinischen Stände.

Die Verfassungsbeschwerde, die die Prälaten und die Ritterschaft des Herzogtums Holstein, beraten von *Friedrich Christoph Dahlmann*, am 4. Dezember 1822 an die Bundesversammlung richteten, forderte, gestützt auf den Art. 56, daß der Bund die altständische Verfassung des Herzogtums gegenüber einer einseitigen Verfassungsänderung des dänischen Königs als des Landesherrn in Schutz nehme. Die Beschwerdeführer ersuchten die Bundesversammlung, dafür zu sorgen, daß diese alte Verfassung, falls überhaupt, nur auf verfassungsmäßigem Weg umgestaltet werde. Nun hatte der Landesherr in beiden nordelbischen Herzogtümern, wie es in vielen anderen

---

[1]) Über die Ablehnung süddeutscher Staatsstreichpläne durch Metternich und die preußische Regierung siehe oben S. 361, 367, 368, 372, 378 f.

Staaten auch geschehen war, die altständische Verfassung praktisch seit langem außer Funktion gesetzt, jedoch nicht formell aufgehoben. Seit 1675 war der Landtag, seit 1711 die Ritterschaft nicht mehr zusammengetreten. Konnte man von einer solchen Verfassung sagen, daß sie in „anerkannter Wirksamkeit" stehe? Die Wortführer Holsteins bemühten sich darzutun, daß eine Verfassung ihre Wirksamkeit bewahre, bis sie rechtmäßig aufgehoben werde; die langdauernde Nichtanwendung vermöge eine alte Verfassung der „anerkannten Wirksamkeit" nicht zu berauben. Doch konnte dieser juristische Rigorismus, der die Macht der Tatsachen ignorierte, sich nicht durchsetzen. Es war nicht überraschend, daß der Bundestag es im November 1823 ablehnte, die holsteinische Beschwerde nach Art. 56 zu behandeln. Umso mehr aber wäre es geboten gewesen, wie der preußische Vertreter gemäß der Weisung seiner Regierung vorschlug [1]), die Beschwerde als auf Art. 54 gestützt anzuerkennen, d. h. den Herzog von Holstein anzuhalten, seinem verfassungslosen Land eine landständische Verfassung zu gewähren. Die Bundesversammlung entzog sich jedoch dieser ihr aufgegegebenen Aufsichtspflicht.

Erfolg hatte dagegen eine auf Art. 56 gestützte *Verfassungsbeschwerde der braunschweigischen Stände*. Durch eine Verordnung vom 10. Mai 1827 erklärte Herzog Karl von Braunschweig die während seiner Minderjährigkeit von der Regentschaft erlassene Verfassung vom 25. April 1820 für ungültig, weil sie unrechtmäßig seine wohlerworbenen Herrscherrechte eingeschränkt habe. Nach langem Zwist wandten sich die Stände 1829 beschwerdeführend an den Bundestag. Nachdem dieser dem Herzog mit der Bundesexekution gedroht hatte, nahm der Landesherr am 22. April 1830 jene Verordnung zurück, womit er die Verfassung von 1820 wieder als in Kraft stehend anerkannte [2]).

Dagegen versagte der Bundestag vollkommen in dem *hannoverschen Verfassungskonflikt* von 1837, als König Ernst August die Verfassung vom 26. September 1833 einseitig mit ähnlicher Begründung, wie vordem sein braunschweigischer Vetter, aufgehoben hatte [3]). Es war nicht zweifelhaft, daß die Verfassung von 1833 in „anerkannter Wirksamkeit" stand und daß der Bund daher verpflichtet war, sie gegen willkürliche Aufhebung zu sichern. Den beschwerdeführenden Magistrat der Stadt Osnabrück wies der Engere Rat der Bundesversammlung jedoch mit 9 gegen 7 Stimmen wegen mangelnder Aktivlegitimation zurück (6. September 1838), allerdings zu Unrecht, da nach der umstrittenen Verfassung der Magistrat einen Wahlkörper für den Landtag gebildet hatte und deshalb als „Beteiligter" im Sinn des Art. 53 der Wiener Schlußakte anzusehen war. Zwar ließ es der Bundestag bei dieser formellen Entscheidung nicht bewenden; er setzte von Amts wegen die Verhandlungen über den hannoverschen Staatsstreich fort. Doch lehnte der Engere Rat schließlich den bayerischen Antrag, den König von Hannover aufzufordern, gemäß Art. 56 der Wiener Schlußakte die Verfassung von 1833 wiederherzustellen und sie nur auf verfassungsmäßigem Wege abzuändern, mit 10 gegen 6 Stimmen ab (5. September 1839). Der Bundestag entzog sich damit der ihm durch Art. 56 auferlegten Pflicht, einen Staatsstreich in einem Einzelstaat abzuwehren. Er fügte der eigenen Sache mit dieser Duldung des Unrechts den schwersten Schaden zu.

4. Die Garantie landständischer Verfassungen

Soweit eine landständische Verfassung bestand, war der Bundestag zur Einmischung in die inneren Verfassungsverhältnisse des Landes grundsätzlich nicht befugt. Doch stand ihm das Recht zu, die *Garantie einer landständischen*

---

[1]) Siehe oben S. 647.
[2]) Siehe oben S. 639 sowie Bd. II S. 48 ff.
[3]) Darüber Bd. II S. 92 ff.

Verfassung zu übernehmen, sofern ein Bundesmitglied darum nachsuchte. Mit der Garantieerklärung erwarb die Bundesversammlung die Kompetenz, die Landesverfassung auf Anrufen eines Beteiligten gegenüber drohenden Verletzungen aufrechtzuerhalten und insbesondere die Streitigkeiten, die über die Auslegung oder Anwendung der Verfassung entstanden, entweder durch gütliche Vermittlung oder durch kompromissarische Entscheidung beizulegen (Art. 60 WSchlA).

Als die Wiener Schlußakte diese Bestimmung 1820 einführte, hatte das Institut der bundesmäßigen Verfassungs-Garantie schon eine Geschichte hinter sich. Bereits 1816 legte der Großherzog von Sachsen-Weimar die für sein Land geschaffene Verfassung vom 5. Mai 1816 dem Bundestag mit der Bitte um die bundesmäßige Garantie vor. Er erklärte dazu am 28. November 1816:

„Die Übernahme der Garantie enthält die Verpflichtung des Garants, daß er, wenn künftig ein Teil, es sei der Landesherr oder die Stände, den in dem Verfassungsvertrag übernommenen Verbindlichkeiten entgegen handeln würde, auf Anrufen des andern Teils alle zweckdienlichen Mittel anwenden wolle, um jenen zur Erfüllung derselben zu bewegen oder auch zu nötigen" [1].

Obwohl die Bundesverfassung damals dieses Institut der Garantie noch nicht kannte und obwohl Metternich anfänglich dieser Erweiterung der Bundeskompetenzen widersprach, gab der Bundestag dem weimarischen Antrag durch Beschluß vom 13. März 1817 statt [2]. Der österreichische Bundestagsgesandte selbst machte nun geltend, der Bund nehme im europäischen Staatensystem eine so hohe Stelle ein, daß er das jeder völkerrechtlichen Macht nach ihrer Natur zukommende Recht, eine Garantie zu übernehmen, auch ohne eine entsprechende Klausel der Bundesverfassung auszuüben berechtigt sei. Die Bundesgarantie erhielten ferner vor dem Inkrafttreten der Wiener Schlußakte ein Staatsgesetz beider Mecklenburg, betreffend Landesverfassungsstreitigkeiten (25. Mai 1818) [3], weiter die Verfassung von Sachsen-Hildburghausen (1. Oktober 1818) [4], sowie nach dem Inkrafttreten der Wiener Schlußakte die Verfassung von Sachsen-Coburg (15. Juni 1822) [5]. Doch war diese für Coburg übernommene Garantie die einzige, die der Bund gemäß der nunmehr ausdrücklich festgestellten Bundeskompetenz (Art. 58 und 60 WSchlA) versprach. In allen anderen Fällen lehnte der Bund die nachgesuchte Verfassungsgarantie durch dilatorische Behandlung der Sache ab, so vor allem für Baden und Kurhessen, aber auch für Schwarzburg-Sondershausen und Hohenzollern-Sigmaringen. Der Bundestag entledigte sich dieser Garantie-Anträge, indem er sie an einen Ausschuß verwies, der die ihm obliegenden Berichte niemals erstattete [6].

---

[1]) Bundestagsprotokolle 1816 § 35 S. 160.
[2]) CJCG Bd. 2 S. 39.
[3]) Mecklenburgische Patent-Verordnung vom 28. November 1817 mit Bundesgarantie vom 25. Mai 1818 (CJCG Bd. 2 S. 64).
[4]) Ebenda S. 69   [5]) Ebenda S. 147.
[6]) Baden stellte den Antrag auf die Bundesgarantie für seine Verfassung schon 1818 (Bundestagsprot. 1818 § 214); der Antrag kam niemals zur Abstimmung. Als Kurhessen und Schwarzburg-Sondershausen 1831 den gleichen Antrag stellten, be-

Die Verweigerung der Bundesgarantie in diesen Fällen erklärt sich daraus, daß Österreich und Preußen den weitgehenden Konstitutionalismus, der sich vor allem in den Verfassungen Badens und Kurhessens kundtat, mit wachsender Schärfe mißbilligten. Eine Gewährleistung solcher Verfassungen hätte den Bundestag leicht in die Zwangslage versetzen können, entgegen seinen konservativen Intentionen zugunsten einer in ihren Rechten bedrohten Volksvertretung einschreiten zu müssen. Entstand über eine bundesrechtlich garantierte Verfassung ein Konflikt, so war allerdings nur der Landesherr oder die landständische Versammlung als solche befugt, den Bundestag anzurufen, niemals eine Kammerminderheit, ein einzelner Abgeordneter, eine außerhalb der Kammer stehende Körperschaft oder gar ein einzelner Untertan. Nur die beiden Partner des Verfassungsvertrags waren kraft der Bundesgarantie aktiv legitimiert, das Eingreifen des Bundes zu fordern. Daher konnte aber eine oppositionelle Kammermehrheit sich in einem Konflikt mit dem Landesherrn auf die Bundesgarantie berufen und den Bundestag um ein Eingreifen zum Schutz ihrer Rechte ersuchen. Praktisch war dies überhaupt der einzige Anwendungsfall der Bundesgarantie, der in Betracht kam. Denn wenn umgekehrt der Landesherr in einem Konflikt mit seinen Landständen der Hilfe des Bundes zum Schutz seiner verfassungsmäßigen Rechte bedurfte, so konnte er sein Beistandsersuchen auf das Institut der Bundesintervention stützen; er brauchte sich der Verfassungsgarantie des Bundes nicht zu bedienen. Die Bundesgarantie für eine landständische Verfassung wirkte sich also, was man im Anfang offenbar nicht erkannt hatte, praktisch nur als einseitige Schutzeinrichtung für die Landstände gegen den Landesherrn aus. Zu einer solchen Schutzfunktion für die Rechte einer landständischen Opposition wollte der Bundestag in seiner hochkonservativen Mehrheit sich jedoch nicht benutzen lassen. Nur die Gruppe *Wangenheim* war aus naheliegenden Gründen an der Garantieübernahme lebhaft interessiert, da sie in ihr ein Instrument gewonnen hätte, um in den Einzelstaaten im Interesse der Landstände gegen den Landesherrn zu intervenieren. Eben deshalb schlief mit der Ausmerzung der Wangenheim'schen Richtung aus dem Bundestag (1823) die Erörterung der Garantiefrage ein. [7])

III. Das monarchische Prinzip

Wenngleich die Art. 54 und 56 der Wiener Schlußakte den Einzelstaaten die Pflicht auferlegten, sich eine landständische Verfassung zu schaffen und eine in Wirksamkeit stehende landständische Verfassung nicht anders als auf verfassungsmäßigem Weg zu ändern, so war ihnen doch die *Verfassungsautonomie* verbrieft. Art. 55 der Wiener Schlußakte überließ es den Landesherren, ihr Staatswesen „mit Berücksichtigung sowohl der früherhin gesetzlich bestan-

---

schloß der Bundestag die Einsetzung einer Kommission, die die Anträge begutachten sollte (Bundestagsprot. 1831 § 51; 1832 § 367). An diese Kommission verwies er 1833 auch den Antrag von Hohenzollern-Sigmaringen (Bundestagsprot. 1833 § 402). Näheres bei *Klüber*, Öffentliches Recht des Teutschen Bundes S. 407; *Zachariä*, Deutsches Staats- und Bundesrecht Bd. 1 S. 318 ff. ⁷) Siehe unten S. 756 ff.

denen ständischen Rechte als der gegenwärtig obwaltenden Verhältnisse zu
ordnen". Doch war der Inhalt der Verfassung damit nur scheinbar ganz in
das landesherrliche Ermessen gestellt. In Wahrheit machte der Bund von dem
Recht, regulative Normen über den Inhalt der Landesverfassungen zu erlassen,
in der Wiener Schlußakte in einem sehr entscheidenden Sinn Gebrauch. Die
Wiener Schlußakte zog nämlich in Art. 57 der einzelstaatlichen Verfassungsautonomie eine enge Grenze, indem sie den Gliedstaaten die *Wahrung des
monarchischen Prinzips* zur Pflicht machte.

1. Monarchisches Prinzip und Gewaltenteilung

Art. 57 der Wiener Schlußakte lautete:

„Da der Deutsche Bund, mit Ausnahme der freien Städte, aus souveränen Fürsten
besteht, so muß dem hierdurch gegebenen Grundbegriffe zufolge die gesamte Staatsgewalt in dem Oberhaupte des Staats vereinigt bleiben, und der Souverän kann
durch eine landständische Verfassung nur in der Ausübung bestimmter Rechte an die
Mitwirkung der Stände gebunden werden".

Der Satz vom „monarchischen Prinzip" war ein unmittelbarer Niederschlag
der Gentz'schen Auslegung des Begriffs der landständischen Verfassung [1]).
Zwar hatten Metternich und Gentz auf den Karlsbader Konferenzen einsehen
müssen, daß es nicht möglich war, den Gliedstaaten die Wiederherstellung
der alten Ständeverfassung aufzunötigen. In vielen Gebieten bestand keine
altständische Tradition mehr, an die man hätte anknüpfen können; in den
seit der ständestaatlichen Epoche vielfach vergrößerten Staatsgebieten hätte
die Erneuerung der alten Stände, die nicht für das Staatsganze, sondern für
die ehedem selbständigen Staatsteile bestanden hatten, die überall eingeleitete
Unitarisierung und Zentralisierung der Einzelstaaten unterbrochen [2]). Auch
schloß die tiefe Wandlung der sozialen und wirtschaftlichen Verhältnisse es
aus, die landständische Vertretung auf den Kreis der Altberechtigten (Adel,
Klerus und städtisches Patriziat) zu beschränken. Die breite bürgerliche Besitz-
und Bildungsschicht, aber auch den nicht-adligen ländlichen Grundbesitz
konnten die Gliedstaaten bei der Bildung der landständischen Vertretungen
nicht übergehen, wenn sie sich nicht in hoffnungslosen Widerspruch zur gegenwärtigen Wirklichkeit der Sozialverhältnisse verstricken wollten. Die Realpolitik zwang die Verfechter der Restauration, sich damit abzufinden, daß
viele Einzelstaaten ihre Vertretungskörperschaften nicht auf altständischer
Grundlage, sondern aus gewählten Repräsentanten von Stadt und Land bildeten. Umso mehr kam es den Urhebern der Wiener Schlußakte darauf an,
bundesgesetzliche Garantien gegen die Fortentwicklung dieser neuen landständischen Verfassungen zum vollen konstitutionellen oder gar zum parlamentarischen System zu schaffen.
Um die Konstitutionalisierung, Parlamentarisierung oder Demokratisierung

---

[1]) Siehe oben S. 643 f.
[2]) Siehe oben S. 315 ff.

der deutschen Einzelstaaten zu verhindern, beschränkte der Art. 57 der Wiener Schlußakte die *Kompetenzen und Funktionen* der landständischen Vertretung so eng, daß die überlieferte Hoheitsgewalt des Monarchen auch in einer „landständischen Verfassung" erhalten blieb. Unmöglich war es allerdings, den Landständen die beschließende Funktion zu nehmen und ihnen bloß die beratende Mitwirkung bei der Ausübung der Staatsgewalt einzuräumen. Der Bund hätte sich mit einem solchen Vorstoß nicht nur gegen das moderne Repräsentativsystem, sondern gerade auch gegen das altständische Prinzip vergangen, das den Ständen ein echtes Beschließungsrecht zugestand. Auch hätte der Bund die öffentliche Meinung gefährlich herausgefordert, wenn er die Stände auf ein bloßes Beratungsrecht hätte verweisen wollen. Ferner erschien es nicht ratsam, bestimmte Gegenstände grundsätzlich von der Zuständigkeit der Landstände auszunehmen; denn die wichtigsten Kompetenzen, die Teilnahme an der Gesetzgebung und der Steuerbewilligung, konnten den Landständen nicht mehr generell vorenthalten werden, nachdem die süddeutschen Verfassungen in diesem Sinn vorangegangen waren. Die bundesgesetzliche Nullifizierung dieser landständischen Kompetenzen hätte wie ein Bundesstaatsstreich gegen den süddeutschen Konstitutionalismus gewirkt. So verzichtete Metternich darauf, die Kompetenzen der Stände durch kasuistische Einzelbestimmungen einzuengen. Er schuf mit dem Art. 57 vielmehr einen verfassungspolitischen *General-Vorbehalt,* der auch in landständischen Verfassungen dem Staatsoberhaupt den Besitz der „gesamten Staatsgewalt" sicherte. Durch einen staatsrechtlichen Kunstgriff hohen Ranges wehrte die Formel vom „monarchischen Prinzip" auch für diejenigen Verfassungen, die die Landstände als eine zweite politische Kraft neben dem Landesherrn anerkannten, die Lehre von der geteilten Staatsgewalt ab. *Das monarchische Prinzip war die Gegenlehre gegen das Gewaltenteilungsprinzip.* Indem das Bundesrecht feststellte, daß auch in einer landständischen Verfassung der Landesherr der Inhaber der gesamten Staatsgewalt bleibe, sicherte es dem Staatsoberhaupt die Position des echten Souveräns, von dem alle Staatsgewalt ausging. Es behielt dem Landesherrn die *Substanz* der Staatsgewalt vor; nur an ihrer *Ausübung* waren andere Organe mit beteiligt. Die Landstände waren nach dem monarchischen Prinzip kein dem Landesherrn gleichgeordnetes primäres, sondern ein ihm nachgeordnetes *sekundäres Staatsorgan.* Die von ihnen ausgeübte Staatsgewalt stand ihnen nicht ursprünglich zu; sie leiteten sie vom Landesherrn kraft Delegation ab; sie hatten keine originäre, sondern nur eine derivative Gewalt inne. Dagegen kam die Staatsgewalt dem Landesherrn unmittelbar zu; die Lehre vom monarchischen Prinzip verwarf den demokratischen Satz, nach dem die Staatsgewalt vom Volk ausgeht und dem Fürsten allenfalls zur Ausübung übertragen ist. Der Art. 57 lehnte weiter die Lehre vom Staatsvertrag wie die vom Verfassungsvertrag in allen denkbaren Spielarten ab. Auch wo die Verfassung der Form nach als Vereinbarung erschien, war sie nach dem „monarchischen Prinzip" in Wahrheit kein Verfassungspakt zwischen Gleichgeordneten, sondern ein einseitiges Zugeständnis, das der Landesherr seinem Volk und seinen Ständen machte; daß man sich vorher über den Inhalt

dieser Konzession verständigt hatte, gehörte nur zu den faktischen Begleit-
umständen, nicht aber zu den rechtlichen Bestandteilen der Verfassunggebung.
Der Landesherr war nach der Lehre vom monarchischen Prinzip alleiniger
Träger des pouvoir constituant. Im Ganzen genommen sicherte das monarchische Prinzip auch für die Staaten mit landständischer Verfassung die monarchische Souveränität gegen alle, selbst die bescheidensten Elemente der
Volkssouveränität.

Daß nach Art. 57 die landständische Verfassung den Landesherrn „nur in
der Ausübung bestimmter Rechte an die Mitwirkung der Stände" binden
konnte, sagte dreierlei aus. Erstens waren die Landstände danach auf *bestimmte Rechte* beschränkt; ihre Zuständigkeiten galten als durch die Landesverfassung aufzählend begrenzt; was die Verfassung den Ständen nicht ausdrücklich als Kompetenz zuerkannte, war ihnen versagt. Daraus ergab sich zweitens, daß die *Zuständigkeitsvermutung* gegen die Landstände und für den
Landesherrn sprach. Im Zweifel waren die verfassungsmäßigen Rechte der
Landstände einschränkend, die des Landesherrn ausdehnend auszulegen. Bei
„Lücken der Verfassung" stand die Kompetenz nicht den Landständen, sondern dem Landesherrn zu. Die später so berühmt gewordene „Lückentheorie"
Bismarcks[1]) hatte im monarchischen Prinzip Metternichs ihre staatstheoretische
Basis. Drittens stand den Landständen nur die *Mitwirkung* bei der Ausübung
bestimmter Rechte zu. Keinerlei Kompetenz durfte die Landesverfassung
ihnen zur Allein-Entscheidung übertragen. Vor allem durften Gesetzgebung
und Steuerbewilligung nicht in ihrer Hand allein liegen. Die letzte Entscheidung in allen Fragen mußte dem Landesherrn vorbehalten sein. Während die
Gewaltenteilungslehre eine vom Einspruchsrecht der Exekutive unabhängige
Legislative voraussetzt, forderte der Art. 57 für den Landesherrn ein *absolutes Veto* gegenüber allen landständischen Beschlüssen.

2. Monarchisches Prinzip und Souveränität

Der Kerngedanke der Lehre vom monarchischen Prinzip war, daß trotz des
Zugeständnisses bestimmter Mitwirkungsrechte an eine ständische Körperschaft
das Staatsoberhaupt Träger der „gesamten Staatsgewalt" und damit der
Souveränität bleibe. Diese galt als der unantastbare „Oberbegriff" auch in
einem landständisch verfaßten Staatswesen. Nun hatten gewiß schon die der
Bundesakte vorausgegangenen Verträge von Ried, Fulda und Frankfurt die
„Souveränität" der einzelstaatlichen Herrscher anerkannt[2]). Doch meinten die
Verträge damit nur die Unabhängigkeit der Einzelstaaten gegenüber jeder
außerdeutschen Macht wie auch innerhalb der zu schaffenden Föderation gegen-
über jeder gesamtdeutschen Zentralgewalt; dagegen verbürgten sie nicht die
Unumschränktheit der monarchischen Gewalt im Landesinnern. Auch die
Bundesakte von 1815 drückte, wo sie von der Souveränität der deutschen
Fürsten sprach (in der Präambel und in Art. 1), nur die Unabhängigkeit der

---

[1]) Siehe Bd. III S. 333 ff.   [2]) Siehe oben S. 494 ff.

Landeshoheit nach außen aus, während sie den Umfang und die Grenzen der Herrschermacht im Landesinnern nicht näher berührte. Der Art. 57 der Wiener Schlußakte aber machte die Garantie der inneren Souveränität der Landesherren zum Kernstück des ganzen Bundesrechts und zum Ausgangspunkt einer folgenschweren staatsrechtlichen Deduktion. Das monarchische Prinzip gewährleistete von Bundes wegen, daß der Monarch nicht nur Träger einer unantastbaren Würde, sondern zugleich, daß er Träger der politischen Macht im Staat blieb. Es sicherte die *Einheit von auctoritas und potestas* auch in den Staaten mit landständischer Verfassung. Die Trennung von Hoheit und Macht, wie sie nicht nur dem englischen Verfassungssystem, sondern auch der nun aufkommenden Doktrin des französischen Konstitutionalismus entsprach, verwarf der deutsche Staatenbund mit Verbindlichkeit für alle Einzelstaaten. Ebenso aber hielt er mit Wirkung für alle Einzelstaaten an der *Einheit von Exekutive und Legislative* fest. Nicht nur die Regierungsgewalt, die auswärtige und militärische Gewalt und die innere Verwaltung, sondern auch die Rechtsetzungs- und Besteuerungsgewalt blieben in der Herrschaftsgewalt des Monarchen vereint. Es war der Landesherr (nicht das Parlament), der die Gesetze, einschließlich der Steuergesetze, kraft der zu seinen Machtvollkommenheiten zählenden Sanktionsgewalt erließ. Nur an der vorausgehenden *Feststellung des Gesetzesinhalts* nahmen in den Staaten mit landständischer Verfassung die beiden Kammern neben dem Fürsten teil; die *Erteilung des Gesetzesbefehls*, der der verabschiedeten Norm die verbindliche Kraft gibt, blieb Sache des Staatsoberhaupts allein. Auch diese dem deutschen Staatsrecht eigentümliche Unterscheidung von Feststellung des Gesetzesinhalts und Sanktion des Gesetzes war eine Konsequenz der Lehre vom monarchischen Prinzip. Unter seiner Einwirkung blieb schließlich selbst die *Justizgewalt* ein Teil der fürstlichen Allherrschaft. Zwar setzte die Unabhängigkeit der Gerichte sich nun fast unangefochten durch; aber die Gerichte sprachen Recht *im Namen des Königs*, worin sich ausdrückte, daß er der eigentliche Träger der Gerichtsgewalt war, der die Gerichte und die Richter einsetzte und ihnen die Vollmacht zur Rechtsprechung verlieh.

Entscheidend aber war, daß der Bund mit dem Art. 57 der Wiener Schlußakte den landständisch verfaßten Gliedstaaten die Wahrung des monarchischen Prinzips zur *Pflicht* machte. Eine gliedstaatliche Regierung, die im Verfassungstext oder in der Verfassungspraxis den Landständen oder dem Volk Rechte zugestand, die mit dem monarchischen Prinzip nicht in Einklang standen, verletzte ihre Bundespflichten. Eine gliedstaatliche Vertretungskörperschaft, die verfassungsmäßige Rechte über das mit dem monarchischen Prinzip vereinbare Maß hinaus beanspruchte, machte sich einer Verletzung des Bundesrechts schuldig. In beiden Fällen konnte der Bund einschreiten. Er konnte Bestimmungen einer Landesverfassung, die mit dem Art. 57 unvereinbar waren, als bundeswidrig und nichtig behandeln. Er konnte die Nichtanwendung und Aufhebung solcher bundeswidrigen Landesverfassungsnormen verlangen und durchsetzen. Auch gegen einzelne Landesgesetze oder gegen Erscheinungen der politischen Praxis, die ihm als Verstöße gegen das monarchische

Prinzip erschienen, konnte er sich wenden. Wenn Mahnungen oder Drohungen nichts fruchteten, konnte er Verletzungen des monarchischen Prinzips in einem Land mit der Bundesexekution bekämpfen. Die Aufnahme des monarchischen Prinzips in die Bundesgrundgesetze schuf somit die Möglichkeit für außerordentlich weitgehende Einmischungen des Bundes in die Verfassungsverhältnisse der Länder. *Die bundesrechtliche Gewährleistung des monarchischen Prinzips war ein Mittel dauernder Verfassungskontrolle und öffnete die Möglichkeit zu ständigen Verfassungsinterventionen des Bundes gegenüber den Gliedstaaten.*

Die damit begründete Bundeskompetenz wandte der Bund unmittelbar weit weniger gegenüber den Landständen als gegenüber den Landesregierungen an. Sie bedachte er mit Hinweisen, Rügen und Drohungen, wenn sie die eigene Macht gegenüber den Landständen nicht sorgfältig genug wahrten. So wurde das monarchische Prinzip zu einem *Zwang zur Souveränität*, zu einer Pflicht der Landesherren, die eigene Herrschaft ungemindert zu erhalten. Aber so wenig erzwungene Freiheit wahre Freiheit und erzwungene Unabhängigkeit wahre Unabhängigkeit ist, so wenig ist erzwungene Souveränität echte Souveränität. Indem der Art. 57 die deutschen Landesherren zur Souveränität nötigte, tastete er eben diese Souveränität an. Denn die Landesherren waren damit der Kontrolle und Einmischung des Bundes ausgesetzt und in ihrer Herrschaft nicht mehr wirklich unabhängig und frei. Daß diese Feststellung kein müßiges Spiel mit Worten und Begriffen ist, sondern einen realen Sachverhalt wiedergibt, wird sich zeigen, wenn in späteren Zusammenhängen von den vielfältigen Einmischungen die Rede sein wird, die der Bund, gestützt auf den Art. 57 der Wiener Schlußakte, in den Ländern zwischen 1820 und 1840 wie zwischen 1850 und 1860 unternahm, um sie zur Wahrung des monarchischen Prinzips zu zwingen.

IV. Übersicht

ÜBER DIE LANDSTÄNDISCHEN VERFASSUNGEN 1814—48

I. Die *altständisch-patrizischen Stadtverfassungen* wurden wiederhergestellt in
    1) *Lübeck* (19. März 1813)
    2) *Hamburg* (27. Mai 1814)
    3) *Bremen* (20. März 1816—11. Dezember 1818)
    4) *Frankfurt* (19. Juli 1816—18. Oktober 1816).

II. Die *altständischen Verfassungen* blieben erhalten in
    5) *Mecklenburg-Schwerin* ⎱
    6) *Mecklenburg-Strelitz* ⎰ (Erbvergleich von 1755)
    7) *Hohenzollern-Hechingen* (Landesvergleich von 1796)
  8—10) den *drei Anhalt* (Landtagsabschied von 1625)
 11—14) den *vier Reuß* (Erbvereinigung von 1668)

III. Neue Verfassungen, die teils altständisch orientiert waren, teils aber dem Typus der Repräsentativverfassung entsprachen, erhielten bis zum Jahre 1829

15) *Nassau* (1./2. September 1814)
16) *Schwarzburg-Rudolstadt* (8. Januar 1816)
17) *Schaumburg-Lippe* (15. Januar 1816)
18) *Waldeck* (19. April 1816)
19) *Sachsen-Weimar-Eisenach* (5. Mai 1816)
20) *Sachsen-Hildburghausen* (19. März 1818)
21) *Bayern* (26. Mai 1818)
22) *Baden* (22. August 1818)
23) *Liechtenstein* (9. November 1818)
24) *Württemberg* (25. September 1819)
25) *Hannover* (7. Dezember 1819)
26) *Braunschweig* (25. April 1820)
27) *Hessen-Darmstadt* (17. Dezember 1820)
28) *Sachsen-Coburg* (8. August 1821)
29) *Sachsen-Meiningen* (4. September 1824).
   Nach der Vereinigung erhielt *Sachsen-Meiningen-Hildburghausen* die Verfassung vom 23. August 1829.

Von den 41 Staaten des Deutschen Bundes hatten also bis 1824 immerhin 29 Staaten der Pflicht aus Art. 13 der Bundesakte durch Aufrechterhaltung altständischer oder Neuschaffung landständischer Verfassungen genügt.

IV. Einige der unter Ziffer III erwähnten Staaten gaben sich nach 1830 neue Verfassungen, nämlich

Braunschweig (12. Oktober 1832)
Hannover (26. September 1833/6. August 1840).

V. Neu in den Kreis der Staaten mit landständischer Verfassung traten zwischen 1830 und 1848 ein

30) *Kurhessen* (5. Januar 1831)
31) *Sachsen-Altenburg* (29. April 1831)
32) *Holstein* (28. Mai 1831)
33) *Sachsen* (4. September 1831)
34) *Hohenzollern-Sigmaringen* (11. Juli 1833)
35) *Lippe* (6. Juli 1836); eine am 8. Juni 1819 erlassene Verfassung des Landes war vom Bundestag suspendiert worden.
36) *Schwarzburg-Sondershausen* (24. September 1841); eine am 28. Dezember 1830 erlassene Verfassung war nicht in Kraft getreten.
37) *Luxemburg* (12. Oktober 1841).
   Das Herzogtum *Limburg* war mit dem Königreich der Niederlande durch die für dieses geltende Verfassung verbunden.

VI. *Ohne landständische Verfassung* blieben bis 1848

38) *Österreich* (doch bestanden hier ständische Verfassungen für die einzelnen Länder der Monarchie)
39) *Preußen* (doch gab es hier provinzialständische Vertretungen für die einzelnen Provinzen)
40) *Oldenburg*
41) *Hessen-Homburg*.

Jeder Standevertretung bar waren also am Vorabend der Märzrevolution nur die beiden letztgenannten kleinen deutschen Staaten.

§ 37. Die Rechtsnatur des Deutschen Bundes

Schrifttum: P. A. *Pfizer,* Über die Entwicklung des öffentlichen Rechts in Deutschland (1835) S. 41 ff.; *Chr. K. J. Bunsen,* Die deutsche Bundesverfassung und ihr eigentüml. Verhältnis zu den Verfassungen Englands und der Ver. Staaten (1848); *C. Vollgraff,* Wodurch unterscheiden sich Staatenbund, Bundesstaat und Einheitsstaat? (1859); *G. Waitz,* Das Wesen des Bundesstaats (in: Allg. Monatsschr. f. Wiss u. Lit. 1853 S. 494 ff.); *C. Frantz,* Dreiunddreißig Sätze vom Deutschen Bunde (1861); *ders.,* Der Föderalismus als das leitende Prinzip für die soziale, staatliche und internationale Organisation (1879); *O. v. Gierke,* Das deutsche Genossenschaftsrecht (1868 ff.). Bd. 2 S. 850 ff.; *S. Brie,* Der Bundesstaat (1874); *ders.,* Theorie der Staatenverbindungen (1886); *G. Jellinek,* Die Lehre von den Staatenverbindungen (1882); *J. B. Westerkamp,* Staatenbund und Bundesstaat (1892); *H. Rehm,* Unitarismus und Föderalismus (1898); *H. Triepel,* Unitarismus und Föderalismus (1907); *ders.,* Die Hegemonie (1938); *K. Bilfinger,* Der Einfluß der Einzelstaaten auf die Bildung des Reichswillens (1923); *C. Schmitt,* Verfassungslehre (1928) S. 363 ff.; *W. Grewe,* Antinomien des Föderalismus (1948); *F. W. Jerusalem,* Die Staatsidee des Föderalismus (1949); *W. Apelt,* Zum Begriff Föderalismus (Festg. f. E. Kaufmann 1950 S. 1 ff.).

I. Das Wesen des Bundes

1. Föderalismus und föderativer Staat

Der Deutsche Bund wird rechtlich als *Staatenbund* definiert und damit von der staatsrechtlichen Form, die Deutschland später als *Bundesstaat* gewann, unterschieden. Zugleich werden Staatenbund und Bundesstaat als Erscheinungsformen des „echten Bundes" zusammengefaßt[1] und den sonstigen Staatenverbindungen (den Personal- und Realunionen, den Verwaltungsgemeinschaften, den Bündnissen, den Suzeränitäts- und Protektoratsverhältnissen) entgegengesetzt. Sie sind von diesen in der Tat zweifach unterschieden. Sie gehören einerseits zu den auf grundsätzlicher Gleichordnung der Glieder beruhenden Verbindungen und grenzen sich dadurch von den Protektorats- und Suzeränitätsverhältnissen ab, in denen ein beherrschender Oberstaat mit mehreren abhängigen Staatsfragmenten vereinigt ist. Sie stellen andererseits eine selbständige Gesamteinheit dar, die ihren Gliedern gegenüber ein substantiell eigenständiges Dasein führt; dadurch sind sie von den Personal- und Realunionen wie von den Bündnissen wie schließlich auch von den Verwaltungsgemeinschaften und sonstigen gemeinsamen Staatseinrichtungen und -veranstaltungen abgesetzt[2].

Für jeden Fall des echten Bundes, den Staatenbund so gut wie den Bundesstaat, gilt, daß er *Vielheit in der Einheit,* aber auch *Einheit in der Vielheit* ist. Staatenbund und Bundesstaat sind mehr als nur die Vereinigung einer

---

[1] Über den Begriff des „echten Bundes" vgl. *C. Schmitt,* Verfassungslehre S. 363 ff.

[2] Auch moderne „supranationale" Einrichtungen mit eigener Rechtsfähigkeit, wie die Montan-Union, sind bloße Staatsveranstaltungen mit dem Charakter einer Verwaltungsunion; ein eigenständiges Dasein im substantiellen Sinn besitzen sie nicht, selbst soweit ihnen im formell-rechtlichen Sinn Autonomie zuerkannt ist.

Vielheit von Staaten zu einem bloß rationalen Zweck, etwa zur Wahrung des inneren und äußeren Friedens, zur Verwirklichung bestimmter administrativer, juristischer oder humanitärer Aufgaben oder zur Zusammenfassung militärischer Kräfte in einer Aktionseinheit. Zum Wesen des Bundes gehört, daß über solche rationalen Zwecke hinaus eine selbstverständliche innere Gemeinsamkeit der Teile besteht, eine *Homogenität* ihres sozialen, politischen und kulturellen Bewußtseins, das über die bloße Solidarität der Interessen hinausreicht und zu einer bündischen Gesamtexistenz führt. Die Kraft, die eine Vielheit von Staaten über alle Gegensätze, Spannungen und Rivalitäten hinweg in eine übergreifende Übereinstimmung setzt, kann verschiedener Art sein. Die Gemeinsamkeit großer historischer Leistungen und Erfahrungen, das Bewußtsein, von einer gemeinsamen Gefahr ständig bedroht zu sein, die Verbundenheit in gemeinsamen sittlichen und politischen Grundanschauungen, vor allem aber die Überwölbung der partikularstaatlichen Sonderungen durch das nationale Einssein in Sprache, Geschichte und Kultur läßt aus einer Staatenvielheit einen echten Bund erwachsen. Alle großen Nationen traten in der Geschichte ursprünglich als eine Vielheit von gesonderten Stämmen, Völkerschaften oder Einzelstaaten auf; sofern nicht ein Teilkörper aus ihrer Mitte sie durch gewaltsame Eroberung zum Einheitsstaat verschmolz, wählten sie den Weg des bündischen Zusammenschlusses, um zugleich das Sonderstaatstum ihrer Glieder zu wahren und sich doch zum staatlichen Gesamtkörper zu erheben.

Der *Föderalismus* ist das bündigende Streben einer Staatenvielheit, die im Zusammenschluß die Einheit eines Gesamtkörpers gewinnt und doch zugleich in ihm die Vielheit eigenwüchsiger Einzelstaaten bewahrt. Die Vielheit wird in der Einheit *aufgehoben* im Doppelsinn des berühmten Hegel'schen Begriffs. Der Föderalismus beruht auf diesem gleichgewichtigen Zusammenklang einigender und sondernder Momente. Werden die einigenden Momente übersteigert, so nimmt das Einheitsstreben die Form des *Unitarismus* an, der die Eigenstaatlichkeit der Glieder als einen Anachronismus oder gar als einen Atavismus empfindet; um der festeren und leistungsstärkeren Gemeinsamkeit willen gibt er die Mannigfaltigkeit der inneren Struktur preis. Werden die sondernden Momente überbetont, so artet das Sonderstreben der Glieder zum *Partikularismus* aus; das Sonderinteresse tritt über das Gesamtinteresse. Man ist geneigt, Vorteile in Anspruch zu nehmen, die die Gesamtheit ihren Gliedern bietet; aber man scheut sich, Opfer zu bringen, deren das Ganze bedarf. Vom Partikularismus ist es nur ein kleiner Schritt in den *Separatismus,* mit dem einzelne Glieder sich vom Ganzen zu lösen suchen, sei es um sich einer anderen Verbindung anzuschließen, sei es um ein Dasein auf eigenes Wagnis zu führen, sei es auch nur, um sich der gemeinsamen Not zu entziehen. Es gehört zur Geschichte des deutschen Föderalismus, daß seine Gegner ihn als Partikularismus bekämpft, aber auch, daß seine Verfechter ihn als Partikularismus mißbraucht haben. Nach seinem staatstheoretischen Sinngehalt strebt der Föderalismus nach Bündigung und Einung der getrennten Teile; nicht die Institutionalisierung der Zwietracht, sondern die Integration selbständig bleibender und doch geeinter Teile zu einem Gesamtgefüge ist der Sinn der *föderativen Verfassung.* Staatenbündische wie bundesstaatliche Föderationen können nur gedeihen, wenn es gelingt, die in jedem Bund wirkenden unitarisch-zentralistischen wie die partikularistisch-zentrifugalen Kräfte in Bann zu halten und im Spannungsfeld der gesamtstaatlichen und gliedstaatlichen Strebungen ein ausgewogenes Bezugssystem zu schaffen.

Voraussetzung des echten Bundes, des Staatenbunds wie des Bundesstaats, ist, daß er eine Vielheit von Einzelstaaten vereinigt, die aus eigener Wachstumskraft entstanden, nicht vom Ganzen her als bloße Verwaltungskörper ausgegliedert sind. Die Gliedstaaten müssen aus sich selbst politisch willens- und handlungsfähig sein; sie müssen sich im Besitz einer ihnen nicht delegierten, sondern einer ursprünglichen und eigenständigen Hoheitsgewalt befinden. Wo diese Voraussetzungen nicht gegeben sind, kann sich bei noch so viel Partikularismus, Regionalismus und Dezentralisation kein wirklicher Föderalismus und damit kein echter Bund bilden; es wird allenfalls eine Dezentralisation von Verwaltungszuständigkeiten und ein Widerstreit regionaler Verwaltungsinteressen, oft aber auch, und das ist gefährlicher, ein Mißbrauch der Form des Föderalismus durch Parteien, Konfessionen, Klassen und Interessengruppen mannigfacher Art entstehen. Echte Föderationen sind gewachsen, nicht gemacht; sie sind ursprüngliche Ordnungen, keine „sekundären Systeme"; sie sind ein Erzeugnis der Notwendigkeit, nicht der politischen Technik oder des diplomatischen Kalküls. Wo aber diese Voraussetzung, die lebenskräftige Eigenständigkeit einer Vielheit von Einzelstaaten, gegeben ist, ist ein Bund unter ihnen nur möglich, wenn nicht nur gemeinsame Interessen, sondern eine gemeinsame bündische Gesinnung sie vereint. Mit dem Bewußtsein der Gleichwertigkeit der Gliedstaaten muß das der Zusammengehörigkeit, mit dem Beharren in der gesonderten Überlieferung und Art muß die Bereitschaft zum solidarischen Zusammenstehen, mit der wachsamen Betonung der gliedstaatlichen Rechte muß die Anerkennung des übergeordneten Lebensrechts des Ganzen verbunden sein. Die *Bundestreue* ist das gestaltende und bewahrende Prinzip, ohne das weder ein Staatenbund noch ein Bundesstaat daseinsfähig ist[1]).

Ein echter Bund ist seinem Wesen nach stets als ein *Ewiger Bund* gedacht, als eine föderative Einigung, die sich unabänderlichen Charakter beilegt. Austritt oder Kündigung aus dem Bund sind nach der Natur der Sache ausgeschlossen. Eine *Auflösung des Bundes* im Weg Rechtens ist allenfalls in der Form eines actus contrarius möglich, d. h. durch einen Auflösungsvertrag, an dem alle Bundesbeteiligten übereinstimmend mitwirken; ein Mehrheitsbeschluß genügt für die Bundesauflösung nicht. Zwar ist wiederholt in verschiedenen Staaten und zu verschiedenen Zeiten geltend gemacht worden, daß es *außerordentliche Auflösungsgründe* in einem Bund gebe, sei es auf der Grundlage der clausula rebus sic stantibus, sei es wegen eines von der Mehrheit verübten Bruchs der Bundesverfassung[2]). In Wahrheit ist im echten Bund auch in diesen Fällen die Sezession oder Nullifikation wesensmäßig ausgeschlossen[3]). Bei einem bundeswidrigen Verhalten der Mehrheit ist die Minderheit darauf

---

[1]) Siehe Bd. III S. 796 f., 1036 ff.   [2]) Siehe oben S. 588.   [3]) Siehe Bd. III S. 548 ff.

verwiesen, sich der Rechtsbehelfe zu bedienen, die das Bundesrecht ihr zur Abwehr zur Verfügung stellt. Auf die clausula rebus sic stantibus oder ein Rücktrittsrecht wegen positiver Vertragsverletzung eines Partners kann man sich zwar in einem Bündnisvertrag, nicht aber in einem Bundesvertrag berufen. Mit dem Eintritt in einen echten Bund begibt das einzelne Bundesglied sich des Rechts, durch eigene selbstherrliche Entscheidung das Ende des Bundesverhältnisses herbeizuführen.

Der echte Bund ist somit nach seinem Begriff eine auf der Grundlage innerer Homogenität errichtete dauernde Verbindung von gleichgeordneten Staaten, die sich unter Erhaltung ihrer staatlichen Eigenständigkeit zur gemeinsamen Gestaltung ihrer inneren Ordnung und zur Wahrung ihrer Unabhängigkeit und Unverletzlichkeit nach außen verbinden. Die innere Dichte der entstehenden Vereinigung führt, anders als bei Zweckverbänden und Allianzen oder bei Personal- und Realunionen, dazu, daß der politisch-rechtliche Status der beteiligten Gliedstaaten mit dem Eintritt in den echten Bund sich wesenhaft verändert. Der Anschluß an einen echten Bund ist für die einzelnen Mitgliedstaaten stets ein Akt der Verfassungsänderung, wenn nicht im formellen, so jedenfalls im materiellen Sinn. Denn die politisch-rechtliche Grundordnung, in der ein Staat sich befindet, wird in ihrem Kern umgeformt, wenn der Staat eine dauernde Gemeinschaft mit anderen eingeht, in der er seine Hoheitsrechte begrenzt, sich gemeinsamen Gesetzen und Beschlüssen in existentiellen Angelegenheiten unterwirft und auf die einseitige Loslösung verzichtet. Auch wenn die Mitgliedstaaten im Bund ihre Eigenständigkeit in höchstmöglichem Umfang wahren, modifizieren sie durch die bundesrechtlichen Pflichten, die sie auf sich nehmen, ihren juristischen Status von Grund auf in solchem Maß, daß sie sich nun in einer anderen verfassungsrechtlichen Lage als vordem befinden. Wenn der einzelne Mitgliedstaat eine Verfassung besitzt, die nur in einem bestimmten Verfahren geändert werden kann, so bedarf es zum Eintritt in einen echten Bund der Zustimmung der Träger der verfassunggebenden Gewalt, die in den für Verfassungsänderungen vorgeschriebenen Formen zu beschließen ist. Selbst die Umwandlung eines Staatenbundes in einen Bundesstaat ist nicht nur für den Gesamtkörper, sondern auch für die Einzelstaaten ein verfassungsändernder Akt (siehe Bd. III S. 671 f.)

2. Bundesvertrag und Bundesverfassung

Ein echter Bund wird durch einen *Bundesvertrag* begründet, der den Charakter eines völkerrechtlichen Gesamtaktes besitzt. Bei der Bundesgründung begegnen die bis dahin unverbundenen Staaten sich auf der Ebene des Völkerrechts. Der Bundesvertrag schafft einen neuen völkerrechtlichen Status; der Bund tritt als ein selbständiger Faktor, als „Völkerrechtssubjekt", in die Völkerrechtsgemeinschaft ein. Der Abschluß des Bundesvertrags aber ist, gleichviel ob er auf die Errichtung eines Staatenbundes oder eines Bundesstaates zielt, auch ein *Verfassungsvertrag*. Der Bundesvertrag schafft nicht nur völkerrechtliche, sondern auch staatsrechtliche Beziehungen unter den Gliedstaaten, die sich in einen höheren Gesamtstaatskörper einordnen. Er bewirkt einerseits eine innere staatsrechtliche Ordnung des föderativen Gesamtverbandes, also eine *Bundesverfassung;* andererseits modifiziert er aber auch, wie schon hervorgehoben, die *Landesverfassungen.* Nicht nur der Bundesstaat, sondern auch der Staatenbund stellt in diesem Sinn stets zugleich einen selbständigen völkerrechtlichen Gesamtverband und einen verfassungsmäßig geeinten Gesamtstaatskörper dar, in dem die Gliedstaaten in variablem Umfang vereinbarten Beschränkungen ihrer Hoheitsrechte unterworfen sind. Sie sind nicht nur im Bundesstaat, sondern auch im Staatenbund einer Obergewalt untergeordnet, die dadurch nicht weniger effektiv wird, daß man sie nicht „Staatsgewalt", sondern „Bundesgewalt" nennt [1]).

Auf der einen Seite tritt der echte Bund somit als selbständige willens- und handlungsfähige Einheit in die Völkerrechtsordnung ein. Gleichviel ob die Gliedstaaten ihre eigene völkerrechtliche Handlungsfähigkeit ganz oder teilweise bewahren oder ob sie sie gänzlich dem Bund überantworten, stets gehört zum Wesen des Bundes, daß dieser völkerrechtlich als selbständig organisierte Macht aufzutreten vermag. Ein Mindesterfordernis ist die Befugnis des Bundes, seine Integrität und die seiner Mitglieder gegen äußere Angriffe zu verteidigen. Das ist dem Bund nur möglich, wenn er völkerrechtlich mit dem *jus belli ac pacis,* dem Recht zum Bundeskrieg und Bundesfrieden, ausgestattet ist. Ein Gesamtverband aber, der das selbständige Recht zu Krieg und Frieden besitzt, ist Völkerrechtssubjekt, selbst wenn im übrigen seiner völkerrechtlichen Handlungsfähigkeit enge Grenzen gezogen sind.

Auf der anderen Seite hat jeder Bund, der Staatenbund ebenso wie der Bundesstaat, auch nach innen, im Verhältnis zu seinen Mitgliedern, den Charakter einer effektiven Einheit. Selbst wenn der Bundeszweck lediglich in der Verteidigung der äußeren Sicherheit besteht, muß der Bund für den Verteidigungsfall bestimmte Vorkehrungen im Innern treffen, durch die er seinen Mitgliedern als übergeordnete Einheit gegenübertritt. Noch stärker werden diese innerstaatlichen Hoheitsbefugnisse des Bundes, wenn ihm auch die Wahrung der inneren Sicherheit des Bundesganzen obliegt. Der Bund muß für diesen Zweck mit einem Mindestmaß an fester dauernder Organisation ausgerüstet sein; bestimmte Funktionen der Rechtsetzung, der Exekutive und der richterlichen Friedenswahrung müssen ihm zustehen. Mit bundeseigenen Organen und bundeseigenen Kompetenzen tritt so der föderative Gesamtverband auch in seiner relativ lockeren staatenbündischen Form den Gliedstaaten als eine selbständige staatsrechtliche Einheit gegenüber. Das System der Bundesorganisation und der Bundeskompetenzen verdichtet sich zu einer institutionellen und funktionellen Ordnung, die als *Bundesverfassung* über die einzelstaatlichen Verfassungen tritt. Enthält darüber hinaus das Bundesrecht regulative Normen für die Verfassungen der Einzelstaaten, legt es Grundsätze über die Rechte und Pflichten der Stände und Bürger der Einzelstaaten fest, unterwirft es

---

[1]) Vgl. den teilweise anfechtbaren Satz von *Klüber,* Das öffentliche Recht des Teutschen Bundes S. 117: „Da die Bundesstaaten (d. h. hier die Gliedstaaten des Deutschen Bundes) nur völkerrechtlich und durch Gesellschaftsrecht, nicht durch Rechte einer Obergewalt vereinigt sind, so ist die *Bundesgewalt* eine politische Sozial- oder Kollegialgewalt, keine Staatsgewalt."

die Wehrverfassung, die Justizverfassung, die Hochschulverfassung oder das Staatskirchensystem der Einzelstaaten bestimmten gemeinsamen Prinzipien, so wird das innere staatsrechtliche System der Bundesverfassung entsprechend ausgeweitet und verdichtet. Selbst wenn nur ein Minimum an solchen staatsrechtlichen Organisationen, Kompetenzen und Normen des Bundes vorhanden ist, stellt er nicht nur ein völkerrechtliches Verhältnis der Mitgliedstaaten, sondern einen selbständigen Gesamtstaatskörper mit eigenen Hoheitsrechten dar. Nicht nur in seinen völkerrechtlichen Außenbeziehungen, sondern ebenso im Verhältnis zu den Gliedstaaten ist auch der Staatenbund eine (aus Verbänden zusammengesetzte) *Verbandsperson*. Er ist nicht nur ein *zwischen* den Gliedstaaten bestehendes Dauerbündnis, sondern eine *über* den Gliedstaaten errichtete Staatengemeinschaft, die, nicht anders als der Bundesstaat, den Charakter eines *Gesamtstaats* besitzt.[1]

II. Staatenbund und Bundesstaat

1. Völkerrechtliche und staatsrechtliche Bundesverhältnisse

Obwohl die Wesensmerkmale des echten Bundes dem Staatenbund und dem Bundesstaat gemeinsam sind, besteht zwischen beiden ein substantieller Unterschied. Der begriffliche Unterschied von Staatenbund und Bundesstaat war schon in der Zeit, in der der Deutsche Bund entstand, geläufig[2]. Humboldts berühmte Denkschrift von 1816 arbeitete bereits virtuos mit beiden Begriffen, indem sie den Deutschen Bund als eine Kombination von Staatenbund und Bundesstaat definierte; er sei ein mit bundesstaatlichen Elementen durchsetzter Staatenbund[3]. Die spätere Staatstheorie dagegen hat solche komplizierten und differenzierenden Formeln zu vermeiden gesucht und sich um ein klares Entweder-Oder bemüht[4]. Seitdem haben sich in der Lehre vom Bund eine Reihe von allgemein gängig gewordenen schulmäßigen Antithesen entwickelt. Der Staatenbund sei eine rein völkerrechtliche Beziehung, der Bundesstaat ein staatsrechtliches Subjekt. Der Staatenbund beruhe auf völkerrechtlichem Vertrag, der Bundesstaat auf einer staatsrechtlichen Verfassung. Der Staatenbund sei ein Rechtsverhältnis, der Bundesstaat ein Rechtssubjekt. Solche einprägsamen Entgegensetzungen verdunkeln jedoch den komplexen Sachverhalt mit simplifizierender Gewaltsamkeit. In Wahrheit sind im Staatenbund wie im Bundesstaat völkerrechtliche und verfassungsrechtliche Elemente vereint. Beide

---

[1] Über die *Dreigliederungslehre*, die „Gesamtstaat" und „Zentralstaat" unterscheiden wissen will, siehe Bd. III S. 792 ff.   [2] Entsprechende französische Termini sind: *Confédération d'Etats* und *Etat fédératif*.   [3] Siehe oben S. 563.
[4] Vgl. *Klüber-Welcker*, Wichtige Urkunden S. 43: „Nur eins ist allgemein und absolut gewiß, daß man nämlich mit Entschiedenheit entweder einen wahren Bundesstaat oder einen wahren Staatenbund erwählen und jeden ganz und rein und konsequent durchführen muß. Nichts ist seichter und praktisch verderblicher als die Halbheit, als die Schwäche mancher Staatsmänner und Theoretiker, die sich damit trösten, daß man Mischungen zwischen Staatenbund und Bundesstaat, zwischen staatsrechtlicher und völkerrechtlicher Natur rechtfertigen könne."

gründen sich auf einen völkerrechtlichen Vertrag, der zugleich ein Verfassungsvertrag ist. Im Staatenbund entwickeln sich staatsrechtliche Elemente; im Bundesstaat wirken völkerrechtliche Elemente fort. Beide sind zugleich ein Rechtsverhältnis zwischen gleichgeordneten Gliedstaaten und ein Rechtssubjekt, das über ihnen steht. Der Staatenbund ist nicht nur völkerrechtlich („nach außen"), sondern auch staatsrechtlich („nach innen") eine mit eigenen Rechten und Pflichten ausgestattete Einheit, die ihren Gliedern in hoheitlicher Überordnung mit einer echten Bundesgewalt gegenübertritt.

Allerdings scheint der Auffassung, daß auch der Staatenbund nicht nur eine völkerrechtliche, sondern auch eine staatsrechtliche Einheit sei, das Recht des Deutschen Bundes, der anerkanntermaßen der Modellfall eines Staatenbundes ist, entgegenzustehen. Die Art. 1 und 2 der Wiener Schlußakte umschrieben die Rechtsnatur des Deutschen Bundes so:

> „Der deutsche Bund ist ein völkerrechtlicher Verein der deutschen souveränen Fürsten und freien Städte. Dieser Verein besteht in seinem Innern als eine Gemeinschaft selbständiger, unter sich unabhängiger Staaten, mit wechselseitigen gleichen Vertrags-Rechten und Vertrags-Obliegenheiten, in seinen äußern Verhältnissen aber als eine in politischer Einheit verbundene Gesamt-Macht."

Diese fast lehrbuchhafte Bundesdefinition scheint die verbreitete Ansicht zu bestätigen, daß der Deutsche Bund als Staatenbund eine nur völkerrechtliche, keine staatsrechtliche Verbindung souveräner Staaten gewesen sei. Doch fragt sich, ob die Formel *„nach außen Einheit, nach innen Vielheit"* die rechtliche Gesamtlage und die Verfassungswirklichkeit des Deutschen Bundes zutreffend zum Ausdruck gebracht hat. Soweit das nicht der Fall ist, hatten die Art. 1 und 2 der Wiener Schlußakte keine echte Rechtsbedeutung, sondern nur den Charakter deklamatorischer Floskeln, die die ihnen entgegengesetzte Rechtswirklichkeit nicht zu ändern vermochten. An einem solchen Fall werden die Grenzen deutlich, die dem Verfassunggeber (wie dem Gesetzgeber überhaupt) durch Vernunft und Wirklichkeit gezogen sind, wenn er sich auf das Feld der wissenschaftlichen Distinktion begibt.

Nach außen war der Deutsche Bund gewiß in mancher Hinsicht eine Einheit; er besaß völkerrechtliche Handlungsfähigkeit, insbesondere das ius belli ac pacis. Aber er war effektiv nach außen doch in weit höherem Maß eine Vielheit von Einzelstaaten. Denn neben dem Bund selbst besaß auch jeder der Einzelstaaten die völkerrechtliche Handlungsfähigkeit, ein eigenes Gesandtschafts- und Vertragsrecht und sogar das Recht zu selbständigem Krieg und Friedensschluß. Während der Bund als Ganzes von seinen außenpolitischen und völkerrechtlichen Befugnissen nur einen bescheidenen Gebrauch machte, nahmen die mittleren und größeren Gliedstaaten ihre außenpolitischen und völkerrechtlichen Funktionen lebhaft wahr. Der Deutsche Bund trieb keine wirkliche eigene Außenpolitik; er war an den ausländischen Höfen nicht durch eigene Gesandte vertreten; er schloß keine völkerrechtlichen Verträge ab; zum Bundeskrieg kam es nur einmal, nämlich 1848 gegen Dänemark, aber auch da nur im Gefolge eines Einzelstaatskriegs. Träger der deutschen Außenpolitik blieben in der Zeit des Deutschen Bundes im Wesentlichen die Einzelstaaten.

Sie allein waren es, die das Gesandtschafts- und Vertragsrecht wirksam ausübten; nur sie haben zwischen 1815 und 1866 wirkliche Kriege mit eigenen
Mitteln geführt (Preußen gegen Dänemark 1848—50; Österreich gegen Italien
1859; Preußen und Österreich gegen Dänemark 1864). Die Formel „nach
außen Einheit" gibt also den Charakter des Deutschen Bundes schwerlich vollständig oder auch nur einigermaßen hinreichend wieder.

Umgekehrt war der Deutsche Bund *nach innen* gewiß in mannigfacher
Weise eine Vielheit gleichberechtigter und unter sich unabhängiger Einzelstaaten. Aber es gab gerade nach innen wichtige Elemente einer effektiven
Einheit. Die Gliedstaaten waren einer politischen Einordnungs- und Treu-
pflicht gegenüber dem Bundesganzen unterworfen; sie waren den vom Bundestag bewirkten Bundesgesetzen und Bundesbeschlüssen untergeordnet; sie waren
in ihren Streitigkeiten dem Selbsthilfeverbot, dem Vermittlungsrecht des
Bundestags und der Austrägal-Gerichtsbarkeit unterstellt; ihre Verfassungsautonomie war durch Bundesnormen, vor allem durch das „monarchische
Prinzip", in erheblichem Ausmaß begrenzt; durch die Einrichtungen der Bundesintervention und der Bundesexekution waren sie in Konfliktsfällen starken
Einwirkungen der Bundesgewalt ausgesetzt. Von den Karlsbader Beschlüssen
über die Bundesinterventionen in Luxemburg und Frankfurt, in Kurhessen
und Holstein (1850) bis hin zur Bundesexekution gegen Holstein (1864) reicht
eine Kette innenpolitischer Bundesmaßnahmen, die die Abhängigkeit der
„souveränen" Einzelstaaten vom Bunde viel stärker hervortreten läßt, als in
der Formel „nach innen Vielheit" ausgedrückt wird.

In diesen Elementen der inneren Einheit bekundete sich ein echter staatsrechtlicher Zusammenhalt. Der Deutsche Bund war kein bloß „völkerrechtlicher Verein"; er war zugleich ein staatenbündisch organisierter *Gesamtstaat*.
Die Bundesversammlung war kein bloß gemeinsames Organ der Gliedstaaten;
sie war ein eigenständiges staatsrechtliches *Bundesorgan*. Die Grundgesetze des
Bundes waren kein bloß völkerrechtliches System von Bundesverträgen; sie
waren vielmehr eine echte *Bundesverfassung*. Auch die privatrechtliche Eigen-
tums- und Vertragsfähigkeit war dem Bund als solchem zuerkannt; die Bundes-
festungsanlagen etwa standen nicht im gesamthänderischen Eigentum der Gliedstaaten, sondern im unmittelbaren *Bundeseigentum*. Der Bund war kein bloßes
„Rechtsverhältnis" der Gliedstaaten, sondern selber ein *Rechtssubjekt*, das
gegenüber auswärtigen Staaten wie gegenüber seinen Gliedstaaten mit eigenen
Rechten und Pflichten ausgestattet war.

Eben dies war gemeint, wenn *Wilhelm v. Humboldt* von „bundesstaatlichen
Elementen im Staatenbund" sprach. Dem ist nur hinzuzusetzen, daß ein
Staatenbund ohne ein Minimum solcher „bundesstaatlicher Elemente" nicht
gedacht werden kann. Daß der Deutsche Bund über die in ihm enthaltenen
völkerrechtlichen Beziehungen der Gliedstaaten hinaus auch starke staatsrechtliche Wesenszüge aufwies, bedeutete somit keine Modifikation seines staatenbündischen Grundcharakters; vielmehr wurde er eben dadurch erst ein Staatenbund im eigentlichen Sinn, zu dessen Wesen die Durchdringung der völkerrechtlichen Grundstruktur mit staatsrechtlichen Verklammerungen institutionell

gehört [1]). Die durch das monarchische Prinzip gesicherte Verfassungshomogenität der Gliedstaaten, die Ausstattung des Bundes mit Gesetzgebungsgewalt, Militärgewalt und gewissen Ansätzen der Justizhoheit, die Befugnisse zur Bundesintervention und Bundesexekution gingen weit über das Maß von Funktionen hinaus, die auf einer rein völkerrechtlichen Ebene hätten ausgeübt werden können. Diese staatsrechtlichen Elemente der Bundesverfassung waren kein bloßes Beiwerk, sondern gehörten zum Kern und Wesen des deutschen Bundesrechts.

2. Die Souveränität in Staatenbund und Bundesstaat

Das unterscheidende Wesensmerkmal von Staatenbund und Bundesstaat ist, daß im Staatenbund den Gliedstaaten, im Bundesstaat aber dem Gesamtstaat die *Souveränität* zusteht. Die Frage nach dem Träger der Souveränität im Deutschen Bund war nun allerdings nicht schon damit beantwortet, daß die Bundesakte und die Wiener Schlußakte von der fortdauernden „Souveränität" der Einzelstaaten sprachen. Denn oft dienen solche Vertrags- und Verfassungsklauseln gerade der Verschleierung des wahren Sachverhalts. Doch hat die deutsche Bundes- und Staatstheorie mit Recht die Gliedstaaten des Deutschen Bundes auch als Träger der effektiven Souveränität angesehen; mit gleichem Recht hat sie fast einhellig angenommen, daß mit der Gründung des Norddeutschen Bundes und der anschließenden Reichsgründung die effektive Souveränität auf den Gesamtstaat überging. [2])

Die Feststellung, daß der Besitz der Souveränität das Kriterium des Gegensatzes von Staatenbund und Bundesstaat ist, reduziert diese Unterscheidung nicht auf eine reine Machtfrage. Souveränität ist ein Rechtsbegriff, kein bloßer Machtbegriff. Gewiß bezeichnet sie die in einem Gemeinwesen wirksame ursprüngliche, volle und höchste Entscheidungsmacht. Sie bedeutet damit jedoch nicht die nackte Überlegenheit an äußerer Gewalt. Vielmehr meint sie die legitime Machtüberlegenheit, die ihren Träger nicht nur befähigt, sondern auch berechtigt, kraft einer von keiner anderen menschlichen Instanz abgeleiteten, auf einen universalen Zuständigkeitsbereich erstreckten Gewalt letztverbindliche Entscheidungen zu fällen. Souveränität ist mehr als faktische Entscheidungsmacht; sie setzt vielmehr Legitimität der Gewaltanwendung voraus. Souveränität ist aber auch mehr als ein nur normatives Entscheidungsrecht; sie verlangt Effektivität der Rechtsanwendung. Zur Souveränität gehört also zweierlei: ein fester Bestand an Machtmitteln, die eine effektive Entscheidung in existentiellen Fragen möglich machen; ebenso aber auch Legitimität und Autorität, sich dieser Machtmittel zu bedienen. Die berühmte Formel: „Souverän ist, wer über den Ausnahmezustand entscheidet" [3]) will nichts über *Wesen und Gehalt der Souveränität* aussagen; sie behauptet also insbesondere

---

[1]) Ähnliche „bundesstaatliche" Elemente finden sich daher auch schon in der staatenbündischen Epoche der Vereinigten Staaten (1776—1788) und der Schweiz (1815 bis 1848). [2]) Siehe Bd. III S. 791.
[3]) C. *Schmitt*, Politische Theologie. Vier Kapitel zur Lehre von der Souveränität (1922) S. 9.

nicht, die Souveränität sei nach ihrem Begriff wesentlich „Entscheidung über den Ausnahmezustand". Die Formel nennt vielmehr ein Kriterium, an dem der *Träger der Souveränität* in Zweifelsfällen zuverlässig erkannt werden kann. Das Kriterium gilt nicht nur im Verhältnis zwischen mehreren Staatsorganen, sondern auch im Verhältnis zwischen Staaten, insbesondere zwischen dem Gesamtstaat und den Gliedstaaten in einem föderativen Verband. Auch hier ist also die Befugnis und Fähigkeit zur Ausnahme-Entscheidung ein Indiz dafür, auf wessen Seite die Souveränität liegt. Es fragt sich also, ob der Gesamtstaat oder ob die Gliedstaaten die Fähigkeit und Befugnis besitzen, in einer seinsbedrohenden Krise über die für normale Situationen geltenden Kompetenz- und Verfahrensregeln hinweg eine letzte und unanfechtbare Entscheidung zu fällen, um der Not zu steuern.

Damit konzentriert die Frage nach der Souveränität im Deutschen Bund sich auf das Problem, ob dem Bund oder den Gliedstaaten das Recht und die effektive Macht zur Entscheidung in den existentiellen Fragen der deutschen Politik zukamen. So leichthin, wie es oft geschieht, kann diese Frage nicht zugunsten der Gliedstaaten beantwortet werden. Denn gerade dem Bund standen kraft Bundesrechts die Entscheidung über den Krieg, über die Bundesintervention und die Bundesexekution, über Streitigkeiten zwischen den Bundesgliedern und über Maßnahmen zur Verhinderung von Selbsthilfeaktionen zu. Der Bund besaß also eine Entscheidungsbefugnis gerade auch in extremen Existenzfragen der deutschen Außen- und Innenpolitik. Es fehlte ihm auch nicht an der Fähigkeit, von dieser Entscheidungsbefugnis wirklichen Gebrauch zu machen. Daß er den Bundeskrieg nur in einem einzigen Fall erklärt und ihn dabei nicht gerade eindrucksvoll geführt hat, ist kein durchschlagendes Gegenargument; die Zeit des Bundes war eine Epoche langwährenden Friedens. Wie stark hingegen der Bund nach innen von seinen Notbefugnissen Gebrauch zu machen wußte, zeigt die große Zahl der Interventions- und Exekutionsfälle [1]), nicht minder aber die Zahl der gewichtigen Ausnahmegesetze, mit denen der Bund in Krisenzeiten auch gegen den Widerstand einzelner Länder einschneidende Maßnahmen traf [2]). Nicht nur das Bundesrecht, sondern auch die Bundespraxis legt den Schluß nahe, der Bund habe entgegen dem landläufigen Urteil eben doch das Recht und die Macht zur Entscheidung in den großen Existenzfragen Deutschlands besessen.

Doch wird die Annahme, dem Deutschen Bund habe Souveränität zugestanden, dadurch widerlegt, daß die Bundesgewalt an der *ungeminderten Großmachtstellung Österreichs und Preußens* eine unüberwindliche Schranke fand. Und zwar nicht etwa nur, weil Österreich und Preußen mit Teilen ihres Herrschaftsgebiets außerhalb des Bundes standen. Wenngleich beide mit diesen bundesfremden Gebietsteilen der Bundesgewalt entzogen waren, so gehörten sie doch mit ihrem staatlichen Kern zum Bund; wären sie mit den bundeszugehörigen Gebietsteilen der Bundesgewalt effektiv unterworfen gewesen, so hätte ihr bundesfremder Besitzstand sie der Bundessouveränität nicht entrückt.

---

[1]) Siehe oben S. 633 f., 639.
[2]) Siehe unten S. 732 ff.

Während aber nach formellem Bundesrecht Österreich und Preußen der Bundesgewalt in ganz der gleichen Weise wie alle übrigen Bundesglieder untergeordnet waren, waren in der Verfassungswirklichkeit des Bundes beide Großmächte mit einer fast unbeschränkten Unabhängigkeit, ja in den kritischen Lagen mit Machtüberlegenheit gegenüber dem Bund ausgestattet. Praktisch hatte der Bund nur soviel Entscheidungs- und Handlungsmacht, wie Österreich und Preußen ihm zu überlassen bereit waren. Einen Bundeskrieg konnte der Bund nur führen, wenn wenigstens eine der beiden Großmächte sich mit ihrer militärischen Kraft zur Verfügung des Bundes stellte; genauer gesagt: der Bundeskrieg war praktisch nur denkbar als eine Beistandsleistung des Bundes in einem preußischen, einem österreichischen oder einem gemeinsamen preußisch-österreichischen Krieg. Die Maßnahmen der Bundesexekution und der Bundesintervention setzten in der gleichen Weise voraus, daß beide Großmächte oder wenigstens eine von ihnen die treibende Kraft war, wie Preußen bei dem Bundesvorgehen in Baden 1849, Österreich bei dem Bundesvorgehen in Kurhessen und Holstein 1850, beide zusammen bei dem Einschreiten des Bundes in Holstein 1864. Gerade in diesen existentiellen Krisenfällen war der Bund nicht Träger einer eigenen Politik, sondern Instrument der Politik Österreichs, Preußens oder beider Mächte zusammen. Wie wenig der Bund in solchen Krisenfällen als Träger eigener Entscheidungsmacht anzusprechen ist, sollte sich vor allem an den beiden wichtigsten Bundeskrisen zeigen: den Auseinandersetzungen, die der Olmützer Punktation von 1850, und denen, die dem österreichisch-preußischen Krieg von 1866 vorausgingen [1]).

Gegenüber Österreich und Preußen war die Bundesgewalt somit keinesfalls „souverän". Zwar konnten die beiden deutschen Großmächte in der Bundesversammlung majorisiert werden; im Fall eines existentiellen Konflikts aber mußte der Versuch, einen Mehrheitsbeschluß gegen eine der beiden Großmächte zu vollstrecken, zum Zerbrechen des Bundes führen. Gegenüber den anderen Gliedstaaten besaß in einem echten Konflikt die Bundesgewalt nur dann eine zuverlässige Machtüberlegenheit, wenn Österreich oder Preußen oder beide gemeinsam mit der Bundesgewalt zusammen operierten; d. h. die Bundesgewalt für sich allein besaß die Effektivität der Machtüberlegenheit nicht. Da die Bundesgrundgesetze nach dem formellen Recht allen deutschen Einzelstaaten die Souveränität garantierten und da in der Realität der Bund selbst gegenüber seinen mittelgroßen und kleineren Gliedstaaten eine Machtüberlegenheit nicht aus eigener Kraft, sondern nur im Fall des Beistands der beiden Hauptmächte besaß, bleibt nur die Schlußfolgerung, daß die Bundesgewalt der Souveränität gegenüber allen Gliedstaaten entbehrte. Eben daraus ergibt sich, daß der Bund trotz seiner unleugbaren bundesstaatlichen Elemente doch im Ganzen dem Typus des Staatenbundes entsprach. Der österreichisch-preußische Dualismus war die institutionelle und faktische Gewähr des staatenbündischen Charakters der deutschen Bundesverfassung. Sobald der Dualismus entfiel, war der Weg in den Bundesstaat frei.

---

[1]) Darüber Genaueres bei der Behandlung der Ereignisse von 1850 (siehe Bd. II S. 915 ff.) und von 1866 (siehe Bd. III S. 510 ff.).

3. Föderative und unitarische Bundesorgane

Der Unterschied von Staatenbund und Bundesstaat wird ferner dadurch akzentuiert, daß in der Regel im Staatenbund die Gesamtwillensbildung ausschließlich bei einem föderativen Organ liegt, in dem alle Gliedstaaten vertreten sind, während im Bundesstaat bei der Gesamtwillensbildung ein Föderativorgan der Gliedstaaten und ein unitarisches Organ zusammenwirken, sei es in voller Koordination, sei es unter dem Vorrang des unitarischen Elements. Im Staatenbund kommt die Bundesgewalt ausschließlich (oder jedenfalls fast ausschließlich) der in dem Föderativorgan vereinten Gesamtheit der Gliedstaaten zu; im Bundesstaat ist die Bundesgewalt zwischen einem unitarischen und einem föderativen Organ geteilt. Das Föderativorgan der Gliedstaaten hat im Staatenbund ein Alleinentscheidungsrecht; im Bundesstaat ist es auf „Einflußrechte" bei der Bildung des Gesamtwillens beschränkt [1]. Im Staatenbund gibt es nur den vereinten Willen der Gliedstaaten; im Bundesstaat dagegen gibt es ein Willensorgan, das die Einheit des Gesamtstaats unmittelbar, ohne Dazwischenkunft der Gliedstaaten, verkörpert. Diese bundesrechtliche Organisationsfrage steht mit der bereits erörterten Frage nach dem bundesrechtlichen Ort der Souveränität in einem engen Zusammenhang. Eine selbständige, umfassende und souveräne Bundesgewalt kann sich in aller Regel nicht bilden, wenn die Bundeszuständigkeiten ausschließlich in der Hand eines Föderativorgans liegen, dessen Mitglieder natürlicher Weise bestrebt sind, die unabhängige Macht der von ihnen repräsentierten Gliedstaaten möglichst weitgehend zu bewahren. Eine souveräne Bundesgewalt entsteht in der Regel erst, wenn neben das Föderativorgan ein unitarisches Willensorgan tritt, in dem die Gesamtheit sich unmittelbar darstellt. Daher läßt sich auch sagen: *Der Staatenbund ist ein Gesamtstaat mit ausschließlich föderativ gebildeten Bundesorganen; der Bundesstaat ist ein Gesamtstaat, in dem föderativ und unitarisch gebildete Bundesorgane zusammenwirken.*

In der Geschichte des deutschen Föderalismus im 19. Jahrhundert tritt dies deutlich hervor. Während der Verhandlungen über die deutsche Frage 1815 forderten alle bundesstaatlichen Entwürfe, daß neben das Föderativorgan der Gliedstaaten eine unmittelbar der Gesamtheit zugeordnete oberste Exekutive, etwa in Gestalt eines erneuerten Kaisertums, darüber hinaus aber möglichst auch eine unmittelbar aus der Gesamtnation gebildete Nationalrepräsentation trete. Wäre es dazu gekommen, so hätte der Bund über kurz oder lang den Charakter eines Bundesstaats angenommen, auch wenn seine Kompetenzen und Machtvollkommenheiten nicht stärker gewesen wären als nach den Bundesgrundgesetzen von 1815 und 1820. Ebenso war die 1848/49 erstrebte Umgestaltung Deutschlands zum Bundesstaat dadurch gekennzeichnet, daß das Reich im Kaiser und im Volkshaus unitarische Organe neben dem föderativen Staatenhaus erhalten sollte. [2] Der Kern der erneut auf einen Bundesstaat zielenden preußischen Bundesreformpläne von 1860/66 war gleichfalls die For-

---

[1] K. *Bilfinger*, Der Einfluß der Einzelstaaten auf die Bildung des Reichswillens (1923). [2] Siehe Bd. II S. 809 ff., 826 ff.

derung, dem Bund neben dem föderativen Organ ein volksgewähltes National-
parlament zu geben. Eben dadurch, daß es Österreich zwischen 1815 und 1866
gelang, die Bildung eines unmittelbar gesamtstaatlichen Bundesorgans zu verhindern, bewahrte es bis zu der Wende von 1866 den staatenbündischen Charakter der deutschen Verfassung.[1])

III. Föderalismus und Hegemonie

1. Gleichgewichtiger und hegemonialer Föderalismus

Die innere Struktur eines Bundes kann auf dem Gleichgewicht aller Gliedstaaten wie auf der Hegemonie eines oder mehrerer von ihnen beruhen. Im
Staatenbund wie im Bundesstaat gibt es daher die Form des gleichgewichtigen
und die des hegemonialen Föderalismus.

Der gleichgewichtige Föderalismus setzt nicht nur die formale Rechtsgleichheit der Glieder, sondern auch ein hohes Maß an faktischer Gleichheit der
Lebensbedingungen, des Wohlstands und der Macht voraus. Er ist am ehesten
möglich, wo die Einzelstaaten sich an Gebietsumfang, Einwohnerzahl, wirtschaftlicher, militärischer und geistiger Energie etwa die Waage halten. Ist
dagegen ein Gliedstaat in seinen natürlichen Kräften den übrigen weit überlegen, überragt er die anderen evident durch Gebietsumfang und Einwohnerzahl, durch wirtschaftliches und militärisches Potential, durch geistige Beweglichkeit und innere Disziplin, so wird, auch wenn die Bundesverfassung die
Rechtsgleichheit aller Glieder garantiert, doch diesem Einen die hegemoniale
Führung im Bundesganzen zufallen. Allerdings bedeutet Hegemonie etwas
anderes als rein materielle Übermacht und Zwangsgewalt[2]). Ein politischer
Gesamtkörper, in dem die Einzelstaaten der bloß materiellen Überlegenheit
eines einzigen unter ihnen ausgeantwortet sind, ist kein Bund, sondern ein
imperiales System von allenfalls pseudoföderativer Struktur[3]). Hegemonie
setzt ein System von grundsätzlicher Rechtsgleichheit voraus; sie bezeichnet
den bestimmenden Einfluß, die überlegene Führung, die einer unter den Einzelstaaten verantwortlich für das auf Gleichberechtigung gegründete Ganze
ausübt. Sie beruht auf der scheinbaren Paradoxie, daß trotz der vorherrschenden Bestimmungsgewalt eines Einzelstaats die Rechtsgleichheit aller Gliedstaaten gewahrt werden kann. Hegemonie kann also abgekürzt mit der dialektischen Formel: *Vorherrschaft bei Rechtsgleichheit* definiert werden[4]).

Der hegemoniale Föderalismus braucht nicht durch verfassungsrechtliche Vorrechte bekräftigt zu sein; wo die hegemoniale Vormacht doch mit einzelnen
verfassungsmäßigen Vorrechten ausgestattet ist, sind diese so gering, daß sie
nicht entfernt die ganze Fülle des hegemonialen Einflusses widerspiegeln. Doch
darf daraus nicht geschlossen werden, die Hegemonie sei überhaupt keine
rechtlich faßbare und verfassungsmäßig bestimmbare Erscheinung, sondern
gehöre nur dem Bereich der staatsrechtlich unbeachtlichen soziologischen Fakten

---

[1]) Siehe Bd. III S. 399 ff., 515 ff.   [2]) Vgl. *H. Triepel*, Die Hegemonie (1938).
[3]) Siehe oben S. 666 f.   [4]) Siehe auch Bd. III S. 798 ff.

an. Der hegemoniale Charakter eines Bundes ist, auch wenn er im geschriebenen Bundesrecht nicht zum Ausdruck kommt, doch eines der fundamentalen Elemente der verfassungsrechtlichen Bundesstruktur. Nicht nur die politische Erscheinung, sondern auch das Rechtsgefüge eines Bundesstaats oder eines Staatenbunds ist nicht zu begreifen, wenn man die Kernfrage übergeht, ob in ihm ein echtes Gleichgewicht besteht oder ob eines unter den Bundesgliedern die hegemoniale Führung innehat.

2. Föderalismus und Dualismus

Die Verfassungsstruktur eines Bundes kompliziert sich weiter, wenn in ihm *zwei Gliedstaaten* einen hegemonialen Vorrang besitzen, während die übrigen unter sich etwa gleichrangig sind. Die Föderativverfassung beruht dann auf dem System des *Dualismus*. Bildet sich unter den beiden Vorrang-Mächten ein ausgeglichenes Zusammenwirken, so entsteht im Bund eine *dualistische Hegemonie* („Zweier-Hegemonie"). Nun kann der staats- und verfassungstheoretische Begriff „Dualismus" äußerst verschiedenartige Tatbestände bezeichnen. Er kann die Zwietracht zwischen zwei rivalisierenden, um die Vorherrschaft in einem föderativen Ganzen streitenden Hauptmächten meinen; er kann aber auch die Eintracht zweier Mächte kennzeichnen, die sich zur einvernehmlichen Ausübung hegemonialer Befugnisse verbinden. In Deutschland entwickelte der Dualismus Österreich-Preußen sich im 18. Jahrhundert zunächst in der Form der Rivalität um die Vorherrschaft. Im Deutschen Bund dagegen bestand von 1815—48 die einvernehmliche Zweier-Hegemonie der beiden Vorrang-Staaten; sie war, trotz mannigfacher Reibungen zwischen ihnen, das eigentliche Strukturprinzip des damaligen deutschen Föderalismus. Wenngleich die Staatskunst Metternichs dem habsburgischen Kaiserstaat in mancher Hinsicht eine dominierende Stellung zu schaffen wußte, so war doch im Ganzen das preußische Gewicht im Bund stark genug, um die Gleichheit im Vorrang zwischen den beiden Hauptmächten zu gewährleisten. Erst 1848—50 nahm der österreichisch-preußische Dualismus im Bund erneut die Form eines Kampfs um Vorherrschaft an, indem die kleindeutsch-nationalstaatliche Partei zusammen mit den Verfechtern großpreußischer Tendenzen versuchte, Österreich aus dem Kondominat über Deutschland zu verdrängen und Preußen zum alleinigen Träger der föderativen Hegemonialgewalt zu erheben. Von 1850—59 setzte das System der dualistischen Hegemonie sich erneut durch. Dann aber begann der Entscheidungskampf um die Vorherrschaft zwischen den beiden Hegemonialmächten, der zur Bundeskrise, zum Bundesbruch und schließlich zum Krieg führte. (Dazu Näheres in Bd. III S. 129 ff., 399 ff., 510 ff.)

3. Föderalismus und Trialismus

Die dualistische Hegemonie birgt für die föderative Einheit eine doppelte Gefahr. Sind die beiden Hegemonialmächte sich einig, so kann ihre Übermacht so stark sein, daß die übrigen Gliedstaaten der Gefahr der Vergewaltigung ausgesetzt sind. Besteht Zwietracht zwischen den Hegemonialmächten, so ist der Bund von Spaltung bedroht, während die Gliedstaaten vor die lebensgefährliche Alternative gestellt sind, sich im Konfliktsfall für den einen oder den anderen der Rivalen zu entscheiden. Deshalb entsteht in jeder dualistischen Föderation die Frage, ob es nicht möglich ist, die Zweiteilung durch die Dreiteilung, den Dualismus durch den *Trialismus* zu überwinden, indem die mittleren und kleineren Bundesglieder sich gegenüber den Hauptmächten zu einer Gruppe vereinigen, die für sich die Rolle einer *dritten Kraft* in Anspruch nimmt. Von Anfang an versuchten im Deutschen Bund die süddeutschen Staaten, der österreichisch-preußischen Vorherrschaft einen solchen Trialismus entgegenzusetzen. Das *dritte Deutschland* gedachte, sich neben den beiden Hauptmächten als ein etwa gleichstarker Partner zu konstituieren und damit ein dreigliedriges Gleichgewicht zu schaffen. Doch setzt der Trialismus nicht nur ein hohes Maß von Interessensolidarität unter den mittleren und kleineren Staaten, sondern auch ein hohes Maß von realpolitischer Einsicht voraus. In aller Regel sind die dritten Mächte untereinander durch vielfältige Interessenkonflikte, durch Eifersucht und alte Stammesfeindschaft geschieden; die Kooperation wird oft durch die Reibungen enger Nachbarschaft, oft auch durch die räumliche Trennung der Partner gestört. So erliegen die Staaten der dritten Kraft immer wieder der Versuchung, sich eher einer der beiden Hauptmächte als Trabanten anzuschließen als eine vorbehaltfreie Bindung untereinander einzugehen. Kommt es in einem föderativen Ganzen entgegen dieser allgemeinen Erfahrung doch zu einer „dritten Front", so empfinden die beiden Hauptmächte dieses Sonderbündnis leicht als eine Provokation, die sie in der gleichen Weise verletzt. Der Trialismus kann dann dazu führen, daß die beiden Hauptmächte sich umso enger vereinen und daß der Druck ihrer dualistischen Hegemonie umso stärker wird. Auch im Deutschen Bund ist diese Problematik des Trialismus deutlich geworden [1].

In aller Regel ist die „dritte Kraft" nur ein brüchiges Gegenbündnis gegen die beiden Großmächte und reicht daher zur wirklichen Gegenaktion nicht aus; aber sie genügt als Herausforderung gerade, um die beiden Großmächte dahin zu bringen, daß sie ihre Rivalitäten entweder vorübergehend zurückstellen und sich auf Kosten der Kleineren verständigen oder daß sie ihre Rivalitäten aufs Äußerste steigern und die Kleineren zur Option für die eine oder die andere Seite zwingen, sei es mit Drohung oder mit Lockung oder mit beiden Mitteln zugleich. Theoretisch denkbar ist natürlich auch ein Trialismus, der auf dem Nebeneinander von drei etwa gleich starken Mächten beruht. In der Praxis der föderativen Systeme kommt diese dreigliedrige Koordination kaum vor. Umso häufiger sind die Fälle, in denen eine *Mächtegruppe* versucht, sich als „dritte Kraft" in der Form eines „Bundes im Bund" gegenüber zwei überragenden Hauptmächten zur Geltung zu bringen. Führt dieses Streben zum Erfolg, so institutionalisiert der Trialismus sich in der *Form des Doppelbundes,* in dem eine engere und eine weitere Föderation zusammengeschlossen sind. Im Deutschen Bund allerdings scheiterten alle Versuche, dem Trialismus in dieser Gestalt des Doppelbundes Stabilität und Kontinuität zu verschaffen [2].

---

[1] Siehe unten S. 754 ff. [2] Zur Idee des Doppelbundes: oben S. 512 f., Bd. II S. 800 ff.

4. Rechtsgleichheit und Hegemonie

Das Hauptproblem eines hegemonialen Föderalismus besteht darin, daß die Hegemonie die *Machtungleichheit* unter den verbundenen Gliedstaaten ausdrückt, während der Föderalismus die *Rechtsgleichheit* unter den Bundesgliedern verlangt. Die Verschränkung von Machtungleichheit und Rechtsgleichheit ruft notwendiger Weise Antinomien in einem föderativen Hegemonialsystem hervor.

Im Deutschen Bund war die Rechtsgleichheit der Bundesglieder durch den Art. 3 der Bundesakte gesichert, der allen deutschen Einzelstaaten gleiche Rechte innerhalb des Bundes zusagte, aber auch gleiche Pflichten auferlegte. In jeder Föderation ergibt sich bei der Durchführung eines solchen Gleichheitssatzes die Schwierigkeit, daß wirkliche Gleichheit nur unter Gleichen möglich ist. Die Gleichheit der Rechte und Pflichten unter föderativ verbundenen Staaten setzt voraus, daß zwischen diesen eine annähernde substantielle Gleichartigkeit der Macht, der Energien und der Interessen besteht. Nur Gleichartiges kann wirklich gleich behandelt werden. Ungleichartiges gleich behandeln, heißt den Gleichheitssatz selbst verletzen, da formale Gleichheit hergestellt wird, wo der Sache nach Ungleichheit herrscht. Im Deutschen Bund war die tatsächliche Ungleichartigkeit unter den Bundesgliedern evident. Neben Großmächten europäischen Ranges standen Mittelstaaten, die sich nur in Anlehnung an eine der beiden Großmächte zu einer gewissen Geltung bringen konnten; die deutschen Kleinstaaten besaßen weder selbständige Macht noch auch nur die Fähigkeit zu selbständiger Politik.

Rechts- und Pflichtengleichheit im Sinn einer absoluten und schematischen Egalität konnte unter diesen so verschiedenartigen deutschen Staaten unmöglich hergestellt oder auch nur im Weg einer Fiktion unterstellt werden. Nur an eine *relative Gleichheit der Rechte und Pflichten* konnte man vernünftigerweise denken. Das bedeutete, daß es für jeden, auch den kleinsten Gliedstaat ein bestimmtes Mindestmaß an bundesverfassungsmäßig gewährleisteten, unentziehbaren Rechten gab. Dazu gehörten das Recht jedes Gliedstaats auf Existenz, sein Recht auf Vertretung in der Bundesversammlung und auf Teilnahme an den Bundesbeschlüssen, sein Recht darauf, daß über eine grundlegende Änderung des Bundesvertrags nur einstimmig und daß über die Aufhebung eines seiner jura singulorum nur mit seiner Zustimmung beschlossen wurde. Im übrigen aber galten Differenzierungen der Rechte und Pflichten als mit dem bundesrechtlichen Gleichheitssatz nicht unvereinbar. Bei der Stimmverteilung im Engeren Rat wie im Plenum der Bundesversammlung z. B. waren die größeren Mächte vor den kleineren bevorzugt, wenn auch nicht im vollen Gewicht ihres größeren Gebietsumfangs und ihrer höheren Einwohnerzahl, da sonst die beiden Großmächte das absolute Übergewicht erlangt hätten. Umgekehrt war den größeren Mächten eine relativ höhere Verantwortung für die Erhaltung des Bundesganzen auferlegt.

Zu den die Rechtsgleichheit differenzierenden, mit ihr aber nicht unvereinbaren Erscheinungen des Bundesrechts gehörte auch die hegemoniale Stellung, die Österreich und Preußen in der Verfassungswirklichkeit des Deutschen

Bundes besaßen. Unvereinbar mit der Rechtsgleichheit der Bundesglieder wäre nur die absolute Machtüberlegenheit der beiden Großmächte gewesen. Österreich und Preußen besaßen aber weder das Recht noch entwickelten sie die Macht, den übrigen Bundesgliedern mit diktatorischer Alleinentscheidung oder auch nur mit ausgeprägtem Herrschaftswillen entgegenzutreten. Ihr Führungsanspruch bediente sich nicht der Mittel direkter Herrschaft, sondern der indirekten Methoden der Einwirkung, der Kontrolle, Mahnung und Rüge, der diplomatischen Vorstellung, im äußersten Fall der wattierten Pression. So fragwürdig auch diese Methoden hegemonialer Bestimmungsmacht unter Umständen sein können, so offenkundig ist doch, daß im Deutschen Bund, von wenigen Ausnahmefällen abgesehen, die beiden führenden Mächte ihren Vorrang nicht mißbrauchten und insbesondere den Satz von der Rechtsgleichheit der Bundesglieder nicht unangemessen aushöhlten oder durchbrachen. Der Föderalismus des Deutschen Bundes bewährte sich im Nebeneinander von Gleichberechtigung und hegemonialer Hierarchie.

Kapitel VIII

DER DEUTSCHE BUND UND DIE EUROPÄISCHE ORDNUNG

§ 38. Der Streit um die europäische Garantie der Bundesakte

Schrifttum: A. F. W. Crome, Über Deutschlands und Europens Staats- und Nationalinteresse bei und nach dem Kongreß zu Wien (1. Aufl. 1814 anonym; 2. Aufl. 1817
mit Verfassernamen); *G. E. Guhrauer*, Graf Karl Friedrich Reinhard (in: Hist.
Taschenbuch, hg. von Fr. v. Raumer, NF. Jg. 7, 1846, S. 187 ff.); *K. Th. Perthes*,
Die Einverleibung Krakaus und die Schlußakte des Wiener Kongresses (2. Aufl.
1847); *W. A. Schmidt*, Geschichte der deutschen Verfassungsfrage während der Befreiungskriege und des Wiener Kongresses 1812—15 (1890); *N. Dommermuth*, Das
angebliche europäische Garantierecht über den Deutschen Bund von 1815 bis 1866 (Diss.
Frankfurt 1928); *K. Rheindorf*, Englische Rheinpolitik 1813—1815 (Els.-Lothr. Jb.
Bd. 7, 1928, S. 158 ff.); *K. Griewank*, Der Wiener Kongreß und die Neuordnung
Europas 1814/15 (1. Aufl. 1942, 2. Aufl. 1954).

I. Bundesakte und Kongreßakte

1. Die Formen des Garantierechts

Die *Bundesakte* vom 8. Juni 1815 war ein Verfassungs-Vertrag der deutschen Einzelstaaten, der sie auf der Grundlage ihrer fortdauernden Souveränität zu einem föderativen Körper vereinigte. Zugleich aber war die Bundesakte
ein Teil der Schlußakte des Wiener Kongresses vom 9. Juni 1815 [1]), der sogenannten *Kongreßakte*, die die acht Kongreßmächte, nämlich die beiden deutschen Hauptmächte Österreich und Preußen sowie Rußland, Großbritannien,
Frankreich, Schweden, Portugal und Spanien unterzeichnet hatten [2]). Art. 118
der Kongreßakte bestimmte, daß die Bundesakte als integrierender Bestandteil
der Abmachungen des Kongresses zu gelten habe, so als ob sie Wort für Wort
in die Kongreßakte aufgenommen sei. Die Art. 1—11 der Bundesakte wurden
in der Kongreßakte wörtlich wiederholt (Art. 53—63); die Art. 12—20 der
Bundesakte wurden nur summarisch als Bestandteile der Kongreßakte erwähnt;
der Gesamttext der Bundesakte wurde der Kongreßakte als Beilage angefügt.
Was diese Aufnahme der Bundesakte in die Kongreßakte völkerrechtlich be-

---

[1]) Text bei *Martens*, Nouveau Recueil Bd. 2 S. 379 (auch CJCG Bd. 1 S. 254).
[2]) Spanien lehnte zwar zunächst die Ratifikation wegen verschiedener Differenz-
punkte ab, trat dem Wiener Vertragswerk wie dem Zweiten Pariser Frieden dann aber
durch den Akzessionsvertrag vom 10. Juni 1817 nachträglich bei.

deutete, war zweifelhaft und Anlaß zu wiederholtem Streit. Die vertragstechnische Verknüpfung der beiden Urkunden konnte entweder nur die völkerrechtliche *Anerkennung* der staatsrechtlichen Neuordnung Deutschlands durch die nichtdeutschen Signatarmächte der Kongreßakte ausdrücken. Oder sie konnte darüber hinaus den Sinn einer völkerrechtlichen *Garantie* des Bundes und der Bundesakte durch die europäischen Signatarmächte, insbesondere durch die Großmächte Rußland, Großbritannien und Frankreich, besitzen.

Handelte es sich um eine solche völkerrechtliche Garantie, so konnte entweder eine Integritätsgarantie oder eine Verfassungsgarantie gemeint sein. Die *Integritätsgarantie* ist die völkerrechtliche Bürgschaft für den Bestand und die Unverletzlichkeit eines Staatskörpers gegen auswärtige Angriffe oder innere Spaltung. Eine solche Integritätsgarantie forderten die deutschen Vertreter auf dem Wiener Kongreß eine Zeitlang von den ausländischen Mächten; sie ließen die darauf zielenden Vertragsvorschläge dann jedoch fallen. Die *Verfassungsgarantie* kann wiederum ein Doppeltes bedeuten. Sie ist entweder eine Garantie gegen Verfassungsänderungen oder eine Garantie gegen Verfassungsverletzungen [1]). Eine *Garantie gegen Verfassungsänderungen* ist eine Gewährleistung des verfassungsmäßigen status quo; sie schließt auch legale Verfassungsrevisionen, jedenfalls in Bezug auf fundamentale Verfassungsbestimmungen, aus, wenn nicht die Garantiemächte ihre Zustimmung erklären. Sie führt, anders gesagt, zu einem Vetorecht der Garantiemächte gegen jede Verfassungsfortbildung. Für den Deutschen Bund hätte eine solche europäische Garantie gegen Verfassungsänderungen die Folge gehabt, daß die Garantiemächte auch eine von den deutschen Staaten einstimmig beschlossene Fortentwicklung der Bundesverfassung, etwa die Verwandlung des Bundes aus einem Staatenbund in einen Bundesstaat, durch ihr Veto hätten verhindern können. Daß eine solche Garantie gegen Verfassungsänderungen nicht außerhalb jeder Diskussion stand, zeigte sich daran, daß der französische Gesandte beim Bund schon 1816 geltend machte, jede Änderung der Bundesverfassung bedürfe der Zustimmung der Signatarmächte [2]). Dementsprechend erhoben England und Frankreich 1850/51 unter Berufung auf ihr angebliches Garantierecht Einspruch gegen die damals geplante Aufnahme Gesamtösterreichs in den Deutschen Bund [3]), und zwar auch für den Fall, daß diese von den deutschen Mächten einstimmig (also durch eine legale Änderung der Bundesverfassung) beschlossen würde. Eine *Garantie gegen Verfassungsverletzungen* dagegen führt nur dann zu einem Interventionsrecht der Garantiemächte, wenn tatsächliche oder rechtliche Vorgänge den gewährleisteten Verfassungszustand illegal durchbrechen oder von Grund auf umstürzen. Die Signatarmächte der Wiener Kongreßakte nahmen, wie sich bald zeigen sollte, vor allem ein solches Einmischungsrecht in innerdeutschen Angelegenheiten im Fall eines (angeblichen oder wirklichen) Bundesverfassungsbruchs in Anspruch.

---

[1]) Diese Unterscheidung war schon auf dem Wiener Kongreß allgemein bewußt (siehe unten S. 679).
[2]) Siehe unten S. 683.
[3]) Vgl. *Dommermuth*, aaO S. 67 ff.

2. Garantierecht und Interventionsrecht

Wäre die Bundesakte mit ihrer Aufnahme in die Kongreßakte unter die Verfassungsgarantie der europäischen Großmächte getreten, so hätte dies die Tradition des Westfälischen Friedens fortgesetzt, der die in den Friedensinstrumenten von Osnabrück und Münster geschaffene innerdeutsche Verfassung, insbesondere die „Libertät" der Reichsstände, ihre Unabhängigkeit und Freiheit gegenüber der Reichszentralgewalt, unter die Garantie Frankreichs und Schwedens gestellt hatte[1]). Seit 1779 hatte auch Rußland ein gleiches Garantierecht in Anspruch genommen[2]). Die Folgen einer solchen Verfassungsgarantie durch auswärtige Mächte sind offenbar. Weit davon entfernt, der verbürgten Verfassung einen bloßen Schutz zu verleihen, unterwirft die Verfassungsgarantie das gewährleistete politische System der ständigen *Intervention* der garantierenden Mächte. Diese erwerben das Recht, bei Veränderungen oder Verletzungen der verbürgten Verfassung einzuschreiten, und zwar sowohl auf das Hilfersuchen eines in seinen Verfassungsrechten gekränkten Glieds des gewährleisteten Staatskörpers wie aus eigenem Antrieb. Bei einer Kollektiv-Garantie steht, sofern nichts anderes bestimmt ist, das Garantierecht der Gesamtheit wie jedem beteiligten Einzelstaat für sich allein zu. Der Verfassungsgarant erhält durch die Garantieübernahme einen *Rechtstitel*, kraft dessen er, wenngleich nicht geradezu nach Willkür, so doch nach seinem Ermessen entscheiden kann, ob in bestimmten tatsächlichen Vorgängen oder rechtlichen Maßnahmen eine grundlegende Veränderung oder eine Verletzung der garantierten Verfassung zu sehen ist. In inneren Verfassungskonflikten wird er zum Schiedsrichter, ja: zum eigentlichen „Hüter der Verfassung". Die oberste Entscheidungsgewalt in Verfassungsfragen geht an ihn als eine fremde Macht über. Er nimmt eine Oberaufsichtsgewalt in Verfassungsfragen in Anspruch und wirft sich zu einer Art von Protektor auf. Unzufriedene oder aufsässige Glieder des garantierten Staatskörpers werden zur Konspiration mit dem auswärtigen Verfassungsgaranten verleitet. Dieser aber kann den Rechtstitel der Garantie jederzeit als einen Vorwand für Interventionen benutzen, bei denen er nicht als neutraler Schlichter handelt, sondern seine eigenen machtpolitischen Interessen verfolgt.

So hätten sich auch im Deutschen Bund, wenn die Bundesakte wirklich mit der Einfügung in die Kongreßakte der ausländischen Verfassungsgarantie unterworfen gewesen wäre, die europäischen Großmächte jederzeit bei einer wirklichen oder vermeintlichen oder angeblichen Verletzung der Bundesgrundgesetze in die innerdeutschen Verfassungsangelegenheiten einschalten können, um

---

[1]) Instrumentum Pacis Osnabrugense Art. XVII §§ 5, 6; Instrumentum Pacis Monasteriense §§ 115, 116.
[2]) Rußland war (mit Frankreich) Garantiemacht des Teschener Friedens vom 13. Mai 1779 (Text bei *Martens*, Recueil Bd. 2, 2. Aufl., S. 661 ff.). Nach Art. 12 dieses Vertrags galt der Westfälische Friede als Bestandteil des Teschener Friedens; damit wurde Rußland auch Garantiemacht für die Verträge von 1648, jedenfalls seit das Reich 1780 den zwischen Österreich und Preußen vereinbarten Teschener Frieden sanktioniert hatte. Ungenau insoweit *Dommermuth*, aaO S. 3 Anm. 6.

die Erhaltung eines ihnen genehmen politischen Zustands, den sie als den „verfassungsmäßig" gebotenen ausgegeben hätten, zu erzwingen. Jeder innerdeutsche Versuch zu einer Verfassungsreform, vor allem aber jeder innerdeutsche Verfassungskonflikt hätte eine ausländische Verfassungsintervention auslösen können. Die garantierenden Mächte wären zu Schiedsrichtern in allen innerdeutschen Verfassungsfragen geworden. Hätte also der Deutsche Bund sich mit der Einfügung der Bundesakte in die Kongreßakte einer ausländischen Verfassungsgarantie anheimgegeben, so hätte Deutschland seine Unabhängigkeit, Selbstbestimmung und Integrität, um derentwillen es den Freiheitskampf geführt und den Bund errichtet hatte, in dem Friedensinstrument des Wiener Kongresses wenn nicht preisgegeben, so doch jedenfalls der ausländischen Kontrolle unterstellt. Das Wiener Vertragswerk hätte nicht die Befreiung, sondern die Unterwerfung Deutschlands besiegelt.

Doch kann aus der bloßen Einfügung eines Verfassungs-Vertrags in ein umfassendes völkerrechtliches Gesamtwerk nicht ohne Weiteres geschlossen werden, daß eine *Verfassungsgarantie mit Interventionsbefugnis* für alle Signatarmächte des Gesamtvertrags entstehen soll. Eine Verfassungsgarantie mit Interventionsbefugnis ist nur vereinbart, wenn der Vertragswille aller Beteiligten unzweideutig auf sie gerichtet ist, was zwar beim Westfälischen Frieden, nicht aber bei der Wiener Kongreßakte der Fall war. Es hätte der 1815 neu entwickelten europäischen Gesamtlage direkt widersprochen, wenn der Wiener Kongreß einen Interventionsvorbehalt zugunsten der ausländischen Mächte geschaffen hätte. Deutschland hatte um seiner Unabhängigkeit und Freiheit willen gekämpft; feierlich hatten die Verbündeten den deutschen Völkern die Unabhängigkeit und Freiheit und ihr Recht auf einigenden Zusammenschluß verbrieft, als ihre Heere den deutschen Boden betraten; der Vertrag von Chaumont (1. März 1814) hatte diese Zusicherungen wiederholt. Alle seitdem geschlossenen Verträge bekannten sich zu der Souveränität der deutschen Einzelstaaten und zu ihrem Recht, nach eigenem Ermessen Vorkehrungen zum Schutz der deutschen Integrität zu treffen. Der Bund der deutschen Territorien war bestimmt, diese deutsche Freiheit und Sicherheit zu gewährleisten. Mit der Souveränität der Einzelstaaten und der Unabhängigkeit Gesamtdeutschlands aber wäre es unvereinbar gewesen, wenn die Wiener Kongreßakte den Deutschen Bund in Verfassungsfragen der fremden Einmischung ausgesetzt hätte. Wahrhaft paradox wäre es gewesen, wenn der Wiener Kongreß zusammen mit Rußland und England auch das besiegte Frankreich, dessen Verfassungsinterventionen Deutschland seit anderthalb Jahrhunderten beunruhigt und schließlich übermächtigt hatten und mit dessen zurückgekehrtem Usurpator eben bei der Verabschiedung der Bundes- und der Kongreßakte der Krieg neu entbrannt war, nun mit einem neuen Rechtstitel zur Verfassungsintervention ausgestattet hätte. Doch war auch die Gefahr einer russischen Einmischung damals nicht weniger groß; jedermann in Deutschland war sich dieser Gefahr bewußt; niemand war bereit, sich einer Verfassungsbürgschaft des großen östlichen Alliierten zu unterwerfen. Ebensowenig aber war man in Deutschland geneigt, eine Art englischer Verfassungs-Vormundschaft für die deutschen

Bundesverhältnisse zuzugestehen. So schließen die Umstände es schlechthin aus, daß irgend einer der führenden Vertreter Deutschlands in Wien bereit gewesen wäre, den Signatarmächten der Kongreßakte ein Recht auf Einmischung in innerdeutsche Bundesverfassungsverhältnisse in irgend einem Sinn vertraglich einzuräumen. Weder der Wortlaut der Wiener Vereinbarungen noch der Vertragswille der beteiligten deutschen Mächte lassen den Schluß zu, die Einfügung der Bundesakte in die Kongreßakte habe den europäischen Signatarmächten ein Garantierecht für die deutsche Bundesverfassung verliehen.

II. Die Garantiefrage auf dem Wiener Kongreß

1. Die Frage der Integritätsgarantie

Die Entwicklung, die die Garantiefrage auf dem Wiener Kongreß im Einzelnen nahm, bestätigt diese Auffassung. Die schweren Gefahren, denen Deutschland seit langem und vor allem in den letzten Jahrzehnten ausgesetzt gewesen war, legten den Gedanken nahe, eine europäische Garantie für die deutsche Integrität besonders gegenüber Frankreich zu schaffen. Der englisch-hannoversche Minister *Graf Münster* äußerte als Erster schon 1813 den Plan einer englisch-russischen Garantie für die Unversehrtheit Deutschlands [1]). Bald wurde man sich jedoch bewußt, daß zwischen einer Garantie der Integrität Deutschlands nach außen und einer Garantie der deutschen Verfassung nach innen sorgfältig zu unterscheiden sei und daß man von ausländischen Mächten allenfalls eine Integritätsgarantie entgegennehmen dürfe, während man eine Verfassungsgarantie nur den deutschen Mächten selbst vorbehalten könne [2]). *Stein, Humboldt* und *Hardenberg*, die auf dem Wiener Kongreß den Garantiegedanken zunächst verfochten, dachten dabei stets nur an eine Garantie der europäischen Großmächte für die Integrität des Bundes gegenüber auswärtigen Angriffen, nicht aber an eine europäische Garantie der Bundesverfassung gegenüber innerdeutschen Verfassungsänderungen oder -verletzungen [3]).

[1]) Denkschriften des Grafen Münster vom 5. Januar 1813 und von Ende Oktober 1813; vgl. *W. A. Schmidt*, Geschichte der deutschen Verfassungsfrage S. 47 f., 98.
[2]) Der früheste Beleg aus dieser Zeit für die Unterscheidung von „Integritäts-Garantie" und „Verfassungs-Garantie" findet sich bei *A. F. W. Crome* „Über Deutschlands und Europens Staats- und Nationalinteresse bei und nach dem Kongreß zu Wien". Die 1. Aufl. schlägt eine Integritätsgarantie für den Bund durch Rußland und England, ferner auch durch Österreich und Preußen, die nach der Idee des Verfassers außerhalb des Bundes bleiben sollten, vor. Die Verfassungsgarantie sollte ausschließlich dem Kaiser zustehen. Die 2. Aufl. bestreitet, angesichts der andersartigen Ergebnisse des Wiener Kongresses, daß irgend eine Garantie durch fremde Staaten zustandegekommen sei. Der Verfasser bemerkt dazu treffend: „Der Garant leistet gewöhnlich entweder zu viel oder zu wenig; in beiden Fällen schadet er der Selbständigkeit des von ihm garantierten Staates."
[3]) Vgl. *Humboldts* Denkschrift für Stein vom Dezember 1813 (Gesammelte Schriften Bd. XI S. 95 ff.), die ausschließlich einen Schutz Deutschlands gegen auswärtige Angriffe vorschlägt, den Garanten England und Rußland aber jede Einmischung in die inneren Angelegenheiten Deutschlands verbietet. Zustimmend *Steins* Antwort vom

Die österreichischen Vertreter auf dem Kongreß verwarfen jedoch jede Garantiebestimmung auf das entschiedenste [1]), so daß Humboldt und Hardenberg auf ihre Vorschläge verzichteten. Die Zwölf Artikel enthielten eine Garantienorm daher nicht mehr, und auch in den späteren Entwürfen der Bundesverfassung wie im Text der Bundesakte selbst war von einer ausländischen Integritätsgarantie, erst recht aber von einer ausländischen Verfassungsgarantie keine Rede mehr.

2. Garantieklausel oder Anerkennungsklausel

Erst in einer der letzten Sitzungen über den Abschluß der Bundesakte, am 5. Juni 1815, trat Metternich mit der ultimativen Erklärung hervor, die österreichischen Bevollmächtigten müßten verlangen, „die Bundesakte noch vor der Beschließung der Kongreßakte unter den Schutz [2]) der europäischen Mächte gestellt zu sehen". Doch hatte dieses Ultimatum nur den einen Zweck, die deutschen Mittelstaaten, die der Bundesakte Schwierigkeiten über Schwierigkeiten entgegensetzten, zur schnellen Verabschiedung noch vor dem bevorstehenden Kongreßende anzutreiben. Indem Metternich ein Junktim zwischen der Bundesakte und der Kongreßakte herstellte, unterwarf er die zögernden deutschen Mittelstaaten einer zeitlichen Pression. Daß Metternich im Drang der gespannten Lage der geforderten Einfügung der Bundesakte in die Kongreßakte eine „Schutz"- (oder „Garantie"-)Funktion zusprach, ist kein Beweis

---

3. Januar 1814 (*Stein*, Briefe u. Amtl. Schr. Bd. IV S. 428). Im gleichen Sinn *Humboldts* Denkschrift vom April 1814 (Gesammelte Schriften Bd. XI S. 212). In *Hardenbergs* Bundesverfassungsvorschlag der 41 Artikel fand sich in Art. 2 eine Verfassungs- und Integritäts-Garantie für den Bund, die ausschließlich von Österreich und Preußen geleistet werden sollte; in Art. 41 dazu ergänzend die Bestimmung: „Die *politische Existenz* (des Bundes) ist auf dem bevorstehenden Kongreß von den kontrahierenden Mächten zu garantieren". Die ausländischen Mächte sollten also nur an dieser „Existenz-Garantie" beteiligt sein.
[1]) Dazu *Dommermuth*, aaO S. 15, der die unveröffentlichten Papiere des Reichsreferendars *Freiherrn von Frank* aus dem Haus-, Hof- und Staatsarchiv Wien verdienstvoll ausgewertet hat. *Frank* erstattete über die preußischen Garantievorschläge ein Gutachten für Metternich, das u. a. folgende Sätze enthält: „Noch nie wurden die Garantien so vielfältig geleistet als in unserem Zeitraum und noch nie wurden sie öfters verletzt... Bei dem tief gesunkenen Zutrauen auf öffentliche Treue ist es vielleicht rätlicher, ein jeder Staat ist der Garant seiner eigenen Integrität und Verfassung... Die Zuflucht zu Garantien der Integrität und Verfassung des Bundes? Auch die deutsche Verfassung war garantiert!... Die Geschichte hat Fälle aufbewahrt, wo der Garant selbsten die politische Existenz der Garantierten untergrub." *Metternich* stimmte den Ausführungen Franks in vollem Umfang zu. Vgl. *Dommermuth*, aaO S. 16, der die unbelegte Äußerung Treitschkes (Deutsche Geschichte Bd. 1 S. 681), Metternich habe die auswärtige Garantie der Bundesakte nachdrücklich und dauernd gefordert, in das Reich der Legende verweist.
[2]) Im Original des Protokolls hieß es ursprünglich „Garantie"; dieses Wort ist durchstrichen und durch „Schutz" ersetzt. Ob die Änderung noch während des Kongresses als echte Berichtigung oder erst später vorgenommen wurde, ist nicht festzustellen. Jedenfalls ist die Änderung alsbald vorgenommen worden, da *Klübers* Aktenpublikation sie bereits vermerkt. (Vgl. *Klüber*, Akten Bd. 2, 1815, S. 511). Dazu auch *Dommermuth*, aaO S. 19.

dafür, daß diese Wirkung tatsächlich beabsichtigt war oder eingetreten ist. Durch die Einfügung der Bundesakte in die Kongreßakte konnten ein Garantierecht und eine Garantiepflicht der Signatarmächte der Kongreßakte für die Bundesakte nur entstehen, wenn der Rechtscharakter der Kongreßakte einen solchen Schluß zuließ.

Nun zeigen alle völkerrechtlichen Vertragsinstrumente mit echten Garantiebestimmungen, daß Garantierecht und Garantiepflicht mittels unzweideutiger Klauseln begründet werden, entweder durch Benutzung des Worts „Garantie" oder eines gleichbedeutenden unmißverständlichen Ausdrucks. Die bloße Mitunterzeichnung eines zwischen anderen Partnern vereinbarten Vertrags läßt Garantierechte und -pflichten nicht entstehen. Für die Wiener Kongreßakte kommt hinzu, daß sie für sich genommen garkein selbständiger Vertrag, sondern nur eine feierliche Zusammenfassung einer Vielzahl von Einzelverträgen in einem Gesamtdokument war. Die Einzelverträge sind jeweils zwischen anderen Kontrahenten abgeschlossen; an keinem einzigen der Einzelverträge haben alle acht Signatarmächte der Kongreßakte als Kontrahenten teilgenommen. Für keinen der Einzelverträge kann der Aufnahme in die Kongreßakte die Bedeutung beigemessen werden, daß die Nicht-Kontrahenten dadurch zu Kontrahenten der partikularen Abmachungen geworden wären[1]). So wurde z. B. die Signatarmacht Schweden gewiß nicht mit einem Garantierecht für die in die Kongreßakte eingefügten Bestimmungen über spanisch-portugiesische Grenzregulierungen ausgestattet. Das gleiche gilt auch für die deutsche Bundesakte, die ein Vertrag zwischen den deutschen Mächten war; durch die Aufnahme in die Kongreßakte wurden deren Unterzeichner nicht Vertragspartner des deutschen Bundesvertrags. Noch weniger aber wurden sie mit der bloßen Aufnahme in eine internationale Akte, die als solche keine Vertragskraft besaß, zu Garanten der deutschen Bundesverfassung mit dem Recht zur Verfassungsintervention bei tatsächlichen, vermeintlichen oder angeblichen Verstößen gegen das deutsche Bundesrecht.

Die Einfügung der Bundesakte in die Kongreßakte konnte nach den Gesamtumständen von 1815 nur den Sinn haben, daß mit ihr die europäischen Signatarmächte dem Deutschen Bund die *völkerrechtliche Anerkennung* aussprachen. Da der Bund nach der Bundesakte die völkerrechtliche Handlungsfähigkeit einschließlich des Rechts zu Krieg und Frieden, d. h. aber die volle Völkerrechtsfähigkeit, für sich in Anspruch nahm, bedurfte er einer solchen Anerkennung durch die europäischen Mächte. Die Aufnahme der Bundesakte in die Kongreßakte war rechtlich eine *kollektive Anerkennung* durch die nicht-deutschen Signatarmächte, die Einzelanerkennungen überflüssig machte. Darin erschöpft sich die Rechtsbedeutung, die der vertragstechnischen Verklammerung der Bundesakte mit der Kongreßakte innewohnt[2]).

---

[1]) So schon *Perthes*, Die Einverleibung Krakaus und die Schlußakte des Wiener Kongresses (2. Aufl. 1847).

[2]) Diese Rechtsbedeutung hat schon *Humboldt* der Aufnahme der Bundesakte in die Kongreßakte in seiner Denkschrift „Über die Behandlung der Angelegenheiten des Deutschen Bundes durch Preußen" vom 30. September 1816 (Gesammelte Schriften Bd. XII S. 53 ff.) beigemessen. Ebenso die wichtigste neuere Untersuchung

3. Garantierecht und Quadrupelallianz

Gegen die These, ein europäisches Garantierecht für den Deutschen Bund und seine Verfassung habe nicht bestanden, ist folgender Gegeneinwand erhoben worden [1]). Es werde dabei übersehen, daß der Bündnisvertrag zwischen England, Österreich, Preußen und Rußland vom 25. März 1815 [2]) die Vertragsteilnehmer verpflichtet habe, für die Integrität des Pariser Friedensvertrags vom 30. Mai 1814 [3]) und für die „stipulations arrêtées et signées au Congrès de Vienne dans le but de compléter les dispositions de ce traité" einzutreten und „de les garantir contre toute atteinte". Dieser Wiener Vertrag vom 25. März 1815 sei in dem Pariser Vertrag vom 20. November 1815 [4]), dem zwischen den gleichen Mächten geschlossenen Quadrupelallianz-Vertrag, erneuert worden. Die Garantieklausel habe damit dauernden Bestand erhalten.

Es ist kaum möglich, das Garantieproblem schlimmer zu verwirren, als es in dieser Polemik geschehen ist. Einmal ging es bei der Behauptung eines europäischen Garantierechts für den Deutschen Bund stets um ein Garantierecht der acht Signatarmächte der Wiener Kongreßakte, also vor allem auch Frankreichs, nicht etwa nur um ein Garantierecht der vier europäischen Großmächte, die sich am 25. März 1815 gegen das napoleonische, dann aber am 20. November 1815 auch gegen das wiederhergestellte bourbonische Frankreich verbündeten. Die Garantieklausel der beiden genannten Verträge richtete sich eindeutig und ausschließlich *gegen Frankreich;* sie war eine Beistandsabrede der vier Mächte gegen französische Angriffe oder gegen andere Gefahren, die von dieser Seite kommen könnten. Zum anderen war Objekt dieser Garantieklausel der *Pariser Friedensvertrag* einschließlich der Ergänzungen, die er auf dem Wiener Kongreß erhalten hatte. Als eine solche Zusatzbestimmung zum Pariser Frieden konnten zwar die auf dem Wiener Kongreß beschlossenen Territorialveränderungen in Deutschland, niemals aber die *Deutsche Bundesverfassung* gelten. Die Garantieklausel der Verträge vom 25. März/20. November 1815 verbürgte allen deutschen Einzelstaaten (und damit indirekt auch dem Deutschen Bund) den Beistand der vier Großmächte England, Österreich, Preußen und Rußland für den Fall einer von Frankreich ausgehenden Antastung ihrer territorialen Unversehrtheit. Insoweit bestand *eine von der Quadrupelallianz ge-*

---

von *Dommermuth,* aaO S. 24 ff. Der verbreiteten Lehre vom europäischen Garantierecht für die Bundesakte folgen dagegen *Klüber,* Öffentliches Recht des Teutschen Bundes S. 65; *Treitschke,* Deutsche Geschichte Bd. 1 S. 690; *E. Brandenburg,* Die Reichsgründung Bd. 1 S. 79; *Srbik,* Deutsche Einheit Bd. 1 S. 214, 331; *J. Haller,* Epochen der deutschen Geschichte S. 319. — *K. Griewank,* Der Wiener Kongreß S. 226, nimmt ein europäisches Garantierecht nur gegenüber Veränderungen, nicht gegenüber Verletzungen der Bundesakte an. Wenn überhaupt diese Unterscheidung zu machen wäre, so jedenfalls nur im entgegengesetzten Sinn!

[1]) Von *K. Rheindorf,* Englische Rheinpolitik 1813—1815 (Els.-lothr. Jb. Bd. 7, 1928, S. 193 Anm. 1) in Polemik gegen *Dommermuth.*

[2]) *Klüber,* Acten Bd. 1 Heft 4 S. 57.

[3]) *Rheindorf,* aaO, schreibt aus Versehen als Datum den 30. Mai 1815, was die Sache vollends verwirrt.

[4]) *Martens,* Nouveau Recueil Bd. 2 S. 734.

tragene Integritätsgarantie zugunsten Deutschlands. Mit einer Garantie der deutschen Bundesverfassung durch die Signatarmächte der Wiener Kongreßakte gegen etwaige von den deutschen Mächten selbst ausgehende Verfassungsänderungen und Verfassungsverletzungen, also mit einer mit Interventionsbefugnissen verbundenen europäischen *Verfassungsgarantie* zu Lasten Deutschlands, hatten die beiden gegen Frankreich gerichteten Verträge der Quadrupelallianz nicht das Mindeste zu tun.

III. Konflikte aus dem angeblichen Garantierecht

1. Das Garantierecht und das Gesandtschaftsrecht

Schon bald nach der Errichtung des Deutschen Bundes erwies es sich als notwendig, die Rechtslage, die sich aus der Einfügung der Bundesakte in die Kongreßakte ergab, zu klären. Der erste Anlaß dafür ergab sich aus dem Recht des Bundes auf eigenen diplomatischen Verkehr [1]. Wie schon erwähnt, erschien, noch bevor die Bundesversammlung in Frankfurt errichtet war, dort als französischer Gesandter der *Graf Reinhard* [2]. Er forderte in einer Denkschrift ungeduldig seine Anerkennung als diplomatischer Vertreter Frankreichs beim Deutschen Bund; er verlangte sie als ein „Recht" Frankreichs, indem er geltend machte, die Anwesenheit fremder Gesandter in Frankfurt werde dazu beitragen, „daß der Bund in dem wahren Geiste der Bundesakte gehandhabt wird" [3]. Insbesondere verhieß der französische Emissär den deutschen Staaten zweiten und dritten Ranges den Schutz ihrer Existenz und ihrer Rechte. Damit nahm er deutlich genug für die ausländischen Mächte ein Recht zur Kontrolle der Bundestätigkeit und auf Kooperation mit den mittleren und kleineren deutschen Staaten gegen das Bundesinteresse in Anspruch. Vor allem aber berief Graf Reinhard sich darauf, daß jede Änderung der Bundesakte der Zustimmung der auswärtigen Mächte bedürfe; diese müßten in Frankfurt vertreten sein, um sich in allen Verfassungsfragen rechtzeitig einschalten zu können. Das Gesandtschaftsrecht sollte den Garantiemächten also nicht nur zur Abwehr von Verfassungsverletzungen, sondern auch zur Verhinderung von Verfassungsrevisionen dienen.

Entschieden trat *Hardenberg* dieser Anmaßung entgegen, indem er erwiderte: Wenn die ersten elf Artikel der Bundesakte in die Kongreßakte aufgenommen

---

[1]) Siehe oben S. 605 f.

[2]) *Karl Friedrich Reinhard* (1761—1837) stammte aus Schwaben; er war bürgerlicher Herkunft und ursprünglich Theologe. Die Revolution hatte ihn nach Frankreich gezogen. Dort trat er 1791 in den diplomatischen Dienst. 1795 wurde er franz. Gesandter bei den Hansestädten, 1798 in Toskana, später in der Schweiz, 1808–13 bei König Jérôme in Kassel. Seit 1815 diente er dem bourbonischen Königtum. Ludwig XVIII. erhob ihn 1815 in den Grafenstand. 1817–29 war er Gesandter am Bundestag; 1830—32 Gesandter in Dresden. Mit Goethe stand der gebildete Diplomat, der auch im französischen Dienst seinen Sinn für deutsche Bewandtnisse niemals preisgab, in nahen Beziehungen. Vgl. *Goethe und Reinhard*, Briefwechsel in den Jahren 1807 bis 1832 (1957).

[3]) *Graf Reinhard*, Mémoire sur les légations à Francfort (1816); veröffentlicht in Ludens „Nemesis" Bd. IX Stück 1 (1817) S. 145 ff.

seien, so hätten damit die ausländischen Mächte zwar den Bestand des Deutschen Bundes anerkannt, keineswegs aber eine Bürgschaft für die Bundesverfassung übernommen [1]). Auch *Humboldt* wandte sich mit der Denkschrift vom 30. September 1816 scharf gegen jede Form eines ausländischen Garantierechts [2]). Der österreichische Präsidialgesandte *Graf Buol* wies das erste Beglaubigungsschreiben, mit dem Graf Reinhard sich beim Bundestag einzuführen suchte, zurück; er erzwang eine andere Fassung, die den zunächst ausgesprochenen Hinweis auf das Garantierecht Frankreichs nicht mehr enthielt.

In der ersten Fassung vom 5. Dezember 1815 hob Reinhards Akkreditiv gegenüber den im Deutschen Bund vereinigten Staaten das lebhafte Interesse hervor, das der französische König nehme *„à votre gloire, à vos avantages et au maintien de votre Constitution à laquelle nous avons pris part par les actes du Congrès de Vienne, et dont nous sommes garants"* [3]). Damit erhob Frankreich unumwunden den Anspruch, Garant der deutschen Bundesverfassung zu sein. In der zweiten Fassung vom 18. Juli 1817 dagegen sprach das Beglaubigungsschreiben von dem Interesse, das der König nehme *„à votre gloire et à votre prosperité ainsi qu'au maintien de votre Constitution établie par le Traité Général du Congrès de Vienne dont nous avons été partie contractante"* [4]). Auch diese zweite Fassung war nicht ganz unbedenklich, da Frankreich zu Unrecht seine Eigenschaft als Signatarmacht der Kongreßakte in einen wesentlichen Zusammenhang mit der Errichtung der Bundesakte zu bringen suchte. Aber der Garantieanspruch Frankreichs war in der zweiten Fassung aus dem Beglaubigungsschreiben entfernt. Die Bundesversammlung ließ Graf Reinhard auf Grund dieses veränderten Akkreditivs als Gesandten zu; ein Recht auf Verfassungsinterventionen nahm Frankreich während Reinhards Amtszeit nicht mehr in Anspruch.

England akkreditierte als Gesandten beim Bundestag *Sir Frederic Lamb;* sein Beglaubigungsschreiben lautete an der entsprechenden Stelle, der englische König nehme lebhaftes Interesse *„in Your Welfare and Prosperity and in the Maintenance of Your Constitution, as established by the General Treaty of the Congress of Vienna"* [5]). Hier fehlte also selbst der Hinweis auf Englands Stellung als Signatarmacht der Wiener Kongreßakte. Doch fand sich auch hier die verfehlte Angabe, die deutsche Bundesverfassung sei durch die Wiener Kongreßakte, also durch einen europäischen Vertrag, errichtet worden. Dem russischen Gesandten beim Bundestag *Freiherrn von Anstett* gab der Zar die ausdrückliche Weisung mit [6]), sich jeder dienstlichen oder persönlichen Stellungnahme zu den inneren Angelegenheiten des Deutschen Bundes zu enthalten. Die Rechtsauffassung, daß die Aufnahme der Bundesakte in die Kongreßakte eine Anerkennung, aber keine Garantie der Bundesverfassung bedeute, vertrat der Bundestag bei der Ausübung seines passiven Gesandtschaftsrechts von Anfang an mit Nachdruck.

2. Das Garantierecht und die Karlsbader Beschlüsse

Schon die Karlsbader Beschlüsse von 1819[7]) gaben dem Ausland jedoch einen konkreten Anlaß für den Versuch, seine Einmischung in deutsche Verfassungsfragen auf das angebliche Garantierecht zu stützen.

---

[1]) Siehe oben S. 676.   [2]) Siehe oben S. 679 Anm. 3.
[3]) Text des ersten Beglaubigungsschreibens bei *Dommermuth,* aaO S. 80.
[4]) Text des zweiten Beglaubigungsschreibens ebenda S. 81.
[5]) Vgl. *Dommermuth,* aaO S. 47 Anm. 10.
[6]) Vgl. *Treitschke,* Deutsche Geschichte Bd. 2 S. 138 f.
[7]) Siehe unten S. 732 ff.

König *Wilhelm* von Württemberg bemühte sich damals, den Zaren zum Widerspruch gegen die Bundesbeschlüsse zu bewegen. Wenngleich *Alexander I.* diesem Ansinnen unzugänglich war, sahen Österreich und Preußen sich doch veranlaßt, ihm die Beschlüsse zur Kenntnisnahme vorzulegen. Der russische Minister *Graf Kapodistrias*[1]), der die Beschlüsse im Gegensatz zum Zaren kritisch beurteilte, wagte zwar keine formelle Einmischung. Aber er suchte die kleineren deutschen Höfe gegen die Bundesbeschlüsse aufzubringen; dabei benutzte er neben politischen Argumenten auch verfassungsrechtliche Hinweise, so etwa indem er den badischen Gesandten *Blittersdorf* davor warnte, Bundesbeschlüssen zuzustimmen, die den Deutschen Bund in einen Bundesstaat verwandeln müßten. Eine russische Anfrage bei der englischen Regierung hatte das Ergebnis, daß der Außenminister *Castlereagh*[2]) sich in seiner Antwort entschieden zum Grundsatz der Nicht-Intervention in allen Bundesverfassungsfragen bekannte; allerdings sprach Castlereagh sich auch in der Sache nachdrücklich für die Karlsbader Beschlüsse aus, so daß die Frage offen blieb, wie England sich verhalten hätte, wenn es um ihm mißliebige Bundesbeschlüsse gegangen wäre. Die Karlsbader Beschlüsse sind in diesem Zusammenhang besonders wichtig, weil sie die Bundeszentralgewalt verstärkten und also die Bundesverfassung in einem unitarisierenden und damit in einem von den ursprünglichen staatenbündischen Intentionen der Bundesakte abweichenden Sinn fortbildeten[3]). Ein Vorwand für eine ausländische Intervention hätte sich daher hier aus dem angeblichen Garantierecht leicht ableiten lassen.

3. Das Garantierecht und die „Sechs Artikel"

Zur ersten Verfassungsintervention gegenüber dem Deutschen Bund kam es aus Anlaß der am 28. Juni 1832 vom Bundestag beschlossenen *Sechs Artikel,* die im Weg einer authentischen Interpretation des monarchischen Prinzips verschärfte restaurative Grundsätze in der Bundesverfassung durchzusetzen suchten[4]).

Der Bundesbeschluß erbitterte die englische öffentliche Meinung. Die liberale Partei forderte im Unterhaus, die Regierung möge die Ausführung des Bundesbeschlusses verhindern. Der Außenminister *Palmerston*[5]) lehnte die ihm zugemutete Intervention zwar anfänglich ab. Gleichwohl berief er sich im Unterhaus darauf, daß England als Signatarmacht des „Vertrags von Wien" auch Garantiemacht für die deutsche Unabhängigkeit und die deutsche Verfassung sei[6]). Aber auch Zar *Nikolaus*[7])

---

[1]) Graf *Joannes Kapodistrias* (1776–1831) (auch Capo d'Istria), griechischer Herkunft, stand seit 1800 als Diplomat im russischen Dienst (1816/17 russischer Außenminister). Er war seit 1827 Regent in dem um seine Freiheit kämpfenden Griechenland und fiel 1831 einem Attentat der Liberalen zum Opfer.

[2]) Viscount *Castlereagh* (1769–1822), Marquess of *Londonderry* (seit 1821), leitete 1812–22 als Außenminister das englische Kabinett; er starb durch Selbstmord.

[3]) Über diese unitarisierende Wirkung der Karlsbader Beschlüsse siehe unten S. 736.

[4]) Text: Dokumente Bd. 1 Nr. 44. Dazu auch Bd. II S. 154 ff.

[5]) Lord *Palmerston* (1784–1865) war wiederholt englischer Außenminister (1830–34, 1835–41 und 1846–51), dann Innenminister (1852–55) und schließlich Premierminister (1855–58, 1859–65).

[6]) Nach Palmerstons Erklärung beanspruchte England ein Interventionsrecht „as a party to the treaty of Vienna, by which in the guarantee given for the peace in 1815 a guarantee was also given for the independence of Germany and out of which arose the constitution of some of its states" (*Dommermuth* a.a.O S. 50).

[7]) *Nikolaus I.* (1796–1855) war als Nachfolger seines Bruders *Alexander I.* Zar des russischen Reichs von 1825 bis zu seinem Tod; er führte eine absolutistische Herrschaft. Er war der Schwiegersohn König Friedrich Wilhelms III. (verheiratet seit 1817 mit der Prinzessin *Charlotte* von Preußen = Kaiserin *Alexandra* von Rußland).

machte ein russisches Garantierecht für die deutsche Bundesverfassung geltend, nur im gerade entgegengesetzten Sinn. Er erklärte, daß Rußland die Sechs Artikel unterstütze, da sie notwendig seien, um die Bundesverfassung gegenüber revolutionären Umtrieben aufrechtzuerhalten. Durch diese russische Einmischung aufgebracht, trat nun *Palmerston* aus seiner Reserve heraus. In zwei identischen Noten vom 7. September 1832 erhob er gegenüber der österreichischen und der preußischen Regierung *Protest gegen die Sechs Artikel*, da mit ihnen die verfassungsmäßige Unabhängigkeit der deutschen Einzelstaaten angetastet werde. Auf eine direkte Intervention beim Bundestag verzichtete der englische Minister; immerhin ließ er durch den Gesandten beim Bundestag *Cartwright* seinen Protest vertraulich auch in Frankfurt zur Kenntnis bringen. Metternich wies die englische Einmischung in einer Note vom 31. Oktober 1832 energisch zurück. Die preußische Regierung weigerte sich zunächst, die Protestnote entgegenzunehmen. Erst als Palmerston mit dem Abbruch der diplomatischen Beziehungen drohte, nahm man in Berlin die Note an; doch lehnte das preußische Kabinett eine Antwort auf die unzulässige Einmischung ab [1]).

4. Das Garantierecht und der „Frankfurter Wachensturm"

Zum ernstesten Fall einer Verfassungsintervention kam es aus Anlaß der Belegung Frankfurts mit Bundestruppen nach dem Frankfurter Wachensturm (April 1833) [2]). Während die fremden Mächte 1833 von einer formellen Dazwischenkunft noch absahen, unternahmen sie ein Jahr später, als die in den Außenbezirken der Freien Stadt stehenden Bundestruppen im Stadtinnern eingesetzt werden mußten, einen förmlichen Interventionsversuch.

Ende April 1834 erhob der französische Gesandte beim Bundestag Baron *Alleye* Einspruch beim Bund. Er machte geltend, die Anwesenheit von Bundestruppen in Frankfurt sei mit der bundesrechtlich gewährleisteten Unabhängigkeit eines deutschen Gliedstaats unvereinbar. Der sächsische Bundestagsgesandte *v. Manteuffel*, der vertretungsweise die Präsidialgeschäfte führte, wies die französische Einmischung zurück. Wenig später übergaben der englische Gesandte *Cartwright* und der französische Gesandte *Alleye* Verbalnoten (am 21. und 24. Mai 1834) an den Bundestag, in denen sie sich in der Form einer „freundschaftlichen Ermahnung" auf das Einspruchsrecht der europäischen Mächte gegenüber jeder gewaltsamen Verletzung der Unabhängigkeit eines deutschen Einzelstaats beriefen. Die Besetzung der Freien Stadt sei eine Antastung der ihr bundesrechtlich garantierten Unversehrtheit. Frankreich werde, so betonte Alleye's Note, nicht zulassen, daß der Bund die *„indépendance Germanique"* zu einem leeren Wort mache! Ein Bundesbeschluß vom 12. Juni 1834 wies diese Interventionsversuche zurück. Frankreich und England antworteten mit ausführlichen Protestnoten (vom 30. Juni und 18. Juli 1834). Sie beriefen sich nun in aller Form darauf, daß durch die Besetzung Frankfurts der *casus garantiae* eingetreten sei. Das Garantierecht der europäischen Mächte leiteten die Noten erneut daraus ab, daß die Bundesakte, die die Unabhängigkeit und Unverletzlichkeit der deutschen Einzelstaaten verbürge, ein Teil des „Wiener Vertrags" und damit Inhalt einer europäischen Vereinbarung sei, deren Aufrechterhaltung alle Signatarmächte fordern könnten. Am 18. September 1834 faßte das Plenum der Bundesversammlung, nach sorgfältigen Rechtsdarlegungen des preußischen Bundestagsgesandten *Nagler*, einen Bun-

---

[1]) Vgl. zu diesen Vorgängen von 1832 *Treitschke*, Deutsche Geschichte Bd. 4 S. 279 ff.; *Dommermuth*, aaO S. 48 ff.; sowie Bd. II S. 161 f.
[2]) Näheres darüber Bd. II S. 164 ff.

desbeschluß[1]), der einstimmig[2]) feststellte, *„daß durch die Einverleibung des Bundesvertrags in die Kongreßakte den fremden Mächten, welche die Kongreßakte mitunterzeichnet haben, weder ein Recht, die Aufrechthaltung der in der Deutschen Bundesakte sanktionierten Grundsätze zu beaufsichtigen, eingeräumt, noch eine Verpflichtung, die Unabhängigkeit der einzelnen Glieder des Deutschen Bundes zu beschützen, übertragen worden"* sei. Daran schloß sich die Folgerung, daß der Deutsche Bund *„den fremden Mächten, als Mitunterzeichnern der Kongreßakte, in Bundesangelegenheiten niemals Rechte zugestehen werde, welche nach dem Wortlaute des Bundesvertrags und eben so nach dem Inhalte der Kongreßakte ausdrücklich nur den Gliedern des Deutschen Bundes und dessen Gesamtheit zustehen"*. Der Beschluß endete mit der Feststellung, auf neue Noten in dieser Sache werde der Bundestag sich nicht mehr einlassen. Demgemäß würdigte dieser die erneuten Beschwerdenoten der Westmächte (eine französische vom 17. Oktober, eine englische vom 21. November 1834) einer Antwort nicht mehr. Mit dem ersten Rücktritt Palmerstons Ende 1834 fanden diese Auseinandersetzungen dann ein Ende.

Entscheidend an diesen Vorgängen von 1833/34 war, daß der Deutsche Bund sich gegen die Interventionsanmaßungen der europäischen Großmächte mit Erfolg zur Wehr setzte. Diese Präzedenzfälle erschütterten die Theorie vom europäischen Garantierecht so schwer, daß die Verfassungsinterventionen des Auslands für lange aufhörten. Nur in zwei Sonderfällen beriefen sich die ausländischen Mächte sich später noch einmal auf ihr angebliches Garantierecht, nämlich Frankreich und England 1851 gegenüber dem Plan eines Eintritts Gesamtösterreichs in den Deutschen Bund, Rußland 1866 gegenüber den preußischen Annexionen in Norddeutschland[3]). Doch wiesen die deutschen Mächte auch in diesen späteren Fällen den europäischen Garantieanspruch zurück.

§ 39. Deutschland und die Heilige Allianz

Schrifttum: A. H. L. Heeren, Der deutsche Bund in seinen Verhältnissen zu dem Europäischen Staatensystem (1816); *J. Görres*, Die Heilige Allianz und die Völker auf dem Congresse zu Verona (1822); *Bignon*, Les cabinets et les peuples (1822); *D. de Pradt*, L'Europe et l'Amerique (1822, 1824); *F. Gentz*, Zur Gesch. der orientalischen Frage. Briefe von 1823–29 (1877); *A. v. Prokesch-Osten*, Gesch. des Abfalls der Griechen (1867); *E. Muhlenbeck*, Etude sur les origines de la Sainte-Alliance (1887); *W. A. Phillips*, The Confederation of Europe. A Study of the European Alliance 1813–23 (1914); *Ch. K. Webster*, British Diplomacy 1813–15. Select documents dealing with the reconstruction of Europe (1921); *ders.*, The Foreign Policy of Castlereagh 1815–22. Britain and the European Alliance (1925); *ders.*, The Foreign Policy of Castlereagh 1812–15. Britain and the reconstruction of Europe (1931); *W. P. Cresson*, The Holy Alliance: the European Background of the Monroe Doctrine (1922); *W. Näf*, Zur Geschichte der Heiligen Allianz (1928); *ders.*, Die Idee der Heiligen Allianz bei Leopold von Gerlach (Z. f. Schweizer. Gesch. Jg. 11, 1931, S. 459 ff.); *H. Schaeder*, Die dritte Koalition und die Heilige Allianz (1934); *W. Schwarz*, Die Heilige Allianz. Tragik eines europäischen Friedensbundes (1935); *E. J. Knapton*, The lady of the

---

[1]) Text: Dokumente Bd. 1 Nr. 52.

[2]) Die Einstimmigkeit kam allerdings auf etwas zweifelhafte Weise zustande. Der hannoversche Gesandte erklärte, daß er ohne Instruktion sei, die Beschlußfassung aber nicht hindern wolle. Der bayerische Gesandte hatte die Instruktion, durch ein Separatvotum das Garantierecht der europäischen Großmächte anzuerkennen. Er ließ sich jedoch bestimmen, das Separatvotum instruktionswidrig zurückzuhalten. Vgl. *Dommermuth*, a.a.O S. 62 f.

[3]) Vgl. *Dommermuth*, a.a.O S. 67 ff., 73 ff.

Deutschland und die Heilige Allianz

Holy Alliance: the life of Julie de Krüdener (1939); *J. H. Pirenne*, La Sainte Alliance (1946); *W. Markert*, Metternich und Alexander I. (in: Schicksalswege deutscher Vergangenheit, Festschrift für S. A. Kaehler, 1950, S. 147 ff.).

I. Die Gründung der Heiligen Allianz

Der Deutsche Bund war als ein Element der europäischen Stabilität gedacht; vielfältig war er daher mit der nach Napoleons Sturz neugeordneten europäischen Staatengesellschaft verknüpft. Unter den neuen Einrichtungen des jus publicum Europaeum war die *Heilige Allianz* mit der weitesten Universalität und mit den höchsten Verheißungen ausgestattet; zugleich aber weckte sie bei den Gegnern des Legitimismus und der Restauration die erbittertste Feindseligkeit; ihnen galt sie als Inbegriff der den Fortschritt und die Freiheit hemmenden Kräfte. Gerade das diffuse Licht, in das dieser europäische Friedensbund gehüllt war, machte es seinen Gegnern leicht, eine Legende der Heiligen Allianz zu entwickeln und sie zum Ziel haßerfüllter Angriffe zu machen.

Das alte Bemühen der europäischen Völker, Wohlfahrt und Frieden durch eine gleichgewichtige zwischenstaatliche Ordnung dauernd zu sichern, führte schon während der Koalitionskriege zu Plänen, die auf einen gesamteuropäischen Bund mit wechselseitiger Garantie des territorialen Besitzstands zielten. England hatte schon 1805 durch *William Pitt* ein solches Projekt entwickelt; 1813 schlug *Castlereagh* erneut eine Verbindung der europäischen Großmächte vor, die den in den Friedensverträgen neu zu schaffenden Besitzstand gegen weitere Umwälzungen oder Gewaltakte sichern sollte [1]. Das englische Ziel war, zugleich dem russischen Expansionsdrang wie dem französischen Hegemoniestreben reale Grenzen durch eine europäische Kollektivgarantie zu setzen. Zar *Alexander I.* trug sich gleichfalls seit einem Jahrzehnt mit dem Plan einer europäischen Föderation, für die er allerdings die russische Führung erstrebte [2]. Nun griff er das englische Projekt auf, gab ihm jedoch 1814/15 einen völlig neuen Sinn. Er trat für einen Bund aller europäischen Staaten ein, der sich auf die christlichen Heilswahrheiten gründen und vermöge dieses religiös-moralischen Fundaments den allgemeinen Frieden gewährleisten sollte.

Die staats- und gesellschaftsphilosophischen Ideen *Adam Müllers* [3] und *Franz Baaders* [4] verbanden sich in Alexanders Plan mit dem christlichen Mystizis-

---

[1] Über Pitts und Castlereaghs Pläne vgl. vor allem die oben angeführten Schriften von *Ch. K. Webster*; ferner *H. Schaeder*, aaO S. 42 ff.

[2] Über den Einfluß des Außenministers *Fürst Czartoryski* auf diese frühen Föderativpläne des Zaren vgl. *H. Schaeder*, aaO S. 9 ff.

[3] Dazu *A. Müller*, Die Elemente der Staatskunst (1809; neue Ausgabe 1922); darin die Lehre von der „erhabenen Gemeinschaft der Fünf-Reiche" (Bd. 1 S. 210), vom wahren europäischen Völkerbund (Bd. 2 S. 168), vom großen Bund unter den Staaten der Erde (ebenda S. 184), vom „Wahren, freien und ewigen Bund, der Eidgenossenschaft unter den Staaten" (ebenda S. 189).

[4] *Franz Baader* entwickelte in seinen gesellschaftstheoretischen Schriften in Anlehnung an A. Müller und andere Vertreter der politischen Romantik die Idee einer christlichen Grundlegung des Staats- und des Völkerrechts. Seine 1815 gedruckte Schrift „Über das durch die französische Revolution herbeigeführte Bedürfnis einer

mus *Jung-Stillings*[1]) und der *Frau von Krüdener*[2]), denen Zar Alexander I.[3]) durch Vermittlung der Gräfin Stourdza[3a]) in Deutschland begegnet war. Den Entwurf des europäischen Vertrags über die Gründung eines christlich-theokratischen Allianzsystems brachte der Zar eigenhändig zu Papier. Obwohl der preußische König wenig von einer „moralischen Manifestation" dieser Art hielt und obwohl *Metternich* sich nicht scheute, den Plan als ein „lautes Nichts" zu bezeichnen, wagten beide doch nicht, sich ihrem Verbündeten zu versagen. Allerdings setzte *Metternich* einige textliche Änderungen durch, die dem Allianzvertrag einen präziseren Inhalt gaben, vor allem aber einige freiheitlich-populäre Wendungen, die der Entwurf enthielt, ausmerzten[4]). Am 26. September 1815 unterzeichneten Alexander I., Franz I. und Friedrich Wilhelm III. den Vertrag, der den Beitritt für alle Mächte offen hielt, „die sich feierlich zu den heiligen Grundsätzen bekennen wollen, von denen der gegenwärtige Akt diktiert ist"[5]).

Alle christlichen Staaten des europäischen Kontinents, auch die Gliedstaaten des Deutschen Bundes, traten dem Allianzvertrag bei. Auch *Frankreich* schloß sich der Heiligen Allianz an, und zwar schon am 19. November 1815 (nicht, wie oft gesagt wird, erst 1818 auf dem Aachener Kongreß[6]). Selbst die *Schweiz* vollzog, ungeachtet ihrer Neutralität, den Anschluß an das Allianzsystem, und zwar „nach staatsrechtlicher Zustimmung der Schweizer Stände" am 27. Januar 1817. *England* allerdings vermied den formellen Beitritt zu dem Allianzvertrag. *Castlereagh*, der noch als englischer Unterhändler in Wien weilte, bezeichnete in seinem Bericht vom 28. September 1815 den Vertrag als „a piece of sublime mysticism and nonsense"; er schlug aber trotzdem vor, der Prinzregent möge, ohne Gegenzeichnung seiner Minister, dem Vertrag beitreten[7]). Der Premierminister Lord *Liverpool*[8]) jedoch lehnte dies ab, da ein Beitritt ohne ministerielle Gegenzeich-

---

neuen und innigeren Verbindung der Religion mit der Politik" (Schr. z. Gesellschaftsphilosophie 1923 S. 53 ff.) ist wahrscheinlich identisch mit den schriftlichen Eingaben, die Baader 1814 und 1815 an die Monarchen Rußlands, Österreichs und Preußens gelangen ließ.

[1]) *Johann Heinrich Jung* (1740–1817), nach seiner Jugend-Autobiographie Jung-Stilling genannt, war Arzt, dann Kameralist und lebte seit 1806 in Karlsruhe als Mittelpunkt eines pietistisch-mystizistischen Erweckungskreises.

[2]) *Barbara Juliane Freifrau von Krüdener* geb. von Vietinghoff-Scheel (1764–1824) war dem Zaren 1815 in Heilbronn und Heidelberg begegnet, dann nach Paris gefolgt. Sie war nicht die Urheberin des Allianzplanes, bestärkte den Zaren aber in seinem schon vorher gefaßten Vorhaben; auch trug sie wahrscheinlich zu dem theologischen Mystizismus des Vertragstextes bei.

[3]) *Alexander I.* (1777–1825), Zar von Rußland; Regierungszeit 1801–1825; seit 1793 verheiratet mit der damals fünfzehnjährigen *Prinzessin Luise Marie von Baden*, der späteren Zarin *Elisabeth*. 1801 Nachfolger seines ermordeten Vaters *Zar Paul I.*

[3a]) *Roxandra Gräfin Stourdza* (1786–1844) war von 1811 bis 1816 Hofdame der Zarin Elisabeth (siehe oben Anm. 3). Sie war die Schwester des Grafen Stourdza (unten S. 726); später verheiratete Gräfin Edling.

[4]) Der Entwurf des Zaren mit den Änderungen Metternichs ist erst im 20. Jahrhundert in einer Wiener Kopie aufgefunden und von *W. Näf*, Zur Geschichte der Heiligen Allianz S. 34 ff., veröffentlicht worden.

[5]) Text des Allianzvertrags bei *Martens*, Nouveau Recueil Bd. 2 S. 656 (auch Dokumente Bd. 1 Nr. 29).

[6]) Zur Aufnahme Frankreichs in das von der Heiligen Allianz unterschiedene Fünf-Mächte-Bündnis auf dem Aachener Kongreß siehe unten S. 693.

[7]) Vgl. *Webster*, British Diplomacy 1813–15 S. 382 ff.

[8]) Lord *Liverpool* (1770–1828) gehörte der englischen Regierung seit 1801 in verschiedenen Stellungen an; von 1812 bis 1827 war er Premierminister eines Tory-Kabinetts unter dem Prinzregenten (seit 1820 König) *Georg* (IV.).

nung mit dem englischen Staatsrecht unvereinbar sei; die Gegenzeichnung verweigerte er, da es den englischen Gepflogenheiten widerspreche, an einem Vertrag teilzunehmen, der nur ein Bekenntnis zu abstrakten Grundsätzen, aber keine realen Verpflichtungen enthalte. Der englische Prinzregent erklärte jedoch in seiner Antwort an den Zaren vom 6. Oktober 1815 seine uneingeschränkte persönliche Übereinstimmung mit den in dem Vertrag niedergelegten christlichen Prinzipien[1]). Auch vollzog er den Beitritt zur Allianz für *Hannover*, da er insoweit von der Zustimmung seiner Minister unabhängig war. England befand sich auf Grund dieser Umstände zur Heiligen Allianz immerhin in einer Art von Assoziation, was sich in der Praxis denn auch bald erweisen sollte.

Nicht zur Heiligen Allianz gehörten der *Sultan*, da die Türkei sich durch das christliche Prinzip, auf dem die Allianz beruhte, ausgeschlossen sah, und ferner der *Papst*, der die Beitrittsaufforderung des Zaren mit einem Schreiben vom 22. Juni 1817 ablehnte; er verwarf sowohl das überkonfessionelle Christentum, zu dem die Allianz sich bekannte, als auch die Zugehörigkeit zu einer christlichen Gemeinschaft, in der er nicht als Haupt anerkannt war[2]). Eine Beitrittsaufforderung erhielten auch die *Vereinigten Staaten von Amerika*, die sich dem Anschluß jedoch gleichfalls entzogen und mit der *Monroe-Doktrin* (1823) ein der Heiligen Allianz entgegengesetztes panamerikanisches System proklamierten.

II. Der Inhalt des Allianzvertrags

In der Präambel und den drei Artikeln des Allianzvertrags bekannten die vertragschließenden Souveräne sich zur christlichen Religion als dem Fundament der politischen Ordnung im zwischenstaatlichen wie im innerstaatlichen Bereich. Der Trennung des Politischen und des Religiösen, die dem Staatsgedanken wie der Völkerrechtsidee des 19. Jahrhunderts sonst eigentümlich war, stellt der Vertrag die Einheit der politischen und der religiösen Ethik entgegen. Die Idee des christlichen Staates und der christlichen Staatengesellschaft verstand der Vertrag als Verpflichtung für die Herrschenden, als Schutz für die Beherrschten und als Garantie gegen die Akte des Umsturzes wie der Eroberung. Gegenüber dem Zerfall der Völker in eine Vielheit isolierter, bloß dem eigenen Geltungsdrang und Machtstreben hingegebener Nationen richtete der Vertrag das Prinzip der einen und unteilbaren *christlichen Nation* auf, die die Völker und Staaten als Glieder umfasse. Die Herrscher Europas bekannten in dem Vertrag, einem gemeinsamen Vaterland anzugehören und in Brüderlichkeit verbunden zu sein. Die alte Idee des *Unum Corpus Christianum* schien sich in dieser christlichen Staatengesellschaft zu erneuern.

Als Glieder der universalen christlichen Nation übernahmen die vertragschließenden Souveräne die Pflicht, sich bei jeder Gelegenheit und an jedem Ort *Beistand, Hilfe und Unterstützung* zu gewähren. Doch war diese Beistandsklausel nicht näher präzisiert. Der Vertrag umschrieb weder den casus foederis in irgendeinem Sinn noch die Mittel, mit denen Beistand zu leisten war. Das gab der Allianz einen allumfassenden und zugleich undefinierbaren Charakter; die Beistandsklausel war vielsagend und nichtssagend in einem Atem. Die Formel „bei jeder Gelegenheit und an jedem Ort" legte die Deutung nahe, daß Beistand nicht nur bei einer Gefährdung des Friedens und der Sicherheit in Europa selbst, sondern auch bei einer Antastung europäischer Interessen irgendwo sonst in der Welt versprochen sei. Bald zeigte sich, daß die amerikanischen Völker diese Beistandsabrede als eine Bedrohung mit europäischen Interventionen auffaßten; die Monroe-Doktrin vom 2. Dezember 1823 war die Antwort der Vereinigten Staaten auf das politische System der verbündeten euro-

---

[1]) Vgl. *Webster*, a.a.O S. 384.   [2]) Vgl. *Schaeder*, a.a.O S. 5, 89 ff.

päischen Monarchien. Weit unmittelbarer bedrohte die Beistandsabrede der Heiligen Allianz alle gegen den status quo gerichteten europäischen Bewegungen, und zwar sowohl diejenigen, die die Befreiung von Völkerschaften oder Volksteilen aus bestehender Fremdherrschaft, als auch diejenigen, die für die Völker einen Anteil an der Ausübung der Staatsgewalt erstrebten. Das Beistandsversprechen der verbündeten Regierungen war zugleich eine *Interventionsdrohung*, eine Ankündigung des gemeinsamen Einschreitens gegen innere Umwälzungen wie gegen auswärtige Angriffe auf den Besitzstand der beteiligten Mächte.

Im Hinblick auf die innere Staatsordnung der Mitgliedstaaten bekannte der Allianz-Vertrag sich zum Gottesgnadentum, zum Legitimismus und zum patriarchalischen System. Als den eigentlichen Souverän der christlichen Staatengesellschaft riefen die Vertragschließenden Gott und den Erlöser an. Die Fürsten selbst bezeichneten sie als Werkzeuge der Vorsehung, ausgestattet mit dem von Gott verliehenen Amt, die Völker als Zweige einer und derselben Familie zu regieren. Mit diesem „Gottesgnadentum" beanspruchten sie die Unantastbarkeit ihres Herrschaftsrechts; die monarchische Legitimität erhielt eine religiös begründete Integrität. Ihrer Völker und Heere [1]) wollten die Souveräne sich wie Familienväter annehmen; als ihre vornehmste Aufgabe bezeichneten sie den Schutz der Religion, des Friedens und der Gerechtigkeit. Die Idee des christlich-patriarchalischen Rechtsstaats tat sich in diesem Dokument kund.

III. Die Wirkungsmacht der Heiligen Allianz

1. Die Heilige Allianz und das Vier- oder Fünfmächte-Bündnis

Der deutsche Bund als solcher war nicht Unterzeichner des Vertrags über die Heilige Allianz. Da jedoch sämtliche bundeszugehörigen Einzelstaaten dem Allianzvertrag durch Akzessionsurkunden 1816/17 beitraten [2]), war damit auch der Deutsche Bund als Ganzes dem System der Heiligen Allianz politisch zugeordnet. Insbesondere aber stimmten die Heilige Allianz und der Deutsche Bund in ihren Grundsätzen überein; sie waren beide der Ausdruck des restaurativen Prinzips, das in Europa nach dem napoleonischen Zusammenbruch zur Herrschaft kam.

Darüber, ob die Heilige Allianz, wie Metternich es vorausgesagt hatte, nur ein „lautes Nichts" oder ob sie ein reales und wirkungsmächtiges politisches Gebilde war, sind die Meinungen auch heute noch geteilt. Der Allianzvertrag war kein unmittelbar vollziehbares Instrument, sondern hatte den Charakter eines politischen Manifests, das Grundsätze beteuerte, ohne effektive Folgerungen aus ihnen abzuleiten. Die Gegner, gegen die der Allianz-Vertrag sich wandte, also die nach Loslösung strebenden Kolonien europäischer Staaten, die unter Fremdherrschaft stehenden nationalen Volksgruppen und Minderheiten in Europa, die nationalen, liberalen und demokratischen Kräfte in

---

[1]) Diese ungewöhnliche Formulierung erklärt sich aus dem ursprünglichen Entwurf des Zaren, der von einer brüderlichen Solidarität der europäischen Völker und Heere sprach; *Metternich* ersetzte diesen Gedanken durch eine Formel, die die Monarchen allein zu Trägern der europäischen Allianz erhob; „Völker und Heere" wurden den Monarchen nunmehr nachgeordnet. Aus einem *Bund der Völker und Heere* wurde durch *Metternichs* Änderung ein *Bund der Herrscher*, die väterlich über „Völkern und Heeren" standen.

[2]) Vgl. die Angaben bei *Martens*, Nouveau Recueil Bd. 2 S. 659.

allen Mitgliedstaaten, fühlten sich herausgefordert; der Vertrag sah jedoch keine Möglichkeiten vor, um der lauten Drohung die vollstreckende Tat folgen zu lassen. Hinter den Worten stand wenig gesammelte Kraft und noch weniger gemeinsamer Wille der Vertragsbeteiligten.

Trotzdem gewann die Heilige Allianz eine erhebliche Effektivität, indem sie sich dem zweiten System europäischer Kooperation verband, nämlich der 1815 begründeten *Quadrupelallianz* der europäischen Großmächte, die sich 1818 durch die Aufnahme Frankreichs zur europäischen *Pentarchie* erweiterte. Dieses Vier- oder Fünfmächte-Bündnis stand zur Heiligen Allianz nicht in einer organisatorischen Verknüpfung; beide Systeme wichen vielmehr äußerlich dadurch voneinander ab, daß England, das der Heiligen Allianz formell fernblieb, in der Quadrupelallianz und der Pentarchie eine fast vorherrschende Stellung erwarb. Und doch waren beide Systeme so ineinander verwoben, daß man viele Akte, die von der Vier- oder Fünfmächte-Gruppe ausgingen, zugleich der Heiligen Allianz zurechnete [1]). So gelten in aller Regel die Kongresse von Aachen 1818, Troppau 1820, Laibach 1821 und Verona 1822 als Zusammenkünfte der Heiligen Allianz. Einberufen, geleitet und in ihren Ergebnissen bestimmt aber waren der Aachener Kongreß von dem Viermächte-Bund, die Kongresse von Troppau, Laibach und Verona von dem Fünfmächte-Bund. Streng genommen dürfte man die genannten Kongresse daher nicht als Veranstaltungen der Heiligen Allianz bezeichnen; doch kann man sachlich zwischen dieser und der Vier- oder Fünfmächtegruppe keine scharfe Trennungslinie ziehen. Praktisch fungierte die europäische Pentarchie als Führungs- und Vollzugsorgan der Heiligen Allianz. Durch seine Zugehörigkeit zur Pentarchie war auch England trotz der Nicht-Unterzeichnung des Allianzvertrags in die Leitung der Heiligen Allianz eingeschaltet. Diese war die moralisch-religiöse Koalition der europäischen Mächte, die in dem Vier- oder Fünfmächtebund ihr politisches Organ mit völkerrechtlich definiertem casus foederis besaß. Durch diese Verknüpfung gewann die Heilige Allianz jedenfalls in der ersten Zeit ihres Bestehens eine gewisse Wirkungskraft.

a) Die Quadrupelallianz

Dem von England schon während des Befreiungskampfes gegen Napoleon verfolgten Ziel, durch einen europäischen Garantievertrag eine Sicherung gegen die Erneuerung der aggressiven französischen Politik zu schaffen, diente der am 20. November 1815 abgeschlossene *Vierbunds-Vertrag*, der England, Rußland, Österreich und

---

[1]) Dazu *Metternich*, Memorandum vom 7. September 1818. Der Staatskanzler schlug in ihm während des Aachener Kongresses vor, die geplante Fünf-Mächte-Erklärung (unter Beteiligung Frankreichs) auf die Heilige Allianz zu basieren (vgl. W. A. *Phillips*, Confederation of Europe S. 165 ff.). Der Fünf-Mächte-Vertrag berief sich dann in der Tat auch auf die gleichen christlichen Grundgedanken wie die Heilige Allianz (vgl. *H. Schaeder*, aaO S. 91). Siehe dazu auch die russische Denkschrift vom 8. Oktober 1818, die von der *Koexistenz* der Quadrupelallianz und der allgemeinen Allianz sprach, und zwar in dem Sinn, daß die Quadrupelallianz „der Mittelpunkt der allgemeinen Allianz oder des europäischen Systems" sei (vgl. *Webster*, The Foreign Policy of Castlereagh 1815—22 S. 144).

Preußen vereinte [1]). Der Vertrag entsprang der Furcht, daß in Frankreich die revolutionären Grundsätze sich erneut durchsetzen könnten; um diese für ganz Europa bedrohliche Gefahr abzuwehren, erneuerte der Vertrag die gegen Frankreich gerichteten Bündnisverträge von Chaumont (1. März 1814) und Wien (25. März 1815). Dieses Bündnissystem verpflichtete die Partner, sich beim Aufflammen revolutionärer Bewegungen in Frankreich wechselseitig zu unterstützen, vor allem die notwendigen Maßnahmen zum Schutz der noch in Frankreich stehenden gemeinsamen Besatzungsarmee zu treffen. Darüber hinaus versprachen die vier Regierungen sich, auch nach dem Ende des Besatzungsregimes in Frankreich regelmäßige Zusammenkünfte der Monarchen selbst oder der Minister zu veranstalten, „um den großen gemeinschaftlichen Interessen zu dienen und zu prüfen, welche Maßregeln der Ruhe und dem Glück der Völker wie der Erhaltung des europäischen Friedens am heilsamsten erachtet werden können".

b) Die Pentarchie

Zu der ersten Zusammenkunft, dem *Aachener Kongreß* (1818), lud der Viermächte-Bund auch Frankreich ein. Der äußere Anlaß dafür war, daß einen der Hauptgegenstände des Kongresses die vorzeitige Räumung Frankreichs von den Besatzungstruppen bildete. Man vereinbarte, die Besatzungszeit von fünf auf drei Jahre abzukürzen und Frankreich bis zum 30. November 1818 zu räumen. Nachdem Frankreich damit aller Diskriminierungen enthoben war, schlug Rußland die Aufnahme Frankreichs in den Vierbund, d. h. dessen Erweiterung zu einem Fünfmächte-Bund, vor. Österreich und England setzten sich jedoch für die Erhaltung der Quadrupel-Allianz ein. So verfiel man auf einen Ausweg. Eine Geheimvereinbarung erhielt die gegen Frankreich gerichtete Quadrupel-Allianz aufrecht; daneben vollzog das *Aachener Protokoll* vom 15. November 1818 die Aufnahme Frankreichs in das „*System des allgemeinen Friedens*". England, Rußland, Österreich, Preußen und Frankreich unterzeichneten dieses Protokoll [2]).

Dieser Vorgang wird rechtlich oft falsch gewertet. Entweder wird er als Beitritt Frankreichs zur „Heiligen Allianz" bezeichnet; aber das Protokoll vom 15. November 1818 hatte es nicht mit der Heiligen Allianz zu tun, wie sich aus der Beteiligung Englands ergibt [3]). Oder es wird behauptet, Frankreich sei mit dem Protokoll der Quadrupelallianz beigetreten; aber diese bestand, wie schon gesagt, in der alten Zusammensetzung und mit der alten Zielsetzung unverändert kraft einer Geheimabrede fort. Das Protokoll stellte neben die Heilige Allianz und die geheime Quadrupelallianz eine neue Fünfmächtegruppe, in der sich die alte Pentarchie, wie sie von 1763 bis 1789 an der Spitze Europas bestanden hatte, erneuerte. Dieser Fünfmächte-Bund bekannte sich zu den Zielen der Heiligen Allianz, nämlich zur Wahrung des status quo im auswärtigen wie im inneren Rechtsbereich der europäischen Mächte. Er wurde, wie die Denkschrift Kapodistrias' es schon von dem Vierbund gesagt hatte [4]), „der Mittelpunkt des allgemeinen Bundes oder des europäischen Systems". Von der Quadrupelallianz aber übernahm der Fünfmächtebund das *Konferenz*- wie das *Interventionsprinzip*. Frankreich erlangte das Recht zur Teilnahme an den allgemeinen europäischen Zusammenkünften, allerdings nicht an den besonderen Reunionen, die die vier Mächte sich insgeheim vorbehielten. Es erlangte ferner das Recht zur Teilnahme an gemeinsamen europäischen Beistandsaktionen und Einmischungen, die der Wahrung des Friedens, der Sicherheit und des Rechts als dienlich galten. So kehrte Frankreich mit dem Aachener Kongreß voll auf seinen alten Platz im Kreis der europäischen Führungsmächte zurück.

---

[1]) Allianzvertrag vom 20. November 1815 (*Mártens*, Nouveau Recueil Bd. 2 S. 734).
[2]) Aachener Protokoll vom 15. November 1818 (ebenda Bd. 4 S. 554).
[3]) Außerdem gehörte Frankreich der Heiligen Allianz schon seit dem November 1815 an (siehe oben S. 689).
[4]) Siehe oben S. 692 Anm. 1.

2. Die europäischen Kongresse und die deutschen Angelegenheiten

Der Deutsche Bund konnte auf den europäischen Kongressen nicht vertreten sein, da er nicht Signatarmacht der verschiedenen Verträge war, die die Grundlage des Kongreßsystems bildeten. Aber er war auf den Kongressen sozusagen virtuell anwesend. Einmal aktiv, weil seine beiden führenden Mächte, Österreich und Preußen, aber auch zahlreiche seiner Gliedstaaten zu den Konferenzteilnehmern zählten. Zum anderen passiv, weil die deutschen Angelegenheiten wiederholt einen wichtigen Verhandlungsgegenstand der Kongresse darstellten. Dem europäischen Allianzsystem gemäß konnten alle Angelegenheiten der europäischen Länder, aus denen eine Bedrohung der Sicherheit, der Ordnung und des Friedens hervorgehen konnte, zum Gegenstand der Beratung und Bechlußfassung auf den Kongressen gemacht werden. Nicht nur französische, spanische oder italienische Probleme, sondern auch deutsche Verfassungsfragen konnten damit ein Kongreßthema bilden. Es konnte sich daraus leicht eine Einmischung der fünf europäischen Großmächte in deutsche Angelegenheiten, auch in Sachen des deutschen Bundes ergeben. Diese indirekte Einbeziehung in das europäische Bündnissystem war ein wesentliches (wenngleich ungeschriebenes) Element der deutschen Bundesverfassung. Vermöge dieses europäischen Zusammenhangs trat der Deutsche Bund in einem gewissen Maß unter die Kontrolle der fünf Mächte. Bald sollte sich erweisen, daß diese europäische Kontrolle über den Deutschen Bund eine höchst aktuelle Bedeutung erlangen konnte[1]).

a) Der Kongreß von Aachen

Der Aachener Kongreß (1818) beschäftigte sich eingehend mit deutschen Streitfragen. Die Kongreßmächte wiesen die Forderungen der Häuser Oldenburg, Homburg und Coburg auf eine günstigere Gebietsentschädigung, als Preußen sie ihnen in Erfüllung der Wiener Kongreßakte (Art. 50) zuzubilligen bereit war, zurück; sie mußten sich mit den Exklaven Birkenfeld, Meisenheim und Lichtenberg zufrieden geben[2]). Die Kongreßmächte fällten im bayerisch-badischen Streit um die Pfalz einen Schiedsspruch zugunsten des badischen Großherzogs[3]). Im Streit um die Unabhängigkeit der Bentinck'schen Herrschaft Kniphausen von Oldenburg setzte der Kongreß Rußland und Preußen zu Vermittlern ein[4]). Besonders wichtig für die deutsche Entwicklung aber wurde der Aachener Kongreß dadurch, daß der Zar die Denkschrift des Grafen *Stourdza* „Über den gegenwärtigen Zustand Deutschlands" an die Kongreßmitglieder verteilen ließ; sie richtete sich gegen die Universitäts- und Pressefreiheit und die von beiden geförderten „demagogischen" Bewegungen; über die unheilvollen Wirkungen dieses Berichts wird noch zu sprechen sein[5]).

---

[1]) Zum Folgenden siehe die Hauptresultate der Kongresse von Aachen, Laibach und Verona: CJCG Bd. 1 S. 329 ff.

[2]) Siehe oben S. 582.

[3]) Siehe oben S. 580.

[4]) Siehe unten S. 773.

[5]) *Alexander Graf Stourdza* (1791–1854), russ. Staatsrat; seine Schrift „Mémoire sur l'état actuel de l'Allemagne" erschien in deutscher Übersetzung in den „Politischen Annalen" (1819). Dazu auch unten S. 726.

Heilige Allianz und europäische Kongresse

b) Die Kongresse von Troppau, Laibach und Verona

Die Kongresse von Troppau (1820), Laibach (1821) und Verona (1822) dienten in geringerem Maß der Erörterung deutscher Fragen. Denn die deutschen Störungsherde waren durch die Maßnahmen der Karlsbader Konferenzen beruhigt worden; dafür hatten die späteren Kongresse es mit den bedrohlicheren Ereignissen der spanischen, der italienischen, der griechischen und der südamerikanischen Revolutionen zu tun. Als Sprecher der Heiligen Allianz stellten Rußland, Österreich und Preußen in dem Troppauer Protokoll vom 19. November 1820 fest:

„Die Staaten, welche eine durch Aufruhr bewirkte Regierungsveränderung erlitten haben, deren Folgen für andere Staaten bedrohlich sind, hören dadurch von selbst auf, an der europäischen Allianz teilzuhaben, und bleiben davon ausgeschlossen, bis ihre Lage Bürgschaften gesetzlicher Ordnung und Beständigkeit bietet."

Zugleich verpflichteten die drei Mächte sich, derartige revolutionäre Veränderungen nicht anzuerkennen, sondern gegen sie vorzugehen, zunächst mit diplomatischen Vorstellungen, notfalls aber mit Waffengewalt, um den in Aufruhr befindlichen Staat „in den Schoß der großen Allianz" zurückzuführen [1]). Dieser allgemeine *Grundsatz der Intervention* galt nach der Ansicht seiner Urheber naturgemäß auch und gerade gegenüber den Staaten des Deutschen Bundes; insofern bestimmten auch diese späteren Kongresse die in Deutschland seit 1819 vorherrschende restaurativ-legitimistische Politik mit.

England allerdings lehnte es ab, sich grundsätzlich auf eine solche Interventionspolitik festzulegen; nur von Fall zu Fall könne man sich über die erforderlichen Maßnahmen verständigen. Trotz aller Versuche, die Einigkeit zu bewahren, war seit dem Troppauer Kongreß die Spaltung der Allianz in gefährliche Nähe gerückt. Nach den Kongressen von Laibach und Verona kam es dann über der griechischen und der südamerikanischen Frage zum offenen Bruch, indem außer England auch Rußland und Frankreich sich von der Allianz abkehrten. Nur Österreich und Preußen bekannten sich weiter zu den Grundsätzen der Allianz [2]). Je weniger diese sich in der Weltpolitik und in der europäischen Ordnung noch behaupten ließen, desto zäher verteidigte Metternich, von Preußen unterstützt, im Rahmen der deutschen Bundesverhältnisse auch diesen Teil seines „Systems" [3]).

---

[1]) Vgl. *Webster*, The Foreign Policy of Castlereagh 1815–22 S. 294 ff.; *Treitschke*, Dt. Geschichte Bd. 3 S. 162. Ferner *Metternichs* Entwurf „Grundsätze für die Interventionspolitik" vom 6. November 1820 (Nachgelassene Papiere, Bd. 3 S. 391), sowie die gemeinsame Zirkulardepesche der Höfe von Österreich, Rußland und Preußen an ihre Gesandten und Geschäftsträger bei den deutschen und nordischen Regierungen vom 8. Dezember 1820 (ebenda S. 391 ff.; *Martens*, Nouveau Recueil Bd. 5 S. 592 ff.), die eine für die Öffentlichkeit bestimmte Zusammenfassung der in Troppau beschlossenen Politik enthält. Zu dieser vgl. auch *Gentz'* Notiz „Bemerkungen über das Interventionsrecht" vom März 1831 (Schriften, hg. von Schlesier, Bd. 5, 1840, S. 181 ff.).

[2]) Über Laibach und Verona siehe *Treitschke*, aaO S. 173 ff., 254 ff. Die Ergebnisse des Kongresses von Verona sind zusammengestellt in der von *Gentz* verfaßten Zirkulardepesche der Höfe von Rußland, Österreich und Preußen an ihre Gesandtschaften vom 14. Dezember 1822 (aaO S. 281). Sie enthält die an die deutschen Regierungen gerichtete scharfe Mahnung, die Staatsgewalt als ein der Obrigkeit anvertrautes heiliges Pfand zu wahren. Text der Zirkulardepesche vom 14. Dezember 1822: Protokolle der Bundesversammlung 1823, 1. Sitz. vom 6. Februar 1823, § 2 (dt. Übersetzung: *Metternich*, Nachgelassene Papiere Bd. 3 S. 578 ff.).

[3]) Über den aus dem Veroneser Manifest hervorgegangenen Konflikt mit Württemberg siehe unten S. 757 f.

Kapitel IX

/

DER DEUTSCHE BUND
UND DIE DEUTSCHE NATIONALBEWEGUNG

§ 40. Turnerschaft und Burschenschaft

Schrifttum: *F. L. Jahn,* Über die Beförderung des Patriotismus im deutschen Reiche (1800; pseudonym); *ders.,* Deutsches Volkstum (1810; 2. Aufl. 1817); *ders.,* Die deutsche Turnkunst (zus. mit *E. Eiselen,* 1816); *H. Pröhle,* Jahns Leben (2. Aufl. 1872); *C. Euler,* F. L. Jahn (1881); *P. Piechowski,* Jahn (1928); *E. Neuendorff,* Turnvater Jahn (1928); *F. Eckardt,* F. L. Jahn (2. Aufl. 1931); *M. Antonowytsch,* F. L. Jahn (Diss. Berlin 1933); *B. Theune,* Volk und Nation bei Jahn, Rotteck, Welcker und Dahlmann (Diss. Marburg 1937).
F. Passow, Turnziel, Turnfreunden und Turnfeinden (1818); *K. A. Menzel,* Über die Undeutschheit des neuen Deutschtums (1818); *H. Steffens,* Über Deutschlands protestantische Universitäten (1820); *K. M. E. Fabritius,* Über den herrschenden Unfug auf deutschen Universitäten (1822); *W. Rudkowski,* Die Breslauer Turnfehde (Z. d. Ver. f. Gesch. Schlesiens Bd. 45, 1911, S. 1 ff.); *ders.,* Fr. Passow in der Demagogenverfolgung (ebenda Bd. 47, 1913, S. 301 ff.).
F. C. Laukhardt, Der Mosellaner- oder Amicistenorden (1799); *E. M. Arndt,* Über den deutschen Studentenstaat (1815); *K. Follen,* Beiträge zur Geschichte der deutschen Samtschulen seit dem Freiheitskrieg 1813 (1818); *J. L. Haupt,* Landsmannschaften und Burschenschaft (1820); *R. Wesselhöft,* Teutsche Jugend in weiland Burschenschaften und Turngemeinden (1818); Geschichte der geheimen Verbindungen der neuesten Zeit (1831—34); *Tyrtäus,* Der Geheime Bund der Schwarzen Brüder (1834); *L. F. Ilse,* Geschichte der politischen Untersuchungen (1860); *Fr. Meinecke,* Die deutschen Gesellschaften und der Hoffmannsche Bund (1891); *ders.,* Zur Geschichte des Hoffmannschen Bundes (Qu. und Darst. z. Gesch. der Burschenschaft, Bd. 1, 1910); *W. Fabricius,* Die Studentenorden des 18. Jahrh. und ihr Verhältnis zu den gleichzeitigen Landsmannschaften (1891); *E. Dietz,* Die deutsche Burschenschaft in Heidelberg (1895); *P. Stettiner,* Der Tugendbund (1904); *J. v. Gruner,* Justus Gruner und der Hoffmannsche Bund (FBPG Bd. 19, 1906, S. 485 ff.); *G. Schuster,* Die geheimen Gesellschaften (1902–06); *H. Haupt,* Karl Follen und die Gießener Schwarzen (1907); *Fr. Schulze-P.* Szymank, Deutsches Studententum von den ältesten Zeiten bis zur Gegenwart (1910); *R. Pregizer,* Die politischen Ideen des Karl Follen (1912); *Hodann-Koch,* Die Urburschenschaft als Jugendbewegung (1917); *P. Wentzcke-G. Heer,* Geschichte der Deutschen Burschenschaft (1919/27/29/39); *M. Doblinger,* Der burschenschaftliche Gedanke auf Österreichs Hochschulen vor 1859 (Qu. u. Darst. z. Gesch. der Burschenschaft Bd. 8, 1925, S. 31 ff.); *E. Zechlin,* Schwarz-Rot-Gold und Schwarz-Weiß-Rot in Geschichte und Gegenwart (1926); *P. Wentzcke,* Die deutschen Farben (1927); *G. v. Pölnitz,* Die deutsche Einheits- und Freiheitsbewegung in der Münchner Studentenschaft 1826 bis 1850 (1930); *O. Götze,* Die Jenaer akademischen Logen und Studentenorden (1932); *C. Brinkmann,* Der Nationalismus und die deutschen Universitäten im Zeitalter der deutschen Erhebung (1932); *Bünsow-Heer,* Die alte Göttinger Burschenschaft 1815—34 (Qu. u. Darst. Bd. 13, 1932, S. 209 ff.); *K. Schulze-Westen,* Das Vermächtnis der Urburschenschaft (3. Aufl. 1952).
J. Wit, Fragmente aus meinem Leben und meiner Zeit (1827/30); *E. Münch,* Erinnerungen, Lebensbilder und Studien (1836/38); *K. Hagen,* Über die öffentliche Meinung

in Deutschland von den Freiheitskriegen bis zu den Karlsbader Beschlüssen (Hist. Taschenbuch, hg. v. Fr. v. Raumer, NF Jg. 7, 1846, S. 599 ff.); *H. Luden*, Rückblicke in mein Leben (1847); *E. L. T. Henke*, Jakob Friedrich Fries (1867); *F. Münch*, Erinnerungen aus Deutschlands trübster Zeit (1873; Neudruck u. d. T. Das Leben von Dr. Karl Follen, 1902); *H. Leo*, Aus meiner Jugendzeit (1880); *K. Biedermann*, 1815 bis 1840. Fünfundzwanzig Jahre deutscher Geschichte (1889/90); *H. Ulmann*, Die Anklage des Jakobinismus in Preußen 1815 (HZ Bd. 95, 1905, S. 435 ff.); *O. Tschirch*, Hendrik Steffens' politischer Entwicklungsgang (Festschrift für Gustav Schmoller, 1908, S. 253 ff.); *W. Kraemer*, Die politische Wirksamkeit K. Th. Welckers 1813–19 (Diss. Freiburg 1909); *K. Wild*, Welcker (1913); *P. Wentzcke*, Justus Gruner (1913); *H. Ehrentreich*, H. Luden und sein Einfluß auf die Burschenschaft (Qu. u. Darst. z. Gesch. d. Burschenschaft Bd. 4, 1913, S. 48 ff.); *K. H. Schäfer*, Ernst Moritz Arndt als politischer Publizist (1974).

1. Der deutsche Radikalismus nach 1815

1. Nationalismus und Radikalismus

Die deutsche Nationalbewegung, die den Kampf gegen die Fremdherrschaft zugleich als einen Kampf um nationalstaatliche Einheit und staatsbürgerliche Freiheit geführt hatte, fühlte sich durch die Errichtung eines bloßen Staatenbundes um alle Hoffnungen und Forderungen betrogen. Das galt vor allem von der jungen Generation, die sich zu einem aktiven und in ihren extremen Gruppen zu einem *revolutionären Nationalismus* bekannte, wie er in allen europäischen Völkern seit der französischen Revolution aufgeflammt war. In kleinen, aber bewegten und tätigen Gruppen sammelte sich in Deutschland der Widerstand gegen den Staatenbund, den man als Verkörperung der Restauration, des Partikularismus, des Bürokratismus, des dynastischen Legitimismus und der Despotie empfand. Das überlieferte deutsche Staatswesen in seiner dynastisch-legitimistischen Ordnung besaß für die aus den Freiheitskriegen zurückkehrende Jugend keine Autorität und Legitimität. Nur der Anspruch der Nation auf ein in Einheit und Freiheit zu formendes politisches Dasein hatte für das junge Deutschland die sittliche Rechtfertigung, in der Ordnung und Recht gegründet sein müssen. Die radikalen Gruppen waren, teils in dunkelverworrenem Drang, teils in hellem Bewußtsein, entschlossen, den überlieferten Staat zu stürzen, wenn er sich der Aufgabe, den deutschen Nationalstaat zu bilden und in ihm aufzugehen, entzog.

Der jungen Generation von 1815 hat man damals und später vorgeworfen, sie habe zu romantischen Träumen, zu phantastischen Verirrungen, zu dumpfen Ausschreitungen des Denkens und Handelns geneigt; sie sei weltfremd, wirklichkeitsblind und unfähig zum Umgang mit den praktischen Mitteln politischer Gestaltung gewesen. Vor allem *Treitschke*, obwohl in vielen seiner Ideen ein echter Nachfahr dieses frühen deutschen Nationalismus, hat ein halbes Jahrhundert später mit Sarkasmus über die politische Sturm- und Drangzeit Deutschlands geurteilt. Daß der Radikalismus gefährliche Züge in das politische Leben Deutschlands brachte, ist offenbar. Im ungebändigten Überschwang der jungen Generation entstand die Bereitschaft, für die Sache der Nation, die sie als ihre eigene Sache ansah, bis zum Äußersten einzutreten. In anderthalb Jahrhunderten schwerer Erfahrungen hat sich gezeigt, welche Verhängnisse dieser Extremismus in allen zum Nationalstaatsbewußtsein gekommenen Völkern in sich barg. Doch war der große umstürzende Übergang vom Untertanenstaat zum Bürgerstaat ohne die Bereitschaft der Einzelnen zum äußersten Einsatz und zum äußersten Opfer nicht denkbar. So sehr die radikale Nationalbewegung Deutschlands sich in ihren Ideen, Zielen und Formen von dem revolutionären Jakobinismus Frankreichs unterschied, so sehr war sie in ihrem Grundantrieb doch nicht anders als die französische Revolution von dem Bewußtsein bestimmt, daß es gelte, sich für das als wahr und notwendig Erkannte in freier Tat, in Selbstverantwortung und auf das höchste Wagnis hin einzusetzen.

Radikal war dieser junge Nationalismus auch darin, daß er sich weit unbefangener als die ihm vorausgegangene Reformbewegung den *liberalen und demokratischen Ideen Westeuropas* öffnete. In Deutschland hatten die Ideen von 1789 schon im Anfang stark auf das politische Bewußtsein der Nation gewirkt. Aber der Terror, die unverhüllte Gewaltsamkeit, der aggressive und militante Imperialismus Frankreichs hatten die Ideen von 1789 kompromittiert. Jetzt, nach dem Sturz des Bonapartismus, in dem die Revolution geendet hatte, besann man sich auch in Deutschland auf das zurück, was man für die reinen Ideen von 1789 hielt. Allerdings fand sich in der nun hervortretenden jungen Generation viel Schwärmerei für christlich-altdeutsches Wesen, für ständische Erneuerung und für romantisch-organschaftlichen Gesellschafts- und Staatsaufbau, und dieser deutsche Hang zur Politik aus dem Gemüt war mit dem entschiedenen Rationalismus der revolutionären Ideen Frankreichs schwer in Einklang zu bringen. Doch hatten sich auch in der französischen Revolution mit der radikalen Aufklärung des Staatsdenkens starke irrationale Momente ununterscheidbar gemischt. Die Rousseau'sche volonté générale, die jeder echten Rationalität bare Idee einer Vernunftreligion, nicht zuletzt das aller rationalen Kontrolle entzogene Sendungsbewußtsein der Nation gaben der französischen Revolution einen irrationalen Enthusiasmus, der nichts mehr mit dem kühlen Verfassungs- und Staatsdenken der Zeit der Aufklärung gemein hatte. Die deutsche Neigung zu politischem Mystizismus fand gerade in diesen Grundlehren der französischen Revolution starke Anregungen. Der deutsche Nationalismus nach 1815 schloß sich bewußt oder weit öfter noch unbewußt im Eifer des Widerstands gegen den wiederhergestellten obrigkeitlichen Partikularstaat und den restaurativen Tendenzen hingegebenen Deutschen Bund immer stärker dem westlichen Enthusiasmus für individuelle Freiheit, für Gleichheit und für Brüderlichkeit an. Das Polizeisystem des monarchisch-autoritären Wohlfahrtsstaats schien der nationaldeutschen Bewegung nur dazu bestimmt, dem Volk das angestammte Recht auf Einheit und Freiheit vorzuenthalten. Daher bekannte sie selbst sich zu dem Ziel, die noch in feudalen Traditionen gebundene Gesellschaft durch eine bürgerlich-freiheitliche Sozialordnung zu überwinden, den Einzelnen ökonomisch und politisch, aber auch konfessionell und geistig aus den Fesseln des bevormundenden Staates zu lösen und allen Bürgern den ihnen nach vernunft- und naturgebotenen Urrechten zukommenden Anteil an der Bildung des Staatswillens und der Ausübung der Staatsgewalt zu erkämpfen. Wie in Frankreich die nationale Idee sich in selbstverständlicher Identität mit den liberalen und demokratischen Prinzipien entwickelt hatte, so nahm nach 1815 auch der deutsche Nationalismus das liberal-demokratische Element in sich auf. Vor allem im Südwesten glaubte man, es sei auch in Deutschland möglich und notwendig, den demokratisch-liberalen Individualismus mit der demokratisch-nationalen Idee der *république une et indivisible* zu verbinden. Es galt im jungen Deutschland als ein politisches Axiom, die Einheit der Nation könne nur gewonnen werden, wenn sie sich auf die Freiheit aller Einzelnen gründe; umgekehrt sei aber diese Freiheit der Einzelnen nur gesichert, wenn sie ihren Hüter in einem starken, in sich geeinten Nationalstaat finde. Die auf dem überlieferten dynastisch-autoritären Prinzip beruhende deutsche Vielstaaterei erschien als eine makabre Verbindung von Despotismus und Anarchie. Nur in einem großen, in allgemeinen Wahlen sich manifestierenden Nationalstaat mit einer legislativen Nationalrepräsentation sah man zusammen mit der Einheit auch die Freiheit verkörpert.

Nach ihren ursprünglichen Verfassungsidealen würden die Radikalen sich überwiegend mit einem deutschen Bundesstaat abgefunden haben, wenn die Nationaleinheit dabei in einem machtvollen Kaisertum zusammen mit einer gewählten Volksvertretung ihre Doppel-Repräsentation erhalten hätte. Je offener jedoch die einzelstaatlichen Dynastien sich dieser bundesstaatlichen Lösung widersetzten, desto stärker wuchs bei den Radikalen der Entschluß, das monarchische System Deutschlands revolutionär auszutilgen und der Nation die Form einer unitarischen Republik zu geben. Gewiß dachte man zunächst noch daran, dem gewählten Staatsoberhaupt der Republik die Würde des Kaisers zu übertragen. So wurde während der Freiheitskriege der Staatsrechtslehrer Nikolaus Vogt in Frankfurt von jungen Offizieren gefragt, ob es nach den Reichsgesetzen möglich sei, den Freiherrn vom Stein zum deutschen Kaiser zu wählen[1]. In solchen Bahnen etwa hätte sich der Übergang zur deutschen Republik vollziehen sollen. Als von 1819 ab die konservativen Angriffe gegen die nationale Verfassungsbewegung immer schärfer wurden, verstärkte sich im deutschen Radikalismus entsprechend die republikanische Idee. Sie löste sich nun von der Kaisertradition und orientierte sich statt dessen an dem Modell des republikanischen Präsidentschaftsstaats. In der Idee der deutschen Republik stimmten die Verfechter der südwestdeutschen liberal-demokratischen Staatstheorie mit den politischen Geheimgesellschaften überein. Vor allem die politische Emigration, die sich in der Schweiz, im Elsaß, in Paris sammelte, bekannte sich zur deutschen Republik und sagte damit dem deutschen Föderalismus wie dem dynastischen Legitimismus den Kampf an.

Unter den geistigen Wegbereitern des deutschen Freiheitskampfes bestimmten in dieser Zeit, da Kleist und Fichte nicht mehr zu den Lebenden zählten, die Sterne sekundären Ranges, wie Arndt, Görres und Steffens, die Bahn der Jugend. *Ernst Moritz Arndt* (1769-1860), der als Helfer Steins bis zuletzt für die deutsche Einheit geworben hatte, sah sich 1818, wenngleich schon durch die beginnende Reaktion bedroht, doch mit der Berufung auf einen Lehrstuhl für Geschichte an der neugegrün-

---

[1] *Pertz*, Stein Bd. 3 S. 479 f.

deten Universität Bonn belohnt. Mehr noch als sein berühmtes Werk „Geist der Zeit"
sprach der unbändige Patriotismus seiner Flugschriften die studentische Jugend an; nun
fand sie in ihm den akademischen Lehrer, der ihrem Nationalgefühl Ausdruck verlieh.
Kaum minder stark wirkte in den Jahren der Kriege und nach ihrem Ende *Josef Görres*
(1776–1848) mit seinem „Rheinischen Merkur", der „fünften Großmacht im Kampf gegen Napoleon", auf den Vaterlandssinn der Jugend ein; die Kampfrufe gegen den Deutschen Bund und Metternich wurden großenteils zuerst in Görres' Blatt laut. In Breslau
bestärkte der Naturphilosoph *Hendrik Steffens* (1773–1845), der 1813 die Studenten zum
Freiheitskampf aufgerufen und der selbst als Freiwilliger am Krieg teilgenommen hatte,
auch nach dessen Ende die Jugend in den gewonnenen Überzeugungen[1]). In diesem
Freund der Romantiker, dem vertrauten Besucher Schillers und Goethes, trat die innere
Vielfalt der deutschen Nationalidee, die von humanitär-weltbürgerlicher Kulturgesin-
nung und politisch-realistischem Aktivismus zugleich erfüllt war, noch einmal leuch-
tend hervor. In Heidelberg, dann in Jena setzte der Philosoph *Jakob Friedrich Fries*
(1773–1843), der Schüler Kants und Widersacher Fichtes und Hegels, sich für die vater-
ländische Sache ein. Neben ihm übten der Historiker *Heinrich Luden* (1780–1847), Herausgeber der Zeitschrift „Nemesis", und der Naturphilosoph *Lorenz Oken* (1779–1851),
Herausgeber der Zeitschrift „Isis", beide in Jena, den stärksten politischen Einfluß auf
die studentische Jugend aus.

2. Die Bünde der radikalen Bewegung

Die Träger der radikalen Idee waren nicht bereit, auf die Einsicht, die Entschlußkraft und die Taten der Regierenden zu vertrauen; sie waren vielmehr
gewillt, die notwendigen Wandlungen durch eigenes Handeln zu bewirken.
Die politische Aktion galt ihnen nicht mehr als selbstverständliches Allein-
recht der in Herrschaft und Amt Stehenden, sondern als Sache des Volkes
selbst. Um aber das Volk handlungsfähig zu machen, bedurfte es freigebildeter
politischer Vereinigungen, in denen Gleichgesinnte sich aus eigenem Antrieb
und in Selbstverantwortung zum stellvertretenden Handeln für das Volk verbanden. Freigebildete politische Vereinigungen waren die Voraussetzung des
bürgerlichen Verfassungsstaats, den die Radikalen erstrebten.

Die beiden bedeutenden politischen Gruppen, die sich in Preußen während
der Stein-Hardenberg'schen Ära gegenüberstanden, die „Reformpartei" und
die „Restaurationspartei", können nur mit Vorbehalt als *Anfänge des deutschen Parteiwesens* bezeichnet werden[2]). Denn beide Gruppen umfaßten ganz
überwiegend Männer in führender staatlicher Stellung; sie waren keine organisierten Bewegungen aus der Breite des Volkes selbst. Sie waren, genau genommen „Faktionen" innerhalb der staatlichen Führungsschicht, aber keine
„Parteien", deren Wesen durch die freie Wirksamkeit im Raum der Gesellschaft bestimmt wird. Hingegen bestand die tiefe Wandlung, die sich unter
dem Eindruck der französischen Revolution auch in Deutschland vollzog, in
dem Aufkommen freier politischer Vereinigungen[3]). Sie bildeten sich zunächst
in der Form von *Geheimbünden*, die ein notwendiges Hilfsmittel bei der Vor-

---

[1]) Über Steffens' Abkehr vom Radikalismus aus Anlaß des Breslauer Turnstreits siehe unten S. 705.   [2]) Siehe oben S. 125 ff.
[3]) Über die Entstehung der Parteien im deutschen Frühkonstitutionalismus siehe Bd.
II S. 317 ff.

bereitung des Kampfes gegen die Fremdherrschaft waren [1]), deren Wirksamkeit sich aber unvermeidbar auch den Fragen der inneren Staatsgestaltung zuwenden mußte, da die äußere Befreiung und die innere Erneuerung untrennbar verbunden waren. Nach dem Sieg im äußeren Befreiungskampf traten an die Stelle dieser Geheimgesellschaften vorübergehend eine Reihe von *öffentlichen Verbindungen,* die sich um die Selbstorganisation der politisch aktiven Kräfte des Volkes bemühten. Die Furcht der Regierungen vor diesen Organisationsformen der „Revolution" brachte das öffentliche Vereinswesen bald zum Erliegen. Erneut kamen die *politischen Geheimverbindungen* auf, die entweder als echte Geheimbünde im Verborgenen arbeiteten oder aber unter mannigfachen Tarnungen als Lesegesellschaften, wissenschaftliche oder gesellschaftliche Vereinigungen ein prekäres Dasein fristeten. Das deutsche Parteiwesen war zwischen 1819 und 1840 eine Erscheinung des politischen Untergrunds. Aber dieser Mangel der Publizität und der Legalität machte es verfassungsgeschichtlich nicht weniger bedeutsam und nicht weniger interessant.

Die in einer unübersehbaren Vielzahl aufkommenden, oft schnell wieder verschwindenden, häufig nur lokalen oder regionalen politischen Verbindungen dieser Frühzeit als „Parteien" im modernen Sinn zu bezeichnen, verbietet sich von selbst. Es fehlte ihnen die feste und dauernde Organisation, die bestimmte Programmatik, der Propagandaapparat, die Führung und Disziplin. Aber als *Vorformen* des deutschen Parteiwesens sind diese politischen Bünde und Gesellschaften der Zeit zwischen Tilsit und dem beginnenden Vormärz von höchster Bedeutung. Wissenschaftliche und literarische Gesellschaften, Freimaurerlogen und die politischen Klubs der französischen Revolution waren die organisatorischen Modelle, an denen man sich orientierte. Die schnelle Fluktuation, die in diesem Vereinswesen stattfand, macht es schwer, es in seiner Wirksamkeit und Nachhaltigkeit zu erfassen. Noch mehr aber steht der zuverlässigen Bestimmung der Sachverhalte der Umstand im Weg, daß in der bald einsetzenden Epoche der Verfolgung die Denunzianten und die Untersuchungsbehörden geneigt waren, in ihren Berichten die Gefährlichkeit des Vereinigungswesens zu übertreiben, während umgekehrt die Mitglieder der Vereinigungen wie die der Mitgliedschaft Verdächtigen in der Regel alles daran setzten, die Ziele und die Wirksamkeit der Bünde zu bagatellisieren oder ihre Zugehörigkeit abzuleugnen. Auch die Geschichtsschreibung hat sich lange bemüht, das politische Vereinswesen der konstitutionellen Frühzeit ins Harmlose und Biedermeierische zu ziehen. Aber wenngleich Stil und Geschmack, Empfindungen und Ausdrucksformen dieser gärenden Zeit uns Heutigen fremd und zuweilen peinlich geworden sind, tut es not, sich die ernsten und auch die dunklen Seiten dieser ferngerückten Epoche eines politischen Aufbruchs zu vergegenwärtigen.

---

[1]) Kein Geringerer als *Hardenberg* hob schon in der Rigaer Denkschrift von 1807 hervor, daß in einer Zeit, wie der nun anhebenden, *Geheimbünde* unentbehrlich seien: „Ein solcher Bund, *ähnlich dem der Jakobiner,* nur nicht im Zweck und in der Anwendung verbrecherischer Mittel ... könnte die größte Wirkung hervorbringen und wäre für dieses (sc. Preußen) die mächtigste Allianz" (vgl. *Winter, Reorganisation* Bd. 1 S. 306). Auch als Staatskanzler stand Hardenberg mit den verschiedenen Geheimverbindungen in unleugbarem Zusammenhang (siehe unten S. 703).

a) Der Tugendbund

Unter der Vielzahl der flüchtigen Vereinigungen dieser Zeit war der *Tugendbund* die bekannteste und wichtigste. Der im April 1808 in Königsberg von jungen Akademikern, Beamten und Offizieren, Adligen und Literaten gegründete „sittlich-wissenschaftliche Verein" erlangte die königliche Genehmigung seiner Satzungen, nach denen sein Ziel die Belebung von Sittlichkeit, Religiosität und Gemeingeist war. Unter dem dehnbaren Begriff *Gemeingeist* verbarg sich das Bekenntnis zu aktivem staatsbürglichem Verantwortungssinn und zur Opferbereitschaft für das Ganze, aber auch der Anspruch auf staatsbürgerliche Teilnahme an der Staatsgestaltung. Schnell dehnte der Verein sich auf die übrigen dem preußischen Staat verbliebenen Provinzen, aber auch auf die dem „Königreich Westfalen" einverleibten Gebiete aus. Daß seine Mitgliederzahl beschränkt blieb (nach einer vagen Schätzung auf etwa 700 Personen), sagt nichts gegen die Bedeutung des Bundes, für den es vornehmlich darauf ankam, ein Netz von Gesinnungsverwandten und zuverlässigen Vertrauensmännern über ganz Norddeutschland zu spannen. Seine Wirkungskraft ging, obwohl er sich bald nur noch im Verborgenen entfalten konnte, weit über den eigentlichen Mitgliederkreis hinaus. Daher ist es auch unerheblich, daß, wie oft wiederholt wird, *Stein, Scharnhorst* und andere führende Staatsmänner der Reformpartei nicht „Mitglieder" des Tugendbundes gewesen sind. Auf förmliche „Mitgliedschaft" wie auf die „Mitgliederzahl" kommt es in einem solchen Verbindungssystem nicht an. Entscheidend ist, daß die Führer des Bundes Zugang gerade zu Stein und Scharnhorst besaßen. Beide wurden über die Ziele des Bundes unterrichtet[1]); sie bestärkten die Führer des Bundes in ihren Absichten; sie setzten die Mitglieder des Bundes für ihre eigenen Aktionen ein; Scharnhorst griff auf sie bei verschiedenen Gelegenheiten auch für geheime militärische Aufgaben zurück[2]). Zwar löste der König den Tugendbund schon am 31. Dezember 1809 durch Kabinettsordre wieder auf, wobei dahinsteht, ob die Furcht vor dem „Jakobinismus", dessen man den Bund schon damals verdächtigte, oder ob die Rücksicht auf Napoleon, bei dem der Bund dauernd wegen seiner insurrektionellen und kriegstreiberischen Tätigkeit denunziert wurde, diesen Entschluß bestimmte. Aber auch nach der formellen Auflösung bestand der Tugendbund, wenn nicht als feste Organisation, so doch als Gesinnungsgemeinschaft und Stützpunktsystem fort; er wirkte in den folgenden Jahren als Netz von Querverbindungen unter einer Vielzahl von gleichgerichteten kleinen örtlichen Gruppen. Unter ihnen war die bedeutendste die Gruppe der *Charlottenburger*, zu der die Gneisenau, Schleiermacher, Justus Gruner und Johann Albrecht Eichhorn gehörten[3]). Die radikalste Gruppe war der *Deutsche Bund*, den Jahn 1810, durch Fichtes Berliner Vorlesungen bewegt, mit anderen Anhängern des Philosophen gründete; er zählte zwar nur etwa 50 Mitglieder, war aber als Ausgangszelle späterer weitreichender Verbin-

---

[1]) Siehe Schreiben der Vertreter des Tugendbundes an Stein vom 2. Mai 1808 (*Stein*, Briefe u. Amtl. Schr. Bd. II 2 S. 724 f.); Überreichung der Satzungen an Stein am 18. Juni 1808 (ebenda S. 759 f.); Kabinetts-Ordre über die Genehmigung vom 30. Juni 1808 (ebenda S. 771); Bericht des Tugendbundes über Waffenübungen an Stein vom 2. November 1808 (ebenda S. 916); Bericht Steins an Gentz über den Zusammenhang des Tugendbundes mit „insurrektionellen Verbindungen" in Norddeutschland vom 29. Juli 1809 (ebenda Bd. III S. 161); skeptische Erwiderung von Gentz am 27. August 1809 (ebenda S. 175). Die wiederholte heftige Verwahrung Steins gegen die „Verleumdung", daß er Mitglied des Tugendbundes sei oder an dessen Spitze stehe, beweist nichts gegen den engen Kontakt, den er mit dem Bund unterhielt, und nichts gegen die Hoffnungen, die er wenigstens zeitweise auf ihn setzte. Scharnhorsts Verbindungen sind durch die Tatsache, daß Grolman und Boyen Mitglieder des Bundes waren, zur Genüge dargetan.
[2]) Offensichtlich verharmlosend die Aufzeichnung Scharnhorsts (von 1811?) über seine Beziehungen zum Tugendbund (bei *M. Lehmann*, Scharnhorst Bd. 2 S. 656 f.).
[3]) Über *Gruner* und *Eichhorn* siehe oben S. 130 f.

dungen von großer Bedeutung. Zahlreiche ähnliche Geheimbünde entstanden in der Zeit der Fremdherrschaft besonders im Bereich des Königreichs Westfalen, des Großherzogtums Frankfurt und des Herzogtums Nassau. Sie waren zum Teil in die Erhebung des Herzogs von Braunschweig oder in den Dörnberg'schen Aufstand verwickelt, erhielten sich aber in kleinen Zirkeln trotz der Überwachung durch die französische Polizei. In ihrem Gesamtzusammenhang bildete diese Untergrundbewegung eine Gefahr nicht nur für die napoleonische Herrschaft in Deutschland, deren Sturz ihr vornehmstes Ziel war, sondern auch für die deutschen Regierungen, mit denen sie zwar, soweit es Österreich und Preußen anging, im gemeinsamen Widerstand gegen die Fremdherrschaft verbunden, von denen sie aber durch den radikalen Sinn, in dem sie für Einheit und Freiheit eintrat, von Grund auf geschieden war.

b) Die Deutschen Gesellschaften und der Hoffmann'sche Bund

Nach dem Sturz des napoleonischen Systems in Deutschland suchte das politische Vereinswesen aus dem Dunkel der Geheimverbindungen in die öffentliche und legale Wirksamkeit überzutreten. *Arndt* entwickelte schon 1814 mit dem Plan der *Deutschen Gesellschaften* ein Modell für vaterländisch-freiheitliche Vereine, die den Gemeingeist pflegen, ihn ebenso aber auch verkörpern sollten [1]. Solche „Deutschen Gesellschaften" entstanden ohne Arndts unmittelbares Zutun, aber seinem Vorschlag gemäß in den befreiten Städten des Mittelrhein-Main-Neckar-Gebiets in nicht geringer Zahl. Doch sahen sie sich, nachdem sie in Einzelfällen zunächst die behördliche Zulassung erlangt hatten, bald durch Regierungsverbote zur Auflösung gezwungen. In dem Entwurf einer landesherrlichen Entscheidung äußerte der nassauische Regierungspräsident *Ibell* [2]) sich über die „Deutschen Gesellschaften" so:
„Es ist eine ebenso unvernünftige als gesetzwidrige Idee, wenn Privatpersonen glauben mögen, berufen oder ermächtigt zu sein, einzeln oder auch in Verbindung mit andern selbständig oder unmittelbar so jetzt als künftig zu den großen Nationalangelegenheiten Deutschlands mitzuwirken" [3].
Die aktiven Träger der vaterländisch-freiheitlichen Bewegung sahen sich durch dieses Verdikt der Regierungen erneut auf den Weg der Geheimverbindungen gedrängt. Unter Führung des gräflich Solms'schen Justizrats *Karl Hoffmann* (aus Rödelheim bei Frankfurt) entstand 1814 der *Hoffmann'sche Bund*, dem unter anderen die Brüder Ludwig und Wilhelm Snell, sowie die Brüder Karl Theodor und Gottlieb Welcker angehörten. In engem Einvernehmen mit *Justus Gruner*, dem damaligen Generalgouverneur des Großherzogtums Berg, der seinerseits Hardenbergs Billigung einholte, setzte sich der im Gebiet zwischen Gießen, Heidelberg und Mainz weitverzweigte Hoffmann'sche Bund zunächst entschieden für die nationalstaatliche Einigung Deutschlands unter preußischer Führung ein [4]. Nachdem Preußen auf dem Wiener Kongreß dieser ihm zugedachten Rolle hatte entsagen müssen, gewannen im Hoffmann'schen Bund die westlichen Ideen einer freiheitlich-demokratischen Repu-

---

[1] *E. M. Arndt*, Entwurf einer teutschen Gesellschaft (1814). Der Gedanke wurde Arndt offenbar von *Christian Gottfried Körner* (damals Rat beim Generalgouvernement Sachsen) eingegeben (vgl. *Meinecke*, Die deutschen Gesellschaften S. 8). Über Körner siehe oben S. 509 Anm. 4.
[2] Über *Karl Ibell* und das 1819 auf ihn verübte Attentat des Apothekers Löning siehe unten S. 730.
[3] *Meinecke*, Die deutschen Gesellschaften S. 30.
[4] Ebenda S. 49; ferner *J. v. Gruner*, Justus Gruner und der Hoffmannsche Bund (FBPG Bd. 19, 1906, S. 485 ff.). Zu den gemeinsamen Plänen gehörte vor allem der einer „Deutschen Freischar", den *Wilhelm Snell* (anonym) im Rheinischen Merkur (Nr. 219 vom 7. April 1815) entwickelte und den *Hoffmann* zusammen mit andern Projekten nicht nur *Gruner*, sondern auch *Gneisenau* unterbreitete; beide antworteten zustimmend.

blik an Boden. In rastlosem Reisen warben Hoffmann und seine Sendboten für ihre politischen Gedanken. Nach außen trat ihre Wirksamkeit am stärksten in der *Adressenbewegung* hervor, mit der sie Unterschriften für eine Petition zur Verwirklichung des Art. 13 der Bundesakte über „landständische Verfassungen" zu sammeln suchten. In diesem Kreis bildete sich innerhalb des politischen Vereinswesens Deutschlands der radikale Flügel, der durch seinen Einfluß auf die burschenschaftliche Linke bald eine erhebliche Bedeutung gewann.

II. Das Turnwesen

Unter den organisierten Kräften, die sich der Sache der deutschen Einheit und Freiheit verschrieben, nahm das von *Friedrich Ludwig Jahn* (1778—1852) gestiftete Turnwesen bald den ersten Platz ein. Jahn, der Lehrer an der Plamann'schen Anstalt in Berlin [1]) war, gewann seit der Gründung der Berliner Universität starken politischen Einfluß auf die Jugend. 1811 eröffnete er seinen Turnplatz in der Hasenheide; die körperliche Zucht, in der er sich mit seinen Turnern übte, galt zugleich der Ertüchtigung des Geistes und des Charakters. Es waren vornehmlich Schüler der höheren Lehranstalten, die sich um Jahn sammelten; so gewann dieser die heranwachsende Generation für seine gegen Fremdherrschaft und innere Tyrannei gerichteten Ideen. Nach dem Krieg, in dem er erst im Lützow'schen Korps gefochten und dann in der Frankfurter Militärkommission gearbeitet hatte [2]), eröffnete er den Turnplatz neu. Mit der körperlichen Ertüchtigung verband sich nun die politische Werbung für die deutsche Einheit unter preußischer Führung. Doch drangen bald Teutonismus und Deutschtümelei in die nationale Turnbewegung ein. Gesunde Derbheit schlug in Grobheit und Formlosigkeit um; die Vaterlandsliebe übersteigerte sich zur Verachtung alles Fremden; die Pflege des Volkstums verband sich mit verschrobener Sprache und selbsterfundener Tracht und Sitte. Doch ungeachtet dieser Abirrungen war das Turnwesen die erste Organisationsform, in der die Nation aus freiem Antrieb mit dem Anspruch auf politische Selbstbestimmung hervortrat. Es gehört zu den Anfängen des politischen Parteiwesens in Deutschland.

Die „Turnerei" war gewiß keine „politische Partei" im begrifflich ausgeprägten Sinn, also keine organisierte Gruppe, deren wesentliches Ziel die Teilnahme an der politischen Willensbildung der Nation gemäß einem politischen Programm ist. Aber die Turnerei verfolgte als Nebenziel die Formierung der Nation zu einem willensfähigen Ganzen, und insoweit erfüllte sie in einer Zeit, die noch ohne Parteien im eigentlichen Sinn war, doch wesentliche Funktionen einer apokryphen Parteiorganisation. Das überlieferte deutsche Staatswesen, die Kleinstaaterei, der dynastische Legitimismus, die Reste feudaler Privilegierung, die Herrschaft der Bürokratie, das in strenger Mannszucht geformte Militärwesen — alles dies rief erbitterte Kritik in einer Bewegung hervor, die es nicht nur mit der nationalen Einheit, sondern auch mit Freiheit und Gleichheit ernst nahm. So formte sich im Turnwesen, das der Staat zunächst wegen der Verdienste im Freiheitskampf förderte und das die Gebildeten und Besitzenden trotz seiner Abkehr von bürgerlichen Konventionen anfänglich unter-

---

[1]) Siehe oben S. 271.
[2]) Siehe oben S. 502 Anm. 1.

stützten, eine Bewegung, deren tieferes Anliegen die nationaldemokratische Umbildung Deutschlands war [1]).

Bald drang die Bewegung Jahns über die preußische Hauptstadt hinaus in die Provinz [2]). In Breslau zuerst, dann an vielen anderen Orten entstanden Turnplätze nach dem Vorbild der Hasenheide. Turnfahrten und -feste stellten den Zusammenhang her. Wichtiger als eine äußere Organisation, an der es zunächst mangelte, war das innere einende Band. Bald sprach man vom „Turnstaat" als der umfassenden Gemeinschaft der dem Turnwesen zugewandten Jugend. War die Bewegung in diesen Anfängen noch klein und ohne unmittelbaren politischen Einfluß, so bildete sie doch bewußt einen „Staat im Staat". Da sie die aktiven Teile der Jugend für sich hatte, waren ihre Zukunftsaussichten groß. Ein oder zwei Jahrzehnte ungehinderten Wachstums hätten aus dem Turnwesen eine machtvolle politische Organisation schaffen können. Doch eben das laute und lärmende Wesen, mit dem die Turner aufzutreten begannen, gefährdete ihre Aussichten schon früh; ihr exzessiver Stil zog der Turnerei wachsende Kritik aus dem eigenen nationalen Lager zu. *Hendrik Steffens* erhob als Erster in polemischen Schriften Protest gegen das „Unwesen" der Turnerei; er löste damit den *Breslauer Turnstreit* 1818/19 aus [3]). Eine heftige literarische Fehde entbrannte; gehässige Denunziationen gegen die Turnerei wurden laut. Das öffentliche Mißtrauen wandte sich dem Turnwesen in einem Augenblick zu, in dem die Bewegung noch außerstande war, staatliche Eingriffe abzuwehren. Die Wachsamkeit der politischen Polizei war alarmiert, noch bevor der „Turnstaat" eine politische Macht geworden war.

III. Die Burschenschaft

1. Landsmannschaften und Orden

Neben dem Turnwesen entwickelte sich seit 1815 als zweiter Zweig der Nationalbewegung die Burschenschaft. Die deutschen Universitäten besaßen von alters her eine eigentümliche studentische Verfassung, die teils auf akademischen Satzungen, teils auf eingewurzeltem Brauch beruhte. In *Landsmannschaften* (den späteren „Corps") nach der regionalen Herkunft gegliedert, auf einen festen „Komment" eingeschworen, dem Duellwesen huldigend, von dem „Seniorenkonvent" der verschiedenen Landsmannschaften jeder Universität autoritär geleitet, war das Studententum im 17. und 18. Jahrhundert mehr und mehr der Rauflust, der Renommisterei und dem „Pennalismus" verfal-

---

[1]) Dazu die Schlußworte aus Jahns Vorlesungen von 1817, die für die preußische Führung in einem nationaldeutschen Verfassungsstaat warben: „Gott segne den König, erhalte Zollerns Haus, schirme das Vaterland, mehre die Deutschheit, läutere unser Volkstum von Welschtum und Ausländerei, mache Preußen zum leuchtenden Vorbild der deutschen Bundes, binde den Bund zum *neuen Reich* und verleihe gnädig und bald das Eine, was not tut, eine weise *Verfassung*" (*Wentzcke*, Geschichte der Deutschen Burschenschaft Bd. 1 S. 201).

[2]) Für die werbende Kraft der Jahn'schen Turnerei in Berlin zeugt, daß 1816/17 der Turnplatz auf der Hasenheide über 1000 regelmäßige Besucher hatte (*Wentzcke*, aaO S. 200).

[3]) Dazu die Kontroverse zwischen dem Förderer des Turnwesens, dem Breslauer Philologen *F. Passow* („Turnziel, Turnfreunden und Turnfeinden", 1818) und dem Direktor des Breslauer Gymnasiums *K. A. Menzel* („Über die Undeutschheit des neuen Deutschtums", 1818); dazu auch *H. Steffens*, Turnziel. Sendschreiben an den Prof. Kayßler und die Turnfreunde (1818).

len [1]). Die in Anlehnung an die Freimaurerei im 18. Jahrhundert geschaffenen studentischen *Orden*, die weltbürgerlich-menschheitlichen Ideen und der Aufklärung huldigten, gaben den Landsmannschaften, mit denen sie in heftiger Fehde standen, an Roheit des Brauchtums nichts nach [2]). Auch gegenüber den Nicht-Korporierten, und zwar sowohl gegenüber den *Renoncen*, die sich in loser Verbindung der Landsmannschaft ihres Herkunftsgebiets zuordneten, als auch gegenüber den *Wilden* („Finken"), die sich jeder Organisation entzogen, beanspruchten die Landsmannschaften und der Seniorenkonvent eine Bestimmungsmacht, die sie gemäß dem Komment oft mit rüder Gewalt durchzusetzen verstanden. Den Universitäts- und Stadtobrigkeiten gegenüber besaß die Studentenschaft durch die Drohung mit dem „Auszug" ein starkes Druckmittel, so daß die Mittel der akademischen Disziplin und Gerichtsbarkeit oft versagten [3]). Die an vielen Universitäten geltenden Verbote der Orden und der Landsmannschaften erwiesen sich weithin als wirkungslos.

2. Der burschenschaftliche Gedanke

Der Aufschwung der Bildung und des Vaterlandssinns, der sich in den Jahrzehnten vor 1815 in der Wissenschaft und an den Universitäten vollzog, ergriff notwendig auch das Studententum und seine Verfassung. Die Humboldt'sche Universitätsreform zumal setzte nicht nur einen inneren Wandel von Forschung und Lehre, sondern auch eine Reform der studentischen Lebensordnung voraus. Auf diesen Zusammenhang wies bereits die Satzung des Tugendbundes mit der Bestimmung hin:

„Auf Universitäten sollen Freivereine unter dem Namen: der deutsche Bund angelegt werden, welche den Orden, Landsmannschaften, den Roheiten, Duellen und

---

[1]) „Pennalismus" (von mlat. pennale = Federkasten und pennal = der angehende Student) heißt vom 16.—18. Jahrhundert die Unterordnung der jüngeren unter die älteren Studenten, die sich in mannigfachen Aufnahme- und Unterwerfungsriten sowie in Dienst- und Leistungspflichten ausdrückte; in seinen exzessiven Formen nahm der Pennalismus den Charakter offenen Terrors an.

[2]) Vgl. *W. Fabricius*, Die Studentenorden des 18. Jahrh. und ihr Verhältnis zu den gleichzeitigen Landsmannschaften (1891); *F. C. Laukhardt*, Der Mosellaner- oder Amicistenorden (1799); *Tyrtäus*, Der Geheime Bund der Schwarzen Brüder (1834). — Die Orden entstanden vielfach als Abspaltungen aus den Landsmannschaften; die wichtigsten waren der Amicisten-, der Unitisten-, der Konstantisten- und der Harmonisten-Orden („Schwarze Brüder"). — Über die Zugehörigkeit des späteren Bundestagsgesandten *Wangenheim* zum Konstantistenorden in Erlangen siehe oben S. 382 Anm. 1. Über die Ordenszugehörigkeit *Fichtes* und *Jahns* siehe unten S. 707 Anm. 5.

[3]) Dazu die preußische Verordnung vom 23. Juli 1798 „wegen Verhütung und Bestrafung der öffentlichen Exzesse der Studierenden auf sämtlichen Akademien in den Königlichen Staaten". Die Verordnung gab die Untersuchung und Verhaftung im Fall studentischer Ausschreitungen in die Hand der Polizei (an Stelle der bis dahin ausschließlich zuständigen akademischen Gerichte); als Strafe drohte sie „Gefängnis oder körperliche Züchtigung" (statt der bisher üblichen Relegation) an. Es kennzeichnet die damaligen Universitätszustände, daß der aufgeklärte preußische Staat die Zuflucht zu Polizei und Prügelstrafe zu nehmen sich gezwungen sah. — Über diese Verordnung des Ministers *Massow* vgl. auch *H. Maack*, Grundlagen des studentischen Disziplinarrechts (1956) S. 47.

Unsittlichkeiten entgegenarbeiten und die Aufrechterhaltung deutscher Sitten, kräftiger Natur, vernünftiger Freiheit und schicklichen Sinnes, ingleichen die Übung in den Waffen und die Ausbildung menschlicher, sowohl körperlicher als geistiger Schönheit zum Zweck haben. Durch den Bund soll ein Ehren- und Sittengericht auf Universitäten unter den Studierenden errichtet werden."

Im Kern enthielt schon dieses Programm den großen Reformgedanken, der wenige Jahre später zur Gründung der *Burschenschaft* führte.

Die Anfänge der Burschenschaft gehen auf das Jahr 1811 zurück. Damals stellte *Jahn* zusammen mit *Friesen* [1]) in Berlin den Entwurf einer „Ordnung und Einrichtung der Burschenschaften" auf [2]), den er dem Berliner Rektor *Fichte* vorlegte. Aber dieser lehnte den Jahn-Friesen'schen Vorschlag ab. In seiner berühmten Rektorratsrede vom 19. Oktober 1811 [3]) sprach er sich nicht nur schonungslos gegen die Bedrohung der akademischen Freiheit durch das überlieferte Studentenunwesen der Landsmannschaften und Orden, sondern überhaupt gegen die falsche Vorstellung eines besonderen „Studenten-Standes" und damit auch gegen die geplante Burschenschaft aus. Wenn Fichte die Gründung einer „Deutsch-Jüngerschaft" an den Universitäten fordert, so kann dies mit dem „burschenschaftlichen Gedanken" schwerlich in Zusammenhang gebracht werden. Auch *Arndts* berühmte Schrift über den „deutschen Studentenstaat" (1815) ist, genau betrachtet, voller Vorbehalte gegenüber jedem, auch einem gewandelten Verbindungswesen. Der Bitte um einen Vorschlag für eine allgemeingültige Studentenverfassung, auf die er mit der erwähnten Schrift antwortete, wich Arndt mit dem Bekenntnis zu akademischer Freiheit und akademischem Geist aus [4]). Von den drei berühmten akademischen Verfechtern des nationalen Gedankens kann nur *Jahn* ein Vorkämpfer der Burschenschaft genannt werden; die Reformideen Fichtes und Arndts zielten wesentlich weiter als nur auf die Reorganisation des Verbindungswesens. Auch zwischen Fichte und Arndt bestand im übrigen ein starker Gegensatz, indem Fichte den studentischen Zweikampf verwarf, während Arndt für ihn eintrat. *Jahn*, der, wie übrigens auch Fichte, als Student Mitglied eines der „Orden" gewesen war [5]), hatte an nicht weniger als elf Universitäten studiert; er hatte an den

---

[1]) *Friedrich Friesen* (1785—1814), Lehrer an der Plamann'schen Anstalt in Berlin, Mitbegründer der Turnbewegung; er trat 1813 ins Lützow'sche Korps ein, geriet im März 1814 in Gefangenschaft und wurde von den Franzosen erschossen.
[2]) Text der Jahn-Friesen'schen Burschenschaftsordnung von 1811 bei *G. H. Schneider*, Die Burschenschaft Germania zu Jena (1897) S. 8 ff.
[3]) *J. G. Fichte*, Über die einzig mögliche Störung der akademischen Freiheit (Sämtl. Werke Bd. 6 S. 449 ff.). Der Grundgedanke der Rede ist, daß „die einzig mögliche Störung der akademischen Freiheit" aus der Mitte der Universität selbst komme, nämlich von den „nicht-studierenden Studenten", die den „Studenten-Stand" als eine durch Privilegien ausgezeichnete Menschenklasse betrachten, so durch das Vorrecht, „mitten im Frieden Waffen zu führen und durch Krieg und Blutvergießen des Rechtes untereinander zu pflegen".
[4]) Erschienen im „Wächter" 1815; Nachdruck bei *E. M. Arndt*, Schriften für und an seine lieben Deutschen Bd. 2 (1845).
[5]) *Fichte* war als Student in Jena und Leipzig Mitglied des Ordens der Schwarzen Brüder (vgl. *Tyrtäus*, aaO S. 14). *Jahn* gehörte in Halle dem Unitisten-Orden an, den er nach seinem Weggang von dort nach Frankfurt a. O. und nach Greifswald zu verpflanzen suchte. Er stand in dauerndem Kampf gegen die „Kränzchen" (Landsmannschaften), deren Beschränkung auf bestimmte Herkunftsgebiete der Mitglieder er ausfallend tadelte. Berüchtigt ist sein Stammbucheintrag (1801): „Es wird auf deutschen Universitäten nicht besser werden, als bis der letzte Kränzchensenior an den Gedärmen des letzten Kränzianers erdrosselt ist". Die rohe Sentenz ist nicht einmal originell; über den ihr zugrunde liegenden Diderot'schen Satz vgl. *Wentzcke*, Gesch. d. dt. Burschenschaft Bd. 1 S. 376.

alten Verbindungsstreitigkeiten lebhaften Anteil genommen und war mit dem überkommenen Verbindungswesen wohlvertraut. Er wandte sich mit dem Plan einer
Burschenschaft zwar gegen die Zersplitterung des Studententums in regional gegliederte
Landsmannschaften wie gegen die „Burschen-Freimaurerei" der Orden; auch bekämpfte
er die argen Ausschreitungen des Pennalismus. Dagegen hielt er, anders als die entschiedenen Reformer, am Komment, an der autonomen Ehrenordnung und am Men-
sur- und Duellwesen fest. Auf der Grundlage eines satzungsmäßig festgelegten
Brauchtums sollte die Studentenschaft jeder Universität als „Burschenschaft" ein Ganzes bilden — ein „freies Gemeinwesen freier Leute". Aus den Satzungen des Tugendbundes übernahm die Burschenschaft das Bekenntnis zum *Gemeinsinn,* dessen Pflege
sie sich zu widmen versprach, und zur politischen *Freiheit und Einheit* Deutschlands.
Gegen den Partikularismus der „Landsmannschaften" wie gegen die weltbürgerlichen
Ideen der „Orden" lehnte der entflammte Patriotismus der akademischen Jugend
sich auf. Mit dem Bekenntnis zur *Deutschheit* verband sich in der burschenschaftlichen
Bewegung das Bekenntnis zu *christlichem Ethos;* der in den altständischen Kreisen
der politischen Romantik wie in den Zirkeln der Reformbewegung, z. B. im Tugendbund, entwickelte christlich-deutsche Gedanke ging durch Jahn auch in die Burschenschaft ein [1]).

3. Die Gründung der Burschenschaft

Der burschenschaftliche Gedanke [2]) faßte in Jena zuerst Fuß. Die gemeinsame Landesuniversität der sächsischen Herzogtümer, im Territorium Carl
Augusts gelegen, war am stärksten von allen deutschen Hochschulen vom großen
Strom der klassischen, der romantischen und der idealistischen Bewegung der
Zeit erfaßt. *Goethes* große Gestalt warf Licht und Schatten auf die Universität, deren Verwaltung zu seinem ministeriellen Ressort gehört hatte, bis er
sich solchen Aufgaben mehr und mehr entzog. *Schiller* hatte hier gelehrt, und

---

[1]) Den Ursprung des Begriffs „christlich-deutsch" sieht *C. Brinkmann* (Der Nationalismus und die deutschen Universitäten S. 33) mit guten Gründen in Jahns „Deutschem Volkstum" (1810), das (S. 223 ff.) in einem Abschnitt über „Deutschheit und
Urchristentum" handelt. Der christlich-deutsche Charakter der Burschenschaft führte
dazu, daß einzelne Burschenschaften, z. B. die Jenenser und die Heidelberger, nicht
nur den Ausländern, sondern auch den Nicht-Christen den Beitritt verwehrten. Mit
rassischem Antisemitismus hatte diese Klausel in der Urburschenschaft nichts zu tun.
So wirkte z. B. *Fr. J. Stahl,* der getaufte Jude war, in der Heidelberger Burschenschaft an der Satzungsbestimmung mit, die Konfessionsjuden von der Aufnahme ausschloß. Vgl. *O. F. Scheuer,* Burschenschaft und Judenfrage (1927).

[2]) Das Wort „Bursche" leitet sich von „Burse" (= studentisches Wohnheim) ab.
Bursche hieß somit schlechthin der Student, Burschenschaft im ursprünglichen, schon
im 18. Jahrhundert gebräuchlichen Sinn die allgemeine Studentenschaft, oft auch die
Gesamtheit der Landsmannschaften, die mit jener gleichgesetzt wurde. Auch in der
Reformzeit bedeutete „Burschenschaft" keine Verbindung neben anderen, sondern
(jedenfalls der Idee und dem Anspruch nach) die Verbindung aller „ehrlichen und
wehrlichen" Studenten einer Universität. „Burschenschaft" konnten sich zwar auch
Verbindungen nennen, die aus dem Zusammenschluß mehrerer Landsmannschaften
hervorgegangen waren, ohne daß sich am „landsmannschaftlichen Geist" und am Komment etwas änderte (wie etwa „Teutonia Halle", siehe unten S. 709 Anm. 1). Auch an
der Gründung der Jenaer Burschenschaft waren Landsmannschaften beteiligt. Trotzdem vollzog sich hier ein prinzipieller Wandel, der es rechtfertigt, die Burschenschaft
den Landsmannschaften als etwas Neues entgegenzustellen. Daß Vieles vom alten
Brauch (und Miß-Brauch) übernommen wurde, schließt die Zäsur nicht aus.

wenn auch die idealistische Auffassung vom Wesen und Sinn des Studiums, die er in seiner berühmten Antrittsvorlesung „Was heißt und zu welchem Ende studiert man Universalgeschichte?" entwickelte, nur in einem Teil der Studenten Wurzel schlagen konnte, so bedeutete es doch viel, daß dieser Aufruf gegen das niedere Zweck-Studium hier laut geworden war. *Fichte* hatte in seiner kurzen, doch nachhaltigen Wirksamkeit in der Jenenser Studentenschaft Widerstand wie Nachfolge gefunden. Daß er schon in Jena wie später in Berlin mit jenem rüden Pennalismus in Konflikt geraten war, der mit seinem Terror die Universität noch weithin beherrschte, hatte die der Erneuerung zugewandten Kräfte um so stärker an seine Seite geführt.

Wie die Studenten der preußischen Universitäten Königsberg, Breslau und Berlin so nahmen auch die Jenenser Studenten zum großen Teil als Freiwillige an den Kriegen teil, viele von ihnen im Lützow'schen Korps oder in einem der anderen Jäger-Detachements. Vom vaterländischen Bewußtsein erfüllt, von der Idee der deutschen Einheit und Freiheit angetrieben, kehrten diese Studenten in die Hörsäle zurück. Schon 1814 bildeten alte Freiwillige des Lützow'schen Korps in Jena eine von den Gedanken Jahns beeinflußte „Deutsche Wehrschaft", in der sich Angehörige der Landsmannschaften, „Renoncen" und „Finken" zu Waffenübungen vereinigten[1]). Am 12. Juni 1815 gründeten die Angehörigen von vier Landsmannschaften mit „Renoncen" und „Wilden" die *Jenenser Burschenschaft*.

Unter den Gründern waren die Studenten Horn, Riemann und Scheidler führend. Wie die Burschen nur *ein* gemeinsames Vaterland anerkannten, sollte es nach ihrem Willen an jeder Universität nur *eine* Verbindung der Studenten, eben die Burschenschaft, geben. In Jena lösten sich denn auch alle anderen Verbindungen auf; in ihrer Mehrzahl traten die Studierenden der Burschenschaft bei[2]). Diese nahm in Abkehr von der bisherigen autoritären Stellung des Seniorenkonvents eine demokratische Verfassung an; die Vorsteher und der Ausschuß wurden von der Gesamtheit der Mitglieder gewählt. Als Wahlspruch übernahm man 1816 die Formel „Ehre, Freiheit, Vaterland"[3]). Auf Jahns Vorschlag erhob man die Farben schwarz-rot-gold zum Bundessymbol. Daß man sich dabei an alte Farben des Reichs[4]) erinnert habe, ist eine von Jahn erst später aufgebrachte Legende. Vielmehr wählte man die Farben des

---

[1]) Gleichfalls 1814 entstand in der wieder preußisch gewordenen Universität Halle eine „Burschenschaft" Teutonia, die die meisten dortigen Landsmannschaften vereinigte. Sie als den Anfang der eigentlichen Burschenschaft anzusehen, verbietet sich, weil gerade in der Teutonia Halle trotz ihrer nationaldeutschen Prinzipien ein erschreckender Pennalismus herrschte. Eine wüste Ausschreitung der Teutonen führte 1817 zu einer Gegenbewegung der von *Karl Immermann* geführten Nicht-Korporierten gegen die „Tyrannei der Klinge". Das Einschreiten der Regierung zwang die Hallenser Teutonia zur Auflösung. Immermanns Flugschriften gegen die Teutonia wurden auf dem Wartburgfest verbrannt (siehe unten S. 720 Anm. 2). Schon vorher hatte die Jenenser Burschenschaft sich trotz der offenkundigen Unterschiede, die sie von den Hallensern trennten, mit den Teutonen solidarisch erklärt.
[2]) 1816/17 sollen 500 von 650 Jenenser Studenten der Burschenschaft angehört haben (*Wentzcke*, aaO S. 170).
[3]) Der Wahlspruch stammt von der Verbindung Teutonia Halle; nur lautete die Reihenfolge dort: „Freiheit, Ehre, Vaterland".
[4]) Reichsfarben hatte es niemals gegeben; allerdings hatte — eine zufällige Übereinstimmung — das Reich neben anderen Symbolen den schwarzen Adler mit roten Fängen auf goldenem Grund geführt.

Lützow'schen Korps (Grundfarben schwarz-rot mit goldener Durchwirkung), dem viele der Gründer angehört hatten; auf diese Weise also entstand das Dreifarbenbanner der nationaldemokratischen Einheitsbewegung Deutschlands.

4. Studentenstaat und Nationalstaatsidee

Von Jena aus griff die Bewegung bald auf andere Universitäten über. Gießen und Heidelberg [1]), Tübingen und Freiburg bildeten ihre eigenen Burschenschaften; andere Hochschulen folgten. Wo die Burschenschaften sich besondere Namen beilegten, nannten sie sich Germania, Teutonia oder Arminia; landsmannschaftliche Namen (Franconia usw.) wählten sie erst später, um ihre gesamtdeutsche Sinnesrichtung vor den Behörden zu verbergen. Über die Landesgrenzen hinweg traten die Burschenschaften der verschiedenen Universitäten in einen engen Verkehr, den sie durch Korrespondenzen, Besuche und Wechsel des Studienorts verdichteten.

So bildete sich der Anfang einer gesamtdeutschen Studentenschaft, die das föderative Nebeneinander der deutschen Partikularstaaten durch einen „Studentenstaat" zu überlagern suchte. Noch deutlicher als das Turnwesen konstituierte die Burschenschaft sich als „Staat im Staat", mit dem klaren und erklärten Ziel, die im eigenen engen Bereich gewonnene Einheit auf den weiteren Bereich des eigentlichen Staates auszudehnen. Gewiß gab es innerhalb dieses Studentenstaats politische Schattierungen mannigfacher Art; konservative, gemäßigt-liberale und radikal-demokratische Tendenzen waren innerhalb der Burschenschaft seltsam gemischt; oft traten sie auch in offenen Gegensatz. Einmütig aber war die Burschenschaft von Anfang an in dem Bekenntnis zum deutschen Nationalstaat. Über die festgefügte Eigenstaatlichkeit der deutschen Länder setzte der Einheitswille der Burschen sich hinweg. Ihnen galten die partikularen Gebilde nur als überlebte und verfehlte Reste, die in die deutsche Einheit einzuschmelzen seien. Man hat dies ein „abstraktes Deutschtum" genannt, da es die Einheit der Nation nicht durch die föderative Zusammenfügung der „konkret" gegebenen Partikularstaaten, sondern unmittelbar aus der Nation selbst zu gewinnen hoffte. Doch galt diesem Einheitsstreben gerade das durch eine bloße Föderation geschaffene Deutschtum als „abstrakt" und unwirklich; der Deutsche Bund erschien diesem radikalen Nationalismus als eine bloße Fiktion deutscher Einheit.

In diesem Willen zur unmittelbaren Einheit der Nation sagte die burschenschaftliche Bewegung auch dem preußischen Staat das Ende an. Die geschlossene Staatlichkeit Preußens mit der festen Klammer seiner Bürokratie und seines stehenden Heeres galt

---

[1]) In Gießen und Heidelberg wurde die Burschenschaft von ehemaligen Angehörigen der „Deutschen Gesellschaften" gegründet; sie stand hier also mit dem Hoffmannschen Bund in engem Zusammenhang. Nicht nur für die Entwicklung der Burschenschaft, sondern auch für die politische Verfassungsentwicklung war die Gründung der Gießener „christlich-teutschen Burschenschaft" im Dezember 1816 auf der Grundlage einer eigenen Burschenschaftsordnung, des Gießener Ehrenspiegels, und unter der Leitung Karl Follens von besonderer Bedeutung. Über die Gießener „Schwarzen" und ihren Kern, die „Unbedingten", siehe unten S. 724 f.

der Burschenschaft als ein besonders anstößiges Hemmnis auf dem Weg zum einheitlichen Vaterland. Das freiheitliche Bewußtsein der Burschenschaft lehnte sich zudem gegen ein bürokratisches und militärisches System auf, in dem man trotz aller vorübergehenden Erfolge der Reformpartei nur die fortschreitende Wiederbelebung absolutistischen Staatsgeistes spürte. In dieser Ablehnung Preußens unterschied die zunächst auf nicht-preußischem Boden gewachsene Burschenschaft sich merklich vom Jahn'schen Turnwesen, das bei aller Kritik an Bürokratie und stehendem Heer doch in Preußen, wo es entstanden war, die Macht sah, die allein das zerrissene Deutschtum zur Einheit führen könne. In den Anfängen der Burschenschaft gab es diesen Gedanken an eine deutsche Mission Preußens kaum. Unter den ersten Führern der Burschenschaft war nur *Maßmann*, der Gefolgsmann Jahns, altpreußischer Herkunft.

IV. Überzeugung, Überzeugungstreue, Überzeugungstat

1. Zum Begriff der Überzeugung

Auf der Grundlage ihrer nationaldemokratischen, freiheitlich-aktivistischen und christlich-germanischen Ideen bildete sich in der akademischen Jugend seit 1815 eine gemeinsame Grundhaltung, die sie ihre *Überzeugung* nannte — ein aus religiöser Schwärmerei, ethischem Doktrinarismus, altdeutscher Romantik, Haß gegen äußere und innere Tyrannei, Liebe zur Einheit und Größe des Vaterlands und unbändigem Freiheitsdrang gemischter Komplex von Empfindungen, Leitgedanken und Willensantrieben. Was vordem in den großen Religionskämpfen das „Gewissen" bedeutet hatte und was in den späteren Parteikämpfen die „Gesinnung" oder die „Weltanschauung" heißen sollte, nannte die frühliberale Zeit die „Überzeugung". Erst damals erhielt dieses Wort seinen modernen Sinn. Es bedeutete nun die innere Selbstbestimmung des Einzelnen und der aus Einzelnen gebildeten Gruppen durch die für wahr erkannten und als verpflichtend anerkannten Grundsätze sittlichen, sozialen und politischen Verhaltens.

Der Begriff der Überzeugung ist eines der Grundworte des modernen Denkens, vor allem aber der politischen Theorie und Praxis. Er ist dem Wesen der modernen Verfassung zugeordnet, die dem Einzelnen *Überzeugungsfreiheit* einräumt; sie setzt *Überzeugungstreue* bei ihm voraus, stellt ihm aber zugleich den *Überzeugungswechsel* frei. Er gehört zur modernen Repräsentativverfassung, die dem Abgeordneten gestattet, aber auch von ihm fordert, daß er sein Mandat nach freier Überzeugung ausübt[1]. Er ist das Konstitutivprinzip der politischen Parteien, die beanspruchen, Organisationsformen nicht von gegensätzlichen Interessen, sondern von gegensätzlichen Überzeugungen zu sein. Die Turnerschaft Jahns, vor allem aber die Burschenschaft waren die ersten Vereinigungen in Deutschland, die sich aus freiem Antrieb und selbstbewußt auf „politische Überzeugung" gründeten. Gerade darin erweisen sie sich als die Vorformen des deutschen Parteiwesens.

Angesichts dieser Kardinalbedeutung des Begriffs der politischen Überzeugung ist es überraschend, daß die Wortgeschichte von „Überzeugung" noch

---

[1] Über die Überzeugungsfreiheit als Wesensmerkmal des freien Mandats in den süddeutschen Verfassungen des Frühkonstitutionalismus siehe oben S. 346.

nicht durchdringend untersucht worden ist [1]). Die ursprünglich prozeßrechtliche Bedeutung des Worts („über-zeugen" = einen Beweis durch eine größere Zahl oder durch bessere Zeugen führen, als der Gegner sie aufzubringen vermag), weitete sich bis zum 17. Jahrhundert dahin aus, daß man auch in anderen als juristischen Streitfragen vom „überzeugen eines andern" sprechen konnte, wenn dieser durch bessere Beweisgründe widerlegt wurde. Den modernen Sinn des Selbst-Überzeugtseins, der „festen Gewißheit", des „Durchdrungenseins" von der Gültigkeit des eigenen Urteils [2]) nahm das Wort erst im 18. Jahrhundert an, und zwar zunächst im Sinn von *religiöser Überzeugung*. Der Begriff einer von Gott gewährten objektiven Gewißheit (des „Glaubens") wurde im 18. Jahrhundert zum Begriff eines selbstgewonnenen Inneseins der Wahrheit (der „Überzeugung") subjektiviert [3]). Bald trat neben den religiösen der philosophische Begriff der Überzeugung, den *Kant* in der „Kritik der reinen Vernunft" entwickelte [4]). Überzeugung heißt hier das „subjektive Fürwahrhalten", das zugleich „für jedermann gültig ist, sofern er nur Vernunft hat"; es ist damit „objektiv hinreichend" gegründet. Wenngleich der Begriff Überzeugung bei Kant nur die „subjektive Zulänglichkeit" des Fürwahrhaltens bezeichnet (die „objektive Zulänglichkeit" heißt: Gewißheit), so enthält er doch den Rückbezug auf hinreichende objektive Gründe. Die Überzeugung unterscheidet sich daher vom bloßen „Meinen", das ein mit Bewußtsein sowohl subjektiv als auch objektiv unzureichendes Fürwahrhalten ist, ferner aber auch vom „bloß subjektiven Fürwahrhalten ohne objektiv hinreichenden Grund", das Kant als „Überredung" und „bloßen Schein" bezeichnet. Vom „Wissen" unterscheidet die Überzeugung sich dadurch, daß sie nicht logische, sondern *moralische Gewißheit ist*. Die Überzeugung gewinnt damit in der Kant'schen Philosophie den Rang der Moralität; ihr gemäß zu handeln, wird zum sittlichen Gebot [5]).

---

[1]) Das Grimmsche Wörterbuch bringt zu „Überzeugung" zwar reiche Belege, vorwiegend jedoch aus der Dichtung; die theologischen und philosophischen Belege sind unzureichend, die politischen und juristischen Belege fehlen fast ganz; eine den Bedeutungsgehalt ausschöpfende Analyse ist nicht versucht.

[2]) Vgl. den Artikel „Überzeugung" in *Eislers* Handwörterbuch der Philosophie (2. Aufl. 1922).

[3]) Einen der frühesten und wichtigsten Belege für „religiöse Überzeugung" im Sinn des inneren, gewissen und verpflichtenden Selbst-Ueberzeugtseins finde ich bei *Herder*, und zwar in der „Adrastea" (Sämtl. Werke, hg. von Suphan Bd. XXIV), wo die Nationalreligion als „Gewissenhaftigkeit und Überzeugung" (S. 48), das Christentum als „echte Überzeugung gegen Gott und Menschen" (ebenda) definiert ist.

[4]) *Kant*, Kritik der reinen Vernunft (im Abschnitt „Vom Meinen, Wissen und Glauben" — 1. Aufl. von 1781 S. 820; 2. Aufl. von 1787 S. 848).

[5]) Einer besonderen Untersuchung bedürftig wäre der Begriff der Rechts-Überzeugung. Ein wichtiger Beleg dafür findet sich bei *A. v. Droste-Hülshoff* (in der Erzählung „Die Judenbuche"): „Denn wer nach seiner Überzeugung handelt, kann nie ganz zugrunde gehen, wogegen nichts seelentötender wirkt, als gegen das innere Rechtsgefühl das äußere Recht in Anspruch zu nehmen." Die Antinomie von Rechts-Überzeugung und positivem Recht tritt hier anschaulich hervor. Auf die juristische Bedeutung des Überzeugungsbegriffs etwa für die „Überzeugungstat", für die Gewohnheitsrechtsbildung auf der Grundlage der Überzeugung, daß es so rechtens sei, für die freie Beweiswürdigung gemäß der richterlichen Überzeugung usw. kann ich hier nur am Rande hinweisen.

2. Die Fries'sche Metaphysik der Überzeugung

Der Heidelberger, dann Jenenser Philosoph *Jakob Friedrich Fries* leitete die Überzeugungsethik Kants in einer popularisierten, zugleich aber intensivierten Ausdrucksform in das allgemeine Bewußtsein der Zeit, vor allem aber in die moralischen Grundanschauungen der burschenschaftlichen Bewegung über. Vereinfachend läßt sich sagen, daß der Weg von Kants Überzeugungs-Ethik über Fries' Überzeugungs-Metaphysik zu Follens und Sands Überzeugungs-Ideologie führte.

Schon in der Schrift „Wissen, Glaube und Ahndung" (1805) rückte Fries den *Begriff der Überzeugung* in die Mitte seiner Philosophie. Er unterschied hier „das Wissen, Glauben und Ahnden als drei getrennte, von einander gänzlich verschiedene Arten der Überzeugung". Und zwar unterschied er so: „Wissen heißt nur die Überzeugung einer vollständigen Erkenntnis, deren Gegenstände durch Anschauung erkannt werden; Glaube hingegen ist eine notwendige Überzeugung aus bloßer Vernunft, welche uns nur in Begriffen, das heißt in Ideen zum Bewußtsein kommen kann; Ahndung aber ist eine notwendige Überzeugung aus bloßem Gefühl". Von diesen Arten der Überzeugung stand Fries die dem Gefühl entsprungene von Anfang an am höchsten; denn „eine Erkenntnis des Ewigen im Endlichen der Natur (ist) nur durch reines Gefühl möglich". Dem Mystizismus oder der Sentimentalität redete Fries damit allerdings nicht das Wort. Von Beginn an galt ihm die in der Anschauung, in der Idee und im Gefühl errungene Überzeugung als Grundlage eines Ethos des Handelns. Die Überzeugung setzte sich um in die Pflicht, „mit der Kraft lebendiger Taten das Überirdische im Endlichen zu ergreifen" [1]. Im Kern ist die Lehre von der Überzeugungstat schon in dieser Fries'schen Frühschrift enthalten.

In Fries' „Neuer Kritik der Vernunft" (1807) findet sich ein Abschnitt mit der bei Kant entlehnten Überschrift „Vom Wissen, Meinen und Glauben". Dem Wissen als dem auf absolute Gewißheit gegründeten Fürwahrhalten stellte Fries hier den Glauben als das „Fürwahrhalten aus Wahrscheinlichkeit" gegenüber. Er unterschied zwei Formen dieses Glaubens — die bloß durch ein Interesse getriebene Annahme des Wahrscheinlichen als wahr und die „Überzeugung ohne Anschauung", die er als eine Form der „unmittelbaren Erkenntnis" und des „reinen Vernunftglaubens" bezeichnete [2]. In seinem „System der Logik" (1811) erklärte Fries diese Doppelbedeutung von „Glauben" näher. Dem *logischen Unterschied* von Wissen und Glauben setzte er den *metaphysischen Unterschied* von Wissen und Glauben entgegen. Während im logischen Sinn „Wissen" die vollständige Gewißheit und „Glauben" die Annahme des Wahrscheinlichen als wahr „aus Bedürfnis" (d. h. auf Grund der Notwendigkeit zur Entscheidung) bedeutet, heißt im metaphysischen Sinn „Wissen" die Überzeugung aus der Anschauung und „Glauben" die Überzeugung ohne Beihilfe der Anschauung; anders gesagt: Wissen ist die *natürliche Überzeugung*,

---

[1] *J. Fr. Fries*, Wissen, Glaube und Ahndung (1805) S. 63, 175, 217.
[2] *Ders.*, Neue oder anthropologische Kritik der Vernunft (1807) Bd. 1 S. 333 ff.

Glauben ist die *ideale Überzeugung* [1]). Diese Fries'sche Begriffsbestimmung machte die Überzeugung zum Kernbegriff der Metaphysik; im Fries'schen System der Philosophie erhielt die „ideale Überzeugung" den höchsten metaphysischen Rang.

In seinem philosophischen Roman „Julius und Evagoras" (1813) setzte Fries diese Metaphysik der Überzeugung voll in die Ethik der Überzeugung um; zugleich entwickelte er seinen Überzeugungsbegriff im subjektivistisch-emotionalen Sinn fort. Die „innere Gewißheit des Geistes in allen Gefühlsbestimmungen des sittlichen Lebens selbst", die „Grundüberzeugungen in diesen ahndenden Gefühlen" rückten nun in die Mitte der Philosophie und traten zugleich in Gegensatz zum Wissen und zur Wissenschaft. Fries bekannte sich jetzt zu dem Satz, „daß eben der Glaube im Gegensatz gegen die Wissenschaft die festeste Überzeugung der menschlichen Vernunft und für den Menschen der Grundstein und alleinige Widerhalt aller Gewißheit ist", daß „Glaube und Gefühl... höher als das Wissen stehen" und daß „ihre Wahrheit von der Wissenschaft unabhängig" ist [2]). Das anthropologische und psychologische Moment, das Fries in die deutsche Philosophie einbrachte, führte hier nicht zum Empirismus und Realismus, sondern zu einem gesteigerten emotionalen Idealismus, der eine so starke Komponente in den deutschen politischen Bewegungen des 19. Jahrhunderts und später bilden sollte.

In der Fries'schen Metaphysik der Überzeugung war von Anfang an die politische Ethik der Überzeugungstat enthalten. Zu ihr rief Fries in seinen ersten politischen Schriften, der Flugschrift „Bekehrt Euch!" (1814) und der Abhandlung „Von Deutschem Bund und Deutscher Staatsverfassung" (1816) auf. Die Ideen der bürgerlichen Freiheit, der bürgerlichen Gleichheit und der nationalen Einheit erschienen hier als in der *philosophischen Überzeugung* gegründet [3]). Man liest heute, nachdem „Überzeugung" ein abgegriffenes Allerweltswort geworden ist, leicht über eine solche Feststellung hinweg; vergegenwärtigt man sich die zentrale Stellung, die der Begriff „Überzeugung" in der Fries'schen Metaphysik innehatte, so erkennt man, daß den als Ausdruck philosophischer Überzeugung bezeichneten politischen Ideen eben damit der Charakter absolut verpflichtender und absolut rechtfertigender Maximen des

---

[1]) *Ders.*, System der Logik (1811) S. 423.

[2]) *Ders.*, Julius und Evagoras oder die neue Republik (1813); zweite Auflage unter dem Titel: Julius und Evagoras oder die Schönheit der Seele (1822). Die Zitate nach der Ausgabe von 1910 (besorgt von *W. Bousset*) S. 310, 329, 360, 361.

[3]) *Ders.*, Von Deutschem Bund und deutscher Staatsverfassung (1816) S. 38: „Ich meine aber eigentlich *eine* Idee, nemlich die, welche den innersten Geist unseres Volkslebens bestimmt, am ursprünglichsten alle politischen Bewegungen der neuen Zeit gebracht hat. Dies ist die Idee der bürgerlichen Freyheit und der gleichen Bürgerrechte für jeden im Volk. In dieser Idee bewegt sich der ächte wissenschaftliche Grundgedanke des Rechts, sie entspringt aus dem wahren Princip unsrer *philosophischen Überzeugungen* von der Gerechtigkeit, aus der Idee der persönlichen Gleichheit aller Menschen." — Mit gleicher Kraft bekennt Fries sich zu der philosophischen Überzeugung von der Notwendigkeit des Nationalstaats: „Dem Staat muß Selbständigkeit und Unabhängigkeit gesichert werden, damit *unser Volk* sich selbst lebe, in eigner Freyheit und nicht als Sklave eines andern, damit es seines Rechtes frohe werde, im Genuß der Früchte seiner Arbeit und der Blüthen eigner Geistesbildung" (ebenda S. 63).

politischen Handelns beigemessen war. Zugleich schlug in diesen Fries'schen Schriften zur Politik die individuelle Überzeugung in den überindividuellen *Gemeingeist* um. So wurde die philosophische Überzeugung von der Gerechtigkeit bestimmter politischer Ideen zur sittlichen Notwendigkeit und Rechtfertigung der dem Gemeingeist entspringenden spontanen Tat. Die auf Freiheit, Gleichheit und Einheit zielende *Staatsverfassung*, zu der Fries sich in seiner im Jahr vor dem Wartburgfest erschienenen Verfassungsschrift bekannte, galt ihm nicht als Grundlage, sondern als Resultat des sich selbstverwirklichenden „guten Geistes eines Volkes" [1]. Diese Lehre vom metaphysischen Begriff der Überzeugung und von der ethischen Notwendigkeit und Rechtfertigung der Überzeugungstat war der Kern der politischen Philosophie, die die studentische Jugend von ihrem Lehrer Fries aufnahm und die das innere Bild der deutschen Nationalbewegung in ihrem schicksalsschweren Beginn bestimmte.

3. Überzeugungstreue und Überzeugungstat

Die für die geistige Haltung der Urburschenschaft bezeichnende Gleichsetzung von *philosophischer, ethischer und politischer Überzeugung* war konstitutiv nicht nur für die Anfänge, sondern auch für die spätere Entwicklung des politischen Parteiwesens in Deutschland. Die außerordentliche und gefährliche Macht des Überzeugungsbegriffs beruht darauf, daß ihm als der säkularisierten und subjektivierten Erscheinungsform des Begriffs des Glaubens die Möglichkeit des Rückbezugs auf einen religiös gefärbten und objektiv gehaltenen Gewißheitsanspruch stets offen steht. So wie der Begriff der Überzeugung zum Agnostizismus und Relativismus führen kann, also zum gleichberechtigten Nebeneinander einer grenzenlosen Vielzahl widerstreitender Überzeugungen, so läßt sich aus ihm auch der ausschließliche Geltungsanspruch für eine einzige, als absolut gesetzte Ideologie ableiten. Der innere Zusammenhang, in den schon Kant die Überzeugung mit der „moralischen Gewißheit" stellte, konnte es nahelegen, den Überzeugungsgegner der moralisch verwerflichen Gesinnung zu beschuldigen. Vom Agnostizismus des Vielparteien-Systems, das sich auf die Anerkennung einer unbegrenzten Vielzahl gleichwertiger und gleichberechtigter politischer Überzeugungen gründet, ist es in der Praxis oft nur ein kleiner Schritt in den Rigorismus der Überzeugungstreue, der nur die eigene Überzeugung als philosophisch möglich, sittlich gerechtfertigt und politisch legitim anerkennt, den Überzeugungsgegner aber als Feind der Moralität brandmarkt und verfolgt [2].

---

[1] *Ebenda S. 115:* „Die erste Frage ist nicht, durch welche Verfassungsformen wird sich ein guter Geist im Volke bilden, sondern umgekehrt, welche Formen wird sich der gute Geist des Volkes anbilden."

[2] Über die Fragwürdigkeit des Überzeugungsbegriffs gibt es eine Fülle von kritischen Äußerungen *Nietzsches,* so den Satz: „Überzeugungen sind gefährlichere Feinde der Wahrheit als Lügen" (Menschliches, Allzumenschliches; Teil I Aphorismus 483); — „Überzeugung, das heißt eine grundsätzliche, weil zweckdienliche Verlogenheit ...

Die „Überzeugung" der frühliberalen Zeit mit dem Begriff der „politischen Idee" gleichzusetzen, würde dem Bedeutungsgehalt der beiden Vorstellungen schwerlich gerecht. Die „Idee" im politischen Begriff ist ein durch die Vernunft bestimmtes, überpersönliches, objektives Sinngefüge; die „Überzeugung" kann eine solche Idee zum Gegenstand haben, ist aber selbst nicht im Rationalen und Objektiven beheimatet, sondern meint einen emotionalen und voluntaristischen Komplex, der allein in der Gesinnung und damit im individuellen Bewußtsein seinen Ort hat. Eben daher ist die „Überzeugung" durch rationale Gegenargumente kaum zu erschüttern, während sie umso leichter einem plötzlichen Umschwung der Empfindungen und Stimmungen erliegt. Und eben aus dieser merkwürdigen Verbindung von Unantastbarkeit und Gefährdetheit der Überzeugung stammt das Pathos der *Überzeugungstreue* mit seinem Doppelsinn — dem Postulat, daß es gilt, der Überzeugung gemäß zu leben und zu handeln, und dem Verdikt, das den Überzeugungswandel als Verrat verwirft. Aus dieser Maxime der Überzeugungstreue stammen der eifervolle Enthusiasmus, der sittliche Rigorismus und die Intoleranz, die alle politischen Bewegungen kennzeichnen, die von ihren Gliedern den äußersten Einsatz für die gemeinsame Überzeugung fordern. Es stammt aus ihr vor allem aber der in den radikalen Bewegungen des deutschen Frühkonstitutionalismus entwickelte Satz, daß die rechte Überzeugung jede ihrem Vollzug dienende Tat rechtfertige, auch die verbrecherische Tat. In dieser sittlichen Rechtfertigung der *Überzeugungstat* hatte die Überzeugungs-Ethik ihre äußerste und gefährlichste Konsequenz.

In zahllosen Dokumenten der liberalen und nationalen Bünde der frühkonstitutionellen Zeit findet sich die Berufung auf die Überzeugung als das einigende Band, auf die Überzeugungstreue als die verpflichtende Norm und auf die Überzeugungstat als die von innen her gerechtfertigte Handlung. In den Satzungen und Ehrenordnungen der Bünde, in Reden und Flugschriften, in Briefen und Verteidigungsschriften erscheint immer wieder der Hinweis auf die Überzeugungstreue als die Maxime sittlichen Verhaltens. Im Satzungs-Entwurf der Marburger Burschenschaft von 1815 steht der Satz:
„Sünde ist moralisches Unrecht, Unrecht aber solches, welches wir willens sind zu tun, ungeachtet wir es als Unrecht kennen; dasselbe gilt auch umgekehrt; wir bestimmen also beides (nämlich Recht und Unrecht) nach der Überzeugung, daß eine Sache gut oder bös sei, abgesehen von allen Handlungen, lediglich nach dem Willen" [1].
Der Satz, daß die Überzeugung jede ihr dienende Handlung rechtfertigt, vereinfacht gesagt: daß der Zweck die Mittel heiligt, war der Kerngedanke der nationalrevolutionären Bewegung, die sich von 1815 bis 1819 in Deutschland entwickelte. Aus dem Ethos der Überzeugung ergab sich für die Anhänger dieser Bewegung notwendiger Weise das *Ethos der Tat*. Den Vorwurf, einem Geschlecht anzugehören, das „gedankenvoll, doch tatenarm" sei, wollte die heranwachsende Generation zum Ver-

---

Die pathologische Bedingtheit seiner Optik macht aus dem Überzeugten den Fanatiker ... Aber die große Attitude dieser kranken Geister, dieser Epileptiker des Begriffs, wirkt auf die große Masse ... Die Menschheit sieht Gebärden lieber, als daß sie Gründe hört" (Der Antichrist; Kapitel 54/55) usw.
[1] *P. Wentzcke-G. Heer*, Geschichte der deutschen Burschenschaft Bd. 1 (1919) S. 283. Der angeführte Satz ist in der erhaltenen Urkunde nachträglich durchstrichen. Das mindert seine symptomatische Bedeutung für die in der Urburschenschaft herrschende Haltung nicht.

stummen bringen. Die Fries'sche Lehre, sittliches Verhalten bewähre sich in der Bereitschaft zu der der Überzeugung gemäßen Tat, fand nun ausgebreiteten Widerhall. Am Stiftungsfest, das die Burschenschaft 1817 am Tag von Belle-Alliance (18. Juni) beging, schloß Fries die Feierrede mit dem Aufruf zur Vorbereitung auf den „Tag der Tat"[1]).

Von dieser aus der unbedingten Überzeugungstreue abgeleiteten unbedingten Tatbereitschaft war es nur ein kurzer Schritt zu dem im radikalen Teil der Burschenschaft von *Karl Follen* formulierten Grundsatz *„daß überall, wo eine sittliche Notwendigkeit vorliegt, für den von dieser Notwendigkeit Überzeugten alle Mittel erlaubt sind"*[2]). In dem von Follen geführten Kreis der „Unbedingten", dann aber auch in dem unter Follens Einfluß tretenden engeren Kreis der Jenenser Burschenschaft entwickelte sich aus dem Überzeugungs-Ethos „ein Grundzug allerunbedenklichster Gewalt"[3]), nicht anders als in der französischen Revolution, wo die „terreur" aus der rigoristischen Ethik des großen „Unbestechlichen" Robespierre hervorging. In dem Attentat auf Kotzebue bekundete sich diese Gesinnungs-Ethik, der es, wie *Karl Ludwig Sand* beteuerte, als höchste sittliche Probe galt, das in der Überzeugung als Notwendigkeit Erkannte durch die Tat zu vollstrecken[4]).

§ 41. Das Wartburgfest und seine Folgen

Schrifttum: Siehe die Angaben zu § 40; ferner *D. G. Kieser*, Das Wartburgfest am 18. Oktober 1817 in seiner Entstehung, Ausführung und Folgen (1818); *Fr. J. Frommann*, Das Burschenfest auf der Wartburg (1818); *H. Kühn*, Das Wartburgfest am 18. Oktober 1817 (1913); *P. Wentzcke*, Das Wartburgfest vom 18. Oktober 1817 (Korr. Bl. d. Gesamtvereins der deutschen Geschichts- und Altertums-Vereine 1917, Sp. 185 ff.); *K. Wessel*, Das Wartburgfest der deutschen Burschenschaft am 18. Oktober 1817 (1954); *G. Steiger*, Die Teilnehmerliste des Wartburgfestes von 1817 (Darst. u. Qu. z. Gesch. d. dt. Einheitsbewegung, Bd. 4, 1963, S. 65 ff.).

Karl Ludwig Sands wichtigste Lebensmonate (1819); *Hohnhorst*, Vollständige Übersicht der gegen C. L. Sand geführten Untersuchung (1820); Aktenauszüge aus dem Untersuchungsprozeß über C. L. Sand (1821); C. L. Sand, dargestellt durch seine Tagebücher und Briefe (1821); Noch acht Beiträge zur Geschichte A. v. Kotzebues und K. L. Sands (1821); *W. T. Krug*, Über deutsches Universitätswesen mit Rücksicht auf Kotzebues Literarisches Wochenblatt und gewaltsamen Tod (1819); *K. E. Jarcke*, K. L. Sand und sein an v. Kotzebue verübter Mord (1831); *G. Ch. Rabany*, Kotzebue, sa vie et son temps (1893); *K. A. v. Müller*, K. L. Sand (1924); *E. Staehelin*, Dewettiana, Forschungen und Texte zu W. de Wettes Leben und Werk (1956); *Chr. Baltzer*, Die geschichtlichen Grundlagen der privilegierten Behandlung politischer Straftäter (1966) S. 45 ff.

C. Spielmann, Karl v. Ibell (1897); *J. Blesch*, Studien über Joh. Wit gen. v. Dörring (1917); *C. Brinkmann*, Die Entstehung von Sturdzas „Etat actuel de l'Allemagne" (HZ Bd. 120, 1919, S. 80 ff.).

I. Kundgebungen und öffentliche Meinung

In Zeiten, in denen der Staat als solcher das Monopol der politischen Aktion besitzt, hat nur der „Staats-Akt" einen politischen Rang, so die Krönung, die Huldigung, die Proklamation. In Zeiten aber, in denen das Volk selbst –

---

[1]) *Wentzcke*, a.a.O. S. 170.

[2]) Es scheint, daß es der Pfarrer *Weidig* in Butzbach, ein Mitglied des Hoffmannschen Bundes und des Kreises der Unbedingten, war, von dem die Anregung zu diesem „Grundsatz" ausgegangen ist (*Wentzcke*, a.a.O. S. 306).

[3]) *C. Brinkmann*, a.a.O S. 69.   [4]) Siehe unten S. 729 ff.

als Ganzes oder in seinen freigebildeten Gruppen — ein elementares Recht auf Teilnahme am politischen Handeln beansprucht, können auch scheinbar „private" Veranstaltungen, obwohl sie ganz außerhalb des Rahmens staatsrechtlicher Kompetenzen und Institutionen vor sich gehen, einen eminent verfassungspolitischen Charakter erlangen. In solchen privaten Manifestationen, Veranstaltungen und Kundgebungen schlägt das Private in das Öffentliche um, wenn die *öffentliche Meinung* die private Aktion als legitimen Ausdruck des Gemeingeists anerkennt. Mit der beginnenden Liberalisierung und Demokratisierung des allgemeinen Bewußtseins erhob sich im Anfang des 19. Jahrhunderts die öffentliche Meinung als unfaßbare, unwägbare und undefinierbare, aber doch bestimmende und gestaltende Macht. Sie wurde ein Element im System der existentiellen Verfassung. Im Ruf nach Meinungsfreiheit lag die Forderung nicht nur nach Freiheit der individuellen Meinungsäußerung, sondern auch und vor allem nach Anerkennung der freigebildeten öffentlichen Meinung als eines legitimen Elements des gesellschaftlich-staatlichen Lebens. Private Veranstaltungen, in denen die öffentliche Meinung sich kundtat, erlangten eben dadurch Publizität, daß sie Widerhall in sich erweiternden Kreisen der öffentlichen Meinung fanden. Überhaupt entfaltet diese sich nach Art einer Wellenbewegung, in der sich konzentrische Kreise stetig aneinanderschließen; so füllt ein kleiner Anstoß oft einen weiten Raum. Das Wartburgfest von 1817, das Hambacher Fest von 1832, die Offenburger und die Heppenheimer Versammlung von 1847, die Heidelberger Versammlung von 1848 waren solche „privaten" Veranstaltungen, die in den Raum des Öffentlichen eindrangen und nicht nur durch den Widerhall, sondern auch durch den Widerstand, den sie weckten, öffentlichen Rang erlangten. Das Wartburgfest war die erste Veranstaltung dieser Art in Deutschland, die erste spontane Kundgebung, in der die Nation sich unmittelbar und unabhängig von staatlichem Auftrag oder staatlicher Sanktion äußerte. Die politische Demonstration, später zur ermüdenden und vielfach banalen Begleiterscheinung des politischen Lebens verflacht, war damals ein epochemachender Vorgang, der die Teilnehmer und Anhänger mit Energien beseelte und den die Gegner als Anmaßung und Herausforderung empfanden [1]. Verfassungsgeschichtlich gesehen war der Tag auf der Wartburg die erste Manifestation des nationaldemokratischen Prinzips in Deutschland.

II. Das Wartburgfest

Der Plan, die Dreihundert-Jahrfeier der Reformation Martin Luthers und den Jahrestag der Leipziger Völkerschlacht in *einem* Festakt der studentischen Jugend auf der Wartburg zu begehen, kam unmittelbar aus dem Jahn'schen

---

[1]) Dazu die gegen die „Deutschen Gesellschaften" Hoffmanns gerichteten, aber alle gleichartigen Bestrebungen treffende Erklärung *Ibells* gegen die „ebenso unvernünftige als gesetzwidrige Idee", daß private Vereine mit dem Staat konkurrieren wollen, um selbständig in die Nationalangelegenheiten einzugreifen (siehe oben S. 703).

Kreis[1]). Es kennzeichnet den Geist der Burschenschaft, daß diese beiden Ereignisse für sie in eins verschmelzen konnten. Der religiösen Befreiung von den Formen äußerer Kirchlichkeit, die das protestantische Deutschland Luther dankte, entsprach nach Meinung der Studenten politisch die bei Leipzig erstrittene Befreiung von der äußeren Fremdherrschaft[2]). Das alte Papsttum und der napoleonische Cäsarismus galten der in innerem Aufstand begriffenen Jugend als Ausdruck der gleichen Tyrannei; christlich-reformatorisches und nationaldeutsches Bewußtsein gingen ineinander über. Eine von *Karl Sand* verfaßte Flugschrift feierte in verschwommenen Bildern diesen christlich-deutschen Gedanken.

Zu dem Fest auf der Wartburg, die Großherzog Carl August bereitgestellt hatte, kamen Studenten aus Berlin, Leipzig, Rostock, Kiel, Gießen, Marburg, Erlangen, Heidelberg, Würzburg und Tübingen; etwa die Hälfte der 500 Teilnehmer stellte die Universität Jena[3]). Freiburg, Landshut und die österreichischen Hochschulen dagegen waren nicht vertreten. Die Professoren *Oken* und *Fries* nahmen an den Veranstaltungen teil. Die Festrede hielt der Student *Riemann*. Er rief die akademische Jugend auf, zugleich nach menschlichen und vaterländischen Tugenden zu streben. Mit Schmerz gedachte er der durch den Deutschen Bund „vereitelten Hoffnungen des deutschen Volks"; rühmend erwähnte er den Landesherrn Carl August, der als einziger unter den deutschen Fürsten sein Verfassungsversprechen eingelöst habe. Das alles war maßvoll und von angreifenden oder herausfordernden Tönen frei. Dann aber nahm am ersten Abend der Feier der von Jahn dazu bestimmte Berliner *Maßmann* an der Spitze einer radikal gesinnten Minderheit der Teilnehmer den symbolischen Akt der *Bücherverbrennung* vor. Papierbündel mit den Titeln von etwa zwanzig Büchern, die den Burschen als anstößige Dokumente reaktionärer Gesinnung erschienen, gingen in den Flammen auf. Zu den Buchtiteln gehörten der *Code Napoléon*, der in zahlreichen deutschen Ländern noch in Geltung stand, *Kotzebues* „Deutsche Geschichte", die man als eine Schmähschrift gegen den deutschen Gedanken ansah, *Hallers* „Restauration der Staatswissenschaften", deren patrimoniale Staatsidee man verurteilte, *Ancillons* Buch über die „Souveränität", das man als Manifest des reaktionären Staatsrechts betrachtete, *Kamptz'* Codex der Gendarmerie, eine Sammlung preußischer Polizeigesetze[4]), dazu drei Schriften von *Schmalz*, der sich durch seine Enthüllungsschrift gegen den „Tugendbund" dem allgemeinen Unwillen ausgesetzt

---

[1]) *Hans Ferdinand Maßmann* (1797–1874), der den Plan vorbereitete, will die Anregung aus dem Kreis der Gießener „Schwarzen" (siehe unten S. 724) erhalten haben; wahrscheinlich geht die Anregung auf den Justizrat Hoffmann zurück (*Wentzcke*, a.a.O S. 173).

[2]) So die Festrede Riemanns, die das „doppelte Fest der Wiedergeburt des freien Gedankens und der Befreiung des Vaterlandes" feierte.

[3]) Die schriftliche Verpflichtung zur Wahrung des Burgfriedens während der Tagung ist von 366 Studenten unterzeichnet, womit ein gewisser Anhaltspunkt für die Teilnehmerzahl gegeben ist (vgl. G. *Steiger*, a.a.O S. 80, 93 ff.). Das nahe Halle war nur schwach vertreten, da die Universität sich seit dem Vorgehen der Regierung gegen die „Teutonia" in burschenschaftlichem Verruf befand.

[4]) Über *Kamptz*, den „Fanatiker der Angst" (*Treitschke*, Deutsche Geschichte Bd. 3 S. 424), siehe oben S. 142 f.

hatte[1]). Schließlich fielen auch ein Ulanenschnürleib, ein Korporalstock und ein Zopf als Symbole des im Gamaschendienst gedrillten stehenden Heeres in die Glut[2]). Es hätte den Regierungen besser angestanden, diesen nächtlichen Unfug zu ignorieren. Statt dessen erhoben sie die Bücherverbrennung zu einer Haupt- und Staatsaktion, indem sie sie als Bekundung revolutionären Geistes brandmarkten.

Auch *Goethe*[3]), *Stein*[4]), und *Niebuhr*[5]) äußerten sich unmutsvoll über das exzessive studentische Treiben. *Kamptz* legte die Verbrennung seiner Polizeigesetze als einen Akt der Majestätsbeleidigung, wenn nicht gar des Hochverrats aus; da sein Buch eine Sammlung in Geltung stehender Staatsgesetze enthalte, habe der Angriff sich nicht gegen den Herausgeber, sondern gegen den Monarchen als den staatlichen Gesetzgeber und den Repräsentanten der Staatshoheit gerichtet. Der preußische Polizeiminister *Fürst Wittgenstein* wandte sich gegen die Burschenschaft, deren Zweck es sei, *„die eigentliche Vaterlandsliebe zu töten, um der Liebe zu dem einen und unteilbaren Deutschland zu frönen"*.

---

[1]) Über *Schmalz* siehe oben S. 144 f.

[2]) Die genaue Liste der Schriften kennt man, weil *Oken* sie in seiner „Isis" veröffentlichte. Zu ihnen gehörten auch einige gegen das Turnwesen gerichtete Schriften, ferner auch *Karl Immermanns* Flugschrift gegen die Hallenser Burschenschaft „Teutonia" (siehe oben S. 709 Anm. 1)

[3]) Dazu die berühmte Stelle in *Goethes* Tag- und Jahresheften 1817 (Sämtl. Werke, Insel-Ausgabe, Bd. 5 S. 557):
„Ein Symbol der Souveränität ward uns Weimaranern durch die Feierlichkeit, als der Großherzog vom Fürsten von Thurn und Taxis, in seinem Abgeordneten, mit dem Postregal belieh, wobei wir sämtlichen Diener in geziemendem Schmuck nach Rangesgebühr erschienen und also auch unsrerseits die Oberherrschaft des Fürsten anerkannten, indessen im Lauf desselben Jahrs eine allgemeine Feier deutscher Studierenden am 18. Juni zu Jena und noch bedeutender den 18. Oktober auf der Wartburg eine ahnungsvolle Gegenwirkung verkündigten. Das Reformations-Jubiläum verschwand vor diesen frischen jüngeren Bemühungen. Vor dreihundert Jahren hatten tüchtige Männer Großes unternommen: nun schienen ihre Großtaten veraltet, und man mochte sich ganz anderes von den neuesten öffentlich-geheimen Bestrebungen erwarten."
In gleichem Sinn, wenn auch gröber die Bemerkung zu Eckermann am 6. April 1829 (Gespräche mit Eckermann, Insel-Ausgabe S. 471):
„Die Reformation kam aus dieser Quelle (sc. der Idee der persönlichen Freiheit) wie die Burschenverschwörung auf der Wartburg, Gescheites wie Dummes."

[4]) Brief *Steins* an den weimarischen Minister v. Gersdorff vom 10. Dezember 1817 (*Stein*, Briefe u. Amtl. Schr. Bd. V S. 673 ff.). Stein erkennt den „guten und edlen Zweck" des Festes an, wendet sich aber gegen den Einfluß von Fries und Oken, „von denen der eine durch *mystischen, metapolitischen, anarchischen Unsinn* und der andere etwas feiner durch seine mündlich vorgetragenen *demokratischen Scurrilitäten* mehrere der jungen Gemüter aufregte und irreleitete ... Allerdings ist der Hauptgrund der Gärung in Deutschland in dem Betragen unserer Fürsten und Regierungen zu suchen. Sie sind die *wahren Jacobiner,* ... und sie bereiten denen Anarchisten den Weg zum allgemeinen Untergang".

[5]) Brief *Niebuhrs* an Dore Hensler (Schwester seiner ersten Frau), dat. Rom 13. Dezember 1817 (Lebensnachrichten über B. G. Niebuhr Bd. 2, 1838): „Die rohen Vorfälle auf der Wartburg, gemischt mit religiöser Comödie, haben mich tief bekümmert. Unsere Jugend zeigt sich — wie sie hier aufkommt — aufgeblasen, hohl und pöbelhaft. — Freiheit ist ganz unmöglich, wenn die Jugend ohne Ehrerbietung und Bescheidenheit ist. — Schriebe ich, wie es mir ums Herz ist, würden sie mich auch verbrennen, und doch weiß ich, daß selbst alle ächte Republikaner aller Zeiten es unterschreiben würden."

Alsbald forderte denn auch *Metternich* die preußische Regierung auf, gemeinsam mit der österreichischen bei Großherzog Carl August gegen den „Geist des Jacobinismus", der sich auf der Wartburg, also auf weimarischem Boden, enthüllt habe, mit Schärfe vorstellig zu werden. Die Verfassung von Weimar prangerte er als „kleine Brutanstalt des Jacobinismus" an. Eine Kabinettsordre König Friedrich Wilhelms III. vom 7. Dezember 1817 [1]) verbot darauf die Verbindungen an den preußischen Universitäten [2]); das Turnwesen stellte die Regierung unter scharfe Polizeiüberwachung. Der Großherzog von Weimar aber wies die österreichisch-preußische Demarche zurück. Untersuchungen gegen die am Wartburgfest beteiligten Jenenser Professoren *Oken* und *Fries* blieben ergebnislos [3]). Die intervenierenden Mächte wies Carl August darauf hin, daß man mit Argwohn und gewaltsamen Maßnahmen nur weitere Erregung und Verwirrung in der Jugend hervorrufe, während es darauf ankomme, durch Vertrauen die Ruhe wiederzugewinnen und zu festigen [4]). Auch durch russische und französische Warnungen ließ Carl August sich in dieser zuversichtlichen Reserve nicht beirren.

[1]) Die an den Kultusminister *v. Altenstein* gerichtete *Kgl. Kabinettsordre vom 7. Dezember 1817* führte aus, der auf den meisten deutschen Universitäten herrschende Geist könne „unmöglich mit Gleichgültigkeit oder bloß als Äußerung jugendlicher Unbesonnenheit angesehen werden". Auf der Wartburg seien Reden gehalten worden, die zum Aufstande aufforderten, „sofern die gefaßten Hoffnungen von Freiheit und Unabhängigkeit nicht in Erfüllung gehen". Es seien Schriften verbrannt worden, „die diesem Geist der Zügellosigkeit widersprechen". Und es sei eine Verbindung gegründet worden, „die auf Ausführung der in den Reden vorgetragenen Grundsätze ausgeht" .... „Diesem höchstverderblichen und höchststrafbaren, auf deutschen Universitäten seßhaft gewordenen Geiste der unerfahrenen Jugend aufs Kräftigste zu steuern, ist eine angelegentliche Pflicht der Regierungen und Ihres Amtes. Ich fordere Sie demgemäß hierdurch auf, die nachdrücklichsten Maßregeln dagegen zu ergreifen, *namentlich alle und jede Verbindung der Studierenden .... bei Strafe der Relegation und Ausschließung von jeder Amtsanstellung zu untersagen."* Der König werde nicht den mindesten Anstand nehmen, „diejenige Universität, auf welcher der Geist der Zügellosigkeit nicht zu vertilgen ist, aufzuheben" .... „Das Turnwesen .... artet ebenfalls zu einem Vehikel aus, auf den Geist der Jugend nachteilig zu wirken, und es muß daher Ihre Aufmerksamkeit hierauf gerichtet sein." (*E. Müsebeck*, Das preuß. Kultusministerium, 1918, S. 187 f.).

[2]) Zunächst wurde angenommen, trotz des Verbots sei die Burschenschaft der gegen „geheime Verbindungen" gerichteten Strafandrohung des preuß. Edikts vom 20. Oktober 1798, dessen Geltung das Edikt vom 6. Januar 1816 erneuert hatte (Texte: Dokumente Bd. 1 Nr. 20, 21), *nicht unterworfen.* Das Edikt richtete sich in der Tat nicht gegen Studentenverbindungen als solche, sondern nach seinem § 2 gegen *politische Vereinigungen,* nämlich gegen solche, „deren Zweck, Haupt- oder Nebengeschäft darin besteht, über gewünschte oder zu bewirkende Veränderungen in der Verfassung oder in der Verwaltung des Staates oder über die Mittel, wie solche Veränderungen bewirkt werden könnten, oder über die zu diesem Zweck zu ergreifenden Maßregeln Beratschlagungen, in welcher Absicht es sei, anzustellen". — Jedoch war nicht gut daran zu zweifeln, daß die Burschenschaft in ihrer Anfangszeit den Charakter einer auf Verfassungsänderungen zielenden politischen Vereinigung besaß und somit seit ihrem Verbot in Preußen dem Edikt gegen „geheime", d. h. gegen nicht erlaubte politische Verbindungen unterlag. Trotzdem setzte sich zunächst die Auffassung durch, daß das Edikt von 1798 trotz des Verbots von 1817 *nicht* auf studentische Verbindungen anzuwenden sei. Erst 1824 wurden diese dem Edikt von 1798 ausdrücklich unterworfen (unten S. 752 f.).

[3]) Über die Maßregelung von *Oken* und *Fries,* zu der es 1819 nach dem Sand'schen Attentat kam, siehe unten S. 728, 742.

[4]) Über die gleichgerichtete Erklärung Carl Augusts (zusammen mit dem Herzog von Gotha) vom 1. April 1819 siehe unten S. 733.

III. Die Radikalisierung der Burschenschaft

1. Die „Grundsätze der Wartburgfeier"

Naturgemäß drängte nur ein Teil der in der Burschenschaft vereinten Studenten mit voller Entschlußkraft auf die unmittelbare politische Aktion. Als ihr Wortführer faßte *Riemann* auf Veranlassung *Ludens* das politische Programm der Burschenschaft in „Grundsätzen der Wartburgfeier" zusammen. Das Dokument ist bemerkenswert, weil es recht eigentlich *das erste deutsche Parteiprogramm* ist. Es ist die erste programmatische Zusammenstellung der Leitgedanken des liberalen Nationalismus in Deutschland. Im Grund änderte sich bis 1848 und auch darüber hinaus an diesem schon 1818 formulierten liberal-nationalen Programm nichts mehr.

Riemanns „Grundsätze" von 1818 forderten die politische und wirtschaftliche Nationaleinheit Deutschlands, den Ausbau der deutschen Wehrkraft, die Entwicklung einer konstitutionellen Monarchie mit landständischen Verfassungen und Ministerverantwortlichkeit, die Gleichheit vor dem Gesetz, die Öffentlichkeit der Rechtspflege, die Einführung von Schwurgerichten, die Schaffung eines deutschen Gesetzbuchs, den Schutz von Freiheit und Eigentum sowie die Garantie der Meinungs- und Pressefreiheit [1]). Von den unitarisch-republikanischen Forderungen der extremen Linken hielten Riemanns „Grundsätze" sich sorgfältig fern. Aber auch diese maßvolle Fassung fand die Zustimmung der verantwortlichen Führung der Burschenschaft nicht, da diese fürchtete, sich durch ein offenes politisches Programm zu kompromittieren. Doch ist sicher, daß Riemanns Entwurf der Sache nach der politischen Grundstimmung der Mehrheit der Burschenschaft entsprach.

In Jena bildete sich innerhalb der Burschenschaft ein enger Freundeskreis, der auf dieses politische Reformprogramm eingeschworen war und der sich bemühte, der „geistige Mittelpunkt" der Burschenschaft zu werden. Außer *Maßmann, Robert Wesselhoeft* und *Anton Haupt* gehörten zu dieser Gruppe der spätere Historiker *Heinrich Leo,* der Achtundvierziger *Heinrich von Gagern,* der Schleswiger *Jens Uwe Lornsen,* schließlich auch *Johann Wit* und *Karl Ludwig Sand* [2]). Dieser engere Kreis erhielt seine eigentliche Kraft, als im Herbst 1818 *Karl Follen* an seine Spitze trat [3]).

2. Die Gründung der Allgemeinen Deutschen Burschenschaft

Der Mehrheit unter den Vorstehern der Burschenschaft kam es allerdings mehr auf die organisatorische Festigung des neuen Verbindungswesens als auf die programmatische Klärung an. Der Widerhall, den das Wartburgfest

---

[1]) ·Wortlaut der Fünfunddreißig „Grundsätze" Riemanns und der ihnen angefügten „Zwölf Beschlüsse" bei *H. Ehrentreich,* Heinrich Luden und sein Einfluß auf die Burschenschaft (Quellen und Darstellungen zur Gesch. d. Burschenschaft Bd. 4, 1913) S. 113 ff. Der vorausgegangene Kieler Entwurf (von *Hegewisch)* findet sich bei *Treitschke,* Deutsche Geschichte Bd. 5 S. 733 ff.

[2]) Vgl. *Wentzcke,* aaO S. 307.

[3]) Siehe unten S. 727 f.

geweckt hatte, kam der Ausdehnung der Burschenschaft zugute. Trotz des preußischen Verbots bestanden bald Burschenschaften an 14 deutschen Universitäten, darunter auch an vier von den (damals) fünf preußischen [1]). Ein Jahr nach dem Wartburgfest, am 18. Oktober 1818, trat in Jena die *Allgemeine Deutsche Burschenschaft* als eine Gesamtvereinigung des deutschen Studententums ins Leben.

Sie beruhte auf der Selbständigkeit der örtlichen Burschenschaften, war also in sich föderativ verfaßt; so war es nicht unberechtigt, wenn *Fries* von einem „Jugend-Bundesstaat" sprach, den er in der studentischen Organisation verwirklicht sah und den er offenbar dem staatenbündisch organisierten Deutschen Bund als Verfassungsmodell entgegenhielt. Die Errichtungsurkunde der Allgemeinen Burschenschaft hob hervor, daß dieser Zusammenschluß gegründet sei „auf das Verhältnis der deutschen Jugend zur werdenden Einheit des deutschen Volkes"; damit forderte sie die Überwindung des Deutschen Bundes durch eine festere Form der nationalstaatlichen Einheit.

3. Die radikalen Gruppen der Burschenschaft

a) Die „Altdeutschen"

Dem unitarischen Republikanismus, zu dem eine radikale Minderheit sich insgeheim bekannte, stand die Mehrheit der Studenten fern. Doch war es gerade diese maßvolle Haltung der Mehrheit, die die Wortführer der „Altdeutschen" zur fortschreitenden Radikalisierung drängte. So kam es nun zu offenkundigen inneren Spannungen in der Jenenser Burschenschaft. Die gemäßigte Richtung sammelte sich in Lichtenhain, die schärfere in Ziegenhain, den berühmten Bierdörfern der Jenaer Universität. Während die Lichtenhainer sich zur strengen Legalität politischen Verhaltens bekannten, setzte sich im Kreis der Ziegenhainer die geheime Parole durch, es gelte, die deutsche Einheit *„mit allen Mitteln"* zu gewinnen. Den fragwürdigen Moralsatz, daß der Zweck die Mittel heilige, erhoben die Radikalen zum Prüfstein der „Überzeugungstreue" [2]).

Daß die radikale Gruppe diesen Satz, der solange als verwerfliches Beispiel jesuitischer Moraltheologie gegolten hatte, ohne Scheu übernahm, kündete an, welche Verirrungen drohten. Es war eine politische Paradoxie, daß auch Metternich bald, um seine anfechtbaren Maßnahmen gegen die nationale Bewegung beim Bund durchzusetzen, das Argument verwandte, wer den Zweck wolle, müsse auch die Mittel wollen. Pseudo-moralische und pseudo-juristische Argumente öffneten so dem Terror von unten wie dem Terror von oben die Bahn. Terror ruft notwendig Gegen-Terror hervor, und mit dem Satz, daß das Kampfziel jedes Kampfmittel legitimiere, fallen alle Schranken hin. Wird gar die „Überzeugung" der letzte Maßstab für die Legiti-

---

[1]) Nämlich in Berlin, Breslau, Erlangen, Gießen, Halle, Heidelberg, Jena, Kiel, Königsberg, Leipzig, Marburg, Rostock, Tübingen und Würzburg. Von den protestantischen Universitäten fehlten nur Göttingen und Greifswald; von den katholischen Universitäten war nur Würzburg beteiligt. Die Universität Bonn wurde erst durch Stiftungsurkunde des preußischen Königs vom 18. Oktober 1818 errichtet; die Bonner Burschenschaft entstand (wenn auch während der Verbotszeit unter anderem Namen) 1819.

[2]) Siehe oben S. 715 ff.

mität des Ziels, so rechtfertigt die Überzeugungstreue jede Tat und jede Untat. So fand im Kreis der „Altdeutschen" die Lehre von der sittlichen Zulässigkeit des Tyrannenmords bald fanatische Anhänger. Das germanische Widerstandsrecht, die Theorie der jesuitischen wie der kalvinischen Monarchomachen, die Praxis der englischen wie der französischen Revolution boten verführerisches Material für die Rechtfertigung der politischen Gewaltsamkeit. Was auf der Wartburg harmlos begonnen, nahm nun die Züge der Bereitschaft zur Ausschreitung an. Wenn es nicht möglich sei, die „dreiunddreißig Tyrannen"[1]) Deutschlands durch „Mediatisierung" unter die Hoheit der Einen und unteilbaren Nation zu beugen, so sei der Mord ein notwendiges und legitimes Mittel zum heiligen Ziel!

b) Die „Unbedingten"

War in Jena zunächst noch viel tatenarme Romantik im Spiel, so erhob sich bald gefährlicher der kalte und vernunftbestimmte Radikalismus der *Gießener Burschenschaft*. In enger Verbindung mit den in Oberhessen und Nassau auch nach dem Verbot fortwirkenden Deutschen Gesellschaften und besonders mit dem Hoffmann'schen Bund[2]) entstand an der hessischen Landesuniversität der „Bund der Schwarzen" als Keimzelle der Gießener Burschenschaft. Führend waren in ihr die Brüder Adolf, Karl und Paul Follen, unter denen der mittlere, der Dozent der Rechte *Karl Follen*, durch überlegene Bildung, scharfen Intellekt und den Mut zur durchdringenden Konsequenz hervorragte. Die „Überzeugung", der er sich verpflichtet fühlte, war im Unterschied zur altdeutschen Schwärmerei der Jenenser Burschenschaft vom westlichen Geist des Jakobinismus erfüllt. Er machte sich die revolutionäre Formel der „république une et indivisible" zu eigen; er bekannte sich zu einem strengen Unitarismus und Republikanismus und verwarf die föderative wie die monarchisch-legitimistische Ordnung Deutschlands. Von Rousseaus Bekenntnis zur individuellen Freiheit und Gleichheit und vom ethischen Rigorismus Robespierres war er ganz erfüllt. Wenn das damals viel mißbrauchte Wort vom deutschen Jakobinertum irgendwo berechtigt war, dann für diese Follen'sche Gruppe der Gießener Studenten, deren innerster geheimer Kreis den Namen der „Unbedingten" trug; die vorbehaltlose Verpflichtung, der Überzeugung mit jedem Mittel zu dienen, gehörte zu den Grundsätzen des Follen'schen Bundes, der durch die Verbindung mit Alt-Akademikern und anderen Mitgliedern der Geheimgesellschaften ein System von Stützpunkten in ganz Hessen und Nassau bis hin nach Heidelberg besaß. Schon in der Wirtschaftskrise der Jahre 1816/17 trug dieser Kreis der „Schwarzen" in Gießen und Darmstadt sich mit ernsthaften Plänen einer revolutionären Erhebung[3]).

---

[1]) „Dreißig oder Dreiunddreißig — gleichviel!" lautete der Untertitel des unter dem Namen „Das große Lied" von Karl Follen zum 18. Oktober 1818 verfaßten und verbreiteten Revolutionsgesangs. Die dreiunddreißig deutschen Fürsten wurden mit dieser Formel den „Dreißig Tyrannen", die 404—403 v. Chr. in Athen ein Gewaltregiment führten, gleichgesetzt. 1818 gab es übrigens 37 deutsche Erbmonarchien (siehe oben S. 584).   [2]) Siehe oben S. 703 f.
[3]) Dazu der Brief des Gießener Landrichters Schulz an Karl Theodor Welcker vom Juni 1817: „Mit Güte erlangen wir armen Deutschen nimmer mehr unser Recht; Stürme muß es geben, und sie müssen herunter, die großen Rechtsdiebe" (vgl. *Wentzcke*, aaO S. 138).

Das politische Programm Follens erschließt sich aus dem *Entwurf der deutschen Reichsverfassung*, der 1817/18 in dem Gießener Kreis entstand [1]). Einheit und Unteilbarkeit des Reichs galten als oberstes Prinzip. An die Stelle der deutschen Einzelstaaten sollte eine Gliederung in etwa gleichgroße, nach französischem Vorbild mit Flußnamen bezeichnete Verwaltungsbezirke („Gaue") treten. Allen Deutschen sollte Gleichheit der Rechte gewährleistet sein; auch an der Gesetzgebung sollten Alle mit gleichen Rechten durch Abstimmung teilnehmen. Aus allgemeinen Wahlen sollte eine deutsche Volksvertretung, der Reichsrat, hervorgehen; auch das Staatsoberhaupt (den „König") sollte das Volk unmittelbar auf Lebenszeit wählen. Die Beamten sollten nicht auf den König, sondern auf die Volksvertretung vereidigt werden; die Verteidigung des Vaterlandes sollte, nach Auflösung der stehenden Heere, eine National-Miliz mit allgemeiner Dienstpflicht übernehmen. Alle Schulen sollten aus den Städten auf das Land verlegt werden und in erster Linie der Erziehung für Ackerbau und Handwerk dienen. Die Kirchen sollten sich in einer einzigen christlich-deutschen Kirche vereinigen; andere Bekenntnisse sollten keine Duldung finden. Die Idee der „république une et indivisible" war hier für Deutschland zu Ende gedacht.

Aus radikalem Individualismus ergab sich über den radikalen Nationalismus der radikale Etatismus; aus der absoluten Freiheit und Gleichheit der Einzelnen folgte die absolute Herrschaft der volonté générale; aus dem schrankenlosen Geltungsanspruch der eigenen Überzeugungstreue erhob sich die Intoleranz gegenüber der Überzeugungsfreiheit der Andersdenkenden. Dieses Follen'sche Verfassungsprojekt trat als das Parteiprogramm der extremen Linken in Gegensatz zu den maßvollen „Grundsätzen" Riemanns. [2]) Die Spaltung des deutschen Liberalismus in eine radikale („demokratische") und eine gemäßigte („nationalliberale" Richtung trat schon in diesem frühen burschenschaftlichen Konflikt mit voller Klarheit hervor.

IV. Die Universitätsfrage auf dem Aachener Kongreß

Wenngleich die deutschen Regierungen schwerlich von den Einzelheiten der studentisch-revolutionären Bestrebungen unterrichtet waren, so war sich Metternich doch einer akuten Gefahr bewußt. In Spanien, in Italien, in Griechenland bereitete sich damals die nationale Revolution vor; es lag nahe, die deutschen „demagogischen" Umtriebe als einen Teilvorgang in diesem großen Gesamtprozeß der gemeineuropäischen Umwälzung zu sehen. In Erkenntnis dieses Zusammenhangs sprach Metternich mit Verachtung von den sorglosen deutschen Landesherren, die, wie Großherzog Carl August, der „Weimarer Altbursche", übersähen, daß die scheinbaren Schwärmereien der Studenten in Wahrheit Symptome einer tiefeingewurzelten, lebensbedrohenden Krankheit Europas seien. Um den Regierungen die Augen zu öffnen und die gemeinsamen Abwehrmaßnahmen vorzubereiten, ließ Metternich das deutsche Universitätsproblem auf dem *Aachener Kongreß* der europäischen Mächte im September/Oktober 1818 behandeln [3]). Aus dem engeren deutschen Gesichtsfeld, wie es sich bei den Beratungen des Frankfurter Bundestags darbot, rückte Metternich die Frage der akademischen Bewegung damit in die gesamteuropäische Perspektive. Die auf akademische Freiheit gegründeten deutschen Universitäten

---

[1]) Die „Grundzüge für eine künftige Reichsverfassung" arbeitete Adolf Follen aus; Karl Follen gestaltete den Entwurf im republikanischen Sinne um (vgl. *Wentzcke*, aaO S. 305).   [2]) Siehe oben S. 722.
[3]) Über den Aachener Kongreß siehe auch oben S. 694.

stellte er als den geistigen Mittelpunkt einer allgemeinen europäischen Verschwörung dar. Die durch die Humboldt'sche Bildungsreform geschaffene deutsche Universitätsverfassung, mit ihr aber die deutsche Unterrichtsverfassung überhaupt, geriet damit auf dem Aachener Kongreß in eine schwere Gefahr.

Der russische Staatsrat *Graf Stourdza* [1]), der sich einige Zeit in Deutschland aufgehalten hatte, übergab dem Kongreß eine geheime Denkschrift „Mémoire sur l'état actuel de l'Allemagne" [2]), deren These dahin ging, an den deutschen Universitäten werde eine auf den nationaldemokratischen Einheitsstaat zielende Revolution vorbereitet. Der Nährboden dieser Bewegung sei die alte und nunmehr erneuerte freiheitliche Universitätsverfassung Deutschlands, die Studenten und Professoren zu einer autonomen Körperschaft, einem „Staat im Staat", verbinde. Abhilfe sei nur möglich, wenn die freiheitlichen akademischen Privilegien beseitigt, die Studenten statt der akademischen der allgemeinen Gerichtsbarkeit unterstellt, feste Studienkurse an Stelle der freien Forschung und Lehre eingerichtet, alle schädlichen Schriften der Benutzung der Studenten entzogen und schließlich die Professoren nicht im Berufungsverfahren ausgewählt, sondern von den Regierungen nach freiem Ermessen ernannt würden. Indem die Denkschrift die Beseitigung der freien Forschung und Lehre forderte, schlug sie nichts anderes als die Aufhebung der deutschen Universitäten vor: *„débris gothiques du moyen-âge, incompatibles avec les institutions et les besoins du siècle où nous vivons, répertoires de toutes les erreurs du siècle".* In den lebhaften Aachener Erörterungen stimmte Metternich der russischen Denkschrift entschieden zu. Er war entschlossen, ihre Forderungen zur Grundlage einer allgemeinen deutschen Universitätspolitik zu machen. Die Grundsätze der „Karlsbader Beschlüsse" waren in diesen Aachener Vorschlägen offenkundig vorweggenommen.

Die übrigen deutschen Regierungen waren in Aachen allerdings noch nicht bereit, Metternich zu folgen. *Humboldt,* der Schöpfer der Berliner Universität, begegnete dem Angriff auf sein Werk mit scharfer Anti-Kritik. Auch Hardenberg war bemüht, den Stoß gegen das Palladium der wissenschaftlichen Freiheit abzuwehren. Es ist nicht ausgeschlossen, daß der preußische Staatskanzler es war, der durch Mittelsmänner die Veröffentlichung der Denkschrift Stourdzas in einem Pariser Verlag veranlaßte, damit die Publizität des Angriffs die Kräfte der Abwehr wecke. Die Veröffentlichung löste einen Sturm der Entrüstung an den deutschen Universitäten und im geistigen Leben Deutschlands überhaupt aus. Rußland, das man als verantwortlich für die Denkschrift ansah, war als der eigentliche Feind der Freiheit und des Geistes bloßgestellt. Schon während der Freiheitskriege hatten viele Deutsche unter dem Albdruck gelebt, die Befreiung durch den Zaren könne ebenso gefährlich werden wie die Unterjochung durch Napoleon. Der Argwohn steigerte sich nun zum Haß gegen alles Russische und gegen Alle, die des Einverständnisses mit Rußland verdächtig waren.

Metternich dagegen suchte alsbald den preußischen König zu entscheidendem Eingreifen zu veranlassen. Im November 1818 legte er dem preußischen Staatskanzler zwei Vorschläge vor, von denen der erste sich mit der preußischen Verfassungsfrage [3]), der zweite mit den Universitäten, dem Turnwesen und der Pressefreiheit

---

[1]) Über seine Schwester und ihren Einfluß auf Zar Alexander I. siehe oben S. 689.
[2]) Dazu *C. Brinkmann,* HZ Bd. 120 S. 80 ff.
[3]) Siehe oben S. 304 ff.

in Preußen beschäftigte[1]). Das Ziel der Universitäten, der Burschenschaft und der Turnerschaft sei, die Jugend *zur Revolution zu erziehen*. Diesem Unwesen müsse Preußen mit den schärfsten Mitteln Widerstand leisten. In Hardenbergs Auftrag trat *Altenstein* den Ansichten Metternichs in einer Denkschrift entgegen[2]). Der preußische Kultusminister räumte ein, daß einzelne Vorgänge an den Universitäten zu mißbilligen seien. Aber ganz verwerflich und empörend würde es sein, „das Gute mit dem Bösen zusammenzuwerfen und so gegen alle diese Zwecke (der studentischen Bewegung), nicht bloß gegen ihre Entartung sich erklären zu wollen".

Die verantwortlichen preußischen Staatsmänner lehnten somit unterdrückende Maßnahmen gegen die Studenten, die Professoren und die Freiheit der Universitäten noch ab. Aber andere Kreise der hohen preußischen Bürokratie, etwa der Polizeiminister Wittgenstein und der Geheimrat Kamptz, waren zu einem energischen Gegenschlag entschlossen. Es gelang ihnen, den Unmut König Friedrich Wilhelms III., der sich schon nach dem Wartburgfest offenbart hatte, weiter zu steigern. Hardenberg, obwohl in die unendlichen Schwierigkeiten seiner Verfassungspläne verstrickt, dämpfte jedoch den königlichen Unwillen. So kam es zu der von Hardenberg und Altenstein entworfenen *Königlichen Kabinetts-Ordre vom 11. Januar 1819*[3]), in der Friedrich Wilhelm III. unter ausführlicher Darstellung der Universitätsverhältnisse sich zwar gegen die bedenklichen Erscheinungen im geistigen Leben der Nation wandte, ohne jedoch die Universitätsverfassung grundsätzlich anzutasten. Er forderte nur, daß die Universitäten strenger überwacht, daß die Professoren sorgfältiger ausgewählt, daß die Turnplätze auf die Pflege körperlicher Ertüchtigung beschränkt und mit den staatlichen Schulen verbunden, und schließlich daß die Zeitungen durch ein Preßgesetz am Mißbrauch der Meinungsfreiheit gehindert würden. Den Hardenberg-Altenstein'schen Versuch, trotz solcher Überwachungsmaßnahmen die Universitätsverfassung im Ganzen zu erhalten, machte jedoch der verhängnisvolle Anschlag Sands auf Kotzebue zunichte.

V. Das Sand'sche Attentat

1. Der Mannheimer Anschlag

Die seit dem Aachener Kongreß hervortretenden Zeichen schärferer Reaktion trieben die studentische Jugend um so schneller und tiefer in den Entschluß zur direkten Aktion. Es entsprach der dialektischen Gesetzlichkeit eines solchen Ablaufs, daß die Regierungen, indem sie die burschenschaftliche Bewegung als eine revolutionäre Organisation auffaßten und bekämpften, den Willen zur revolutionären Tat erst recht in ihr zur Reife brachten. Der Burschentag von 1818 hatte *Karl Follen*, dem Haupt der Radikalen, gezeigt, daß er seinen Führungsanspruch in der Burschenschaft nur werde durchsetzen können, wenn er die verhältnismäßig unbedeutende und abseits gelegene Gießener Universität mit Jena, dem Mittelpunkt der studentischen Bewegung, vertausche. Auch mußte er in Gießen mit politischen Schwierigkeiten rechnen, während er sich in Jena unter dem weitherzigen Regime Carl Augusts ein höheres Maß von Freiheit für seine politischen Pläne versprach. In Jena gewann der junge Dozent rasch die Anhängerschaft des engeren Kreises, von dem schon die Rede

---

[1]) Veröffentlicht in: *Metternich-Klinkowström*, Aus Metternichs nachgelassenen Papieren Bd. 3 (1881), S. 172 ff., 178 ff.   [2]) Vgl. *Müsebeck*, aaO S. 196 ff.
[3]) Ebenda S. 199 ff.; Teilabdr. der Kab.Ordre vom 11. Januar 1819: ebenda S. 270 ff

war[1]); die Zahl der Vertrauten soll damals 22 betragen haben[2]). Ob es schon vor dem Sand'schen Attentat zu einer Spaltung innerhalb dieses Kreises zwischen den Gemäßigten und Follens radikalen Anhängern kam, ist nicht sicher. Wahrscheinlicher ist, daß es sich bei den späteren Angaben über solche Richtungsgegensätze um Schutzbehauptungen der Verdächtigen handelte[3]). Vieles spricht auch dafür, daß Follen in diesem Kreis im Winter 1818/19 noch nicht für eine unmittelbare Aktion eintrat. Denn bei aller Leidenschaft und Entschiedenheit verstand Follen doch, mit den Gegebenheiten zu rechnen; es ist anzunehmen, daß er seine revolutionären Pläne sorgfältig vorzubereiten dachte. Da führte im März 1819 der Gewaltakt Sands zum jähen Ende aller Hoffnungen, die die Burschenschaft auf ihr politisches Wirken setzen konnte.

Am 23. März 1819 ermordete *Karl Ludwig Sand* in Mannheim den Schriftsteller *August von Kotzebue*[4]). Der 1761 in Weimar geborene vielgewandte, vielgelesene und vielaufgeführte Schriftsteller stand seit 1807 als Staatsrat in russischem Dienst; 1817 kam er nach Weimar; zu seinen geheimen Aufgaben gehörte es, von dort aus über die geistigen Vorgänge in Deutschland, vor allem über Wissenschaft und Universitäten, nach Rußland zu berichten. Er hatte sich der Jugend schon dadurch verhaßt gemacht, daß er die freiheitlichen und nationalen Ideen in seinem „Literarischen Wochenblatt" (seit November 1817) wie in anderen Schriften mit Spott verfolgte. Ihre tödliche Feindschaft zog er sich zu, als durch einen Vertrauensbruch des Schriftstellers *Lindner*[5]) einer von Kotzebues Geheimberichten, und zwar ein Bericht über den Historiker *Luden* und dessen Zeitschrift „Nemesis", in die Hände der Studenten fiel. Kotzebue war damit als Zuträger der russischen Regierung entlarvt; zugleich war erwiesen, daß diese sich auf anstößigem Weg mit Material über deutsche Universitätszustände versah. Die Entrüstung über Kotzebue verband sich mit dem Haß auf alles Russische, den Stourdzas Aachener Denkschrift entfacht hatte. Besonderen Zorn erregte es, daß Stourdza sich der Pistolenforderung entzog, die zwei der Jenenser Burschenschaft angehörende Studenten ihm übermittelten. Die Erbitterung stieg, als *Oken*, der Stourdza in seiner „Isis" heftig angriff, auf russisches Verlangen hin Untersuchungen ausgesetzt war. Als Kotzebue gar wagte, öffentlich für Stourdza einzutreten, lenkte er den Rachetrieb der Angegriffenen unmittelbar auf sich. In Mannheim, wohin er sich in Sorge um seine Sicherheit zurückgezogen hatte, fiel er Sands Attentat zum Opfer.

Der Attentäter *Karl Sand* war in Wunsiedel im Fichtelgebirge am 5. Oktober 1795 geboren; er war bei der Tat 23 Jahre alt. Die Markgrafschaft Bayreuth hatte, als Sand geboren wurde, zu Preußen gehört; erst 1810 war er bayerischer Untertan geworden. Als Freiwilliger hatte er im bayerischen Heer am Kampf gegen Napoleon teilgenommen; dann war er als Student der Theologie in Erlangen und später in

---

[1]) Siehe oben S. 722.
[2]) *Wentzcke*, a.a.O S. 311.
[3]) Über die Gegensätze berichtet vor allem *Anton Haupt*: „Auf die eine Seite traten die, die ihre Überzeugung für untrüglich hielten und die sich über alles in der Geschichte Gegebene hinausstellten, auf die andere Seite die, die zwar ebenfalls das Bestehende der Zeit für schlecht hielten, aber die Besserung nur durch eine ruhige Hervorbildung aus dem Inneren des Lebens erwarteten" (*Wentzcke*, a.a.O S. 312 f.). Das deutet auf eine wesentliche Differenz zwischen Revolutionären und Reformern; aber in dem knappen halben Jahr 1818/19, in dem der Kreis unter Follens Leitung stand, dürfte es zu einer wirklichen Scheidung der Geister wahrscheinlich noch nicht gekommen sein. In vielen wird erst nach dem Sand'schen Anschlag das Bedürfnis entstanden sein, sich gegen den revolutionären Aktivismus und für den maßvollen Reformismus zu entscheiden.
[4]) *Uwe Pörksen*, Die Ermordung Kotzebues oder Kinder der Zeit (1984).
[5]) Siehe unten S. 756 Anm. 1.

Jena der Burschenschaft beigetreten und zum Kreis der „Unbedingten" gestoßen [1]). Schwerfällig von Geist, dumpf von Gemüt, verworrenen Gefühls und ungeordnet in seinen politischen Ideen, hielt er zäh und treu an der einmal ergriffenen Meinung fest. Das Ethos der „Überzeugung" wirkte in diesem einfachen Charakter stärker noch als in differenzierteren Naturen; was er als Wahrheit erfahren zu haben glaubte, schien dem jungen Theologen mit der Heilsgewißheit des Evangeliums ausgestattet zu sein. Ihm galt der Kampf für Einheit und Freiheit als ein unbedingtes sittliches Gebot; jeder Gegner galt ihm als ein Verräter an der Idee des absoluten Sittlichen, der den Tod verdiene. So erschien ihm der politische Mord als eine sittlich notwendige und gerechtfertigte Tat. Der *Wille zur Tat*, der Entschluß, die Überzeugung in Aktion umzusetzen, hatte von ihm ganz Besitz ergriffen; in seinen Tagebüchern wiederholt sich die Erwägung, daß es gelte, das als Notwendigkeit Erkannte durch die Tat zu vollziehen. Zur Überzeugungstat bekannte Sand sich in der Schrift „Todesstoß dem August von Kotzebue", die er bei sich trug, als er das Attentat verübte [2]); zur ihr bekannte er sich in unbeirrter Standhaftigkeit auch in dem Prozeß [3]), der mit einem Todesurteil endete. Von seinen Helfern gab er keinen preis; insbesondere deckte er Karl Follen, der am stärksten verdächtig war. Der Scharfrichter, ein guter pfälzischer Demokrat, bat ihn um Verzeihung, bevor er am 20. Mai 1820 das Richtschwert gegen den Attentäter erhob, in dem er wie viele der Zeitgenossen den Märtyrer der deutschen Einheit und Freiheit sah. Aus dem Holz des Blutgerüstes baute er ein Gartenhaus in seinem Heidelberger Weinberg, in dem die Heidelberger Burschenschafter später ihre geheimen Zusammenkünfte pflogen — „in Sands Schafott, als Gäste seines Henkers" [4]).

2. Politischer Mord und Überzeugungstat

Der politische Mord war Deutschland bis dahin fremd geblieben. Die *Lehre von der sittlichen Rechtfertigung des Tyrannenmords* war zwar in Deutschland so gut wie anderwärts verbreitet. Doch hatte seit Johann Parricidas Anschlag gegen König Albrecht I. (1308) niemand die Hand gegen einen deutschen Herrscher erhoben. Der Mord an Wallenstein (1634) war die Vollstreckung eines staatlichen Befehls gegenüber einem „erklärten Hochverräter"; wenngleich ein verbrecherischer Akt der Staatsgewalt, hatte er doch den Schein der auf Staatsräson gegründeten Notwendigkeit für sich. Zum politischen Mord an Andersdenkenden war es auch in Zeiten härtester innerer Kämpfe nicht gekommen. Sands Anschlag war der erste Fall eines politischen Attentats aus „Überzeugung" in Deutschland. Der von Follen verherrlichte Tyrannenmord

---

[1]) Über ihn vor allem *K. A. v. Müller*, K. L. Sand (1924).
[2]) Es hieß dort: „Aber der Mensch soll auch diese *Überzeugung* bewähren, er soll leben und *handeln*. Dazu haben wir die ganze Macht des Willens empfangen, . . . daß wir uns . . . selbst bestimmen, und darin bezeugt sich alle Tugend, daß wir . . . nach eigener Entschließung tun, was wir alle wollen . . . Man hat den Gott vergessen, der bekannt sein will mit Gebet und *Tat*." (Aktenauszüge S. 138, 139).
[3]) Vgl. *v. Hohnhorst*, Vollständige Übersicht Bd. 2 S. 15: „Der Zweck heiligt die Mittel. Dieser Satz fand in *Sand* einen starken Verteidiger, insofern er bemerkte, der Grundsatz sei weder gefährlich noch schädlich (wenn nur der Zweck ein wahrhaft heiliger und göttlich vollkommener sei). Bei den Jesuiten wäre er nur dadurch scheußlich geworden, daß sie die Mittel zu scheußlichen Zwecken angewandt hätten. Alle Mittel für eine gute Sache müßten immer gut sein, nur dürfe man den Leidenschaften kein Spiel lassen."
[4]) *Treitschke*, Deutsche Geschichte Bd. 2 S. 518.

traf keinen der „Dreiunddreißig", sondern einen kleinen Helfer der Tyrannei. Es bedarf keiner weiteren Bemerkung darüber, welches Verhängnis es für das beginnende Zeitalter politischer Kämpfe bedeutete, daß das Attentat als Mittel der direkten Aktion nun auch in Deutschland Eingang gefunden hatte.

Sands Anschlag führte bald zu leidenschaftlicher Auseinandersetzung um das Problem der Überzeugungstat. Viele Stimmen erhoben sich, die das aus reiner Überzeugung begangene politische Delikt als sittlich gerechtfertigt anerkannten. Gewiß leugnete man in der Burschenschaft jede Teilnahme an dem Mord; Karl Follen insbesondere schwor mit eiserner Stirn jede Mitwisserschaft und Mithilfe ab, obwohl er schließlich überführt wurde, das Geld zur Reise Sands nach Mannheim zur Verfügung gestellt zu haben. Doch trat die wahre Gesinnung der „Unbedingten" darin zu Tage, daß sie bald nach Sands Tat von Gießen aus unter Paul Follens Leitung einen Mordanschlag gegen den nassauischen Staatsrat *Ibell* ins Werk setzten, der allerdings mißlang (oben S. 703). Der junge Löning, der das Attentat unternommen hatte, gab sich in der Haft den Tod, um seine Helfer nicht zu verraten. Außer Zweifel ist, daß die politisch aktive Richtung der Burschenschaft, wenn nicht die Taten Sands und Lönings, so jedenfalls ihre Motive guthieß.

Wichtiger war, daß auch in der deutschen Bildungsschicht viele Stimmen die Reinheit der Überzeugung priesen, aus der diese Aktionen hervorgegangen waren. Ein Dokument dieser sittlichen Rechtfertigung der Überzeugungstat ist der Brief, den der Berliner Theologe *Wilhelm de Wette* am 31. März 1819 an Sands Mutter schrieb.

Der Brief de Wettes[1]) räumte zwar ein, daß die Tat *Sands* nicht nur ungesetzlich und strafbar, sondern „*allgemein betrachtet*" auch sittenwidrig sei. Durch Unrecht könne kein Recht gestiftet werden; der gute Zweck heilige nicht das ungerechte Mittel; das Böse könne nicht durch das Böse, sondern nur durch das Gute überwunden werden. Die Tat *Sands* sei aus Irrtum und Leidenschaft hervorgegangen. Dann aber folgten Sätze, die gleichwohl eine sittliche Rechtfertigung der Tat enthielten[2]): Bei Beurteilung einer konkreten Handlung dürfte man niemals *das allgemeine Gesetz*, sondern müsse man *die Überzeugung und die Beweggründe* des Handelnden als Maßstab wählen. „Der Irrtum wird aufgewogen durch die Lauterkeit der *Überzeugung*, die Leidenschaft wird geheiligt durch die gute Quelle, aus der sie fließt. Er hielt es für recht, und so hat er recht getan; ein jeder handle nur nach seiner besten *Überzeugung*, und so wird er das Beste tun. So wie die Tat geschehen ist durch diesen reinen frommen Jüngling, mit diesem Glauben, mit dieser Zuversicht, ist sie ein schönes Zeichen der Zeit. Ein Jüngling setzt sein Leben daran, einen Menschen auszurotten, den so viele als einen Götzen verehren; sollte dieses ohne alle Wirkung sein?"

De Wettes Schreiben war der Anlaß für eine heftige Fehde im Lehrkörper der Berliner Universität[3]). De Wette selbst verlor sein Berliner Lehramt. Sein Brief macht offenbar, von welcher Tragweite das in dieser Zeit entwickelte ethische Postulat war, die Reinheit der Überzeugung rechtfertige jede aus Überzeugung begangene Tat. Der Überzeugungstäter sei moralisch zu beurteilen nicht nach dem „allgemeinen Gesetz", das die Tat mißbilligt, sondern nach dem Motiv, das

---

[1]) Text bei *E. Staehelin*, Dewettiana (1956) S. 85 ff.
[2]) Bestritten von *Chr. Baltzer*, Die geschichtl. Grundlagen der privilegierten Behandlung politischer Straftäter (1966) S. 48 f.
[3]) Vgl. *M. Lenz*, Geschichte der Universität Berlin, Bd. 2 Teil 1 S. 61 ff.

die Tat zu heiligen vermöge. Der ethische Subjektivismus, der aus der Säkularisation des protestantischen Gewissensbegriffs zum Begriff der Überzeugungstreue hervorgegangen war[1]), steigerte sich hier zur sittlichen Rechtfertigung des politischen Gewaltakts. Eben noch hatte die deutsche bürgerliche Welt sich mit Abscheu von den Exzessen der jakobinischen Revolution abgewandt; nun aber setzte sich die protestantische Moraltheologie in einem ihrer bedeutendsten Vertreter für den verirrten ethischen Rigorismus des deutschen Jakobinertums ein. Doch nahmen auch Wortführer des deutschen Katholizismus an diesem Subjektivismus der Überzeugungslehre teil, so etwa *Josef Görres,* der in seinem Buch „Deutschland und die Revolution" (1819) Sands Tat gegenüber seine „Mißbilligung der Handlung bei Billigung der Motive" aussprach. Mit Schärfe verurteilte dagegen *Stein* die Urheber dieser politischen Verirrungen[2]).

3. Die Bedeutung der Follen'schen Gruppe im deutschen Radikalismus

Die spätere Geschichtsschreibung, auch die der Burschenschaft, hat sich bemüht, die politische Bedeutung der Follen'schen Gruppe und ihrer Pläne zu verkleinern. Immer wiederholt wird dabei der Hinweis, eine „revolutionäre Situation" habe in Deutschland nach 1815 nun einmal nicht bestanden, und für ernsthafte Pläne zu einem gewaltsamen Umsturz der legitimen Ordnung gebe es im damaligen Deutschland keine Spur. Neben dem Versuch einer „Ehrenrettung" der Burschenschaft gegenüber dem Verdacht des Jakobinismus spricht sich in dieser Verharmlosung auch der falsche Hochmut eines an Organisationen, Apparaturen und Routine gewöhnten Denkens aus, das die Bedeutung der turbulenten und dilettantischen Anfänge des Parteiwesens nicht mehr begreift. Metternich und die Kabinette der restaurativen Ära dagegen wußten, weshalb sie sich bemühten, eben den Anfängen zu steuern. Sie haben ihre Zeit nicht mit dem Kampf gegen ein Phantom vergeudet, als sie sich gegen den revolutionären Geist der Jugend wandten. Jede erfolgreiche Revolution weiß ihre Anfänge zur heroischen Legende aufzuhöhen; jede fehlgeschlagene oder im Keim erstickte Umsturzbewegung flüchtet sich selbst in den Schein der Harmlosigkeit, jedenfalls solange ihre Gegner sich in der Macht zu behaupten vermögen. Stellt man jedoch für die nationalrevolutionären Tendenzen, die in Deutschland 1815—19 hervortraten, die Frage: „was geschehen wäre, wenn..." — wenn also Sand den Regierungen nicht den willkommenen Anlaß zur Unterdrückung der Bewegung gegeben hätte, so lautet die Antwort: Vermutlich wäre in kontinuierlicher Entwicklung innerhalb des nächsten Jahrzehnts eine mächtige oppositionelle Partei freiheitlich-nationalen Charakters in Deutschland hervorgetreten. Die Lähmung und Zersprengung der werdenden deut-

---

[1]) Siehe oben S. 711 ff.
[2]) Brief *Steins* an *Görres* vom 26. Juli 1819 *(Stein,* Briefwechsel Bd. 5 S. 585): „Was diese Schule (unserer gelehrten und turnenden Jacobiner) für Früchte bringt, das läßt sich ja deutlich an den Verirrungen zweier unglücklich mißleiteter, guter jungen Männer (Sand und Löning) erkennen, und es ist die Pflicht jedes religiös sittlichen Mannes, dahin zu wirken, daß diese *verruchte Sekte* bestraft und ein Gegenstand des *öffentlichen Abscheus* werde".

schen Opposition hat die Entwicklung des deutschen Parteiwesens um zwei entscheidende Jahrzehnte verzögert. Die Schuld daran trifft neben Sand vor allem Follen, der es versäumte, den ihm ergebenen Gefährten zu zügeln und die Tat zu verhindern, die, um ein berühmtes Wort zu wiederholen, nicht nur ein Verbrechen, sondern eine Torheit ohnegleichen war.

Es ist niemals voll aufgehellt worden, ob und in welchem Maß *Karl Follen* einer *unmittelbaren* Beteiligung an dem Sand'schen Attentat schuldig war. Daß Follen, indem er den Tyrannenmord rechtfertigte und verherrlichte, eine intellektuelle Schuld trug, liegt auf der Hand; daß er Anstifter oder Mitwisser dieser konkreten Tat war, ist jedoch zweifelhaft. Follen mußte sich sagen, daß ein Anschlag dieser Art die Sache der deutschen Einheit und Freiheit nicht fördern, sondern nur beeinträchtigen konnte. Für die dunkle Leidenschaft Sands gab es solche Gegengründe nicht. Follen aber mußte sich klar darüber sein, daß er durch die Verwicklung in einen Mord die Grundlage seines politischen Wirkens für alle Zeit zerstören werde. In der Tat blieb ihm, nachdem ihm zunächst in Jena die venia legendi entzogen und er dann in Gießen unter Polizeiaufsicht gestellt worden war, kaum mehr ein anderer Weg als der in die Emigration. Er verließ Deutschland, als im Januar 1820 eine von ihm verfaßte Niederschrift, die Aufschlüsse über die geheimen Verbindungen in Deutschland gab, in die Hände der Polizei fiel. Über Frankreich und die Schweiz ging er in die Vereinigten Staaten, wo er Ende 1839 bei einem Schiffsuntergang den Tod fand.

§ 42. Die Karlsbader Beschlüsse

Schrifttum: Siehe die Angaben vor § 33. Ferner *Klüber-Welcker*, Wichtige Urkunden für den Rechtszustand der deutschen Nation (2. Aufl. 1845); *C. v. Kaltenborn*, Geschichte der deutschen Bundesverhältnisse und Einheitsbestrebungen von 1806 bis 1856 (1857); *L. Fr. Ilse*, Geschichte der politischen Untersuchungen, welche durch die neben der Bundesversammlung errichteten Commissionen .... geführt sind (1860); *ders.*, Geschichte der deutschen Bundesversammlung (1861/62); *F. v. Weech*, Korrespondenzen und Aktenstücke zur Geschichte der Ministerkonferenzen von Karlsbad und Wien (1865); *M. v. Lerchenfeld*, Die bairische Verfassung und die Karlsbader Beschlüsse (1883).
Text der Karlsbader Beschlüsse: *E. R. Huber*, Dokumente Bd. 1 Nr. 32–34.

I. Vorbereitung und Inkraftsetzung der Bundesbeschlüsse von 1819

1. Vorbereitende Anträge und Denkschriften

Schon seit dem Aachener Kongreß bereiteten einige deutsche Regierungen, der Anregung Metternichs folgend[1]), Maßnahmen gegen die Universitäten vor, die als Träger eines „verderblichen Geistes" verdächtig waren. Der Anschlag auf Kotzebue bot ihnen den willkommenen Anlaß, diese Pläne durch-

---

[1]) Siehe oben S. 726 f.

zuführen [1]). Metternich ergriff die Gelegenheit, um gemeinsame Maßnahmen des Deutschen Bundes durchzusetzen; die in der Abwehr „demagogischer Umtriebe" nachlässigen Regierungen suchte er nun von Bundes wegen zu einheitlichem Vorgehen anzuhalten. Die Unterdrückung bundesgefährdender Bewegungen gehörte in den Kompetenzbereich des Bundes, da diesem nach der Bundesakte die „Erhaltung der inneren Sicherheit Deutschlands" oblag. Das gab dem Bund die Handhabe, sich auch in die Universitätsangelegenheiten der Länder einzuschalten, für die er an sich keine Zuständigkeit besaß. So kamen alsbald nach Sands Tat Anträge an die Bundesversammlung, die auf ein gemeinsames Vorgehen gegen die Universitäten zielten [2]).

Schon im Dezember 1818 fragte die Regierung von *Hannover* beim Bundestag vertraulich an, ob die Einzelstaaten sich nicht über gemeinsame Maßregeln zur Sicherung der akademischen Ordnung verständigen könnten [3]). Um solchen Plänen zuvorzukommen, die das „innere Wesen" der Universitäten zu zerstören drohten, beantragten der Großherzog von *Weimar* und der Herzog von *Gotha* am 1. April 1819 beim Bundestag den Erlaß von Vorschriften über die akademische Disziplin. Dabei dürfe allerdings die akademische Freiheit nicht angetastet werden; denn „Freiheit der Meinungen und der Lehre muß den Universitäten bleiben: im offenen Kampf der Meinungen soll hier das Wahre gefunden, gegen das Einseitige, gegen das Vertrauen auf Autoritäten soll hier der Schüler bewahrt, zur Selbständigkeit soll er erhoben werden". Die beiden thüringischen Fürsten bekräftigten die Überzeugung, „daß die deutschen Universitäten, als Anstalten, auf welchen es nicht bloß um Unterricht, sondern um Ausbildung des Jünglings in seiner Gesamtheit, um Begründung des Charakters zur Freiheit und Selbständigkeit ... zu tun ist, für das Vaterland von dem höchsten Werte sind" [4]).

Eine *österreichische Denkschrift* an den Bundestag [5]) dagegen schlug scharfe Eingriffe in das Universitätsleben vor, darunter vor allem die Entfernung aller „schädlichen" Professoren von den Hochschulen, und zwar durch einfache Entlassung „ohne gerichtlichen Spruch"! Ferner forderte sie die Unterdrückung der Burschenschaft als einer nicht autorisierten, daher „geheimen" Verbindung. Für die Zuständigkeit der Bundesversammlung in Hochschulsachen berief die Denkschrift sich darauf, *daß das deutsche Universitätswesen eine gemeinsame deutsche Angelegenheit sei;* trotz des föderativen Charakters des Bundes besitze der Bundestag daher das Recht, gemeinsame Grundsätze für die Universitätsverfassung festzulegen. Der oberste Grundsatz müsse lauten: *„Die studierende Jugend bildet keinen besonderen Stand; die Universität ist eine unter der Aufsicht des Staates stehende Lehr- und Erziehungsanstalt"* [6]).

---

[1]) Vgl. *Metternichs* Brief an *Gentz* (Rom, 9. April 1819): „Meine Sorge geht dahin, der Sache die beste Folge zu geben, die möglichste Partie aus ihr zu ziehen". Ferner *Metternich* an Gentz am 23. April 1819: Er wolle den Anlaß ausnutzen, den „der vortreffliche Sand auf Kosten des armen Kotzebue geliefert". (Briefe von und an Gentz, Bd. 3 Teil 1, 1913, S. 388, 408).
[2]) Vgl. *L. Fr. Ilse*, Geschichte der deutschen Bundesversammlung Bd. 2 S. 1 ff.
[3]) Die Initiative der hannoverschen Regierung hatte mit der burschenschaftlichen Bewegung nicht unmittelbar zu tun. Denn die Burschenschaft hatte bis 1818 an der Landesuniversität Göttingen nicht Fuß fassen können (siehe auch oben S. 723). Anlaß des hannoverschen Vorstoßes in Frankfurt war vielmehr ein Göttinger Studentenkrawall vom Sommer 1818, der den Senioren-Convent (SC), also gerade die Göttinger Korps, dazu brachte, zunächst den Auszug der Studentenschaft zu proklamieren und anschließend die Universität für 2 Jahre in Verruf zu erklären. Vgl. (*C. W. Hoppenstedt*), Actenmäßige Darstellung der Vorfälle, welche im letztvergangenen Sommer auf der Universität zu Göttingen stattgefunden haben (1818); *Bünsow-Heer*, Die alte Göttinger Burschenschaft 1815–34 (Qu. u. Darst. Bd. 13, 1932, S. 209 ff.). [4]) *Ilse*, aaO S. 9 ff. [5]) Ebenda S. 17 ff.
[6]) Über die teilweise übereinstimmende These *Fichtes* von 1811 siehe oben S. 707.

In Preußen suchte zwar der Kultusminister *Altenstein* das in der Kabinettsordre des Königs vom 11. Januar 1819 [1]) angedrohte scharfe Vorgehen gegen die Universitäten aufzuhalten. Aber nachdem es im März 1819 zu dem Anschlag auf Kotzebue gekommen war, konnte Altenstein diese Position gegenüber dem konservativen Außenminister *Bernstorff* nicht länger durchsetzen. Die von *Bernstorff* unterzeichnete preußische Denkschrift vom 10. Juli 1819 [2]) wich in der grundsätzlichen Haltung von den geschilderten österreichischen Ansichten nicht ab, sondern schlug nur Modifikationen im Einzelnen vor. So wandte sie sich gegen die von Österreich angeregte Verpflichtung der Regierungen, einen in einem anderen deutschen Land entlassenen Universitätslehrer bei sich nicht einzustellen, und einen in einem anderen deutschen Land relegierten Studenten an einer inländischen Universität nicht zum Studium zuzulassen.

In zähen Verhandlungen stritt man sich in einer Bundestagskommission über die Vorschläge. Schließlich fand diese einen Kompromiß zwischen der österreichischen und der preußischen Auffassung [4]). Da jedoch zweifelhaft war, ob die Bundesversammlung den Kommissionsvorschlag übernehmen würde und da seine Pläne über die bloße Beschränkung der akademischen Freiheit weit hinausgingen, entschloß Metternich sich, die nach seiner Ansicht notwendig gewordenen Maßnahmen außerhalb des Bundestags in einem engeren Kreis zuverlässiger Regierungen im Geheimen vorzubereiten.

2. Die Karlsbader Konferenzen
und die Sanktion ihrer Beschlüsse durch den Bundestag

Die Minister-Konferenzen, zu denen Metternich im Einvernehmen mit Preußen die Vertreter der als entschieden konservativ geltenden deutschen Regierungen nach Karlsbad einlud, dienten dazu, den Bundestag in den schwebenden Verfassungsfragen, vor allem des Universitäts- und Presserechts, vor vollendete Tatsachen zu stellen. Zur Vorbesprechung trafen Metternich und Hardenberg sich am 1. August 1819 in Teplitz. Sie einigten sich über eine gemeinsame österreichisch-preußische Bundespolitik, deren Grundsätze sie in der *Teplitzer Punktation* [5]) niederlegten; diese sah auch Maßregeln zur Abwehr des unruhigen Geistes der Universitäten vor. Vom 6.—31. August 1819 tagten dann in Karlsbad die Minister von zehn deutschen Staaten [6]); in 23 Konferenzen nahmen sie zu den kritischen Verfassungsproblemen Stellung [7]). Entscheidend für das Ergebnis war, daß der preußische Außenminister Graf

---

[1]) Siehe oben S. 727.

[2]) Siehe *Ilse*, aaO S. 30 ff. Verfasser der Denkschrift war der Staatsrat *Eichhorn*. Dieser war zwar eines der aktivsten Mitglieder der Reformpartei (siehe oben S. 130 f.); aber nach Sands Attentat bewegte auch er sich in der Universitätsfrage auf der Linie seines hochkonservativen Amtschefs Bernstorff, nicht auf der des ihm politisch näherstehenden Altenstein. Die Denkschrift ist eine Erwiderung an Altenstein, gibt aber die Grundsätze wieder, die der preuß. Außenminister durch den preuß. Bundestagsgesandten *Graf v. d. Goltz* auch in Frankfurt zur Geltung zu bringen suchte.

[4]) *Ilse*, aaO S. 52 ff.

[5]) Text: *Treitschke*, Deutsche Geschichte Bd. 2 S. 622 ff.

[6]) Vertreten waren Österreich (Fürst Metternich), *Preußen* (Außenminister Graf Bernstorff), *Bayern* (Außenminister Graf Rechberg), *Sachsen* (Graf Schulenberg), *Hannover* (Graf Münster), *Württemberg* (Graf Wintzingerode), *Baden* (Frhr. v. Berstett), *Mecklenburg-Schwerin* und -*Strelitz* (Frhr. v. Plessen) und *Nassau* (Frhr. Marschall v. Bieberstein).

[7]) Protokolle bei *Klüber-Welcker*, Wichtige Urkunden S. 113 ff.

Bernstorff die einschränkenden Vorschläge der Eichhorn'schen Denkschrift im Wesentlichen preisgab und sich den schärferen Absichten Metternichs anschloß. So gingen die neuen Vereinbarungen auch über den Vorschlag der Bundestagskommission weit hinaus. Die *Karlsbader Beschlüsse* umfaßten die Entwürfe zu vier Bundesgesetzen: einem Universitätsgesetz, einem Preßgesetz, einem Untersuchungsgesetz gegen bundesfeindliche Umtriebe und einer Exekutionsordnung. Daneben kam die strittige Auslegung des Art. 13 der Bundesakte über „landständische Verfassungen" zur Sprache [1].

Um bundesrechtlich wirksam zu werden, bedurften die Karlsbader Beschlüsse der Sanktion durch den Bundestag. Nachdem man zunächst einzelne in Karlsbad nicht vertretene Regierungen, auf deren Willfährigkeit man hoffte, ins Bild gesetzt hatte, legte der Präsidialgesandte *Graf Buol* der Bundesversammlung am 16. September 1819 die in Karlsbad vereinbarten Gesetzentwürfe vor; er forderte und erwirkte ihre Annahme als Bundesgesetze binnen einer Frist von vier Tagen [2].

Das war ein bundesrechtlich unzulässiges Vorgehen. Denn da die Bundestagsbevollmächtigten ihre Stimmen nach den *Instruktionen* der heimischen Regierungen abzugeben hatten, war es mit dem Bundesrecht unvereinbar, eine Beschlußfassung innerhalb eines Zeitraums zu verlangen, der für das Einholen ordnungsmäßiger Instruktionen nicht ausreichte. Doch waren die Bevollmächtigten der kleineren Staaten durch die entschiedene Sprache des Präsidialgesandten so eingeschüchtert, daß sie einen grundsätzlichen Widerspruch gegen das summarische Verfahren nicht wagten. Bei der Abstimmung am 20. September 1819 allerdings meldeten eine Reihe von Bevollmächtigten doch *Vorbehalte* gegenüber der Präsidialvorlage an. Selbst Sachsen und Württemberg, die sich in Karlsbad schon gebunden hatten, machten nun Einwendungen geltend. Andere Vertreter erklärten, noch ohne Instruktion zu sein, und gaben deshalb ihre Stimme nur unter entsprechendem Vorbehalt ab; andere Bevollmächtigte wiederum stimmten ohne Vorbehalt zu, obwohl auch sie ohne Instruktion geblieben waren. Trotz dieser offenkundigen Regelwidrigkeiten entschloß die Bundesversammlung sich unter dem Drängen der Hauptmächte, dieses zweifelhafte Votum als *einstimmige Annahme* der Karlsbader Entwürfe zu behandeln. Um die Regelwidrigkeiten der Abstimmung zu verschleiern, fertigte man ein doppeltes Protokoll an: ein offizielles, das die Stimmeneinhelligkeit verzeichnete, und ein geheimes, das die Vorbehalte der Bevollmächtigten vermerkte. Mit dieser dubiosen Methode erhoben die deutschen Hegemonialmächte die Karlsbader Beschlüsse zu bundesgesetzlichem Rang.

II. Der Kampf um den Vollzug der Bundesbeschlüsse von 1819

1. Die Auseinandersetzung über die Karlsbader Beschlüsse

Man geht schwerlich zu weit, wenn man das bei der Verabschiedung der Karlsbader Beschlüsse angewandte Verfahren einen *Bundes-Staatsstreich* nennt. Angesichts der politischen Bedeutung der Beschlüsse legten die Hauptmächte Wert auf die einhellige Annahme in der Bundesversammlung; doch

---

[1] Siehe oben S. 643 ff.
[2] Dazu Präsidialvortrag des österreichischen Bundestagsgesandten „über die Gebrechen des Schul- und Universitäts-Wesens" vom 20. September 1819 (Text bei *Ilse*, aaO S. 81 ff.).

bedurfte es auch rechtlich der Einstimmigkeit, da die gefaßten Beschlüsse der Sache nach eine *Ergänzung der Bundes-Grundgesetze* darstellten (Art. 7 der Bundesakte). Diese Einstimmigkeit aber wurde nur durch Überrumpelung der in Karlsbad nicht beteiligten Gliedstaaten erreicht. Daß man die Beratung der Beschlüsse in eine geheime Vorkonferenz verlegte, zu der nur ein Teil der Gliedstaaten Zugang fanden, verletzte die bundesrechtlich verbriefte Gleichheit der Bundesglieder empfindlich. Wer in einer Körperschaft von der Beratung ausgeschlossen ist, wird in seinen Rechten gegenüber den anderen gemindert, auch wenn er an der formalen Schlußabstimmung teilnehmen kann [1]). An die Stelle der Rechtsgleichheit der Mitglieder trat bei den Karlsbader Beschlüssen erkennbar die Hegemonie der größeren Mächte. In der ersten ernsthaften Bundeskrise setzte sich de facto eine Art von Protektorat der Hauptmächte durch.

Eine Wandlung des in Wien vereinbarten staatenbündischen Systems deutete sich in den Karlsbader Beschlüssen an. Um der deutschen Nationaleinheit willen hatten Stein und seine Anhänger auf dem Wiener Kongreß den „Bundesstaat" gefordert, zu dessen Kompetenzen auch die Beschränkung der einzelstaatlichen Universitäts-, Presse- und Justizhoheit gehört haben würde. Um der Unabhängigkeit der Gliedstaaten willen hatte Metternich damals den „Staatenbund" durchgesetzt, dessen Wesen sich auf die „Souveränität" der Gliedstaaten gründete. Nun aber verkehrten sich die Fronten. Um die Werbung für die deutsche Einheit unmöglich zu machen, nahm Metternich seine Zuflucht zu starken Begrenzungen der gliedstaatlichen Unabhängigkeit. Die nationalstaatlich Gesinnten mußten Schutz bei den Einzelstaaten suchen, die sich den Bundesbeschlüssen widersetzten oder sie nur unzulänglich durchführten. Der Staatenbund verteidigte sich paradoxer Weise gegenüber der nationalstaatlichen Bewegung mit unitarisierenden Mitteln, wie sie von Rechts wegen allenfalls einem Bundesstaat zur Verfügung gestanden hätten. In der Geschichte der Verfassungskrisen kommt es immer wieder zu solchen Umkehrungen; wer eine gefährdete Verfassungsposition verteidigt, sieht sich oft gezwungen, zur Abwehr die Kampfmittel des Gegners zu ergreifen.

Daß die preußische Regierung sich bereit fand, dem von Metternich bei den Karlsbader Beschlüssen vorgezeichneten Kurs zu folgen, erklärt sich daraus, daß in Preußen der Einfluß der Reformpartei im Verblassen war. Altenstein, der verantwortliche Leiter der Kulturpolitik, wagte keinen ernstlichen Widerstand mehr gegen die reaktionäre Politik der Bernstorff und Wittgenstein. Die oppositionellen Minister Humboldt und Boyen sprachen sich zwar gegen die Karlsbader Beschlüsse aus; aber gerade dies führte zu ihrem Sturz [2]). Auch hier zeigten sich die Auswirkungen des Sand'schen Attentats, das die Stellung der Reformminister erschüttert und im Lager der Reformpartei selbst tiefe Verwirrung hervorgerufen hatte. Gegen das terroristisch-revolutionäre Prinzip

---

[1]) Zutreffend schon *Ilse*, aaO S. 80: „Nicht die Bundesversammlung war es, welche... beschloß, sondern eine außerhalb derselben stehende, *durchaus hierzu unberechtigte* Diplomaten-Versammlung entschied und zwang die Bundesversammlung, ihre Entscheidung anzunehmen".   [2]) Siehe oben S. 154 f., 310 f.

hatte das verbündete Europa mehr als zwanzig Jahre im Feld gestanden. Eben dieser Geist der Gewaltsamkeit und des Umsturzes tat sich erneut in den Anschlägen auf Kotzebue und Ibeil und bald darauf (am 14. Februar 1820) in der Ermordung des französischen Thronerben, des Herzogs von Berry, kund[1]). Auch die der deutschen Einigung zugewandten Bildungsschichten kehrten sich erschüttert gegen diesen Geist der Ausschreitung. Den Anhängern der Reformpartei war es nicht möglich, nach diesen alarmierenden Zeichen, die alle Voraussagen von Metternich und Gentz zu bestätigen schienen, noch länger den Abwehrmaßnahmen gegen die nationalrevolutionäre Bewegung in Deutschland zu widersprechen.

Die Sicht der Dinge, von der die preußische Regierung sich bestimmen ließ, erläutert das Zirkularschreiben, das *Bernstorff* im Oktober 1819 an die preußischen Auslandsvertreter richtete[2]). Man müsse sich klar sein über das Bestehen einer „*revolutionären Partei*", die auf „Deutschlands Umsturz" ziele und dessen „gegenwärtige Verfassung durch eine *Eine und unteilbare Republik* oder durch andere solche Chimären zu ersetzen" suche. „Ihr Zweck ist: die Gesellschaft umzuschmelzen; die politischen Unterschiede, welche zwischen Deutschlands Völkern bestehen, aufzuheben; die wirkliche Einheit dieses großen Landes an die Stelle des Bundes seiner Glieder zu setzen, und durch den Ruin der gegenwärtigen Ordnung der Dinge zu einer neuen Ordnung zu gelangen; als Mittel zu diesem Zwecke bemächtigen sie sich der heranwachsenden Generation, welcher sie in allen Erziehungsinstituten, von den Schulen bis zu den Universitäten, denselben Geist, dieselben Gesinnungen, dieselben Gewohnheiten mitteilen. Dieser Geist ist ein Geist der Unabhängigkeit und des Hochmuts, zerstörender Grundsätze, geimpft auf dunkle Metaphysik und mystische Theologie, um den politischen Fanatismus durch den religiösen zu verstärken... Das Turnwesen und die Burschenschaft, darauf ausgehend, aus der gesamten Jugend einen *Staat im Staate* zu bilden, hatte keinen anderen Zweck... Die Lehre dieser Sektierer... läßt sich auf zwei Maximen zurückzuführen: die erste ist, *daß das Ziel die Mittel heiligt*; die zweite, daß die Handlungen an sich gleichgültig sind, daß ihre Verdienstlichkeit von den Ideen abhängt, aus denen sie flossen, und daß diese Ideen immer lobenswert sind, wenn sie Deutschlands Unabhängigkeit und Freiheit zum Gegenstande haben".

Dieses diplomatische Dokument faßt das Wesentliche konzentriert und scharf zusammen. Man kann diese Anklage nicht entkräften, indem man den nationalrevolutionären Radikalismus des Jahres 1819 zu einer jugendlichen Verirrung verharmlost. Unter Follens Führung war die nationaldemokratische Bewegung Deutschlands in der Tat dabei, zum Kader einer revolutionären Partei zu werden. Wenn der Deutsche Bund sich angesichts dieser Gefahr nicht selber preisgeben wollte, so blieb ihm keine andere Wahl, als mit drastischen Abwehrmaßnahmen vorzugehen. Doch kann der Geist nur selten auf die Dauer durch Verfolgung gebeugt werden. Die Juli-Revolution (1830) und die Februar-Revolution (1848) lösten in Deutschland neue Bewegungen aus, an denen sich erwies, daß die Karlsbader Beschlüsse den Willen zur nationalen Einheit und Freiheit nicht zu unterdrücken vermocht hatten.

2. Die Publikation der Karlsbader Beschlüsse in Preußen und Bayern

Als Bundesgesetze bedurften die Karlsbader Beschlüsse, außer der Exekutionsordnung[3]), der landesgesetzlichen Verkündung und Vollziehung. Obwohl

---

[1]) Das Attentat auf *Berry* fand am 13. Februar 1820 statt; der Tod trat am 14. Februar 1820 ein. Über die Rangfolge der französischen Thronerben in dieser Zeit siehe oben S. 65.   [2]) Text: *Ilse*, aaO S. 89 ff.   [3]) Siehe oben S. 636 ff.

die Länder dazu verpflichtet waren, erhob sich in den Landesregierungen mannigfacher Widerstand. Während im preußischen Kabinett die oppositionelle Minderheit unterlag, errang in der bayerischen Regierung die Ministergruppe, die die Publikation und den Vollzug der Karlsbader Beschlüsse bekämpfte, einen gewissen Erfolg.

In *Preußen* nahm die königliche Bekanntmachung vom 18. Oktober 1819 (GS 218) die Publikation der vier Bundesbeschlüsse vom 20. September 1819 vor; diese traten damit für das bundeszugehörige preußische Staatsgebiet in Kraft. Die zur Durchführung ergehenden preußischen Vollzugs-Verordnungen, nämlich die Zensur-Verordnung vom 18. Oktober 1819 (GS 224), die Instruktion für die außerordentlichen Regierungsbevollmächtigten bei den Universitäten vom 18. November 1819 (GS 233) und das Reglement für die künftige Verwaltung der akademischen Disziplin und Polizeigewalt bei den Universitäten vom gleichen Tag (GS 238) beanspruchten Geltung im ganzen preußischen Staatsgebiet [1]). Auf dieser landesrechtlichen Grundlage wurden die Karlsbader Beschlüsse in Preußen strikt durchgeführt.

In *Bayern* erhob sich nach dem Bekanntwerden der Karlsbader Beschlüsse heftiger Widerspruch gegen die von dem reaktionären Außenminister Graf *Rechberg* erklärte Zustimmung. Die von dem Kronprinzen Ludwig unterstützte verfassungstreue Gruppe *Lerchenfeld-Wrede-Zentner* [2]) lehnte sich gegen die Bundesgesetze auf, die sie als mit der bayerischen Verfassung unvereinbar ansah [3]). Die beiden Richtungen einigten sich schließlich auf einen Kompromiß. Die Bundesbeschlüsse wurden am 16. Oktober 1819 im bayerischen Regierungsblatt publiziert, jedoch nur unter Vorbehalt in Kraft gesetzt. Die Verkündungsformel lautete:

„Nachdem in der 35. Sitzung der deutschen Bundesversammlung in Ansehung der bei den Universitäten zu ergreifenden Maßregeln, der Bestimmungen über die Preßfreiheit und der Untersuchungen der in mehreren Bundesstaaten entdeckten Umtriebe gemeinsame Verfügungen aller Bundesglieder beschlossen worden sind, so machen Wir dieselben hiemit bekannt und verordnen, daß unsere sämtlichen Behörden und Untertanen mit Rücksicht auf die Uns nach den bestehenden Staatsverträgen und der Bundesakte zustehende Souveränität, nach der von Uns unserem treuen Volke erteilten Verfassung und nach den Gesetzen unseres Königreichs sich hiernach geeignet zu achten (haben)."

Diese Verkündigungsformel enthielt einen doppelten Vorbehalt. Erstens vermied sie die Bezeichnung „Bundesbeschlüsse"; sie sprach stattdessen von *gemeinsamen Verfügungen aller Bundesglieder*. Die bayerische Regierung bestritt damit, daß es sich bei den Karlsbader Beschlüssen um *Bundesgesetze* handle, die der Bundestag im Rahmen der Bundeskompetenzen erlassen habe; sie sah in den Beschlüssen vielmehr Vereinbarungen über gleichartige Landesgesetze in der Art, wie sie der Art. 64 der Wiener Schlußakte bald darauf näher regelte und von den Bundesgesetzen deutlich unterschied [4]). Zweitens

---

[1]) Über den Inhalt der preußischen Vollzugs-Verordnungen siehe unten S. 749 ff.
[2]) Siehe oben S. 360 ff.
[3]) Vgl. *M. Frh. v. Lerchenfeld*, Die bairische Verfassung und die Karlsbader Beschlüsse (1883) S. 41 ff.   [4]) Siehe oben S. 598 ff.

aber setzte die bayerische Regierung die Karlsbader Beschlüsse nur *unbeschadet der Souveränität des Königs und unbeschadet der Verfassung und der Gesetze des Königreichs* in Kraft. Da sowohl der Bundesbeschluß über die Presse als auch der über die Universitäten gewissen Bestimmungen des bayerischen Verfassungs- und Gesetzesrechts widersprach, schränkte die bayerische Regierung bei der Verkündung die Geltung der Karlsbader Beschlüsse somit merklich ein.

Mit den Bundespflichten Bayerns war dieses Vorgehen allerdings nicht vereinbar[1]). Entgegen der bayerischen Auffassung waren die Karlsbader Beschlüsse, da sie der Wahrung der inneren Sicherheit Deutschlands dienten, im Rahmen der Bundeszuständigkeiten erlassene *echte Bundesgesetze*. Daher kam ihnen der Vorrang vor allem Landesrecht, auch vor dem Landesverfassungsrecht, zu. Als Bundesglied war Bayern verpflichtet, die Bundesgesetze ohne einschränkenden Vorbehalt zu verkünden; insbesondere durfte es bei der Verkündung keine salvatorische Klausel zugunsten des Vorrangs der Landesverfassung anbringen. So beifallswürdig unter politischem Aspekt der Widerstand der Gruppe Lerchenfeld gegen die Karlsbader Beschlüsse war, so fragwürdig war unter bundesrechtlichem Aspekt ihr Vorstoß gegen die unbedingte Verbindlichkeit der Bundesgesetze.

Bei der Verlängerung der Karlsbader Beschlüsse 1824[2]) hielt Bayern im übrigen an seinem Widerstand nicht fest. Die Gruppe Lerchenfeld hatte inzwischen an Einfluß verloren; ihr bedeutendstes Mitglied, der Minister *v. Zentner*, vollzog nun einen bemerkenswerten Stellungswechsel, indem er Metternich ein Gutachten zur Verfügung stellte, auf das dieser den Präsidialvorschlag über die Verlängerung der Bundesgesetze stützen konnte[3]).

§ 43. Der Inhalt und der Vollzug der Ausnahmegesetze von 1819

I. Die vier Bundesgesetze

1. Das Universitätsgesetz

Das erste der Karlsbader Gesetze, der „Provisorische Beschluß über die in Ansehung der Universitäten zu ergreifenden Maßregeln" vom 20. September 1819[4]), war trotz seiner Bezeichnung als „provisorisch" ein unbefristetes Bundesgesetz. Der Beschluß der Bundesversammlung vom 16. August 1824 behandelte das Gesetz als selbstverständlich fortdauernd[5]). Erst 1848 hob ein Beschluß des Bundestags es zusammen mit den übrigen Ausnahmegesetzen des Bundes auf[6]).

---

[1]) Siehe oben S. 600 f.
[2]) Siehe unten S. 765 f.
[3]) Vgl. *Lerchenfeld*, a.a.O S. 57.
[4]) Text: Dokumente Bd. 1 Nr. 32.
[5]) Siehe unten S. 765.
[6]) Bundesbeschluß vom 2. April 1848 (Dokumente Bd. 1 Nr. 78). Siehe dazu auch Bd. II S. 604.

§ 1 des Universitätsgesetzes schrieb für alle deutschen Universitäten die Bestellung eines *landesherrlichen Bevollmächtigten* vor, dem die strenge Überwachung der Universitäten oblag. Er hatte die Aufrechterhaltung der akademischen Gesetze und Disziplinarvorschriften durchzusetzen, die Wahrung der Sittlichkeit, der guten Ordnung und des äußeren Anstands unter den Studierenden zu befördern, sowie schließlich die akademischen Lehrer bei ihren Vorlesungen und Vorträgen zu beobachten und diesen „eine auf die künftige Bestimmung der studierenden Jugend berechnete Richtung zu geben". Es liegt auf der Hand, was diese Kompetenzen der Universitäts-Kommissare für die eben erst im Geist akademischer Freiheit erneuerte Universitätsverfassung[1]) bedeuteten. Sie griffen tief in die Autonomie der Universitäten ein. Die Disziplinargewalt der akademischen Organe unterlag nun der Einwirkung des Staatsbeauftragten. Dieser besaß die Möglichkeit, jede freiheitliche Regung an seiner Universität als Verstoß gegen die guten Sitten, die akademische Ordnung und den gebotenen Anstand zu unterdrücken. Er konnte die Forschung und Lehre seiner Zensur unterwerfen oder in eine bestimmte Richtung drängen, die der „künftigen Bestimmung der akademischen Jugend", d. h. vor allem ihrer Vorbereitung auf den Staatsdienst, entsprach; die Freiheit der Wissenschaft konnte damit vernichtet werden. Zwar war dem Kommissar aufgegeben, seine Überwachung „ohne unmittelbare Einmischung ins Wissenschaftliche oder die Lehrmethoden" durchzuführen. Aber die „mittelbare Einmischung", die mit dieser Vorschrift offengehalten war, konnte der akademischen Freiheit nicht weniger Abbruch als die unmittelbare tun, ganz abgesehen von der Unmöglichkeit, zwischen „unmittelbarer" und „mittelbarer" Einwirkung auf Forschung und Lehre eine Grenze zu bestimmen.

Nach § 2 des Universitätsgesetzes waren die Landesregierungen verpflichtet, alle Universitätslehrer (und auch alle anderen Lehrer an öffentlichen Anstalten) zu entlassen, wenn diese „durch erwisliche Abweichung von ihrer Pflicht oder Überschreitung der Grenzen ihres Berufs, durch Mißbrauch ihres rechtmäßigen Einflusses auf die Gemüter der Jugend, durch Verbreitung verderblicher, der öffentlichen Ruhe und Ordnung feindseliger oder die Grundlagen der bestehenden Staatseinrichtungen untergrabender Lehren, ihre Unfähigkeit zur Verwaltung des ihnen anvertrauten wichtigen Amtes unverkennbar an den Tag gelegt" hatten. Diese Androhung der Amtsenthebung für den Fall von Verstößen, die durch eine Häufung von Ermessensbegriffen wie „Abweichung" und „Überschreitung", „Mißbrauch" und „Einfluß", „verderblich", „feindselig" und „untergrabend" umschrieben waren, erlaubte den staatlichen Behörden jeden diskretionären Eingriff. Ein disziplinar- oder strafgerichtliches Verfahren, in dem der Bedrohte Schutz gefunden hätte, griff bei der Entlassung nicht Platz; im Gegenteil war betont, daß es kein rechtliches Hindernis für die administrative Entfernung aus dem Amt geben dürfe. Jeder politisch mißliebige Lehrer an Universitäten und Schulen konnte somit durch eine unanfechtbare Verwaltungsentscheidung aus dem Amt vertrieben werden. Eine besondere Schärfe enthielt der Zusatz, daß ein aus seinem Amt entlassener

---

[1]) Siehe oben S. 286 ff.

Universitätslehrer in keinem andern deutschen Staat wieder ins Lehramt berufen werden dürfe [1]). Die Freiheit der Forschung und Lehre war auch durch dieses Entlassungsrecht auf das Schwerste gefährdet.

§ 3 des Universitätsgesetzes legte den einzelstaatlichen Regierungen die bundesrechtliche Pflicht auf, die gegen geheime oder nicht-genehmigte Verbindungen der Studenten gerichteten Landesgesetze mit Strenge anzuwenden. Er dehnte dieses Verbot vor allem auf die Allgemeine Burschenschaft aus, die damit auch in den Ländern, in denen sie noch erlaubt war, der Auflösung verfiel [2]). Zum besonderen Vorwurf machte das Gesetz der Burschenschaft, daß sie eine „fortdauernde Gemeinschaft und Correspondenz zwischen den Universitäten" pflege, was „schlechterdings unzulässig" sei. Die Herstellung eines die einzelnen Universitäten übergreifenden Zusammenhangs erschien den Regierungen als eine Verletzung des ordre public des Deutschen Bundes, als ein Verstoß gegen das staatenbündische Prinzip der Vereinzelung. Die Mitglieder verbotener Verbindungen bedrohte das Gesetz mit harten Sanktionen. Wer gegen das Verbot verstieß, sollte in keinerlei öffentlichem Amt angestellt werden; auch die nur vorübergehende Zugehörigkeit zu einem studentischen Geheimbund sollte zur Amtsunfähigkeit auf Lebenszeit führen. Ein Student, der mit der Verweisung von einer Universität bestraft worden war oder der, um der Verweisung zu entgehen, die Universität verlassen hatte, durfte an keiner anderen Universität zum Studium zugelassen werden [3]). Für jeden Universitätswechsel forderte das Gesetz eine von der alten Universität auszustellende Exmatrikel mit einem Zeugnis des Wohlverhaltens; ohne sie durfte kein Student neu immatrikuliert werden.

Das Universitätsgesetz nahm den deutschen Einzelstaaten die Bestimmungsgewalt über das Universitätswesen zum großen Teil aus der Hand. Für die Überwachung der Universitäten, die Handhabung der akademischen Disziplin, die Berufung und Entlassung von Professoren, die Zulassung zum Studium und den Ausschluß von ihm, ja selbst für die Anstellung in öffentlichen Ämtern galten nun bundeseinheitliche Grundsätze, bei deren Verletzung ein Gliedstaat gegen seine Bundespflichten verstieß. Auf dem Wiener Kongreß hatten die Gliedstaaten dem Bund zahlreiche weit bescheidenere Eingriffe in ihren Hoheitsbereich verweigert. Nun waren sie auf einem Gebiet, das sie mit Stolz zum Kernbereich ihrer Hoheit zählten, an den Willen des Bundes und weitgehend auch an die Vorentscheidung anderer Gliedstaaten gebunden. Allerdings lockerten die Einzelstaaten in der Praxis die strengen Bestimmungen des Universitätsgesetzes bald auf. Sie nahmen sich die Freiheit, durch einen Gnadenerweis Studenten, die von einer eigenen oder einer landesfremden Universität relegiert worden waren, doch zu erneutem Studium zuzulassen. Die in einem anderen Land ausgesprochene Entlassung von Professoren unterwarfen

---

[1]) Über den anfänglich erhobenen, dann aber preisgegebenen Widerspruch Preußens gegen diese Bestimmung siehe oben S. 734.
[2]) Über das Verbot der Burschenschaft in Preußen (7. Dezember 1817) siehe oben S. 721. Über das geheime oder getarnte Fortbestehen der Burschenschaft trotz dieser Verbote siehe Bd. II S. 164.
[3]) Auch in diesem Punkt hatte Preußen sich schließlich dem österreichischen Vorschlag gebeugt; siehe oben S. 734.

sie ihrer Nachprüfung. Der 1819 in Jena suspendierte Philosoph *Jakob Friedrich Fries* erhielt nach wenigen Jahren an seiner Universität einen Lehrstuhl für Mathematik. Der 1819 in Jena entlassene Naturwissenschaftler *Lorenz Oken* kam 1828 an die Universität München, ging aber schon 1832 nach Zürich. Der gleichfalls 1819 entlassene *de Wette* wurde 1822 nach Basel berufen und bedurfte deshalb eines deutschen Lehramts nicht mehr. Die wegen ihrer „verderblichen Gesinnung" 1837 entlassenen Göttinger Sieben kamen nach einer Wartezeit von einigen Jahren in Lehr- oder Forschungsämter außerhalb Hannovers. Der 1819 aus dem Amt entfernte *Arndt* erhielt 1840 seinen Bonner Lehrstuhl zurück. Noch vor der Aufhebung der Karlsbader Beschlüsse (1848) wurden zahlreiche Teilnehmer der burschenschaftlichen Bewegung auch in hohen Staatsämtern angestellt. Dabei ist allerdings auch zu bedenken, daß eine Reihe ehemaliger Burschenschafter im späteren Staatsdienst zu den Verfechtern des strengen Konservatismus gehörten, wie etwa *Heinrich Leo* und *Friedrich Julius Stahl,* die beide wegen ihrer Zugehörigkeit zur Burschenschaft nach den Karlsbader Gesetzen niemals ein Staatsamt hätten erhalten dürfen.

2. Das Pressegesetz

Neben der akademischen Freiheit erschien vor allem die *Pressefreiheit* den Verteidigern der alten Ordnung als die Quelle revolutionärer Umtriebe. Gemäß der von den westlichen Mächten ausstrahlenden, zugleich aber schon früh auch in Deutschland entwickelten Idee der Gedankenfreiheit hatte seit 1815 ein Teil der deutschen Einzelstaaten die Pressefreiheit in engerem oder weiterem Maße eingeführt. Ausdrücklich abgeschafft war die Zensur in Sachsen-Weimar [1]), in Bayern [2]), in Baden [3]), in Württemberg [4]) und anderwärts. Aber auch konservative Staaten, z. B. Preußen, hatten die politische Überwachung des Buch- und Zeitungswesens eingeschränkt [5]). Vor allem in den mittleren und kleineren Ländern Deutschlands entwickelte sich infolgedessen ein verzweigtes Zeitungs- und Zeitschriftenwesen. Viele dieser Blätter hatten oppositionellen Charakter; die in Sachsen-Weimar erscheinenden sind ein Beispiel dafür [6]).

Auch Art. 18 der Bundesakte bekannte sich im Prinzip zur Pressefreiheit, allerdings nur in der Form eines Programmsatzes, der in Aussicht stellte, die Bundesversammlung werde sich bei ihrer ersten Zusammenkunft mit gleichförmigen Verfügungen über die Pressefreiheit beschäftigen. Nun konnte in der Tat nur ein Bundesgesetz die Rechtsstellung der Presse wirksam ordnen und sichern. Das galt im übrigen sowohl für die Pressefreiheit als auch für die Zensur. Es gab keine wirksame Pressefreiheit, wenn ein Presseerzeugnis, das in

---

[1]) Durch den Schlußsatz des Grundgesetzes vom 5. Mai 1816, der das „Recht auf Freiheit der Presse" ausdrücklich anerkannte und gesetzlich begründete.
[2]) Durch Tit. IV § 11 der Verfassung in Verbindung mit dem Edikt über die Freiheit der Presse und des Buchhandels vom 26. Mai 1818 (oben S. 358).
[3]) Durch § 17 der Verfassung von 1818 (ebenda).
[4]) Durch § 28 der Verfassung von 1819 (ebenda).
[5]) Über Humboldts Teilnahme an der Ausarbeitung eines neuen preußischen Zensuredikts siehe oben S. 275 Anm. 1.
[6]) Darunter *Ludens* „Nemesis" und *Okens* „Isis" (siehe oben S. 700).

seinem Ursprungsland erlaubt war, in den benachbarten deutschen Ländern unterdrückt werden konnte. Es gab aber auch keine wirksame Zensur, wenn ein Schriftsteller, Redakteur oder Verleger den Zensurmaßnahmen etwa Österreichs oder Preußens dadurch entgehen konnte, daß er mit seinen Publikationen in ein pressefreundliches deutsches Land auswich[1]). Über die Gefahren nun, die der restaurativen Ordnung von einem freien Pressewesen drohten, gaben die Regierungen sich bald keiner Täuschung mehr hin. In Metternichs Aufzeichnungen und Ausführungen kehrte der Warnruf gegen den „Presse-Unfug" immer wieder[2]); der Kampf gegen die Pressefreiheit, die „Geißel der Welt", lag ihm besonders an. Das Bundes-Pressegesetz, die „Provisorischen Bestimmungen hinsichtlich der Freiheit der Presse", vom 20. September 1819[3]) war zunächst auf fünf Jahre befristet. Der Bundesbeschluß vom 16. August 1824 verlängerte es bis zum Erlaß des in Art. 18 der Bundesakte vorgesehenen definitiven Pressegesetzes[4]). Da dieses Gesetz niemals erging, blieb das provisorische Pressegesetz auf Dauer in Kraft[5]).

§ 1 des Pressegesetzes führte die *Vorzensur* für fast das ganze Buch- und Zeitschriftenwesen wieder ein. Alle Zeitungen und Zeitschriften sowie alle sonstigen Schriften mit einem Umfang von nicht mehr als 20 Bogen (320 Seiten) durften erst nach vorheriger Genehmigung durch die Landes-Zensurbehörden gedruckt werden. Umfangreichere Bücher waren zwar von der Vorzensur befreit, unterlagen aber der *Nachzensur*, so daß sie nach dem Erscheinen verboten, beschlagnahmt und vernichtet werden konnten. Die Grenze von 20 Bogen erklärt sich daraus, daß man die eigentliche Gefahr in Zeitungen, Zeitschriften, Flugschriften, Broschüren und kürzeren Abhandlungen sah, während das gewichtigere Werk sich erfahrungsgemäß für die politische Auseinandersetzung, Polemik und Propaganda weniger eignet. Auch zwang der Mangel an geeigneten Zensoren, auf die Vorzensur umfangreicher Werke zu verzichten. Zudem aber wirkte das finanzielle Wagnis, das ein Verleger mit der Herstellung eines dem nachträglichen Verbot ausgesetzten größeren Werks auf sich nahm, von selbst als eine ausreichende Fessel. Materielle Normen, nach denen die Zensur auszuüben war, gab es nicht; das Ermessen der Zensurbehörden war selbst von den dehnbaren Klauseln frei, die für die Universitätsaufsicht galten. Aus beliebigen Gründen konnte somit die Druckerlaubnis

---

[1]) Über die Verlegung der bei Cotta erscheinenden „Allgemeinen Zeitung" von Stuttgart nach Ulm und dann nach Augsburg aus Zensurgründen siehe oben S. 384.

[2]) Gegen die Pressefreiheit auch *Goethe*; vgl. Gespräche mit Eckermann (27. März 1831): „Fritsch (der weimar. Staatsminister) ... war der einzige, der mit mir gegen den *Unfug der Preßfreiheit* stimmte; er steht fest, man kann sich an ihm halten, er wird immer auf der Seite des Gesetzlichen sein".

[3]) Text: Dokumente Bd. 1 Nr. 33.

[4]) Dieser Beschluß über die „Verlängerung der Karlsbader Beschlüsse" sprach eine echte Verlängerung nur in Bezug auf das Preßgesetz aus, da die vorläufige Exekutionsordnung inzwischen in eine definitive verwandelt und das Universitätsgesetz unbefristet war. Die Verlängerung des Preßgesetzes wurde einstimmig beschlossen, so daß formell den Vorschriften der Bundesakte genügt war.

[5]) Nach richtiger Auffassung nur bis zu dem Bundesbeschluß vom 2. April 1848 (Text: Dokumente Bd. 1 Nr. 78). Dazu oben S. 739 sowie Bd. II S. 604; über das Bundespreßgesetz vom 6. Juli 1854 siehe Bd. III S. 137.

verweigert, eine Zeitung oder Zeitschrift unterdrückt, ein Buch verboten und beschlagnahmt werden. Der § 1 des Pressegesetzes hob die in Art. 18 der Bundesakte programmatisch angekündigte Pressefreiheit somit völlig auf.

Das Gesetz beseitigte aber auch die *Presse-Hoheit* der Einzelstaaten. Zwar behielten sie die Durchführung der Zensur; doch oblag ihnen die Pflicht, durch ihre Vorkehrungen dem § 1 des Pressegesetzes vollständig Genüge zu leisten (§ 2). Zur Ergänzung der unzureichenden einzelstaatlichen Pressegesetze griffen überall die schärferen Normen des Bundesgesetzes Platz (§ 3). Allerdings gingen die Länder beim Vollzug der Bundesvorschriften nur zögernd vor. *Bayern* z. B. beschränkte die Vorzensur auf *politische Zeitschriften*, wie sie schon das „Edikt über die Freiheit der Presse und des Buchhandels" von 1818 [1]) vorgesehen hatte; man rechtfertigte dies damit, daß die Nachzensur genüge, um den Zweck des Bundesgesetzes zu erreichen.

Nach § 4 des Pressegesetzes war jeder Einzelstaat dem Bund für die im Landesgebiet erscheinenden Presseerzeugnisse verantwortlich. Wenn Äußerungen in Büchern, Zeitschriften oder Zeitungen die Würde oder die Sicherheit eines Einzelstaats verletzten, so konnte dieser wie der Bund als solcher von dem verantwortlichen Land *Genugtuung* fordern. Jeder Einzelstaat war verpflichtet, bei der Aufsicht über die Presse „mit wachsamem Ernst" zu verfahren (§ 5). Glaubte ein Gliedstaat, durch die in einem anderen Land erscheinenden Publikationen verletzt zu sein, und erhielt er auf dem Weg direkter Verhandlungen keine Genugtuung, so konnte er *Beschwerde bei der Bundesversammlung* erheben. Diese ordnete, wenn sie die Beschwerde als begründet anerkannte, die Unterdrückung der beanstandeten Schrift an. Aber auch ohne Beschwerde war die Bundesversammlung berechtigt, das Verbot einer Schrift auszusprechen, die die Würde des Bundes, die Sicherheit der Einzelstaaten oder den Frieden und die Ruhe in Deutschland verletzte (§ 6). In beiden Fällen war die betroffene Regierung zum Vollzug des vom Bundestag ausgesprochenen Verbots verpflichtet. Der Redakteur einer durch Bundesbeschluß verbotenen Zeitung oder Zeitschrift durfte innerhalb von fünf Jahren in keinem Gliedstaat in seinem alten Beruf wieder zugelassen werden. Im übrigen durften die Bundesbeschlüsse sich allerdings nur gegen die Schriften als solche, nicht gegen Verfasser, Herausgeber oder Verleger richten (§ 7). Die Gliedstaaten dagegen hatten den Verfasser, Herausgeber oder Verleger nach den Landes-Strafgesetzen zur Rechenschaft zu ziehen [2]). Um diese Verantwortlichkeit stets sichtbar hervortreten zu lassen, schrieb § 9 des Pressegesetzes vor, daß alle Druckschriften mit dem Namen des Verlegers, alle Zeitungen und Zeitschriften außerdem mit dem Namen des Redakteurs zu kennzeichnen waren. Bei Verstößen gegen diese Ordnungsvorschrift wurden die Schriften beschlagnahmt und die Verbreiter bestraft.

Noch tiefer als das Universitätsgesetz griff das Pressegesetz in die Landeshoheit ein. Der Bundestag konnte seine Kontrolle darauf erstrecken, ob jeder

---

[1]) Siehe oben S. 358.
[2]) Bundesbeschluß vom 14. Juni 1832 zur Erläuterung des § 7 PrG (CJCG Bd. 2 S. 240).

Gliedstaat das Gesetz ernsthaft durchführe. Bei Mängeln des Vollzugs konnte er eingreifen; bei dauerndem Widerstand eines Landes stand ihm die Bundesexekution zu Gebot. Eine besonders auffällige Beschränkung der Landeshoheit stellten das Entscheidungsrecht des Bundestags in Beschwerdefällen und sein selbständiges Verbotsrecht dar. Zu solchen Eingriffen der Bundesversammlung kam es im Lauf der nächsten Jahrzehnte in zahlreichen Fällen. So verbot ein Bundesbeschluß von 1823 den in Stuttgart erscheinenden „Teutschen Beobachter". Eine Reihe von Bundesbeschlüssen untersagten 1831/32 die in Deutschland erscheinenden liberal-demokratischen Blätter wie auch die Verbreitung des Straßburger Emigrantenblattes „Das constitutionelle Deutschland" im Bundesgebiet[1]. In den folgenden Jahren ergingen weitere Bundesbeschlüsse ähnlichen Inhalts[2]. Entschieden griff der Bund ferner ein, als die nach 1830 erlassenen Landesverfassungen die Pressefreiheit gewährleisteten (so § 37 der kurhessischen und § 35 der sächsischen Verfassung von 1831) oder als neue Landes-Pressegesetze der Pressefreiheit einen weiten Spielraum gaben. Die Bundesversammlung schärfte den Gliedstaaten die sorgfältige Beachtung des Bundespressegesetzes, das in voller Kraft fortbestehe, ein[3]. Als das badische Pressegesetz vom 28. Dezember 1931 trotzdem die Zensur beseitigte, zwang der Bund[4] den Großherzog, das Pressegesetz durch Verordnung vom 28. Juli 1832 aufzuheben und die Zensur wiederherzustellen[5]. Österreich und Preußen führten in dieser Zeit das Bundesgesetz von 1819 aus eigenem Antrieb in ihren Gebieten mit Schärfe durch[6], bewirkten aber auch, daß der Bund im ganzen Vormärz am Vollzug der in Karlsbad beschlossenen pressefeindlichen Vorschriften festhielt[7].

---

[1]) Siehe Bd. II S. 153, 163.

[2]) Bundesbeschluß vom 10. Dezember 1835, das Verbot der Schriften des jungen Deutschland betreffend (Dokumente Bd. 1 Nr. 50). Das Verbot richtete sich vornehmlich gegen die Schriften von Heinrich Heine, Carl Gutzkow, Heinrich Laube, Ludolph Wienbarg und Theodor Mundt.

[3]) Bundesbeschluß vom 10. November 1831 (CJCG Bd. 2 S. 238).

[4]) Bundesbeschluß vom 5. Juli 1832 (ebenda S. 250).

[5]) Siehe auch oben S. 602.

[6]) Österreichisch-preußische Erklärung in der Bundesversammlung am 28. Juni 1832 (CJCG S. 245). Von der eingesetzten Commission werde eine Lösung der Pressefrage erwartet, „welche die wilden Ausschweifungen einer alle Begriffe verwirrenden, nur auf Erschütterung und Umwälzung des Bestehenden gerichteten und das Höchste wie das Heiligste lästernden Preßfreiheit in die gehörigen Schranken zu weisen geeignet ist".

[7]) Bundesbeschluß vom 13. März 1841 betr. Verbot und Beschlagnahme der Schrift „Vier Fragen, beantwortet von einem Ostpreußen" (ebenda S. 389); der Verfasser dieser Kampfschrift zur preußischen Verfassungsfrage war *Johann Jacoby*. – Bundesbeschluß vom 24. Juni 1841 betr. Verbot und Beschlagnahme der Schrift „Die Cölnische Kirche im Mai 1841 von H. M." (ebenda S. 392). – Bundesbeschluß vom 4. Mai 1843 mit dem Ersuchen an sämtl. Landesregierungen, eine Fortsetzung der in Sachsen unterdrückten „Deutschen Jahrbücher für Wissenschaft und Kunst" (Herausgeber *Arnold Ruge*) nicht zu gestatten (ebenda S. 418). – Bundesbeschluß vom 17. Juli 1845 mit dem Ersuchen an sämtl. Landesregierungen, hinsichtlich der Druckschrift „Geheime Inquisition, Censur und Cabinettsjustiz im verderblichen Bunde" (Verfasser *Wilhelm Schulz* und *Karl Theodor Welcker*) „das Geeignete zu verfügen" (ebenda S. 434).

3. Das Untersuchungsgesetz

Das dritte der Bundesgesetze vom 20. September 1819 betraf die „Bestellung einer Central-Behörde zur näheren Untersuchung der in mehreren Bundesstaaten entdeckten revolutionären Umtriebe"[1]). In Karlsbad hatte man lebhaft erörtert, ob der Bund nur eine *Untersuchungsbehörde* oder ob er nicht besser ein *außerordentliches Bundesgericht* einsetzen solle, das neben der Untersuchung auch die Aburteilung der aufgedeckten Straftaten übernehmen könne. Preußen sprach sich lebhaft für ein solches Bundesgericht aus und fand dabei mannigfache Unterstützung. Die Befürworter hofften, das Sondergericht könne der Ansatz für die organische Entwicklung eines ständigen Bundesgerichts werden, dessen Errichtung 1815 gescheitert war[2]). Dem Einwand, die Beschuldigten würden durch ein *ad hoc* geschaffenes Bundesgericht ihrem in den Landesverfassungen garantierten „ordentlichen Richter" entzogen, hielt man entgegen, ein Bundesgesetz könne gegenüber den landesrechtlichen Gewährleistungen eine Ausnahme schaffen, da das Bundesrecht dem Landesrecht vorgehe; auch sei ein durch Bundesgesetz geschaffenes Bundesgericht in den den Bund betreffenden Sachen eben „ordentlicher Richter". Der preußische Vertreter berief sich in Karlsbad auch auf die alte Reichsjustizverfassung, nach der Landfriedens-Sachen zur Kompetenz der Reichsgerichte gehört hatten. Metternich jedoch brachte den preußischen Antrag zu Fall; er setzte die Errichtung einer reinen Untersuchungsbehörde durch, während die Aburteilung festgestellter politischer Straftaten den Gerichten der Länder vorbehalten blieb.

Allerdings sprach Metternich sich, anders als auf dem Wiener Kongreß, in Karlsbald nicht mehr grundsätzlich gegen ein Bundesgericht aus. Vielmehr betonte er das Recht des Bundes *„als Staat"* einen Obersten Gerichtshof einzusetzen – ein erstaunliches Zugeständnis, aus dem erhellt, wie sehr die Bedrohung des Bundes dazu zwang, starke Elemente der Staatlichkeit in die staatenbündische Verfassung einzufügen. Auch im Interesse einer einheitlichen Judikatur erschien Metternich damals die Einrichtung eines Bundesgerichts grundsätzlich als nützlich, zumal in Hinblick auf die in den linksrheinischen Gebieten Preußens und Bayerns bestehenden Schwurgerichte, von denen er ein laxes Vorgehen in politischen Strafsachen fürchtete. Doch meinte Metternich, ein Bundesgericht werde kein ausreichendes Tätigkeitsfeld finden, da im Rahmen der revolutionären Umtriebe wirklicher Hochverrat nur selten nachweisbar sei. Bei geringer Tätigkeit aber werde das Bundesgericht in der öffentlichen Meinung bald kompromittiert erscheinen. Offensichtlich kam es Metternich nicht so sehr auf die gerichtliche als auf die polizeiliche Verfolgung der „revolutionären Umtriebe" an. Daher entschied er sich für eine reine Inquisitionsbehörde des Bundes.

Das Untersuchungsgesetz richtete eine *Central-Untersuchungskommission* in Mainz ein. Ihre Aufgabe war die „gemeinschaftliche ... Untersuchung und Feststellung des Tatbestandes, des Ursprungs und der mannigfachen Verzweigungen der gegen die bestehende Verfassung und innere Ruhe, sowohl des

---

[1]) Text: Dokumente Bd. 1 Nr. 34.
[2]) Siehe oben S. 616 ff.

ganzen Bundes, als einzelner Bundesstaaten, gerichteten revolutionären Umtriebe und demagogischen Verbindungen" (Art. 2). Den Ausdruck „hochverräterische, verbrecherische Unternehmungen", der sich im Entwurf gefunden hatte, merzte man aus, um dem Einwand zu entgehen, daß schon vor der Untersuchung das Urteil vorweggenommen sei. Die Kommission war ausdrücklich auf *Untersuchung und Feststellung* des Tatsachenkomplexes beschränkt; doch hatte sie Obliegenheiten und Befugnisse, die weit über die eines modernen parlamentarischen Untersuchungsausschusses hinausgingen. Einmal stand ihr nämlich auch die „Oberleitung" der in den Einzelstaaten durchgeführten „Local-Untersuchungen" zu (Art. 5 Abs. 1), damit so die Einheit der Gesamtuntersuchung gewahrt werde. Die Kommission erlangte dadurch eine Art von Weisungsgewalt gegenüber den gliedstaatlichen Untersuchungsbehörden, die ihr zur Berichterstattung und zur Vornahme von Ermittlungen nachgeordnet waren. Zum anderen hatte sie das Recht, selbständige Haftbefehle auszusprechen (Art. 7). Sie besaß damit eine oberste Exekutivgewalt. Die gliedstaatlichen Behörden waren verpflichtet, die von der Bundeskommission verhängten Haftbefehle zu vollstrecken.

Die Central-Untersuchungskommission in Mainz unterstand der Aufsicht der Bundesversammlung. Dieser waren die Untersuchungsergebnisse mitzuteilen; sie hatte auch die weiteren Beschlüsse über das einzuleitende gerichtliche Verfahren zu fassen (Art. 10). In die Kommission wurden sieben Mitglieder gewählt: Österreich, Preußen, Bayern, Hannover, Baden, Hessen-Darmstadt und Nassau. Jeder dieser Staaten hatte einen Juristen als Untersuchungs-Commissar zu ernennen (Art. 4). Neun Jahre war die Kommission tätig, vom Herbst 1819 bis zum Herbst 1828. Sie sammelte ein umfassendes Material und wertete es aus; den Hauptbericht erstattete sie dem Bundestag am 14. Dezember 1827. Die lange Zeit zeugt für gründliche Arbeit; aber infolge dieser Langwierigkeit verfehlte die Enquête ihren eigentlichen Zweck, nämlich die schnelle Unterrichtung der Regierungen und der öffentlichen Meinung über den Umfang und die Gefährlichkeit der aufzudeckenden Verschwörung. Im Anfang traf die Kommission der Haß der Nation, die unter der „Demagogen-Verfolgung" zu leiden hatte; später verfiel die Mainzer Behörde dem allgemeinen Spott, da die erzielten Ergebnisse dem aufgewandten Eifer nicht zu entsprechen schienen.

Doch ist es falsch, das Untersuchungs-Ergebnis in der Weise zu bagatellisieren, wie es gewöhnlich geschieht. Gewiß förderten die Untersuchungen wenig Belastendes über die Träger bekannter Namen zutage. Die Verfolgung, der sich unter vielen anderen die Bonner Professoren *Ernst Moritz Arndt*, *Friedrich Gottlieb Welcker* und *Karl Theodor Welcker*, der Kölner Richter *Ludwig v. Mühlenfels* und *Friedrich Ludwig Jahn* ausgesetzt sahen, ergab keinen greifbaren Nachweis für hochverräterische Unternehmungen. Die öffentliche Meinung lehnte diese Verfolgungsmaßnahmen ab, selbst soweit sie mit den Verfolgten nicht sympathisierte [1]). Über diesem begreiflichen Af-

---

[1]) Vgl. die Äußerungen *Steins*, der sich zunächst nicht nur unwillig über *Jahn*, den „fratzenhaften dünkelvollen Narren", sondern auch abfällig über „unsere Pro-

fekt darf man jedoch nicht vergessen, daß die Untersuchungen im Lauf der Zeit ein ziemlich klares Bild der weit verbreiteten und weithin geheim organisierten oppositionellen Bewegung zu zeichnen vermocht haben. Die Untersuchungsberichte lassen die reiche Schattierung der bundesfeindlichen politischen Richtungen hervortreten. Besonders anschaulich wird an ihnen, wie weitverzweigt auch die zahlenmäßig kleine, aber aktive nationalrevolutionäre Gruppe war. Über die gefährliche Rolle *Karl Follens* war die Kommission sich offenbar im Anfang nicht im Klaren; der Führer der „Unbedingten" blieb in Freiheit und konnte sich Anfang 1820 der drohenden Verhaftung durch die Flucht entziehen [1]). Erst nach und nach deckte die Kommission die inneren Zusammenhänge zwischen der großen Zahl geheimer Gesellschaften, die sie ermittelte, auf. Der Hauptbericht von 1827 [2]) stellte fest, daß die „Verschwörungen" der Jahre 1817—19 aus den geheimen Verbindungen erwachsen waren, die sich während der Fremdherrschaft gegen Napoleon und den Rheinbund gebildet hatten. *Schleiermacher, Fichte* und *Arndt* bezeichnete der Bericht als die intellektuellen Urheber der revolutionären Bewegung; der „Tugendbund" galt ihm als die erste revolutionäre Zelle; *Stein, Gneisenau* und *Hardenberg* stellte er als die ersten Beschützer und Förderer der Bewegung bloß. Damit erhielt der Bericht zu seiner anti-nationalen auch eine anti-preußische Tendenz. Gewiß ergab die Untersuchung, daß eine unmittelbare revolutionäre Bedrohung der Bundesverfassung oder der gliedstaatlichen Ordnung nicht bestanden hatte. Aber es war nicht unbegründet, wenn der Bericht hervorhob, daß auch diese Anfänge einer national-revolutionären Bewegung eine Gefahr für die öffentliche Sicherheit und Ordnung waren. Die großen und erfolgreichen Umsturzbewegungen sind durchweg aus kleinen Zellen, aus zufällig erscheinenden Zusammenhängen, aus ersten dilettantischen Versuchen erwachsen. Die Ermittlung dieses Tatsachenkomplexes war ein nicht zu unterschätzender Dienst, den die Kommission den restaurativen Mächten leistete.

Praktisch gelang es der Kommission, in Verbindung mit den ihr nachgeordneten Landespolizeiorganen, die im Entstehen begriffene Bewegung auf eine gewisse Zeit zu lähmen. Die radikalen Führer wurden in die Emigration getrieben; ihre Helfer wurden festgesetzt oder doch zur Zurückhaltung gezwungen; das geheime Verbindungsnetz wurde zerrissen; die Aktionskräfte der

---

fessoren" äußerte: „Ein hoffährtiger, unruhiger und seichter Geist beseelt sie, sie verbreiten verderbliche Grundsätze unter die Jugend; lehrt nicht der Professor der Moral, Herr *Fries,* in seiner Ethik den Selbstmord, er findet einen Verteidiger an Herrn *Welcker* in Bonn, der die übertriebensten und verrücktesten Dinge den unbärtigen Jünglingen vorträgt. Die Canzel und der Lehrstuhl **müssen keine Giftbude** sein" (*Stein* an Gagern vom 30. August 1819; Briefe und Amtl. Schr. Bd. VI S. 132). Dann aber verurteilte er die Karlsbader Beschlüsse: „Reichte denn das Ansehen der Gerichte und Polizeibehörden nicht hin, um diese Menschen (sc. die „Catilinas" Jahn, Follen und Mühlenfels) und ihre Anhänger unschädlich zu machen und verbrecherische Beginnen zu bestrafen? Warum beraubt man unsere Universitäten ihrer seit Jahrhunderten besessenen Privilegien, unter deren Schutz sich ein achtungswerter Geist entwickelte?" (*Stein* an Hövel vom 20. Dezember 1819; ebenda S. 187).
[1]) Siehe oben S. 732.
[2]) Vgl. *L. Fr. Ilse,* Geschichte der politischen Untersuchungen (1860) S. 57 ff.

Bewegung wurden für ein volles Jahrzehnt geschwächt. Darüber hinaus erlangten die Abwehrbehörden durch die systematische Untersuchungsarbeit der Mainzer Kommission das Material, das ihr nach dem Ausbruch der Juli-Revolution dienlich war, um die erneut auch in Deutschland aufflammende Bewegung schnell und nachhaltig einzudämmen. So war die Untersuchungskommission, wie immer man sonst über sie denken mag, eine wirksame Einrichtung des Verfassungsschutzes im Metternich'schen Staatenbund.

4. Die Exekutionsordnung

Wenn der Deutsche Bund die in den drei Gesetzen in Anspruch genommenen Kompetenzen gegenüber den Einzelstaaten effektiv durchsetzen und zugleich einem Umsturz von unten wirksam begegnen wollte, so bedurfte er noch dringender als bis dahin der Mittel, um im Fall einer Verfassungsstörung mit exekutiven Maßnahmen einzugreifen. Die in Karlsbad beschlossene „Provisorische Exekutions-Ordnung", die gleichfalls am 20. September 1819 die Zustimmung des Bundestags fand[1]), war das einzige der vier Gesetze, an dessen Stelle ein definitives Bundesgesetz, die Exekutionsordnung vom 3. August 1820, trat[2]). Mit ihr erlangte der Bund auf Dauer die Möglichkeit, mit der Bundesexekution gegen Gliedstaaten, die die Erfüllung ihrer Bundespflichten versäumten, und mit der Bundesintervention gegen umstürzlerische Bewegungen, die sich in den Einzelstaaten erhoben, einzuschreiten[3]).

Bayern publizierte die Exekutionsordnung von 1820, entgegen seinen Bundespflichten, nicht. Da die Exekutionsordnung jedoch keine Rechte oder Pflichten der Untertanen begründete, bedurfte sie zu ihrer bundesgesetzlichen Wirksamkeit der innerstaatsrechtlichen Inkraftsetzung nicht. Sie betraf nur das Verhältnis von Bund und Gliedstaaten, begründete nur Rechte des Bundes und Pflichten seiner Glieder und konnte daher durch einen vom Bund allein ausgehenden Akt in Wirksamkeit gesetzt werden[4]). Im übrigen nahm Bayern später wiederholt an Exekutions- und Interventionsmaßnahmen, die sich auf die Exekutionsordnung von 1820 stützten, aktiv teil. Es erkannte damit offenkundig die Wirksamkeit der Exekutionsordnung trotz des Mangels einer bayerischen Publikation an.

II. Die preußischen Vollzugs – Verordnungen zu den Karlsbader Beschlüssen

1. Die preußische Zensur-Verordnung

Die Zensur-Verordnung vom 18. Oktober 1819 (GS 224) [5]) regelte das Verfahren, das in Preußen bei der Zensur von Druckschriften in Durchführung des Bundes-Preßgesetzes anzuwenden war. Bücher und Schriften durften in

---

[1]) Text: CJCG Bd. 2 S. 95.
[2]) Text: Dokumente Bd. 1 Nr. 38.
[3]) Siehe oben S. 631 ff., 634 ff.
[5]) Text: Dokumente Bd. 1 Nr. 35.

[4]) Siehe oben S. 600 f.

Preußen weder gedruckt noch verkauft werden, wenn nicht eine schriftliche Erlaubnis der Zensurbehörde vorlag. Als *Zweck der Zensur* definierte die Verordnung die Unterdrückung zwar nicht jeder „Unwahrheit", wohl aber aller Äußerungen, die den allgemeinen Grundsätzen der Religion, der Moral oder der guten Sitten, der Würde oder der Sicherheit Preußens oder anderer deutscher Staaten, der monarchischen Staatsform oder den deutschen Staatsverfassungen oder den freundschaftlichen Beziehungen Preußens zu anderen Staaten abträglich waren. Ferner war es Sache der Zensur, allen Äußerungen entgegenzutreten, die geeignet waren, „Mißvergnügen" im Staat hervorzurufen, gegen die Gesetze „aufzureizen", Parteien oder ungesetzmäßige Verbindungen zu stiften oder Parteien anderer Länder, die dort am Umsturz der Verfassung arbeiteten, in einem günstigen Lichte darzustellen. Das vielberufene Wöllner'sche Edikt[1]) wurde durch diese Zensur-Verordnung von 1819 bei Weitem übertroffen. Mit Hilfe dieser dehnbaren Klauseln konnte jede freie Geistesregung verfolgt werden, zumal die Verordnung die der Akademie der Wissenschaften und den Universitäten bisher eingeräumte Zensurfreiheit ausdrücklich suspendierte.

Höchste Kontrollbehörde wurde das *Ober-Zensur-Kollegium* in Berlin. Die Vorprüfung selbst lag nach der Verordnung in der Hand „vertrauter, wissenschaftlich gebildeter und aufgeklärter Zensoren", die die Oberpräsidenten durch das Ober-Zensur-Kollegium dem Innen-, dem Außen- oder dem Kultusminister (je nach dem Aufgabenbereich) zur Ernennung vorzuschlagen hatten. Straf- und Konfiskationsandrohungen sicherten die Beachtung der Zensurmaßnahmen.

2. Die preußischen Universitäts-Verordnungen

a) Die außerordentlichen Regierungsbevollmächtigten

Die preußische Instruktion für die außerordentlichen Regierungsbevollmächtigten bei den Universitäten vom 18. November 1819 (GS 233)[2]) dehnte das Bundes-Universitätsgesetz auf die außerhalb des Bundesgebiets liegende Universität Königsberg aus. Für alle preußischen Universitäten bestellte sie den bundesgesetzlich vorgeschriebenen Regierungsbevollmächtigten zum obersten Hüter der akademischen Disziplin und eines staats- und regierungstreuen akademischen Geistes bei Universitätslehrern und Studenten. Den Universitätsrichter ordnete sie ausschließlich dem Regierungsbevollmächtigten unter. Diesem übertrug sie zugleich die Aufsichtsgewalt für alle Disziplinar- und Strafvollzugsakte der Universitätsbehörden. Außerdem wies sie ihm die Funktionen des Kurators zu, die eigentlich (nach § 16 der Verordnung vom 30. April 1815) der Oberpräsident jeder Provinz für seine Provinzialuniversität hatte übernehmen sollen. Die Regierungsbevollmächtigten erhielten damit eine Doppelstellung. Sie waren als Vertreter des Kultusministers ordentliches Verwal-

---

[1]) Siehe oben S. 108.　　　[2]) Text: Dokumente Bd. 1 Nr. 36.

tungsorgan („Kurator") und zugleich politisches Überwachungsorgan („Regierungskommissar") für jede einzelne Universität.

Die Einrichtungen des Kurators, des Regierungsbevollmächtigten und auch des Universitätsrichters brachten starke *anstaltliche Momente* in den überlieferten korporativen Aufbau der deutschen Universitäten [1]. Trotzdem ist dem unbefangenen Blick deutlich, daß die *Kurator-Verfassung* als solche, nach Wegfall der auf den Ausnahmegesetzen beruhenden Zutaten, sich segensreich für die preußischen Universitäten ausgewirkt hat. Wären die Oberpräsidenten Kuratoren der Universitäten geworden, so hätte dies zur Provinzialisierung der einzelnen Universitäten geführt; die Kuratoren dagegen als unmittelbare Untergebene der zentralen Wissenschaftsbehörde verbanden die einzelnen Universitäten mit der lebendigen Mitte eines bedeutenden Staates, der sich aus der Verirrung der „Demagogenverfolgung" bald wieder auf seine Verpflichtung zum Dienst an Fortschritt und Bildung besann. Nachdem 1848 die politischen Überwachungsaufgaben des „außerordentlichen Regierungsbevollmächtigten" entfallen waren, konnte der Kurator im Bereich seiner Verwaltungsaufgaben eine großzügige Aufbauarbeit leisten. Nicht zuletzt dank dieser Verdienste der preußischen Kuratoren haben sich die Universitäten zu der hohen Blüte der zweiten Hälfte des 19. Jahrhunderts entfaltet. Daß für die echte Selbstverwaltung der Universitäts-Korporation dabei ein weiter Spielraum blieb, wird jeder anerkennen, der das Wirkungsfeld akademischer Autonomie nicht in der administrativen Routinearbeit, sondern dort sucht, wo es um die wahre Sache der wissenschaftlichen Forschung und Lehre geht.

b) Die akademische Disziplinargewalt

Das preußische Reglement für die künftige Verwaltung der akademischen Disziplin und Polizeigewalt bei den Universitäten vom 18. November 1819 (GS 238) ordnete auf der Grundlage des Edikts wegen Errichtung der akademischen Gerichtsbarkeit bei den Universitäten vom 28. Dezember 1810 (GS 142) die von den Universitätsbehörden zu handhabende Wahrung der akademischen Sitte und Zucht. Sie übertrug die Ausübung der Disziplinar- und Polizeigewalt gegenüber den Studierenden je nach der Art und Schwere des Falls dem Rektor, dem Universitätsrichter und dem Senat. Der *Rektor* konnte nur leichte Fälle ahnden und für sie die Strafe des Verweises aussprechen. Die Hauptzuständigkeiten lagen bei dem *Universitätsrichter,* einem vom Minister ernannten, dem Lehrkörper der Universität nicht angehörenden Regierungsbeamten, der jedoch den ordentlichen Professoren gleichgestellt war und Sitz und Stimme im Senat besaß. Er führte in Rechts- und Disziplinarfällen die Untersuchung, konnte die Verhaftung von Studenten anordnen und fällte die Urteile in Zivilrechtssachen, in Strafsachen wie in Disziplinarsachen; bis zu

---

[1] Nicht nur der preußischen; denn entsprechende Einrichtungen, wie sie hier für Preußen dargestellt werden, entwickelten sich unter der Herrschaft der Karlsbader Beschlüsse auch an den Universitäten anderer deutscher Länder.

4 Wochen Freiheitsstrafe konnte er verhängen. Zu der Anordnung der schwersten Universitätsstrafen (Exclusion, Consilium abeundi und Relegation) bedurfte er allerdings der Zustimmung des *Senats*. Konnten der Universitätsrichter und der Senat sich nicht einigen, so lag die Entscheidung bei dem außerordentlichen Regierungsbevollmächtigten, also einer rein staatlichen Instanz. Gegen die Ausschließungsstrafen konnte der Betroffene sich mit dem Rekurs an den Kultusminister wenden. Es ist außer Frage, daß diese Disziplinar- und Strafverfahren der preußischen (und ebenso das entsprechende Verfahren der übrigen deutschen) Universitäten *keine Disziplinargerichtsbarkeit* im wirklichen Sinn, sondern ein Disziplinar- und Strafverwaltungsverfahren, und zwar in einer durchaus polizeistaatlichen Prägung, war.

c) Die Verfolgung der studentischen Verbindungen

Die Verfolgung von Studenten wegen der Zugehörigkeit zu verbotenen akademischen Verbindungen fand anfangs in diesem akademischen Disziplinarverfahren statt. Doch gab schon die *Kabinettsordre betreffend die Bestrafung der Studierenden, welche unerlaubte Verbindungen unterhalten*, vom 7. Juli 1821 (GS 107) den außerordentlichen Regierungsbevollmächtigten das Recht, Studenten, die *verdächtig* waren, solche Verbindungen zu stiften, einzuleiten oder zu befördern oder an ihnen teilzunehmen, ohne gerichtliche Untersuchung und ohne Mitwirkung des Universitätsrichters oder des Senats sofort von der Universität zu entfernen. Diesen rein administrativen Ausschluß teilte jeder Regierungsbevollmächtigte alsbald den Kommissaren der übrigen Universitäten mit; diese verhinderten dann die Immatrikulation des ausgeschlossenen Studenten an ihrer Universität. Bei dieser Art der Ausschließung lag eine folgenschwere Verwaltungsmaßnahme rein auf Verdacht hin vor.

Die *Kabinettsordre betreffend die Bestrafung aller geheimen, besonders der burschenschaftlichen Verbindungen auf den preußischen Universitäten* vom 21. Mai 1824 (GS 122) bestimmte, daß die genannten akademischen Gemeinschaften künftig nicht mehr als bloße Studentenverbindungen, sondern als geheime politische Verbindungen im Sinn der Edikte vom 20. Oktober 1798 und vom 6. Januar 1816 (GS 1816 S. 5 und 7) angesehen werden sollten [1]. Für die Untersuchung und Bestrafung der Verstöße gegen das Verbindungsverbot waren seitdem nicht mehr die akademischen Disziplinarbehörden zuständig. Die Untersuchungsgewalt ging an die politische Polizei, die Strafgewalt an die ordentlichen Strafgerichte über. Den Universitätsbehörden blieb nur der Ausspruch der Relegation. Als Strafen wurden schwere Freiheitsstrafen verhängt (Festungsstrafen von 6 bis 10 Jahren); bei Verbindungen „mit hochverräterischen Zwecken" konnte auf lebenslange Freiheitsentziehung oder gar auf Todesstrafe erkannt werden [2]. Bei der Neuregelung der gesamten Materie

---

[1]) Texte: Dokumente Bd. 1 Nr. 20, 21. Dazu oben S. 706 Anm.. 3, 721 Anm. 2.
[2]) § 5 des Edikts vom 20. Oktober 1798 (GS 1816 S. 9).

durch das *Gesetz über die Bestrafung von Studentenverbindungen* vom 7. Januar 1838 (GS 13) wurde das Kammergericht zum Sondergericht für die Untersuchung und Entscheidung dieser Straffälle bestellt.

§ 44. Die Fortbildung des Bundesrechts 1820–30

Schrifttum. Siehe die Angaben zu § 42. Ferner *K. A. v. Wangenheim*, Österreich, Preußen und das reine Deutschland (1849); *ders.*, Das Dreikönigsbündnis vom 26. Mai 1849 und die Radowitzische Politik in Vergleichung mit dem Fünfkönigsbündnisse vom Jahre 1814–1815 (1851); *L. K. Aegidi*, Die Schlußakte der Wiener Ministerial-Conferenzen zur Ausbildung und Befestigung des deutschen Bundes (1860–69); *C. Albrecht*, Die Triaspolitik des Frh. K. A. v. Wangenheim (1914).
Text der Wiener Schlußakte: Dokumente Bd. 1 Nr. 31.

I. Die Wiener Schlußakte

Mit den Karlsbader Beschlüssen hatten Österreich und Preußen das Bundesrecht und die Bundesinstitutionen wesentlich gefestigt. Diese Stabilisierung der Bundesverhältnisse diente den beiden Großmächten zum Ausbau ihrer hegemonialen Stellung im Bund; doch sicherten sie damit zugleich auch dem Bund als solchem eine stärkere Position. So wichtig für Metternich die Eindämmung der nationalen und liberalen Tendenzen in den mittleren und kleineren Gliedstaaten war, den entscheidenden Erfolg des Jahres 1819 bedeutete es für ihn, daß es gelungen war, in Preußen die Reformpartei auszuschalten, die Verfassungsbestrebungen zu ersticken und die Grundlage voller Einmütigkeit der österreichischen mit der preußischen Regierung in allen Bundesfragen herzustellen.

Die neu gefestigte Einigkeit zwischen den beiden Hauptmächten bewährte sich auch, als die *Wiener Ministerial-Konferenzen* von 1819/20 den Ausbau der Bundesverfassung vollendeten[1]). Wieder, wie schon in Karlsbad, nahmen die Regierungen durch direkte Verhandlungen dem Bundestag die Vorbereitung der die Bundesverfassung fortbildenden Beschlüsse aus der Hand. Auf den Ministerkonferenzen in Wien versammelten sich nur die Vertreter der 17 stimmführenden Mächte des Engeren Rats[2]). Die Einigkeit zwischen Österreich

---

[1]) Über die Konferenzen, die vom 25. November 1819 bis zum 24. Mai 1820 dauerten, vgl. *v. Kaltenborn*, Geschichte der deutschen Bundesverhältnisse Bd. 1 S. 396 ff.; *Ilse*, Geschichte der deutschen Bundesversammlung Bd. 2 S. 387 ff.; *v. Weech*, Korrespondenzen und Aktenstücke S. 29 ff., *Aegidi*, Die Schlußakte S. 1 ff.

[2]) Die amtlichen Vertreter auf den Konferenzen waren: Fürst Metternich (Österreich), Graf Bernstorff (Preußen), Frh. v. Zentner (Bayern), Graf Einsiedel (Sachsen), Graf Münster (Hannover), Graf Mandelsloh (Württemberg), Frhr. v. Berstett (Baden), Frhr. v. Münchhausen (Kurhessen), Frhr. du Thil (Hessen-Darmstadt), Graf Bernstorff (Holstein), Frhr. v. Fritsch (Sachsen-Weimar) für die 12. Kurie, Frhr. v. Marschall (Nassau) für die 13. Kurie, Frhr. v. Plessen (Mecklenburg) für die 14. Kurie, v. Berg (Oldenburg) für 15. Kurie, Hach (Lübeck) für die 17. Kurie.

und Preußen trat nun noch deutlicher als in Karlsbad hervor; in „dualistischer Hegemonie", aber doch unter merklichem Vorrang des österreichischen Staatskanzlers, lenkten sie die Arbeit der vereinigten Staatsmänner. Nachdem Österreich in Karlsbad für den Bund das Maß an Machtvermehrung erreicht hatte, das notwendig war, um die nationale Einheitsbewegung zu unterdrücken, kehrte es auf den Wiener Konferenzen zu seiner grundsätzlich staatenbündischen Politik zurück. Mit Preußen schlossen sich auch die meisten anderen Länder diesem strengen Föderalismus erneut an. Nur Baden und Nassau forderten eine weitere Stärkung der Bundesgewalt, beide jedoch nicht aus nationalstaatlichen Neigungen, sondern in der Absicht, die hier oder dort noch vorhandenen liberalen Tendenzen durch die Bundeseinmischung weiter zurückzudrängen.

Nach sechsmonatigen Beratungen kam die *Wiener Schlußakte* zustande. Sie faßte die zum Ausbau der Bundesverfassung vereinbarten Beschlüsse der Wiener Ministerialkonferenzen zusammen. Über die ursprünglich angekündete Absicht, die zur Verfassungsergänzung notwendigen Beschlüsse des Bundestags „vorzubereiten", ging man weit hinaus. Die in Wien versammelten Minister vereinigten ihre Beschlüsse in einer „Bundes-Supplementar-Akte", also in einem Verfassungs-Ergänzungsgesetz, das sie inhaltlich endgültig feststellten. Dem Bundestag sollte keine materielle Beratung, sondern nur die formelle en-bloc-Annahme gestattet sein. Vergeblich protestierte Württemberg gegen diese neuerliche Ausschaltung der Bundesversammlung aus der eigentlichen Verfassungsentscheidung. Unter dem Datum des 15. Mai 1820 formulierten die in Wien versammelten Staatsmänner den Text der Schlußakte verbindlich; am 16. Mai unterzeichneten sie ihn, am 8. Juni 1820 ging er dem Plenum des Frankfurter Bundestags zu. Hier war eine Beratung ohnedies ausgeschlossen[1]). So stimmten nun die Vertreter aller Einzelstaaten dem Wiener Werk als einem fait accompli zu. Als ein zweites weit ausführlicheres Grundgesetz des Bundes trat die Wiener Schlußakte neben die Bundesakte. Die Verfassung des Deutschen Bundes erhielt mit ihr erst ihre vollkommene Gestalt[2]).

II. Die deutsche Trias

1. Das „Manuskript aus Süddeutschland"

Hatten die mittleren und kleineren Bundesglieder sich dem österreichisch-preußischen Führungsanspruch auf den Karlsbader und Wiener Konferenzen noch fast vorbehaltlos gefügt, so trat doch bei einigen von ihnen bald ein seit längerem angesammelter starker Unmut gegen diese dualistische Hegemonie hervor. Bayern gab sich noch am ehesten mit seiner Rolle zufrieden. Württemberg aber fühlte sich in seiner Würde und in seinen Rechten durch die österreichisch-preußische Union schwer gekränkt. Von Stuttgart aus belebte

[1]) Siehe oben S. 590 f.
[2]) Über die wichtigen Neuerungen und Fortbildungen, die die Schlußakte enthielt, ist schon im Zusammenhang berichtet worden; siehe oben S. 594 ff.

nun der trialistische Gedanke sich neu, der schon im alten Reich zu mannigfachen Zeiten bedeutsam gewesen war und der sich schließlich im Rheinbund kraß verwirklicht hatte. Der Gedanke des „reinen Deutschland", der „troisième Allemagne", machte sich nun also auch im Rahmen des Deutschen Bundes geltend.

Die Lehre von der *deutschen Trias* besagte: Neben den beiden Hauptmächten Österreich und Preußen müßten die übrigen Staaten, vor allem die süd- und westdeutschen, sich zu einer engeren Verbindung zusammenschließen, um gegenüber den beiden größeren ihre gemeinsame Stimme wirksam zur Geltung zu bringen und das deutsche Gleichgewicht zu wahren. Die Idee eines *Bundes im Bunde* tauchte damit auf, einer engeren Föderation der mittleren und kleineren Staaten, die sich zur dritten deutschen Macht konstituieren sollten, sei es um gemeinsam dem Übergewicht der Hauptmächte zu begegnen, sei es um gemeinsam die Spannungen zwischen den Hauptmächten zu vertiefen und zu nutzen. Diese Triaspolitik (siehe auch oben S. 671 f.) hätte das Verfassungsgefüge des Deutschen Bundes von Grund auf ändern können. In einem dreigeteilten Deutschland wäre eine Art neuer „Rheinbund" entstanden, der eine Schlüsselstellung zwischen Österreich und Preußen hätte erringen und durch eine einheitliche Stimmabgabe in Frankfurt die beiden Hauptmächte in allen einer Mehrheitsentscheidung überwiesenen Bundesfragen hätte majorisieren können. Diese südwestdeutschen Bestrebungen, in denen sich partikularistische Tendenzen sonderbar mit nationalen und freiheitlichen Ideen mischten, belasteten die staatenbündische Einheit Deutschlands mit einem neuen verwirrenden Problem.

Es war kaum gelungen, den württembergischen Protest gegen das auf den Wiener Konferenzen geübte Verfahren auszuschalten und Vorbehalte, die der württembergische Vertreter in Frankfurt bei der Abstimmung über die Schlußakte anzubringen suchte, zurückzuweisen, als ein Manifest des Trias-Gedankens die deutsche Öffentlichkeit in schwere Unruhe versetzte. Im September 1820 verbreitete sich von Stuttgart aus eine politische Schrift, die sich *Manuskript aus Süddeutschland* nannte [1]. In verletzender Polemik suchte sie das „dritte Deutschland" gegen die beiden Hauptmächte, vor allem gegen Preußen, in Harnisch zu bringen, um damit das Klima für eine trialistische Bundespolitik zu schaffen.

Das „Manuskript aus Süddeutschland" führte den Charakter, die Tugenden, die Verdienste der Süddeutschen gegen die Schwächen und Mängel der Norddeutschen ins Feld. Nicht nur im Hinblick auf kulturelle und sittliche Vorzüge, deren der Süddeutsche sich gegenüber dem Norddeutschen sonst gerne rühmt, sondern auch im Hinblick auf militärische Leistungen pries die Flugschrift die Priorität und Superiorität des Südens. Trotzdem sei Deutschland die Beute der ost- und norddeutschen Mächte geworden, d. h. eben jener Staaten, die, wie Österreich und Preußen, mit außerdeut-

---

[1] „Manuskript aus Süddeutschland", hg. von *G. Erichson* (London 1820). Über den Verfasser *Lindner*, der sich hinter dem Pseudonym verbarg, vgl. *E. Fehre*, Friedrich Ludwig Lindner, Balt. Monatsschr. 37 (1895) S. 531 ff., 671 ff., 756 ff. Dazu auch *Gentz*, Gegen Fr. L. Lindner (Schriften, Bd. 3, 1839, S. 238 ff.); die Polemik von Gentz wendet sich aus Anlaß einer späteren Schrift von Lindner gegen das „Manuskript aus Süddeutschland".

schen Nationen vermischt oder, wie Hannover, mit außerdeutschen Staaten verbunden seien. Das Manuskript rief die „rein deutschen Stämme", die Alemannen und Bayern, auf, sich der ursprünglichen deutschen Verfassung gemäß in einem freien Bund selbständiger Stämme zu vereinigen. Preußen gehöre „so wenig als Elsaß" zu Deutschland! Das wahre deutsche Interesse könne nur an der Seite Frankreichs gefunden werden; Württemberg und Bayern hätten in der Vergangenheit mit gutem Grund die Wiedergeburt Deutschlands im Verein mit Frankreich erstrebt und sich so zum neuen Geist des Jahrhunderts bekannt. In diesem Zeichen hätten sie auch jetzt die Idee der Demokratie in ihren neuen Verfassungen aufgerichtet. Die deutsche Freiheit finde in diesen süddeutschen Verfassungen ihren Schutz gegen die Reaktion, die deutsche nationale Unabhängigkeit ihre Gewähr gegenüber den Herrschaftsgelüsten von Wien und Berlin.

Von Anfang an bezweifelte niemand, daß dieses politische Pamphlet keine private Arbeit, sondern ein Dokument der offiziellen württembergischen Bundespolitik sei. Der radikale Schriftsteller *Lindner*, dem man die Urheberschaft zuschrieb, hatte in Weimar die Umtriebe Kotzebues durch einen Vertrauensbruch aufgedeckt[1]) und damit den ersten Anstoß zu dem Sand'schen Attentat gegeben; er hatte Sachsen-Weimar verlassen müssen und nach vorübergehendem Aufenthalt im Elsaß ein neues Wirkungsfeld in Stuttgart gefunden. Bald stellte sich heraus, daß er nicht der eigentliche Verfasser der Schrift war. *König Wilhelm* selbst hatte ihm die Ideen eingegeben; Lindner hatte sie nur in literarische Form gebracht. Es war ein deutscher Landesherr, der mit der Triaspolitik den Deutschen Bund durch das Projekt eines *Sonderbundes* in Frage stellte. Das „Manuskript" wollte nicht bloß, daß das „dritte Deutschland" im Deutschen Bund als ein gleichgewichtiger Partner neben den beiden Hauptmächten zur Geltung komme; es zielte vielmehr auf die Separation des „reinen Deutschland" von den beiden deutschen Großmächten unter erneuter rheinbündischer Anlehnung an Frankreich, den Hort der deutschen Unabhängigkeit und Freiheit! Mit der Bundestreue, die die vornehmste Pflicht jedes Gliedstaats auch in einem Staatenbund ist, war die in dem „Manuskript" bekundete Gesinnung schlechthin unvereinbar.

2. Die „Epuration" des Bundestags

Anstößiger noch als die sonderbündischen Tendenzen des „Manuskripts aus Süddeutschland" erschien den Regierungen in Wien und Berlin das unzweideutige Bekenntnis zu den demokratischen und liberalen „Ideen von 1789", das in ihm enthalten war. Als Exponent dieser Richtung galt in Bundeskreisen vor allem der württembergische Bundestagsgesandte *Wangenheim*[2]). Dieser hatte sich in Frankfurt durch häufige Vorstöße gegen die österreichisch-preußische Bundesführung und durch freimütige politische Äußerungen hervorgetan. In zahlreichen Angelegenheiten, so in den Verhandlungen über die Bundeskriegsverfassung, in den Bemühungen um eine konkordatäre Neuordnung der oberrheinischen Kirchenprovinz[3]) und auch in den Auseinandersetzungen über die deutsche Zoll- und Handelseinheit[4]) war er der Wortführer der deutschen Mittel- und Kleinstaaten. Wenngleich die Bundestagsgesandten dieser Länder zum großen Teil die liberalen Neigungen Wangenheims ablehnten, so gelang es diesem doch, einen Kreis von gleichgesinnten Bundestagsgesandten in Frankfurt um sich zu sammeln, die gegenüber dem von Österreich und Preußen gesteuerten restaurativen Kurs eine liberale Oppositionsgruppe bildeten. Erst

---

[1]) Siehe oben S. 728. [2]) Siehe oben S. 382.
[3]) Siehe oben S. 381. [4]) Siehe unten S. 810.

1823/24 konnten die beiden Großmächte diese Opposition durch die „Epuration des Bundestags" zerschlagen.

Ein unter dem Namen „*Langenauische Note*" bekannt gewordener Geheimbericht, den man dem General von Langenau, dem österreichischen Präsidenten der Bundes-Militär-Kommission, zuschrieb [1]), stellte diesen Gegensatz zwischen den „prädominierenden Bundesmächten" und den „liberalisierenden Tendenzen" dar, von denen bereits die Majorität der Bundesversammlung ergriffen sei. Durch die immer wieder geforderte strenge Prüfung der „Gesetzlichkeit" (d. h. der Verfassungsmäßigkeit) jedes Bundesbeschlusses [2]), mehr aber noch durch die Stiftung von „Bünden im Bunde", d. h. von engeren interessenausgleichenden Verbindungen zwischen den mittleren und kleineren Staaten, suche diese Gruppe den Hauptmächten dauernde Schwierigkeiten in ihrer Bundespolitik zu bereiten und die öffentliche Meinung Deutschlands für ihre liberalen und nationalen Ziele zu gewinnen. Die Bundesfeinde wollten die „Völker Deutschlands" glauben machen, „*daß sie Ein Volk werden* könnten; zugleich aber bemühten sie sich, „*die beiden großen Bundesmächte in einen Antagonismus zu organisieren*". Die nationale Einheit Deutschlands unter Sprengung des österreichisch-preußischen Einvernehmens zu begründen, sei das vornehmste Ziel der Bundestags-Opposition, als deren Führer der Bericht ausdrücklich Wangenheim bezeichnete. Gegenüber diesen störenden Tendenzen könne ein „Stabilitäts-System" nur geschaffen werden, wenn man sich zur *Epuration des Bundestags* entschließe, d. h. zur Befreiung des obersten Bundesorgans von allen Elementen, die es an der Loyalität gegenüber dem Metternich'schen System mangeln ließen.

Die in Frankreich vom Jakobinismus eingeführte Methode der „épuration" wurde damit für Deutschland als ein von den restaurativen Kräften gegen die Parteigänger der Revolution anzuwendendes Mittel empfohlen. Das war ein Beispiel für die Bedenkenlosigkeit, mit der im politischen Kampf der sich gefährdet Fühlende die Waffen des Gegners übernimmt, ohne zu erwägen, daß er das Übel damit steigert, statt es zu überwinden. So fragwürdig demnach die verfassungspolitischen Absichten und Vorschläge der Note waren, so zutreffend war die sachliche Feststellung, daß unter Wangenheims Führung die „deutsche Trias" zu einer festen Opposition gegen die „prädominierenden Hauptmächte" zu werden drohte. In allen Bundesangelegenheiten, die im Anfang der zwanziger Jahre zur Entscheidung kamen, so auch in den Verfassungsstreitigkeiten Lippe-Detmolds, Holsteins und Kurhessens, wandte der württembergische Gesandte sich gegen Österreich und Preußen. Schließlich gelang es ihm sogar, am 14. März 1822 einen Mehrheitsbeschluß durchzusetzen, der die Auflösung der Mainzer Zentraluntersuchungs-Kommission forderte. Um sich dieser Opposition zu erwehren, versammelte Metternich im Januar 1823 die Vertreter der restaurativen deutschen Regierungen (Preußen, Bayern, Baden, Mecklenburg und andere) zu einer *zweiten* Wiener *Konferenz*; er schlug nun wirklich, dem Langenauischen Geheimbericht entsprechend, die „Epuration des Bundestags" von den liberalisierenden Elementen vor. Als Wangenheim bald darauf im Namen der württembergischen Regierung in Frankfurt die im Veroneser Manifest hervortretende gegenrevolutionäre Politik der Heiligen Allianz angriff [3]), kam es zum entscheidenden Schlag. Österreich, Preußen und Rußland brachen den diplomatischen Verkehr mit Württemberg ab.

---

[1]) Text bei *Klüber-Welcker*, Wichtige Urkunden S. 329 ff. — *Treitschke*, Deutsche Geschichte, Bd. 3 S. 306, behauptet, die Denkschrift sei eine Fälschung, die von Wangenheim selbst stamme; dieser habe damit die politischen Absichten seiner Gegner verhöhnen und entlarven wollen. Sollte das richtig sein, so war es Wangenheim gelungen, die Absichten, die der Wiener Hof hegte und dann in die Tat umsetzte, trefflich zu umreißen.

[2]) Es ist bemerkenswert, daß schon hier die *Verfassungsdestruktion durch Super-Legalismus* erwähnt wird, d. h. die Technik, das Funktionieren einer Verfassung durch übersteigerte Anforderungen an den Verfassungsperfektionismus politischer Entscheidungen lahm zu legen.   [3]) Siehe oben S. 695.

Sie zwangen Württemberg damit, Wangenheim im Juli 1823 von seinem Frankfurter Posten abzuberufen [1]). Doch erst im September 1824 konnte König Wilhelm, nachdem er der Verlängerung der Karlsbader Beschlüsse vorbehaltlos zugestimmt hatte [2]), die Verzeihung der beiden deutschen Großmächte für seine „Trias-Politik" erwirken. Auch Wangenheims Frankfurter Verbündete, die Gesandten von Hessen-Darmstadt (v. Harnier) und Kurhessen (v. Lepel) waren inzwischen unter österreichischem Druck von ihren Regierungen abberufen worden. Die liberalgesinnte Bundestagsopposition war damit zerschlagen. Die dualistische Hegemonie der Hauptmächte behauptete sich gegenüber dem Versuch, ihr ein trialistisches Bundessystem entgegenzusetzen.

III. Die Bundespolitik der zwanziger Jahre

Um diesen Sieg der dualistischen Hegemonie voll zu machen, entschlossen Österreich und Preußen sich, ihre eigene Vertretung am Bundestag in energischere Hände zu legen. Bevollmächtigter der Präsidialmacht wurde schon 1822 an Stelle des Grafen Buol der Graf von *Münch-Bellinghausen*, der nun für 25 Jahre, bis zum Vorabend der Revolution von 1848, der Bundesversammlung vorstand [3]). Bevollmächtigter Preußens wurde 1824 an Stelle des Grafen Goltz, des ehemaligen Außenministers, der frühere Staatsrat *Karl von Nagler*, der Gegner der Reformpartei, den Hardenberg kaltgestellt hatte, der aber nun, nach dem Tod des Staatskanzlers, neben dem Amt des preußischen Generalpostmeisters das wichtige Amt des preußischen Bundestagsgesandten erhielt, das er bis 1835 ausübte [4]). Trotz mancherlei Rivalitäten hielten die beiden Vertreter der führenden Bundesglieder in der gemeinsamen Bundespolitik eng zusammen. Die Prinzipien, die sie dabei befolgten, sollen durch einige Beispiele aus der Bundestagspraxis anschaulich gemacht werden [5]).

1. Die Beschwerden der westfälischen Domänenkäufer

In den Nachfolgestaaten des Königreichs Westfalen [6]), vor allem in Kurhessen, Braunschweig und Hannover, erhob sich nach der Wiederherstellung die Frage, ob die „Zwischen-Regierung" des Königs Jérôme als legal und ob die unter seiner Herrschaft vorgenommenen Regierungsakte als rechtsbeständig anzuerkennen seien. Preußen, das seine an das Königreich Westfalen gefallenen Gebietsteile im Tilsiter Frieden ausdrücklich abgetreten hatte, sah sich dadurch auch nach der Wiederherstellung seines alten Territorialbestandes als gebunden an; es behandelte in den unter seine Staatshoheit zurückgekehrten Gebieten die westfälischen Regierungsakte als rechtsgültig; soweit sie aufgehoben

---

[1]) Dazu und zu dem anschließenden Sturz des Außenministers *Wintzingerode* siehe oben S. 382 f.   [2]) Siehe unten S. 765 f.

[3]) *Joachim Graf von Münch-Bellinghausen* (1786—1866), war Bundespräsidialgesandter von 1822 bis zu seiner Abberufung 1848; sein Nachfolger war *Graf Colloredo* (über ihn siehe Bd. II S. 597).

[4]) Über *Nagler* siehe oben S. 143.

[5]) Einige sonstige Vorgänge der Bundespolitik der zwanziger Jahre sind schon in anderem Zusammenhang erwähnt worden, so die Beschwerde der holsteinischen Stände (siehe oben S. 648 f.).   [6]) Siehe oben S. 88 ff., 497.

wurden, geschah dies nur im Weg Rechtens und mit Wirkung für die Zukunft. Rechte der Untertanen, die sich von solchen westfälischen Regierungsakten herleiteten, galten in Preußen als unantastbar. In Kurhessen, Braunschweig und Hannover dagegen betrachteten die wiedereingesetzten Landesherren, die ihre Gebiete nicht durch Abtretung, sondern kraft des „Rechts der Eroberung" verloren hatten[1]), die „Zwischenregierung" Jérômes als reine Usurpation. Sie beanspruchten ihre wiederhergestellte Herrschaftsgewalt als „altes Recht", das nie zu bestehen aufgehört habe und das durch den Usurpator nicht habe geschmälert werden können; die westfälischen Regierungsakte sahen sie als unwirksam an.

Diese Haltung der wiedereingesetzten Regierungen führte zu langwierigen Rechtsstreitigkeiten, die einerseits die sog. *Zentrallasten* des früheren Königreichs Westfalen, darunter vor allem die Ansprüche aus westfälischen Staatsanleihen und die Gehalts- und Pensionsansprüche der westfälischen Staatsbeamten, andererseits aber die Rechte aus dem *Verkauf westfälischen Staatsguts*, darunter vor allem die Rechte der westfälischen Domänenkäufer, betrafen. Die Ansprüche der ersten Gruppe, die „Centrallasten des Königreichs Westfalen", wurden nach langen Verhandlungen von den vier beteiligten Staaten durch einen Staatsvertrag vom 29. Juli 1842 gemäß dem Prinzip der Staatensukzession anerkannt und anteilig übernommen[2]). Der Streit um die westfälischen Domänenverkäufe dagegen blieb ungelöst; auch der Staatsvertrag von 1842 bestimmte in Art. 5 ausdrücklich, daß dieser Fall kein Gegenstand der getroffenen Vereinbarung sei, was praktisch bedeutete, daß er der freien Entscheidung jedes einzelnen Nachfolgestaats überlassen blieb.

Den *Frankfurter Bundestag* beschäftigte der Streit um die westfälischen Domänenverkäufe jahrzehntelang. Die Domänenkäufer, die, vor allem in Kurhessen, von der Regierung zur Rückgabe der erworbenen Güter gezwungen wurden, wandten sich, indem sie sich auf Justizverweigerung beriefen, beschwerdeführend an den Bund. Dieser jedoch lehnte im Zug seiner restaurativen Politik ein Einschreiten zugunsten der entrechteten Domänenverkäufer unter dem Vorwand der Unzuständigkeit immer wieder ab. Praktisch duldete der Bund damit die in den Ländern geübten willkürlichen Eingriffe in wohlerworbene Privatrechte der Landesuntertanen.

a) Der Ursprung des Domänenstreits

Der Domänenstreit nahm, in einiger Vereinfachung dargestellt, folgenden Verlauf: Unter westfälischer Herrschaft, also zwischen 1807 und 1813, veräußerte die Regierung in allen Gebietsteilen Staatsdomänen an private Erwerber, um Mittel für ihre

---

[1]) Hannover war kraft des „Rechts der Eroberung" zunächst an Preußen gekommen und von diesem im Tilsiter Frieden abgetreten worden (siehe oben S. 113); für den Kurfürsten von Hannover änderte das nichts daran, daß er sein Land nicht durch Abtretung, sondern kraft einer Usurpation verloren hatte.
[2]) Vertrag zwischen Preußen, Hannover, Kurhessen und Braunschweig, die Regulierung der Centralangelegenheiten des vormaligen Königreichs Westfalen betreffend, vom 29. Juli 1842 (CJCG Bd. 2 S. 411).

Finanzwirtschaft zu gewinnen [1]). Nach der Wiederherstellung der alten Herrschaftsverhältnisse behandelte *Preußen*, das, wie gesagt, die Legalität aller westfälischen Regierungsakte anerkannte, auch die Domänenverkäufe als rechtsgültig; es tastete den Besitzstand der Erwerber also nicht an. Die drei anderen Nachfolgestaaten dagegen bestritten die Rechtmäßigkeit aller Veräußerungen von Staatsgut seitens der durch Usurpation zur Macht gekommenen westfälischen Regierung. *Hannover* und *Braunschweig* forderten die veräußerten Staatsdomänen von den Erwerbern im Rechtsweg mit der rei vindicatio zurück, erkannten aber den Käufern einen Erstattungsanspruch sowohl wegen des Kaufpreises als auch wegen nützlicher Verwendungen auf die Sache zu; in der Regel kam es zu einem Vergleich. *Kurhessen* dagegen behandelte die Herrschaft Jérômes wie eine kriegerische Besetzung, nach deren Ende dem Kurfürsten als dem rechtmäßigen Souverän kraft des „Rechts der Wiedereroberung" völkerrechtlich das uneingeschränkte „jus postliminii" zustehe, d. h. das Recht, Akte der „Zwischen-Regierung" als illegal zu behandeln und sie mit rückwirkender Kraft zu annullieren. Für die „Hanauer Domänenverkäufe", zu denen es im Bereich des Großherzogtums Frankfurt gekommen war, hatte der Kurfürst sich schon in dem Ergänzungsvertrag zum Akzessionsvertrag vom 2. Dezember 1813 das Recht einräumen lassen, sie als null und nichtig zu behandeln [2]). In einer seiner ersten Regierungsmaßnahmen, der Verordnung vom 14. Januar 1814, dehnte er diese rückwirkende Nullifizierung auf sämtliche Domänenverkäufe der westfälischen Regierung, soweit sie altes kurhessisches Staatsgut betrafen, aus. Er ging dabei nicht im Rechtsweg, sondern im Verwaltungsweg vor, ordnete also der administrative Einziehung der veräußerten Domänen und die Depossedierung der Erwerber an. Entsprechend verfuhr er mit den Eigentümern, die *säkularisiertes Kirchengut* von der westfälischen Regierung erworben hatten, schließlich aber auch mit den Erwerbern von *Lehnsgütern*, die nach der von Jérôme verfügten Aufhebung des alten Lehnswesens zum Verkauf gekommen waren.

Diese administrativen Eigenmächtigkeiten führten in Kurhessen zu schweren Konflikten. Die depossedierten Erwerber von Staatsdomänen, säkularisierten Gütern und Lehnsgütern beriefen sich vor allem auch auf den Art. 16 des Ersten Pariser Friedens, in dem die Vertragschließenden sich verpflichtet hatten, in den zurückgegebenen oder abgetretenen Gebieten niemanden in seinem Eigentum, und zwar unter keinerlei Vorwand, zu beeinträchtigen [3]). Zwar gehörte das „Königreich Westfalen" nicht zu den von Frankreich durch den Friedensvertrag zurückgegebenen oder abgetretenen Gebieten; es war vielmehr schon vorher kraft debellatio als untergegangen behandelt und auf die früheren rechtmäßigen Landesherren aufgeteilt worden. Sinngemäß und im Geist des Friedensschlusses hätte der Art. 16 jedoch auch als Garantienorm für die schon vorher im Innern Deutschlands vollzogenen Gebietsrückgaben angewandt werden müssen. Aber auch nach allgemeinem Völkerrecht,

---

[1]) Den Vorschlag zum Domänenverkauf machte damals der Staats- und Völkerrechtslehrer *Georg Friedrich von Martens* (der Herausgeber des „Recueil des Traités") als Mitglied des westfälischen Staatsrats, um im Interesse der Staatsfinanzen die drohende Ausgabe von Papiergeld abzuwenden. Martens war 1816—21 hannoverscher Bundestagsgesandter, vertrat also in Frankfurt eine Regierung, die die Illegalität der westfälischen Regierungsakte, auch der von Martens selbst veranlaßten Domänenverkäufe, behauptete.

[2]) Art. III des kurhessisch-österreichischen Vertrags vom 2. Dezember 1813 (CJCG Bd. 1 S. 226): „Toutes les ventes de propriétés Hessoises faites par le Gouvernement du Grand-Duc de Francfort sont déclarées de nulle valeur et envisagées comme nonavenues. Si cependant il avoit été payé par les acqueurers de bonne foi quelques termes à compte du prix de l'achat, Son Altesse Sérénissime Electorale en bonifiera le montant d'après une liquidation régulière".

[3]) Art. 16 des Ersten Pariser Friedens (CJCG Bd. 1 S. 240): „Les hautes Parties contractantes ... déclarent et promettent que, dans les pays restitués et cédés par le présent traité, aucun individu ... ne pourra être poursuivi, inquiété ou troublé, dans sa personne ou dans sa propriété, sous aucun prétexte ...".

also ganz abgesehen von der Klausel des Art. 16, durfte eine wiedereingesetzte frühere Regierung den gutgläubigen Erwerbern von Staatsgut, das die Zwischenregierung veräußert hatte, den Vertrauensschutz nicht verweigern.

b) Der Bundestag und der Domänenstreit

aa) Gestützt auf solche Argumente riefen die in ihren Rechten gekränkten Erwerber westfälischen Staatsguts die Bundesversammlung mit der Bitte um Schutz gegen die Willkür der wiedereingesetzten Landesherren an. Der erste der Reklamanten, der Gutsbesitzer *Hofmann*, der in der westfälischen Zeit säkularisiertes Kirchengut vom Staat erworben hatte und nun unter das kurhessische Restitutionsedikt gefallen war, fand die Unterstützung des Bundestags. Zwar enthielt die Bundesakte keine spezielle Kompetenznorm, auf die der Bundestag seine Zuständigkeit zur Entscheidung über Beschwerden der Landesuntertanen gegen die Landesobrigkeit hätte stützen können; der Art. 29 der Wiener Schlußakte über das Beschwerderecht bei „verweigerter oder gehemmter Rechtspflege" galt damals noch nicht. Der Bundestag war jedoch in dieser Anfangszeit noch geneigt, seine Kompetenzen unabhängig von einer speziellen Zuständigkeitsnorm allgemein aus dem Zweck und Geist der Bundesakte abzuleiten. Er erkannte daher in der Hofmann'schen Sache seine Verantwortung dafür an, daß in den befreiten Gebieten „*überall ein rechtlicher Zustand an die Stelle der Willkür treten möge*". Der Beschluß wies den Kurfürsten zu entgegenkommender Haltung gegenüber dem Beschwerdeführer an [1].

bb) Umso hartnäckiger blieb der Kurfürst gegenüber den *Domänenkäufern*, die sich gleichfalls mit Rechtsbeschwerden an den Bundestag wandten, um die Rückgabe des ihnen von der kurhessischen Regierung unrechtmäßig entzogenen Eigentums zu erwirken. Sie rechtfertigten die Wirksamkeit der Regierungsakte einer durch Wiedereroberung beseitigten Zwischenregierung mit folgendem Argument [2]:

„Der Staat soll regiert werden; der rechtmäßige Regent kann ihn (sc. im Fall der Eroberung seines Gebiets durch eine fremde Macht) nicht regieren, folglich ist die Notwendigkeit einer Zwischenregierung vorhanden. Eine Zwischenregierung ... kann ohne Regierungsgewalt nicht bestehen, folglich muß man ihr notwendig Regierungsgewalt zugestehen."

Im übrigen könne der Kurfürst sich auf das „Recht der Wiedereroberung" nicht berufen, da er sein Land nicht selbst erobert, sondern es von den Verbündeten als den Befreiern zurückempfangen habe; der Kurfürst habe seine Herrschaft daher *ex jure novo* wiederangetreten und müsse sie in dem Rechtszustand, der bei der Wiederinbesitznahme vorhanden war, übernehmen. Schließlich stehe der Nullifikation der Eigentumsrechte auch die *versio in rem* entgegen, also der Umstand, daß der Kaufpreis für die Domänen dem Staat zugeflossen und von ihm zu seinem Vorteil verwandt worden sei. Trotz dieser einleuchtenden Rechtsausführung wies der

---

[1] Beschluß der Bundesversammlung vom 17. März 1817 (Prot. d. BundesVers. § 105): Sie werde, „eingedenk der hohen Bestimmung, zu der sie berufen worden, und der Vorschriften und Zwecke der Bundesakte, sich durch keine ungleiche Beurteilung eines einzelnen Bundesglieds abhalten lassen, innerhalb der ihr vorgezeichneten Schranken, die sie nie vergessen hat noch je vergessen wird, selbst bedrängter Untertanen sich anzunehmen, und auch ihnen die Überzeugung verschaffen, daß Teutschland nur darum mit dem Blute der Völker von fremdem Joche befreit und die Länder ihren rechtmäßigen Regenten zurückgegeben worden, damit überall ein rechtlicher Zustand an die Stelle der Willkür treten möge". Dazu preuß. Erklärung, Prot. 1817 § 112, österreich. Erklärung, ebenda § 141, württemberg. Erklärung, Prot. 1818, § 241.

[2] Vorstellung und Bitte der kurhessischen Domänenkäufer an den Bundestag vom 21. Januar 1817 (Prot. d. BundesVers. 1817 § 136). Ferner Restitutionsgesuch der kurhessischen Domänenkäufer vom 4. Juni 1817 (ebenda Eingabe Nr. 208).

Bundestag die Beschwerde der Domänenkäufer durch Beschluß vom 17. Juli 1817 ab; er beschränkte sich darauf, den Fall der Domänenkäufer „der gerechten und milden landesväterlichen Behandlung" des Kurfürsten zu empfehlen[1]. Mit ähnlichen Beschwerden forderten die Erwerber kurhessischer Lehnsgüter vom Bundestag die Wiederherstellung des ihnen vom Kurfürsten entzogenen Eigentums[2]; doch blieben auch sie ohne Erfolg.

Auch gegen den Herzog von Braunschweig gingen derartige Reklamationen ein, sowohl von Domänenpächtern, deren mit der westfälischen Regierung geschlossene Pachtverträge die braunschweigische Regierung unter Berufung auf das „jus postliminii" vorzeitig kündigte, als auch von ländlichen Grundbesitzern, die ihr Land in der westfälischen Zeit von der Zehntpflicht freigekauft hatten, was die braunschweigische Regierung nun annullierte, um die alte Zehntpflichtigkeit wiederherzustellen[3]. Aber auch diese Beschwerden drangen in Frankfurt nicht durch.

cc) Die entrechteten kurhessischen Domänenkäufer, die vergeblich auf die dem Landesherrn vom Bundestag nahegelegte „gerechte und milde Behandlung" warteten, erhoben nun Klage vor den kurhessischen Gerichten. Sie wurden jedoch abgewiesen, nachdem der Kurfürst unter Nichtachtung der richterlichen Unabhängigkeit drohende Befehle an die Gerichte hatte ergehen lassen. Neuerliche Beschwerden der Domänenkäufer beim Bundestag, die sich nunmehr, nach dem Erlaß der Wiener Schlußakte von 1820, auf das dort in Art. 29 ausdrücklich anerkannte Beschwerderecht bei Justizverweigerung stützen konnten, riefen die Entrüstung aller drei Nachfolgestaaten des Königreichs Westfalen hervor. Auch Österreich und ebenso Preußen, das bei der ersten Beschwerde noch sichtlich mit der Sache der Domänenkäufer sympathisiert hatte, waren angesichts des verschärft reaktionären Kurses der Bundespolitik nicht mehr geneigt, den erneuten Reklamationen stattzugeben. Statt dessen nahm *Wangenheim*, der Vertreter Württembergs, sich der Sache der Domänenkäufer mit Eifer an. Schon 1818 hatte er in einem der Bundesversammlung erstatteten Bericht die Partei der Domänenkäufer ergriffen und nur beantragt, die Entscheidung „für jetzt" zurückzustellen, um dem Kurfürsten Gelegenheit zu geben, auf den Weg des Rechts zurückzukehren[4]. Auf die erneuten Reklamationen hin vertrat Wangenheim 1823 vor dem Bundestag die Auffassung, der Kurfürst habe sich des groben Rechtsbruchs schuldig gemacht; die Regierungshandlungen Jérômes seien als rechtswirksam anzuerkennen; denn: *„der ewige Staat spricht durch jeden Regenten"*[5]. Der restaurativen Staatstheorie hielt Wangenheim damit das moderne Staatsrecht entgegen, das von der unwandelbaren Identität und Kontinuität der juristischen Staatsperson und von der bloßen Organstellung des Staatsoberhaupts ausgeht. Der Streit um die westfälischen Domänenverkäufe wurde damit aus einem Streit um privatrechtliche Positionen zu einem Streit um staatsrechtliche Prinzipien. Wangenheim jedenfalls benutzte ihn als ein Mittel in seiner oppositionellen Bundespolitik. Aber mit Wangenheims Sturz[6] verloren die Domänenkäufer ihren einzigen entschiedenen Fürsprecher. Entgegen Wangenheims Antrag beschloß die Bundesversammlung, nach der Einholung von Instruktionen, am 4. Dezember 1823:

„Da die Kurfürstlich Hessische Verordnung vom 14. Januar 1814 keine Justizverweigerung begründet, welche die Bundesversammlung zu einer Einschreitung nach dem 29. Art. der Schlußakte verpflichten könnte, so hält sich dieselbe in der Ange-

---

[1] Prot. der BundesVers. 1817 § 371.

[2] Reklamation des Barons von Boucheporn und des Generalleutnants Allix (Prot. d. BundesVers. 1817 §§ 313, 314).

[3] Reklamationen braunschweigischer Domänenpächter und braunschweigischer Zehntpflichtiger (Prot. d. BundesVers. 1817, Eingaben Nr. 135 und 137). Dazu auch die Vorstellung der Käufer braunschweigischer Stiftsgüter, d. h. derjenigen, die säkularisiertes Kirchengut in der westfälischen Zeit im Weg der öffentlichen Versteigerung erworben hatten (Eingabe Nr. 162 von 1817).

[4] Prot. d. BundesVers. 1818, § 241.

[5] Prot. d. BundesVers. 1823, § 98 Beilage 8.

[6] Siehe oben S. 757 f.

legenheit der Westphälischen Domänenkäufer bundesgesetzlich *nicht für competent;* die Reclamanten werden daher ... abgewiesen"[1].

Ganz im gleichen Sinn wies der Bundestag noch nach zwanzig weiteren Jahren, am 7. Juni 1844, die Beschwerde eines der braunschweigischen Domänenpächter über die vorzeitige Auflösung eines mit der westfälischen Regierung abgeschlossenen Domänenpachtvertrags „wegen mangelnder Competenz" zurück[2].

c) Justizverweigerung und Domänenstreit

Diese Entscheidungen kennzeichnen — im Vergleich mit dem Bundesbeschluß von 1817 in der Hofmann'schen Sache — nicht nur die verhärtete restaurative Haltung der Regierungen, sondern auch die veränderte Methode der Verfassungsauslegung, die sich mit dem Inkrafttreten der Wiener Schlußakte durchsetzte. Solange nur die Bundesakte von 1815 als Bundesgrundgesetz galt, war die Bundesversammlung gezwungen, ihre Entscheidungen durch eine freie und elastische Interpretation der wenigen und lapidaren Verfassungssätze zu gewinnen; sie konnte ihre Kompetenzen daher aus dem Zweck und Geist der Bundesakte ableiten. Obwohl nun die Wiener Schlußakte gerade diese Ableitung von Bundeszuständigkeiten aus den Bundeszwecken vorschrieb[3], setzte sich angesichts der detaillierten Verfassungsbestimmungen, die das zweite Bundesgrundgesetz enthielt, die Neigung zur positivistischen Behandlung des Bundesverfassungsrechts durch. Bundeszuständigkeiten wurden jetzt in der Regel nur anerkannt, wenn sie in der Bundesakte oder in der Schlußakte (oder anderen ergänzenden Bundesverfassungsgesetzen) ausdrücklich festgelegt waren. Ein Beschwerderecht von Einzelnen gegen die unrechtmäßig handelnde Landesobrigkeit war dann in der Tat nur mehr gegeben, wenn ein Akt der *Justizverweigerung* vorlag[4]. Nicht jedes Unrecht des Landesherrn gegenüber einem Untertanen konnte bei dieser einschränkenden Auslegung an den Bundestag gebracht werden. Voraussetzung des Beschwerderechts war vielmehr nach Art. 29 der Schlußakte, daß außer der materiell unrechtmäßigen Behandlung des Untertanen zugleich formellrechtlich der gesetzlich vorgesehene gerichtliche Rechtsschutz verweigert oder gehemmt worden war.

Doch mußte ein solcher Akt der Justizverweigerung auch dann als vorliegend anerkannt werden, wenn der Landesherr in ein Gerichtsverfahren unter Verletzung der richterlichen Unabhängigkeit eingriff. Denn schon in der frühkonstitutionellen Zeit galt ein Gerichtsverfahren nur dann als echte Justiz, wenn es unter der Gewähr der Unabhängigkeit stand. Ein Fall der Justizverweigerung lag also auch vor, wenn die Regierung durch Weisung, Druckmittel oder Drohung die gerichtliche Erledigung in bestimmtem Sinn beeinflußte. Da im kurhessischen Domänenstreit Eingriffe dieser Art stattgefunden hatten, war der Bundestag zuständig, die Beschwerde anzunehmen: die Abweisung wegen Inkompetenz war daher verfehlt.

2. Der Bundestag und die Meinungsfreiheit

Trotz der auf Beschränkung der Lehr- und Meinungsfreiheit gerichteten Karlsbader Beschlüsse gelang es nie, die öffentliche Meinung wirklich zu unterdrücken. Vor allem blieb trotz der wieder allgemein eingeführten Zensur die öffentliche Kritik an der Bundesversammlung und den Bundeseinrichtungen selbst in den dunkeln zwanziger Jahren lebhaft. So gaben etwa die Beschwer-

---

[1] Prot. d. BundesVers. 1823 § 164.
[2] Prot. d. BundesVers. 1844 § 176 (auch CJCG Bd. 2 S. 423 ff).
[3] Siehe oben S. 597 f.
[4] Siehe oben S. 617.

den an die Bundesversammlung mannigfache Gelegenheit zu polemischer Stellungnahme. Eine Reihe von Bundesbeschlüssen suchten dieser Art von Auseinandersetzung zu steuern; obwohl sie zum Teil nur episodische Bedeutung zu haben scheinen, sind sie doch bezeichnend für die restaurative Tendenz, die sich im Bundestag 1823/24, in den Jahren der „Epuration", durchsetzte.

Ein Bundesbeschluß vom 3. Juli 1823 verbot, dem Bund Bücher zu widmen, sofern nicht im voraus die Erlaubnis der Bundesversammlung erwirkt worden war [1]). Der Anlaß zu diesem Verbot war eine ironisch gemeinte Widmung, die der bayerische Abgeordnete *v. Hornthal*, der Führer des fränkischen Liberalismus [2]), seiner Schrift „Werden die deutschen Bundesfürsten am Kriege gegen Spanien teilnehmen?" vorangestellt hatte. Der humorlose Bundesbeschluß war nicht gerade ein Zeugnis innerer Überlegenheit der Regierungen über die liberale Opposition.

Eine Erklärung des Bundestags vom 11. Dezember 1823 verbot den Bundestagsgesandten, sich in den Verhandlungen auf „neue Bundeslehren und Theorien" zu berufen [3]). Der Beschluß wandte sich gegen Wangenheim, der den Staatsrechtslehrer *Klüber* im Bundestag zu zitieren pflegte. Mit diesem Beschluß wurde die „Epuration" des Bundestags auf die Fernhaltung mißliebiger Staatsrechtslehren ausgedehnt, ein gewiß einzigartiger Vorgang in der Geschichte der Staatsvertretungen des 19. Jahrhunderts. Übrigens wurde damals auch an den preußischen Universitäten die Benutzung der Schriften Klübers verboten, obwohl dieser ein maßvoller und staatstreuer Liberaler war, der zudem lange im preußischen diplomatischen Dienst, zuletzt 1821 bis 1824 bei der „Kommission für die Ausgleichung der Zentrallasten des Großherzogtums Frankfurt" in Frankfurt, gearbeitet hatte.

Ein Bundesbeschluß vom 15. Januar 1824 schrieb vor, daß Eingaben an den Bund, die gedruckt werden sollten, der *Vorzensur* des Bundestags zu unterbreiten waren [4]). Den Anlaß dieses Beschlusses bildete die Reklamation der holsteinischen Ritterschaft wegen Wiederherstellung der alten Verfassung des Landes. Die Eingabe verfiel, wie schon berichtet [5]), der Ablehnung. Es war dem Bundestag peinlich, daß diese Eingabe durch den Druck öffentlich bekannt wurde. Deshalb verbot er für die Zukunft die Drucklegung unzensierter Reklamationen. Entsprechend schrieb ein Bundesbeschluß vom 5. Februar 1824 vor, daß Zeitungsberichte über Bundestagsverhandlungen nichts anderes als eine wörtliche Wiedergabe der Bundestagsprotokolle enthalten durften [6]). Da diese Protokolle selbst keine wörtliche Wiedergabe der Verhandlungen enthielten, sondern sorgfältig stilisiert waren, führte der Beschluß zu einer weiteren empfindlichen Beschränkung der Pressefreiheit.

Ein Bundesbeschluß vom 1. Juli 1824 überbot diese Geheimhaltung, indem er die *Anfertigung von zweierlei Protokollen* für jede Sitzung des Bundestags anordnete [7]). Die vollständigen Protokolle wurden nur in wenigen numerierten Separat-Exemplaren hergestellt und den Regierungen als sorgfältig zu wahrende Geheimsache übergeben. Daneben wurden Kurzprotokolle angefertigt; nur sie waren einem weiteren Kreis zugänglich. Trotz dieser Sekretierung drangen nicht selten intimere Nachrichten in die Öffentlichkeit, sei es durch Indiskretion, sei es durch Unachtsamkeit. So verkaufte einmal die Köchin des Bevollmächtigten der 12. Kurie (thüringische Staaten) die im Besitz ihres Dienstherrn befindlichen geheimen Bundestagsprotokolle

---

[1]) Prot. d. BundesVers. 1823 § 125 (auch CJCG Bd. 2 S. 149).

[2]) Über ihn oben S. 363.

[3]) Prot. d. BundesVers. 1823 § 167 (auch CJCG Bd. 2 S. 151): „Die Bundesversammlung wird daher in ihrer Mitte jenen neuen Bundeslehren und Theorien keine auf die Bundesbeschlüsse einwirkende Autorität gestatten, und keiner Berufung auf selbe bei ihren Verhandlungen Raum geben."

[4]) Prot. d. BundesVers. 1824 § 3 (auch CJCG Bd. 2 S. 152).

[5]) Siehe oben S. 648 f.

[6]) Prot. d. BundesVers. 1824 § 39 (auch CJCG Bd. 2 S. 153).

[7]) Prot. d. BundesVers. 1824 § 116 (auch CJCG Bd. 2 S. 156).

als Einwickelpapiere an einen Frankfurter Metzger. Die städtische Polizei, die die Quelle dieser fahrlässigen Behandlung von Geheimmaterial ermittelte, mußte versuchen, sich der durchgesickerten Protokolle zu bemächtigen [1]).

3. Die Verlängerung der Karlsbader Beschlüsse

Die wichtigste Aufgabe des Bundestags in den zwanziger Jahren war die Verlängerung der bei ihrem Erlaß als provisorisch bezeichneten Karlsbader Beschlüsse. Zwar war nur das Preßgesetz ausdrücklich auf eine Geltungsdauer von fünf Jahren beschränkt; das Universitätsgesetz war nicht förmlich befristet. Da es nicht gelang, sich über eine Neufassung der Bundesgesetze von 1819 schlüssig zu werden, war mindestens hinsichtlich des 1824 ablaufenden Preßgesetzes ein Verlängerungsbeschluß erforderlich. Die Bundesversammlung faßte ihn am 16. August 1824, also nach der „Epuration", die die schärfsten Gegner der Karlsbader Beschlüsse ausgeschaltet hatte.

In einer Denkschrift vom 6. Januar 1824 schlug der Präsidialgesandte v. Münch-Bellinghausen die Verlängerung der Karlsbader Gesetze für eine unbeschränkte Laufzeit vor [2]). Er vertrat die Meinung, für den Verlängerungsbeschluß sei nur die einfache Mehrheit im Bundesversammlung erforderlich, nicht die beim ersten Beschluß gewahrte Einstimmigkeit, die der Artikel 13 der Wiener Schlußakte für Beschlüsse über „organische Einrichtungen des Bundes" vorschrieb. Doch widersprach Preußen dieser fragwürdigen Theorie [3]). In der Tat mußte die Verlängerung der Gesetze rechtlich ebenso behandelt werden wie der ursprüngliche Erlaß.

Nun waren einige Einzelstaaten, die schon 1819 nur mit Mühe hatten bewogen werden können, ihre Bedenken gegen die Karlsbader Beschlüsse zurückzustellen, der Verlängerung durchaus abgeneigt. Zwar gelang es, Bayern, das der Verlängerung zunächst widerstrebte, sowie schließlich auch Württemberg für die Perpetuierung des Karlsbader Ausnahmerechts zu gewinnen [4]). Doch unterwarfen die Hauptmächte trotzdem im Bundestag im Ganzen erneut einer Pression. Am 12. August 1824 teilten sie ihre Absicht mit, die Geltungsdauer der Karlsbader Gesetze auf unbestimmte Zeit zu erstrecken. Am 16. August bereits kam es ohne vorausgegangene Beratung zu der entscheidenden Abstimmung, die der Präsidialgesandte Münch-Bellinghausen mit einer Stellungnahme seiner Regierung vorbereitete. Er machte geltend, die Feinde der Bundesverfassung seien zwar „nicht mächtig genug, den öffentlichen Frieden zu stören"; doch stiften sie „schon unsägliches Übel, indem sie die Autorität herabzuwürdigen, alle Grundsätze zu erschüttern, alle Wahrheit zu verunstalten" suchten, ferner indem sie das „Gefühl innerer Zufriedenheit und dauerhafter Sicherheit, ohne welches der politische Friede nie die Fülle seiner Wohltaten verbreiten kann, mit rastloser Betriebsamkeit" untergrüben. Ein einstimmiger Bundesbeschluß verlängerte darauf das Preßgesetz bis zum Erlaß eines endgültigen Bundesgesetzes über die Presse. Ein zweiter einstimmiger Bundesbeschluß bezeichnete das Universitätsgesetz als weiter in Geltung stehend; er setzte einen Bundestagsausschuß ein, der die „Gebrechen des gesamten Schul-, Unterrichts- und Erziehungswesens" erörtern und Abwehrmaßregeln vorschlagen sollte. Ein dritter Beschluß verpflichtete die Einzelstaaten, sorgfältig darüber zu wachen, daß das in Art. 57 der Wiener Schlußakte proklamierte monarchische Prinzip unverletzt erhalten bleibe. Eine zu vereinbarende gemeinsame parlamentarische Geschäftsordnung sollte die in den Landesverfassungen gewährleistete Öffentlichkeit

---

[1]) Vgl. *Treitschke*, Deutsche Geschichte Bd. 3 S. 323 f.
[2]) Text: *Ilse*, aaO Bd. 2 S. 325 ff.
[3]) Preußisches Pro Memoria, ebenda S. 336 ff.
[4]) Vgl. *M. Frh. v. Lerchenfeld*, Die bairische Verfassung und die Karlsbader Beschlüsse (1883) S. 57 ff.; siehe auch oben S. 739.

der landständischen Verhandlungen, an der die restaurativen Mächte längst heftigen Anstoß genommen hatten, abschaffen (ihrer „schwersten Nachteile" entkleiden) [1].

Bei ihrem ersten Erlaß 1819 konnten die Karlsbader Beschlüsse als *Ausnahmegesetze* erscheinen, die außergewöhnliche Maßnahmen provisorischer Art für die Dauer eines Notzustandes anordneten. Mit der Verlängerung auf unbestimmte Zeit wurden die in Karlsbad beschlossenen universitäts- und pressefeindlichen Gesetze zu Bestandteilen der normalen Bundesordnung. Das Regime des vorkonstitutionellen Polizeistaats wurde zum Normalstatus des Universitäts- und Presserechts des Bundes. Der Deutsche Bund entschied sich damit endgültig dafür, seine Verfassung nicht auf die Idee des freiheitlichen Rechtsstaats, sondern auf die des bevormundenden Polizei- und Wohlfahrtsstaats zu gründen.

Exkurs

§ 45. Die Herrschaft Kniphausen und der bentincksche Streit

Schrifttum: J. L. *Klüber*, Über das staatsrechtliche Verhältnis der Herrlichkeit Kniphausen, dann der Edlen Herrschaft Varel, beide dem Herrn Grafen von Bentinck gehörig (in: Acten des Wiener Kongresses, Bd. 3, S. 553 ff.); *ders.*, Öffentliches Recht des Teutschen Bundes (4. Aufl. 1840) S. 501 ff.; E. v. *Hammel*, Oldenburg vom Tilsiter Frieden bis zu seiner Einverleibung in das französische Kaiserreich (Diss. Münster 1906); G. *Sello*, Die territoriale Entwickelung des Herzogtums Oldenburg (1917), mit Atlas-Band (1916).

K. F. *Eichhorn*, Rechtsgutachten betr. die Succession in die reichsgräflich Bentinkschen Herrschaften und Güter (erstattet 1829; gedruckt 1847); J. L. *Klüber*, Rechtliche Ausführung der väterlichen Ebenbürtigkeit und familienfideicommissarischen Successionsfähigkeit der Herren Reichsgrafen W. F., G. A. und F. A. Bentinck (1830); A. W. *Heffter*, Die Erbfolgerechte der Mantelkinder (1836); C. F. *Dieck*, Die Gewissensehe, Legitimation durch nachfolgende Ehe und Mißheirat (1838); K. S. *Zachariä*, Rezension der vorgenannten Abhandlung von C. F. Dieck (Heidelberger Jahrbücher der Literatur, 1840 S. 1 ff.); W. E. *Wilda*, Der Reichsgräflich Bentincksche Erbfolgestreit (1840); Ch. F. *Mühlenbruch*, Rechtliches Erachten, betreffend den gegenwärtigen faktischen Besitzstand der Reichsgräflich Aldenburg-Bentinckschen Fideicommißherrschaften Kniphausen und Varel mit Zubehörungen (1841); H. *Zöpfl*, Über das Verhältnis der Beschlüsse des deutschen Bundes zu Sachen der streitigen Gerichtsbarkeit und gerichtlichen Entscheidungen (Civ. Arch. Bd. 27, 1844, S. 388 ff.); A. *Michaelis*, Über die gegenwärtige Lage des Reichsgräflich Bentinckschen Erbfolgerechtsstreits (1845); S. *Jordan*, Drei Gutachten, den Regierungssuccessionsfall in der Herrschaft Kniphausen betreffend (1845); C. A. *Tabor*, Die Statusfrage des hohen Adels mit besonderer Beziehung auf die rechtlichen Wirkungen des Bundesbeschlusses vom 12. Juni 1845 (1845); S. *Benfey*, Einiges über die Bedeutung des die Gräfliche Familie Bentinck betreffenden Bundesbeschlusses (1846); Chr. G. *Göhrum*, Geschichtliche Darstellung der Lehre von der Ebenbürtigkeit nach gemeinem deutschen Rechte (1846); C. *Welcker*, Der reichsgräflich Bentinckische Erbfolgestreit (1847); C. A. *Tabor*, Die Geschichte des Gräflich Aldenburg-Bentinck'schen Erbfolgestreites (1847; mit vollständigem Schriftenverzeichnis bis zu diesem Jahr); J. *Pözl*, Die Competenzfrage in dem Gräflich Bentinck'schen Successionsstreite (1853); H. *Zoepfl*, Über hohen Adel und Ebenbürtigkeit (1853); H. *Wasserschleben*, Juristische Abhandlungen (1856).

---

[1] Text des Beschlusses vom 16. August 1824 in: Prot. d. BundesVers. 1824 § 131; ferner CJCG Bd. 2 S. 157 ff.

Das aldenburgisch-bentincksche Familienfideikommiß

Urtheil der Juristen-Facultät zu Jena, betreffend den Reichsgräflich Bentinckschen Successionsfall (gedruckt Leipzig 1843; 433 Seiten).

Der Kampf zwischen dem Reichsgrafen von Bentinck und dem Herzog von Oldenburg um die Rechte an den Herrschaften *Kniphausen* und *Varel*, das diesen Kampf beendende oldenburgisch-bentincksche Abkommen von 1825 und der anschließende bentincksche Erbfolgestreit gehören zu den Kuriosa der deutschen Bundesgeschichte. Aber so unbedeutend diese kleinen Territorialgebilde Nordwestdeutschlands erscheinen mögen [1]), so merkwürdig sind die sie betreffenden Auseinandersetzungen und Vereinbarungen, da von ihnen aus ein erhellendes Licht auf die Verfassungsverhältnisse des Deutschen Bundes fällt. Im Rechtsstatus des „besonderen Landes" Kniphausen lebte altes Reichsrecht bis über die Mitte des 19. Jahrhunderts fort; im bentinckschen Sukzessionsstreit ragten die Legitimitäts-, Ebenbürtigkeits- und Nachfolgeprobleme des alten Adelsrechts tief in den vom Gleichheitsdenken bestimmten modernen Verfassungsstaat hinein. Die Kämpfe um das kleine Kniphausen spiegeln im Mikrokosmos den Zusammenstoß der großen Ordnungsprinzipien der feudal-aristokratischen und der egalitär-bürgerlichen Welt wider. So tritt im Skurrilen doch das Symptomatische hervor. Die Darstellung des Falls Kniphausen macht es erforderlich, in frühere Entwicklungsstufen, als dieses Buch sie sonst behandelt, zurückzugreifen, zugleich aber über den Zeitpunkt, mit dem dieser erste Band sonst schließt (1830), hinauszugehen, da nur so der Problemzusammenhang, um den es geht, sich wahren läßt.

I. Das aldenburgisch-bentincksche Familienfideikommiß

1. Die Herrschaften Kniphausen und Varel im 17. und 18. Jahrhundert

Die zwischen der Grafschaft Oldenburg und der Jade gelegene Herrschaft *Varel* kam 1481, die zwischen der Erbherrschaft Jever und der Jade gelegene Herrlichkeit *Kniphausen* kam 1634 in oldenburgischen Besitz. Graf *Anton Günther* von Oldenburg und Delmenhorst, der von 1603 bis 1667 regierte, war ohne eheliche Nachkommen. Doch besaß er einen natürlichen Sohn [2]), den Kaiser Ferdinand III. durch kaiserliches Reskript legitimierte und in den Adelsstand (1646), den Reichsfreiherrnstand (1651) und schließlich in den Reichsgrafenstand (1653) unter dem Namen *Anton von Aldenburg* erhob [3]).

---

[1]) Die Herrlichkeit *Kniphausen* umfaßte 0,85 Quadratmeilen (= 47^{1}/$_{2}$ qkm) und hatte 1830 2 949 Einwohner; die Herrschaft Varel umfaßte 2 Quadratmeilen (= 112 qkm) und hatte 1815 5 043 Einwohner.

[2]) *Anton von Aldenburg* (1633—80), Sohn des Grafen Anton Günther und seiner Verlobten, der österreichischen Freiin Elisabeth von Ungnad. Die Ehe kam nicht zustande. Die Österreicherin war später mit einem Grafen Marenholtz vermählt, der 1651 enthauptet wurde. Sie lebte zuletzt bei ihrem vorehelichen Sohn, dem Grafen Aldenburg, in Varel.

[3]) Diplom Ferdinands III. für Graf Anton von Aldenburg vom 15. Juli 1653 (*J. J. Moser*, Teutsches Staatsrecht, 1737—53, Bd. 22 S. 346 ff.).

Graf Anton Günther vererbte bei seinem Tod (1667) auf Grund des Rendsburger Separationsvertrags vom 16. April 1649 die verschiedenen Besitzungen des oldenburgischen Hauses gesondert. Das Hauptgebiet, die *Grafschaften Oldenburg und Delmenhorst* (zuzüglich Stadland und Butjadingen) [1]), fiel an König Friedrich III. von Dänemark, den Vertreter der Hauptlinie des Hauses Oldenburg [2]). Die dänischen Könige ließen Oldenburg durch Statthalter verwalten, bis sie das Land 1773 der Linie Holstein-Gottorp übertrugen, als deren Vertreter Friedrich August, Bischof von Lübeck, die Regierung übernahm [3]). Unter ihm wurde Oldenburg 1774 reichsunmittelbares Herzogtum. Die dem Haus Oldenburg seit 1575 zustehende *Erbherrschaft Jever* [4]) kam mit dem Erbfall von 1667 an den Fürsten Johann von Anhalt-Zerbst, einen Neffen des Herzogs Anton Günther [5]). Sie fiel am 17. März 1793 an die Zarin Katharina die Große, die eine Prinzessin Anhalt-Zerbst und Schwester des letzten regierenden Landesherrn der Zerbster Linie, des an dem genannten Tag verstorbenen Fürsten Friedrich August, war. So kam es, daß das Jeverland zu Beginn des 19. Jahrhunderts russischer Besitz war. Die *Herrschaften Kniphausen und Varel* aber gingen mit dem Erbfall von 1667 an Anton Günthers Sohn, den Grafen *Anton I. von Aldenburg* (1633—1680), über.

Zwischen der seit 1667 in Oldenburg-Delmenhorst regierenden Hauptlinie und dem aldenburgischen Haus kam es bald zu Streitigkeiten. Der Vertrag vom 12. Juli 1693 [6]) zwischen König Christian V. von Dänemark und den Vormündern des Grafen *Anton II. von Aldenburg* (1681—1738) legte den Zwist in der Weise bei, daß das aldenburgische Haus König Christian und seinen Nachfolgern in der Regierung von Oldenburg und Delmenhorst in Bezug auf die *Edle Herrschaft Varel* „die Territorialhoheit oder Superiorität in ecclesiasticis et secularibus" zugestand, während in Bezug auf die *Herrlichkeit Kniphausen* die Territorialhoheit dem gräflich aldenburgischen Haus ver-

---

[1]) Stadland und Butjadingen waren seit einem Vergleich vom 19. März 1653 im ganzen Gebietsumfang Lehen vom Gesamthaus Braunschweig.

[2]) Ursprünglich fielen sie an Friedrich III. und Graf Christian Albrecht von Holstein-Gottorp gemeinsam, 1676 an den dänischen König Christian V. (1670—99) allein.

[3]) Vertrag vom 1. Juni 1773 zwischen König Christian VII. von Dänemark und Großfürst Paul von Holstein-Gottorp, dem späteren Zaren (1796—1801); Text des Vertrags: *Martens*, Recueil, 2. Aufl., Bd. 2 S. 173. Großfürst Paul übertrug die Herrschaft über Oldenburg sofort seinem Vetter *Friedrich August* von Holstein-Gottorp, Fürstbischof von Lübeck (Zessionsakte vom 14. Juli 1773; Text: ebenda S. 189); dieser erwarb 1774 den Rang eines *Herzogs von Oldenburg.* Für den geisteskranken Herzog *Peter Friedrich Wilhelm* (1754—1823; Regierungszeit 1785—1823) führte dessen Vetter Herzog *Peter Friedrich Ludwig* (1755—1829) als Administrator die Regierung, bis er die Nachfolge antrat. Er regierte als Großherzog von 1823—29.

[4]) Sie kam durch das Testament des Erbfräuleins Maria von Jever an ihren Vetter, den Grafen Johann XVI. von Oldenburg, den Vater des Grafen Anton Günther.

[5]) Magdalena von Oldenburg, die Schwester des Grafen Anton Günther, war mit dem Fürsten Rudolf von Anhalt-Zerbst vermählt; Fürst Johann war ihr Sohn und Erbe.

[6]) „Bericht, wie es zu dem zwischen Ihro K. M. Christian V. einer und der gräflich aldenburgischen Vormundschaft anderer Seits in dem Jahr 1693 geschlossenen Vergleich gekommen" (gedruckt Paris, o. J., wahrscheinlich 1814); vgl. *Klüber*, Acten Bd. 3 S. 564 Fußnote 1. Ein Auszug aus dem aldenburgisch-dänischen Vergleich von 1693 bei *J. J. Moser*, aaO S. 374 ff.

blieb. *Varel* war seitdem eine aldenburgische Herrschaft unter oldenburgischer Landeshoheit; für *Kniphausen* dagegen hatten die Aldenburger Reichsunmittelbarkeit und eigene Landeshoheit. Kniphausen besaß allerdings weder Kreisstandschaft noch Reichsstandschaft [1]) noch gehörte es zur Reichsritterschaft. Es war kreis- und reichssteuerfrei; auch unterlag es keiner Matrikular- oder Kontingentspflicht nach der Reichskriegsverfassung [2]). Die kniphausenschen Schiffe befuhren die Meere unter eigener Flagge; der Rechtsstatus des kleinen selbständigen Herrschaftsgebiets war also auch völkerrechtlich anerkannt.

Mit Graf Anton II. erlosch 1738 die gräflich aldenburgische Linie im Mannesstamm. Seine einzige Tochter *Charlotte Sophie von Aldenburg* (1715–1800) hatte 1733 den Reichsgrafen *Wilhelm von Bentinck* (1704–73) geheiratet [3]). Mit dem Tod ihres Vaters brachte sie ihr Erbe, die Herrschaften Kniphausen und Varel, in die bentincksche Familie ein. Sie überließ die beiden aldenburgischen Besitzungen noch zu ihren Lebzeiten 1751 ihrem ältesten Sohn *Christian Friedrich von Bentinck* (1734–1768); von diesem kamen sie bei seinem Tod an seinen ältesten Sohn *Wilhelm Gustav Friedrich von Bentinck* (1762–1835). Dieser besaß, wie seine Rechtsvorgänger, Kniphausen als reichsunmittelbare Herrschaft, Varel dagegen als Mediatherrschaft unter oldenburgischer Territorialhoheit. Beide Herrschaften waren, zusammen mit einer Reihe von Außenbesitzungen, fideikommissarisch unter der Bezeichnung „aldenburgisch-bentincksches Familienfideikommiß" vereinigt.

2. Die Souveränität über Kniphausen und Varel 1807–14

Das Ende der Reichsverfassung (1806) änderte an der Rechtslage in den bentinckschen Besitzungen zunächst nichts. Die „Herrlichkeit Kniphausen" war nun nach formellem Recht ein souveräner Staat; die „Edle Herrschaft Varel" stand zwar in bentinckschem Besitz, aber unter der Superiorität des souverän gewordenen Herzogtums Oldenburg. Doch machte *Napoleon* den bentinckschen Rechten ein schnelles Ende. In Vollzug der Tilsiter Friedensverträge kamen *Ostfriesland* und *Jever* durch den französisch-holländischen Vertrag von Fontainebleau vom 11. November 1807 an den König von Holland

---

[1]) Die Bemühungen der Grafen Aldenburg um Aufnahme in das westfälische Grafenkollegium und damit in die westfälischen Kreisstände scheiterten am Widerspruch der Grafen von Ostfriesland, die (erfolglos) Lehnsherrschaft über Kniphausen beanspruchten und die an Kniphausen verliehene Reichsunmittelbarkeit als erschlichen beanstandeten.

[2]) Diese Reichsfreiheit besaß Kniphausen als am Lehnshof in Brüssel vergebenes brabantisches Lehen (kraft Lehnsauftragung vom 9. Mai 1667). Gemäß § 40 RDH blieben die brabantischen Lehnsverhältnisse auch nach 1803 erhalten (Text: Dokumente Bd. 1 Nr. 1).

[3]) Die Bentincks entstammen dem niederen niederländischen Adel. Ein Bentinck folgte Wilhelm von Oranien 1688 nach England und empfing 1689 den Titel *Graf von Portland*. Von dessen älterem Sohn leiten sich die englischen Herzöge von *Cavendish-Bentinck* ab. Ein jüngerer Sohn des Grafen Portland ging nach Deutschland. Kaiser Karl VI. erhob ihn durch Diplom vom 29. Dezember 1732 zum Reichsgrafen. Er ist der oben erwähnte Graf Wilhelm Bentinck, der 1733 die aldenburgische Erbgräfin heiratete. Über die von seinem Enkel Graf Johann Carl begründete jüngere englische Linie der Bentincks siehe unten S. 776.

(Louis Bonaparte)[1]. In Art. V dieses Vertrags verlieh Napoleon dem König von Holland auch die Souveränitätsrechte über die Herrschaften Kniphausen und Varel. Das war ein Fall des nackten Raubes, für den es keinerlei völkerrechtlichen Titel gab. Nicht einmal der Rechtsvorwand der „kriegerischen Eroberung" konnte hier benutzt werden, da Napoleon mit dem von ihm depossedierten Grafen von Bentinck niemals im Krieg gestanden hatte und auch sich mit dem der Landeshoheit über Varel beraubten Administrator Peter von Oldenburg, der im Tilsiter Frieden sein Land ungeschmälert zurückerhalten hatte[2]), im November 1807 in keinerlei Kriegszustand befand. Der Oldenburger hatte allerdings mit seinem Einspruch gegen diese Rechtsverletzung Erfolg. Als er den Beitritt zum Rheinbund vollzog, gab Napoleon ihm die Souveränität über die Herrschaft Varel zurück[3]). Kniphausen dagegen blieb holländisch. Doch war auch das ein kurzes Zwischenspiel. Der Senatus-Konsult vom 13. Dezember 1810[4]) annektierte sowohl Holland als auch Oldenburg für Frankreich; so waren nun Kniphausen und Varel wieder, diesmal unter französischer Staatshoheit, vereinigt.

Graf Bentinck suchte das Beste aus der Lage, in der er sich befand, zu machen. Er übernahm das Amt des *Maire* in Varel und verwaltete seine ehemalige Herrschaft nun als französischer Beamter. Als nach Napoleons Niederlage in Rußland die verbündeten russisch-preußischen Armeen im Vormarsch begriffen waren, entschloß Graf Bentinck sich zur schnellen Erhebung. Durch ein Patent vom 20. März 1813 erklärte er, daß er die Herrschaft über Varel und Kniphausen wieder an sich nehme. Doch erwies sich, daß die Franzosen keineswegs schon, wie der Graf gehofft hatte, im Weichen begriffen waren. Die französischen Behörden nahmen ihn gefangen, und eine Militärspezialkommission in Wesel verurteilte ihn am 3. Mai 1813 zur Landesverweisung und zur Konfiskation seiner gesamten Güter[5]); außerdem blieb er in Paris in Haft. Erst im April 1814, nach der Einnahme von Paris, erlangte Graf Bentinck die Freiheit zurück.

---

[1]) Preußen trat im Tilsiter Frieden *Ostfriesland* an einen von Napoleon zu benennenden Fürsten ab; Napoleon gab Ostfriesland dem König von Holland. Rußland trat in dem russisch-französischen Vertrag von Tilsit die *Herrschaft Jever* unmittelbar an Louis Bonaparte, den König von Holland, ab. (Texte: *Martens*, Recueil Bd. 8 S. 661, 637). Die Übertragung von Ostfriesland an den König von Holland war zwar von Anfang an beabsichtigt, wurde jedoch erst verbrieft in dem französisch-holländischen Vertrag von Fontainebleau vom 11. November 1807 (Text: Ebenda S. 718).

[2]) Art. 12 des russisch-französischen Vertrags von Tilsit (aaO).

[3]) Art. 5 des oldenburgischen Akzessionsvertrags vom 14. Oktober 1808 (*Schoell*, Bd. 8 S. 297): „S. M. I. et R. déclare que, par l'art. 5 du traité de Fontainebleau, elle n'a entendu céder au roi d'Hollande que les droits de souveraineté du comte de Bentinck, n'ayant voulu porter aucune atteinte à ceux qui pouvoient appartenir à S. A. S. le duc d'Oldenburg."

[4]) Siehe oben S. 78.

[5]) Die beiden Anführer des verfrühten oldenburgischen Aufstands (die Herren v. Finckh und v. Berger) ließ der französische General Vandamme damals erschießen; Graf Bentinck blieb vor dem gleichen Geschick nur dadurch bewahrt, daß er als Mitglied des holländisch-französischen Reunionsordens das Recht besaß, von Mitgliedern dieses Ordens abgeurteilt zu werden.

II. Der oldenburgisch-bentincksche Streit um Kniphausen

1. Die Sequestration der bentinckschen Besitzungen

Schon Ende Oktober 1813 hatte Graf Bentinck durch einen Bevollmächtigten die Herrschaft in Kniphausen und Varel erneut übernehmen lassen. Anfang November 1813 aber zogen russische Truppen in Oldenburg ein. Das Jeverland nahmen sie für den Zaren als den rechtmäßigen Herrscher in Besitz; am 25. November 1813 erstreckte ihr Befehlshaber, der General *Wintzingerode*, die russische Herrschaft auch auf Kniphausen, das er für einen Teil des Jeverlandes hielt, ein Irrtum, der ihm kaum zum Vorwurf zu machen war, da Kniphausen in der französischen Zeit einen Teil des Verwaltungsbezirks Jever gebildet hatte. Die tatsächliche Verwaltungshoheit über Jever einschließlich Kniphausen delegierten die Russen jedoch am 28. Dezember 1813 an den Administrator Peter von Oldenburg, der Ende November 1813 in seine Residenz zurückgekehrt war und wieder Besitz von seinem Land ergriffen hatte. Mit der Sequestration der bentinckschen Hoheitsrechte über Kniphausen verband der oldenburgische Regent die Zwangsverwaltung der in Kniphausen und Varel belegenen Fideikommißrechte. Den staatsrechtlichen und den privatrechtlichen Besitzstand der Bentincks betraf die Sequestration somit in der gleichen Weise.

Vergeblich verlangte Graf Bentinck nach seiner Befreiung die Wiedereinsetzung in seine alten Rechte. Obwohl der Administrator Peter für sich selbst das Recht der Restitution in Bezug auf die seinem Haus gewaltsam entzogenen Hoheits- und Eigentumsrechte mit Erfolg in Anspruch nahm [1]), war er nicht bereit, dem Grafen Bentinck das gleiche Recht einzuräumen. Für die Ausübung der Regierungsgewalt in Kniphausen berief er sich auf die Delegation des russischen Eroberungsrechts, obwohl Wintzingerodes versehentliche Maßnahme gewiß keine definitive und de jure wirkende Annexion bedeuten konnte. Für die Zwangsverwaltung der fideikommissarischen Güter des Hauses Bentinck aber stützte er sich auf das gegen den Grafen Bentinck gefällte Urteil der Weseler Militärspezialkommission, das er zumindest fürs Erste als rechtsbeständig behandelt wissen wollte. Er stellte dem Grafen anheim, die Revision des französischen Urteils zu erwirken, eine unmögliche Zumutung, da der Graf damit die vorläufige Wirksamkeit des Weseler Spruchs zugestanden hätte. Zwar ließ der Administrator den Vollzug der in dem Urteil angeordneten Konfiskation der bentinckschen Güter suspendieren; dafür aber ordnete er deren vorläufige Sequestration durch die oldenburgischen Behörden an. Mit vollem Recht erhob Graf Bentinck Einspruch gegen dieses Vorgehen. Bei welchem Gericht hätte er denn auch Revision gegen das Weseler Urteil einlegen sollen? Ein Reichsgericht, das er hätte angehen können, gab es nicht mehr; die Zuständigkeit eines oldenburgischen Gerichts war unter keinem denkbaren Gesichtspunkt gegeben. Der kriegsrechtliche Spruch des Landesfeindes gegen

---

[1]) Siehe oben S. 497.

einen deutschen Patrioten mußte von allen deutschen Behörden als null und nichtig behandelt werden, da er dem deutschen *ordre public* eklatant widersprach. Es war absurd, daß eine deutsche Regierung das Weseler Urteil als Titel für eigene, wenngleich nur provisorische Zwangsmaßnahmen benutzte. Aber Graf Bentincks Hinweise darauf blieben in Oldenburg ohne Gehör.

2. Die bentinckesche Frage auf dem Wiener Kongreß

Wie für viele andere ehemalige Reichsunmittelbare war der Wiener Kongreß die große Hoffnung für den depossedierten Herrn von Kniphausen und Varel. In einer an die österreichischen und preußischen Kongreßbevollmächtigten gerichteten Note vom 4. April 1815 [1]) forderte Graf Bentinck die Wiederherstellung seiner alten Herrschafts- und Eigentumsrechte. Der Bevollmächtigte des Grafen berief sich darauf,

„daß mit der französischen Gewalt in Teutschland auch alle französischen Sequester und Urteile politischen Ursprungs.... gegen dermalige Reichsstände zugleich wegfallen, und (Graf Bentinck) mit eben dem Rechte wiederum in seine vorige Lage zurückgesetzt werden müsse, mit welchem Seine herzogliche Durchlaucht selbst ebenfalls Höchst ihre Lande in neuen Besitz genommen haben....
In Teutschland kann es keine Fortsetzung französischer Sequester oder Revision französischer Urteile mehr geben, welche diejenigen Reichsstände bestrafen sollen, die sich zuerst gegen Frankreich erklärt haben, wenn man nicht den wärmsten Patriotismus zum Verbrechen stempeln und alle gewaltsamen Handlungen der Reichsfeinde von neuem sanctionieren will".
Daran schloß sich der Antrag, „daß der hohe Congreß den Herrn Grafen von Bentinck ungesäumt in den vollen Besitz seiner vorigen Rechte und Privilegien ohne Weiteres einzusetzen, und alle dagegen laufenden Handlungen der hohen Landesregierung in Oldenburg als null und nichtig aufzuheben, auch besagten Herrn Grafen seine Satisfaction und Schadenersatz vor dem dereinstigen höchsten Richter ausdrücklich vorzubehalten geruhen möge."

Obwohl an der Wohlbegründetheit dieses Antrags nicht zu zweifeln war, konnte der Kongreß sich nicht entschließen, ihm stattzugeben. Auch die Note, mit der Graf Bentinck seinen Beitritt zum Deutschen Bund erklärte, blieb unberücksichtigt [2]). Ebenso wie die Deutsche Bundesakte tat die Wiener Kongreßakte des bentinckschen Streits keine Erwähnung. Staatsrechtlich ergab sich daraus, daß die Herrschaft Kniphausen dem Deutschen Bund nicht angehörte, sondern seit 1815 eine bundesfremde Enklave innerhalb des Bundesgebiets war. Zum Bundesgebiet gehörten nur die Territorien, die unter der Hoheit der in den Bund aufgenommenen Landesherren und Freien Städte standen. Da Oldenburg Bundesmitglied war, gehörte *Varel*, das unter oldenburgischer Landeshoheit stand, von Anfang an zum Deutschen Bund. *Kniphausen* dagegen, das nicht oldenburgisches Staatsgebiet war, sondern nur der oldenburgischen Sequestrationsgewalt unterlag, war kein Bundesgebiet. Die Sequestration als eine verschleierte oder vorweggenommene Annexion anzusehen und Kniphausen auf diesem Weg als Teil des oldenburgischen Staatsge-

---

[1]) *Klüber*, Acten Bd. 3 S. 579 ff.
[2]) Siehe oben S. 561.

biets und damit auch des Bundesgebiets zu betrachten, war unmöglich. Denn selbst wenn insgeheim die Absichten der sequestrierenden Macht sich auf eine solche Annexion gerichtet hätten, schloß die Friedenspflicht, die die deutschen Mächte untereinander seit dem gemeinsamen Kampf gegen die Fremdherrschaft, seit dem Wiener Kongreß und vollends seit dem Abschluß der Bundesakte übernommen hatten, die gewaltsame Annexion eines dieser allgemeinen Befriedung teilhaftigen, wenngleich in seinem Rechtsstatus noch nicht endgültig geklärten deutschen Territoriums aus. An dieser Klärung fehlte es in Bezug auf Kniphausen allerdings noch durchaus. Denn mit der Befreiung von der Fremdherrschaft trat der *status quo ante*, wie schon früher hervorgehoben, keineswegs von selbst wieder ein. Auch wenn man davon ausgeht, daß Graf Bentinck einen wohlgegründeten Wiederherstellungsanspruch besaß, so bedurfte er doch der förmlichen Wiedereinsetzung in seine Rechte. Solange er diesen Anspruch nicht durchsetzte, besaß er zwar eine Anwartschaft auf, aber noch keine Herrschaft über Kniphausen. In diesem Sinn war Kniphausen seit dem Ersten Pariser Frieden ein herrenloses, von Oldenburg zwangsverwaltetes, unter bentinckschem Rückfallrecht stehendes Gebiet.

3. Das Berliner Abkommen vom 8. Juni 1825

Oldenburg allerdings glaubte einen Rechtstitel auf Kniphausen dadurch erlangt zu haben, daß Zar Alexander, der 1813 die Herrschaft über Jever wieder an sich genommen hatte, durch Zession vom 18. April 1818 zugunsten Oldenburgs auf dieses Gebiet verzichtete[1]). Da Kniphausen, wie schon erwähnt, unter französischer Herrschaft ein Teil des Verwaltungsbezirks Jever gewesen war, war Oldenburg geneigt, auch die russische Abtretung von 1818 nicht nur auf die alte anhaltisch-zerbstische Erbherrschaft, sondern auf den ganzen französischen Verwaltungsbezirk Jever zu beziehen, unter Berufung darauf, daß 1813 die das Jeverland in Besitz nehmenden russischen Truppen Kniphausen mit vereinnahmt hatten, wodurch es ein Bestandteil von Russisch-Jeverland geworden und nunmehr mit auf Oldenburg übergegangen sei.

Doch konnte Oldenburg sich mit dieser These auf dem Aachener Kongreß 1818 nicht durchsetzen. Die versammelten europäischen Mächte beauftragten vielmehr Preußen und Rußland mit der Vermittlung in dem oldenburgisch-bentinckschen Streit. Die beiden Vermittler zogen später Österreich zur Mediation noch hinzu.

Unter der Einwirkung der drei Großmächte schlossen der Herzog von Oldenburg und der Graf von Bentinck am 8. Juni 1825 in Berlin eine Übereinkunft, für die der Deutsche Bund durch Bundesbeschluß vom 9. März 1826

---

[1]) Zessionsakte vom 18. April 1818 (Text: *Martens*, Nouveau Recueil Bd. 3 S. 296 ff. — unter falscher Datierung auf den „Dezember 1813"). Russisches Entlassungs-Patent vom 18. April 1818 und oldenburgisches Besitznahme-Patent vom 6. August 1823 (Texte: *Martens*, aaO Bd. 6 S. 294 ff.). Die Zession von 1818 lautete bereits auf den Administrator *Peter*; ihr Vollzug wurde daher aufgeschoben, bis dieser mit Herzog *Wilhelms* Tod (2. August 1823) die Landeshoheit aus eigenem Recht erwarb.

die Garantie übernahm [1]). Nach Art. I der Übereinkunft trat Graf Bentinck für sich und seine Familie in Beziehung auf die Herrschaft Kniphausen in den Besitz und Genuß der *Landeshoheit* und der persönlichen Rechte und Vorzüge wieder ein, wie er sie vor der Auflösung des Reichs besessen hatte. Dafür gestand Graf Bentinck in Art. II dem Herzog von Oldenburg die Oberhoheit über Kniphausen und die gräfliche Familie in dem Umfang zu, in dem bis 1806 Kaiser und Reich die *Reichshoheit* über sie innegehabt hatten. Die Herrschaft Kniphausen erlangte damit die Stellung eines selbständigen deutschen Landes, dessen Bundeszugehörigkeit nicht auf unmittelbarer Bundesmitgliedschaft des eigenen Landesherrn, sondern auf Vermittlung durch die Oberhoheit eines benachbarten Landesherrn beruhte.

a) Die *Selbständigkeit des „besonderen Landes"* Kniphausen drückte sich darin aus, daß Graf Bentinck die Rechte eines Landesherrn besaß. Er war Träger der Staatsgewalt in seinem Land; er besaß Legislativ- und Exekutivgewalt wie auch Gerichtsgewalt; er hatte das Recht auf eine eigene Landesflagge; er erfreute sich weiterhin des durch das kaiserliche Privileg von 1653 begründeten Münzregals. Die *oldenburgische* Oberhoheit über Kniphausen stand nicht dem oldenburgischen Staat, sondern dem Herzog persönlich zu. Ausdrücklich betonte die Übereinkunft (Art. II Abs. 2), daß diese Unterordnung die Stellung Kniphausens als eines „besonderen Landes" sowohl im Verhältnis zu dem Herzogtum Oldenburg als auch den übrigen oldenburgischen Landesteilen unberührt lasse.

b) Die *Oberhoheitsrechte des Herzogs* bemaßen sich grundsätzlich nach dem Umfang der alten Reichshoheitsrechte gegenüber deutschen Territorien. Soweit jedoch die entsprechenden Hoheitsrechte nunmehr dem Deutschen Bund zustanden, konnten sie auch gegenüber Kniphausen nur von der Bundesversammlung, nicht vom Herzog ausgeübt werden. Für die Reichsgesetzgebung hob die Übereinkunft ausdrücklich hervor, daß unter ihrem Titel „keine besonderen Rechte über Kniphausen auf seine Herzogliche Durchlaucht übergehen, da die ehemalige Reichsgesetzgebung nur in Erlassung neuer Ordnungen und Gesetze im Reiche, mithin solcher Gesetze sich äußerte, welche allgemein für die Reichsuntertanen verbindliche Kraft haben sollten, Bestimmungen aber, welche mit solchen Ordnungen und Gesetzen überhaupt zu vergleichen sind, gegenwärtig nur bei dem Bundestage verhandelt und vereinigt werden können" (Art. III Abs. 2). In gleicher Weise konnte der Herzog auch andere ehemalige Reichshoheitsrechte, soweit der Bundestag entsprechende Zuständigkeiten besaß, nicht in Anspruch nehmen. So war etwa das Recht der Reichsacht auch in Bezug auf Kniphausen durch die Bundesbestimmungen über die Bundesexekution und Bundesintervention verdrängt.

c) Die oldenburgischen Hoheitsrechte in Bezug auf Kniphausen erschöpften sich daher im Wesentlichen in folgenden Funktionen:

aa) Die Ausübung der *auswärtigen* Gewalt für Kniphausen stand dem Herzog, nicht dem Landesherrn zu. Nach Art. IX Abs. 2 der Übereinkunft wurden „die Interessen sowohl des Grafen als seiner Untertanen bei anderen Staaten durch den Souverän, welchem die vormals Kaiser und Reich zugestandene Hoheit über Kniphausen eingeräumt ist, unter dem Schutz des Bundes vertreten".

bb) Die *Militärgewalt* war geteilt. Kniphausen trat kraft der Übereinkunft unter die Bundeskriegsverfassung und Bundesmatrikel; es hatte 29 Mann zum Bundesheer zu stellen [2]). Dem Grafen Bentinck stand das Recht zur Aushebung dieser Mannschaften zu; aber diese waren dem oldenburgischen Kontingent einzufügen und auf

---

[1]) Texte des Berliner Vertrags und der Garantieerklärung des Bundes in: Protokolle der Bundesversammlung 1826, 6. Sitzung, § 30 (auch CJCG Bd. 2 S. 178 ff.).

[2]) Bundesbeschluß vom 30. April 1831; Protokolle der Bundesversammlung 1831, 16. Sitzung, § 111 (auch CJCG Bd. 2 S. 237).

den Herzog als den Kontingentsherrn zu vereidigen; auch waren sie den oldenburgischen Militärgesetzen unterworfen. Die für den Bund aufzubringenden Matrikularbeiträge [1]) hatte Kniphausen an die oldenburgische Kasse zu zahlen. Ein Recht zur Truppenstationierung oder zur vorübergehenden Truppeneinquartierung besaß Oldenburg in Kniphausen nicht (Art. V).

cc) Die *Polizeigewalt* in Kniphausen stand ausschließlich dem Grafen Bentinck zu. Der Herzog hatte lediglich das Recht, einen *Fiscal* für die Fälle einzusetzen, in denen früher zur „Erhaltung guter gemeiner Ordnung" ein Einschreiten der höchsten Reichsgerichte vom Reichsfiscal hätte beantragt werden können. Den Fiscal ernannte der Herzog aus einem Dreiervorschlag des Grafen Bentinck. Lag in Beziehung auf die Erhaltung guter gemeiner Ordnung oder auf die Erfüllung der bentinckschen Vertragspflichten ein Grund zur Beschwerde vor, so konnte der Fiscal nicht selbständig einschreiten; er konnte vielmehr nur das Oberappellationsgericht Oldenburg anrufen, das ein Recht zur Entscheidung nach Maßgabe der früheren Kompetenzen der höchsten Reichsgerichte besaß (Art. VI lit. f).

dd) Auch die *Justizgewalt* in Kniphausen fiel in die Kompetenz des Grafen Bentinck. Doch gingen neben der bereits erwähnten Kompetenz auch die übrigen Zuständigkeiten der ehemaligen Reichsgerichte für Kniphausen und für die gräflich bentincksche Familie auf das Oberappellationsgericht Oldenburg über. Für die wichtigsten Fälle erhielten jedoch Graf Bentinck und die Mitglieder seiner Familie das Recht, in den sie betreffenden Streitsachen vor dem Oberappellationsgericht Oldenburg auf die Verschickung der Akten an eine deutsche Juristenfakultät [2]) zur Abfassung des Urteils anzutragen (Art. VI). Streitigkeiten zwischen dem Herzog und dem Grafen Bentinck aus der Übereinkunft waren im schiedsrichterlichen Verfahren vor dem Oberappellationsgericht Oldenburg zu entscheiden; auch in diesem Fall stand dem Grafen das Recht auf Aktenverschickung an eine Juristenfakultät zu (Art. VII).

d) Die *Bundeszugehörigkeit* von Kniphausen leitete Art. III der Übereinkunft ausdrücklich aus der Unterordnung unter ein Mitglied des Deutschen Bundes ab. Indem der Bundestag die Bundesgarantie für die Übereinkunft beschloß, erkannte er diese Vertragsbestimmung an, womit er implicite die Aufnahme von Kniphausen in den Bund vollzog. Graf Bentinck seinerseits erkannte in der Übereinkunft die Geltung der Bundesakte, der Wiener Schlußakte sowie aller bereits ergangenen oder künftig ergehenden Bundesbeschlüsse für Kniphausen an. So erlangten mit Wirkung ex nunc auch die Karlsbader Beschlüsse, ferner die Exekutions- und die Austrägalordnung sowie die Bundeskriegsgesetze Verbindlichkeit in dem kniphausenschen Gebiet. Die *Bundesgarantie* verpflichtete den Bund, sich für die Innehaltung der Übereinkunft einzusetzen, was praktisch vor allem dem Grafen Bentinck einen Schutz gegen etwaige oldenburgische Übergriffe bot [3]). Ausdrücklich eröffnete die Garantieklausel dem Grafen für alle die Ausführung der Übereinkunft betreffenden Streitfälle den Rekurs an den Bundestag (Art. XI).

e) Über die Rechte an der *Mediatherrschaft Varel* enthielt der Berliner Vertrag von 1825 nichts. Die bentinckschen Güter in Varel standen seit 1814 unter oldenburgischer Sequestration. Die Regierung gab dem Grafen Bentinck am 28. Dezember 1815 den Besitz an den Vareler Gütern und am 12. Januar 1818 auch die „untergeordnete Landeshoheit" (Patronats-, Gerichts-, Jagdrechte usw.) über Varel zurück. Der Graf weigerte sich jedoch im Hinblick auf den damals noch schwebenden Streit um Kniphausen, für Varel den von ihm seit dem Vertrag von 1693 geschuldeten Homagialeid gegenüber dem Herzog zu leisten. Darauf nahm die oldenburgische Regierung die „untergeordnete Landeshoheit" über Varel erneut in Zwangsverwaltung. Erst am 14. Januar 1830 gelangte Graf Bentinck wieder in den Genuß der Mediatrechte an seiner Herrschaft Varel.

---

[1]) Siehe oben S. 611.

[2]) Siehe oben S. 619.

[3]) Über die Zuständigkeit des Bundes zur Übernahme solcher Bundesgarantien vgl. die oben S. 650 wiedergegebene Erklärung des österreichischen Bundestagsgesandten.

III. Der bentincksche Erbfolgestreit

1. Der bentincksche Sukzessionsprozeß und das Urteil der Jenenser Juristenfakultät von 1842

Der oldenburgisch-bentincksche Restitutionsstreit war kaum beigelegt, als ein Sukzessionsstreit in der gräflich bentinckschen Familie neue jahrzehntelange Wirren hervorrief [1].

Graf Wilhelm Gustav Bentinck (1762–1835), der älteste der Söhne des Grafen Christian Friedrich, regierte in Kniphausen und Varel mit den geschilderten Unterbrechungen von 1768 bis 1835. Seit dem Tod seiner ersten Gemahlin, einer Gräfin Reede (1776–99), lebte er in einer eheähnlichen Verbindung mit einer Gutsangestellten, der Bauerntochter Sara Gerdes. Nach dem Tod seines einzigen Sohnes erster Ehe (1813) legalisierte er diese Verbindung 1816 durch die kirchliche Eheschließung. Die Söhne, die aus dieser Verbindung hervorgegangen waren, Graf Wilhelm Friedrich (1801–67), Graf Gustav Adolf (1809–76) und Graf Friedrich Anton (geb. 1812), erkannte er als eheliche Nachkommen an. Der älteste dieser Söhne, der seinerseits wiederum bürgerlich, und zwar eine Nichte der Mutter, geheiratet hatte, ging nach Amerika, wo er als Farmer lebte und das Bürgerrecht erwarb. Er übertrug seine Erbansprüche auf das bentincksche Fideikommiß an seinen jüngeren Bruder, den Grafen Gustav Adolf, den der Vater 1834 als Fideikommißnachfolger in die Besitzrechte an Kniphausen und Varel aufnahm, nachdem er ihn auch testamentarisch zum Erben bestimmt hatte.

Der jüngere der Söhne des Grafen Christian Friedrich, *Graf Johann Carl Bentinck* (1763–1833), war in englische Dienste getreten; er begründete die jüngere englische Linie des Hauses. Er und seine Söhne — der niederländische Kammerherr Graf Wilhelm Friedrich Christian (1787–1855) und die englischen Obersten Graf Carl Anton Ferdinand (1792–1864) und Graf Heinrich Johann Wilhelm (1796–1878) — bestritten die Sukzessionsfähigkeit der Söhne der „Dame Sara Gerdes", wie sie die kluge und tüchtige Vareler Schloßherrin nannten. Die „englischen Agnaten" beriefen sich darauf, daß die Familie Bentinck dem Hohen Adel angehöre und daher dem Ebenbürtigkeitsrecht unterworfen sei; den aus einer illegitimen und jedenfalls unebenbürtigen Verbindung stammenden Söhnen des Grafen Wilhelm Gustav stehe ein Nachfolgerecht weder in die Hoheitsrechte noch in die Eigentumsrechte aus dem Familienfideikommiß zu. War das richtig, so mußten die bentinckschen Rechte an Kniphausen und Varel mit Wilhelm Gustavs Tod an die englischen Agnaten fallen.

Noch zu Lebzeiten seines Bruders Wilhelm Gustav suchte Graf Johann Carl durch Antrag an die Bundesversammlung wie im Prozeßweg die Sukzessionsunfähigkeit seiner Neffen feststellen zu lassen. Der Bundestag erklärte seine Unzuständigkeit [2]; das auf Grund einer förmlichen Prozeßprovokation Wil-

---

[1] Zum Folgenden die Stammtafeln bei *Tabor*, Die Geschichte des Gräflich Aldenburg-Bentinckschen Erbfolgestreites (Anhang).

[2] Bundesbeschluß vom 24. Juli 1828 (siehe unten S. 782 f.).

helm Gustavs von Johann Carl angerufene Oberappellationsgericht Oldenburg
verfügte das Ruhen des Rechtsstreits, da vor dem Eintritt des Sukzessionsfalls
kein Klagegrund bestehe. Graf Johann Carl starb 1833, Graf Wilhelm Gustav
1835. Die Herrschaft in Kniphausen und Varel ergriff alsbald *Graf Gustav
Adolf Bentinck,* der zweite Sohn des letztregierenden Grafen, in Einklang mit
dem väterlichen Testament. Nun aber entbrannte der Familienstreit in voller
Schärfe. Schon bei der Bestattung ihres Oheims suchten die englischen Agnaten
ihr Sukzessionsrecht durchzusetzen; vergeblich riefen sie den Großherzog von
Oldenburg als Hüter ihrer Rechte an. Die oldenburgische Regierung bestätigte
vielmehr den Grafen Gustav Adolf provisorisch — das heißt bis zum rechtlichen Austrag des Familienstreits — in seinem Besitz. Trotzdem suchten die
englischen Agnaten am 16. und 18. Oktober 1836 durch einen Handstreich,
den die beiden jüngeren Grafen im Auftrag ihres älteren Bruders mit bewaffneter Mannschaft unternahmen, Schloß und Land Kniphausen an sich zu
bringen. Dieser im Stil des alten Faustrechts unternommene Gewaltakt der
englischen Obersten war nach den strafrechtlichen Begriffen des 19. Jahrhunderts ein klarer Fall des Landfriedensbruchs. Der Anschlag mißlang. Nun erst
beschritt der älteste der englischen Agnaten, *Graf Wilhelm Friedrich Christian
Bentinck,* als Prätendent auf Kniphausen und Varel den Rechtsweg, indem er
eine possessorische und eine petitorische Klage gegen den Grafen Gustav
Adolf, den „faktischen Besitzer" der Herrschaften Kniphausen und Varel, erhob [1]. Fast zwanzig Jahre lang beschäftigte dieser Rechtsstreit um die Un-
ehelichkeit und die Unebenbürtigkeit des regierenden Grafen von Kniphausen
und Varel die deutsche Öffentlichkeit; die Zahl der Veröffentlichungen zu
diesem Monstrefall ist fast unübersehbar [2].

Graf Wilhelm Friedrich Christian machte seinen Prozeß gegen den regierenden Grafen Gustav Adolf, gemäß dem Berliner Vertrag von 1825 und gemäß
einer zusätzlichen Prozeßvereinbarung zwischen den Häusern Oldenburg und
Bentinck, beim Oberappellationsgericht Oldenburg anhängig. Auf die 1837 erhobene petitorische Klage versandte das Gericht, nach Abschluß der Verhandlungen, die Akten 1839 zur Abfassung des Urteils an die Jenenser Juristenfakultät. Das im März 1842 verkündete *Urteil der Juristenfakultät Jena* [3]
wies die Klage in vollem Umfang ab und erkannte damit den faktischen Besitzer als den legitimen Landesherrn an.

Das Urteil folgte zwar dem Vorbringen des Beklagten nicht, insoweit dieser gel-
tend gemacht hatte, Graf Wilhelm Gustav habe mit Sara Gerdes seit 1800 in einer
„Gewissensehe" gelebt, die von Anfang an eine vollgültige Ehe gewesen sei, da der
Graf als Landesherr sich von den Formerfordernissen der kirchlichen und öffentlichen
Eheschließung habe suspendieren können. Das Urteil erkannte vielmehr an, daß

---

[1] Den possessorischen Prozeß beendeten die Parteien im April 1838 durch Vergleich; nur den petitorischen Prozeß führten sie fort.

[2] *Tabor,* aaO S. 159 ff., zählt 57 Schriften auf, die bis 1847 erschienen. Weitere
Angaben im Schrifttumsverzeichnis zu diesem Paragraphen.

[3] Die vollständigen Urteilsgründe gab das Jenenser Spruchkollegium erst im
Dezember 1842 bekannt (vgl. *Tabor,* aaO S. 91 ff.). Der Text des Urteils erschien
1843 im Druck.

die Söhne der „Demoiselle Sara Gerdes" nicht ehelich erzeugt und geboren seien. Aber es maß der Anerkennung der „Mantelkinder" durch die nachfolgende Eheschließung volle legitimierende Kraft bei; insbesondere entschied es die berühmte deutschrechtliche Streitfrage, ob Mantelkinder die Sukzessionsfähigkeit in Erblehen und Fideikommißrechte besitzen, in bejahendem Sinn. Gegenüber der Berufung auf die Unebenbürtigkeit der Gerdes'schen Söhne entschied der Fakultätsspruch, das Haus Bentinck gehöre dem Hohen Adel nicht an, da es niemals Reichsstandschaft besessen habe und auch vom Bundestag nicht als mediatisierter Reichsstand im Sinn des Art. 14 der Bundesakte anerkannt sei; das Ebenbürtigkeitsrecht gelte für die Bentincks nicht. Den legitimierten Söhnen einer Frau aus bürgerlichem Stand stehe daher das Sukzessionsrecht sowohl in die Landeshoheitsrechte als auch in die fideikommissarisch gebundenen Eigentumsrechte des Hauses Bentinck zu.

Die englischen Agnaten ließen es bei dieser Entscheidung nicht bewenden. Sie erhoben, gestützt auf die Rechtsmittelvorschriften der Vereinbarung von 1834, gegen das Jenenser Urteil die Nichtigkeitsklage; außerdem legten sie Revision ein. Über diese Rechtsmittel verhandelten die Parteien erneut vor dem Oberappellationsgericht Oldenburg; 1846 versandte dieses die Akten zum Spruch an die *Juristenfakultät Gießen*. Dort allerdings blieb die Sache viele Jahre in der Schwebe, da das umfangreiche Aktenmaterial kaum mehr zu bewältigen war. Die englische Partei, die auf ein für sie günstiges richterliches Urteil kaum mehr hoffen konnte, bemühte sich derweilen, mit diplomatischen Mitteln eine außergerichtliche Entscheidung zu ihren Gunsten herbeizuführen.

2. Das Eingreifen des Bundestags in die bentincksche Sache

a) Der Bundesbeschluß vom 12. Juni 1845

1828 hatte der Frankfurter Bundestag es unter Berufung auf seine Unzuständigkeit abgelehnt, in den bentinckschen Sukzessionsstreit einzugreifen. Das Jenenser Urteil von 1842 bot den englischen Agnaten eine neue Handhabe, die Einmischung des Bundestags zu fordern. Das Urteil berief sich für die Nichtzugehörigkeit der bentinckschen Familie zum Hohen Adel unter anderem darauf, daß der Bundestag sie nicht als dem Hohen Adel zugehörig anerkannt habe. Dieser Hinweis veranlaßte die englische Partei, beim Bundestag die Anerkennung der Familie Bentinck als dem Hohen Adel zugehörig zu betreiben, während der regierende Graf sich gezwungen sah, diesem Antrag seiner englischen Vettern zu widersprechen. Am Bundestag hatte sich inzwischen ein Stimmungsumschwung zugunsten der englischen Agnaten ergeben. Der mit Stimmenmehrheit gefaßte *Bundesbeschluß vom 12. Juni 1845*, der dem Antrag der englischen Partei stattgab, lautete [1]):

„1) Die Bundesversammlung erklärt, daß der gräflichen Familie Bentinck nach ihrem Standesverhältnisse zur Zeit des Deutschen Reichs die Rechte des hohen Adels und der Ebenbürtigkeit im Sinne des Art. 14 der Deutschen Bundesakte zustehen.

2) Dieser Beschluß ist öffentlich bekannt zu machen und den drei Grafen Wilhelm Friedrich Christian, Carl Anton Ferdinand und Heinrich Johann Wilhelm von Bentinck in Erledigung ihres Gesuchs vom 29. März und 23. Mai 1843 mitzuteilen [2])."

[1]) Protokolle der Bundesversammlung 1845 (20. Sitzung, § 218).
[2]) Den Beschluß publizierte die oldenburgische Regierung erst am 20. Mai 1847, und zwar nur in Kniphausen, nicht in Oldenburg. Die Bundesversammlung gab der dagegen gerichteten Beschwerde der englischen Agnaten am 12. Mai 1853 statt.

Der bentincksche Erbfolgestreit

b) Art. 14 der Bundesakte
und der Bundesbeschluß vom 12. Juni 1845

Um die Rechtsgültigkeit und Rechtswirkung dieses Beschlusses entstand alsbald der heftigste Streit. Der Bundestag berief sich in dem Beschluß auf den Art. 14 der Bundesakte, der Folgendes besagte:

„Um den im Jahre 1806 und seitdem mittelbar gewordenen ehemaligen Reichsständen und Reichsangehörigen in Gemäßheit der gegenwärtigen Verhältnisse in allen Bundesstaaten einen gleichförmig bleibenden Rechtszustand zu verschaffen, so vereinigen die Bundesstaaten sich dahin:
a) Daß diese fürstlichen und gräflichen Häuser fortan nichts desto weniger zu dem Hohen Adel in Deutschland gerechnet werden und ihnen das Recht der Ebenbürtigkeit in dem bisher damit verbundenen Begriff verbleibt . . .“

Diese Vorschrift hatte den Zweck, die Rechte des Hohen Adels in Deutschland nach dem Status von 1806 zu sichern. Es kam also darauf an, welche Familien 1806 dem Hohen Adel angehört hatten und welche Rechte nach der Auffassung von 1806 mit dem Hohen Adel verbunden gewesen waren. Nach der herrschenden, wenngleich nicht unbestrittenen älteren Auffassung gehörten zum Hohen Adel in Deutschland: die fürstlichen und gräflichen Familien, die nicht nur mit Reichsunmittelbarkeit und Landeshoheit, sondern auch mit Reichsstandschaft ausgestattet gewesen waren. Wie schon früher erwähnt, besaßen im alten Reich sowohl die Reichsgrafen Aldenburg als auch die Reichsgrafen Bentinck zwar Reichsunmittelbarkeit und Landeshoheit für ihre Herrschaft Kniphausen, aber keine Reichsstandschaft. Die Familie Bentinck gehörte daher in der Terminologie des Art. 14 der Bundesakte nicht zu den ehemaligen „Reichsständen“, sondern zu den ehemaligen „Reichsangehörigen“ (das heißt zum nicht-reichsständischen Reichsadel); den Bentincks konnte daher der Hohe Adel nicht gemäß Art. 14 der Bundesakte zuerkannt werden. In die Listen, die die deutschen Landesherren dem Bundestag nach 1815 einreichten, um ihm die Namen der zu den mediatisierten Reichsständen gehörigen Familien des Hohen Adels zu notifizieren, waren die Bentincks daher mit Recht nicht aufgenommen worden.

Nun hatte allerdings jede Familie, die nach ihrer Ansicht zu Unrecht nicht in diese Verzeichnisse aufgenommen worden war, das Recht, wegen dieser Beeinträchtigung ihres Status Rekurs bei der Bundesversammlung einzulegen (Art. 63 der Wiener Schlußakte). Daraus erwuchs der Bundesversammlung die Kompetenz, autoritativ darüber zu entscheiden, ob eine ehedem reichsunmittelbare, seit 1806 mediatisierte Familie zum Hohen Adel im Sinn des Art. 14 der Bundesakte gehöre und ob demgemäß das Ebenbürtigkeitsrecht auf sie anwendbar sei oder nicht. Wenn die Bundesversammlung kraft dieser Kompetenz eine sachlich unrichtige Entscheidung traf, so war diese Entscheidung gleichwohl rechtsverbindlich. In dem Verfahren nach Art. 14 der Bundesakte und Art. 63 der Wiener Schlußakte entschied der Bundestag über die Zugehörigkeit zum Hohen Adel als höchste Autorität; einer gerichtlichen Nachprüfung war eine solche Entscheidung der Bundesversammlung nur im Hinblick auf ihre formelle Ordnungsmäßigkeit, nicht im Hinblick auf ihre sachliche Richtigkeit unterworfen. Durch eine sachlich unrichtige, aber autoritative und unüberprüfbare Entscheidung des Bundestags konnte somit eine Familie, die in Wahrheit bis 1806 keine Reichsstandschaft besessen und daher nicht zum Hohen Adel gehört hatte, in den Kreis der Familien Hohen Adels aufrücken. Wie auch sonst, so hatte auch hier der sachlich fehlerhafte, aber unüberprüfbare Feststellungsakt die Kraft eines rückwirkenden Gestaltungsakts [1]).

Nun beschränkte die Kompetenz des Bundestags aus Art. 14 der Bundesakte (in Verbindung mit Art. 63 der Wiener Schlußakte) sich allerdings auf die Feststellung des Rechtsstatus der 1806 oder später *mediatisierten* Familien. Die genannten Bestimmungen begründeten demnach keine Bundeskompetenz zur Feststellung des Rechtsstatus der *immediat* gebliebenen, also der landesherrlichen Familien in Deutschland. Falls es überhaupt eine Zuständigkeit zur Entscheidung von Zweifeln über den Rechtsstatus einer landesherrlichen Familie gab, konnte sie nicht bei der Bundesversammlung, sondern nur bei der Gesamtheit der deutschen, wenn nicht gar der europäischen Fürsten liegen; sie mußte durch einen einstimmigen Anerkennungsbeschluß ausgeübt werden. So legten z. B. die europäischen Mächte den badischen Sukzessionsstreit in der Hochberg'schen Sache auf dem Aachener Kongreß in dieser Weise bei [2]). Niemals hätte der Bundestag die Frage nach der Zugehörigkeit der Hochberg'schen Linie zum Hohen Adel, nach ihrer Ebenbürtigkeit und Sukzessionsfähigkeit durch Mehrheitsbeschluß entscheiden können; denn die Hochberg'sche Frage betraf den Rechtsstatus eines immediaten, keines mediatisierten Hauses.

Die Familie *Bentinck* befand sich in einer eigentümlichen Zwischenstellung zwischen mediat und immediat. In Bezug auf *Varel* war sie zwar „mediatisiert"; aber diese Mediatisierung der Edlen Herrschaft Varel war schon mit dem Unterwerfungsvertrag von 1693 eingetreten [3]), nicht erst 1806, wie der Art. 14 der Bundesakte es voraussetzte. In Bezug auf *Kniphausen* dagegen waren die Bentincks zwar nach 1806 „mediatisiert" worden, nämlich durch die Einverleibung der Immediatherrschaft in Holland 1807 und in Frankreich 1810. Aber eine Mediatisierung im Sinn des Art. 14 der Bundesakte lag bei solchen Unterwerfungen ehemals reichsunmittelbarer Familien unter fremde Landeshoheit nur vor, wenn der Wiener Kongreß sie aufrechterhielt. Familien, deren Mediatisierung und Depossedierung rückgängig gemacht wurde, wie die Häuser Hannover, Braunschweig, Oldenburg, Kurhessen oder Oranien (in Bezug auf Nassau-Diez), galten nicht als mediatisiert im Sinn des Art. 14 der

---

[1]) Von dem *Feststellungsakt*, mit dem der Bundestag im Rekursverfahren entschied, daß eine Familie die Rechte des Hohen Adels im Sinn des Art. 14 der Bundesakte von Beginn an besitze, war die vom Bundestag vorgenommene *Neuverleihung* der Rechte des Hohen Adels zu unterscheiden; dieser Verleihungsakt wirkte der Natur der Sache nach nur *ex nunc*. Eine solche Verleihung der Rechte Hohen Adels nahm der Bundesbeschluß vom 7. August 1828 zugunsten des *Hauses Schönburg* vor (Protokolle der Bundesversammlung 1828, 22. Sitzung, § 144; auch CJCG Bd. 2 S. 198 ff.). Dieser Verleihungsbeschluß war von dem in der bentinckschen Sache gefaßten Feststellungsbeschluß rechtlich von Grund auf unterschieden.

[2]) Siehe oben S. 327 f.

[3]) Siehe oben S. 768 f.

Bundesakte. Bei den Bentincks nun hatte der Wiener Kongreß die Frage, ob es bei ihrer Mediatisierung bleiben oder ob ihnen die Restitution ihrer Reichsunmittelbarkeit und Landeshoheit bewilligt werden sollte, in der Schwebe gelassen. Und der Berliner Vertrag von 1825, der die bentincksche Frage löste, hatte zu einer schwer definierbaren Mischung von Immediat- und Mediatstellung geführt; das Haus Bentinck erhielt für Kniphausen *Landeshoheit unter oldenburgischer Oberhoheit.* Es ist kaum auszumachen, ob in dieser Zwischenform das Moment des Immediaten oder das des Mediaten überwog, ob es sich also um eine Re-Immediatisierung oder um eine Aufrechterhaltung der Mediatisierung von Kniphausen handelte.

Immerhin beruhte nach dem Berliner Vertrag die Bundeszugehörigkeit Kniphausens nicht auf *unmittelbarer* Bundesmitgliedschaft des Landesherrn; sie wurde vielmehr durch dessen Unterordnung unter ein anderes Bundesmitglied (den Herzog von Oldenburg) *vermittelt.* Das aber gerade macht das Wesen der Mediatstellung aus. Es erscheint daher nicht als unzulässig, die scheinbar paradoxe Aussage zu wagen, daß das Haus Bentinck eine zwar mit Landeshoheit ausgestattete, gleichwohl aber mediatisierte Familie war; noch vorsichtiger ließe sich sagen, der Immediatstellung der Familie Bentinck seien durch den Berliner Vertrag so viel mediate Momente zugesetzt worden, daß sie in Bezug auf ihren Adelsstatus den mediatisierten, nicht den landesherrlichen Familien analog behandelt werden mußte. Dann aber besaß der Bundestag auf Grund des Art. 14 der Bundesakte und des Art. 63 der Wiener Schlußakte die Kompetenz, im Rekursverfahren mit Stimmenmehrheit über die Zugehörigkeit der Familie Bentinck zum Hohen Adel zu entscheiden, wenn ihr diese Rechte vorenthalten oder beeinträchtigt wurden. Der Einwand der Kompetenzwidrigkeit hätte daher gegen den Bundesbeschluß vom 12. Juni 1845 nicht erhoben werden können, wenn dieser *im Rekursverfahren nach Art. 63 der Wiener Schlußakte* erlassen worden wäre. Das aber war, wie gleich zu zeigen sein wird, nicht der Fall.

c) Die Unabhängigkeit der Rechtspflege und der Bundesbeschluß vom 12. Juni 1845

Aus den Verhandlungen, die zu dem Bundesbeschluß vom 12. Juni 1845 führten, ergibt sich, daß der Bundestag seine Entscheidung nicht auf den Art. 63 der Wiener Schlußakte stützte, sondern daß er seine Kompetenz aus der *Garantie* ableitete, die er durch den Beschluß vom 9. März 1826 für den Berliner Vertrag übernommen hatte. Der Bundestag beanspruchte also nicht die Entscheidung darüber, ob ein Landesherr einer mediatisierten reichsständischen Familie die Rechte aus Art. 14 der Bundesakte unrechtmäßigerweise vorenthalten habe. Er folgerte vielmehr aus der Garantieübernahme die Kompetenz, als Garantiemacht in einem *Prätendentenstreit* die Inzidentfrage, ob die im Streit befangene Familie dem Hohen Adel angehöre und dem Ebenbürtigkeitsrecht unterliege, verbindlich vorab zu entscheiden. Daß dies die Absicht war, ergibt sich zweifelsfrei aus der Präsidialerklärung, nach dem Berliner Vertrag stehe die Entscheidung dieser Streitfrage nicht den Gerichten, sondern dem Bund als dem Garanten des Vertrags zu. Der Bundestag nahm damit in Konkurrenz mit der Gerichtsbarkeit eine Rechtsstreitentscheidung für sich als den Träger der höchsten politischen Gewalt des Bundes in Anspruch.

Eine solche Kompetenz des Bundestags zur Streitentscheidung lag nach den damaligen Verfassungsgrundsätzen nicht außerhalb des Bereichs des Möglichen. In föderativen Staatsgebilden besitzt das höchste Föderativorgan nicht selten solche Vollmachten zur Streitentscheidung; noch im Bismarckschen Reich hatte der Bundesrat Funktionen dieser Art inne. Aber entgegen der vom Bundestag 1845 verfochtenen Auffassung verwies das Berliner Abkommen einen Prätendentenstreit im Hause Bentinck in die Zuständigkeit der ordentlichen Gerichte. Denn ein Sukzessionsstreit war ein Streit in *„Privatangelegenheiten"* der gräflichen Familie, für den Art. VI lit. d des Berliner Abkommens den Rechtsweg eröffnete. Daß der Sukzessionsstreit „Privatangelegenheiten" des gräflichen Hauses betraf, war nicht dadurch ausgeschlossen, daß von den umstrittenen familien- und erbrechtlichen Fragen die Nachfolge nicht nur in die privaten Eigentumsrechte, sondern auch in die Hoheitsrechte des Hauses Bentinck abhing. Denn der Begriff „Privatangelegenheiten" meinte nach damaligem Sprachgebrauch nicht „Privatrechte" im Unterschied zu öffentlichen Rechten; er bezeichnete vielmehr höchstpersönliche Rechte, zu denen vor allem auch die Rechte des Familienstatus und die Ehe- und Erbrechte innerhalb eines regierenden Hauses gehörten.

Mit seinem Anspruch, den bentinckschen Prätendentenstreit in einem wesentlichen Punkt vorab zu entscheiden, machte der Bundestag sich *eines unzulässigen Eingriffs in Gerichtszuständigkeiten und in ein schwebendes Verfahren* schuldig. Ganz abgesehen davon, daß der Bundestag mit der Garantie für den Berliner Vertrag die Pflicht übernommen hatte, die dort vorgesehenen Gerichtszuständigkeiten zu achten, schloß auch das Bundesverfassungsrecht einen *politischen Machtspruch des Bundestags in Justizsachen* aus. Denn wenn die Bundesverfassung den Einzelstaaten die Verweigerung und die Hemmung der Rechtspflege verbot (Art. 29 der Wiener Schlußakte) und damit für jedermann den Anspruch auf den gesetzlichen Richter und auf unabhängige Gerichtsbarkeit gewährleistete [1]), so verbot sie implicite auch den Bundesorganen selbst jeden Eingriff in die Zuständigkeit der Justizgewalt und jeden Machtspruch in Justizsachen.

Daß der Bundestag sich bewußt eines solchen Eingriffs in den Justizbereich schuldig machte, ergibt sich daraus, daß in dem seit 1829 gerichtshängigen bentinckschen Erbfolgestreit die Parteien sich zum Prozeß erst entschlossen hatten, nachdem der Bundestag selbst sie durch den einstimmig gefaßten Bundesbeschluß vom 24. Juli 1828 auf den Rechtsweg verwiesen hatte. Den Antrag des Haupts der englischen Agnaten auf Bundeseinmischung hatte der Bundestag damals mit der Erklärung zurückgewiesen, daß es nicht im Beruf der Bundesversammlung liege, über die Rechte Dritter, welche durch das Berliner Abkommen auf irgend eine Weise betroffen sein könnten, zu entscheiden,

---

[1]) Siehe oben S. 617.

und daß sie dem Bittsteller daher überlassen müsse, sich an die geeigneten Behörden zu wenden [1]).

Der Bundestag hatte damit nicht nur die Zuständigkeit der Gerichte anerkannt, sondern die Parteien zur Beschreitung des Rechtswegs gezwungen, und zwar auch in bezug auf die Inzidentfrage, ob die Familie Bentinck dem Hohen Adel angehöre; denn dies war von Anfang an unverkennbar die Kernfrage des ganzen Streits. Es war ein *venire contra factum proprium*, wenn der Bundestag nach über fünfzehnjähriger Dauer der von ihm veranlaßten Prozesse und während der noch andauernden Rechtshängigkeit der Hauptsache einem erneuten Antrag der englischen Agnaten auf Bundeseinmischung stattgab. Dem zuständigen Bundestags-Ausschuß war denn auch die innere Unmöglichkeit eines Bundeseingreifens deutlich bewußt. In ihrem Bericht vom 20. Juli 1843 über die Eingabe der englischen Prätendenten stellte die Reklamations-Kommission des Bundestags fest, es sei nicht zu verkennen, daß der Berliner Vertrag in Art. VI lit. d „den Reklamanten mit seinem Sukzessionsanspruch an die Kognition des für alle Zivilstreitigkeiten an die Stelle der Reichsgerichte getretenen Oldenburgischen Oberappellationsgerichtes" verweise [2]).
Der Engere Rat aber verließ diesen Rechtsboden, nachdem der Präsidialgesandte ausgeführt hatte, daß die bentincksche Adelsfrage nicht zu den „Privatangelegenheiten", sondern zu den „Staatsfragen" gehöre, und zwar nicht zu denjenigen, für die nach Art. VII des Berliner Abkommens ein Schiedsgericht zuständig sei [3]), sondern zu denjenigen, die die Bundesversammlung selbst entscheiden müsse. Das war, nachdem der Bundestag selbst schon 1828 das Gegenteil festgestellt hatte und nachdem die darauf angerufenen Gerichtsinstanzen, sowohl das Oberappellationsgericht Oldenburg als auch die Jenenser Juristenfakultät, sich gleichfalls für die Zulässigkeit des Rechtswegs ausgesprochen hatten, ein evidenter und eklatanter Eingriff in die gerichtliche Kompetenz und in die Unabhängigkeit der Rechtspflege.

Zu allen Zeiten, besonders aber auch zur Zeit des Deutschen Bundes, der den Anspruch auf den gesetzlichen Richter und auf die unabhängige Gerichtsbarkeit ausdrücklich gewährleistete, waren die Gerichte berechtigt und verpflichtet, ihre Zuständigkeit und Unabhängigkeit gegenüber solchen Eingriffen der politischen Gewalt zu verteidigen. Die in der bentinckschen Sache zuständigen Gerichtsorgane waren daher gehalten, den Bundesbeschluß vom 12. Juni 1845 *nicht als präjudizierend anzuerkennen*. Es bedurfte, um den vom Bundestag versuchten Eingriff in das schwebende Verfahren zurückzuweisen, nicht geradezu des richterlichen Ausspruchs, daß der Bundesbeschluß *null und nichtig* sei. Es genügte, wenn die Gerichte dem Bundesbeschluß die Anerkennung als Präjudiz für die Entscheidung des schwebenden bentinckschen Sukzessionsstreits verweigerten. Das konnten sie auch in der Form tun, daß sie dem Bundesbe-

---

[1]) *Zoepfl*, Über hohen Adel und Ebenbürtigkeit S. 15.
[2]) Ebenda S. 42.
[3]) Daß eine Zuständigkeit des Schiedsgerichts nach dem Art. VII des Berliner Vertrags nicht in Frage kam, liegt auf der Hand; denn dort war von Streitigkeiten zwischen dem Herzog von Oldenburg und den Grafen Bentinck die Rede; Familienstreitigkeiten der Bentincks untereinander waren nach Art. VI lit. d. zu behandeln.

schluß die *rückwirkende Kraft,* die er für sich in Anspruch nahm, versagten, ihn also aus einem Feststellungsbeschluß (mit Wirkung ex tunc) in einen Verleihungsbeschluß (mit Wirkung ex nunc) umdeuteten [1]). Denn für die Behandlung des Sukzessionsfalls von 1835 war es gleichgültig, ob die Familie Bentinck durch den Bundesbeschluß von 1845 für die Zukunft die Rechte des Hohen Adels einschließlich des Ebenbürtigkeitsrechts erlangte. Es genügte, wenn die Gerichte sich in Bezug auf die Frage, ob bereits für den Sukzessionsfall von 1835 der Ebenbürtigkeitsgrundsatz galt, die freie Entscheidung ungeachtet des Bundesbeschlusses von 1845 vorbehielten.

3. Der Machtspruch des Reichsverwesers vom 8. November 1849

Nach dem Bundesbeschluß vom 12. Juni 1845 nahm das Gerichtsverfahren seinen Fortgang; wie schon erwähnt, kam die Sache 1846 im Weg der erneuten Aktenversendung an die Gießener Juristenfakultät zur Abfassung des Revisionsurteils.

Die beiden jüngeren Bentincks aus der englischen Linie, die Grafen Karl Anton Ferdinand und Heinrich Johann Wilhelm, suchten das Gerichtsverfahren jedoch nunmehr gänzlich zu ersticken, indem sie in einer gemeinsamen *Protestation vom 1. Juni 1847* [2]) jede Teilnahme an dem zunächst von ihrem Vater, dann von ihrem älteren Bruder angestrengten Prozeß ablehnten und sich gegen jede Rechtskraftwirkung des zu erwartenden Urteils verwahrten. Obwohl die Protestation der beiden jüngeren englischen Grafen sich formell gegen das Haupt ihrer eigenen Linie richtete, ist außer Zweifel, daß sie diesen Vorstoß einvernehmlich mit dem Kläger des schwebenden Prozesses führten, um damit dem Bereich der Gerichtsbarkeit überhaupt zu entkommen.

Mit der Protestation bereiteten die beiden jüngeren Grafen sich nämlich den Boden für einen erneuten Antrag an die Bundesversammlung. Durch eine *Eingabe vom 23. August 1847* forderten sie, daß der Bundestag den ganzen bentinckschen Sukzessionsstreit durch eine außergerichtliche autoritative Entscheidung beende. Bevor es allerdings zu einem Bundesbeschluß über diese Eingabe kam, gingen im Verlauf der Umwälzung von 1848 die Zuständigkeiten des Bundestags auf die Vorläufige Reichszentralgewalt über [3]). Und kurz bevor diese ihre Tätigkeit wieder einstellte [4]), fällte der Reichsverweser Erzherzog Johann auf ein wiederholtes Gesuch der beiden Grafen am 8. November 1849 die Entscheidung [5]):

„Die provisorische Zentralgewalt für Deutschland, als Rechtsnachfolgerin der Bundesversammlung, und kraft der von dem deutschen Bunde durch Bundesbeschluß vom

---

[1]) Über diesen Unterschied siehe oben S. 780 Anm. 1.
[2]) Text: *Tabor,* aaO S. 157 f.
[3]) Beschluß der Bundesversammlung vom 12. Juli 1848 (Protokolle 1848, 71. Sitzung); Text: Dokumente Bd. 1 Nr. 83. Dazu Bd. II S. 631 ff.
[4]) Der Reichsverweser Erzherzog Johann legte sein Amt am 20. Dezember 1849 nieder (siehe Bd. II S. 884).
[5]) Über die Genesis dieser Entscheidung vgl. *Pözl,* aaO S. 26.

9. März 1826 übernommenen Garantie des (Berliner) Übereinkommens, erklärt, daß die aus der Verbindung des Grafen Wilhelm Gustav Friedrich Bentinck mit Sara Margaretha Gerdes entsprossene Deszendenz als der Familienrechte des gräflich Bentinckschen Hauses unteilhaftig und daher als unfähig zur Erbfolge und Regierung in der Herrschaft Kniphausen zu betrachten ist. Die großherzoglich Oldenburgische Regierung wird ersucht, in Gemäßheit dieses Beschlusses das Geeignete zur Herstellung der rechtmäßigen Regierung in der Herrschaft Kniphausen zu veranlassen[1])."

Für diese Entscheidung des Reichsverwesers gab es im Bundesrecht nicht die mindeste Stütze. Selbst der Art. 63 der Wiener Schlußakte, der allenfalls dazu hätte dienen können, die Kompetenz der obersten Bundesgewalt zur Vorabentscheidung der Adelsfrage zu begründen, schied als Basis der Entscheidung des Reichsverwesers aus. Diese beschränkte sich nicht, wie der Bundesbeschluß von 1845, auf den Versuch, das zu erwartende Gerichtsurteil in einem wesentlichen Inzidentpunkt zu präjudizieren; sie nahm vielmehr die volle Entscheidungsgewalt über den Hauptgegenstand des schwebenden Prozesses für die politische Gewalt in Anspruch. Zugleich versah sie die gefällte Entscheidung mit einem Exekutionsmandat an die oldenburgische Regierung. Wenn dieser Spruch des Reichsverwesers rechtswirksam war, so blieb für die Fortführung des bentinckschen Prozesses kein Raum. Der Akt des Reichsverwesers war ein nackter Versuch, den Streitgegenstand eines ordentlichen Gerichtsverfahrens in den Entscheidungsbereich der politischen Gewalt zu ziehen und ihn hier durch einen außergerichtlichen Machtspruch zu erledigen. *Ein solcher Machtspruch der politischen Gewalt war unter den Verfassungsverhältnissen des Deutschen Bundes in vollem Umfang null und nichtig.*

Es gehört zu den zahlreichen Merkwürdigkeiten des bentinckschen Streits, daß ausgerechnet Erzherzog Johann, der seine Volkstümlichkeit und damit auch seine Wahl zum Reichsverweser nicht zuletzt seiner unebenbürtigen Ehe mit der Postmeisterstochter Anna Plochl verdankte, den Nachkommen der Bauerntochter Sara Gerdes gegenüber die Ebenbürtigkeitsregeln des Hohen Adels so streng zur Geltung zu bringen suchte. Noch merkwürdiger aber ist, daß der letzte eklatante Fall eines Aktes echter Kabinettsjustiz in der deutschen Verfassungsgeschichte des 19. Jahrhunderts auf den verehrungswürdigen Reichsverweser zurückgeht, den die Träger der bürgerlichen Revolution an die Spitze des deutschen Verfassungs- und Rechtsstaats berufen hatten.

4. Der Vergleich von 1854 und das Ende des besonderen Landes Kniphausen

Weder durch den Bundesbeschluß vom 12. Juni 1845, noch durch den Machtspruch des Reichsverwesers vom 8. November 1849 war der bentincksche Streit entschieden. Die oldenburgische Regierung machte keinerlei Anstalten, dem Spruch des Reichsverwesers gemäß die englischen Agnaten in die Herrschaften Kniphausen und Varel einzusetzen. Und die Gießener Juristenfakultät war, wie der von *Hermann Wasserschleben* gefertigte Urteilsentwurf[2]) von 1852 zeigt, entschlossen, sowohl dem Bundesbeschluß von 1845 als auch dem Spruch

---

[1]) *Zoepfl*, a.a.O. S. 311 f.
[2]) *Wasserschleben*, Juristische Abhandlungen (1856).

des Reichsverwesers von 1849 jegliche Rechtswirksamkeit für die gerichtliche Entscheidung des bentinckschen Streitfalls abzusprechen. Auch in der Sache selbst hätte das Revisionsurteil, wie sich aus Wasserschlebens Entwurf ergibt, zur vollständigen Verwerfung der gegen das erstinstanzliche Urteil erhobenen Revisionsbeschwerden geführt. Es hätte für den Zeitpunkt des eingetretenen Sukzessionsfalls (1835) die Zugehörigkeit der Familie Bentinck zum Hohen Adel verneint, die Anwendung des Ebenbürtigkeitsgrundsatzes auf sie daher abgelehnt und infolgedessen die Sukzessionsfähigkeit der legitimierten Nachkommen des Grafen Wilhelm Gustav Bentinck anerkannt.

Doch kam es nicht mehr zur Verkündung des in der Abfassung begriffenen Gießener Spruchs. Unter der Vermittlung der oldenburgischen Regierung schlossen die beiden streitenden Linien des Hauses Bentinck 1854 einen *Vergleich*, der den langwährenden Konflikt beendete. Der Vergleich erhielt die Form zweier Verträge, und zwar a) eines Vertrags der oldenburgischen Regierung mit den drei Grafen der englischen Linie vom 13. April 1854; b) eines Vertrags der oldenburgischen Regierung mit dem regierenden Grafen Gustav Adolf Bentinck vom 30. Juni 1854. Nachdem die beiden Verträge die Zustimmung des oldenburgischen Landtags erhalten hatten, zeigte Oldenburg dem Bundestag am 10. August 1854 die Erledigung des bentinckschen Erbfolgestreits an [1]. Auch der schwebende Prozeß fand damit sein Ende. Durch den Vergleich verzichteten beide Parteien des Hauses Bentinck auf sämtliche Hoheits- und Eigentumsrechte an den aldenburgisch-bentinckschen Fideikommißherrschaften Kniphausen und Varel. Das Gebiet von Kniphausen wurde dem oldenburgischen Staatsgebiet einverleibt [2]; die bisherigen kniphausenschen Untertanen wurden aus ihren Untertanenpflichten entlassen; die Gegenstände des bentinckschen Familienfideikommisses gingen in das Eigentum des oldenburgischen Staates gegen Abfindungen in Höhe von 2 Millionen Talern über [3].

Sowohl die Immediatherrschaft Kniphausen als auch die Mediatherrschaft Varel erloschen mit dieser Abmachung; der Berliner Vertrag wurde hinfällig. Die englischen Agnaten verpflichteten sich, dem Grafen Gustav Adolf Bentinck und seinen Nachkommen das Recht zur Führung des reichsgräflichen Namens und Titels nach Maßgabe des Grafendiploms von 1732 nicht länger zu bestreiten. Dafür übernahm Oldenburg die Verpflichtung, einen mit Standesherrlichkeit im Sinn des Art. 14 der Bundesakte beliehenen Liegenschaftskomplex im Wert von 1 100 000 Talern in irgend einem deutschen Staat mit der Fideikommißqualität des aufgehobenen aldenburgisch-bentinckschen Familienfideikommisses auszustatten und den englischen Agnaten zu stiftungsmäßigem Besitz zu übereignen. Diesen blieb damit die ihnen im Bundesbeschluß vom 12. Juni 1845 zuerkannte Zugehörigkeit zum Hohen Adel erhalten; die Nachkommen des Grafen Gustav Wilhelm aus der Verbindung mit Sara Gerdes dagegen blieben im niederen Adel. Im übrigen erhielten beide Linien Abfindungen in Geld oder Renten; auch die bentinckschen Fideikommißgläubiger stellte der Vergleich sicher.

[1] Text der oldenburgischen Anzeige an den Bundestag sowie der genannten Verträge: Prot. d. Bundesvers. vom 10. August 1854, § 248 (auch CJCG Bd. 2 S. 608 ff.).
[2] Oldenburgisches Patent vom 1. August 1854 (GBl. S. 217).
[3] Zu dem Vergleich von 1854 kam es unter preußischer Vermittlung. Preußen betrieb damals den Erwerb eines Jadeküstenstreifens für den Bau eines Kriegshafens. Oldenburg war zur Abtretung nur bereit, wenn es neben dem Kaufpreis von 500 000 Talern als territoriale Kompensation das benachbarte Kniphausen erhielt. Preußen sicherte sich damit den Erwerb des künftigen Kriegshafens Wilhelmshaven. Siehe Bd. III S. 1005.

Kapitel X

DER DEUTSCHE BUND UND DIE VORZEIT DES ZOLLVEREINS

Schrifttum: L. K. Aegidi, Aus der Vorzeit des Zollvereins (1865); *H. v. Festenberg-Packisch,* Geschichte des Zollvereins (1869); *J. R. Mucke,* Zur Vorgeschichte des Deutschen Zollvereins, insbesondere die Bestrebungen des mitteldeutschen Vereins gegen den Preußischen Zollverein (1870); *W. Roscher,* Zur Gründungsgeschichte des Zollvereins (1870); *W. Weber,* Der deutsche Zollverein (2. Aufl. 1871); *H. v. Treitschke,* Die Anfänge des deutschen Zollvereins (Preuß. Jb. Bd. 30, 1872, S. 397 ff., 479 ff., 648 ff.); *Chr. Eckert,* Zur Vorgeschichte des deutschen Zollvereins. Die preußisch-hessische Zollunion vom 14. Febr. 1828 (Schmollers Jb. Bd. 26, 1902, S. 505 ff.); *M. Dreßler,* Der Kampf Anhalt-Cöthens gegen die preußische Handelspolitik 1819—28 (1908); *M. Doeberl,* Bayern und die wirtschaftliche Einigung Deutschlands (1915); *C. Brinkmann,* Die preußische Handelspolitik vor dem Zollverein (1922); *H. Schmidt,* Die Begründung des preußisch-hessischen Zollvereins (Diss. Gießen 1926); *E. Hölzle,* Der Deutsche Zollverein. Nationalpolitisches aus seiner Vorgeschichte (Württ. Jb. f. Stat., Jg. 1932/33 S. 131 ff.); *W. v. Eisenhart Rothe/A. Ritthaler,* Vorgeschichte und Begründung des deutschen Zollvereins 1815—34 (1934); *E. Franz,* Die Entstehung des deutschen Zollvereins (Vjschr. f. Soz. u. WirtschGesch. Bd. 27, 1934, S. 105 ff.); *Chr. Hildebrand,* Der Einbruch des Wirtschaftsgeistes in das deutsche Nationalbewußtsein (Diss. Heidelberg 1936); *W. Treue,* Wirtschaftszustände und Wirtschaftspolitik in Preußen 1815—25 (1937); *W. O. Henderson,* The Zollverein (1939); *A. H. Price,* The evolution of the Zollverein (1949).
L. Häusser, Friedrich Lists Leben (1850); *J. Beck,* C. F. Nebenius (1866); *A. Böhtlingk,* C. F. Nebenius, der Deutsche Zollverein, das Karlsruher Polytechnikum und die erste Staatsbahn in Deutschland (1899); *H. v. Petersdorff,* Friedrich von Motz (1913); *K. Goeser,* Der junge Friedrich List. Ein schwäbischer Politiker (1914); *F. Borckenhagen,* National- und handelspolitische Bestrebungen in Deutschland 1815 bis 1822 und die Anfänge Friedrich Lists (1915); *H. P. Olshausen,* Friedrich List und der Deutsche Handels- und Gewerbsverein (1935); *F. Lenz,* Friedrich List, der Mann und das Werk (1936); *Friedrich List,* Schriften, Reden, Briefe (1927–36).

§ 46. Wirtschaftseinheit und Nationaleinheit

I. Die industrielle Revolution

Technik, Industrie und Welthandel bestimmen das Gesicht der wirtschaftlichen Revolution des 19. Jahrhunderts. Technisches Gerät im allgemeinsten Sinn — Waffe, Werkzeug und Fahrzeug — gab es seit alter Zeit. Erst das 19. Jahrhundert aber leitete das eigentliche *technische Zeitalter* ein. An die Stelle des dienenden Werkzeugs traten Maschine und Apparat und erhoben sich zur herrschenden sozialen Daseinsmacht. Der Fortschrittsglaube, bis dahin aus der Zuversicht auf die ständig wachsende religiöse, sittliche und geistige Vervollkommnung genährt, verengte und verdichtete sich nun zum Traum der progressiven technischen Perfektion. Die neue Technik organisierte sich im Bereich der Wirtschaft als *Industrie*. In der Kombination der maschinell ausgerüsteten technischen Betriebseinheiten mit Arbeitskräften, die für die rationalisierte Maschinenarbeit geeignet waren, und mit Kapital, das dem planenden und wagenden Geschäft den finanziellen Rückhalt bot, entwickelten sich die Unternehmensformen der Industriewirtschaft und das Unternehmertum der technisch-kapitalistischen Zeit. Im Wettbewerb der Einzelunternehmen formte sich die arbeitsteilige, auf Expansion und Intensivierung gerichtete moderne Nationalwirtschaft, und zwar als freies Sozialgefüge, nicht als „geschlossener Handelsstaat". Über die Integration der Einzelunternehmen zur Nationalwirtschaft hinaus drängte die wagende Unternehmerkraft zur Teilnahme am *Welthandel* als dem universalen Markt. Fernhandel hatte es zwar schon immer in hochentwickelten Kulturen, auch in der des Mittelalters, gegeben. Aber im technisch-industriellen Zeitalter wurde die weltwirtschaftliche Verflechtung das dominierende Moment der Wirtschaft überhaupt. Für die moderne Industrie waren die Einfuhr von Rohstoffen und die Ausfuhr von Halb- und Fertigfabrikaten, waren darüber hinaus aber der ständige weltwirtschaftliche Austausch hochqualifizierter Güter und der weltumspannende Kampf um die internationalen Märkte die eigentliche Daseinsform. Der Wettbewerb im Welthandel weckte die höchsten Energien, die das technisch-industrielle System zur immer fortschreitenden Expansion führten.

Gerade der Wettbewerb im Welthandel aber zwang im 19. Jahrhundert zugleich zur immer stärkeren Konsolidation der Nationalwirtschaft. Das globale System der weltwirtschaftlichen Verflechtung führte nicht zu einer globalen Wirtschaftseinheit, sondern zu einem erbitterten Gegeneinander der nationalstaatlich integrierten Volkswirtschaften. Trotz der scharfen Rivalität der Einzelunternehmen innerhalb der Volkswirtschaft entwickelte sich in jeder von ihnen im Kampf auf dem Weltmarkt doch eine erstaunliche Solidarität. In einem Zeitalter, das nach seinen geistigen Voraussetzungen und nach seinen materiellen Interessen auf einen ökonomischen Kosmopolitismus angelegt zu sein schien, entstand in den großen Wirtschaftsvölkern ein nationalstaatlichmilitanter Wirtschaftsimperialismus. Seine Träger waren nicht die Staaten, die mit den Methoden einer veralteten merkantilistischen Wirtschaftspolitik dem nun erst in voller Schärfe entbrennenden Kampf auf den Weltmärkten nicht gewachsen gewesen wären; seine Träger waren vielmehr die nationalgeeinten Wirtschaftskräfte selbst, die als große nicht-organisierte Kollektivgebilde spontan als Einheit um den Anteil und Vorsprung im Welthandel kämpften. Erst mit dem 19. Jahrhundert trat in jedem Volk *die Wirtschaft* als ein personifizierter autonomer Machtkomplex, als ein Sozialphänomen ersten Ranges neben andere Erscheinungen analoger Art wie „die Bürokratie", „die Armee" oder „die Kultur". Die Wirtschaft konstituierte sich in den Nationen als ein vom Staat weithin unabhängiges Machtgebilde, das, gestützt auf seine in der klassischen Nationalökonomie aufgedeckte immanente Selbstgesetzlich-

keit, Autonomie im Staat erlangte. Gewiß gab es auch jetzt noch eine Fülle
von Staatseinwirkungen wirtschaftsbeschränkender oder wirtschaftsfördernder
Art. Aber den eigentlichen Antrieb im nationalen und internationalen Wettbewerb gewann die Wirtschaft nun aus sich selbst. In der eigentümlichen Verknüpfung von *Rivalität und Solidarität* fand die Nationalwirtschaft ihr
Struktur- und Bewegungsprinzip.

An diesem Vorgang der technisch-industriellen Revolution, der nationalwirtschaftlichen Integration und der weltwirtschaftlichen Expansion nahm
Deutschland seit 1815 einen starken Anteil. Noch bevor es der deutschen Nation
gelang, aus den staatsbürgerlichen Freiheiten durch politische Integration die
nationalstaatliche Einheit zu entwickeln, formte sich aus den wirtschaftlichen
Freiheiten durch ökonomische Integration die Einheit der Nationalwirtschaft.
Es lag in der Natur der Sache, daß die Prinzipien der Nationalwirtschaft
und des Nationalstaats in unmittelbare Entsprechung traten und daß die zur
nationalwirtschaftlichen Einheit drängenden Kräfte auch die entschiedenen
Vorkämpfer der nationalstaatlichen Einheit wurden. Die Geschichte des deutschen Aufstiegs zum geeinten Nationalstaat im 19. Jahrhundert ist weithin
zugleich die Geschichte des deutschen Aufstiegs zur nationalgeeinten Wirtschaftsmacht.

II. Wirtschaftsmacht und Staatsmacht

Als Träger des deutschen Verfassungsgedankens traten in der ersten Phase
der neuen Entwicklung, dem „Zeitalter der Reform", das etwa von 1807 bis
1819 reichte, vornehmlich die Kräfte der Bildung, der Bürokratie und der
Armee hervor. In der anschließenden zweiten Phase bis 1830, dem Zeitalter
der beginnenden industriellen Revolution, trat der bürgerliche Besitz, das in
Industrie und Handel aufsteigende bürgerliche Unternehmertum, mit in den
Kreis der um die politische Neugestaltung ringenden Kräfte ein. *Mit dem Unternehmertum errang die bürgerliche Gesellschaft die wirtschaftliche Macht;
diese aber setzte sich notwendiger Weise — über kurz oder lang — in politische
Macht um.* Aus den wirtschaftlichen Realitäten erwuchsen politische Forderungen. Aus der wirtschaftlichen Macht, die die bürgerliche Gesellschaft
erwarb, erhob sich der Anspruch auf bürgerliche Mitgestaltung im Staat.
Es waren nun nicht mehr Erwägungen der Staatstheorie, der Staatsmetaphysik, des Idealismus, der Romantik und des neuen Humanismus allein, aus
denen sich das Programm der deutschen Staats- und Verfassungsreform entwickelte. Neben den verfassungspolitischen Idealismus trat der verfassungspolitische Realismus mit weithin gleichgerichteten Zielen. Das wirtschaftliche
Unternehmertum wurde, seit das Finanzwesen sich in wachsendem Maß auf
das System direkter Steuern gründete, der große Steuerzahler im Staat. Zu
den Hauptgrundsätzen des modernen Staatsdenkens aber gehört, daß der, der
die Steuern zahlt, auch über die Staatsausgaben zu entscheiden hat, nach dem
volkstümlichen Kernspruch: „Wer zahlt, schafft an!" Der bürgerliche Anspruch

auf eine volksgewählte Repräsentation, allgemeiner gesagt: der Anspruch auf
eine „Verfassung", wurde damit eine auch in der Wirtschafts- und Sozialstruktur begründete Forderung. Der nüchterne Wirklichkeitssinn erfahrener
und erfolgreicher Geschäftsleute, bei denen die Fähigkeit zum sorgfältigen
Kalkül sich mit der Bereitschaft zum wirtschaftlichen Wagnis paarte, wurde
eine Verfassungsmacht. Hier handelte es sich nicht mehr um Verfassungsideen,
sondern um Verfassungsfakten. Und zwar um Fakten, die der Staat nicht
unterdrücken konnte, sondern die er anerkennen, ja die er fördern mußte, weil
auch das Staatsinteresse die fortschreitende Intensivierung und Expansion der
freien Wirtschaftskräfte verlangte. Denn auch für den Staat gilt, daß wirtschaftliche Macht die Basis politischer Macht ist.

Der Übergang vom merkantilistischen zum liberalen Wirtschaftssystem, die
Lösung der Wirtschaft aus der staatlichen Bevormundung und ihr Aufstieg zur
selbständigen Sozialmacht hatte keine Schwächung, sondern eine Stärkung des
Staates zur Folge. Überhaupt gilt im Ganzen, was nur scheinbar paradox ist,
daß der freiheitliche Staat des 19. Jahrhunderts mit seiner verfassungsmäßig
beschränkten Staatsgewalt ein weit stärkerer Staat war als der absolute Staat
mit seiner formell unbeschränkten Staatsgewalt. Der verfassungsmäßig beschränkte Staat des 19. Jahrhunderts hatte — auch gegenüber seinen Bürgern —
mittels der allgemeinen Schulpflicht, der allgemeinen Wehrpflicht und der
allgemeinen Steuerpflicht weit mehr effektive Macht als irgend ein Staat des
klassischen Absolutismus. Obwohl diese Pflichten in weitem Umfang der
Theorie nach schon im absoluten Staat galten, führte doch erst der liberale
Verfassungsstaat des 19. Jahrhunderts sie effektiv durch. Eben auf diese
Effektivität der großen Staatspflichten der Bürger aber kommt es für den
Intensitätsgrad der Staatsmacht entscheidend an [1]).

Auch die dem 19. Jahrhundert eigentümliche Emanzipation der Wirtschaft
vom Staat trug wesentlich zur Steigerung der Staatsmacht bei..In Deutschland
bedeutete das zunächst einmal eine Machtsteigerung für die Partikularstaaten,
die Gewinn aus der wirtschaftlichen Regsamkeit ihrer Bürger zogen. Aber auch
die deutsche Nationalstaatsidee fand in den veränderten und verstärkten Wirt-
schaftstatsachen eine mächtige Stütze. Wenn Deutschland in dem globalen
Wettstreit des technisch-industriellen Zeitalters bestehen wollte, so war es
zwingend auf den Weg der nationalstaatlichen Wirtschaftseinigung gewiesen.
Im absolutistischen Merkantilsystem war Deutschland in eine Vielzahl geschlossener Staatswirtschaften zerlegt, die zueinander kaum in stärkerem Zusammenhang als zu den benachbarten außerdeutschen Wirtschaftskörpern standen.
Diese nach 1815 fortdauernde Trennung Deutschlands in eine Vielheit wirtschaftlich abgeschlossener Territorialstaaten war dem ökonomischen Denken
ein barer Widersinn. Deutsche Binnengrenzen und deutsche Binnenzölle waren
ein Hemmnis des wirtschaftlichen Güteraustauschs, des wirtschaftlichen Verkehrs, der wirtschaftlichen Freizügigkeit, kurz: des wirtschaftlichen Fortschritts. Die beginnende Verkehrstechnik zwang zur Entwicklung von Ver-
kehrslinien und Verkehrsgebieten ohne Rücksicht auf die traditionellen politi-

---

[1]) Siehe auch oben S. 281.

schen Grenzen. Fast kann man sagen, der zwischen 1830 und 1840 einsetzende Eisenbahnbau sei für die nationalstaatliche Einigung Deutschlands wichtiger gewesen als die nationalstaatliche Ideologie [1]). Schon in den Anfängen der Einigungsbewegung hatten Stein und Fichte, gewiß von sehr verschiedenen Ausgangspositionen aus, das wirtschaftliche Moment der nationalstaatlichen Entwicklung mit Schärfe in Rechnung gestellt. Jetzt war es vor allem *Friedrich List*, der die Forderung erhob, Deutschland müsse eine Wirtschaftseinheit, eine Handels- und Zolleinheit, eine Währungseinheit, eine Verkehrseinheit werden [2]). Und ebenso trat der Badener *Nebenius* für Zollunion, für staatlichen Eisenbahnbau und für staatliche Förderung der technischen Wissenschaften ein [3]).

Die wirtschaftliche Einigung aber setzte entweder die politische Einigung voraus oder zog sie notwendig nach sich. *Wirtschaftsverfassung und Staatsverfassung stehen in diesem untrennbaren Zusammenhang.* Man kann mit der politischen oder mit der wirtschaftlichen Einigung beginnen; über kurz oder lang wird der Einklang von Wirtschafts- und Staatsordnung sich dann zwangsläufig herstellen. Eine starke und auf großräumige Kooperation gerichtete Wirtschaft forderte in Deutschland nach 1815 notwendig den starken Gesamtstaat.

III. Die Frage der deutschen Zolleinheit

1. Der Artikel 19 der Bundesakte

Die Grundvoraussetzung der deutschen Wirtschaftseinheit war die alle deutschen Einzelstaaten umschließende Zolleinheit. Die Überwindung der vorgegebenen zollrechtlichen Trennung der deutschen Territorialstaaten durch eine gesamtdeutsche Zollunion mußte die föderativen Formen, in denen der Deutsche Bund errichtet war, nicht notwendig zerstören. Auch innerhalb eines Staatenbundes kann eine vollständige Handels- und Zollunion entstehen, ohne daß der staatenbündische Charakter des politischen Gesamtkörpers gefährdet wird. Doch ist dieser Satz von der *Vereinbarkeit von Staatenbund und Zollunion* nur im Bereich staatstheoretischer Abstraktionen uneingeschränkt richtig. In der konkreten Situation dagegen können Staatenbund und Zollunion sich als schlechthin unvereinbar erweisen; die im Staatenbund verkörperte Idee der Staatenvielheit kann in einer bestimmten Konstellation der wirklichen Kräfte von der Zollunion, die die Idee der Wirtschaftseinheit verkörpert, tödlich

---

[1]) Dazu das bekannte Wort *Goethes*: „Mir ist nicht bange, daß Deutschland nicht eins werde; unsere guten Chausseen und künftigen Eisenbahnen werden schon das Ihrige tun" (Gespräche mit Eckermann, 23. Oktober 1828).

[2]) Dazu *Fr. List*, Das nationale System der politischen Ökonomie (1841) S. 574: „Nur aus der Einheit der materiellen Interessen erwächst die geistige, und nur aus beiden die Nationalkraft. Welchen Wert aber haben alle unsere Bestrebungen . . . ohne Nationalität und ohne Garantie für die Fortdauer unserer Nationalität."

[3]) Vgl. *A. Böhtlingk*, C. F. Nebenius, der Deutsche Zollverein, das Karlsruher Polytechnikum und die erste Staatsbahn in Deutschland (1899). Siehe auch oben S. 374 f.

bedroht sein. Diese Unvereinbarkeit tritt ein, wenn das staatenbündische Prinzip, so wie es seit 1815 in Deutschland der Fall war, in einem verzweifelten Abwehrkampf gegen den Geist der Zeit, die drängenden Kräfte des Fortschritts, die Energien der zukunftsgewissen Schichten steht. Mit dem Übergang zur Zollunion erhalten in einer solchen Lage die anti-föderativen Ideen einen entscheidenden Zuwachs an Stoßkraft, der ihnen auch den politischen Durchbruch möglich macht. Die Zollunion wird in einer solchen Situation der Anfang eines Prozesses, der vom Zollunitarismus über den vollen Wirtschaftsunitarismus schließlich zum staatlichen Unitarismus führt.

So hatten denn auch auf dem Wiener Kongreß die vor allem von der Seite Preußens unternommenen Versuche, der Bundesakte eine bindende Bestimmung über das deutsche Zoll- und Handelssystem einzufügen, das Ziel, den Bund durch wirtschaftliche Integration auch politisch im bundesstaatlichen Sinn fortzubilden. Nun konnte die deutsche Handelsfreiheit (nach innen) offenkundig nur gewonnen werden, wenn man zugleich deutsche Handelseinheit (nach außen) schuf. Die Beseitigung der binnendeutschen Zollschranken, durch die die Territorien getrennt waren, setzte voraus, daß Deutschland durch eine gemeinsame Zollgesetzgebung nach außen als wirtschaftliche Gesamtheit auftrat. Der sicherste Weg zur deutschen Handelsfreiheit und Handelseinheit war, daß der Bund die Zuständigkeit zur gesamtdeutschen Zollgesetzgebung erhielt. Die preußischen und die preußisch-österreichischen Entwürfe der Bundesverfassung enthielten denn auch eine entsprechende Kompetenznorm. Diese scheiterte jedoch an dem unüberwindlichen bayerischen Widerspruch [1]). Für Bayern und alle anderen Verfechter des extremen Föderalismus galt die handels- und zollpolitische Unabhängigkeit der Einzelstaaten als ein schlecht-

---

[1]) Schon der erste preußische Entwurf des Bundesvertrags (die „41 Punkte") sah in Punkt 8 als Bundesaufgabe die „zweckmäßige Regulierung der Zölle" und die „Beförderung und Erleichterung des Handels und wechselseitigen Verkehrs" vor. Auch in dem ersten österreichisch-preußischen Entwurf (den „12 Artikeln") war die Möglichkeit einer deutschen Zolleinheit eröffnet. Denn nach Artikel 6 sollte dem Zweiten Rat die gesetzgebende Gewalt des Bundes und damit das Recht zu „allgemeinen, auf die innere Wohlfahrt gerichteten Anordnungen" zustehen. Ein österreichisch-preußischer Erläuterungsvorschlag dazu stellte fest, daß in den Wirkungskreis des Zweiten Rats „alle Gegenstände" gehören sollten, „welche den Stoff zu einem allgemeinen, für ganz Teutschland geltenden Gesetz abgeben" könnten (Prot. XI des „Deutschen Ausschusses" vom 12. Nov. 1814, *Klüber*, Akten Bd. 2 S. 188); dazu wurde erklärt, daß darunter alle Gegenstände verstanden würden, „die, wie z.B. *Zölle, Münzen, Posten* usf., zum gemeinsamen Besten des Bundes einer allgemeinen gesetzlichen Bestimmung für jetzt oder in Zukunft bedürfen könnten" (Prot. XII vom 14. Nov. 1814, ebenda S. 194). Gegen diese Ermächtigung erhob Bayern alsbald Protest. Der österreichische Entwurf vom Mai 1815 (Art. 19) und der anschließende österreichisch-preußische Entwurf (Art. 17) sahen die Kompetenz des Bundestags vor, *„für die Freiheit des Handels und Verkehrs zwischen den teutschen Staaten . . . die zweckmäßigen Anordnungen zu treffen".* Wiederum erhob Bayern Einspruch, indem es beantragte, statt der Worte „Anordnungen zu treffen" die Worte *„in Beratung zu treten"* zu setzen (Konferenzprotokoll vom 26. Mai 1815, ebenda S. 369). Beschlüsse in Handels- und Zollfragen sollten nur einstimmig gefaßt werden (ebenda S. 388). Im Wesentlichen diesem bayerischen Vorschlag gemäß entstand der Art. 19 der endgültigen Fassung. (Siehe dazu auch oben S. 526 ff., 545 ff.).

hin unverzichtbares Moment der einzelstaatlichen Souveränität. Dem bayerischen Vorschlag entsprechend behielten die Bundesmitglieder sich in Art. 19 der Bundesakte lediglich vor, *„bei der ersten Zusammenkunft der Bundesversammlung in Frankfurt wegen des Handels und Verkehrs zwischen den verschiedenen Bundesstaaten, sowie wegen der Schiffahrt nach Anleitung der auf dem Kongreß zu Wien angenommenen Grundsätze in Beratung zu treten".*

Diese Formulierung war der typische Fall eines dilatorischen Scheinkompromisses zwischen der preußischen Forderung einer Beschluß- und Anordnungsgewalt des Bundes in Zoll- und Handelsfragen und dem süddeutschen Widerstand gegen eine solche Bundeskompetenz. Der Art. 19 schloß die Bundeszuständigkeit in Zoll- und Handelsfragen nicht aus, beschränkte sie aber auf ein *Beratungsrecht;* nicht einmal eine *Beratungspflicht* war dem „Vorbehalt" zu entnehmen. Die handelspolitische Entscheidungsfreiheit jedes Einzelstaats blieb ungeschmälert; bindende Beschlüsse in Zoll- und Handelsfragen konnten nur einstimmig gefaßt werden. Jeder Gliedstaat, auch der kleinste, konnte gemäß dem Art. 19 durch sein Veto die deutsche Zoll- und Handelseinheit verhindern. Praktisch wurde der Art. 19, der ursprünglich den Weg zur deutschen Wirtschaftseinheit öffnen sollte, in der durch Bayern erzwungenen Fassung infolge des Einstimmigkeitsprinzips zu einer *institutionellen Garantie der einzelstaatlichen Handelssouveränität und damit des deutschen Wirtschaftspartikularismus.* Indem der Deutsche Bund sich auf solche Weise den Weg zu einer den realpolitischen Notwendigkeiten genügenden Handels- und Zollpolitik verschloß, gab er auf diesem Gebiet das Gesetz des Handelns preis. Es konnte nicht ausbleiben, daß Preußen als der wirtschaftlich aktivste deutsche Einzelstaat sich dieser Kompetenzlücke des Bundesrechts bediente, um zu einer eigenen Handels- und Zollpolitik vorzustoßen und die wirtschaftliche Führung in Deutschland zu erringen.

2. Freihandel oder Protektionismus

Bei den in Frankfurt nur zögernd einsetzenden Besprechungen über das Zollproblem [1]) sahen die nach deutscher Handelseinheit strebenden Regierungen bald, daß eine Verständigung über die *Grundsätze der gemeinsamen Zollpolitik* nicht möglich war. Zwar waren die meisten Regierungen sich darin einig, daß die Zölle nicht mehr als *Finanzzölle* erhoben werden sollten, also nicht mehr vornehmlich zu dem Zweck, die Staatseinnahmen zu vermehren; nur vereinzelt hielt die partikularstaatliche Bürokratie starr an dem alten Zollfiskalismus fest. Der Hauptstreit der Frankfurter Zollgespräche ging vielmehr darum, ob es notwendig sei, die heimische Wirtschaft weiterhin durch *Schutzzölle* gegen die Unterbietung durch das Ausland abzuschirmen, oder ob es richtiger sei, zum *Freihandel* überzugehen und dadurch die heimische Wirtschaft zur Steigerung ihrer Leistung anzutreiben, woraus sich nach einer kurzen Spanne vermehrter Schwierigkeiten auch die Steigerung ihrer Rentabilität ergeben werde. Der Kampf zwischen dem *Prohibitivsystem* mit Ein- und Ausfuhrverboten und hohen Schutzzöllen und dem *Freihandelssystem* mit Ein- und

---

[1]) Am 19. Mai 1817 beantragte Württemberg beim Bundestag, die Aufhebung der einzelstaatlichen Ausfuhrbeschränkungen für Getreide und Schlachtvieh zu beschließen. Da keine Einigung zu erzielen war, wurde der Antrag am 14. Juni 1817 vertagt; er erschien nicht mehr auf der Tagesordnung. Vgl. *Ilse,* Geschichte der deutschen Bundesversammlung Bd. 1 S. 184 ff., 407 ff.

Ausfuhrfreiheit und grundsätzlich niedrigem Zolltarif, der lediglich gegenüber den Schutzzollländern im Weg der *Retorsion* heraufgesetzt werden sollte, bewegte in dieser Zeit, wie in ganz Europa, so auch in Deutschland die Kabinette und die öffentliche Meinung.

Das auf die eigene Kraft vertrauende Unternehmertum, das sich mehr und mehr zum Freihandel bekannte [1]), fand eine Stütze sowohl bei den Wirtschaftstheoretikern als auch bei den Verwaltungspraktikern, die im Geist der englischen Nationalökonomie geschult waren. Diese Anhänger der Freihandelslehre waren überzeugt, daß der Leistungssteigerung der eigenen Wirtschaft nichts nützlicher sei als die volle Freiheit der internationalen Konkurrenz. Die Anhänger des Schutzzollgedankens dagegen fürchteten, daß der Freihandel, auch wenn er der Industrie dienlich sei, doch die Landwirtschaft, das Handwerk und den sonstigen gewerblichen Mittelstand im „ruinösen Wettbewerb" zum Erliegen bringen werde. In diese Debatte warf Friedrich List den Vorschlag der *Erziehungszölle* [2]). Sie sollten der deutschen noch unentwickelten Wirtschaft für eine vorübergehende Zeitspanne die Gelegenheit geben, den wirtschaftlichen Vorsprung des Auslands einzuholen; durch einen fortschreitenden Abbau der Zölle solle man nach und nach zum Freihandel übergehen in eben dem Maß, in dem die deutsche Wirtschaft die Kraft zur Selbstbehauptung im Leistungskampf gewinnen werde.

3. Der Gedanke des Zoll-Sonderbundes

Bei der Verfolgung seines Doppelziels — der deutschen Handelseinheit und der internationalen Handelsfreiheit — stieß Preußen auf den Widerstand Österreichs, Bayerns und einiger mittel- und norddeutscher Länder, die nicht nur den internationalen Freihandel ablehnten, sondern schon vom binnendeutschen Freihandel eine Schwächung ihrer partikularen Wirtschaftsposition befürchteten. Nun war Preußen in der Tat seit 1815 derjenige deutsche Einzelstaat, der von deutscher Zolleinheit und internationalem Freihandel die stärksten Vorteile erwarten durfte. Preußen war seit 1815 im Besitz der durch Bodenschätze begünstigten Reviere Deutschlands, des Ruhrreviers, des schlesischen und auch großer Teile des mitteldeutschen Reviers. Es besaß dazu weite landwirtschaftliche Überschußgebiete in seinen östlichen Provinzen. Es konnte hoffen, bei einer deutschen Zolleinigung schnell die wirtschaftliche Vormacht in Deutschland zu erringen. So wurde Preußen, obwohl es mit seinem Zollgesetz von 1818 die Position der handelspolitischen „Souveränität" bezogen hatte und obwohl es 1819 ganz in die Front der staatenbündisch-partikularistischen Mächte eingeschwenkt war, in den beiden folgenden Jahrzehnten doch der Vorkämpfer des *wirtschaftlichen Unitarismus*.

---

[1]) Daß sich auch das Unternehmertum erst nach und nach zum Freihandel bekannte, zeigt sich daran, daß 1818 in Preußen nicht nur die vom König eingesetzte Immediatkommission, sondern auch die von ihm befragten Fabrikherren das Prohibitivsystem forderten. Erst der Ausschuß des Staatsrats, in dem die Reformpartei noch dominierte, führte die Entscheidung für das Freihandelssystem herbei.

[2]) In diesem Sinn sprach *List* „von der Douanengesetzgebung als (einem) Mittel zur industriellen Erziehung" der Nation (aaO S. 427); auch das Prinzip der Retorsion sei „nur dann vernunftgemäß und anwendbar, wenn es mit dem Prinzip der industriellen Erziehung der Nation zusammentrifft, wenn es diesem gleichsam zur Gehilfin dient" (aaO S. 440).

Die Frage der deutschen Zolleinheit

Die deutsche Politik Preußens wurde damit von 1819 ab durchaus zwiespältig. In der *allgemeinen Bundespolitik* suchte Preußen, in vollem Konformismus mit Metternichs „System", das Zusammenwirken der Länder ganz in Geist und Formen des *Staatenbundes* zu halten; die Souveränität der Einzelstaaten galt ihm hier als unantastbar. In der *Handelspolitik* dagegen war Preußen entschlossen, das rechtliche Hindernis des in Art. 19 der Bundesakte verbürgten Einstimmigkeitsprinzips wie das tatsächliche Hindernis des Widerstands der freihandelsgegnerischen Regierungen zu umgehen, indem es als „Bund im Bunde" einen hegemonial geleiteten *Zoll-Sonderbund* schuf. Die auf dem Wiener Kongreß von Bayern gegen die deutsche Handelseinheit aufgerichtete Abwehrklausel des Art. 19 erwies sich nun sowohl als eine Selbstentwaffnung des Bundes, der auf eine ausreichende eigene Zollkompetenz verzichtet hatte, wie zugleich als eine gefährliche Angriffswaffe gegen den Bund in der Hand der Verfechter der preußischen Zoll-Hegemonie. Da es unmöglich war, in der gemäß Art. 19 eingeleiteten „Beratung" zu einstimmigen Ergebnissen über die Grundsätze einer gesamtdeutschen Zollpolitik zu kommen, da zugleich aber auch die Fortsetzung des überlieferten Systems des protektionistischen Zollpartikularismus von Preußen als einer aufstrebenden Wirtschaftsmacht nicht hingenommen werden konnte, sah die Berliner Regierung sich durch den Zwang der Umstände auf den Ausweg gewiesen, zunächst einmal für Preußen selbst durch einseitigen Gebrauch seiner Handelssouveränität ein *geschlossenes preußisches Zollgebiet* zu schaffen, dann aber von dieser Basis aus eine *engere Zollunion* mit denjenigen Einzelstaaten einzugehen, die bereit waren, sich den Grundsätzen der preußischen Zollpolitik anzuschließen.

Der im Ringen um die deutsche Einheit immer wieder hervortretende Kompromißplan des „Doppelbundes" (oben S. 512 f.) entwickelte sich hier in einer bemerkenswerten wirtschaftspolitischen Variante. Neben dem „weiteren" deutschen Staatenbund, der alle deutschen Einzelstaaten gleichberechtigt umschloß, entstand ein „engerer" *Zoll-Bundesstaat*, der einen Teil der deutschen Einzelstaaten unter preußischer Führung vereinigte. Damit aber dokumentierte sich zum ersten Mal die Alternative einer „großdeutschen" und einer „kleindeutschen" Lösung. Deutlich zeichnete sich die Möglichkeit ab, den politischen Staatenbund von der wirtschaftlichen Basis des hegemonial geleiteten Zoll-Bundesstaats her zu sprengen. Während die Bundesakte Preußen den Griff nach der militärischen Hegemonie verwehrte, war der Art. 19, da er den Bund handelspolitisch zur Aktionsunfähigkeit verurteilte, eine Lücke, durch die Preußen den Zugang zur wirtschaftlichen Vormachtstellung gewinnen konnte. In Fragen der militärischen Zusammenarbeit der deutschen Einzelstaaten besaß der Bund eindeutig die ausschließliche Kompetenz; für einen von Preußen geführten militärischen Sonderbund innerhalb des Bundes ließ die Bundesakte keinen Raum. In Fragen der wirtschaftlichen Zusammenarbeit der deutschen Einzelstaaten dagegen besaß der Bund keinerlei Kompetenz; das „Beratungsrecht", das Art. 19 der Bundesversammlung vorbehielt, schloß nicht aus, daß eine Gruppe von Einzelstaaten sich über Fragen der Zoll- und Handelspolitik unmittelbar verständigte, wenn die Beratungen der Gesamtheit nicht zu einem Ergebnis führten. Da der extreme Partikularismus dem Bund in Zoll- und Handelsfragen die Entscheidungs- und Anordnungsgewalt versagt hatte, war es legitim, wenn Preußen freie Hand für eine selbständige Lösung des Zoll- und Handelsproblems im Einvernehmen mit den Regierungen in Anspruch nahm, die sich zu einer solchen engeren Zollunion bereit fanden.

§ 47. Die preußische Zollpolitik und die deutsche Handelseinheit

I. Die Auswirkungen des preußischen Zollgesetzes von 1818

1. Die Wirkungen des Zollgesetzes auf die Nachbarländer

Erst 1834 kam es zur Gründung des deutschen Zollvereins, des großen Wirtschafts-Sonderbundes innerhalb des deutschen Staatenbundes. Anderthalb Jahrzehnte einer planvollen preußischen Handelspolitik, deren Grundlage das preußische Zollgesetz vom 26. Mai 1818 (GS 65) war [1]), gingen diesem Erfolg voraus. Mit dem Zollgesetz gab Preußen den Protektionismus des überlieferten Prohibitivsystems auf; es ging grundsätzlich zum Freihandelssystem, verbunden mit maßvollen Erziehungszöllen, über. Zugleich sicherte Preußen sich mit dem Zollgesetz die Möglichkeit der handelspolitischen Abwehr gegenüber fremden Staaten, die selbst am Prohibitivsystem festhielten, aber die Vorteile der preußischen Handelsfreiheit zu nutzen suchten. Ihnen gegenüber konnte Preußen sich nun des Mittels der handelspolitischen *Retorsion* bedienen, d. h. der Anwendung von *Kampfzöllen,* mit denen man dem Gegenspieler die erstrebten Zugeständnisse abzuringen suchte. In diesem Sinn bekannte § 5 des Zollgesetzes sich zu dem Grundsatz:

„Die . . . . . . Handelsfreiheit soll den Verhandlungen mit anderen Staaten in der Regel zur Grundlage dienen. Erleichterungen, welche die Untertanen des (preußischen) Staats in andern Ländern bei ihrem Verkehr genießen, sollen ... erwidert werden. Dagegen bleibt es aber auch vorbehalten, Beschränkungen, wodurch der Verkehr der Untertanen des Staats in fremden Ländern wesentlich leidet, durch angemessene Maßregeln zu vergelten."

Das von dem damaligen Generaldirektor im preußischen Finanzministerium *Karl Georg Maaßen* [2]) verfaßte Zollgesetz von 1818 hob die preußischen Binnenzölle auf, verlegte die Zollgrenzen an die Staatsgrenzen, proklamierte die Freiheit der Ein-, Aus- und Durchfuhr und führte einen einfachen Zolltarif mit mäßigen Gewichtszöllen (an Stelle der sonst üblichen Wertzölle) ein. Nun war es nach Art. 19 der Bundesakte jedem deutschen Staat unbenommen, kraft seiner „Handelssouveränität" sein Zollwesen selbständig zu ordnen. Trotzdem rief das preußische Vorgehen den Unwillen der außerpreußischen Regierungen und weiter Teile der öffentlichen Meinung hervor. Denn das Zollgesetz von 1818 schuf nicht nur eine einheitliche preußische Zollgrenze gegenüber den außerdeutschen Staaten, sondern schloß das preußische Staatsgebiet, wie es angesichts der Mißerfolge der gesamtdeutschen Zollgespräche allerdings nicht anders sein konnte, zollmäßig auch von den an Preußen angrenzenden deutschen Territorien ab. Als besonders drückend und herausfordernd empfand

---

[1]) Siehe oben S. 215.
[2]) *K. G. Maaßen* (1769—1834), geboren in Kleve, war seit 1816 Direktor der Generalverwaltung für Handel und Gewerbe, dann Generalsteuerdirektor im Finanzministerium. Als Nachfolger von Motz war er 1830—34 preußischer Finanzminister.

man es, daß Preußen die Bestimmungen seines Zollgesetzes durch exakten Vollzug in die Tat umsetzte, während die weit härteren Normen der alten Prohibitivgesetze in der Regel durch den laxen Vollzug gemildert waren. Die neue preußische Zollinie riegelte auch die zahlreichen fremden Enklaven, die in das preußische Staatsgebiet eingesprengt waren, ab; nicht weniger als 13 deutsche Staaten besaßen in Preußen enklavierte Landesteile. Die preußische Zollgrenze hatte auf Grund dieser ungünstigen Territorialverhältnisse eine außerordentliche Ausdehnung; sie betrug über 1 000 Meilen (= 7 500 km). Die Überwachung war naturgemäß schwer; der Anreiz zum Zollschmuggel war entsprechend hoch. Vor allem an den binnendeutschen Grenzen Preußens, so in Mitteldeutschland an den Grenzen gegenüber Sachsen, Thüringen und Anhalt, entwickelte sich ein umfang- und ertragreiches Schmuggelwesen, das die außerpreußischen Regierungen lebhaft unterstützten, da sie sich berechtigt glaubten, der preußischen Eigenmacht mit solcher Selbsthilfe zu begegnen. *Die staatliche Förderung des Schmuggels wurde zu einem unverhohlen benutzten Mittel handelspolitischer Retorsion.*

Doch lag diesen Angriffen auf die preußische Zollpolitik offenkundig ein innerer Widerspruch zu Grunde. Solange Preußen sich um eine gesamtdeutsche Handelspolitik bemühte, hielt man ihm entgegen, der Handel sei eine Domäne der einzelstaatlichen Souveränität. Nun aber, wo Preußen sich seiner eigenen Handelssouveränität bediente, sah man in der zollpolitischen Abschließung Preußens einen Verstoß gegen die wirtschaftliche Verbundenheit der deutschen Staaten. Preußen war nach der Natur der Sache außerstande, bei der Durchführung seines Zollsystems die angrenzenden deutschen Länder oder die enklavierten Gebiete zollpolitisch zu begünstigen. Einmal hätten die außerdeutschen Handelspartner Preußens eine solche Begünstigung mit Recht als diskriminierende Maßnahme betrachtet; zum Anderen hätten solche Ausnahmen einen zusätzlichen Anreiz geschaffen, das preußische Zollgesetz zu umgehen. Unter dem Schein der Einfuhr hätte man Waren aus dem Ausland zollfrei oder zu günstigeren Tarifen in die deutschen Nachbarländer Preußens einbringen können, um sie als Waren deutscher Herkunft dann zollfrei über die binnendeutschen Zollgrenzen nach Preußen weiterzuleiten. Das preußische Zollgesetz, dessen Vollzug ohnedies durch den amtlich protegierten Schmuggel erschwert war, wäre bei einer Zollbegünstigung der deutschen Nachbarländer vollends undurchführbar geworden.

2. Die Opposition gegen das preußische Zollgesetz

Hatte die öffentliche Meinung bis dahin der Frage der deutschen Handelseinheit wenig Interesse zugewandt, so nahm sie seit dem einseitigen Vorgehen Preußens an dem Zollproblem starken Anteil. Insbesondere *Friedrich List* trat als Wortführer der anti-preußischen Zollkampagne hervor. Der „Verein deutscher Kaufleute und Fabrikanten", den List 1819 gründete und als dessen „Konsulent" er der Vorläufer des später so einflußreichen Standes der Verbands-Funktionäre war, bestürmte den Deutschen Bund mit der Forderung, auf Grund des Art. 19 der Bundesakte ein *Bundes-Zollgesetz* zu erlassen, das alle binnendeutschen Zölle aufheben und nur noch Auslandszölle vorschreiben sollte. Lists Antrag wurde in Frankfurt zwar abgewiesen. Aber die zahlreichen Denkschriften, die er im Namen seines Vereins an die einzelnen deutschen Regierungen richtete, blieben nicht ohne Eindruck. So nahm *Baden* am Bundestag den List'schen Antrag auf, indem es ein einheitliches Bundeszollsystem verlangte. Trotz seines Unwillens über das preußische Sondervorgehen weigerte *Metternich* sich, die handelspolitische Souveränität der Einzelstaaten dem Gedanken der deutschen Handelseinheit zu opfern. Baden indes beharrte auf seinen Vorschlägen. Der Geheimrat *Nebenius*, der bedeutendste unter den damaligen badischen Regierungsbeamten, forderte in einer Denkschrift Handelsfreiheit und Handelseinheit für Deutschland sowie eine gesamtdeutsche Bundeszollverwaltung [1]. Gab die Denkschrift sich auch als eine reine Privatarbeit ihres Verfassers, so war doch außer Zweifel, daß Nebenius den Vorstoß im Einvernehmen mit seiner Regierung unternommen hatte. Nebenius tadelte das preußische System seines handelspolitischen Partikularismus wegen aufs Heftigste. Er regte an, der Bund möge die deutsche Handelseinheit durch ein Bundeszollgesetz und eine Bundeszollverwaltung herstellen; selbst die Zollbeamten sollten allein dem Bund unterstehen. Nun hätte der Bund diesen Forderungen gemäß Art. 19 der Bundesakte nur durch einen einstimmigen Beschluß genügen können, an den jedoch praktisch nicht zu denken war. Auch wäre der Bund, wenn er diese zollpolitische Aufgabe übernommen und sich dazu einen eigenen administrativen und exekutiven Zollapparat geschaffen hätte, aus seiner föderativen in eine unitarisch-zentralistische Verfassung jedenfalls in Handelsfragen übergegangen. Immerhin ist bemerkenswert, daß diesen ersten Ruf nach deutschem Wirtschaftsunitarismus, der nach Lage der Dinge unvermeidbar den politischen Unitarismus nach sich ziehen mußte, nicht Preußen, sondern Süddeutsche, der Württemberger *List* und der Badener *Nebenius*, erhoben.

Zur ersten großen Auseinandersetzung über die durch das preußische Zollgesetz geschaffene Lage kam es auf den *Karlsbader Konferenzen* von 1819. Gestützt auf die Denkschrift von Nebenius, die er unter seinen Ministerkollegen in Umlauf setzte, forderte der badische Minister *v. Berstett* in Karlsbad am 16. August 1819 die Prüfung, wie der freie Handelsverkehr zwischen den deutschen Staaten geschaffen werden könne; der württembergische Minister *v. Wintzingerode* trat dem Vorschlag bei [2]. Am 30. August 1819 antwortete Metternich darauf:

„Deutschland bestehe aus einer Verbrüderung souveräner Staaten, welche in ihrer Gesamtheit in dem europäischen Staatensystem als Eine Macht erscheinen. Der Handel, seine Ausdehnung, wie seine Beschränkung gehören zu den ersten Befugnissen der souveränen Gewalt. In Deutschland könne demnach die Handelsfrage nicht allein in Beziehung auf die deutsche Gesamtmacht aufgenommen und erwogen werden — denn der deutsche Handel bilde sich vor allem aus jenem der deutschen Staaten — diese Frage könne vielmehr nur in Erwägung gezogen werden, wenn .... die Handelsverhältnisse unter den deutschen Bundesstaaten zu einer gedeihlichen Verständi-

---

[1] Die berühmte Denkschrift von Nebenius von 1819 ist veröffentlicht im Anhang zu: C. F. *Nebenius*, Denkschrift für den Beitritt Badens zu dem ... Zollverein (1833).
[2] *Klüber-Welcker*, Wichtige Urkunden, S. 139.

gung gereift sein (würden)"[1]. Angesichts dieser Schwierigkeiten beschloß man in Karlsbad gemäß Metternichs Vorschlag, den Gegenstand den in Aussicht genommenen Wiener Konferenzen zu überweisen.

3. Die Anfänge der preußischen Zollanschluß-Verträge

Nun bot die preußische Zollpolitik von Anfang an starke Möglichkeiten einer überpartikularen Zoll-Reglementierung. Wenn Preußen seine deutschen Nachbarn und vor allem die ins preußische Zollgebiet eingestreuten Enklaven zollpolitisch rigoros behandelte, so waren dabei nicht nur die schon angeführten Rücksichten auf das Ausland und Erwägungen der Zolltechnik bestimmend. Im Hintergrund stand vielmehr Preußens Absicht, durch handelspolitischen Druck die deutschen Nachbarländer zum Abschluß von *Sonder-Zollverträgen* zu veranlassen und auf diese Weise einen überpartikularen *Zollverband* unter preußischer Führung zu begründen. Die „Vertragsstaaten" sollten sich dem preußischen Zollgesetz unterstellen und mit Preußen eine Zollunion bilden, in der ihnen ein nach dem Verhältnis der Bevölkerungszahlen ermittelter Anteil an den gemeinsamen Zolleinnahmen zugedacht war. *Eichhorn*, damals Leiter der deutschen Angelegenheiten im preußischen Auswärtigen Amt[2]), war die Seele dieser Zollunionspolitik. Er sah die Aufgabe Preußens darin, eine selbständige deutsche Einigungspolitik abseits vom Bund, notfalls auch gegen den Bund zu führen. Er entwickelte daher planmäßig das direkte handelspolitische Zusammenwirken Preußens mit einer Reihe von Ländern, besonders solchen nördlich des Mains. Noch waltete dabei nicht der Gedanke ob, Österreich oder ganz Süddeutschland aus dem Bund zu verdrängen und ein Norddeutsches Reich unter preußischer Führung zu schaffen. Eichhorns Ziel war, den alten Stein'schen Plänen entsprechend, in dem großen gesamtdeutschen Bund einen engeren norddeutschen, von Preußen hegemonial geleiteten Bund zu begründen, der zunächst auf die gemeinsame Handelspolitik beschränkt, später aber vielleicht weiter ausgebaut werden sollte. Die Zollpolitik Eichhorns stand am Schnittpunkt der deutschen Politik Steins und Bismarcks; sie hielt sich noch im Rahmen der gesamtdeutschen Föderation, verfolgte aber doch schon auf lange Sicht die Idee eines kleindeutschen Sonderbunds unter preußischer Führung.

a) Das Enklavensystem

Schon 1819 forderte Preußen im Verfolg des Eichhorn'schen Zollplans die anhaltischen und thüringischen Regierungen, die durch die preußische Handelspolitik besonders hart getroffen waren, zu Zollverhandlungen auf. Für diese Staaten war das *preußische Enklavensystem* eine empfindliche Belastung. Für die vom preußischen Staatsgebiet umschlossenen („enklavierten") Gebiete be-

---

[1]) Ebenda S. 172.   [2]) Siehe oben S. 130 f., 734.

stimmten Ministerialerlasse zum Zollgesetz [1]), daß ihre durch Preußen geleiteten Einfuhren in Preußen nicht dem Durchfuhrzoll, sondern dem höheren Einfuhrzoll zu unterwerfen seien; das in die Enklaven gehende Transitgut unterlag damit den gleichen Verbrauchsabgaben wie das in Preußen verbleibende Einfuhrgut. Die Bewohner der Enklaven empfanden das so, als ob Preußen seine Steuergesetze auf sie erstreckt habe; die Landesherren der enklavierten Gebiete sahen in der preußischen Maßnahme eine Antastung ihrer Souveränität. Doch hielt das preußische Vorgehen sich im Rahmen des *Enklavenrechts*, das jedem Staat kraft seiner Gebietshoheit die Befugnis einräumt, durch einseitige Gesetze zu bestimmen, unter welchen Bedingungen Personen und Güter sein Territorium passieren können, um zu einem enklavierten Gebietsteil zu gelangen [2]). *Diskriminierende Maßnahmen*, die den Durchgangsverkehr zur Enklave schlechter als den gewöhnlichen Transitverkehr stellen, etwa durch vollständige Sperren oder erhöhte Abgaben, sind grundsätzlich unerlaubt, da sie dem Prinzip der Gleichbehandlung widersprechen; sie sind jedoch statthaft, soweit die Sicherheit des enklavierenden Staates solche Vorkehrungen gegen enklavierte Gebietsteile zwingend gebietet.

Die gemäß dem preußischen Zollgesetz durchgeführte Belastung des Durchgangsverkehrs nach Enklaven mit den innerpreußischen Verbrauchsabgaben erklärte und rechtfertigte sich daraus, daß sonst Waren in großem Ausmaß zu Schmuggelzwecken in die Enklaven zu dem niedrigeren Durchfuhrzoll eingeführt und dann unter Umgehung des Zolls in das preußische Gebiet eingeschwärzt worden wären, wofür besonders bei Kolonialwaren (z. B. Kaffee) ein starker Anreiz bestand. Nur die Belegung aller für die Enklaven bestimmten Waren mit dem Einfuhrzoll konnte die preußische Zollverwaltung vor empfindlichen Einbußen bewahren. Aber diese Maßnahme war für die enklavierten Gebiete hart, da sie den Preis für alle eingeführten, auch die in der Enklave bleibenden Produkte verteuerte. Preußen bot daher den betroffenen Staaten an, die Enklaven in das preußische Zollsystem einzubeziehen und den beteiligten Landesregierungen das Zollaufkommen zu überweisen, das die preußische

---

[1]) Reskript des preußischen Finanzministeriums an den Regierungspräsidenten in Erfurt vom 14. Dezember 1818: „Die eingeschlossenen schwarzburgischen und gothaischen Landesteile werden in bezug auf Besteuerung von fremden Gegenständen als Inland betrachtet und nach dem Gesetze vom 26. Mai c. behandelt". Gleichlautende Reskripte richtete das Finanzministerium an die Regierungspräsidenten in Magdeburg und Potsdam wegen der entsprechenden Behandlung der eingeschlossenen anhaltischen Landesteile. Vgl. *Eisenhart Rothe/Ritthaler*, Bd. 1, S. 89.

[2]) Vgl. dazu aus dem zeitgenössischen Schrifttum *J. G. Hoffmann*, Die Lehre von den Steuern (1840) S. 346 f.: Es sei nicht zweifelhaft, „daß jeder Staat in Folge der Selbständigkeit, womit er seine inneren Angelegenheiten anzuordnen befugt ist, auch das Recht hat, seine äußern Grenzen mit Zollinien zu umgeben und daß namentlich Rücksichten auf fremdherrliche Landesteile, welche in seinem Machtgebiet eingeschlossen sind, ihn daran keineswegs hindern können: eben weil hieraus sehr lästige Verhältnisse für solche Enklaven entstehen, suchen mächtige Staaten sich ihrer durch Verträge zu erledigen". — Der Verfasser *Hoffmann* (siehe oben S. 132) war als hoher preußischer Staatsbeamter in der Enklavenfrage zwar nicht ohne Parteilichkeit; doch erkannten auch zahlreiche Gegner der preußischen Zollpolitik die Richtigkeit dieser Ausführungen über das Enklavenrecht an.

Zollverwaltung aus der Einfuhr für die enklavierten Gebiete erzielte. Das war finanzwirtschaftlich ein ziemliches Entgegenkommen, da die Zolleinnahmen bisher ganz in die preußische Kasse geflossen waren. Doch fürchteten die Nachbarregierungen, daß ein solcher Zollanschluß der Enklaven an Preußen die Staatseinheit und die staatliche Unabhängigkeit ihrer Länder gefährden werde.

b) Der erste Zollanschluß-Vertrag

Den ersten Erfolg erzielte Preußen in den Verhandlungen mit *Schwarzburg-Sondershausen*. Der Regierungspräsident *von Motz*[1]) in Erfurt, der sich damit seine große Laufbahn eröffnete, brachte den Zollvertrag vom 25. Oktober 1819 zum Abschluß[2]). Der Vertrag verteilte die Zolleinnahmen zwischen Preußen und Sondershausen nicht nach dem Maß der tatsächlichen Einfuhr in das enklavierte Gebiet, sondern nach dem Verhältnis der beiderseitigen Bevölkerungszahlen. Das war für Sondershausen ein erheblicher Vorteil, da die Einfuhr nach Preußen pro Kopf der Bevölkerung wesentlich höher als die Einfuhrquote der Enklave war. Dafür unterwarf Sondershausen seine in Preußen eingeschlossenen Gebietsteile, darunter das Hauptgebiet des Landes mit der Residenzstadt, dem preußischen Zollgesetz und der preußischen Zollverwaltung. Preußen hoffte, das gegenüber Sondershausen gezeigte finanzielle Entgegenkommen werde die in ähnlicher Lage befindlichen Regierungen dem Abschluß entsprechender Verträge geneigt machen. Statt dessen kam es zu einer heftigen antipreußischen Agitation. Dem Fürsten von Schwarzburg-Sondershausen warf man Verrat an seiner Souveränität, Preußen warf man handelspolitischen Terror vor. Die Angriffe wirkten so stark auf die öffentliche Meinung, daß es sich zunächst als unmöglich erwies, das preußische Zollsystem durch weitere Anschlußverträge zu einem norddeutsch-mitteldeutschen Zollverband auszubauen.

c) Der Ausbruch des preußisch-anhaltischen Zollstreits

Der Hauptgegner Preußens in dem nun entbrennenden Zollstreit war Herzog Ferdinand von *Anhalt-Köthen*, der mit einer Halbschwester des preußischen Königs vermählt war[3]) und dessen Widerstand gegen die preußische Politik der Berliner Hof deshalb besonders übel vermerkte. Die Spannung zwischen Berlin und Köthen verschärfte sich dadurch, daß die Herzogin seit

---

[1]) Siehe unten S. 812.
[2]) Veröffentlicht in der preuß. Gesetzsammlung 1820 S. 1; unterzeichnet auf preußischer Seite von *Carl Georg Maaßen* und *Johann Gottfried Hoffmann*.
[3]) Die Herzogin Julia von Anhalt-Köthen war eine geborene Gräfin Brandenburg; sie war eine Tochter König Friedrich Wilhelms II. aus dessen morganatischer Ehe mit der Gräfin Dönhoff, somit eine Halbschwester König Friedrich Wilhelms III. und zugleich eine Schwester des Ministerpräsidenten Graf Brandenburg (siehe Bd. II S. 747).

langem romantisch-katholisierenden Neigungen ergeben war. Zwar trat das Herzogspaar erst 1825 in Paris zur römischen Kirche über; doch warf die Konversion ihre Schatten weit voraus. In ihren Neigungen wurde die Herzogin von *Adam Müller* bestärkt, der seit 1816 österreichischer Generalkonsul in Leipzig und zugleich österreichischer Geschäftsträger bei den anhaltischen Höfen war [1]). Der Gesandte sah seine amtliche Aufgabe darin, das Herzogtum Köthen in dem Handelsstreit mit Preußen zu unterstützen. Auch setzte er sich für die *Freiheit der Elbschiffahrt* ein, die man auf dem Wiener Kongreß nicht abschließend hatte behandeln können und die daher mit zu dem Fragenkreis gehörte, der nach Art. 19 der Bundesakte zusammen mit der allgemeinen Handelsregelung in „Beratung" zu nehmen war. Wenn es gelang, die freie Elbschiffahrt durchzusetzen, so konnten auf dem Wasserweg Güter in beliebigem Umfang unter Ausschaltung des preußischen Zolls in die an der Elbe gelegenen anhaltischen Herzogtümer eingeführt werden. Von dort konnte man sie dann durch den üblich gewordenen Schleichhandel nach Preußen bringen, um so aus dem preußischen Zollsystem einen handelspolitischen Vorteil für die anhaltische Wirtschaft zu ziehen. Adam Müllers Plan lief, grob gesprochen, auf einen groß angelegten, staatlich unterstützten Schleichhandel hinaus, zu dessen Legitimation man sich in Anhalt auf das „Recht der Selbsthilfe" berief.

Der Streit begann mit einem Notenwechsel zwischen den drei anhaltischen Regierungen einerseits, dem preußischen Außenminister Graf Bernstorff andererseits. Der Notenwechsel zog sich über das ganze Jahr 1819 hin [2]); die Beteiligten setzten ihn auch im Jahr 1820 noch fort. Der Konflikt verschärfte sich im Juni 1820 durch den Friedheim'schen Zwischenfall [3]), der Anhalt-Köthen den Anlaß zur Anrufung des Bundestags verschaffte.

II. Der Kampf um das preußische Zollsystem

1. Die Zollfrage auf den Wiener Konferenzen von 1820

Der offene Kampf um die preußische Zollpolitik brach aus, als 1820 die Wiener Konferenzen zur Ausgestaltung der Bundesverfassung zusammentraten [4]). Offiziell erhob sich dort der Einwand, die preußische Zollpolitik verstoße gegen den Art. 19 der Bundesakte, da dieser gesamtdeutsche („multilaterale") Zollverhandlungen vorsehe und deshalb, so meinten die Gegner, ein einseitiges Vorgehen eines Einzelstaats wie auch zweiseitige („bilaterale") Zollabkommen dieses Einzelstaats mit seinen Nachbarn verbiete. Doch konnte

---

[1]) Siehe oben S. 144.
[2]) Anhaltische Note vom 29. Januar 1819, Antwort Bernstorffs vom 11. März 1819; zweite anhaltische Note vom 13. Mai 1819, Antwort Bernstorffs vom 28. Juli 1819; dritte anhaltische Note vom 16. November 1819, Antwort Bernstorffs vom 23. Dezember 1819 (Texte: *Eisenhart Rothe/Ritthaler*, Bd. 1 S. 94, 98, 101, 103, 119, 125).
[3]) Siehe unten S. 809.
[4]) Siehe oben S. 753.

Preußen sich darauf berufen, daß der Art. 19 keine Bundeskompetenz für Zollsachen begründe, sondern nur die Möglichkeit von Zollverhandlungen zwischen den Einzelstaaten bei der Bundesversammlung offenhalte. Solange solche multilateralen Zollverhandlungen nicht zum Abschluß gebracht seien, schließe der Art. 19 weder einseitige Zollgesetze noch bilaterale Zollverträge aus [1]).

a) Die Wiener Zolldebatte

Die Wiener Konferenzen erbrachten einen neuen Beweis für die Richtigkeit dieser These. Der *zehnte Konferenz-Ausschuß*, dem die Ausarbeitung von Vorschlägen zur Handelsfrage gemäß Art. 19 der Bundesakte oblag, verurteilte in seiner Mehrheit zwar das preußische Vorgehen [2]); aber diese Mehrheit war sich gänzlich uneinig darüber, nach welchen Grundsätzen ein gesamtdeutsches Handelssystem denn nun zu entwickeln wäre. Der nassauische Minister *von Marschall*, der selbst nicht Mitglied des Ausschusses war, legte diesem eine auf den Karlsbader Anregungen Berstetts fußende Denkschrift vor, die folgende Forderungen enthielt: 1) Verzicht auf die Einführung neuer Zölle an den Grenzen zwischen deutschen Staaten; 2) Aufhebung aller seit dem 1. Januar 1814 eingeführten Zölle dieser Art (d. h. vor allem der Abgaben nach dem preußischen Zollgesetz von 1818, soweit sie im Verkehr mit anderen deutschen Staaten erhoben wurden); 3) freies Zollrecht aller deutschen Staaten an ihren Seegrenzen wie an ihren Landgrenzen gegenüber nichtdeutschen Staaten; 4) Vollzug der Beschlüsse der Wiener Kongreßakte über die Freiheit der Flußschiffahrt. Dieser offen gegen Preußen gerichtete Vorschlag verband die Aufhebung aller deutschen Binnenzölle mit dem Recht der an das nichtdeutsche Ausland angrenzenden Staaten, beliebige Auslandszölle einzuziehen; das war handelspolitisch eine Unmöglichkeit. Denn danach hätten ausländische Waren in unbeschränktem Umfang nach Deutschland über das Land mit den niedrigsten Einfuhrzöllen eingeführt und dann unkontrolliert und unverzollt über die Binnengrenzen in jedes andere deutsche Land weitergebracht werden können. Vor allem Baden bot sich als ein Durchfuhrland dieser Art fast von selbst an, da es über eine ausgedehnte Auslandsgrenze nach der Schweiz und Frankreich verfügte und ohnedies bedeutende Zollgewinne aus dem Transitgeschäft zog. Die zeitweise äußerst heftigen Ausschußdebatten ergaben bald, daß Klarheit über eine gesamtdeutsche Handelspolitik nicht zu gewinnen sei. So beschränkte der Ausschuß sich schließlich darauf, dem Plenum der Konferenzen vorzuschlagen, die Handelsfrage der Bundesversammlung zur weiteren Behandlung mit bestimmten Instruktionen zuzuleiten.

---

[1]) Vgl. dazu auch die Instruktion des Königs für den Außenminister Graf Bernstorff wegen der Wiener Konferenzen (*Aegidi*, Aus der Vorzeit des Zollvereins S. 131).
[2]) Dem 10. Ausschuß, der sich am 12. Januar 1820 konstituierte, gehörten an: Graf Bernstorff (Preußen), v. Zentner (Bayern), v. Berstett (Baden), Graf Einsiedel (Sachsen), v. Falck (Luxemburg), v. Berg (Oldenburg, Anhalt, Schwarzburg) und Hach (Freie Städte).

Die preußische Zollpolitik und die deutsche Handelseinheit

In der Plenarsitzung vom 11. Mai 1820 bekannte *Metternich* sich erneut zum Grundsatz der handelspolitischen Souveränität der Einzelstaaten; vor allem gab er zu erkennen, daß Österreich nicht in der Lage sei, sich einem System deutscher Handelsfreiheit anzuschließen. Nur langsam könne das österreichische System des „geschlossenen Handelsstaats" abgebaut werden. Jeder größere Staat habe nun einmal sein eigenes Handelssystem; kleinere benachbarte Staaten könnten sich zu einem gemeinsamen Handelssystem vertraglich verbinden. Ein allgemeines deutsches Handelssystem sei „ein frommer Wunsch"; praktisch müsse jeder Regierung überlassen bleiben, durch freie Vereinbarung mit den Nachbarn das Beste zu erreichen[1]). Das war — mit dürren Worten — genau die Maxime, nach der Preußen sich verhielt; trotzdem richtete sich die Entrüstung der deutschen Mittelstaaten nur gegen Preußen, nicht auch gegen Österreich.

Dem Plenum blieb angesichts der allgemeinen Uneinigkeit nichts übrig, als dem Ausschuß-Vorschlag entsprechend eine *Instruktion an den Bundestag* zu beschließen, die diesen anwies: 1) die Beförderung und Erleichterung des deutschen Handels gemäß Art. 19 der Bundesakte als einen Hauptgegenstand seiner Aufmerksamkeit und Tätigkeit anzusehen; 2) zur Bearbeitung der Handelsfrage einen Ausschuß zu bestellen; 3) vorzugsweise eine Vereinbarung über den freien Verkehr von Getreide, Hülsenfrüchten, Kartoffeln und Schlachtvieh zu befördern; außerdem übernahmen die Bundesglieder: 4) die Verpflichtung, die Verhandlungen über die freie Flußschiffahrt eifrig zu betreiben und schnell zu beenden[2]). Das war, von dem vierten Punkt abgesehen, der eine etwas stärkere Bindung enthielt, ein Beschluß, der nicht mehr besagte, als was schon in Art. 19 der Bundesakte ausgesprochen war. Eben dieser Weg des Art. 19 aber hatte sich in Wien selbst bereits als ungangbar erwiesen; nachdem man sich dort durch Beratung nicht über die Grundsätze einer gemeinsamen Handelspolitik hatte verständigen können, war von der erneuten Verweisung der Handelsfrage nach Frankfurt, wo sie ohnedies seit 1817 anhängig war, ein Ergebnis unmöglich zu erwarten. So war es dem preußischen Außenminister *Graf Bernstorff*, obwohl er von seinen Gegnern heftig bedrängt wurde, im Grunde nicht schwer, die Handelspolitik seiner Regierung gegen die widersprüchlich motivierten Angriffe zu rechtfertigen. Preußen hielt an seinem Zollgesetz fest; zugleich aber wiederholte es das Angebot, alle Länder, die sich durch das Gesetz beschwert fühlten, durch Zollverträge nach dem Vorbild des mit Schwarzburg-Sondershausen geschlossenen Abkommens zufrieden zu stellen.

b) Lists Bundeszollplan

Auch *Friedrich List*, der als Konsulent seines Handelsvereins nach Wien kam, konnte durch seine Denkschriften und mündlichen Vorstellungen den Gang der Verhandlungen nicht beeinflussen[3]). List hatte inzwischen begriffen, daß das Wort von der handelspolitischen „Souveränität" der Einzelstaaten das eigentliche Hindernis einer befriedigenden Lösung sei. Deshalb trat er nun für die „Einheit der Nation" ein, die gebieterisch verlange, daß die Unabhängigkeit der Einzelstaaten handelspolitisch beschränkt werde. Noch glaubte der schwäbische Vorkämpfer der deutschen Wirtschaftseinheit, daß der Deutsche Bund in der Lage sei, die Handelspolitik der Einzelstaaten zu koordinieren und ihre Unabhängigkeit in dem durch das Gesamtwohl geforderten Maß zu

---

[1]) Vgl. *Aegidi*, aaO S. 90 f.
[2]) Ebenda S. 59 f.
[3]) Dazu die Eingabe des Deutschen Handels- und Gewerbsvereins an die Bundesversammlung vom 14. April 1819, unterzeichnet von Friedrich List (Text: *Eisenhart Rothe/Ritthaler*, Bd. 1 S. 320 ff.).

begrenzen. List verkannte allerdings nicht, daß der Bund infolge seiner extrem föderativen Struktur gänzlich ungeeignet war, eine eigene Bundeszollverwaltung einzurichten. Deshalb schlug er vor, die Verwaltung der Bundeszölle einer eigens dazu geschaffenen Aktiengesellschaft zu verpachten; Träger der Bundeszollverwaltung wäre damit ein „beliehenes Unternehmen" geworden, etwa in der Art, in der das Haus Thurn und Taxis früher mit dem Reichspostregal ausgestattet gewesen war. Über diesen gewiß originellen, aber schwerlich praktikabeln Vorschlag des lästigen Mahners setzten die auf den Wiener Konferenzen versammelten Minister sich schnell hinweg.

Vgl. dazu den Bericht eines Konferenzteilnehmers vom 10. Januar 1820 (*Aegidi,* aaO S. 30 f.): „Die Ankunft der Abgeordneten des Handelsvereins ... gab dem Fürsten Metternich die Veranlassung zu der Anfrage, welcher Bescheid ihnen zu erteilen sei. Man bemerkte, daß ein Verein von Handelsleuten verschiedener Bundesstaaten keineswegs als Corporation, als verfassungs- und gesetzmäßige Genossenschaft zu betrachten sei. Der Handelsstand jedes einzelnen Landes habe sich an seinen Landesherrn zu wenden und dessen Vertretung zu erbitten — ein Verein teutscher Handelsleute sei ebensowenig anzuerkennen als jeder andre Verein, der nicht die Sanction des Landesherrn erhalten und von diesem vertreten werde. In Folge dieser Bemerkungen wurde beschlossen, den angeblichen Bevollmächtigten anzudeuten, daß man sie nicht anerkenne, ihre Anträge nicht annehmen könne".

Der Vorfall ist bemerkenswert als ein erstes Beispiel für den Versuch einer „Repräsentation organisierter Interessen". Die Zurückweisung stützte sich auf den bundesrechtlichen Grundsatz der Allein-Repräsentation aller Interessen durch den jeweils zuständigen Landesherrn. Als besonders anstößig galt dabei der Zusammenschluß von Kaufleuten in einem die Einzelstaatsgrenzen überschreitenden Verband, dem daher der Rechtsstatus einer Korporation (einer „verfassungs- und gesetzmäßigen Genossenschaft") bestritten wurde.

2. *Die Schiffahrtskonferenzen*

Auf den Wiener Konferenzen von 1820 trat vor allem *Herzog Ferdinand von Anhalt-Köthen* mit heftigen Beschwerden gegen Preußen wegen des anhaltisch-preußischen Zollstreits hervor. Wenn der Herzog auch in der Zollfrage selbst keine Entscheidung zu seinen Gunsten erwirken konnte, so errang er doch einen gewissen Erfolg in einem eng mit ihr zusammenhängenden Komplex, nämlich in der Elbschiffahrtsfrage. In einer Eingabe vom 5. Mai 1820 [1]) entwickelte der Herzog die Gründe für seinen Antrag, in die Wiener Schlußakte einen Artikel über die Garantie der Freiheit der Flußschiffahrt aufzunehmen. Nachdrücklich bestritt der Herzog in der Eingabe die Rechtmäßigkeit der preußischen Zollvorschriften, die die Durchfuhr in die enklavierten anhaltischen Gebiete den preußischen Verbrauchsabgaben unterwarfen; noch nachdrücklicher forderte er die Befreiung der Elbschiffahrt von allen Abgaben, um damit die freie Warenzufuhr für die enklavierten anhaltischen Gebiete auf dem Wasserweg zu erlangen. Die versammelten Minister lehnten zwar die Aufnahme des vorgeschlagenen Artikels in die Schlußakte ab, einigten sich aber in einem Separat-Protokoll [2]) auf folgende Zusatz-Bestimmung:

---

[1]) *Aegidi,* Die Schlußakte der Wiener Ministerial-Konferenzen Bd. 1 S. 303 ff.
[2]) Ebenda S. 441 f.

Die preußische Zollpolitik und die deutsche Handelseinheit

„Um der Fluß-Schiffahrt die derselben durch die Wiener Congreß-Acte Art. 109 bis 116 inclusive zugesicherte Freiheit wirklich zu gewähren, machen sämtliche dabei beteiligte Bundesglieder sich verbindlich, die darüber in der Congreß-Acte zugegebene und vermöge des Art. 19 der Bundes-Acte den Beratungen der Bundesversammlungen zum Grunde gelegten Vorschriften unverbrüchlich zu befolgen, wie auch die deshalb schon bestehenden Unterhandlungen aufs Tätigste zu betreiben und in der kürzest möglichsten (!) Frist zu beenden, wo aber noch keine Unterhandlungen eingeleitet sind, solche unverzüglich eintreten zu lassen."

a) Schiffahrtsfreiheit und Handelsfreiheit

Der *Wiener Separat-Artikel über die Freiheit der Flußschiffahrt* betraf ein Problem, dessen Bedeutung sich daraus ergibt, daß die Binnenschiffahrt in der Voreisenbahnzeit das wichtigste Verkehrsmittel des Güterfernverkehrs war. Die Schiffahrtsfreiheit war daher eine entscheidende Voraussetzung der Handelsfreiheit. Auf dem bedeutendsten europäischen Strom, dem Rhein, war die Schiffahrt seit seiner Einbeziehung in den französischen Herrschaftsbereich frei gewesen. Es lag im wohlverstandenen deutschen wie im europäischen Interesse, daß bei der Wiederherstellung der nationalen Gebietshoheit am Rhein die Schiffahrtsfreiheit aufrechterhalten blieb. Im gleichen Sinn aber war die Herstellung der Schiffahrtsfreiheit auf den übrigen großen Schiffahrtsstraßen geboten. Die Wiener Kongreßakte bekannte sich daher in den Art. 108—116 zur Freiheit der Schiffahrt auf den großen europäischen Strömen; doch hatten diese Bestimmungen nach einer sich bald durchsetzenden Auffassung nur programmatischen Charakter. Auch die in Annex XVI der Wiener Kongreßakte niedergelegte Regelung der Schiffahrtsfreiheit für Rhein, Neckar, Main, Mosel, Maas und Schelde hatte zunächst nur den Charakter eines Entwurfs [1]).

Die rechtliche Sicherung der Rheinschiffahrtsfreiheit bildete einen Gegenstand europäischer Vertragsverhandlungen unter den Uferstaaten, die in der *Rheinschiffahrtsakte vom 31. März 1831* ihren Abschluß fanden [2]). Dagegen bedurfte es zur rechtlichen Sicherung der Weser- und Elbschiffahrtsfreiheit nur der Verhandlung und des Vertragsschlusses unter den ausschließlich deutschen Anliegerstaaten dieser beiden Schiffahrtswege. Allerdings nahm Art. 19 der Bundesakte ein Beratungsrecht für sämtliche deutschen Staaten über die Regelung der Schiffahrtsfragen in Anspruch. Doch konnte das nicht bedeuten, daß Art. 19 damit der Gesamtheit der deutschen Staaten auch das Entscheidungsrecht über die schwebenden Schiffahrtsfragen zugesprochen hätte. Das Vertragsrecht hinsichtlich der Gestaltung der Schiffahrtsverhältnisse stand vielmehr jeweils den Uferstaaten kraft ihrer ungeschmälerten Gebietssouveränität zu. Die Bundesversammlung und damit zugleich auch die Gesamtheit der Gliedstaaten des Bundes konnte kraft des Art. 19 nur das Recht beratender Einwirkung auf die Vertragsgestaltung beanspruchen und dabei vor allem auch

---

[1]) „Règlemens pour la libre navigation des rivières" (Text: CJCG Bd. 1 S. 278 ff.)
[2]) Text: ebenda S. 408 ff. Vertragschließende waren die 7 Uferstaaten Frankreich, Preußen, Baden, Bayern, Hessen-Darmstadt, Nassau, Niederlande. Vgl. dazu *H. Kraus-U. Scheuner*, Rechtsfragen der Rheinschiffahrt (1956) S. 91 ff.

darum bemüht sein, daß die Verträge den Grundsätzen der Art. 108—116 der Wiener Kongreßakte Rechnung trugen. Einen Akt solcher Einwirkung stellte auch der erwähnte Wiener Separat-Artikel von 1820 über die Freiheit der Flußschiffahrt dar, in dem die beteiligten deutschen Staaten sich verpflichteten, den Abschluß der schwebenden Verhandlungen zu beschleunigen und dabei an den Grundsätzen der Kongreßakte festzuhalten. Einer solchen Beschleunigung waren die Schiffahrtsverhandlungen nun allerdings dringend bedürftig; denn die bisherigen Bemühungen waren nur stockend vorangekommen.

b) Die Elbschiffahrtsakte

Der rechtlichen Sicherung der Freiheit der Elbschiffahrt diente die *Dresdener Elbschiffahrtskonferenz*, die seit 1819 unter Teilnahme der zehn deutschen Anliegerstaaten (Österreich, Sachsen, Preußen, drei Anhalt, Hannover, Mecklenburg-Schwerin, Hamburg, Holstein) tagte. Der preußisch-anhaltische Zollkonflikt erschwerte den Abschluß. Wie stark die preußischen Interessen gegen, die anhaltischen Interessen für die freie Elbschiffahrt sprachen, solange der Konflikt noch andauerte, liegt auf der Hand. Für die enklavierten anhaltischen Gebiete war die freie Elbschiffahrt das einzige legale Mittel, sich der Unterwerfung unter die preußischen Zölle und Verbrauchsabgaben zu entziehen. Doch mußten diese anhaltischen Gebiete, die unterhalb Wittenberg auf etwa 50 km an die Elbe stießen, bei freier Elbschiffahrt erst recht ein großer Stapelplatz für Schmuggelwaren werden, die über die Elbe abgabenfrei hereingebracht und illegal nach Preußen weitergeleitet werden konnten. Preußen machte deshalb seine Zustimmung zu einem den Art. 108—116 der Wiener Kongreßakte entsprechenden Vertrag davon abhängig, daß der preußische Zoll ausreichenden Schutz gegen den Mißbrauch der Elbschiffahrtsfreiheit erhalte. Das war nach preußischer Auffassung nur durch den Anschluß der anhaltischen Herzogtümer an das preußische Zollsystem möglich. Die Konferenz beendete diesen Interessenkonflikt durch einen Kompromiß.

Die *Elbschiffahrtsakte* vom 23. Juni 1821 [1]) erhielt aus Entgegenkommen gegenüber Hannover zwar den Stader Zoll, der als Seezoll an der Unterelbe erhoben wurde, aufrecht. Dagegen ermäßigte sie im übrigen die Schiffahrtsabgaben so sehr, daß praktisch die Freiheit der Elbschiffahrt hergestellt war. Aber Preußen machte die Ratifikation der Akte davon abhängig, daß vorher eine preußisch-anhaltische Zolleinigung zustande komme. Erst nachdem die drei anhaltischen Staaten sich gegen Ende der Dresdener Konferenz verpflichtet hatten, „zu einem Vereine mit Preußen wegen Sicherstellung seiner Landesabgaben auf möglichst ausführbare Weise die Hand zu bieten", sah Preußen diese Bedingung als erfüllt an; es ratifizierte den Vertrag. Die Ratifikationsurkunden zwischen den zehn Uferstaaten wurden am 12. Dezember 1821 ausgewechselt. Am 1. März 1822 trat die Elbschiffahrtsakte, die die Freiheit der Elbschiffahrt — unter dem Vorbehalt der kleinen Kabotage für die Uferstaaten — verbürgte, in Kraft [2]).

[1]) Mit der preußischen Ratifikationsurkunde vom 20. November 1821, veröffentlicht in der preußischen Gesetzsammlung 1822 S. 9 (Text auch CJCG Bd. 1 S. 351).
[2]) Die Elbschiffahrtsakte sollte zwar bereits am 1. Januar 1822 in Kraft treten (Art. 33 aaO); der Termin wurde jedoch verschoben (Erklärung des Präsidialgesandten, Prot. d. Bundesvers. 1822, 5. Sitzung, § 49).

c) Die Weserschiffahrtsakte

Für die Freiheit der *Weserschiffahrt* fielen die wesentlichen Hemmnisse weg, nachdem Oldenburg, das lange Widerstand leistete, sich 1819 bereit fand, auf den Elsflether Zoll zu verzichten [1]). Immerhin dauerte es noch vier volle Jahre, bis die *Weserschiffahrtsakte* vom 10. September 1823 [2]) zwischen den sieben Uferstaaten (Preußen, Hannover, Kurhessen, Braunschweig, Oldenburg, Lippe und Bremen) vereinbart werden konnte. Sie führte grundsätzlich die Freiheit der Weserschiffahrt — unter dem Vorbehalt der kleinen Kabotage für die Uferstaaten und eines mäßigen Weserzolls — ein.

3. *Der Fortgang des preußisch-anhaltischen Zollkonflikts*

Derweilen waren die Streitigkeiten zwischen Preußen und Anhalt-Köthen ständig gewachsen. Preußen, das bis zum Beginn der Elbschiffahrtskonferenz gegenüber den anhaltischen Hauptgebieten nur den Durchfuhrzoll erhoben hatte, war inzwischen dazu übergegangen, das Enklavensystem (mit seinen höheren Einfuhrzöllen) auf ganz Anhalt anzuwenden. Nur gegenüber der Elbschiffahrt erwies Preußen sich entgegenkommend. Die mit ausländischen Produkten nach anhaltischen Elbhäfen gehenden Schiffe mußten beim Eintritt in preußisches Staatsgebiet, also an der sächsischen oder der hannoverschen Grenze, den Einfuhrzoll nur vorschußweise entrichten; sie erhielten ihn' erstattet, wenn sie später nachwiesen, daß die Ladung ordnungsgemäß in Anhalt gelöscht worden sei. Auf einen Schutz dagegen, daß die in Anhalt gelöschte Ladung dann doch ins Preußische verschoben wurde, verzichtete man. Infolgedessen wuchs die Einfuhr ausländischer Produkte nach Anhalt ständig, weit über den eigenen Bedarf des Landes hinaus. Es war kein Zweifel, daß der Überschuß als Schmuggelware nach Preußen ging, zum Schaden des preußischen Zollfiskus. Trotzdem gab Anhalt sich nicht zufrieden; selbst die Erhebung eines Zollvorschusses, der bei korrekter Abfertigung der Ladung rückvergütet wurde, empfand man in Köthen als einen Eingriff in die anhaltische Handelssouveränität, ungeachtet des Umstands, daß gerade vom partikularen Souveränitätsbegriff her an dem Recht Preußens, an seinen Grenzen beliebige Zölle kraft seiner Handelssouveränität zu erheben, nicht zu zweifeln war. Es war *Adam Müller*, der, immerhin ein ungewöhnliches Verhalten für den Gesandten einer europäischen Großmacht, auf den Gedanken verfiel, einen Konflikt zu provozieren, der geeignet war, im Beschwerdeweg vor den Frankfurter Bundestag gebracht zu werden. So wurde der *Friedheim'sche Streit* zu einem Testfall im preußisch-anhaltischen Handelskrieg.

---

[1]) Der von Oldenburg erhobene Elsflether Weserzoll war eine schwere Behinderung der Bremer Schiffahrt; er war daher die Ursache einer tiefen Feindseligkeit zwischen den beiden Staaten. Der oldenburgisch-bremische Vergleich vom 25. August 1819 (*Martens*, Nouveau Recueil Bd. 4 S. 645) hob den Elsflether Zoll mit Wirkung vom 7. Mai 1820 auf. Schon § 27 RDH hatte diese Aufhebung vorgeschrieben; ein besonderer Vertrag hatte dann als Zeitpunkt für die Aufhebung das Jahr 1813 bestimmt; doch kam es erst 1819/20 zur effektiven Beseitigung des Unterweserzolls.

[2]) Text: Preußische Gesetzsammlung 1824 S. 25 (auch CJCG Bd. 1 S. 379).

Der preußisch-anhaltische Zollkonflikt

a) Der Friedheim'sche Streit

Der Kaufmann *Friedheim* in Köthen weigerte sich auf Veranlassung der anhaltischen Behörden, für die Ladung eines ihm gehörigen, nach Anhalt gehenden Elbschiffs die geforderten Verbrauchsabgaben bei dem preußischen Elbzollamt Mühlberg (an der sächsischen Grenze) zu zahlen. Die Zollbehörde hielt das Schiff darauf gemäß dem bestehenden Zollgesetz fest [1]). Anhalt-Köthen aber erhob, von Adam Müller beraten, im Interesse des betroffenen Staatsuntertanen Beschwerde beim Bundestag mit dem Antrag, Preußen durch Bundesbeschluß die Herausgabe des beschlagnahmten Schiffs aufzuerlegen; zur Begründung berief Anhalt sich auf die bundesrechtliche Unzulässigkeit des preußischen Enklavensystems [2]). Mit diesem juristisch gewiß nicht uneleganten Schachzug öffnete Anhalt sich den Zugang zu einem bundesrechtlichen Verfahren, in dem es die ganze preußische Zollpolitik unter dem Vorwurf der Bundeswidrigkeit zu Fall zu bringen hoffte [3]). Da die vom Bundestag versuchte Vermittlung scheiterte, drohte das Verfahren der Austrägalgerichtsbarkeit; wie schon früher erwähnt, suchte Preußen sich dem Austrägalprozeß zu entziehen, indem es geltend machte, der Streitfall sei keine Rechtsstreitigkeit, sondern eine Interessenstreitigkeit und daher nicht justiziabel [4]). Am 1. Januar 1822 gab Preußen auf Grund der Zusicherungen, die die anhaltischen Herzöge am Schluß der Elbschiffahrtskonferenz machten, das umstrittene Schiff mit seiner Ladung frei. Anhalt-Köthen versuchte trotzdem, den Streit wegen seiner grundsätzlichen Rechtsbedeutung zur Regelung der Schadenersatzfragen weiterzuführen [5]). Der Bundestag erklärte die Hauptsache jedoch für erledigt und lehnte eine Fortsetzung des Verfahrens über die noch unerledigten Nebenpunkte ab [6]). Am 7. März 1822 zog Anhalt-Köthen dann die erhobene Klage auch förmlich zurück. Beide Parteien bemühten sich, in direkten Verhandlungen den Zollkonflikt im Vergleichsweg zu beenden [7]).

b) Der Schleichhandel als „Retorsion"

Vorläufig aber war man von einem solchen Vergleich noch weit entfernt. Auf Grund der anhaltischen Zugeständnisse auf der Elbschiffahrtskonferenz gab Preußen die Elbschiffahrt nach dem Inkrafttreten der Elbschiffahrtsakte frei. Es beseitigte auch das Enklavensystem gegenüber Anhalt; die Einfuhr nach Anhalt auf dem Land-

---

[1]) Anhalt-köthensche Beschwerde an das preußische Außenministerium vom 17. Juni 1820, mit anschließendem Notenwechsel (*Eisenhart Rothe/Ritthaler*, Bd. 1 S. 129 ff.).

[2]) Anhalt-köthenscher Antrag an den Bundestag (Protokolle der Bundesversammlung vom 25. Januar 1821); beantragt wurde Rechtshilfe des Bundes zu dem Zweck:
„1. daß die widerrechtliche Erhebung der preußischen Transito- und Verbrauchssteuer auf der Elbe unverzüglich aufzuhören habe:
2. daß das dem Kaufmann Friedheim zu Köthen zugehörige Schiff, welches seit 6 Monaten an der Elbe von kgl. preußischen Zollbeamten an der Fortsetzung seiner Reise behindert wird, ohne Entrichtung der geforderten Steuer freigegeben wird".
Die Geltendmachung von Schadenersatzansprüchen behielt Anhalt-Köthen sich ausdrücklich vor.

[3]) Dazu die preußischen „Bemerkungen" zu der anhalt-köthenschen Klageschrift (Protokolle der Bundesversammlung vom 12. April 1821).

[4]) Siehe oben S. 628 ff.

[5]) Protokolle der Bundesversammlung, Sitzung vom 17. Januar 1822.

[6]) Ebenda, Sitzung vom 31. Januar 1822.

[7]) Anhalt-köthenscher Vergleichsvorschlag vom Juni 1821, preußischer Gegenvorschlag vom Juli 1821, anhaltischer Vergleichsentwurf vom Februar 1822, preußische Ablehnung vom 18. Februar 1822 (*Eisenhart Rothe/Ritthaler*, Bd. 1 S. 173, 177, 195, 196).

weg unterlag nur mehr dem preußischen Durchfuhrzoll. Ein dichter Gürtel von Zollstellen an der anhaltischen Grenze sollte Preußen gegen die Fortsetzung des anhaltischen *Wareneinschleifs* sichern. Aber die preußische Erwartung, daß Anhalt sich nun zu Verhandlungen über einen Zollanschluß bereitfinden werde, trog. Erst nach langem Zögern entsandte der Herzog von Köthen einen Bevollmächtigten, der von der preußischen Regierung jedoch als Erstes einen Gebietsaustausch forderte, der Anhalt eine unmittelbare Landverbindung mit Sachsen und damit die zollpolitische Unabhängigkeit von Preußen verschafft haben würde. Preußen lehnte diesen Vorschlag ab. Die Dresdener Zusicherungen der anhaltischen Herzogtümer hatten sich für Preußen damit als hinfällig erwiesen.

Die Freiheit der Elbschiffahrt aber führte, trotz der verschärften Zollüberwachung, zum weiteren Aufschwung des anhaltischen Schleichhandels, den englische und köthensche Kaufleute in großem Stil organisierten. Pro Kopf der Bevölkerung führte Anhalt in dieser Zeit sieben mal soviel ausländische Waren ein als Preußen, an Baumwolle gar das Achtzehnfache. Der Eigenverbrauch der anhaltischen Bevölkerung dagegen lag unter dem preußischen Durchschnitt. Der Überschuß ging als Schmuggelware nach Preußen, wo man die dadurch erlittene Einbuße im Zollhaushalt auf jährlich eine halbe Million Taler berechnete. Nur die staatliche Unterstützung konnte den anhaltischen Schleichhandel zu dieser Blüte entwickeln. Nach wie vor berief die Köthener Regierung sich darauf, daß diese Förderung des Schleichhandels eine legitime *Retorsion* gegenüber dem Unrecht darstelle, das Preußen mit seinem Handelssystem den enklavierten Ländern zufüge. Doch war dieses Argument jetzt umso weniger stichhaltig, als Preußen durch die Freigabe der Elbschiffahrt und durch den Abbau des Enklavensystems auf die zollpolitischen Druckmittel verzichtet hatte, von denen man allenfalls sagen konnte, sie seien mit dem „Geist der Bundesakte" unvereinbar. Dagegen war die anhaltische Förderung des Schleichhandels ein eklatanter Verstoß gegen das Bundesrecht, und zwar umso mehr, als die deutschen Regierungen sich auf dem Wiener Kongreß gegenseitig verpflichtet hatten, den Schleichhandel mit allen Mitteln zu unterbinden.

§ 48. Der Sieg der preußischen Handelspolitik

I. Die Zollpolitik des „dritten Deutschland"

1. Der Wiener Zollvertrag vom 19. Mai 1820

Dauernder Widerstand gegen das preußische Zollsystem war den anhaltischen Herzogtümern nur möglich, wenn sie wirksame Hilfe bei den mittel- und süddeutschen Staaten fanden. Da Österreich nicht bereit war, auf sein eigenes Prohibitivsystem zu verzichten, war das einzig denkbare Mittel gegen die preußische Handelshegemonie der Abschluß eines handelspolitischen Gegenbündnisses des „dritten Deutschland". Eine solche mittel- und süddeutsche Handelsunion konnte auf die geheime Unterstützung Metternichs zählen. Der württembergische Bundestagsgesandte *Wangenheim*, der Vorkämpfer der deutschen Trias [1]), leitete die Verhandlungen ein, deren Ziel eine mittel- und süddeutsche Handels-Union war. In der Tat brachte diese trialistische Politik im Anschluß an die Wiener Konferenzen von 1820 den Vorvertrag für diesen anti-preußischen Handelsverein zustande.

---

[1]) Siehe oben S. 754 ff.

Die Zollpolitik des „dritten Deutschland"

Während der Wiener Konferenzen von 1819/1820 hatte sich gezeigt, daß es nicht möglich sei, Preußen durch bloße Verhandlungen von seiner einseitigen Zollpolitik abzubringen und auf den in Art. 19 der Bundesakte vorgezeichneten Weg allgemeiner deutscher Handelsberatungen zurückzuführen. Daher schlug *Hessen-Darmstadt* durch den Minister du Thil eine gemeinsame Handelspolitik der Mittelstaaten Kurhessen, Nassau und Baden vor. Der Entwurf einer Zollkonvention vom 9. Februar 1820 [1]) sah Zollfreiheit zwischen den beteiligten Staaten, zugleich aber Freiheit für jeden von ihnen zur Erhebung beliebiger Zölle gegenüber den Nichtbeteiligten vor. Kurhessen sprang von der Vereinbarung zwar ab; aber nun zeigten Württemberg und Bayern sich bereit, an der Konvention, wenn auch unter erheblichen Modifikationen, teilzunehmen. Am 19. Mai 1820 kam es, auf der Grundlage der vereinbarten „Punktation", zum Abschluß eines *Zoll-Vorvertrags* zwischen Bayern, Württemberg, Baden, Hessen-Darmstadt, Nassau, den thüringischen und den reußischen Staaten [2]). Es sollte Zollfreiheit zwischen den Beteiligten bestehen; die Zölle gegenüber den Nichtbeteiligten sollten nach gemeinsamem Ermessen der Vereinsstaaten festgesetzt werden. Innerhalb von drei Monaten sollten in Darmstadt Vertragsverhandlungen auf der Grundlage der dem Vorvertrag zugrunde liegenden Punktation beginnen.

2. Die Darmstädter und die Stuttgarter Zollkonferenzen

Zu den am 13. September 1820 eröffneten *Darmstädter Zollkonferenzen* fanden sich außer den Unterzeichnern des Vorvertrags später auch Kurhessen, Waldeck und beide Hohenzollern ein [3]). Erneut erschien übrigens auch *Friedrich List*, um als Konsulent seines Vereins für seine handelspolitischen Ideen zu werben. Aber es zeigte sich bald, daß die wirtschafts- und finanzpolitischen Interessen der beteiligten Regierungen sich schroff entgegenstanden. Während Baden sich durch *Nebenius* für den vollen Freihandel aussprach [4]), traten andere Länder, vor allem Bayern, für einen starken Zollschutz gegenüber dem Ausland wie gegenüber den anderen deutschen Territorien ein. Nach jahrelangem Zollgespräch endeten die Darmstädter Konferenzen ergebnislos, indem Hessen-Darmstadt sich am 5. Juni 1823 förmlich zurückzog. Die handelspolitischen Gegensätze innerhalb der anti-preußischen Front hatten sich in dieser Zeit fruchtloser Verhandlungen merklich vertieft. 1825 kam es zwar zu neuen Beratungen auf den *Stuttgarter Konferenzen*, an denen nur Bayern, Württemberg, Baden und Hessen-Darmstadt teilnahmen [5]). Aber auch sie scheiterten, da Baden, seinen auf Handelsfreiheit gerichteten Grundsätzen getreu, den von Bayern geforderten hohen Zolltarif verwarf. Auch handelspolitisch war das „dritte Deutschland" eben nur in der Negation der österreichischen und der preußischen Vormachtpolitik, nicht aber im Positiven einig.

[1]) Vorausgegangen war eine vorläufige „Punktation" vom 13. Januar 1820 (Text: *Eisenhart Rothe/Ritthaler*, Bd. 1 S. 371). Über die erweiterte „Punktation" vom 9. Februar 1820 vgl. *Aegidi*, Aus der Vorzeit des Zollvereins S. 71.
[2]) Text: Ebenda S. 99—101.
[3]) Aktenstücke (Auszüge) zu den Darmstädter Zollkonferenzen und den sonstigen süddeutschen Zollverhandlungen zwischen 1820 und 1828 bei *Eisenhart Rothe/Ritthaler*, Bd. 1 S. 380 ff.
[4]) Vgl. den Vertragsentwurf von *Nebenius* vom November 1820 (ebenda S. 399).
[5]) Vgl. Entwurf des Grundvertrags über den süddeutschen Zollverein vom 16. Februar 1825 (ebenda S. 484).

II. Die preußische Zollpolitik unter Motz

Unterdes konnte Preußen sich wenigstens einige kleine Stellungsvorteile sichern. Dem Beispiel Schwarzburg-Sondershausens folgte das Fürstentum *Schwarzburg-Rudolstadt* mit dem Vertrag vom 24. Juni 1822 [1]), durch den es für einen Teil seines Gebiets, die „Unterherrschaft" (d. h. das an Sondershausen angrenzende Frankenhausen), in das preußische Zollsystem eintrat. Dann unterwarf *Sachsen-Weimar* sich durch einen entsprechenden Vertrag vom 27. Juni 1823 für zwei seiner in Preußen eingeschlossenen Enklaven (Allstedt und Oldisleben) dem preußischen Zollgesetz [2]). Der bedeutendste Erfolg war aber, daß es Preußen gelang, in die anhaltische Gegenfront einzubrechen. *Anhalt-Bernburg* ging durch Vertrag vom 10. Oktober 1823 für das „obere Herzogtum" (d. h. für das in Preußen enklavierte Gebiet von Mühlingen) eine Zollunion mit Preußen ein [3]). Doch fielen diese kleinen Zollanschlüsse im Ganzen nicht sehr ins Gewicht [4]). In dem zollpolitischen Stellungskrieg der Jahre 1820—25 geriet das auf Expansion gerichtete preußische System in eine bedenkliche Stagnation.

1. Das Motz'sche System

Ein Wechsel in der Leitung des Finanzministeriums führte 1825 zu neuer preußischer Aktivität. Der Finanzminister *von Klewitz*, ein kluger und erfahrener, aber seit dem Beginn der reaktionären Ära zur Starrheit neigender Beamter [5]), gab im Dezember 1824 sein Amt auf. An seine Stelle trat am 1. Juli 1825 der Oberpräsident von Magdeburg *Friedrich Christian von Motz* [6]). Wie viele preußische Staatsmänner war Motz nicht-preußischer Herkunft. Er entstammte dem kurhessischen Adel; aber aus der kleinstaatlichen Enge des alten Landgrafentums hatte ihn sein Weg schon früh in die großzügigeren Verhältnisse des preußischen Staates geführt. Als Landrat hatte er begonnen; nach wechselvoller Laufbahn in der westfälischen und preußischen Verwaltung übernahm er nun eines der wichtigsten preußischen Ministerien. König Friedrich Wilhelm III. zog ihn bei der Berufung an die Spitze des Finanzministeriums so bedeutenden Mitbewerbern wie dem Oberpräsidenten *v. Schön* und dem Merseburger Regierungspräsidenten *v. Schönberg* vor; er bewährte damit erneut seine glückliche Hand in der Auswahl hervorragender Mitarbeiter. Motz verband die Arbeitskraft und Gediegenheit des preußischen Beamten mit politischem Weitblick und konstruktiver Phantasie. Man hat ihm nachgerühmt, er sei „der einzige Staatsmann in einem Kabinett von Geschäfts-

---

[1]) Text: Preuß. Gesetzsammlung 1822 S. 225.
[2]) Text: Ebenda 1823 S. 169.
[3]) Text: Ebenda 1823 S. 177.
[4]) Entsprechende Enklavenanschlußverträge mit Preußen schlossen später ab: *Lippe-Detmold* am 9./17. Juni 1826 (preuß. GS 1826 S. 101) für Lipperode, Cappel und Grevenhagen; *Mecklenburg-Schwerin* am 2. Dezember 1826 (preuß. GS 1827 S. 1) für Rossow, Netzeband und Schönberg; sowie *Oldenburg* am 24. Juli 1830 (preuß. GS 1830 S. 121) für das Fürstentum Birkenfeld.
[5]) Siehe oben S. 129.
[6]) *F. Chr. v. Motz* (1775—1830), geboren in Kassel, stand 1802—07 in preußischen, 1808—13 in westfälischen Diensten. 1815—16 verwaltete er das an Preußen gefallene Fürstentum Fulda. 1816 wurde er Regierungsvizepräsident, 1817 Regierungspräsident in Erfurt. 1821—25 war er Oberpräsident der Provinz Sachsen, 1825—30 preußischer Finanzminister. (Vgl. *H. v. Petersdorff*, Friedrich von Motz, 1913).

männern" gewesen [1]). Wie *Eichhorn*, der ihn von seiner Position im Auswärtigen Amt aus verständnisvoll unterstützte, und *Maaßen* war Motz von den Stein-Hardenberg'schen Reformideen bestimmt. Es ist bezeichnend, daß in dieser Epoche der Reaktion zwischen 1819 und 1840 die Männer der Reform zwar aus der eigentlichen Verfassungspolitik ausgeschaltet blieben, aber in der Verwaltungspolitik ein nicht minder wesentliches Wirkungsfeld fanden. *Die preußische Reform nahm in der Zeit der Reaktion zwar nicht im Bereich der Konstitution, wohl aber in dem der Administration ihren Fortgang.*

Dabei war Motz sich der großen verfassungspolitischen Bedeutung seiner verwaltungspolitischen Aufgabe durchaus bewußt. Unter den preußischen Staatsmännern seiner Zeit war er, der an eine politische Mission Preußens glaubte, der bedeutendste. Er war erfüllt von dem auf weite Sicht gestellten Ziel, die deutschen Länder außer Österreich unter preußischer Führung zur bundesstaatlichen Einheit zu verbinden. Weder Stein noch Hardenberg noch Humboldt hatten dieses Programm verfochten; sie alle hatten den Führungsanspruch Österreichs anerkannt und seine Zugehörigkeit zu Deutschland nicht in Frage gezogen. Klarer noch als Eichhorn trat Motz für die Idee des kleindeutsch-hegemonialen Bundesstaats ein. Ihm war das Souveränitätsstreben der deutschen Klein- und Mittelstaaten, das er aus seiner kurhessischen Heimat wie aus seinen Verwaltungserfahrungen in Erfurt und Magdeburg kannte, verhaßt; er war auch überzeugt, daß Österreich als Staatswesen brüchig sei und daß es infolge seiner Vielvölkerstruktur und seiner europäischen Bindungen aufgehört habe, eine deutsche Macht zu sein. Eben aus der politischen Unzulänglichkeit der kleinen Mächte und der Ablenkung Österreichs von den deutschen Aufgaben leitete Motz die Legitimation Preußens zur kleindeutsch-hegemonialen Politik ab. Die Handelspolitik galt ihm dabei nur als ein erster, jedoch entscheidender Schritt. *Sein Ziel war ein alle deutschen Länder außer Österreich umfassender Zoll- und Handelsverein, in dem er die unmittelbare Vorstufe einer politischen Einigung sah.* Die Denkschrift, mit der Motz 1829, nachdem er den Abschluß eines preußisch-bayerischen Handelsvertrags erreicht hatte, die großen Absichten seiner Politik enthüllte, gipfelte in dem Satz:

„Wenn es staatswissenschaftliche Wahrheit ist, daß Zölle nur die Folge politischer Trennung verschiedener Staaten sind, so muß es auch Wahrheit sein, daß Einigung dieser Staaten zu einem Zoll- und Handelsverbande zugleich auch Einigung zu einem und demselben politischen Systeme mit sich führt" [2]).

2. Die preußisch-anhaltischen Zollverträge 1826—28

In den fünf Jahren seines Wirkens [3]) gewann Motz alle wesentlichen Positionen, von denen der Gesamterfolg abhing. Schon durch Vertrag vom 17. Juni

---

[1]) *Treitschke*, Deutsche Geschichte Bd. 3 S. 444.
[2]) Mémoire über die Wichtigkeit der von Preußen mit den süddeutschen Staaten geschlossenen Zoll- und Handelsverträge, Juni 1829 (*Treitschke*, Deutsche Geschichte, Bd. 3 S. 652).
[3]) Motz, der die entscheidenden Teilerfolge errang, erlebte die Vollendung seines zollpolitischen Werks nicht. Am 30. Juli 1830 starb er, erst 54 Jahre alt. Er war

1826 ¹) trat *Anhalt-Bernburg,* nunmehr auch für die nicht enklavierte „untere Herrschaft" und damit für das ganze Herzogtum, dem preußischen Zollsystem bei. Gegen *Anhalt-Dessau* und *Anhalt-Köthen,* die sich immer noch gegen den Anschluß sperrten, ging die Berliner Regierung seit 1827 wieder energisch vor. Sie legte eine dichte Polizeilinie um die beiden mittelelbischen Herzogtümer; die Elbe sperrte sie an den Grenzpunkten; den erneut von allen Schiffen erhobenen Zollvorschuß ließ sie nur beim Nachweis, daß die beförderten Güter in Anhalt Absatz gefunden hatten, zurückvergüten. Köthen rief wiederum den Bundestag an ²); die zur Streitvermittlung eingesetzte Kommission sprach sich zugunsten der anhaltischen Belange aus; aber Preußen blieb unnachgiebig. Darauf reifte endlich nach zehnjährigem Zollkrieg in Anhalt die Bereitschaft zur Verständigung ³). Am 17. Juli 1828 schlossen Anhalt-Dessau und Anhalt-Köthen sich vertraglich dem preußischen Zollsystem an. Preußen errang damit endlich die Handelshegemonie in dem lang umstrittenen mitteldeutschen Raum.

Nach dem Zollvertrag vom 17. Juli 1828 ⁴) lag die gemeinsame Zollgesetzgebung in der Hand Preußens; doch erhielten die beiden Herzogtümer ein Vetorecht, wenn die Grundsätze und die Grundlagen des geltenden Zollgesetzes verändert werden sollten. An den gemeinsamen Zolleinnahmen erhielten die beiden Herzogtümer einen Anteil nach dem Verhältnis der Bevölkerungszahlen. Die zunächst auf sechs Jahre geschlossenen Verträge verlängerten sich automatisch, wenn die Kündigung unterblieb. Dabei war die Kündigung für Preußen eine weit wirksamere Waffe als für seine Vertragspartner, da diese, nachdem sie ihre zollpolitische Selbständigkeit und ihre eigene Zollverwaltung aufgegeben hatten, praktisch kaum in der Lage waren, zu einem eigenen Zollsystem zurückzukehren.

3. *Der preußisch-hessische und der bayerisch-württembergische Zollverein 1828*

Noch weit bedeutungsvoller war, daß es Motz schon vor dem Abschluß dieser Verträge gelungen war, mit dem preußischen System in *Süddeutschland* einzudringen. Das war nicht nur ein Bruch mit der bisherigen preußischen Bundespolitik, die auf der stillschweigenden Respektierung der „Mainlinie"

---

der bedeutendste Handelspolitiker Deutschlands in der vorbismarckschen Zeit. Als Finanzpolitiker fand er erst in Miquel einen Nachfolger gleichen Ranges.

¹) Text: Preußische Gesetzsammlung 1826 S. 65.

²) Zweite anhalt-köthensche Beschwerde gegen Preußen an den Bundestag (Protokolle der Bundesversammlung, Sitzung vom 22. März 1827) mit dem Antrag, „daß Hochdieselbe (sc. die Bundesversammlung) alsbald die bundesverfassungsmäßigen Maßregeln ergreifen wolle, wodurch der vom königlich preußischen Gouvernement durch eigenmächtige Beschwerung der Elbschiffahrt gegen das Herzogtum Anhalt-Köthen unternommenen Selbsthülfe Einhalt getan, vor allem aber der vom königlich preußischen Gouvernement gestörte Besitzstand der vom Herzogtum Anhalt-Köthen gleich den übrigen Uferstaaten bisher genossenen Freiheit der Beschiffung des Elbstroms schleunigst wiederhergestellt werde, indem jeder neue Tag unberechenbaren Verlust nach sich ziehen kann".

³) Über die österreichische Vermittlungsaktion und die beiderseitigen Vergleichsverhandlungen vgl. die Aktenstücke bei *Eisenhart Rothe/Ritthaler,* Bd. 1 S. 270 ff.

⁴) Text: Preußische Gesetzsammlung 1828 S. 99. Ein besonderer Vertrag zwischen denselben Partnern vom gleichen Tag hob für den Verkehr zwischen ihnen den Elbzoll auf (ebenda S. 95).

beruhte; es war auch eine Abkehr von der bisherigen preußischen Zollpolitik, die sich auf die Doktrin des systematischen *Fortschreitens „von Grenze zu Grenze"* gründete. Diese Lehre verlangte bei der Erweiterung des Zollsystems zunächst den Anschluß der an das eigene Staatsgebiet unmittelbar angrenzenden Gebiete und gestattete erst dann den Anschluß der dem vergrößerten Zollgebiet benachbarten Länder und so fort. Der „zollpolitische Sprung", der ein nicht angrenzendes Gebiet in das Zollsystem aufnahm, bevor die Zwischenglieder gewonnen waren, galt als zolltechnisch unvernünftig und als praktisch unmöglich. Da Kurhessen sich allen preußischen Werbungen verschloß und da Hannover erst recht unzugänglich war, war Preußens zollpolitischer Expansion eine feste Barriere gesetzt, solange man an dem Grundsatz „von Grenze zu Grenze" festhielt. Motz brach auch mit diesem Dogma. Er war überzeugt, daß man den Widerstand der unmittelbar benachbarten Staaten umso leichter überwinden könne, wenn man zunächst an einigen Stellen den zollpolitischen Sprung in ihren Rücken wagte. *Hessen-Darmstadt* war die erste handelspolitische Bastion, die Preußen in Süddeutschland einzunehmen vermochte.

In diesem ersten Vorstoß nach Süddeutschland lag die große Wende der preußischen Bundespolitik. Denn über kurz oder lang mußte aus diesem Überschreiten der Mainlinie der Konflikt mit Österreich entbrennen. Die Verantwortung für diese Entwicklung traf allerdings in erster Linie Österreich selbst, das handelspolitisch an seinem veralteten, dem Geist der Zeit und dem gesamtdeutschen Interesse widersprechenden Prohibitivsystem festhielt und das damit jeden Schritt ablehnte, mit dem es den deutschen Klein- und Mittelstaaten, die auf wirtschaftliche Anlehnung angewiesen waren, eine Hilfe hätte bringen können. Nicht wirtschaftliche Machtpolitik allein, sondern zugleich das Verständnis für die echten Notwendigkeiten des deutschen Wirtschaftsraums drängte Preußen zur fortschreitenden handelspolitischen Expansion.

Das Scheitern der Stuttgarter Konferenzen 1825 hatte gezeigt, daß die Interessengegensätze zwischen Bayern und Württemberg auf der einen, Baden, Hessen-Darmstadt und Nassau auf der anderen Seite unüberbrückbar waren. So kam es zwischen Bayern und Württemberg (unter späterer Einbeziehung der beiden Hohenzollern) zum Abschluß des *süddeutschen Zollvereins* am 18. Januar 1828 [1]). Schon vorher aber hatte *Hessen-Darmstadt* [2]), nach Ablehnung des

---

[1]) Text: *Martens,* Nouveau Recueil Bd. 7 S. 529. In dem Vertrag vom 18. Januar 1828 übernahm Württemberg die Verpflichtung, den Beitritt beider Hohenzollern zu bewirken. Unter dem Ergänzungsvertrag vom 26. September 1828 *(Martens, aaO S. 703),* der das gemeinsame Zollsystem ausgestaltete, findet sich erstmals die hohenzollerische Unterschrift. Die bayerische Rheinpfalz wurde erst 1829 in den süddeutschen Zollverein einbezogen. Die Aktenstücke zur Entstehung des süddeutschen Zollvereins seit den Stuttgarter Konferenzen bei *Eisenhart Rothe/Ritthaler,* Bd. 1 S. 491 ff.

[2]) Vgl. *Chr. Eckert,* Zur Vorgeschichte des deutschen Zollvereins. Die preußisch-hessische Zollunion vom 14. Februar 1828 (Schmollers Jb. Bd. 26, 1902, S. 505 ff.); ferner *H. Schmidt,* Die Begründung des preußisch-hessischen Zollvereins (Diss. Gießen 1926). Die Aktenstücke zur Entstehung des preußisch-hessischen Zollvereins bei *Eisenhart Rothe/Ritthaler,* Bd. 2 S. 19 ff.

Beitritts zum süddeutschen Zollbund, sich um Aufnahme in das preußische Zollsystem bemüht. Obwohl der Anschluß Hessen-Darmstadts für Preußen ein finanzielles Opfer bedeutete, ging die preußische Regierung auf den hessischen Vorschlag ein, weil sie hoffte, daß Thüringen, Kurhessen und Nassau dem Beispiel Darmstadts folgen würden. Am 14. Februar 1828 kam der *preußisch-hessische Zollvertrag* zustande [1]). Hessen unterwarf sich unter Vorbehalt eines Vetorechts gegen alle Änderungen dem preußischen Zollgesetz. Es erhielt eine eigene, allerdings nach preußischem Muster eingerichtete Zollverwaltung. Die Hauptzollämter der beteiligten Staaten unterstanden wechselseitiger Kontrolle. Die Zolleinnahmen wurden auch hier nach dem Verhältnis der Bevölkerungszahlen verteilt. Die Laufzeit des Vertrags war bis zum 31. Dezember 1834 begrenzt; doch verlängerte er sich, wenn die rechtzeitige Kündigung unterblieb, jeweils auf weitere sechs Jahre. Die Rechtsgleichheit unter den Partnern wahrte der Vertrag sorgfältig; Preußen verzichtete auf jedes Vorrecht. Doch gab es damit die hegemonialen Ziele seiner Handelspolitik nicht preis. Eine echte Hegemonie beruht nicht auf formalen Rechtsvorteilen, einseitigen Zwangsbefugnissen und direkten Herrschaftskompetenzen, sondern auf der existentiellen Überlegenheit des einen Partners [2]). Auch in einem auf formaler Gleichberechtigung gegründeten Zollbund mußte Preußen kraft seiner politischen und wirtschaftlichen Potenz das materielle Übergewicht von selbst zufallen. Deshalb brauchte es, um sein Ziel zu erreichen, die „Handelssouveränität" seines Zollpartners nicht sichtbar anzutasten.

Trotz dieser großzügigen Vertragsgestaltung rief das preußisch-hessische Zollabkommen heftige Kritik hervor. Erneut erhob sich der Vorwurf der „Mediatisierung" eines deutschen Staats durch den preußischen Machtwillen; erneut wurde der Einwand laut, das preußische Vorgehen verstoße gegen die Bundesakte, die die Souveränität der Einzelstaaten garantiere und die Unterwerfung eines Bundesglieds unter die Vorherrschaft eines anderen ausschließe. Diese Polemik richtete sich nur gegen den preußisch-hessischen, nicht auch gegen den bayerisch-württembergischen Vertrag, obwohl dieser die gleichen Grundsätze enthielt. Den Satz: „*Wenn zwei dasselbe tun, so ist es nicht dasselbe*", wandte *Metternich* auf diese Vorgänge so an: Verträge dieser Art seien, wenn sie sich auf rein administrative Zwecke beschränkten, nur der Ausdruck einzelstaatlicher Souveränität, zu der auch das Recht vertraglichen Zusammenwirkens gehöre; dagegen seien sie eine Gefahr für die Souveränität und ein Verstoß gegen die Grundgesetze des Bundes, sobald sie eine politische Tendenz in sich trügen [3]). Das war gewiß kein unbegründetes Bedenken. Denn Preußen verfolgte mit seinen Zollverträgen in der Tat nicht nur Interessen der Finanz- und Wirtschaftsverwaltung, sondern, mindestens auf längere Sicht, Ziele hochpolitischer Natur, nämlich die engere Verbindung aller deutschen Staaten außer Österreich zu einer Handelseinheit, die man als Vorstufe der politischen Einigung ansah. Wenn der preußisch-hessische Vertrag auch kein „Unterwerfungsvertrag" im technischen Sinn, sondern ein auf volle Gleichberechtigung gegründeter Vertrag war, der zudem dem schwächeren Partner erhebliche finanzielle Vorteile brachte, so war doch angesichts der wirtschaftlichen Machtverhältnisse die handelspolitische Unabhängigkeit Hessens weit stärker in Frage gestellt als die Unabhängigkeit der beiden Partner des süddeutschen Zollbundes.

---

[1]) Text: Preuß. Gesetzsammlung 1828 S. 50 ff.
[2]) Siehe auch oben S. 673 f.
[3]) *Treitschke*, Deutsche Geschichte Bd. 3 S. 624.

4. Der mitteldeutsche Handelsverein 1828

Der unmittelbare Erfolg blieb dem preußisch-hessischen Vertrag allerdings versagt. Das Selbständigkeitsbewußtsein der durch den preußischen Vorstoß nach Süddeutschland im Rücken bedrohten Länder — Sachsens, Thüringens, Kurhessens und Nassaus — führte vielmehr zu einem erneuten Gegenschlag [1]). Nachdem zunächst Sachsen sich mit Weimar und Gotha in der *Oberschönaer Punktation* (26. März 1828) zu gemeinsamem Widerstand gegen Preußen verbunden hatte [2]), gründeten die auf der Kasseler Konferenz vereinigten mitteldeutschen Staaten am 24. September 1828 den *mitteldeutschen Handelsverein* [3]). Ihm traten Sachsen und Hannover, Kurhessen, Braunschweig und Nassau, die thüringischen Herzog- und Fürstentümer, sowie Bremen bei. Hamburg dagegen lehnte ebenso wie Baden den Anschluß ab. Die Mitglieder des mitteldeutschen Vereins verpflichteten sich wechselseitig, mit keinem Nichtmitgliedstaat in einen Zollverband einzutreten; nur für Enklaven war der Zollanschluß an ein fremdes System gestattet. Die Enklavenverträge Preußens mit den mitteldeutschen Staaten blieben daher trotz des antipreußischen mitteldeutschen Zollvertrags erhalten.

Der mitteldeutsche Handelsverein war äußerlich ein machtvolles Gebilde; aber er war durch innere Gegensätze gelähmt; eine echte Zollgemeinschaft schuf er nicht. Er nahm für sich in Anspruch, eine *neutrale Mitte* zwischen dem preußisch-hessischen und dem bayerisch-württembergischen Zollbund zu sein. Das wahre Ziel bestand in dem gemeinsamen Zollkrieg der mitteldeutschen Staaten sowohl gegen Bayern als auch gegen Preußen, den sie in den Formen des Schmuggels wie der offenen Retorsion führten. Für Preußen waren die erhöhten Durchgangszolle, die die Staaten des mitteldeutschen Vereins von den ins Preußische gehenden Gütern erhoben, eine empfindliche Belastung. So entschloß Preußen sich zum Angriff auf den mitteldeutschen „Gegenzollverein". Die preußische Diplomatie und die preußische Publizistik stießen gegen die Front der mitteldeutschen Staaten vor, deren Brüchigkeit sich schnell erwies. Zum Einsturz kam sie allerdings erst, als es Preußen gelang, alle konventionellen Vorurteile zu überwinden und die Brücke zum bayerisch-württembergischen Zollbund zu schlagen. Die wesentliche Wirkung des mitteldeutschen Vereins bestand darin, daß Preußen und Bayern, gegen die er gerichtet war, sich angesichts der gemeinsamen Bedrohung zu einem Zollbündnis zusammenfanden.

5. Der preußisch-süddeutsche Handelsvertrag 1829

Der Handelsvertrag zwischen Preußen und dem Großherzogtum Hessen auf der einen Seite, Bayern und Württemberg auf der anderen Seite vom 27. Mai 1829 [4]) war nicht der erste Fall, in dem die beiden Staatengruppen politisch

---

[1]) Vgl. *J. R. Mucke*, Zur Vorgeschichte des Deutschen Zollvereins, insbesondere die Bestrebungen des mitteldeutschen Vereins gegen den Preußischen Zollverein (1870). Die Aktenstücke zur Entstehung des mitteldeutschen Handelsvereins bei *Eisenhart Rothe/Ritthaler*, Bd. 2 S. 310 ff.

[2]) Text der sächsisch-thüringischen Punktation von Oberschöna: *Eisenhart Rothe/Ritthaler*, Bd. 2 S. 369.

[3]) Dem Vertragsschluß ging ein Vorvertrag, die *Frankfurter Deklaration* vom 21. Mai 1828, voraus; Text: *Eisenhart Rothe/Ritthaler*, Bd. 2 S. 422 ff. und S. 428. Text des *Kasseler Vertrags* vom 24. September 1828: Ebenda S. 499 ff.

[4]) Text: Preußische Gesetzsammlung 1829 S. 53.

zusammenwirkten. Es gab in der deutschen Geschichte keineswegs eine preußisch-bayerische Erbfeindschaft. Bei der Wahl des Wittelsbachers Karls VII.
zum deutschen Kaiser (1742), im bayerischen Erbfolgekrieg (1778) und im
deutschen Fürstenbund (1785) hatten Preußen und Bayern sich zu gemeinsamen Handeln vereinigt. Die preußisch-bayerische Abwehrfront gegen
Österreich war seit dem 18. Jahrhundert ein traditionelles Element der deutschen Politik. Auch in der ersten Hälfte des 19. Jahrhunderts war Österreich
weit eher als Preußen eine Gefahr für die bayerische Unabhängigkeit. Der
antipreußische Affekt hat sich in Bayern erst im 19. Jahrhundert gebildet, in
einem prononcierten Sinn zuerst als Auflehnung gegen die in der Reformzeit
auf Bayern übergreifende norddeutsch-humanistische Bildungsidee [1]. Im großen
Vorgang der deutschen Wirtschaftseinigung aber überwanden Bayern und
Württemberg ihre eben erst voll aufgeflammten antipreußischen Animositäten.
Wie Bayern und Württemberg mit diesem Schritt an die Seite Preußens die
wirtschaftliche Einigung Deutschlands möglich machten [2], sollten sie vier Jahrzehnte später durch einen Entschluß von ähnlicher Bedeutung der politischen
Einigung Deutschlands den Weg bereiten. Während aber Preußen sich 1870/71
bei der politischen Einigung auf die bereits vorher vollzogene Verbindung mit
allen nordmainischen Staaten stützen konnte, trat es mit dem Vertrag von
1829 an die Spitze eines preußisch-süddeutschen Zollbundes, der im Zoll-
kampf den wirtschaftlichen Anschluß der noch abseits stehenden norddeutschen
Staaten erst erzwingen mußte.

Als Preußen 1828 geheime Verhandlungen mit den beiden süddeutschen
Königreichen über die Zollfrage begann, fand es dort eine überraschende Bereitschaft zur Verständigung. Der süddeutsche Zollbund hatte sich handelspolitisch als eine Fehlrechnung erwiesen. Niedrige Zolleinnahmen standen
hohen Kosten der Zollverwaltung gegenüber; der erwartete wirtschaftliche Aufschwung war ausgeblieben. Dazu entzogen der preußisch-hessische Zollbund
und der mitteldeutsche Verein dem süddeutschen System jede Möglichkeit der
handelspolitischen Ausdehnung. Der Anschluß an das mitteldeutsche System
hätte Bayern und Württemberg keine echten Vorteile gebracht; die handelspolitischen Interessengegensätze in einem Handelsbund der deutschen Trias
wären unüberbrückbar gewesen. Der Anschluß an das preußische System
dagegen öffnete, so unpopulär er sein mochte, den beiden Königreichen große
wirtschaftliche Chancen. Ihre in Fragen der Außenpolitik gewährleistete verfassungsmäßige Unabhängigkeit von den Parlamenten machte es den süddeutschen Regierungen leicht, das als notwendig und richtig Erkannte ohne
Rücksicht auf die öffentliche Meinung ins Werk zu setzen. Der geschickten
Vermittlung des süddeutschen Sonderbeauftragten, des Verlegers *Cotta* [3], gelang ein schneller Ausgleich der Interessen.

---

[1] Siehe oben S. 371.
[2] Vgl. *M. Doeberl*, Bayern und die wirtschaftliche Einigung Deutschlands (1915);
E. Hölzle, Der Deutsche Zollverein. Nationalpolitisches aus seiner Vorgeschichte
(Württ. Jb. 1932/33 S. 131 ff.).
[3] Über ihn oben S. 384.

Der *preußisch-süddeutsche Vertrag* vom 27. Mai 1829 gewährte den Partnern grundsätzlich die gegenseitige Zollfreiheit für alle inländischen Produkte, er leitete ferner die schrittweise Anpassung des süddeutschen Zollsystems an das preußisch-hessische ein. Ein großes Handelssystem, das West- und Süddeutschland sowie große Teile Mittel- und Norddeuschlands mit 20 Millionen Einwohnern umfaßte, war damit in den Grundlagen geschaffen. Das Ziel aber war, auch die Staaten des jetzt noch abseits stehenden mitteldeutschen Vereins zu gewinnen und damit 26 Millionen Deutsche in einer Handelseinheit zu verbinden. In der schon erwähnten Denkschrift vom Juni 1829 bekannte sich Motz zu folgendem Plan:

„In dieser, auf gleichem Interesse und natürlicher Grundlage ruhenden und sich notwendig in der Mitte von Deutschland erweiternden Verbindung wird erst wieder ein in Wahrheit verbündetes, von innen und von außen festes und freies Deutschland unter dem Schutz und Schirm von Preußen bestehen." [1].

Im Jahr vor der Julirevolution, fast 20 Jahre vor der Revolution von 1848 und mehr als 40 Jahre vor der Reichsgründung sind diese Sätze geschrieben, nicht in einem politischen Manifest, sondern in dem kühlen Rechenschaftsbericht eines Staatsmanns, der mit seinen Ideen den Weg der späteren Bismarckschen Realpolitik deutlicher als irgend ein anderer vorzeichnete.

Während so die preußisch-bayerische Handelspolitik darauf zielte, den *mitteldeutschen Handelsverein* durch Umklammerung zum Anschluß zu zwingen, suchte die mitteldeutsche Politik die räumliche Trennung Preußens von Bayern auszunutzen, um das neue Zollbündnis unwirksam zu machen. In der Tat war die Vereinbarung gegenseitiger Zollfreiheit ihres eigentlichen Effekts beraubt, so lange die Durchfuhrzölle der dazwischen liegenden mitteldeutschen Länder den preußisch-süddeutschen Warenverkehr belasteten. Preußen und Bayern hatten keine gemeinsame Grenze, sondern waren durch die zum mitteldeutschen Verein gehörigen sächsischen, thüringischen und kurhessischen Gebiete getrennt. Der „Gegenzollverein" besaß daher immer noch starke Handhaben gegen die preußisch-bayerische Handelspolitik. Alles kam für Bayern und Preußen darauf an, eine *zollfreie Straße* zwischen ihren Gebieten zu schaffen. In geheimen Verhandlungen mit *Sachsen-Meiningen* und *Sachsen-Coburg-Gotha* gelang es, die beiden zum mitteldeutschen Verein zählenden Staaten zu bestimmen, Preußen und Bayern den Bau zweier Handelsstraßen durch Thüringen zu gestatten [2]. So entstanden unter starkem preußischem Kostenbeitrag die großen Straßenzüge Langensalza-Gotha-Zella-Meiningen-Würzburg und Zella-Lichtenfels-Bamberg, die den Thüringer Wald überqueren. Indem die Regierungen von Sachsen-Meiningen und Sachsen-Coburg den Verkehr auf diesen Straßen von Durchfuhrzöllen freistellten, setzten sie den preußisch-süddeutschen Zollbund erst in reale Funktion. Sie verstießen damit offen gegen die Pflichten, die ihnen gegenüber ihren mittel-

---

[1] *Treitschke*, Deutsche Geschichte Bd. 3 S. 654.
[2] Vertrag zwischen Preußen und Sachsen-Meiningen vom 3. Juli 1829 (Text: Preuß. Gesetzsammlung 1829 S. 105); Vertrag zwischen Preußen und Sachsen-Coburg-Gotha vom 4. Juli 1829 (ebenda S. 111).

deutschen Zollverbündeten oblagen. Aber ihr Abfall bereitete dem großen deutschen Zollbund den Weg. Zwar versuchten die übrigen Mitglieder den mitteldeutschen Handelsverein zu retten, indem sie die Laufzeit ihres Vertrags an die des preußisch-bayerischen, der bis 1841 galt, anpaßten[1]. Und die Küstenstaaten Hannover und Oldenburg gingen nun mit Braunschweig und Kurhessen einen eigenen norddeutschen Zollverband ein, um ihre Abwehrposition gegen Preußen zu festigen[2]. Aber die endgültige Sprengung der Gegenzollvereine war mit der preußisch-bayerischen Einigung eingeleitet. Beim Tod von Motz 1830 war der volle Sieg der preußischen Handelspolitik nur noch eine Frage der Zeit[3].

---

[1] Kasseler Supplementarvertrag zwischen Hannover, Kurhessen, Sachsen, Oldenburg, Braunschweig, Weimar, Nassau und Bremen vom 11. Oktober 1829 (Text: *Eisenhart Rothe/Ritthaler*, Bd. 3 Nr. 614).

[2] Vertrag von Einbeck zwischen Hannover, Kurhessen, Oldenburg und Braunschweig vom 27. März 1830 (Text: *Martens*, Nouveau Recueil Bd. 8 S. 334). In effektive Wirksamkeit trat dieser norddeutsche Zollbund nicht; doch ist er wichtig, weil sich aus ihm 1834 der norddeutsche Steuerverein (Hannover, Braunschweig, Oldenburg, Schaumburg-Lippe) entwickelte. Siehe Bd. II S. 290 f.

[3] Über den Deutschen Zollverein, der 1833 entstand und 1834 seine Tätigkeit aufnahm, siehe Bd. II S. 282 ff. Über seine Krise und Reform 1862–70 siehe Bd. III S. 615 ff. Über sein Aufgehen im Deutschen Reich 1871 siehe Bd. III S. 947 f.